ITQ

Hangul+Excel+Powerpoint 2016

저자 장미희

전북대학교 컴퓨터공학 박사 수료하고 교육컨텐츠연구소 '이룸' 대표와 강사지원교육협동조합 '와있는 미래' 이사장을 맡고 있습니다. IT 교육컨텐츠개발과 교재 출판, ICT와 관련한 지자체에 정보위원 등으로 활동하며 각 대학 및 기업, 기관, 지자체 등에서 강의를 하고 있습니다.

➔ 블로그 changmihee.com과 유튜브 채널 '장미희의 디지털랩'을 운영하고 있습니다.

저서

- MOS 2003 WORD EXPERT 동영상 강의 개발
- (이한출판사) MOS 2003 WORD EXPERT 전북대학교 국공립협의회
- (이한출판사) MOS 따라잡기 MS-WORD 2007, MS-POWERPOINT 2007
- 여름커뮤니케이션 퍼스널 클라우드 컴퓨팅 웹오피스활용 전략
- (교학사) ITQ 2007 한글, 엑셀, 파워포인트
- (교학사) ITQ 2016 엑셀, 파워포인트
- (교학사) New My Love 엑셀 2016, 파워포인트 2016
- (교학사) OK! Click 한글, 파워포인트, 엑셀
- (교학사) OK! Click 나만의 동영상 제작하기, 내 동영상으로 유튜버되기

머리말

현 시대를 살아가는 현대인들에게 이제 컴퓨터는 모르면 안되는 필수적인 존재가 되어버렸습니다. 초등학교 그 이전부터 컴퓨터를 일상적으로 접하고 있기 때문이지요.

ITQ(정보기술자격, Information Technology Qualification) 시험은 한국생산성본부(KPC)에서 주관하는 국가 공인자격 시험으로, 실기 시험만으로 실무 능력을 평가하고, 그 수준을 지수화 및 등급화하여 능력을 인증하고 있습니다. 이러한 이유로 컴퓨터를 다루는데 익숙한 사람이면 한번쯤 쉽게 도전할 수 있는 시험이라고 하겠습니다.

본 ITQ 2016 교재는 ITQ 시험을 대비하는 수험생들에게 어떻게 하면 쉽고, 빠르고, 재미있게 공부할 수 있을까 하는 고민에서 출발하여 만들어진 교재로 많은 장점을 제공하고 있습니다.

첫째, 시험에서 꼭 필요한 내용만 넣었습니다. 시험에 불필요하고 구구절절한 이론은 최대한 배제하고 시험에 꼭 필요한 기능만을 넣어 최단 시간에 시험을 이해할 수 있도록 하였습니다.

둘째, 핵심 이론을 따라하기로 구성하여 쉽고 빠르게 익힐 수 있도록 하였습니다. 한글이 어렵게 느껴졌던 사람들도 쉽게 학습할 수 있습니다.

셋째, 예제가 풍부합니다. 각 기능별로 간단한 개념 문제를 따라하기로 익힌 후, 2~4개 정도의 예제를 풀어보도록 하여 실전 능력을 쌓을 수 있도록 하였습니다.

넷째, 기출모의고사를 수록하여 수험생들이 다양한 문제를 풀어볼 수 있도록 구성하여 수험생들이 실전처럼 문제를 익힐 수 있도록 하였습니다.

본 교재가 합격을 위한 최선의 선택이 되는 완벽한 지침서가 되길 바라며, 이 책이 나오기까지 많은 도움을 주신 분들께 감사드립니다. 수험생 여러분에게 합격의 영광이 있으시길 진심으로 바랍니다.

IT수험서편집팀 드림

01 시험 소개

→ ITQ시험 과목

(1) 응시자격 : 제한 없음

(2) 시험시간 : 60분

(3) 동일 회차에 아래한글/MS, 한글엑셀/엑셀, 한글액세스, 한글파워포인트/한쇼, 인터넷의 5개 과목 중 최대 3과목까지 응시가능

단, 한글엑셀/한셀, 한글파워포인트/한쇼, 아래한글/MS워드는 동일 과목군으로 동일 회차에 응시 불가(자격증에는 "한글엑셀(한셀)", "한글파워포인트(한쇼)"로 표기되며 최상위등급이 기재됨)

(4) 한셀, 한쇼 시험일은 시험일정 참조

(5) 과목별 시험응시 가능한 시간

- 1교시 : 아래한글, 한글엑셀, 한글파워포인트, MS워드, 한쇼
- 2교시 : 아래한글, 한글엑셀, 한글파워포인트, 인터넷, 한글액세스, 한셀
- 3교시 : 아래한글, 한글엑셀, 한글파워포인트, 인터넷

자격 종목(과목)		프로그램 및 버전		등급	시험 방식
		S/W	공식버전		
ITQ 정보기술자격	아래한글	한컴오피스	2010 / 2016	A / B / C 등급	PBT (※Paper Based Testing : 시험지를 통한 문제를 해결하는 시험 방식)
	한셀				
	한쇼				
	MS워드	MS오피스	2010 / 2016		
	한글엑셀				
	한글액세스				
	한글파워포인트				
	인터넷	내장브라우저 IE8.0 이상			

→ 합격 기준

ITQ 시험은 500점 만점을 기준으로 A~C 등급까지 등급별 자격을 부여, 낮은 등급을 받은 응시자가 다음 시험에 다시 응시하여 높은 등급을 받아 업그레이드할 수 있습니다(단, 200점 미만은 불합격입니다.).

등급	점수	수준
A등급	400점 ~ 500점	주어진 과제의 80%~100%를 정확히 해결할 수 있는 능력
B등급	300점 ~ 399점	주어진 과제의 60%~79%를 정확히 해결할 수 있는 능력
C등급	200점 ~ 299점	주어진 과제의 40%~59%를 정확히 해결할 수 있는 능력

→ 응시료

구분	1과목	2과목	3과목
일반 접수	20,000원	38,000원	54,000원
군장병 접수	16,000원	30,000원	43,000원

02 ITQ 한글 출제기준

검정과목	문항	배점	출제기준
아래한글	1. 스타일	50점	※ 한글/영문 텍스트 작성 능력과 스타일 기능 사용 능력을 평가 • 한글 / 영문 텍스트 작성 • 스타일 이름 / 문단 모양 / 글자 모양
	2. 표와 차트	100점	※ 표를 작성하고 이를 이용하여 간단한 차트를 작성할 수 있는 능력을 평가 • 표 내용 작성 / 정렬 / 셀 배경색 • 표 계산 기능 / 캡션 기능 / 차트 기능
	3. 수식편집기	40점	※ 수식편집기 사용 능력 평가 • 수식편집기를 이용한 수식 작성
	4. 그림/그리기	110점	※ 다양한 기능을 통합한 문제로 도형, 그림, 글맵시, 하이퍼링크 등 문서 작성 시의 응용능력을 평가 • 도형 삽입 및 편집, 하이퍼링크 • 그림 / 글맵시(워드아트) 삽입 및 편집, 개체 배치 • 도형의 문자열 입력하기
	5. 문서작성능력	200점	※ 다문서 작성을 위한 다양한 능력을 평가 • 문서작성 입력 및 편집(글자모양 / 문단모양), 한자 변환, 들여쓰기 • 책갈피, 덧말, 문단 첫글자장식, 문자표, 머리말, 쪽번호, 각주 • 표 작성 및 편집, 그림 삽입 및 편집(자르기 등)

03 ITQ 엑셀 출제기준

검정과목	문항	배점	출제기준
한글 엑셀	1. 표 작성	100점	※ 《출력형태》의 표를 작성하고 조건에 따른 서식 변환 및 함수 사용 능력 평가 • 데이터 입력 및 셀 편집 • 도형을 이용한 제목 작성 및 편집 • 카메라, 이름 정의, 유효성 검사
		140점	• 함수(함수 출제 범위 참조)를 이용한 수식작성 • 조건부 서식
	2. 필터, 목표값 찾기, 자동서식	80점	※ [유형1] 필터 및 서식 : 기본 데이터를 이용한 데이터 필터 능력과 서식 작성 능력 평가 • 고급 필터 : 정확한 조건과 추출 위치 지정 • 자동 서식: 서식 적용
			※ [유형2] 목표값 찾기 및 필터 : 원하는 결과값을 구하기 위해 변경되는 값을 구하는 능력과 데이터 필터 능력 평가 • 목표값 찾기 : 정확한 목표값 산출 • 고급필터 : 정확한 조건과 추출 위치 지정
	3. 부분합 / 피벗 테이블	80점	※ 부분합 : 기본 데이터를 이용하여 특정 필드에 대한 합계, 평균 등을 구하는 능력을 평가 • 항목의 종류별 정렬 / 부분합 조건과 추출결과
			※ 피벗 테이블 : 데이터 자료 중에서 필요한 필드를 추출하여 보기 쉬운 결과물을 만드는 능력을 평가 • 항목의 종류별 정렬 / 부분합 조건과 추출 결과
	4. 차트	100점	※ 기본 데이터를 이용하여 보기 쉽게 차트로 표현하는 능력을 평가 • 차트종류 • 차트 위치 및 서식 • 차트 옵션 변경

→ 함수 출제 범위

함수 구분	함수 출제 범위
날짜/시간 함수	DATE, HOUR, MONTH, TODAY, WEEKDAY, YEAR, DAY, MINUTE, NOW, SECOND, TIME
수학/삼각 함수	INT, MOD, PRODUCT, ROUND, ROUNDDOWN, ROUNDUP, SUM, SUMPRODUCT, SUMIF, TRUNC, ABS, CEILNG, ODD, PI, POWER, SUBTOTAL, TRIMMEAN
통계 함수	AVERAGE, COUNT, COUNTA, COUNTIF, LARGE, MAX, MEDIAN, MIN, RANK, COUNTBLANK, MODE, SMALL
찾기/참조 함수	CHOOSE, HLOOKUP, VLOOKUP, INDEX, MATCH, ADDRESS, OFFSET, TRANSPOSE
데이터베이스 함수	DAVERAGE, DCOUNT, DGET, DMAX, DMIN, DSUM, DCOUNTA, DVAR, DPRODUCT, DSTDEV
텍스트 함수	CONCATENATE, LEFT, MID, REPLACE, RIGHT, LEN, LOWER, PROPER, VALUE, WON, REPT
정보 함수	ISERROR
논리값 함수	AND, IF, OR, NOT, TRUE, FALSE

04 ITQ 파워포인트 출제기준

검정과목	문항	배점	출제기준
한글 파워포인트	전체구성	60점	※ 전체 슬라이드 구성 내용을 평가 • 슬라이드 크기, 슬라이트 개수 및 순서, 슬라이드번호, 그림 편집, 슬라이드 마스터 등 전체적인 구성 내용을 평가
	1. 표지 디자인	40점	※ 도형과 그림을 이용한 제목 슬라이드 작성 능력 평가 • 도형 편집 및 그림 삽입, 도형 효과 • 워드아트 • 로고삽입(투명색 설정 기능 사용)
	2. 목차 슬라이드	60점	※ 목차에 따른 하이퍼링크와 도형, 그림 배치 능력을 평가 • 도형 편집 및 효과 • 하이퍼링크 • 그림 편집
	3. 텍스트/ 동영상 슬라이드	60점	※ 텍스트 간의 조화로운 배치 능력 평가 • 텍스트 편집 / 목록 수준 조절 / 글머리 기호 / 내어쓰기 • 동영상 삽입
	4. 표 슬라이드	80점	※ 파워포인트 내에서의 표 작성 능력 평가 • 표 삽입 및 편집 • 도형 편집 및 효과
	5. 차트 슬라이드	100점	※ 프레젠테이션을 위한 차트를 작성할 수 있는 종합 능력 평가 • 차트 삽입 및 편집 • 도형 편집 및 효과
	6. 도형 슬라이드	100점	※ 도형을 이용한 슬라이드 작성 능력 평가 • 도형 및 스마트아트 이용 : 실무에 활용되는 다양한 도형 작성 • 그룹화/애니메이션 효과

05 미리보기

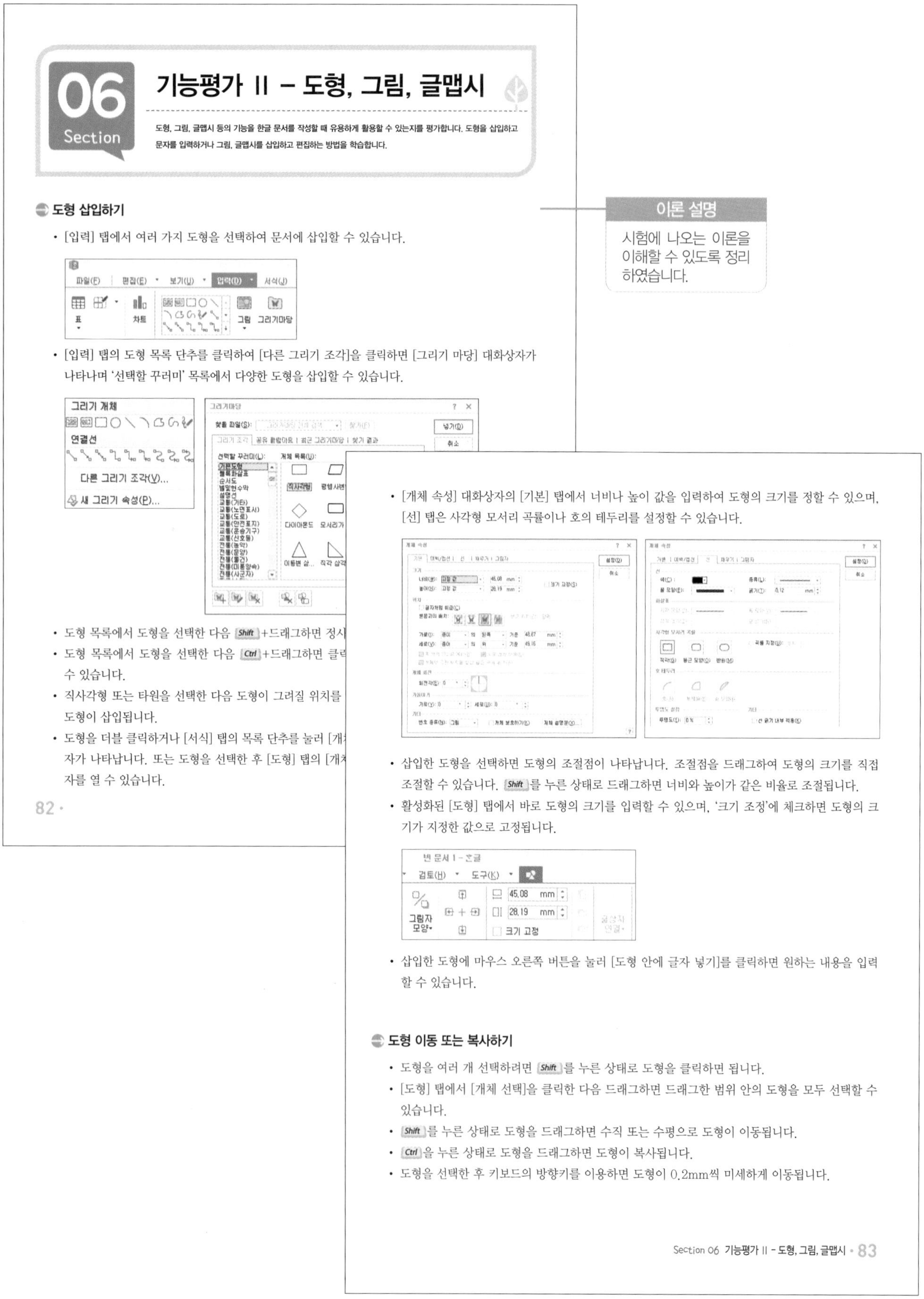

06 Section

기능평가 II – 도형, 그림, 글맵시

도형, 그림, 글맵시 등의 기능을 한글 문서를 작성할 때 유용하게 활용할 수 있는지를 평가합니다. 도형을 삽입하고 문자를 입력하거나 그림, 글맵시를 삽입하고 편집하는 방법을 학습합니다.

도형 삽입하기

- [입력] 탭에서 여러 가지 도형을 선택하여 문서에 삽입할 수 있습니다.
- [입력] 탭의 도형 목록 단추를 클릭하여 [다른 그리기 조각]을 클릭하면 [그리기 마당] 대화상자가 나타나며 '선택할 꾸러미' 목록에서 다양한 도형을 삽입할 수 있습니다.
- 도형 목록에서 도형을 선택한 다음 Shift +드래그하면 정시
- 도형 목록에서 도형을 선택한 다음 Ctrl +드래그하면 클릭 수 있습니다.
- 직사각형 또는 타원을 선택한 다음 도형이 그려질 위치를 도형이 삽입됩니다.
- 도형을 더블 클릭하거나 [서식] 탭의 목록 단추를 눌러 [개 자가 나타납니다. 또는 도형을 선택한 후 [도형] 탭의 [개체 자를 열 수 있습니다.

82 •

- [개체 속성] 대화상자의 [기본] 탭에서 너비나 높이 값을 입력하여 도형의 크기를 정할 수 있으며, [선] 탭은 사각형 모서리 곡률이나 호의 테두리를 설정할 수 있습니다.
- 삽입한 도형을 선택하면 도형의 조절점이 나타납니다. 조절점을 드래그하여 도형의 크기를 직접 조절할 수 있습니다. Shift 를 누른 상태로 드래그하면 너비와 높이가 같은 비율로 조절됩니다.
- 활성화된 [도형] 탭에서 바로 도형의 크기를 입력할 수 있으며, '크기 조정'에 체크하면 도형의 크기가 지정한 값으로 고정됩니다.
- 삽입한 도형에 마우스 오른쪽 버튼을 눌러 [도형 안에 글자 넣기]를 클릭하면 원하는 내용을 입력할 수 있습니다.

도형 이동 또는 복사하기

- 도형을 여러 개 선택하려면 Shift 를 누른 상태로 도형을 클릭하면 됩니다.
- [도형] 탭에서 [개체 선택]을 클릭한 다음 드래그하면 드래그한 범위 안의 도형을 모두 선택할 수 있습니다.
- Shift 를 누른 상태로 도형을 드래그하면 수직 또는 수평으로 도형이 이동됩니다.
- Ctrl 을 누른 상태로 도형을 드래그하면 도형이 복사됩니다.
- 도형을 선택한 후 키보드의 방향키를 이용하면 도형이 0.2mm씩 미세하게 이동됩니다.

Section 06 기능평가 II – 도형, 그림, 글맵시 • 83

이론 설명
시험에 나오는 이론을 이해할 수 있도록 정리하였습니다.

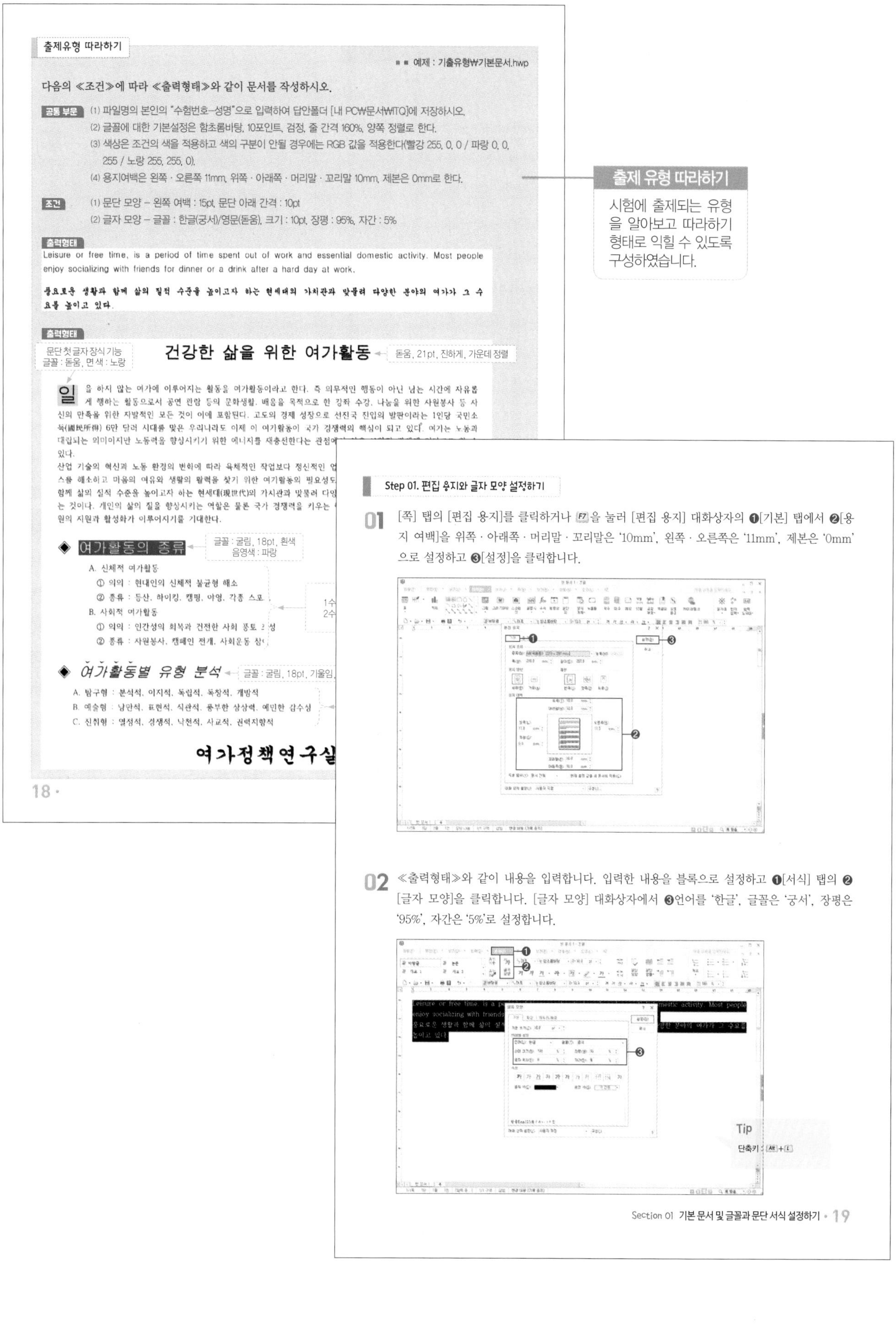

출제유형 따라하기

■ ■ 예제 : 기출유형₩기본문서.hwp

다음의 ≪조건≫에 따라 ≪출력형태≫와 같이 문서를 작성하시오.

공통 부문
(1) 파일명의 본인의 "수험번호-성명"으로 입력하여 답안폴더 [내 PC₩문서₩ITQ]에 저장하시오.
(2) 글꼴에 대한 기본설정은 함초롬바탕, 10포인트, 검정, 줄 간격 160%, 양쪽 정렬로 한다.
(3) 색상은 조건의 색을 적용하고 색의 구분이 안될 경우에는 RGB 값을 적용한다(빨강 255, 0, 0 / 파랑 0, 0, 255 / 노랑 255, 255, 0).
(4) 용지여백은 왼쪽 · 오른쪽 11mm, 위쪽 · 아래쪽 · 머리말 · 꼬리말 10mm, 제본은 0mm로 한다.

조건
(1) 문단 모양 – 왼쪽 여백 : 15pt, 문단 아래 간격 : 10pt
(2) 글자 모양 – 글꼴 : 한글(궁서)/영문(돋움), 크기 : 10pt, 장평 : 95%, 자간 : 5%

출력형태

Leisure or free time, is a period of time spent out of work and essential domestic activity. Most people enjoy socializing with friends for dinner or a drink after a hard day at work.

풍요로운 생활과 함께 삶의 질적 수준을 높이고자 하는 현세대의 가치관과 맞물려 다양한 분야의 여가가 그 수요를 높이고 있다.

출력형태

문단 첫 글자 장식 기능
글꼴 : 돋움, 면색 : 노랑

건강한 삶을 위한 여가활동 ◀ 돋움, 21pt, 진하게, 가운데 정렬

일을 하지 않는 여가에 이루어지는 활동을 여가활동이라고 한다. 즉 의무적인 행동이 아닌 남는 시간에 자유롭게 행하는 활동으로서 공연 관람 등의 문화생활, 배움을 목적으로 한 강좌 수강, 나눔을 위한 사원봉사 등 자신의 만족을 위한 자발적인 모든 것이 이에 포함된다. 고도의 경제 성장으로 선진국 진입의 발판이라는 1인당 국민소득(國民所得) 6만 달러 시대를 맞은 우리나라도 이제 이 여가활동이 국가 경쟁력의 핵심이 되고 있다. 여가는 노동과 대립되는 의미이지만 노동력을 향상시키기 위한 에너지를 재충전한다는 관점에 ...
있다.
산업 기술의 혁신과 노동 환경의 변화에 따라 육체적인 작업보다 정신적인 업... 스를 해소하고 마음의 여유와 생활의 활력을 찾기 위한 여가활동의 필요성도... 함께 삶의 질적 수준을 높이고자 하는 현세대(現世代)의 가치관과 맞물려 다양... 는 것이다. 개인의 삶의 질을 향상시키는 역할은 물론 국가 경쟁력을 키우는 ... 원의 지원과 활성화가 이루어지기를 기대한다.

◆ 여가활동의 종류 ◀ 글꼴 : 굴림, 18pt, 흰색 음영색 : 파랑

A. 신체적 여가활동
① 의의 : 현대인의 신체적 불균형 해소
② 종류 : 등산, 하이킹, 캠핑, 야영, 각종 스포...
B. 사회적 여가활동
① 의의 : 인간성의 회복과 건전한 사회 풍토 ...성
② 종류 : 사원봉사, 캠페인 전개, 사회운동 참...

◆ 여가활동별 유형 분석 ◀ 글꼴 : 굴림, 18pt, 기울임...

A. 탐구형 : 분석적, 이지적, 독립적, 독창적, 개방적
B. 예술형 : 낭만적, 표현적, 식관적, 풍부한 상상력, 예민한 감수성
C. 친취형 : 열성적, 경쟁적, 낙천적, 사교적, 권력지향적

여가정책연구실

18 ·

Step 01. 편집 용지와 글자 모양 설정하기

01 [쪽] 탭의 [편집 용지]를 클릭하거나 F7을 눌러 [편집 용지] 대화상자의 ❶[기본] 탭에서 ❷[용지 여백]을 위쪽 · 아래쪽 · 머리말 · 꼬리말은 '10mm', 왼쪽 · 오른쪽은 '11mm', 제본은 '0mm'으로 설정하고 ❸[설정]을 클릭합니다.

02 ≪출력형태≫와 같이 내용을 입력합니다. 입력한 내용을 블록으로 설정하고 ❶[서식] 탭의 ❷[글자 모양]을 클릭합니다. [글자 모양] 대화상자에서 ❸언어를 '한글', 글꼴은 '궁서', 장평은 '95%', 자간은 '5%'로 설정합니다.

Tip
단축키 : Alt + L

Section 01 기본 문서 및 글꼴과 문단 서식 설정하기 · 19

출제 유형 따라하기

시험에 출제되는 유형을 알아보고 따라하기 형태로 익힐 수 있도록 구성하였습니다.

실력 팡팡!
실전 확인 문제

■ ■ 준비파일 : 실력팡팡₩기본문서3.hwp / 완성파일 : 실력팡팡₩기본문서3_완성.hwp

03 다음의 ≪조건≫에 따라 ≪출력형태≫와 같이 문서를 작성하시오.

공통 부문
(1) 파일명의 본인의 "수험번호-성명"으로 입력하여 답안폴더 [내 PC₩문서₩ITQ]에 저장하시오.
(2) 글꼴에 대한 기본설정은 함초롬바탕, 10포인트, 검정, 줄 간격 160%, 양쪽 정렬로 한다.
(3) 색상은 조건의 색을 적용하고 색의 구분이 안될 경우에는 RGB 값을 적용한다(빨강 255, 0, 0 / 파랑 0, 0, 255 / 노랑 255, 255, 0).
(4) 용지여백은 왼쪽 · 오른쪽 11mm, 위쪽 · 아래쪽 · 머리말 · 꼬리말 10mm, 제본은 0mm로 한다.

조건
(1) 문단 모양 – 왼쪽 여백 : 10pt, 문단 아래 간격 : 10pt
(2) 글자 모양 – 글꼴 : 한글(굴림)/영문(굴림), 크기 : 10pt, 장평 : 120%, 자간 : 5%

출력형태

Learn myself free personality tests provide the most interesting, accurate and fun means of learning about yourself.

다면인성검사는 미네소타 대학의 해서웨이와 맥킨리가 임상진단용으로 만든 성격검사로 임상척도와 타당성 척도로 구성되어 있다.

출력형태

문단 첫글자 장식 기능
글꼴 : 돋움, 면색 : 노랑

역학관계 연구

궁서, 25pt, 진하게, 가운데 정렬

집단 공동체의식의 피폐와 부재로 개인 및 집단의 이기(利己)와 기회주의가 만연하고 보편적 사회규범이 약화되면서 계층 간의 갈등과 도덕성 해이가 사회문제로 대두됨에 따라 공동체의식과 도덕성을 회복하고 준법, 질서, 민주와 같은 시민의식을 함양하기 위한 제도적 장치가 요구되고 있다. 학교 현장에서도 학생들의 공동체의식과 인성을 함양하여 집단 따돌림, 학원 폭력, 인터넷 중독 등을 예방하고 체계적인 상담과 지도를 위한 제도적 장치와 절차적 수단을 강구할 목적으로 다면인성검사도구가 개발되어 활용되고 있다.
다면인성검사도구는 개개인을 비롯하여 학생과 학생, 교사와 학생 등 학급 구성원 간에 일어나는 역학적 상호작용(相互作用)과 의식적 동기화 과정에 대한 이해 정도를 주관적 또는 객관적 방법으로 진단하고 평가하여 피드백을 해준다. 기존의 일반화된 성격검사 방법과 상호인식검사 방식을 결합하고 상위자 평가가 병행되며 피검 대상 및 관계, 검사 방법 및 절차 등의 표준화와 규준을 마련하고 있기 때문에 상호인식검사법 또는 다면인성검사 프로그램이라고도 하며 교육 현장에 적용할 때는 학생표준인성검사 프로그램이라고 부른다.

◉ 다면인성검사도구의 특징

글꼴 : 돋움, 18pt,
음영색 : 초록

1) 목적 및 검사 대상
가) 목적 : 학원 폭력 및 집단 따돌림 예방과 인성 함양
나) 검사 대상 : 7인 이상으로 구성된 집단
2) 기대효과
가) 긍정적 문답으로 인한 정직 강화 제고와 감성적 역기능 배제
나) 자기충족적 예언의 위험 해소, 자기효능감 기대효과 증진

◉ 다면인성검사도구의 실제

글꼴 : 돋움, 18pt,

1. 문제의 예 : 나는 분위기를 잘 파악한다.
2. 평가 방법 : 5점 척도

왼쪽 여백 : 20pt,

글꼴 : 돋움, 24pt, 진하게,
장평 : 120%, 가운데 정렬

한국무형자산연구

실력 팡팡!

실전 시험에 대비하여 다양한 문제를 풀 수 있도록 구성하였습니다.

■ ■ 준비파일 : 실력팡팡₩기본문서4.hwp / 완성파일 : 실력팡팡₩기본문서4_완성.hwp

04 다음의 ≪조건≫에 따라 ≪출력형태≫와 같이 문서를 작성하시오.

공통 부문
(1) 파일명의 본인의 "수험번호-성명"으로 입력하여 답안폴더 [내 PC₩문서₩ITQ]에 저장하시오.
(2) 글꼴에 대한 기본설정은 함초롬바탕, 10포인트, 검정, 줄 간격 160%, 양쪽 정렬로 한다.
(3) 색상은 조건의 색을 적용하고 색의 구분이 안될 경우에는 RGB 값을 적용한다(빨강 255, 0, 0 / 파랑 0, 0, 255 / 노랑 255, 255, 0).
(4) 용지여백은 왼쪽 · 오른쪽 11mm, 위쪽 · 아래쪽 · 머리말 · 꼬리말 10mm, 제본은 0mm로 한다.

조건
(1) 문단 모양 – 첫 줄 들여쓰기 : 10pt, 문단 아래 간격 : 10pt
(2) 글자 모양 – 글꼴 : 한글(돋움)/영문(궁서), 크기 : 10pt, 장평 : 110%, 자간 : –5%

출력형태

A mobile operation system, mobile software platform, is the operating system that controls a mobile device or information appliance.

모바일 운영체제는 스마트폰, 태블릿 컴퓨터 및 정보 가전 등의 소프트웨어 플랫폼, 모바일 장치 또는 정보 기기를 제어하는 운영체제이다.

출력형태

운영체제(OS) 주도권 경쟁의 확산

문단 첫글자 장식 기능
글꼴 : 돋움, 면색 : 노랑

굴림, 25pt, 진하게, 가운데 정렬

스마트폰이 활성화되면서 MS가 주도해 온 운영체제(OS) 시장에서 애플과 구글이 부상하는 등 지각변동이 일어나고 있다. 2007년 애플의 아이폰이 출시되면서 스마트폰 OS 시장은 심비안이 몰락(沒落)하고 멀티터치 스크린과 외부 개발자 생태계 등을 지원하는 애플 iOS가 스마트폰 OS 경쟁을 촉발하여 그 대항마로 안드로이드가 급부상하면서 다자간 경쟁으로 전환되었다.
OS 주도권을 장악하기 위해 사활을 건 승부가 벌어지고 있는 까닭은 첫째, OS가 필요한 기기의 수가 폭증하고 있기 때문이다. 인터넷에 연결되어 다양한 애플리케이션을 활용할 수 있는 기기는 2010년 125억 대에서 2020년에는 500억 대로 늘어날 전망이다. 다양한 기기에 장착되는 OS를 장악한 기업은 관련 산업 자체를 자사에 유리한 방향으로 이끄는 등 막대한 이익을 향유하게 될 것이다. 둘째, 서버에 저장된 애플리케이션과 콘텐츠를 다양한 기기로 접속해 이용하는 클라우드 서비스가 확산되고 있기 때문이다. 클라우드 환경에서 필요한 OS는 PC 환경에서의 OS와 성격이 다르다. 따라서 향후 최대의 수익원으로 부상할 클라우드 서비스에서 수익을 극대화하기 위해 이에 최적화된 OS의 개발(開發) 경쟁이 전개되고 있다.

◐ 운영체제 주도권 경쟁의 확산

글꼴 : 굴림, 18pt, 흰색
음영색 : 주황

가) 스마트화가 진행되는 TV 시장
a) 애플 : 2012년 iOS를 탑재할 TV 출시 예정
b) MS의 윈도 8 : 스마트폰, 태블릿 PC뿐만 아니라 TV에도 탑재
나) 자동차용 OS의 경쟁 동향
a) 구글 : 2010년 GM과 안드로이드 기반 텔레매틱스 서비스 개발 협력
b) RIM : 2011년 블랙베리와 QNX를 통합한 BBX 공개

문단 번호 기능 사용
1수준 : 20pt, 오른쪽 정렬,
2수준 : 30pt, 오른쪽 정렬,
줄 간격 : 180%

◐ *모바일 OS 비교*

글꼴 : 굴림, 18pt, 기울임, 강조점

가) 안드로이드 판매처 : 안드로이드 마켓
나) iOS 판매처 : 애플 스토어

왼쪽 여백 : 20pt, 줄 간격 : 180%

글꼴 : 궁서, 22pt, 진하게,
장평 : 90%, 오른쪽 정렬

모바일운영체제연구소

기능평가 II

150점

3. 다음 (1), (2)의 수식을 수식 편집기로 각각 입력하시오. (40점)

《출력형태》

(1) $\int_{0}^{3} \frac{\sqrt{6t^2 - 18t + 12}}{5} dt = 11$ (2) $\vec{F} = \frac{m\vec{b_2} - m\vec{b_1}}{\Delta t}$

4. 다음의 《조건》에 따라 《출력형태》와 같이 문서를 작성하시오. (110점)

《조건》 (1) 그리기 도구를 이용하여 작성하고, 모든 도형(글맵시, 지정된 그림)을 포함 《출력형태》와 같이 작성하시오.
(2) 도형의 면 색은 지시사항이 없으면 색 없음을 제외하고 서로 다르게 임의로 지정하시오.

《출력형태》

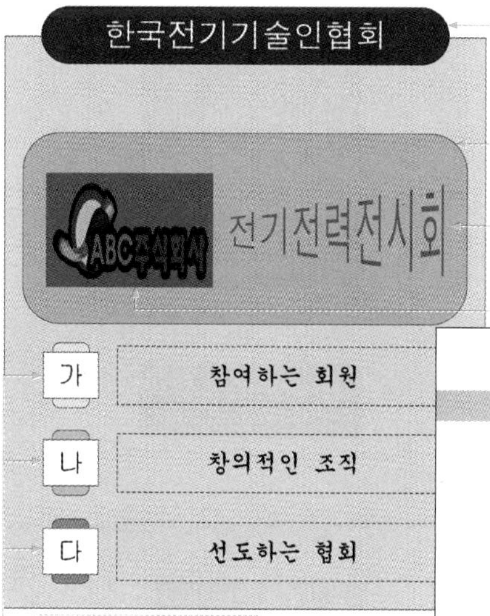

글상자 : 크기(110mm×15mm), 면 색(파랑), 글꼴(돋움, 24pt, 흰색), 정렬(수평 · 수직-가운데)

크기(120mm×50mm)

글맵시 이용(왼쪽으로 줄이기), 크기(60mm×25mm), 글꼴(돋움, 빨강)

그림위치 (내 PC₩문서₩ITQ₩Picture₩로고1.jpg, 문서에 포함), 크기(45mm×30mm)

직사각형 그리기 : 크기(15mm×12mm), 면 색(흰색), 글꼴(굴림, 20pt), 정렬(수평 · 수직-가운데)

직사각형 그리기 : 크기(10mm×17mm), 면 색(흰색을 제외한 임의의 색)

기출 · 예상문제

기능별로 학습한 이론을 실제 시험 형태로 풀 수 있도록 구성하였습니다.

문서작성 능력평가

200점

글꼴 : 돋움, 18pt, 진하게, 가운데 정렬
책갈피 이름 : 전기, 덧말 넣기

머리말 기능
굴림, 10pt, 오른쪽 정렬 → 전기전력

친환경적인 에너지
2020 국제 전기전력 전시회

문단 첫 글자 장식 기능
글꼴 : 궁서, 면 색 : 노랑

그림위치(내 PC₩문서₩ITQ₩Picture₩그림4.jpg, 문서에 포함)
자르기 기능 이용, 크기(40mm×35mm), 바깥 여백 왼쪽 : 2mm

각주

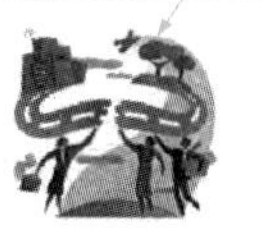

세계적으로 에너지 수요(需要)가 지속적으로 증가하며 신재생에너지와 수소에너지 투자의 보급이 확대되고 있다. 우리도 4차 산업혁명이 가속화됨에 따라 에너지 신산업 기술개발의 육성 경쟁력을 확보(確保)하고 기후변화에 대비한 친환경적인 에너지 전환 정책이 필요한 시점이다. 국내 최대 규모의 전기전력 산업 전시회인 "2020 국제 전기전력 전시회㉠"는 5월 27일(수)부터 5월 29일(금)까지 3일간 서울 코엑스에서 진행된다. 본 전시회는 전기전력 설비관, 발전 플랜트 산업관, 스마트 그리드 산업관, LED 조명 산업관으로 구분하여 운영된다. 전기전력 설비관은 송전/변전 설비, 수전반과 배전반, 분전반, 감시제어반 및 관련 기자재, 전력변환 및 제어장치, DC전원, 무정전전원장치, 자가용 발전기, 연료전지, 방송, 통신, 정보설비 및 관련 소프트웨어 중심이고 발전 플랜트 산업관은 화력, 수력, 원자력, 태양광, 풍력, 조력, 전력제어의 기자재 및 관련 소프트웨어 중심이다. 스마트 그리드 산업관은 스마트 그리드 홈, 운송, 전력서비스 중심의 부스로 채워진다.

본 전시회는 정부, 협회, 전기업계 공동으로 전력 플랜트 및 기자재 수출 진흥 모델을 구축한 전시회로서 한국전기기술인협회가 주최하여 에너지 신산업의 패러다임을 제시하며 비즈니스에 실질적인 도움이 되도록 개최될 예정이다.

♥ 전시회 개요

글꼴 : 굴림, 18pt, 흰색
음영색 : 빨강

가) 기간 및 장소
a) 기간 : 2020. 5. 27(수) - 29(금)
b) 장소 : 코엑스 A홀
나) 주최 및 후원
a) 주최 : 한국전기기술인협회
b) 후원 : 한국전기연구원, 한국에너지공단, 한국전력공사 외 다수

문단 번호 기능 사용
1수준 : 20pt, 오른쪽 정렬,
2수준 : 30pt, 오른쪽 정렬,
줄 간격 : 180%

♥ 전시회 홍보 계획

글꼴 : 굴림, 18pt, 밑줄, 강조점

표 전체 글꼴 : 돋움, 10pt, 가운데 정렬
셀 배경(그러데이션) : 유형(왼쪽 대각선), 시작색(흰색), 끝색(노랑)

구분	주요 내용	비고
국내 홍보	광고매체 및 전문지 광고	전문잡지 활용
	엘리베이터 홍보 및 옥외 광고물	수도권 아파트형 공장
	기사보도 및 업체 현장 스케치	쇼셜미디어 포함
	키워드 광고	24개 키워드
해외 홍보	해외 바이어 및 참관단 모집	해외 수출 로드쇼를 통한 홍보
	해외 바이어 초청 수출상담회	

글꼴 : 궁서, 24pt, 진하게
장평 95%, 오른쪽 정렬 → 한국전기기술인협회

각주 구분선 : 5cm

㉠ 전시회와 수출상담회를 동시에 진행하는 비즈니스 전문 전시회

쪽 번호 매기기
1로 시작 → A

06 예제파일 다운로드 안내

01 인터넷 익스플로러 또는 크롬 브라우저의 주소 입력 창에 "itbook.kyohak.co.kr/itq2016/"을 입력한 후 Enter 를 누릅니다. 이 교재는 크롬 브라우저를 이용한 방법을 설명합니다.

02 [ITQ 2016 예제파일 다운로드하기] 웹 페이지가 나타납니다. [다운로드 클릭]버튼을 클릭합니다.

03 [다운로드 클릭] 버튼을 클릭하면 브라우저 아래에 압축파일이 다운로드됩니다. 다운로드가 완료되면 목록 단추를 클릭하여 [폴더 열기]를 클릭합니다.

→ 크롬 브라우저에서 다운로드 받은 파일은 [내 PC]-[다운로드] 폴더에 자동으로 저장됩니다.

04 [다운로드] 폴더에 다운로드 받은 예제파일이 저장되어 있습니다. 압축파일이므로 압축을 풀어야 사용 가능합니다. 압축파일을 바탕화면으로 드래그하여 이동한 후 압축 프로그램을 이용하여 파일 압축을 풀어줍니다.

→ 압축파일을 풀기 전에 먼저, 압축 프로그램을 설치해야 합니다. 압축 프로그램은 포털 사이트(다음 또는 네이버)에서 '압축 프로그램'으로 검색한 후, 설치할 수 있습니다.

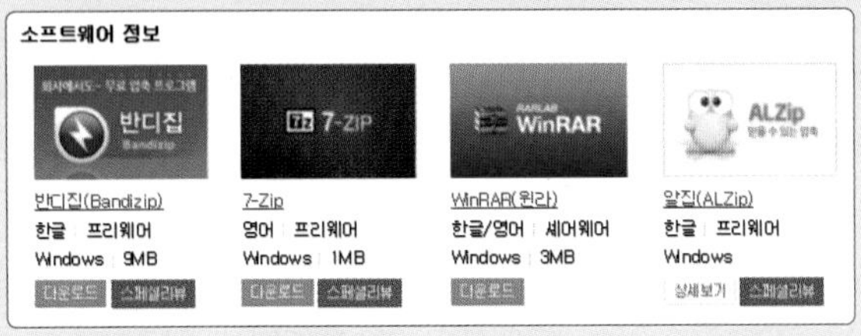

07 이 책의 목차

한글 2016

엑셀 2016

파워포인트 2016

ITQ

Hangul 2016

ITQ 한글 2016 답안 작성요령

[공통 부문]

- ⊙ 글꼴에 대한 기본설정은 함초롬바탕, 10pt, 검정, 줄 간격은 160%, 양쪽정렬로 한다.
- ⊙ 색상은 조건의 색을 적용하고 색의 구분이 안될 경우에는 RGB 값을 적용한다(빨강 255, 0, 0 / 파랑 0, 0, 255 / 노랑 255, 255, 0).
- ⊙ 각 문항에 주어진 ≪조건≫에 따라 작성하고 언급하지 않은 조건은 ≪출력형태≫와 같이 작성한다.
- ⊙ 용지여백은 왼쪽 · 오른쪽 11mm, 위쪽 · 아래쪽 · 머리말 · 꼬리말 10mm, 제본은 0mm로 설정한다.
- ⊙ 그림 삽입 문제의 경우 「내 PC₩문서₩ITQ₩Picture」 폴더에서 지정된 파일을 선택하여 삽입한다.
- ⊙ 삽입한 그림은 반드시 문서에 포함하여 저장한다(미포함 시 감점 처리).

[기능평가1]

GCF was established to limit or reduce greenhouse gas emissions in developing countries, and to help vulnerable societies adapt to the unavoidable impacts of climate change.

녹색기후기금은 개도국의 기후변화 대응 사업에 필요한 재원을 지원하기 위한 국제기구로 우리나라는 녹색기후기금을 인천 송도에 잘 정착하여 발전해 나갈 수 있도록 하기 위하여 적극적으로 지원하고 있다.

- ⊙ 1 페이지에 스타일 내용을 입력하기 전에 문항번호 "1"을 입력한다.
- ⊙ 스타일 이름과 내용에 오타를 검사한다.
- ⊙ 한글과 영문의 글꼴 조건이 다르므로 주의한다.

에너지 유형별 온실가스 배출량 목표치(단위 : 톤)

구분	2014년	2015년	2016년	2017년	2018년
전기	3,100	3,700	3,200	3,600	3,900
지역난방	2,500	2,300	2,000	2,000	2,500
운송	1,800	2,100	2,500	1,900	2,600
합계	7,400	8,100	7,700	7,500	

- ⊙ 1 페이지에 표를 작성하기 전에 "2"를 먼저 입력하고 표에 입력한 내용에 오타가 없어야 된다.
- ⊙ 합계 또는 평균은 표 계산 기능을 이용하여 작성해야 되며, 답안을 직접 입력할 경우 감점된다.
- ⊙ 표 테두리는 ≪출력형태≫와 같게 설정한다.
- ⊙ 캡션 번호는 표시되지 않도록 설정한다.

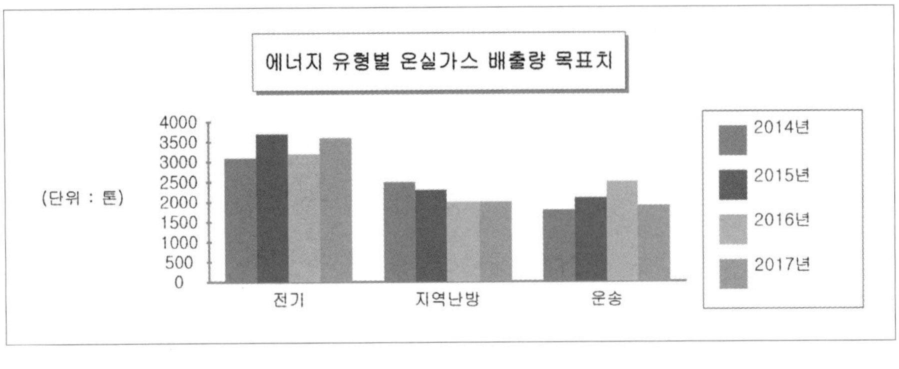

- ⊙ 차트의 글꼴은 각 요소마다 설정해야 된다.
- ⊙ 차트가 2페이지로 넘어가지 않도록 한다.
- ⊙ 차트의 큰 눈금선은 출력형태와 같아야 한다.

[기능평가2]

(1) $\frac{k_x}{2h}\times(-2mk_x)=-\frac{m(k_x)^2}{h}$　　　　(2) $a_n=n^2\frac{h^2}{4\pi^2Kme^2}$

⊙ 2 페이지에 수식을 입력하기 전에 문항번호 “3”을 입력한다.

⊙ 수식에서 제공하고 있는 기호는 많으므로 반복 연습을 통해 출제된 문제를 빠르게 입력할 수 있도록 반복 연습이 필요하다.

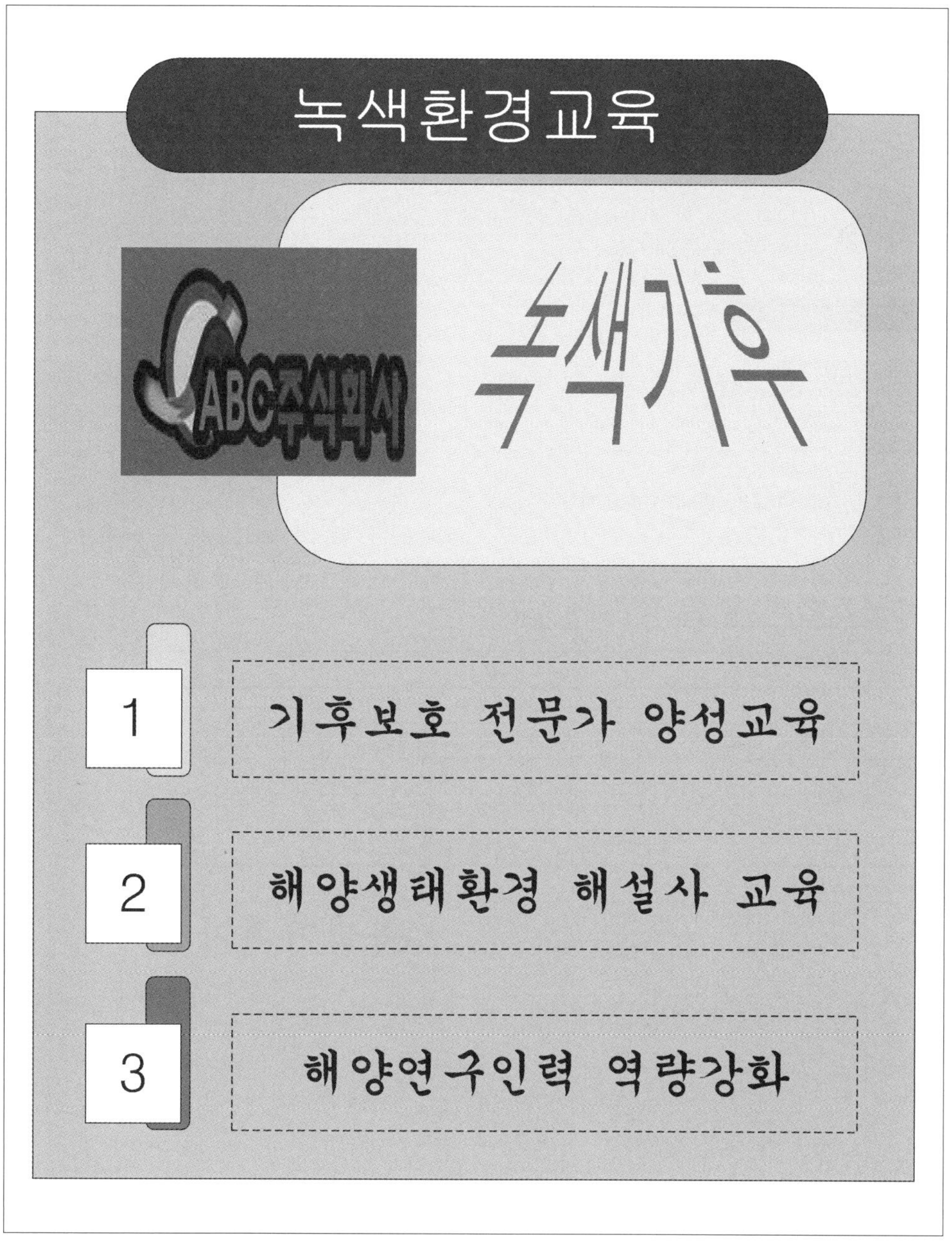

⊙ 2 페이지에 도형을 삽입하기 전에 문항 번호 “4”를 입력한다.

⊙ 도형을 그룹으로 묶으면 0점 처리 되므로 주의한다.

⊙ 그림과 글맵시는 반드시 도형 위에 배치한다.

⊙ 도형의 채우기 색은 특별한 지시가 없으면 임의의 색으로 설정하되, 입력한 글자가 잘 보이는 색으로 설정하는 것이 좋다.

수험자 유의 사항

[문제작성 능력평가]

글꼴 : 돋움, 18pt, 진하게, 가운데 정렬
책갈피 이름 : 녹색기후, 덧말 넣기

머리말 기능
굴림, 10pt, 오른쪽 정렬 → 녹색기후기금

문단 첫 글자 장식 기능
글꼴 : 궁서, 면색 : 노랑

각주

기후변화 관련 국제금융기구 (덧말: GCF)

그림위치(내 PC₩문서₩ITQ₩Picture₩그림4.jpg, 문서에 포함)
자르기 기능 이용, 크기(40mm×40mm), 바깥 여백 왼쪽 : 2mm

녹색기후기금Ⓐ은 저탄소 배출과 기후 복원력 향상(向上)을 위한 투자 재원을 동원함으로써 기후변화에 대응하는 인류의 집합적인 행동을 확대하는 것을 궁극적인 목적으로 설정하였으며 동 목적 달성을 위한 투자 자원을 동원(動員)하는 것을 목표로 하고 있습니다. 기존의 지구환경기금이나 적응기금은 기후변화, 생물다양성, 사막화 방지 분야와 일부 특정 분야만 지원하는 한계성을 지니고 있었습니다. 이에 따라 2010년 12월 멕시코 칸쿤에서 열린 UN기후변화협약 제16차 당사국 총회에서 선진국은 개도국의 기후변화 대응을 지원하기 위한 녹색기후기금을 설립하기로 합의하고 2011년 12월 남아공 더반에서 기금 설계방안을 채택하게 됩니다.

2013년 공식출범한 녹색기후기금은 기후변화 장기재원 중 많은 부분의 예산 조달과 집행을 담당할 것이며, 장기재원은 공공재원 및 민간재원 등을 통해 2020년까지 매년 1,000억 달러 규모로 조성됩니다. 이로 인하여 매년 3,800억 원의 경제적 효과와 수백 명의 고용 창출 효과, 안보 및 국가의 브랜드 상승효과 등 많은 성과가 예상되며 향후 한국 기업 및 기관의 GCF 활용 기회 또한 증대될 것으로 예상됩니다.

▣ GCF 민간투자 컨퍼런스

글꼴 : 돋움, 18pt, 흰색
음영색 : 파랑

1) 일시 및 장소
   가) 개최 일시 : 2019년 11월 11일(월) - 11월 13일(수)
   나) 개최 장소 : 인천 그랜드 하얏트 호텔
2) 주요 내용 및 언어
   가) 주요 내용 : 민간 부문의 기후변화대응사업 투자 촉진 방안 논의
   나) 공식 언어 : 영어(영한 동시통역)

문단 번호 기능 사용
1수준 : 20pt, 오른쪽 정렬,
2수준 : 30pt, 오른쪽 정렬,
줄 간격 : 180%

표 전체 글꼴 : 굴림, 10pt, 가운데 정렬
셀 배경(그러데이션) : 유형(수평),
시작색(흰색), 끝색(노랑)

▣ 위원회 및 자문그룹의 역할

글꼴 : 궁서, 18pt,
기울임, 강조점

구분		역할
위원회	투자위원회	GCF 투자체계 구성 및 검토
	리스크관리위원회	기금 실행 관련 리스크 관리를 위한 관리체계 구성 및 리스크 요소 검증
	윤리감사위원회	기금 실행 관련 윤리 이슈 관리 및 내부 감사 문제 검토
패널 및 자문그룹	인증 패널	인증기구에 대한 2단계 인증 절차 수행
	민간부문 자문그룹	민간부문의 GCF 참여에 관해 자문 제공

글꼴 : 궁서, 24pt, 진하게
장평 95%, 오른쪽 정렬 → **녹색기후기금**

각주 구분선 : 5cm

Ⓐ GCF(Green Climate Fund) 사무국으로 인천 송도가 결정됨

쪽 번호 매기기
5로 시작 → ⑤

제1회 정보기술자격(ITQ) 시험

과 목	코 드	문제유형	시험시간	수험번호	성 명
아래한글	1111	A	60분		

수험자 유의사항

- 수험자는 문제지를 받는 즉시 문제지와 **수험표상의 시험과목(프로그램)이 동일한지 반드시 확인**하여야 합니다.
- 파일명은 본인의 "수험번호-성명"으로 입력하여 답안폴더(내 PC₩문서₩ITQ)에 하나의 파일로 저장해야 하며, 답안문서 파일명이 "수험번호-성명"과 일치하지 않거나, 답안파일을 전송하지 않아 미제출로 처리될 경우 실격 처리합니다(예 : 12345678-홍길동.hwp).
- 답안 작성을 마치면 파일을 저장하고, '답안 전송' 버튼을 선택하여 감독위원 PC로 답안을 전송하십시오. 수험생 정보와 저장한 파일명이 다를 경우 전송되지 않으므로 주의하시기 바랍니다.
- 답안 작성 중에도 **주기적으로 저장하고, '답안 전송'**하여야 문제 발생을 줄일 수 있습니다. 작업한 내용을 저장하지 않고 전송할 경우 이전에 저장된 내용이 전송되오니 이점 유의하시기 바랍니다.
- 답안문서는 지정된 경로 외의 다른 보조기억장치에 저장하는 경우, 지정된 시험 시간 외에 작성된 파일을 활용할 경우, 기타 통신수단(이메일, 메신저, 네트워크 등)을 이용하여 타인에게 전달 또는 외부 반출하는 경우는 부정 처리합니다.
- 시험 중 부주의 또는 고의로 시스템을 파손한 경우는 수험자가 변상해야 하며, 〈수험자 유의사항〉에 기재된 방법대로 이행하지 않아 생기는 불이익은 수험생 당사자의 책임임을 알려 드립니다.
- 문제의 조건은 한컴오피스 NEO(2016)버전으로 설정되어 있으니 유의하시기 바랍니다.
- 시험을 완료한 수험자는 답안파일이 전송되었는지 확인한 후 감독위원의 지시에 따라 문제지를 제출하고 퇴실합니다.

답안 작성요령

온라인 답안 작성 절차

수험자 등록 ⇒ 시험 시작 ⇒ 답안파일 저장 ⇒ 답안 전송 ⇒ 시험 종료

공통 부문

- ㅇ 글꼴에 대한 기본설정은 함초롬바탕, 10포인트, 검정, 줄간격 160%, 양쪽정렬로 합니다.
- ㅇ 색상은 조건의 색을 적용하고 색의 구분이 안 될 경우에는 RGB 값을 적용하십시오(빨강 255, 0, 0 / 파랑 0, 0, 255 / 노랑 255, 255, 0).
- ㅇ 각 문항에 주어진 ≪조건≫에 따라 작성하고 언급하지 않은 조건은 ≪출력형태≫와 같이 작성합니다.
- ㅇ 용지여백은 왼쪽 · 오른쪽 11㎜, 위쪽 · 아래쪽 · 머리말 · 꼬리말 10㎜, 제본 0㎜로 합니다.
- ㅇ 그림 삽입 문제의 경우 「내 PC₩문서₩ITQ₩Picture」 폴더에서 지정된 파일을 선택하여 삽입하십시오.
- ㅇ 삽입한 그림은 반드시 문서에 포함하여 저장해야 합니다(미포함 시 감점 처리).
- ㅇ 각 항목은 지정된 페이지에 출력형태와 같이 정확히 작성하시기 바라며, 그렇지 않을 경우에 해당 항목은 0점 처리됩니다.

  ※ 페이지구분 : 1 페이지 – 기능평가 Ⅰ(문제번호 표시 : 1. 2.).
  2페이지 – 기능평가 Ⅱ(문제번호 표시 : 3. 4.).
  3페이지 – 문서작성 능력평가

기능평가

- ㅇ 문제와 ≪조건≫은 입력하지 않으며 문제번호와 답(≪출력형태≫)만 작성합니다.
- ㅇ 4번 문제는 묶기를 했을 경우 0점 처리됩니다.

문서작성 능력평가

- ㅇ A4 용지(210㎜×297㎜) 1매 크기, 세로 서식 문서로 작성합니다.
- ㅇ ⬚ 표시는 문서작성에 대한 지시사항이므로 작성하지 않습니다.

01 Section

기본 문서 및 글꼴과 문단 서식 설정하기

한글 네오 2016 프로그램을 실행하여 편집 용지의 용지 여백을 설정하고, 쪽을 나누는 등 문서 작성의 기본부터 글꼴과 문단의 서식을 설정하는 방법까지 ITQ 한글 답안 작성의 기본 설정에 대해 학습합니다.

편집 용지 설정하기

- [쪽] 탭의 목록 단추를 클릭하여 [편집 용지]를 선택하거나 [쪽] 탭의 [쪽 여백]에서 [쪽 여백 설정]을 클릭하여 편집 용지의 용지 종류와 용지 여백을 설정할 수 있습니다.
- F7 을 눌러 편집 용지를 설정할 수 있습니다.

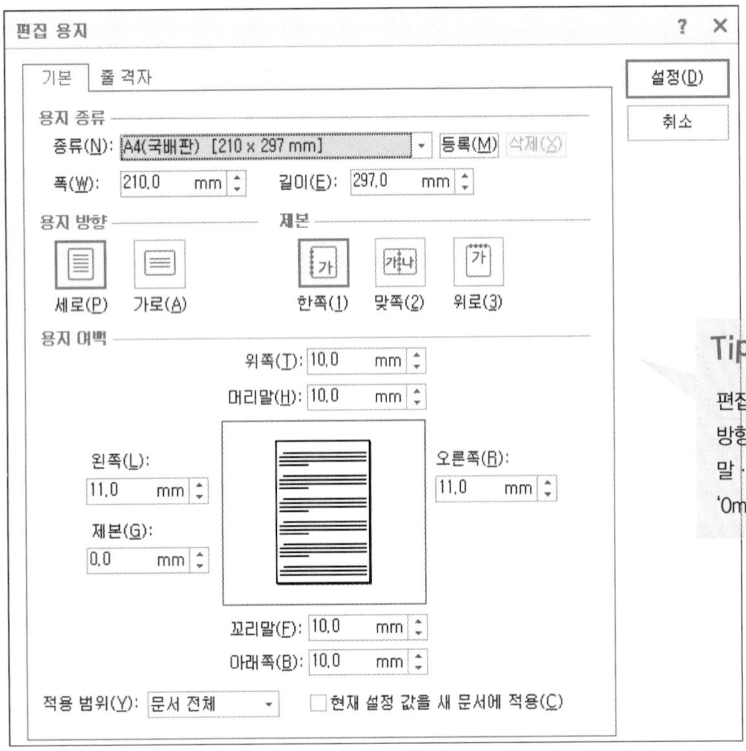

Tip

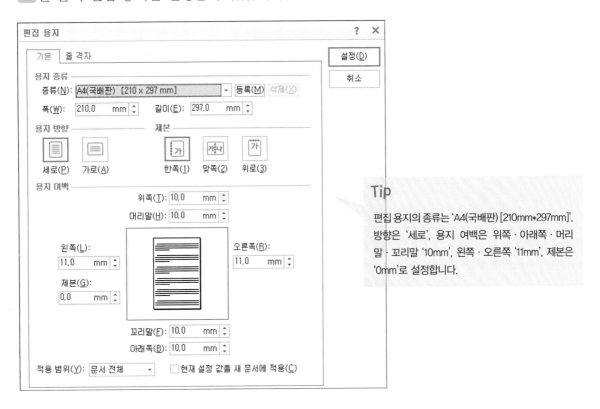

편집 용지의 종류는 'A4(국배판) [210mm*297mm]', 방향은 '세로', 용지 여백은 위쪽 · 아래쪽 · 머리말 · 꼬리말 '10mm', 왼쪽 · 오른쪽 '11mm', 제본은 '0mm'로 설정합니다.

쪽 나누기

- [쪽] 탭의 목록 단추를 클릭하여 [쪽 나누기]를 선택하거나 [쪽] 탭의 [쪽 나누기]를 클릭합니다.
- Ctrl + Enter 를 눌러 쪽 나누기를 할 수 있습니다. 쪽을 나누면 빨간색으로 페이지 구분선이 나타납니다.
- 쪽 나누기를 실행한 자리 앞이나 뒤에서 Delete 나 Back Space 를 누르면 나누어진 쪽이 지워집니다.

1페이지 Ctrl + Enter

2페이지

한글/한자로 바꾸기

- 한자로 변경할 글자 또는 단어 뒤에 마우스 커서를 위치시키고 [입력] 탭의 [한자 입력]을 클릭한 뒤, [한자로 바꾸기]를 선택합니다.
- 한자 또는 F9 를 눌러 한글을 한자로 변경할 수 있으며, 변경된 한자 뒤에 마우스 커서를 위치시키고 다시 한자 또는 F9 를 누르면 한자를 한글로 변경할 수 있습니다.

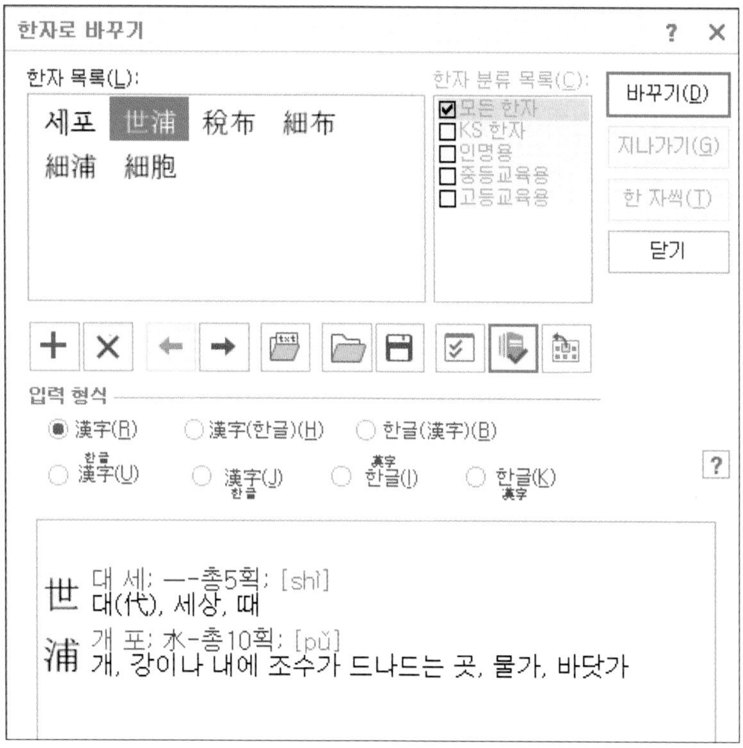

문자표 입력하기

- [입력]의 목록 단추를 클릭하여 [문자표]를 선택하거나 [입력] 탭의 [문자표]를 클릭합니다.
- Ctrl + F10 을 눌러 [문자표 입력] 대화상자에서 다양한 문자를 입력할 수 있습니다.
- [입력] 탭의 [문자표] 목록 단추를 클릭하면 최근에 삽입한 문자를 선택하여 입력할 수 있습니다.

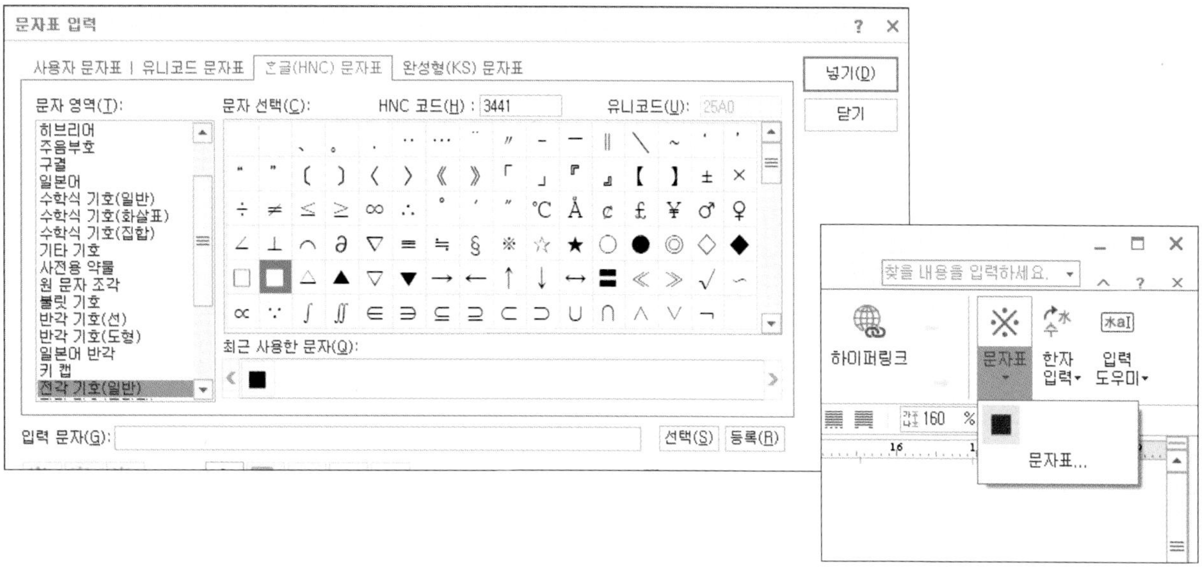

블록 설정하기

- 글꼴이나 문단 서식이 적용될 범위를 블록으로 설정하여 편집할 수 있습니다.
- 블록을 설정할 시작 위치에 마우스 포인터를 위치시킨 다음, 원하는 위치까지 드래그하면 블록을 설정할 수 있습니다.
- 블록을 설정할 시작 위치에 커서를 위치시킨 다음, Shift를 누른 상태로 클릭하면 커서가 위치한 곳부터 끝까지 블록을 설정할 수 있습니다.
- 블록을 설정할 단어를 더블 클릭하면 한 단어가 블록 설정됩니다.
- 블록을 설정할 단어를 세 번 클릭하면 한 문단이 블록 설정됩니다.
- [편집] 탭의 [모두 선택]을 클릭하거나 Ctrl+A를 누르면 문서 전체가 블록 설정됩니다.

글꼴 서식 설정하기

- [서식] 탭의 목록 단추를 클릭하여 [글자 모양]을 선택하거나 [서식] 탭 또는 [편집] 탭의 [글자 모양]을 클릭합니다.
- Alt+L을 눌러 [글자 모양] 대화상자를 불러올 수 있습니다.
- 서식 도구 상자에서 글꼴, 크기, 속성, 줄 간격 등을 설정할 수 있습니다.

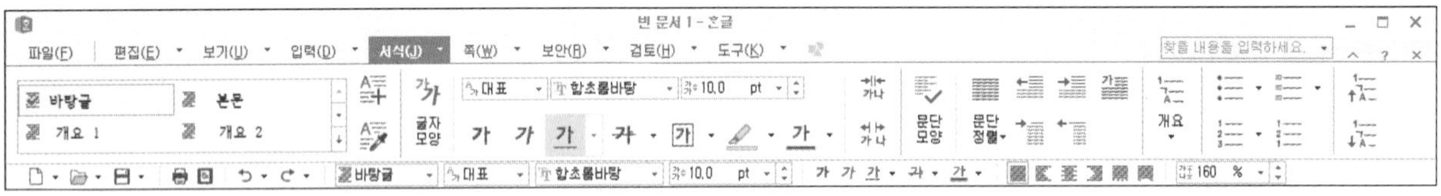

- [글자 모양] 대화상자의 [기본] 탭에서 글자 크기, 글꼴, 글자 색 등을 설정할 수 있습니다.

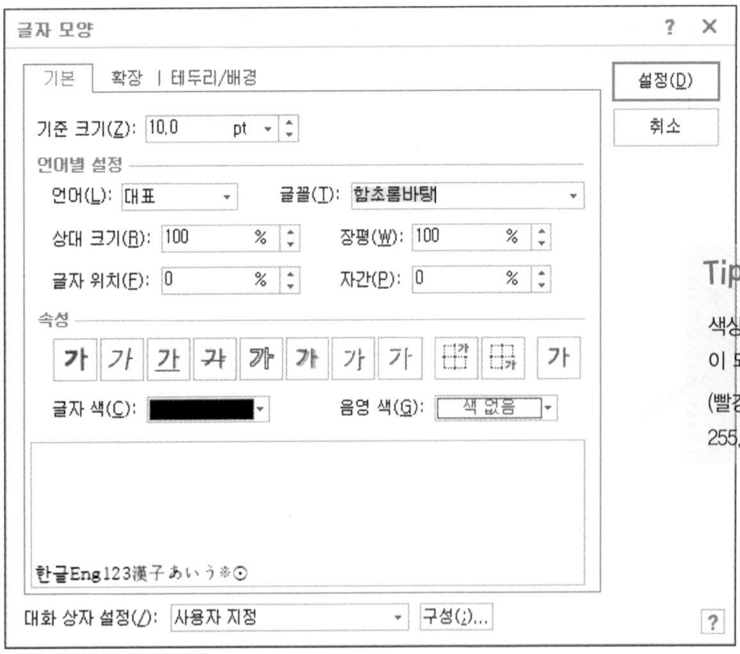

Tip

색상은 조건에 있는 색상을 적용하고 색상이 구분이 되지 않을 경우는 RGB 값을 적용합니다.
(빨강 255, 0, 0 / 파랑 0, 0, 255 / 노랑 255, 255, 0)

• 속성

• [글자 모양] 대화상자의 [확장] 탭에서 ~, ·, ° 과 같은 강조점을 설정하여 문자 위에 표시할 수 있습니다.

Tip

글자 속성 단축키

메뉴	진하게	기울임	밑줄	흰색 글자	빨간색 글자	노란색 글자	파란색 글자
단축키	Ctrl + B	Ctrl + I	Ctrl + U	Ctrl + M, W	Ctrl + M, R	Ctrl + M, Y	Ctrl + M, B

문단 모양 설정하기

• [서식] 탭의 목록 단추를 클릭하여 [문단 모양]을 선택하거나 [서식] 탭 또는 [편집] 탭의 [문단 모양]을 클릭합니다.

• Alt + T 를 눌러 [문단 모양] 대화상자를 불러올 수 있습니다.

• [서식]에서 문단 정렬 및 문단 첫글자 장식, 줄 간격, 왼쪽 여백 늘이기, 왼쪽 여백 줄이기 등을 설정할 수 있습니다.

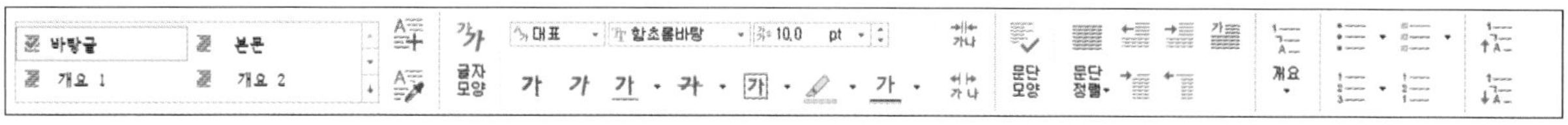

• [문단 모양] 대화상자에서 정렬 방식, 여백, 첫 줄 들여쓰기, 첫 줄 내어쓰기, 줄 간격 등을 설정할 수 있습니다.

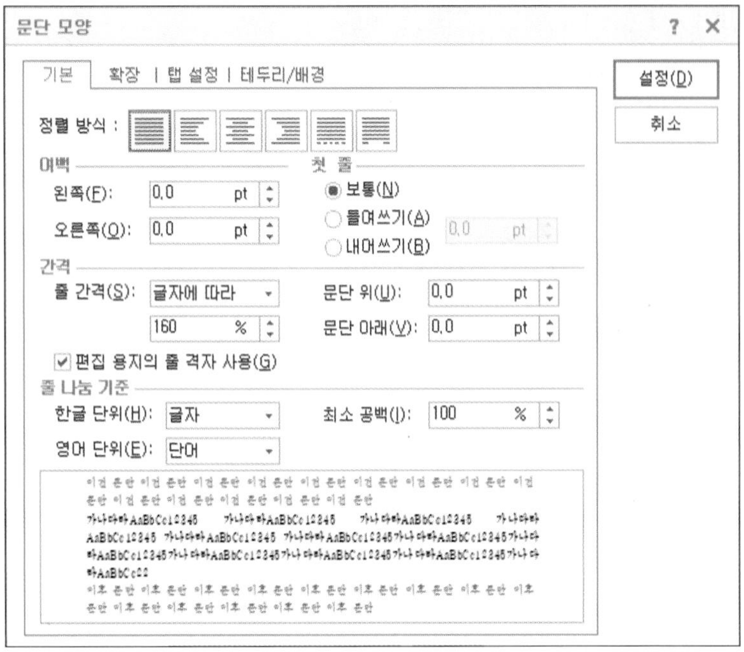

문단 첫 글자 장식 설정하기

• 첫 글자를 장식할 문단에 커서를 위치한 다음에 [서식] 탭의 목록 단추를 클릭하여 [문단 첫 글자 장식]을 선택하거나 [서식] 탭의 [문단 첫 글자 장식]을 클릭합니다.

• [문자 첫 글자 장식] 대화상자의 모양에서 2줄, 3줄, 여백으로 문단 첫 글자를 장식할 수 있습니다.

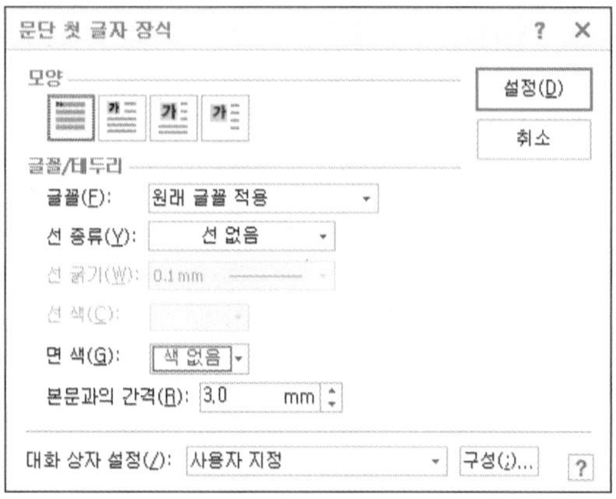

문단 번호 모양 설정하기

• [서식] 탭의 목록 단추를 클릭하여 [문단 번호 모양]을 선택하거나 [서식] 탭에서 [문단 번호]의 목록 단추를 클릭하여 [문단 번호 모양]을 클릭합니다.

• Ctrl + K , N 을 눌러 [문단 번호/글머리표] 대화상자를 불러올 수 있습니다.

• [문단 번호/글머리표] 대화상자에서 [사용자 정의]를 클릭하면 문단 번호의 모양을 수준에 따라 각각 다르게 설정할 수 있으며 문단 번호의 너비와 정렬을 설정할 수 있습니다.

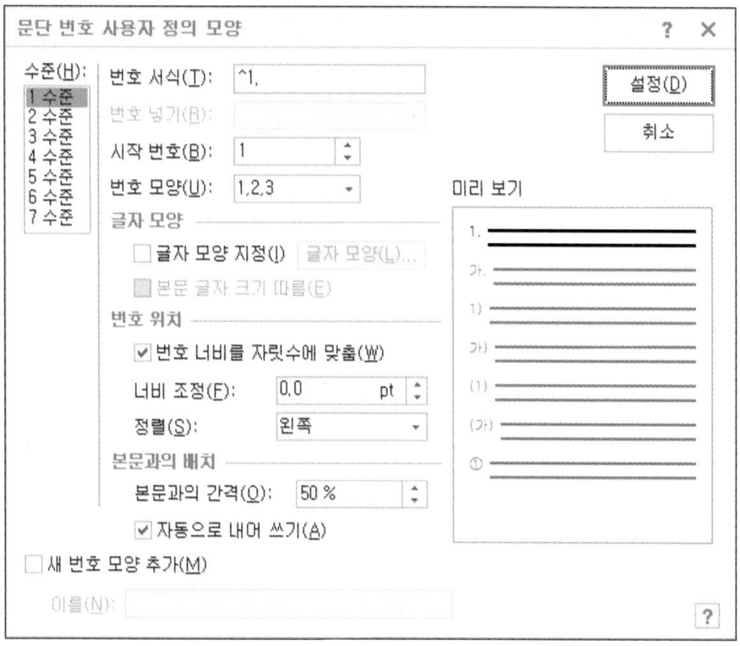

• [서식] 탭의 [한 수준 증가]를 클릭하면 문단 번호가 한 수준 증가하며, [한 수준 감소]를 클릭하면 문단 번호가 한 수준 감소합니다.

모양 복사하기

• [편집] 탭의 목록 단추를 클릭하여 [모양 복사]를 선택하거나 [편집] 탭의 [모양 복사]를 클릭하여 커서 위치의 글자 모양이나 문단 모양, 스타일 등을 다른 곳으로 복사할 수 있습니다.
• Alt + C 를 눌러 [모양 복사] 대화상자를 불러올 수 있습니다.
• 특정한 모양을 반복적으로 설정해야 하는 경우에 편리한 기능입니다.
• 복사한 글자 모양이나 문단 모양을 적용하고 싶으면 원하는 내용을 블록 설정한 다음, Alt + C 를 누릅니다.

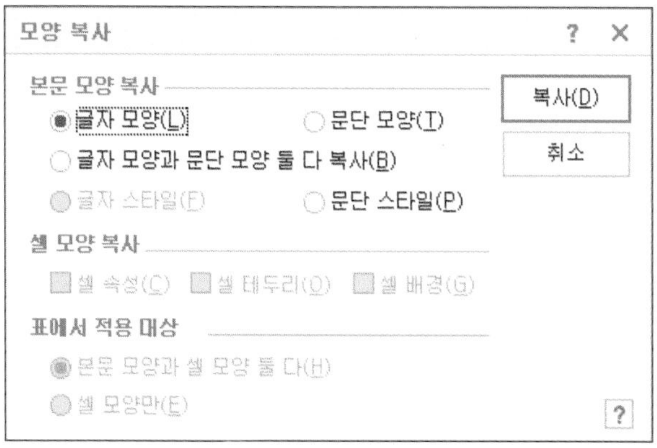

출제유형 따라하기

■ ■ 예제 : 기출유형₩기본문서.hwp

다음의 ≪조건≫에 따라 ≪출력형태≫와 같이 문서를 작성하시오.

공통 부문 (1) 파일명의 본인의 "수험번호-성명"으로 입력하여 답안폴더 [내 PC₩문서₩ITQ]에 저장하시오.

(2) 글꼴에 대한 기본설정은 함초롬바탕, 10포인트, 검정, 줄 간격 160%, 양쪽 정렬로 한다.

(3) 색상은 조건의 색을 적용하고 색의 구분이 안될 경우에는 RGB 값을 적용한다(빨강 255, 0, 0 / 파랑 0, 0, 255 / 노랑 255, 255, 0).

(4) 용지여백은 왼쪽 · 오른쪽 11mm, 위쪽 · 아래쪽 · 머리말 · 꼬리말 10mm, 제본은 0mm로 한다.

조건 (1) 문단 모양 – 왼쪽 여백 : 15pt, 문단 아래 간격 : 10pt

(2) 글자 모양 – 글꼴 : 한글(궁서)/영문(돋움), 크기 : 10pt, 장평 : 95%, 자간 : 5%

출력형태

Leisure or free time, is a period of time spent out of work and essential domestic activity. Most people enjoy socializing with friends for dinner or a drink after a hard day at work.

풍요로운 생활과 함께 삶의 질적 수준을 높이고자 하는 현세대의 가치관과 맞물려 다양한 분야의 여가가 그 수요를 높이고 있다.

출력형태

문단 첫 글자 장식 기능
글꼴 : 돋움, 면색 : 노랑

건강한 삶을 위한 여가활동

돋움, 21pt, 진하게, 가운데 정렬

일을 하지 않는 여가에 이루어지는 활동을 여가활동이라고 한다. 즉 의무적인 행동이 아닌 남는 시간에 자유롭게 행하는 활동으로서 공연 관람 등의 문화생활, 배움을 목적으로 한 강좌 수강, 나눔을 위한 자원봉사 등 자신의 만족을 위한 자발적인 모든 것이 이에 포함된다. 고도의 경제 성장으로 선진국 진입의 발판이라는 1인당 국민소득(國民所得) 6만 달러 시대를 맞은 우리나라도 이제 이 여가활동이 국가 경쟁력의 핵심이 되고 있다. 여가는 노동과 대립되는 의미이지만 노동력을 향상시키기 위한 에너지를 재충전한다는 관점에서 상호 보완적 관계에 있다고도 할 수 있다.

산업 기술의 혁신과 노동 환경의 변화에 따라 육체적인 작업보다 정신적인 업무가 증가하면서 이에 수반되는 스트레스를 해소하고 마음의 여유와 생활의 활력을 찾기 위한 여가활동의 필요성도 점점 강조되고 있다. 풍요로운 생활과 함께 삶의 질적 수준을 높이고자 하는 현세대(現世代)의 가치관과 맞물려 다양한 분야의 여가가 그 수요를 높이고 있는 것이다. 개인의 삶의 질을 향상시키는 역할은 물론 국가 경쟁력을 키우는 핵심 국정 사안으로 인식되어 국가적 차원의 지원과 활성화가 이루어지기를 기대한다.

◈ 여가활동의 종류

글꼴 : 굴림, 18pt, 흰색
음영색 : 파랑

A. 신체적 여가활동
  ① 의의 : 현대인의 신체적 불균형 해소
  ② 종류 : 등산, 하이킹, 캠핑, 야영, 각종 스포...
B. 사회적 여가활동
  ① 의의 : 인간성의 회복과 건전한 사회 풍토 조성
  ② 종류 : 자원봉사, 캠페인 전개, 사회운동 참...

문단 번호 기능 사용
1수준 : 20pt, 오른쪽 정렬,
2수준 : 30pt, 오른쪽 정렬,
줄 간격 : 180%

◈ *여가활동별 유형 분석*

글꼴 : 굴림, 18pt, 기울임, 강조점

A. 탐구형 : 분석적, 이지적, 독립적, 독창적, 개방적
B. 예술형 : 낭만적, 표현적, 직관적, 풍부한 상상력, 예민한 감수성
C. 진취형 : 열정적, 경쟁적, 낙천적, 사교적, 권력지향적

왼쪽 여백 : 20pt, 줄 간격 : 180%

여가정책연구실

글꼴 : 궁서, 24pt, 진하게,
장평 : 110%, 가운데 정렬

Step 01. 편집 용지와 글자 모양 설정하기

01 [쪽] 탭의 [편집 용지]를 클릭하거나 F7을 눌러 [편집 용지] 대화상자의 ❶[기본] 탭에서 ❷[용지 여백]을 위쪽 · 아래쪽 · 머리말 · 꼬리말은 '10mm', 왼쪽 · 오른쪽은 '11mm', 제본은 '0mm'으로 설정하고 ❸[설정]을 클릭합니다.

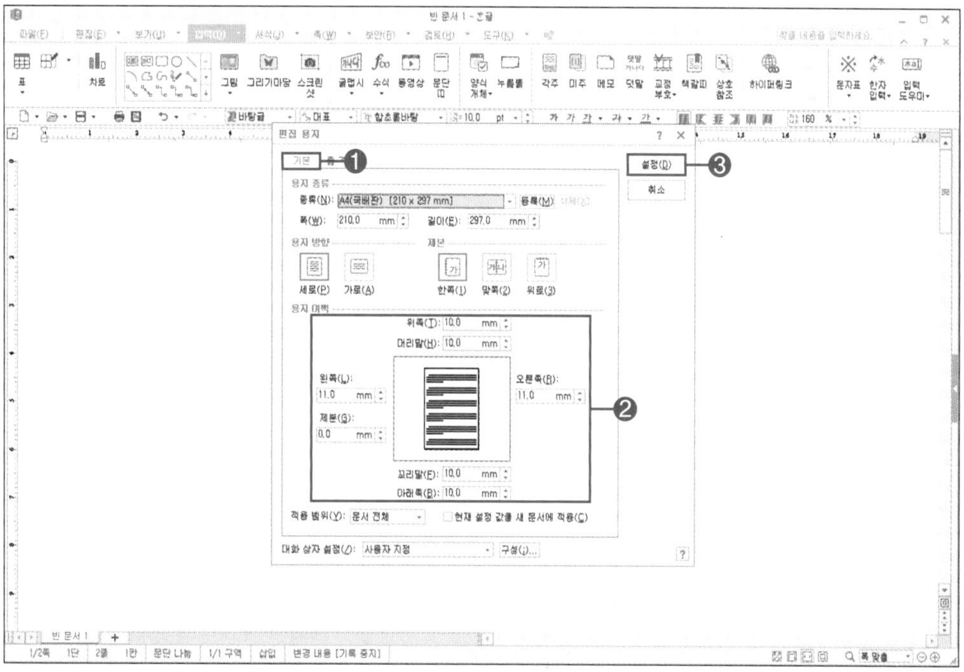

02 ≪출력형태≫와 같이 내용을 입력합니다. 입력한 내용을 블록으로 설정하고 ❶[서식] 탭의 ❷[글자 모양]을 클릭합니다. [글자 모양] 대화상자에서 ❸언어를 '한글', 글꼴은 '궁서', 장평은 '95%', 자간은 '5%'로 설정합니다.

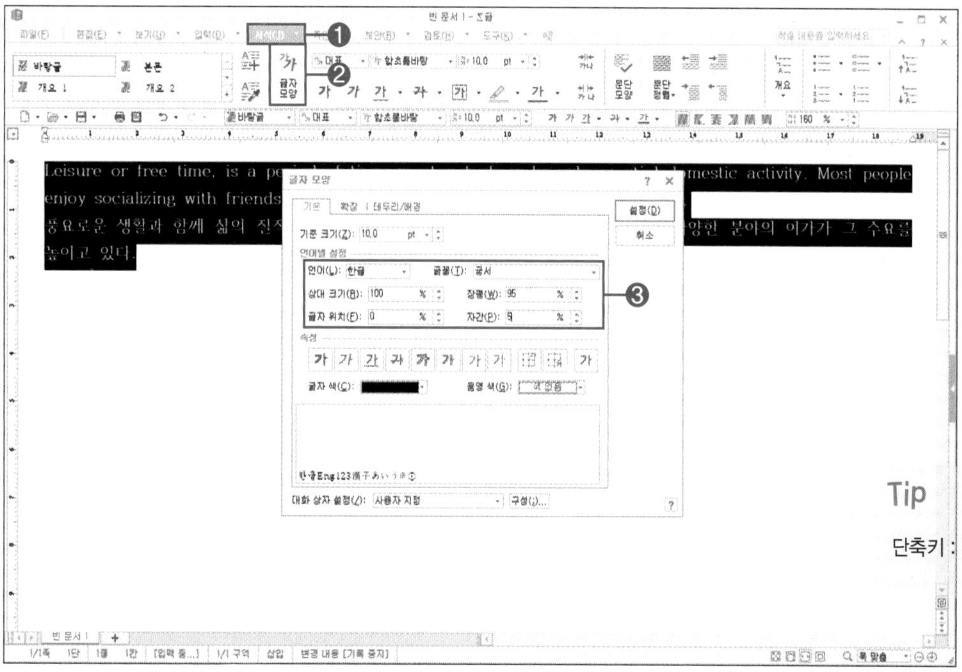

Tip

단축키 : Alt + L

03 ❶언어를 '영문', 글꼴은 '돋움', 장평은 '95%', 자간은 '5%'로 설정하고 ❷[설정]을 클릭합니다.

04 ❶[서식] 탭의 ❷[문단 모양]을 클릭합니다. [문단 모양] 대화상자의 ❸[기본] 탭에서 ❹왼쪽은 '15pt', ❺문단 아래 간격은 '10pt'로 설정하고 ❻[설정]을 클릭합니다.

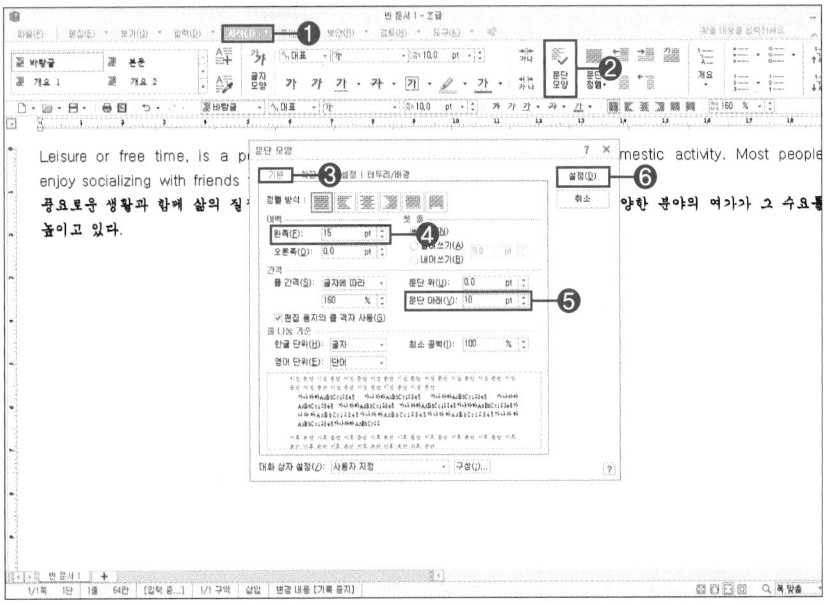

> **Tip**
>
> 단축키 : Alt + T

05 입력한 내용 마지막 줄 끝에 마우스 커서를 위치시킨 다음 [쪽 나누기]를 클릭하여 쪽(페이지)을 나눕니다.

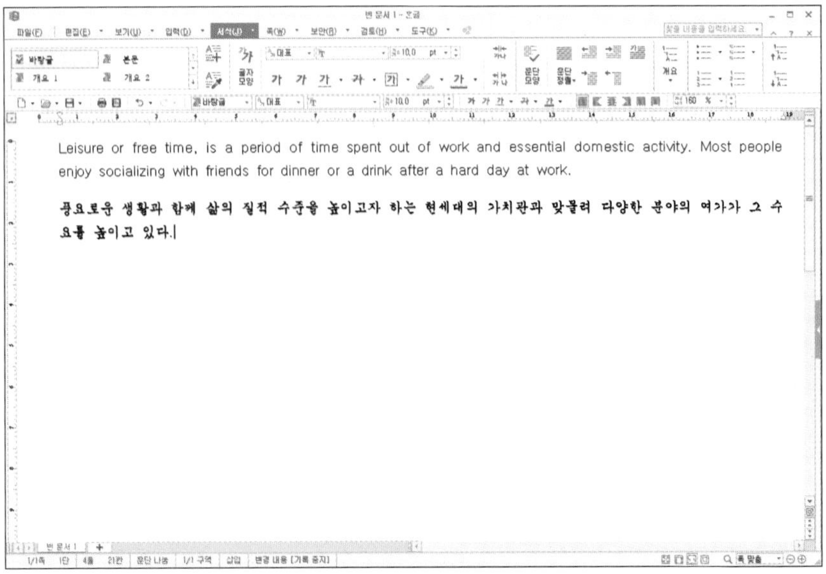

Leisure or free time, is a period of time spent out of work and essential domestic activity. Most people
enjoy socializing with friends for dinner or a drink after a hard day at work.
풍요로운 생활과 함께 삶의 질적 수준을 높이고자 하는 현세대의 가치관과 맞물려 다양한 분야의 여가가 그 수
요를 높이고 있다.

> **Tip**
>
> 단축키 : Ctrl + Enter

Step 02. 글꼴 서식 설정하기

01 ≪출력형태≫와 같이 내용을 입력합니다. 제목을 블록 설정한 다음, 서식 도구 상자에서 ❶글꼴은 '돋움', 글자 크기는 '21pt', 속성은 '진하게', 정렬은 '가운데 정렬'로 설정합니다.

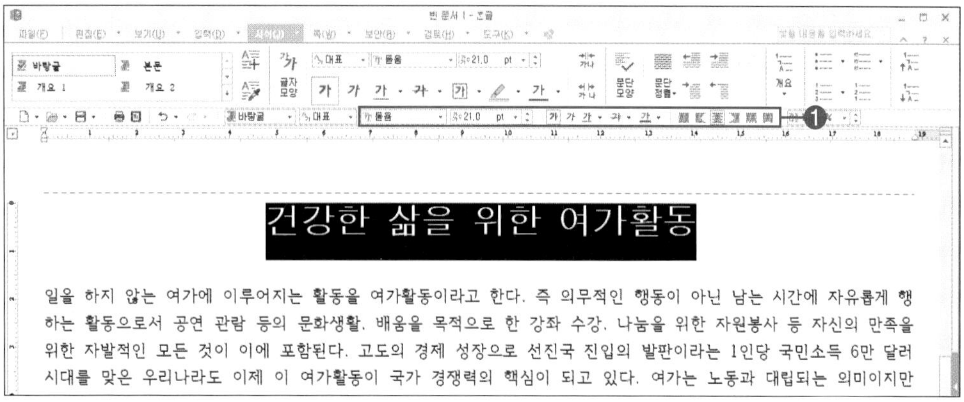

건강한 삶을 위한 여가활동
일을 하지 않는 여가에 이루어지는 활동을 여가활동이라고 한다. 즉 의무적인 행동이 아닌 남는 시간에 자유롭게 행하는 활동으로서 공연 관람 등의 문화생활, 배움을 목적으로 한 강좌 수강, 나눔을 위한 자원봉사 등 자신의 만족을 위한 자발적인 모든 것이 이에 포함된다. 고도의 경제 성장으로 선진국 진입의 발판이라는 1인당 국민소득 6만 달러 시대를 맞은 우리나라도 이제 이 여가활동이 국가 경쟁력의 핵심이 되고 있다. 여가는 노동과 대립되는 의미이지만

02 한자로 변환할 ❶'국민소득' 뒤에 커서를 위치시키고 한자 또는 F9를 누릅니다. [한자로 바꾸기] 대화상자의 한자 목록에서 ❷'國民所得'을 선택한 다음 입력 형식에서 ❸'한글(漢字)'로 선택하고 ❹[바꾸기]를 클릭합니다.

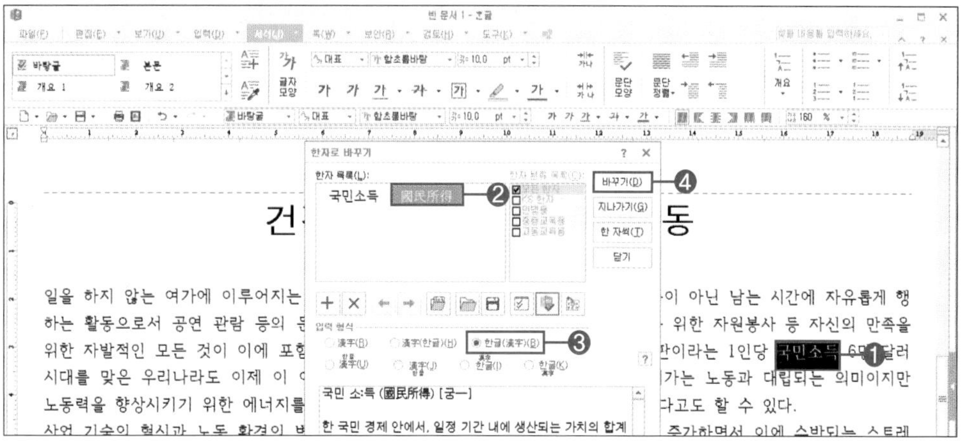

03 같은 방법으로 '현세대' 뒤에 커서를 위치시키고 [한자로 바꾸기] 대화상자의 한자 목록에서 ❶'現世代'를 선택하고 ❷[바꾸기]를 클릭합니다.

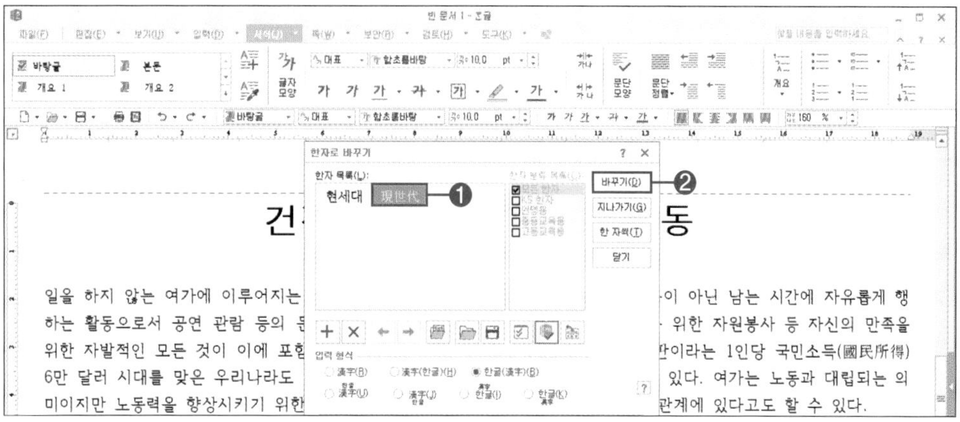

04 내용 맨 앞에 커서를 위치시키고 ❶[서식] 탭의 ❷[문단 첫 글자 장식]을 클릭합니다. [문단 첫 글자 장식] 대화상자에서 ❸모양은 '2줄', ❹글꼴은 '돋움'으로 설정합니다. ❺면 색의 목록 단추를 클릭하고 ❻색상 테마 목록 단추를 클릭하여 ❼'오피스'를 클릭합니다.

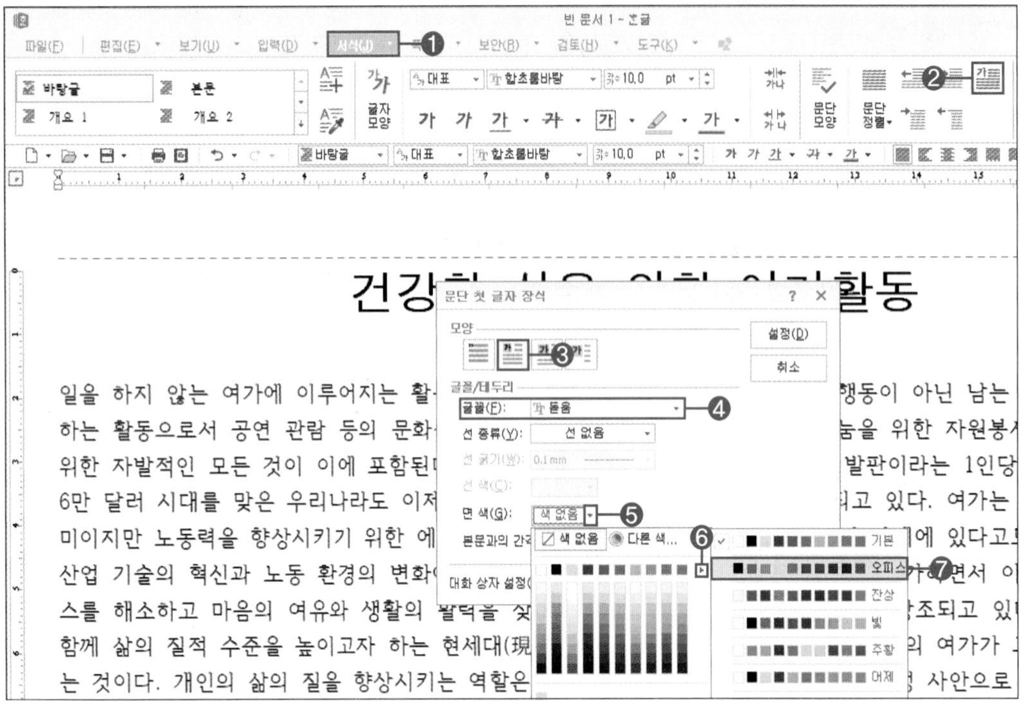

05 ❶'노랑'을 선택하고 ❷[설정]을 클릭합니다.

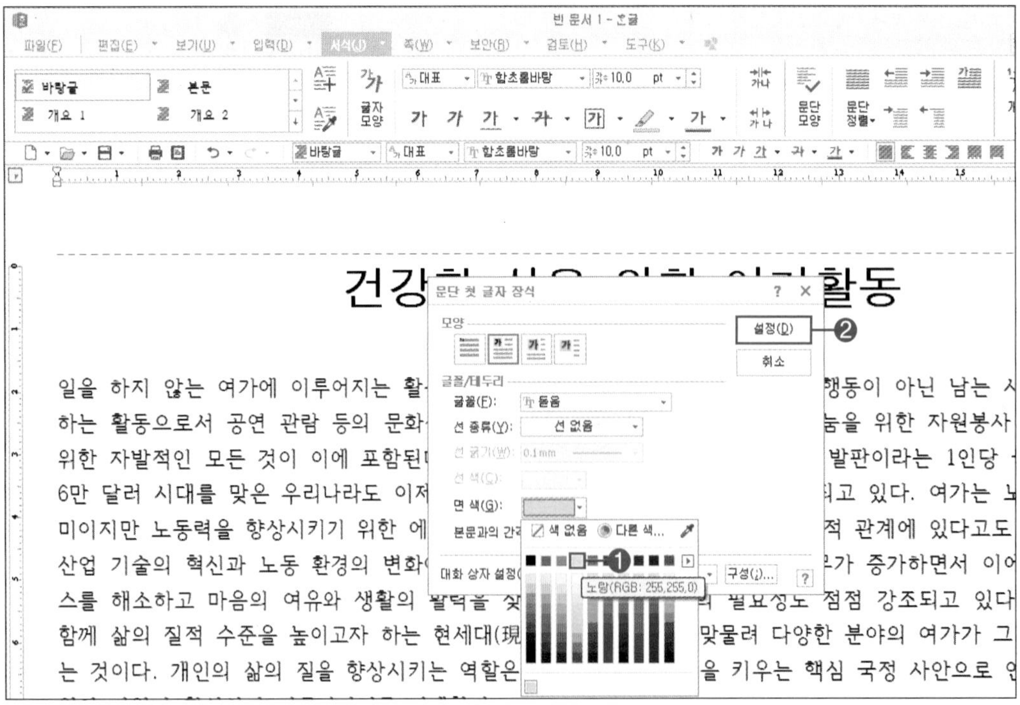

Step 03. 문자표와 강조점 삽입하기

01 문자표를 입력할 위치에 커서를 위치시키고 Ctrl + F10을 누릅니다. [문자표 입력] 대화상자에서 ❶[훈글(HNC) 문자표] 탭을 선택하고 문자 영역에서 ❷'전각 기호(일반)'를 선택합니다. 문자 선택에서 ❸'◈'을 선택하고 ❹[넣기]를 클릭합니다.

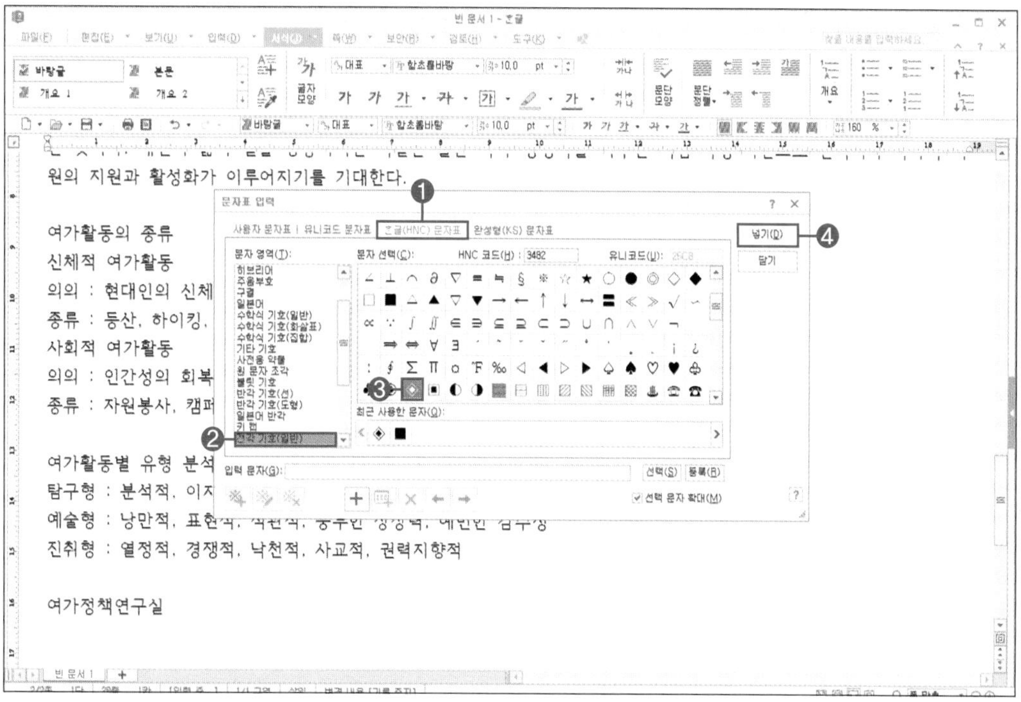

02 삽입된 문자표 뒤에 Space Bar 를 눌러 공백을 삽입한 후, 다음과 같이 블록을 설정하고 서식 도구 상자에서 ❶글꼴은 '굴림', 글자 크기는 '18pt'로 설정합니다.

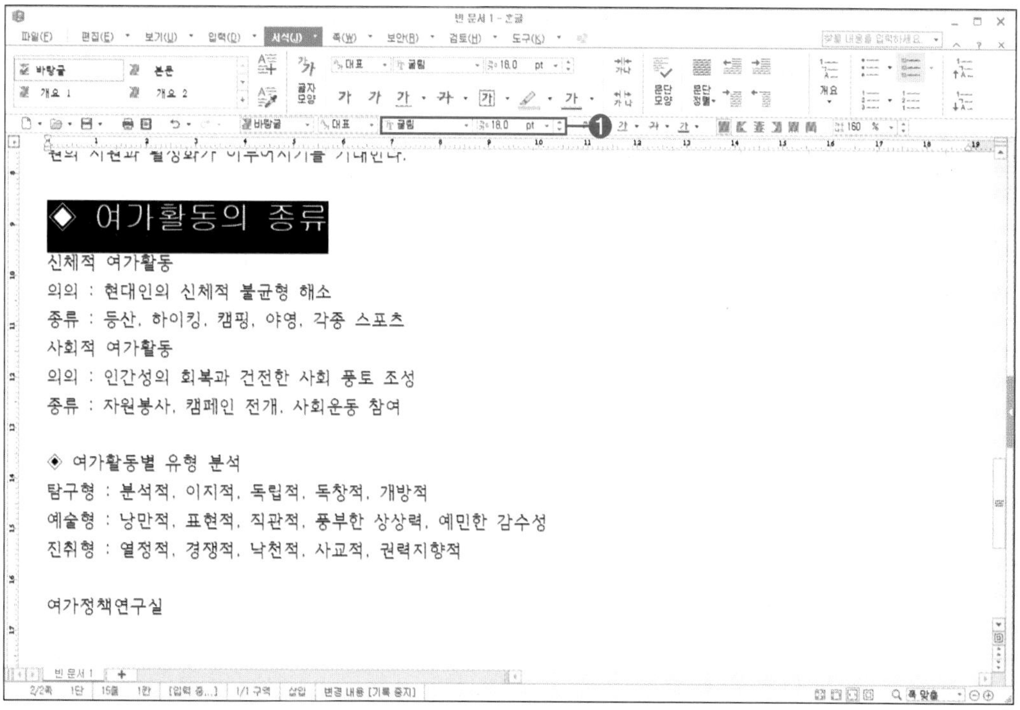

03 문자표를 제외한 내용을 블록으로 설정하고 ❶[서식] 탭의 ❷[글자 모양]을 클릭합니다. [글자 모양] 대화상자에서 ❸음영 색의 ❹색상 테마 목록 단추를 클릭하여 ❺'오피스'로 변경합니다.

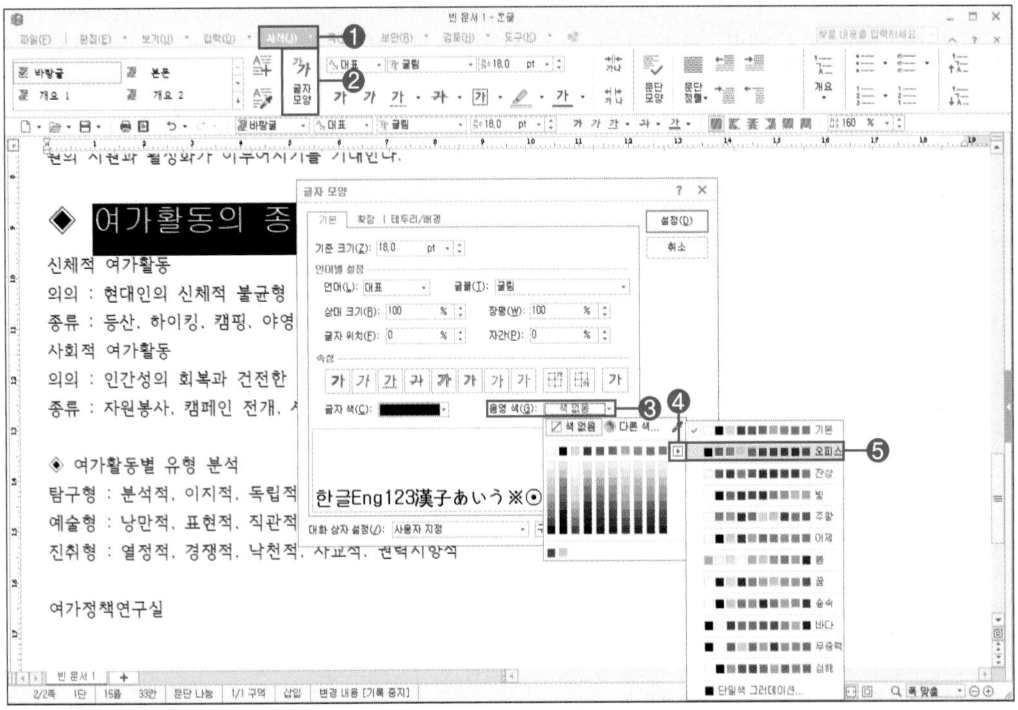

04 ❶음영색을 '파랑'으로 선택하고 ❷글자 색 목록 단추를 클릭하여 ❸'흰색'을 선택하고 ❹[설정]을 클릭합니다.

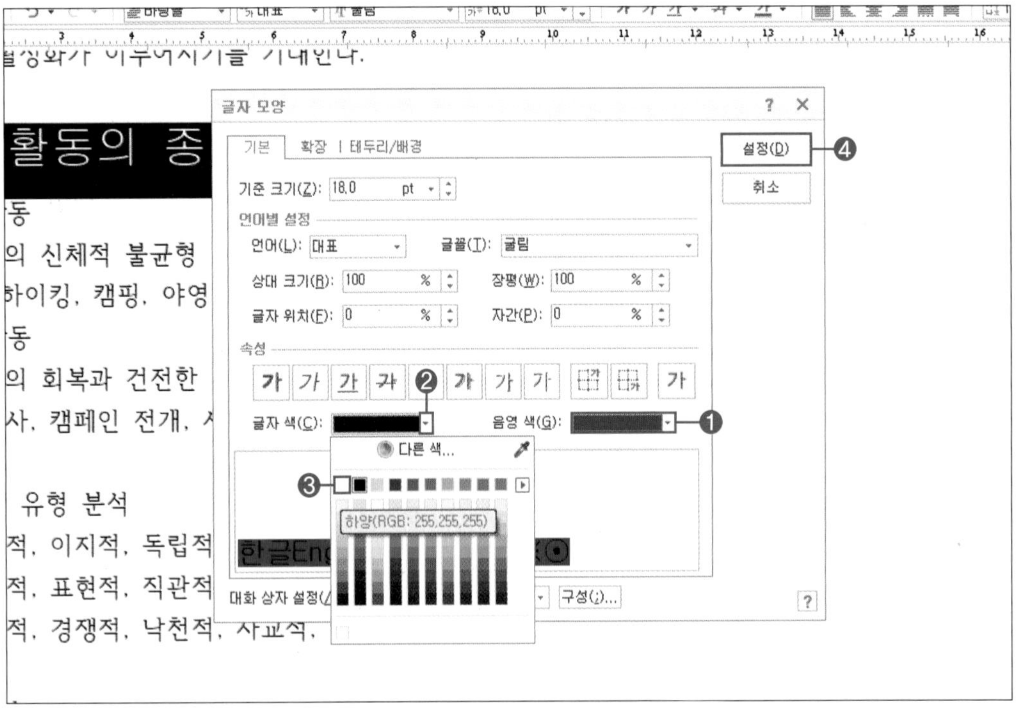

05 다음과 같이 제목을 블록 설정하고 서식 도구 상자에서 ❶글꼴은 '굴림', 글자 크기는 '18pt'로 설정합니다.

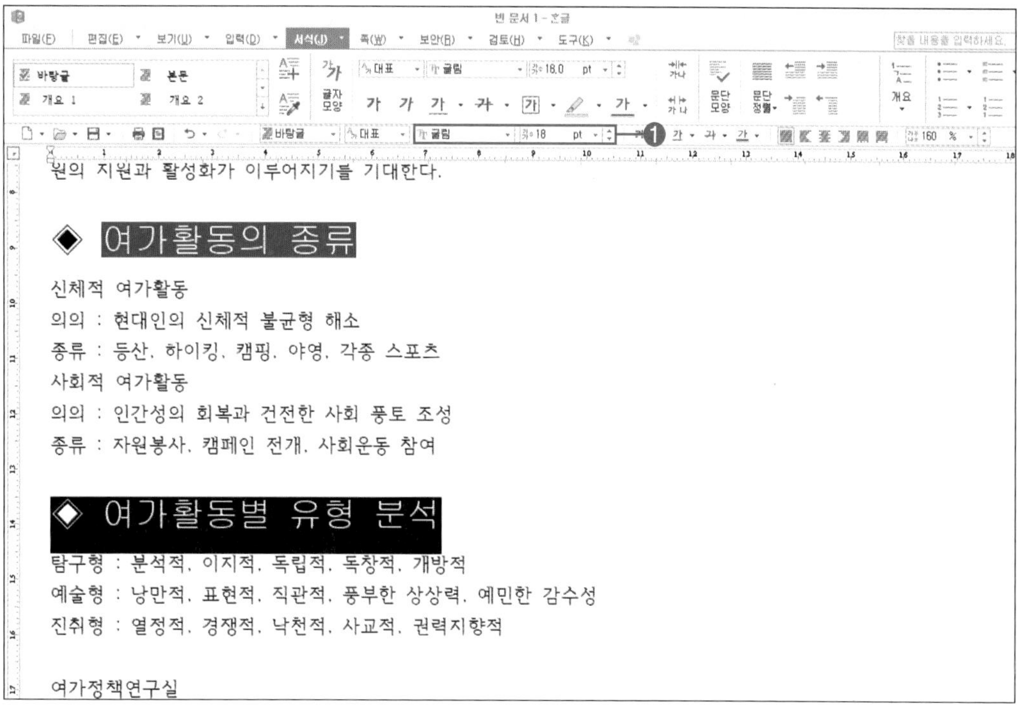

06 문자표를 제외한 내용을 블록으로 설정하고 ❶[서식] 탭의 ❷'기울임'을 클릭합니다.

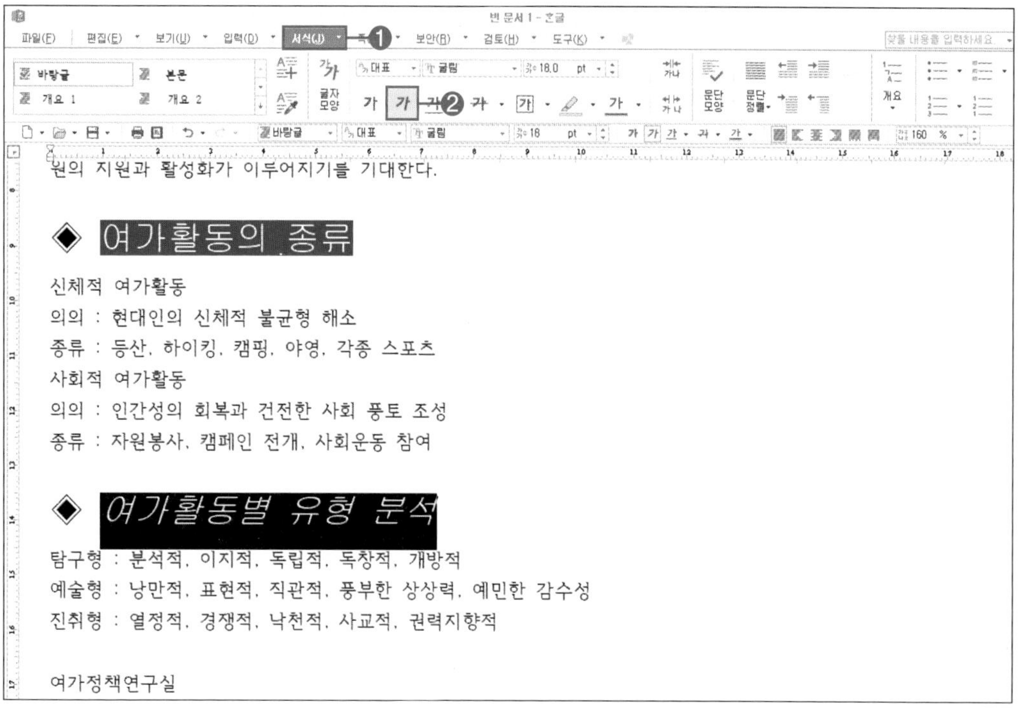

07 '여가활동'만 블록으로 설정하고 ❶[서식] 탭의 ❷[글자 모양]을 클릭합니다. [글자 모양] 대화상자의 ❸[확장] 탭에서 ❹강조점을 클릭하여 ❺≪출력형태≫와 같은 강조점을 선택하고 ❻[설정]을 클릭합니다.

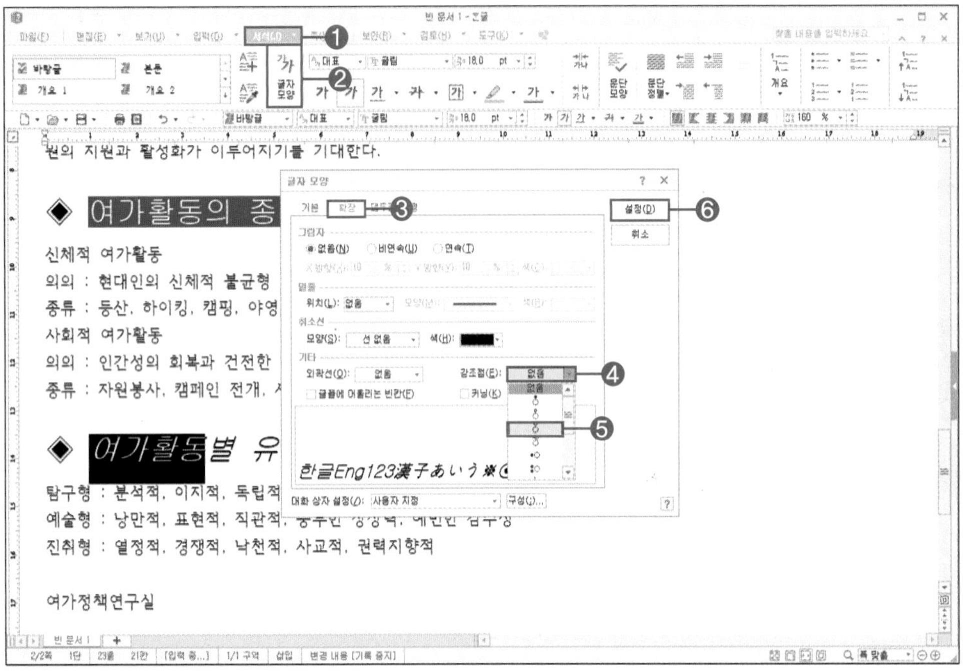

08 '여가정책연구실'에 블록으로 설정하고 ❶[서식] 탭의 ❷[글자 모양]을 클릭합니다. [글자 모양] 대화상자의 ❸[기본] 탭에서 ❹글꼴을 '궁서', 글자 크기는 '24pt', 장평은 '110%', 속성은 '진하게'로 설정하고 ❺[설정]을 클릭합니다. 마지막으로 서식 도구 상자에서 '가운데 정렬'을 클릭합니다.

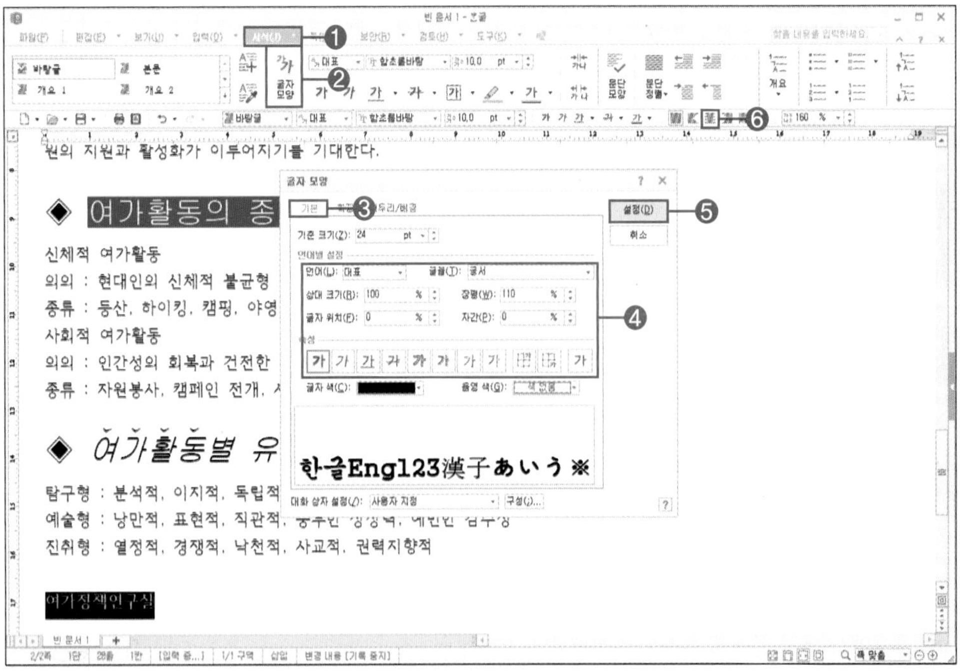

Step 04. 문단 번호 설정하기

01 문단 번호를 설정할 내용을 블록 설정한 다음 ❶[서식] 탭의 ❷[문단 번호]의 목록 단추를 클릭하여 [문단 번호 모양]을 클릭합니다. [문단 번호/글머리표] 대화상자의 [문단 번호] 탭에서 ❸≪출력형태≫와 비슷한 문단 번호를 선택하고 ❹[사용자 정의]를 클릭합니다.

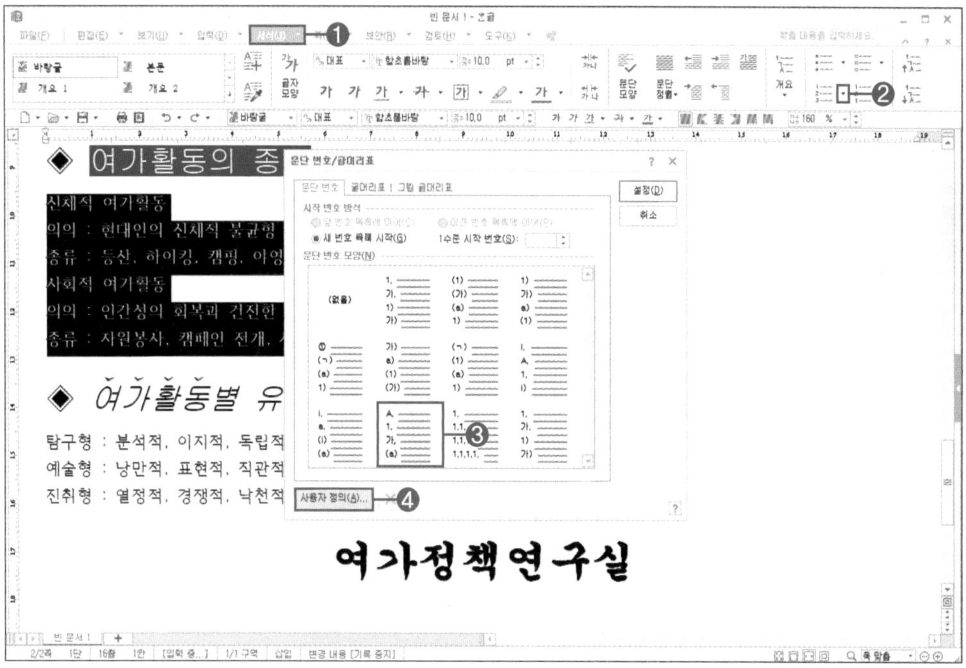

02 [문단 번호 사용자 정의 모양] 대화상자에서 ❶1수준의 너비 조정을 '20'으로 설정하고 ❷정렬을 '오른쪽'으로 선택합니다.

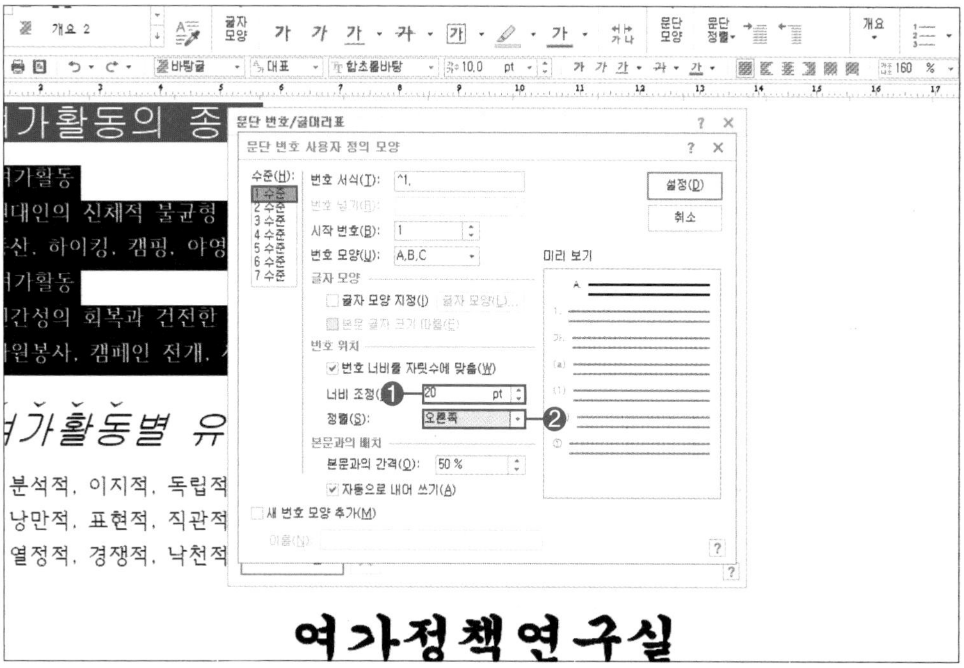

03 수준을 ❶'2수준'으로 선택하고 ❷현재 수준의 번호 모양을 클릭하여 ❸'①, ②, ③'으로 선택합니다.

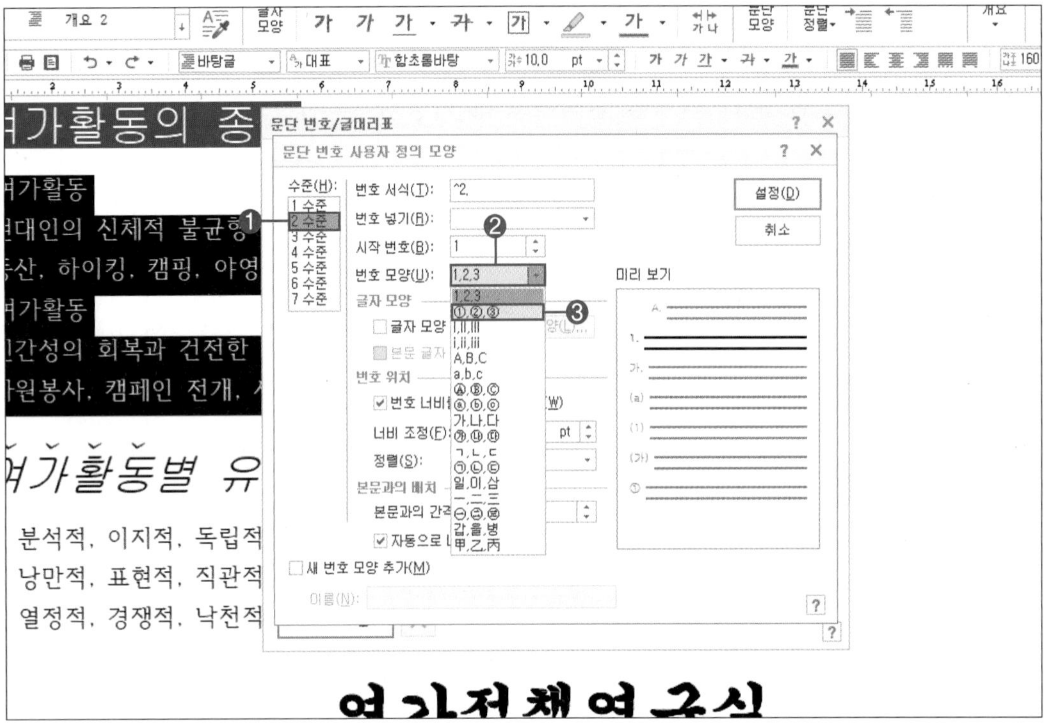

04 ❶번호 서식을 '^2'로 입력하고 ❷너비 조정을 '30'으로 설정하고 ❸정렬을 '오른쪽'으로 선택하고 ❹[설정]을 클릭합니다.

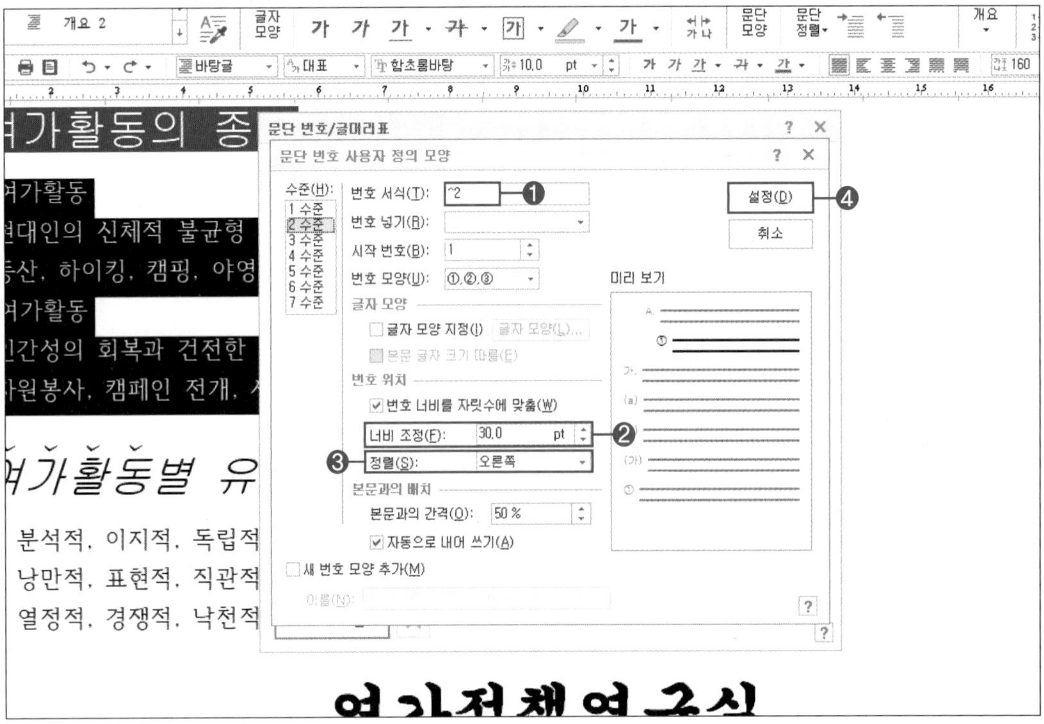

05 [문단 번호/글머리표] 대화상자의 첫 화면으로 돌아와 ❶[설정]을 클릭합니다.

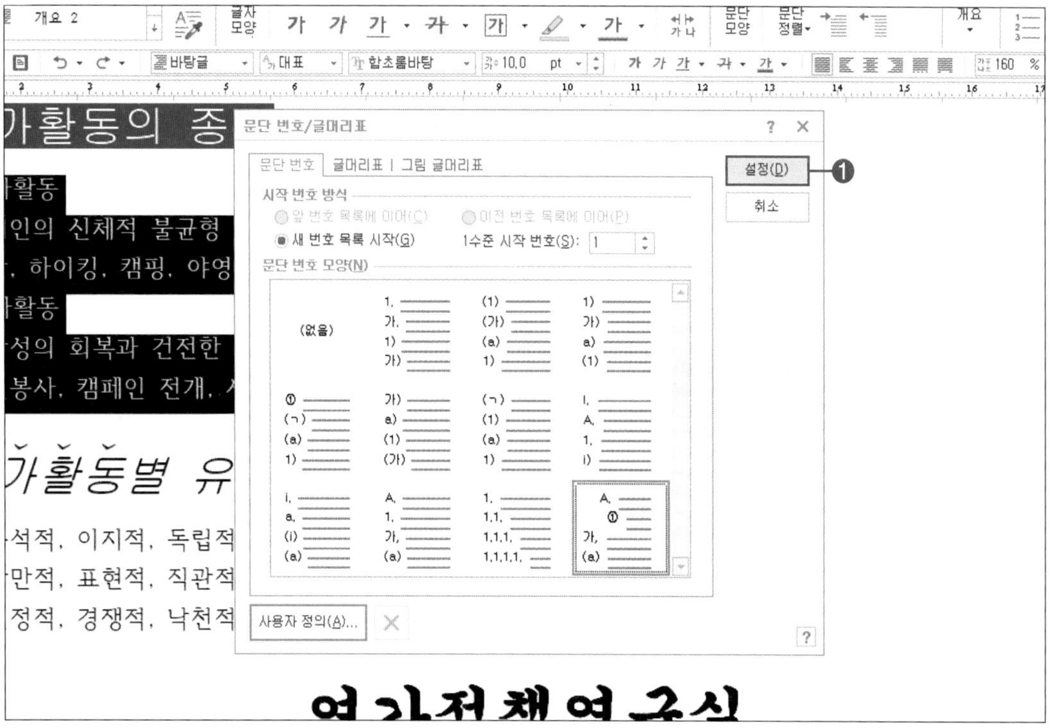

06 다음과 같이 2수준 내용을 블록으로 설정하고 ❶[한 수준 감소]를 클릭해 문단 번호의 수준을 한 수준 낮춥니다.

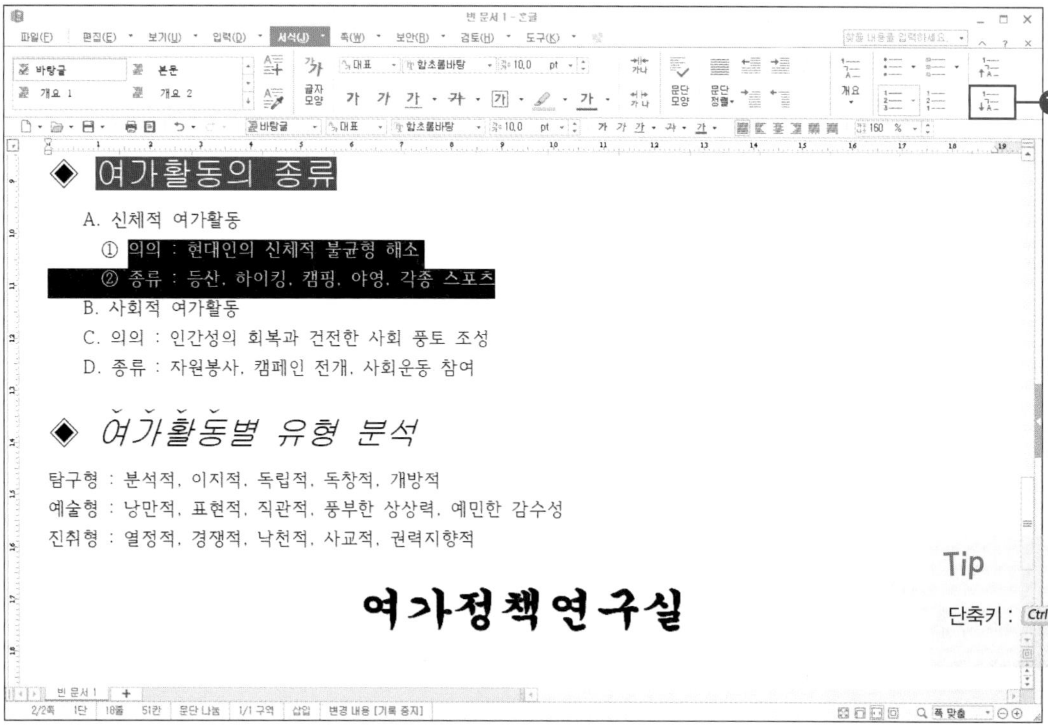

Tip

단축키 : Ctrl+Num+

07 같은 방법으로 다음과 같이 블록 설정된 내용도 ❶[한 수준 감소]를 클릭해 문단 번호의 수준을 한 수준 낮춥니다.

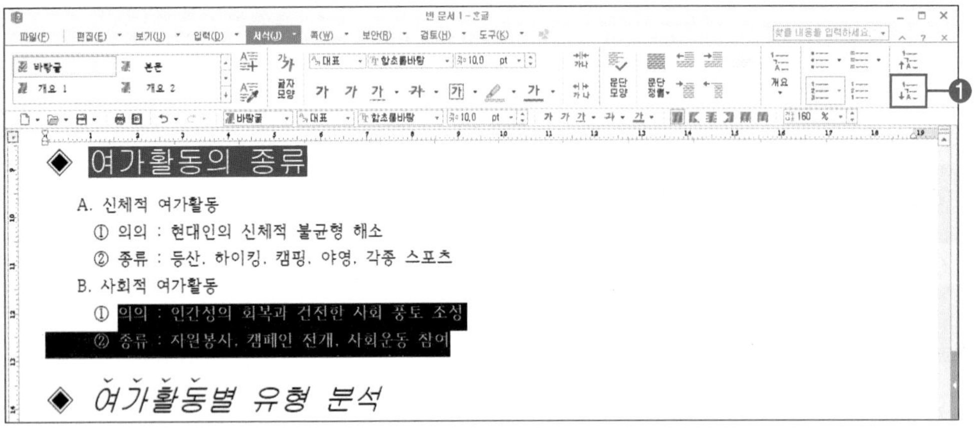

08 다음과 같이 블록을 설정하고 ❶줄 간격을 '180%'로 설정합니다.

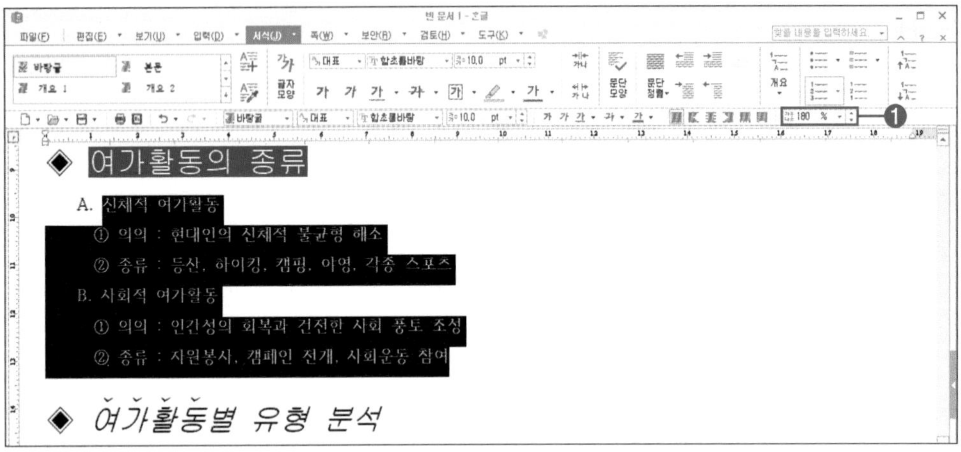

09 다음과 같이 내용을 블록 설정하고 ❶[서식] 탭의 ❷[문단 번호]의 목록 단추를 클릭하여 [문단 번호 모양]을 클릭합니다. [문단 번호/글머리표] 대화상자의 ❸[문단 번호] 탭에서 ❹≪출력형태≫와 같은 모양을 선택하고 ❺[설정]을 클릭합니다.

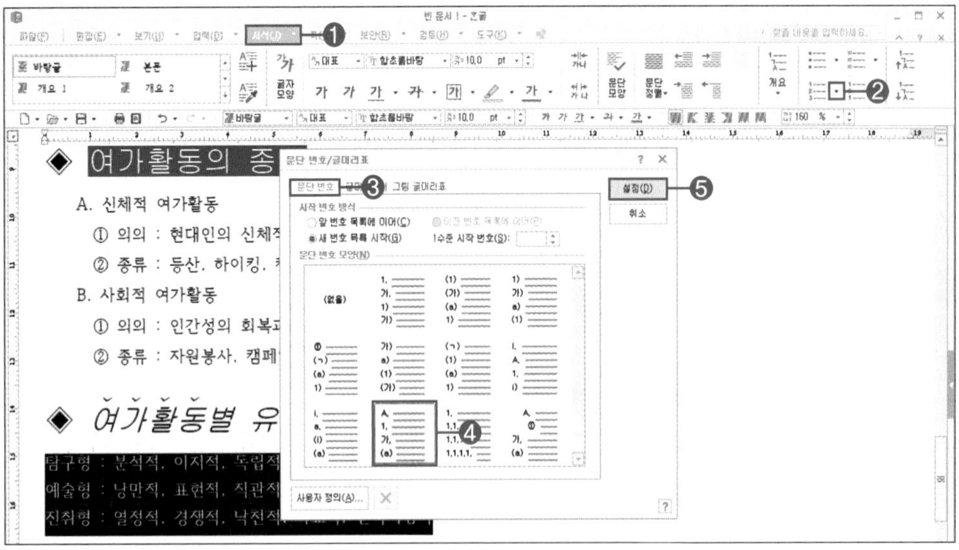

10 다음과 같이 블록 설정된 상태에서 ❶[서식] 탭의 ❷[문단 모양]을 클릭합니다. [문단 모양] 대화상자에서 ❸왼쪽 여백을 '20pt', 줄 간격을 '180%'로 설정하고 ❹[설정]을 클릭합니다.

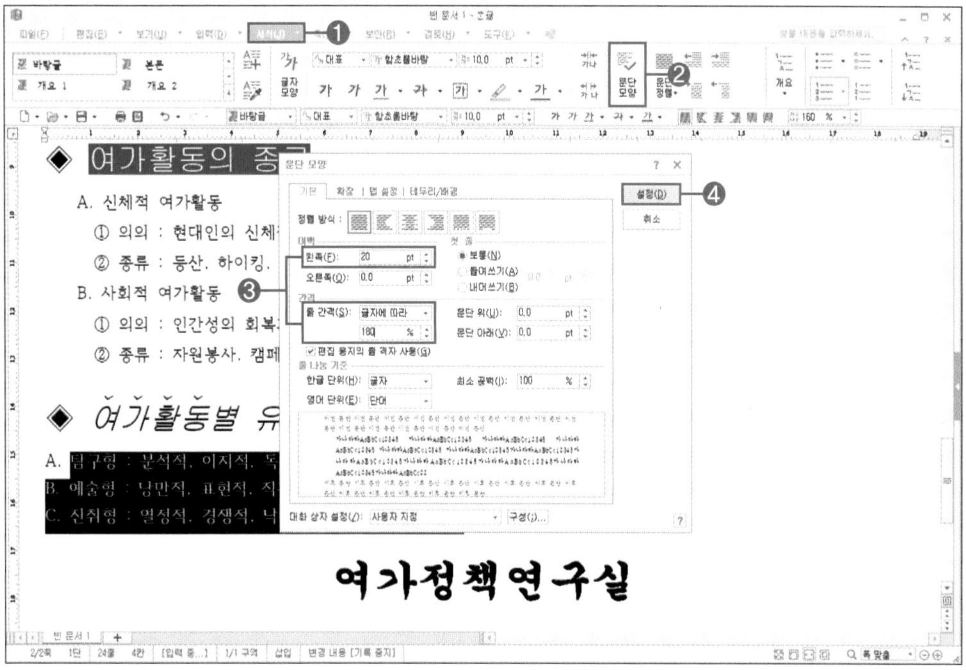

11 문서를 저장하기 위해 Alt + S 를 누릅니다. [다른 이름으로 저장하기] 대화상자에서 [내 PC₩문서₩ITQ] 폴더를 열어 파일 이름을 ❶'수험번호-이름' 형식으로 입력하고 ❷[저장]을 클릭합니다.

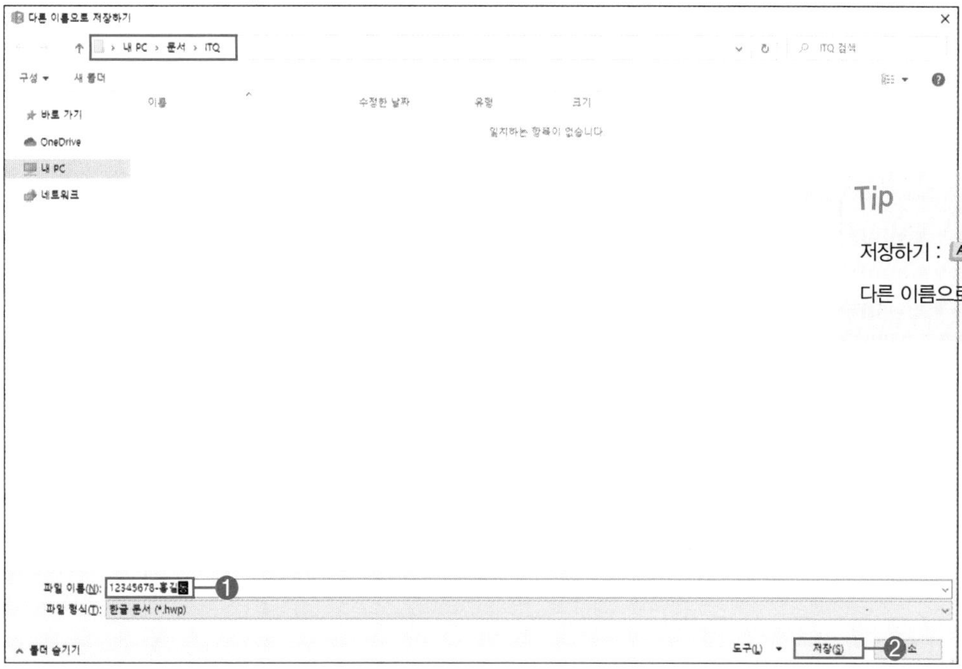

Tip

저장하기 : Alt + S

다른 이름으로 저장하기 : Alt + V

Tip

- ITQ 폴더는 내 PC에 답안용 폴더를 생성하여 저장하면 됩니다.
- 답안 문서 파일명이 '수험번호-이름'과 일치하지 않으면 실격 처리됩니다. 파일 저장 과정에서 답안 문서의 파일명이 틀렸을 경우 [파일] 탭의 [다른 이름으로 저장하기] 또는 Alt + V 를 눌러 파일명을 정확하게 입력하고 다시 저장합니다.

■ ■ 준비파일 : 실력팡팡₩기본문서1.hwp / 완성파일 : 실력팡팡₩기본문서1_완성.hwp

01 다음의 ≪조건≫에 따라 ≪출력형태≫와 같이 문서를 작성하시오.

공통 부문

(1) 파일명의 본인의 "수험번호-성명"으로 입력하여 답안폴더 [내 PC₩문서₩ITQ]에 저장하시오.
(2) 글꼴에 대한 기본설정은 함초롬바탕, 10포인트, 검정, 줄 간격 160%, 양쪽 정렬로 한다.
(3) 색상은 조건의 색을 적용하고 색의 구분이 안될 경우에는 RGB 값을 적용한다(빨강 255, 0, 0 / 파랑 0, 0, 255 / 노랑 255, 255, 0).
(4) 용지여백은 왼쪽 · 오른쪽 11mm, 위쪽 · 아래쪽 · 머리말 · 꼬리말 10mm, 제본은 0mm로 한다.

조건

(1) 문단 모양 – 왼쪽 여백 : 15pt, 문단 아래 간격 : 10pt
(2) 글자 모양 – 글꼴 : 한글(돋움)/영문(궁서), 크기 : 10pt, 장평 : 105%, 자간 : –5%

출력형태

A genetically modified organism(GMO) or GEO is an organism whose genetic material has been altered using genetic engineering techniques.

유전자재조합이란 한 생물체의 유용한 유전자를 추출하여 다른 생물체에 이식함으로써 유용한 성질을 생성하는 기술을 말한다.

출력형태

문단 첫 글자 장식 기능
글꼴 : 돋움, 면색 : 노랑

유전자와 재조합기술의 이해

궁서, 21pt, 진하게, 가운데 정렬

생물체 각각의 유전 형질을 발현시키는 원인이 되는 고유한 형태, 색, 성질 등과 같은 인자를 유전자(遺傳子)라고 하며, 염색체 가운데 일정한 순서로 배열되어 생식 세포를 통해 자손에게 유전 정보를 전달한다. 세포 속에 들어 있는 유전자는 생명 현상의 가장 중요한 성분인 단백질을 만드는 데 필요한 유전 정보 단위이며, 본체는 DNA라 불리는 화합물로 구성되어 있다. 이 DNA의 염기 배열 순서에 따라 어떤 단백질이 만들어지는지가 결정되면서 생물의 모양이나 특성 등이 달라진다. 인간의 경우 세포 속에 약 3만여 개, 벼는 약 4만여 개의 유전자가 존재한다.
한 생물체의 유용한 유전자를 추출하여 다른 생물체에 이식(移植)함으로써 유용한 성질을 생형하는 기술을 유전자재조합이라고 한다. 이 기술에 의해 형질이 전환된 생물체를 GMO라고 하며 그 종류에 따라 유전자재조합농산물, 유전자재조합동물, 유전자재조합미생물로 분류된다. 식물이나 가축의 유전적 특성을 개선하여 보다 실용적인 개체를 개발하고자 유전공학의 힘을 이용하여 의도적인 품종 개량을 유도하는 유전자재조합기술은 복제기술, 조직배양기술, 생체대량배양기술과 더불어 대표적인 현대 생명공학기술이다.

◆ GMO 표시의 개요

글꼴 : 굴림, 18pt, 흰색
음영색 : 파랑

A. 시행 목적과 법적 근거
① 시행 목적 : 소비자에게 올바른 정보 제공
② 법적 근거 : 농산물품질 관리법에 따른 표시 요령
B. 표시 방법
① 국내 식품 : 포장지에 인쇄
② 수입 식품 : 스티커 부착 기능

문단 번호 기능 사용
1수준 : 20pt, 오른쪽 정렬,
2수준 : 30pt, 오른쪽 정렬,
줄 간격 : 180%

◆ *GM 식품의 표시 관리*

글꼴 : 굴림, 18pt, 기울임, 강조점

A. 한국의 비의도적 혼합치 : 3% 이하
B. 일본의 비의도적 혼합치 : 5% 이하

왼쪽 여백 : 15pt, 줄 간격 : 200%

글꼴 : 궁서, 25pt, 진하게,
장평 : 110%, 오른쪽 정렬

KFDA(식약청)

02 다음의 ≪조건≫에 따라 ≪출력형태≫와 같이 문서를 작성하시오.

공통 부문

(1) 파일명의 본인의 "수험번호-성명"으로 입력하여 답안폴더 [내 PC₩문서₩ITQ]에 저장하시오.
(2) 글꼴에 대한 기본설정은 함초롬바탕, 10포인트, 검정, 줄 간격 160%, 양쪽 정렬로 한다.
(3) 색상은 조건의 색을 적용하고 색의 구분이 안될 경우에는 RGB 값을 적용한다(빨강 255, 0, 0 / 파랑 0, 0, 255 / 노랑 255, 255, 0).
(4) 용지여백은 왼쪽 · 오른쪽 11mm, 위쪽 · 아래쪽 · 머리말 · 꼬리말 10mm, 제본은 0mm로 한다.

조건

(1) 문단 모양 – 왼쪽 여백 : 15pt, 문단 아래 간격 : 10pt
(2) 글자 모양 – 글꼴 : 한글(돋움)/영문(굴림), 크기 : 10pt, 장평 : 97%, 자간 : –5%

출력형태

After-school activity was included in the category of specialty and aptitude education. It was expected that after-school program could promote students good character and improve their creativity.

방과후학교 프로그램은 획일화된 정규 교과 위주의 교육에서 벗어나 21세기를 이끌어 갈 인재를 양성하고 학생들 개개인의 소질과 적성을 계발하기 위하여 도입되었다.

출력형태

문단 첫 글자 장식 기능
글꼴 : 궁서, 면색 : 노랑

방과후학교로 교육체제 혁신

돋움, 20pt, 진하게, 가운데 정렬

방과후학교는 기존의 특기적성 교육, 방과후교실, 수준별 보충학습 등을 통합하여 정규 교육과정 이외의 시간에 다양한 형태의 교육 프로그램으로 운영하는 교육체제를 말한다. 자율성, 다양성, 개방성이 확대된 혁신적(革新的) 교육체제를 표방하며 전국의 초중고교에 도입된 방과후학교는 획일화된 정규 교과 위주의 교육에서 벗어나 21세기를 이끌어 갈 인재를 양성하고 학생들 개개인의 소질과 적성을 계발하기 위하여 2005년 시범 운영을 거쳐 2006년에 전면 실시되었다.
본 제도는 다양한 학습과 보육의 욕구를 해소하여 사교육비를 경감하고 사회 양극화에 따른 교육 격차를 완화하여 교육복지를 구현하며 학교, 가정, 사회가 연계한 지역 교육문화의 발전을 꾀하고자 학생 보살핌, 청소년 보호선도, 자기주도적 학습력 신장, 인성 함양 등을 위한 다양한 프로그램이 개설되어 운영되고 있다. 창의력과 특기 적성 계발 등 학생들의 다양성(多樣性)이 교육과정에서 중요한 부분으로 부각되는 가운데 사교육이 아닌 공교육에서 이루어지는 방과후학교는 학생들과 학부모들로부터 큰 호응을 얻고 있으며 일선 학교 및 교육기부 단체의 적극적인 참여로 다양한 프로그램과 교육환경이 개선되고 있다.

▣ 방과후학교 개요

글꼴 : 돋움, 18pt, 흰색
음영색 : 파랑

1. 운영 주체 및 지도 강사
   가. 운영 주체 : 학교장, 대학, 비영리법인(단체)
   나. 지도 강사 : 현직 교원, 관련 전문가, 지역사회 인사 등
2. 교육 대상 및 교육 장소
   가. 교육 대상 : 타교 학생 및 지역사회 성인까지 확대
   나. 교육 장소 : 인근 학교 및 지역사회의 다양한 시설 활용

문단 번호 기능 사용
1수준 : 20pt, 오른쪽 정렬,
2수준 : 30pt, 오른쪽 정렬,
줄 간격 : 180%

▣ *방과후학교 예능 강좌*

글꼴 : 돋움, 18pt, 기울임, 강조점

1. 한지공예 : 한지를 이용하여 반짇고리, 찻상 등에 전통미를 불어넣는 공예
2. 리본아트 : 리본을 이용하여 머리핀과 코르사주 등 생활용품 제작
3. 비즈공예 : 진주처럼 구멍이 뚫린 구슬을 이용한 모든 공예

왼쪽 여백 : 20pt, 줄 간격 : 180%

교육과학기술부

글꼴 : 굴림, 20pt, 진하게,
장평 : 95%, 가운데 정렬

■ ■ 준비파일 : 실력팡팡₩기본문서3.hwp / 완성파일 : 실력팡팡₩기본문서3_완성.hwp

03 다음의 ≪조건≫에 따라 ≪출력형태≫와 같이 문서를 작성하시오.

공통 부문
(1) 파일명의 본인의 "수험번호-성명"으로 입력하여 답안폴더 [내 PC₩문서₩ITQ]에 저장하시오.
(2) 글꼴에 대한 기본설정은 함초롬바탕, 10포인트, 검정, 줄 간격 160%, 양쪽 정렬로 한다.
(3) 색상은 조건의 색을 적용하고 색의 구분이 안될 경우에는 RGB 값을 적용한다(빨강 255, 0, 0 / 파랑 0, 0, 255 / 노랑 255, 255, 0).
(4) 용지여백은 왼쪽 · 오른쪽 11mm, 위쪽 · 아래쪽 · 머리말 · 꼬리말 10mm, 제본은 0mm로 한다.

조건
(1) 문단 모양 – 왼쪽 여백 : 10pt, 문단 아래 간격 : 10pt
(2) 글자 모양 – 글꼴 : 한글(굴림)/영문(굴림), 크기 : 10pt, 장평 : 120%, 자간 : 5%

출력형태

Learn myself free personality tests provide the most interesting, accurate and fun means of learning about yourself.

다면인성검사는 미네소타 대학의 해서웨이와 맥킨리가 임상진단용으로 만든 성격검사로 임상척도와 타당성 척도로 구성되어 있다.

출력형태

역학관계 연구

(궁서, 25pt, 진하게, 가운데 정렬)

(문단 첫 글자 장식 기능 글꼴 : 돋움, 면색 : 노랑)

집단 공동체의식의 피폐와 부재로 개인 및 집단의 이기(利己)와 기회주의가 만연하고 보편적 사회규범이 약화되면서 계층 간의 갈등과 도덕성 해이가 사회문제로 대두됨에 따라 공동체의식과 도덕성을 회복하고 준법, 참여, 민주와 같은 시민의식을 함양하기 위한 제도적 장치가 요구되고 있다. 학교 현장에서도 학생들의 공동체의식과 인성을 함양하여 집단 따돌림, 학원 폭력, 인터넷 중독 등을 예방하고 체계적인 상담과 지도를 위한 제도적 장치와 절차적 수단을 강구할 목적으로 다면인성검사도구가 개발되어 활용되고 있다.

다면인성검사도구는 개개인을 비롯하여 학생과 학생, 교사와 학생 등 학급 구성원 간에 일어나는 역학적 상호작용(相互作用)과 의식적 동기화 과정에 대한 이해 정도를 주관적 또는 객관적 방법으로 진단하고 평가하여 피드백을 꾀한다. 기존의 일반화된 성격검사 방법과 상호인식검사 방식을 결합하고 상위자 평가가 병행되며 피검 대상 및 관계, 검사 방법 및 절차 등의 표준화와 규준을 마련하고 있기 때문에 상호인식검사법 또는 다면인성검사 프로그램이라고도 하며 교육 현장에 적용할 때는 학생표준인성검사 프로그램이라고 부른다.

◉ 다면인성검사도구의 특징

(글꼴 : 돋움, 18pt, 흰색 음영색 : 초록)

1) 목적 및 검사 대상
   가) 목적 : 학원 폭력 및 집단 따돌림 예방과 인성 함양
   나) 검사 대상 : 7인 이상으로 구성된 집단
2) 기대효과
   가) 긍정적 문답으로 인한 정적 강화 제고와 감성적 역기능 배제
   나) 자기충족적 예언의 위험 해소, 자기효능감 기대효과 증진

(문단 번호 기능 사용 1수준 : 20pt, 오른쪽 정렬, 2수준 : 30pt, 오른쪽 정렬, 줄 간격 : 180%)

◉ 다면인성검사도구의 실제

(글꼴 : 돋움, 18pt, 밑줄, 강조점)

1. 문제의 예 : 나는 분위기를 잘 파악한다.
2. 평가 방법 : 5점 척도

(왼쪽 여백 : 20pt, 줄 간격 : 160%)

(글꼴 : 돋움, 24pt, 진하게, 장평 : 120%, 가운데 정렬)

한국무형자산연구소

04 다음의 ≪조건≫에 따라 ≪출력형태≫와 같이 문서를 작성하시오.

공통 부문

(1) 파일명의 본인의 "수험번호–성명"으로 입력하여 답안폴더 [내 PC₩문서₩ITQ]에 저장하시오.

(2) 글꼴에 대한 기본설정은 함초롬바탕, 10포인트, 검정, 줄 간격 160%, 양쪽 정렬로 한다.

(3) 색상은 조건의 색을 적용하고 색의 구분이 안될 경우에는 RGB 값을 적용한다(빨강 255, 0, 0 / 파랑 0, 0, 255 / 노랑 255, 255, 0).

(4) 용지여백은 왼쪽 · 오른쪽 11mm, 위쪽 · 아래쪽 · 머리말 · 꼬리말 10mm, 제본은 0mm로 한다.

조건

(1) 문단 모양 – 첫 줄 들여쓰기 : 10pt, 문단 아래 간격 : 10pt

(2) 글자 모양 – 글꼴 : 한글(돋움)/영문(궁서), 크기 : 10pt, 장평 : 110%, 자간 : –5%

출력형태

A mobile operation system, mobile software platform, is the operating system that controls a mobile device or information appliance.

모바일 운영체제는 스마트폰, 태블릿 컴퓨터 및 정보 가전 등의 소프트웨어 플랫폼, 모바일 장치 또는 정보기기를 제어하는 운영체제이다.

출력형태

운영체제(OS) 주도권 경쟁의 확산

문단 첫 글자 장식 기능
글꼴 : 돋움, 면색 : 노랑

굴림, 25pt, 진하게, 가운데 정렬

스마트폰이 활성화되면서 MS가 주도해 온 운영체제(OS) 시장에서 애플과 구글이 부상하는 등 지각변동이 일어나고 있다. 2007년 애플의 아이폰이 출시되면서 스마트폰 OS 시장은 심비안이 몰락(沒落)하고 멀티터치 스크린과 외부 개발자 생태계 등을 지원하는 애플 iOS가 스마트폰 OS 경쟁을 촉발하여 그 대항마로 안드로이드가 급부상하면서 다자간 경쟁으로 전환되었다.

OS 주도권을 장악하기 위해 사활을 건 승부가 벌어지고 있는 까닭은 첫째, OS가 필요한 기기의 수가 폭증하고 있기 때문이다. 인터넷에 연결되어 다양한 애플리케이션을 활용할 수 있는 기기는 2010년 125억 대에서 2020년에는 500억 대로 늘어날 전망이다. 다양한 기기에 장착되는 OS를 장악한 기업은 관련 산업 자체를 자사에 유리한 방향으로 이끄는 등 막대한 이익을 향유하게 될 것이다. 둘째, 서버에 저장된 애플리케이션과 콘텐츠를 다양한 기기로 접속해 이용하는 클라우드 서비스가 확산되고 있기 때문이다. 클라우드 환경에서 필요한 OS는 PC 환경에서의 OS와 성격이 다르다. 따라서 향후 최대의 수익원으로 부상할 클라우드 서비스에서 수익을 극대화하기 위해 이에 최적화된 OS의 개발(開發) 경쟁이 전개되고 있다.

◐ 운영체제 주도권 경쟁의 확산

글꼴 : 굴림, 18pt, 흰색
음영색 : 주황

가) 스마트화가 진행되는 TV 시장
  a) 애플 : 2012년 iOS를 탑재할 TV 출시 확정
  b) MS의 윈도 8 : 스마트폰, 태블릿 PC뿐만 아니라 TV에도 탑재
나) 자동차용 OS의 경쟁 동향
  a) 구글 : 2010년 GM과 안드로이드 기반 텔레매틱스 서비스 개발 협력
  b) RIM : 2011년 블랙베리와 QNX를 통합한 BBX 공개

문단 번호 기능 사용
1수준 : 20pt, 오른쪽 정렬,
2수준 : 30pt, 오른쪽 정렬,
줄 간격 : 180%

◐ *모바일 OS 비교*

글꼴 : 굴림, 18pt, 기울임, 강조점

가) 안드로이드 판매처 : 안드로이드 마켓
나) iOS 판매처 : 애플 스토어

왼쪽 여백 : 20pt, 줄 간격 : 180%

글꼴 : 궁서, 22pt, 진하게,
장평 : 90%, 오른쪽 정렬

모바일운영체제연구소

02 Section 기능평가 Ⅰ – 스타일

스타일은 한글과 영어 문서 작성 능력과 스타일 기능을 활용하는 능력을 평가합니다. 스타일 이름, 문단 모양과 글자 모양을 미리 설정하여 일관성있게 문서를 작성해 봅니다.

스타일 설정하기

- [서식] 탭의 목록 단추를 클릭하여 [스타일]을 선택하거나 [편집] 탭의 [스타일]을 클릭합니다.
- F6 을 눌러 [스타일] 대화상자를 불러올 수 있습니다.
- [스타일] 대화상자에서 [스타일 추가하기]를 클릭합니다.

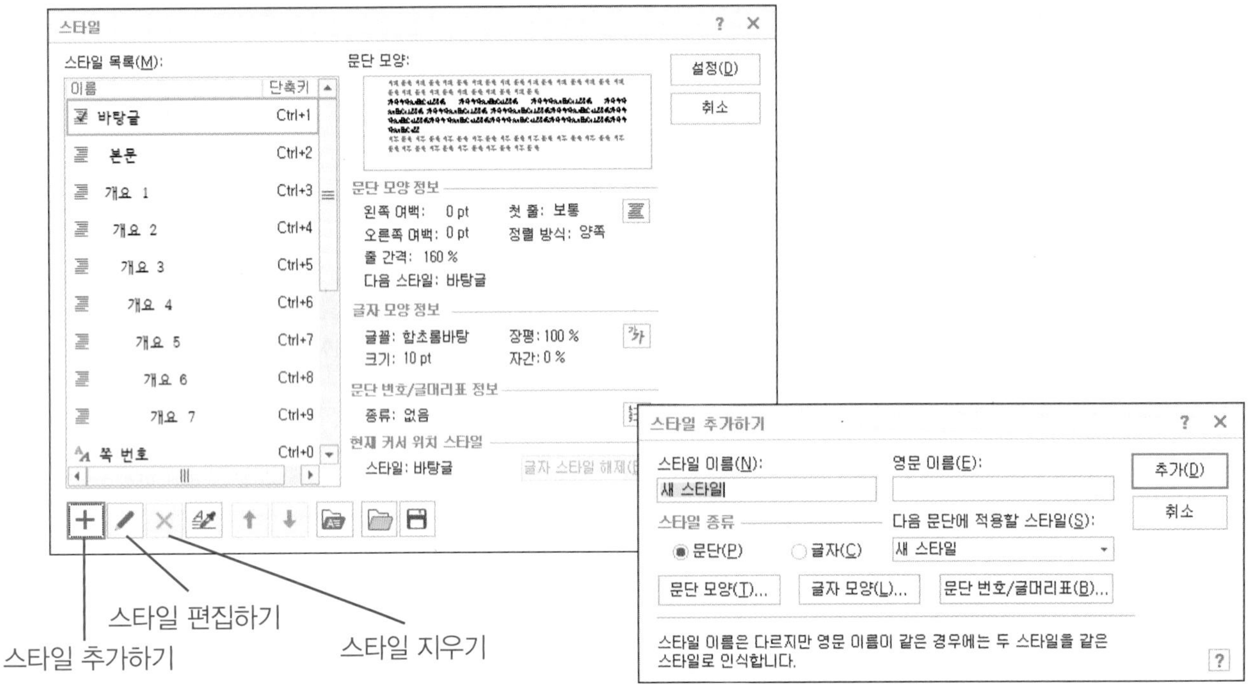

스타일 수정 및 삭제하기

- 스타일을 잘못 설정한 경우에는 [스타일 편집하기]를 클릭하여 '스타일 이름'과 '문단 모양'과 '글자 모양' 등을 수정할 수 있습니다.
- 스타일을 삭제할 때는 [스타일 지우기]를 클릭하면 삭제할 수 있습니다.

스타일 해제하기

- 스타일이 해제가 되지 않으면 문서에서 작성한 스타일이 계속 적용되므로 다음 문단에서는 해제하고 싶다면 반드시 스타일을 [바탕글]로 선택합니다.
- Ctrl + 1 를 누르거나 서식 도구 상자의 [바탕글]을 선택하여 해제합니다.

출제유형 따라하기

■ ■ 준비파일 : 기출유형₩스타일.hwp / 완성파일 : 기출유형₩스타일_완성.hwp

다음의 ≪조건≫에 따라 스타일 기능을 적용하여 ≪출력형태≫와 같이 작성하시오. (50점)

조건 (1) 스타일 이름 – ubiquitous
(2) 문단 모양 – 왼쪽 여백 : 10pt, 문단 아래 간격 : 10pt
(3) 글자 모양 – 글꼴 : 한글(돋움)/영문(굴림), 크기 : 10pt, 장평 : 95%, 자간 : –5%

출력형태

Recently, location tracking technology is considered as a core technology in the ubiquitous era.

최근, 위치 추적 기술은 유비쿼터스 시대의 핵심 기술로 간주된다.

Step 01. 스타일 설정하기

01 준비파일을 불러옵니다. 1 페이지 처음에 문제번호 '1.'을 입력하고 Enter를 눌러 다음 줄에 입력된 본문을 블록 설정합니다.

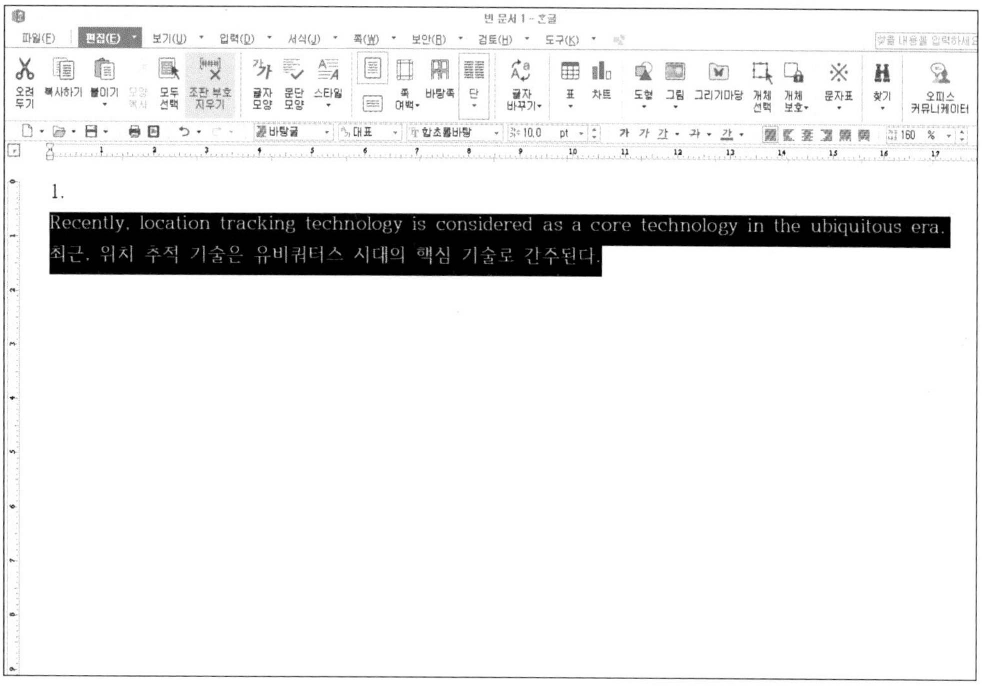

02 ❶[편집] 탭의 [스타일]을 클릭합니다. [스타일] 대화상자에서 ❷[스타일 추가하기]를 클릭합니다.

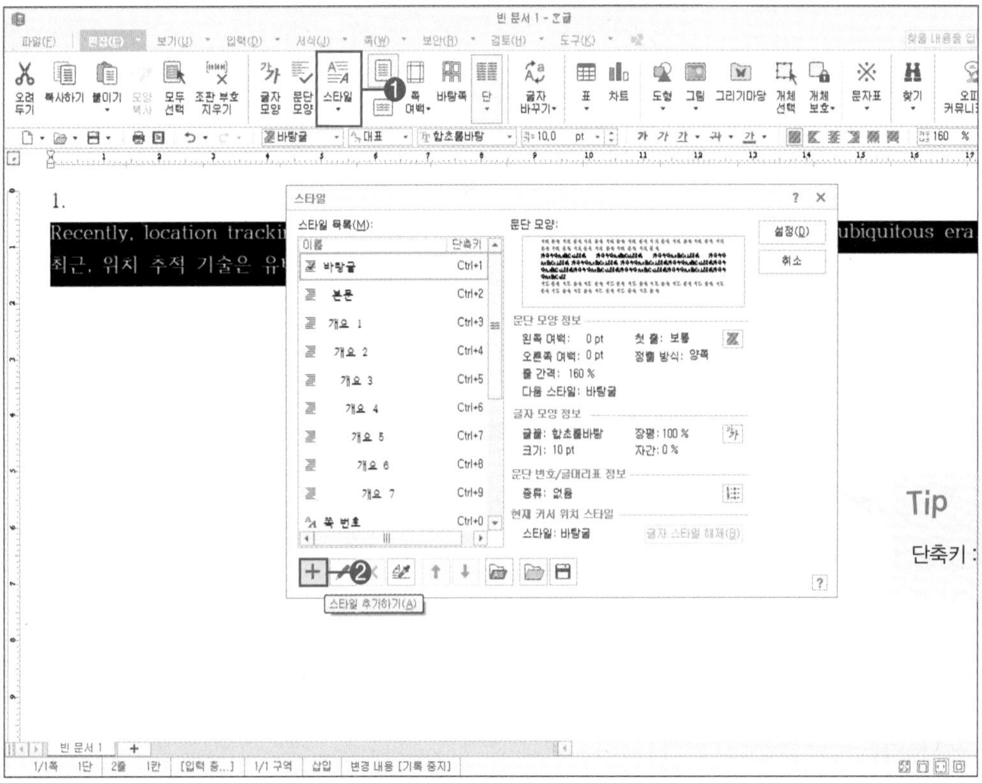

Tip

단축키 : F6

03 [스타일 추가하기] 대화상자의 ❶스타일 이름에 'ubiquitous'를 입력하고 ❷[문단 모양]을 클릭합니다.

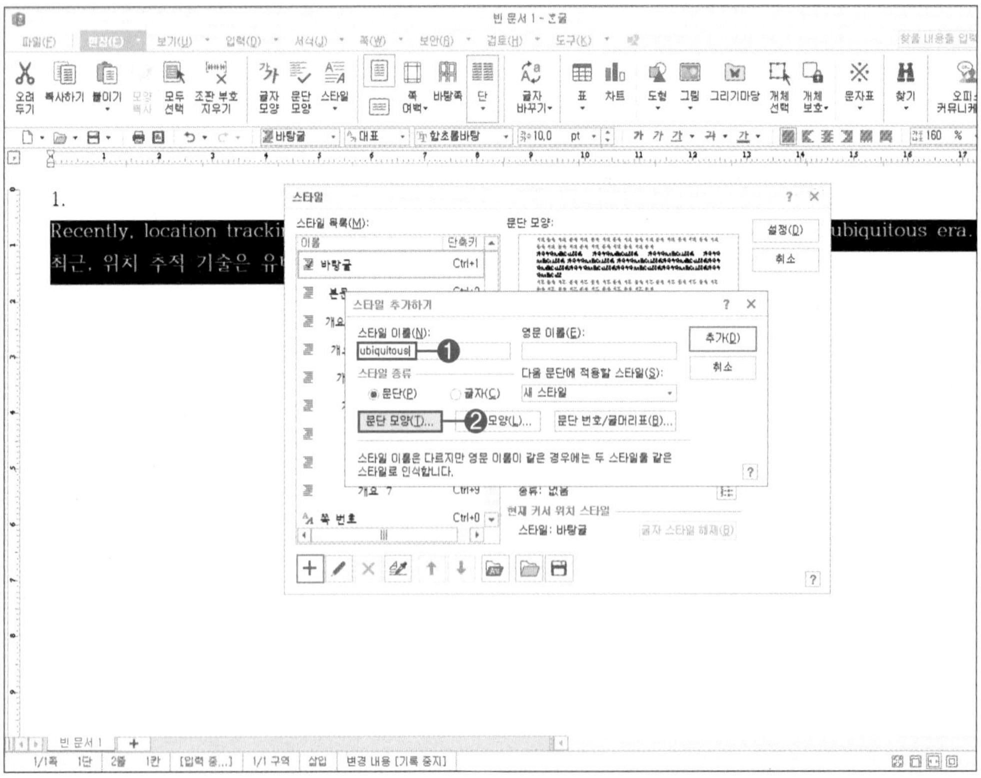

04 [문단 모양] 대화상자에서 ❶왼쪽 여백은 '10pt', ❷문단 아래 간격은 '10pt'로 설정하고 ❸[설정]을 클릭합니다.

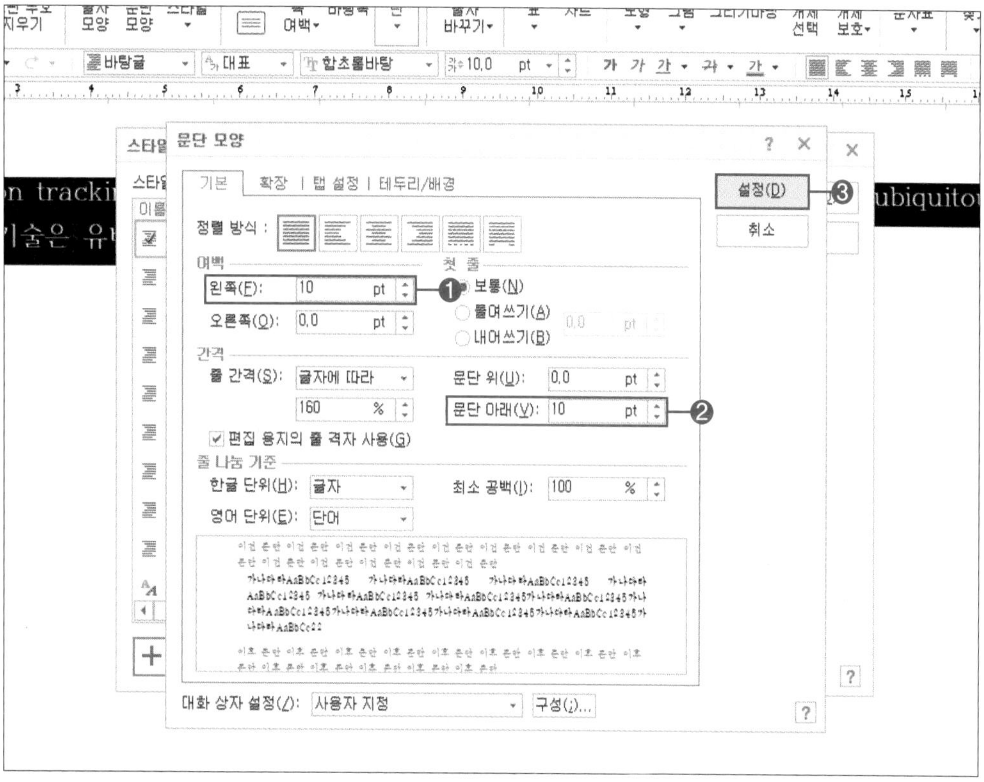

05 [스타일 추가하기] 대화상자에서 ❶[글자 모양]을 클릭합니다. [글자 모양] 대화상자가 나타나면 ❷언어는 '한글', 기준 크기는 '10pt', 글꼴은 '돋움', 장평은 '95%', 자간은 '–5%'로 설정합니다.

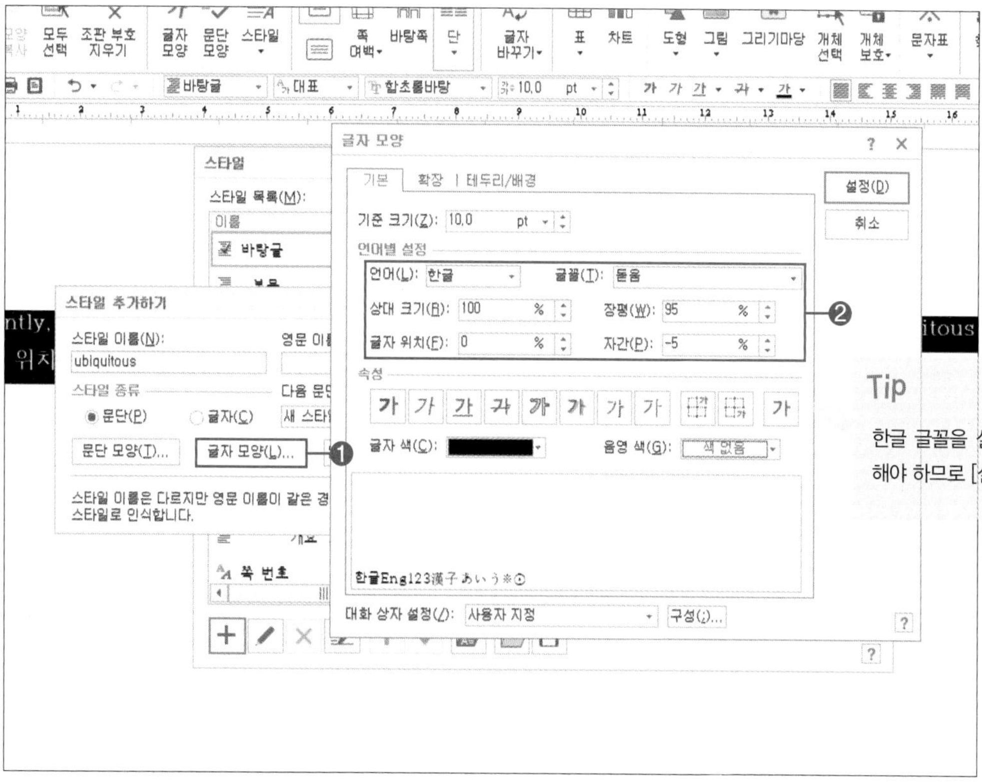

Tip

한글 글꼴을 설정한 후 영어 글꼴로 변경해야 하므로 [설정]을 클릭하지 않습니다.

06 이번에는 [글자 모양] 대화상자에서 ❶언어는 '영문', 기준 크기는 '10pt', 글꼴은 '굴림', 장평은 '95%', 자간은 '-5%'로 설정하고 ❷[설정]을 클릭합니다.

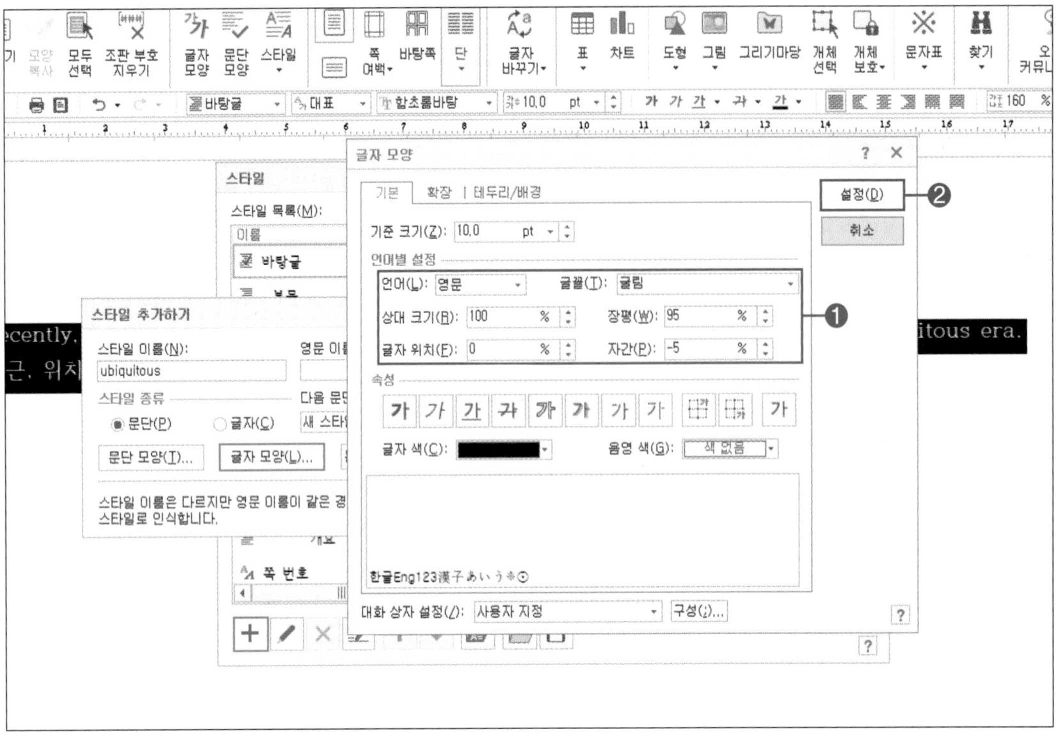

07 설정이 완료되었으면 ❶[추가]를 클릭하고 [스타일] 대화상자에서 ❷[설정]을 클릭합니다. 스타일이 적용된 것을 확인하고 문서의 빈 곳을 클릭하여 블록 지정을 해제합니다.

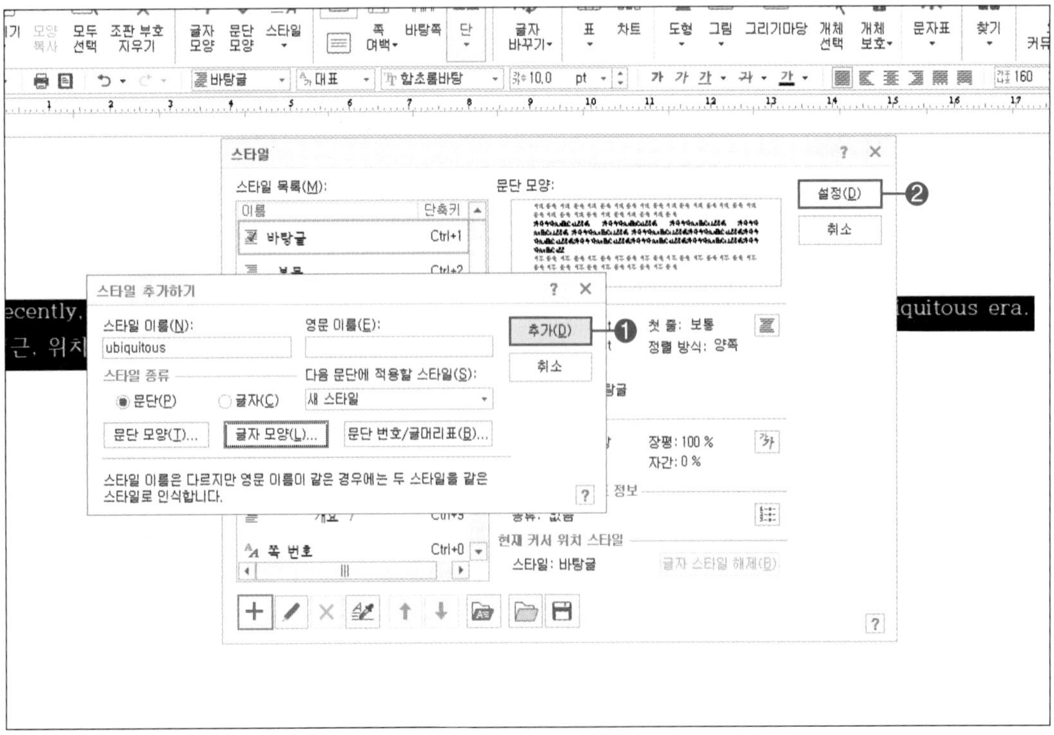

08 맨 마지막 줄에서 Enter 를 눌러 줄을 바꾸고 ❶[스타일] 목록 단추를 클릭하여 스타일을 ❷'바탕글'로 선택합니다.

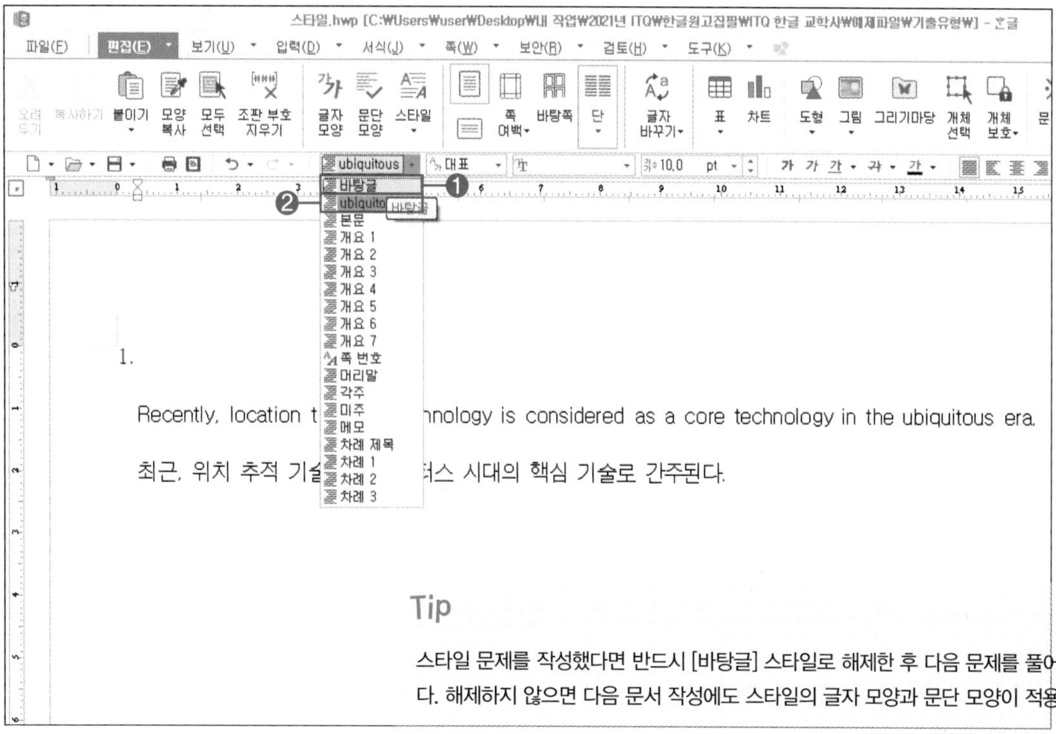

Tip

스타일 문제를 작성했다면 반드시 [바탕글] 스타일로 해제한 후 다음 문제를 풀어야 합니다. 해제하지 않으면 다음 문서 작성에도 스타일의 글자 모양과 문단 모양이 적용됩니다.

09 Alt + S 를 눌러 저장합니다. [다른 이름으로 저장하기] 대화상자의 [내 PC₩문서₩ITQ] 폴더에 ❶'수험번호-이름'으로 파일 이름을 입력하고 ❷[저장]을 클릭합니다.

■ ■ 준비파일 : 실력팡팡₩스타일실력.hwp / 완성파일 : 실력팡팡₩스타일실력_완성.hwp

01 다음의 ≪조건≫에 따라 스타일 기능을 적용하여 ≪출력형태≫와 같이 작성하시오. (50점)

조건
(1) 스타일 이름 – brain
(2) 문단 모양 – 왼쪽 여백 : 15pt, 문단 아래 간격 : 10pt
(3) 글자 모양 – 글꼴 : 한글(굴림)/영문(돋움), 크기 : 10pt, 장평 : 90%, 자간 : –5%

출력형태

We are an intelligent species and the use of our intelligence quite properly gives us pleasure. In this respect the brain is like a muscle. When it is in use we feel very good. Understanding is joyous.

사람은 지성적 존재이므로 당연히 지성을 사용할 때 기쁨을 느낀다. 이런 의미에서 두뇌는 근육과 같은 성격을 갖는다. 두뇌를 사용할 때 우리는 기분이 매우 좋다. 이해한다는 것은 즐거운 일이다.

02 다음의 ≪조건≫에 따라 스타일 기능을 적용하여 ≪출력형태≫와 같이 작성하시오. (50점)

조건
(1) 스타일 이름 – choice
(2) 문단 모양 – 왼쪽 여백 : 15pt, 문단 아래 간격 : 10pt
(3) 글자 모양 – 글꼴 : 한글(궁서)/영문(돋움), 크기 : 10pt, 장평 : 105%, 자간 : 5%

출력형태

For what is the best choice, for each individual is the highest it is possible for him to achieve.

개개인에 있어서 최고의 선택은 그 자신이 성취할 수 있는 곳에서 최고가 되는 것이다.

03 다음의 ≪조건≫에 따라 스타일 기능을 적용하여 ≪출력형태≫와 같이 작성하시오. (50점)

조건
(1) 스타일 이름 – illiteate
(2) 문단 모양 – 왼쪽 여백 : 10pt, 문단 아래 간격 : 10pt
(3) 글자 모양 – 글꼴 : 한글(돋움)/영문(굴림), 크기 : 10pt, 장평 : 90%, 자간 : 10%

출력형태

The illiterate of the 21st century will not be those who cannot read and write, but those who cannot learn, unlearn, and relearn(Alvin Toffler).

21세기의 문맹자는 글을 읽을 줄 모르는 사람이 아니라 학습하고, 교정하고 재학습하는 능력이 없는 사람이다(앨빈 토플러).

04 다음의 ≪조건≫에 따라 스타일 기능을 적용하여 ≪출력형태≫와 같이 작성하시오. (50점)

조건
(1) 스타일 이름 – travel
(2) 문단 모양 – 첫 줄 들여쓰기 : 10pt, 문단 위 간격 : 10pt
(3) 글자 모양 – 글꼴 : 한글(궁서)/영문(굴림), 크기 : 10pt, 장평 : 110%, 자간 : –5%

출력형태

We are all travelling through time together, everyday of our lives. All we can do is do our best to relish this remarkable ride.

우리는 삶 곳의 매일을 여행하고 있다. 우리가 할 수 있는 것은 이 훌륭한 여행을 즐기기 위해 최선을 다하는 것이다.

05 다음의 ≪조건≫에 따라 스타일 기능을 적용하여 ≪출력형태≫와 같이 작성하시오. (50점)

조건
(1) 스타일 이름 – achieve
(2) 문단 모양 – 왼쪽 여백 : 10pt, 문단 아래 간격 : 10pt
(3) 글자 모양 – 글꼴 : 한글(굴림)/영문(궁서), 크기 : 10pt, 장평 : 97%, 자간 : –2%

출력형태

For a man to achieve all that is demanded of him, he must regard himself as greater than he is.

어떤 사람이 자신에게 주어진 모든 임무를 달성해내기 위해서는, 자기 자신을 본래의 자기보다 훨씬 더 위대하게 생각해야 한다.

06 다음의 ≪조건≫에 따라 스타일 기능을 적용하여 ≪출력형태≫와 같이 작성하시오. (50점)

조건
(1) 스타일 이름 – heart
(2) 문단 모양 – 첫 줄 들여쓰기 : 10pt, 문단 위 간격 : 10pt
(3) 글자 모양 – 글꼴 : 한글(돋움)/영문(궁서), 크기 : 10pt, 장평 : 95%, 자간 : 5%

출력형태

The best and most beautiful things in the world cannot be seen of even touched. They must be felt with the heart.

세상에서 가장 아름답고 소중한 것은 보이거나 만져지지 않는다. 단지 가슴으로만 느낄 수 있다.

03
Section

기능평가 Ⅰ – 표

표는 문서에서 중요한 역할을 합니다. 복잡한 문서를 보기 쉽게 정리할 수 있고 합계, 평균 등의 계산할 때 유용합니다. 표 내용을 작성하고, 보기 좋게 정렬하고, 디자인 요소를 더해 봅니다. 또한 표의 계산 기능과 캡션 기능을 학습해 봅니다.

표 삽입하기

- [입력] 탭의 목록 단추를 클릭하여 [표]를 선택하거나 [입력] 탭 또는 [편집] 탭의 [표]를 클릭해 표를 삽입합니다.
- Ctrl + N , T 를 눌러 '줄/칸' 수를 입력하여 표를 만들 수 있습니다.
- '글자처럼 취급'에 체크한 후 [만들기]를 클릭합니다.
- '글자처럼 취급'에 체크하면 표가 글자처럼 취급되어 내용 수정할 때 표의 위치가 변경됩니다.

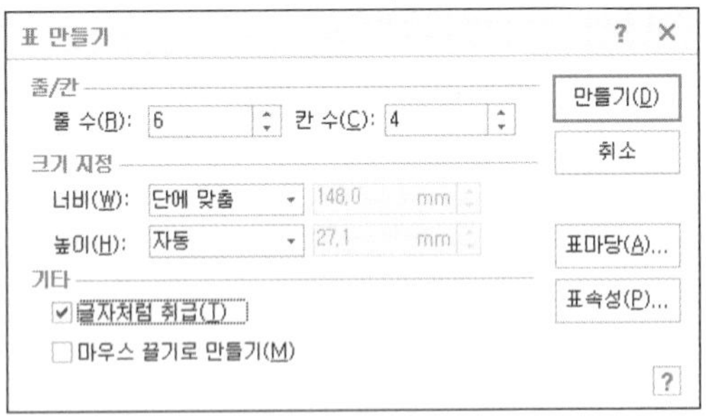

Tip

F5 를 한 번 누르면 하나의 셀이 블록 설정됩니다.

연속/비연속 셀 블록 설정하기

- 연속된 셀 블록을 설정하려면 마우스로 드래그하거나 셀 블록의 시작 셀을 클릭하고 Shift 를 누르고 마지막 셀을 클릭합니다.
- 떨어져 있는 셀 블록을 설정하려면 Ctrl 을 누르고 셀을 클릭합니다.

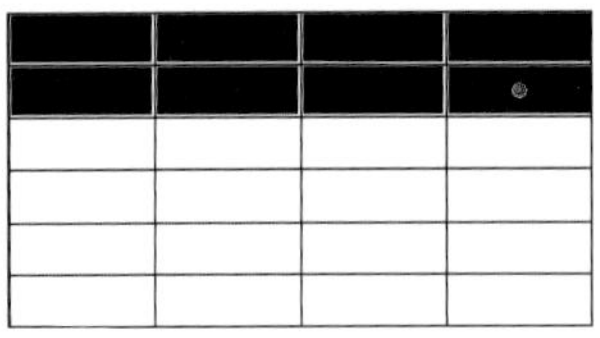

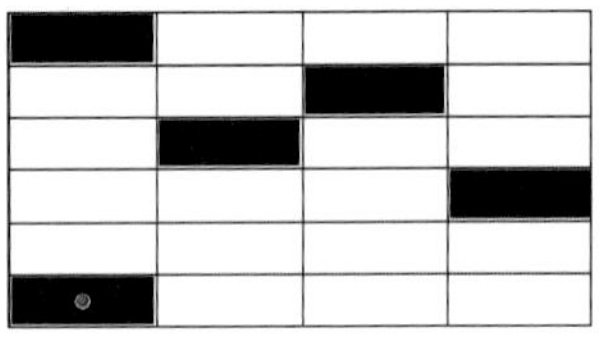

셀 크기 조절하기

- 마우스로 크기를 조절할 때는 가로선이나 세로선을 드래그하여 크기 조절을 할 수 있습니다.
- 방향키를 이용할 때는 셀 블록을 설정하고 Ctrl +방향키로 선택된 셀을 포함하는 행과 열의 크기를 조절할 수 있으며 표의 전체 크기가 같이 조절됩니다.
- 셀 블록을 설정하고 Alt +방향키로 선택된 셀을 포함하는 행과 열의 크기를 조절할 수 있으며 표의 전체 크기는 조절되지 않습니다.
- 셀 블록을 설정하고 Shift +방향키를 누르면 선택된 셀의 높이나 너비가 조절됩니다. 표 전체 크기는 조절되지 않습니다.

셀 너비를 같게/셀 높이를 같게

- 셀 블록을 설정한 다음, 마우스 오른쪽 버튼을 눌러 [셀 너비를 같게]를 클릭하거나 [표] 탭의 [셀 너비를 같게]를 클릭하면 블록으로 설정한 셀의 너비가 같아집니다.

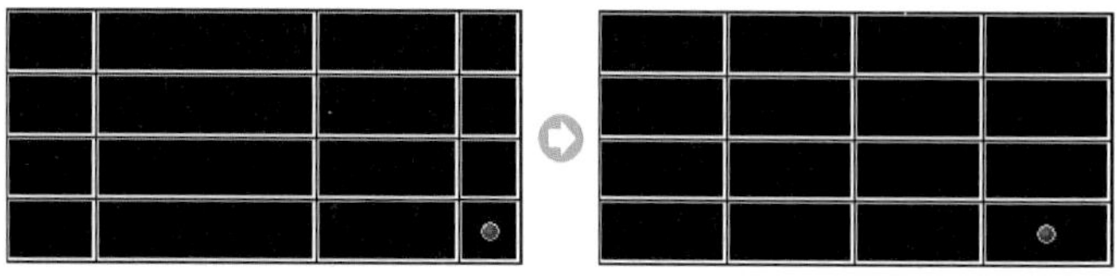

- 셀 블록을 설정한 다음, 마우스 오른쪽 버튼을 눌러 [셀 높이를 같게]를 클릭하거나 [표] 탭의 [셀 높이를 같게]를 클릭하면 블록으로 설정한 셀의 높이가 같아집니다.

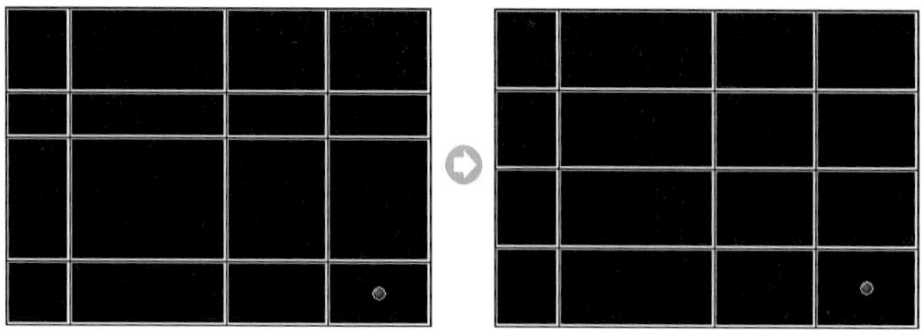

줄/칸 삽입과 삭제하기

- 줄이나 칸을 추가하려면 삽입될 위치에서 마우스 오른쪽 버튼을 눌러 [줄/칸 추가하기]를 클릭하여 원하는 위치에 줄이나 칸을 추가합니다.
- 행이나 열을 삭제하려면 삭제할 행이나 열에 커서를 위치한 후 마우스 오른쪽 버튼을 눌러 [줄/칸 지우기]를 클릭하여 칸 또는 줄을 지웁니다.

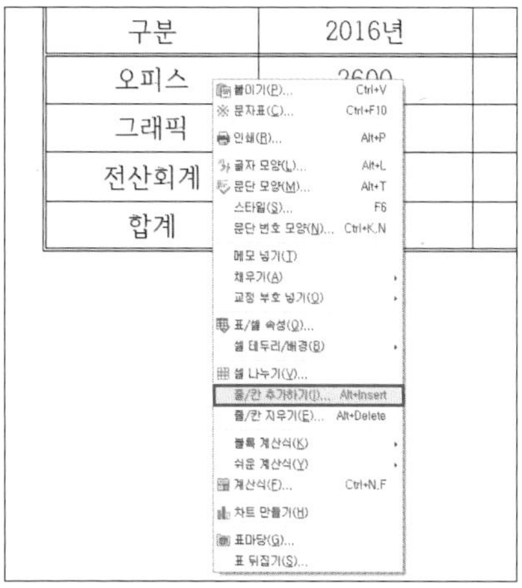

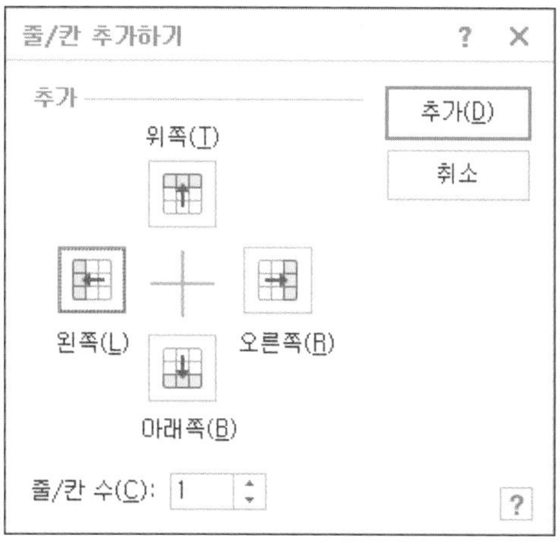

Tip

- 줄 삽입 단축키 : Ctrl + Enter
- 줄/칸 삽입 : Alt + Insert
- 줄/칸 삭제 : Alt + Delete

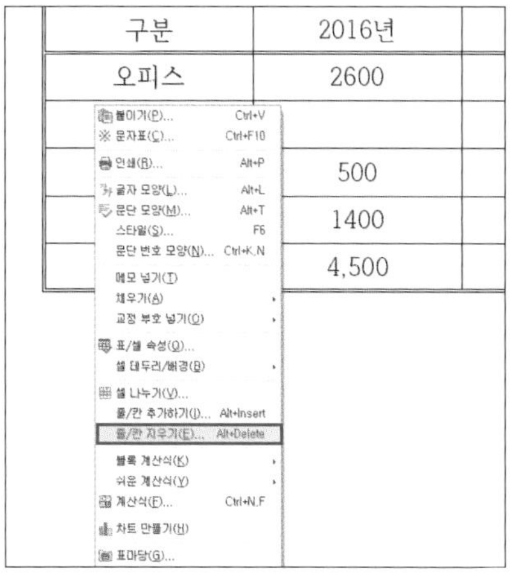

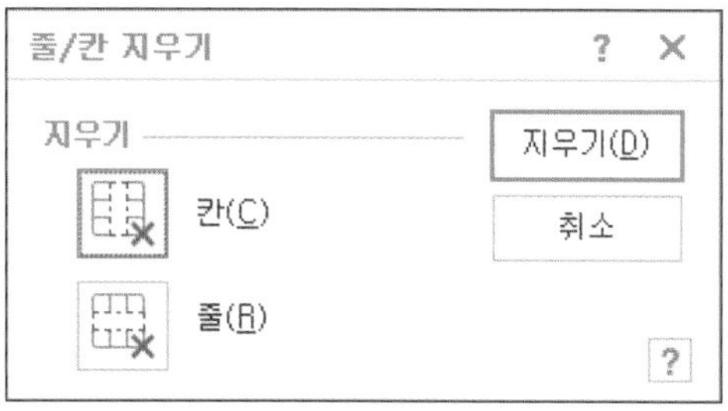

셀 합치기와 셀 나누기

- 셀을 합칠 때 합칠 셀을 블록으로 설정하고 마우스 오른쪽 버튼을 눌러 [셀 합치기]를 클릭합니다. 또는 M을 누릅니다.
- 셀을 나눌 때 나눌 셀을 블록 설정하고 마우스 오른쪽 버튼을 눌러 [셀 나누기]를 선택하여 줄 또는 칸 수를 입력해 원하는 만큼 줄 또는 칸을 나눕니다. 또는 나눌 셀을 블록 설정해 S를 눌러 셀 나누기를 할 수 있습니다.

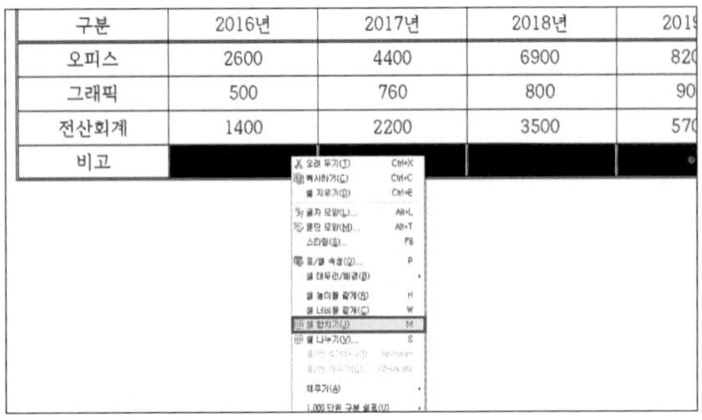

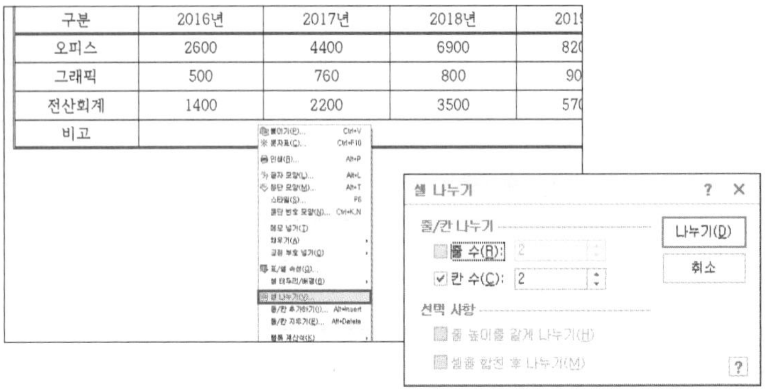

셀 테두리 설정하기

- 테두리를 적용할 셀을 블록 설정한 후, 활성화된 [표] 탭의 목록 단추를 클릭하여 [셀 테두리/배경]의 [각 셀마다 적용]을 선택하거나 마우스 오른쪽 버튼을 눌러 [셀 테두리/배경]-[각 셀마다 적용]을 클릭합니다.
- [셀 테두리/배경] 대화상자의 [테두리] 탭에서 테두리 종류와 색을 선택하고 미리보기 창에서 적용될 테두리를 선택합니다.
- [셀 테두리/배경] 대화상자의 [대각선] 탭에서 대각선 방향을 선택할 수 있습니다.
- 테두리를 적용할 셀을 블록 설정해 L을 눌러 셀 테두리나 배경을 설정할 수도 있습니다.

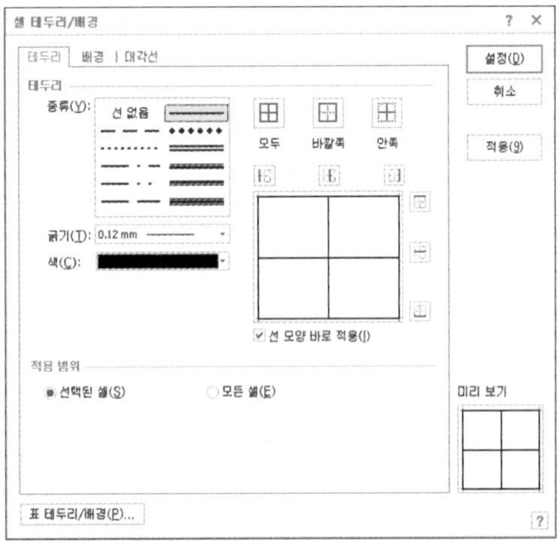

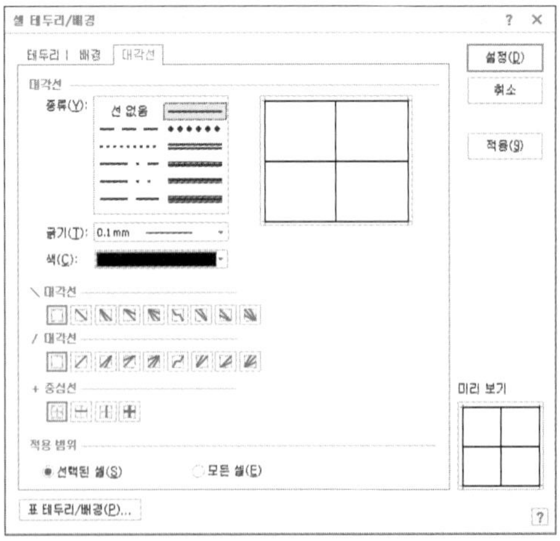

- 활성화된 [표] 탭에서 셀 테두리 및 테두리 색과 테두리 모양/굵기 등을 빠르게 선택할 수 있습니다.

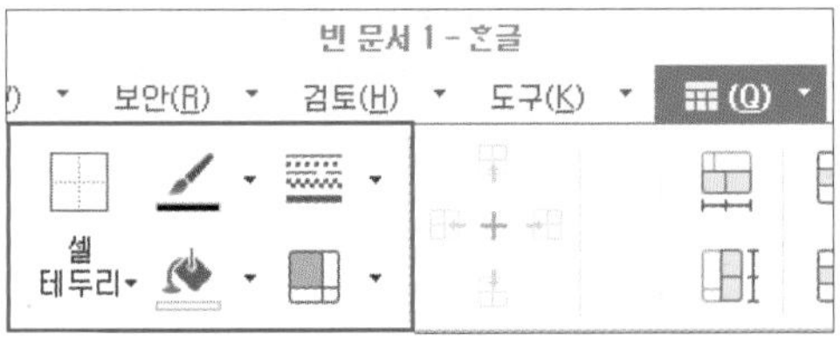

셀 배경 설정하기

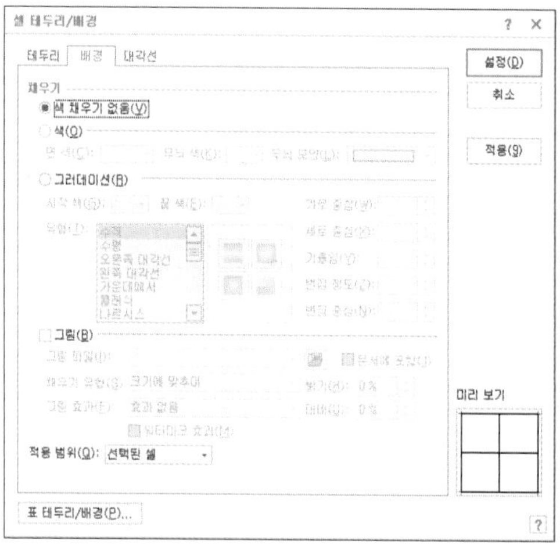

- 배경색을 적용할 셀을 블록 설정한 후, 활성화된 [표] 탭의 목록 단추를 클릭하여 [셀 테두리/배경]의 [각 셀마다 적용]을 선택하거나 마우스 오른쪽 버튼을 눌러 [셀 테두리/배경]-[각 셀마다 적용]을 클릭합니다.
- [셀 테두리/배경] 대화상자의 [배경] 탭에서 채우기 색을 선택하거나 그라데이션의 '시작 색'과 '끝 색', '유형' 등을 설정할 수 있습니다.
- 배경색을 적용할 셀을 블록 설정해 C를 눌러 셀 배경을 설정할 수도 있습니다.

캡션 달기

- 표를 선택하고 마우스 오른쪽 버튼을 눌러 [캡션 넣기]를 클릭하거나 활성화된 [표] 탭의 [캡션]을 클릭합니다. 또는 Ctrl+N, C를 눌러 캡션을 넣을 수도 있습니다.
- 캡션 내용을 입력하고 본문 영역을 클릭하거나 Shift+Esc를 눌러 캡션 영역이 나와야 캡션이 완성됩니다.
- 캡션을 삭제하려면 캡션 영역에서 마우스 오른쪽 버튼을 눌러 [캡션 없음]을 클릭하면 삭제됩니다.

캡션 수정하기

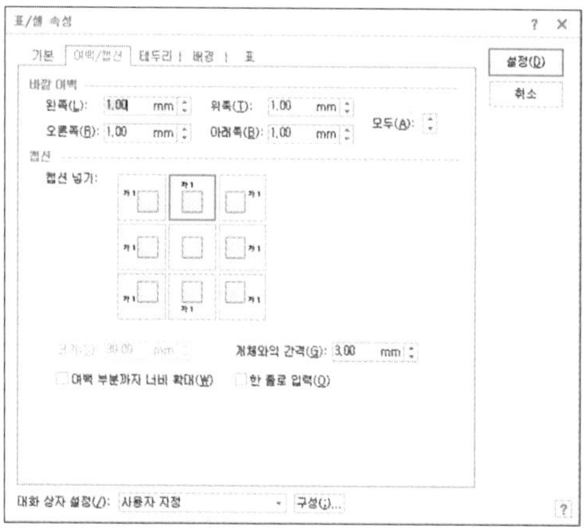

- 캡션을 수정할 때 캡션 영역을 클릭하면 내용을 수정할 수 있습니다.
- 표를 선택한 상태에서 마우스 오른쪽 버튼을 눌러 [개체 속성]을 클릭합니다. [표/셀 속성] 대화상자에서 [여백/캡션] 탭의 캡션의 위치 등을 설정할 수 있습니다. 또는 Ctrl+N, K를 눌러 [표/셀 속성] 대화상자의 [여백/캡션] 탭에서 캡션의 위치 등을 설정할 수 있습니다.

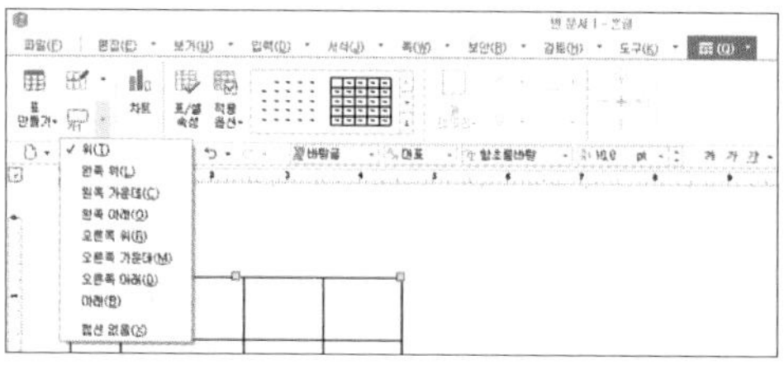

- 활성화된 [표] 탭의 [캡션]에서 위치를 수정할 수 있습니다.
- 캡션의 위치는 위, 왼쪽 위, 왼쪽 가운데, 왼쪽 아래, 오른쪽 위, 오른쪽 가운데, 오른쪽 아래, 아래 중에서 선택할 수 있습니다.

블록 계산식 적용하기

- 계산식에 사용할 숫자가 입력된 셀과 계산식의 결과값이 들어갈 셀을 블록으로 설정하고 마우스 오른쪽 버튼을 눌러 [블록 계산식]의 하위 메뉴를 선택합니다.

Tip

· 블록 합계 : Ctrl + Shift + S

· 블록 평균 : Ctrl + Shift + A

- 활성화된 [표] 탭의 [계산식]을 클릭해 하위 메뉴에서 원하는 블록 계산을 설정할 수 있으며 하위 메뉴는 [블록 합계], [블록 평균], [블록 곱]이 있습니다.

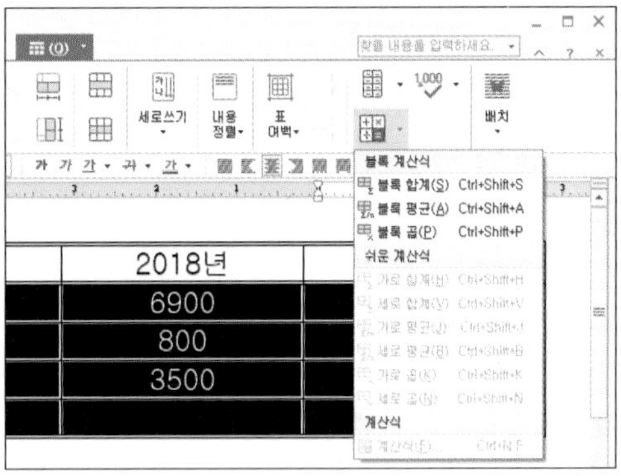

- 블록 계산식을 적용한 이후에 일부 셀에 입력된 값을 수정하면 그 값이 반영되어 자동으로 결과 값도 변경됩니다.

계산식 수정하기

- 계산식이 적용된 셀에서 마우스 오른쪽 버튼을 눌러 [계산식 고치기]를 클릭합니다.
- [계산식] 대화상자에서 형식의 목록 단추를 눌러 정수형이나 소수점 이하의 자릿 수를 설정할 수 있습니다.

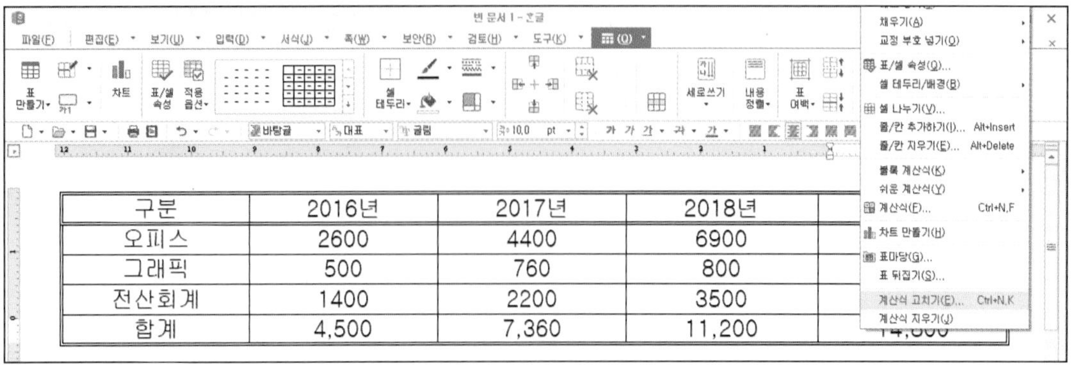

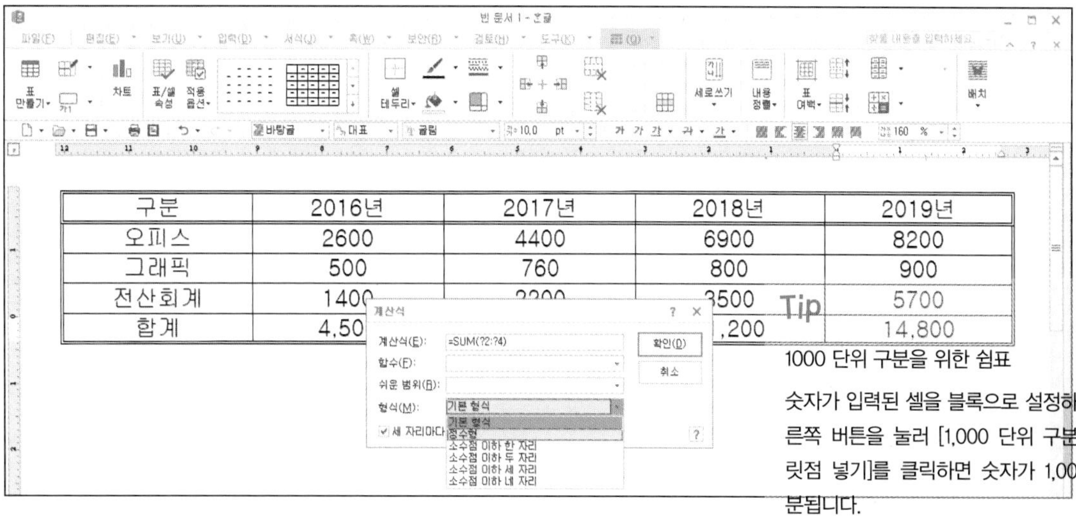

Tip

1000 단위 구분을 위한 쉼표

숫자가 입력된 셀을 블록으로 설정하고 마우스 오른쪽 버튼을 눌러 [1,000 단위 구분 쉼표]의 [자릿점 넣기]를 클릭하면 숫자가 1,000 단위로 구분됩니다.

출제유형 따라하기

■ ■ 완성파일 : 기출유형₩표_완성.hwp

시험에서는 section04에서 다룰 '차트'와 함께 한 문제로 출제됩니다.

다음의 ≪조건≫에 따라 ≪출력형태≫와 같이 표를 작성하시오. (100점)

조건
(1) 표 전체(표, 캡션) – 굴림, 10pt
(2) 정렬 – 문자 : 가운데 정렬, 숫자 : 오른쪽 정렬
(3) 셀 배경(면 색) : 노랑
(4) 한글의 계산 기능을 이용하여 빈칸에 평균(소수점 이하 두 자리 표시)을 구하고, 캡션 기능을 사용할 것
(5) 선 모양은 ≪출력형태≫와 동일하게 처리할 것

출력형태

연도별 S/W 판매 현황(단위 : 천)

구분	2015년	2016년	2017년	2018년	2019년
오피스	2,600	4,400	6,900	8,200	4,900
그래픽	500	760	800	900	7,900
전산회계	1,400	2,200	3,500	5,700	3,900
합계	4,500	7,360	11,200	14,800	

Step 01. 표 삽입하기

01 문제번호 '2.'를 입력하고 Enter 를 누른 다음 ❶[입력] 탭의 ❷[표]를 클릭합니다. [표 만들기] 대화상자에서 ❸줄 수는 '5', 칸 수는 '6'을 입력하고 기타의 ❹'글자처럼 취급'에 체크한 다음 ❺[만들기]를 클릭합니다.

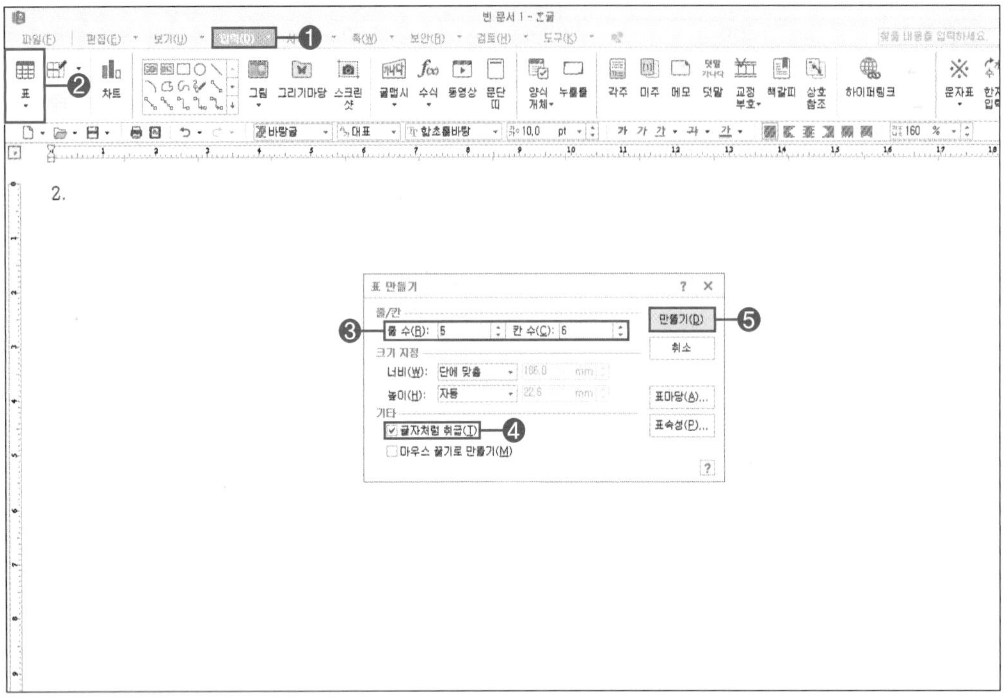

02 ≪출력형태≫와 같이 표 안에 내용을 입력합니다. 숫자가 입력된 셀과 결과값이 들어갈 셀을 블록으로 설정하고 마우스 오른쪽 버튼을 눌러 ❶[블록 계산식]–[블록 합계]를 클릭합니다.

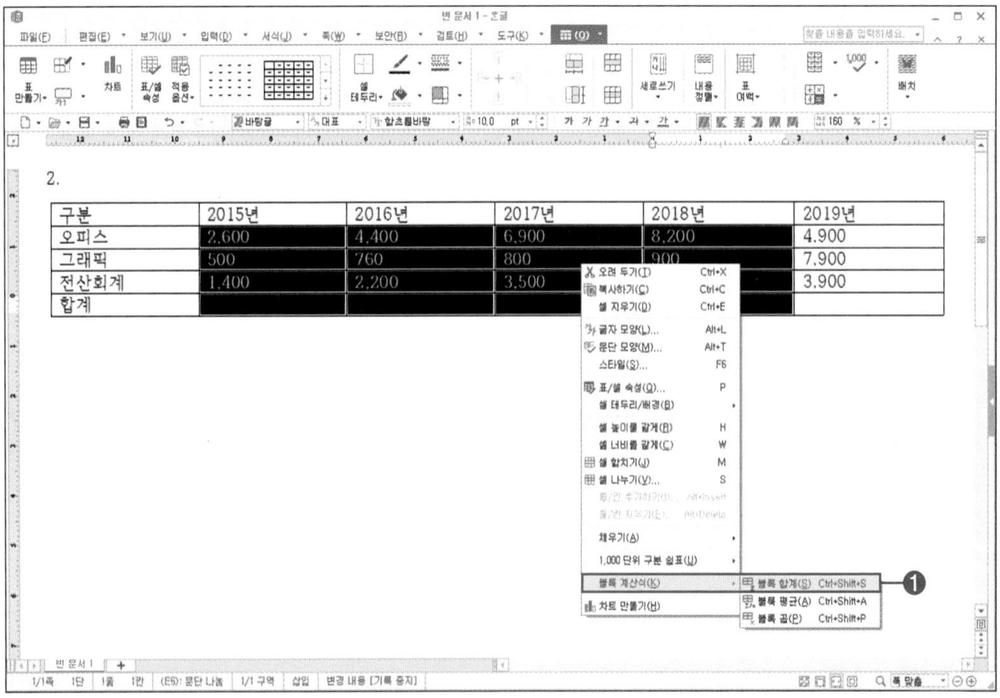

03 숫자가 입력되어 있는 셀을 블록 설정한 다음, 서식 도구 상자에서 ❶글꼴은 '굴림', 글자 크기는 '10pt', 정렬 방식은 '오른쪽 정렬'로 설정합니다.

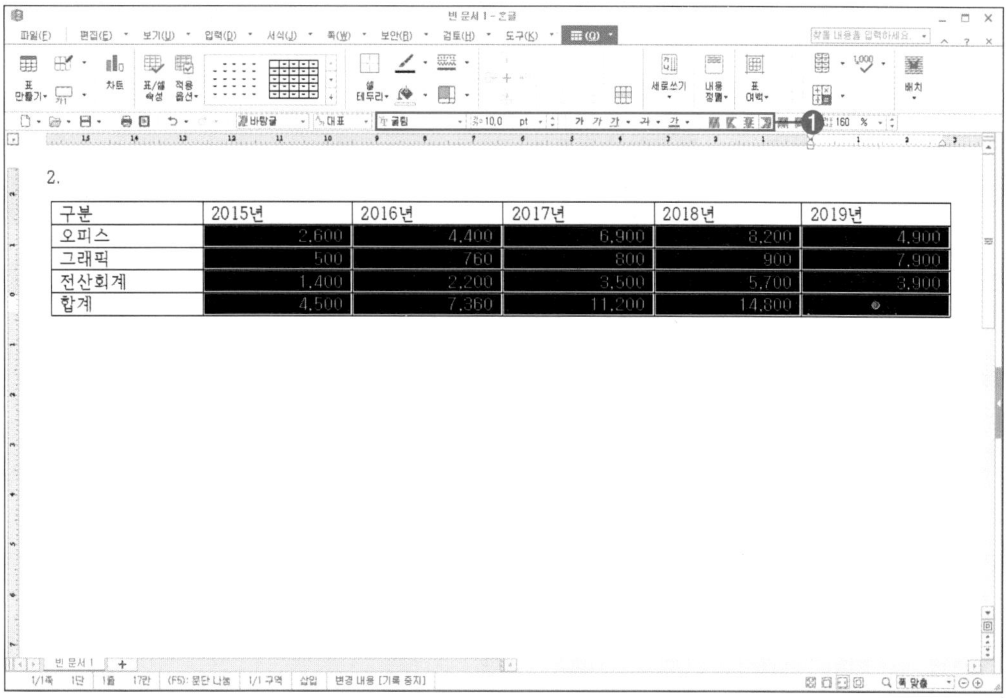

04 Ctrl을 눌러 다음과 같이 셀을 블록 설정한 다음 ❶글꼴은 '굴림', 글자 크기는 '10pt', 정렬 방식은 '가운데 정렬'로 설정합니다.

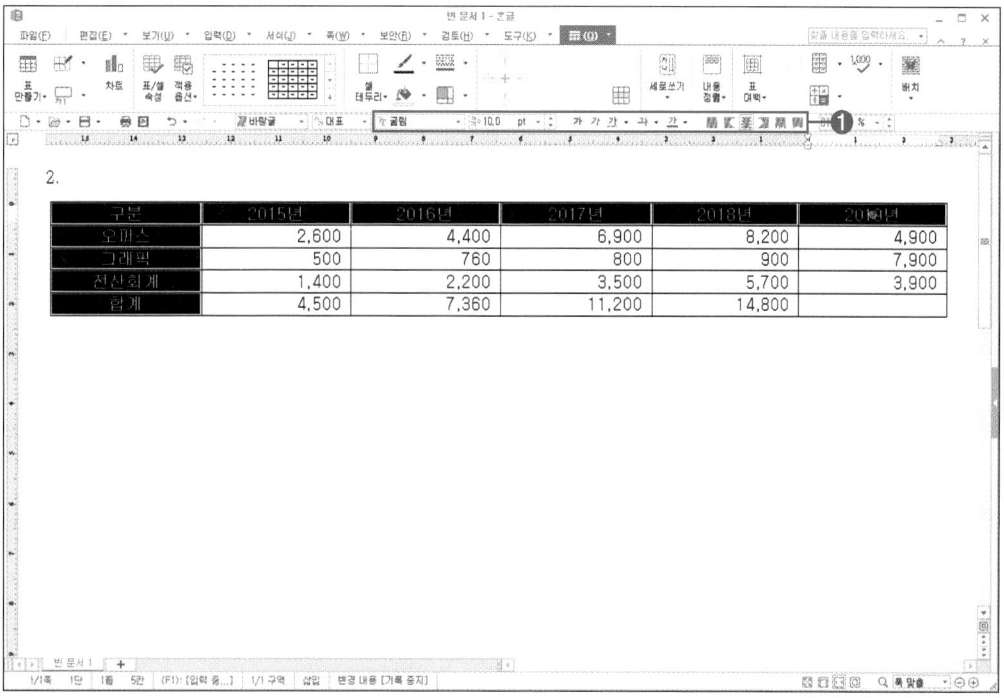

Step 02. 셀 테두리/배경 설정하기

01 표 전체를 블록으로 설정하고 마우스 오른쪽 버튼을 눌러 ❶[셀 테두리/배경]-[각 셀마다 적용]을 클릭합니다.

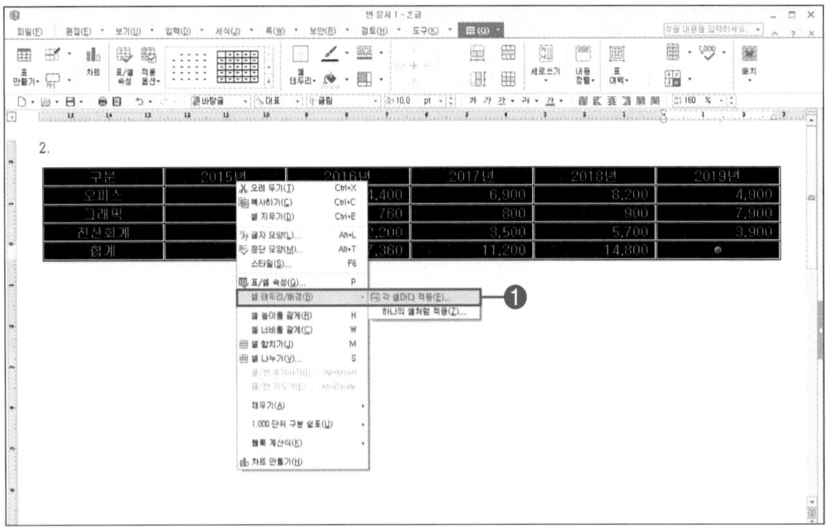

Tip

블록이 설정된 다음 L을 누르면 [셀 테두리/배경] 대화상자를 쉽게 불러올 수 있습니다.

02 [셀 테두리/배경] 대화상자의 ❶[테두리] 탭에서 테두리의 ❷종류는 '이중 실선', ❸적용 위치를 '바깥쪽'으로 선택하고 ❹[설정]을 클릭합니다.

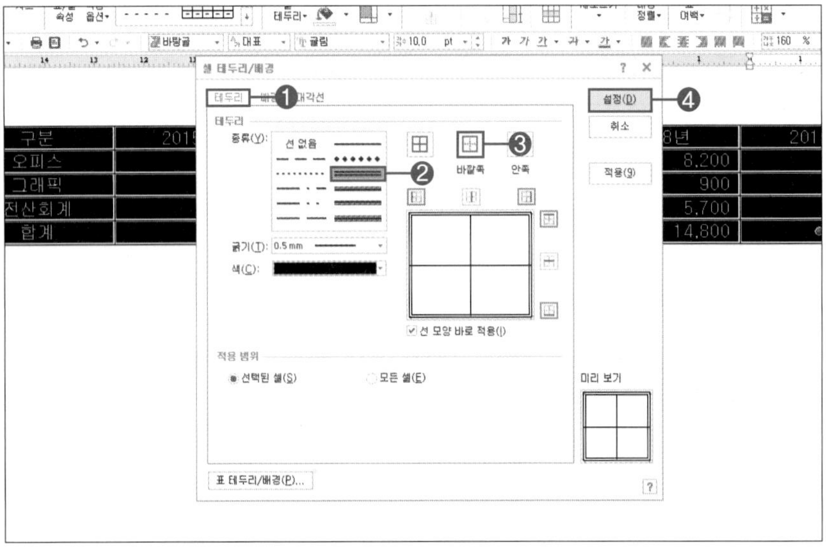

03 1행 전체를 블록으로 설정하고 마우스 오른쪽 버튼을 눌러 ❶[셀 테두리/배경]-[각 셀마다 적용]을 클릭합니다.

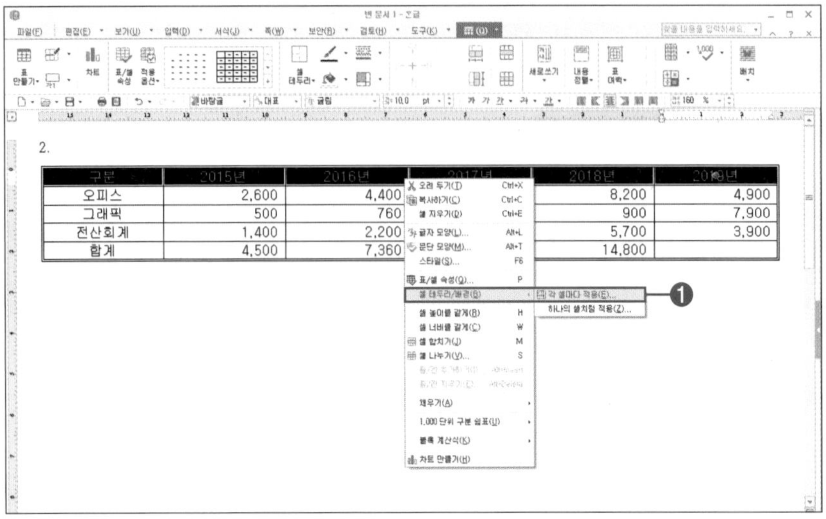

04 [셀 테두리/배경] 대화상자의 ❶[테두리] 탭에서 ❷테두리의 종류는 '이중 실선', ❸적용 위치를 '아래쪽'으로 선택하고 ❹[설정]을 클릭합니다.

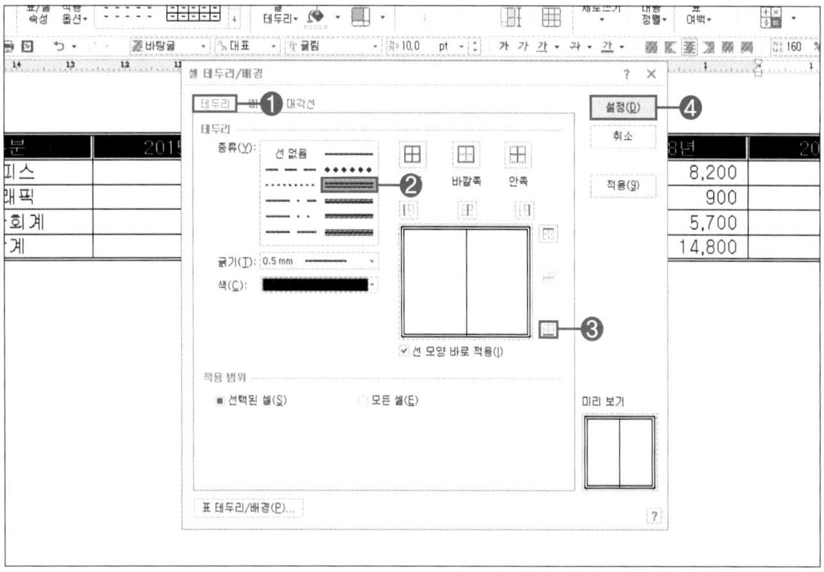

05 대각선을 넣기 위해 다음과 같이 셀을 선택한 후, 마우스 오른쪽 버튼을 눌러 ❶[셀 테두리/배경]-[각 셀마다 적용]을 클릭합니다.

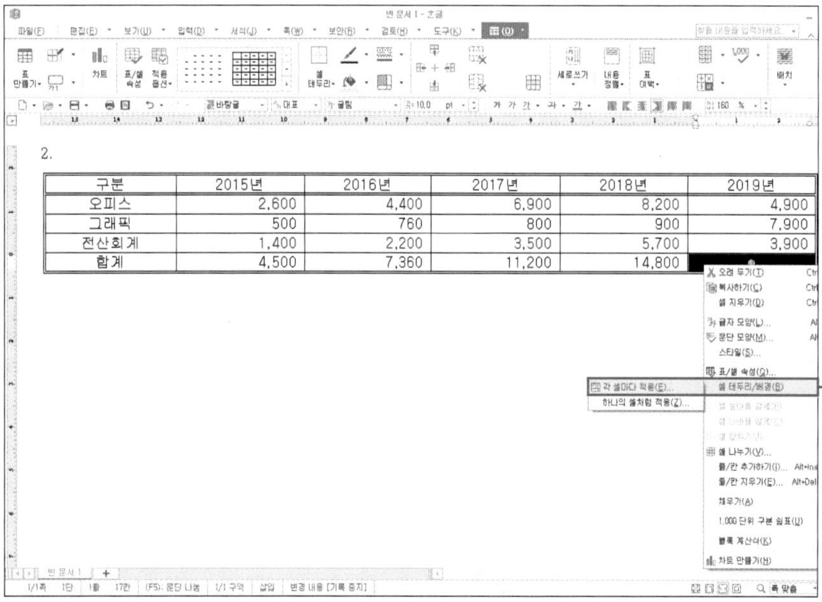

Tip

단축키 : F5

06 [셀 테두리/배경] 대화상자의 ❶[대각선] 탭에서 ≪출력형태≫와 같은 ❷대각선을 선택하고 ❸[설정]을 클릭합니다.

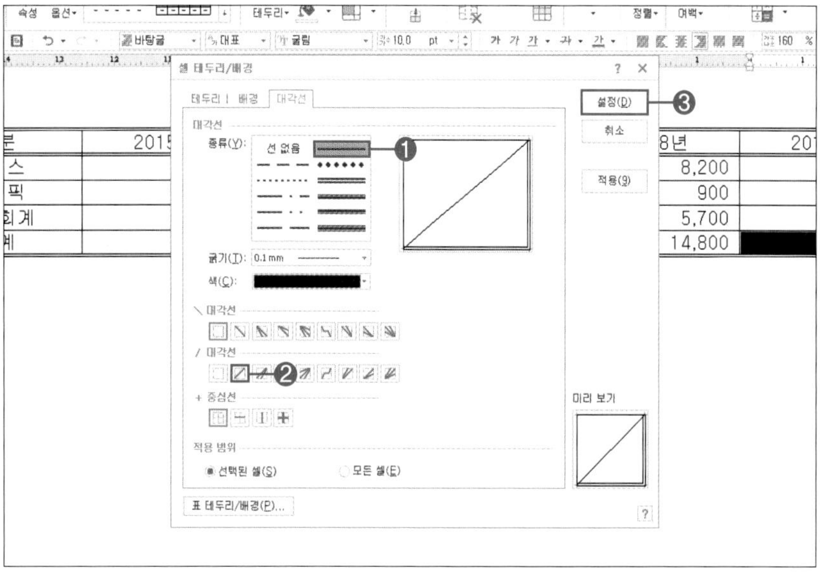

07 배경 색을 설정할 셀을 블록으로 설정한 다음 마우스 오른쪽 버튼을 눌러 ❶[셀 테두리/배경]-[각 셀마다 적용]을 클릭합니다.

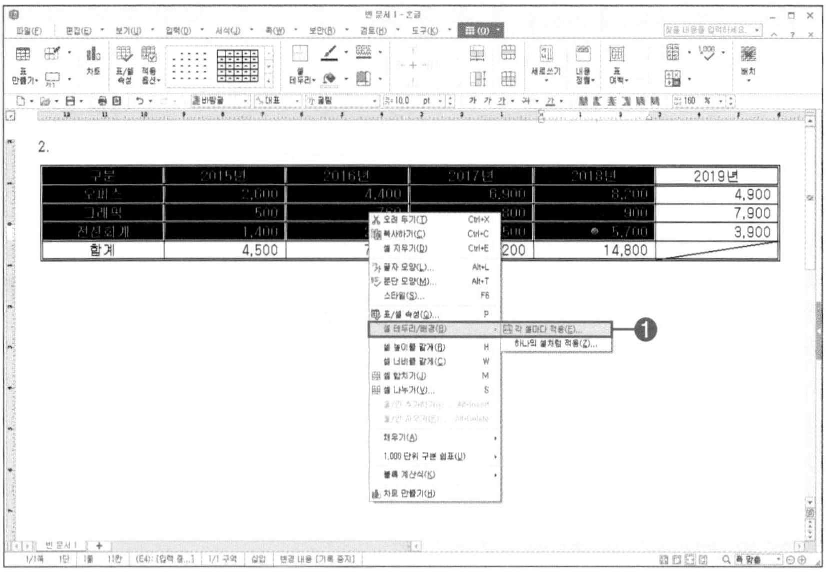

08 [셀 테두리/배경] 대화상자의 ❶[배경] 탭에서 ❷'색'을 클릭하고 ❸면 색의 목록 단추를 클릭하여 ❹색상 테마 버튼을 클릭하여 ❺'오피스'를 선택합니다.

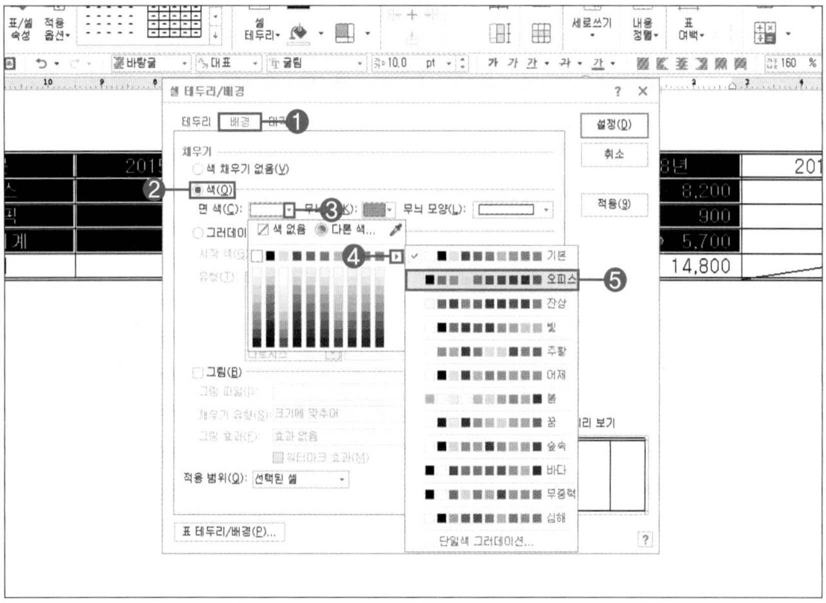

09 변경된 면 색의 색상 목록에서 ❶'노랑'을 선택하고 ❷[설정]을 클릭합니다.

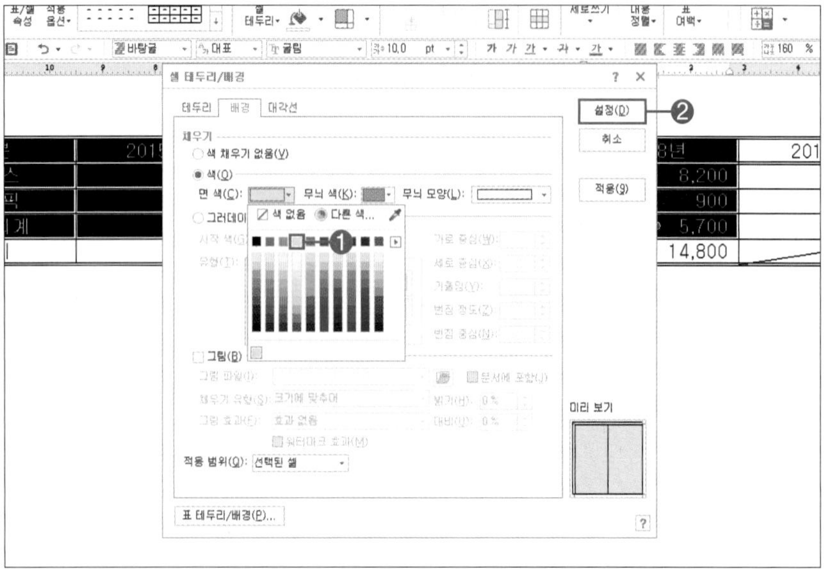

Step 03. 캡션 설정하기

01 표를 선택한 다음, 활성화된 [표] 탭에서 ❶[캡션]의 목록 단추를 클릭하여 ❷[위]를 선택합니다.

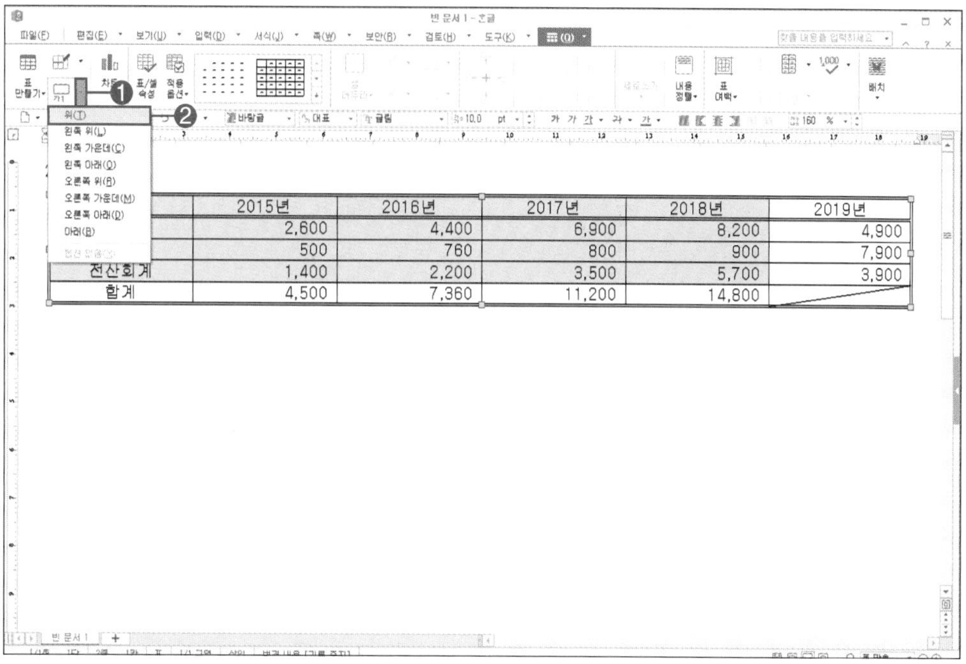

02 캡션 번호인 '표 1' 대신 ≪출력형태≫와 같이 내용을 입력합니다. 입력한 캡션 내용의 ❶글꼴은 '굴림', 글자 크기는 '10pt', 정렬은 '오른쪽 정렬'로 설정하고 본문 영역을 클릭하여 캡션 영역을 빠져나옵니다. 셀 크기를 적당히 조절하여 표를 완성합니다.

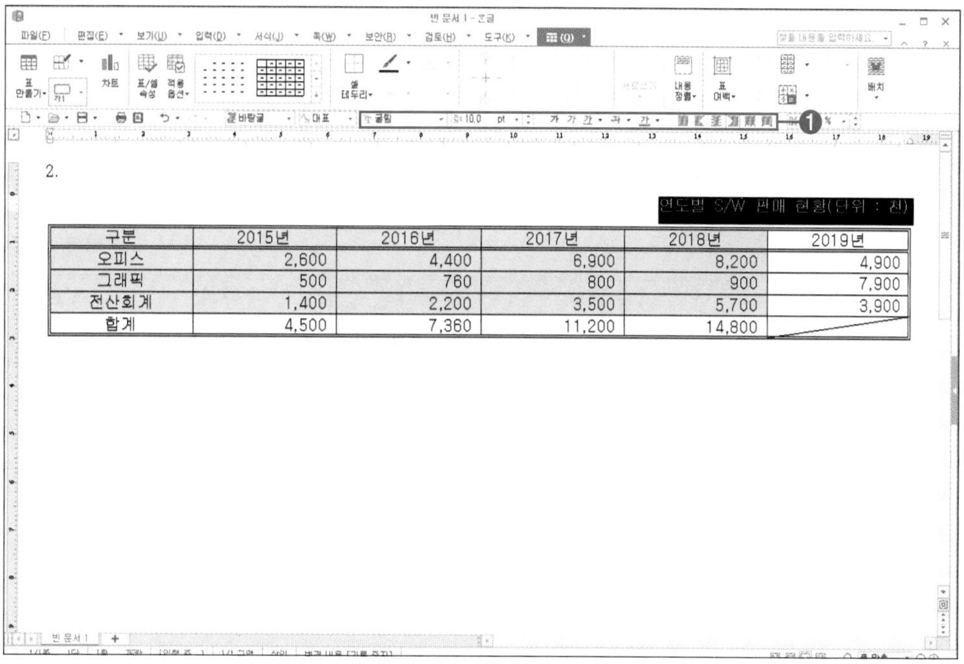

■ ■ 완성파일 : 실력팡팡₩표예제_완성.hwp

01 다음의 ≪조건≫에 따라 ≪출력형태≫와 같이 표를 작성하시오. (50점)

조건 (1) 표 전체(표, 캡션) – 굴림, 10pt
(2) 정렬 – 문자 : 가운데 정렬, 숫자 : 오른쪽 정렬
(3) 셀 배경(면 색) : 노랑
(4) 한글의 계산 기능을 이용하여 빈칸에 평균(소수점 이하 두 자리 표시)을 구하고, 캡션 기능을 사용할 것
(5) 선 모양은 ≪출력형태≫와 동일하게 처리할 것

출력형태

OA 성적현황

이름	워드프로세서	스프레드시트	프레젠테이션	검색활용	평균
김화영	100	90	85	95	
고경운	90	100	100	85	
박재웅	90	82	100	90	
최자영	85	95	90	100	

02 다음의 ≪조건≫에 따라 ≪출력형태≫와 같이 표를 작성하시오. (50점)

조건 (1) 표 전체(표, 캡션) – 궁서, 10pt
(2) 정렬 – 문자 : 가운데 정렬, 숫자 : 오른쪽 정렬
(3) 셀 배경(면 색) : 노랑
(4) 한글의 계산 기능을 이용하여 빈칸에 합계를 구하고, 캡션 기능을 사용할 것
(5) 선 모양은 ≪출력형태≫와 동일하게 처리할 것

출력형태

부서별 출장내역서

구분	건축과	기획과	무역과	총무과	정보통신과
숙박비	200,000	100,000	250,000	120,000	180,000
교통비	300,000	275,000	220,000	330,000	235,000
식비	225,000	150,000	310,000	250,000	200,000
합계					

03 다음의 ≪조건≫에 따라 ≪출력형태≫와 같이 표를 작성하시오. (50점)

조건
(1) 표 전체(표, 캡션) – 돋움, 10pt
(2) 정렬 – 문자 : 가운데 정렬, 숫자 : 오른쪽 정렬
(3) 셀 배경(면 색) : 노랑
(4) 한글의 계산 기능을 이용하여 빈칸에 합계를 구하고, 캡션 기능을 사용할 것
(5) 선 모양은 ≪출력형태≫와 동일하게 처리할 것

출력형태

학사원예마을 작물현황(단위 : 천)

작물 종류	2015년	2016년	2017년	2018년	2019년
근채류	5,500	6,820	5,430	9,040	9,150
과채류	2,300	3,000	4,330	5,070	6,500
엽채류	2,700	3,500	5,100	7,000	8,200
합계					

04 다음의 ≪조건≫에 따라 ≪출력형태≫와 같이 표를 작성하시오. (50점)

조건
(1) 표 전체(표, 캡션) – 굴림, 10pt
(2) 정렬 – 문자 : 가운데 정렬, 숫자 : 오른쪽 정렬
(3) 셀 배경(면 색) : 노랑
(4) 한글의 계산 기능을 이용하여 빈칸에 평균(소수점 이하 두 자리 표시)을 구하고, 캡션 기능을 사용할 것
(5) 선 모양은 ≪출력형태≫와 동일하게 처리할 것

출력형태

분기별 매출실적

지역	1분기	2분기	3분기	4분기	평균
서울	85	60	75	55	
경기	110	50	65	80	
김해	90	75	100	60	
광주	80	95	90	90	

04 Section

기능평가 Ⅰ - 차트

표를 작성하고 이를 이용하여 간단한 차트를 작성할 수 있는 능력을 평가합니다. 차트를 구성하는 요소를 알아보고 차트 서식을 설정해 봅니다.

차트 만들기

- 차트로 만들 표의 셀을 블록 설정하고 [입력] 탭의 [차트]를 클릭합니다.
- 차트를 더블 클릭하면 차트를 편집할 수 있습니다.
- 삽입한 차트를 선택한 다음 활성화된 [차트] 탭에서 차트 속성, 차트 모양, 차트 색상, 차트 계열, 범례 등을 설정할 수 있는 서식이나 옵션을 선택할 수 있습니다.

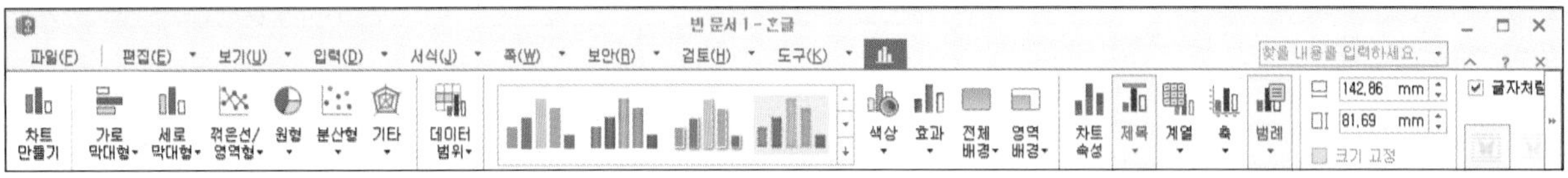

차트 구성요소 알아보기

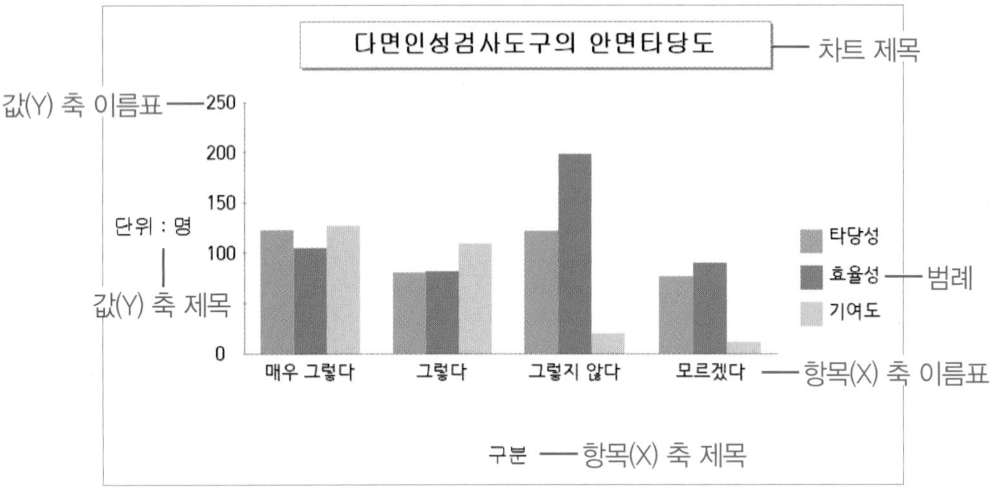

차트 데이터 편집하기

- 차트를 선택한 다음, 활성화된 [차트] 탭에서 [데이터 범위]의 [데이터 편집]을 클릭하거나 차트를 더블 클릭하여 차트 편집 상태로 만든 다음 마우스 오른쪽 버튼을 눌러 [차트 데이터 편집]을 클릭하면 데이터를 입력하거나 수정할 수 있습니다.

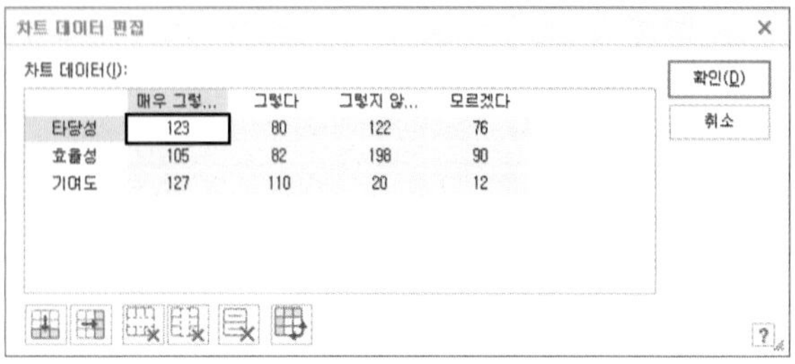

- 차트를 선택한 다음, 활성화된 [차트] 탭에서 [데이터 범위]의 목록 단추를 클릭하면 행과 열을 바꿀 수 있습니다.

차트 마법사 설정하기

- 차트를 더블 클릭하여 차트 편집 상태로 만든 다음, 마우스 오른쪽 버튼을 눌러 [차트 마법사]를 클릭합니다.
- [차트 마법사 – 3단계 중 1단계] 대화상자의 '차트 종류 선택'에서 차트 종류를 선택하고 [다음]을 클릭합니다.
- [차트 마법사 – 3단계 중 2단계] 대화상자에서 ≪출력형태≫와 같은 차트 방향을 선택하고 [다음]을 클릭합니다.

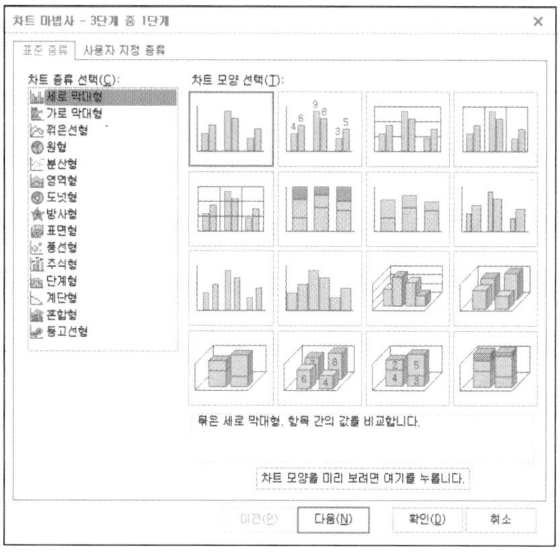

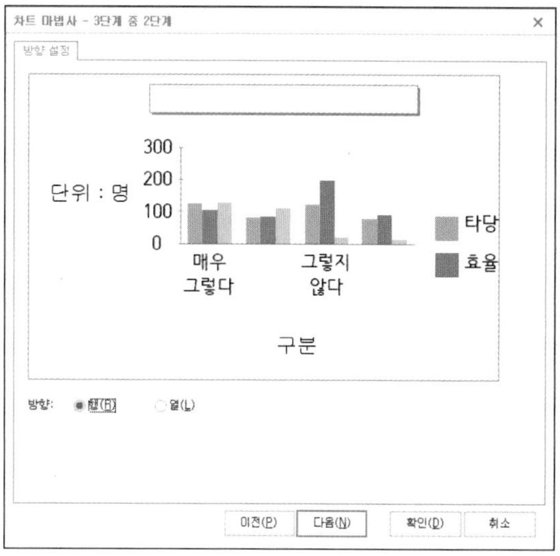

- [차트 마법사 – 마지막 단계] 대화상자의 [제목] 탭에서 ≪출력형태≫와 같은 제목을 입력하고 X(항목) 축 이름, Y(값) 축 이름을 입력합니다.
- [축] 탭은 X(항목) 축, Y(값) 축의 표시 여부를 설정할 수 있습니다.
- [눈금선] 탭은 X축, Y축의 주 눈금선의 표시 여부를 설정할 수 있습니다.
- [범례] 탭은 범례 표시 여부와 범례의 배치를 설정할 수 있습니다.
- [배경색] 탭은 차트 영역의 배경색 채우기 유형을 설정할 수 있습니다.
- [데이터 레이블] 탭은 계열 이름, 항목 이름, 값의 레이블을 설정할 수 있습니다.

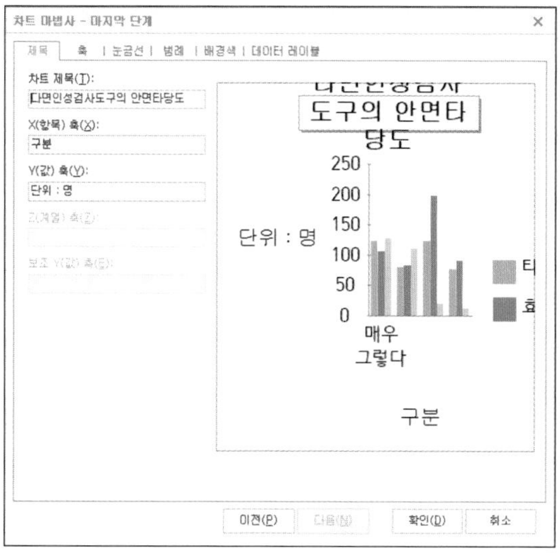

차트 제목 설정하기

- 차트 제목을 더블 클릭하여 [제목 모양] 대화상자의 [배경] 탭에서 배경 색, 선 모양과 그림자 등을 설정할 수 있습니다.
- [글자] 탭에서 글자 정렬, 글자 방향과 글꼴의 종류와 크기, 속성을 설정할 수 있습니다.
- [위치] 탭에서 차트의 제목의 표시 여부와 차트 제목 위치를 설정할 수 있습니다.

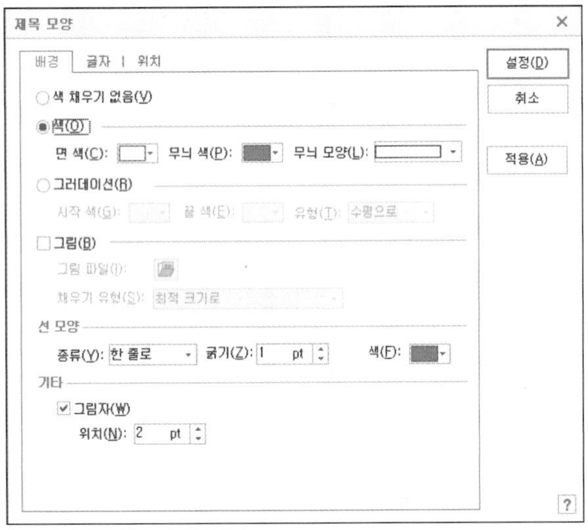

축 제목 모양 설정하기

- 차트 편집 상태에서 마우스 오른쪽 버튼을 눌러 [축]의 [제목]을 클릭합니다.
- [축 선택] 대화상자에서 '가로 항목 축'을 선택하면 가로 항목 이름에 대한 서식을, 세로 값 축을 선택하면 값 이름에 대한 서식을 설정할 수 있습니다.

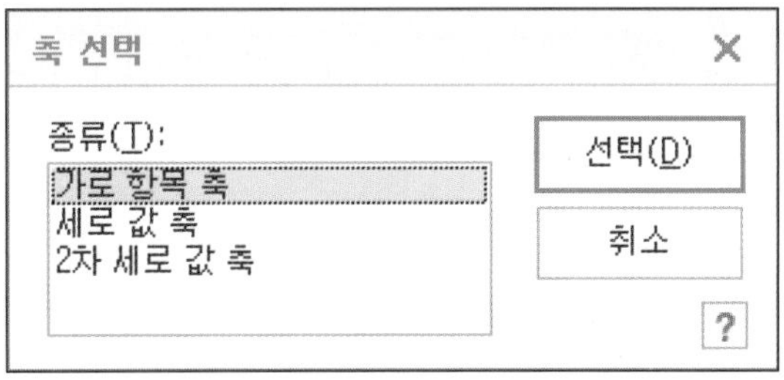

- 차트의 축 제목 영역을 더블 클릭하면 [축 제목 모양] 대화상자에서 [글자] 탭의 '보임'에 체크한 후, 내용을 입력할 수 있습니다. [배경] 탭에서는 축 제목의 색을 설정할 수 있습니다.

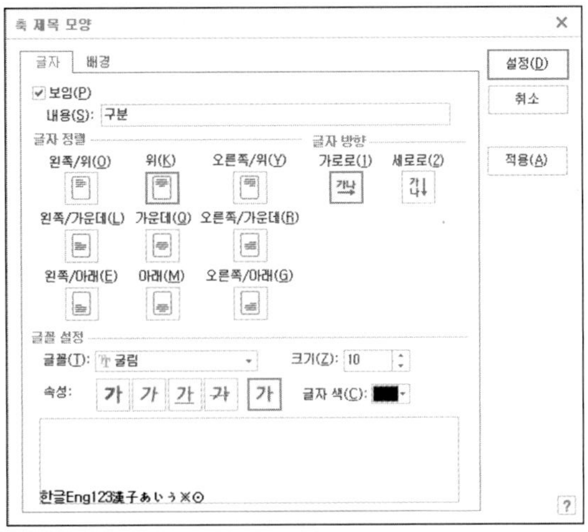

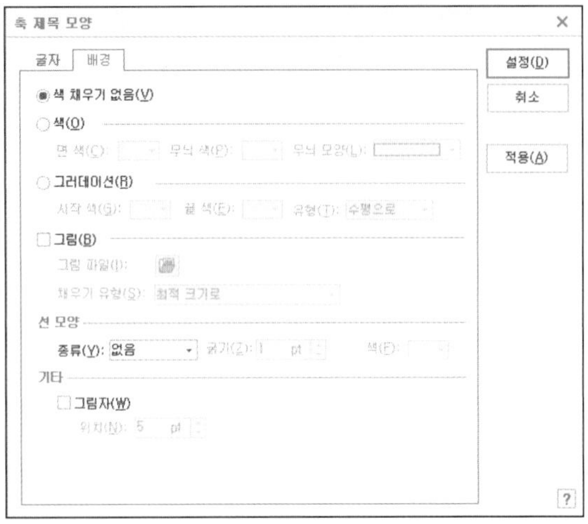

축 모양 설정하기

- 축 눈금선을 더블 클릭하거나 마우스 오른쪽 버튼을 눌러 [축]-[축]을 선택합니다.
- [축 선택] 대화상자에서 축을 선택한 후, [축 모양] 대화상자의 [비례] 탭에서 '자동으로 꾸밈'의 체크를 해제하면 눈금선의 최솟값과 최댓값을 설정할 수 있습니다.
- 큰 눈금선을 설정하여 차트 눈금의 수를 설정할 수 있습니다.
- [눈금] 탭에서 눈금을 보이지 않게 하거나 위치를 설정할 수 있습니다.

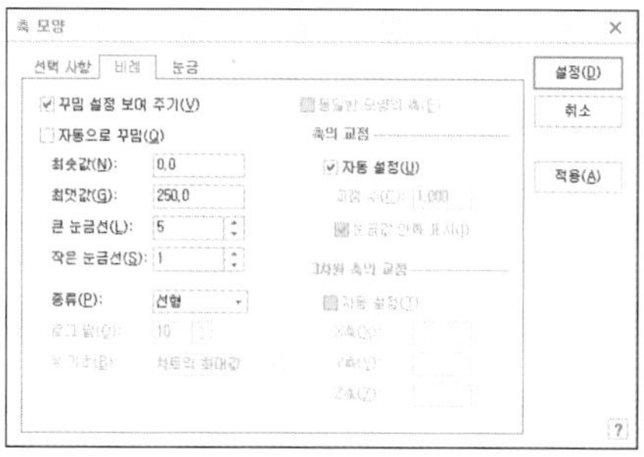

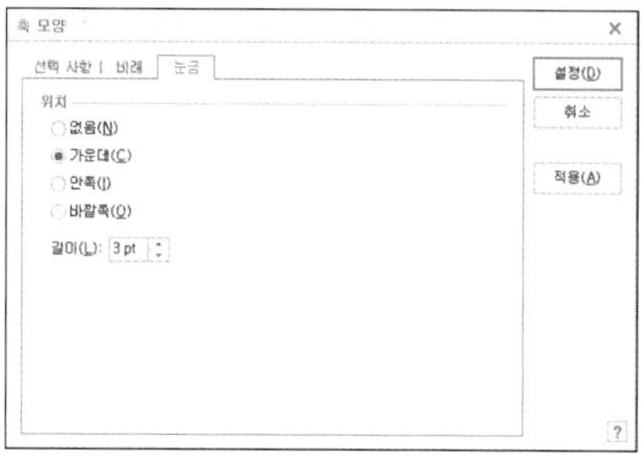

축 이름표 모양 설정하기

- 차트 편집 상태에서 마우스 오른쪽 버튼을 눌러 [축]의 [이름표]를 클릭하거나 바로 항목 축 이름표 또는 값 축 이름표를 더블 클릭하여 모양을 설정할 수 있습니다.
- [축 이름표 선택] 대화상자에서 가로 항목 축을 선택하면 항목에 대한 서식을, 세로 값 축을 선택하면 값에 대한 서식을 설정할 수 있습니다.

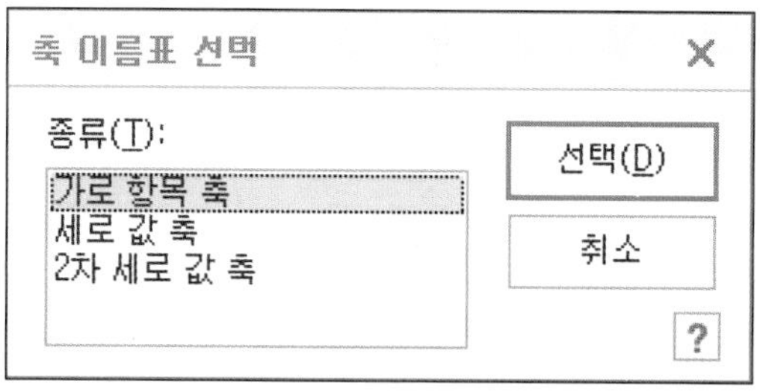

범례 설정하기

- 차트 편집 상태에서 마우스 오른쪽 버튼을 누르고 [범례 모양]을 클릭하거나 범례를 더블 클릭하여 모양을 설정할 수 있습니다.
- [범례 모양] 대화상자에서 범례 배경, 글자, 위치를 설정할 수 있습니다.

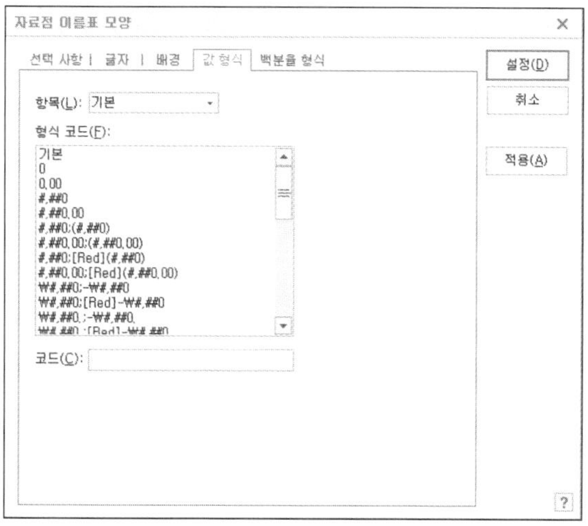

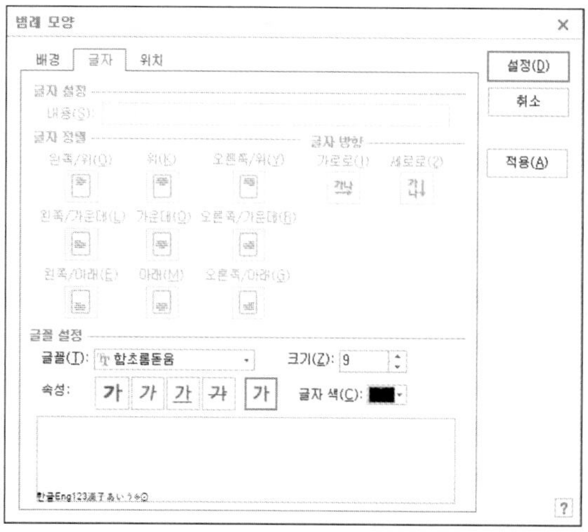

출제유형 따라하기

■ ■ 준비파일 : 기출유형₩차트.hwp / 완성파일 : 기출유형₩차트_완성.hwp

먼저 표를 작성하고 표 내용에 의해 차트를 작성하는 문제입니다. 차트 종류, 차트 서식 지정 등의 조건들을 지키며 차트를 완성시킵니다. 표와 차트 작성을 함께 묶어 배점은 100점입니다.

다음의 ≪조건≫에 따라 ≪출력형태≫와 같이 표와 차트를 작성하시오. (100점)

표 조건

(1) 표 전체(표, 캡션) – 돋움, 10pt
(2) 정렬 – 문자 : 가운데 정렬, 숫자 : 오른쪽 정렬
(3) 셀 배경(면 색) : 노랑
(4) 한글의 계산 기능을 이용하여 빈칸에 평균(소수점 이하 두 자리 표시)을 구하고, 캡션 기능 사용할 것
(5) 선 모양은 ≪출력형태≫와 동일하게 처리할 것

출력형태

어린이 건강 실태 현황(단위 : %)

구분	2016년	2017년	2018년	2019년	평균
비만관리 필요	19.5	25.7	29.6	38.5	28.33
혈압관리 필요	22.4	37.5	32.2	35.4	31.88
당뇨관리 필요	18.3	23.4	40.8	38.1	30.15
콜레스테롤 관리 필요	10.9	12.7	18.6	21.4	

차트 조건

(1) 차트 데이터는 표 내용에서 연도별 비만관리 필요, 혈압관리 필요, 당뇨관리 필요의 값만 이용할 것
(2) 종류 – 〈꺾은선형〉으로 작업할 것
(3) 제목 – 궁서, 진하게, 12pt, 배경 – 선 모양(한 줄로), 그림자(2pt)
(4) 제목 이외의 전체 글꼴 – 궁서, 보통, 10pt
(5) 축 제목과 범례는 ≪출력형태≫와 동일하게 처리할 것

출력형태

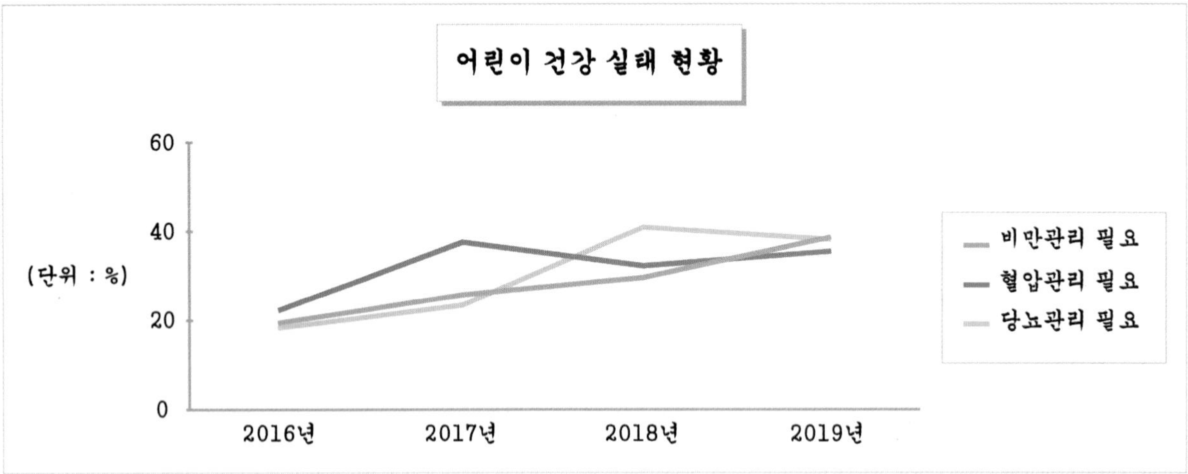

Step 01. 차트 만들기

01 준비파일을 불러옵니다. 미리 작성된 표 위에 문제번호 '2.'를 입력하고 Enter 를 누릅니다. 표에서 차트에 사용될 ❶데이터 범위를 블록 지정한 다음, 활성화된 [차트] 탭의 ❷[차트]를 클릭합니다.

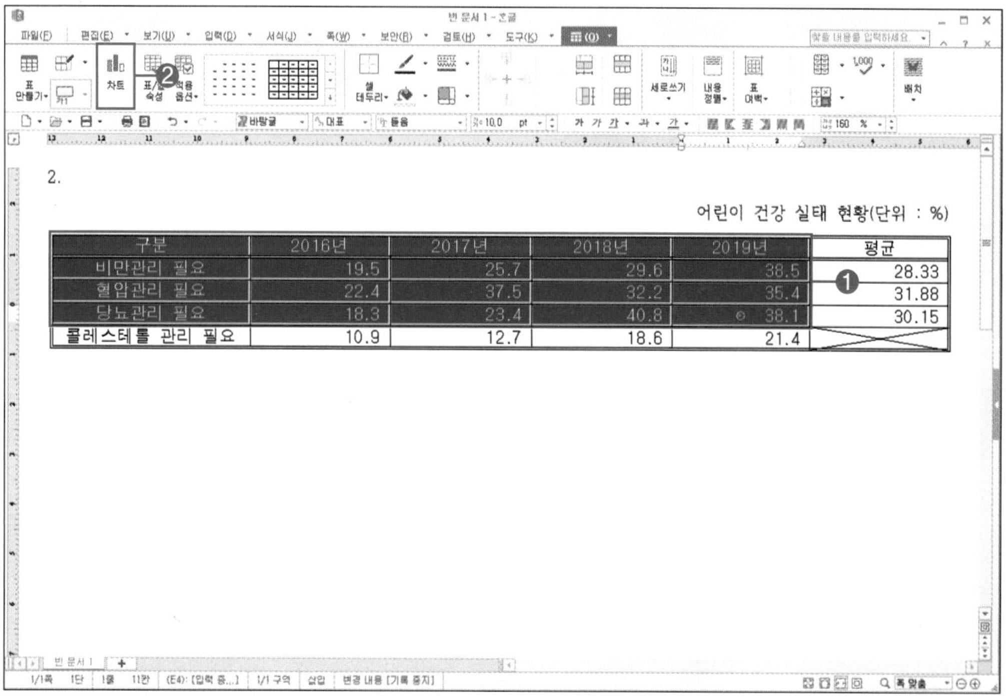

02 삽입된 차트를 더블 클릭하여 차트를 편집 상태로 만듭니다. 차트 영역에서 마우스 오른쪽 버튼을 눌러 ❶[차트 마법사]를 클릭합니다.

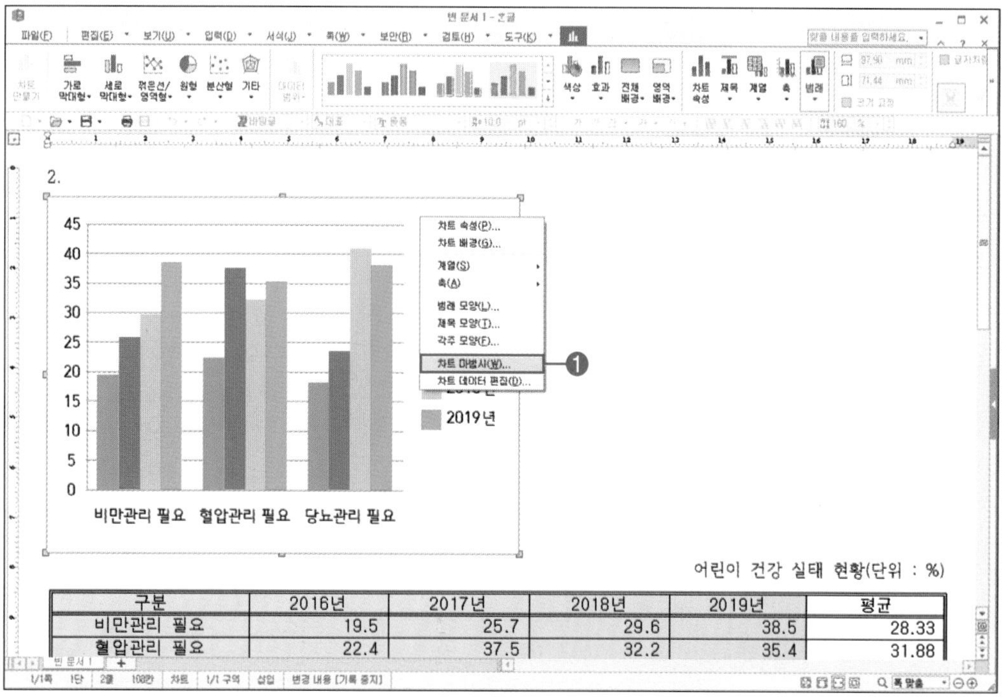

03 [차트 마법사 - 3단계 중 1단계] 대화상자에서 ≪출력형태≫와 같은 차트 종류인 ❶'꺾은선형'을 선택한 후 ❷첫 번째 차트 모양(꺾은선형)을 클릭합니다. ❸[다음]을 클릭합니다.

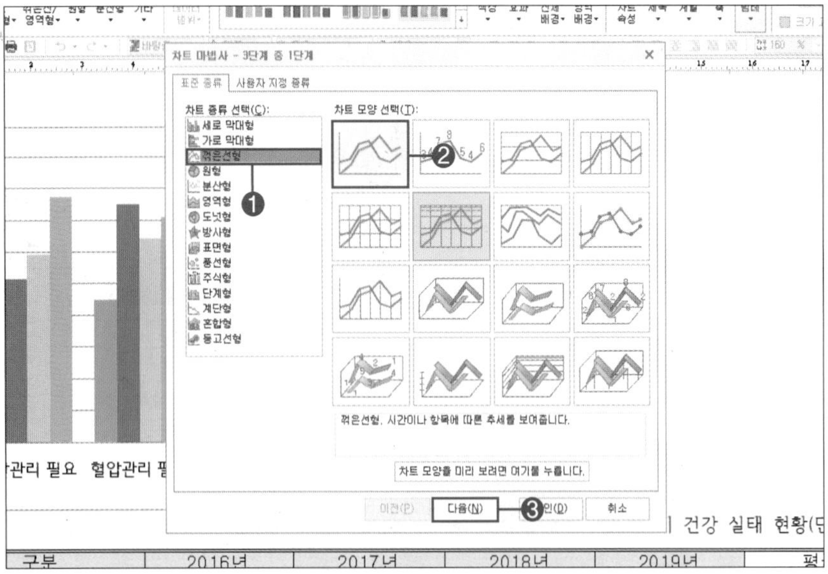

04 [차트 마법사 - 3단계 중 2단계] 대화상자에서 방향을 ❶'행'으로 선택하고 ❷[다음]을 클릭합니다.

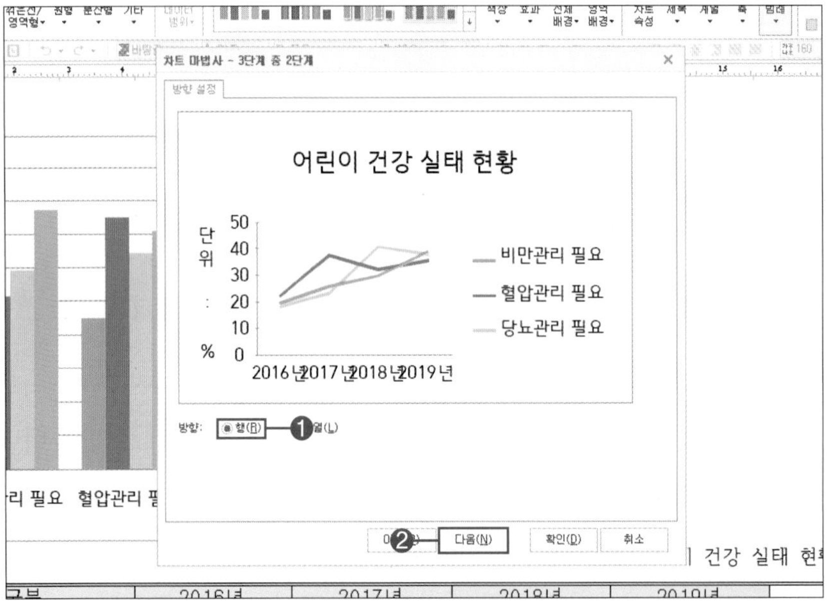

05 [차트 마법사 - 마지막 단계] 대화상자에서 차트 제목과 Y(값) 축 제목을 ≪출력형태≫와 같이 입력하고 ❶[확인]을 클릭합니다.

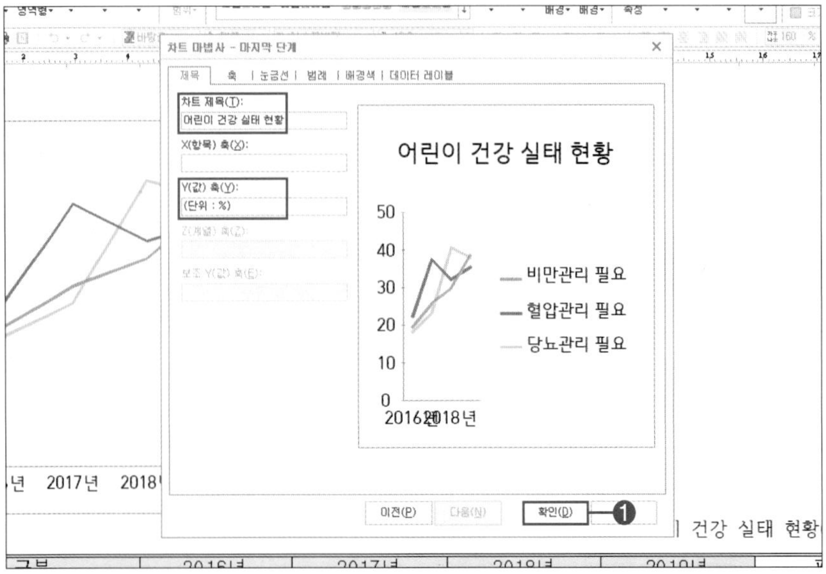

01 ❶차트 제목 영역을 더블 클릭합니다. [제목 모양] 대화상자의 ❷[배경] 탭에서 색의 ❸면 색을 '흰색', ❹선 종류는 '한 줄로', ❺그림자는 '2pt'로 설정합니다.

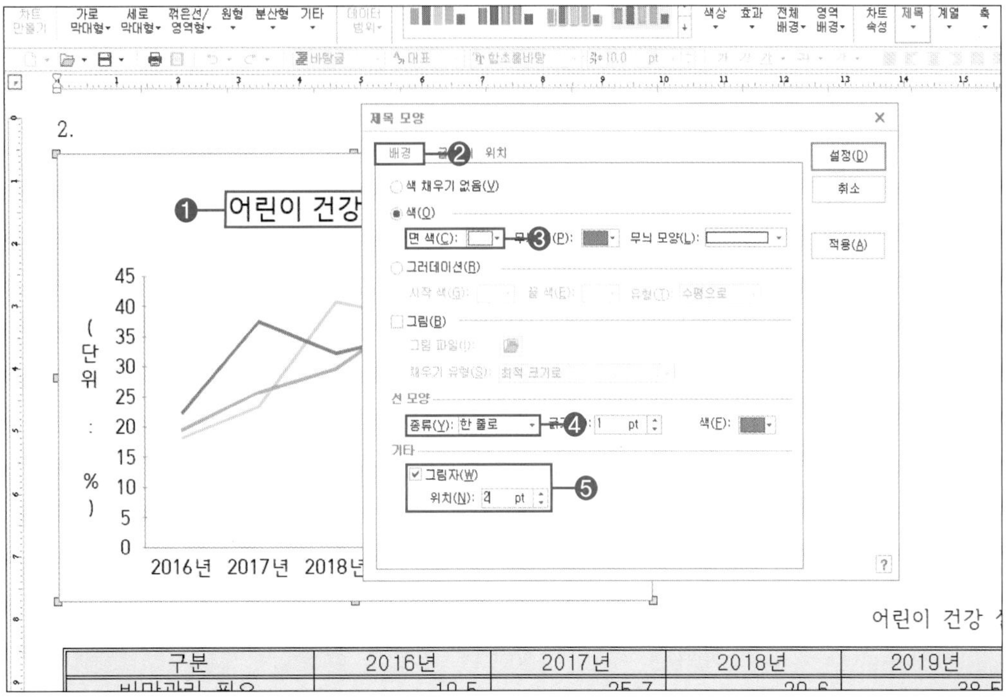

02 ❶[글자] 탭에서 ❷글꼴은 '궁서', 글자 크기는 '12pt', 속성은 '진하게'로 설정하고 ❸[설정]을 클릭합니다.

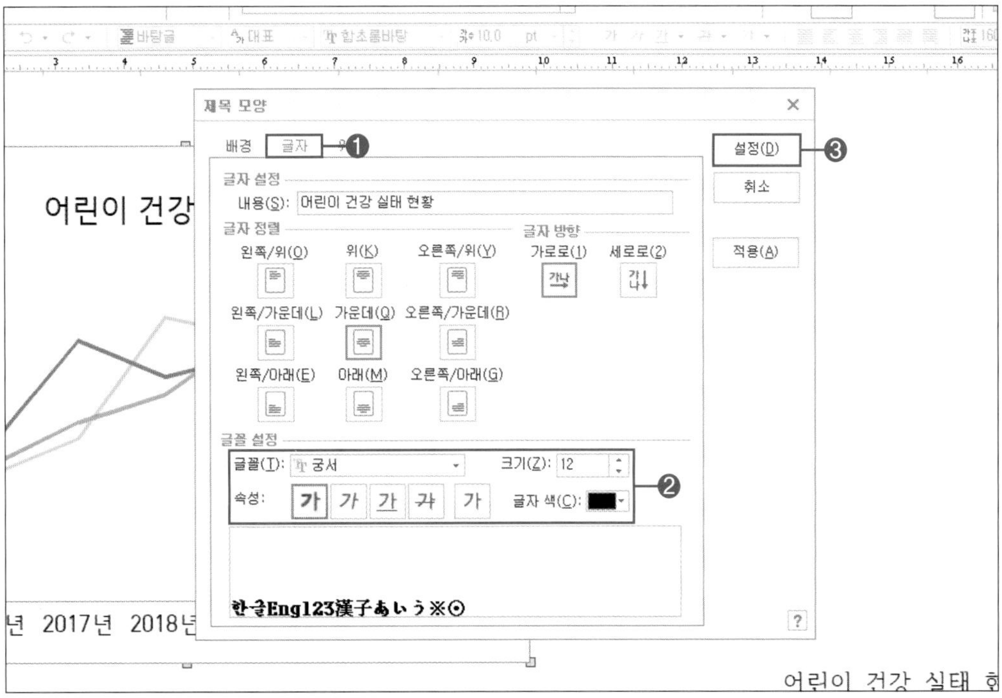

03 ❶Y(값) 축 제목의 영역을 더블 클릭합니다. [축 제목 모양] 대화상자에서 ❷[글자] 탭을 클릭합니다. ❸글자 방향을 '가로로', ❹글꼴을 '궁서', 글자 크기는 '10pt'로 설정하고 ❺[설정]을 클릭합니다.

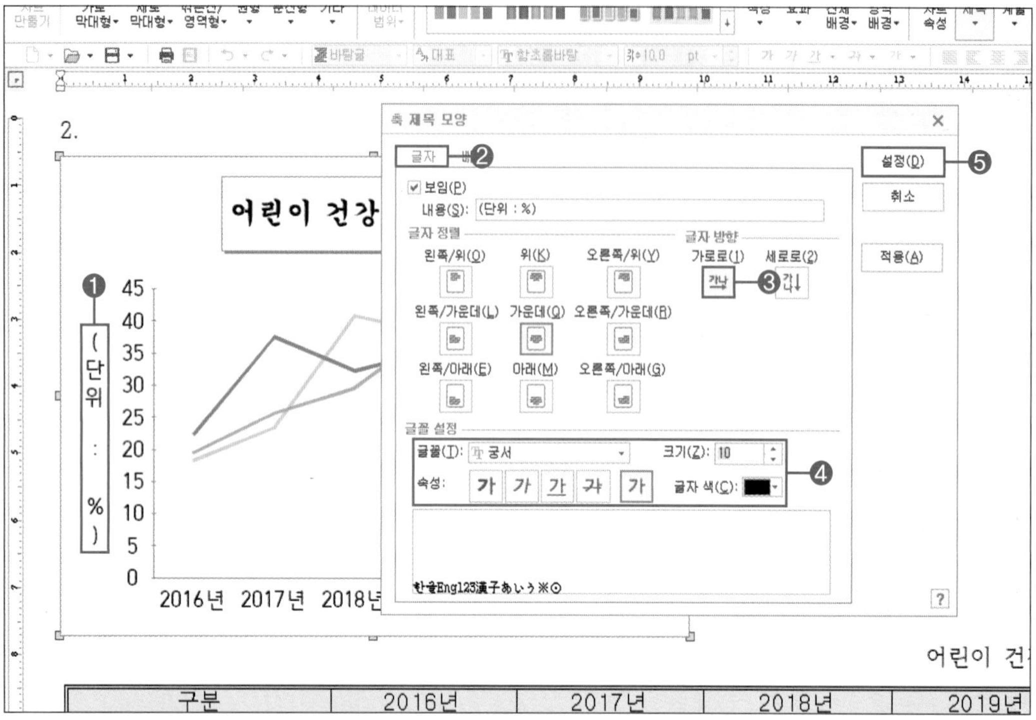

04 ❶같은 방법으로 값(Y)축과 항목(X)축 이름표를 더블 클릭합니다. ❷[글자] 탭에서 ❸글꼴을 '궁서', 글자 크기는 '10pt', 속성은 '보통'으로 설정하고 ❹[설정]을 클릭합니다.

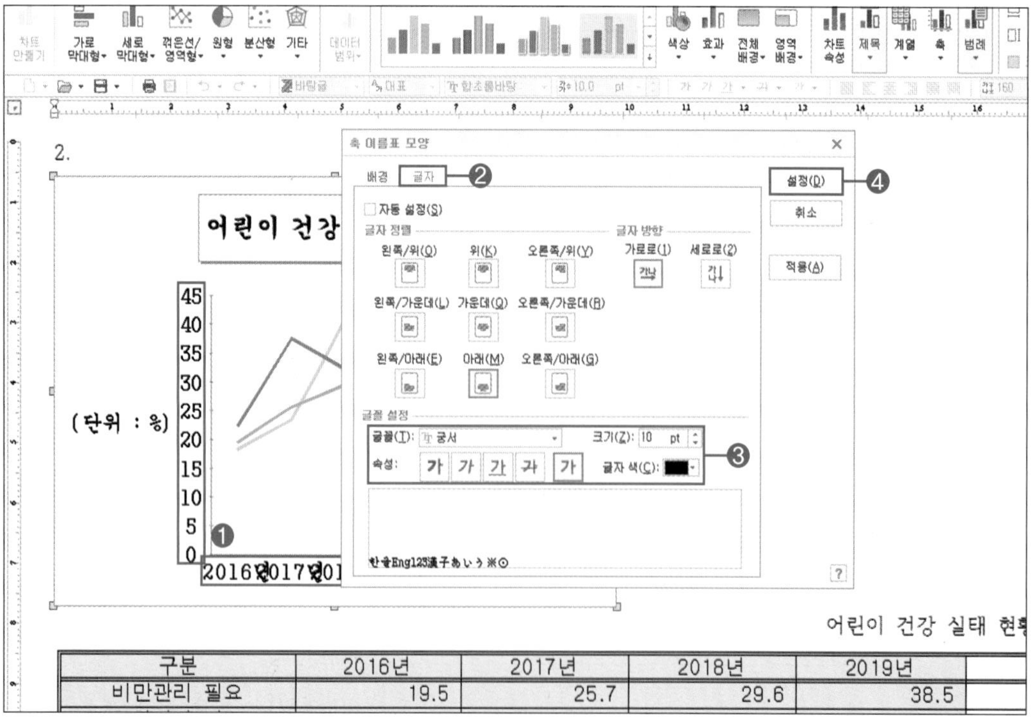

05 ❶범례 영역을 더블 클릭하여 [범례] 대화상자에서 ❷[배경] 탭을 클릭합니다. ❸선 모양의 종류를 '한 줄로'로 설정합니다.

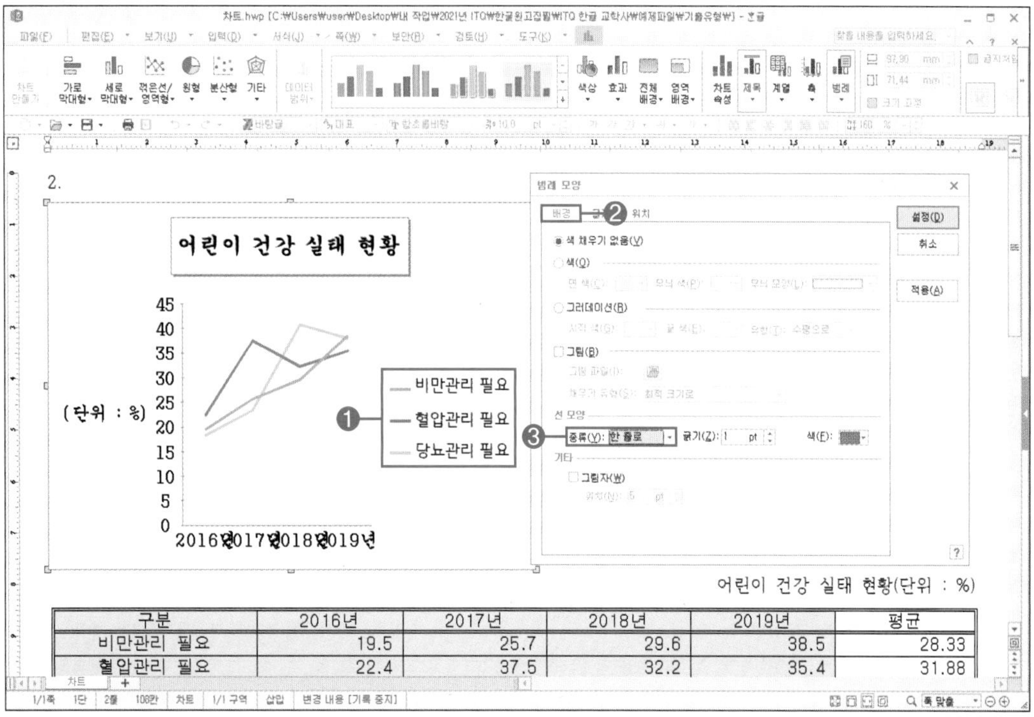

06 ❶[글자] 탭에서 ❷글꼴을 '궁서', 글자 크기는 '10pt', 속성은 '보통'으로 설정합니다.

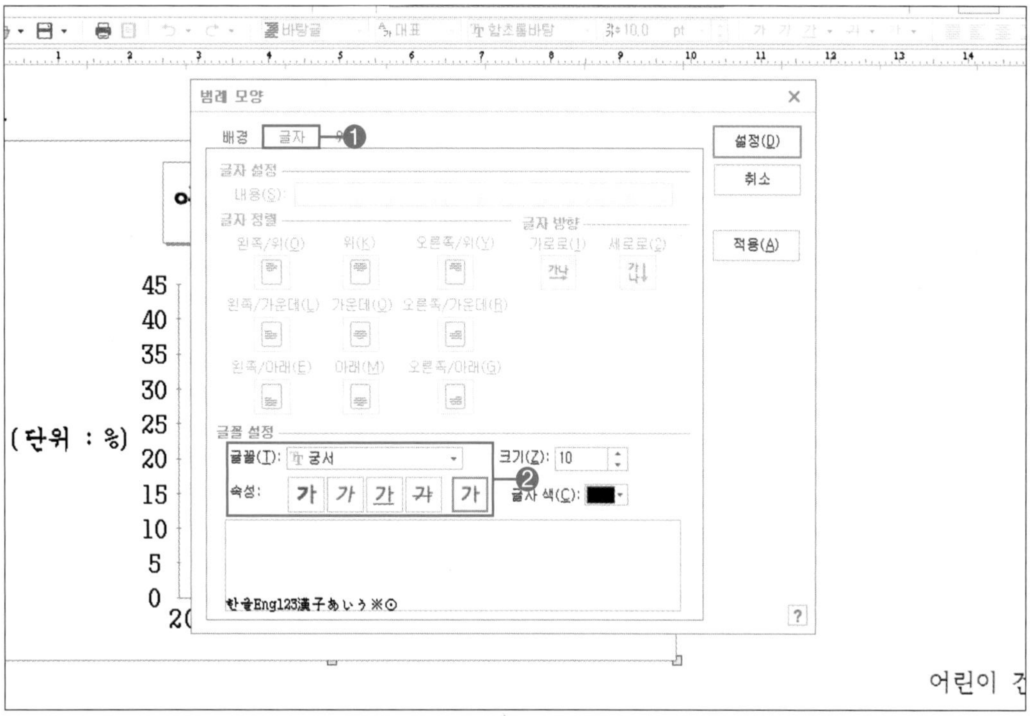

07 ❶[위치] 탭에서 ❷범례의 위치를 '오른쪽/가운데'로 선택하고 ❸[설정]을 클릭합니다.

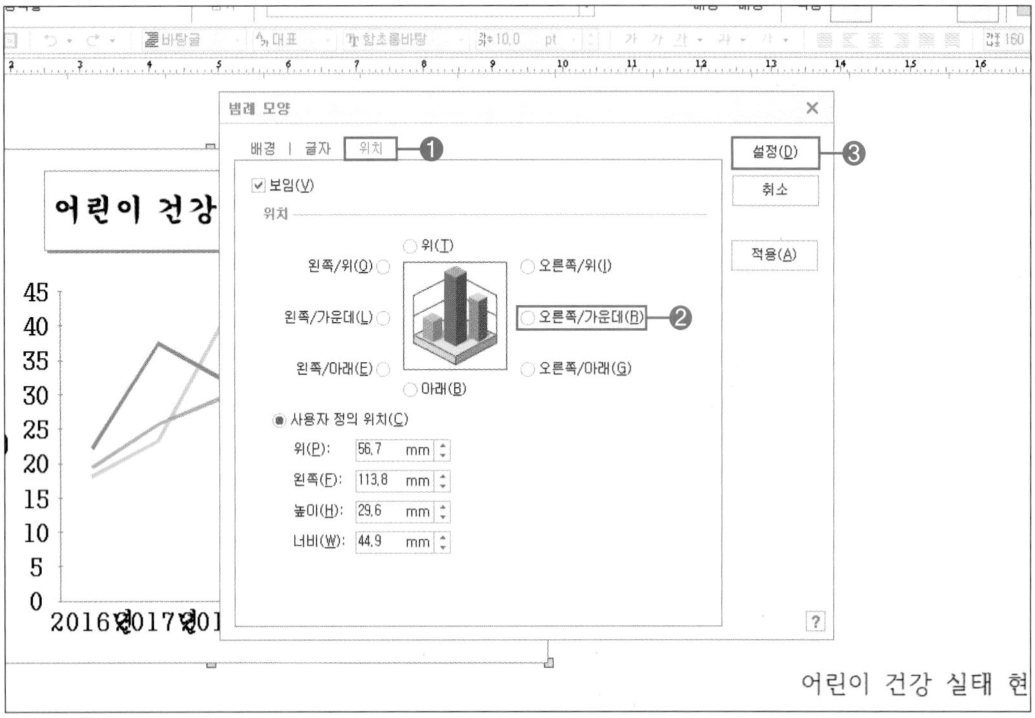

08 ❶세로 값 축 눈금선을 더블 클릭하여 [축 모양] 대화상자에서 ❷[비례] 탭을 클릭합니다. ❸'자동으로 꾸밈'의 체크 표시를 해제하고 ❹최댓값을 '60', 큰 눈금선을 '3'으로 입력하고 ❺[설정]을 클릭합니다.

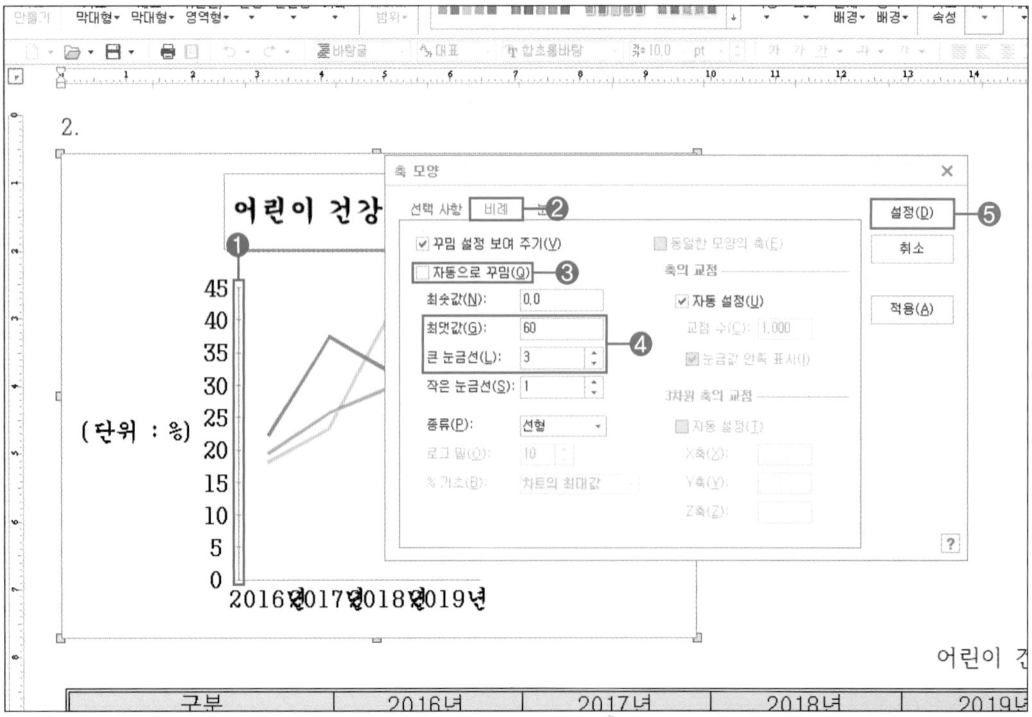

09 ❶차트의 크기를 적당히 조절한 다음, 차트 영역에서 마우스 오른쪽 버튼을 누르고 ❷[개체 속성]을 클릭합니다.

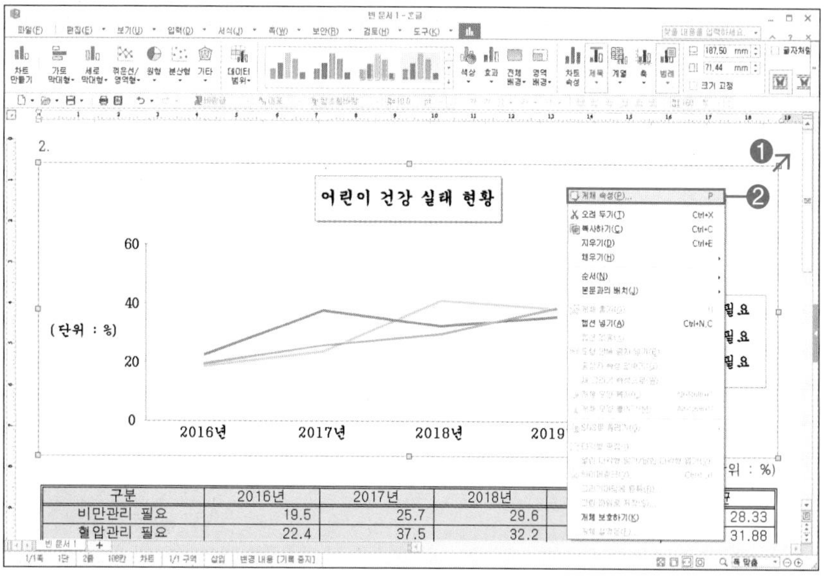

10 [개체 속성] 대화상자에서 ❶'글자처럼 취급'을 클릭하고 ❷[설정]을 클릭합니다.

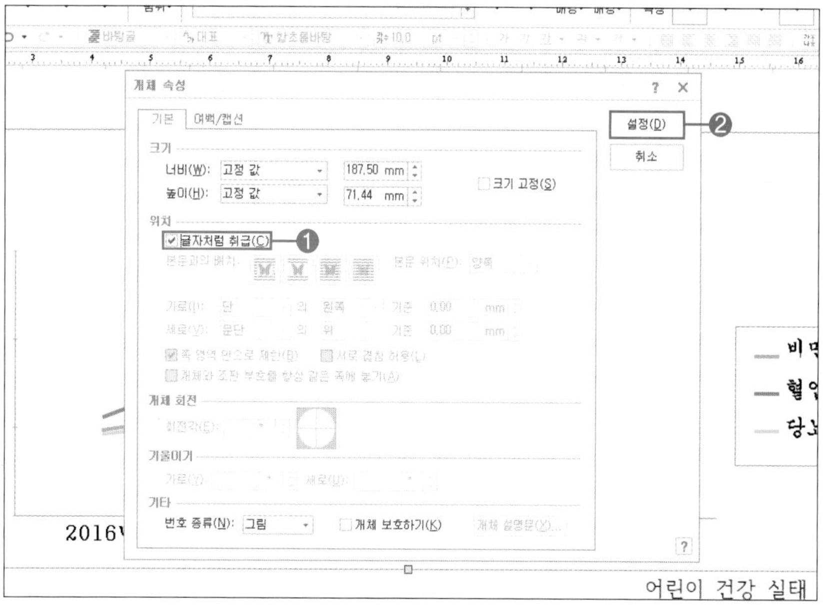

11 차트를 표 아래로 위치시켜 차트 작성을 완료합니다.

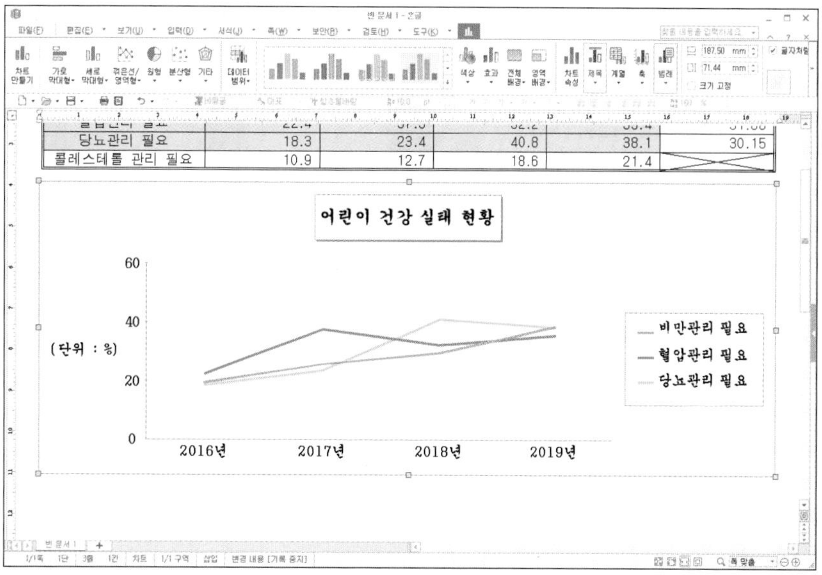

■ ■ 준비파일 : 기출유형₩차트예제.hwp / 완성파일 : 실력팡팡₩차트예제_완성.hwp

01 다음의 ≪조건≫에 따라 ≪출력형태≫와 같이 표와 차트를 작성하시오. (100점)

표 조건

(1) 표 전체(표, 캡션) – 궁서, 10pt
(2) 정렬 – 문자 : 가운데 정렬, 숫자 : 오른쪽 정렬
(3) 셀 배경(면 색) : 노랑
(4) 한글의 계산 기능을 이용하여 빈칸에 합계를 구하고, 캡션 기능 사용할 것
(5) 선 모양은 ≪출력형태≫와 동일하게 처리할 것

출력형태

연도별 국가 DB 이용 건수(단위 : 만 건)

구분	국가지식포털	과학기술	정보통신	교육학술	합계
2017년	384	791	106	315	
2016년	263	727	117	217	
2015년	120	713	151	160	
2014년	57	416	30	97	

차트 조건

(1) 차트 데이터는 표 내용에서 2017년, 2016년, 2015년의 국가지식포털, 과학기술, 정보통신 값만 이용할 것
(2) 종류 – 〈묶은 세로 막대형〉으로 작업할 것
(3) 제목 – 돋움, 진하게, 12pt, 배경 – 선 모양(한 줄로), 그림자(2pt)
(4) 제목 이외의 전체 글꼴 – 돋움, 보통, 10pt
(5) 축 제목과 범례는 ≪출력형태≫와 같이 처리할 것

출력형태

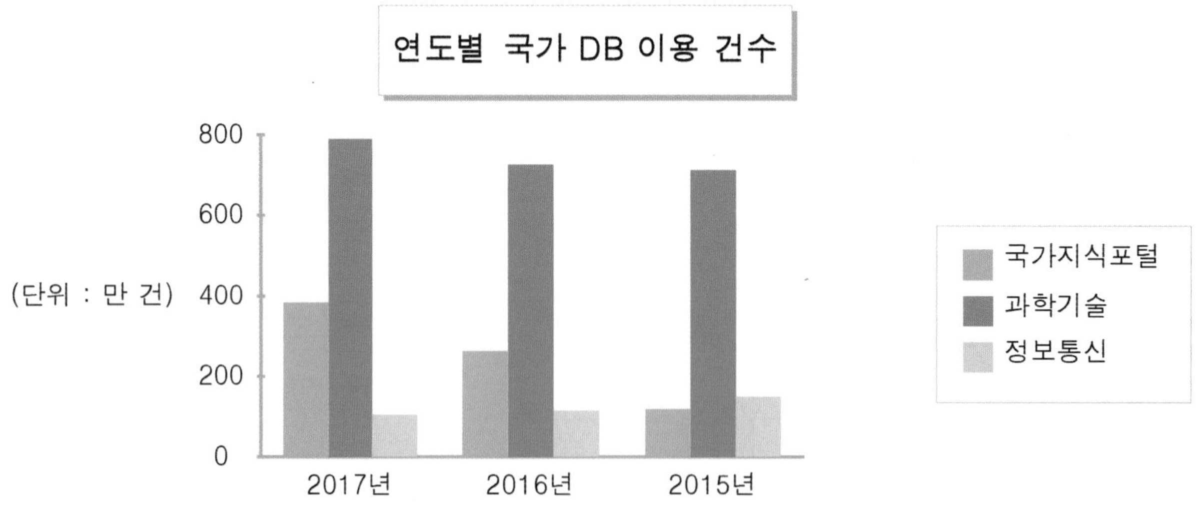

02 다음의 ≪조건≫에 따라 ≪출력형태≫와 같이 표와 차트를 작성하시오.. (100점)

표 조건
(1) 표 전체(표, 캡션) – 굴림, 10pt
(2) 정렬 – 문자 : 가운데 정렬, 숫자 : 오른쪽 정렬
(3) 셀 배경(면 색) : 노랑
(4) 한글의 계산 기능을 이용하여 빈칸에 평균(소수 이하 두 자리 표시)을 구하고, 캡션 기능 사용할 것
(5) 선 모양은 ≪출력형태≫와 동일하게 처리할 것

출력형태

세계관광의 해 방문자 평균(단위 : 백)

지역	방문자	전년도방문객	금년예상방문객	평균
전라도	5,400	3,500	6,000	
경상도	4,500	3,000	5,000	
제주도	8,800	7,500	9,000	
충청도	5,000	3,700	5,500	

차트 조건
(1) 차트 데이터는 표 내용에서 지역별 방문자, 전년도방문객의 값만 이용할 것
(2) 종류 – 〈꺾은선형〉으로 작업할 것
(3) 제목 – 굴림, 진하게, 12pt, 배경 – 선 모양(두 줄로), 그림자(3pt)
(4) 제목 이외의 전체 글꼴 – 굴림, 보통, 10pt
(5) 축 제목과 범례는 ≪출력형태≫와 동일하게 처리할 것

출력형태

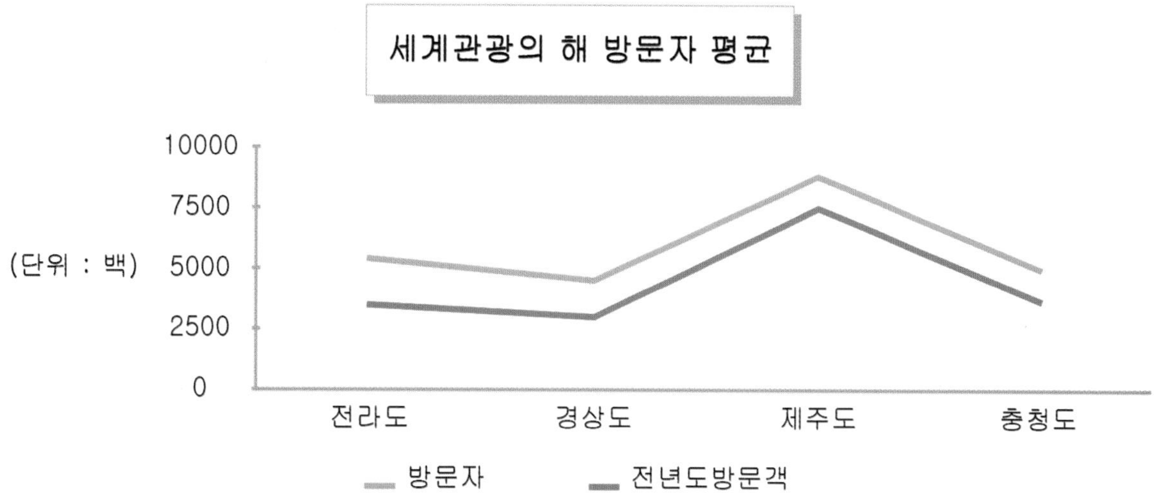

03 다음의 ≪조건≫에 따라 ≪출력형태≫와 같이 표와 차트를 작성하시오. (100점)

표 조건

(1) 표 전체(표, 캡션) – 돋움, 10pt
(2) 정렬 – 문자 : 가운데 정렬, 숫자 : 오른쪽 정렬
(3) 셀 배경(면 색) : 노랑
(4) 한글의 계산 기능을 이용하여 빈칸에 평균(소수 이하 두 자리 표시)을 구하고, 캡션 기능 사용할 것
(5) 선 모양은 ≪출력형태≫와 동일하게 처리할 것

출력형태

우리마트 제품판매현황(단위 : 대)

상품명	전년도판매수량	금년도계획수량	판매수량	초과판매수량	평균
냉장고	15,320	30,000	34,890	14,680	
에어컨	18,950	22,000	19,000	3,050	
홈시어터	5,480	7,000	6,200	1,520	
오븐	3,950	5,000	9,500	1,050	

차트 조건

(1) 차트 데이터는 표 내용에서 냉장고, 에어컨, 홈시어터의 전년도판매수량, 금년도계획수량의 값만 이용할 것
(2) 종류 – 〈꺾은선형〉으로 작업할 것
(3) 제목 – 궁서, 진하게, 12pt, 배경 – 선 모양(한 줄로), 그림자(2pt)
(4) 제목 이외의 전체 글꼴 – 돋움, 보통, 10pt
(5) 축 제목과 범례는 ≪출력형태≫와 동일하게 처리할 것

출력형태

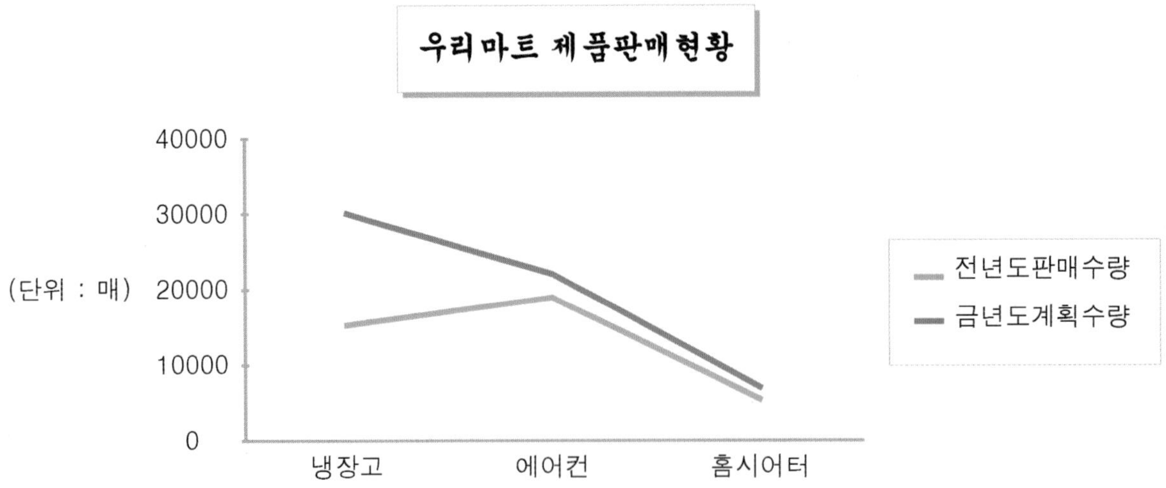

04 다음의 ≪조건≫에 따라 ≪출력형태≫와 같이 표와 차트를 작성하시오. (100점)

표 조건

(1) 표 전체(표, 캡션) – 굴림, 10pt
(2) 정렬 – 문자 : 가운데 정렬, 숫자 : 오른쪽 정렬
(3) 셀 배경(면 색) : 노랑
(4) 한글의 계산 기능을 이용하여 빈칸에 합계를 구하고, 캡션 기능 사용할 것
(5) 선 모양은 ≪출력형태≫와 동일하게 처리할 것

출력형태

찾아가는 행정교육서비스 신청자(단위 : 명)

기관명	프레젠테이션	기획문서작성	엑셀자동화	스마트폰활용	SNS마케팅
나눔복지관	15	20	20	25	30
지역아동센터	25	35	25	20	25
시민행동21	20	15	16	20	15
합계					

차트 조건

(1) 차트 데이터는 표 내용에서 기관명별 프레젠테이션, 기획문서작성, 엑셀자동화의 값만 이용할 것
(2) 종류 – 〈묶은 세로 막대형〉으로 작업할 것
(3) 제목 – 돋움, 진하게, 12pt, 배경 – 선 모양(한 줄로), 그림자(3pt)
(4) 제목 이외의 전체 글꼴 – 돋움, 보통, 10pt
(5) 축 제목과 범례는 ≪출력형태≫와 동일하게 처리할 것

출력형태

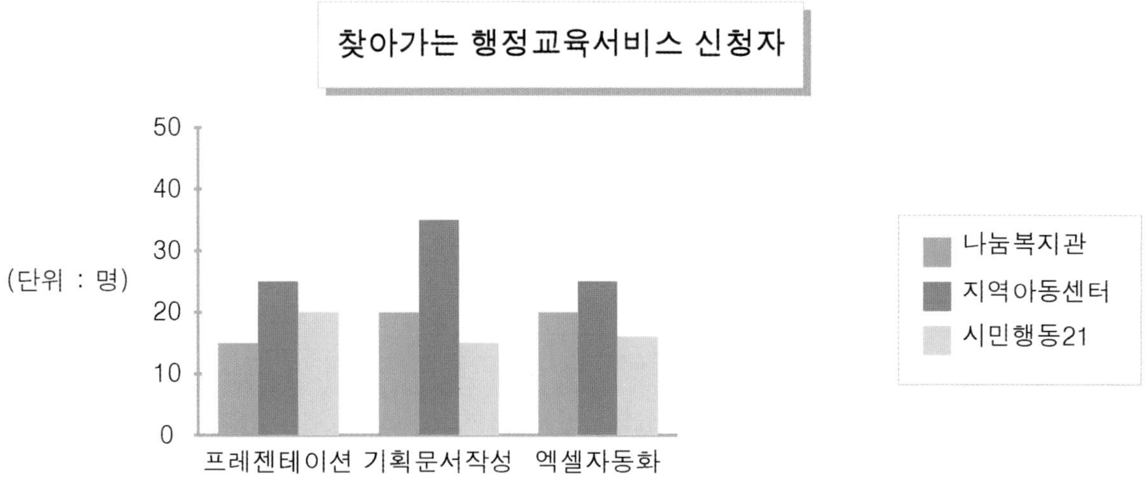

05 Section 기능평가 II – 수식

수식 편집기를 이용해 간단한 산술식부터 복잡한 수식까지 어떠한 수학식도 쉽게 작성할 수 있도록 능력을 키워 봅니다.

수식 입력하기

- 수식을 입력할 때는 반드시 2페이지에 답안을 입력하며 문제번호를 입력하고 수식을 삽입합니다.
- [입력] 탭의 [수식] 또는 [입력] 탭의 목록 단추를 클릭하여 [개체]–[수식]으로도 삽입할 수 있습니다.
- Ctrl + N, M을 눌러 수식을 삽입할 수 있습니다.
- [수식 편집기]에서 수식 도구를 선택하고 항목 간 이동을 할 때는 Tab으로 이동하고 이전 항목으로 이동할 때는 Shift + Tab으로 이동할 수 있습니다.

수식 도구 상자

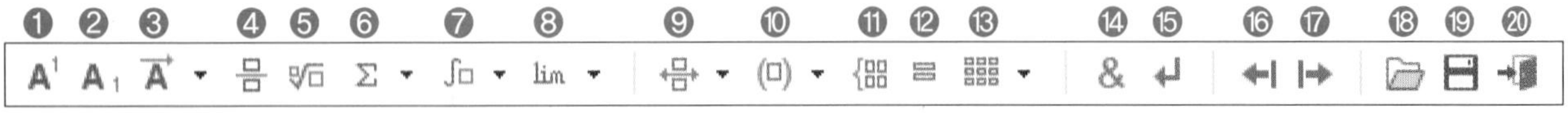

❶ 위첨자(Shift + 6)

❷ 아래첨자(Shift + –)

❸ 장식 기호(Ctrl + D)

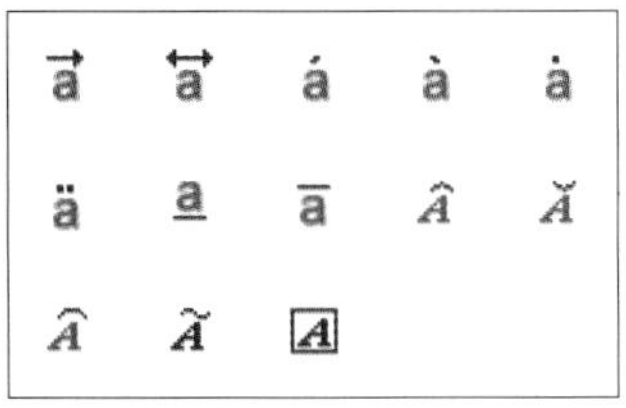

❹ 분수(Ctrl + O)

❺ 근호(Ctrl + R)

❻ 합(Ctrl + S)

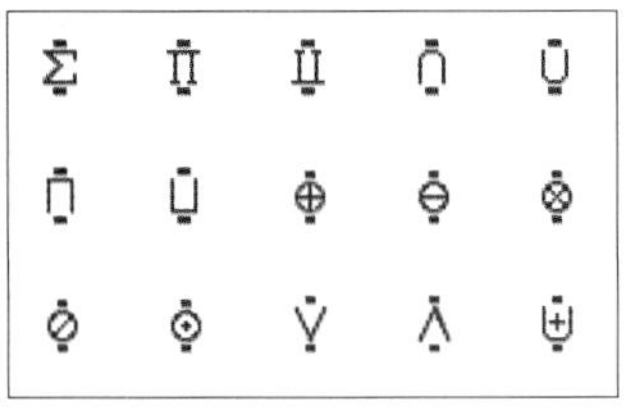

❼ 적분(Ctrl + I)

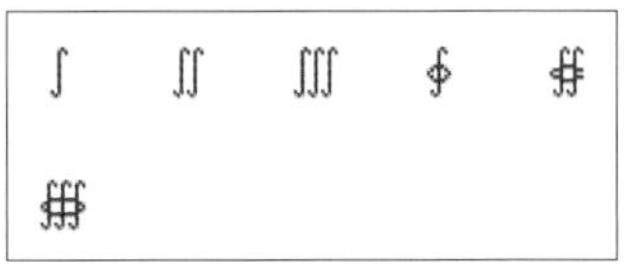

❽ 극한(Ctrl + L)

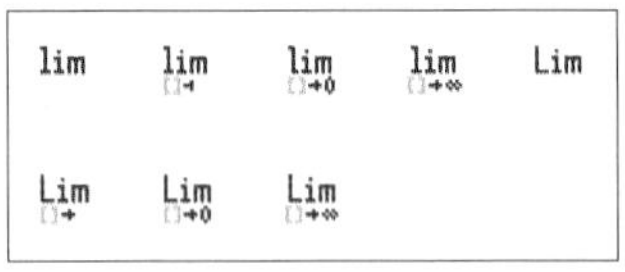

❾ 상호관계(Ctrl + E)

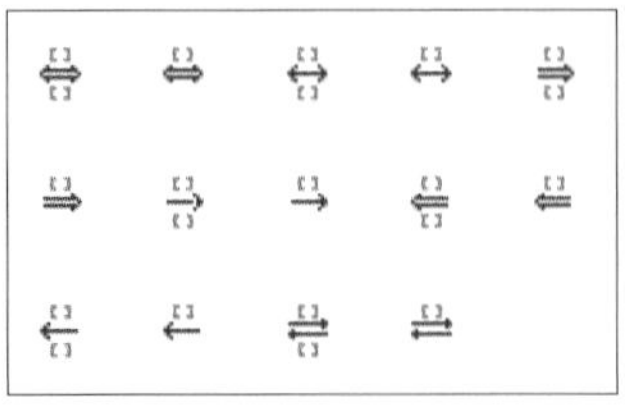

❿ 괄호(Ctrl + 9)

⓫ 경우(Ctrl + 0)

⓬ 세로쌓기(Ctrl + P)

⓭ 행렬(Ctrl + M)

⓮ 줄맞춤

⓯ 줄바꿈(Enter)

⓰ 이전 항목

⓱ 다음 항목

⓲ MathML 파일 불러오기 (Alt + M)

⓳ MathML 파일로 저장하기 (Alt + S)

⓴ 넣기(Shift + Esc)

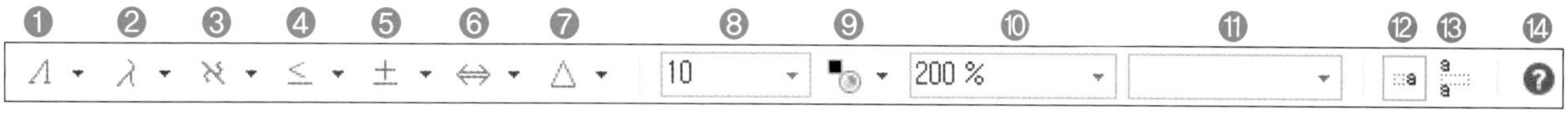

❶ 그리스 대문자

❷ 그리스 소문자

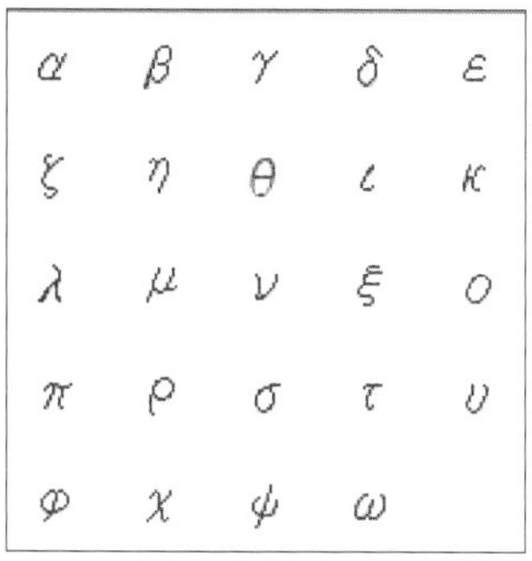

❸ 그리스 기호

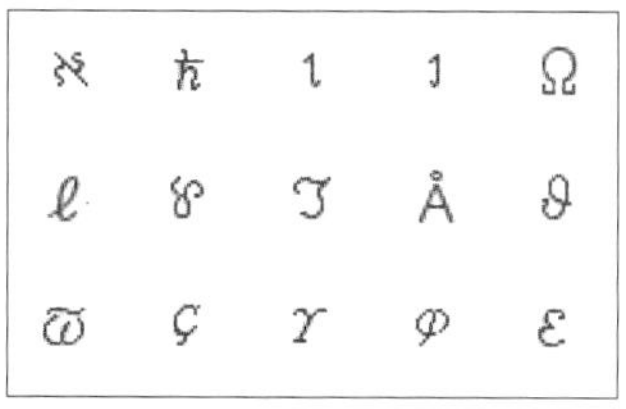

❹ 합, 집합 기호

❺ 연산, 논리 기호

❻ 화살표

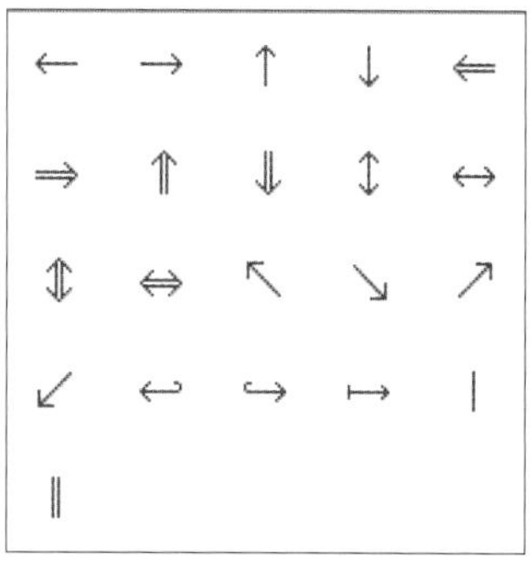

❼ 기타 기호

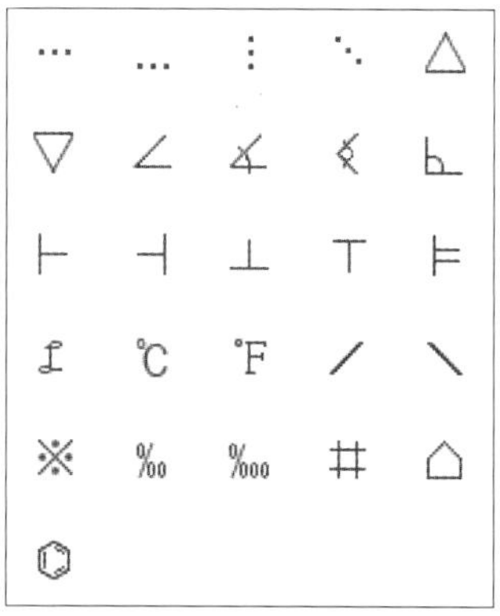

❽ 글자크기

❾ 글자 색

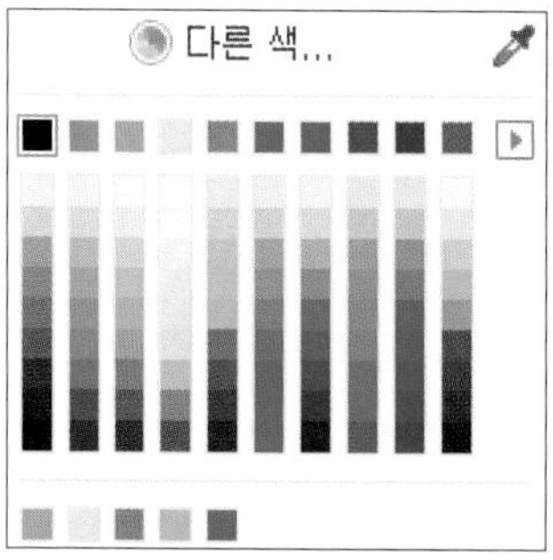

❿ 화면 확대

⓫ 명령어 입력

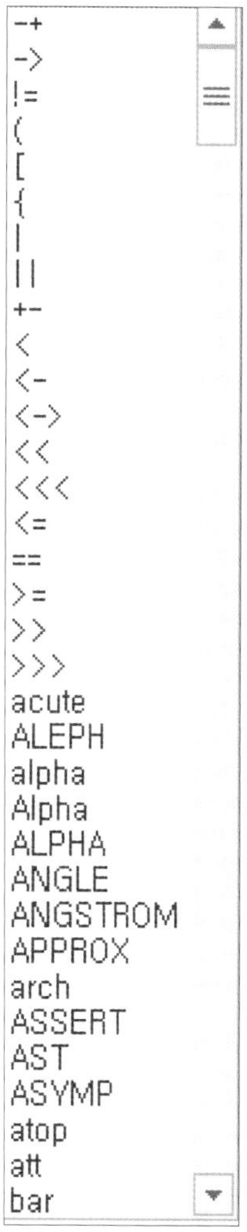

⓬ 글자 단위 영역

⓭ 줄 단위 영역

⓮ 도움말(F1)

출제유형 따라하기

■ ■ 완성파일 : 기출유형₩수식_완성.hwp

다음 (1), (2)의 수식을 수식 편집기로 각각 입력하시오. (40점)

출력형태

$$(1)A(n)=\frac{n^2-1}{n^2}A(n-1)+\frac{(n-1)(3n-2)}{n^2} \qquad (2)\ P(a \le x \le b)=\int_a^b f(x)dx$$

Step 01. 수식 (1) 작성하기

01 1페이지에서 Ctrl + Enter 를 눌러 2페이지로 이동해 문제 번호 '3.'을 입력하고 Enter 를 누릅니다. '(1)'을 입력한 후 ❶[입력] 탭의 ❷[수식]을 클릭합니다. [수식 편집기]에서 ❸'A(n)='을 입력하고 ❹[분수]를 클릭합니다.

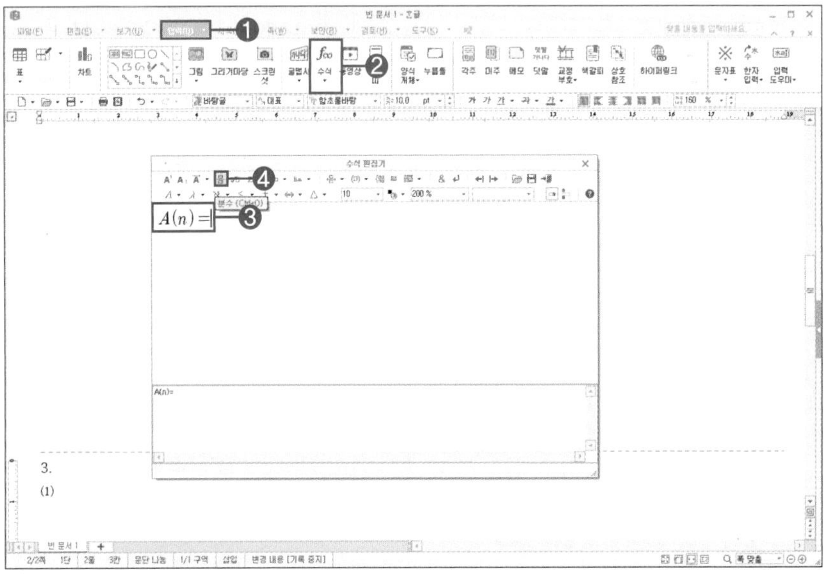

02 ❶'n'을 입력하고 수식 도구 상자에서 ❷[위첨자]를 클릭한 후 ❸'2'를 입력하고 ❹ Tab 을 눌러 다음 항목으로 넘어갑니다.

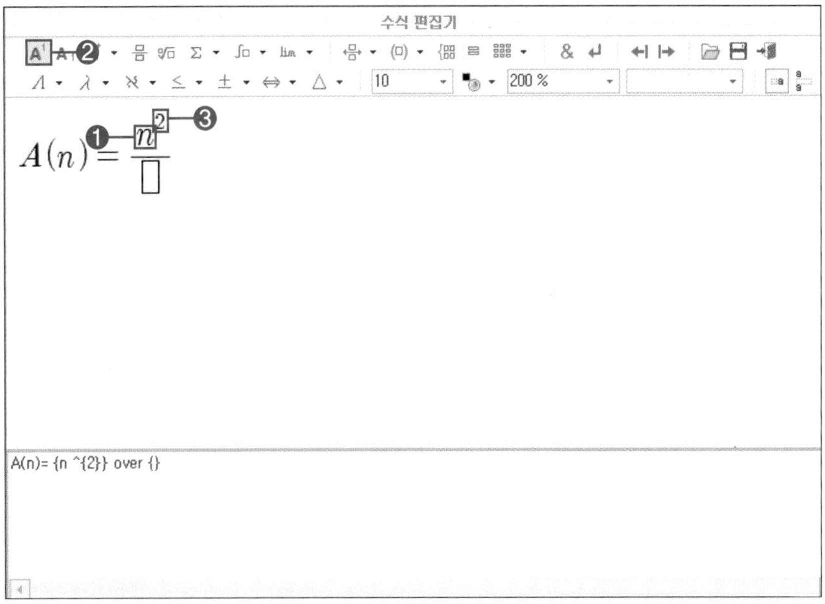

03 ❶'−1'을 입력하고 [↓]을 눌러 분모로 이동합니다. ❷'n'을 입력하고 수식 도구 상자에서 ❸[위첨자]를 클릭한 후 ❹'2'를 입력합니다.

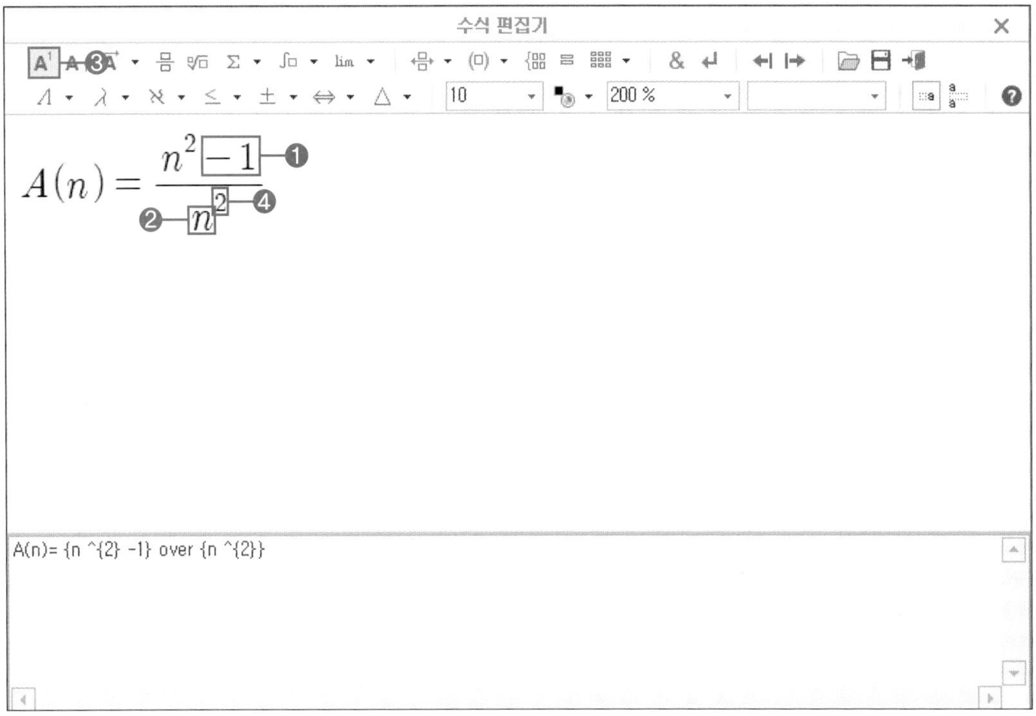

04 [Tab]을 두 번 누르고 ❶'A(n−1)+'를 입력합니다. 수식 도구 상자에서 다시 ❷[분수]를 클릭합니다.

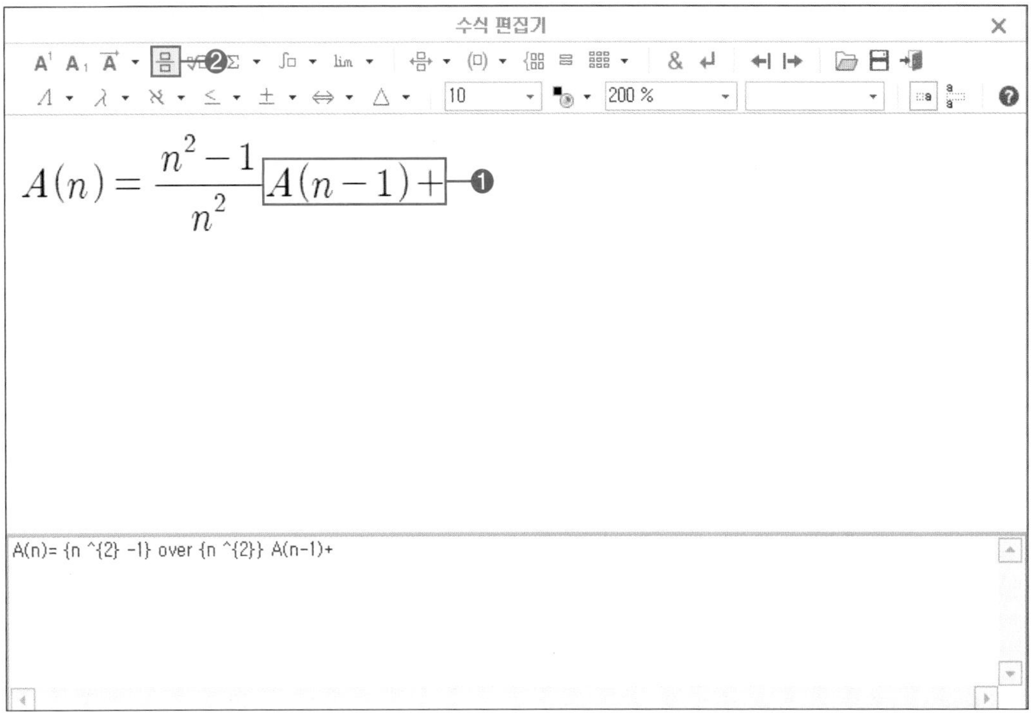

05 ❶'(n−1)(3n−2)'을 입력하고 Tab을 눌러 분모 영역으로 이동합니다.

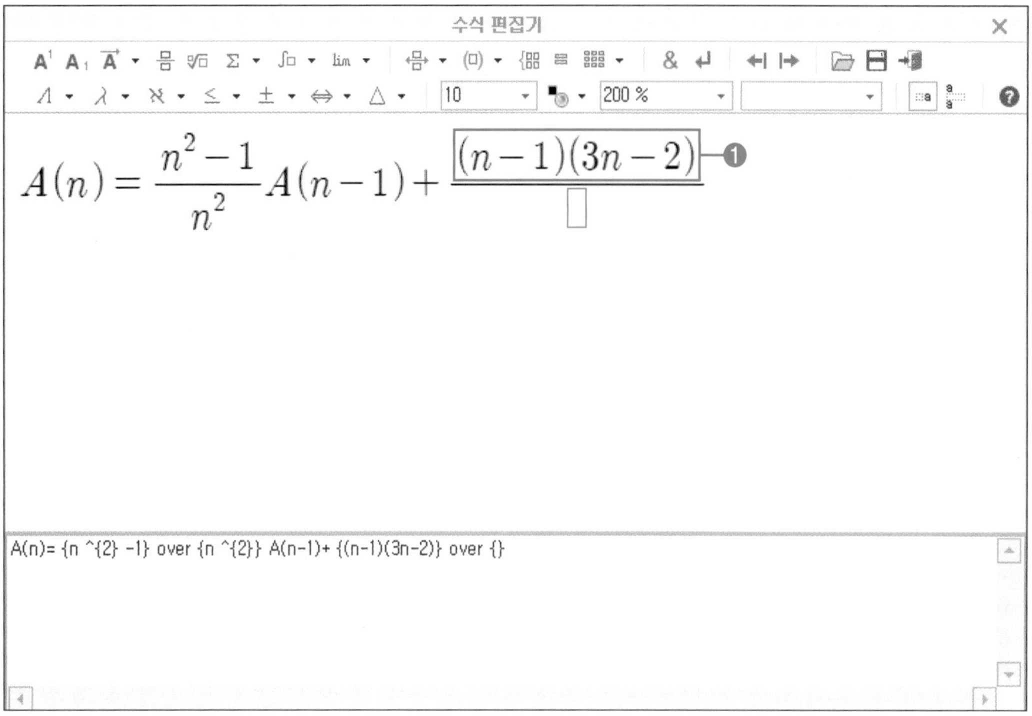

06 ❶'n'을 입력하고 수식 상자에서 ❷[위첨자]를 클릭한 후 ❸'2'를 입력합니다. 수식 도구 상자의 ❹[넣기]를 클릭하여 [수식 편집기]를 종료합니다.

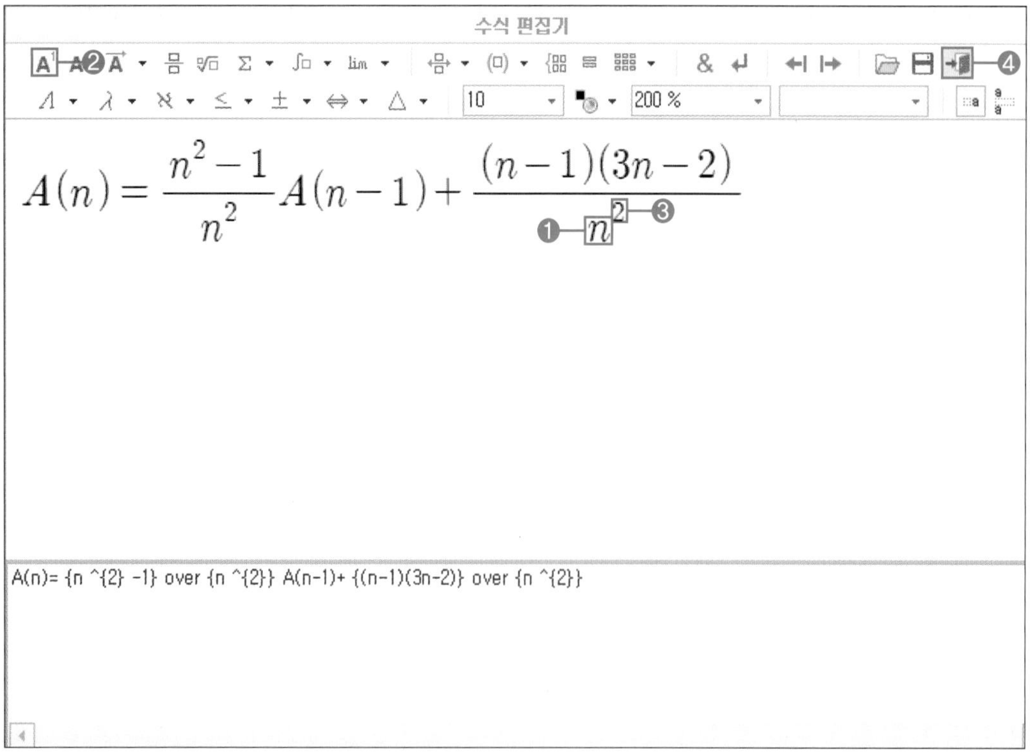

07 수식(1)이 완성되어 다음과 같이 삽입되었습니다.

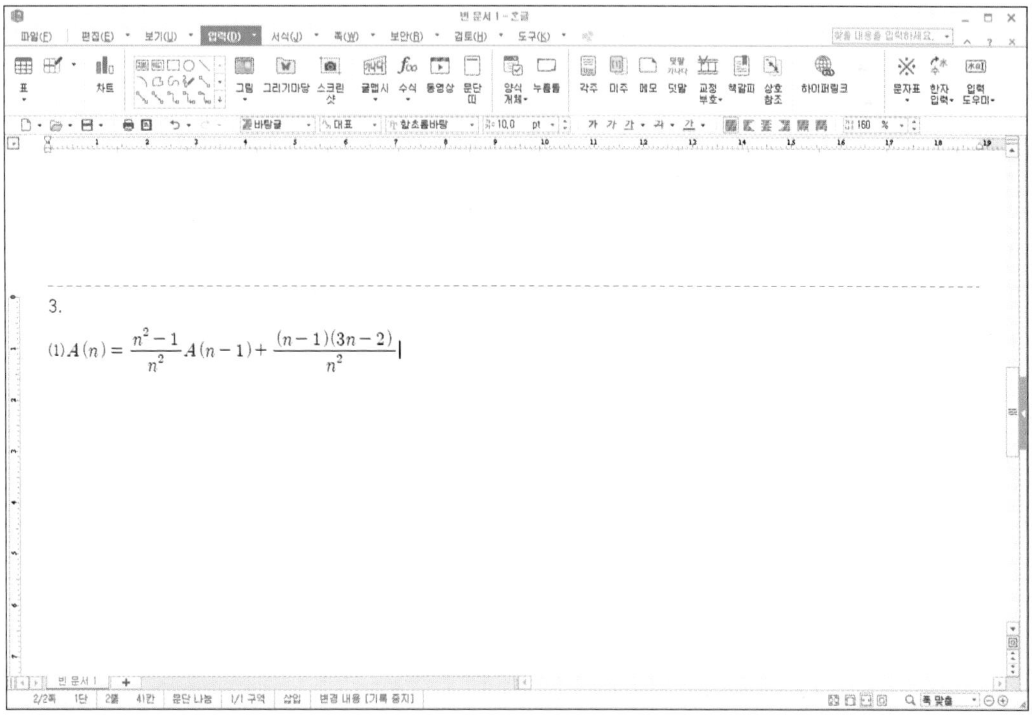

Step 02. 수식 (2) 작성하기

01 Space Bar 를 눌러 간격을 띄운 다음 '(2)'를 입력합니다. [입력] 탭의 [수식]을 클릭해 [수식 편집기]를 불러옵니다. ❶'P(a'를 입력한 후 수식 도구 상자의 ❷[합,집합 기호]를 클릭합니다. ❸'≤'를 선택하여 입력합니다.

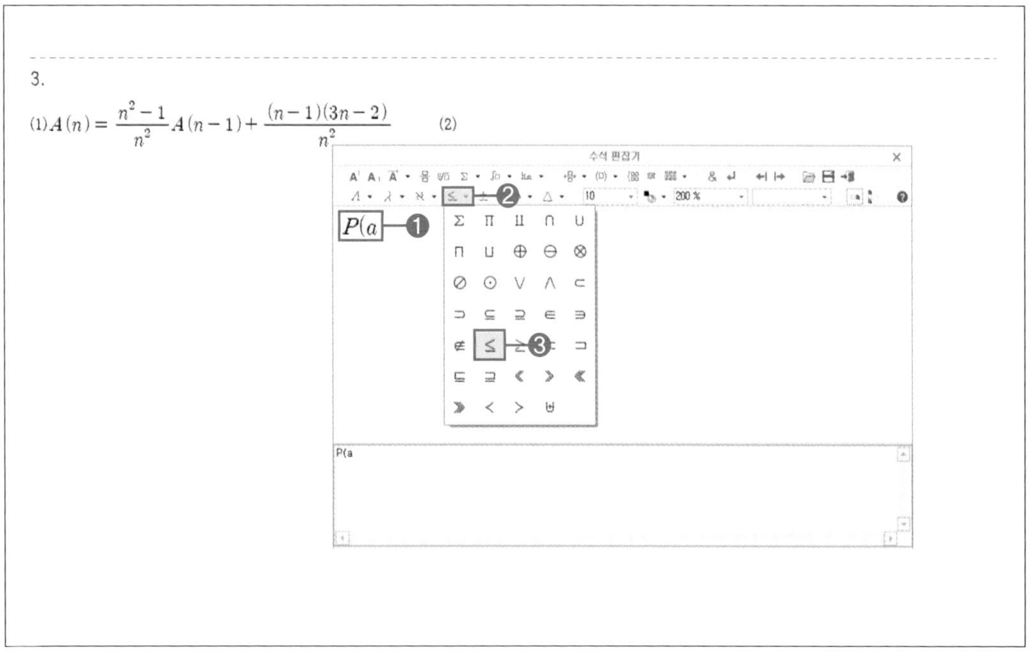

02 ❶'x'를 입력하고 수식 도구 상자의 [합, 집합 기호]에서 다시 ❷'≤'를 선택해 입력합니다. 이어서 ❸'b)='를 입력합니다. 수식 도구 상자에서 ❹[적분]을 클릭하고 ❺'∫'를 선택합니다.

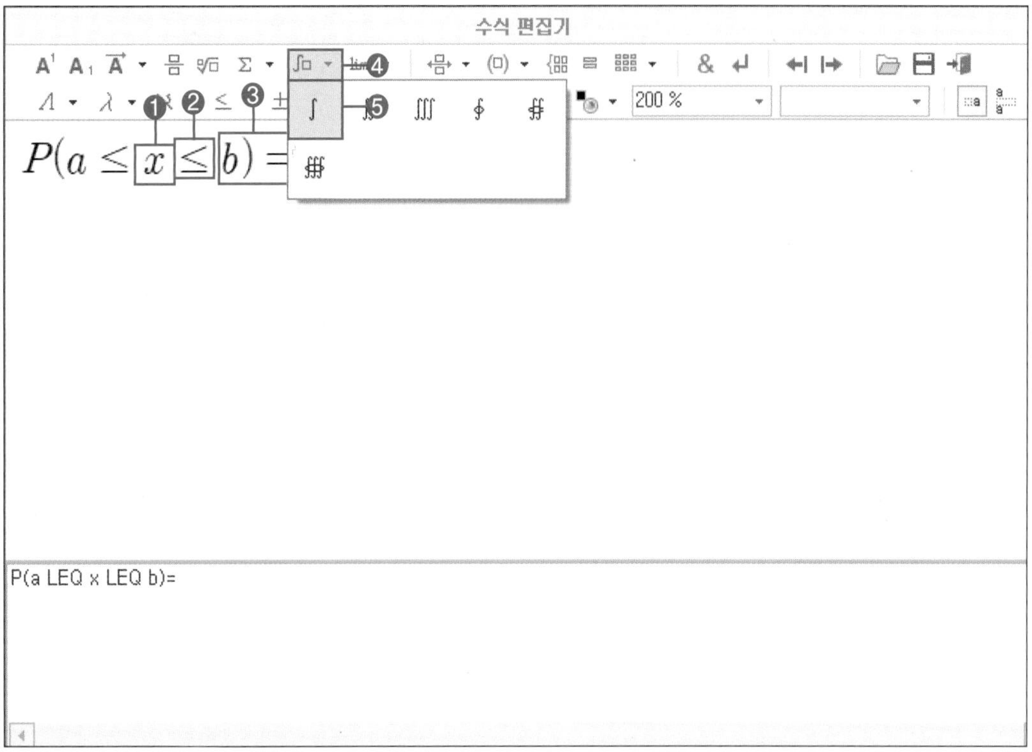

03 아래 칸에 ❶'a'를 입력하고 Tab 을 눌러 위로 이동한 후 ❷'b'를 입력하고 다시 Tab 을 누릅니다. ❸마지막으로 'f(x)dx'를 입력합니다. ❹[넣기]를 클릭하여 [수식 편집기]를 종료합니다.

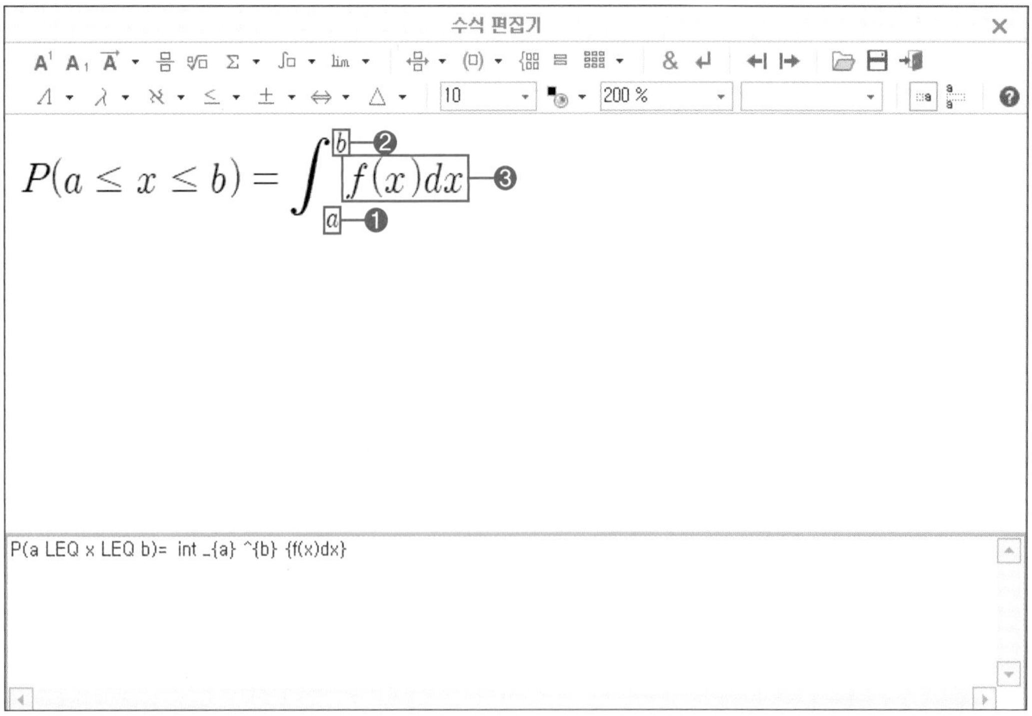

■ ■ 완성파일 : 실력팡팡₩수식예제_완성.hwp

01 다음의 (1), (2)의 수식을 수식 편집기로 각각 입력하시오. (40점)

출력형태

(1) $\frac{1}{2}\left[n-1-2\left(\frac{n}{3}-1\right)\right]+2\left(\frac{n}{5}-1\right)$ (2) $E(n,k) \le \frac{1}{n}\left[\sum_{p=1}^{k-1}4(n-p)+\sum_{p=k}^{n-1}4p\right]+n-1$

(1) $cn^2+\frac{n(n-1)}{2}lgL+\frac{3n(n-1)}{2}lgL$ (2) $D_0=\begin{pmatrix}0 & 2 & \infty & \infty \\ 3 & 0 & 15 & 5 \\ 20 & \infty & 0 & 1 \\ 1 & \infty & 5 & 0\end{pmatrix}$

(1) $f_k=\frac{[(1+\sqrt{5})/2]^k-[(1-\sqrt{5})/2]^k}{\sqrt{5}}$ (2) $\lim_{n \to \infty}\frac{\pi(n)}{n/\ln n}=1$

(1) $\varphi(20)=20\prod_{p:p}\left(1-\frac{1}{p}\right)=20\left(1-\frac{1}{5}\right)\left(1-\frac{1}{2}\right)=8$ (2) $\sum_{i=o}^{n}(i+1)=\frac{(n+2)(n+1)}{2}$

(1) $E=\{n^ip^j|0 \le i,j \le \lfloor \sqrt{r} \rfloor\}$ (2) $\begin{bmatrix}c_{11} & c_{12} \\ c_{21} & c_{22}\end{bmatrix}=\begin{bmatrix}a_{11} & a_{12} \\ a_{21} & a_{22}\end{bmatrix}+\begin{bmatrix}b_{11} & b_{12} \\ b_{21} & b_{22}\end{bmatrix}$

(1) $T(n) \in O(n^2) \cap \Omega(n^2)=\Theta(n^2)$ (2) $\sum_{i=1}^{n}k^2=1^2+2^2+3^3+\cdots+n^2=\frac{1}{6}n(n+1)(2n+1)$

(1) $\sigma^2=\int(x_i-\overline{x})^2f(x)dx=(x^2)-(\overline{x})^2$ (2) $\overline{A \cup B}=\overline{A} \cap \overline{B}$

(1) $\sin(\alpha+\beta)^2=\sin\alpha^2+2\sin\beta+\sin\beta^2$ (2) $f(x)=\frac{1}{2}\left[\frac{1}{2}\ln\left(\frac{x+1}{x-1}+\arctan x\right)\right.$

06 Section

기능평가 II – 도형, 그림, 글맵시

도형, 그림, 글맵시 등의 기능을 한글 문서를 작성할 때 유용하게 활용할 수 있는지를 평가합니다. 도형을 삽입하고 문자를 입력하거나 그림, 글맵시를 삽입하고 편집하는 방법을 학습합니다.

도형 삽입하기

- [입력] 탭에서 여러 가지 도형을 선택하여 문서에 삽입할 수 있습니다.

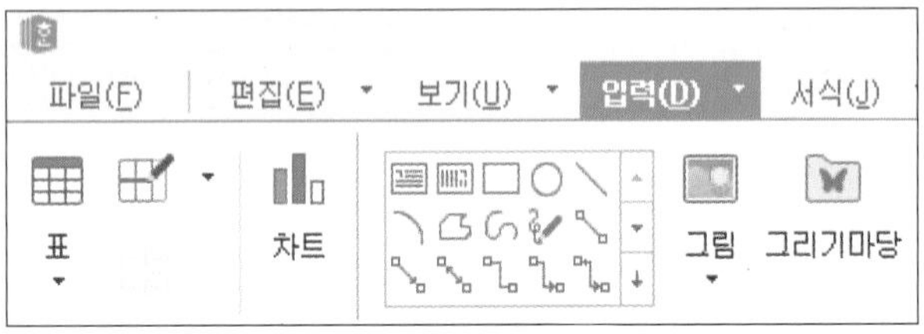

- [입력] 탭의 도형 목록 단추를 클릭하여 [다른 그리기 조각]을 클릭하면 [그리기 마당] 대화상자가 나타나며 '선택할 꾸러미' 목록에서 다양한 도형을 삽입할 수 있습니다.

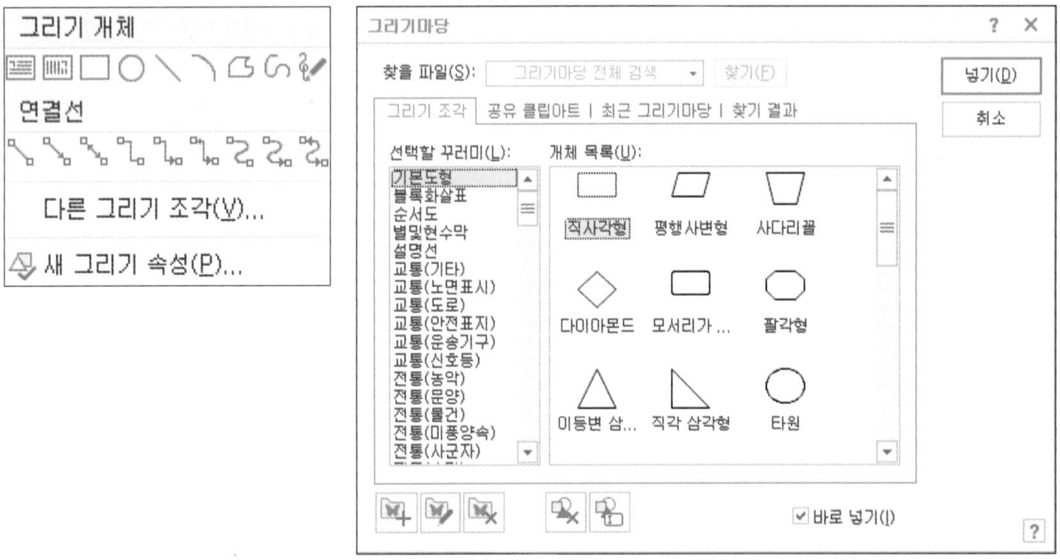

- 도형 목록에서 도형을 선택한 다음 Shift+드래그하면 정사각형, 정원 등을 그릴 수 있습니다.
- 도형 목록에서 도형을 선택한 다음 Ctrl+드래그하면 클릭한 곳을 도형의 중심으로 하여 삽입할 수 있습니다.
- 직사각형 또는 타원을 선택한 다음 도형이 그려질 위치를 클릭하면 너비와 높이가 각각 30mm인 도형이 삽입됩니다.
- 도형을 더블 클릭하거나 [서식] 탭의 목록 단추를 눌러 [개체 속성]을 클릭하면 [개체 속성] 대화상자가 나타납니다. 또는 도형을 선택한 후 [도형] 탭의 [개체 속성]을 클릭하여 [개체 속성] 대화상자를 열 수 있습니다.

- [개체 속성] 대화상자의 [기본] 탭에서 너비나 높이 값을 입력하여 도형의 크기를 정할 수 있으며, [선] 탭은 사각형 모서리 곡률이나 호의 테두리를 설정할 수 있습니다.

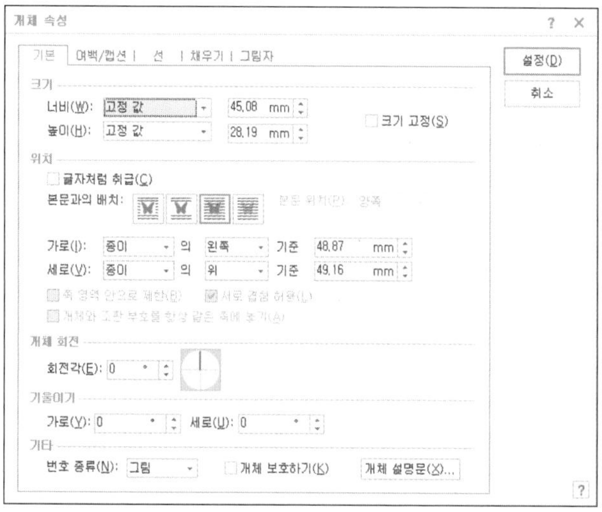

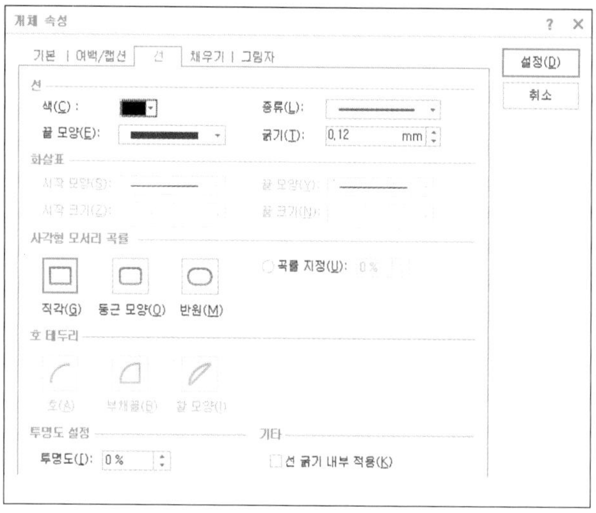

- 삽입한 도형을 선택하면 도형의 조절점이 나타납니다. 조절점을 드래그하여 도형의 크기를 직접 조절할 수 있습니다. Shift 를 누른 상태로 드래그하면 너비와 높이가 같은 비율로 조절됩니다.
- 활성화된 [도형] 탭에서 바로 도형의 크기를 입력할 수 있으며, '크기 조정'에 체크하면 도형의 크기가 지정한 값으로 고정됩니다.

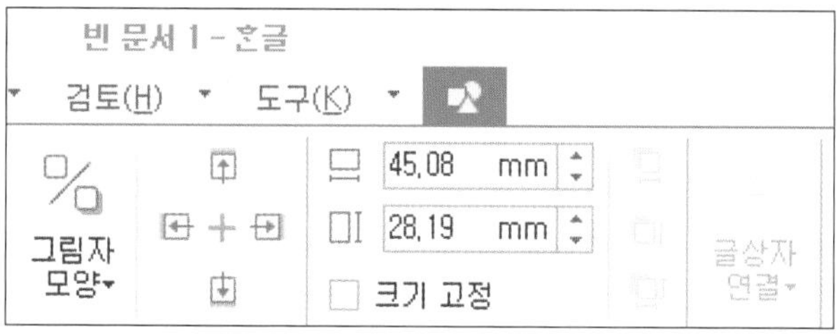

- 삽입한 도형에 마우스 오른쪽 버튼을 눌러 [도형 안에 글자 넣기]를 클릭하면 원하는 내용을 입력할 수 있습니다.

도형 이동 또는 복사하기

- 도형을 여러 개 선택하려면 Shift 를 누른 상태로 도형을 클릭하면 됩니다.
- [도형] 탭에서 [개체 선택]을 클릭한 다음 드래그하면 드래그한 범위 안의 도형을 모두 선택할 수 있습니다.
- Shift 를 누른 상태로 도형을 드래그하면 수직 또는 수평으로 도형이 이동됩니다.
- Ctrl 을 누른 상태로 도형을 드래그하면 도형이 복사됩니다.
- 도형을 선택한 후 키보드의 방향키를 이용하면 도형이 0.2mm씩 미세하게 이동됩니다.

글상자 삽입하기

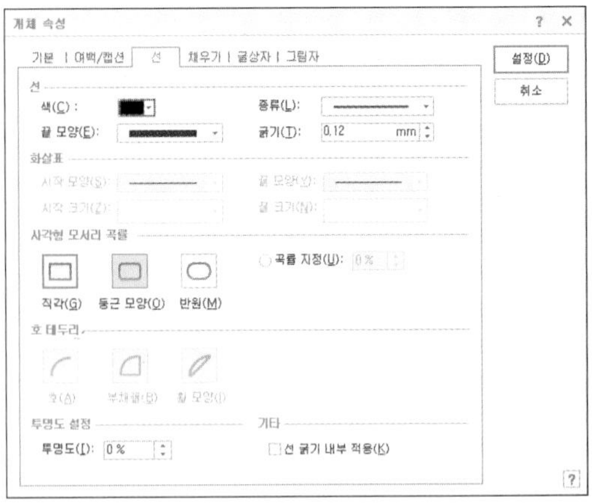

- [입력] 탭의 목록 단추를 클릭하고 [개체]의 [글상자]를 선택하거나 [입력] 탭의 도형 목록에서 [가로 글상자], [세로 글상자]를 클릭하여 삽입합니다.
- Ctrl + N , B 를 눌러 글상자를 삽입할 수도 있습니다.
- 글상자의 테두리를 더블 클릭하거나, 삽입된 글상자를 선택한 다음 마우스 오른쪽 버튼을 누르고 [개체 속성]을 클릭하면 [개체 속성] 대화상자가 나타납니다.
- [개체 속성] 대화상자에서 글상자의 속성을 변경할 수 있으며 [선] 탭에서 글상자의 사각형 모서리 곡률을 변경할 수 있습니다.

도형 서식 설정하기

- 활성화된 [도형] 탭에서 모양 속성, 선 스타일, 음영, 그림자, 크기, 정렬 등을 설정할 수 있습니다.

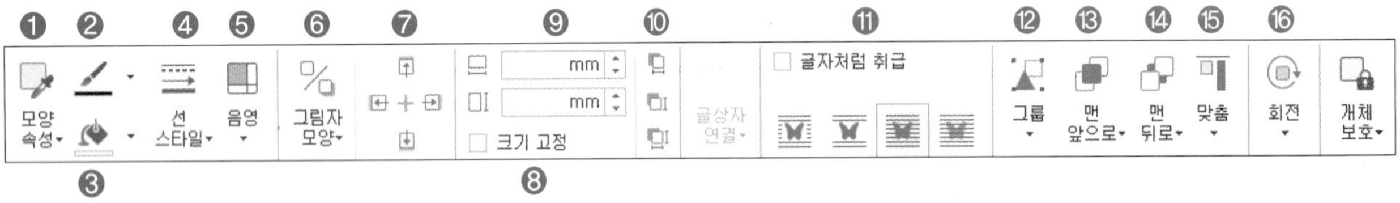

❶ 모양 속성 : 개체의 모양을 복사하거나 붙일 수 있습니다.
❷ 선 색 : 선택한 도형의 선 색을 설정할 수 있습니다.
❸ 채우기 : 선택한 도형의 배경 색을 설정할 수 있습니다.
❹ 선 스타일 : 선 종류와 선 굵기, 화살표 모양을 설정할 수 있습니다.
❺ 음영 : 도형의 음영을 증가시키거나 음영의 감소를 설정할 수 있습니다.
❻ 그림자 모양 : 도형의 그림자 효과를 지정할 수 있습니다.
❼ 그림자 이동 : 그림자 오른쪽으로 이동, 그림자 왼쪽으로 이동, 그림자 위로 이동, 그림자 아래로 이동, 그림자 원점으로 이동 등 그림자의 이동을 설정할 수 있고, 이동한 그림자를 원래대로 되돌릴 수도 있습니다.
❽ 크기 고정 : 개체의 너비나 높이를 고정합니다. 체크하면 크기가 고정이 되어 개체를 회전시킬 수 없습니다.
❾ 너비와 높이 : 도형의 너비와 높이를 직접 입력하여 지정할 수 있습니다.
❿ 같은 크기로 설정 : 너비를 같게, 높이를 같게, 너비/높이를 같게 등 선택한 도형들을 같은 크기로 설정할 수 있습니다.
⓫ 글자처럼 취급 : 개체를 본문에 있는 글자와 같게 취급합니다. 어울림, 자리 차지, 글 앞으로, 글 뒤로 등으로 설정할 수 있습니다.
⓬ 그룹 : 여러 개의 개체를 묶거나 묶기 이전의 상태로 풀 수 있습니다.
⓭ 맨 앞으로 : 여러 개의 개체들이 순서없이 겹쳐있을 때 선택한 개체를 맨 앞으로 이동시킬 수 있습니다.
⓮ 맨 뒤로 : 여러 개의 개체들이 순서없이 겹쳐있을 때 선택한 개체를 맨 뒤로 이동시킬 수 있습니다.
⓯ 맞춤 : 선택한 여러 개의 개체들을 위쪽, 중간, 아래쪽, 왼쪽, 가운데, 오른쪽으로 맞추거나 가로, 세로 간격을 동일하게 배분시킬 수 있습니다.
⓰ 회전 : 개체를 회전시키거나 좌우상하 대칭, 오른쪽, 왼쪽으로 회전시킬 수 있습니다.

그림 삽입하기

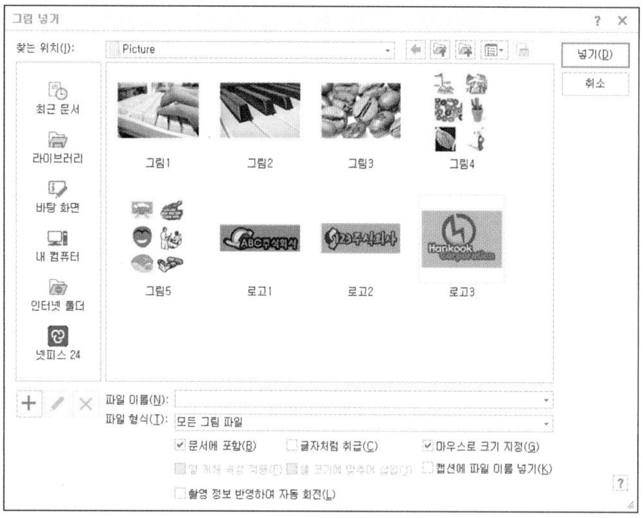

- [입력] 탭에서 [그림]을 클릭하거나 [입력] 탭의 목록 단추를 클릭하여 [그림]-[그림]을 클릭합니다.
- [그림 넣기] 대화상자의 체크 옵션에서 [문서에 포함]을 체크하면 문서에 삽입된 그림 파일이 문서에 포함됩니다.
- [마우스로 크기 지정]에 체크하면 선택한 그림을 삽입될 위치에서 마우스로 드래그하여 원하는 크기로 그림이 삽입할 수 있습니다. [마우스로 크기 지정]을 체크하지 않으면 문서에 원본 크기의 그림이 삽입됩니다.
- 활성화된 [그림] 탭에서 그림 크기를 조절할 수 있으며 [자르기]를 클릭하여 그림을 자를 수 있습니다.
- 활성화된 [그림] 탭에서 [색조 조정]의 목록 단추를 클릭하여 그림의 색조를 '회색조', '흑백', '워터마크'로 설정할 수 있습니다.

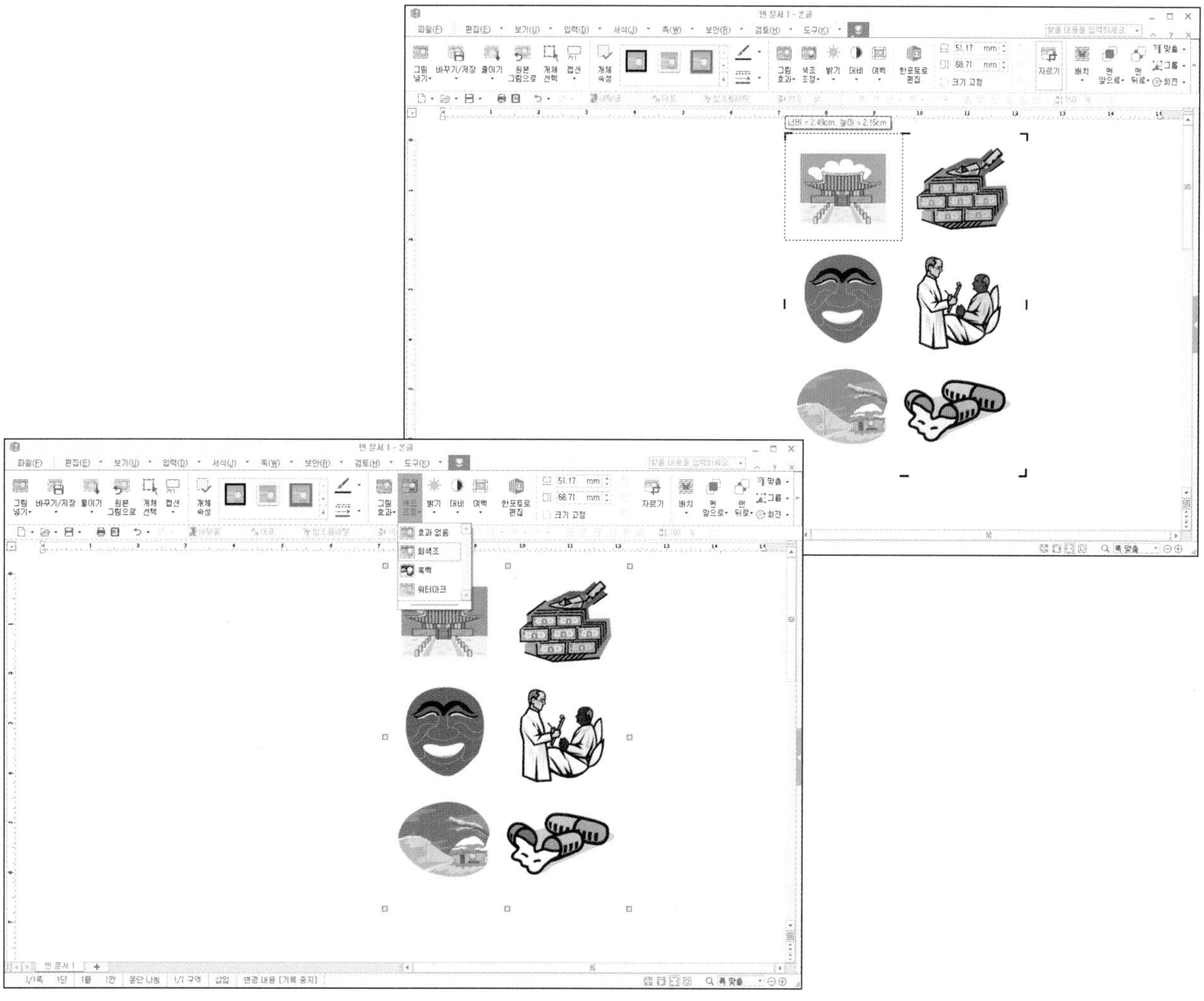

글맵시 삽입하기

- [입력] 탭의 [글맵시]를 클릭하거나 [입력] 탭의 목록 단추를 클릭하여 [개체]-[글맵시]를 클릭합니다.
- [글맵시]의 목록 단추를 클릭하면 원하는 글맵시 스타일을 선택할 수 있습니다.

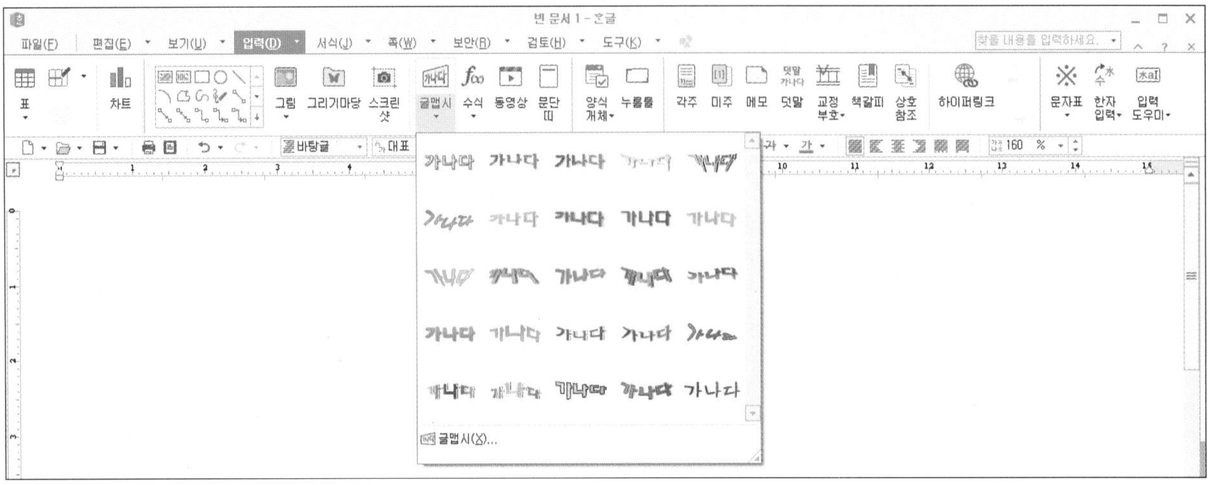

- 글맵시 스타일을 선택한 후, [글맵시 만들기] 대화상자에서 내용을 입력하고 글꼴과 글맵시 모양을 설정할 수 있습니다.
- '글맵시 모양'의 목록 단추를 클릭하여 글맵시 모양을 설정할 수 있습니다.

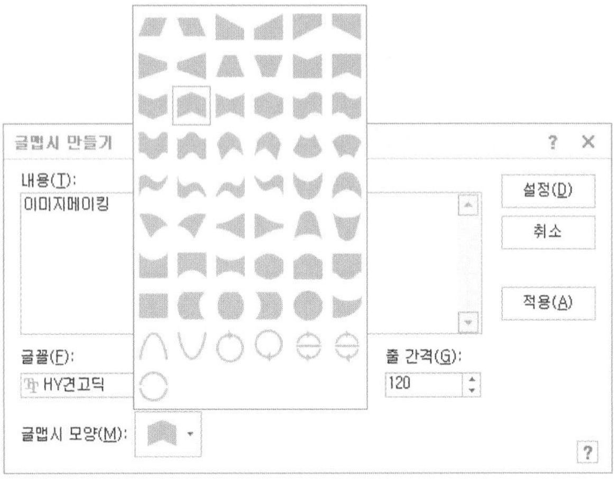

- 활성화된 [그림] 탭에서 글맵시의 채우기 색과 글맵시 모양을 변경할 수 있으며, [그림자 적용]의 목록 단추를 클릭하여 그림자의 색과 그림자 해지를 할 수 있습니다.

출제유형 따라하기

■ ■ 완성파일 : 기출유형₩도형_완성.hwp

시험에서는 Section07에서 다룰 책갈피와 하이퍼링크 기능이 포함된 문제가 출제됩니다.

다음의 ≪조건≫에 따라 ≪출력형태≫와 같이 문서를 작성하시오. (110점)

조건 (1) 그리기 도구를 이용하여 작성하고, 모든 도형(글맵시, 지정된 그림 포함)을 ≪출력형태≫와 같이 작성하시오.
(2) 도형의 면 색은 지시사항이 없으면, 색 없음을 제외하고 서로 다르게 임의로 지정하시오.

출력형태

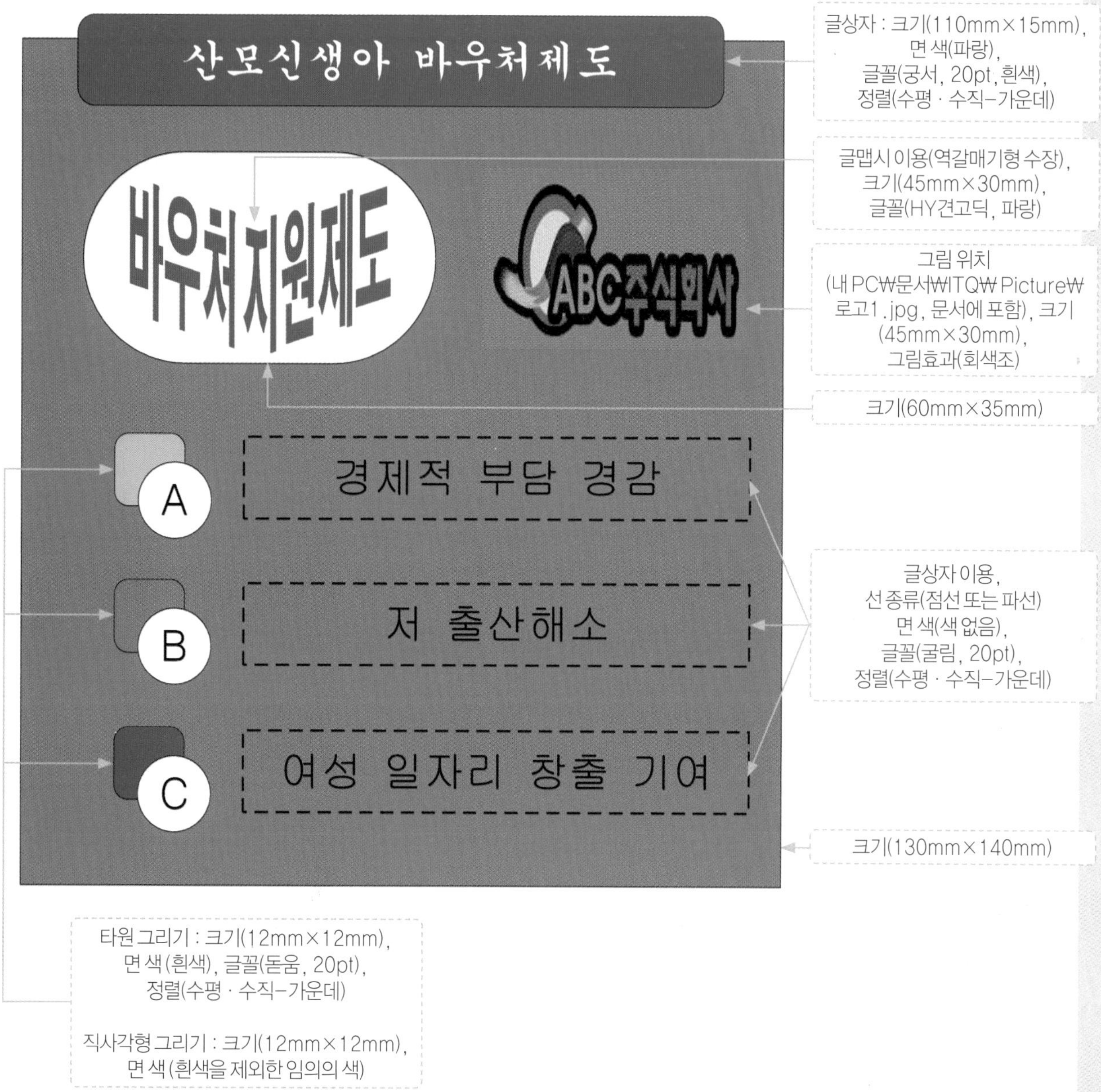

Step 01. 도형 삽입하기

01 3번 수식 문제 아래에 문제번호 '4.'를 입력하고 Enter 를 두 번 눌러 입력할 준비를 합니다. ❶[입력] 탭에서 도형 목록의 ❷'직사각형'을 클릭하여 ❸드래그하여 적당한 크기로 바탕이 될 도형을 그립니다.

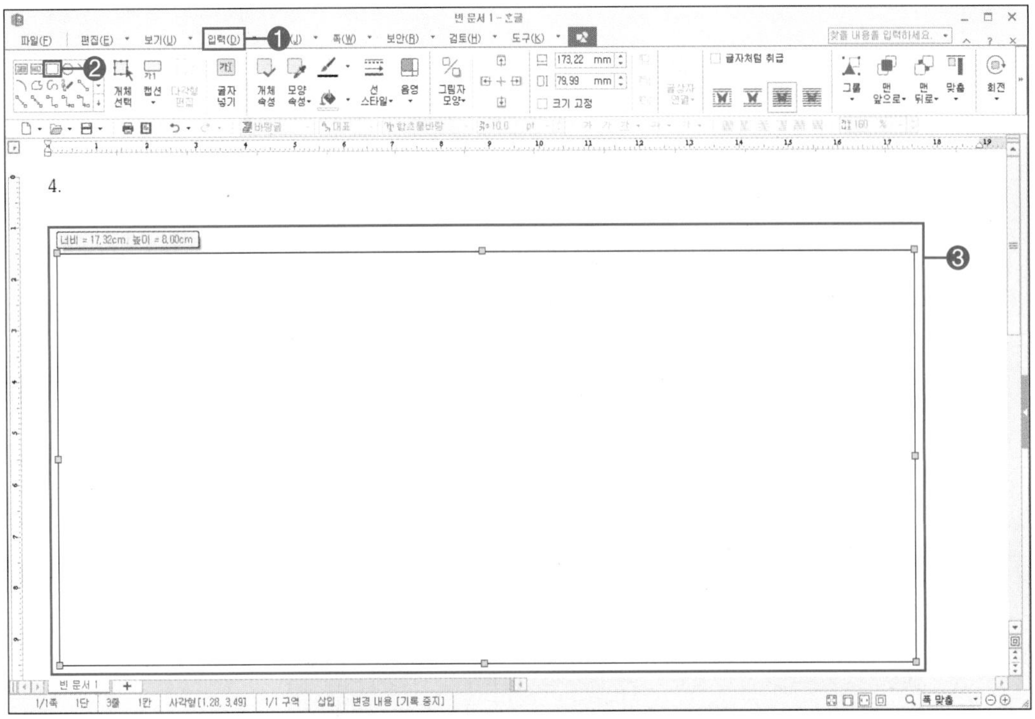

02 도형의 테두리를 ❶마우스로 선택하고 마우스 오른쪽 버튼을 눌러 ❷[개체 속성]을 클릭합니다. 또는 도형의 테두리를 마우스로 더블 클릭하여 [개체 속성]을 불러올 수 있습니다.

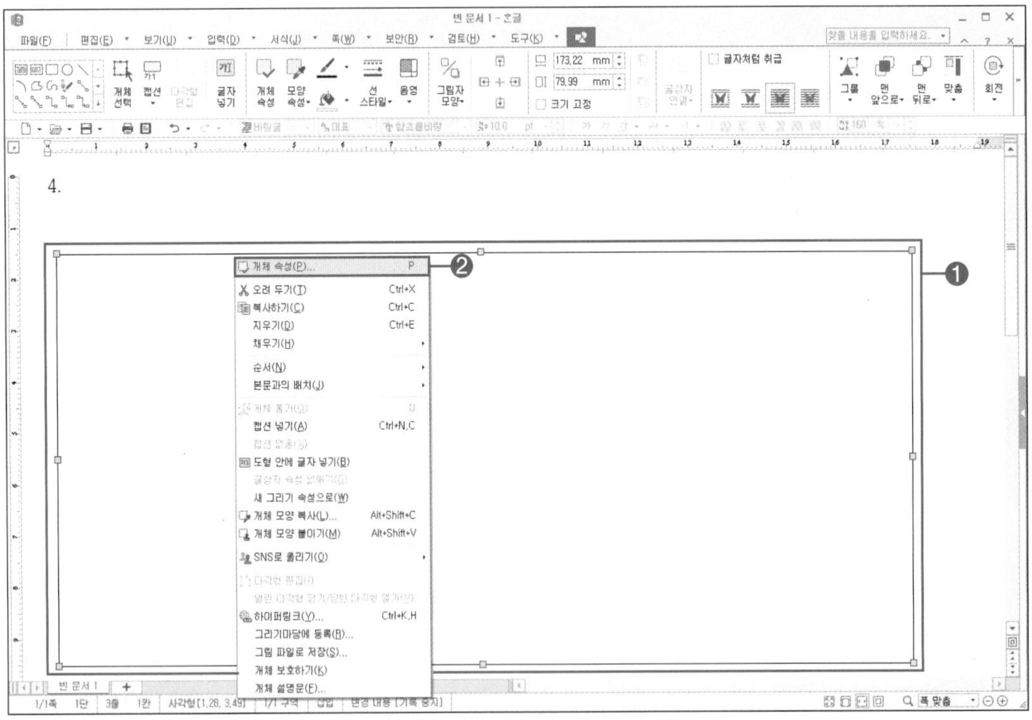

03 [개체 속성] 대화상자의 ❶[기본] 탭에서 ≪출력형태≫의 조건인 ❷도형 크기를 '너비 : 130', '높이 : 140'으로 입력하고 ❸'크기 고정'에 체크합니다.

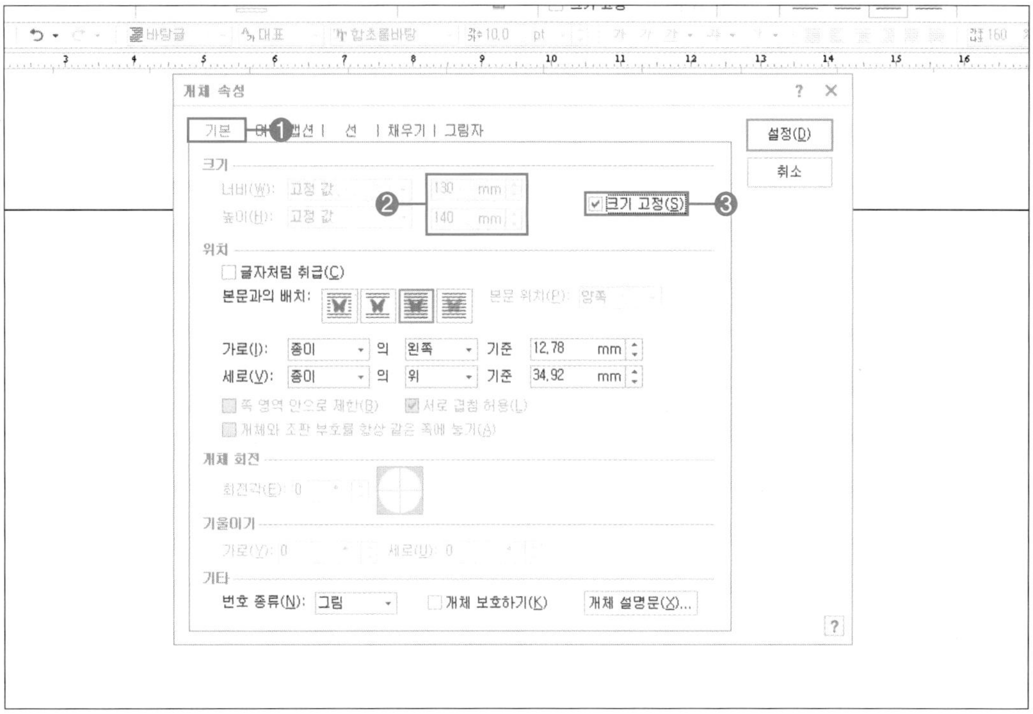

04 ❶[채우기] 탭을 클릭하고 '면 색'의 목록 단추를 클릭하여 ❷임의의 색을 선택한 후 ❸[설정]을 클릭합니다.

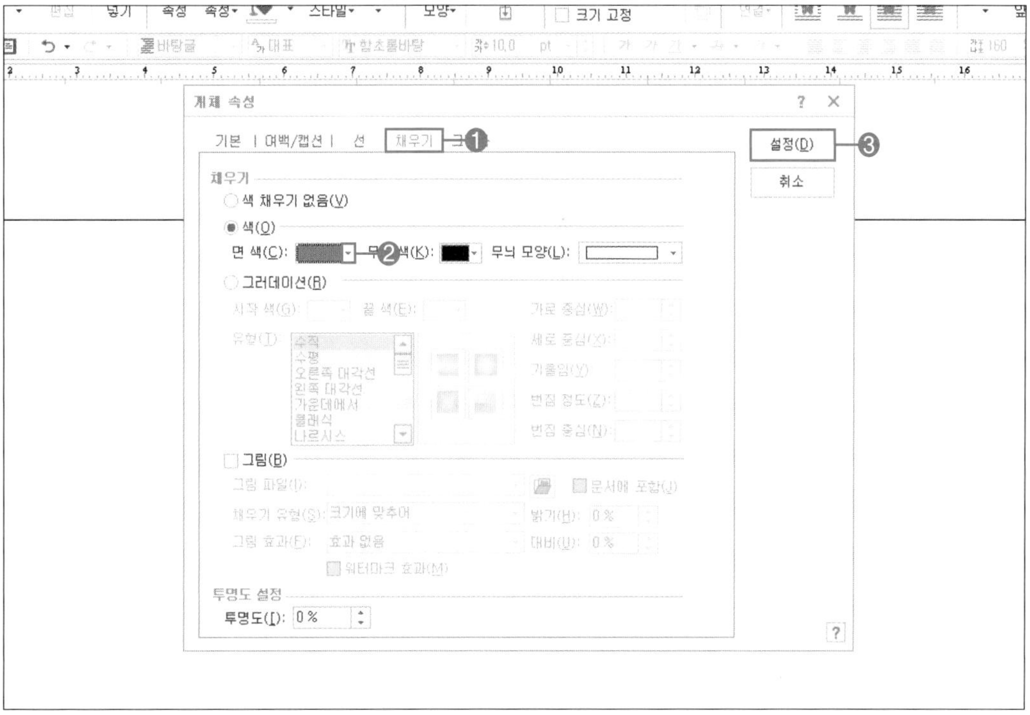

05 글상자를 삽입하기 위해 ❶[입력] 탭의 도형 목록에서 ❷'가로 글상자'를 클릭하고 ❸≪출력형태≫와 같이 드래그하여 삽입합니다.

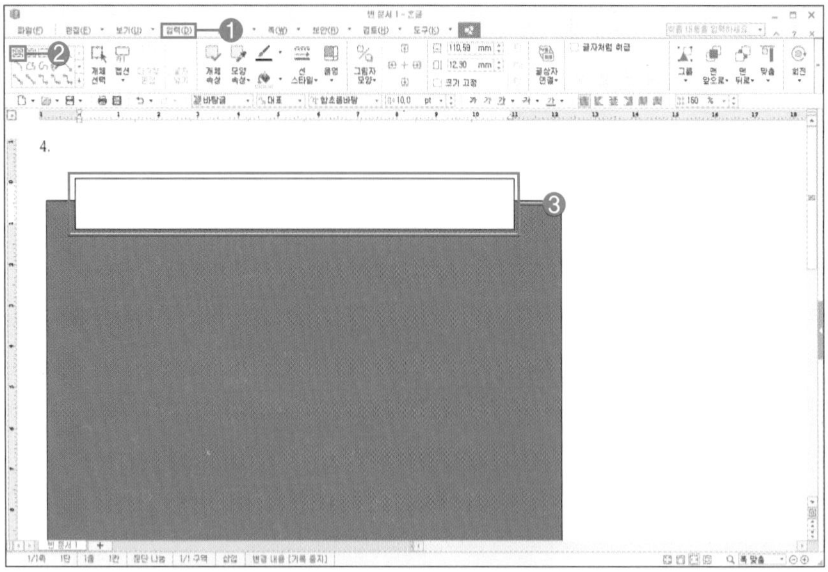

06 글상자 안에 커서가 깜빡거리면 ❶'산모신생아 바우처제도'라고 입력하고 ❷ 글꼴은 '궁서', 글자 크기는 '20pt', 글자색은 '흰색'으로 선택하고 정렬을 '가운데 정렬'로 합니다.

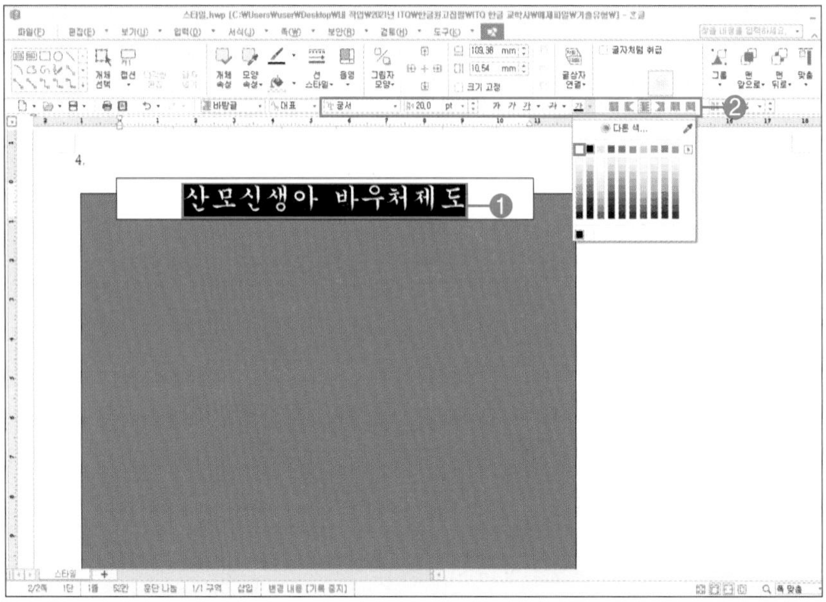

07 ❶글상자의 테두리를 선택하고 마우스 오른쪽 버튼을 눌러 [개체 속성]을 클릭합니다. [기본] 탭의 ❷크기에서 '너비 : 110', '높이 : 15'를 입력하고 ❸'크기 고정'에 체크합니다.

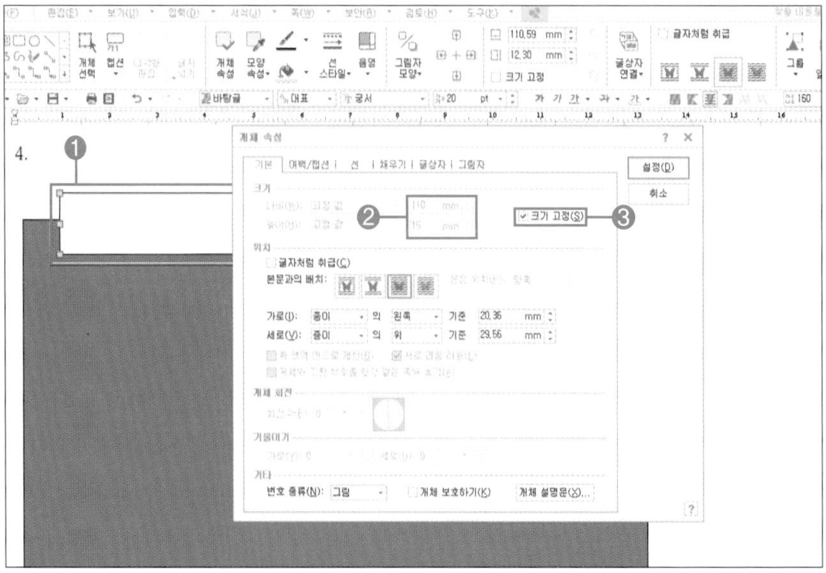

08 ❶[선] 탭에서 ❷'둥근 모양'으로 클릭합니다.

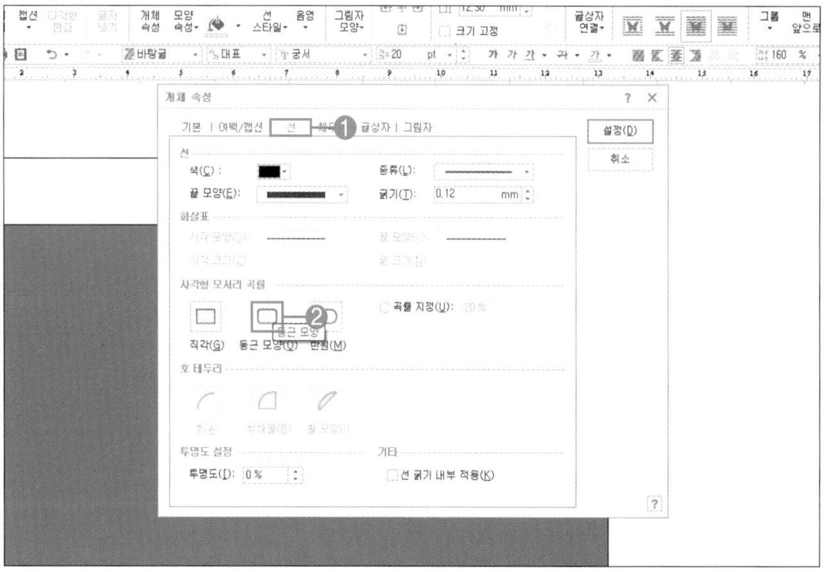

09 ❶[채우기] 탭의 ❷'색'을 선택한 후 면 색을 ❸'파랑'으로 선택합니다.

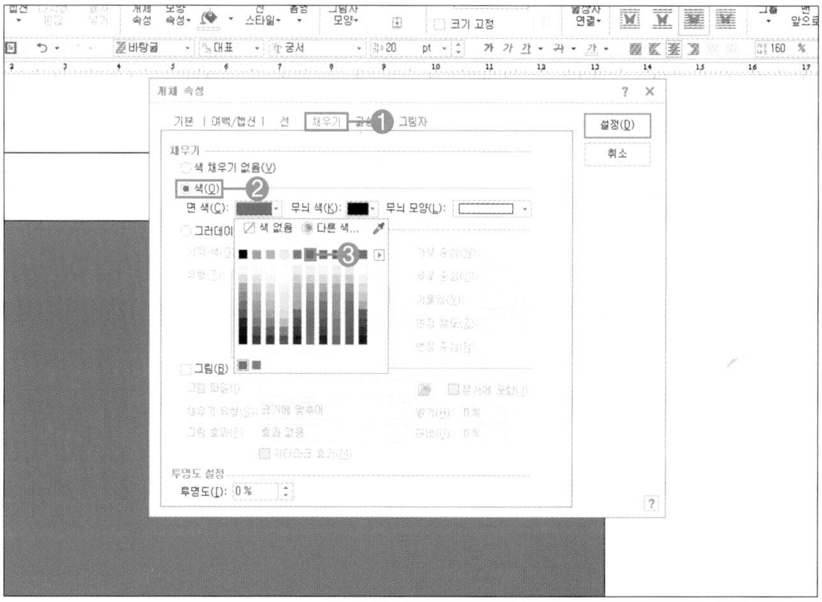

10 ❶[글상자] 탭의 속성에서 세로 정렬을 ❷'세로 가운데'로 선택하고 ❸[설정]을 클릭합니다. 글자가 입력된 글상자의 위치가 직사각형의 중앙에 위치하도록 마우스로 클릭하여 위치를 변경합니다.

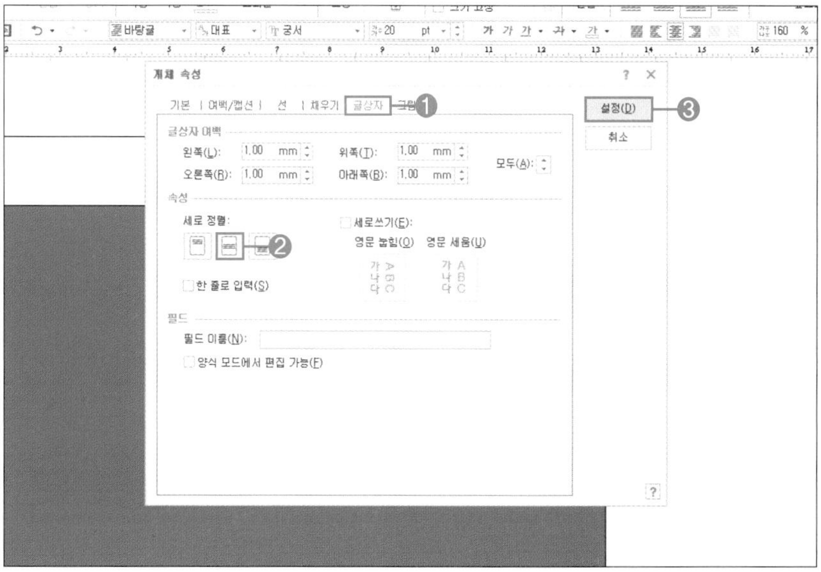

11 [입력] 탭의 도형 목록에서 ❶'직사각형'을 클릭하여 드래그한 다음 마우스 오른쪽 버튼을 눌러 [개체 속성]의 ❷[기본] 탭에서 ❸'너비 : 60', '높이 35'로 입력하고 ❹'크기 고정'에 체크합니다.

12 모서리가 구부러진 도형으로 변형하기 위해 [개체 속성] 대화상자의 ❶[선] 탭을 클릭합니다. 사각형 모서리 곡률에서 ❷'반원'을 클릭합니다.

13 도형 안의 색을 채우기 위해 ❶[채우기] 탭을 클릭한 후 면 색을 ❷임의의 색으로 선택하고 ❸[설정]을 클릭합니다.

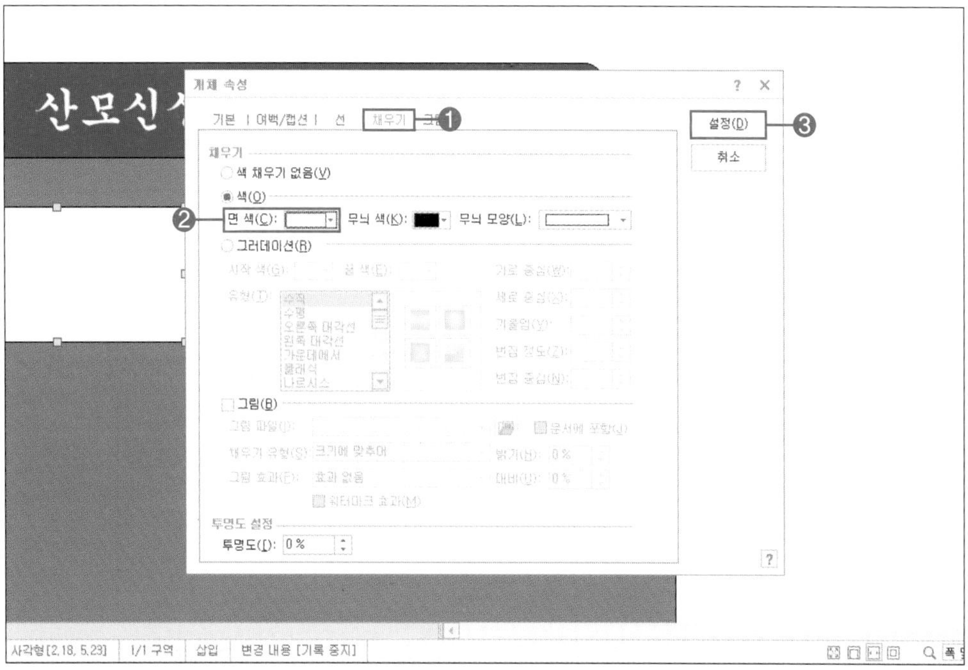

Tip

사각형 모서리 굴리기

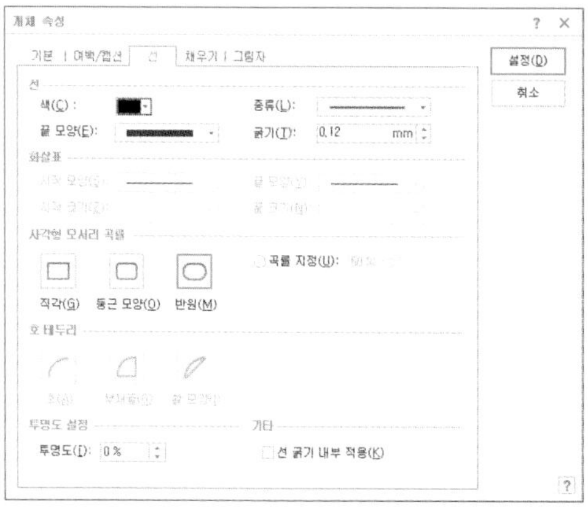

- 사각형의 모서리가 둥근 정도에 따라 '직각', '둥근 모양', '반원'을 지정할 수 있습니다.
- 도형을 클릭하고 마우스 오른쪽 버튼을 눌러 [개체 속성]을 클릭하여 [선] 탭의 [사각형 모서리 곡률]에서 설정합니다.

호/부채꼴/활 모양 만들기

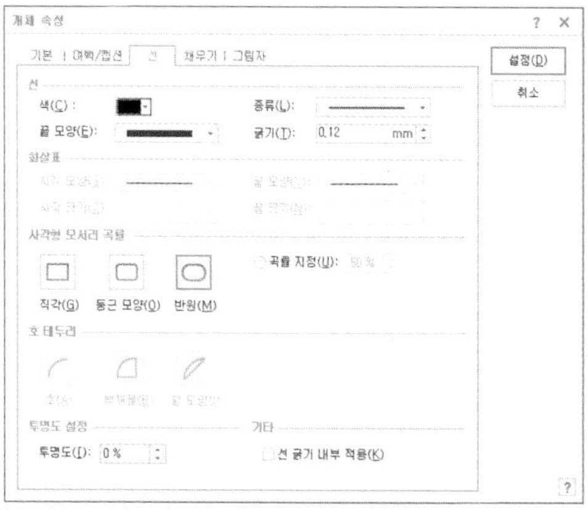

- [입력] 탭의 도형 목록에서 '호'를 선택하고, 드래그 한 도형을 선택한 후 마우스 오른쪽 버튼을 눌러 [개체 속성]을 클릭합니다.
- [개체 속성] 대화상자에서 [선] 탭의 '호', '부채꼴', '활 모양'을 설정합니다.

Step 02. 글맵시 삽입하기

01 ❶[입력] 탭의 ❷[글맵시]를 클릭하여 [글맵시 만들기] 대화상자의 내용에 ❸'바우처 지원제도'를 입력하고 ❹글꼴을 'HY견고딕'으로 설정합니다. [글맵시 모양]에서 ❺'역갈매기 수장'을 선택하고 ❻[설정]을 클릭합니다.

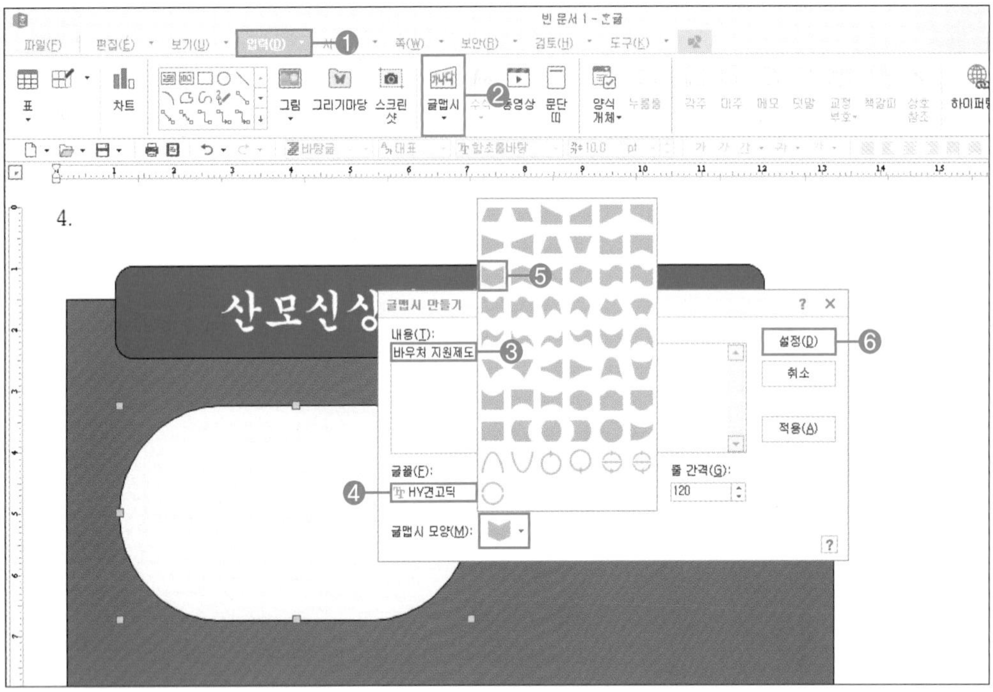

02 글맵시가 선택되어 있는 상태에서 마우스 오른쪽 버튼을 눌러 [개체 속성]을 클릭합니다. [개체 속성] 대화상자의 ❶[기본] 탭에서 ❷너비를 '45', 높이를 '30'으로 입력하고 ❸'크기 고정'을 체크합니다.

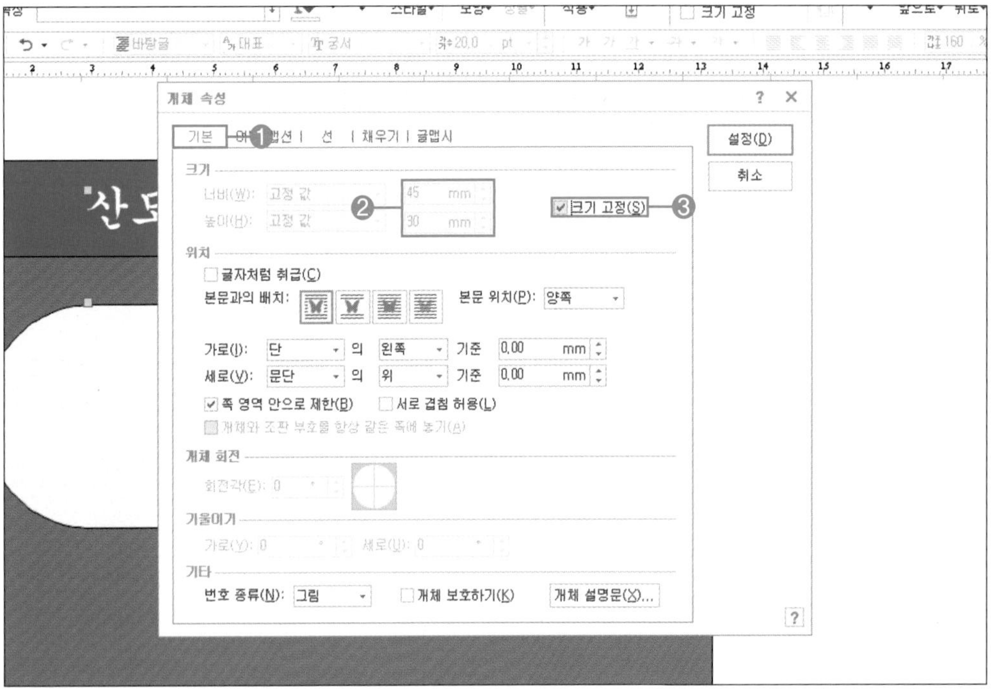

03 글맵시가 도형 뒤에 배치되어 있는 경우 본문과의 배치를 ❶'글 앞으로'로 선택합니다.

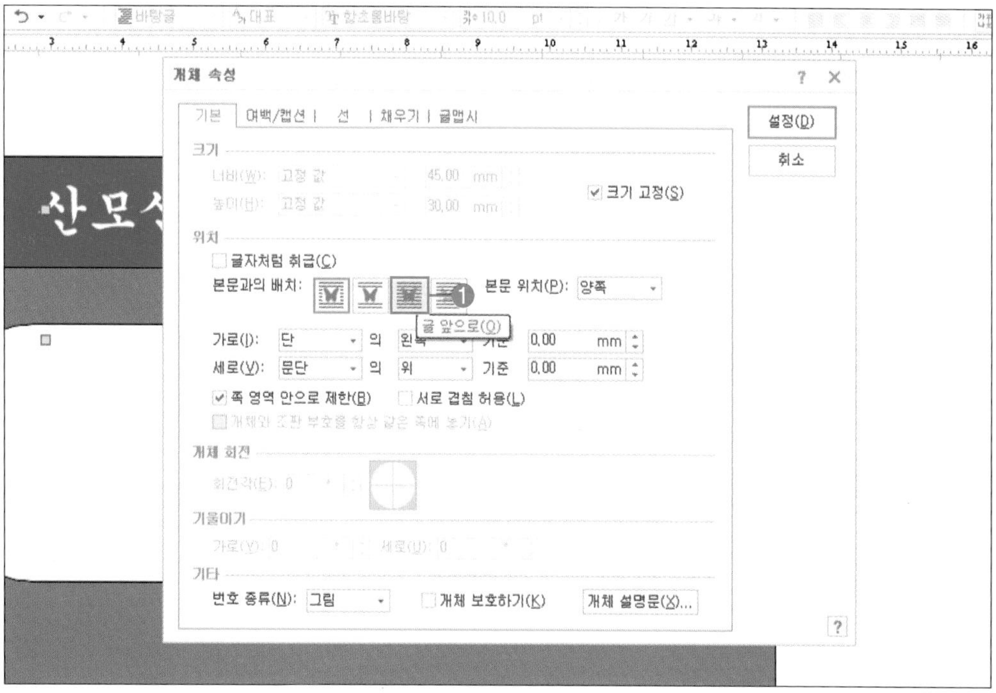

04 ❶[채우기] 탭에서 면 색을 ❷'파랑'으로 선택하고 ❸[설정]을 클릭합니다. 삽입된 글맵시를 ≪출력형태≫와 같은 위치로 이동합니다.

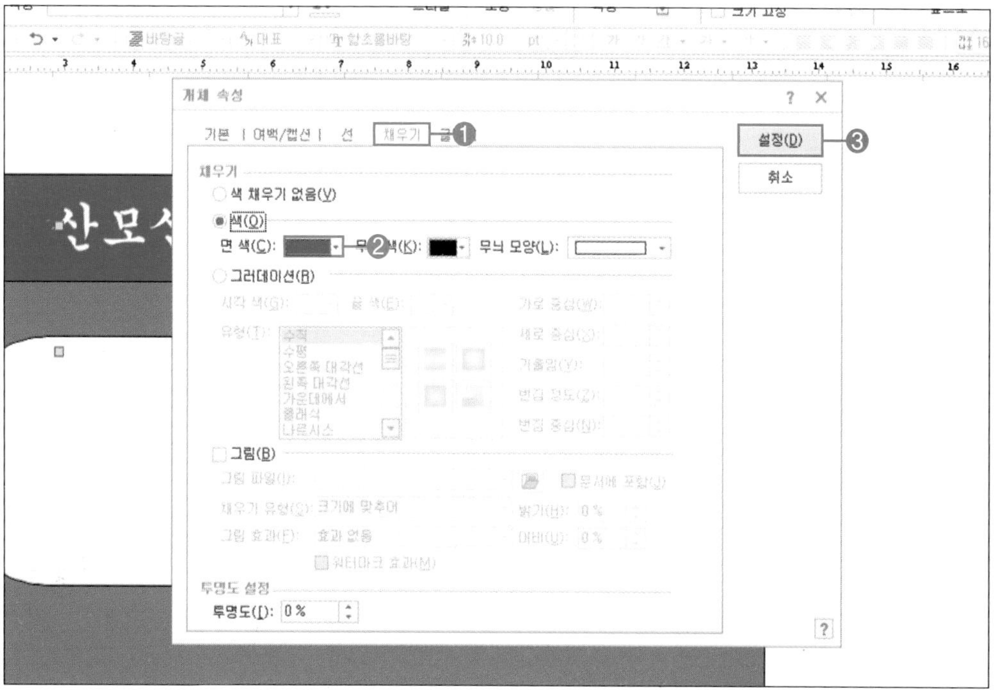

Step 03. 그림 삽입하기

01 ❶[입력] 탭의 ❷[그림]을 클릭하여 [그림 넣기] 대화상자에서 ❸내 PC₩문서₩ITQ₩Picture에서 '로고1.jpg'를 선택한 다음 ❹[넣기]를 클릭합니다.

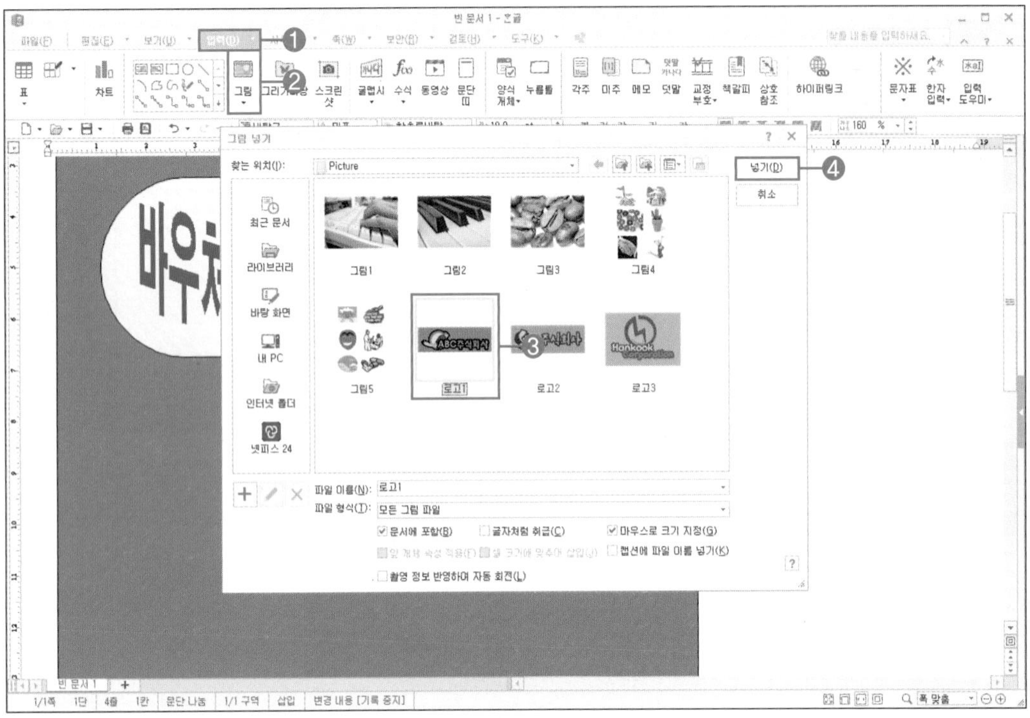

02 원하는 위치에 드래그하여 그림을 삽입합니다. 그림이 선택된 상태에서 마우스 오른쪽 버튼을 눌러 [개체 속성]을 클릭합니다. ❶너비를 '45', 높이를 '30'으로 입력하고 ❷'크기 고정'에 체크합니다.

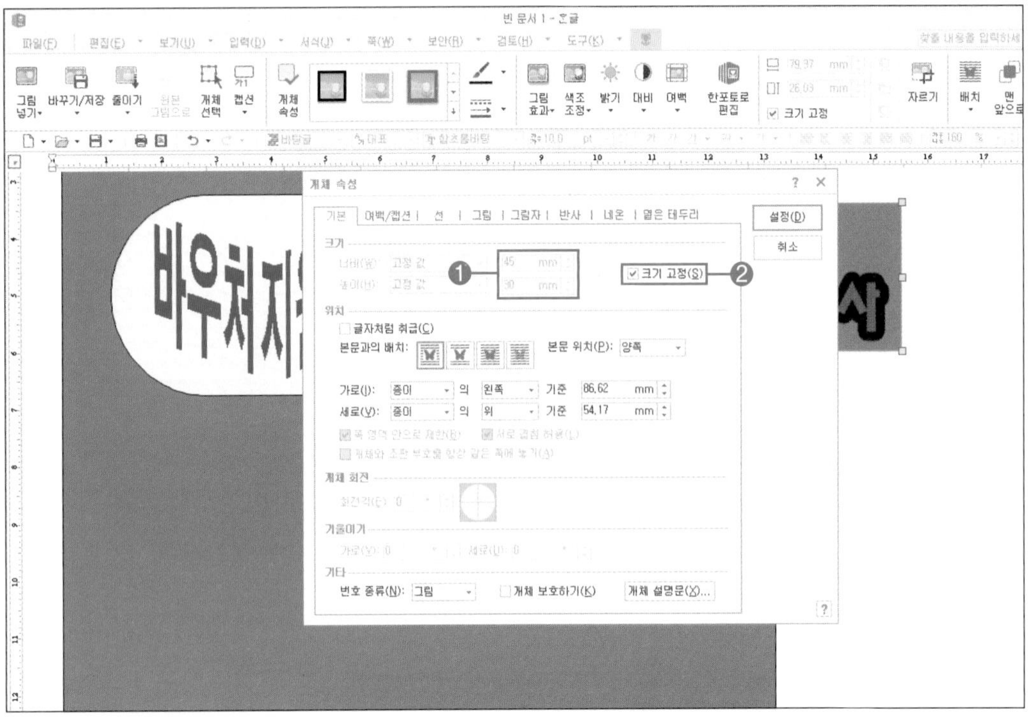

03 [개체 속성] 대화상자에서 본문과의 배치를 ❶'글 앞으로'로 클릭합니다.

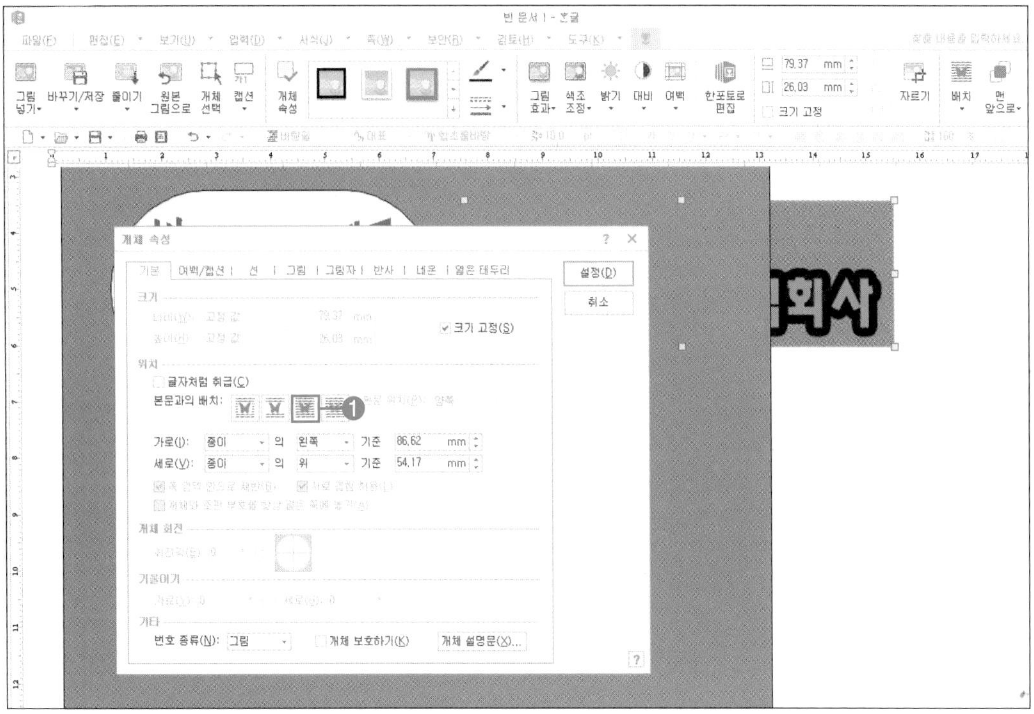

04 ❶[그림] 탭의 그림 효과에서 ❷'회색조'를 선택하고 ❸[설정]을 클릭합니다.

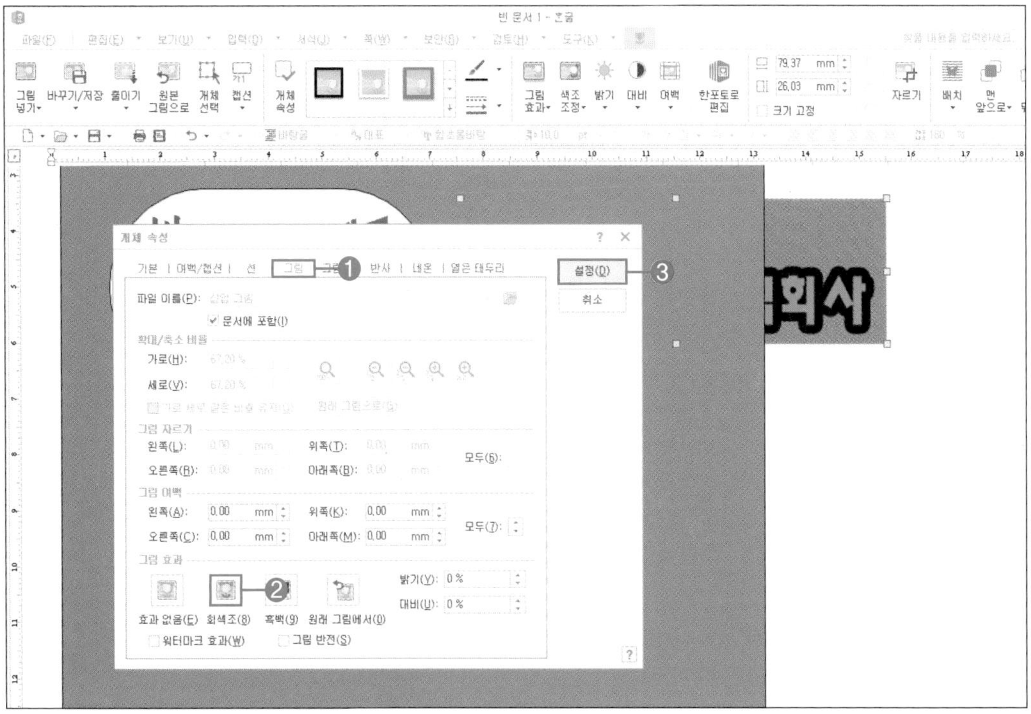

Step 04. 추가 도형 그리기

01 ❶[입력] 탭의 도형 목록에서 ❷직사각형을 선택하여 드래그한 다음 마우스 오른쪽 버튼을 눌러 ❸[개체 속성]을 클릭합니다.

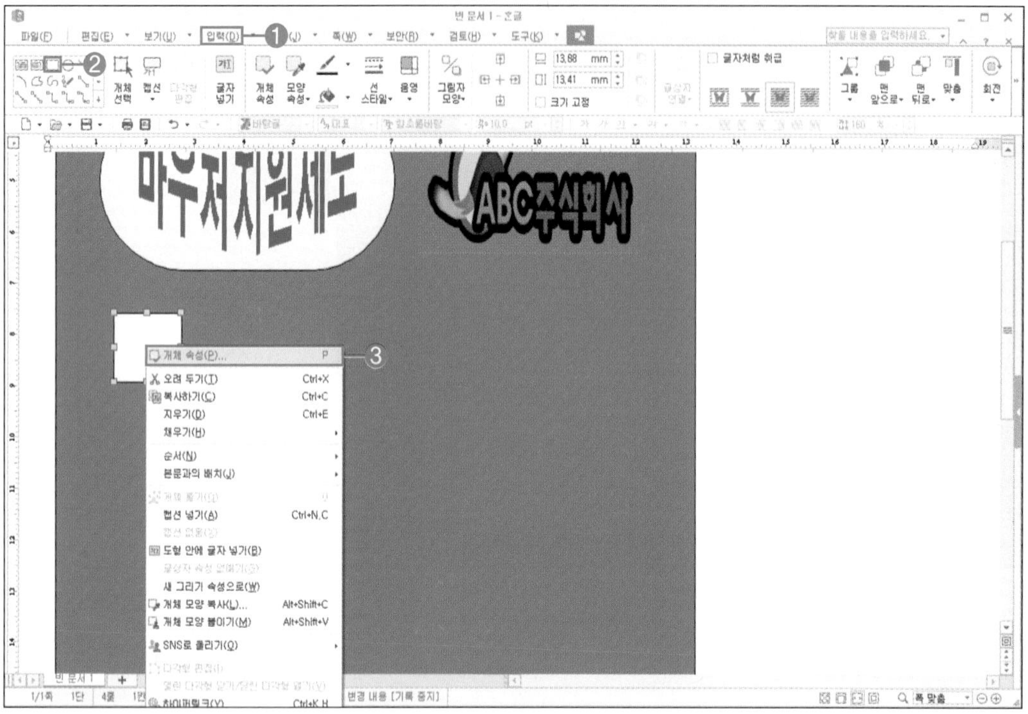

02 [개체 속성] 대화상자의 [기본] 탭에서 ❶크기를 '12', 높이를 '12'를 입력하고 ❷'크기 고정'에 체크합니다.

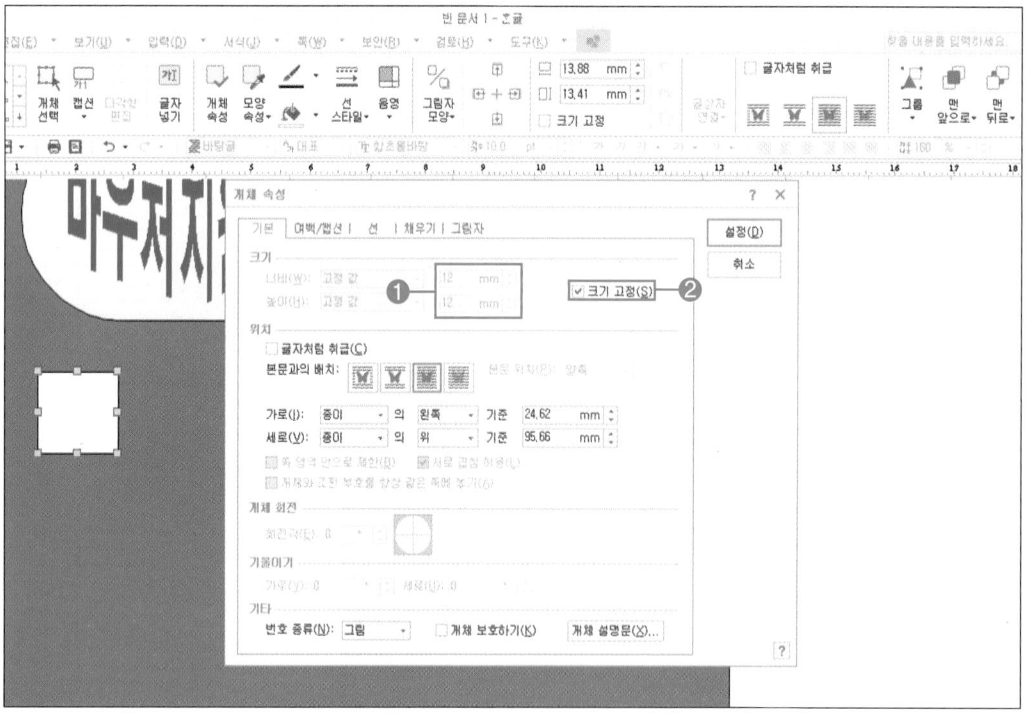

03 사각형의 모서리를 둥글게 굴리기 위해 [개체 속성] 대화상자의 ❶[선] 탭에서 사각형 모서리 곡률을 ❷'둥근 모양'으로 선택합니다.

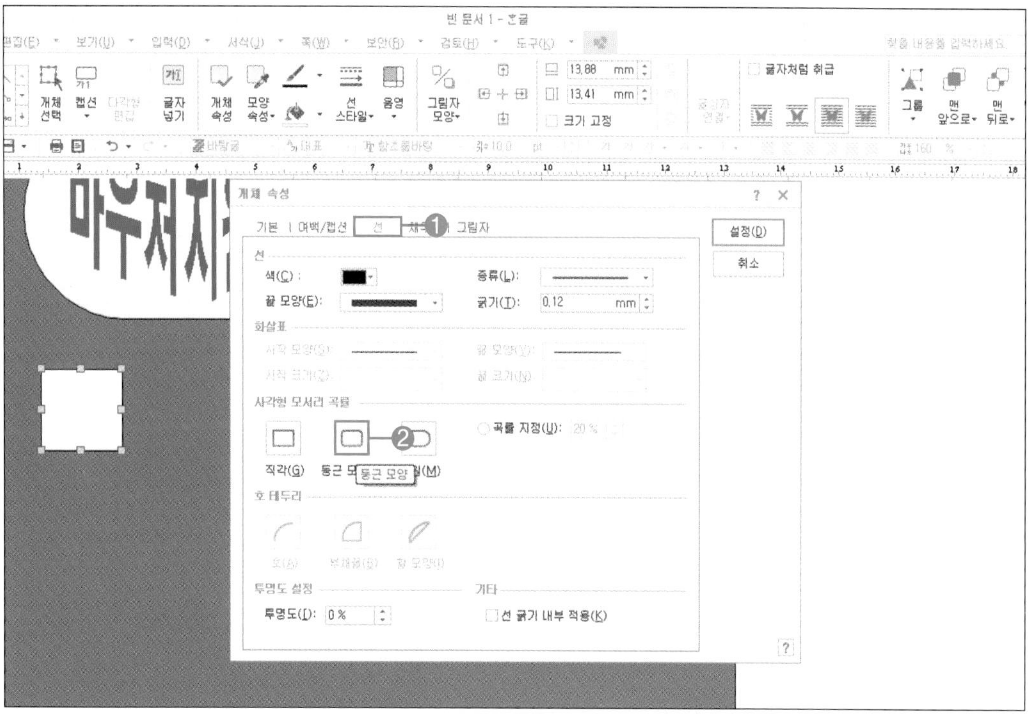

04 도형의 색을 채우기 위해 ❶[채우기] 탭에서 면 색을 ❷임의의 색으로 선택한 후 ❸[설정]을 클릭합니다.

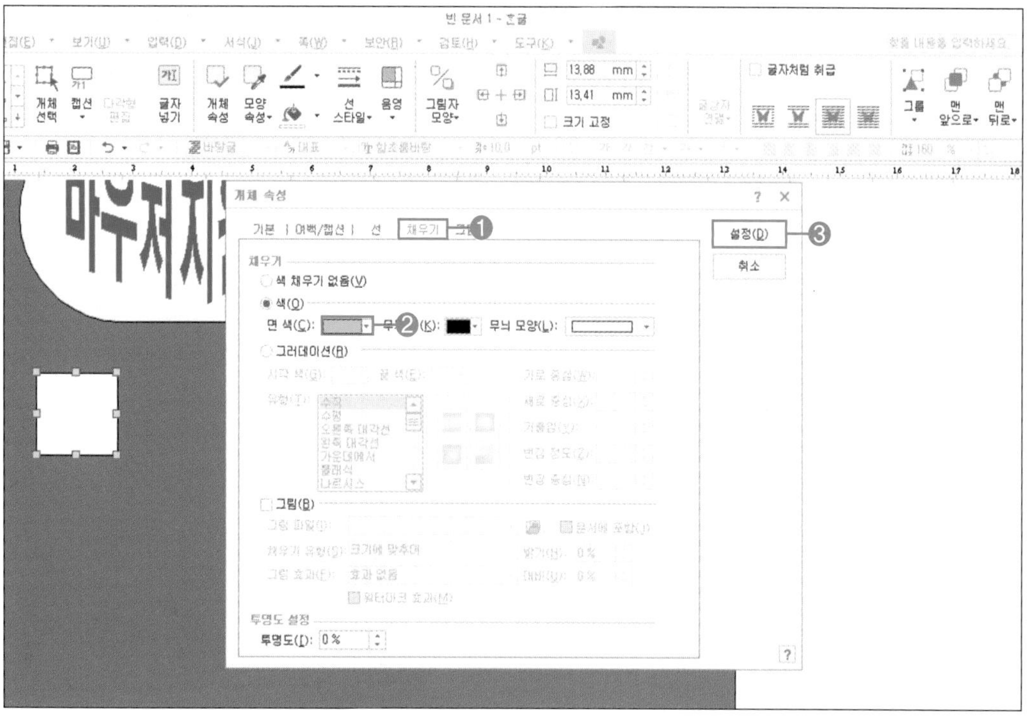

05 ❶[입력] 탭의 도형 목록에서 ❷'타원'을 선택하여 드래그한 다음 마우스 오른쪽 버튼을 눌러 ❸[개체 속성]을 클릭합니다.

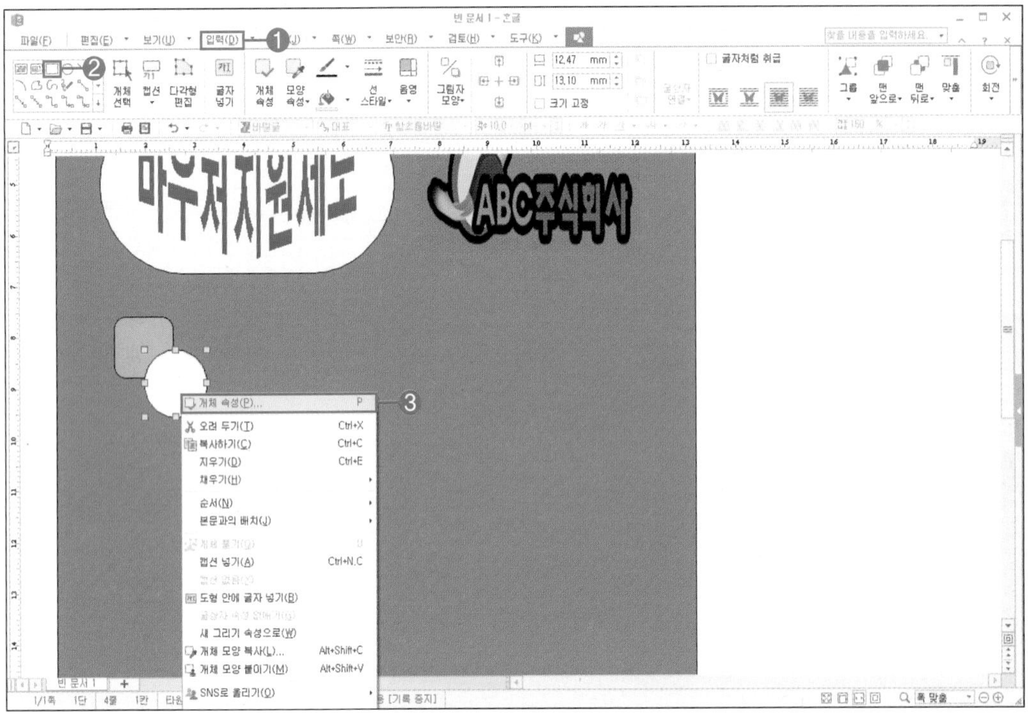

06 [개체 속성] 대화상자의 ❶[기본] 탭에서 ❷크기를 '12', 높이를 '12'를 입력하고 ❸'크기 고정'에 체크합니다.

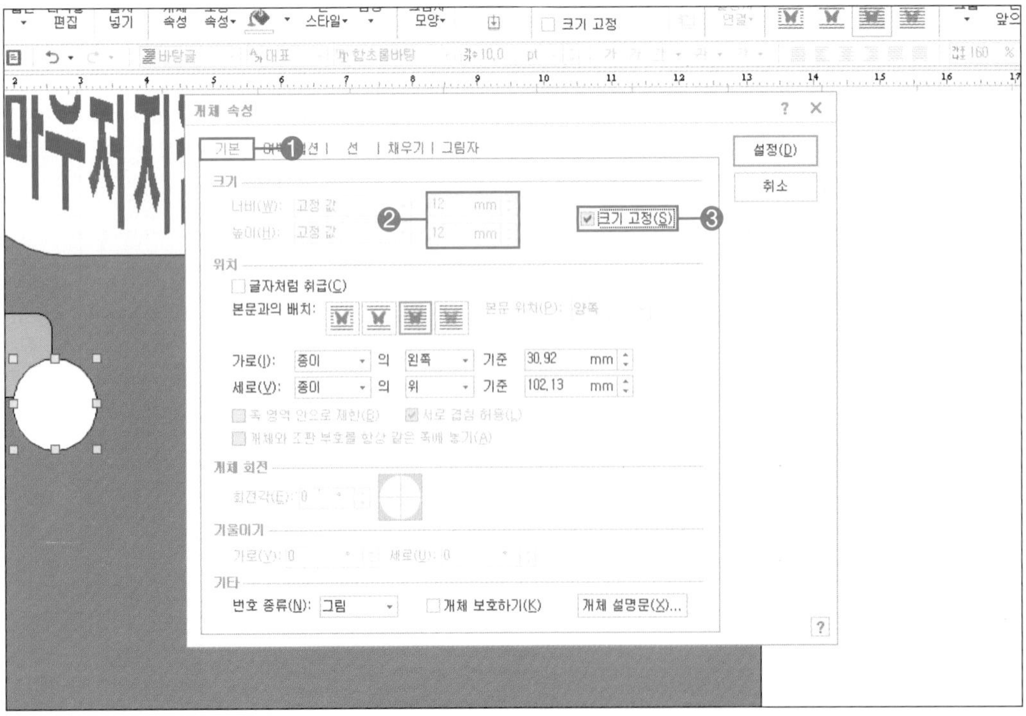

07 ❶[채우기] 탭에서 면 색을 ❷'흰색'으로 선택한 후 ❸[설정]을 클릭합니다.

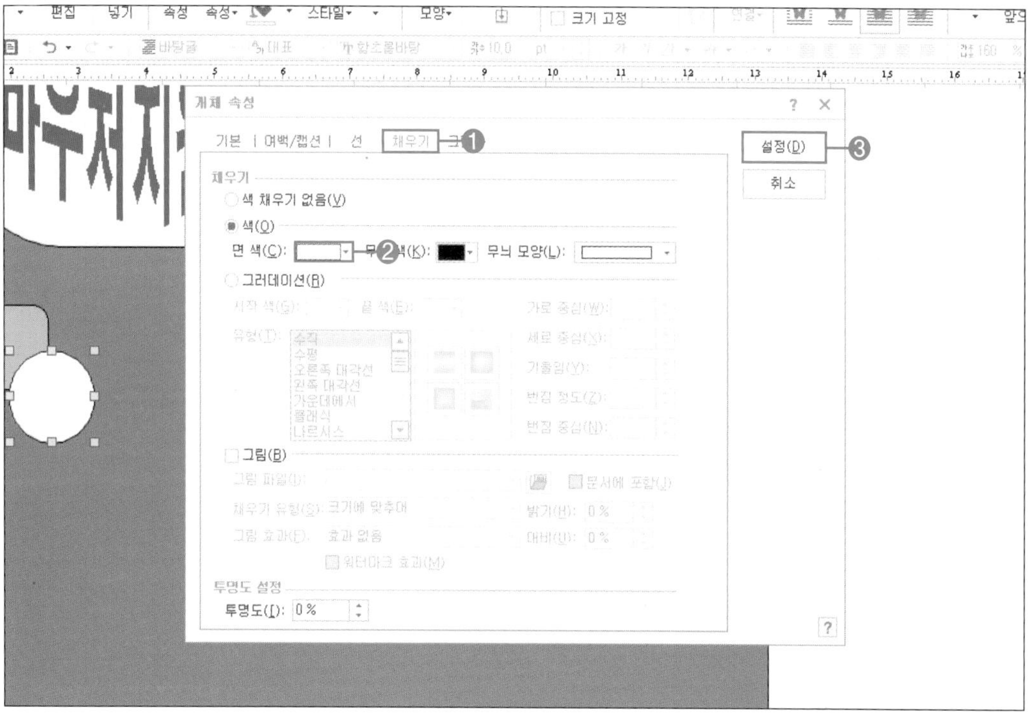

08 도형을 ≪출력형태≫와 같은 위치로 이동시킵니다. 도형 안에 내용을 입력하기 위해 마우스 오른쪽 버튼을 눌러 ❶[도형 안에 글자 넣기]를 클릭합니다.

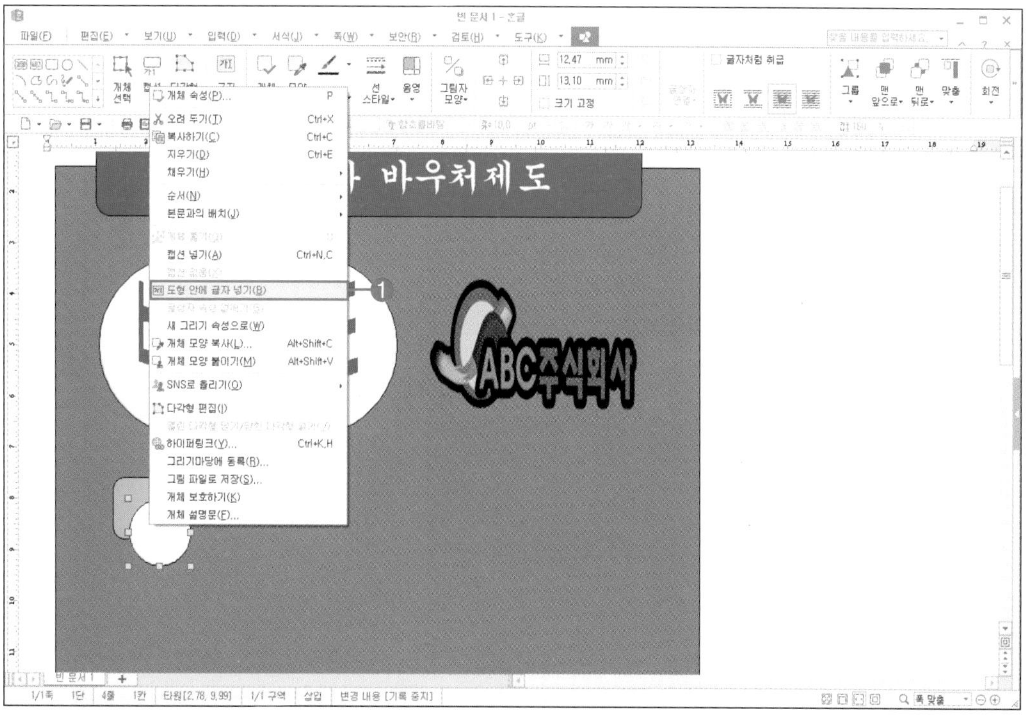

09 커서가 위치한 곳에 ❶'A'를 입력하고 ❷글꼴은 '돋움', 크기는 ' 20pt', '가운데 정렬'로 설정합니다.

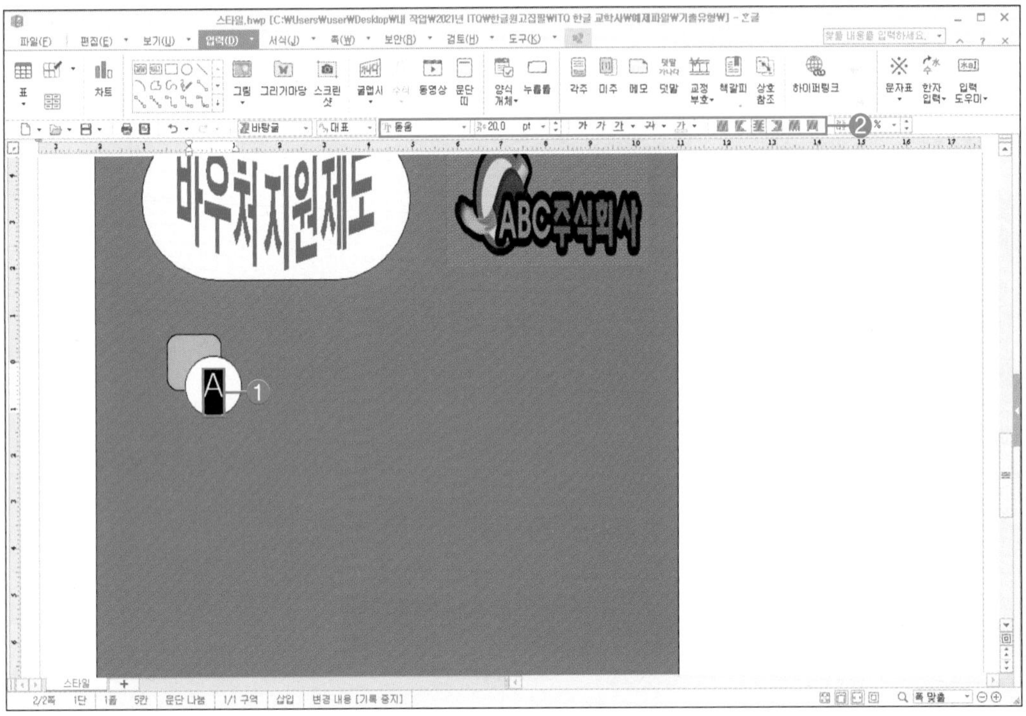

10 글상자를 작성하기 위해 [입력] 탭의 도형 목록에서 ❶'가로 글상자'를 클릭하여 ❷드래그합니다.

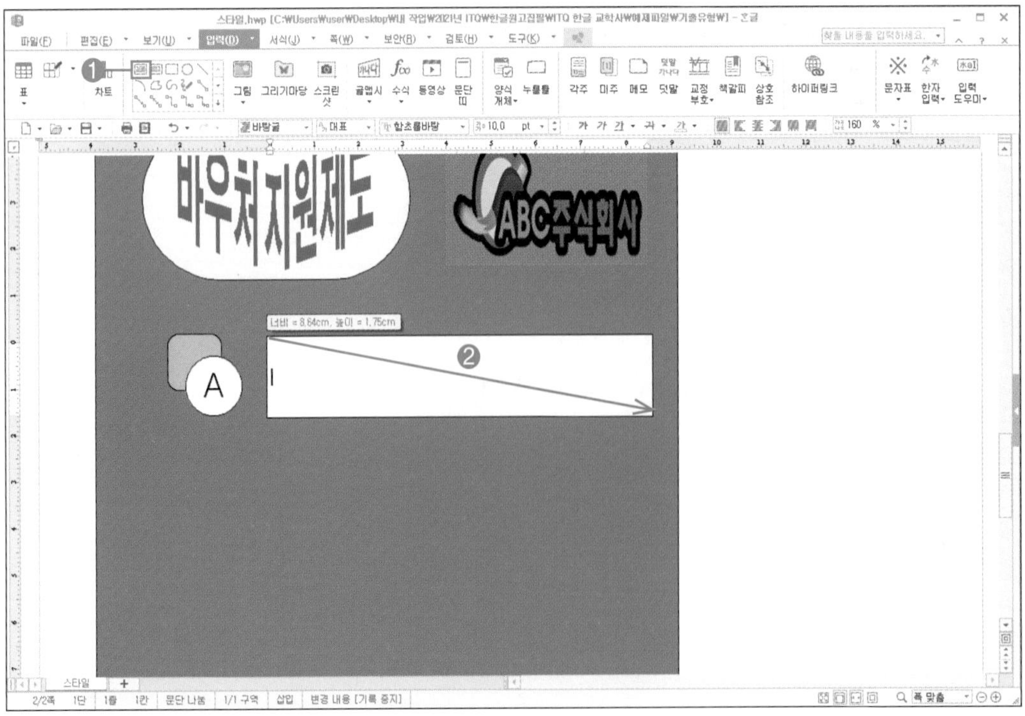

11 커서가 위치한 곳에 ❶'경제적 부담 경감'을 입력하고 ❷글꼴을 '굴림', 크기를 ' 20pt', '가운데 정렬'을 설정합니다.

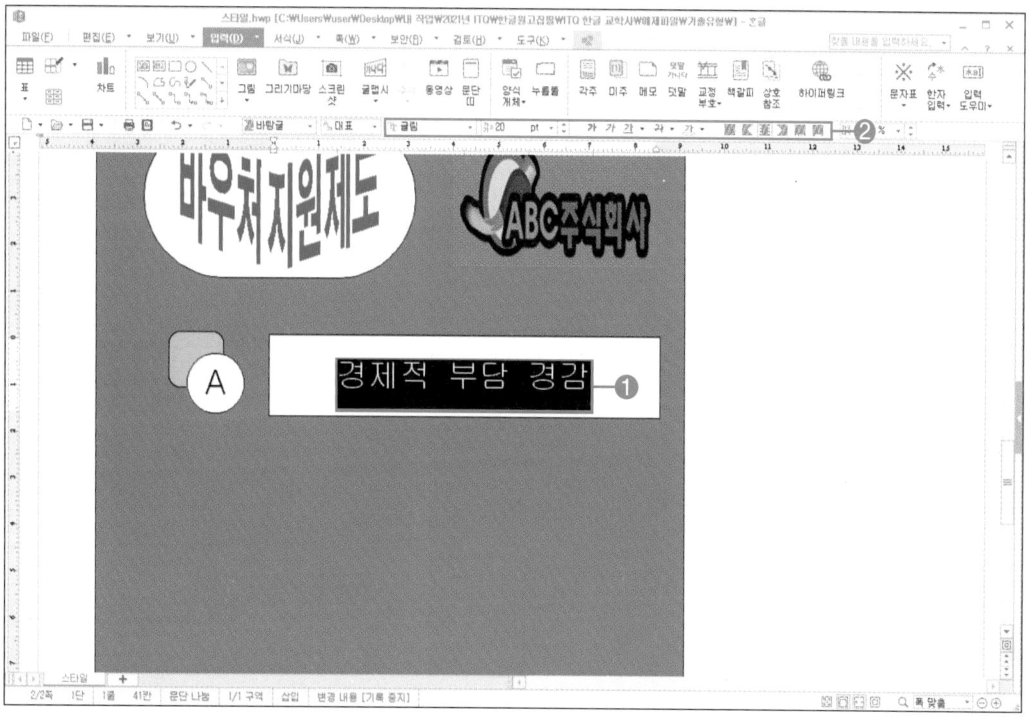

12 ❶글상자를 선택한 후 활성화된 ❷[도형] 탭의 ❸[선 스타일]을 클릭하여 ❹[선 종류]를 '파선'으로 클릭하고 [선 굵기]를 '0.3mm'로 선택합니다.

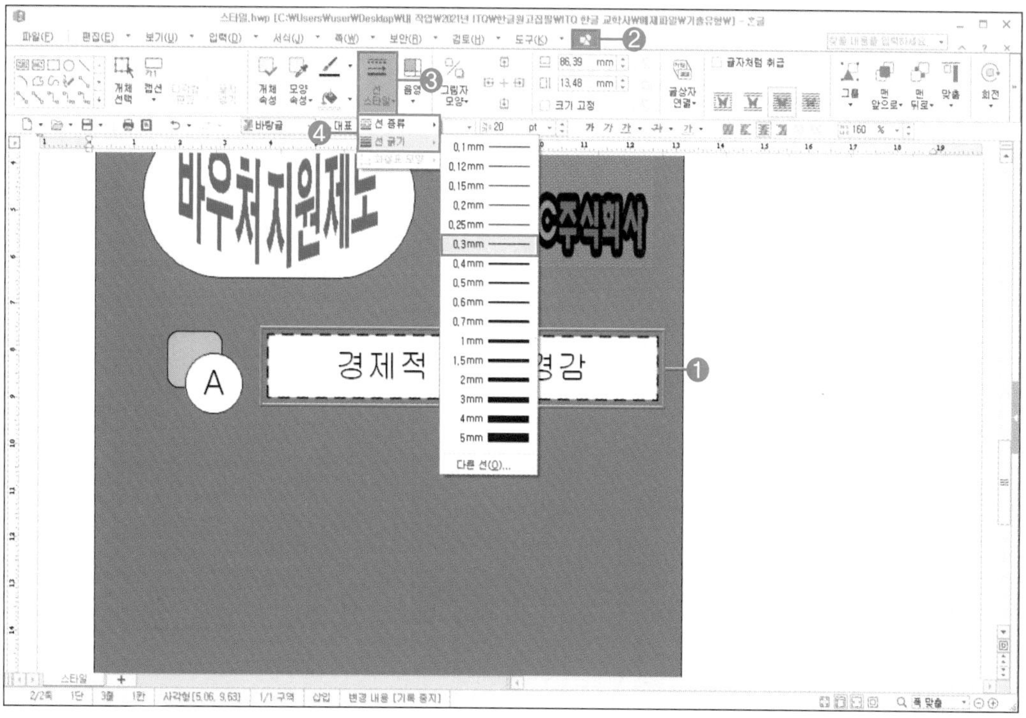

13 활성화된 [도형] 탭의 ❶[채우기]의 목록 단추를 클릭하여 채우기 색을 ❷'색 없음'으로 클릭하여 투명으로 만들어 줍니다.

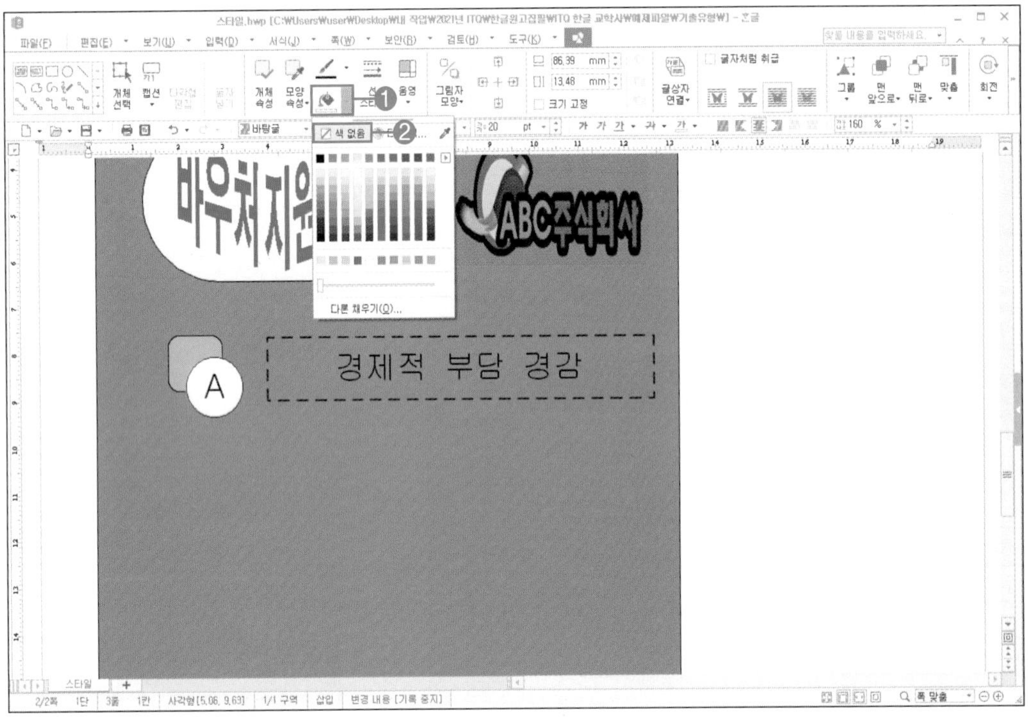

14 여러 도형을 선택하기 위해 Ctrl + Shift 를 누른 상태로 다음과 같이 도형을 선택합니다.

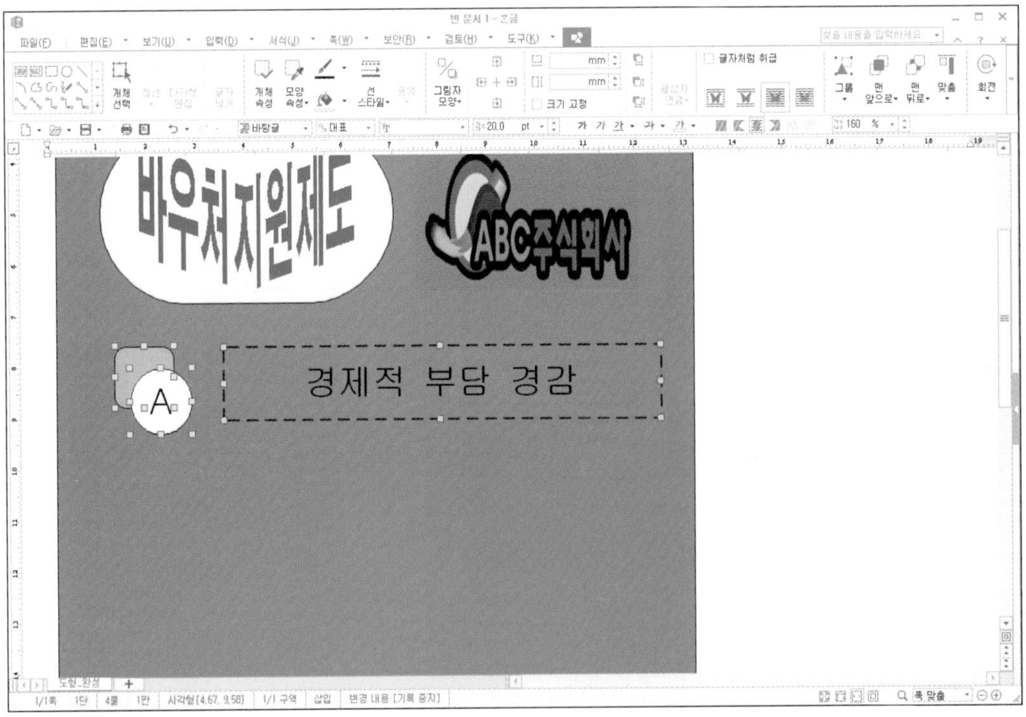

15 도형들이 선택되면 Ctrl + Shift 를 계속 누른 상태로 ≪출력형태≫와 같은 위치에 도형을 아래로 드래그하여 두 개를 수직 · 수평 복사합니다.

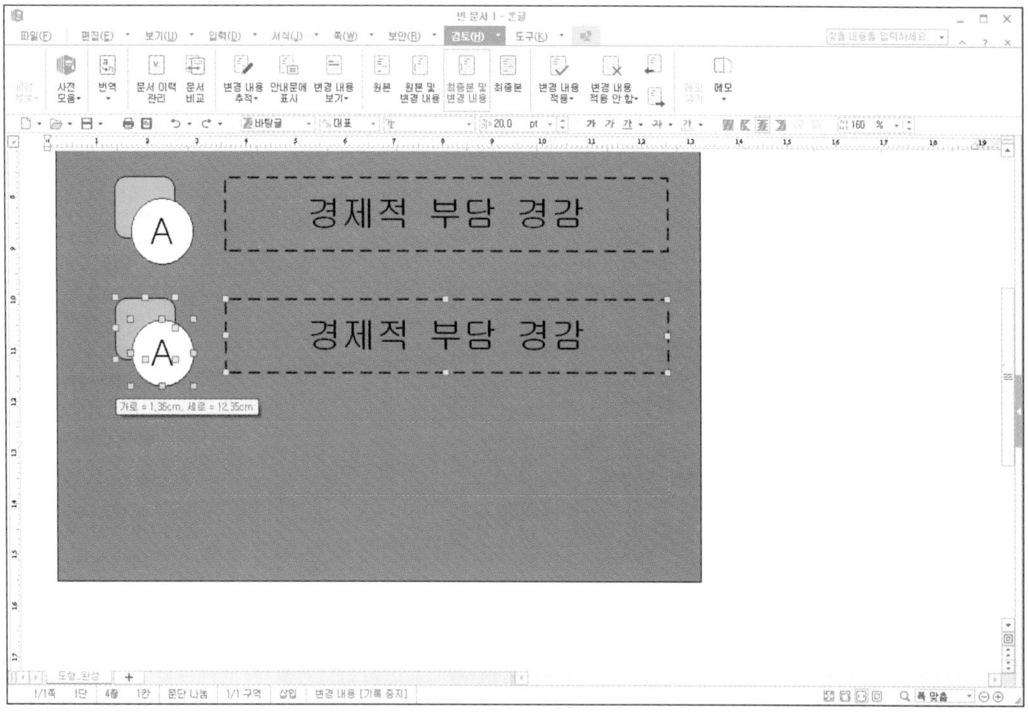

16 글상자의 텍스트를 수정하고 각 도형의 색상을 임의의 색으로 수정합니다. 입력이 끝나면 저장하여 완성합니다.

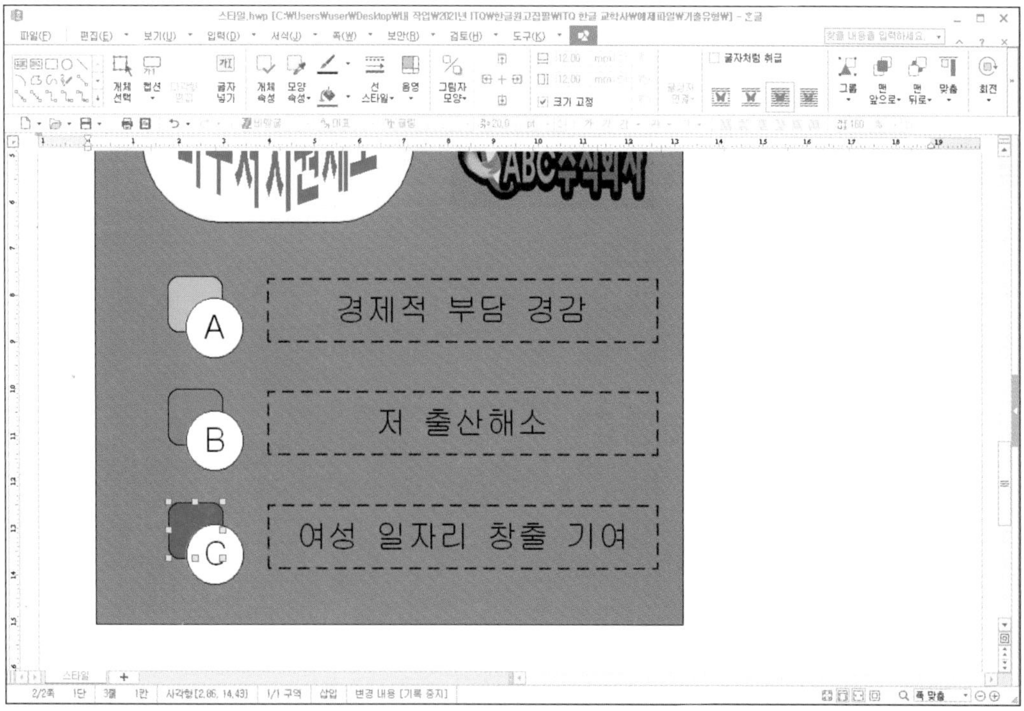

■ ■ 완성파일 : 실력팡팡₩도형예제_완성.hwp

01 다음의 ≪조건≫에 따라 ≪출력형태≫와 같이 문서를 작성하시오. (110점)

조건 (1) 그리기 도구를 이용하여 작성하고, 모든 도형(글맵시, 지정된 그림 포함)을 ≪출력형태≫와 같이 작성하시오.
(2) 도형의 면 색은 지시사항이 없으면, 색 없음을 제외하고 서로 다르게 임의로 지정하시오.

출력형태

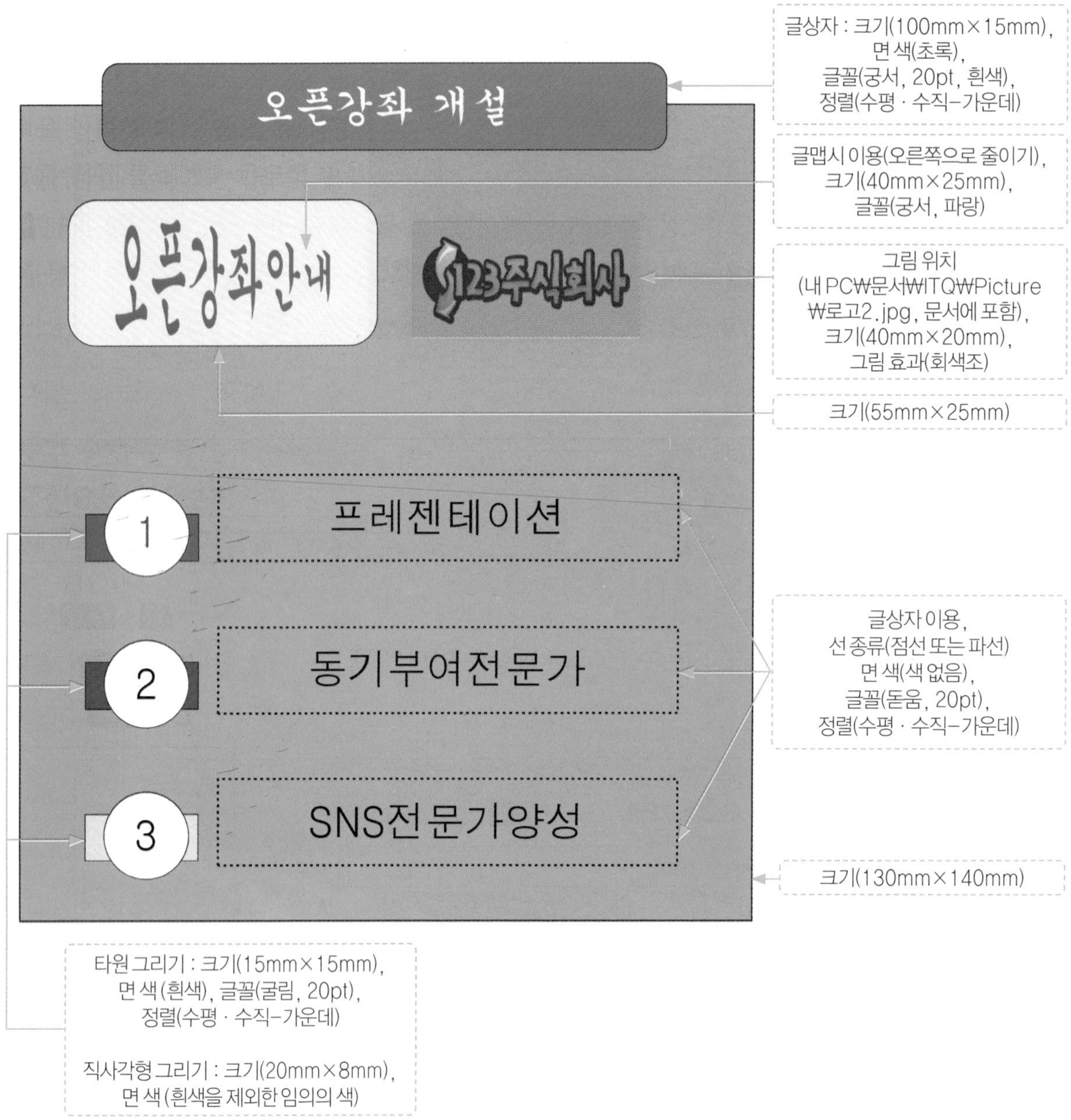

02 다음의 ≪조건≫에 따라 ≪출력형태≫와 같이 문서를 작성하시오. (110점)

조건

(1) 그리기 도구를 이용하여 작성하고, 모든 도형(글맵시, 지정된 그림 포함)을 ≪출력형태≫와 같이 작성하시오.

(2) 도형의 면 색은 지시사항이 없으면, 색 없음을 제외하고 서로 다르게 임의로 지정하시오.

출력형태

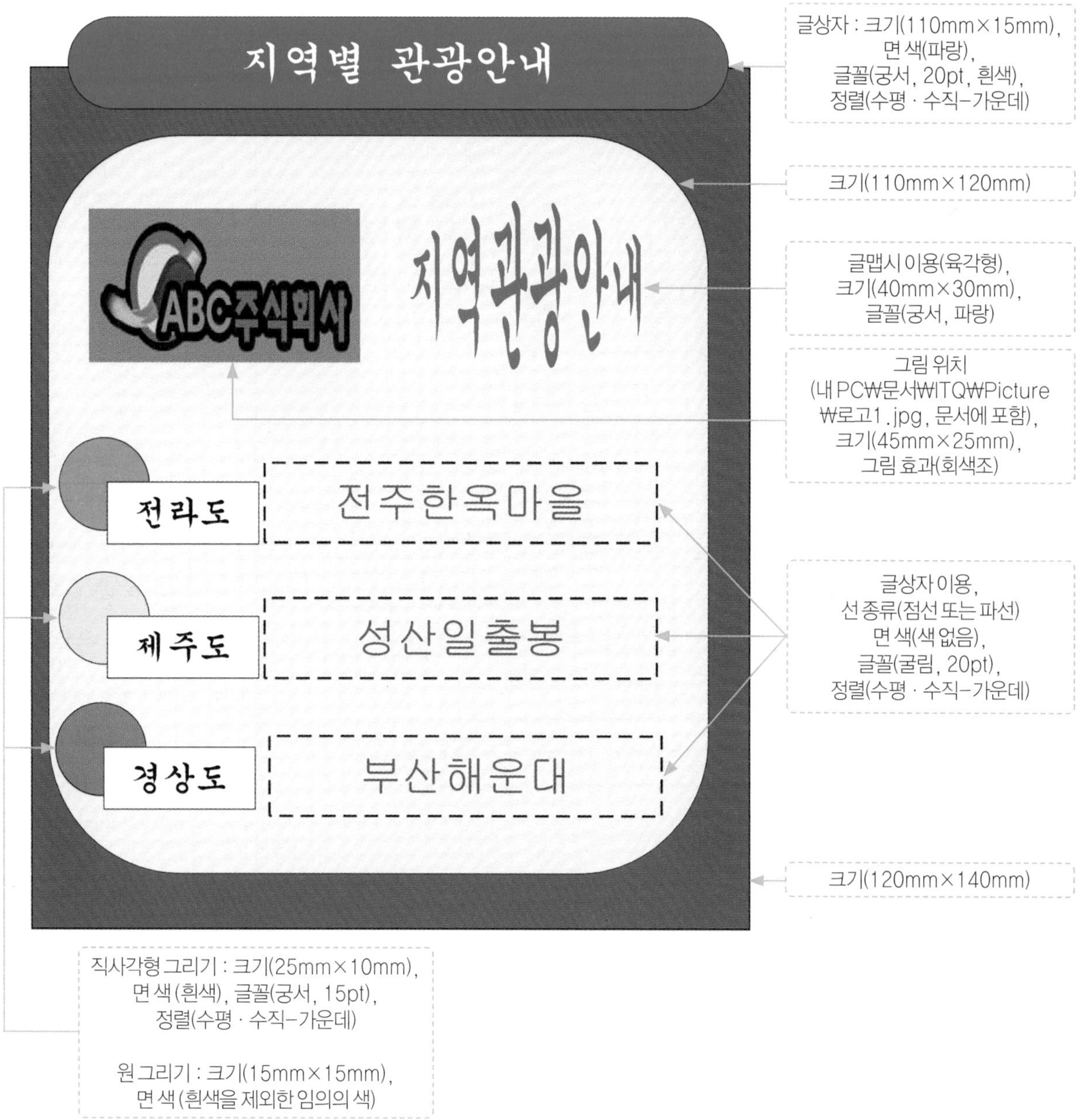

03 다음의 ≪조건≫에 따라 ≪출력형태≫와 같이 문서를 작성하시오. (110점)

조건 (1) 그리기 도구를 이용하여 작성하고, 모든 도형(글맵시, 지정된 그림 포함)을 ≪출력형태≫와 같이 작성하시오.
(2) 도형의 면 색은 지시사항이 없으면, 색 없음을 제외하고 서로 다르게 임의로 지정하시오.

출력형태

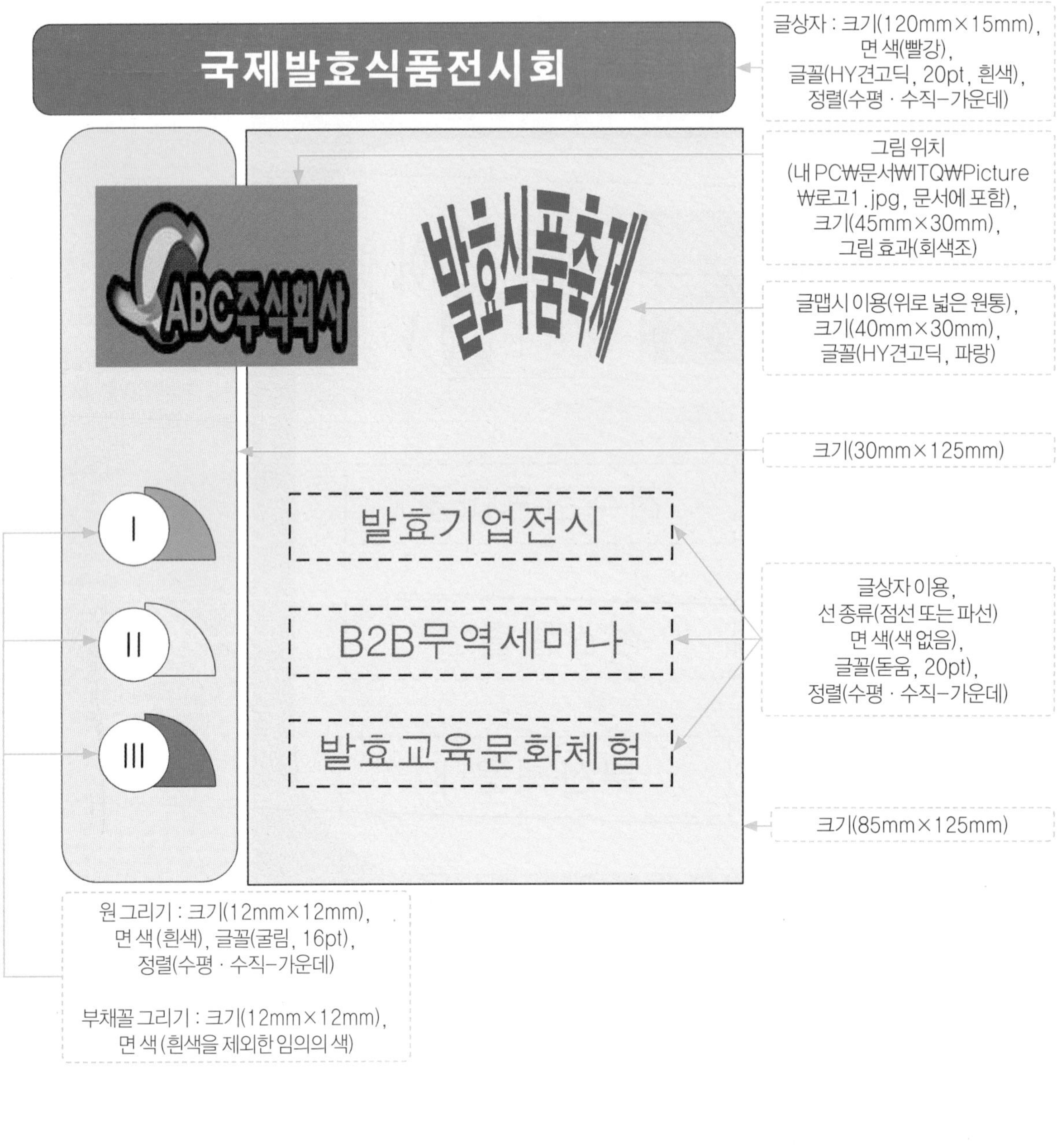

04 다음의 ≪조건≫에 따라 ≪출력형태≫와 같이 문서를 작성하시오. (110점)

조건 (1) 그리기 도구를 이용하여 작성하고, 모든 도형(글맵시, 지정된 그림 포함)을 ≪출력형태≫와 같이 작성하시오.
(2) 도형의 면 색은 지시사항이 없으면, 색 없음을 제외하고 서로 다르게 임의로 지정하시오.

출력형태

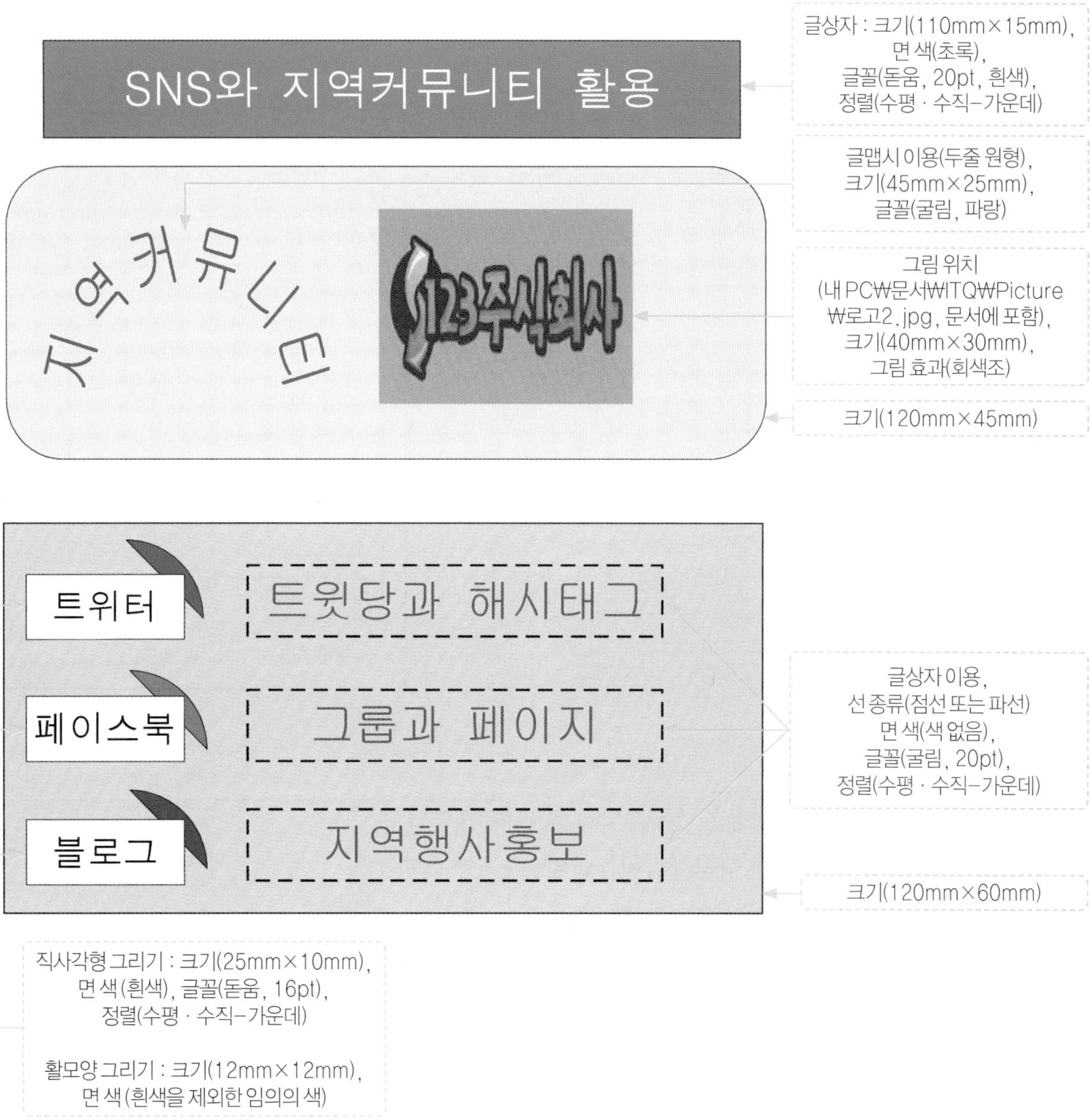

07
Section

문서작성 능력평가

문서 작성을 위한 다양한 문서 능력을 평가하는 문항입니다. 앞서 학습한 내용과 더불어 책갈피, 하이퍼링크, 머리말/꼬리말 삽입, 덧말 넣기, 각주, 쪽번호 등을 학습합니다.

책갈피 삽입하기

- 책갈피를 넣을 부분의 앞을 클릭한 후 [입력] 탭의 [책갈피]를 클릭하거나 [입력] 탭의 목록단추를 클릭하여 [책갈피]를 클릭합니다.
- [책갈피] 대화상자의 '책갈피 이름'에 내용을 입력하고 [넣기]를 클릭합니다.
- 내용을 잘못 입력하였다면 '책갈피 이름 바꾸기'를 클릭하여 이름 수정이 가능하며, '삭제'를 클릭하여 삽입된 책갈피를 삭제할 수 있습니다.

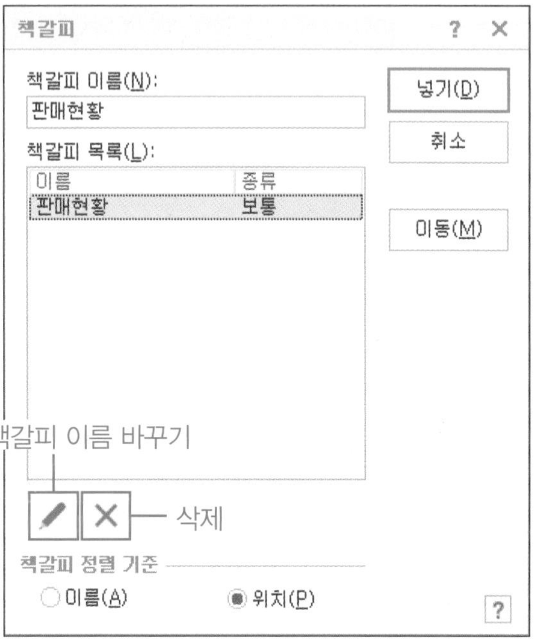

하이퍼링크 삽입하기

- 하이퍼링크로 설정할 내용을 블록으로 설정하거나 개체를 선택한 다음 [입력] 탭의 [하이퍼링크]를 클릭하거나 [입력] 탭의 목록 단추를 클릭하여 [하이퍼링크]를 클릭합니다.
- [하이퍼링크] 대화상자에서 '책갈피'에 등록된 부분을 선택해 연결할 수도 있습니다.
- 하이퍼링크가 잘못 연결되었을 경우 연결된 개체를 선택하고 마우스 오른쪽 버튼의 [하이퍼링크]를 클릭하여 [하이퍼링크 고치기] 대화상자의 [연결 안 함]을 클릭합니다.

머리말/꼬리말 삽입하기

- [쪽] 탭의 [머리말/꼬리말]을 클릭하거나 [쪽] 탭의 [머리말]을 클릭하여 [머리말/꼬리말]을 클릭합니다.
- 머리말 또는 꼬리말을 삽입하면 화면은 쪽 윤곽으로 변경되며, 이 상태에서 머리말 영역과 꼬리말 영역을 더블 클릭하여 내용을 수정할 수 있습니다.
- 머리말과 꼬리말 입력이 끝나면 [머리말/꼬리말 닫기]를 클릭하여 본문 편집 상태로 돌아갈 수 있습니다.

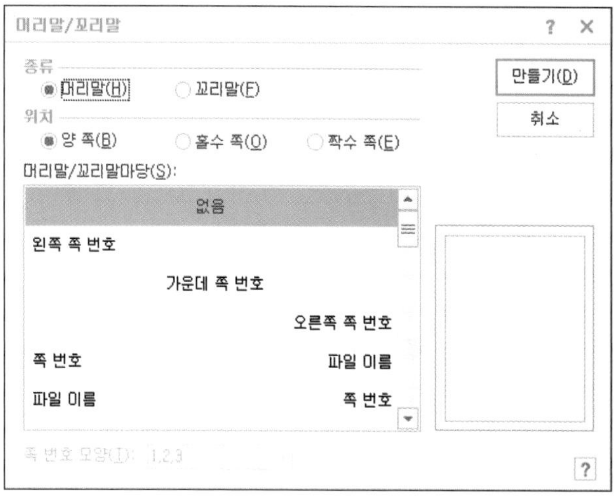

한자와 특수 문자 입력하기

- 한자로 변환할 글자 뒤를 클릭하고 한자 또는 F9를 누른 다음 해당 한자를 선택하고, 입력 형식을 선택합니다.
- 특수 문자는 [입력] 탭의 목록 단추를 클릭하여 [문자표]를 클릭하거나 Ctrl + F10을 누릅니다.
- [한글(HNC)문자표] 탭의 '전각 기호(일반)' 문자 영역에서 해당 문자를 선택하여 삽입합니다.

글자 모양 설정하기

- 글자를 블록 설정한 후 서식 도구 상자를 이용하거나 Alt + L 또는 마우스 오른쪽 버튼을 눌러 [글자 모양]을 선택합니다.
- [글자 모양] 대화상자의 [기본] 탭에서 '글꼴', '크기', '장평', '자간', '속성' 등을 설정할 수 있습니다.
- [확장] 탭에서 '그림자', '밑줄', '외곽선 모양', '강조점'을 설정할 수 있습니다.

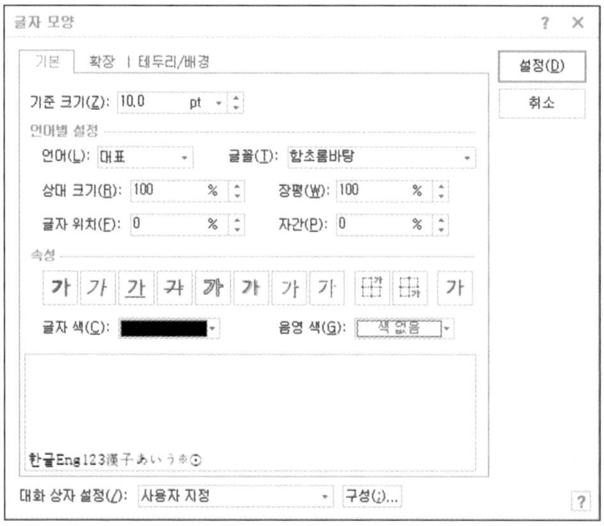

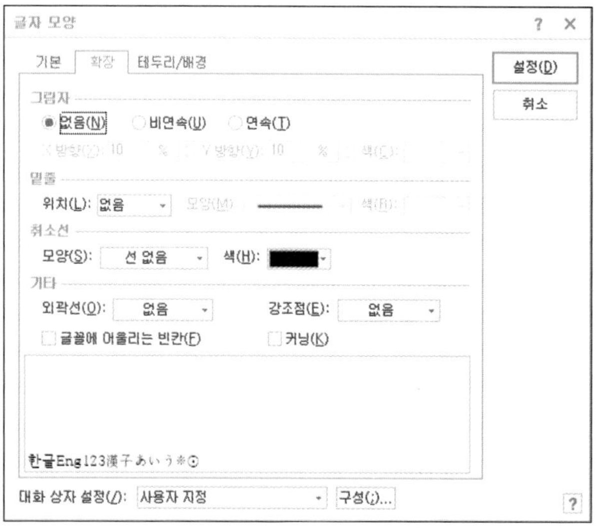

문단 모양 설정하기

- [서식] 또는 [편집] 탭에서 [문단 모양]을 클릭하거나 또는 마우스 오른쪽 버튼을 눌러 [문단 모양]을 클릭합니다.
- [문단 모양] 대화상자의 [기본] 탭에서 '정렬 방식', '여백', '들여쓰기/내어쓰기', '줄 간격', '문단 간격' 등을 설정할 수 있습니다.

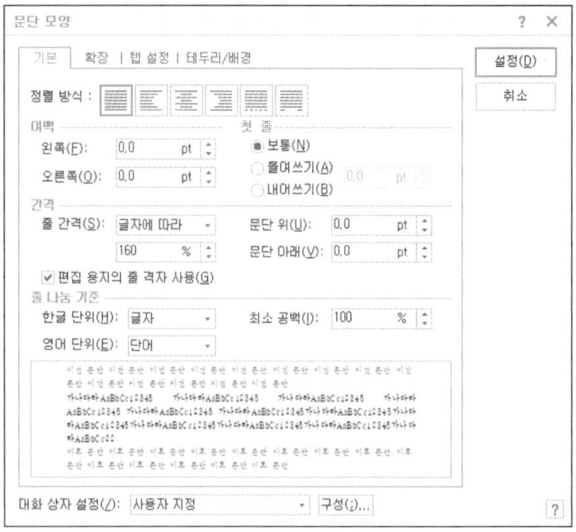

덧말 넣기

- 덧말을 넣을 부분을 블록 설정하고 [입력] 탭의 목록 단추를 클릭해 [덧말 넣기]를 선택합니다.
- [덧말 넣기] 대화상자의 [덧말]에 내용을 입력하고 '덧말 위치'를 선택합니다. 덧말의 글자 크기와 색은 자동으로 설정되며 덧말 스타일을 설정할 수도 있습니다.
- 덧말을 수정하려면 덧말이 삽입된 내용 앞에 마우스 커서를 위치시키고 마우스 오른쪽 버튼을 눌러 [덧말 고치기]를 클릭하거나 덧말을 더블 클릭하면 [덧말 편집] 대화상자에서 수정할 수 있습니다.
- 덧말을 삭제하려면 덧말이 삽입된 내용 앞에 마우스 커서를 위치시키고 마우스 오른쪽 버튼을 눌러 [덧말 지우기]를 클릭합니다.

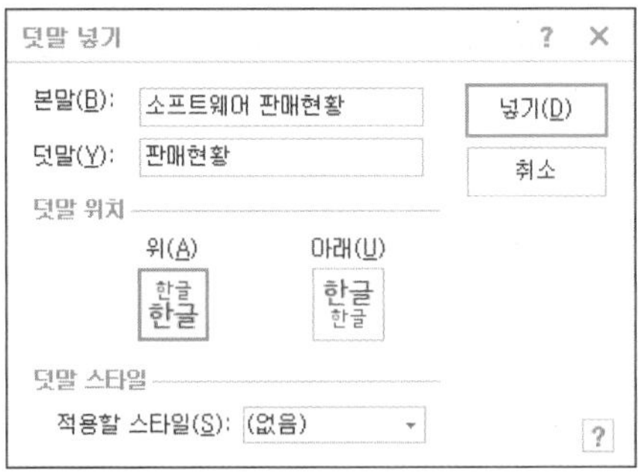

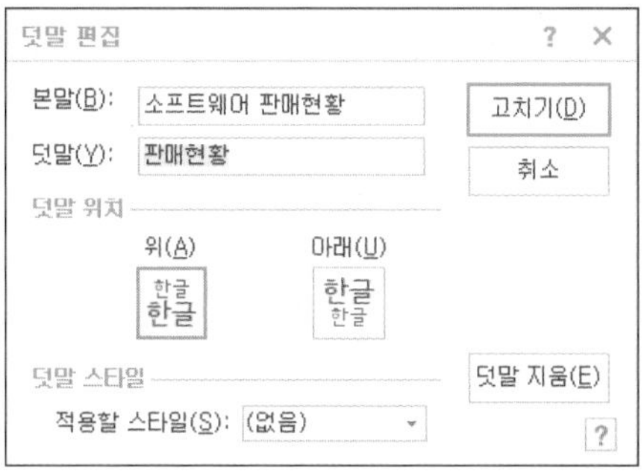

문단 첫 글자 장식하기

- 문단의 첫 글자를 클릭하고 [서식] 탭의 [문단 첫 글자 장식]을 클릭합니다.
- [문단 첫 글자 장식] 대화상자에서 '모양', '글꼴', '테두리', '선 종류', '면 색' 등을 설정할 수 있습니다.
- 문단 첫 글자 장식을 해제하려면 [문단 첫 글자 장식] 대화상자의 '모양'에서 '없음'을 선택합니다.

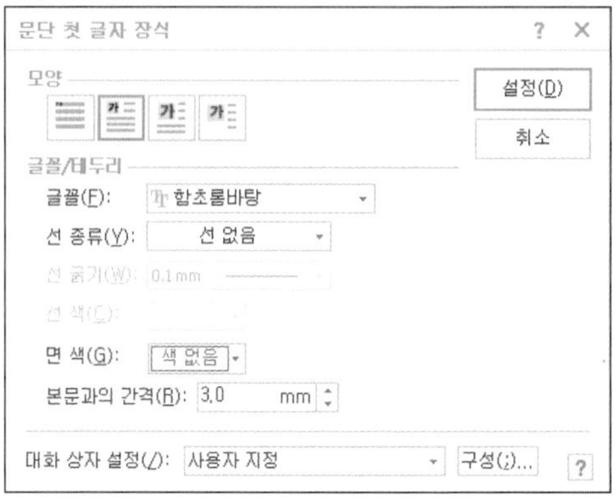

각주 삽입하기

- 각주를 넣을 단어의 뒤를 클릭하고 [입력] 탭의 [각주]를 클릭합니다.
- 페이지 하단의 각주 영역에 내용을 입력합니다.
- 주석 도구 모음에서 [번호 모양]을 클릭하면 각주 번호 모양을 변경할 수 있습니다.

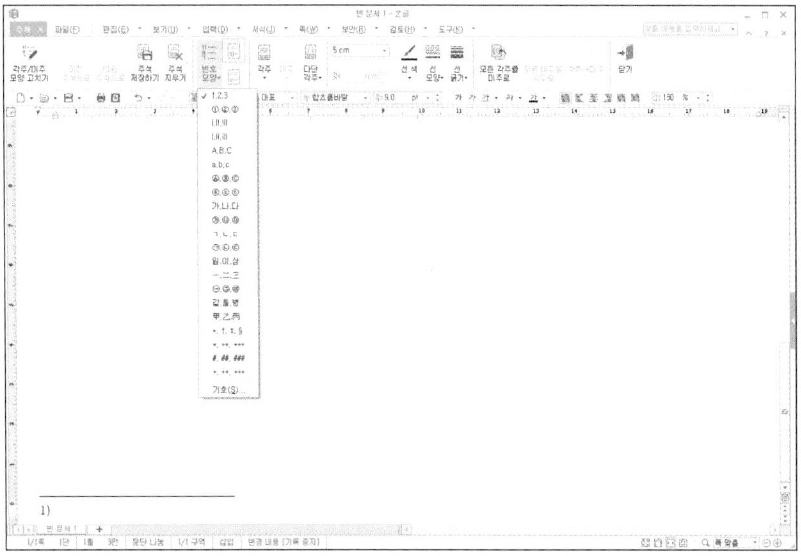

문단 번호 설정하기

- 문단 번호 설정은 [서식] 탭의 [문단 번호]의 목록 단추를 클릭하여 [문단 번호 모양]을 클릭합니다.
- 문단 번호와 글머리표, 그림 글머리표를 설정할 수 있습니다.
- [문단 번호/글머리표] 대화상자에서 [사용자 정의]를 클릭하면 문단 번호의 모양을 수준에 따라 각각 다르게 설정할 수 있습니다.

쪽 번호와 새 번호 넣기

- [쪽] 탭의 [쪽 번호 매기기]를 클릭합니다.
- [쪽 번호 매기기] 대화상자에서 '번호 위치'와 '번호 모양'을 선택할 수 있습니다.
- [쪽] 탭의 [새 번호로 시작]을 클릭하여 [새 번호로 시작] 대화상자에서 '시작 번호'를 변경할 수도 있습니다.

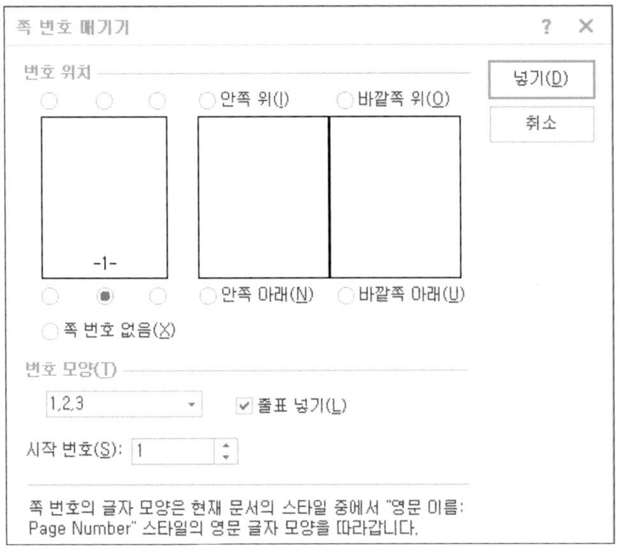

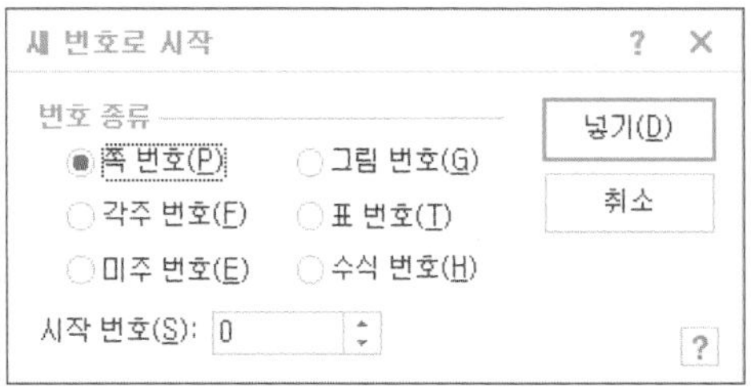

■ ■ 준비파일 : 기출유형₩문서작성능력.hwp / 완성파일 : 기출유형₩문서작성능력_완성.hwp

책갈피 기능과 하이퍼링크 기능을 활용하여 기능평가 II 와 문서작성 능력평가를 완성시킬 수 있어야 합니다.

다음의 ≪조건≫에 따라 ≪출력형태≫와 같이 문서를 작성하시오. (110점)

조건

(1) 그리기 도구를 이용하여 작성하고, 모든 도형(글맵시, 지정된 그림 포함)을 ≪출력형태≫와 같이 작성하시오.

(2) 도형의 면 색은 지시사항이 없으면, 색 없음을 제외하고 서로 다르게 임의로 지정하시오.

출력형태

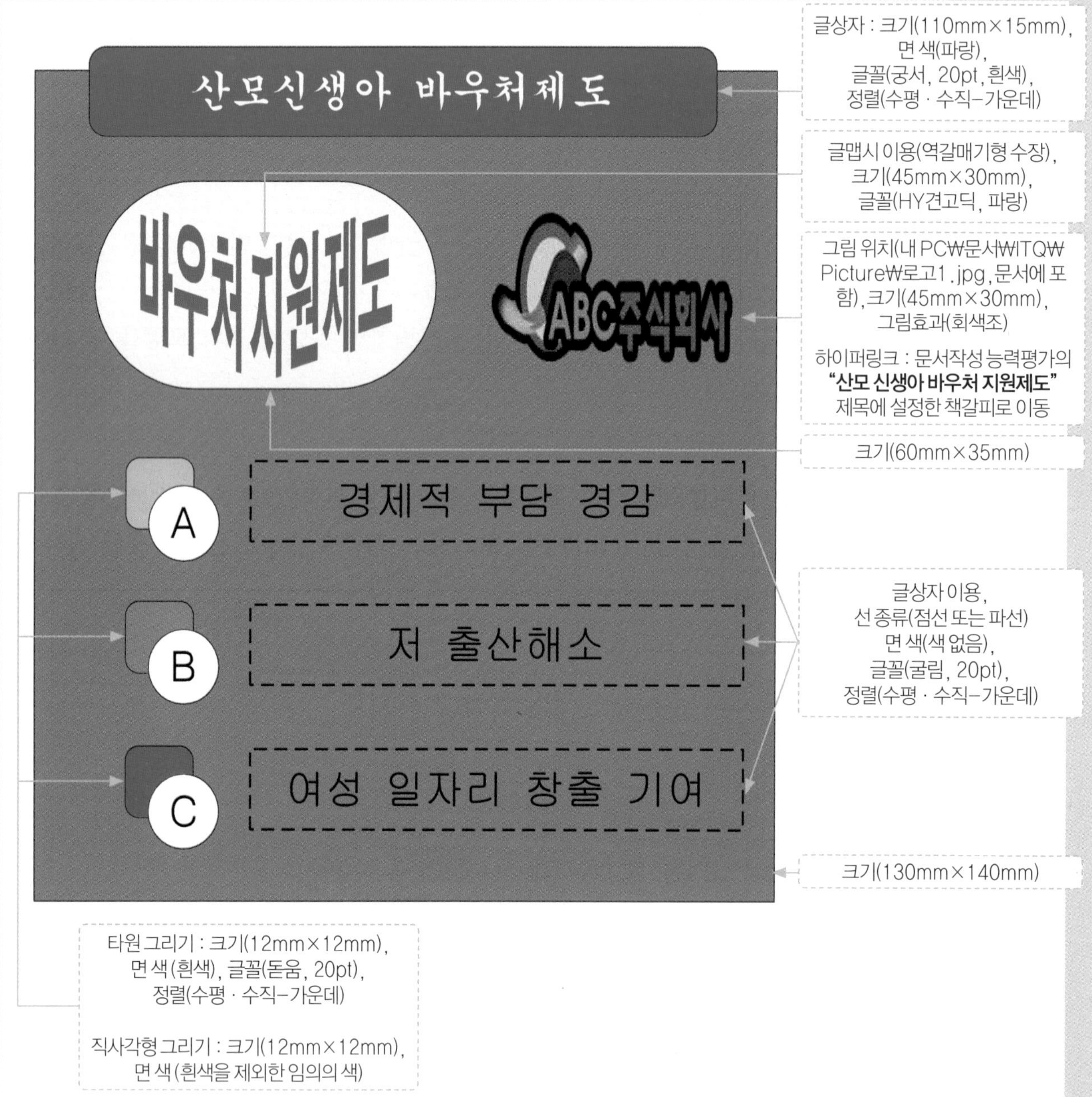

출제유형 따라하기 – 문서작성 능력평가(200점)

출력형태

글꼴 : 굴림, 15pt, 진하게, 가운데 정렬
책갈피 이름 : 지원제도, 덧말 넣기

머리말 기능
굴림, 10pt, 오른쪽 정렬 → 지원제도

문단 첫 글자 장식 기능
글꼴 : 궁서, 면색 : 노랑

바우처제도
산모신생아바우처 지원제도

그림위치(내 PC₩문서₩ITQ₩Picture₩그림4.jpg
자르기 기능 이용, 크기(35mm×35mm), 바깥 여백 왼쪽 : 2mm

산모신생아바우처 지원제도란 실수요자에게 서비스를 이용할 수 있는 바우처(이용권)을 지원함으로써 수요자가 원하는 공급자(供給者)를 선택하여 서비스를 이용하도록 하는 제도이다. 추진배경을 살펴보면 산모신생아 도우미 파견기관 선정에 따른 도내 14개시 군 출산가정에 도우미[1]를 필요로 하는 곳이면 때와 장소 구분없이 파견해야 한다.

각주

권역별로 도우미 인력양성 교육을 실시하고, 임신부가 출산에 대한 사회적 중요성을 인식하고 정책적으로 지원하는 사회 서비스 향상으로 저출산을 해소하고 출산가정의 도우미 파견에 따른 경제적(經濟的) 부담 경감과 여성의 사회적 일자리 창출에 기여하기 위함이다. 건강관리가 필요하다고 보건소장이 판단한 경우 지원 장애아, 희귀난치성질환자, 한부모 가정, 여성장애인 산모 등을 대상으로 한다.

◆ 지원신청 및 바우처(이용권) 활용

글꼴 : 돋움, 18pt, 흰색
음영색 : 파랑

1. 신청장소 및 기간
   ⓐ. 신청장소 : 산무 주소지 관할 시군구(보건소)
   ⓑ. 신청기간 : 출산예정일 60일전부터 출산 후 60일까지
2. 신청서류 및 신청시간
   ⓐ. 신청서류 : 신청서 1부, 건강보험카드 사본
   ⓑ. 신청시간 : 월~금(09:00~18:00), 토요일(09:00~14:00)

문단 번호 기능 사용
1수준 : 20pt, 오른쪽 정렬,
2수준 : 30pt, 오른쪽 정렬,
줄 간격 : 180%

표 전체 글꼴 : 굴림, 10pt, 가운데 정렬,
셀 배경(그러데이션) : 유형(수직),
시작 색(흰색), 끝 색(노랑)

◆ *사업 추진현황*

글꼴 : 돋움, 18pt, 기울임, 강조점

서비스내용	가구원수	소득기준(선정기준)	건강보험료 본인부담금(원)	
			직장가입자	지역가입자
산모의 영향 관리	2인	1,314천원	38,136	23,550
산후 체조	3인	1,903천원	55,318	49,541
신생아 돌보기 보조	4인	2,194천원	63,724	63,488
신생아 건강 관리	5인	2,351천원	68,530	71,124
감염예방관리	6인	2,508천원	73,352	78,281
산모 정신적 안정	7인	2,665천원	77,814	84,176

- 산모신생아도우미 파견기관을 4개소로 확대 실시 예정

한국 여성 능력개발센터

글꼴 : 궁서, 20pt, 진하게,
장평 : 120%, 가운데 정렬

각주 구분선 : 5cm

1) 행사를 맡아 안내를 하거나 남에게 봉사하는 사람

- 다 -

쪽 번호 매기기
3으로 시작

Step 01. 책갈피와 하이퍼링크 삽입하기

01 3페이지에 커서를 위치한 후 문단 번호를 제외하고 다음과 같이 문서를 입력합니다.

산모신생아바우처 지원제도

산모신생아바우처 지원제도란 실수요자에게 서비스를 이용할 수 있는 바우처(이용권)을 지원함으로써 수요자가 원하는 공급자(供給者)를 선택하여 서비스를 이용하도록 하는 제도이다. 추진배경을 살펴보면 산모신생아 도우미 파견기관 선정에 따른 도내 14개시 군 출산가정에 도우미를 필요로 하는 곳이면 때와 장소 구분없이 파견해야 한다.
 권역별로 도우미 인력양성 교육을 실시하고, 임신부가 출산에 대한 사회적 중요성을 인식하고 정책적으로 지원하는 사회 서비스 향상으로 저출산을 해소하고 출산가정의 도우미 파견에 따른 경제적(經濟的) 부담 경감과 여성의 사회적 일자리 창출에 기여하기 위함이다. 건강관리가 필요하다고 보건소장이 판단한 경우 지원 장애아, 희귀난치성질환자, 한부모 가정, 여성장애인 산모 등을 대상으로 한다.

◆ 지원신청 및 바우처(이용권) 활용
신청장소 및 기간
신청장소 : 산무 주소지 관할 시군구(보건소)
신청기간 : 출산예정일 60일전부터 출산 후 60일까지
신청서류 및 신청시간
신청서류 : 신청서 1부, 건강보험카드 사본
신청시간 : 월~금(09:00~18:00), 토요일(09:00~14:00)

◆ 사업 추진현황

서비스내용	가구원수	소득기준(선정기준)	건강보험료 본인부담금(원)	
			직장가입자	지역가입자
산모의 영향 관리	2인	1,314천원	38,136	23,550
산후 체조	3인	1,903천원	55,318	49,541
신생아 돌보기 보조	4인	2,194천원	63,724	63,488
신생아 건강 관리	5인	2,351천원	68,530	71,124
감염예방관리	6인	2,508천원	73,352	78,281
산모 정신적 안정	7인	2,665천원	77,814	84,176

- 산모신생아도우미 파견기관을 4개소로 확대 실시 예정

한국 여성 능력개발센터

02 책갈피를 삽입하기 위해 제목 앞에 커서를 두고 ❶[입력] 탭의 ❷[책갈피]를 클릭합니다. [책갈피] 대화상자에서 책갈피 이름에 ❸'지원제도'라고 입력한 다음 ❹[넣기]를 클릭합니다.

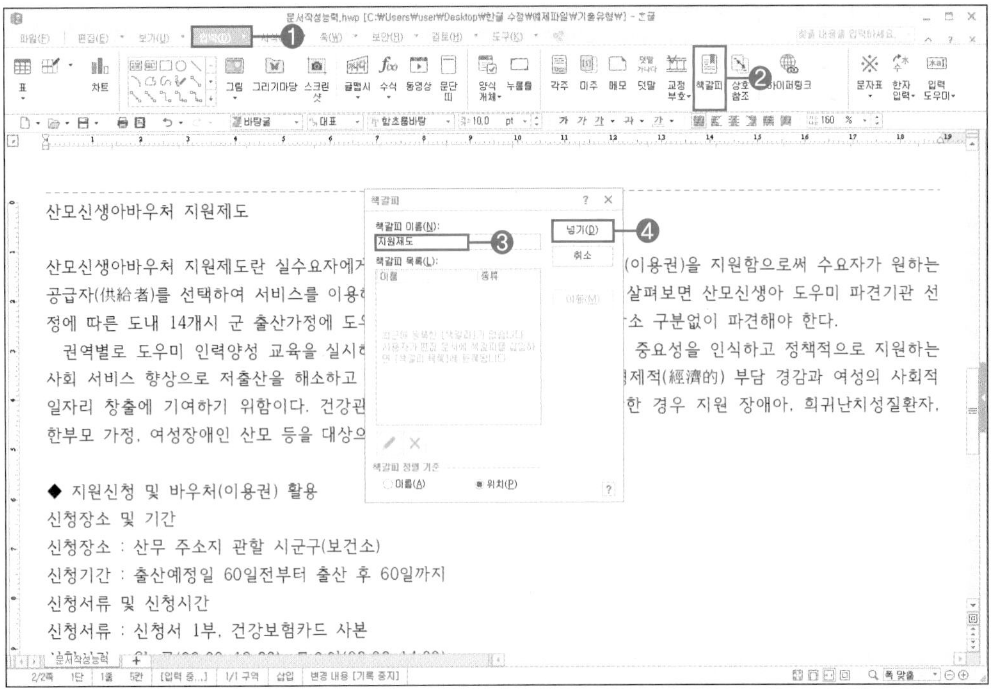

03 2페이지에서 하이퍼링크가 삽입될 ❶그림을 선택하고 마우스 오른쪽 버튼을 눌러 ❷[하이퍼링크]를 클릭합니다.

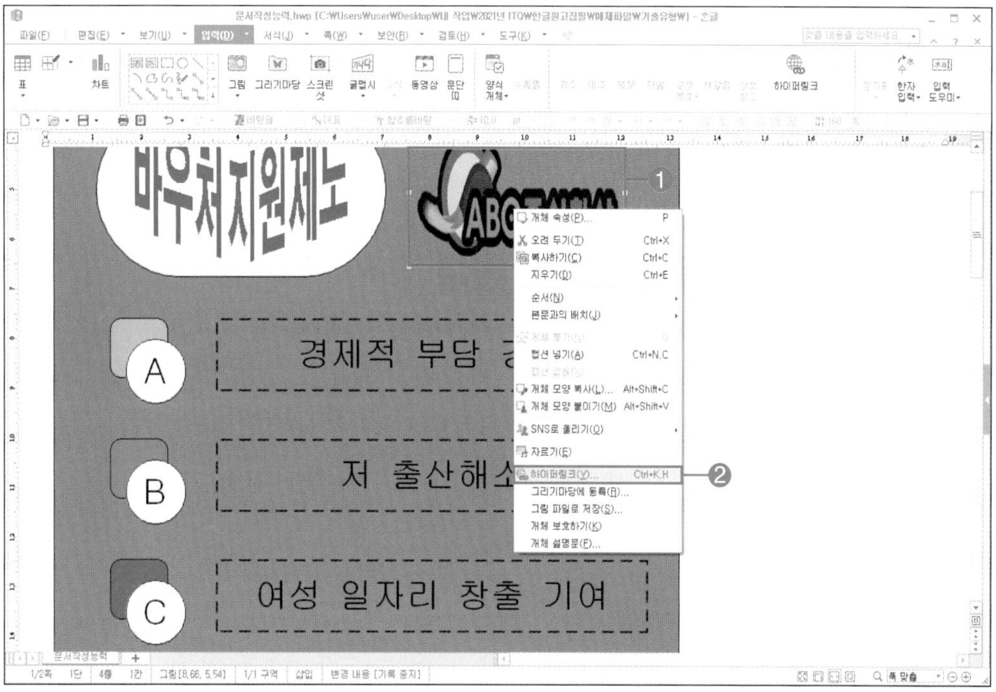

04 [하이퍼링크] 대화상자에서 책갈피에서 삽입한 ❶'지원제도'를 선택하고 ❷[넣기]를 클릭합니다.

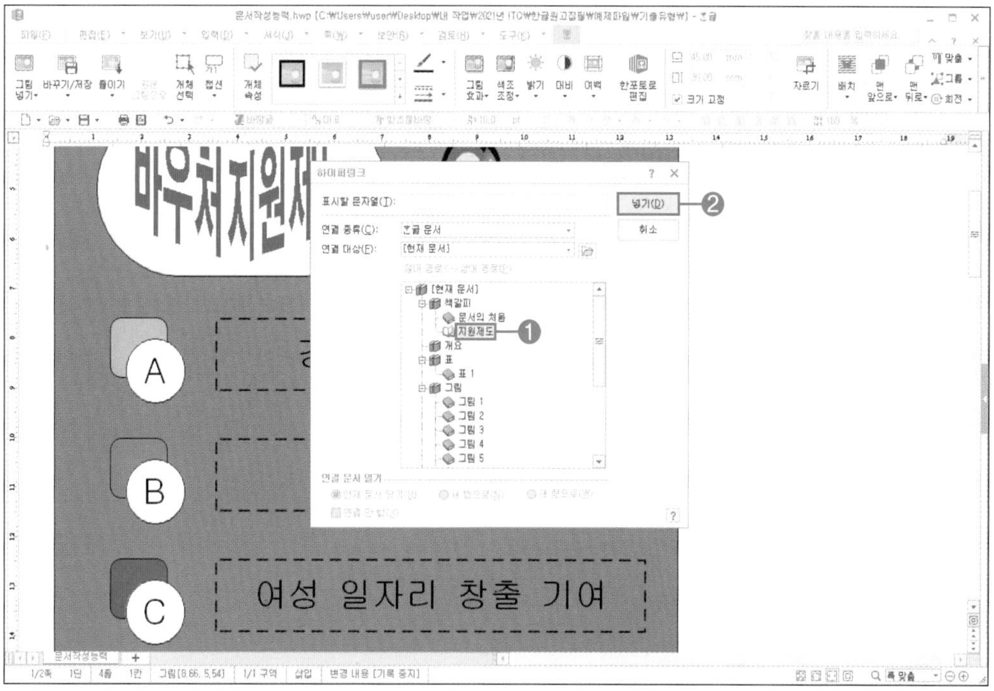

Step 02. 제목 서식 지정과 덧말 넣기

01 제목을 블록 설정한 다음 서식 도구 상자를 이용하여 ❶글꼴은 '굴림', 글자 크기는 '15pt', 속성은 '진하게', '가운데 정렬'으로 설정합니다.

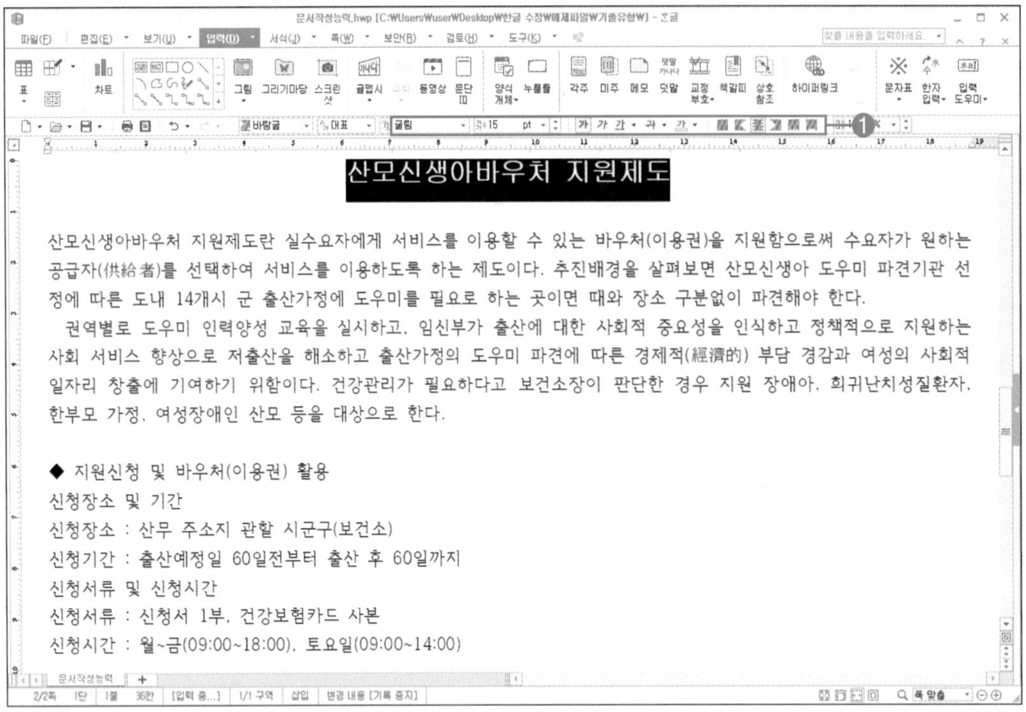

02 글자 모양이 지정된 상태에서 블록을 해제하지 않고 ❶[입력] 탭의 ❷[덧말]을 클릭합니다. [덧말 넣기] 대화상자에서 덧말에 ❸'바우처제도'라고 입력하고 덧말 위치를 ❹'위'로 선택한 다음 ❺[넣기]를 클릭합니다.

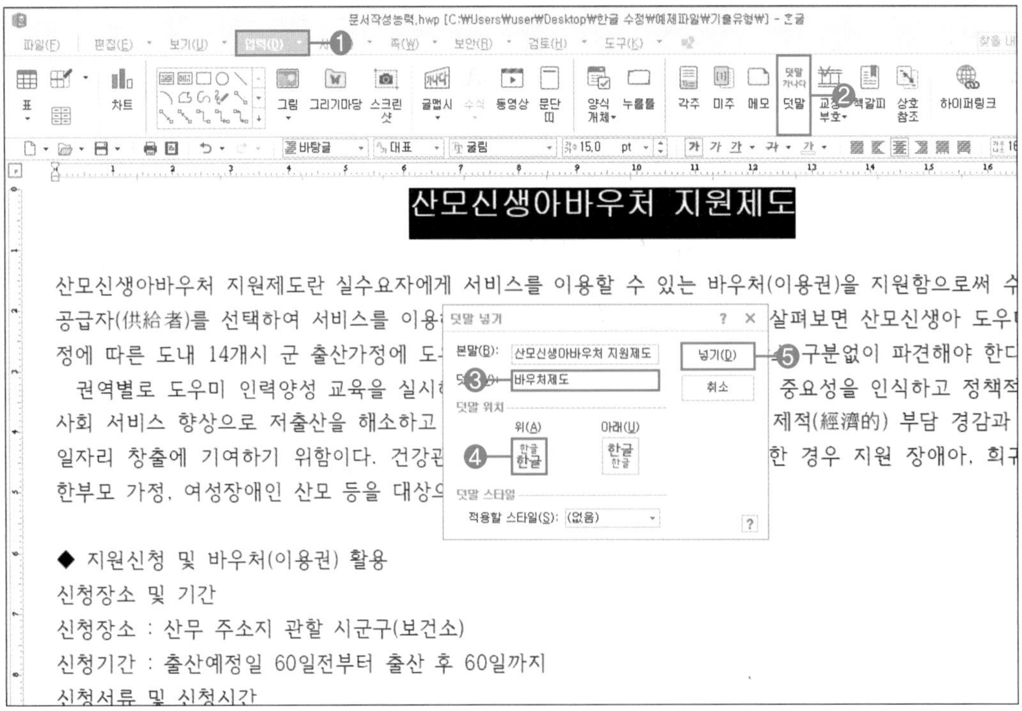

Step 03. 문단 첫 글자 장식하기

01 첫 번째 문단의 첫 글자 '산' 앞에 커서를 위치시키고 ❶[서식] 탭의 ❷[문단 첫 글자 장식]을 클릭합니다.

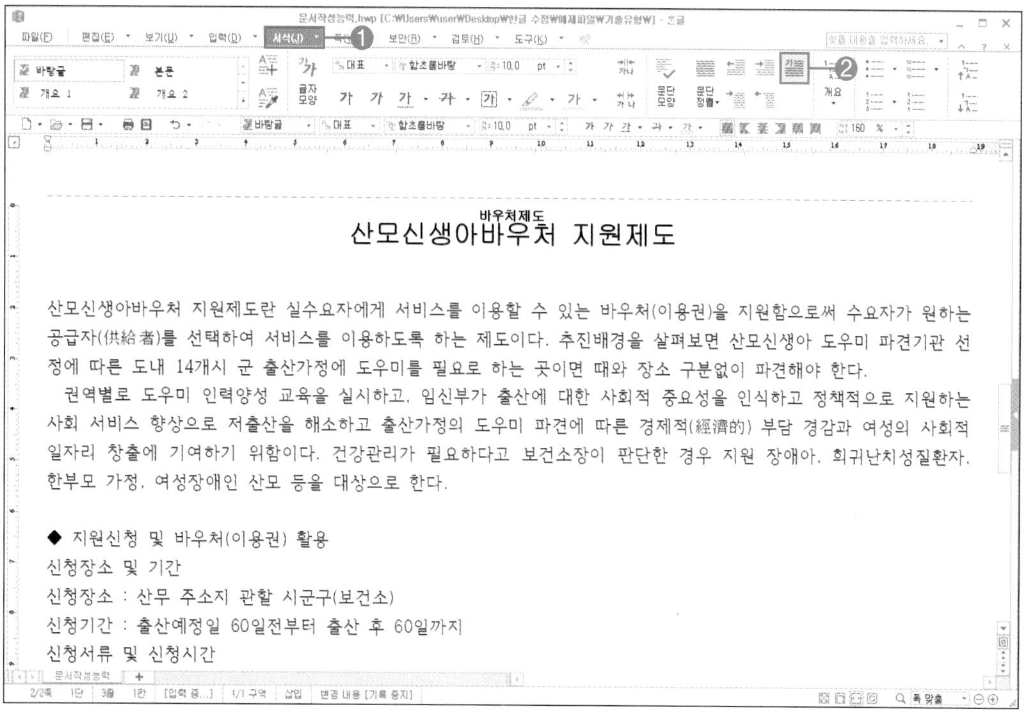

02 [문단 첫 글자 장식] 대화상자에서 ❶모양은 '2줄', ❷글꼴은 '궁서', ❸면 색은 '노랑'으로 지정하고 ❹[설정]을 클릭합니다.

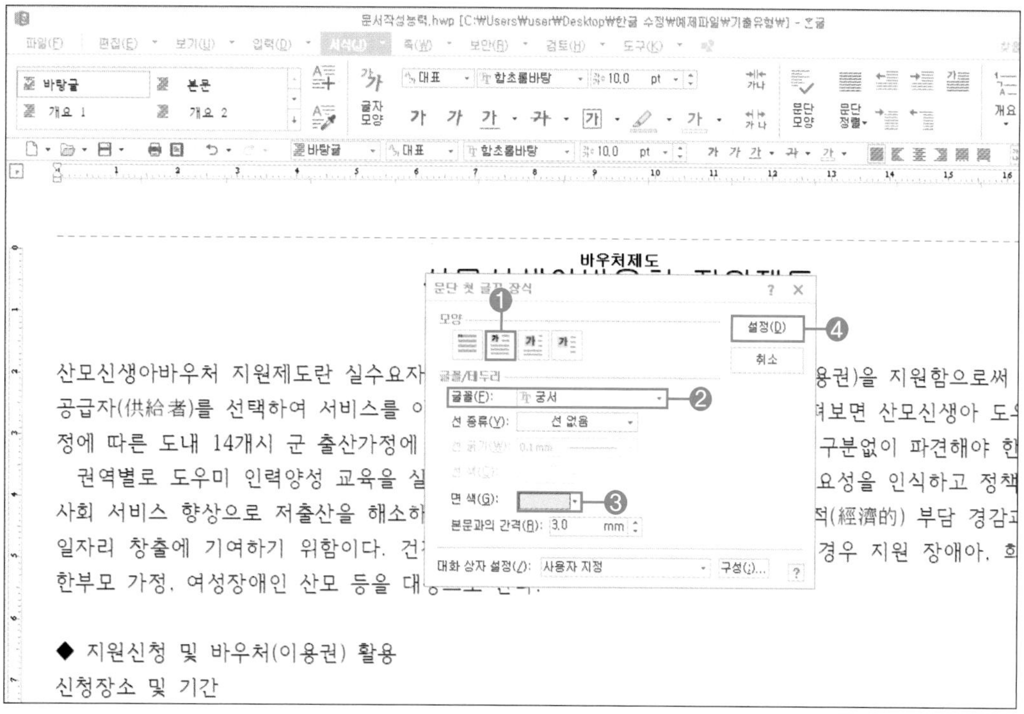

Step 04. 각주 삽입하기

01 각주를 넣을 단어 ❶'도우미' 뒤에 커서를 놓고 [입력] 탭의 ❷[각주]를 클릭합니다.

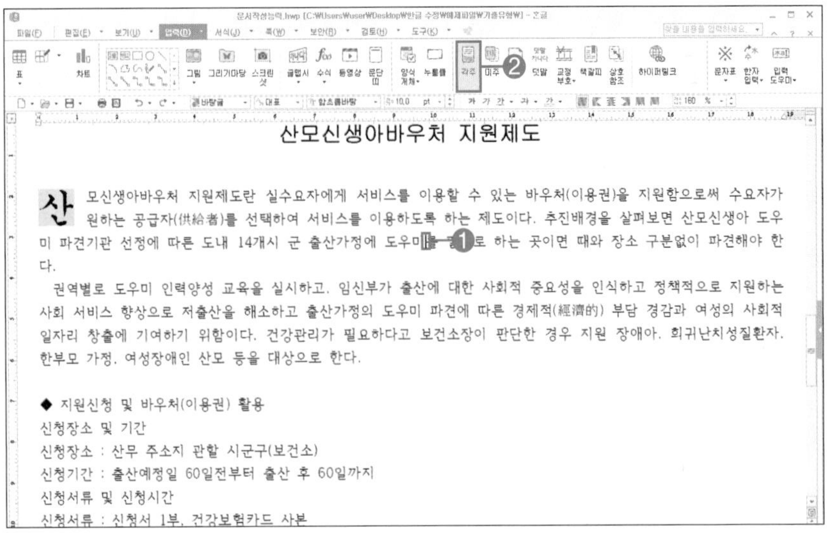

02 페이지 하단에 각주 영역이 자동으로 설정됩니다. 각주 영역에 ❶'행사를 맡아 안내를 하거나 남에게 봉사하는 사람'이라고 입력한 다음 각주 도구 모음에서 ❷'번호 모양'을 'Ⓐ,Ⓑ,Ⓒ'로 바꿉니다.

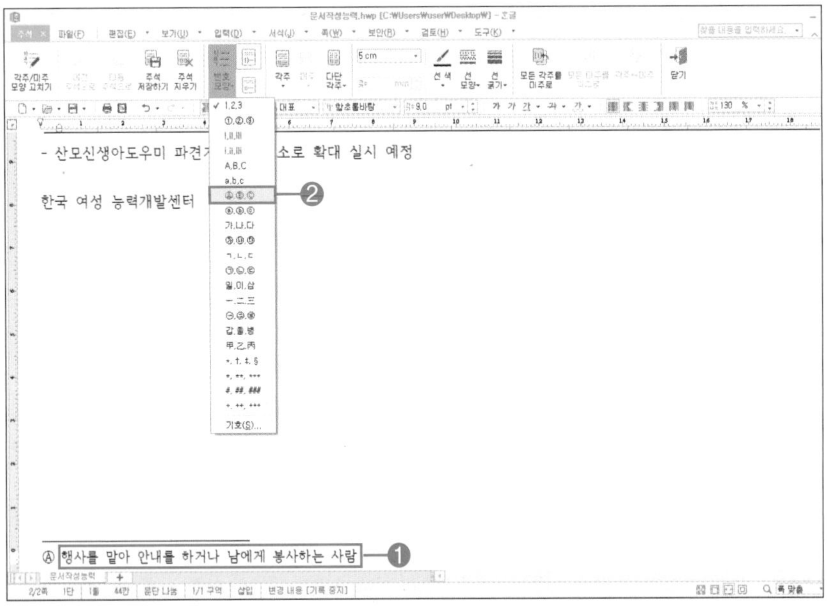

03 각주 내용에 블록을 설정한 후 ❶글꼴은 '함초롬바탕', 크기를 '10pt'로 변경한 후 ❷[닫기]를 클릭하거나 본문 영역을 클릭해도 됩니다.

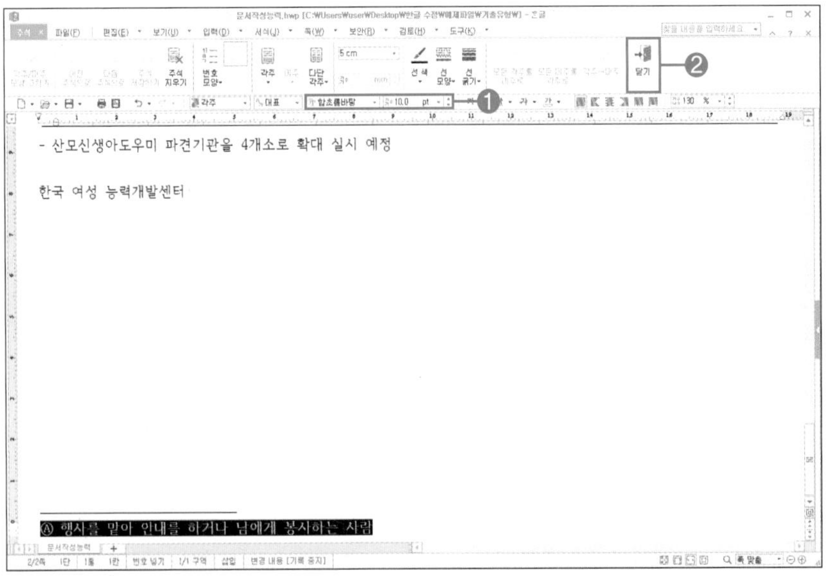

Step 05. 그림 삽입하기

01 문서에 그림을 삽입하기 위해 ❶[입력] 탭의 ❷[그림]을 클릭합니다. [그림 넣기] 대화상자에서 [내 PC₩문서₩ITQ₩Picture] 폴더의 ❸'그림4.jpg' 파일을 선택한 다음 ❹'문서에 포함'과 ❺'마우스로 크기 지정'에 체크하고 ❻[넣기]를 클릭합니다.

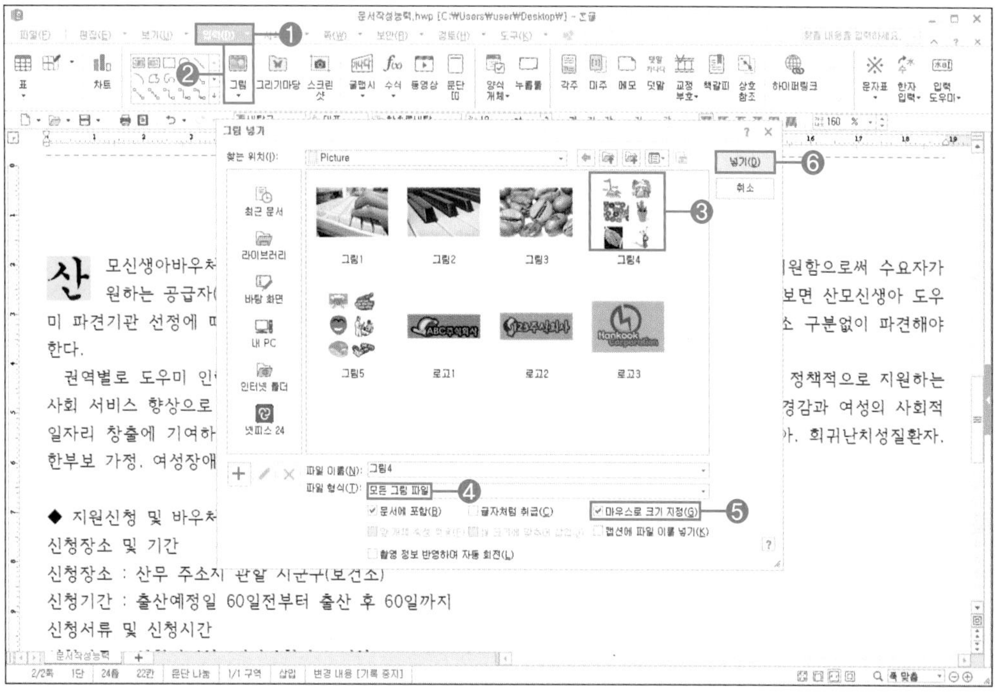

02 삽입된 그림을 선택하고 활성화된 [그림] 탭에서 ❶[자르기]를 클릭합니다. 테두리가 표시되면 마우스를 올려놓은 다음 ❷드래그하여 그림을 ≪출력형태≫와 같이 자릅니다.

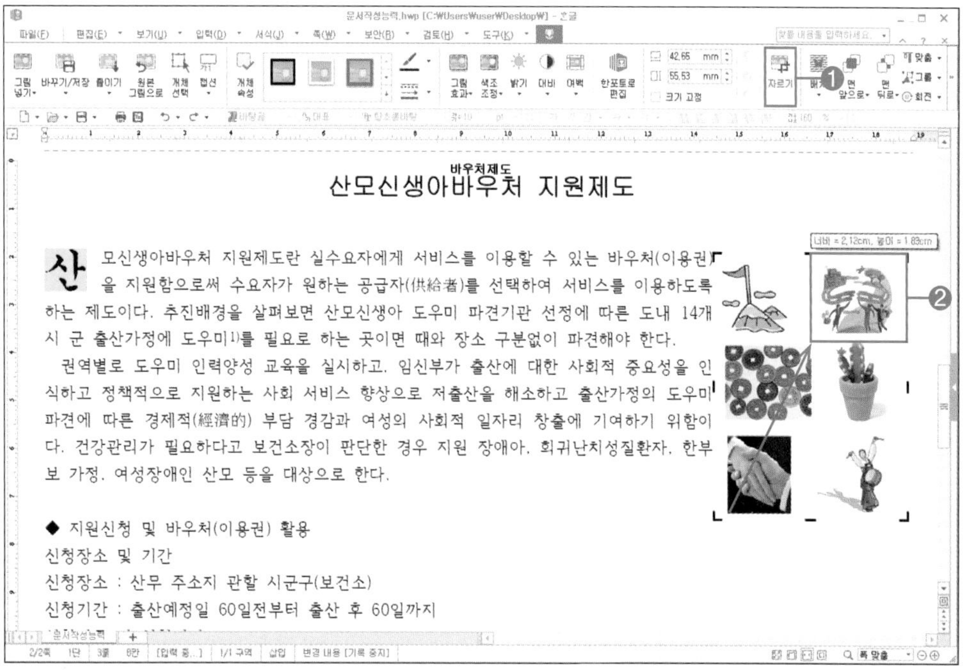

03 ❶그림을 더블 클릭하여 [개체 속성] 대화상자가 나타나면 ❷[기본] 탭의 크기에 ❸너비를 '35mm', 높이를 '35mm'로 입력하고 ❹'크기 고정'에 체크합니다. 본문과의 배치는 ❺'어울림'으로 선택합니다.

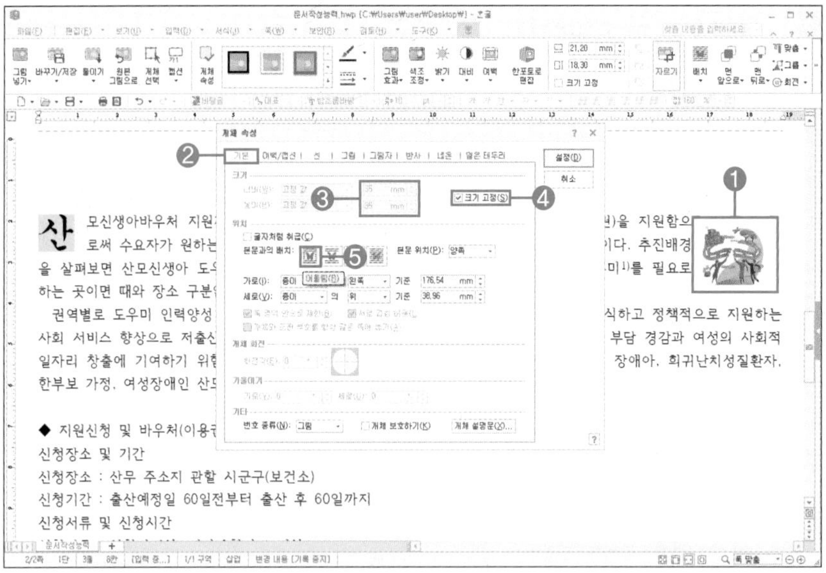

04 ❶[여백/캡션] 탭에서 바깥 여백 왼쪽에 ❷'2mm'로 입력한 다음 ❸[설정]을 클릭합니다.

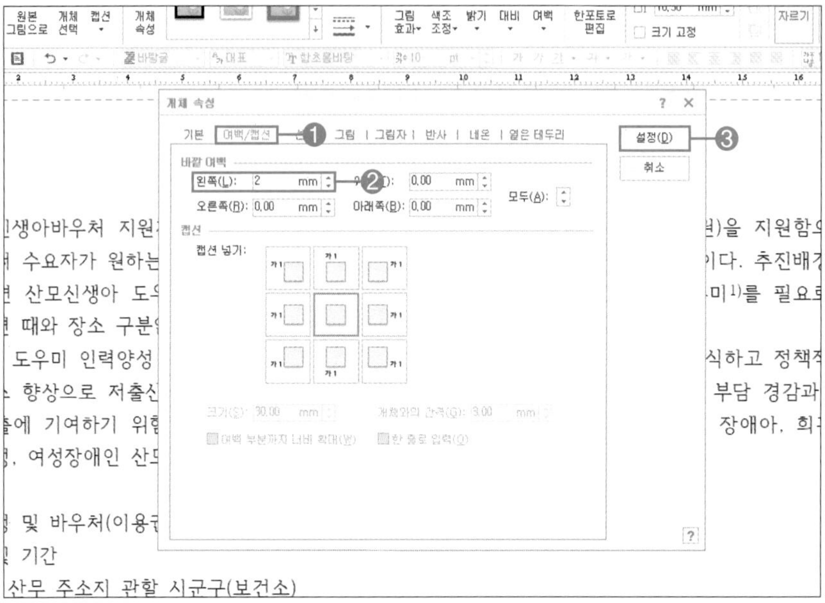

05 그림을 ≪출력형태≫와 동일한 위치에 배치합니다.

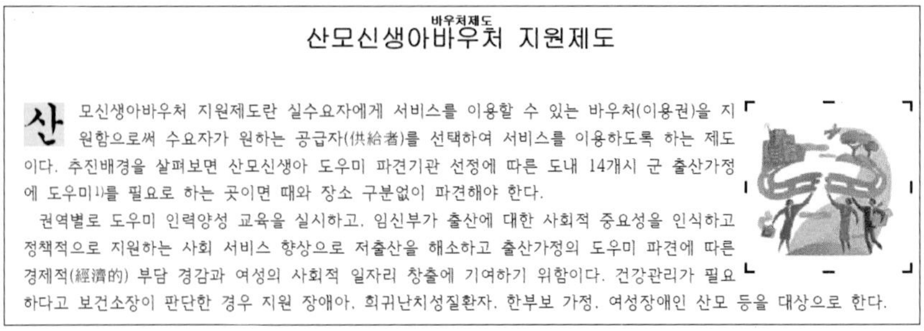

Step 06. 중간 제목 서식과 문단 번호 지정하기

01 중간 제목을 블록 설정한 후 서식 도구 상자에서 ❶글꼴은 '돋움', 크기는 '18pt'로 지정합니다.

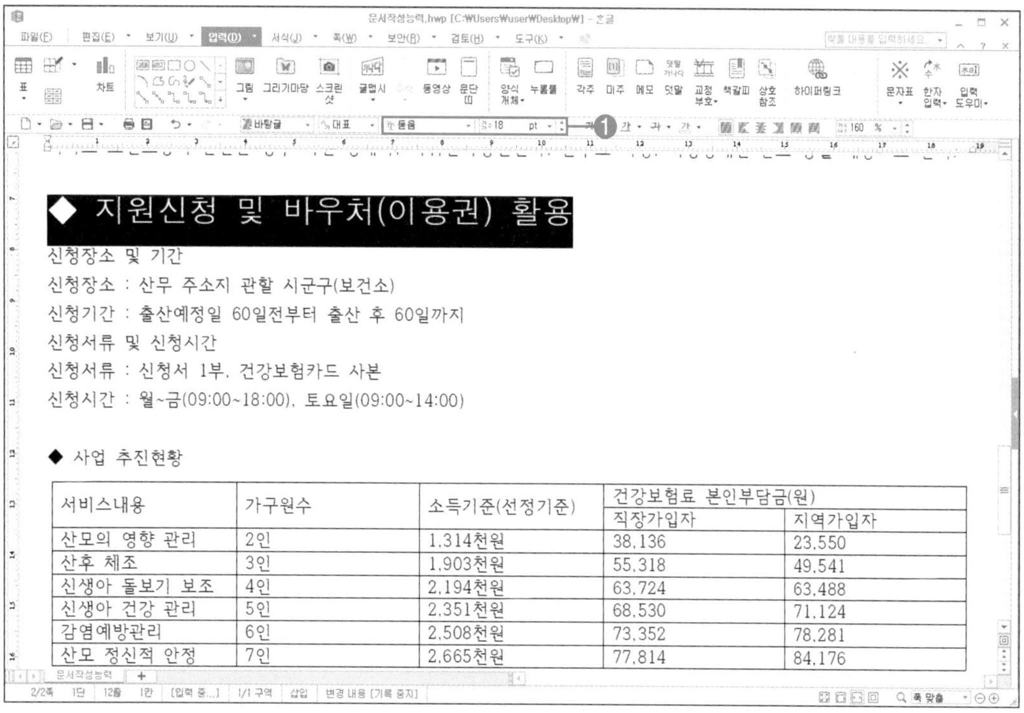

02 특수 문자를 제외한 중간 제목을 블록으로 지정한 다음 마우스 오른쪽 버튼을 눌러 [글자 모양]을 클릭합니다. [글자 모양] 대화상자에서 [기본] 탭의 ❶글자 색은 '흰색', ❷음영 색은 '파랑'으로 지정하고 ❸[설정]을 클릭합니다.

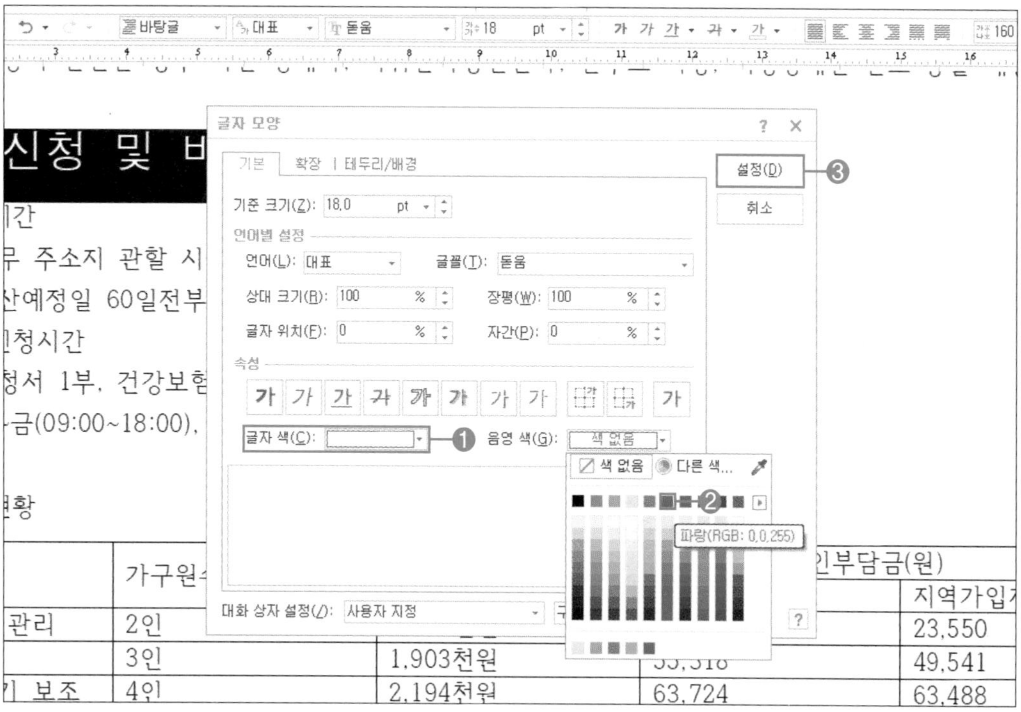

03 문단 번호를 지정할 범위를 블록 설정한 다음 ❶[서식] 탭의 ❷[문단 번호]의 목록 단추를 클릭하여 ❸[문단 번호 모양]을 클릭합니다.

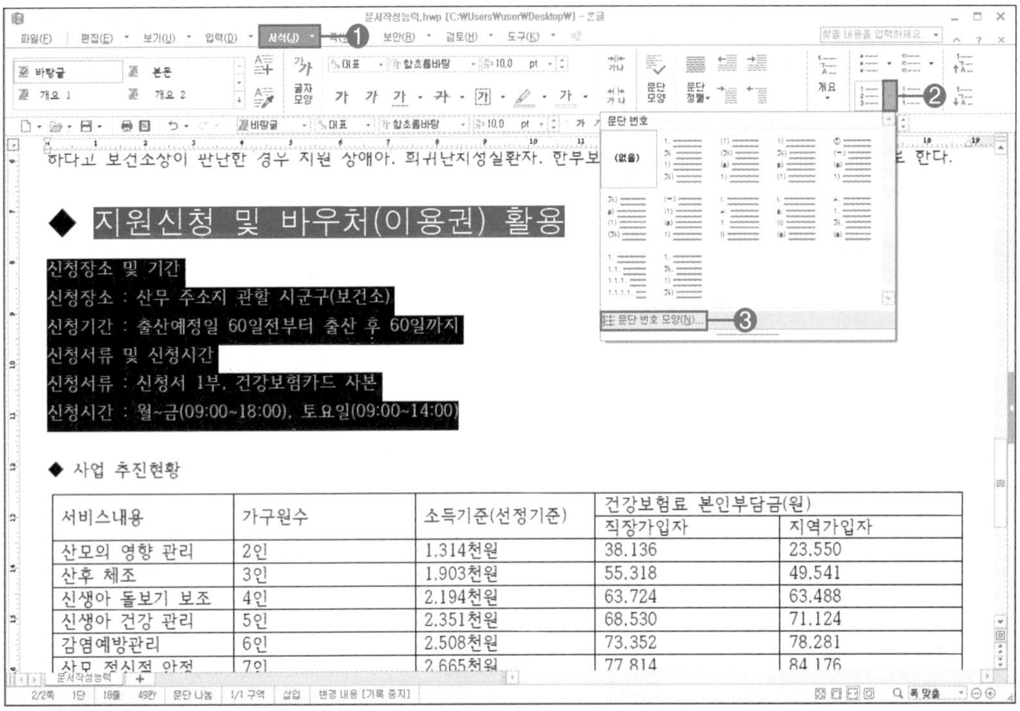

04 [문단 번호/글머리표] 대화상자에서 [문단 번호] 탭의 문단 번호 모양에서 ≪출력형태≫와 비슷한 ❶'1,가,1),가)..'를 선택하고 ❷[사용자 정의]를 클릭합니다.

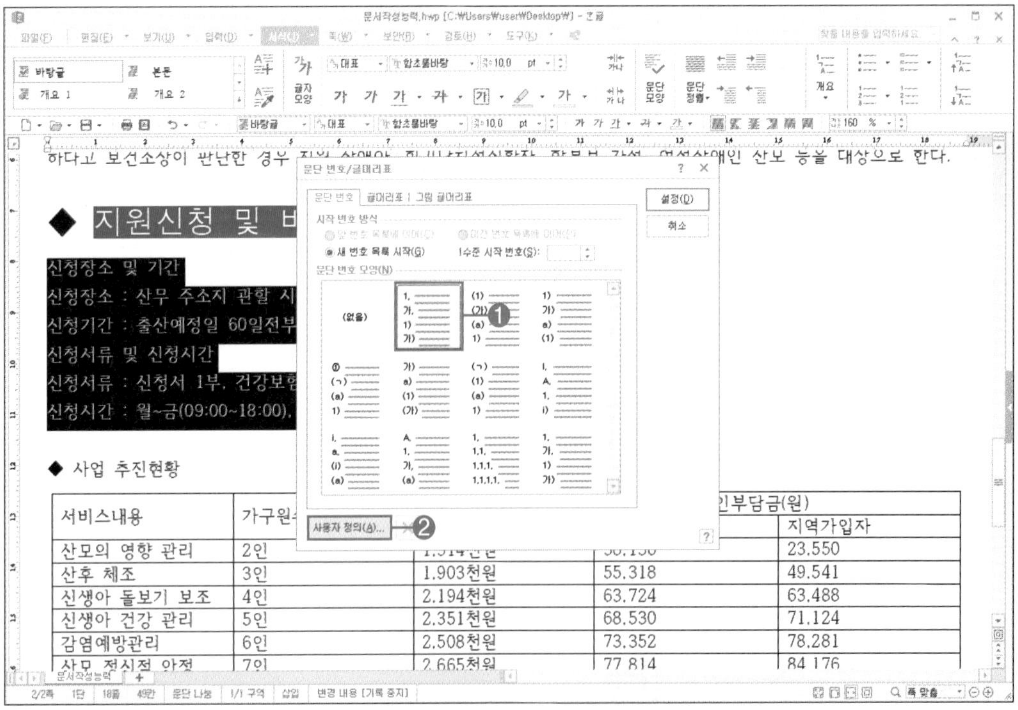

05 [문단 번호 사용자 정의 모양] 대화상자에서 1수준의 ❶너비를 '20'으로 지정하고 ❷정렬을 '오른쪽'으로 설정합니다.

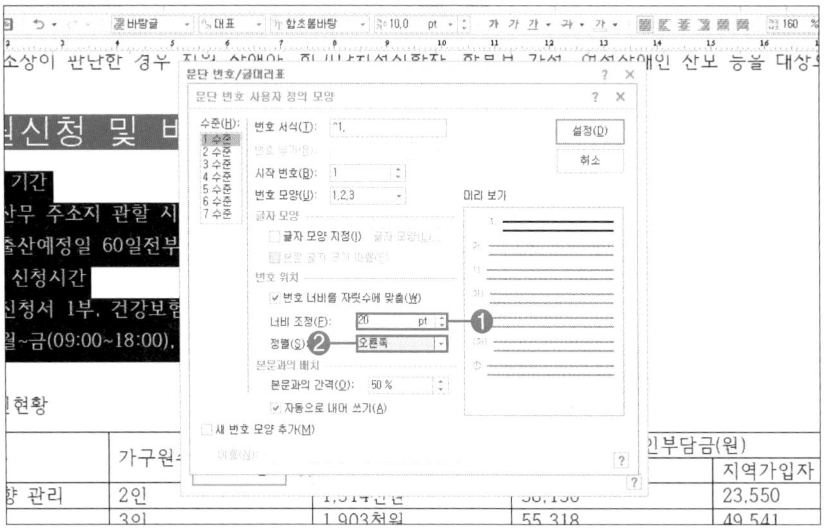

06 [문단 번호 사용자 정의 모양] 대화상자에서 수준을 ❶'2수준'으로 선택하고 현재 번호 모양을 클릭하여 ❷'ⓐ,ⓑ,ⓒ'로 선택합니다.

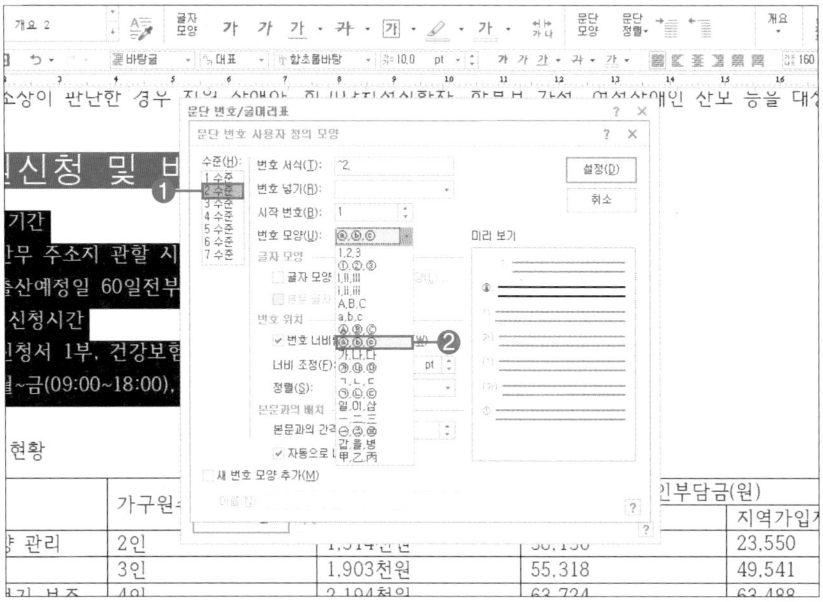

07 '2수준'의 너비를 ❶'30'으로 지정하고 ❷정렬을 '오른쪽'으로 설정하고 ❸[설정]을 클릭합니다.

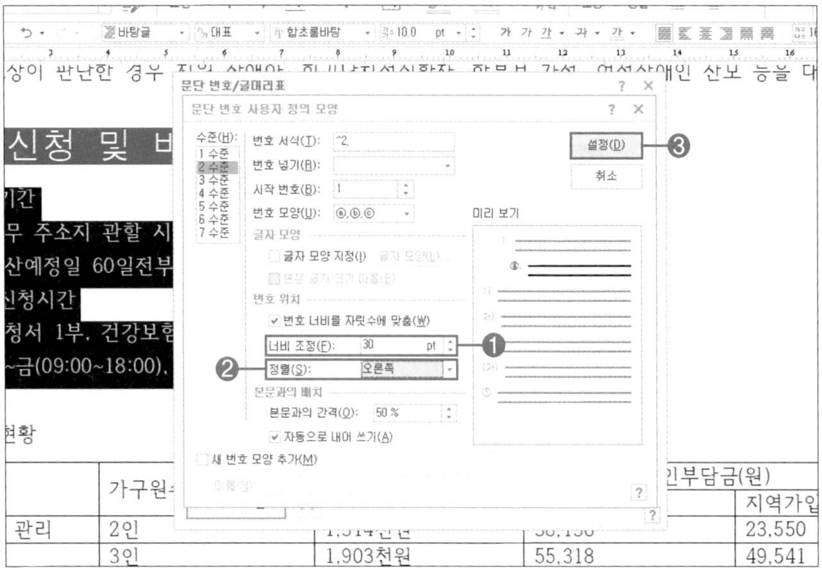

08 [문단 번호/글머리표] 대화상자에서 ❶[설정]을 클릭합니다.

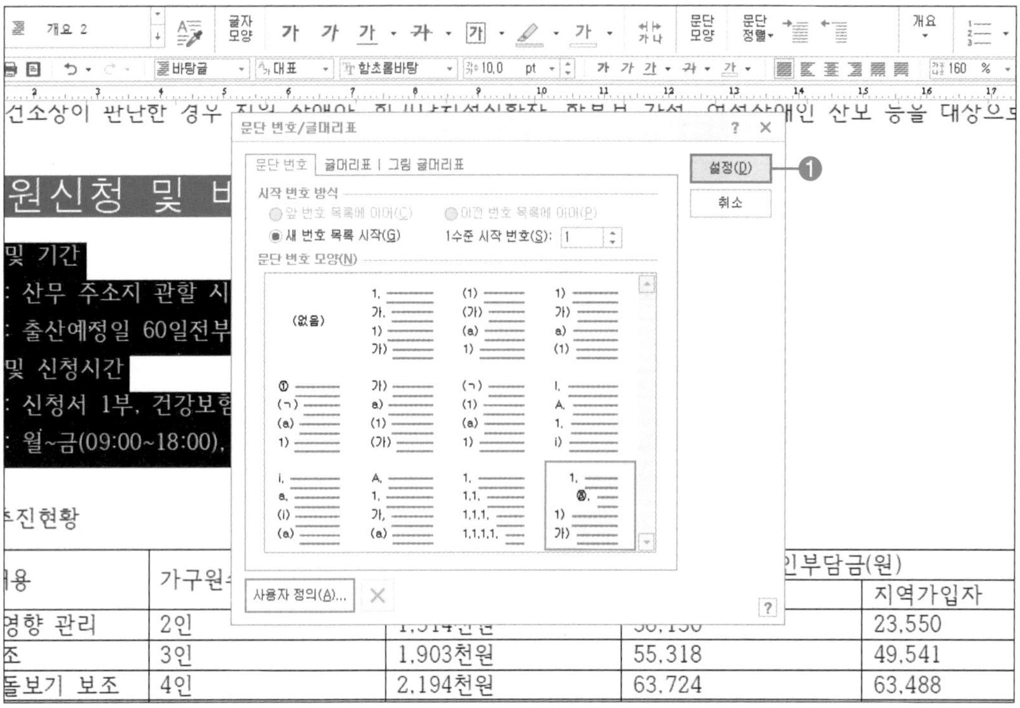

09 두 번째 단락의 2수준을 넣기 위해 다음과 같이 블록으로 범위를 지정한 후 ❶[서식] 탭의 ❷[한 수준 감소]를 클릭하여 문단 수준을 감소합니다.

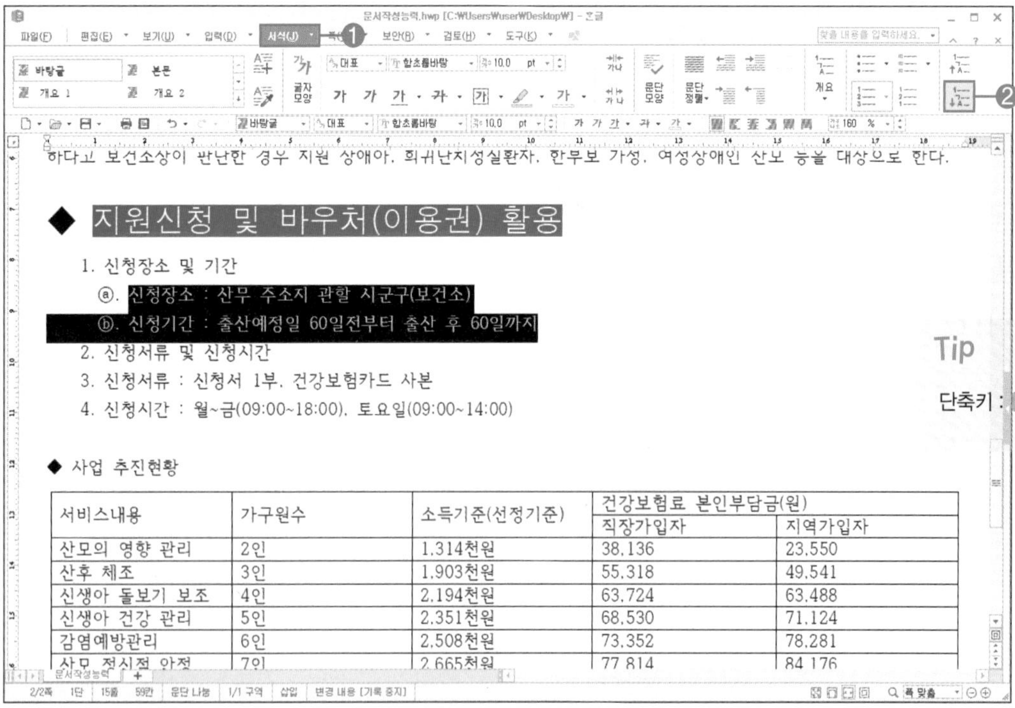

Tip

단축키 : Ctrl+Num+

10 같은 방법으로 아래에도 블록으로 설정한 다음 ❶[서식] 탭의 ❷[한 수준 감소]를 클릭하여 문단 수준을 감소합니다.

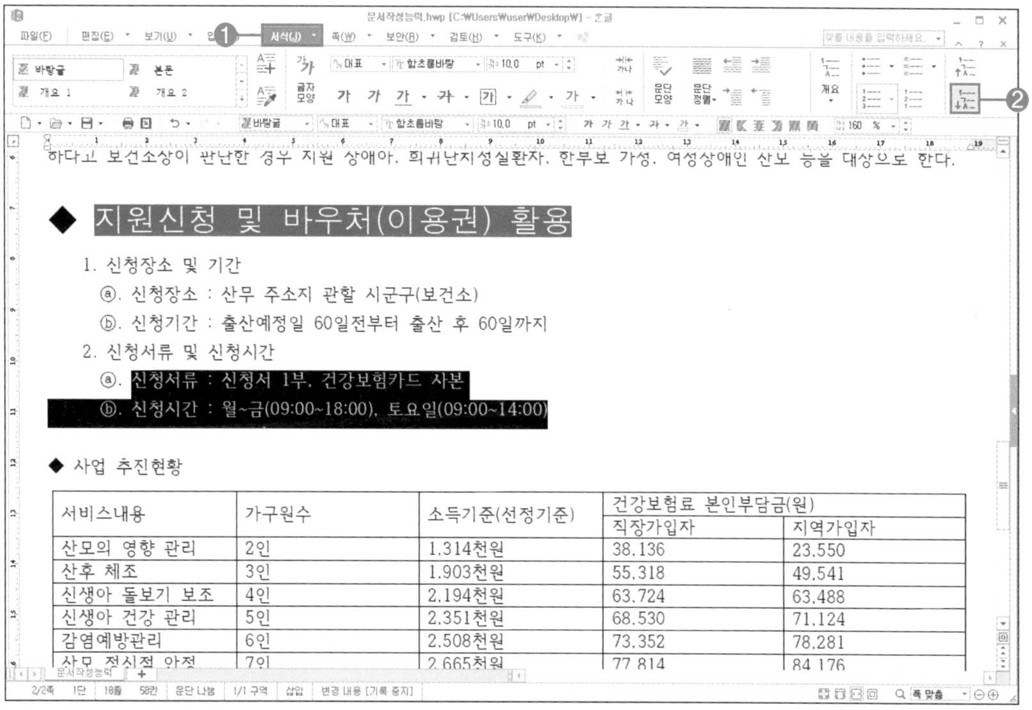

11 다음과 같이 블록을 설정하고 서식 도구 상자에 ❶줄 간격을 '180%'으로 설정합니다.

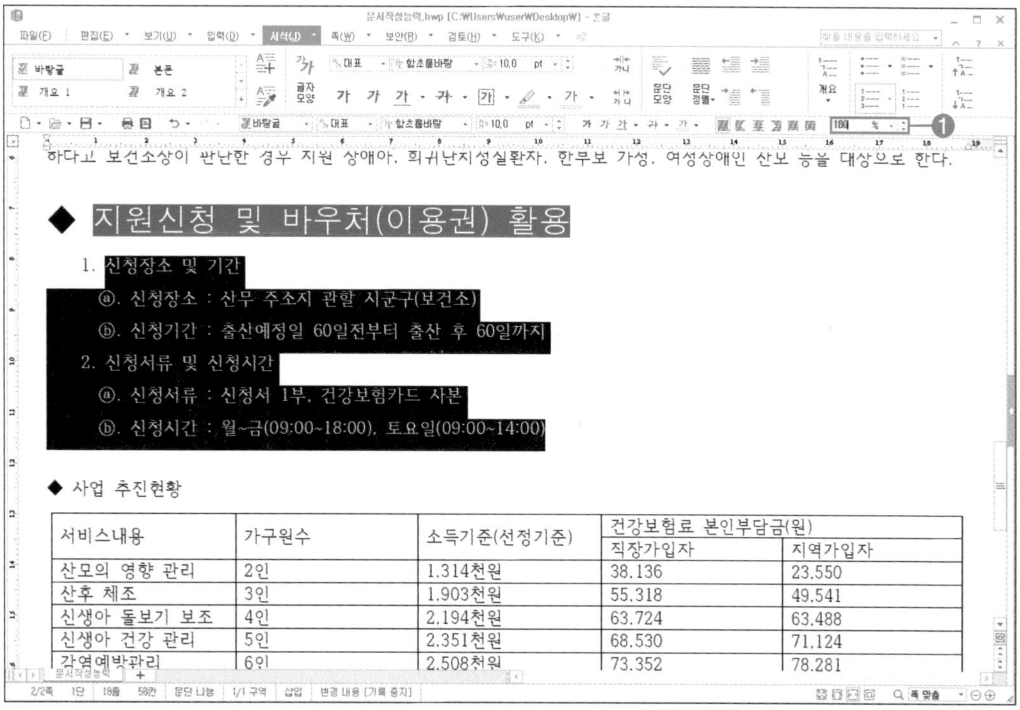

01 중간 제목을 블록 설정한 후 서식 도구 상자에서 ❶글꼴은 '돋움', 크기는'18pt'로 지정합니다.

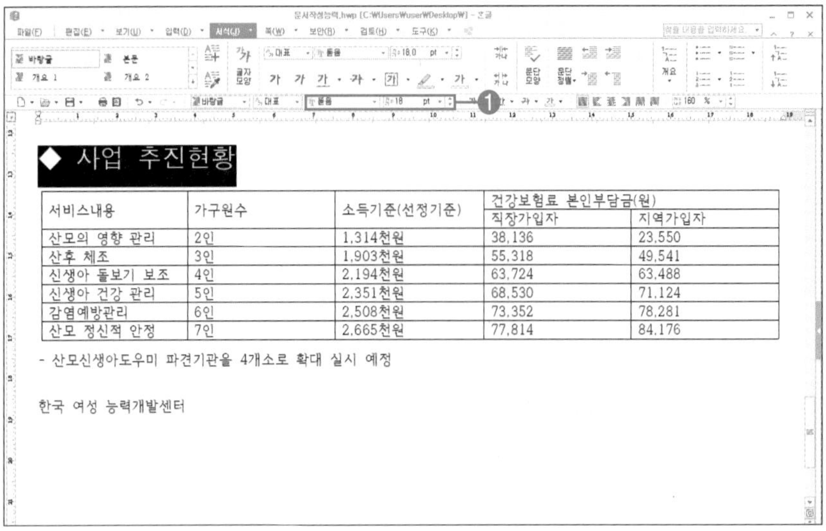

02 특수 문자를 제외한 중간 제목을 블록 설정한 다음 ❶[서식] 탭의 ❷[글자 모양]을 클릭합니다. [글자 모양] 대화상자에서 [기본] 탭에서 ❸속성을 '기울임'으로 선택하고 ❹[설정]을 클릭합니다.

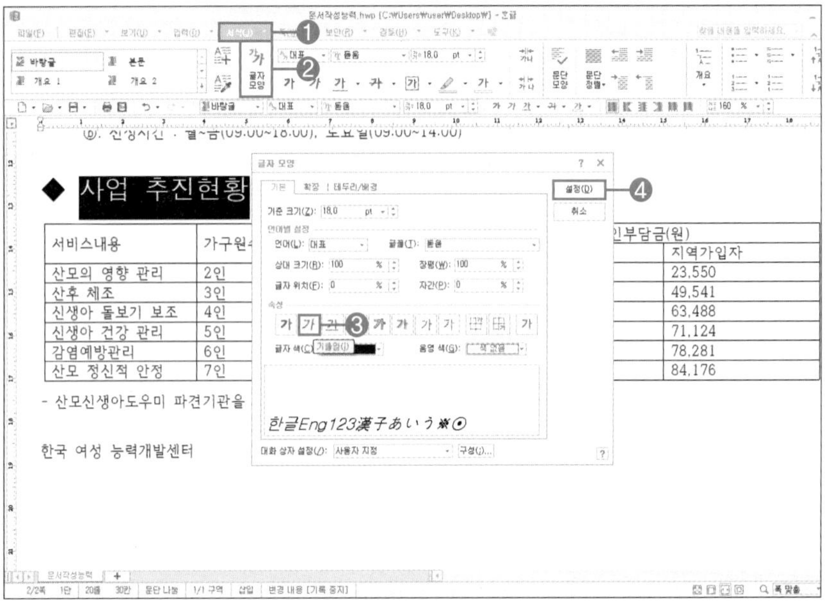

03 강조점을 넣을 범위를 블록 설정한 다음 ❶[서식] 탭의 ❷[글자 모양]을 클릭합니다. [글자 모양] 대화상자의 [확장] 탭에서 ≪출력형태≫와 같은 ❸강조점을 선택하고 ❹[설정]을 클릭합니다.

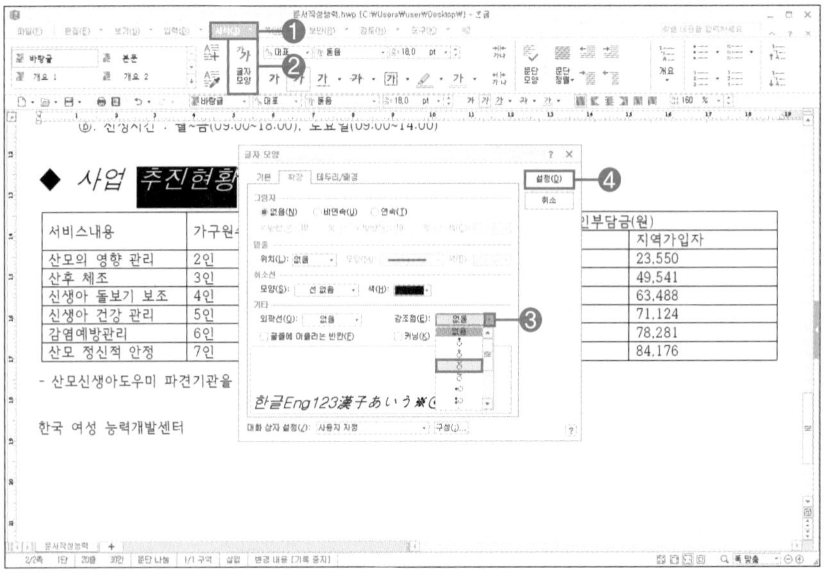

04 표 안을 전체 드래그하여 서식 도구 상자에서 ❶글꼴을 '굴림', 글자 크기를' 10pt', 정렬은 '가운데 정렬'로 설정합니다.

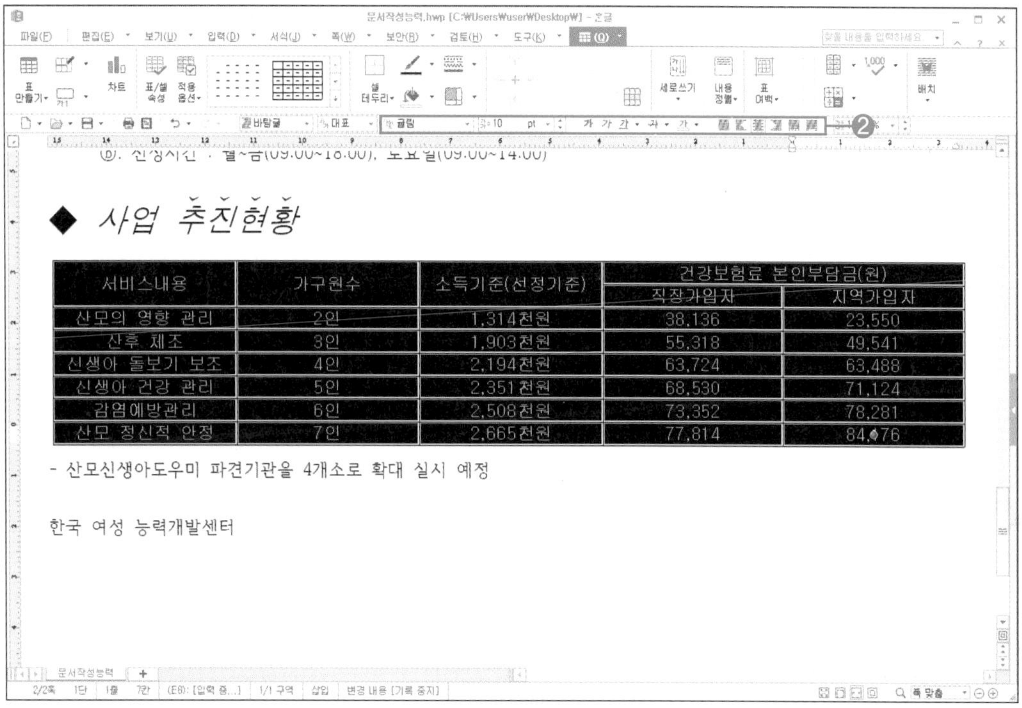

05 셀 높이를 적당히 조절한 다음, 셀을 블록 설정한 후 마우스 오른쪽 버튼을 눌러 ❶[셀 테두리/배경]의 ❷[각 셀마다 적용]을 클릭합니다.

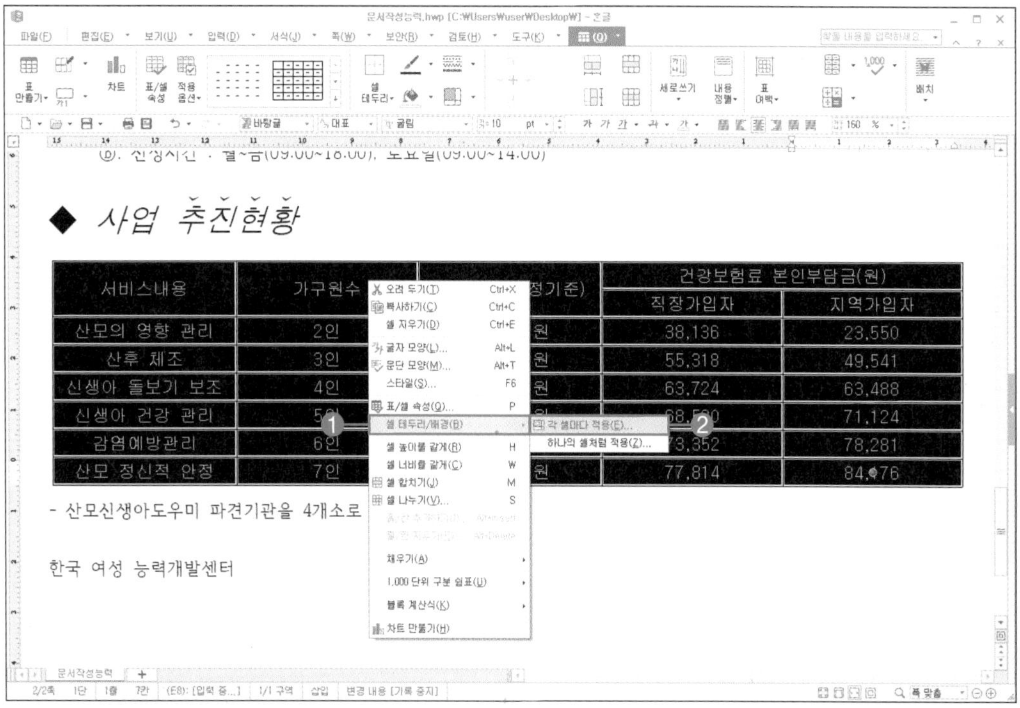

06 [셀 테두리/배경] 대화상자의 [테두리] 탭에서 테두리 종류를 ❶'이중 실선'으로 선택하고 적용 위치는 ❷'바깥쪽'을 선택하고 ❸[적용]을 클릭합니다.

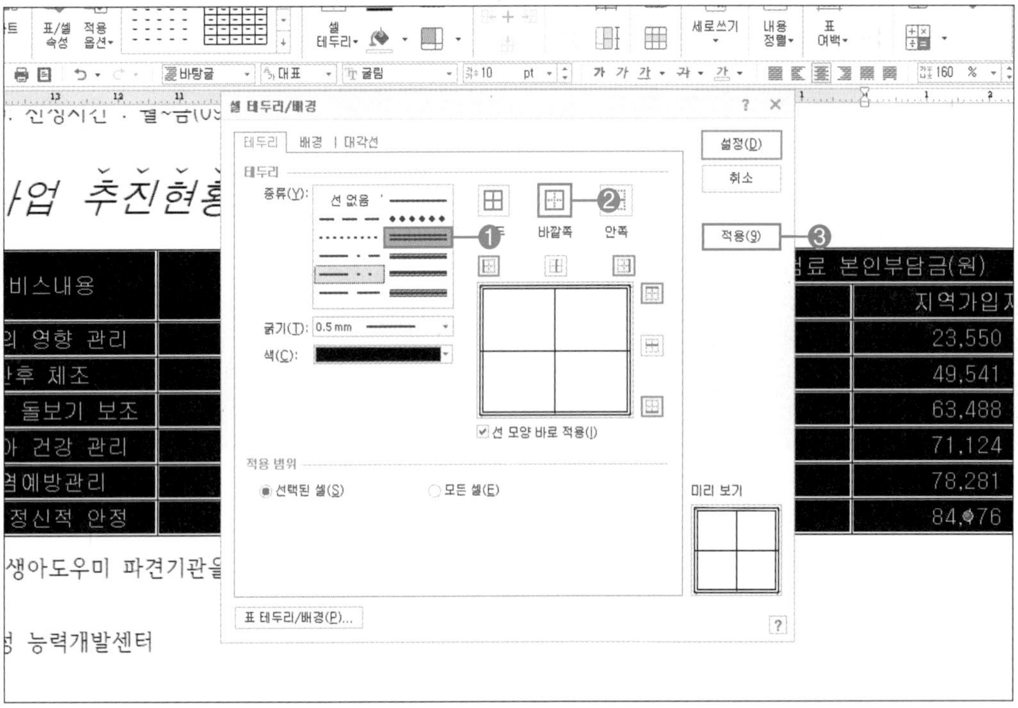

07 양쪽 옆 테두리를 투명으로 하기 위해 다시 테두리 종류에서 ❶'선 없음'을 선택하고 적용 위치를 ❷'바깥쪽'으로 선택한 다음 ❸'왼쪽'과 '오른쪽'을 클릭한 다음 ❹[설정]을 클릭합니다.

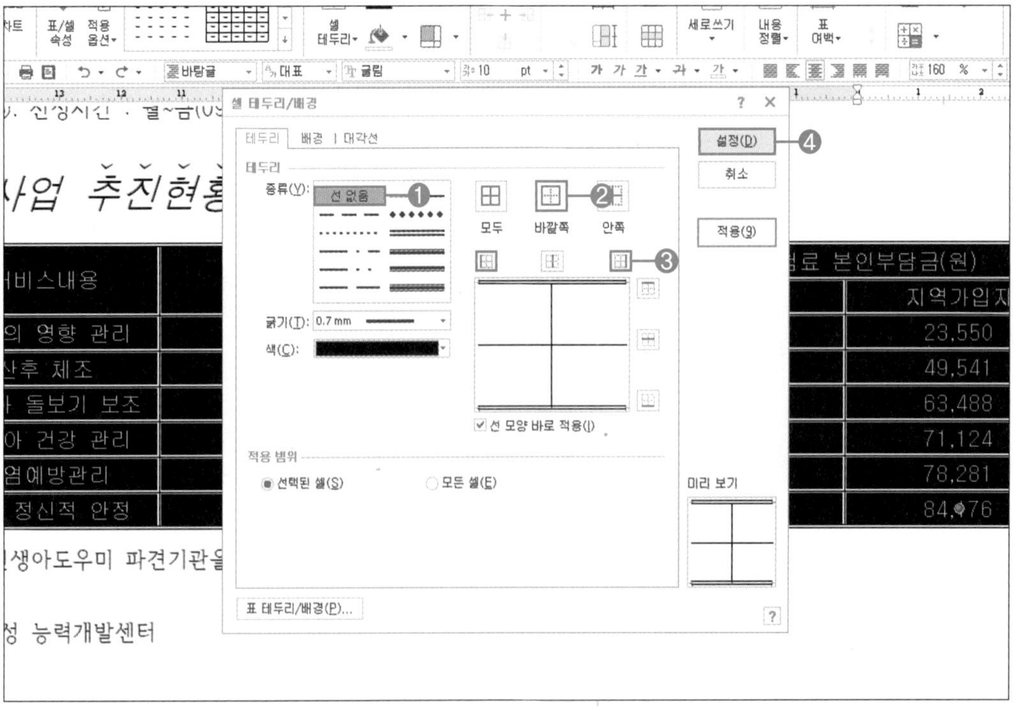

08 첫 행을 드래그하여 블록 설정한 다음 마우스 오른쪽 버튼을 눌러 ❶[셀 테두리/배경]의 ❷[각 셀마다 적용]을 클릭합니다.

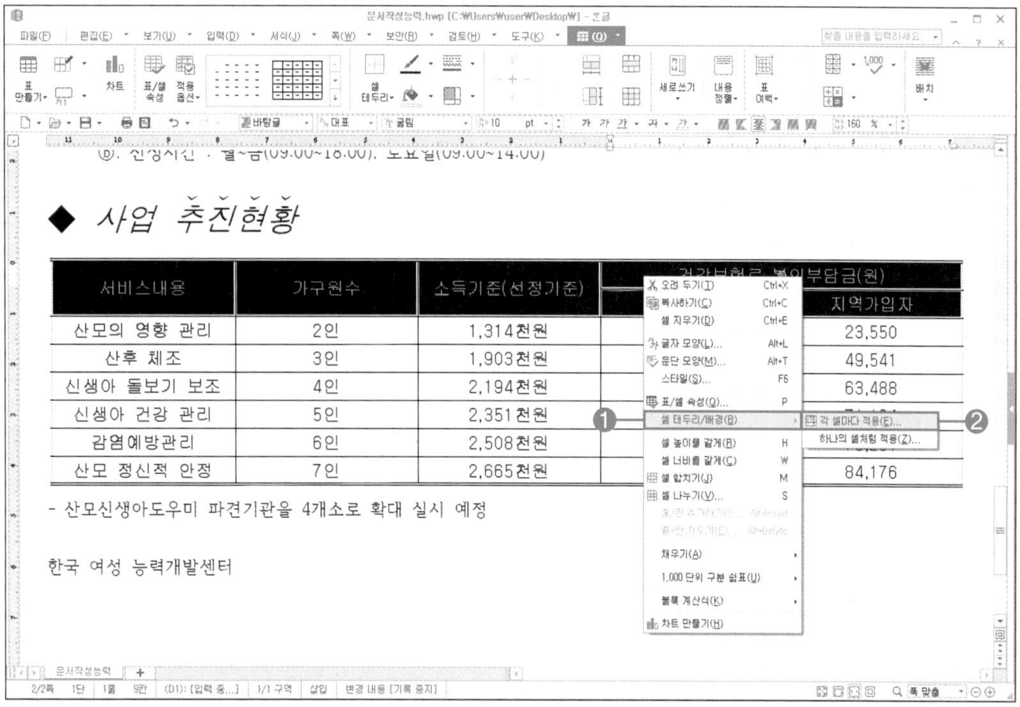

09 [셀 테두리/배경] 대화상자의 ❶[테두리] 탭에서 테두리 종류를 ❷'이중 실선'으로 선택하고 적용 위치는 ❸'아래쪽'을 선택합니다.

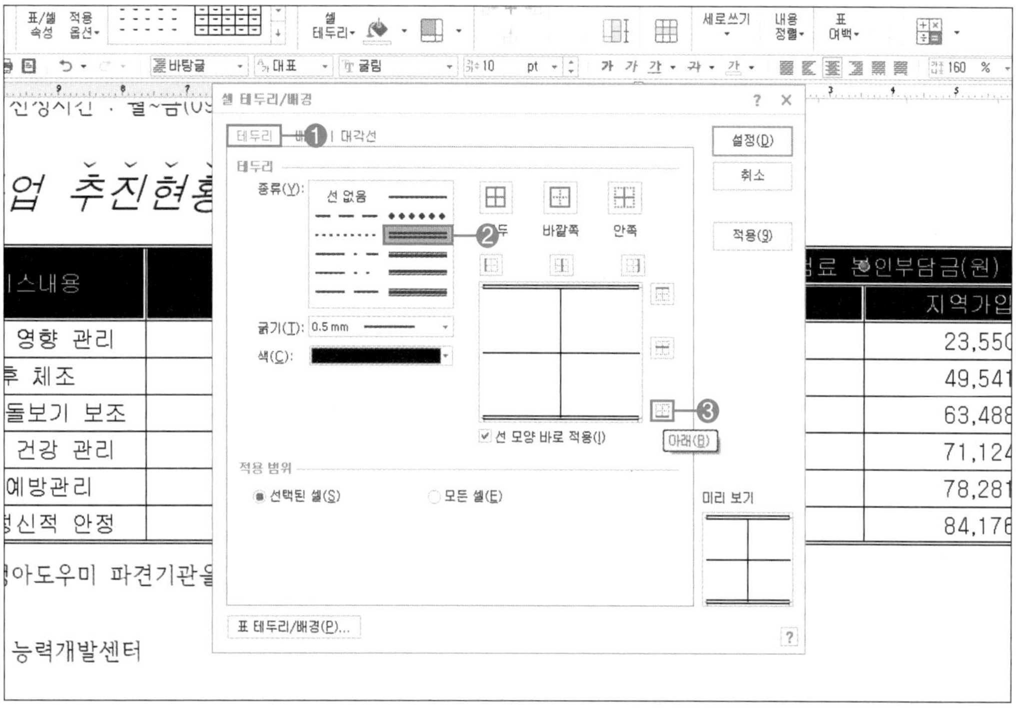

10 ❶[배경] 탭에서 ❷'그러데이션'에 체크하고 ❸시작 색을 '흰색', 끝 색을 '노랑', 유형을 ❹'수직'으로 설정하고 ❺[설정]을 클릭합니다.

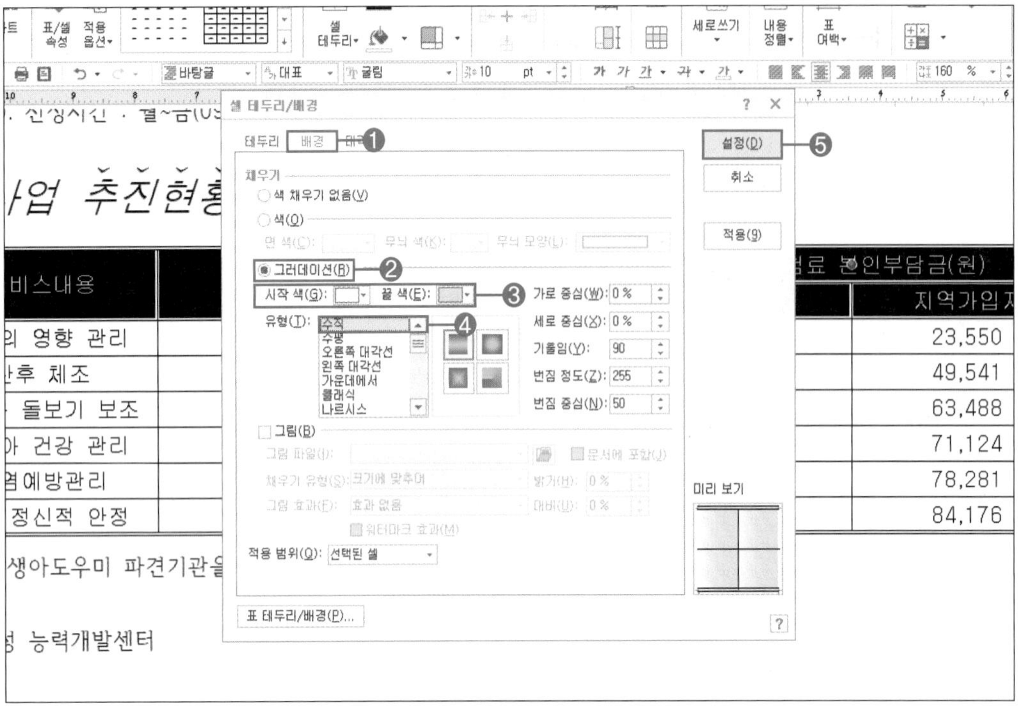

11 문서 마지막 '한국 여성 능력개발센터'에 블록 설정한 후 서식 도구 상자에서 정렬을 ❶'가운데 정렬'로 지정합니다. 문서의 마지막 기관명에 장평과 자간을 지정하기 위해 ❷[서식] 탭의 ❸[글자 모양]을 클릭합니다. [기본] 탭에서 ❹글꼴을 '궁서', 크기를 '20pt', 장평은 '120%', 속성은 '진하게'로 설정한 다음 ❺[설정]을 클릭합니다.

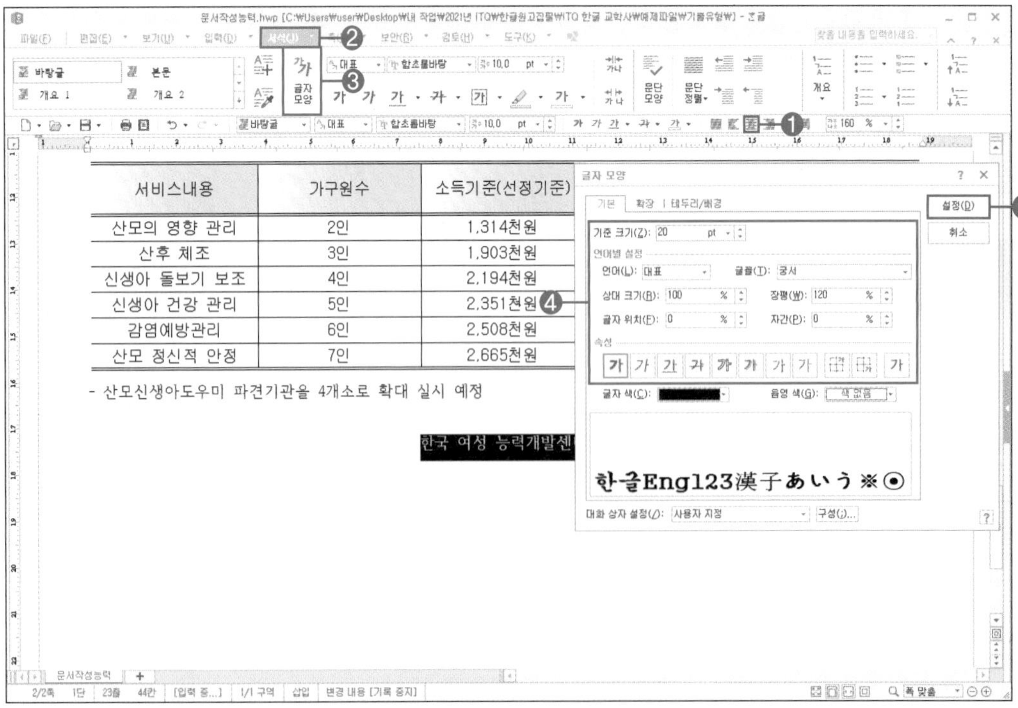

Step 08. 머리말 삽입하기

01 제목 앞에 커서를 위치시키고 ❶[쪽] 탭의 ❷[머리말]을 클릭한 후 ❸[머리말/꼬리말]을 선택합니다.

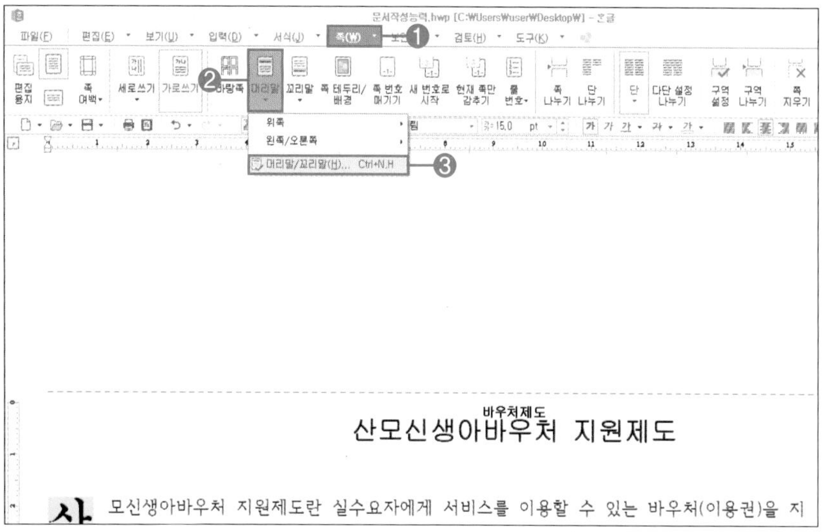

02 [머리말/꼬리말] 대화상자에서 ❶종류를 '머리말'로 선택하고 ❷[만들기]를 클릭합니다.

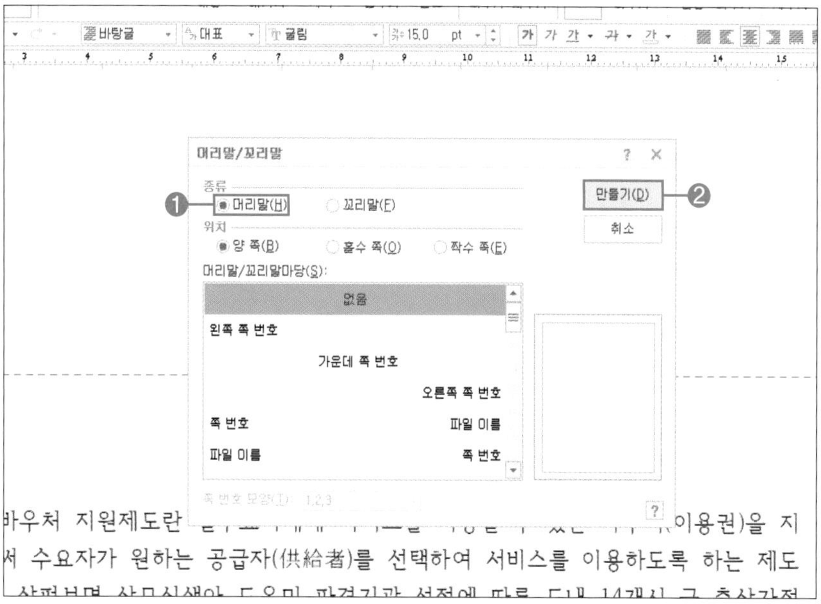

03 머리말 영역에 ≪출력형태≫와 같이 '지원제도'라고 입력한 다음 블록 설정합니다. 서식 도구 상자에서 ❶글꼴은 '굴림', 크기는 '10pt', 정렬은 '오른쪽 정렬'로 지정한 다음 ❷[머리말/꼬리말 닫기]를 클릭합니다.

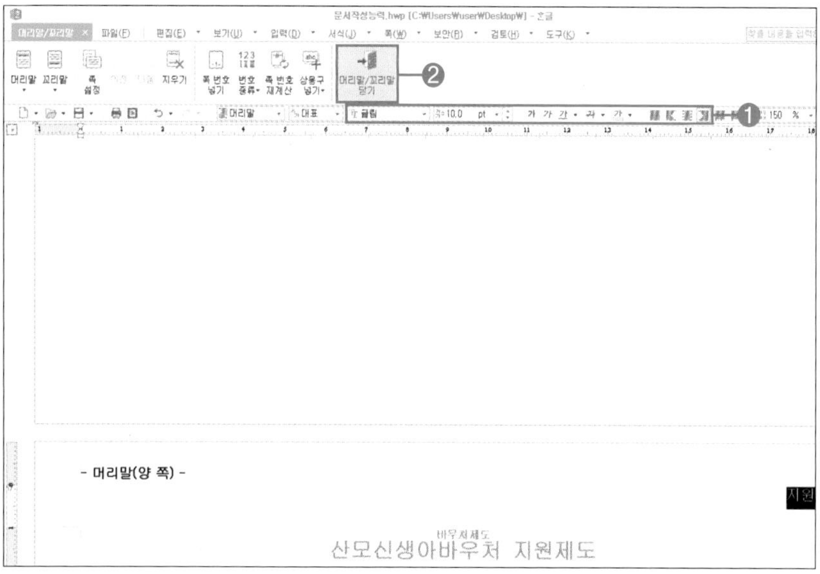

Step 09. 쪽 번호와 새 번호로 넣기

01 ❶[쪽] 탭의 ❷[쪽 번호 매기기]를 클릭합니다. [쪽 번호 매기기] 대화상자의 ❸번호 위치를 '가운데 아래'로, ❹번호 모양을 '가,나,다'로 선택하고 ❺[넣기]를 클릭합니다.

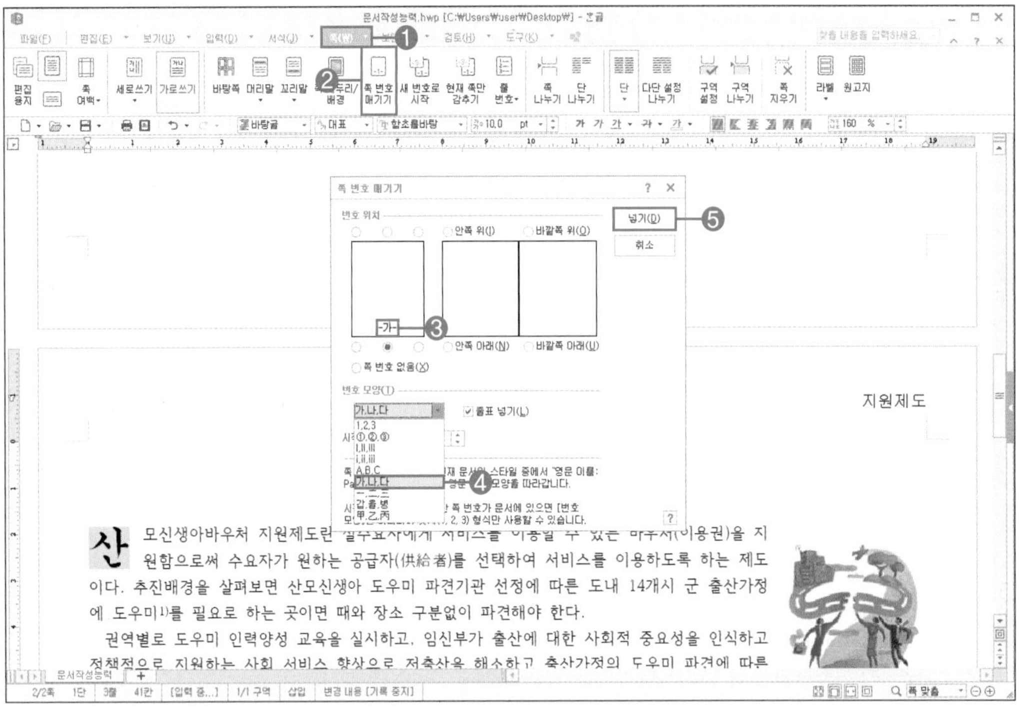

02 쪽 번호를 수정하기 위해 ❶[쪽] 탭의 ❷[새 번호로 시작]을 클릭합니다.

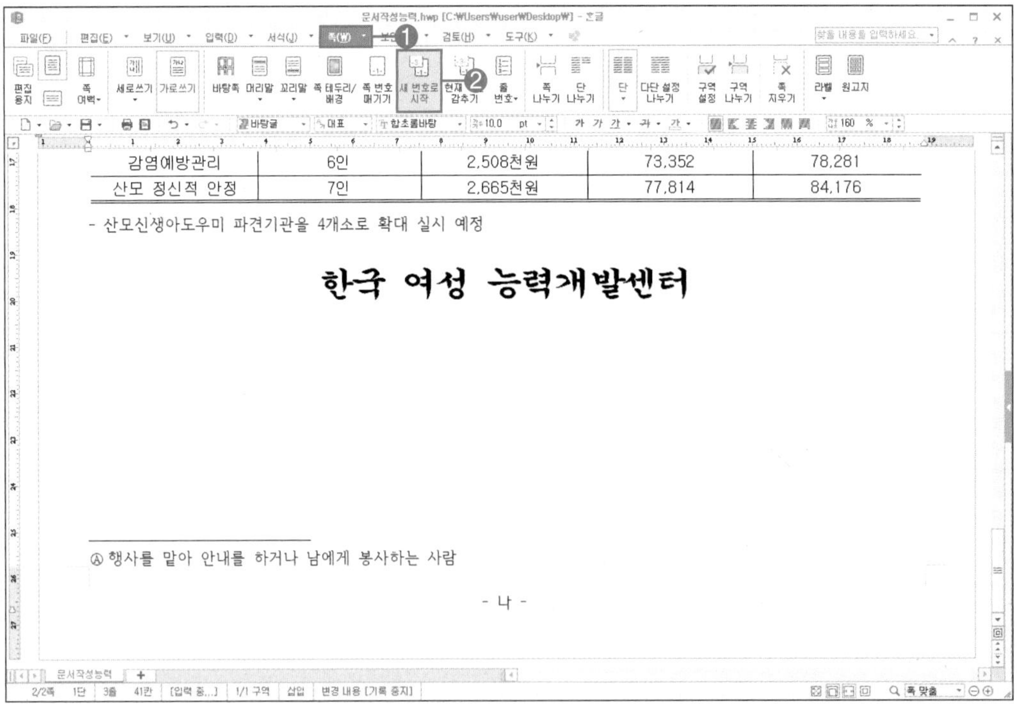

03 [새 번호로 시작] 대화상자에서 ❶시작 번호를 '3'으로 수정한 후 ❷[넣기]를 클릭합니다.

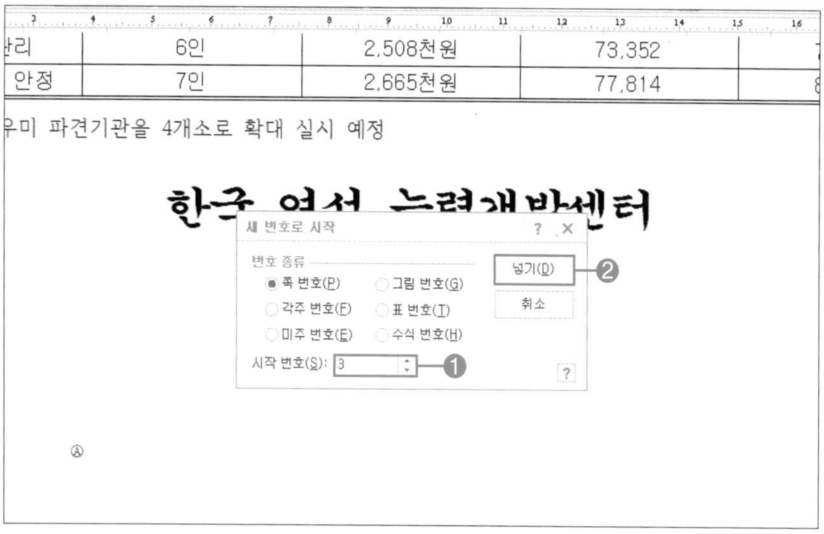

04 1페이지의 쪽 번호를 숨기기 위해 커서를 1페이지로 이동합니다. ❶[쪽] 탭의 ❷[현재 쪽만 감추기]를 클릭합니다. [감추기] 대화상자에서 ❸'쪽 번호'에 체크하고 ❹[설정]을 클릭합니다.

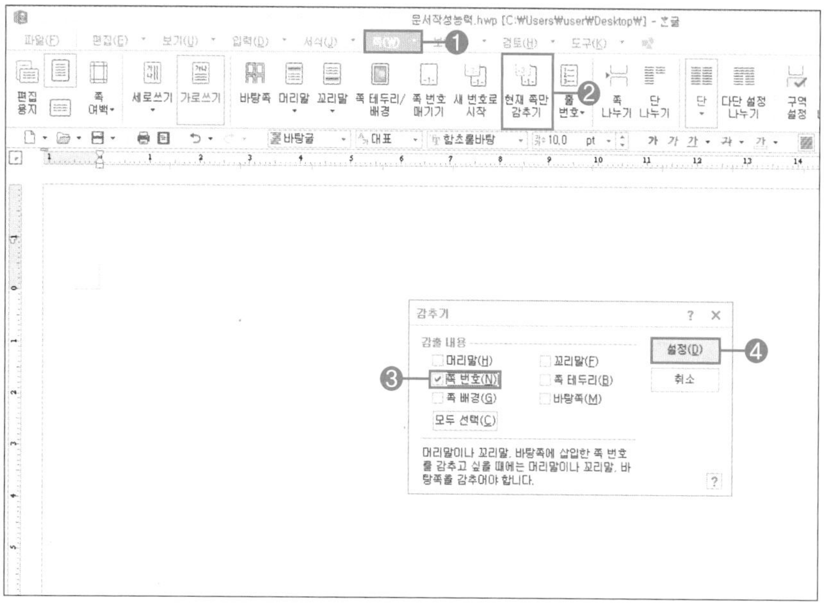

05 같은 방법으로 2페이지의 쪽 번호도 감추고 완성된 문서를 Alt + S 를 눌러 저장합니다.

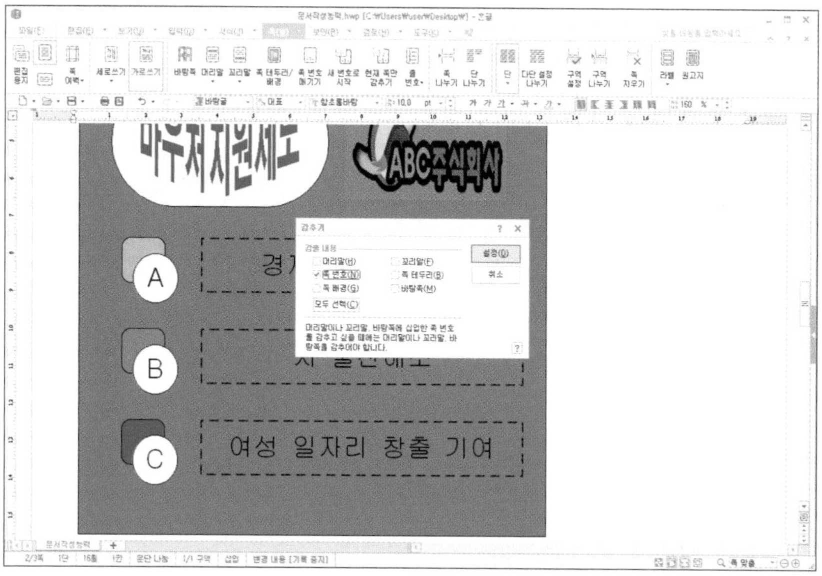

■ ■ 완성파일 : 기출유형₩문서작성1_완성.hwp

01 다음의 ≪조건≫에 따라 ≪출력형태≫와 같이 문서를 작성하시오. (110점)

조건
(1) 그리기 도구를 이용하여 작성하고, 모든 도형(글맵시, 지정된 그림 포함)을 ≪출력형태≫와 같이 작성하시오.
(2) 도형의 면 색은 지시사항이 없으면, 색 없음을 제외하고 서로 다르게 임의로 지정하시오.

출력형태

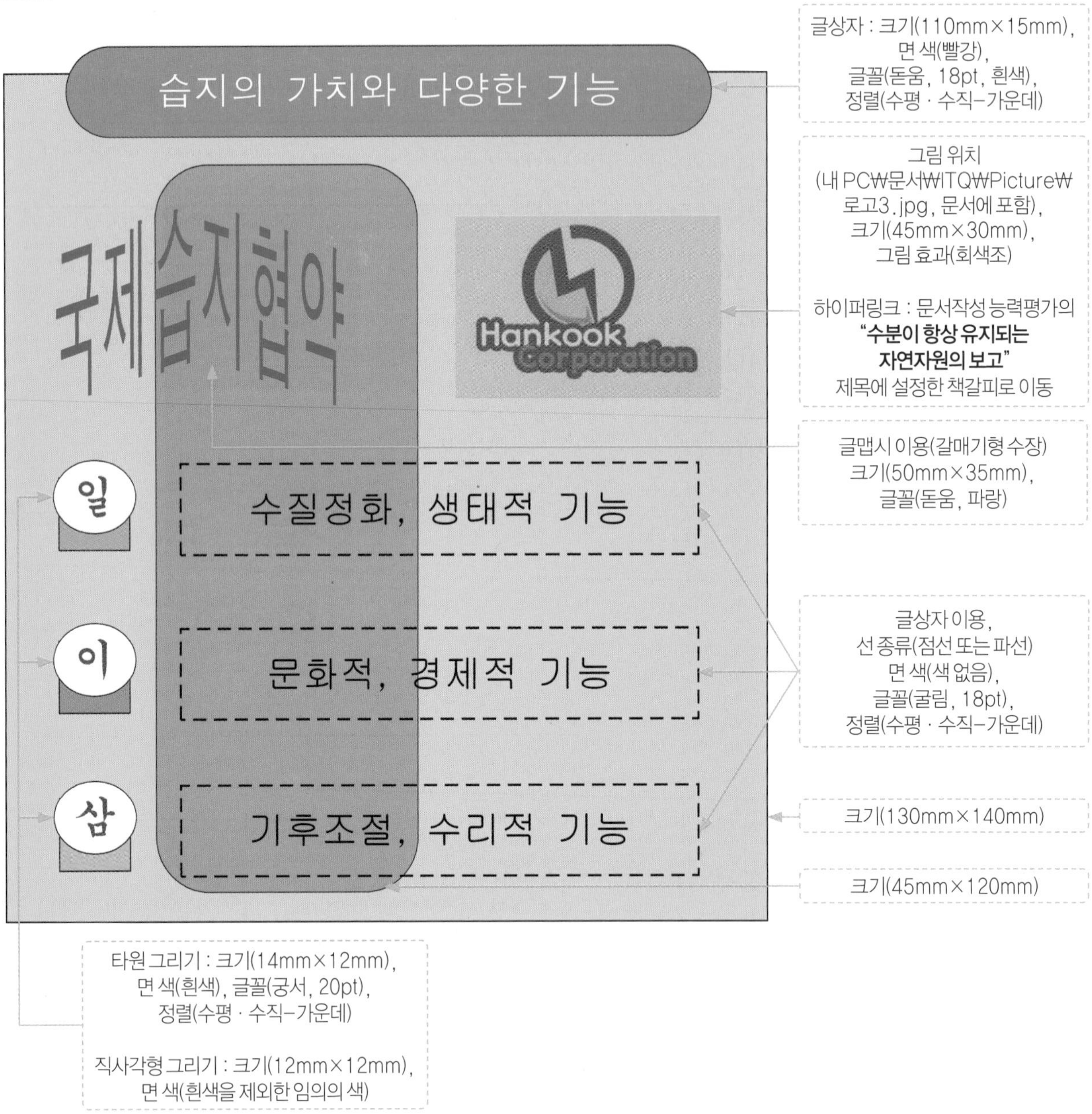

출력형태

글꼴 : 돋움, 20pt, 진하게, 가운데 정렬
책갈피 이름 : 습지, 덧말 넣기

머리말 기능
궁서, 10pt, 오른쪽 정렬

자연의 자원

수분이 항상 유지되는 자연자원의 보고

습지의 기능

문단 첫글자 장식 기능
글꼴 : 굴림, 면색 : 노랑

그림위치(내 PC₩문서₩ITQ₩Picture₩그림4.jpg, 문서에 포함
자르기 기능 이용, 크기(45mm×40mm), 바깥 여백 왼쪽 : 2mm

습지는 물이 흐르다 불투수성 내지는 흐름이 정체되어 오랫동안 고이는 과정을 통하여 생성된 지역으로서 생산과 소비의 균형(均衡)을 갖추고 다양한 생명체를 키우는 완벽한 하나의 생태계이다. 많은 생명체에게 서식처를 제공하고 더불어 습지의 생명체들은 생태계를 안정된 수준으로 유지하는 역할을 한다. 습지는 자연적인 것도 인공적인 것도 포함하며, 또한 영속적인 것이나 일시적인 것이나, 물이 체류하고 있거나 흐르고 있거나, 혹은 담수이건 기수이건 염수이건 간에 습원이나 소택지, 이탄지, 혹은 하천이나 호소 등의 수역으로, 수심이 간조 시에 6m를 넘지 않는 해역을 포함한다.

이러한 습지㉠(濕地)는 지구의 수많은 물리, 화학, 유전인자의 원천이자 저장소이며 변화의 산실로서 인류에게 매우 중요한 환경이다. 습지는 자연현상 및 인간의 활동으로 발생한 유기질과 무기질을 변화시키고, 수문, 수리, 화학적 순환 과정에서 자연적으로 수질을 정화한다. 습지는 홍수와 해안 침식 방지, 지하수 충전을 통한 지하수량 조절의 역할을 담당하며, 다양한 종류의 동식물군이 아름답고도 특이한 심미적 경관을 만들어 낸다.

각주

글꼴 : 굴림, 18pt, 흰색
음영색 : 파랑

● 습지에 관한 람사협약

가) 람사협약(Ramsar Convention) 가입 필요성
 a) 물새 서식지 및 야생조수 보호를 위한 국제적 노력에 동참
 b) 자료수집, 정보교류, 공동연구 등의 사무국 및 체약국 간 협조 용이
나) 람사협약 가입 당사국의 의무
 a) 가입국은 협약 가입 시 1개 이상의 국내 습지 지정
 b) 람사습지로 지정된 습지의 추가 또는 축소 시 사무국에 통보

문단 번호 기능 사용
1수준 : 15pt, 오른쪽 정렬,
2수준 : 25pt, 오른쪽 정렬,
줄 간격 : 180%

표 전체 글꼴 : 돋움, 10pt, 가운데 정렬,
셀 배경(그러데이션) : 유형(가운데에서),
시작색(노랑), 끝 색(흰색)

글꼴 : 굴림, 18pt, 밑줄, 강조점

● 습지의 분류

분류	아계	장소	분류	아계	장소
연안습지	연안	도서지방 조간대	내륙습지	하천	하구를 제외한 강의 주변
	하구	바다로 흐르는 강의 하구		호소	저수지
	호소/소택	석호		소택	배후습지 및 고산습지
	만조 때 물에 잠기고 간조 때 드러나는 지역			육지 또는 섬 안에 있는 호소와 하구	

- 출처 : 국립환경연구원. 습지의 이해. 2001

글꼴 : 돋움, 20pt, 진하게,
장평 : 120%, 가운데 정렬

세계 습지의 날

각주 구분선 : 5cm

㉠ 하천, 연못, 늪으로 둘러싸인 습한 땅으로 자연적인 환경에 의해 항상 수분이 유지되는 곳

쪽 번호 매기기
6으로 시작

- ⑥ -

■ ■ 완성파일 : 기출유형₩문서작성2_완성.hwp

02 다음의 ≪조건≫에 따라 ≪출력형태≫와 같이 문서를 작성하시오. (110점)

조건 (1) 그리기 도구를 이용하여 작성하고, 모든 도형(글맵시, 지정된 그림 포함)을 ≪출력형태≫와 같이 작성하시오.
(2) 도형의 면 색은 지시사항이 없으면, 색 없음을 제외하고 서로 다르게 임의로 지정하시오.

출력형태

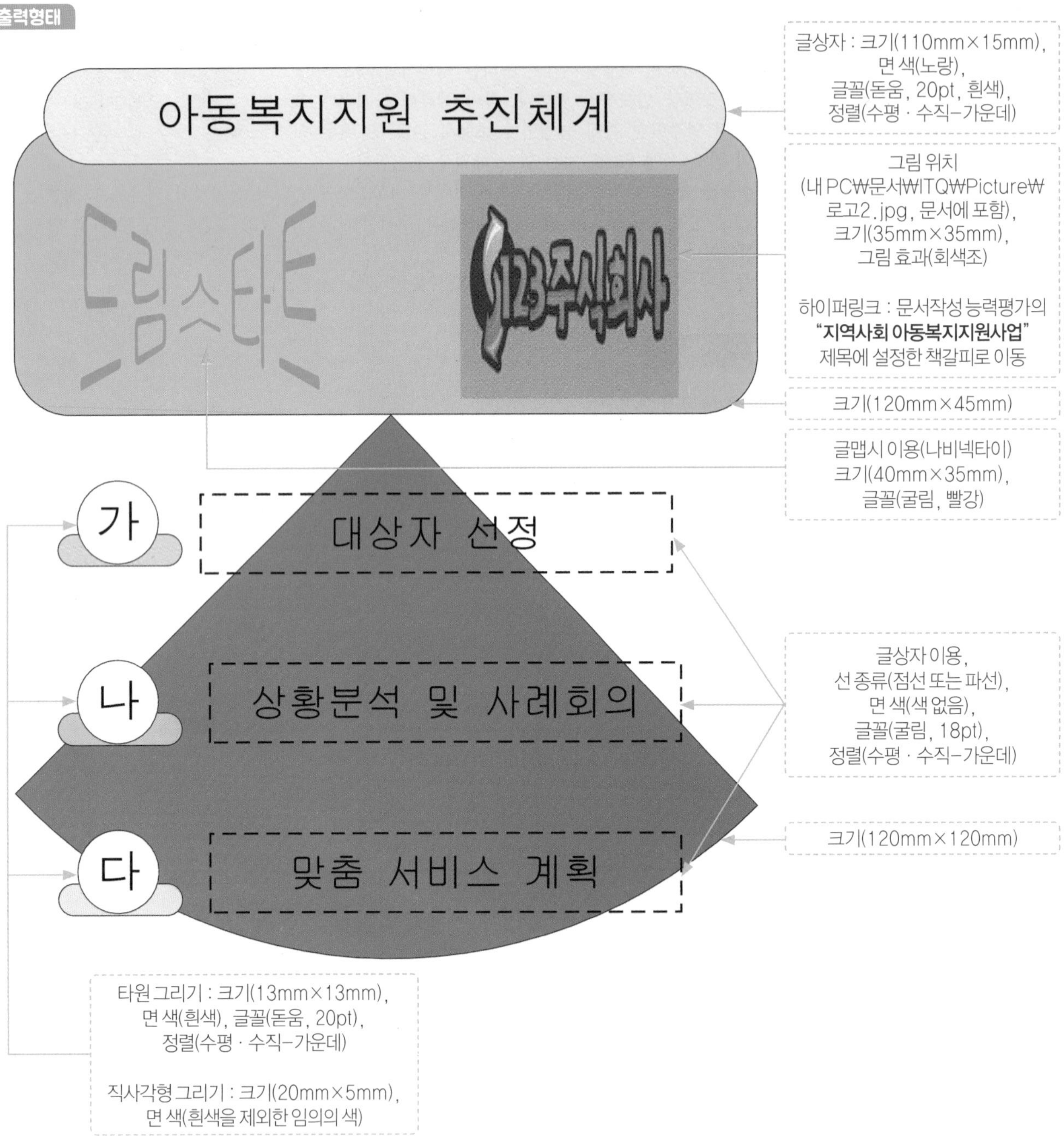

문서작성 능력평가 (200점)

출력형태

글꼴 : 궁서, 21pt, 진하게, 가운데 정렬
책갈피 이름 : 아동복지, 덧말 넣기

머리말 기능
돋움, 10pt, 오른쪽 정렬 → 우주센터 건설

문단 첫 글자 장식 기능
글꼴 : 돋움, 면색 : 노랑

지역사회 아동복지지원사업 (덧말: 아동통합서비스)

그림위치(내 PC₩문서₩ITQ₩Picture₩그림5.jpg, 문서에 포함)
자르기 기능 이용, 크기(40mm×30mm), 바깥 여백 왼쪽 : 2mm

지역아동센터는 1985년부터 도시의 빈곤밀집 지역과 농산어촌을 중심으로 지역사회 안에서 안전한 보호를 받지 못하는 아동들을 위한 공부방 활동을 중심으로 생겨나기 시작하였다. 정부는 이러한 공부방을 공적(公的) 전달체계로 구축하기 위해 2004년 1월 29일 아동복지법을 개정하여 지역아동센터를 아동복지시설로 규정하고 지원을 시작하였다.

각주

기존의 사후치료적인 서비스를 대신 사전 예방적이고 능동적인 복지를 추구하고자 하는 드림스타트 사업㉮은 취약지역에 거주하는 만 12세 이하 저소득층 아동가구 및 임산부를 대상으로 집중적이고 예방적인 통합서비스를 통해 공평한 출발기회를 보장하고, 나아가 빈곤의 대물림을 방지하기 위한 종합적인 아동복지정책이다. 즉, 기초수급 또는 차상위계층 등 사회적 위기에 직면하고 있는 가구 및 아동에 대해 아이들에게는 건강, 복지, 보육 등 맞춤형 통합서비스를, 부모들에게는 부모 교육프로그램 실시 및 직업훈련과 고용촉진 서비스를 연계하여 아동의 전인적(全人的) 발달을 도모함과 동시에 가족기능을 회복시켜 안정적이고 공평한 양육여건을 보장하는 프로그램들로 구성되어 있다.

◈ 아동복지시설 인프라 확충

글꼴 : 굴림, 18pt, 흰색
음영색 : 파랑

A. 아동복지시설 보호
  ① 시설종사자 처우개선 및 종사자의 2교대 근무 실시
  ② 지역특성에 맞는 효율적 집행을 위해 운영자의 자율성 강화
B. 아동공동생활가정(그룹홈)
  ① 2010년 그룹홈수는 416개소 계속 증가추세
  ② 그룹홈의 운영 활성화 및 내실화를 위해 컨설팅 실시

문단 번호 기능 사용
1수준 : 20pt, 오른쪽 정렬,
2수준 : 30pt, 오른쪽 정렬,
줄 간격 : 180%

◈ ***복지시설 퇴소 아동자립지원*** (강조점)

글꼴 : 굴림, 18pt,
기울임, 강조점

표 전체 글꼴 : 돋움, 10pt, 가운데 정렬,
셀 배경(그러데이션) : 유형(왼쪽 대각선),
시작 색(흰색), 끝 색(노랑)

자립서비스	세부지원내용	계획 수립 진행
정착금지원	퇴소 후 기초비용으로 월 100-500만원 제공	- 만 15세가 되면 퇴소 후 대비책 수립 - 직업훈련체험, 직업관련 정보제공 등이 퇴소전까지 이루어짐
주거지원	전세자금 우선지원, 공동생활가정 입주 지원	
	영구임대 우선분양	
	취업 후 일정기간 자립지원시설 거주 가능	
취업지원	폴리텍대학 입학 우선기회 부여	
	뉴스타트 프로젝트 지원	

- 이밖에도 아동 및 장애인의 실종 예방 및 실종가족의 지원마련대책을 모색하고 있다.

아동복지정책지원국

글꼴 : 돋움, 25pt, 진하게,
장평 : 110%, 가운데 정렬

각주 구분선 : 5cm

㉮ 2012년 현재 전국 232개 지역에서 사업진행 중으로 계속 확대해 나갈 예정

쪽 번호 매기기
2로 시작

- 2 -

■ ■ 완성파일 : 기출유형₩문서작성3_완성.hwp

03 다음의 ≪조건≫에 따라 ≪출력형태≫와 같이 문서를 작성하시오. (110점)

조건 (1) 그리기 도구를 이용하여 작성하고, 모든 도형(글맵시, 지정된 그림 포함)을 ≪출력형태≫와 같이 작성하시오.
(2) 도형의 면 색은 지시사항이 없으면, 색 없음을 제외하고 서로 다르게 임의로 지정하시오.

출력형태

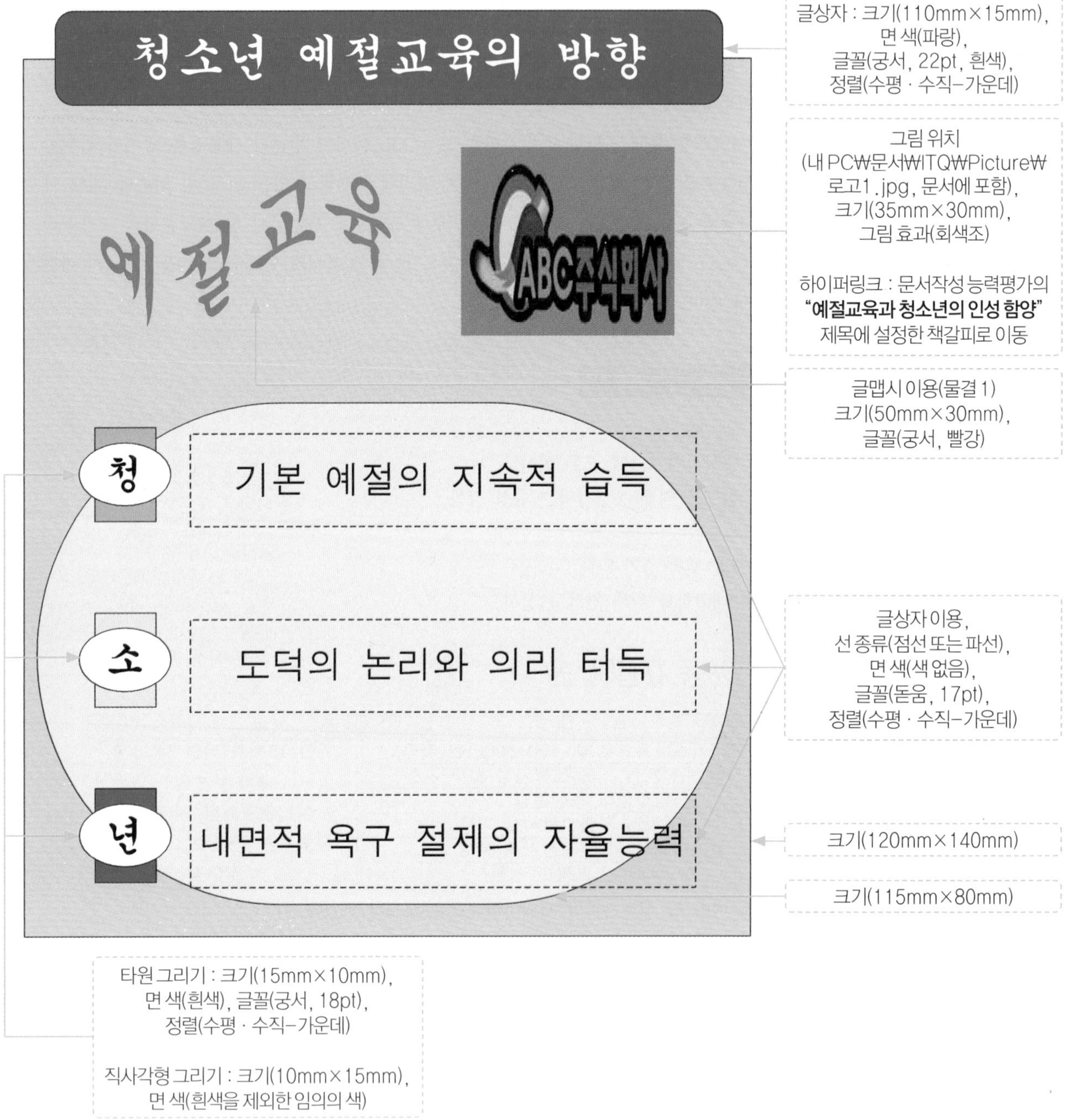

출력형태

머리말 기능
굴림, 10pt, 오른쪽 정렬 → 범국민 윤리

글꼴 : 궁서, 20pt, 진하게, 가운데 정렬
책갈피 이름 : 예절교육, 덧말 넣기

예절교육과 청소년(예절캠페인)의 인성 함양

문단 첫 글자 장식 기능
글꼴 : 돋움, 면색 : 노랑

그림위치(내 PC₩문서₩ITQ₩Picture₩그림4.jpg, 문서에 포함
자르기 기능 이용, 크기(40mm×30mm), 바깥 여백 왼쪽 : 2mm

청소년은 미래의 주인공이라는 사실은 아무리 강조해도 지나치지 않을 것이다. 이렇듯 우리나라는 물론 세계를 이끌어 갈 바람직한 인재를 육성하기 위해 학교 교육과 더불어 바른 인성을 함양하고 건강한 정서를 형성할 수 있는 제도적 장치가 필요하다 하겠다. 요즘처럼 세계화의 흐름 속에서 청소년들이 외래문화(外來文化)의 무분별한 유입으로 발생하는 정서적인 불안정이나 문화적인 갈등을 극복하기 위해서는 가정과 학교 그리고 사회에서 반드시 필요한 예절과 규범 등의 체계적인 교육이 수반되어야 한다. 일례로 학교폭력을 예방하고 문제 청소년을 교화하는 등 인성 회복과 인간관계의 근본적인 이해에 역점을 두어야 한다. 아울러 다양한 예절교육 프로그램을 시행하여 올바른 사고와 가치관을 정립시켜 나눔을 실천하는 긍정적이고 미래지향적인 개체로 거듭나도록 지도해야 할 것이다.

각주

이와 함께 전통과 현대의 조화를 위한 예절교육 프로그램을 통해 소외된 결손가정Ⓐ의 아이들에게 예절과 공중도덕을 체계적으로 교육해야 한다. 산업화와 정보화 등으로 의사소통이 단절되어 가는 삭막한 사회에서 조상(祖上)의 예절문화를 청소년들에게 교육함으로써 인격과 예의 그리고 건전한 풍속의 기초를 다지고자 한다.

▶ 예절교육의 기본 내용

글꼴 : 돋움, 18pt, 흰색
음영색 : 빨강

가) 교육 내용
  a) 예절의 기원 : 동방예의지국, 한국의 예의 문화
  b) 가정예절, 학교예절, 전통예절, 사회예절, 질서와 환경
나) 예절 캠페인 실시
  a) 올바른 질서의식 함양을 위한 예절교육
  b) 교육 후 예절 실천운동의 필요성을 알리는 캠페인 실시

문단 번호 기능 사용
1수준 : 15pt, 오른쪽 정렬,
2수준 : 25pt, 오른쪽 정렬,
줄 간격 : 180%

▶ 청소년 예절교육 프로그램 개요

글꼴 : 돋움, 18pt,
밑줄, 강조점

표 전체 글꼴 : 굴림, 10pt, 가운데 정렬,
셀 배경(그러데이션) : 유형(수평),
시작 색(노랑), 끝 색(흰색)

과목	내용	시간	과목	내용	시간
가정예절	부모를 향한 효도	4시간	학교예절	스승을 향한 존경심	5시간
	형제자매 간의 예절			급우와 이성 간의 예절	
	뿌리 찾기			수업 중 예절	
전통예절	한복 바로 입기	7시간	질서와 환경	함께 사는 지구	2시간
	올바른 절하기			질서 준수	
	관혼상제 예절			자연과 환경 보호	

- 본 프로그램은 전국 초등학교와 중학교의 강당이나 별도의 시설에서 실시됩니다.

청소년예절문화원

글꼴 : 궁서, 24pt, 진하게,
장평 : 120%, 가운데 정렬

각주 구분선 : 5cm

Ⓐ 부모의 한쪽 또는 양쪽이 부재하여 미성년인 자녀를 제대로 돌보지 못하는 가정

쪽 번호 매기기
5로 시작

- E -

ITQ Hangul

기출 · 예상 문제 15회

Hangul 20

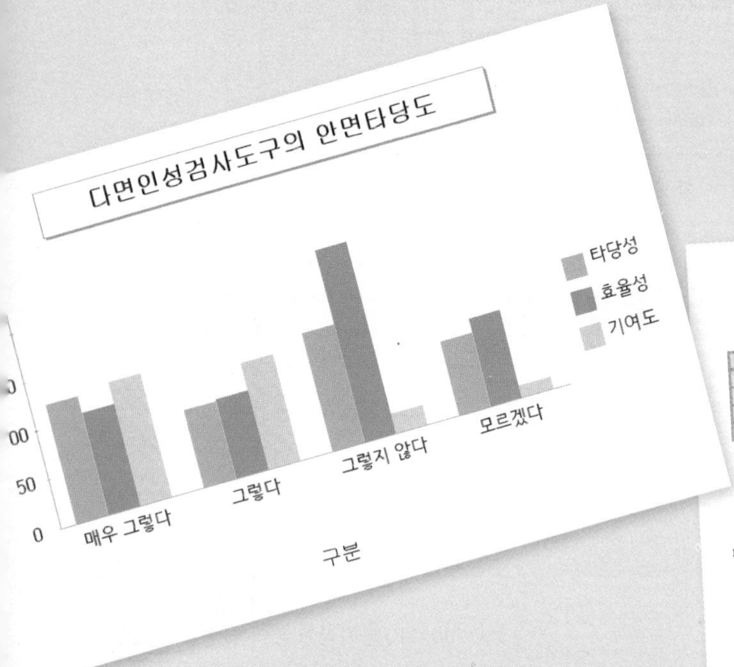

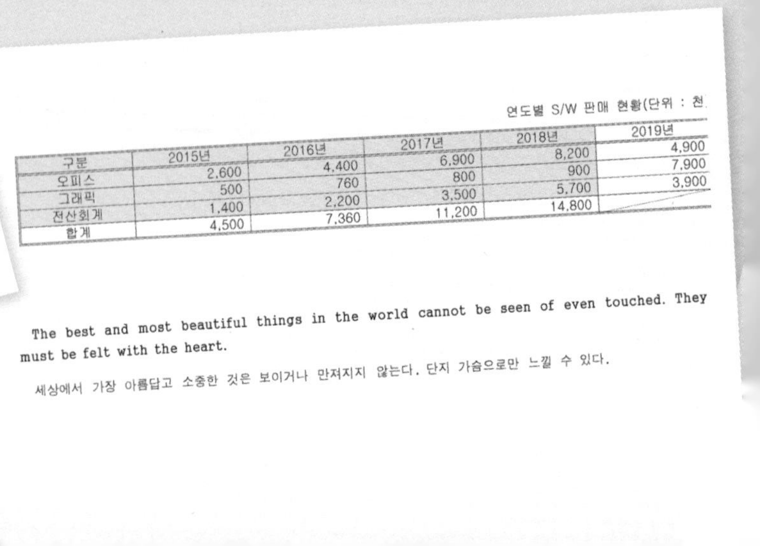
연도별 S/W 판매 현황(단위 : 천

구분	2015년	2016년	2017년	2018년	2019년
오피스	2,600	4,400	6,900	8,200	4,900
그래픽	500	760	800	900	7,900
전산회계	1,400	2,200	3,500	5,700	3,900
합계	4,500	7,360	11,200	14,800	

The best and most beautiful things in the world cannot be seen of even touched. They must be felt with the heart.

세상에서 가장 아름답고 소중한 것은 보이거나 만져지지 않는다. 단지 가슴으로만 느낄 수 있다.

16

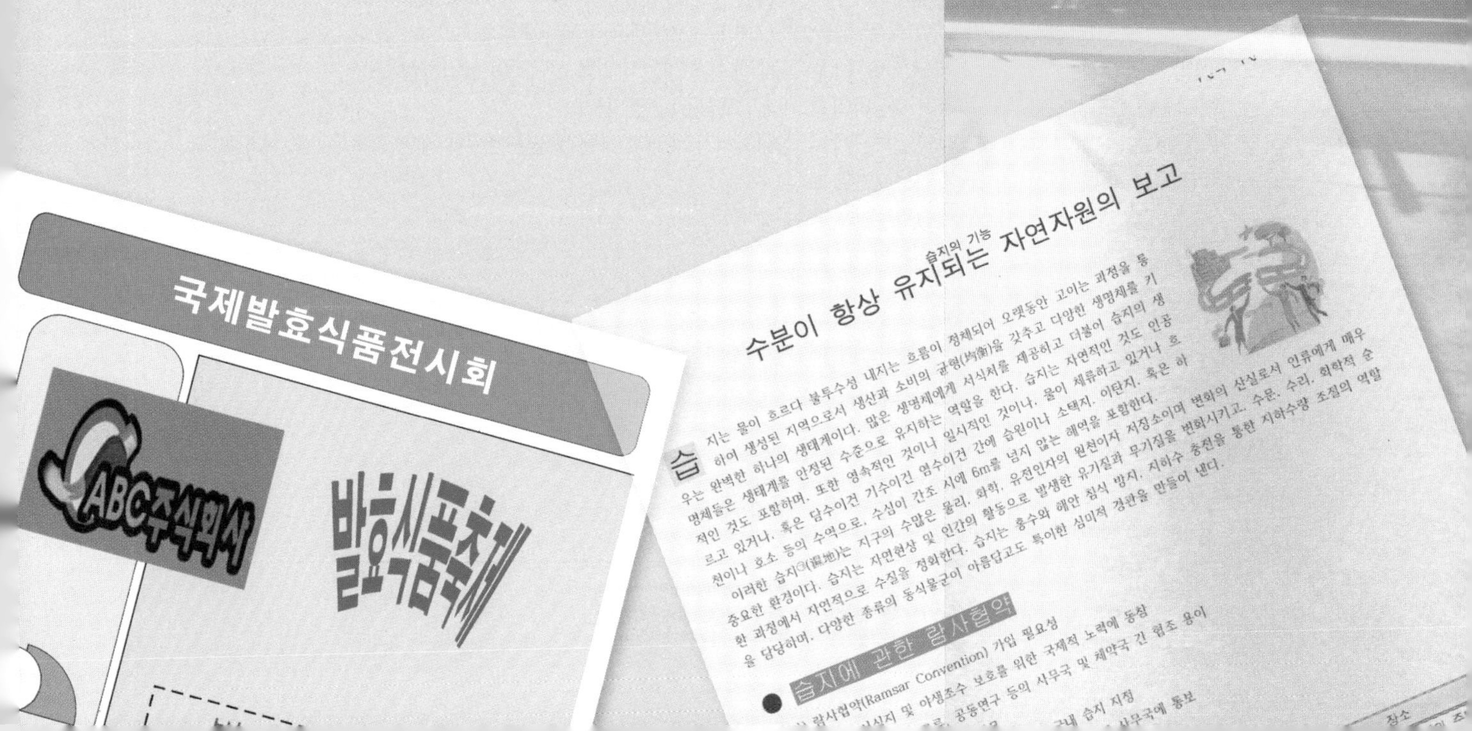
국제발효식품전시회
ABC주식회사
발효식품축제
습지의 기능
수분이 항상 유지되는 자연자원의 보고
습지에 관한 람사협약

제1회 정보기술자격(ITQ) 시험

과 목	코 드	문제유형	시험시간	수험번호	성 명
아래한글	1111	A	60분		

수험자 유의사항

- 수험자는 문제지를 받는 즉시 문제지와 **수험표상의 시험과목(프로그램)이 동일한지 반드시 확인**하여야 합니다.
- 파일명은 본인의 "수험번호-성명"으로 입력하여 답안폴더(내 PC₩문서₩ITQ)에 하나의 파일로 저장해야 하며, 답안문서 파일명이 "수험번호-성명"과 일치하지 않거나, 답안파일을 전송하지 않아 미제출로 처리될 경우 실격 처리합니다 (예 : 12345678-홍길동.hwp).
- 답안 작성을 마치면 파일을 저장하고, '답안 전송' 버튼을 선택하여 감독위원 PC로 답안을 전송하십시오. 수험생 정보와 저장한 파일명이 다를 경우 전송되지 않으므로 주의하시기 바랍니다.
- 답안 작성 중에도 **주기적으로 저장하고, '답안 전송'**하여야 문제 발생을 줄일 수 있습니다. 작업한 내용을 저장하지 않고 전송할 경우 이전에 저장된 내용이 전송되오니 이점 유의하시기 바랍니다.
- 답안문서는 지정된 경로 외의 다른 보조기억장치에 저장하는 경우, 지정된 시험 시간 외에 작성된 파일을 활용할 경우, 기타 통신수단(이메일, 메신저, 네트워크 등)을 이용하여 타인에게 전달 또는 외부 반출하는 경우는 부정 처리합니다.
- 시험 중 부주의 또는 고의로 시스템을 파손한 경우는 수험자가 변상해야 하며, 〈수험자 유의사항〉에 기재된 방법대로 이행하지 않아 생기는 불이익은 수험생 당사자의 책임임을 알려 드립니다.
- 문제의 조건은 한컴오피스 NEO(2016)버전으로 설정되어 있으니 유의하시기 바랍니다.
- 시험을 완료한 수험자는 답안파일이 전송되었는지 확인한 후 감독위원의 지시에 따라 문제지를 제출하고 퇴실합니다.

답안 작성요령

온라인 답안 작성 절차

수험자 등록 ⇒ 시험 시작 ⇒ 답안파일 저장 ⇒ 답안 전송 ⇒ 시험 종료

공통 부문

- ㅇ 글꼴에 대한 기본설정은 함초롬바탕, 10포인트, 검정, 줄간격 160%, 양쪽정렬로 합니다.
- ㅇ 색상은 조건의 색을 적용하고 색의 구분이 안 될 경우에는 RGB 값을 적용하십시오(빨강 255, 0, 0 / 파랑 0, 0, 255 / 노랑 255, 255, 0).
- ㅇ 각 문항에 주어진 ≪조건≫에 따라 작성하고 언급하지 않은 조건은 ≪출력형태≫와 같이 작성합니다.
- ㅇ 용지여백은 왼쪽 · 오른쪽 11㎜, 위쪽 · 아래쪽 · 머리말 · 꼬리말 10㎜, 제본 0㎜로 합니다.
- ㅇ 그림 삽입 문제의 경우 「내 PC₩문서₩ITQ₩Picture」 폴더에서 지정된 파일을 선택하여 삽입하십시오.
- ㅇ 삽입한 그림은 반드시 문서에 포함하여 저장해야 합니다(미포함 시 감점 처리).
- ㅇ 각 항목은 지정된 페이지에 출력형태와 같이 정확히 작성하시기 바라며, 그렇지 않을 경우에 해당 항목은 0점 처리됩니다.

  ※ 페이지구분 : 1 페이지 – 기능평가 Ⅰ(문제번호 표시 : 1. 2.),
  2페이지 – 기능평가 Ⅱ(문제번호 표시 : 3. 4.),
  3페이지 – 문서작성 능력평가

기능평가

- ㅇ 문제와 ≪조건≫은 입력하지 않으며 문제번호와 답(≪출력형태≫)만 작성합니다.
- ㅇ 4번 문제는 묶기를 했을 경우 0점 처리됩니다.

문서작성 능력평가

- ㅇ A4 용지(210㎜×297㎜) 1매 크기, 세로 서식 문서로 작성합니다.
- ㅇ ⬚ 표시는 문서작성에 대한 지시사항이므로 작성하지 않습니다.

1. 다음의 ≪조건≫에 따라 스타일 기능을 적용하여 ≪출력형태≫와 같이 작성하시오. (50점)

≪조건≫ (1) 스타일 이름 – expo
(2) 문단 모양 – 왼쪽 여백 : 15pt, 문단 아래 간격 : 10pt
(3) 글자 모양 – 글꼴 : 한글(돋움)/영문(굴림), 크기 : 10pt, 장평 : 95%, 자간 : 5%

≪출력형태≫

K-SAFETY EXPO 2019 is the largest market place of safety industry in Korea to introduce advanced technologies in safety industry of Korea to public.

대한민국 안전산업박람회는 우리나라의 선진안전산업을 선보이고 국내외 공공 바이어와 민간 바이어가 한자리에 모이는 국내 최대의 안전산업 마켓 플레이스이다.

2. 다음의 ≪조건≫에 따라 ≪출력형태≫와 같이 표와 차트를 작성하시오. (100점)

≪표 조건≫ (1) 표 전체(표, 캡션) – 굴림, 10pt
(2) 정렬 – 문자 : 가운데 정렬, 숫자 : 오른쪽 정렬
(3) 셀 배경(면 색) : 노랑
(4) 한글의 계산 기능을 이용하여 빈칸에 평균(소수점 두 자리)을 구하고, 캡션 기능 사용할 것
(5) 선 모양은 ≪출력형태≫와 동일하게 처리할 것

≪출력형태≫

연도별 대한민국 안전산업박람회 참관객(단위 : 명)

구분	2015년	2016년	2017년	2018년	평균
20대	5,346	7,745	8,934	11,264	
30대	7,329	10,436	11,252	14,708	
40대	10,485	12,340	13,046	16,934	
50대 이상	6,722	7,694	9,102	11,867	

≪차트 조건≫ (1) 차트 데이터는 표 내용에서 연도별 20대, 30대, 40대의 값만 이용할 것
(2) 종류 – 〈묶은 가로 막대형〉으로 작업할 것
(3) 제목 – 돋움, 진하게, 12pt, 배경 – 선 모양(한 줄로), 그림자(2pt)
(4) 제목 이외의 전체 글꼴 – 돋움, 보통, 10pt
(5) 축제목과 범례는 ≪출력형태≫와 동일하게 처리할 것

≪출력형태≫

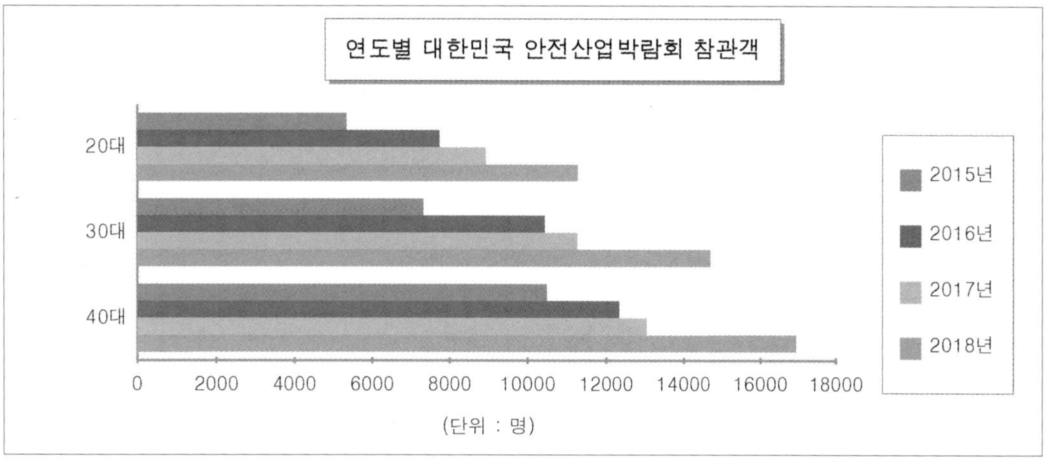

3. 다음 (1), (2)의 수식을 수식 편집기로 각각 입력하시오. (40점)

《출력형태》

(1) $\int_{a}^{b} A(x-a)(x-b)dx = -\frac{A}{6}(b-a)^3$ (2) $A^3 + \sqrt{\frac{gL}{2\pi}} = \frac{gT}{2\pi}$

4. 다음의 《조건》에 따라 《출력형태》와 같이 문서를 작성하시오. (110점)

《조건》 (1) 그리기 도구를 이용하여 작성을 하고, 모든 도형(글맵시, 지정된 그림 포함)을 《출력형태》와 같이 작성하시오.

(2) 도형의 면 색은 지시사항이 없으면 색 없음을 제외하고 서로 다르게 임의로 지정하시오.

《출력형태》

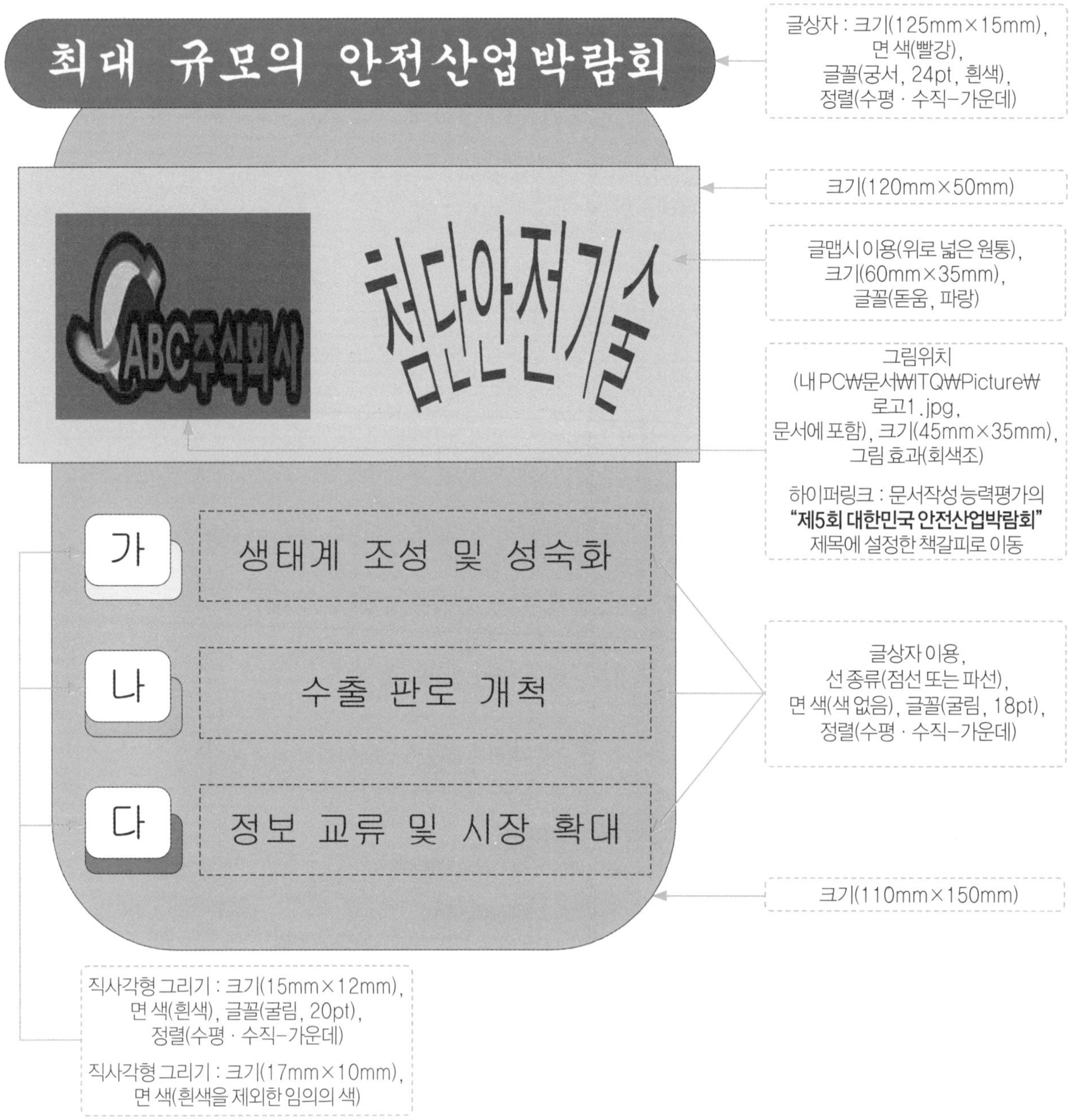

글꼴 : 돋움, 18pt, 진하게, 가운데 정렬
책갈피 이름 : 안전체험
덧말 넣기

머리말 기능
굴림, 10pt, 오른쪽 정렬 → 비즈니스 플랫폼

최신 기술 및 트렌드 공유

제5회 대한민국 안전산업박람회

문단 첫 글자 장식 기능
글꼴 : 궁서, 면색 : 노랑

그림위치(내 PC₩문서₩ITQ₩Picture₩그림4.jpg, 문서에 포함)
자르기 기능 이용, 크기(40mm×40mm), 바깥 여백 왼쪽 : 2mm

4차 산업혁명이 세계적인 흐름으로 이어지면서 안전산업 분야에도 태풍, 지진 등의 자연재해 예측부터 화재, 추락 등의 산업 안전사고 대비(對備)까지 이전에는 없었던 새로운 방향의 기술이 등장해 접목되고 있다. 4차 산업혁명 기술을 접목한 첨단 안전제품들을 한자리에서 볼 수 있는 대한민국 안전산업박람회는 안전관련 정부부처, 지자체, 공공기관이 참여하여 범정부적으로 추진되는 국내 최대 규모의 안전산업 종합박람회로 부처별 안전관련 사업 정책, R&D, 컨퍼런스 등을 연계하여 전시회를 개최한다.

첨단기술을 활용한 혁신 안전제품을 선보이며 사회 전반에 안전에 대한 경각심을 고취하고 안전관련 기업의 판로를 지원하는 대한민국 안전산업박람회는 로봇, 무인기, 생체인식, 인공지능, 사물인터넷 등의 다양한 신기술이 접목된 제품이 선보여지는 혁신성장관과 방재(防災), 산업, 생활, 교통, 치안 등 분야별 안전제품을 볼 수 있는 안전제품관으로 나뉘어 진행된다. 또한 안전산업 관련 기관 및 기업들의 수출상담회를 통해 양질의 해외 바이어를 만날 수 있는 비즈니스존과 VR[ⓐ], AR 등을 활용한 지진체험, 항공기 안전체험 등을 할 수 있는 안전체험마을 등을 부대행사로 운영한다.

각주

◆ 대한민국 안전산업박람회 개요

글꼴 : 굴림, 18pt, 흰색
음영색 : 파랑

가. 기간 및 장소

㉠ 기간 : 2019. 9. 25(수) - 2019. 9. 27(금)

㉡ 장소 : 킨텍스 제1전시장 1-5홀

나. 주최 및 프로그램

㉠ 주최 : 행정안전부, 산업통상자원부, 경기도

㉡ 프로그램 : 전시, 컨퍼런스, 비즈니스 프로그램, 안전체험마을 등

문단 번호 기능 사용
1수준 : 20pt, 오른쪽 정렬,
2수준 : 30pt, 오른쪽 정렬,
줄 간격 : 180%

표 전체 글꼴 : 돋움, 10pt, 가운데 정렬
셀 배경(그러데이션) : 유형(가운데에서),
시작색(흰색), 끝색(노랑)

◆ 주요 컨퍼런스 프로그램

글꼴 : 굴림, 18pt, 강조점

구분	시간	장소	내용	주관기관
1일차	10:00-18:00	204호-206호	2019 한국재난안전학회	한국방재학회
	14:00-18:00	304호	공공재산의 재난 및 안전 통제 세미나	지방재정협회
2일차	09:00-12:00	205호	지능형 비디오 분석 및 경보 모니터링 세미나	한국디지털CCTV연구회
	13:00-18:00		공공안전 로봇 프로젝트 워크숍	한국로봇종합학회
3일차	09:30-17:00	209호-210호	2019 한국건설안전학회 학술대회	한국건설안전연구원

글꼴 : 궁서, 24pt, 진하게
장평 95%, 오른쪽 정렬

안전산업박람회사무국

각주 구분선 : 5cm

ⓐ Virtual Reality의 약자로 현실이 아닌데도 실제처럼 생각하고 보이게 하는 현실

쪽 번호 매기기
5로 시작 → E

제2회 정보기술자격(ITQ) 시험

과 목	코 드	문제유형	시험시간	수험번호	성 명
아래한글	1111	B	60분		

수험자 유의사항

- 수험자는 문제지를 받는 즉시 문제지와 **수험표상의 시험과목(프로그램)이 동일한지 반드시 확인**하여야 합니다.
- 파일명은 본인의 "수험번호-성명"으로 입력하여 답안폴더(내 PC₩문서₩ITQ)에 하나의 파일로 저장해야 하며, 답안문서 파일명이 "수험번호-성명"과 일치하지 않거나, 답안파일을 전송하지 않아 미제출로 처리될 경우 실격 처리합니다(예 : 12345678-홍길동.hwp).
- 답안 작성을 마치면 파일을 저장하고, '답안 전송' 버튼을 선택하여 감독위원 PC로 답안을 전송하십시오. 수험생 정보와 저장한 파일명이 다를 경우 전송되지 않으므로 주의하시기 바랍니다.
- 답안 작성 중에도 **주기적으로 저장하고, '답안 전송'**하여야 문제 발생을 줄일 수 있습니다. 작업한 내용을 저장하지 않고 전송할 경우 이전에 저장된 내용이 전송되오니 이점 유의하시기 바랍니다.
- 답안문서는 지정된 경로 외의 다른 보조기억장치에 저장하는 경우, 지정된 시험 시간 외에 작성된 파일을 활용할 경우, 기타 통신수단(이메일, 메신저, 네트워크 등)을 이용하여 타인에게 전달 또는 외부 반출하는 경우는 부정 처리합니다.
- 시험 중 부주의 또는 고의로 시스템을 파손한 경우는 수험자가 변상해야 하며, 〈수험자 유의사항〉에 기재된 방법대로 이행하지 않아 생기는 불이익은 수험생 당사자의 책임임을 알려 드립니다.
- 문제의 조건은 한컴오피스 NEO(2016)버전으로 설정되어 있으니 유의하시기 바랍니다.
- 시험을 완료한 수험자는 답안파일이 전송되었는지 확인한 후 감독위원의 지시에 따라 문제지를 제출하고 퇴실합니다.

답안 작성요령

온라인 답안 작성 절차

수험자 등록 ⇒ 시험 시작 ⇒ 답안파일 저장 ⇒ 답안 전송 ⇒ 시험 종료

공통 부문

- ㅇ 글꼴에 대한 기본설정은 함초롬바탕, 10포인트, 검정, 줄간격 160%, 양쪽정렬로 합니다.
- ㅇ 색상은 조건의 색을 적용하고 색의 구분이 안 될 경우에는 RGB 값을 적용하십시오(빨강 255, 0, 0 / 파랑 0, 0, 255 / 노랑 255, 255, 0).
- ㅇ 각 문항에 주어진 ≪조건≫에 따라 작성하고 언급하지 않은 조건은 ≪출력형태≫와 같이 작성합니다.
- ㅇ 용지여백은 왼쪽 · 오른쪽 11㎜, 위쪽 · 아래쪽 · 머리말 · 꼬리말 10㎜, 제본 0㎜로 합니다.
- ㅇ 그림 삽입 문제의 경우 「내 PC₩문서₩ITQ₩Picture」 폴더에서 지정된 파일을 선택하여 삽입하십시오.
- ㅇ 삽입한 그림은 반드시 문서에 포함하여 저장해야 합니다(미포함 시 감점 처리).
- ㅇ 각 항목은 지정된 페이지에 출력형태와 같이 정확히 작성하시기 바라며, 그렇지 않을 경우에 해당 항목은 0점 처리됩니다.

※ 페이지구분 : 1 페이지 – 기능평가 Ⅰ (문제번호 표시 : 1. 2.),
2페이지 – 기능평가 Ⅱ (문제번호 표시 : 3. 4.),
3페이지 – 문서작성 능력평가

기능평가

- ㅇ 문제와 ≪조건≫은 입력하지 않으며 문제번호와 답(≪출력형태≫)만 작성합니다.
- ㅇ 4번 문제는 묶기를 했을 경우 0점 처리됩니다.

문서작성 능력평가

- ㅇ A4 용지(210㎜×297㎜) 1매 크기, 세로 서식 문서로 작성합니다.
- ㅇ ▭ 표시는 문서작성에 대한 지시사항이므로 작성하지 않습니다.

1. 다음의 ≪조건≫에 따라 스타일 기능을 적용하여 ≪출력형태≫와 같이 작성하시오. (50점)

≪조건≫ (1) 스타일 이름 – kosme
(2) 문단 모양 – 왼쪽 여백 : 15pt, 문단 아래 간격 : 10pt
(3) 글자 모양 – 글꼴 : 한글(돋움)/영문(굴림), 크기 : 10pt, 장평 : 95%, 자간 : 5%

≪출력형태≫

The Korea SMEs and Startups Agency has dedicated its energy to support the stable management and growth of small and medium enterprises.

기업 스스로 단계별 점검을 통해 중소벤처기업진흥공단에서 지원하는 자금 융자 사업의 이용 가능성을 확인하여 적합한 자금을 신청하는 시스템을 정책자금 융자 도우미라고 한다.

2. 다음의 ≪조건≫에 따라 ≪출력형태≫와 같이 표와 차트를 작성하시오. (100점)

≪표 조건≫ (1) 표 전체(표, 캡션) – 굴림, 10pt
(2) 정렬 – 문자 : 가운데 정렬, 숫자 : 오른쪽 정렬
(3) 셀 배경(면 색) : 노랑
(4) 한글의 계산 기능을 이용하여 빈칸에 합계를 구하고, 캡션 기능 사용할 것
(5) 선 모양은 ≪출력형태≫와 동일하게 처리할 것

≪출력형태≫

과학 및 기술서비스업 사업체 현황(단위 : 십억 원, 개)

구분	소상공인	소기업	중기업	중소기업	합계
매출액	7,618	34,295	15,184	49,479	
사업비용	6,534	30,712	13,658	44,371	
인건비	2,294	12,551	5,536	18,087	
사업체	58,289	85,997	1,089	87,086	

≪차트 조건≫ (1) 차트 데이터는 표 내용에서 구분별 매출액, 사업비용, 인건비의 값만 이용할 것
(2) 종류 – 〈묶은 가로 막대형〉으로 작업할 것
(3) 제목 – 돋움, 진하게, 12pt, 배경 – 선 모양(한 줄로), 그림자(2pt)
(4) 제목 이외의 전체 글꼴 – 돋움, 보통, 10pt
(5) 축제목과 범례는 ≪출력형태≫와 동일하게 처리할 것

≪출력형태≫

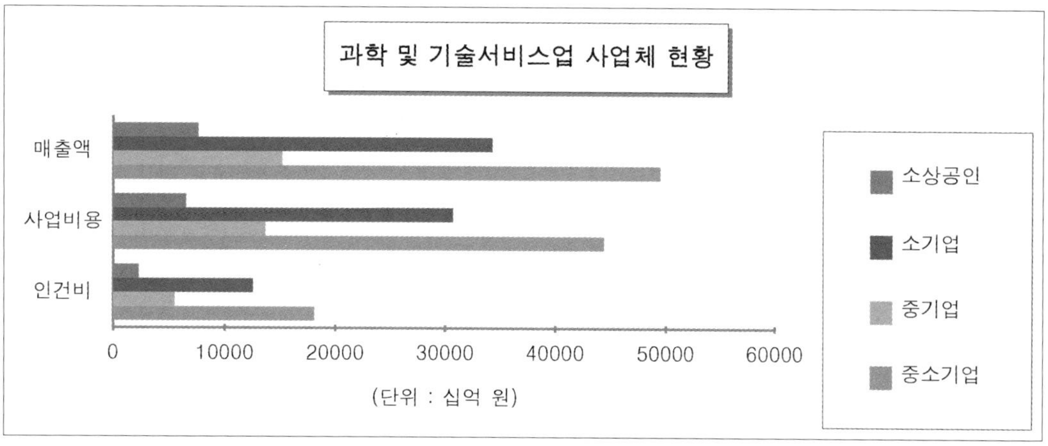

3. 다음 (1), (2)의 수식을 수식 편집기로 각각 입력하시오. (40점)

≪출력형태≫

(1) $AB=\sqrt{(x_2-x_1)^2+(y_2-y_1)^2}$ (2) $E=mc^2=\dfrac{bc^2}{\sqrt{1-\dfrac{k^2}{c^2}}}$

4. 다음의 ≪조건≫에 따라 ≪출력형태≫와 같이 문서를 작성하시오. (110점)

≪조건≫ (1) 그리기 도구를 이용하여 작성하고, 모든 도형(글맵시, 지정된 그림)을 포함 ≪출력형태≫와 같이 작성하시오.
(2) 도형의 면 색은 지시사항이 없으면 색 없음을 제외하고 서로 다르게 임의로 지정하시오.

≪출력형태≫

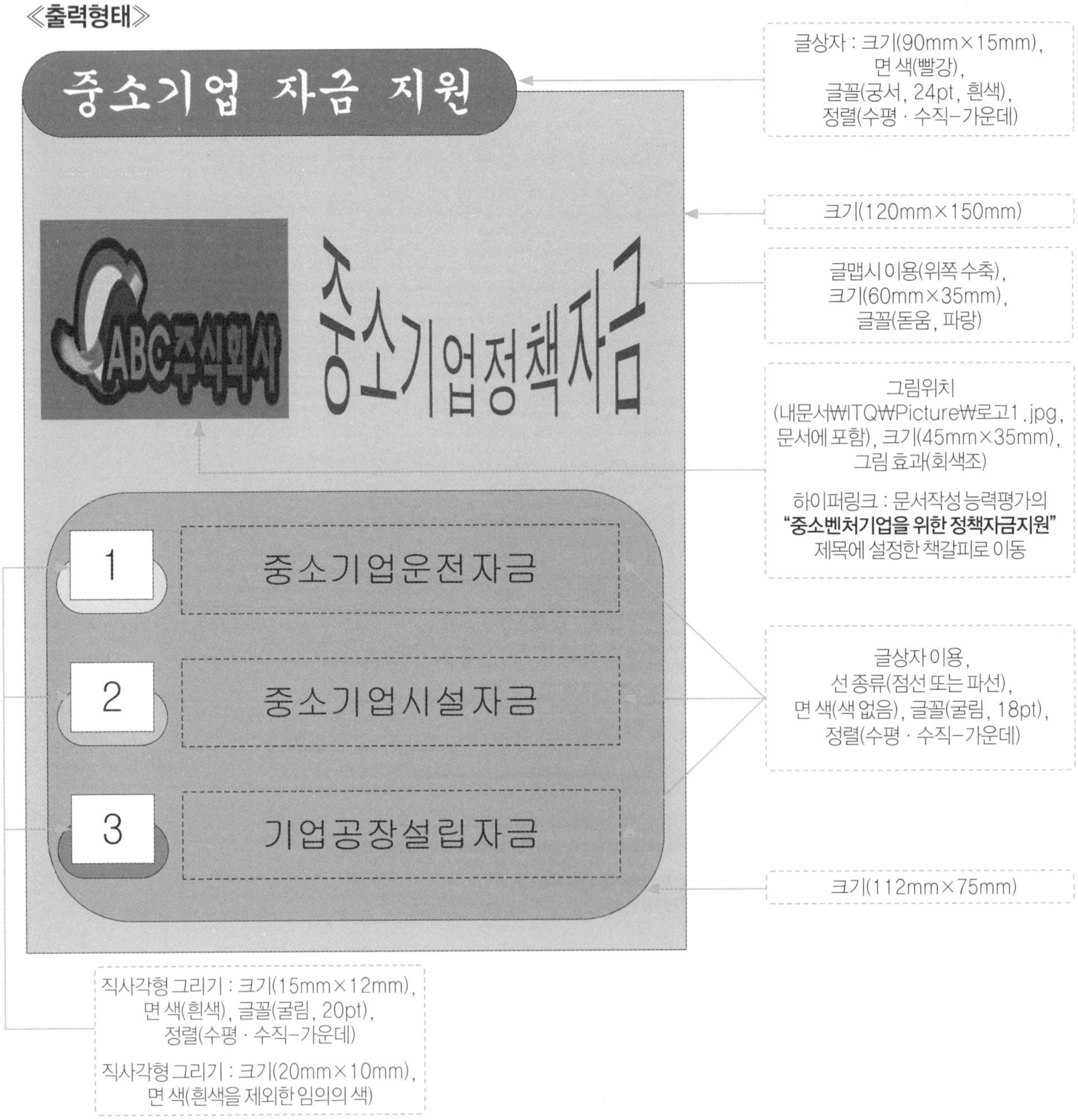

글꼴 : 돋움, 18pt, 진하게, 가운데 정렬
책갈피 이름 : 중소기업, 덧말 넣기

머리말 기능
굴림, 10pt, 오른쪽 정렬 → 중소기업 지원

문단 첫 글자 장식 기능
글꼴 : 궁서, 면색 : 노랑

중소벤처기업을 위한 정책자금 지원

(덧말: 정책자금융자)

각주

그림위치(내 PC₩문서₩ITQ₩Picture₩그림4.jpg, 문서에 포함)
자르기 기능 이용, 크기(40mm×40mm), 바깥 여백 왼쪽 : 2mm

대한민국 경제의 뿌리 역할을 하고 있는 산업 역군ⓐ으로서 그 기반을 이루어 핵심 과제를 수행하게 될 중소기업의 체질을 개선하고 국제 경쟁력을 향상시키고자 정책자금을 지원하는 사업이 추진 중에 있다. 이 지원 사업은 기업 스스로 단계별 점검을 통해 중소벤처기업진흥공단(KOSME)에서 지원하는 자금 융자 사업의 이용 가능성을 확인하고 가장 적합한 자금을 안내 받는 시스템이다.

총 3조 6,700억 원을 지원하는 본 사업의 주요 규모(規模)를 살펴보면, 융자 한도가 중소기업 창업 및 진흥기금의 융자 잔액 기준으로 60억 원까지이며(수도권을 제외한 지방 소재 기업은 70억 원), 매출액의 150% 이내에서 지원된다(최대 100억 원). 대출금리는 공공자금 관리기금의 대출금리에 분기별로 연동하는 변동금리를 적용(適用)한다. 단, 청년 전용 창업자금, 투융자 복합 금융자금, 재해 중소기업은 세부 사업에서 정하는 고정금리를 적용한다. 중소기업진흥공단에 융자를 신청 및 접수한 사업체 가운데 지원 대상이 결정되면 중소기업진흥공단이 직접 대출을 시행하거나 금융회사에서 신용, 담보부(보증서 포함) 대출을 시행한다.

♠ 지원 사업 개요

글꼴 : 굴림, 18pt, 흰색
음영색 : 파랑

i. 시기
  a. 융자 시기 : 월별 구분 접수
  b. 사업별로 접수 기간 차별화 : 자금 소진 시까지
ii. 절차
  a. 신청 및 접수 : 중소기업, 중소벤처기업진흥공단 지역 본부 및 지부
  b. 서류 및 현장 실사 : 보증기관 등

문단 번호 기능 사용
1수준 : 20pt, 오른쪽 정렬,
2수준 : 30pt, 오른쪽 정렬,
줄 간격 : 180%

♠ 기업성장 단계별 지원

글꼴 : 굴림, 18pt,
밑줄, 강조점

표 전체 글꼴 : 돋움, 10pt, 가운데 정렬
셀 배경(그러데이션) : 유형(가운데에서),
시작색(흰색), 끝색(노랑)

구분	창업기	성장기	재도약기
지원 방향	창업 및 시장진입 성장단계 디딤돌	성장단계진입 및 지속성장	재무구조개선 정상화/퇴출/재창업
지원 사업	혁신창업지원, 일자리창출촉진, 투융자복합금융(이익공유형)	제조현장 스마트화, 내수기업의 수출기업화, 수출기업의 글로벌기업화	재도약지원 (사업전환, 재창업)
	긴급경영안정자금-일시적 애로 및 재해/일반경영안전지원		

글꼴 : 궁서, 24pt, 진하게,
장평 95%, 오른쪽 정렬

중소벤처기업진흥공단

각주 구분선 : 5cm

ⓐ 일정한 부문에서 중요한 역할을 하는 일꾼

쪽 번호 매기기
2로 시작 → ②

제3회 정보기술자격(ITQ) 시험

과 목	코 드	문제유형	시험시간	수험번호	성 명
아래한글	1111	C	60분		

수험자 유의사항

- 수험자는 문제지를 받는 즉시 문제지와 **수험표상의 시험과목(프로그램)이 동일한지 반드시 확인**하여야 합니다.
- 파일명은 본인의 "수험번호-성명"으로 입력하여 답안폴더(내 PC₩문서₩ITQ)에 하나의 파일로 저장해야 하며, 답안문서 파일명이 "수험번호-성명"과 일치하지 않거나, 답안파일을 전송하지 않아 미제출로 처리될 경우 실격 처리합니다 (예 : 12345678-홍길동.hwp).
- 답안 작성을 마치면 파일을 저장하고, '답안 전송' 버튼을 선택하여 감독위원 PC로 답안을 전송하십시오. 수험생 정보와 저장한 파일명이 다를 경우 전송되지 않으므로 주의하시기 바랍니다.
- 답안 작성 중에도 **주기적으로 저장하고, '답안 전송'**하여야 문제 발생을 줄일 수 있습니다. 작업한 내용을 저장하지 않고 전송할 경우 이전에 저장된 내용이 전송되오니 이점 유의하시기 바랍니다.
- 답안문서는 지정된 경로 외의 다른 보조기억장치에 저장하는 경우, 지정된 시험 시간 외에 작성된 파일을 활용할 경우, 기타 통신수단(이메일, 메신저, 네트워크 등)을 이용하여 타인에게 전달 또는 외부 반출하는 경우는 부정 처리합니다.
- 시험 중 부주의 또는 고의로 시스템을 파손한 경우는 수험자가 변상해야 하며, 〈수험자 유의사항〉에 기재된 방법대로 이행하지 않아 생기는 불이익은 수험생 당사자의 책임임을 알려 드립니다.
- 문제의 조건은 한컴오피스 NEO(2016)버전으로 설정되어 있으니 유의하시기 바랍니다.
- 시험을 완료한 수험자는 답안파일이 전송되었는지 확인한 후 감독위원의 지시에 따라 문제지를 제출하고 퇴실합니다.

답안 작성요령

온라인 답안 작성 절차

수험자 등록 ⇒ 시험 시작 ⇒ 답안파일 저장 ⇒ 답안 전송 ⇒ 시험 종료

공통 부문

- ㅇ 글꼴에 대한 기본설정은 함초롬바탕, 10포인트, 검정, 줄간격 160%, 양쪽정렬로 합니다.
- ㅇ 색상은 조건의 색을 적용하고 색의 구분이 안 될 경우에는 RGB 값을 적용하십시오(빨강 255, 0, 0 / 파랑 0, 0, 255 / 노랑 255, 255, 0).
- ㅇ 각 문항에 주어진 ≪조건≫에 따라 작성하고 언급하지 않은 조건은 ≪출력형태≫와 같이 작성합니다.
- ㅇ 용지여백은 왼쪽 · 오른쪽 11㎜, 위쪽 · 아래쪽 · 머리말 · 꼬리말 10㎜, 제본 0㎜로 합니다.
- ㅇ 그림 삽입 문제의 경우 「내 PC₩문서₩ITQ₩Picture」 폴더에서 지정된 파일을 선택하여 삽입하십시오.
- ㅇ 삽입한 그림은 반드시 문서에 포함하여 저장해야 합니다(미포함 시 감점 처리).
- ㅇ 각 항목은 지정된 페이지에 출력형태와 같이 정확히 작성하시기 바라며, 그렇지 않을 경우에 해당 항목은 0점 처리됩니다.

※ 페이지구분 : 1 페이지 – 기능평가 I (문제번호 표시 : 1. 2.),
2페이지 – 기능평가 II (문제번호 표시 : 3. 4.),
3페이지 – 문서작성 능력평가

기능평가

- ㅇ 문제와 ≪조건≫은 입력하지 않으며 문제번호와 답(≪출력형태≫)만 작성합니다.
- ㅇ 4번 문제는 묶기를 했을 경우 0점 처리됩니다.

문서작성 능력평가

- ㅇ A4 용지(210㎜×297㎜) 1매 크기, 세로 서식 문서로 작성합니다.
- ㅇ ⬚ 표시는 문서작성에 대한 지시사항이므로 작성하지 않습니다.

1. 다음의 ≪조건≫에 따라 스타일 기능을 적용하여 ≪출력형태≫와 같이 작성하시오. (50점)

≪조건≫ (1) 스타일 이름 – invention
(2) 문단 모양 – 왼쪽 여백 : 15pt, 문단 아래 간격 : 10pt
(3) 글자 모양 – 글꼴 : 한글(돋움)/영문(굴림), 크기 : 10pt, 장평 : 95%, 자간 : 5%

≪출력형태≫

Thanks to invention, many people live better lives. Inventors have to be willing to learn from failures. The more often ideas come together, the more frequently invention occurs.

발명은 과학과 기술을 발전시키는 한 요소로서 인류에게 매우 중요한 사명이기에 미래를 짊어질 청소년들의 발명품을 발굴하여 창의력 계발에 기여하고자 대한민국학생발명전시회가 개최된다.

2. 다음의 ≪조건≫에 따라 ≪출력형태≫와 같이 표와 차트를 작성하시오. (100점)

≪표 조건≫ (1) 표 전체(표, 캡션) – 굴림, 10pt
(2) 정렬 – 문자 : 가운데 정렬, 숫자 : 오른쪽 정렬
(3) 셀 배경(면 색) : 노랑
(4) 한글의 계산 기능을 이용하여 빈칸에 합계를 구하고, 캡션 기능 사용할 것
(5) 선 모양은 ≪출력형태≫와 동일하게 처리할 것

≪출력형태≫

국가별 미국 특허 출원 건수(단위 : 건)

연도	한국	중국	영국	프랑스	합계
2018년	38,205	21,386	13,296	12,327	
2017년	36,744	18,040	13,157	11,947	
2016년	33,499	15,093	12,807	11,462	
2015년	29,481	13,273	12,457	11,047	

≪차트 조건≫ (1) 차트 데이터는 표 내용에서 국가별 2018년, 2017년, 2016년의 값만 이용할 것
(2) 종류 – 〈묶은 가로 막대형〉으로 작업할 것
(3) 제목 – 돋움, 진하게, 12pt, 배경 – 선 모양(한 줄로), 그림자(2pt)
(4) 제목 이외의 전체 글꼴 – 돋움, 보통, 10pt
(5) 축제목과 범례는 ≪출력형태≫와 동일하게 처리할 것

≪출력형태≫

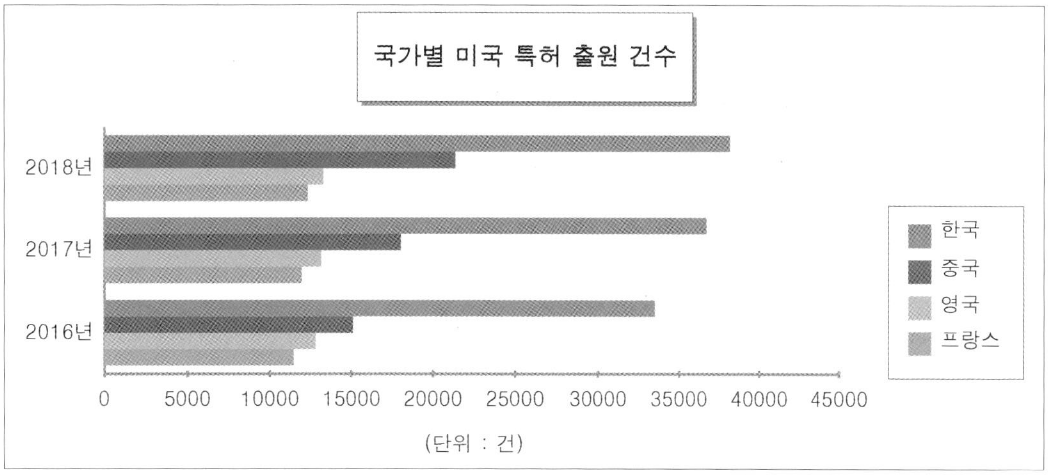

3. 다음 (1), (2)의 수식을 수식 편집기로 각각 입력하시오. (40점)

≪출력형태≫

(1) $Q = \frac{F}{h^2} = \frac{1}{3}\frac{N}{h^3} m\overline{g^2}$

(2) $L = \frac{m+M}{m} V = \frac{m+M}{m}\sqrt{2gh}$

4. 다음의 ≪조건≫에 따라 ≪출력형태≫와 같이 문서를 작성하시오. (110점)

≪조건≫ (1) 그리기 도구를 이용하여 작성하고, 모든 도형(글맵시, 지정된 그림)을 포함 ≪출력형태≫와 같이 작성하시오.

(2) 도형의 면 색은 지시사항이 없으면 색 없음을 제외하고 서로 다르게 임의로 지정하시오.

≪출력형태≫

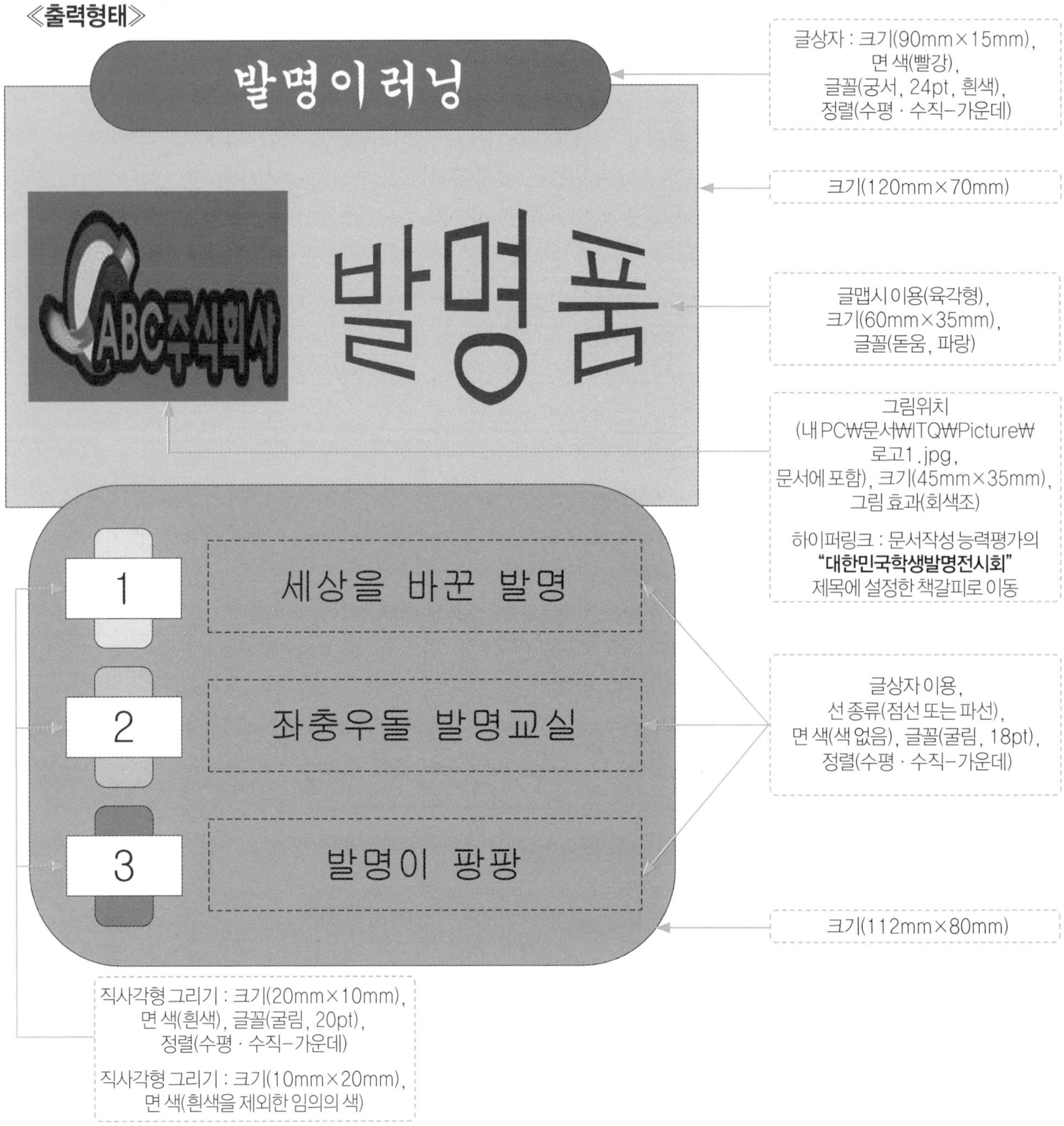

글꼴 : 돋움, 18pt, 진하게, 가운데 정렬
책갈피 이름 : 발명, 덧말 넣기

머리말 기능
굴림, 10pt, 오른쪽 정렬

학생 발명품

문단 첫 글자 장식 기능
글꼴 : 궁서, 면색 : 노랑

창의발명인재양성
대한민국학생발명전시회

그림위치(내 PC₩문서₩ITQ₩Picture₩그림4.jpg, 문서에 포함)
자르기 기능 이용, 크기(40mm×40mm), 바깥 여백 왼쪽 : 2mm

발명은 신규성의 요소를 보여주는 물체, 과정, 기술을 말하는 것으로 발견과 함께 쓰이는 말이지만 물질적 창조(創造)라는 점에서 인식과 관련되는 발견과는 구별된다. 오늘날 발명은 특허제도라는 법체계 속에서 그 소유자의 권리가 사회적으로 인정되고 있다. 특허권을 얻을 수 있는 발명의 기본 요건은 다음과 같다. 첫째, 자연법칙을 이용한 것이어야 한다. 둘째, 기술적 사상이 반영(反映)된 것이어야 한다. 셋째, 창작적인 것이어야 한다. 넷째, 고도성이 인정되는 것이어야 한다. 이외에도 산업상의 이용 가능성과 신규성을 그 요건으로 들 수 있다. 이러한 발명에는 물건의 발명, 방법의 발명, 물건을 생산하는 방법의 발명 등이 있다.

각주

미래를 짊어질 어린이와 청소년 가운데 우수한 학생의 발명품을 발굴 및 시상하고 전시하여 학생들의 발명 의식을 고취하고 창의력 계발에 기여하고자 대한민국학생발명전시회가 개최된다. 특허청㉮과 한국발명진흥회가 주최하고 미래창조과학부와 교육부 등이 후원하는 본 행사는 전국의 초, 중, 고교 재학생과 청소년(만 13-18세)이라면 누구나 참여할 수 있으며 자유발명 및 주제발명 분야에 1인당 3작품 이내로 출품 가능하다.

♠ 전시회 개요

글꼴 : 굴림, 18pt, 흰색
음영색 : 파랑

① 일시 및 목적
　(ㄱ) 일시 : 9월 23일부터 26일까지
　(ㄴ) 목적 : 발명의식 고취 및 창의력 계발에 기여
② 추진 기관
　(ㄱ) 주최, 주관 : 특허청, 한국발명진흥회
　(ㄴ) 후원 : 교육부, 과학기술정보통신부, 산업통상자원부 등

문단 번호 기능 사용
1수준 : 20pt, 오른쪽 정렬,
2수준 : 30pt, 오른쪽 정렬,
줄 간격 : 180%

표 전체 글꼴 : 돋움, 10pt, 가운데 정렬
셀 배경(그러데이션) : 유형(가운데에서),
시작색(흰색), 끝색(노랑)

♠ 학생발명전시회 심사기준

글꼴 : 굴림, 18pt, 밑줄, 강조점

항목	평가지표	가점부여기준
창의성	아이디어의 참신성, 창의성, 아이디어의 계발, 발전 정도	발명탐구일지(2점) 작품설명서 결과물(1점)
필요성	발명자에 의해 중요한 문제가 해결, 일상생활의 개선	
경제성	발명품의 산업상 이용 가능성, 생산비 절감 및 대체효과	
실용성	일상생활에서의 실제적인 쓰임, 재료선택 및 안전한 사용	
완성도	작품의 완성도, 계획했던 과정 속에서의 문제해결	

글꼴 : 궁서, 24pt, 진하게,
장평 95%, 오른쪽 정렬

청소년발명페스티벌

각주 구분선 : 5cm

㉮ 특허, 상표 등에 관한 심판 사무를 맡아보는 중앙 행정 기관

쪽 번호 매기기
4로 시작

라

제4회 정보기술자격(ITQ) 시험

과 목	코 드	문제유형	시험시간	수험번호	성 명
아래한글	1111	A	60분		

수험자 유의사항

- 수험자는 문제지를 받는 즉시 문제지와 **수험표상의 시험과목(프로그램)이 동일한지 반드시 확인**하여야 합니다.
- 파일명은 본인의 "수험번호-성명"으로 입력하여 답안폴더(내 PC₩문서₩ITQ)에 하나의 파일로 저장해야 하며, 답안문서 파일명이 "수험번호-성명"과 일치하지 않거나, 답안파일을 전송하지 않아 미제출로 처리될 경우 실격 처리합니다
(예 : 12345678-홍길동.hwp).
- 답안 작성을 마치면 파일을 저장하고, '답안 전송' 버튼을 선택하여 감독위원 PC로 답안을 전송하십시오. 수험생 정보와 저장한 파일명이 다를 경우 전송되지 않으므로 주의하시기 바랍니다.
- 답안 작성 중에도 **주기적으로 저장하고, '답안 전송'**하여야 문제 발생을 줄일 수 있습니다. 작업한 내용을 저장하지 않고 전송할 경우 이전에 저장된 내용이 전송되오니 이점 유의하시기 바랍니다.
- 답안문서는 지정된 경로 외의 다른 보조기억장치에 저장하는 경우, 지정된 시험 시간 외에 작성된 파일을 활용할 경우, 기타 통신수단(이메일, 메신저, 네트워크 등)을 이용하여 타인에게 전달 또는 외부 반출하는 경우는 부정 처리합니다.
- 시험 중 부주의 또는 고의로 시스템을 파손한 경우는 수험자가 변상해야 하며, 〈수험자 유의사항〉에 기재된 방법대로 이행하지 않아 생기는 불이익은 수험생 당사자의 책임임을 알려 드립니다.
- 문제의 조건은 한컴오피스 NEO(2016)버전으로 설정되어 있으니 유의하시기 바랍니다.
- 시험을 완료한 수험자는 답안파일이 전송되었는지 확인한 후 감독위원의 지시에 따라 문제지를 제출하고 퇴실합니다.

답안 작성요령

온라인 답안 작성 절차

수험자 등록 ⇒ 시험 시작 ⇒ 답안파일 저장 ⇒ 답안 전송 ⇒ 시험 종료

공통 부문

- ○ 글꼴에 대한 기본설정은 함초롬바탕, 10포인트, 검정, 줄간격 160%, 양쪽정렬로 합니다.
- ○ 색상은 조건의 색을 적용하고 색의 구분이 안 될 경우에는 RGB 값을 적용하십시오(빨강 255, 0, 0 / 파랑 0, 0, 255 / 노랑 255, 255, 0).
- ○ 각 문항에 주어진 ≪조건≫에 따라 작성하고 언급하지 않은 조건은 ≪출력형태≫와 같이 작성합니다.
- ○ 용지여백은 왼쪽 · 오른쪽 11㎜, 위쪽 · 아래쪽 · 머리말 · 꼬리말 10㎜, 제본 0㎜로 합니다.
- ○ 그림 삽입 문제의 경우 「내 PC₩문서₩ITQ₩Picture」 폴더에서 지정된 파일을 선택하여 삽입하십시오.
- ○ 삽입한 그림은 반드시 문서에 포함하여 저장해야 합니다(미포함 시 감점 처리).
- ○ 각 항목은 지정된 페이지에 출력형태와 같이 정확히 작성하시기 바라며, 그렇지 않을 경우에 해당 항목은 0점 처리됩니다.

  ※ 페이지구분 : 1 페이지 – 기능평가 Ⅰ(문제번호 표시 : 1. 2.),
  2페이지 – 기능평가 Ⅱ(문제번호 표시 : 3. 4.),
  3페이지 – 문서작성 능력평가

기능평가

- ○ 문제와 ≪조건≫은 입력하지 않으며 문제번호와 답(≪출력형태≫)만 작성합니다.
- ○ 4번 문제는 묶기를 했을 경우 0점 처리됩니다.

문서작성 능력평가

- ○ A4 용지(210㎜×297㎜) 1매 크기, 세로 서식 문서로 작성합니다.
- ○ ⬚ 표시는 문서작성에 대한 지시사항이므로 작성하지 않습니다.

150점

1. 다음의 ≪조건≫에 따라 스타일 기능을 적용하여 ≪출력형태≫와 같이 작성하시오. (50점)

≪조건≫ (1) 스타일 이름 – student
(2) 문단 모양 – 왼쪽 여백 : 15pt, 문단 아래 간격 : 10pt
(3) 글자 모양 – 글꼴 : 한글(굴림)/영문(돋움), 크기 : 10pt, 장평 : 95%, 자간 : 5%

≪출력형태≫

International students are those students who chose to undertake all or part of their tertiary education in a country other than their own and move to that country for the purpose of studying.

유학생은 고등 교육 기관의 전부 또는 일부를 자국 이외의 국가에서 선택하여 공부 목적으로 해당 국가로 이주한 학생이다.

2. 다음의 ≪조건≫에 따라 ≪출력형태≫와 같이 표와 차트를 작성하시오. (100점)

≪표 조건≫ (1) 표 전체(표, 캡션) – 굴림, 10pt
(2) 정렬 – 문자 : 가운데 정렬, 숫자 : 오른쪽 정렬
(3) 셀 배경(면 색) : 노랑
(4) 한글의 계산 기능을 이용하여 빈칸에 합계를 구하고, 캡션 기능 사용할 것
(5) 선 모양은 ≪출력형태≫와 같이 동일하게 처리할 것

≪출력형태≫

연도별 유학생 현황(단위 : 명)

연도	2012년	2014년	2016년	2018년	평균
일본	2,871	2,696	2,803	3,953	
베트남	3,057	3,181	7,459	9,367	
미국	4,338	4,366	3,699	3,489	
중국	57,399	50,336	60,136	64,252	

≪차트 조건≫ (1) 차트 데이터는 표 내용에서 연도별 일본, 베트남, 미국의 값만 이용할 것
(2) 종류 – 〈묶은 세로 막대형〉으로 작업할 것
(3) 제목 – 돋움, 진하게, 12pt, 배경 – 선 모양(한 줄로), 그림자(2pt)
(4) 제목 이외의 전체 글꼴 – 돋움, 보통, 10pt
(5) 축제목과 범례는 ≪출력형태≫와 같이 동일하게 처리할 것

≪출력형태≫

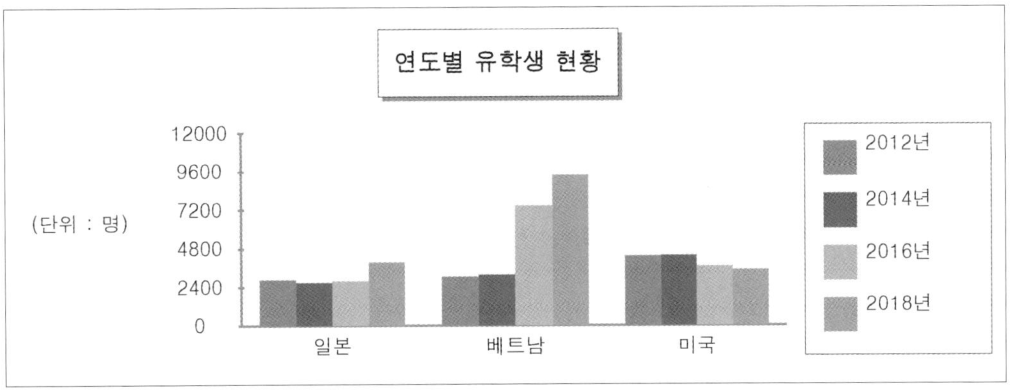

3. 다음 (1), (2)의 수식을 수식 편집기로 각각 입력하시오. (40점)

≪출력형태≫

(1) $V=\frac{1}{R}\int_{0}^{q} q dq=\frac{1}{2}\frac{q^{2}}{R}$

(2) $E=\sqrt{\frac{GM}{R}},\frac{R^{3}}{T^{2}}=\frac{GM}{4\pi^{2}}$

4. 다음의 ≪조건≫에 따라 ≪출력형태≫와 같이 문서를 작성하시오. (110점)

≪조건≫ (1) 그리기 도구를 이용하여 작성하고, 모든 도형(글맵시, 지정된 그림)을 포함 ≪출력형태≫와 같이 작성하시오.

(2) 도형의 면 색은 지시사항이 없으면 색 없음을 제외하고 서로 다르게 임의로 지정하시오.

≪출력형태≫

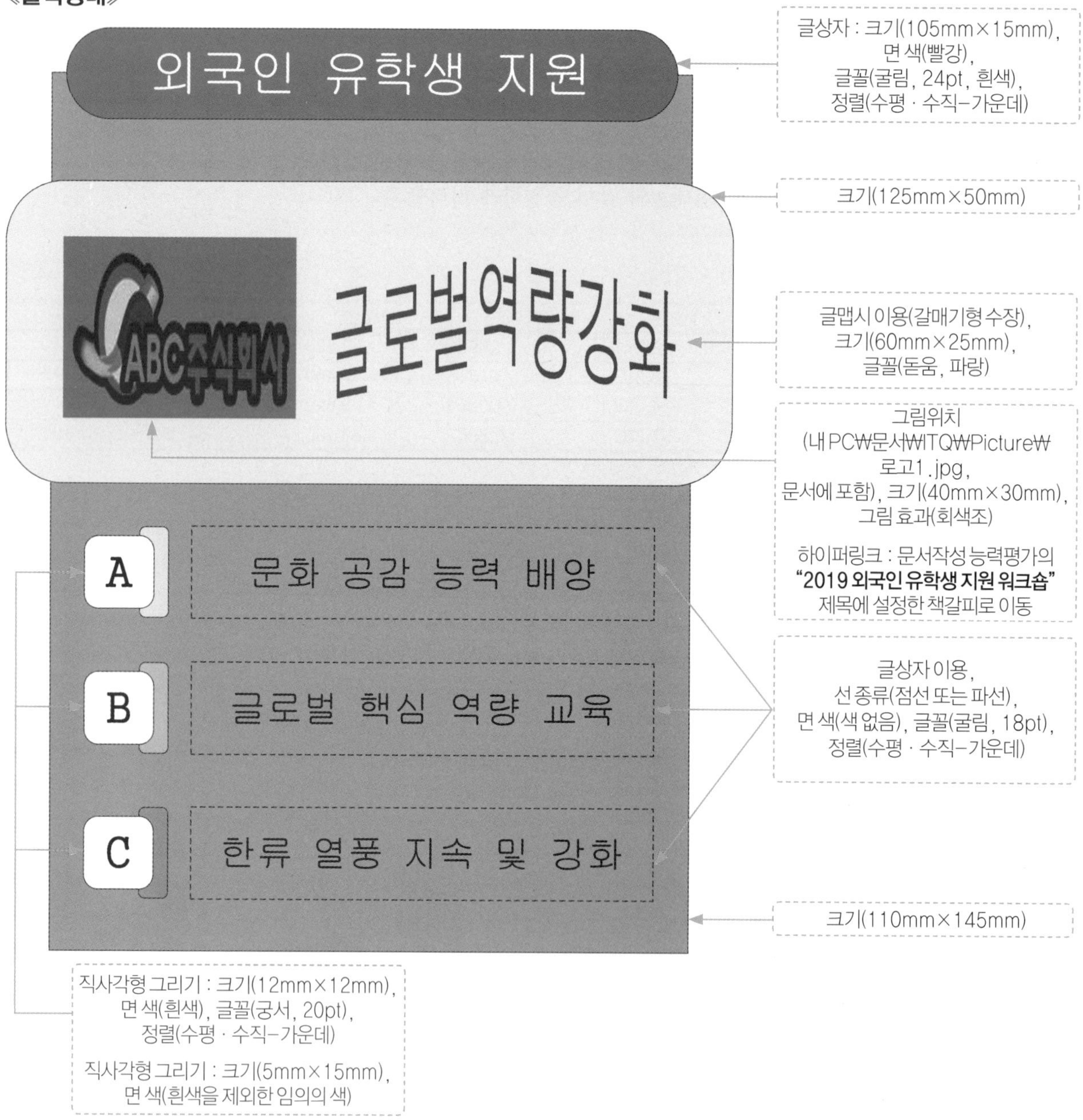

글꼴 : 돋움, 18pt, 진하게, 가운데 정렬
책갈피 이름 : 유학, 덧말 넣기

머리말 기능
굴림, 10pt, 오른쪽 정렬 → 외국인 유학 지원

2019 외국인 유학생(지원과 성장) 지원 워크숍

문단 첫 글자 장식 기능
글꼴 : 궁서, 면색 : 노랑

각주

그림위치(내 PC₩문서₩ITQ₩Picture₩그림4.jpg, 문서에 포함)
자르기 기능 이용, 크기(40mm×35mm), 바깥 여백 왼쪽 : 2mm

교육부와 국립국제교육원은 저출산 고령화사회①, 학령인구 감소에 대응하고 국내 대학생들의 글로벌 역량을 강화하기 위하여 외국인 유학생 지원 강화 워크숍을 개최하기로 하였다. 특히, 국내에 체류(滯留)하는 외국인 유학생이 14만 명 수준으로 급증함과 동시에 불법 체류 유학생도 1만 명이 초과됨에 따라 체계적인 지원 강화 부문과 더불어 취업 목적, 불법 체류 등 부작용에 대한 정책적 검토를 함께 진행하기로 했다. 그동안 외국인 유학생은 지속적으로 증가하였지만, 외국인 유학생의 한국어 능력 부족으로 대학 수업이 파행 운영되고 있으며 불법 체류와 불법 취업 등 부정적 효과도 심각하게 나타나고 있다.

특히 교육부는 국립국제교육원과 공동 주최를 통해 외국인 유학생이 불법적인 방법으로 체류하지 않고 본래의 목적인 학업(學業)에 전념할 수 있도록 적극적인 지원 방안을 함께 모색하기로 하였다. 이번 워크숍은 외국인 유학생의 현황 고찰, 외국 유학생에 대한 국가별 정책 비교, 외국인 유학생 확대의 긍정 및 부정 효과 분석, 외국인 유학생 지원 강화 방안 등을 주요 주제로 선정하여 다양한 이해관계의 의견을 공유하여 세계시민교육에 대한 가치를 향유하는 뜻깊은 행사로 진행할 계획이다.

▣ 외국인 유학 지원 워크숍 개요

글꼴 : 굴림, 18pt, 흰색
음영색 : 빨강

A. 주제 및 기간
  1. 주제 : 저출산시대 외국인 유학생 지원 및 확대
  2. 기간 : 2019. 10. 17(목) - 10. 20(일)
B. 주최 및 장소
  1. 주최 : 교육부, 국립국제교육원
  2. 장소 : 세종 컨벤션홀

문단 번호 기능 사용
1수준 : 20pt, 오른쪽 정렬,
2수준 : 30pt, 오른쪽 정렬,
줄 간격 : 180%

표 전체 글꼴 : 돋움, 10pt, 가운데 정렬
셀 배경(그러데이션) : 유형(왼쪽 대각선), 시작색(흰색), 끝색(노랑)

▣ *외국인 유학 지원 워크숍 주제*

글꼴 : 굴림, 18pt, 기울임, 강조점

일자	주제	비고
10월 17일(목)	외국인 유학생 현황	기타 자세한 사항은 교육부 및 국립국제교육원 홈페이지를 참고하기 바랍니다.
10월 18일(금)	외국인 유학생에 대한 국가별 정책 검토	
10월 19일(토)	외국인 유학생 확대에 따른 긍정적 효과 분석	
	외국인 유학생 확대에 따른 부작용 분석	
10월 20일(일)	외국인 유학생 지원 및 확대 방안 논의	

글꼴 : 궁서, 24pt, 진하게, 장평 95%, 오른쪽 정렬 → **국립국제교육원**

각주 구분선 : 5cm

① 총인구 중에 65세 이상의 인구가 차지하는 비율이 7% 이상인 사회를 말함

쪽 번호 매기기
4로 시작 → iv

제5회 정보기술자격(ITQ) 시험

과 목	코 드	문제유형	시험시간	수험번호	성 명
아래한글	1111	B	60분		

수험자 유의사항

- 수험자는 문제지를 받는 즉시 문제지와 **수험표상의 시험과목(프로그램)이 동일한지 반드시 확인**하여야 합니다.
- 파일명은 본인의 "수험번호-성명"으로 입력하여 답안폴더(내 PC₩문서₩ITQ)에 하나의 파일로 저장해야 하며, 답안문서 파일명이 "수험번호-성명"과 일치하지 않거나, 답안파일을 전송하지 않아 미제출로 처리될 경우 실격 처리합니다 (예 : 12345678-홍길동.hwp).
- 답안 작성을 마치면 파일을 저장하고, '답안 전송' 버튼을 선택하여 감독위원 PC로 답안을 전송하십시오. 수험생 정보와 저장한 파일명이 다를 경우 전송되지 않으므로 주의하시기 바랍니다.
- 답안 작성 중에도 **주기적으로 저장하고, '답안 전송'**하여야 문제 발생을 줄일 수 있습니다. 작업한 내용을 저장하지 않고 전송할 경우 이전에 저장된 내용이 전송되오니 이점 유의하시기 바랍니다.
- 답안문서는 지정된 경로 외의 다른 보조기억장치에 저장하는 경우, 지정된 시험 시간 외에 작성된 파일을 활용할 경우, 기타 통신수단(이메일, 메신저, 네트워크 등)을 이용하여 타인에게 전달 또는 외부 반출하는 경우는 부정 처리합니다.
- 시험 중 부주의 또는 고의로 시스템을 파손한 경우는 수험자가 변상해야 하며, 〈수험자 유의사항〉에 기재된 방법대로 이행하지 않아 생기는 불이익은 수험생 당사자의 책임임을 알려 드립니다.
- 문제의 조건은 한컴오피스 NEO(2016)버전으로 설정되어 있으니 유의하시기 바랍니다.
- 시험을 완료한 수험자는 답안파일이 전송되었는지 확인한 후 감독위원의 지시에 따라 문제지를 제출하고 퇴실합니다.

답안 작성요령

온라인 답안 작성 절차

수험자 등록 ⇒ 시험 시작 ⇒ 답안파일 저장 ⇒ 답안 전송 ⇒ 시험 종료

공통 부문

- ㅇ 글꼴에 대한 기본설정은 함초롬바탕, 10포인트, 검정, 줄간격 160%, 양쪽정렬로 합니다.
- ㅇ 색상은 조건의 색을 적용하고 색의 구분이 안 될 경우에는 RGB 값을 적용하십시오(빨강 255, 0, 0 / 파랑 0, 0, 255 / 노랑 255, 255, 0).
- ㅇ 각 문항에 주어진 ≪조건≫에 따라 작성하고 언급하지 않은 조건은 ≪출력형태≫와 같이 작성합니다.
- ㅇ 용지여백은 왼쪽 · 오른쪽 11㎜, 위쪽 · 아래쪽 · 머리말 · 꼬리말 10㎜, 제본 0㎜로 합니다.
- ㅇ 그림 삽입 문제의 경우 「내 PC₩문서₩ITQ₩Picture」 폴더에서 지정된 파일을 선택하여 삽입하십시오.
- ㅇ 삽입한 그림은 반드시 문서에 포함하여 저장해야 합니다(미포함 시 감점 처리).
- ㅇ 각 항목은 지정된 페이지에 출력형태와 같이 정확히 작성하시기 바라며, 그렇지 않을 경우에 해당 항목은 0점 처리됩니다.

  ※ 페이지구분 : 1 페이지 – 기능평가 Ⅰ(문제번호 표시 : 1. 2.),
  2페이지 – 기능평가 Ⅱ(문제번호 표시 : 3. 4.),
  3페이지 – 문서작성 능력평가

기능평가

- ㅇ 문제와 ≪조건≫은 입력하지 않으며 문제번호와 답(≪출력형태≫)만 작성합니다.
- ㅇ 4번 문제는 묶기를 했을 경우 0점 처리됩니다.

문서작성 능력평가

- ㅇ A4 용지(210㎜×297㎜) 1매 크기, 세로 서식 문서로 작성합니다.
- ㅇ ⬚ 표시는 문서작성에 대한 지시사항이므로 작성하지 않습니다.

1. 다음의 ≪조건≫에 따라 스타일 기능을 적용하여 ≪출력형태≫와 같이 작성하시오. (50점)

≪조건≫ (1) 스타일 이름 – naqs
(2) 문단 모양 – 왼쪽 여백 : 15pt, 문단 아래 간격 : 10pt
(3) 글자 모양 – 글꼴 : 한글(굴림)/영문(돋움), 크기 : 10pt, 장평 : 95%, 자간 : 5%

≪출력형태≫

NAQS, a specialized agency in agricultural quality management, did its best to provide safe and good agricultural products to consumers.

농산물우수관리인증제도는 안전하고 위생적인 농산물의 생산 이력 관리 체계를 구축하여 유통 및 가공과 판매에 이르기까지 일관된 관리가 가능하다.

2. 다음의 ≪조건≫에 따라 ≪출력형태≫와 같이 표와 차트를 작성하시오. (100점)

≪표 조건≫ (1) 표 전체(표, 캡션) – 굴림, 10pt
(2) 정렬 – 문자 : 가운데 정렬, 숫자 : 오른쪽 정렬
(3) 셀 배경(면 색) : 노랑
(4) 한글의 계산 기능을 이용하여 빈칸에 평균(소수점 두 자리)을 구하고, 캡션 기능 사용할 것
(5) 선 모양은 ≪출력형태≫와 동일하게 처리할 것

≪출력형태≫

친환경 농산물 인증 면적 및 출하량(단위 : ha, 톤)

구분	강원	경기	경남	경북	평균
유기 농산물 면적	1,357	1,760	1,679	1,092	
무농약 농산물 면적	2,704	4,280	3,473	3,504	
유기 농산물 출하량	7,605	10,631	9,269	7,860	
무농약 농산물 출하량	15,505	72,862	32,141	62,154	

≪차트 조건≫ (1) 차트 데이터는 표 내용에서 지역별 유기 농산물 면적, 무농약 농산물 면적, 유기 농산물 출하량의 값만 이용할 것
(2) 종류 – 〈묶은 세로 막대형〉으로 작업할 것
(3) 제목 – 돋움, 진하게, 12pt, 배경 – 선 모양(한 줄로), 그림자(2pt)
(4) 제목 이외의 전체 글꼴 – 돋움, 보통, 10pt
(5) 축제목과 범례는 ≪출력형태≫와 동일하게 처리할 것

≪출력형태≫

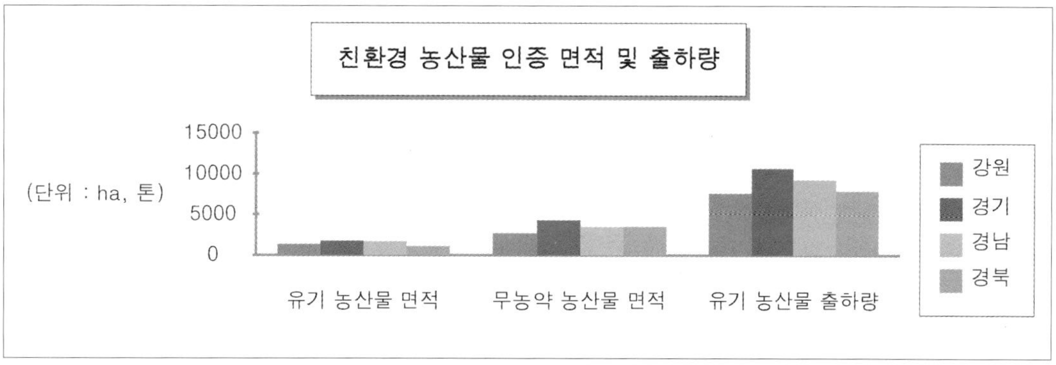

3. 다음 (1), (2)의 수식을 수식 편집기로 각각 입력하시오. (40점)

≪출력형태≫

(1) $Q = \lim_{\Delta t \to 0} \frac{\Delta s}{\Delta t} = \frac{d^2 s}{dt^2}$

(2) $G = 2\int_{\frac{a}{2}}^{a} \frac{b\sqrt{a^2 - x^2}}{a} dx$

4. 다음의 ≪조건≫에 따라 ≪출력형태≫와 같이 문서를 작성하시오. (110점)

≪**조건**≫ (1) 그리기 도구를 이용하여 작성하고, 모든 도형(글맵시, 지정된 그림)을 포함 ≪출력형태≫와 같이 작성하시오.

(2) 도형의 면 색은 지시사항이 없으면 색 없음을 제외하고 서로 다르게 임의로 지정하시오.

≪출력형태≫

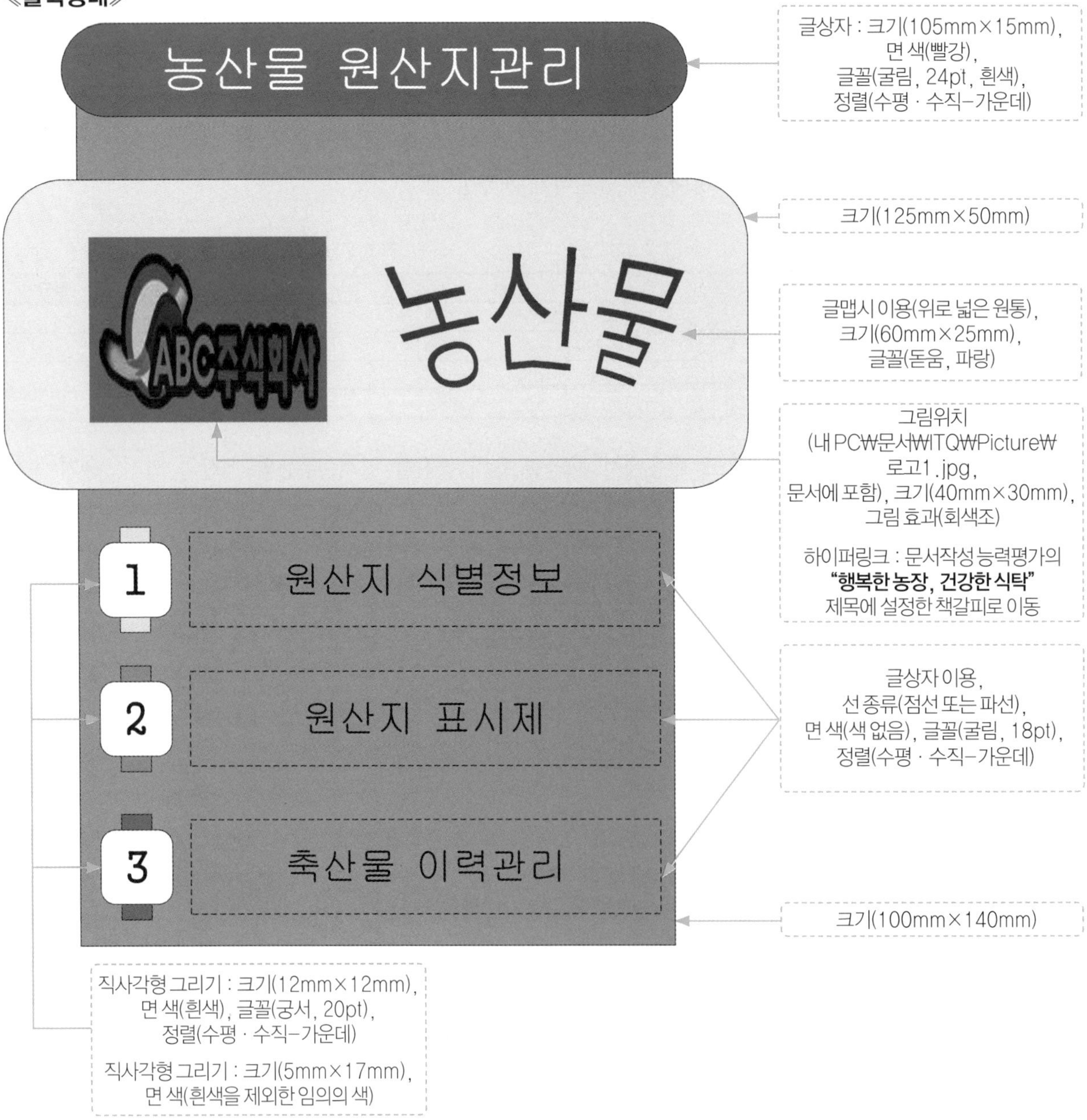

글꼴 : 돋움, 18pt, 진하게, 가운데 정렬
책갈피 이름 : 농산물, 덧말 넣기

머리말 기능
굴림, 10pt, 오른쪽 정렬 → 농산물 관리 체계

국립농산물품질관리원
행복한 농장, 건강한 식탁

문단 첫 글자 장식 기능
글꼴 : 궁서, 면색 : 노랑

그림위치(내 PC₩문서₩ITQ₩Picture₩그림4.jpg, 문서에 포함)
자르기 기능 이용, 크기(40mm×40mm), 바깥 여백 왼쪽 : 2mm

지속 가능한 농식품 산업기반 조성과 안전(安全)하고 위생적인 농산물에 대한 소비자의 관심과 요구가 점차 높아지면서 이를 충족시키기 위해 국립농산물품질관리원은 여러 제도를 실시하고 있다. 농식품 안전성 조사, 친환경/우수농산물 인증제, 원산지 표시, 농산물 검사, 농업경영체 등록 사업 등의 업무를 수행하고 있는 본 기관은 생생한 현장의 목소리를 반영하여 소비자와 농업인에게 세계 일류의 농식품 안전과 품질 관리 기관으로 자리매김할 수 있도록 노력하고 있다.

관리원의 주요 업무를 살펴보면 농식품인증제도, 안정성 및 원산지 관리, 품질 검사, 농업인확인서 발급 등이 있다. 농산물우수관리 인증은 이들 가운데 하나로 농산물의 안전성을 확보하고 농업 환경을 보존(保存)하기 위해 농산물의 생산, 수확 후 관리 및 유통의 각 단계에서 재배 포장 및 농업용수 등의 환경과 농산물에 잔류할 수 있는 농약, 중금속 등의 위해 요소를 적절하게 관리하여 소비자로 하여금 그 관리 사항을 알 수 있게 하는 제도이다. 생산 단계에서부터 시작되는 농산물 안전 관리 체계로서 농산물우수관리인증①과 생산 이력 관리 체계를 구축하여 유통 및 가공과 판매에 이르기까지 일관된 관리가 가능하다.

각주

♥ 농산물품질관리사

글꼴 : 굴림, 18pt, 흰색
음영색 : 빨강

1) 도입배경
 가) 농산물의 시장경쟁 심화, 고품질 안전 농산물 수요 증가
 나) 농산물의 판매 및 유통과정에서 부가가치를 적극 창출
2) 역할
 가) 농산물의 품질관리, 상품개발, 판촉 및 바이어 관리
 나) 농산물의 등급 판정, 규격출하 지도

문단 번호 기능 사용
1수준 : 20pt, 오른쪽 정렬,
2수준 : 30pt, 오른쪽 정렬,
줄 간격 : 180%

♥ *관리원의 주요 업무*

글꼴 : 굴림, 18pt, 기울임, 강조점

표 전체 글꼴 : 돋움, 10pt, 가운데 정렬
셀 배경(그러데이션) : 유형(왼쪽 대각선), 시작색(흰색), 끝색(노랑)

구분	주요 업무
농식품인증제도	친환경농산물인증제도, 농산물우수관리인증제도, 농산물이력추적관리제도
	가공식품산업표준KS인증제도, 전통식품품질인증제도, 유기가공식품인증제도
	우수식품인증기관지정제도, 지리적표시제도, 술품질인증제도
원산지 관리	농식품 원산지 표시, 음식점 원산지 표시, 쇠고기이력제, GMO 표시 관리
	LMO 수입 승인 및 안전 관리, 인삼류 사후 관리
품질 검사	농산물 검사, 양곡표시제, 표준 규격화

글꼴 : 궁서, 24pt, 진하게,
장평 95%, 오른쪽 정렬

국립농산물품질관리원

각주 구분선 : 5cm

① 우수 농산물에 대한 체계적 관리와 안정성 인증을 위해 시행되는 제도

쪽 번호 매기기
2로 시작 → ii

제6회 정보기술자격(ITQ) 시험

과 목	코 드	문제유형	시험시간	수험번호	성 명
아래한글	1111	C	60분		

수험자 유의사항

- 수험자는 문제지를 받는 즉시 문제지와 **수험표상의 시험과목(프로그램)이 동일한지 반드시 확인**하여야 합니다.
- 파일명은 본인의 "수험번호-성명"으로 입력하여 답안폴더(내 PC₩문서₩ITQ)에 하나의 파일로 저장해야 하며, 답안문서 파일명이 "수험번호-성명"과 일치하지 않거나, 답안파일을 전송하지 않아 미제출로 처리될 경우 실격 처리합니다 (예 : 12345678-홍길동.hwp).
- 답안 작성을 마치면 파일을 저장하고, '답안 전송' 버튼을 선택하여 감독위원 PC로 답안을 전송하십시오. 수험생 정보와 저장한 파일명이 다를 경우 전송되지 않으므로 주의하시기 바랍니다.
- 답안 작성 중에도 **주기적으로 저장하고, '답안 전송'**하여야 문제 발생을 줄일 수 있습니다. 작업한 내용을 저장하지 않고 전송할 경우 이전에 저장된 내용이 전송되오니 이점 유의하시기 바랍니다.
- 답안문서는 지정된 경로 외의 다른 보조기억장치에 저장하는 경우, 지정된 시험 시간 외에 작성된 파일을 활용할 경우, 기타 통신수단(이메일, 메신저, 네트워크 등)을 이용하여 타인에게 전달 또는 외부 반출하는 경우는 부정 처리합니다.
- 시험 중 부주의 또는 고의로 시스템을 파손한 경우는 수험자가 변상해야 하며, 〈수험자 유의사항〉에 기재된 방법대로 이행하지 않아 생기는 불이익은 수험생 당사자의 책임임을 알려 드립니다.
- 문제의 조건은 한컴오피스 NEO(2016)버전으로 설정되어 있으니 유의하시기 바랍니다.
- 시험을 완료한 수험자는 답안파일이 전송되었는지 확인한 후 감독위원의 지시에 따라 문제지를 제출하고 퇴실합니다.

답안 작성요령

온라인 답안 작성 절차

수험자 등록 ⇒ 시험 시작 ⇒ 답안파일 저장 ⇒ 답안 전송 ⇒ 시험 종료

공통 부문

- 글꼴에 대한 기본설정은 함초롬바탕, 10포인트, 검정, 줄간격 160%, 양쪽정렬로 합니다.
- 색상은 조건의 색을 적용하고 색의 구분이 안 될 경우에는 RGB 값을 적용하십시오(빨강 255, 0, 0 / 파랑 0, 0, 255 / 노랑 255, 255, 0).
- 각 문항에 주어진 ≪조건≫에 따라 작성하고 언급하지 않은 조건은 ≪출력형태≫와 같이 작성합니다.
- 용지여백은 왼쪽 · 오른쪽 11㎜, 위쪽 · 아래쪽 · 머리말 · 꼬리말 10㎜, 제본 0㎜로 합니다.
- 그림 삽입 문제의 경우 「내 PC₩문서₩ITQ₩Picture」 폴더에서 지정된 파일을 선택하여 삽입하십시오.
- 삽입한 그림은 반드시 문서에 포함하여 저장해야 합니다(미포함 시 감점 처리).
- 각 항목은 지정된 페이지에 출력형태와 같이 정확히 작성하시기 바라며, 그렇지 않을 경우에 해당 항목은 0점 처리됩니다.

※ 페이지구분 : 1 페이지 – 기능평가 Ⅰ(문제번호 표시 : 1. 2.),
2페이지 – 기능평가 Ⅱ(문제번호 표시 : 3. 4.),
3페이지 – 문서작성 능력평가

기능평가

- 문제와 ≪조건≫은 입력하지 않으며 문제번호와 답(≪출력형태≫)만 작성합니다.
- 4번 문제는 묶기를 했을 경우 0점 처리됩니다.

문서작성 능력평가

- A4 용지(210㎜×297㎜) 1매 크기, 세로 서식 문서로 작성합니다.
- ⬚ 표시는 문서작성에 대한 지시사항이므로 작성하지 않습니다.

1. 다음의 ≪조건≫에 따라 스타일 기능을 적용하여 ≪출력형태≫와 같이 작성하시오. (50점)

≪조건≫ (1) 스타일 이름 - creature
(2) 문단 모양 – 왼쪽 여백 : 15pt, 문단 아래 간격 : 10pt
(3) 글자 모양 – 글꼴 : 한글(굴림)/영문(돋움), 크기 : 10pt, 장평 : 95%, 자간 : 5%

≪출력형태≫

An organism may either be unicellular or be composed of, as in humans, many billions of cells grouped into specialized tissues and organs.

국립생물자원관은 국가 생물자원의 총체적 관리 시스템을 확립하고 이로부터 생물주권 확립의 기반을 다져 국가 경쟁력 제고에 기여하기 위해 설립되었다.

2. 다음의 ≪조건≫에 따라 ≪출력형태≫와 같이 표와 차트를 작성하시오. (100점)

≪표 조건≫ (1) 표 전체(표, 캡션) – 굴림, 10pt
(2) 정렬 - 문자 : 가운데 정렬, 숫자 : 오른쪽 정렬
(3) 셀 배경(면 색) : 노랑
(4) 한글의 계산 기능을 이용하여 빈칸에 평균(소수점 두 자리)을 구하고, 캡션 기능 사용할 것
(5) 선 모양은 ≪출력형태≫와 같이 동일하게 처리할 것

≪출력형태≫

생물다양성 교실 참여 신청 현황(단위 : 백 명)

구분	2015년	2016년	2017년	2018년	평균
어린이	624	706	720	924	
청소년	754	798	831	932	
가족	405	453	406	827	
단체	426	578	796	891	

≪차트 조건≫ (1) 차트 데이터는 표 내용에서 연도별 어린이, 청소년, 가족의 값만 이용할 것
(2) 종류 – 〈묶은 세로 막대형〉으로 작업할 것
(3) 제목 – 돋움, 진하게, 12pt, 배경 – 선 모양(한 줄로), 그림자(2pt)
(4) 제목 이외의 전체 글꼴 – 돋움, 보통, 10pt
(5) 축제목과 범례는 ≪출력형태≫와 같이 동일하게 처리할 것

≪출력형태≫

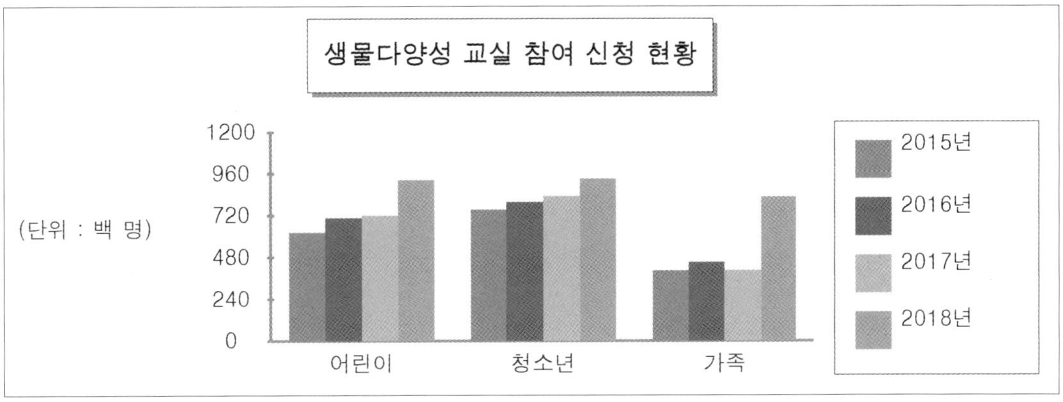

3. 다음 (1), (2)의 수식을 수식 편집기로 각각 입력하시오. (40점)

≪출력형태≫

(1) $F=1-\dfrac{9(9n-1)(9n-2)}{10(10n-1)(10n-2)}$ (2) $\triangle W=\dfrac{1}{2}m(f_x)^2+\dfrac{1}{2}m(f_y)^2$

4. 다음의 ≪조건≫에 따라 ≪출력형태≫와 같이 문서를 작성하시오. (110점)

≪조건≫ (1) 그리기 도구를 이용하여 작성하고, 모든 도형(글맵시, 지정된 그림)을 포함 ≪출력형태≫와 같이 작성하시오.
(2) 도형의 면 색은 지시사항이 없으면 색 없음을 제외하고 서로 다르게 임의로 지정하시오.

≪출력형태≫

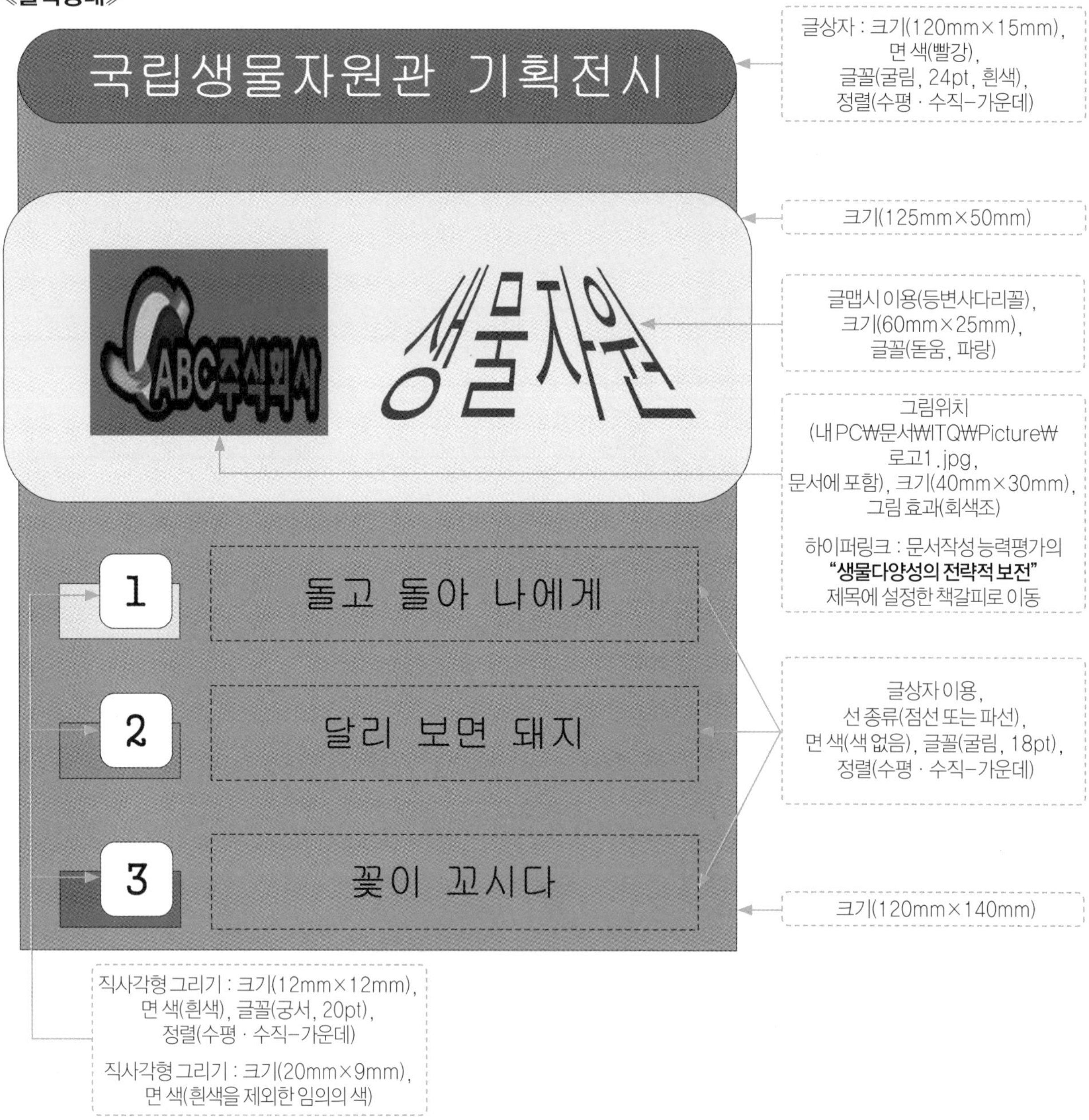

글꼴 : 돋움, 18pt, 진하게, 가운데 정렬
책갈피 이름 : 생물자원, 덧말 넣기

머리말 기능
굴림, 10pt, 오른쪽 정렬 → 생물산업의 원천

생물자원은 우리의 힘

생물다양성의 전략적 보전

문단 첫 글자 장식 기능
글꼴 : 궁서, 면색 : 노랑

그림위치(내 PC₩문서₩ITQ₩Picture₩그림4.jpg, 문서에 포함)
자르기 기능 이용, 크기(40mm×40mm), 바깥 여백 왼쪽 : 2mm

국립생물자원관은 지속적인 우리나라 자생생물 연구를 통해 1,800종의 생물자원을 발굴하여 50,827종의 국사생물종목록을 구축하였다. 우리 국내외 생물자원을 보전(保全)하고 이들을 지속 가능하고 현명하게 이용하는 데 솔선수범하여 21세기 생물자원의 주권 확립의 중심이 되고자 노력하고 있다.

우리나라에 서식하는 다양한 자생생물은 생명공동체를 구현하는 핵심 요소인 동시에 21세기를 주도하는 중요한 성장 동력 중의 하나인 생물산업의 원천(源泉) 소재가 되고 있다. 국립생물자원관은 이러한 미래의 소중한 국가적 자산인 자생생물자원의 총체적 관리와 생물 주권 확립의 기반 마련을 통해 국가 경쟁력 제고에 기여하고자 2007년 3월 설립되었다. 지난 7년간 국립생물자원관은 국가 생물자원의 발굴, 확보, 소장 및 연구를 체계적으로 수행하여 우리나라 생물자원의 인프라를 구축하고 UN①에 의해 생물다양성 보전 선도 기관으로 지정되는 등 많은 성과를 거두었다. 앞으로도 전시 교육관의 다양한 전시물과 교육 프로그램을 통해 생물자원의 중요성과 지속적인 보전의 필요성을 널리 알리는 살아 있는 교육의 장이 될 수 있도록 노력할 것이다.

각주

★ 자원관의 주요 기능

글꼴 : 굴림, 18pt, 흰색
음영색 : 빨강

① 생물자원 주권 확립
  (ㄱ) 한반도 고유 자생생물 표본 및 기타 생물재료 확보, 소장
  (ㄴ) 국가차원의 생물자원 발굴 및 기반연구 수행
② 생물자원 유용성 분석 및 이용 연구
  (ㄱ) 생물자원의 특성 및 유용성 정보 확보
  (ㄴ) 국가 생물자원 이용기반 구축 및 활성화 지원

문단 번호 기능 사용
1수준 : 20pt, 오른쪽 정렬,
2수준 : 30pt, 오른쪽 정렬,
줄 간격 : 180%

표 전체 글꼴 : 돋움, 10pt, 가운데 정렬
셀 배경(그러데이션) : 유형(왼쪽 대각선),
시작색(흰색), 끝색(노랑)

★ *야생 동식물 관리 현황*

글꼴 : 굴림, 18pt,
기울임, 강조점

구분	한국명	과명	한국명	과명
멸종 위기 야생 동식물 1급	대륙사슴	사슴과	광릉요강꽃	난초과
	노랑부리저어새	저어새과	두드럭조개	석패과
	얼룩새코미꾸리	미꾸리과	상제나비	흰나비과
멸종 위기 야생 동식물 2급	무산쇠족제비	족제비과	가시오갈피나무	두릅나무과
	자색수지맨드라미	곤봉바다맨드라미과	장수삿갓조개	구멍삿갓조개과

글꼴 : 궁서, 24pt, 진하게
장평 95%, 오른쪽 정렬 → **국립생물자원관**

각주 구분선 : 5cm

① 제2차 세계 대전 이후 국제 협력을 달성하기 위하여 창설된 국제 협력 기구

쪽 번호 매기기
7로 시작 → vii

제7회 정보기술자격(ITQ) 시험

과 목	코 드	문제유형	시험시간	수험번호	성 명
아래한글	1111	A	60분		

수험자 유의사항

- 수험자는 문제지를 받는 즉시 문제지와 **수험표상의 시험과목(프로그램)이 동일한지 반드시 확인**하여야 합니다.
- 파일명은 본인의 "수험번호-성명"으로 입력하여 답안폴더(내 PC₩문서₩ITQ)에 하나의 파일로 저장해야 하며, 답안문서 파일명이 "수험번호-성명"과 일치하지 않거나, 답안파일을 전송하지 않아 미제출로 처리될 경우 실격 처리합니다 (예 : 12345678-홍길동.hwp).
- 답안 작성을 마치면 파일을 저장하고, '답안 전송' 버튼을 선택하여 감독위원 PC로 답안을 전송하십시오. 수험생 정보와 저장한 파일명이 다를 경우 전송되지 않으므로 주의하시기 바랍니다.
- 답안 작성 중에도 **주기적으로 저장하고, '답안 전송'**하여야 문제 발생을 줄일 수 있습니다. 작업한 내용을 저장하지 않고 전송할 경우 이전에 저장된 내용이 전송되오니 이점 유의하시기 바랍니다.
- 답안문서는 지정된 경로 외의 다른 보조기억장치에 저장하는 경우, 지정된 시험 시간 외에 작성된 파일을 활용할 경우, 기타 통신수단(이메일, 메신저, 네트워크 등)을 이용하여 타인에게 전달 또는 외부 반출하는 경우는 부정 처리합니다.
- 시험 중 부주의 또는 고의로 시스템을 파손한 경우는 수험자가 변상해야 하며, 〈수험자 유의사항〉에 기재된 방법대로 이행하지 않아 생기는 불이익은 수험생 당사자의 책임임을 알려 드립니다.
- 문제의 조건은 한컴오피스 NEO(2016)버전으로 설정되어 있으니 유의하시기 바랍니다.
- 시험을 완료한 수험자는 답안파일이 전송되었는지 확인한 후 감독위원의 지시에 따라 문제지를 제출하고 퇴실합니다.

답안 작성요령

온라인 답안 작성 절차

수험자 등록 ⇒ 시험 시작 ⇒ 답안파일 저장 ⇒ 답안 전송 ⇒ 시험 종료

공통 부문

- ○ 글꼴에 대한 기본설정은 함초롬바탕, 10포인트, 검정, 줄간격 160%, 양쪽정렬로 합니다.
- ○ 색상은 조건의 색을 적용하고 색의 구분이 안 될 경우에는 RGB 값을 적용하십시오(빨강 255, 0, 0 / 파랑 0, 0, 255 / 노랑 255, 255, 0).
- ○ 각 문항에 주어진 ≪조건≫에 따라 작성하고 언급하지 않은 조건은 ≪출력형태≫와 같이 작성합니다.
- ○ 용지여백은 왼쪽 · 오른쪽 11㎜, 위쪽 · 아래쪽 · 머리말 · 꼬리말 10㎜, 제본 0㎜로 합니다.
- ○ 그림 삽입 문제의 경우 「내 PC₩문서₩ITQ₩Picture」 폴더에서 지정된 파일을 선택하여 삽입하십시오.
- ○ 삽입한 그림은 반드시 문서에 포함하여 저장해야 합니다(미포함 시 감점 처리).
- ○ 각 항목은 지정된 페이지에 출력형태와 같이 정확히 작성하시기 바라며, 그렇지 않을 경우에 해당 항목은 0점 처리됩니다.

  ※ 페이지구분 : 1 페이지 – 기능평가 Ⅰ (문제번호 표시 : 1. 2.),
  2페이지 – 기능평가 Ⅱ (문제번호 표시 : 3. 4.),
  3페이지 – 문서작성 능력평가

기능평가

- ○ 문제와 ≪조건≫은 입력하지 않으며 문제번호와 답(≪출력형태≫)만 작성합니다.
- ○ 4번 문제는 묶기를 했을 경우 0점 처리됩니다.

문서작성 능력평가

- ○ A4 용지(210㎜×297㎜) 1매 크기, 세로 서식 문서로 작성합니다.
- ○ ▭ 표시는 문서작성에 대한 지시사항이므로 작성하지 않습니다.

1. 다음의 ≪조건≫에 따라 스타일 기능을 적용하여 ≪출력형태≫와 같이 작성하시오. (50점)

≪조건≫ (1) 스타일 이름 – bigdata
(2) 문단 모양 – 첫 줄 들여쓰기 : 10pt, 문단 아래 간격 : 10pt
(3) 글자 모양 – 글꼴 : 한글(돋움)/영문(굴림), 크기 : 10pt, 장평 : 95%, 자간 : –5%

≪출력형태≫

Big data is a field that treats of ways to analyze, or otherwise deal with data sets that are too large or complex to be dealt with by traditional data-processing application software.

빅데이터란 기존 데이터베이스 관리도구의 능력을 넘어서는 수십 테라바이트의 정형 또는 비정형의 데이터 집합조차 포함한 데이터로부터 가치를 추출하고 결과를 분석하는 기술이다.

2. 다음의 ≪조건≫에 따라 ≪출력형태≫와 같이 표와 차트를 작성하시오. (100점)

≪표 조건≫ (1) 표 전체(표, 캡션) – 궁서, 10pt
(2) 정렬 – 문자 : 가운데 정렬, 숫자 : 오른쪽 정렬
(3) 셀 배경(면 색) : 노랑
(4) 한글의 계산 기능을 이용하여 빈칸에 합계를 구하고, 캡션 기능 사용할 것
(5) 선 모양은 ≪출력형태≫와 동일하게 처리할 것

≪출력형태≫

데이터산업 부문별 시장 규모(단위 : 억 원)

구분	2013년	2014년	2015년	2016년	2017년
데이터 솔루션	10,789	13,619	14,124	15,720	16,536
데이터 구축 및 컨설팅	49,985	53,730	55,280	55,850	58,565
데이터 서비스	52,258	57,329	64,151	65,977	67,946
합계					

≪차트 조건≫ (1) 차트 데이터는 표 내용에서 구분별 2013년, 2014년, 2015년, 2016년의 값만 이용할 것
(2) 종류 – 〈묶은 세로 막대형〉으로 작업할 것
(3) 제목 – 굴림, 진하게, 12pt, 배경 – 선 모양(한 줄로), 그림자(2pt)
(4) 제목 이외의 전체 글꼴 – 굴림, 보통, 10pt
(5) 축제목과 범례는 ≪출력형태≫와 동일하게 처리할 것

≪출력형태≫

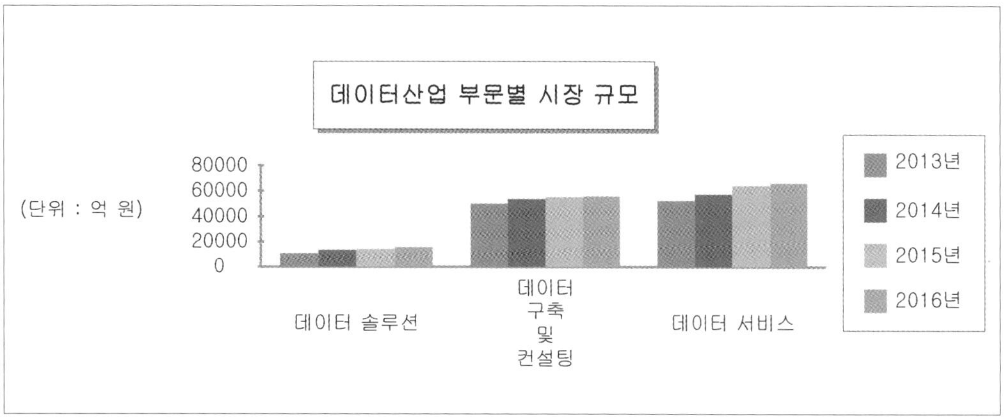

3. 다음 (1), (2)의 수식을 수식 편집기로 각각 입력하시오. (40점)

≪**출력형태**≫

(1) $\frac{h_1}{h_2} = (\sqrt{a})^{M_2 - M_1} \doteqdot 2.5^{M_2 - M_1}$ (2) $R_H = \frac{1}{hc} \times \frac{2\pi^2 K^2 me^4}{h^2}$

4. 다음의 ≪조건≫에 따라 ≪출력형태≫와 같이 문서를 작성하시오. (110점)

≪**조건**≫ (1) 그리기 도구를 이용하여 작성하고, 모든 도형(글맵시, 지정된 그림)을 포함 ≪출력형태≫와 같이 작성하시오.

(2) 도형의 면 색은 지시사항이 없으면 색 없음을 제외하고 서로 다르게 임의로 지정하시오.

≪**출력형태**≫

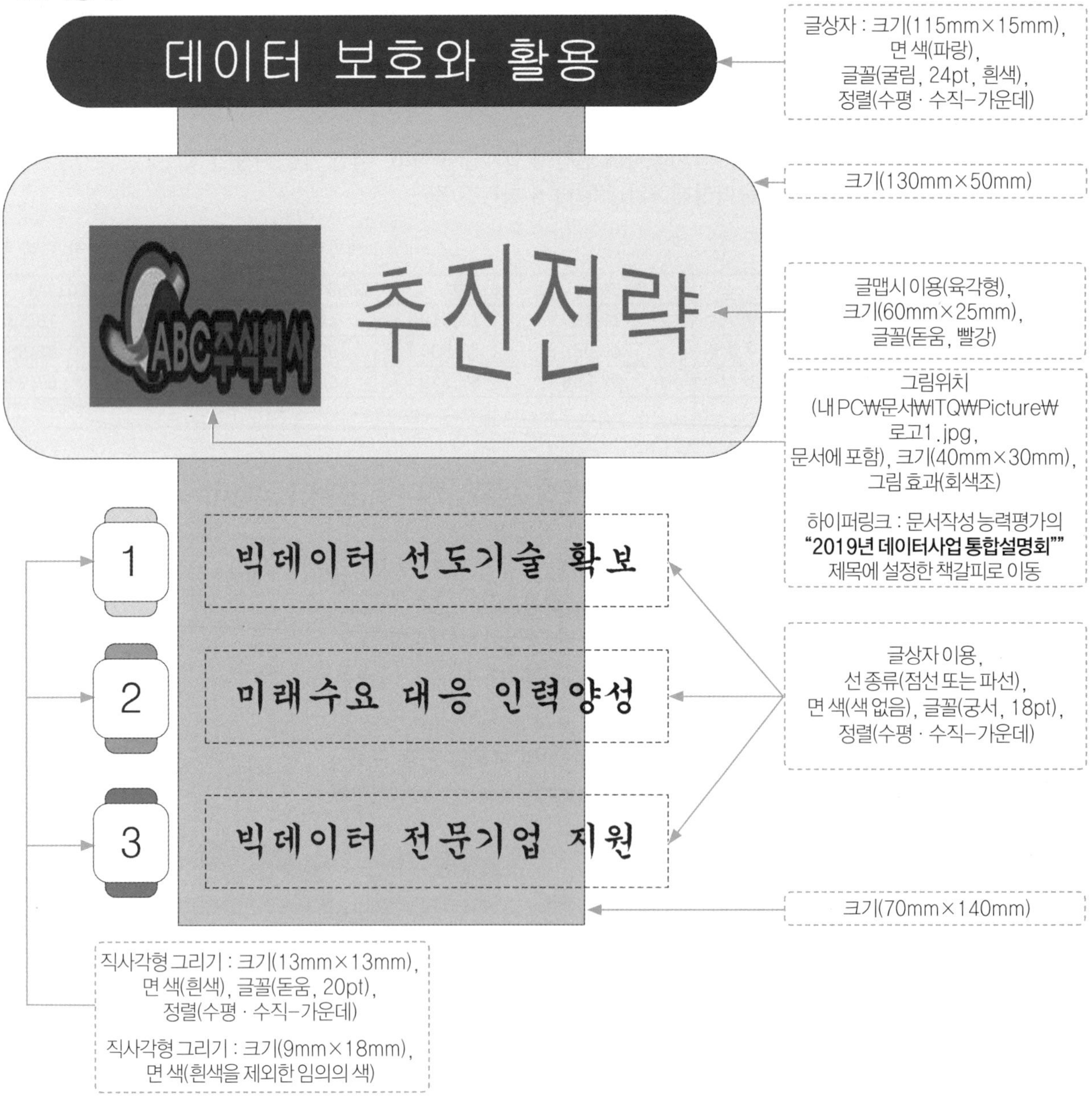

글꼴 : 돋움, 18pt, 진하게, 가운데 정렬
책갈피 이름 : 빅데이터, 덧말 넣기

머리말 기능
굴림, 10pt, 오른쪽 정렬 → 빅데이터센터

문단 첫 글자 장식 기능
글꼴 : 궁서, 면색 : 노랑

2019년 데이터사업 통합설명회

과학기술정보통신부

그림위치(내 PC₩문서₩ITQ₩Picture₩그림4.jpg, 문서에 포함)
자르기 기능 이용, 크기(40mm×30mm), 바깥 여백 왼쪽 : 2mm

각주

4차 산업혁명의 핵심 자원인 데이터가 양과 질적인 측면에서 선진국보다 뒤처진 상황①에서 이를 타개하기 위해 데이터 가치 사슬에 대한 전체 주기의 혁신이 필요하다. 이를 위해 공공기관과 민간이 협업하여 데이터의 생산, 수집, 분석, 유통을 지원하는 '빅데이터 플랫폼 및 네트워크 구축 사업'을 추진(推進)한다. '플랫폼'은 주요 분야별로 각종 데이터의 수집, 분석, 유통의 지원을 의미하며 '센터'는 중소기업, 대학 등 주요 기관별로 데이터를 체계적으로 생산하고 관리하는 것을 의미한다.

세부 추진과제로는 첫째, 수요 기반의 활용 가치가 높은 양질의 데이터를 기관별로 생산 및 구축하고 플랫폼을 통해 개방과 공유(共有)를 할 수 있는 체계를 마련할 수 있는 빅데이터 센터를 육성하고 둘째, 데이터 생태계를 조성하고 추진할 수 있는 빅데이터 플랫폼을 구축 및 운영하며 셋째, 민관 협력을 통해 데이터 유통 활용 기반을 조성하고 플랫폼 간 연계와 이용활성화를 지원하는 빅데이터 네트워크 조성이다. 데이터의 공유와 활용을 촉진하는 민간 협력 거버넌스인 빅데이터 얼라이언스를 구성 운영하고 이종 플랫폼 간에도 효과적으로 유통, 활용할 수 있도록 플랫폼간 상호 연계 기준을 마련하고 데이터 상황판을 구축 운영한다.

♣ 데이터사업 통합설명회 개요

글꼴 : 돋움, 18pt, 흰색
음영색 : 파랑

가. 일시 및 장소
  ㉮ 일시 : 2019. 11. 14(목), 15:00 - 18:00
  ㉯ 장소 : 코엑스 컨퍼런스룸 E5, 6홀
나. 주요 설명 사업
  ㉮ 빅데이터 플랫폼 및 네트워크 구축 사업(743억)
  ㉯ 본인정보 활용지원(My data) 사업(97억)

문단 번호 기능 사용
1수준 : 20pt, 오른쪽 정렬,
2수준 : 30pt, 오른쪽 정렬,
줄 간격 : 180%

표 전체 글꼴 : 굴림, 10pt, 가운데 정렬
셀 배경(그러데이션) : 유형(수평),
시작색(흰색), 끝색(노랑)

♣ 사업 추진 절차 및 향후 일정

글꼴 : 돋움, 18pt,
밑줄, 강조점

구분	내용	일정	비고
과제 공모	NIA 홈페이지 등을 통한 과제 공모 공고	2월	NIA
수행기관 선정평가	평가위원회(2단계)를 통해 수행기관 선정	4월	
과제 심의조정	과제 수행 내용 및 예산 조정 확정, 결과 통보	5월	NIA와 수행기관
결과 보고	사업 최종 결과보고서 제출	12월	
최종 평가	2차년도 과제수행 여부 판단을 위한 결과 평가		

글꼴 : 궁서, 24pt, 진하게
장평 95%, 오른쪽 정렬 → **한국데이터산업진흥원**

각주 구분선 : 5cm

① 2018년 기준 국내 기업의 빅데이터 이용률 : 9.5%

쪽 번호 매기기
4로 시작 → iv

제8회 정보기술자격(ITQ) 시험

과 목	코 드	문제유형	시험시간	수험번호	성 명
아래한글	1111	B	60분		

수험자 유의사항

- 수험자는 문제지를 받는 즉시 문제지와 **수험표상의 시험과목(프로그램)이 동일한지 반드시 확인**하여야 합니다.
- 파일명은 본인의 "수험번호-성명"으로 입력하여 답안폴더(내 PC₩문서₩ITQ)에 하나의 파일로 저장해야 하며, 답안문서 파일명이 "수험번호-성명"과 일치하지 않거나, 답안파일을 전송하지 않아 미제출로 처리될 경우 실격 처리합니다 (예 : 12345678-홍길동.hwp).
- 답안 작성을 마치면 파일을 저장하고, '답안 전송' 버튼을 선택하여 감독위원 PC로 답안을 전송하십시오. 수험생 정보와 저장한 파일명이 다를 경우 전송되지 않으므로 주의하시기 바랍니다.
- 답안 작성 중에도 **주기적으로 저장하고, '답안 전송'**하여야 문제 발생을 줄일 수 있습니다. 작업한 내용을 저장하지 않고 전송할 경우 이전에 저장된 내용이 전송되오니 이점 유의하시기 바랍니다.
- 답안문서는 지정된 경로 외의 다른 보조기억장치에 저장하는 경우, 지정된 시험 시간 외에 작성된 파일을 활용할 경우, 기타 통신수단(이메일, 메신저, 네트워크 등)을 이용하여 타인에게 전달 또는 외부 반출하는 경우는 부정 처리합니다.
- 시험 중 부주의 또는 고의로 시스템을 파손한 경우는 수험자가 변상해야 하며, 〈수험자 유의사항〉에 기재된 방법대로 이행하지 않아 생기는 불이익은 수험생 당사자의 책임임을 알려 드립니다.
- 문제의 조건은 한컴오피스 NEO(2016)버전으로 설정되어 있으니 유의하시기 바랍니다.
- 시험을 완료한 수험자는 답안파일이 전송되었는지 확인한 후 감독위원의 지시에 따라 문제지를 제출하고 퇴실합니다.

답안 작성요령

온라인 답안 작성 절차

수험자 등록 ⇒ 시험 시작 ⇒ 답안파일 저장 ⇒ 답안 전송 ⇒ 시험 종료

공통 부문

- 글꼴에 대한 기본설정은 함초롬바탕, 10포인트, 검정, 줄간격 160%, 양쪽정렬로 합니다.
- 색상은 조건의 색을 적용하고 색의 구분이 안 될 경우에는 RGB 값을 적용하십시오(빨강 255, 0, 0 / 파랑 0, 0, 255 / 노랑 255, 255, 0).
- 각 문항에 주어진 ≪조건≫에 따라 작성하고 언급하지 않은 조건은 ≪출력형태≫와 같이 작성합니다.
- 용지여백은 왼쪽 · 오른쪽 11㎜, 위쪽 · 아래쪽 · 머리말 · 꼬리말 10㎜, 제본 0㎜로 합니다.
- 그림 삽입 문제의 경우 「내 PC₩문서₩ITQ₩Picture」 폴더에서 지정된 파일을 선택하여 삽입하십시오.
- 삽입한 그림은 반드시 문서에 포함하여 저장해야 합니다(미포함 시 감점 처리).
- 각 항목은 지정된 페이지에 출력형태와 같이 정확히 작성하시기 바라며, 그렇지 않을 경우에 해당 항목은 0점 처리됩니다.

  ※ 페이지구분 : 1 페이지 – 기능평가 Ⅰ(문제번호 표시 : 1. 2.),
  2페이지 – 기능평가 Ⅱ(문제번호 표시 : 3. 4.),
  3페이지 – 문서작성 능력평가

기능평가

- 문제와 ≪조건≫은 입력하지 않으며 문제번호와 답(≪출력형태≫)만 작성합니다.
- 4번 문제는 묶기를 했을 경우 0점 처리됩니다.

문서작성 능력평가

- A4 용지(210㎜×297㎜) 1매 크기, 세로 서식 문서로 작성합니다.
- ⬚ 표시는 문서작성에 대한 지시사항이므로 작성하지 않습니다.

1. 다음의 ≪조건≫에 따라 스타일 기능을 적용하여 ≪출력형태≫와 같이 작성하시오. (50점)

≪조건≫ (1) 스타일 이름 – taegeukgi
(2) 문단 모양 – 첫 줄 들여쓰기 : 10pt, 문단 아래 간격 : 10pt
(3) 글자 모양 – 글꼴 : 한글(돋움)/영문(굴림), 크기 : 10pt, 장평 : 95%, 자간 : –5%

≪출력형태≫

One thing that cannot be overlooked in understanding Koreans is the national flag, Taegeukgi, which has always been flown at the most turbulent times in the country's history.

예로부터 우리 선조들이 생활 속에서 즐겨 사용하던 태극 문양은 동양사상의 근본적인 내용인 음양의 조화를 상징하며 태극기는 우주와 더불어 끝없이 창조와 번영을 희구하는 한민족의 이상을 담고 있다.

2. 다음의 ≪조건≫에 따라 ≪출력형태≫와 같이 표와 차트를 작성하시오. (100점)

≪표 조건≫ (1) 표 전체(표, 캡션) – 궁서, 10pt
(2) 정렬 – 문자 : 가운데 정렬, 숫자 : 오른쪽 정렬
(3) 셀 배경(면 색) : 노랑
(4) 한글의 계산 기능을 이용하여 빈칸에 합계를 구하고, 캡션 기능 사용할 것
(5) 선 모양은 ≪출력형태≫와 같이 동일하게 처리할 것

≪출력형태≫

국경일 태극기 게양 현황(단위 : %)

구분	2015년	2016년	2017년	2018년	합계
경기도	83.7	84.6	64.9	67.9	
경상도	82.9	85.7	72.9	71.8	
충청도	83.3	75.2	80.6	72.5	
전라도	74.9	70.5	69.7	74.1	

≪차트 조건≫ (1) 차트 데이터는 표 내용에서 연도별 경기도, 경상도, 충청도의 값만 이용할 것
(2) 종류 – 〈묶은 세로 막대형〉으로 작업할 것
(3) 제목 – 굴림, 진하게, 12pt, 배경 – 선 모양(한 줄로), 그림자(2pt)
(4) 제목 이외의 전체 글꼴 – 굴림, 보통, 10pt
(5) 축제목과 범례는 ≪출력형태≫와 동일하게 처리할 것

≪출력형태≫

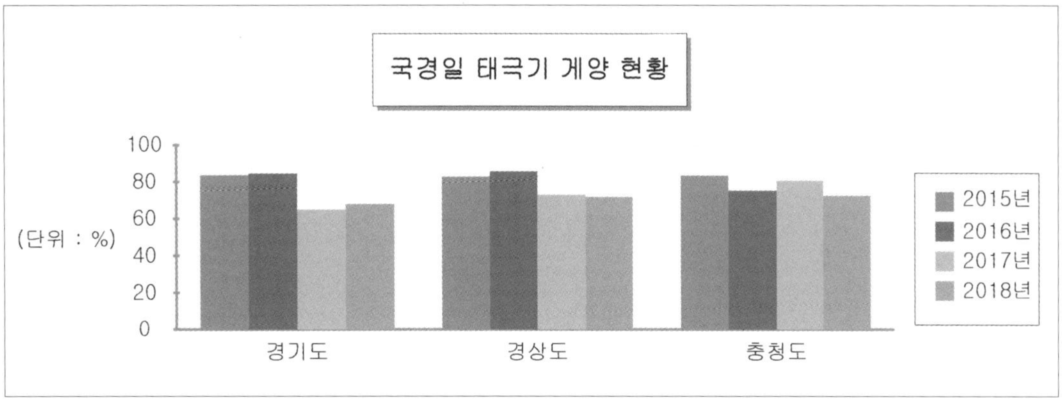

3. 다음 (1), (2)의 수식을 수식 편집기로 각각 입력하시오. (40점)

《출력형태》

(1) $\lim_{n \to \infty} P_n = 1 - \frac{9^3}{10^3} = \frac{271}{1000}$ (2) $\frac{a^3}{T^2} = \frac{G}{4\pi^2}(M+m)$

4. 다음의 《조건》에 따라 《출력형태》와 같이 문서를 작성하시오. (110점)

《조건》 (1) 그리기 도구를 이용하여 작성하고, 모든 도형(글맵시, 지정된 그림)을 포함 《출력형태》와 같이 작성하시오.

(2) 도형의 면 색은 지시사항이 없으면 색 없음을 제외하고 서로 다르게 임의로 지정하시오.

《출력형태》

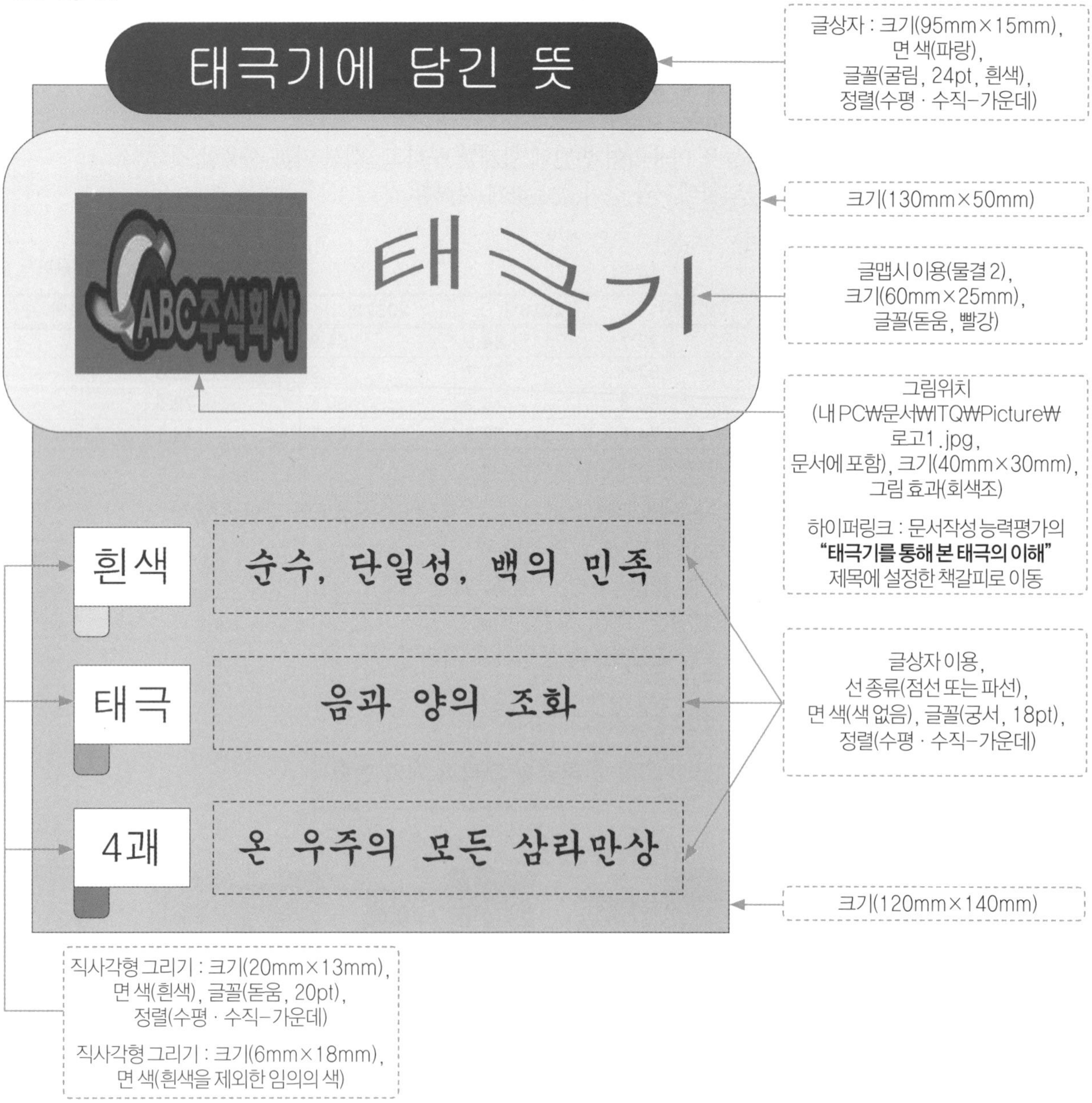

글꼴 : 돋움, 18pt, 진하게, 가운데 정렬
책갈피 이름 : 태극기, 덧말 넣기

머리말 기능
굴림, 10pt, 오른쪽 정렬 → 국가의 상징

문단 첫 글자 장식 기능
글꼴 : 궁서, 면색 : 노랑

태극기를 통해 본 태극의 이해 (우리나라 국기)

그림위치(내 PC₩문서₩ITQ₩Picture₩그림4.jpg, 문서에 포함)
자르기 기능 이용, 크기(40mm×35mm), 바깥 여백 왼쪽 : 2mm

각주

근대 국가가 발전하면서 세계 각국은 국기를 제정(制定)하여 사용하기 시작하였다. 우리나라의 국기 제정은 1882년(고종 19년) 5월 22일 조미수호통상조약 조인식이 직접적인 계기(契機)가 되었다. 이후 1882년 9월 수신사①로 일본으로 가던 박영효가 배 안에서 태극 문양과 그 둘레에 건곤감리 4괘를 그려 넣은 '태극4괘 도안'의 기를 만들어 그 달 25일부터 사용하였고, 이듬해인 1883년 3월 6일에 왕명으로 이것이 국기로 제정 및 공포되었다. 그러나 공포할 당시 구체적인 국기제작 방법을 명시하지 않은 탓에 이후 다양한 형태의 국기가 사용되었다.

태극기는 흰 바탕의 한가운데에 적색은 양, 청색은 음의 태극을 두고, 괘는 사방의 대각선상에 검은빛으로 기면을 향하여 건을 왼편 위, 곤을 오른편 아래, 감을 오른편 위, 이를 왼편 아래에 둔다. 기봉은 무궁화 봉오리로 하되 하반부에 꽃받침을 뚜렷이 표시하고 전체를 금색으로 한다. 태극기의 색은 태극기 표준색도에 근접하도록 표현하며 견본은 자연광 아래에서 확인한다. 처음 제작된 태극기는 도형의 통일성이 없어 사괘와 태극양의의 위치가 혼용되다가 1948년 대한민국 정부 수립을 계기로 도안과 규격이 통일되었다.

♥ 국기의 게양방법

글꼴 : 돋움, 18pt, 흰색
음영색 : 파랑

I. 게양국기의 높이
  A. 경축일 또는 평일 : 깃봉과 깃면의 사이를 떼지 않고 게양
  B. 조의를 표하는 날 : 깃봉과 깃면의 사이를 세로만큼 내려 조기로 게양
II. 국기를 전국적으로 게양하는 날
  A. 5대 국경일 및 국군의 날, 조의를 표하는 날 등
  B. 국기를 연중 게양하는 곳 : 국가, 지방자치단체 및 공공기관의 청사 등

문단 번호 기능 사용
1수준 : 20pt, 오른쪽 정렬,
2수준 : 30pt, 오른쪽 정렬,
줄 간격 : 180%

표 전체 글꼴 : 굴림, 10pt, 가운데 정렬
셀 배경(그러데이션) : 유형(수평),
시작색(흰색), 끝색(노랑)

♥ 태극기에 담긴 의미

글꼴 : 돋움, 18pt,
밑줄, 강조점

구분	내용
흰색 바탕	밝음과 순수, 전통적으로 평화를 사랑하는 민족성 상징
태극 문양	음과 양의 조화 상징
	우주 만물이 상호작용에 의해 생성 및 발전하는 자연의 진리 형상화
4괘(건곤감리)	음과 양이 서로 변화 및 발전하는 모습을 효(획)의 조합으로 구체화
	건은 우주 만물 중에서 하늘을, 곤은 땅을, 감은 물을, 이는 불을 상징

글꼴 : 궁서, 24pt, 진하게
장평 95%, 오른쪽 정렬 → **국가기록원**

각주 구분선 : 5cm

① 강화도 조약 이후 조선정부가 일본에 파견한 외교사절

쪽 번호 매기기
6으로 시작 → vi

제9회 정보기술자격(ITQ) 시험

과 목	코 드	문제유형	시험시간	수험번호	성 명
아래한글	1111	C	60분		

수험자 유의사항

- 수험자는 문제지를 받는 즉시 문제지와 **수험표상의 시험과목(프로그램)이 동일한지 반드시 확인**하여야 합니다.
- 파일명은 본인의 "수험번호-성명"으로 입력하여 답안폴더(내 PC₩문서₩ITQ)에 하나의 파일로 저장해야 하며, 답안문서 파일명이 "수험번호-성명"과 일치하지 않거나, 답안파일을 전송하지 않아 미제출로 처리될 경우 실격 처리합니다(예 : 12345678-홍길동.hwp).
- 답안 작성을 마치면 파일을 저장하고, '답안 전송' 버튼을 선택하여 감독위원 PC로 답안을 전송하십시오. 수험생 정보와 저장한 파일명이 다를 경우 전송되지 않으므로 주의하시기 바랍니다.
- 답안 작성 중에도 **주기적으로 저장하고, '답안 전송'**하여야 문제 발생을 줄일 수 있습니다. 작업한 내용을 저장하지 않고 전송할 경우 이전에 저장된 내용이 전송되오니 이점 유의하시기 바랍니다.
- 답안문서는 지정된 경로 외의 다른 보조기억장치에 저장하는 경우, 지정된 시험 시간 외에 작성된 파일을 활용할 경우, 기타 통신수단(이메일, 메신저, 네트워크 등)을 이용하여 타인에게 전달 또는 외부 반출하는 경우는 부정 처리합니다.
- 시험 중 부주의 또는 고의로 시스템을 파손한 경우는 수험자가 변상해야 하며, 〈수험자 유의사항〉에 기재된 방법대로 이행하지 않아 생기는 불이익은 수험생 당사자의 책임임을 알려 드립니다.
- 문제의 조건은 한컴오피스 NEO(2016)버전으로 설정되어 있으니 유의하시기 바랍니다.
- 시험을 완료한 수험자는 답안파일이 전송되었는지 확인한 후 감독위원의 지시에 따라 문제지를 제출하고 퇴실합니다.

답안 작성요령

온라인 답안 작성 절차

수험자 등록 ⇒ 시험 시작 ⇒ 답안파일 저장 ⇒ 답안 전송 ⇒ 시험 종료

공통 부문

ㅇ 글꼴에 대한 기본설정은 함초롬바탕, 10포인트, 검정, 줄간격 160%, 양쪽정렬로 합니다.
ㅇ 색상은 조건의 색을 적용하고 색의 구분이 안 될 경우에는 RGB 값을 적용하십시오(빨강 255, 0, 0 / 파랑 0, 0, 255 / 노랑 255, 255, 0).
ㅇ 각 문항에 주어진 ≪조건≫에 따라 작성하고 언급하지 않은 조건은 ≪출력형태≫와 같이 작성합니다.
ㅇ 용지여백은 왼쪽 · 오른쪽 11㎜, 위쪽 · 아래쪽 · 머리말 · 꼬리말 10㎜, 제본 0㎜로 합니다.
ㅇ 그림 삽입 문제의 경우 「내 PC₩문서₩ITQ₩Picture」 폴더에서 지정된 파일을 선택하여 삽입하십시오.
ㅇ 삽입한 그림은 반드시 문서에 포함하여 저장해야 합니다(미포함 시 감점 처리).
ㅇ 각 항목은 지정된 페이지에 출력형태와 같이 정확히 작성하시기 바라며, 그렇지 않을 경우에 해당 항목은 0점 처리됩니다.
※ 페이지구분 : 1 페이지 - 기능평가 Ⅰ (문제번호 표시 : 1. 2.),
2페이지 - 기능평가 Ⅱ (문제번호 표시 : 3. 4.),
3페이지 - 문서작성 능력평가

기능평가

ㅇ 문제와 ≪조건≫은 입력하지 않으며 문제번호와 답(≪출력형태≫)만 작성합니다.
ㅇ 4번 문제는 묶기를 했을 경우 0점 처리됩니다.

문서작성 능력평가

ㅇ A4 용지(210㎜×297㎜) 1매 크기, 세로 서식 문서로 작성합니다.
ㅇ ⬚ 표시는 문서작성에 대한 지시사항이므로 작성하지 않습니다.

1. 다음의 ≪조건≫에 따라 스타일 기능을 적용하여 ≪출력형태≫와 같이 작성하시오. (50점)

≪조건≫ (1) 스타일 이름 – gcf
(2) 문단 모양 – 첫 줄 들여쓰기 : 10pt, 문단 아래 간격 : 10pt
(3) 글자 모양 – 글꼴 : 한글(돋움)/영문(굴림), 크기 : 10pt, 장평 : 95%, 자간 : –5%

≪출력형태≫

GCF was established to limit or reduce greenhouse gas emissions in developing countries, and to help vulnerable societies adapt to the unavoidable impacts of climate change.

녹색기후기금은 개도국의 기후변화 대응 사업에 필요한 재원을 지원하기 위한 국제기구로 우리나라는 녹색기후기금을 인천 송도에 잘 정착하여 발전해 나갈 수 있도록 하기 위하여 적극적으로 지원하고 있다.

2. 다음의 ≪조건≫에 따라 ≪출력형태≫와 같이 표와 차트를 작성하시오. (100점)

≪표 조건≫ (1) 표 전체(표, 캡션) – 궁서, 10pt
(2) 정렬 – 문자 : 가운데 정렬, 숫자 : 오른쪽 정렬
(3) 셀 배경(면 색) : 노랑
(4) 한글의 계산 기능을 이용하여 빈칸에 합계를 구하고, 캡션 기능 사용할 것
(5) 선 모양은 ≪출력형태≫와 동일하게 처리할 것

≪출력형태≫

에너지 유형별 온실가스 배출량 목표치(단위 : 톤)

구분	2014년	2015년	2016년	2017년	2018년
전기	3,100	3,700	3,200	3,600	3,900
지역난방	2,500	2,300	2,000	2,000	2,500
운송	1,800	2,100	2,500	1,900	2,600
합계					

≪차트 조건≫ (1) 차트 데이터는 표 내용에서 구분별 2014년, 2015년, 2016년, 2017년의 값만 이용할 것
(2) 종류 –〈묶은 세로 막대형〉으로 작업할 것
(3) 제목 – 굴림, 진하게, 12pt, 배경 – 선 모양(한 줄로), 그림자(2pt)
(4) 제목 이외의 전체 글꼴 – 굴림, 보통, 10pt
(5) 축제목과 범례는 ≪출력형태≫와 동일하게 처리할 것

≪출력형태≫

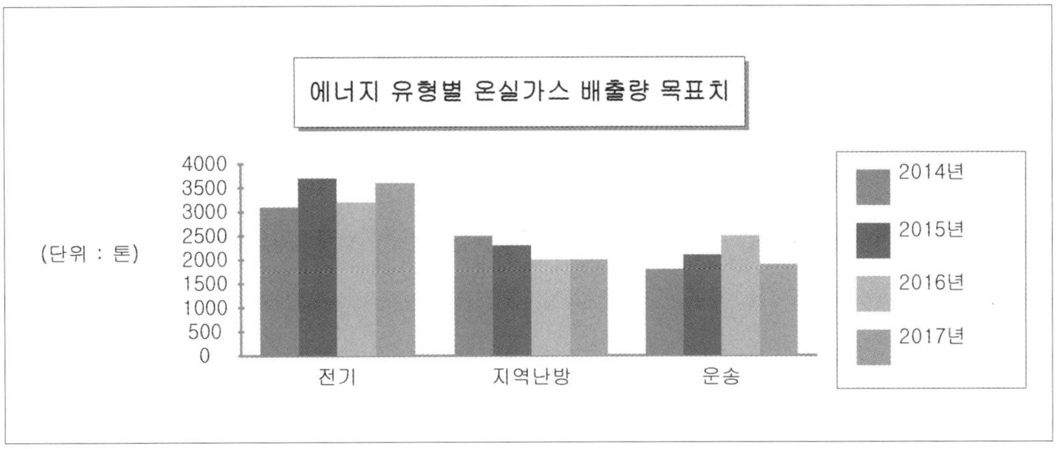

3. 다음 (1), (2)의 수식을 수식 편집기로 각각 입력하시오. (40점)

≪출력형태≫

(1) $\frac{k_x}{2h} \times (-2mk_x) = -\frac{m(k_x)^2}{h}$ (2) $a_n = n^2 \frac{h^2}{4\pi^2 Kme^2}$

4. 다음의 ≪조건≫에 따라 ≪출력형태≫와 같이 문서를 작성하시오. (110점)

≪**조건**≫(1) 그리기 도구를 이용하여 작성하고, 모든 도형(글맵시, 지정된 그림)을 포함 ≪출력형태≫와 같이 작성하시오.

(2) 도형의 면 색은 지시사항이 없으면 색 없음을 제외하고 서로 다르게 임의로 지정하시오.

≪출력형태≫

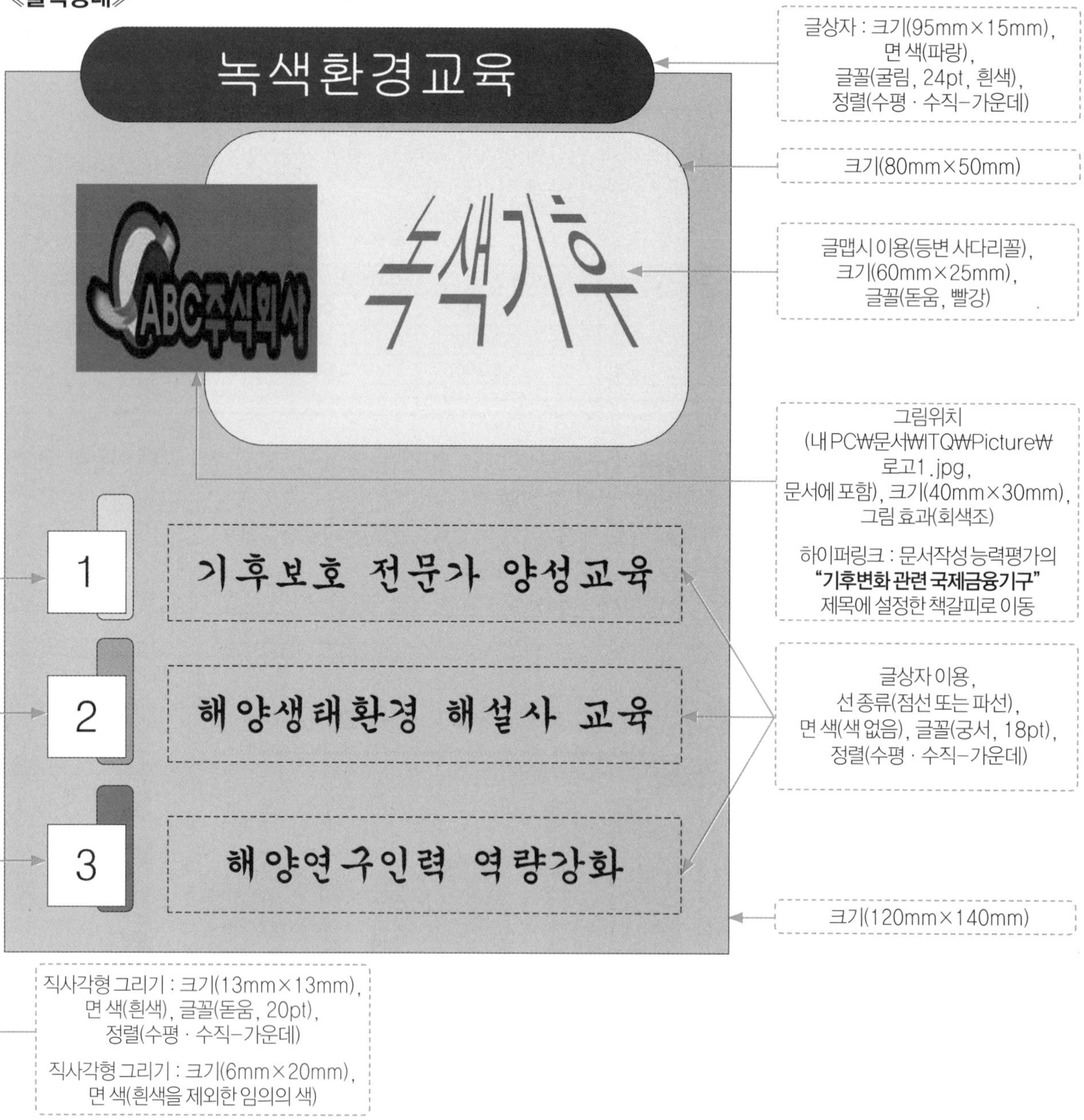

글꼴 : 돋움, 18pt, 진하게, 가운데 정렬
책갈피 이름 : 녹색기후, 덧말 넣기

머리말 기능
굴림, 10pt, 오른쪽 정렬 → 녹색기후기금

문단 첫 글자 장식 기능
글꼴 : 궁서, 면색 : 노랑

기후변화 관련 국제금융기구 (덧말: GCF)

각주

그림위치(내 PC₩문서₩ITQ₩Picture₩그림4.jpg, 문서에 포함)
자르기 기능 이용, 크기(40mm×40mm), 바깥 여백 왼쪽 : 2mm

녹색기후기금Ⓐ은 저탄소 배출과 기후 복원력 향상(向上)을 위한 투자 재원을 동원함으로써 기후변화에 대응하는 인류의 집학적인 행동을 확대하는 것을 궁극적인 목적으로 설정하였으며 동 목적 달성을 위한 투자 자원을 동원(動員)하는 것을 목표로 하고 있습니다. 기존의 지구환경기금이나 적응기금은 기후변화, 생물다양성, 사막화 방지 분야와 일부 특정 분야만 지원하는 한계성을 지니고 있었습니다. 이에 따라 2010년 12월 멕시코 칸쿤에서 열린 UN기후변화협약 제16차 당사국 총회에서 선진국은 개도국의 기후변화 대응을 지원하기 위한 녹색기후기금을 설립하기로 합의하고 2011년 12월 남아공 더반에서 기금 설계방안을 채택하게 됩니다.

2013년 공식출범한 녹색기후기금은 기후변화 장기재원 중 많은 부분의 예산 조달과 집행을 담당할 것이며, 장기재원은 공공재원 및 민간재원 등을 통해 2020년까지 매년 1,000억 달러 규모로 조성됩니다. 이로 인하여 매년 3,800억 원의 경제적 효과와 수백 명의 고용 창출 효과, 안보 및 국가의 브랜드 상승효과 등 많은 성과가 예상되며 향후 한국 기업 및 기관의 GCF 활용 기회 또한 증대될 것으로 예상됩니다.

▣ GCF 민간투자 컨퍼런스

글꼴 : 돋움, 18pt, 흰색
음영색 : 파랑

1) 일시 및 장소
  가) 개최 일시 : 2019년 11월 11일(월) - 11월 13일(수)
  나) 개최 장소 : 인천 그랜드 하얏트 호텔
2) 주요 내용 및 언어
  가) 주요 내용 : 민간 부문의 기후변화대응사업 투자 촉진 방안 논의
  나) 공식 언어 : 영어(영한 동시통역)

문단 번호 기능 사용
1수준 : 20pt, 오른쪽 정렬,
2수준 : 30pt, 오른쪽 정렬,
줄 간격 : 180%

표 전체 글꼴 : 굴림, 10pt, 가운데 정렬
셀 배경(그러데이션) : 유형(수평),
시작색(흰색), 끝색(노랑)

▣ 위원회 및 자문그룹의 역할

글꼴 : 돋움, 18pt,
밑줄, 강조점

구분		역할
위원회	투자위원회	GCF 투자체계 구성 및 검토
	리스크관리위원회	기금 실행 관련 리스크 관리를 위한 관리체계 구성 및 리스크 요소 검증
	윤리감사위원회	기금 실행 관련 윤리 이슈 관리 및 내부 감사 문제 검토
패널 및 자문그룹	인증 패널	인증기구에 대한 2단계 인증 절차 수행
	민간부문 자문그룹	민간부문의 GCF 참여에 관해 자문 제공

글꼴 : 궁서, 24pt, 진하게
장평 95%, 오른쪽 정렬 → **녹색기후기금**

각주 구분선 : 5cm

Ⓐ GCF(Green Climate Fund) 사무국으로 인천 송도가 결정됨

쪽 번호 매기기
5로 시작 → ⑤

제10회 정보기술자격(ITQ) 시험

과 목	코 드	문제유형	시험시간	수험번호	성 명
아래한글	1111	C	60분		

수험자 유의사항

- 수험자는 문제지를 받는 즉시 문제지와 **수험표상의 시험과목(프로그램)이 동일한지 반드시 확인**하여야 합니다.
- 파일명은 본인의 "수험번호-성명"으로 입력하여 답안폴더(내 PC₩문서₩ITQ)에 하나의 파일로 저장해야 하며, 답안문서 파일명이 "수험번호-성명"과 일치하지 않거나, 답안파일을 전송하지 않아 미제출로 처리될 경우 실격 처리합니다 (예 : 12345678-홍길동.hwp).
- 답안 작성을 마치면 파일을 저장하고, '답안 전송' 버튼을 선택하여 감독위원 PC로 답안을 전송하십시오. 수험생 정보와 저장한 파일명이 다를 경우 전송되지 않으므로 주의하시기 바랍니다.
- 답안 작성 중에도 **주기적으로 저장하고, '답안 전송'**하여야 문제 발생을 줄일 수 있습니다. 작업한 내용을 저장하지 않고 전송할 경우 이전에 저장된 내용이 전송되오니 이점 유의하시기 바랍니다.
- 답안문서는 지정된 경로 외의 다른 보조기억장치에 저장하는 경우, 지정된 시험 시간 외에 작성된 파일을 활용할 경우, 기타 통신수단(이메일, 메신저, 네트워크 등)을 이용하여 타인에게 전달 또는 외부 반출하는 경우는 부정 처리합니다.
- 시험 중 부주의 또는 고의로 시스템을 파손한 경우는 수험자가 변상해야 하며, 〈수험자 유의사항〉에 기재된 방법대로 이행하지 않아 생기는 불이익은 수험생 당사자의 책임임을 알려 드립니다.
- 문제의 조건은 한컴오피스 NEO(2016)버전으로 설정되어 있으니 유의하시기 바랍니다.
- 시험을 완료한 수험자는 답안파일이 전송되었는지 확인한 후 감독위원의 지시에 따라 문제지를 제출하고 퇴실합니다.

답안 작성요령

온라인 답안 작성 절차

수험자 등록 ⇒ 시험 시작 ⇒ 답안파일 저장 ⇒ 답안 전송 ⇒ 시험 종료

공통 부문

- 글꼴에 대한 기본설정은 함초롬바탕, 10포인트, 검정, 줄간격 160%, 양쪽정렬로 합니다.
- 색상은 조건의 색을 적용하고 색의 구분이 안 될 경우에는 RGB 값을 적용하십시오(빨강 255, 0, 0 / 파랑 0, 0, 255 / 노랑 255, 255, 0).
- 각 문항에 주어진 ≪조건≫에 따라 작성하고 언급하지 않은 조건은 ≪출력형태≫와 같이 작성합니다.
- 용지여백은 왼쪽 · 오른쪽 11㎜, 위쪽 · 아래쪽 · 머리말 · 꼬리말 10㎜, 제본 0㎜로 합니다.
- 그림 삽입 문제의 경우 「내 PC₩문서₩ITQ₩Picture」 폴더에서 지정된 파일을 선택하여 삽입하십시오.
- 삽입한 그림은 반드시 문서에 포함하여 저장해야 합니다(미포함 시 감점 처리).
- 각 항목은 지정된 페이지에 출력형태와 같이 정확히 작성하시기 바라며, 그렇지 않을 경우에 해당 항목은 0점 처리됩니다.
  ※ 페이지구분 : 1 페이지 – 기능평가 I (문제번호 표시 : 1. 2.),
  2페이지 – 기능평가 II (문제번호 표시 : 3. 4.),
  3페이지 – 문서작성 능력평가

기능평가

- 문제와 ≪조건≫은 입력하지 않으며 문제번호와 답(≪출력형태≫)만 작성합니다.
- 4번 문제는 묶기를 했을 경우 0점 처리됩니다.

문서작성 능력평가

- A4 용지(210㎜×297㎜) 1매 크기, 세로 서식 문서로 작성합니다.
- ⬚ 표시는 문서작성에 대한 지시사항이므로 작성하지 않습니다.

150점

1. 다음의 ≪조건≫에 따라 스타일 기능을 적용하여 ≪출력형태≫와 같이 작성하시오. (50점)

≪조건≫ (1) 스타일 이름 – skiing
(2) 문단 모양 – 왼쪽 여백 : 15pt, 문단 아래 간격 : 10pt
(3) 글자 모양 – 글꼴 : 한글(돋움)/영문(궁서), 크기 : 10pt, 장평 : 95%, 자간 : 5%

≪출력형태≫

New ski and binding designs, coupled with the introduction of ski lifts and snow cars to carry skiers up mountains, enabled the development of alpine skis.

스키는 길고 평평한 활면에 신발을 붙인 도구를 신고 눈 위를 활주하는 스포츠로 스웨덴의 중부 호팅 지방에서 발견된 4,500년 전의 스키가 가장 오래된 것으로 알려져 있다.

2. 다음의 ≪조건≫에 따라 ≪출력형태≫와 같이 표와 차트를 작성하시오. (100점)

≪표 조건≫ (1) 표 전체(표, 캡션) – 돋움, 10pt
(2) 정렬 – 문자 : 가운데 정렬, 숫자 : 오른쪽 정렬
(3) 셀 배경(면 색) : 노랑
(4) 한글의 계산 기능을 이용하여 빈칸에 평균(소수점 두 자리)를 구하고, 캡션 기능 사용할 것
(5) 선 모양은 ≪출력형태≫와 같이 동일하게 처리할 것

≪출력형태≫

크로스컨트리 K-Point(단위 : 점)

구분	회장배	학생종별	전국체전	종별	평균
김그린	137.5	112.1	120.5	112.3	
박승현	135.4	131.8	154.4	114.7	
김민재	185.4	164.2	190.1	206.9	
박민아	162.7	157.2	153.4	168.4	

≪차트 조건≫ (1) 차트 데이터는 표 내용에서 구분별 김그린, 박승현, 김민재의 값만 이용할 것
(2) 종류 – 〈묶은 가로 막대형〉으로 작업할 것
(3) 제목 – 굴림, 진하게, 12pt, 배경 – 선 모양(한 줄로), 그림자(2pt)
(4) 제목 이외의 전체 글꼴 – 굴림, 보통, 10pt
(5) 축제목과 범례는 ≪출력형태≫와 동일하게 처리할 것

≪출력형태≫

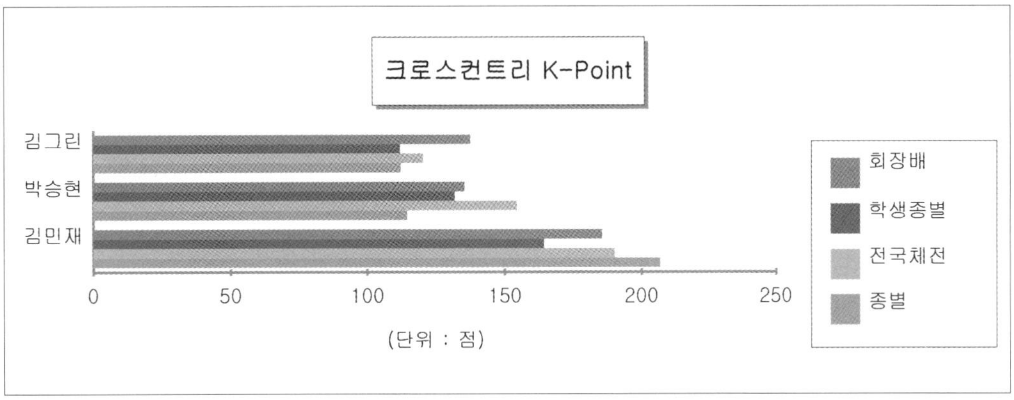

3. 다음 (1), (2)의 수식을 수식 편집기로 각각 입력하시오. (40점)

《출력형태》

(1) $\sum_{k=1}^{n} k^2 = \frac{1}{6} n(n+1)(2n+1)$　　(2) $F_n = \frac{a(r^n - 1)}{r-1} = \frac{a(1+r^n)}{1-r} (r \neq 1)$

4. 다음의 《조건》에 따라 《출력형태》와 같이 문서를 작성하시오. (110점)

《조건》 (1) 그리기 도구를 이용하여 작성하고, 모든 도형(글맵시, 지정된 그림)을 포함 《출력형태》와 같이 작성하시오.

(2) 도형의 면 색은 지시사항이 없으면 색 없음을 제외하고 서로 다르게 임의로 지정하시오.

《출력형태》

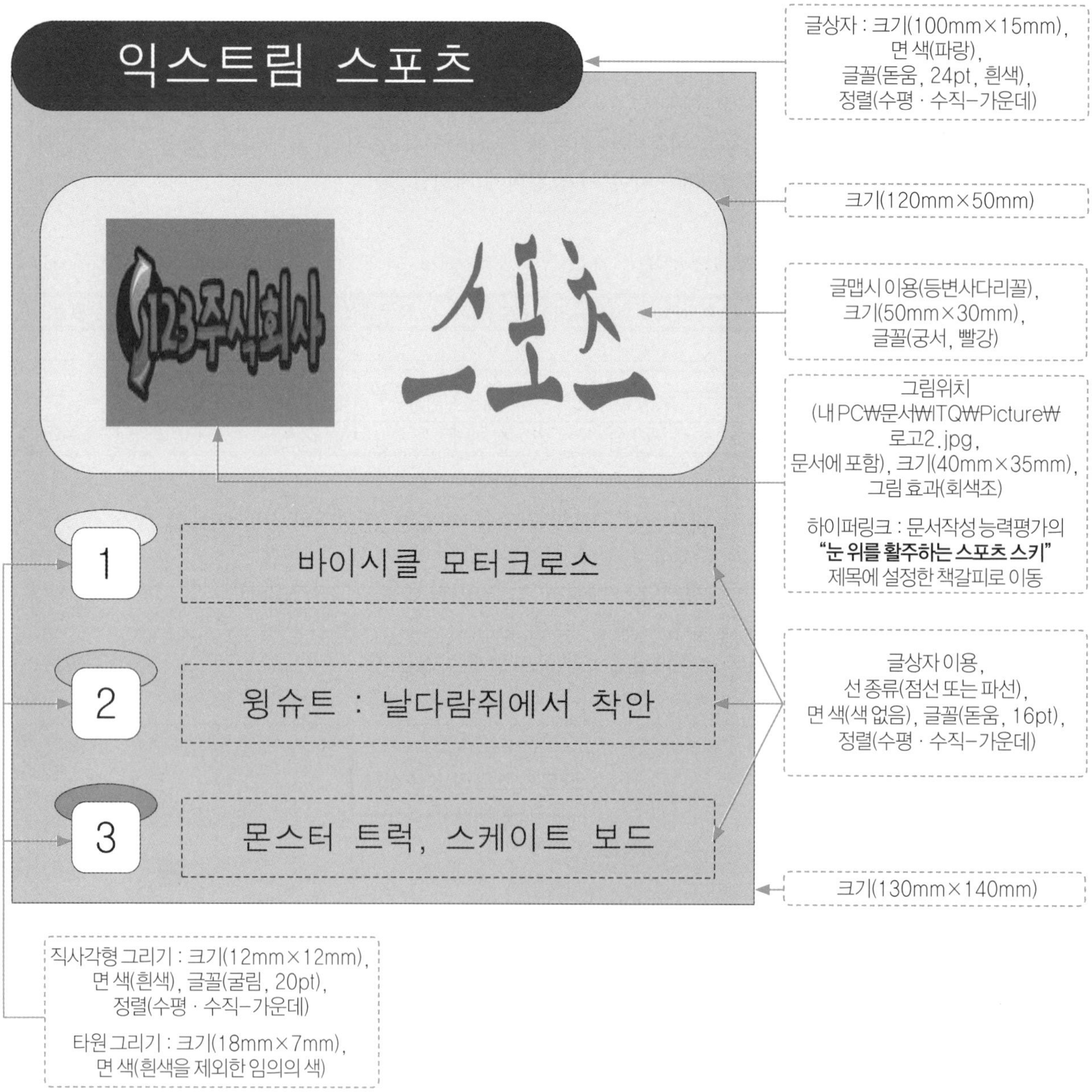

글꼴 : 궁서, 18pt, 진하게, 가운데 정렬
책갈피 이름 : 스포츠, 덧말 넣기

머리말 기능
굴림, 10pt, 오른쪽 정렬 → 겨울 레포츠

문단 첫 글자 장식 기능
글꼴 : 돋움, 면색 : 노랑

눈 위를 활주하는 스포츠 스키

(덧말: 이동수단에서 스포츠로)

그림위치(내 PC₩문서₩ITQ₩Picture₩그림4.jpg, 문서에 포함)
자르기 기능 이용, 크기(40mm×40mm), 바깥 여백 왼쪽 : 2mm

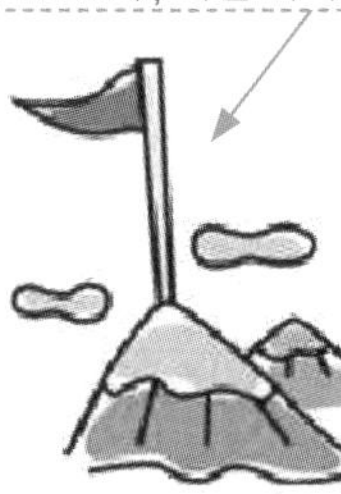

스키는 오랜 옛날부터 이동수단으로서의 목적으로 이를 이용하여 사냥을 하고 전쟁을 수행하여 제2의 발이라고 칭해지며 자연스럽게 개발되었다. 스키의 유래는 기원전 3000년경으로 추측(推測)되며, 발생지는 러시아 동북부 알다이와 바이칼호 지방으로 알려져 있다. 우리나라 역시 정확한 기록은 없지만 2000-3000년 전부터 스키를 타 왔던 것으로 짐작(斟酌)된다. 함경도에서 발굴된 석기시대 유물에서 고대에 사용된 것으로 보이는 썰매가 나온 사례도 있다. 일제 강점기에는 제1회 조선스키대회가 열렸고, 1946년에는 조선스키협회가 창립되었다. 그리고 1948년 정부 수립과 함께 그 명칭이 대한스키협회로 바뀌어 오늘에 이르고 있다.

스키는 완만한 구릉 지대인 북유럽에서는 거리 경기 위주의 노르딕 스키가 발달했고, 산세가 험한 알프스 지역에서는 경사면을 빠르게 활강하는 알파인 스키가 발달했다. 노르딕 스키에는 크로스컨트리와 스키 점프, 그리고 두 가지를 합한 노르딕 복합 종목이 있다. 알파인 스키에는 경사면을 활주해 내려오는 활강과 회전 종목이 있다. 최근에는 고난도 묘기를 선보이는 익스트림게임Ⓐ 형태의 프리스타일 스키가 큰 인기를 끌고 있다.

각주

※ 스키 플레이트

글꼴 : 돋움, 18pt, 흰색
음영색 : 파랑

① 스키 플레이트
(ㄱ) 초심자는 스키가 짧을수록 안정성이 높다.
(ㄴ) 상급자는 자신의 신장보다 20센티미터 정도 짧은 스키를 선택
② 플레이트 보관법
(ㄱ) 스키를 맞물리지 않게 분리한다.
(ㄴ) 두 개의 스키를 벽에 일직선으로 세워둔다.

문단 번호 기능 사용
1수준 : 20pt, 오른쪽 정렬,
2수준 : 30pt, 오른쪽 정렬,
줄 간격 : 180%

※ 스키 경기의 종류

글꼴 : 돋움, 18pt,
밑줄, 강조점

표 전체 글꼴 : 돋움, 10pt, 가운데 정렬
셀 배경(그러데이션) : 유형(수평),
시작색(흰색), 끝색(노랑)

구분		내용
노르딕	크로스컨트리	스키 장비를 갖추고 장거리를 이동하는 경기
	스키 점프	2회의 점프를 실시하여 점프 거리에 점수와 자세를 합하여 가리는 경기
알파인	활강경기	출발선부터 골인 선까지 최대의 속도로 활주하는 속도 계통의 경기
	슈퍼대회전경기	활강경기의 속도 기술에 회전 기술을 복합하여 겨루는 경기
프리스타일	에어리얼	점프 경기장에서 곡예 점프, 착지 동작 등으로 승부를 가리는 경기

글꼴 : 돋움, 24pt, 진하게
장평 110%, 오른쪽 정렬 → **전국스키연합회**

각주 구분선 : 5cm

Ⓐ 갖가지 고난도 묘기를 행하는 모험 레포츠로서 극한스포츠라고도 칭함

쪽 번호 매기기
5로 시작 → ⑤

제11회 정보기술자격(ITQ) 시험

과 목	코 드	문제유형	시험시간	수험번호	성 명
아래한글	1111	A	60분		

수험자 유의사항

- 수험자는 문제지를 받는 즉시 문제지와 **수험표상의 시험과목(프로그램)이 동일한지 반드시 확인**하여야 합니다.
- 파일명은 본인의 "수험번호-성명"으로 입력하여 답안폴더(내 PC₩문서₩ITQ)에 하나의 파일로 저장해야 하며, 답안문서 파일명이 "수험번호-성명"과 일치하지 않거나, 답안파일을 전송하지 않아 미제출로 처리될 경우 실격 처리합니다(예 : 12345678-홍길동.hwp).
- 답안 작성을 마치면 파일을 저장하고, '답안 전송' 버튼을 선택하여 감독위원 PC로 답안을 전송하십시오. 수험생 정보와 저장한 파일명이 다를 경우 전송되지 않으므로 주의하시기 바랍니다.
- 답안 작성 중에도 **주기적으로 저장하고, '답안 전송'**하여야 문제 발생을 줄일 수 있습니다. 작업한 내용을 저장하지 않고 전송할 경우 이전에 저장된 내용이 전송되오니 이점 유의하시기 바랍니다.
- 답안문서는 지정된 경로 외의 다른 보조기억장치에 저장하는 경우, 지정된 시험 시간 외에 작성된 파일을 활용할 경우, 기타 통신수단(이메일, 메신저, 네트워크 등)을 이용하여 타인에게 전달 또는 외부 반출하는 경우는 부정 처리합니다.
- 시험 중 부주의 또는 고의로 시스템을 파손한 경우는 수험자가 변상해야 하며, 〈수험자 유의사항〉에 기재된 방법대로 이행하지 않아 생기는 불이익은 수험생 당사자의 책임임을 알려 드립니다.
- 문제의 조건은 한컴오피스 NEO(2016)버전으로 설정되어 있으니 유의하시기 바랍니다.
- 시험을 완료한 수험자는 답안파일이 전송되었는지 확인한 후 감독위원의 지시에 따라 문제지를 제출하고 퇴실합니다.

답안 작성요령

온라인 답안 작성 절차

수험자 등록 ⇒ 시험 시작 ⇒ 답안파일 저장 ⇒ 답안 전송 ⇒ 시험 종료

공통 부문

- ㅇ 글꼴에 대한 기본설정은 함초롬바탕, 10포인트, 검정, 줄간격 160%, 양쪽정렬로 합니다.
- ㅇ 색상은 조건의 색을 적용하고 색의 구분이 안 될 경우에는 RGB 값을 적용하십시오(빨강 255, 0, 0 / 파랑 0, 0, 255 / 노랑 255, 255, 0).
- ㅇ 각 문항에 주어진 ≪조건≫에 따라 작성하고 언급하지 않은 조건은 ≪출력형태≫와 같이 작성합니다.
- ㅇ 용지여백은 왼쪽 · 오른쪽 11㎜, 위쪽 · 아래쪽 · 머리말 · 꼬리말 10㎜, 제본 0㎜로 합니다.
- ㅇ 그림 삽입 문제의 경우 「내 PC₩문서₩ITQ₩Picture」 폴더에서 지정된 파일을 선택하여 삽입하십시오.
- ㅇ 삽입한 그림은 반드시 문서에 포함하여 저장해야 합니다(미포함 시 감점 처리).
- ㅇ 각 항목은 지정된 페이지에 출력형태와 같이 정확히 작성하시기 바라며, 그렇지 않을 경우에 해당 항목은 0점 처리됩니다.

  ※ 페이지구분 : 1 페이지 – 기능평가 Ⅰ(문제번호 표시 : 1. 2.),
  2페이지 – 기능평가 Ⅱ(문제번호 표시 : 3. 4.),
  3페이지 – 문서작성 능력평가

기능평가

- ㅇ 문제와 ≪조건≫은 입력하지 않으며 문제번호와 답(≪출력형태≫)만 작성합니다.
- ㅇ 4번 문제는 묶기를 했을 경우 0점 처리됩니다.

문서작성 능력평가

- ㅇ A4 용지(210㎜×297㎜) 1매 크기, 세로 서식 문서로 작성합니다.
- ㅇ ⬜ 표시는 문서작성에 대한 지시사항이므로 작성하지 않습니다.

1. 다음의 ≪조건≫에 따라 스타일 기능을 적용하여 ≪출력형태≫와 같이 작성하시오. (50점)

≪조건≫ (1) 스타일 이름 - evacuation
(2) 문단 모양 - 왼쪽 여백 : 15pt, 문단 아래 간격 : 10pt
(3) 글자 모양 - 글꼴 : 한글(돋움)/영문(궁서), 크기 : 10pt, 장평 : 95%, 자간 : 5%

≪출력형태≫

In the event of a fire, anyone becomes embarrassed and sometimes their judgment is less than usual, so they become choked by smoke, causing damage to their precious lives.

불특정 다수를 수용하거나 출입하는 사업장에서 가장 중요한 것은 화재 시 대피 유도인데 큰 소리로 외치는 대신 침착한 행동으로 대피를 유도해야 한다.

2. 다음의 ≪조건≫에 따라 ≪출력형태≫와 같이 표와 차트를 작성하시오. (100점)

≪표 조건≫ (1) 표 전체(표, 캡션) - 돋움, 10pt
(2) 정렬 - 문자 : 가운데 정렬, 숫자 : 오른쪽 정렬
(3) 셀 배경(면 색) : 노랑
(4) 한글의 계산 기능을 이용하여 빈칸에 합계를 구하고, 캡션 기능 사용할 것
(5) 선 모양은 ≪출력형태≫와 같이 동일하게 처리할 것

≪출력형태≫

주요시설 화재발생 현황(단위 : 건)

구분	2015년	2016년	2017년	2018년	합계
교육시설	312	328	355	340	
운송시설	117	116	80	116	
의료/복지시설	329	375	386	416	
주거시설	11,584	11,541	11,765	12,001	

≪차트 조건≫ (1) 차트 데이터는 표 내용에서 연도별 교육시설, 운송시설, 의료/복지시설의 값만 이용할 것
(2) 종류 - 〈묶은 가로 막대형〉으로 작업할 것
(3) 제목 - 굴림, 진하게, 12pt, 배경 - 선 모양(한 줄로), 그림자(2pt)
(4) 제목 이외의 전체 글꼴 - 굴림, 보통, 10pt
(5) 축제목과 범례는 ≪출력형태≫와 동일하게 처리할 것

≪출력형태≫

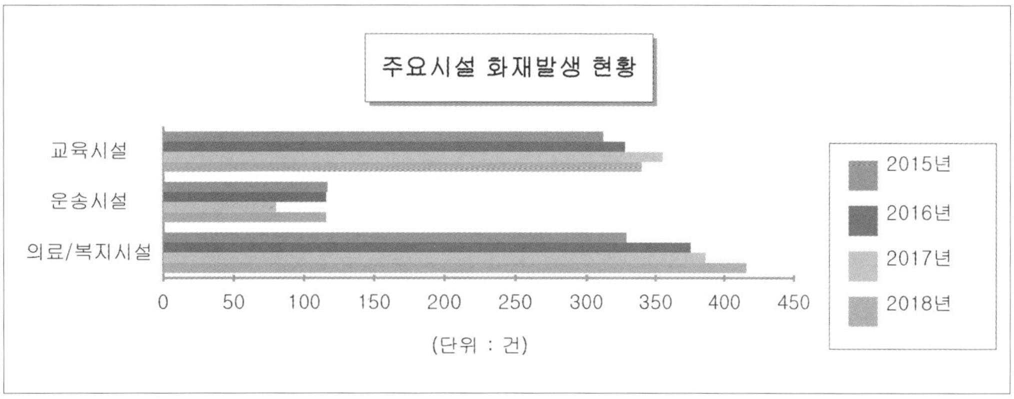

3. 다음 (1), (2)의 수식을 수식 편집기로 각각 입력하시오. (40점)

《출력형태》

(1) $\frac{PV}{T} = \frac{1 \times 22.4}{273} \fallingdotseq 0.082$ (2) $\int_{0}^{3} \frac{\sqrt{6t^2 - 18t + 12}}{5} dt = 11$

4. 다음의 《조건》에 따라 《출력형태》와 같이 문서를 작성하시오. (110점)

《조건》 (1) 그리기 도구를 이용하여 작성하고, 모든 도형(글맵시, 지정된 그림)을 포함 《출력형태》와 같이 작성하시오.
(2) 도형의 면 색은 지시사항이 없으면 색 없음을 제외하고 서로 다르게 임의로 지정하시오.

《출력형태》

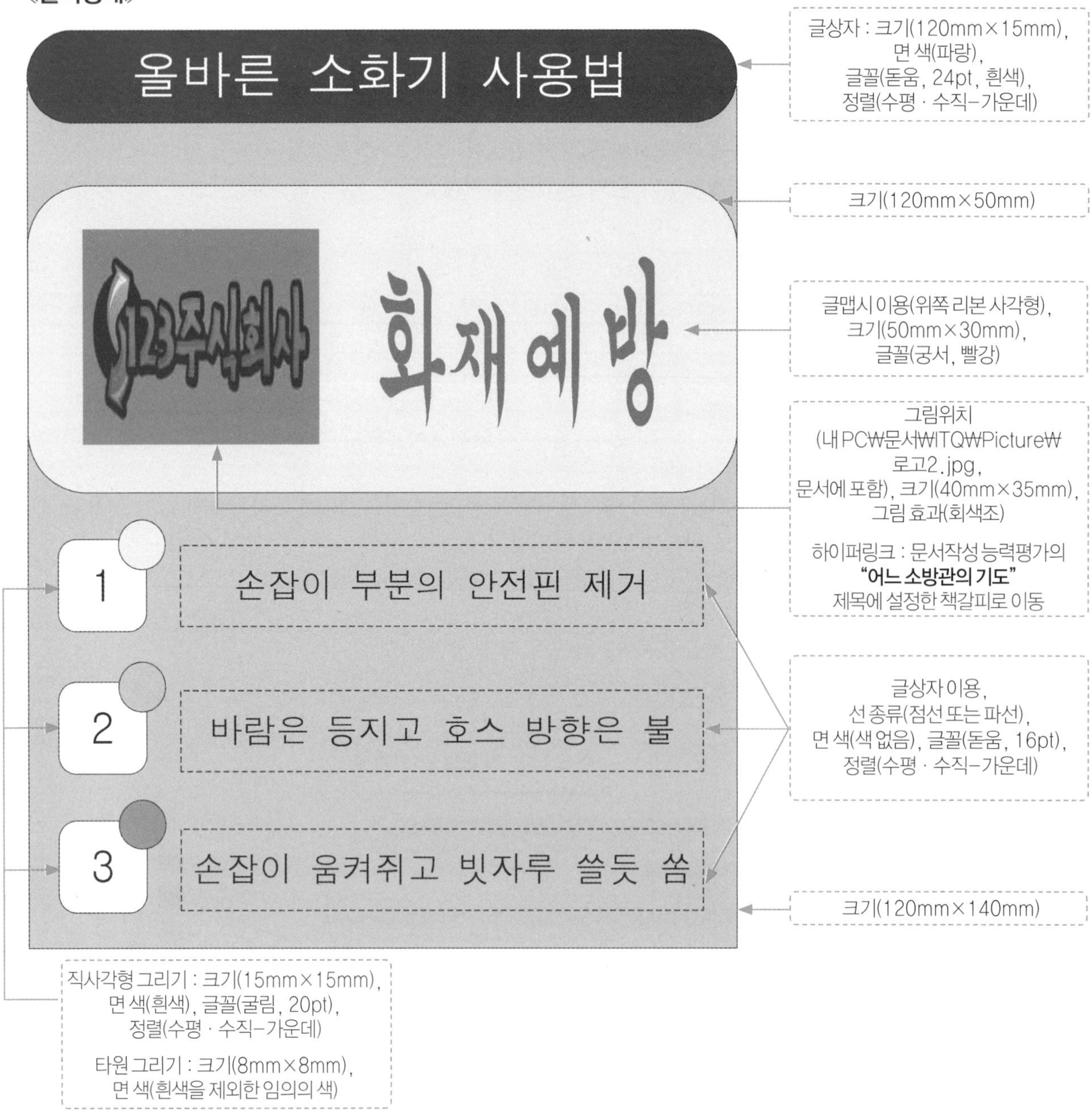

글꼴 : 궁서, 18pt, 진하게, 가운데 정렬
책갈피 이름 : 화재, 덧말 넣기

머리말 기능
굴림, 10pt, 오른쪽 정렬 → 소방안전 지킴이

문단 첫 글자 장식 기능
글꼴 : 돋움, 면색 : 노랑

어느 소방관의 기도 (뜨거운 사명)

각주

그림위치(내 PC\문서\ITQ\Picture\그림4.jpg, 문서에 포함)
자르기 기능 이용, 크기(40mm×35mm), 바깥 여백 왼쪽 : 2mm

소방관이 지은 기도문이 있다. 이 시㉠는 화재 진압 도중 어린아이를 구하지 못한 죄책감과 간절함으로 작성된 거라 한다. '제가 부름을 받을 때는 신이시여 아무리 강력한 화염 속에서도 한 생명을 구할 수 있는 힘을 저에게 주소서 너무 늦기 전에 어린아이를 감싸 안을 수 있게 하시고 공포에 떠는 노인을 구하게 하소서 저에게는 언제나 안전을 기할 수 있게 하시어 가냘픈 외침까지도 들을 수 있게 하시고 신속하고 효율적으로 화재를 진압하게 하소서 그리고 신의 뜻에 따라 저의 목숨을 잃게 되면 신의 은총으로 저와 아내와 가족을 돌보아 주소서 (후략)' 이 시는 전 세계 소방관들의 신조처럼 알려져 있다.

대한민국 소방관, 국민 대부분이 가장 신뢰(信賴)하지만 처우는 최하위 약자인 직업, 모두가 도망쳐 나올 때 위험으로 뛰어드는 사람들이다. 소방관이 다치거나 순직할 때 국가의 작은 영웅(英雄)이라고 조명하는 것은 잠시뿐, 사람들도 세상도 그들을 너무 빨리 잊는다. 하지만 소방관들은 숨도 제대로 못 쉬는 화염 속으로 언제 무너질지 모르는 건물 속으로 오늘도 생명을 구하러 뛰어 들어간다. 이처럼 우리 주변에서 공공을 위해 묵묵히 자신의 일에 종사하는 분들이 존중 받고 대접 받는 사회가 빨리 되길 간절히 바란다.

★ 전기, 가스 화재 예방요령

글꼴 : 굴림, 18pt, 흰색
음영색 : 파랑

1) 전기 화재 예방요령
   ① 한 콘센트에 여러 개 플러그를 꽂는 문어발식 사용금지
   ② 사용한 전기 기구는 반드시 플러그를 뽑고 외출
2) 가스 화재 예방요령
   ① 사용 전 가스가 누출되지는 않았는지 냄새로 확인
   ② 사용 후 연소기 코크와 중간 밸브 잠금 확인

문단 번호 기능 사용
1수준 : 20pt, 오른쪽 정렬,
2수준 : 30pt, 오른쪽 정렬,
줄 간격 : 180%

★ 긴급신고 관련기관 연락처

글꼴 : 굴림, 18pt,
밑줄, 강조점

표 전체 글꼴 : 돋움, 10pt, 가운데 정렬
셀 배경(그러데이션) : 유형(수평),
시작색(흰색), 끝색(노랑)

접수내용	관련기관	전화번호	접수내용	관련기관	전화번호
화재, 구조, 구급신고	119안전신고센터	119	사이버 테러	한국인터넷진흥원	118
범죄신고	경찰청	112	해양 긴급 신고	행정안전부	122
간첩신고	국가정보원	111	마약, 범죄종합신고	검찰청	1301
	경찰청	113	병영생활 고충상담	국방헬프콜	1303

글꼴 : 돋움, 24pt, 진하게,
장평 110%, 오른쪽 정렬

국가화재정보센터

각주 구분선 : 5cm

㉠ 1958년 미국의 '스모키 린'이라는 소방관이 쓴 기도문

쪽 번호 매기기
4로 시작 → ④

제12회 정보기술자격(ITQ) 시험

과 목	코 드	문제유형	시험시간	수험번호	성 명
아래한글	1111	B	60분		

수험자 유의사항

- 수험자는 문제지를 받는 즉시 문제지와 **수험표상의 시험과목(프로그램)이 동일한지 반드시 확인**하여야 합니다.
- 파일명은 본인의 "수험번호-성명"으로 입력하여 답안폴더(내 PC₩문서₩ITQ)에 하나의 파일로 저장해야 하며, 답안문서 파일명이 "수험번호-성명"과 일치하지 않거나, 답안파일을 전송하지 않아 미제출로 처리될 경우 실격 처리합니다 (예 : 12345678-홍길동.hwp).
- 답안 작성을 마치면 파일을 저장하고, '답안 전송' 버튼을 선택하여 감독위원 PC로 답안을 전송하십시오. 수험생 정보와 저장한 파일명이 다를 경우 전송되지 않으므로 주의하시기 바랍니다.
- 답안 작성 중에도 **주기적으로 저장하고, '답안 전송'**하여야 문제 발생을 줄일 수 있습니다. 작업한 내용을 저장하지 않고 전송할 경우 이전에 저장된 내용이 전송되오니 이점 유의하시기 바랍니다.
- 답안문서는 지정된 경로 외의 다른 보조기억장치에 저장하는 경우, 지정된 시험 시간 외에 작성된 파일을 활용할 경우, 기타 통신수단(이메일, 메신저, 네트워크 등)을 이용하여 타인에게 전달 또는 외부 반출하는 경우는 부정 처리합니다.
- 시험 중 부주의 또는 고의로 시스템을 파손한 경우는 수험자가 변상해야 하며, 〈수험자 유의사항〉에 기재된 방법대로 이행하지 않아 생기는 불이익은 수험생 당사자의 책임임을 알려 드립니다.
- 문제의 조건은 한컴오피스 NEO(2016)버전으로 설정되어 있으니 유의하시기 바랍니다.
- 시험을 완료한 수험자는 답안파일이 전송되었는지 확인한 후 감독위원의 지시에 따라 문제지를 제출하고 퇴실합니다.

답안 작성요령

온라인 답안 작성 절차

수험자 등록 ⇒ 시험 시작 ⇒ 답안파일 저장 ⇒ 답안 전송 ⇒ 시험 종료

공통 부문

- ㅇ 글꼴에 대한 기본설정은 함초롬바탕, 10포인트, 검정, 줄간격 160%, 양쪽정렬로 합니다.
- ㅇ 색상은 조건의 색을 적용하고 색의 구분이 안 될 경우에는 RGB 값을 적용하십시오(빨강 255, 0, 0 / 파랑 0, 0, 255 / 노랑 255, 255, 0).
- ㅇ 각 문항에 주어진 ≪조건≫에 따라 작성하고 언급하지 않은 조건은 ≪출력형태≫와 같이 작성합니다.
- ㅇ 용지여백은 왼쪽 · 오른쪽 11㎜, 위쪽 · 아래쪽 · 머리말 · 꼬리말 10㎜, 제본 0㎜로 합니다.
- ㅇ 그림 삽입 문제의 경우 「내 PC₩문서₩ITQ₩Picture」 폴더에서 지정된 파일을 선택하여 삽입하십시오.
- ㅇ 삽입한 그림은 반드시 문서에 포함하여 저장해야 합니다(미포함 시 감점 처리).
- ㅇ 각 항목은 지정된 페이지에 출력형태와 같이 정확히 작성하시기 바라며, 그렇지 않을 경우에 해당 항목은 0점 처리됩니다.

※ 페이지구분 : 1 페이지 – 기능평가 Ⅰ(문제번호 표시 : 1. 2.),
2페이지 – 기능평가 Ⅱ(문제번호 표시 : 3. 4.),
3페이지 – 문서작성 능력평가

기능평가

- ㅇ 문제와 ≪조건≫은 입력하지 않으며 문제번호와 답(≪출력형태≫)만 작성합니다.
- ㅇ 4번 문제는 묶기를 했을 경우 0점 처리됩니다.

문서작성 능력평가

- ㅇ A4 용지(210㎜×297㎜) 1매 크기, 세로 서식 문서로 작성합니다.
- ㅇ ⬚ 표시는 문서작성에 대한 지시사항이므로 작성하지 않습니다.

1. 다음의 ≪조건≫에 따라 스타일 기능을 적용하여 ≪출력형태≫와 같이 작성하시오. (50점)

≪조건≫ (1) 스타일 이름 - wind
(2) 문단 모양 - 왼쪽 여백 : 15pt, 문단 아래 간격 : 10pt
(3) 글자 모양 – 글꼴 : 한글(돋움)/영문(궁서), 크기 : 10pt, 장평 : 95%, 자간 : 5%

≪출력형태≫

Korea Wind Energy Industry Association will always strive to foster the wind industry based on active cooperation of company members.

풍력발전이란 바람에너지를 이용하여 전기를 생산하는 발전방식으로 블레이드가 회전하면서 발생하는 기계에너지를 발전기를 통해 전기에너지로 변환하는 원리이다.

2. 다음의 ≪조건≫에 따라 ≪출력형태≫와 같이 표와 차트를 작성하시오. (100점)

≪표 조건≫ (1) 표 전체(표, 캡션) – 돋움, 10pt
(2) 정렬 - 문자 : 가운데 정렬, 숫자 : 오른쪽 정렬
(3) 셀 배경(면 색) : 노랑
(4) 한글의 계산 기능을 이용하여 빈칸에 평균(소수점 두 자리)을 구하고, 캡션 기능 사용할 것
(5) 선 모양은 ≪출력형태≫와 같이 동일하게 처리할 것

≪출력형태≫

연도별 신재생에너지 보급 현황(단위 : TOE)

구분	2013년	2014년	2015년	2016년	평균
수력	892.2	581.2	453.8	603.2	
풍력	242.4	241.8	283.5	355.3	
수소연료전지	122.4	199.4	230.2	241.6	
태양열	27.8	28.5	28.5	28.5	

≪차트 조건≫ (1) 차트 데이터는 표 내용에서 연도별 수력, 풍력, 수소연료전지의 값만 이용할 것
(2) 종류 – 〈묶은 가로 막대형〉으로 작업할 것
(3) 제목 - 굴림, 진하게, 12pt, 배경 – 선 모양(한 줄로), 그림자(2pt)
(4) 제목 이외의 전체 글꼴 - 굴림, 보통, 10pt
(5) 축제목과 범례는 ≪출력형태≫와 같이 동일하게 처리할 것

≪출력형태≫

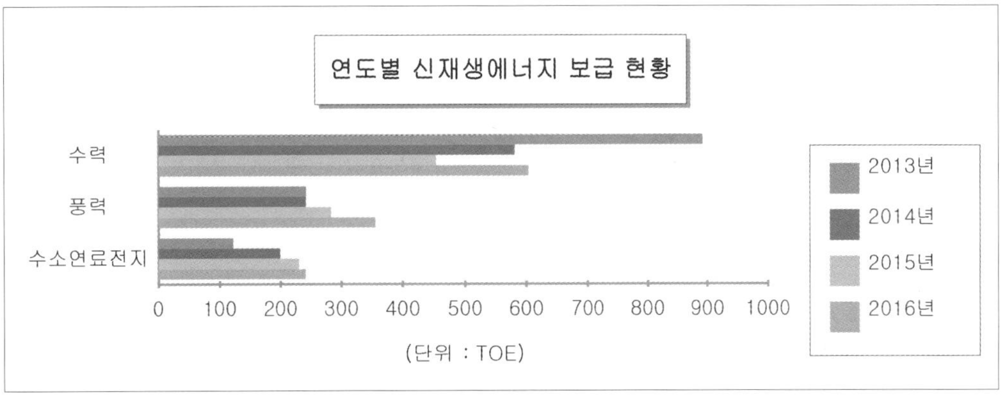

3. 다음 (1), (2)의 수식을 수식 편집기로 각각 입력하시오. (40점)

≪출력형태≫

(1) $G_n = n^2 \frac{h^2}{4\pi^2 Kme^2}$

(2) $\lim_{n \to \infty} P_n = 1 - \frac{9^3}{10^3} = \frac{271}{1000}$

4. 다음의 ≪조건≫에 따라 ≪출력형태≫와 같이 문서를 작성하시오. (110점)

≪조건≫

(1) 그리기 도구를 이용하여 작성하고, 모든 도형(글맵시, 지정된 그림)을 포함 ≪출력형태≫와 같이 작성하시오.

(2) 도형의 면 색은 지시사항이 없으면 색 없음을 제외하고 서로 다르게 임의로 지정하시오.

≪출력형태≫

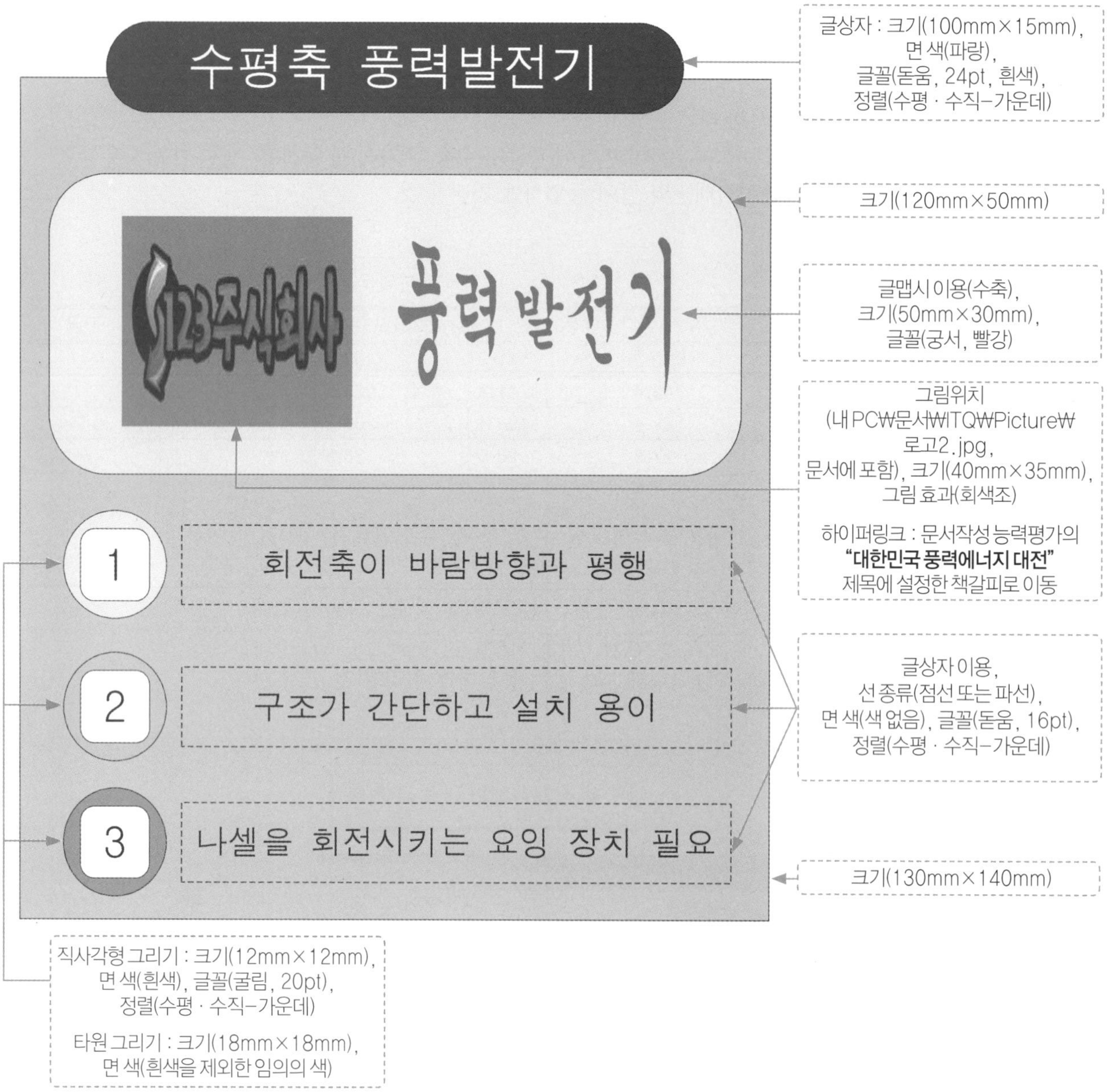

글꼴 : 궁서, 18pt, 진하게, 가운데 정렬
책갈피 이름 : 풍력, 덧말 넣기

머리말 기능
굴림, 10pt, 오른쪽 정렬 → 풍력에너지

풍력에너지 전문 전시회

대한민국 풍력에너지 대전

문단 첫 글자 장식 기능
글꼴 : 돋움, 면색 : 노랑

그림위치(내 PC₩문서₩ITQ₩Picture₩그림4.jpg, 문서에 포함)
자르기 기능 이용, 크기(40mm×40mm), 바깥 여백 왼쪽 : 2mm

풍력은 바람으로부터 얻는 에너지이다. 아주 오래전부터 사람들은 항해를 하거나 풍차를 돌리고 물을 펴 올리는 데 풍력을 이용했으며 최근에는 전기에너지를 생산하는 데 풍력을 이용한다. 풍력발전이란 자연의 바람을 이용하여 풍차를 돌리고, 이것으로 발전기를 돌리는 발전 방식이다. 풍력을 이용해 효율적으로 전기에너지를 얻기 위해서는 초속 5미터 이상의 바람이 지속적으로 불어야 한다. 풍력에너지는 환경오염 물질이 발생하지 않는 깨끗한 에너지이기 때문에 세계 각국에서 그 활용에 큰 관심을 보이고 있다. 최근의 풍력발전기는 풍력에너지의 약 30%를 발전기로 돌려 에너지로 전환시킬 수 있으며 현재 우리나라에서도 강원도의 대관령과 제주도 부근에 풍력발전 설비가 가동되고 있다.

풍력에너지를 이용한 풍력발전 기술은 신재생에너지 분야(分野) 중에서도 경제성과 기술 성숙도 면에서 세계적으로 가장 빠른 성장 속도를 보이는 에너지 산업이다. 이번 전시회는 개막식을 시작으로 풍력 부품 그룹별 집약화 전시행사, 해외 바이어 초청 및 상담 Zone 운영, 풍력 전문가 초청 강연, 부대 행사 등 신재생에너지Ⓐ 문화에 대한 관심 제고와 저변 확대(擴大)를 위한 다양한 참여형 체험 행사로 추진되고 있다.

각주

♥ 행사 개요

글꼴 : 굴림, 18pt, 흰색
음영색 : 파랑

I. 기간 및 장소
  A. 기간 : 2019. 12. 18(수) - 2019. 12. 20(금)
  B. 장소 : 창원컨벤션센터 전시장
II. 규모 및 주요 프로그램
  A. 규모 : 4개국 88개사 302부스(5,870제곱미터)
  B. 주요 프로그램 : 구매상담회, 학술대회, 지식경제부 정책세미나 등

문단 번호 기능 사용
1수준 : 20pt, 오른쪽 정렬,
2수준 : 30pt, 오른쪽 정렬,
줄 간격 : 180%

♥ 해상풍력 구조물 기술개발 연구

글꼴 : 굴림, 18pt, 밑줄, 강조점

표 전체 글꼴 : 돋움, 10pt, 가운데 정렬
셀 배경(그러데이션) : 유형(수평), 시작색(흰색), 끝색(노랑)

기간	연구과제명	내용
2010-2014	대구경 대수심 해상	수심 30m이하 조건에 적합한 고효율 굴착식 모노파일 시스템 개발
	기초시스템 기술개발	토사지반이 두꺼운 대수심 조건에 적합한 석션버켓기초 시스템 개발
2012-2017	콘크리트 지지구조물 개발	항만과 연계된 콘크리트 해상풍력 지지구조물 개발 및 운영
2011-2020	심해용 부유식 풍력 발전	심해용 부유식 플랫폼 설계, 건조, 설치, 평가, 검증 핵심기술 개발
	플랫폼 기반 기술 개발	가혹한 해양환경 극복형 계류장치 및 소재, 방식 기술 개발

글꼴 : 돋움, 24pt, 진하게
장평 110%, 오른쪽 정렬 → 한국풍력산업협회

각주 구분선 : 5cm

Ⓐ 기존의 화석연료나 재생 가능한 에너지를 변환시켜 이용하는 에너지

쪽 번호 매기기
2로 시작 → ②

제13회 정보기술자격(ITQ) 시험

과 목	코 드	문제유형	시험시간	수험번호	성 명
아래한글	1111	C	60분		

수험자 유의사항

- 수험자는 문제지를 받는 즉시 문제지와 **수험표상의 시험과목(프로그램)이 동일한지 반드시 확인**하여야 합니다.
- 파일명은 본인의 "수험번호-성명"으로 입력하여 답안폴더(내 PC₩문서₩ITQ)에 하나의 파일로 저장해야 하며, 답안문서 파일명이 "수험번호-성명"과 일치하지 않거나, 답안파일을 전송하지 않아 미제출로 처리될 경우 실격 처리합니다 (예 : 12345678-홍길동.hwp).
- 답안 작성을 마치면 파일을 저장하고, '답안 전송' 버튼을 선택하여 감독위원 PC로 답안을 전송하십시오. 수험생 정보와 저장한 파일명이 다를 경우 전송되지 않으므로 주의하시기 바랍니다.
- 답안 작성 중에도 **주기적으로 저장하고, '답안 전송'**하여야 문제 발생을 줄일 수 있습니다. 작업한 내용을 저장하지 않고 전송할 경우 이전에 저장된 내용이 전송되오니 이점 유의하시기 바랍니다.
- 답안문서는 지정된 경로 외의 다른 보조기억장치에 저장하는 경우, 지정된 시험 시간 외에 작성된 파일을 활용할 경우, 기타 통신수단(이메일, 메신저, 네트워크 등)을 이용하여 타인에게 전달 또는 외부 반출하는 경우는 부정 처리합니다.
- 시험 중 부주의 또는 고의로 시스템을 파손한 경우는 수험자가 변상해야 하며, 〈수험자 유의사항〉에 기재된 방법대로 이행하지 않아 생기는 불이익은 수험생 당사자의 책임임을 알려 드립니다.
- 문제의 조건은 한컴오피스 NEO(2016)버전으로 설정되어 있으니 유의하시기 바랍니다.
- 시험을 완료한 수험자는 답안파일이 전송되었는지 확인한 후 감독위원의 지시에 따라 문제지를 제출하고 퇴실합니다.

답안 작성요령

온라인 답안 작성 절차

수험자 등록 ⇒ 시험 시작 ⇒ 답안파일 저장 ⇒ 답안 전송 ⇒ 시험 종료

공통 부문

ㅇ 글꼴에 대한 기본설정은 함초롬바탕, 10포인트, 검정, 줄간격 160%, 양쪽정렬로 합니다.
ㅇ 색상은 조건의 색을 적용하고 색의 구분이 안 될 경우에는 RGB 값을 적용하십시오(빨강 255, 0, 0 / 파랑 0, 0, 255 / 노랑 255, 255, 0).
ㅇ 각 문항에 주어진 ≪조건≫에 따라 작성하고 언급하지 않은 조건은 ≪출력형태≫와 같이 작성합니다.
ㅇ 용지여백은 왼쪽 · 오른쪽 11㎜, 위쪽 · 아래쪽 · 머리말 · 꼬리말 10㎜, 제본 0㎜로 합니다.
ㅇ 그림 삽입 문제의 경우 「내 PC₩문서₩ITQ₩Picture」 폴더에서 지정된 파일을 선택하여 삽입하십시오.
ㅇ 삽입한 그림은 반드시 문서에 포함하여 저장해야 합니다(미포함 시 감점 처리).
ㅇ 각 항목은 지정된 페이지에 출력형태와 같이 정확히 작성하시기 바라며, 그렇지 않을 경우에 해당 항목은 0점 처리됩니다.
※ 페이지구분 : 1 페이지 – 기능평가 I (문제번호 표시 : 1. 2.),
2페이지 – 기능평가 II (문제번호 표시 : 3. 4.),
3페이지 – 문서작성 능력평가

기능평가

ㅇ 문제와 ≪조건≫은 입력하지 않으며 문제번호와 답(≪출력형태≫)만 작성합니다.
ㅇ 4번 문제는 묶기를 했을 경우 0점 처리됩니다.

문서작성 능력평가

ㅇ A4 용지(210㎜×297㎜) 1매 크기, 세로 서식 문서로 작성합니다.
ㅇ ⬚ 표시는 문서작성에 대한 지시사항이므로 작성하지 않습니다.

150점

1. 다음의 ≪조건≫에 따라 스타일 기능을 적용하여 ≪출력형태≫와 같이 작성하시오. (50점)

≪조건≫ (1) 스타일 이름 – welfare
(2) 문단 모양 – 왼쪽 여백 : 15pt, 문단 아래 간격 : 10pt
(3) 글자 모양 – 글꼴 : 한글(궁서)/영문(굴림), 크기 : 10pt, 장평 : 95%, 자간 : 5%

≪출력형태≫

Welfare is the provision of a minimal level of well-being and social support for all citizens, sometimes referred to as public aid.

사회서비스란 삶의 질 향상을 위해 사회적으로 제공되는 서비스로 공공행정 및 사회복지(보육, 장애인, 노인 보호), 보건의료, 교육, 문화(도서관, 박물관) 등을 포괄하는 개념이다.

2. 다음의 ≪조건≫에 따라 ≪출력형태≫와 같이 표와 차트를 작성하시오. (100점)

≪표 조건≫ (1) 표 전체(표, 캡션) – 돋움, 10pt
(2) 정렬 – 문자 : 가운데 정렬, 숫자 : 오른쪽 정렬
(3) 셀 배경(면 색) : 노랑
(4) 한글의 계산 기능을 이용하여 빈칸에 합계를 구하고, 캡션 기능 사용할 것
(5) 선 모양은 ≪출력형태≫와 동일하게 처리할 것

≪출력형태≫

사회서비스 전자바우처 사업 개요(단위 : 억 원, 명, 개소)

구분	노인돌봄	장애인활동지원	산모 및 신생아	발달재활서비스	합계
예산	686	851	736	749	3,022
이용자	495	840	824	683	2,842
일자리	334	831	415	769	2,349
제공기관	2,129	939	837	1,975	

≪차트 조건≫ (1) 차트 데이터는 표 내용에서 구분별 예산, 이용자, 일자리의 값만 이용할 것
(2) 종류 – 〈묶은 세로 막대형〉으로 작업할 것
(3) 제목 – 굴림, 진하게, 12pt, 배경 – 선 모양(한 줄로), 그림자(2pt)
(4) 제목 이외의 전체 글꼴 – 굴림, 보통, 10pt
(5) 축제목과 범례는 ≪출력형태≫와 동일하게 처리할 것

≪출력형태≫

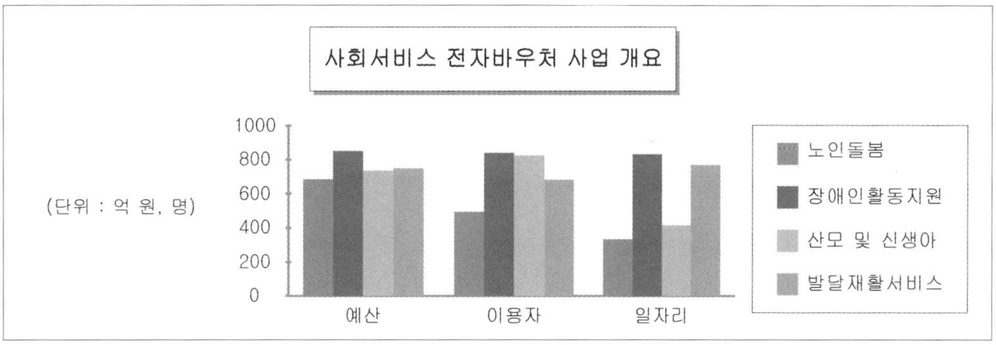

3. 다음 (1), (2)의 수식을 수식 편집기로 각각 입력하시오. (40점)

≪출력형태≫

(1) $\int_{a}^{b} A(x-a)(x-b)dx = -\frac{A}{6}(b-a)^3$ (2) $d^2 = \frac{x}{2}\sqrt{\frac{V_2 - V_1}{V_2 + V_1}}$

4. 다음의 ≪조건≫에 따라 ≪출력형태≫와 같이 문서를 작성하시오. (110점)

≪조건≫ (1) 그리기 도구를 이용하여 작성하고, 모든 도형(글맵시, 지정된 그림)을 포함 ≪출력형태≫와 같이 작성하시오.

(2) 도형의 면 색은 지시사항이 없으면 색 없음을 제외하고 서로 다르게 임의로 지정하시오.

≪출력형태≫

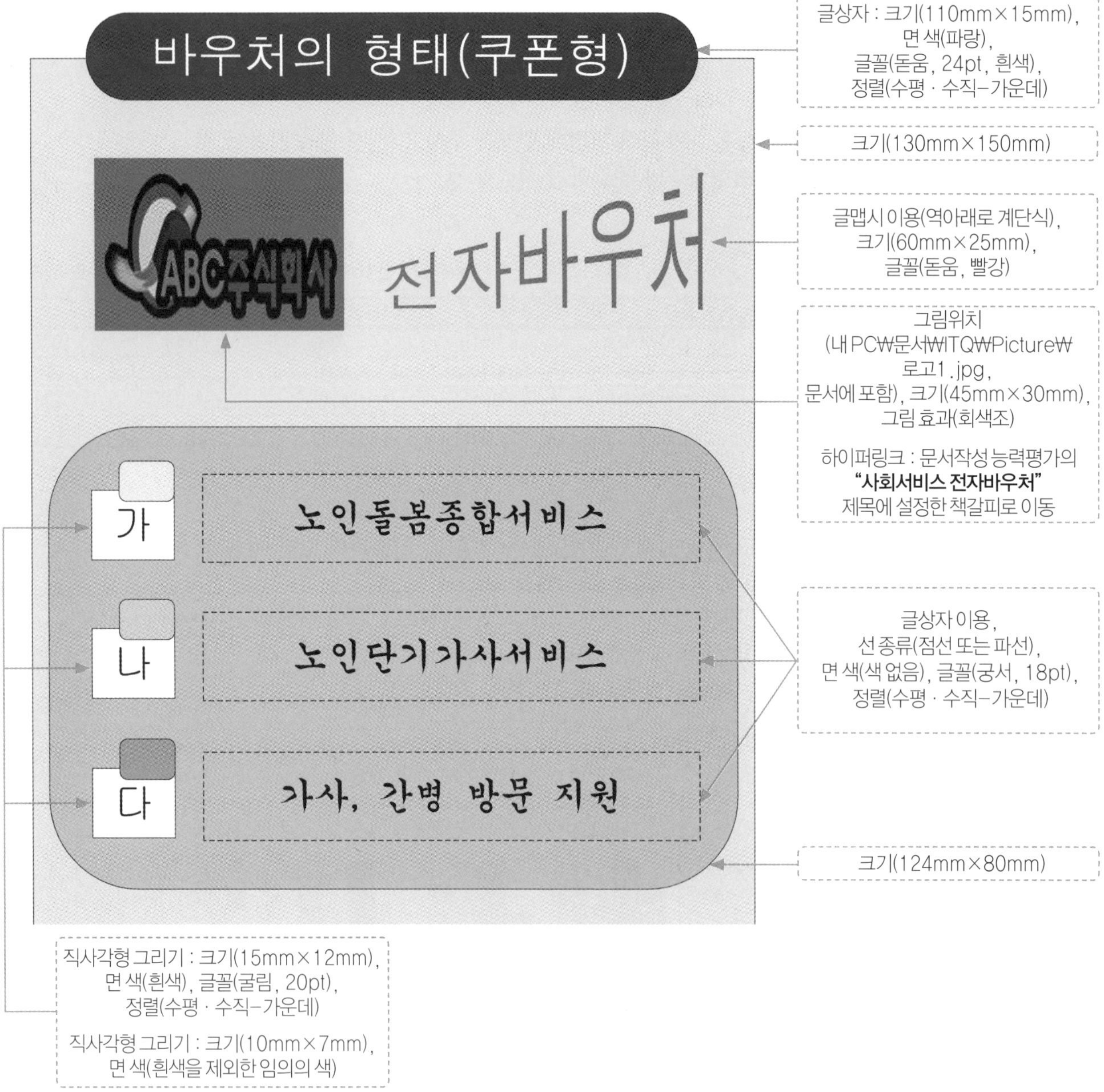

머리말 기능
굴림, 10pt, 오른쪽 정렬 → 사회서비스

글꼴 : 돋움, 18pt, 진하게, 가운데 정렬
책갈피 이름 : 바우처, 덧말 넣기

사회서비스 전자바우처 (덧말: 삶의 질 향상)

문단 첫 글자 장식 기능
글꼴 : 궁서, 면색 : 노랑

그림위치(내 PC₩문서₩ITQ₩Picture₩그림4.jpg, 문서에 포함)
자르기 기능 이용, 크기(40mm×35mm), 바깥 여백 왼쪽 : 2mm

사회서비스 전자바우처란 이용 가능한 서비스의 금액이나 수량이 기재된 증표 또는 이용권을 지칭하는 바우처에 대해 서비스 신청, 비용 지불(支拂) 및 정산 등의 전 과정을 전산시스템으로 처리하는 전달 수단을 말한다. 쿠폰형과 포인트형ⓐ으로 구분되는 사회서비스 전자바우처의 도입 배경은 다음과 같다. (각주)

공급자 지원방식으로 이루어지던 기존의 사회복지서비스는 수요자의 선택권이 제한되어서 시장 창출에 한계(限界)가 있었다. 이에 직접지원방식인 바우처(서비스 이용권) 제도를 도입하였으며 이는 수요자 중심의 직접지원방식으로 공급기관의 허위, 부당 청구 등의 도덕적 해이를 최소화하는 데 그 목적이 있다. 즉 자금흐름의 투명성, 업무 효율성 확보, 정보 집적 관리를 위한 사회서비스 발전기반 마련을 위해 금융기관 시스템을 활용한 전자식 바우처를 도입한 것이다. 기존 제도(공급자 지원방식)와 전자식 바우처 제도의 차이점은 대상이 서민 또는 중산층까지 확대되었으며 서비스 비용이 전액 국가 지원에서 일부 본인부담으로, 공급 기관이 단일 기관 독점에서 다수 기관 경쟁으로, 획일적이고 정형화된 서비스 제공에서 공급자 간 경쟁을 통한 다양한 서비스 제공으로 바뀌었다는 것이다.

♣ 에너지 바우처사업

글꼴 : 굴림, 18pt, 흰색
음영색 : 빨강

가) 지원 대상
  a) 국민기초생활보장법상 생계급여 또는 의료급여 수급자
  b) 장애인복지법에 따라 등록한 장애인
나) 서비스 내용
  a) 가상카드를 사용하여 전기요금을 차감
  b) 전기, 도시가스, 연탄 등 난방 에너지원을 선택적 사용

문단 번호 기능 사용
1수준 : 20pt, 오른쪽 정렬,
2수준 : 30pt, 오른쪽 정렬,
줄 간격 : 180%

표 전체 글꼴 : 돋움, 10pt, 가운데 정렬
셀 배경(그러데이션) : 유형(왼쪽 대각선),
시작색(흰색), 끝색(노랑)

♣ 사회서비스 전자바우처사업 선정기준

글꼴 : 굴림, 18pt,
밑줄, 강조점

구분		선정기준
노인돌봄	방문 주간 보호서비스	노인장기요양등급 외 A B 판정자 중 중위소득 160% 이하
	노인단기 가사서비스	중위소득 160% 이하 골절 또는 중증질환 수술자
장애인 활동지원	장애인 활동지원	인정점수 220점 이상 1-3등급 장애인
	시, 도 추가지원	시/도별 상이
임신출산 진료비지원		임신확인서로 임신이 확진된 건강보험 가입자

글꼴 : 궁서, 24pt, 진하게,
장평 95%, 오른쪽 정렬 → **사회보장정보원**

각주 구분선 : 5cm

ⓐ 단가 산정이 곤란한 경우나 기본서비스 설정 자체가 곤란한 경우에 사용

쪽 번호 매기기
2로 시작 → B

제14회 정보기술자격(ITQ) 시험

과 목	코 드	문제유형	시험시간	수험번호	성 명
아래한글	1111	A	60분		

수험자 유의사항

- 수험자는 문제지를 받는 즉시 문제지와 **수험표상의 시험과목(프로그램)이 동일한지 반드시 확인**하여야 합니다.
- 파일명은 본인의 "수험번호-성명"으로 입력하여 답안폴더(내 PC₩문서₩ITQ)에 하나의 파일로 저장해야 하며, 답안문서 파일명이 "수험번호-성명"과 일치하지 않거나, 답안파일을 전송하지 않아 미제출로 처리될 경우 실격 처리합니다 (예 : 12345678-홍길동.hwp).
- 답안 작성을 마치면 파일을 저장하고, '답안 전송' 버튼을 선택하여 감독위원 PC로 답안을 전송하십시오. 수험생 정보와 저장한 파일명이 다를 경우 전송되지 않으므로 주의하시기 바랍니다.
- 답안 작성 중에도 **주기적으로 저장하고, '답안 전송'**하여야 문제 발생을 줄일 수 있습니다. 작업한 내용을 저장하지 않고 전송할 경우 이전에 저장된 내용이 전송되오니 이점 유의하시기 바랍니다.
- 답안문서는 지정된 경로 외의 다른 보조기억장치에 저장하는 경우, 지정된 시험 시간 외에 작성된 파일을 활용할 경우, 기타 통신수단(이메일, 메신저, 네트워크 등)을 이용하여 타인에게 전달 또는 외부 반출하는 경우는 부정 처리합니다.
- 시험 중 부주의 또는 고의로 시스템을 파손한 경우는 수험자가 변상해야 하며, 〈수험자 유의사항〉에 기재된 방법대로 이행하지 않아 생기는 불이익은 수험생 당사자의 책임임을 알려 드립니다.
- 문제의 조건은 한컴오피스 NEO(2016)버전으로 설정되어 있으니 유의하시기 바랍니다.
- 시험을 완료한 수험자는 답안파일이 전송되었는지 확인한 후 감독위원의 지시에 따라 문제지를 제출하고 퇴실합니다.

답안 작성요령

온라인 답안 작성 절차

수험자 등록 ⇒ 시험 시작 ⇒ 답안파일 저장 ⇒ 답안 전송 ⇒ 시험 종료

공통 부문

- ㅇ 글꼴에 대한 기본설정은 함초롬바탕, 10포인트, 검정, 줄간격 160%, 양쪽정렬로 합니다.
- ㅇ 색상은 조건의 색을 적용하고 색의 구분이 안 될 경우에는 RGB 값을 적용하십시오(빨강 255, 0, 0 / 파랑 0, 0, 255 / 노랑 255, 255, 0).
- ㅇ 각 문항에 주어진 ≪조건≫에 따라 작성하고 언급하지 않은 조건은 ≪출력형태≫와 같이 작성합니다.
- ㅇ 용지여백은 왼쪽 · 오른쪽 11㎜, 위쪽 · 아래쪽 · 머리말 · 꼬리말 10㎜, 제본 0㎜로 합니다.
- ㅇ 그림 삽입 문제의 경우 「내 PC₩문서₩ITQ₩Picture」 폴더에서 지정된 파일을 선택하여 삽입하십시오.
- ㅇ 삽입한 그림은 반드시 문서에 포함하여 저장해야 합니다(미포함 시 감점 처리).
- ㅇ 각 항목은 지정된 페이지에 출력형태와 같이 정확히 작성하시기 바라며, 그렇지 않을 경우에 해당 항목은 0점 처리됩니다.

  ※ 페이지구분 : 1 페이지 – 기능평가 Ⅰ (문제번호 표시 : 1. 2.),
  2페이지 – 기능평가 Ⅱ (문제번호 표시 : 3. 4.),
  3페이지 – 문서작성 능력평가

기능평가

- ㅇ 문제와 ≪조건≫은 입력하지 않으며 문제번호와 답(≪출력형태≫)만 작성합니다.
- ㅇ 4번 문제는 묶기를 했을 경우 0점 처리됩니다.

문서작성 능력평가

- ㅇ A4 용지(210㎜×297㎜) 1매 크기, 세로 서식 문서로 작성합니다.
- ㅇ ⬚ 표시는 문서작성에 대한 지시사항이므로 작성하지 않습니다.

1. 다음의 ≪조건≫에 따라 스타일 기능을 적용하여 ≪출력형태≫와 같이 작성하시오. (50점)

≪조건≫ (1) 스타일 이름 – education
(2) 문단 모양 – 왼쪽 여백 : 15pt, 문단 아래 간격 : 10pt
(3) 글자 모양 – 글꼴 : 한글(궁서)/영문(굴림), 크기 : 10pt, 장평 : 95%, 자간 : 5%

≪출력형태≫

Edutech Korea awaits with all the latest developments and trends in the education and vocation sectors. Discover what's new of East Asian Education at Seoul, Korea.

에듀테크 코리아에서는 교육 및 직업 분야의 최신 발전상과 동향을 한자리에서 볼 수 있다. 동아시아 교육의 새로운 장을 대한민국 서울에서 만날 수 있다.

2. 다음의 ≪조건≫에 따라 ≪출력형태≫와 같이 표와 차트를 작성하시오. (100점)

≪표 조건≫ (1) 표 전체(표, 캡션) – 돋움, 10pt
(2) 정렬 – 문자 : 가운데 정렬, 숫자 : 오른쪽 정렬
(3) 셀 배경(면 색) : 노랑
(4) 한글의 계산 기능을 이용하여 빈칸에 평균(소수점 두 자리)을 구하고, 캡션 기능 사용할 것
(5) 선 모양은 ≪출력형태≫와 같이 동일하게 처리할 것

≪출력형태≫

연도별 대한민국 교육박람회 참관객(단위 : 명)

구분	2016년	2017년	2018년	2019년	평균
10대	5,728	6,394	8,469	9,807	
20대	7,396	8,043	11,478	12,264	
30대	9,854	10,675	12,265	13,498	
40대 이상	5,293	7,942	8,274	9,684	

≪차트 조건≫ (1) 차트 데이터는 표 내용에서 연도별 10대, 20대, 30대의 값만 이용할 것
(2) 종류 – 〈묶은 세로 막대형〉으로 작업할 것
(3) 제목 – 굴림, 진하게, 12pt, 배경 – 선 모양(한 줄로), 그림자(2pt)
(4) 제목 이외의 전체 글꼴 – 굴림, 보통, 10pt
(5) 축제목과 범례는 ≪출력형태≫와 같이 동일하게 처리할 것

≪출력형태≫

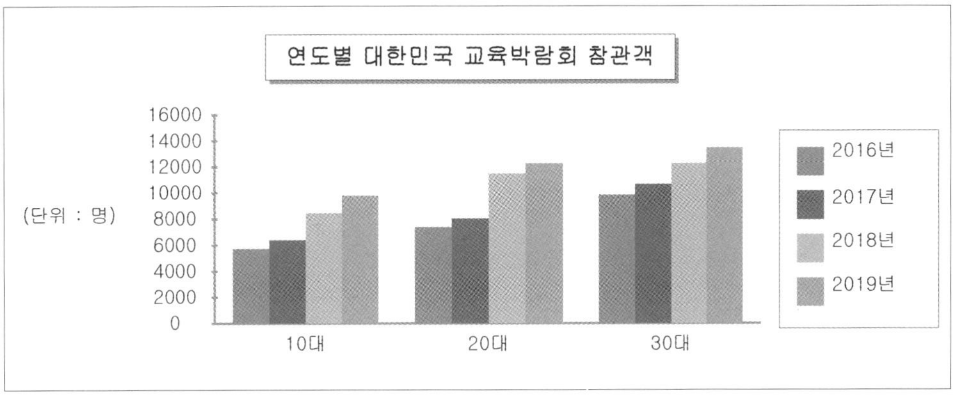

3. 다음 (1), (2)의 수식을 수식 편집기로 각각 입력하시오. (40점)

《출력형태》

(1) $\int_{0}^{1}(\sin x + \frac{x}{2})dx = \int_{0}^{1}\frac{1+\sin x}{2}dx$

(2) $\lambda = \frac{h}{mh} = \frac{h}{\sqrt{2meV}}$

4. 다음의 ≪조건≫에 따라 ≪출력형태≫와 같이 문서를 작성하시오. (110점)

≪조건≫ (1) 그리기 도구를 이용하여 작성하고, 모든 도형(글맵시, 지정된 그림)을 포함 ≪출력형태≫와 같이 작성하시오.

(2) 도형의 면 색은 지시사항이 없으면 색 없음을 제외하고 서로 다르게 임의로 지정하시오.

《출력형태》

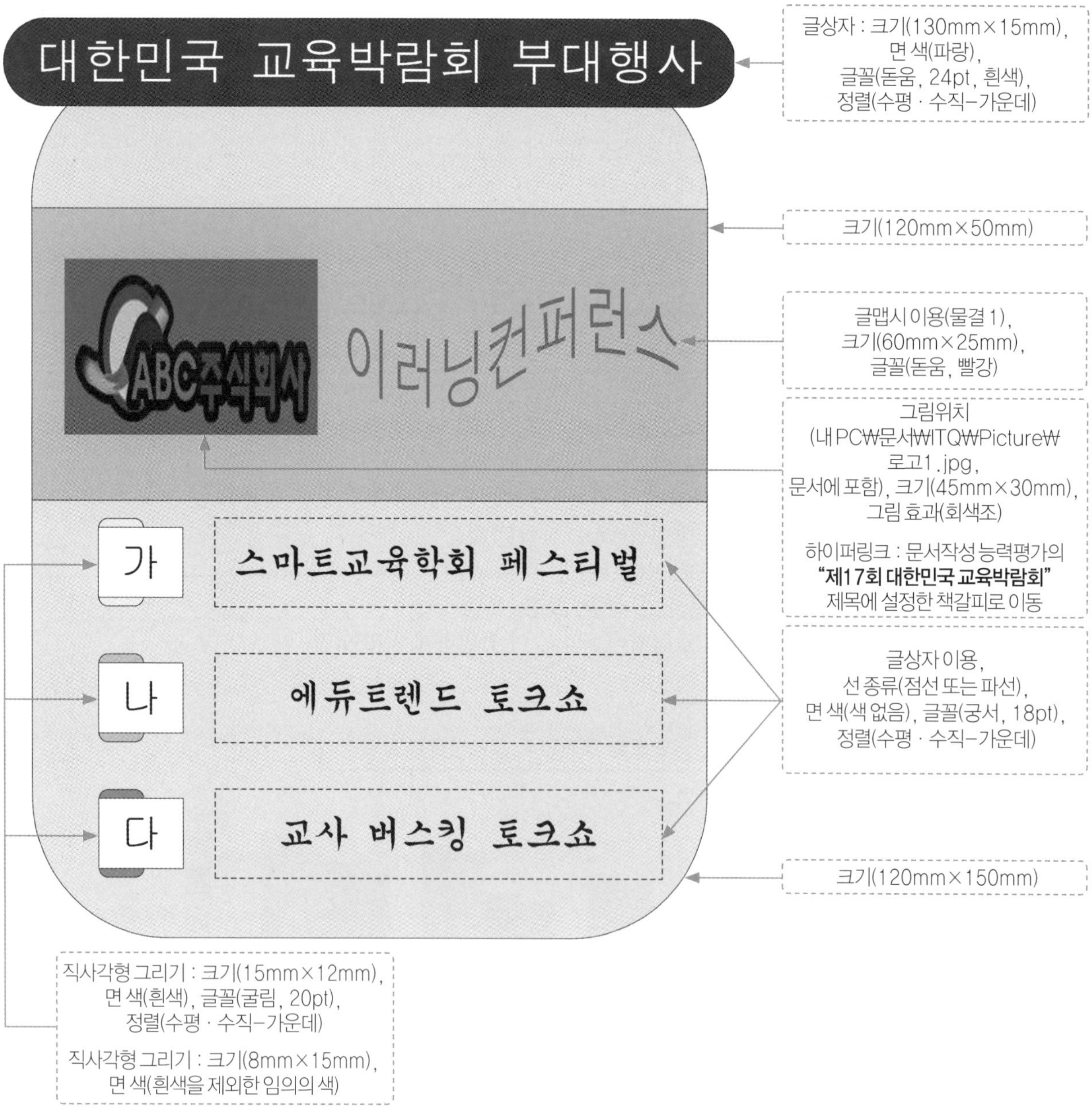

글꼴 : 돋움, 18pt, 진하게, 가운데 정렬
책갈피 이름 : 박람회, 덧말 넣기

머리말 기능
굴림, 10pt, 오른쪽 정렬 → 에듀테크

에듀테크 코리아 2020

제17회 대한민국 교육박람회

문단 첫 글자 장식 기능
글꼴 : 궁서, 면색 : 노랑

그림위치(내 PC₩문서₩ITQ₩Picture₩그림4.jpg, 문서에 포함)
자르기 기능 이용, 크기(40mm×35mm), 바깥 여백 왼쪽 : 2mm

에듀테크로 급변하는 미래교육의 패러다임을 제시하고 전 세계 교육리더들이 한자리에 모이는 '제17회 대한민국 교육박람회'가 2020년 1월 16일부터 3일간 서울 코엑스 1층 전시관에서 개최된다. 에듀테크란 교육과 기술이란 단어를 결합한 단어로 교육 분야에 정보통신기술을 융합(融合)한 새로운 교육 흐름을 뜻한다. 인공지능, 빅데이터, 가상현실 등과 결합한 에듀테크는 가상현실을 통한 체험학습, 온라인 공개수업, 로봇 및 소프트웨어 코딩체험, 전자칠판 및 전자교과서를 통한 멀티미디어 활용 학습 등 우리의 교육환경의 새로운 변화를 이끌고 있다.

대한민국 교육박람회에서는 '교육이 미래다(The Future is Education)'라는 주제로 교육과 기술의 융합을 통한 에듀테크 및 교육콘텐츠, 최신 교육환경 및 시설과 어학, 조기교육 등 교육 전반에 대한 분야별 우수 기업과 제품들을 한자리에서 만나볼 수 있다. 캐나다, 미국, 일본 등 글로벌 연사(演士)들이 미래교육에 대한 준비와 방향에 대해 논의하는 국제 컨퍼런스 EDUCON 2020, 인공지능㉮을 활용한 영어교사 연수회, 로봇교육 및 가상현실 교육 체험관 등 미래교육을 체험할 수 있는 다채로운 프로그램이 마련되어 있다.

각주

♠ 대한민국 교육박람회 행사 개요

글꼴 : 굴림, 18pt, 흰색
음영색 : 빨강

Ⓐ 기간 및 장소
① 기간 : 2020. 1. 16(목) - 18(토)
② 장소 : 코엑스 A, B, C홀
Ⓑ 주최 및 후원
① 주최 : (사)한국교육, 녹색환경연구원, 엑스포럼
② 후원 : 교육부, 서울특별시교육청 외 16개 시도교육청 외 다수

문단 번호 기능 사용
1수준 : 20pt, 오른쪽 정렬,
2수준 : 30pt, 오른쪽 정렬,
줄 간격 : 180%

표 전체 글꼴 : 돋움, 10pt, 가운데 정렬
셀 배경(그러데이션) : 유형(왼쪽 대각선),
시작색(흰색), 끝색(노랑)

♠ 일자별 주요 운영 프로그램

글꼴 : 굴림, 18pt,
밑줄, 강조점

구분	프로그램	시간	장소	운영기관
1일차	2020 국제교육 컨퍼런스	10:00 - 18:00	A홀	사무국
	SW교육토크 콘서트	14:00 - 17:00	B홀	이티에듀
2일차	2020 학술심포지움	10:00 - 17:00	C홀	교육부
	서울 미래교육포럼	13:00 - 17:00	A홀 세미나홀	서울특별시교육청
3일차	안전급식 세미나	10:30 - 17:30		한국농수산식품유통공사
	베스트셀러 저자의 교육특강	10:00 - 16:10	B홀 세미나홀	한국교육리더십센터

글꼴 : 궁서, 24pt, 진하게,
장평 95%, 오른쪽 정렬

대한민국교육박람회사무국

각주 구분선 : 5cm

㉮ 인간의 지능이 가지는 학습, 추리, 적응, 논증 따위의 기능을 갖춘 컴퓨터 시스템

쪽 번호 매기기
5로 시작 → E

제15회 정보기술자격(ITQ) 시험

과 목	코 드	문제유형	시험시간	수험번호	성 명
아래한글	1111	B	60분		

수험자 유의사항

- 수험자는 문제지를 받는 즉시 문제지와 **수험표상의 시험과목(프로그램)이 동일한지 반드시 확인**하여야 합니다.
- 파일명은 본인의 "수험번호-성명"으로 입력하여 답안폴더(내 PC₩문서₩ITQ)에 하나의 파일로 저장해야 하며, 답안문서 파일명이 "수험번호-성명"과 일치하지 않거나, 답안파일을 전송하지 않아 미제출로 처리될 경우 실격 처리합니다 (예 : 12345678-홍길동.hwp).
- 답안 작성을 마치면 파일을 저장하고, '답안 전송' 버튼을 선택하여 감독위원 PC로 답안을 전송하십시오. 수험생 정보와 저장한 파일명이 다를 경우 전송되지 않으므로 주의하시기 바랍니다.
- 답안 작성 중에도 **주기적으로 저장하고, '답안 전송'**하여야 문제 발생을 줄일 수 있습니다. 작업한 내용을 저장하지 않고 전송할 경우 이전에 저장된 내용이 전송되오니 이점 유의하시기 바랍니다.
- 답안문서는 지정된 경로 외의 다른 보조기억장치에 저장하는 경우, 지정된 시험 시간 외에 작성된 파일을 활용할 경우, 기타 통신수단(이메일, 메신저, 네트워크 등)을 이용하여 타인에게 전달 또는 외부 반출하는 경우는 부정 처리합니다.
- 시험 중 부주의 또는 고의로 시스템을 파손한 경우는 수험자가 변상해야 하며, 〈수험자 유의사항〉에 기재된 방법대로 이행하지 않아 생기는 불이익은 수험생 당사자의 책임임을 알려 드립니다.
- 문제의 조건은 한컴오피스 NEO(2016)버전으로 설정되어 있으니 유의하시기 바랍니다.
- 시험을 완료한 수험자는 답안파일이 전송되었는지 확인한 후 감독위원의 지시에 따라 문제지를 제출하고 퇴실합니다.

답안 작성요령

온라인 답안 작성 절차

수험자 등록 ⇒ 시험 시작 ⇒ 답안파일 저장 ⇒ 답안 전송 ⇒ 시험 종료

공통 부문

- ○ 글꼴에 대한 기본설정은 함초롬바탕, 10포인트, 검정, 줄간격 160%, 양쪽정렬로 합니다.
- ○ 색상은 조건의 색을 적용하고 색의 구분이 안 될 경우에는 RGB 값을 적용하십시오(빨강 255, 0, 0 / 파랑 0, 0, 255 / 노랑 255, 255, 0).
- ○ 각 문항에 주어진 ≪조건≫에 따라 작성하고 언급하지 않은 조건은 ≪출력형태≫와 같이 작성합니다.
- ○ 용지여백은 왼쪽 · 오른쪽 11㎜, 위쪽 · 아래쪽 · 머리말 · 꼬리말 10㎜, 제본 0㎜로 합니다.
- ○ 그림 삽입 문제의 경우 「내 PC₩문서₩ITQ₩Picture」 폴더에서 지정된 파일을 선택하여 삽입하십시오.
- ○ 삽입한 그림은 반드시 문서에 포함하여 저장해야 합니다(미포함 시 감점 처리).
- ○ 각 항목은 지정된 페이지에 출력형태와 같이 정확히 작성하시기 바라며, 그렇지 않을 경우에 해당 항목은 0점 처리됩니다.

※ 페이지구분 : 1 페이지 – 기능평가 Ⅰ (문제번호 표시 : 1. 2.),
2페이지 – 기능평가 Ⅱ (문제번호 표시 : 3. 4.),
3페이지 – 문서작성 능력평가

기능평가

- ○ 문제와 ≪조건≫은 입력하지 않으며 문제번호와 답(≪출력형태≫)만 작성합니다.
- ○ 4번 문제는 묶기를 했을 경우 0점 처리됩니다.

문서작성 능력평가

- ○ A4 용지(210㎜×297㎜) 1매 크기, 세로 서식 문서로 작성합니다.
- ○ ▭ 표시는 문서작성에 대한 지시사항이므로 작성하지 않습니다.

1. 다음의 ≪조건≫에 따라 스타일 기능을 적용하여 ≪출력형태≫와 같이 작성하시오. (50점)

≪조건≫ (1) 스타일 이름 – tech
(2) 문단 모양 – 왼쪽 여백 : 15pt, 문단 아래 간격 : 10pt
(3) 글자 모양 – 글꼴 : 한글(궁서)/영문(굴림), 크기 : 10pt, 장평 : 95%, 자간 : 5%

≪출력형태≫

Electric Power Tech Korea 2020, the nation's largest electric power industry exhibition will present a paradigm for the renewable energy industry.

수출 연계형 에너지인력 교류사업을 통한 해외 전력, 스마트 그리드, 신재생 에너지 분야 전시회에 15개 개발도상국 50여 명의 바이어가 전시회에 참관한다.

2. 다음의 ≪조건≫에 따라 ≪출력형태≫와 같이 표와 차트를 작성하시오. (100점)

≪표 조건≫ (1) 표 전체(표, 캡션) – 돋움, 10pt
(2) 정렬 – 문자 : 가운데 정렬, 숫자 : 오른쪽 정렬
(3) 셀 배경(면 색) : 노랑
(4) 한글의 계산 기능을 이용하여 빈칸에 합계를 구하고, 캡션 기능 사용할 것
(5) 선 모양은 ≪출력형태≫와 동일하게 처리할 것

≪출력형태≫

주요 국가의 계약액 현황(단위 : USD천)

구분	이스라엘	스페인	아르헨티나	싱가포르	합계
2018년	2,020	7,560	13,680	534	
2017년	1,325	11,500	10,200	425	
2016년	980	7,750	8,470	265	
2015년	895	5,430	6,900	109	

≪차트 조건≫ (1) 차트 데이터는 표 내용에서 국가별 2018년, 2017년, 2016년의 값만 이용할 것
(2) 종류 – 〈묶은 세로 막대형〉으로 작업할 것
(3) 제목 – 굴림, 진하게, 12pt, 배경 – 선 모양(한 줄로), 그림자(2pt)
(4) 제목 이외의 전체 글꼴 – 굴림, 보통, 10pt
(5) 축제목과 범례는 ≪출력형태≫와 동일하게 처리할 것

≪출력형태≫

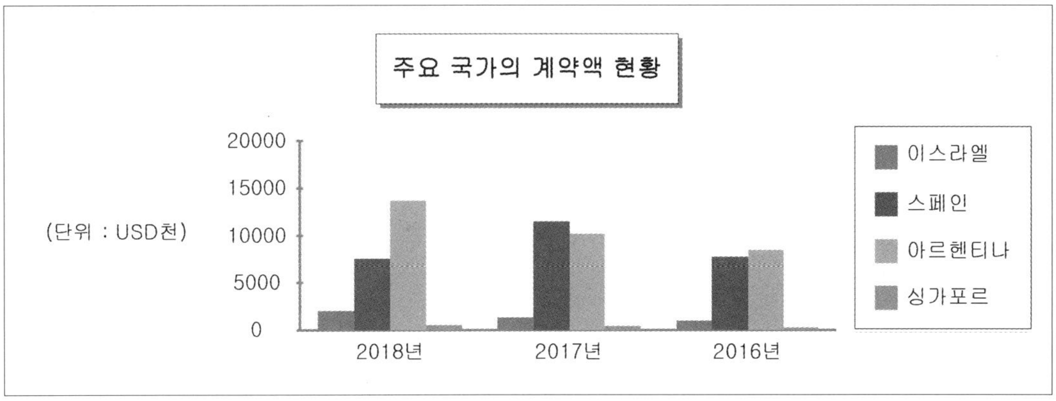

3. 다음 (1), (2)의 수식을 수식 편집기로 각각 입력하시오. (40점)

≪출력형태≫

(1) $\int_{0}^{3} \frac{\sqrt{6t^2-18t+12}}{5} dt = 11$　　　(2) $\vec{F} = \frac{m\vec{b_2} - m\vec{b_1}}{\Delta t}$

4. 다음의 ≪조건≫에 따라 ≪출력형태≫와 같이 문서를 작성하시오. (110점)

≪조건≫ (1) 그리기 도구를 이용하여 작성하고, 모든 도형(글맵시, 지정된 그림)을 포함 ≪출력형태≫와 같이 작성하시오.

(2) 도형의 면 색은 지시사항이 없으면 색 없음을 제외하고 서로 다르게 임의로 지정하시오.

≪출력형태≫

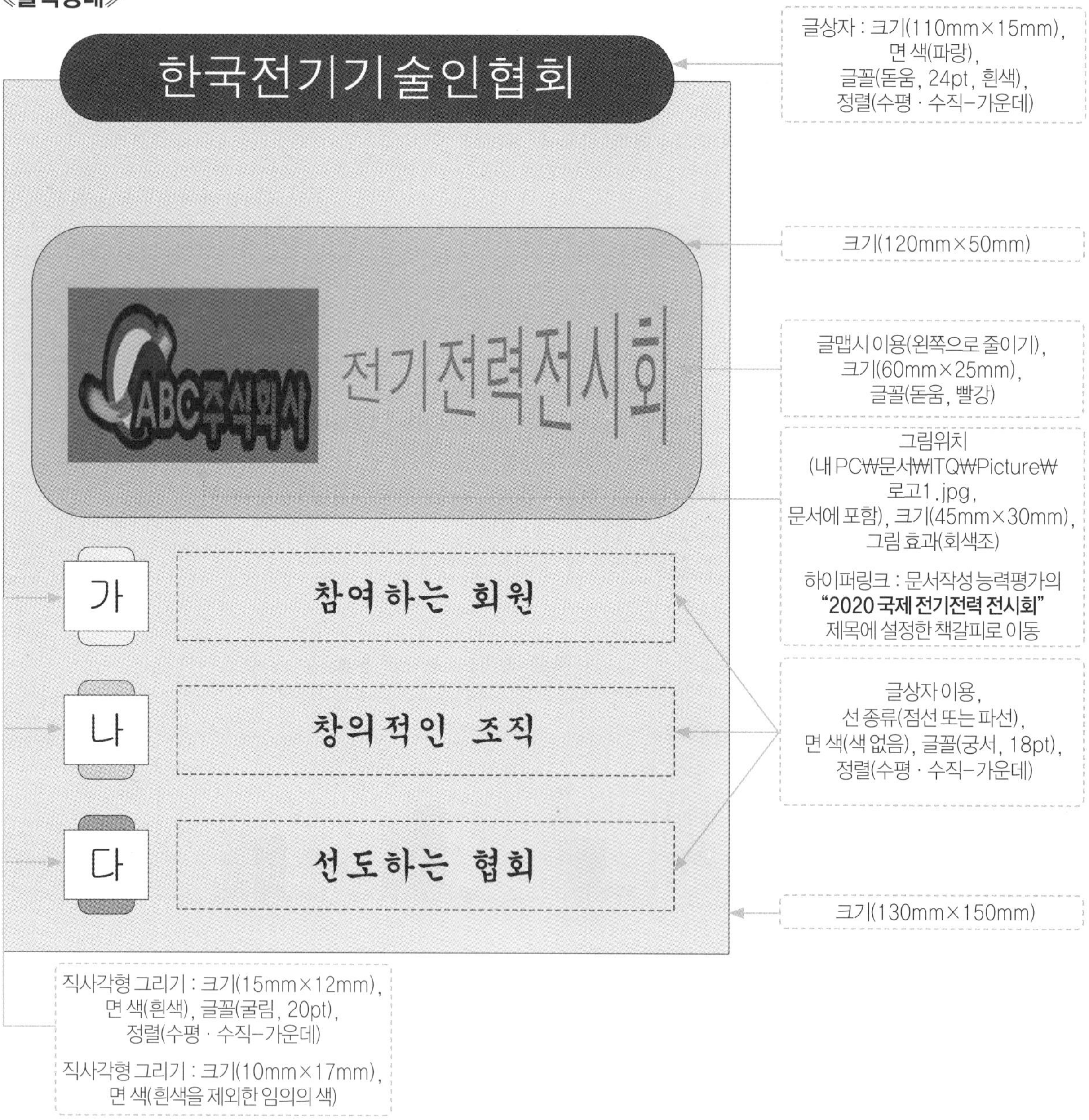

글꼴 : 돋움, 18pt, 진하게, 가운데 정렬
책갈피 이름 : 전기, 덧말 넣기

머리말 기능
굴림, 10pt, 오른쪽 정렬 → 전기전력

문단 첫 글자 장식 기능
글꼴 : 궁서, 면색 : 노랑

2020 국제 전기전력 전시회

(덧말: 친환경적인 에너지)

그림위치(내 PC₩문서₩ITQ₩Picture₩그림4.jpg, 문서에 포함)
자르기 기능 이용, 크기(40mm×35mm), 바깥 여백 왼쪽 : 2mm

각주

세계적으로 에너지 수요(需要)가 지속적으로 증가하며 신재생에너지와 수소에너지 투자의 보급이 확대되고 있다. 우리도 4차 산업혁명이 가속화됨에 따라 에너지 신산업 기술개발의 육성 경쟁력을 확보(確保)하고 기후변화에 대비한 친환경적인 에너지 전환 정책이 필요한 시점이다. 국내 최대 규모의 전기전력 산업 전시회인 "2020 국제 전기전력 전시회㉠"는 5월 27일(수)부터 5월 29일(금)까지 3일간 서울 코엑스에서 진행된다. 본 전시회는 전기전력 설비관, 발전 플랜트 산업관, 스마트 그리드 산업관, LED 조명 산업관으로 구분하여 운영된다. 전기전력 설비관은 송전/변전 설비, 수전반과 배전반, 분전반, 감시제어반 및 관련 기자재, 전력변환 및 제어장치, DC전원, 무정전전원장치, 자가용 발전기, 연료전지, 방송, 통신, 정보설비 및 관련 소프트웨어 중심이고 발전 플랜트 산업관은 화력, 수력, 원자력, 태양광, 풍력, 조력, 전력제어의 기자재 및 관련 소프트웨어 중심이다. 스마트 그리드 산업관은 스마트 그리드 홈, 운송, 전력서비스 중심의 부스로 채워진다.

본 전시회는 정부, 협회, 전기업계 공동으로 전력 플랜트 및 기자재 수출 진흥 모델을 구축한 전시회로서 한국전기기술인협회가 주최하여 에너지 신산업의 패러다임을 제시하며 비즈니스에 실질적인 도움이 되도록 개최될 예정이다.

♥ 전시회 개요

글꼴 : 굴림, 18pt, 흰색
음영색 : 빨강

가) 기간 및 장소
  a) 기간 : 2020. 5. 27(수) - 29(금)
  b) 장소 : 코엑스 A홀
나) 주최 및 후원
  a) 주최 : 한국전기기술인협회
  b) 후원 : 한국전기연구원, 한국에너지공단, 한국전력공사 외 다수

문단 번호 기능 사용
1수준 : 20pt, 오른쪽 정렬,
2수준 : 30pt, 오른쪽 정렬,
줄간격 : 180%

표 전체 글꼴 : 돋움, 10pt, 가운데 정렬
셀 배경(그러데이션) : 유형(왼쪽 대각선),
시작색(흰색), 끝색(노랑)

♥ 전시회 홍보 계획

글꼴 : 굴림, 18pt, 밑줄, 강조점

구분	주요 내용	비고
국내 홍보	광고매체 및 전문지 광고	전문잡지 활용
	엘리베이터 홍보 및 옥외 광고물	수도권 아파트형 공장
	기사보도 및 업체 현장 스케치	쇼셜미디어 포함
	키워드 광고	24개 키워드
해외 홍보	해외 바이어 및 참관단 모집	해외 수출 로드쇼를 통한 홍보
	해외 바이어 초청 수출상담회	

글꼴 : 궁서, 24pt, 진하게
장평 95%, 오른쪽 정렬

한국전기기술인협회

각주 구분선 : 5cm

㉠ 전시회와 수출상담회를 동시에 진행하는 비즈니스 전문 전시회

쪽 번호 매기기
1로 시작 → A

memo

ITQ

Excel 2016

ITQ 엑셀 2016 답안 작성요령

[제1작업]

트로트드림 오디션 현황

확인	담당	대리	과장

참가번호	성명	구분	참가지역	인터넷 선호도	ARS 투표수	심사위원 점수	순위	성별
D-25712	허민지	대학생	부산	7.6%	5,128,602	314	(1)	(2)
P-24531	최용철	일반	서울	9.4%	4,370,520	246	(1)	(2)
G-01401	김진성	청소년	부산	11.5%	4,875,340	267	(1)	(2)
Z-15702	허서영	일반	광주	19.4%	5,294,678	325	(1)	(2)
S-45342	양서연	일반	서울	18.7%	4,680,251	231	(1)	(2)
S-72811	문현진	대학생	인천	16.7%	4,858,793	297	(1)	(2)
S-82471	김승모	청소년	인천	16.8%	3,278,457	215	(1)	(2)
T-20252	이다경	대학생	천안	9.3%	3,029,752	198	(1)	(2)
대학생 부문 ARS 투표수 평균			(3)		허서영 인기차트			(5)
심사위원 점수 최대값			(4)		성명	허민지	ARS 투표수	(6)

⊙ 모든 작업 시트의 [A] 열의 열 너비 간격은 '1'로 설정한다(나머지 열은 적당하게 조절한다.).

⊙ 작업 시트의 테두리는 ≪출력형태≫와 같아야 한다.

⊙ 답안 시트명은 "제1작업"으로 설정한다.

⊙ 오타 없이 데이터를 입력하고, 셀 서식은 조건과 동일하게 설정한다.

⊙ 임의의 셀에 작성한 결재란은 반드시 삭제한다.

⊙ 함수는 다양하게 출제되므로, 반복적인 연습으로 제시한 함수를 빨리 파악하여 문제를 해결할 수 있도록 한다.

[제2작업]

⊙ 모든 작업 시트의 [A] 열의 열 너비 간격은 '1'로 설정한다(나머지 열은 적당하게 조절한다.).

⊙ 제1작업 시트에서 데이터를 복사하여 "제2작업"을 작성한다.

⊙ 답안 시트명은 "제2작업"으로 설정한다.

⊙ 목표값 찾기

- 조건에서 지시한 함수를 이용하여 목표값 찾기를 한다.
- 테두리 및 정렬도 조건에 따라 설정한다.

⊙ 필터 및 서식

- 고급 필터의 조건과 위치는 조건에서 지시한 셀에 정확하게 위치한다.
- 고급 필터 조건은 OR, AND, NOT으로 출제되고 있으므로, 조건 입력 방법을 숙지해야 한다.

[제3작업]

	B	C	D	E	F	G	H
1							
2	참가번호	성명	구분	참가지역	인터넷 선호도	ARS 투표수	심사위원 점수
3	G-01401	김진성	청소년	부산	11.5%	4,875,340	267점
4	S-82471	김승모	청소년	인천	16.8%	3,278,457	215점
5			**청소년 평균**			4,076,899	
6		2	**청소년 개수**				
7	P-24531	최용철	일반	서울	9.4%	4,370,520	246점
8	Z-15702	허서영	일반	광주	19.4%	5,294,678	325점
9	S-45342	양서연	일반	서울	18.7%	4,680,251	231점
10			**일반 평균**			4,781,816	
11		3	**일반 개수**				
12	D-25712	허민지	대학생	부산	7.6%	5,128,602	314점
13	S-72811	문현진	대학생	인천	16.7%	4,858,793	297점
14	T-20252	이다경	대학생	천안	9.3%	3,029,752	198점
15			**대학생 평균**			4,339,049	
16		3	**대학생 개수**				
17			**전체 평균**			4,439,549	
18		8	**전체 개수**				

⊙ 모든 작업 시트의 [A] 열의 너비 간격은 '1'로 설정한다(나머지 열은 적당하게 조절한다.).

⊙ 답안 시트명은 "제3작업"으로 설정한다.

⊙ 제3작업에는 정렬 및 부분합과 피벗테이블이 출제되고 있다.

⊙ 정렬 및 부분합
- 데이터를 ≪출력형태≫와 같이 그룹화할 부분을 기준으로 정렬한다.
- 윤곽선은 지우기로 출제되고 있다.

⊙ 피벗테이블
- 조건에서 지시한 내용을 꼼꼼히 살펴 작성한다.
- 피벗테이블 옵션에서 레이블이 있는 셀 병합 및 가운데 맞춤을 설정한다.
- 데이터 명과 정렬은 ≪출력형태≫와 같게 작성한다.

[제4작업]

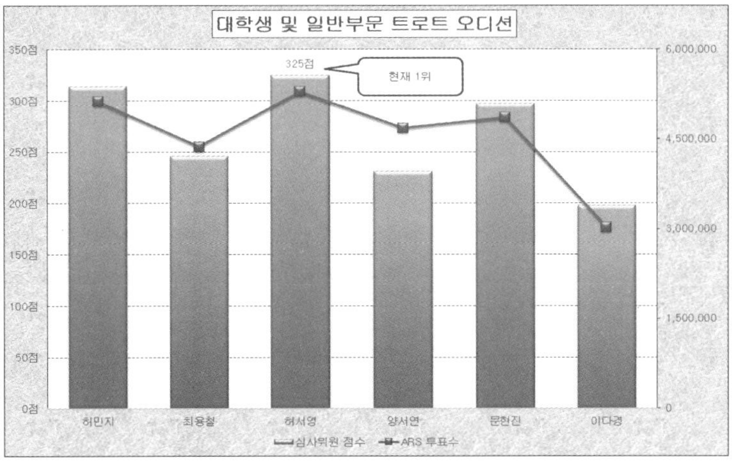

⊙ 제1작업 시트에서 ≪출력형태≫와 같이 데이터를 정확하게 선택한다.

⊙ 차트 시트의 위치는 제3작업 시트 뒤로 이동시킨다.

⊙ 차트의 계열이나 요소 서식은 다양하게 출제되므로 차트 조건을 꼼꼼히 살핀다.

⊙ 범례의 유무 및 위치는 ≪출력형태≫와 동일하게 작성해야 한다.

시험 후 check 사항

⊙ 제1작업부터 제4작업까지 구성되어 있으며 반드시 제1작업부터 순서대로 작성하고 조건대로 작성한다.

⊙ 작업 시트명을 "제1작업", "제2작업", "제3작업", "제4작업"으로 설정하였는지 확인하고, 답안 시트 이외의 모든 시트는 삭제한다.

⊙ 모든 작업 시트의 [A] 열의 너비 간격은 '1'로 설정되었는지 확인한다.

⊙ 파일명은 본인의 수험번호-성명으로 입력하여 답안 폴더(내 PC₩문서₩ITQ)에 정확하게 저장되었는지 확인한다(예 : 12345678-홍길동.xlsx).

01 Section

표 서식 작성

엑셀을 이용하여 데이터를 입력하고 셀 테두리와 셀 배경, 행/열 너비 조정, 워크시트 이름 변경 등 기본 문서를 작성하는 방법을 학습합니다.

워크시트의 이해

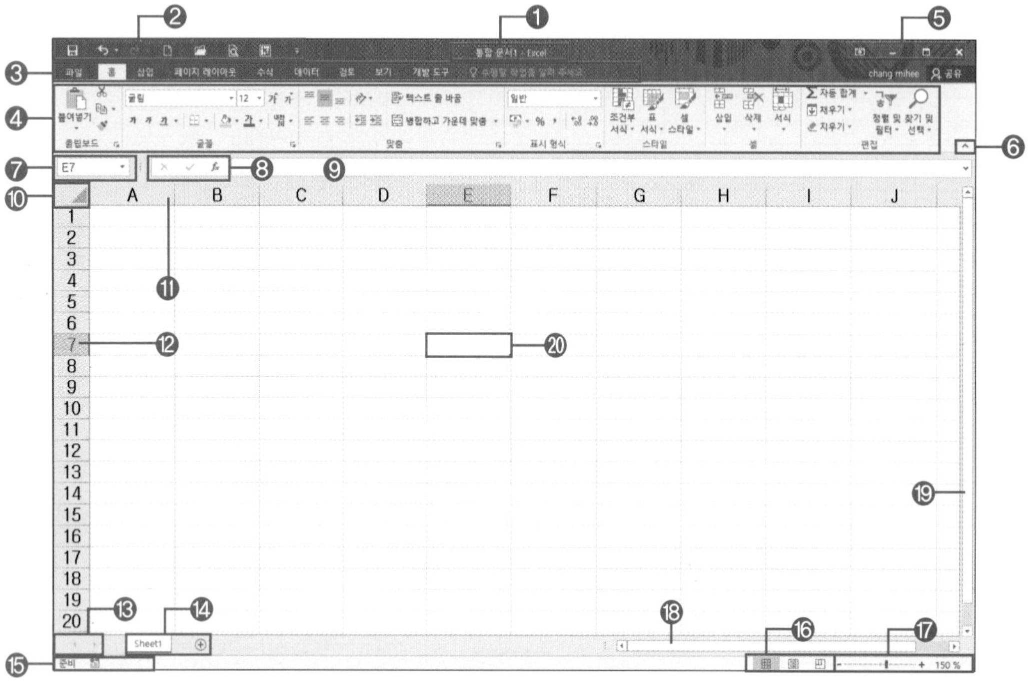

① 제목 표시줄 : 현재 실행 중인 파일 이름이 표시되며, 지정하지 않으면 'Book1', 'Book2'로 표시됩니다.

② 빠른 실행 단추 : 자주 사용하는 단추들의 모음과 개인 설정이 가능합니다.

③ 메뉴 탭 : 엑셀에서 사용되는 메뉴 그룹이 표시됩니다.

④ 리본 메뉴 : 메뉴의 탭을 누르면 선택된 탭 메뉴의 자주 사용되는 메뉴가 표시되며, 메뉴 그룹의 '자세히'를 누르면 세부 명령 설정이 가능합니다.

⑤ 리본 메뉴 표시 옵션과 창 조절 메뉴

⑥ 리본 메뉴 축소 : 리본 메뉴를 축소하여 탭 메뉴만 표시하여 화면을 넓게 사용할 수 있습니다. 다시 표시하려면 리본 메뉴의 표시 옵션을 클릭합니다.

⑦ 이름 상자 : 현재 셀 포인터를 표시하거나 블록 지정한 범위에 이름 정의를 할 수 있습니다.

⑧ 취소, 입력, 함수 삽입

⑨ 수식입력줄 : 셀 포인터에 입력한 내용이 표시되거나, 수식 표시와 수식을 수정, 직접 입력이 가능합니다.

⑩ 전체 선택 셀 : 시트 전체의 범위를 설정할 수 있습니다.

⑪ 열 머리글 : 열 이름이 표시되는 곳으로 A열부터 XFD열까지 16,384열이 표시됩니다.

⑫ 행 머리글 : 행 이름이 표시되는 곳으로 1행부터 1,048,576행까지 표시됩니다.

⑬ 시트 이동 단추 : 시트간 이동 시 사용합니다.

⑭ 시트 탭 : 현재 사용되고 있는 시트가 표시되며, 255개의 시트 탭을 사용할 수 있습니다.

⑮ 상태 표시줄 : 현재 작업 상태를 표시합니다.

⑯ 보기모드 : 보기 모드로 기본, 레이아웃, 페이지 나누기 미리보기를 선택할 수 있습니다.

⑰ 확대/축소 슬라이더 : 시트 화면을 확대하거나 축소할 수 있습니다.

⑱ 가로 슬라이더 막대

⑲ 세로 슬라이더 막대

⑳ 셀 포인터 : 현재 클릭되어진 셀

워크시트 편집하기

- A열의 열 너비를 조절하기 위해 A열을 선택하고 [홈] 탭의 [셀] 그룹에서 [서식]을 클릭하여 [열 너비]/[행 높이]에서 너비와 높이를 조절합니다. 마우스 오른쪽 버튼을 눌러 바로가기 메뉴에서도 설정할 수 있습니다.

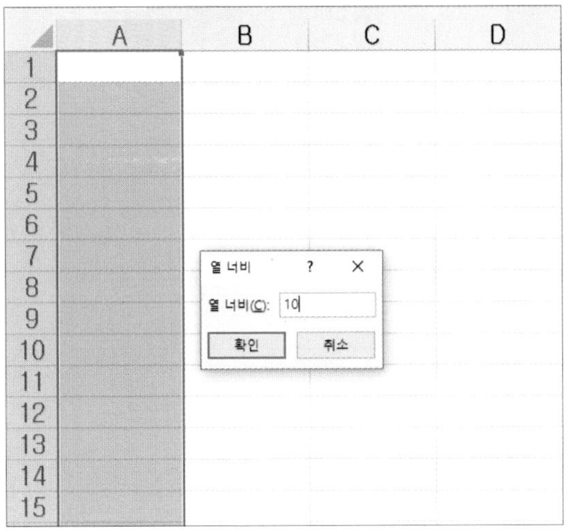

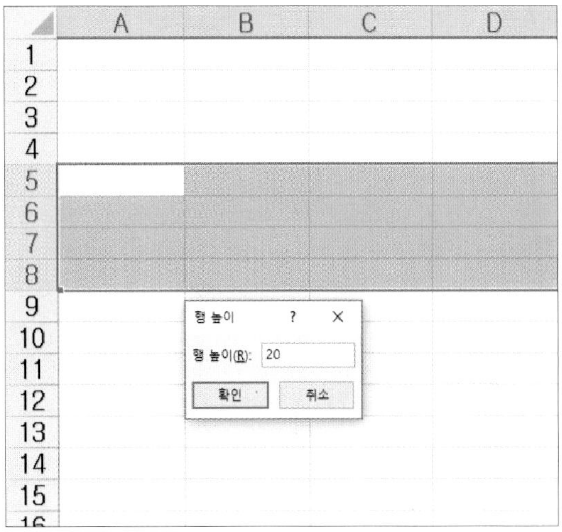

- 워크시트를 추가하려면 시트 탭 끝의 ⊕를 클릭하거나 마우스 오른쪽 버튼을 눌러 바로가기 메뉴에서 [삽입]을 클릭합니다.
- 이름을 변경하려면 해당 시트를 더블클릭하거나, 시트 위에서 마우스 오른쪽 버튼을 눌러 바로가기 메뉴에서 [이름 바꾸기]를 클릭하여 변경할 수 있으며 [삭제], [시트 보호], [탭 색], [숨기기] 등을 할 수 있습니다.

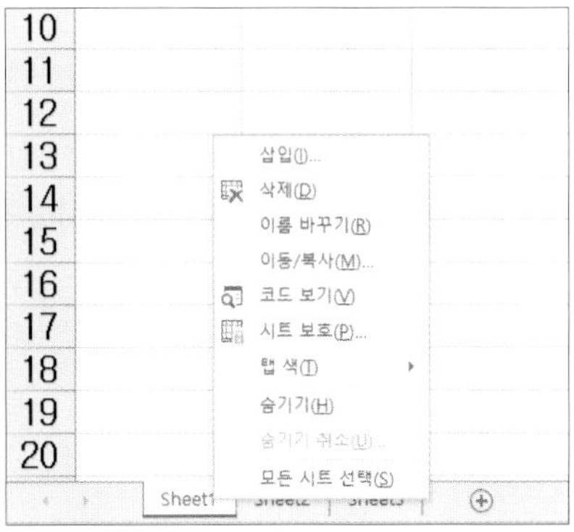

- 연속된 워크시트를 선택하려면 Shift를 누르고 마지막 시트를 선택합니다.
- 원하는 워크시트를 선택하려면 Ctrl을 누른 채 시트를 선택하며, 시트 해제는 선택되지 않은 시트를 클릭하면 해제됩니다.

문자 데이터와 한 셀에 두 줄 입력하기

- 문자 데이터는 셀의 왼쪽을 기준으로 입력되며 숫자와 문자를 함께 입력할 수 있습니다.
- 하나의 셀에 두 줄 이상 입력할 때는 첫 줄 입력 후 Alt + Enter를 누르고 다음 줄을 입력합니다.

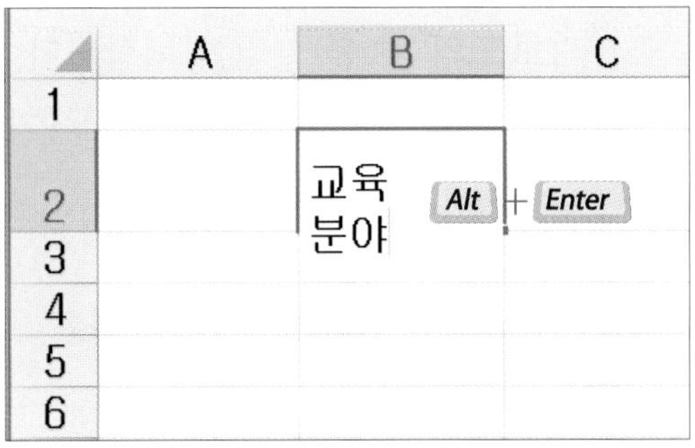

- 범위로 설정한 모든 셀에 동일한 데이터를 입력할 때는 블록을 먼저 설정하고, 데이터를 입력한 다음 Ctrl + Enter 를 누릅니다.

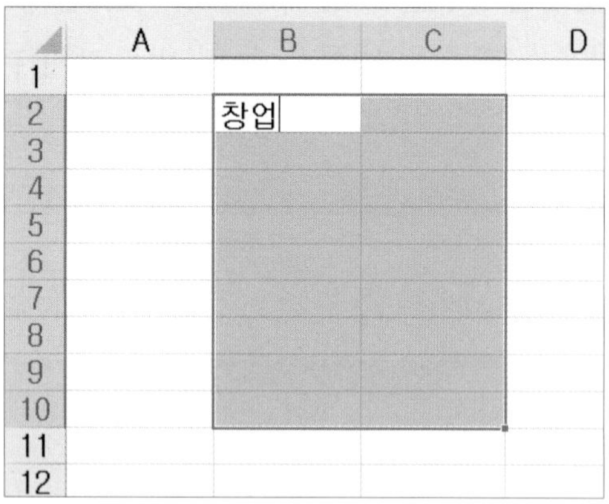

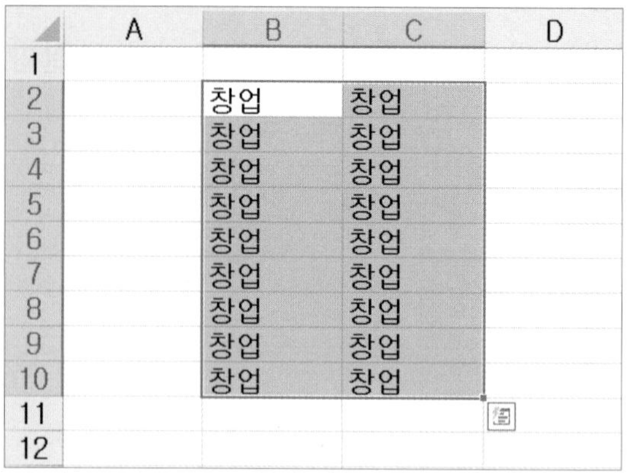

숫자 데이터 입력하기

- 숫자를 문자열로 입력하는 경우는 (')를 숫자 앞에 입력합니다.
- 숫자 데이터는 오른쪽을 기준으로 입력됩니다.
- 숫자로 사용될 수 있는 문자에는 0부터 9까지의 수와 +, −, ( ), /, $, %, Ee가 있습니다.
- 분수의 경우 중간에 공백을 입력합니다(1/2 → 0 1/2).
- 음수 앞에는 '−'를 입력하거나 '괄호( )'로 묶습니다(−123, (123)).
- 입력한 숫자가 열 너비보다 길면 지수 형식 '1.2347E+11'이나 '######'으로 표시되며 열 너비를 늘리면 정상적으로 숫자가 표시됩니다.

날짜와 시간 입력하기

- 날짜는 '년/월/일' 또는 '년−월−일'로 '/'나 '−'으로 구분해서 입력합니다(2013−9−8, 2013/9/8).
- 시간은 시, 분, 초의 형식은 '시:분:초'로 ':'처럼 구분해서 입력합니다(13:45:33).
- 시간과 날짜를 같이 입력하려면 날짜를 입력한 후 한 칸 띄우고 시간을 입력합니다(2013−9−8 13:45:33).

특수 문자 입력하기

- 키보드에 없는 특수 문자의 기호는 한글의 자음을 누르고 키보드의 한자를 눌러 입력합니다.
- [삽입] 탭의 [기호] 그룹에서 [기호]를 클릭하여 입력할 수 있습니다.

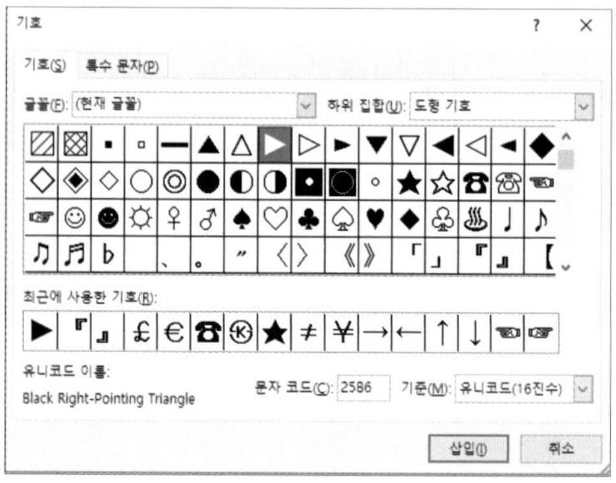

한자 입력하기

- 한글 뒤에 커서를 두고 한자를 눌러 [한글/한자 변환] 대화 상자에서 해당하는 한자를 선택합니다. 입력 형태는 세 가지로 해당하는 입력 형태를 선택합니다.

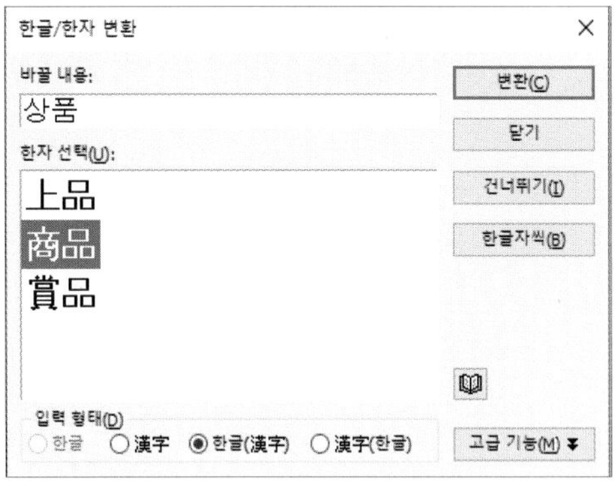

자동 채우기

- 문자를 입력하고 첫 번째 셀의 오른쪽 하단에 마우스를 올려놓고 검정 십자가 모양의 채우기 핸들이 표시되면 아래로 드래그합니다.

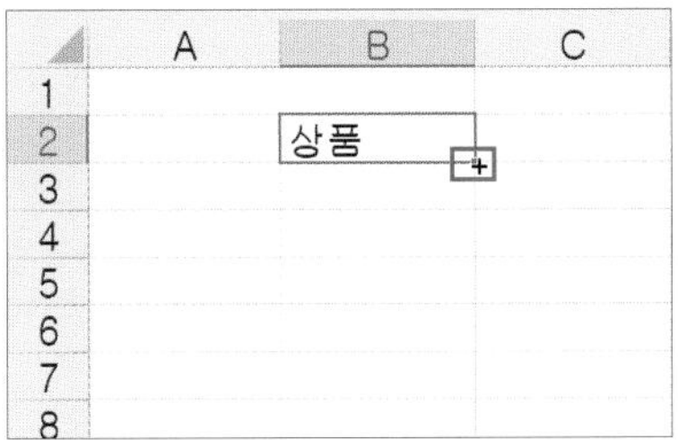
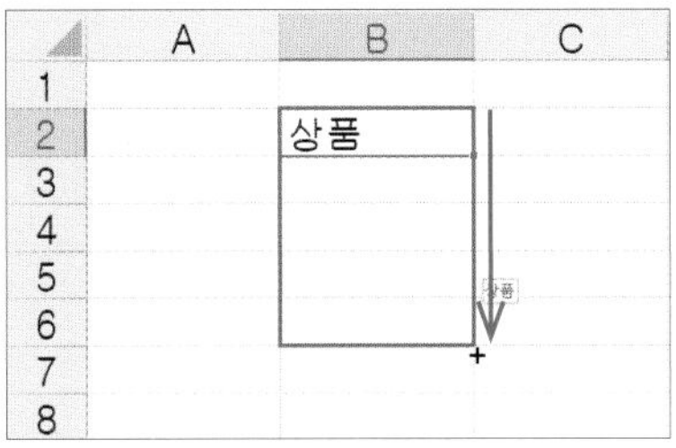
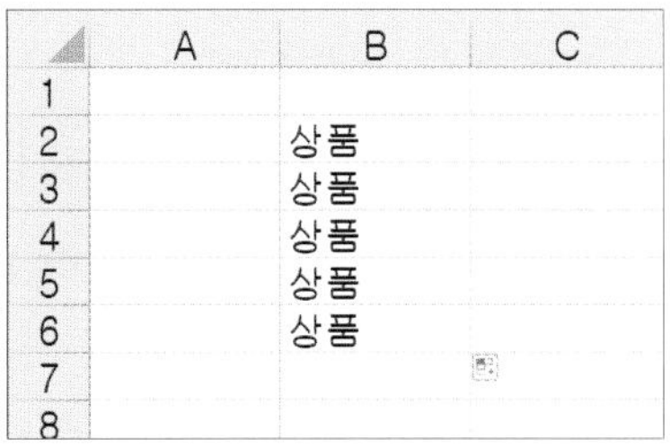

- 숫자 데이터는 붙여넣기 옵션에서 '연속 데이터 채우기'를 하거나 Ctrl 을 누르고 채우기 핸들을 드래그하면 1씩 증가됩니다.
- 일정한 간격의 숫자 데이터를 채우기 핸들로 입력하려면 초기 값과 증가 값을 입력한 후 두 셀을 범위 설정 후 채우기 핸들을 드래그하면 일정한 간격으로 채울 수 있습니다.
- 문자와 숫자를 혼합하면 문자는 복사되고 숫자는 증가합니다.

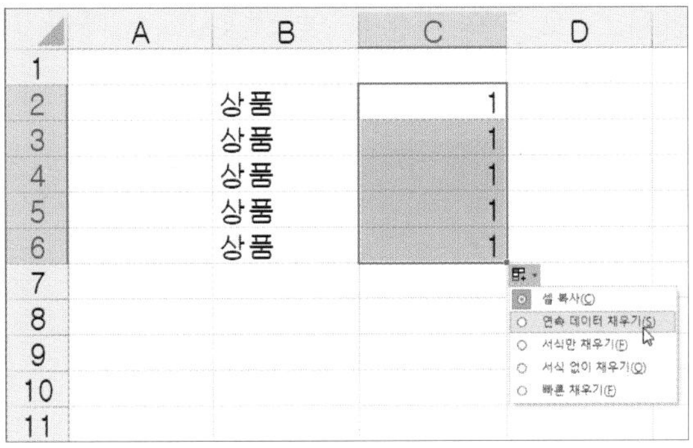
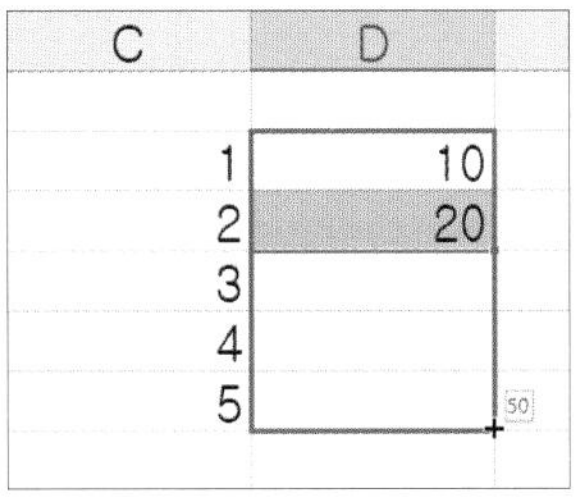

- [사용자 지정목록]에 등록된 데이터는 자동 채우기가 가능합니다.
- 날짜와 시간을 채우기 핸들로 드래그하면 날짜는 1일, 시간은 1시간씩 증가되며 [자동 채우기 옵션]을 이용해 '평일' 단위, '월' 단위, '년' 단위로 채울 수 있습니다.

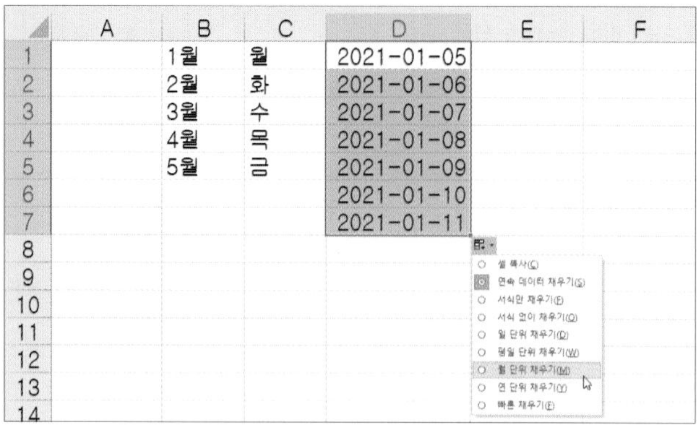

데이터의 수정

- 입력된 데이터를 수정하려면 F2를 누르거나, 해당 셀을 더블클릭 또는 수식입력 줄을 클릭하여 수정할 수 있습니다.
- 데이터를 삭제하려면 [홈] 탭의 [편집] 그룹에서 [내용 지우기] 또는 Delete, Back Space, Space Bar를 누르고 삭제합니다. 하지만 셀에 입력된 서식은 그대로 두고 내용만 삭제됩니다.
- 셀 서식까지 삭제하려면 [홈] 탭의 [편집] 그룹에서 [지우기]–[서식 지우기]를 클릭합니다.
- 셀의 서식과 내용 또는 메모 등을 모두 삭제하려면 [홈] 탭의 [편집] 그룹에서 [지우기]–[모두 지우기]를 클릭합니다.

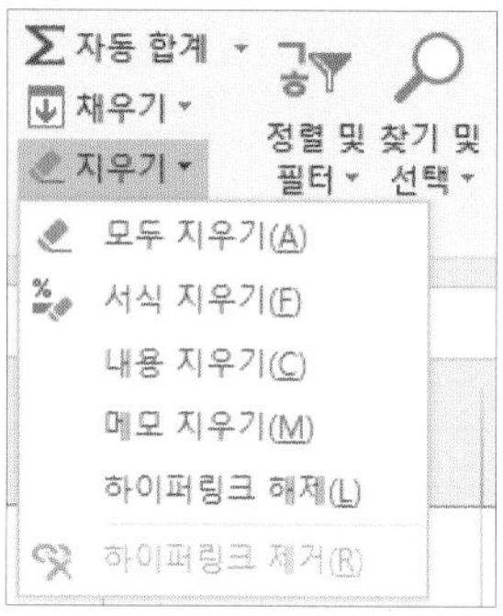

[홈] 탭의 서식 설정

- 자주 사용하는 메뉴는 [홈] 탭에 있습니다. 복사, 잘라내기, 붙여넣기, 글꼴, 맞춤, 표시 형식, 셀 서식과 스타일 등을 지정할 수 있습니다. 또는 마우스 오른쪽 버튼을 눌러 나오는 '빠른 메뉴'에서 서식 설정이 가능합니다.

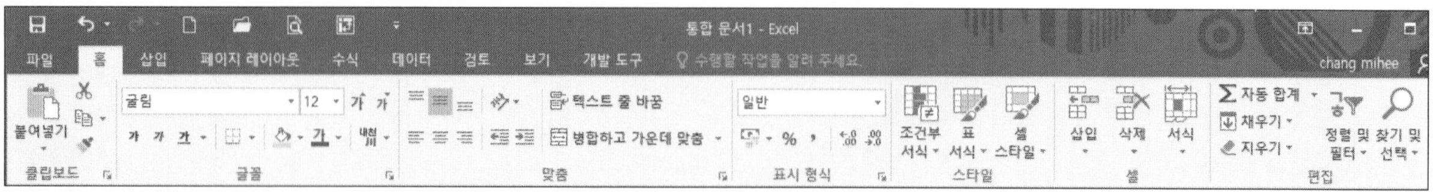

셀 서식 설정

- 일반 : 모든 표시의 형식을 삭제하고 기본 표시의 형식을 설정합니다.
- 숫자 : 소수점 이하 자릿수, 천 단위 구분 기호, 음수 표시의 형식을 지정합니다.
- 통화 : 소수점 이하 자릿수, 통화 기호, 음수 표기의 형식을 설정합니다.

- 회계 : 소수점 이하 자릿수의 통화 기호를 설정합니다.
- 분수 : 셀에 입력된 소수를 분수로 표시합니다.
- 텍스트 : 입력한 숫자를 텍스트로 적용합니다.
- 기타 : 우편번호, 전화번호, 주민등록번호 등의 표시를 설정할 수 있습니다.
- 사용자 지정 : 기존의 형식을 직접 정의하여 생성할 수 있습니다.

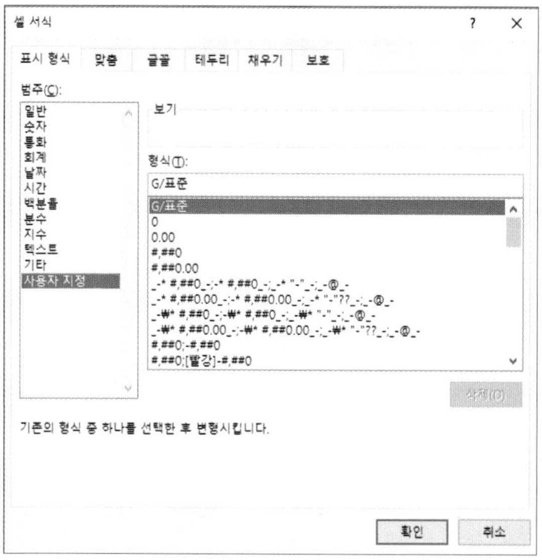

사용자 지정 서식 코드

#	자릿수 표시, 해당 자리에 숫자가 없을 경우는 빈칸으로 표시
0	자릿수 표시, 해당 자리에 숫자가 없을 경우는 0을 표시
?	소수점 이하의 자릿수 정렬하거나 분수 서식 설정
,	천 단위 구분 기호 표시
%	백분율 표시
@	현재 문자열에 특정한 문자를 붙여 표시
연도(yy/yyyy)	연도 두 자리와 연도 네 자리 표시
월(m/mm/mmm/mmmm)	월을 한 자리 / 두 자리 / 영문 세 자리 / 영문 전체 표시
일(d/dd/ddd/dddd)	일을 한 자리 / 두 자리 / 영문 세 자리 / 영문 전체 표시
요일(aaa/aaaa)	요일 한 자리 / 요일 전체 표시

셀 서식 [맞춤] 탭 설정

- 텍스트 가로/세로 맞춤과 텍스트 조정, 텍스트 방향 등을 설정할 수 있습니다.
- 텍스트 줄 바꿈 : 셀의 내용이 한 줄로 모두 표시되지 않을 경우 여러 줄로 나누어 표시할 수 있습니다.
- 셀에 맞춤 : 셀의 내용을 현재 셀 크기에 맞춰 표시합니다.
- 셀 병합 : 선택한 셀을 하나의 셀로 병합합니다.

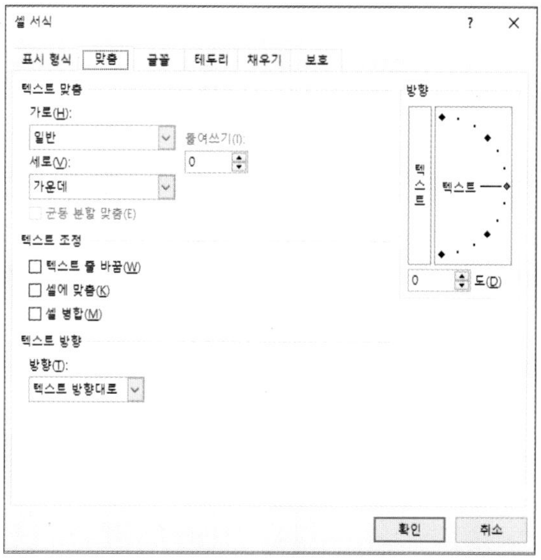

셀 서식 [글꼴] 탭 설정

- 선택한 텍스트의 글꼴 종류, 스타일, 크기 및 색 밑줄 등을 설정할 수 있습니다.
- [홈] 탭의 [글꼴] 그룹이나 마우스 오른쪽 버튼을 누르면 빠른 메뉴에서 설정할 수 있습니다.

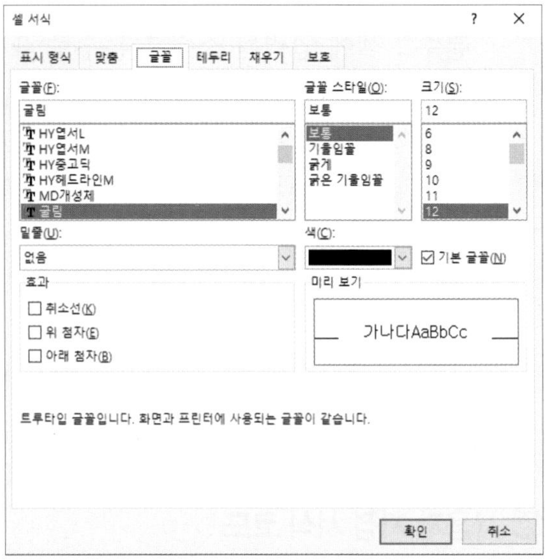

셀 서식 [테두리] 탭 설정

- 선택한 셀의 선 스타일, 선 색, 테두리를 지정할 수 있습니다.
- 선의 스타일과 선 색을 지정한 후 미리 설정 또는 테두리에서 선택할 수 있습니다.
- [홈] 탭의 [글꼴] 그룹에서 테두리 설정이 가능합니다.

셀 서식 [채우기] 탭 설정

- 선택한 셀의 배경에 색 또는 무늬를 적용합니다.
- '배경색' 항목에서 셀에 채울 색을 선택할 수 있습니다.
- '채우기 효과'는 그라데이션과 음영 스타일 등을 지정할 수 있습니다.
- 다른 색은 RGB 값을 입력하거나 색상 팔레트에서 색을 지정할 수 있습니다.

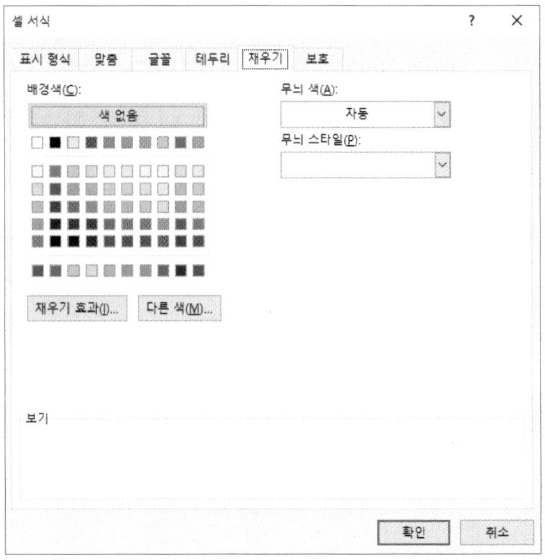

도형 삽입

- [삽입] 탭의 [일러스트레이션] 그룹에서 [도형]을 클릭하여 해당하는 도형을 선택합니다.
- 도형을 선택하면 흰색 조절점은 도형의 크기를 변경하며, 노란 조절점은 모양 변형, 회전 화살표는 도형을 회전합니다.
- 도형을 선택하면 [그리기 도구]-[서식] 탭에서 도형 스타일을 변경할 수 있습니다.

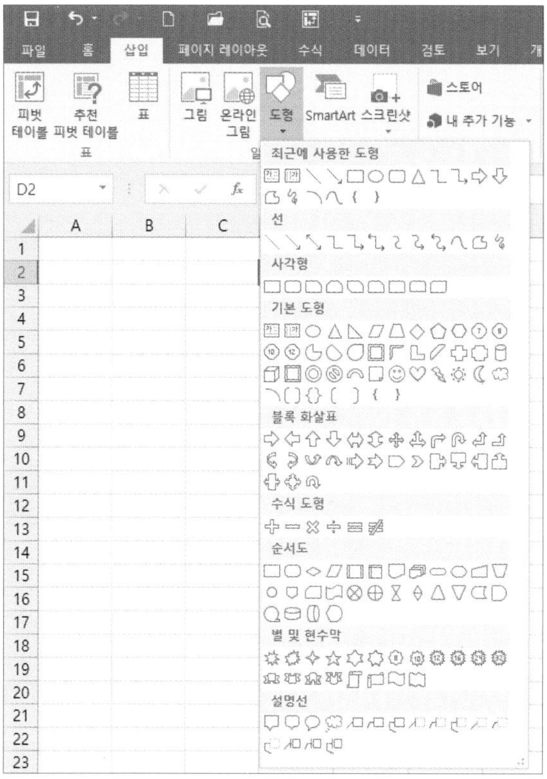

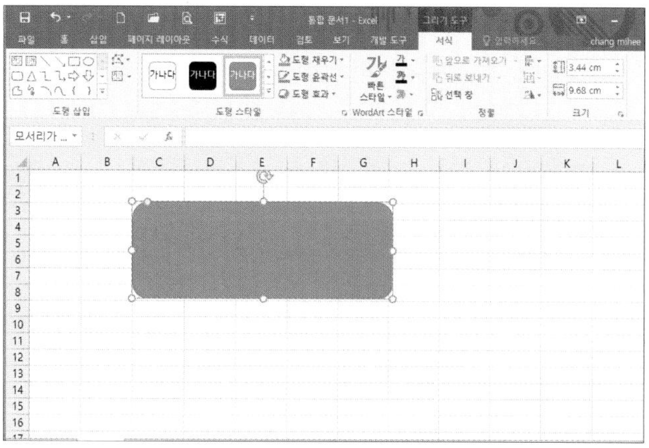

그림 복사 기능

- 그림 복사 기능은 셀 범위를 설정하고 [홈] 탭의 [클립보드] 그룹에서 [복사]-[그림으로 복사]를 클릭합니다.
- [그림 복사] 대화상자에서 모양의 '화면에 표시된 대로', 형식의 '그림'을 선택하고 [확인]을 클릭합니다.
- 그림을 붙여넣을 셀을 클릭하고 Ctrl + V 를 누릅니다.

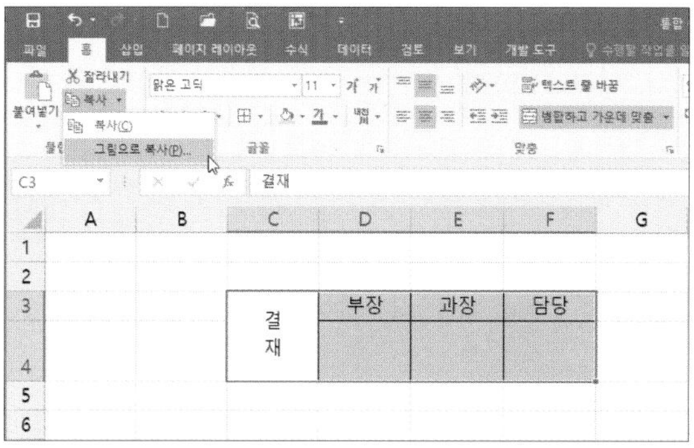

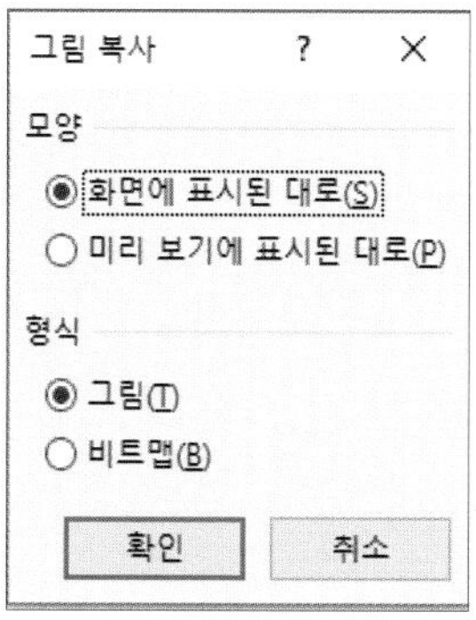

이름 정의

- 셀 범위에 이름을 지정하여 수식 등에 사용합니다.
- 이름을 정의할 부분을 범위 설정하고 [수식] 탭의 [정의된 이름] 그룹에서 [이름 정의]를 클릭하고, [새 이름] 대화상자에서 '이름' 항목에 셀 이름을 입력한 후 [확인]을 클릭합니다.
- 또는 셀 범위를 선택하고 '이름 상자' 영역에 이름을 입력하고 Enter 를 누릅니다.
- 셀 범위가 잘못되어 수정하거나 삭제를 하려면 [수식] 탭의 [정의된 이름] 그룹에서 [이름 관리자]를 클릭하여 편집합니다.

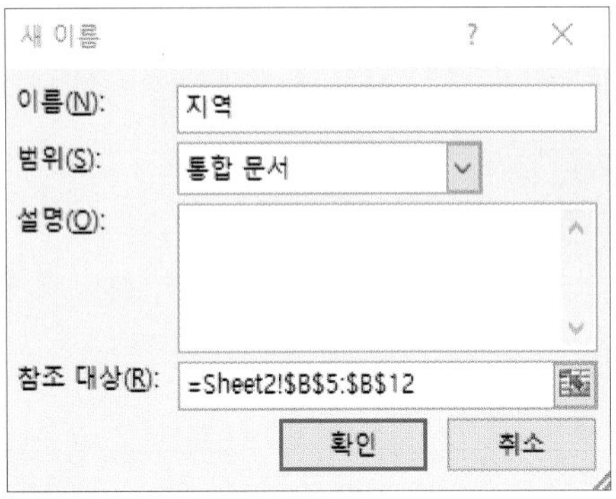

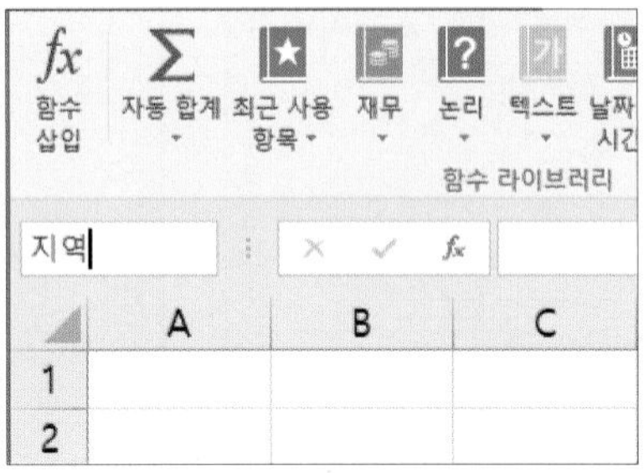

유효성 검사

- 유효성 데이터는 정수, 목록, 날짜, 텍스트 길이 등을 설정합니다.
- 유효성 검사를 목록으로 작성할 경우 적용할 셀을 선택하거나 범위 설정 후 [데이터] 탭의 [데이터 도구] 그룹에서 [데이터 유효성 검사]를 클릭하여 [데이터 유효성] 대화상자의 '유효성 조건'을 '목록'으로 지정하고 '원본'에 데이터 영역을 범위 설정합니다.
- 원본 영역에 데이터를 ','를 이용해 직접 데이터를 입력합니다.
- 이름 정의된 데이터 영역을 넣을 때는 원본에 '=정의한 이름'을 입력합니다.
- 데이터 유효성 검사를 삭제하려면 [데이터 유효성] 대화상자의 왼쪽 하단의 [모두 지우기]를 클릭합니다.

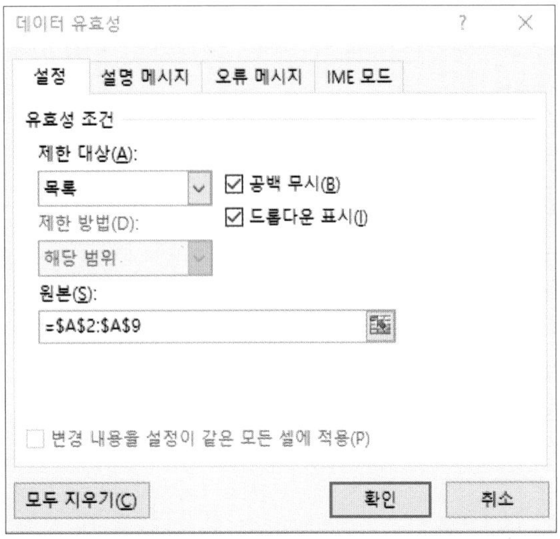

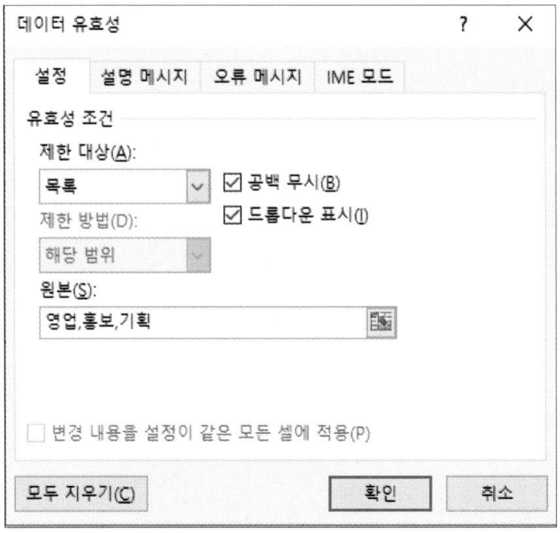

■ ■ 예제 : 기출유형₩1.셀서식완성.xlsx

표 작성 따라하기

엑셀의 기본 데이터 입력과 서식기능을 이용하여 표를 작성하고 조건에 맞는 셀 서식 변환 및 함수 사용 능력을 평가합니다.

[제1작업] 표 서식 및 값 계산 (240점)

☞ **다음은 '효림상사 지점별 판매 현황'에 대한 자료이다. 자료를 입력하고 조건에 맞도록 작업하시오.**

출력형태

효림상사 지점별 판매 현황

결재	담당	팀장	부장

제품코드	상품명	판매 지점	판매 개시일	할인율 (%)	정상가	판매량 (단위:개)	판매량 (순위)	비고
C1-JU01	노트북	전주시	06-01	10%	1,250천원	202개		
H2-BS03	화장품	부산시	04-09	5%	350천원	502개		
M2-SU05	화장품	서울시	03-24	6%	270천원	652개		
C2-JU03	건강식품	전주시	01-17	15%	750천원	375개		
R4-CW03	노트북	창원시	01-15	25%	1,850천원	1,265개		
M5-DJ07	건강식품	대전시	07-07	10%	275천원	551개		
H3-BS02	육류가공품	부산시	02-10	20%	170천원	605개		
R2-CW05	농산품	창원시	05-20	10%	80천원	1,545개		
전주지역의 판매량(단위:개)의 평균					판매량이 600개 이하인 상품의 수			
세번째로 큰 판매량(단위:개)					제품코드	M5-DJ07	판매량	

조건

- ○ 모든 데이터의 서식에는 글꼴(굴림, 11pt), 정렬은 숫자 및 회계 서식은 오른쪽 정렬, 나머지 서식은 가운데 정렬로 작성하며 예외적인 것은 ≪출력형태≫를 참조하시오.
- ○ 제 목 ⇒ 도형(기본도형 : 모서리가 둥근 사각형)과 그림자(오프셋 오른쪽)를 이용하여 작성하고 "효림상사 지점별 판매 현황"을 입력한 후 다음 서식을 적용하시오(글꼴–굴림, 24pt, 검정, 굵게, 채우기–노랑).
- ○ 임의의 셀에 결제란을 작성하여 그림으로 복사 기능을 이용하여 붙이기 하시오(단, 원본 삭제).
- ○ 「B4:J4, G14, I14」 영역은 '주황'으로 채우시오.
- ○ 유효성 검사를 이용하여 「H14」 셀에 제품코드(「B5:B12」 영역)가 선택 표시되도록 하시오.
- ○ 셀 서식 ⇒ 「D5:D12」 영역에 셀 서식을 이용하여 글자 뒤에 '시'를 표시하시오(예 : 전주시).
  「G5:G12」 영역에 셀 서식을 이용하여 숫자 뒤에 '천원'을 표시하시오(예 : 1,500천원).
  「H5:H12」 영역에 셀 서식을 이용하여 글자 뒤에 '개'를 표시하시오(예 : 1,500개).
- ○ 「H5:H12」 영역에 대해 '판매량'으로 이름정의를 하시오.

KEY POINT

- 워크시트를 그룹 지정하여 글꼴과 열 너비를 지정
- 시트 이름을 변경하고 시트는 반드시 '제3작업'까지의 시트만 있어야 하며 나머지 시트는 삭제
- 저장하기를 하여 '내 PC₩문서₩ITQ₩수험번호–이름'으로 저장
- 표 내용을 입력하고 셀 서식 적용
- 조건 순서대로 진행
- 작성하면서 수시로 재 저장하기(Ctrl + S)

Step 01. 워크시트 기본 작업 및 저장하기

01 엑셀을 시작하고 새 워크시트를 엽니다. Ctrl 을 누른 채 마우스 휠을 위 아래로 드래그하여 작업하기 좋은 화면으로 확대/축소를 합니다.

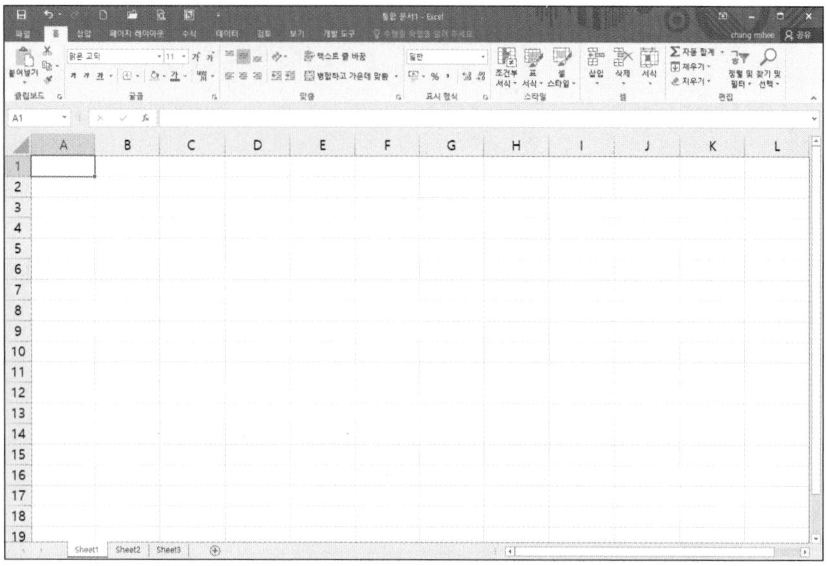

02 ❶임의의 시트를 선택하고 마우스 오른쪽 버튼을 눌러 바로가기 메뉴의 ❷[모든 시트 선택]을 클릭하여 전체 시트를 선택합니다.

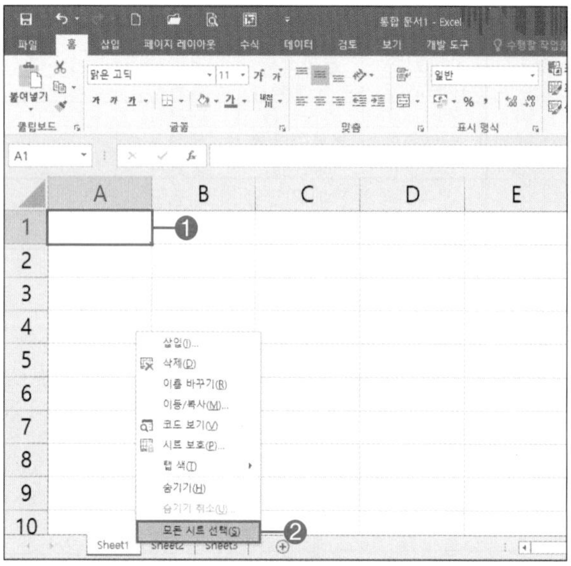

Tip

[Sheet1]을 클릭한 후 Shift 를 누르고 [Sheet3]을 선택할 수 있습니다.

03 시트의 열 너비를 조절하기 위해 시트가 그룹화된 상태에서 ❶'A' 열을 클릭하고 마우스 오른쪽 버튼의 바로가기 메뉴에서 ❷[열 너비]를 선택합니다. ❸[열 너비] 대화상자에 열 너비를 '1'로 입력한 후 ❹[확인]을 클릭합니다.

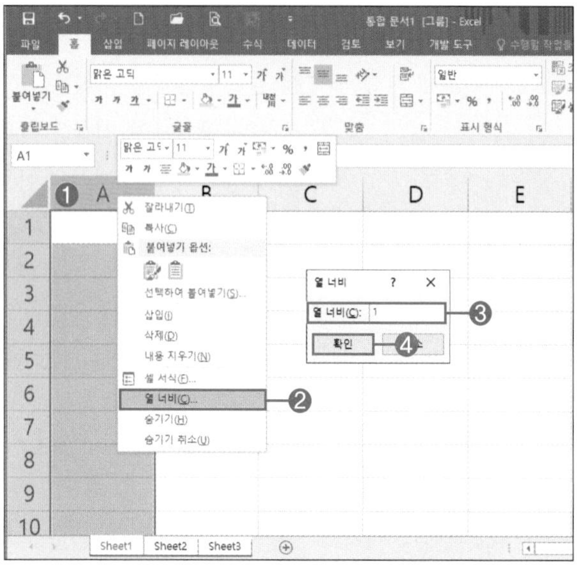

04 행과 열의 교차되는 ❶'전체 선택' 영역을 클릭하여 시트 전체를 블록 설정하고 ❷[홈] 탭의 ❸[글꼴] 그룹에서 조건에 제시된 '글꼴(굴림, 11pt)'로 설정합니다.

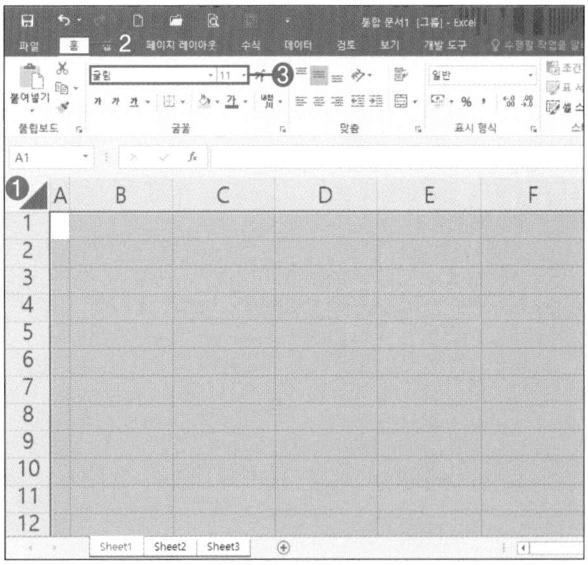

05 그룹으로 묶어진 시트를 해제하기 위해, 임의의 시트 이름 위에 마우스 오른쪽 버튼을 눌러 바로가기 메뉴에서 ❶[시트 그룹 해제]를 클릭합니다.

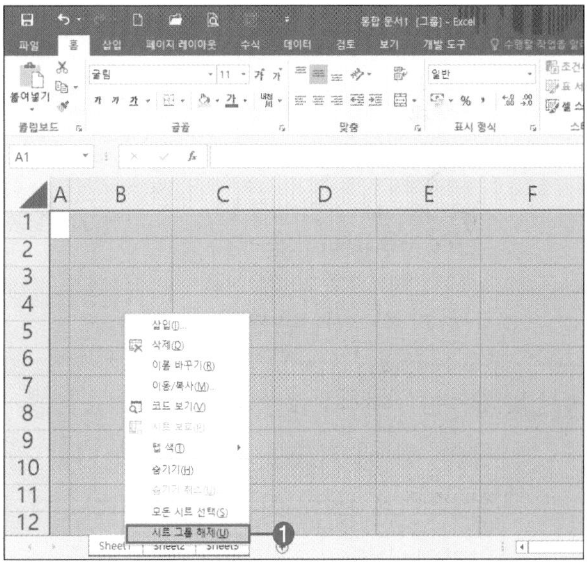

Tip

임의의 시트를 클릭하여 시트 그룹을 해제할 수 있습니다.

06 ❶첫 번째 시트 이름을 더블클릭합니다.

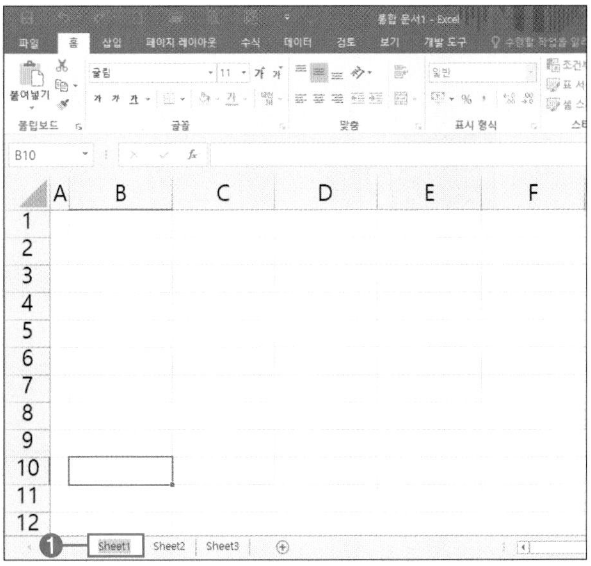

Tip

마우스 오른쪽 버튼을 눌러 바로가기 메뉴에서 [이름 바꾸기]를 클릭합니다.

07 '제1작업'으로 입력한 후 Enter 를 누릅니다. 나머지 시트에 '제2작업', '제3작업'으로 시트의 이름을 바꿉니다.

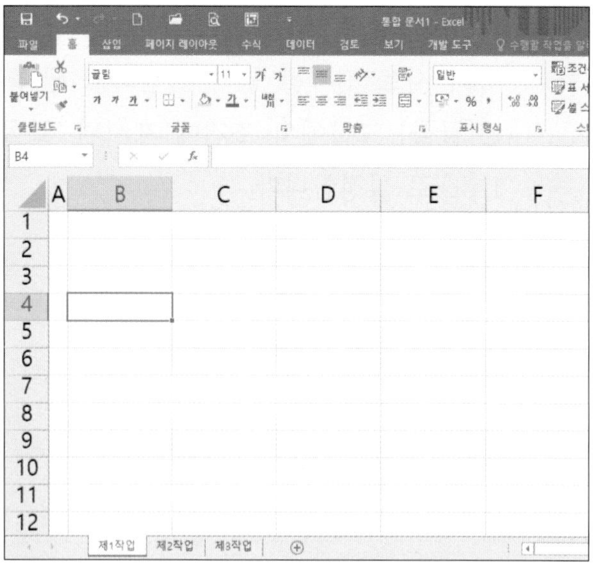

08 현재 작업을 저장하기 위해 ❶왼쪽 상단의 빠른 메뉴에서 '저장하기'를 누릅니다.

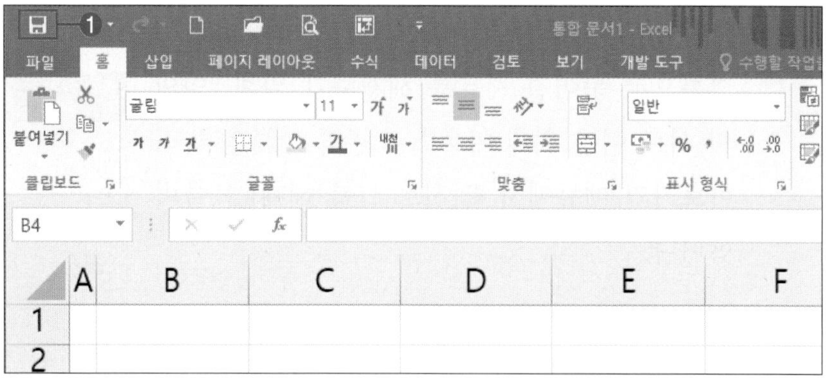

Tip

저장 폴더 또는 파일 이름을 잘못 입력한 경우 [파일]–[다른 이름으로 저장]에서 '저장 경로'와 '파일 이름'을 다시 저장할 수 있습니다.

09 ❶[다른 이름으로 저장]의 ❷'이 PC'를 더블클릭합니다. [다른 이름으로 저장] 대화상자의 왼쪽 창의 ❸[내 PC\문서\ITQ] 폴더를 선택하여 저장 폴더를 확인하고 ❹'수험번호-이름.xlsx'을 입력한 후 ❺[저장]을 클릭합니다. 작업한 내용을 수시로 '저장하기' 또는 Ctrl + S 를 눌러 재저장합니다.

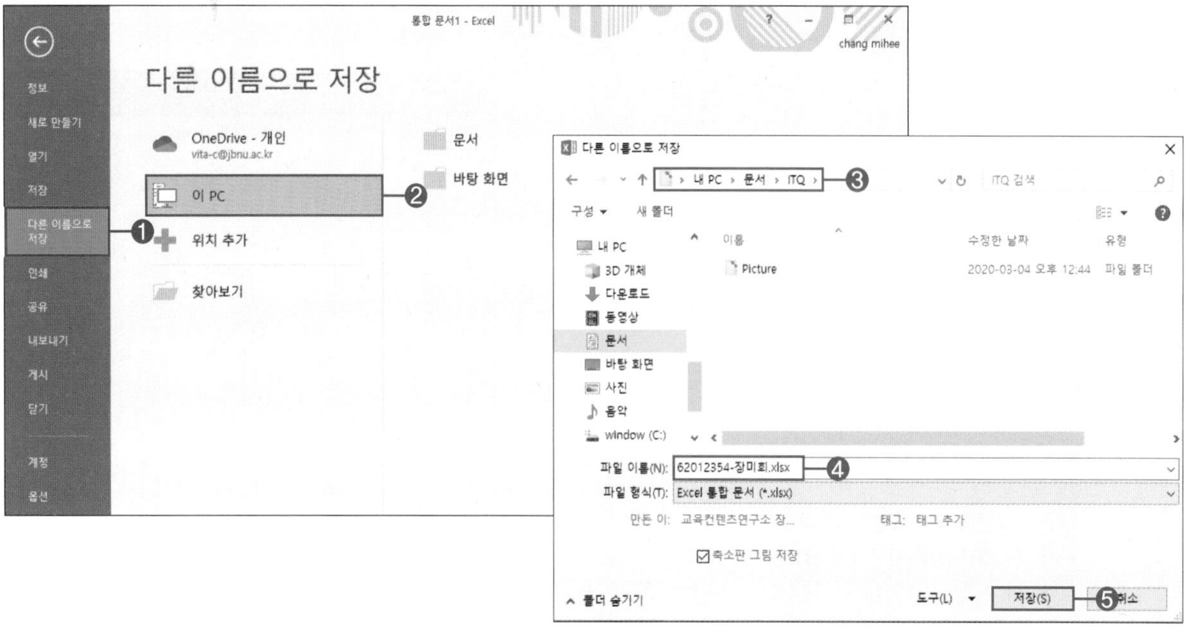

Step 02. 데이터 입력 및 셀 서식 설정하기

01 ❶'1행'에서 '3행'까지 드래그하여 블록을 설정한 후 행과 행 사이의 경계선에 마우스를 올려 놓은 후 '✢'이 될 때 아래로 드래그하여 행 높이를 넓혀줍니다. 행 높이는 제목 도형을 삽입할 높이만큼 임의로 조절합니다.

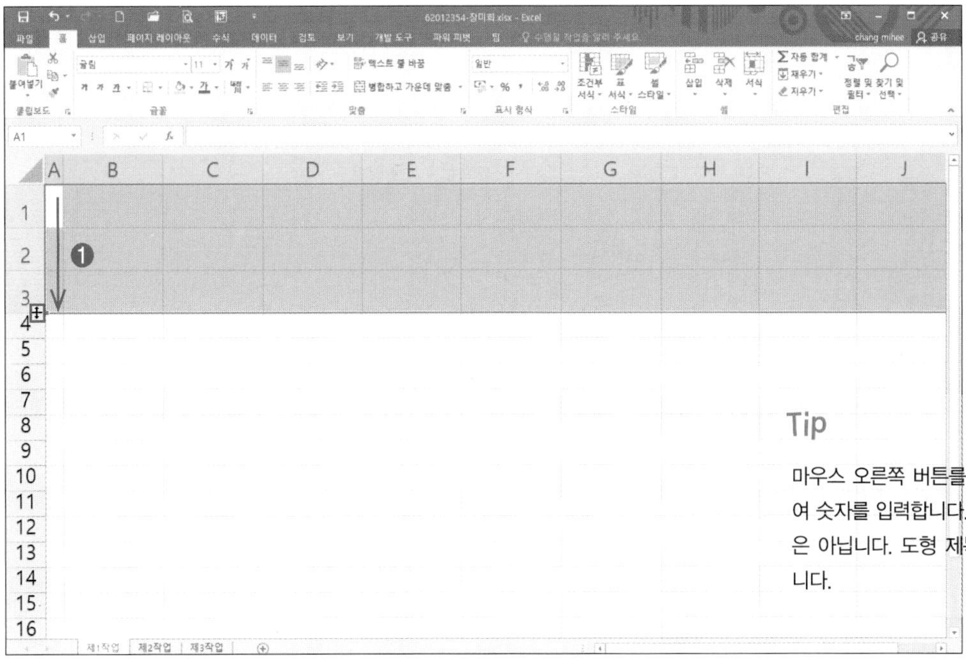

Tip

마우스 오른쪽 버튼를 눌러 '행 높이'를 클릭하여 숫자를 입력합니다. 채점에는 포함되는 사항은 아닙니다. 도형 제목을 삽입할 만큼 넓혀줍니다.

02 [B4] 셀부터 [J4] 셀까지 '제품코드, 상품명, 판매지점, 판매개시일, 할인율(%), 정상가, 판매량(단위:개), 판매량(순위), 비고'를 입력합니다. 한 셀에 두 줄을 입력할 경우 Alt + Enter 를 누릅니다. [D4] 셀에 '판매'를 입력한 후 Alt + Enter 를 누른 후 다음 줄에 '지점'을 입력합니다.

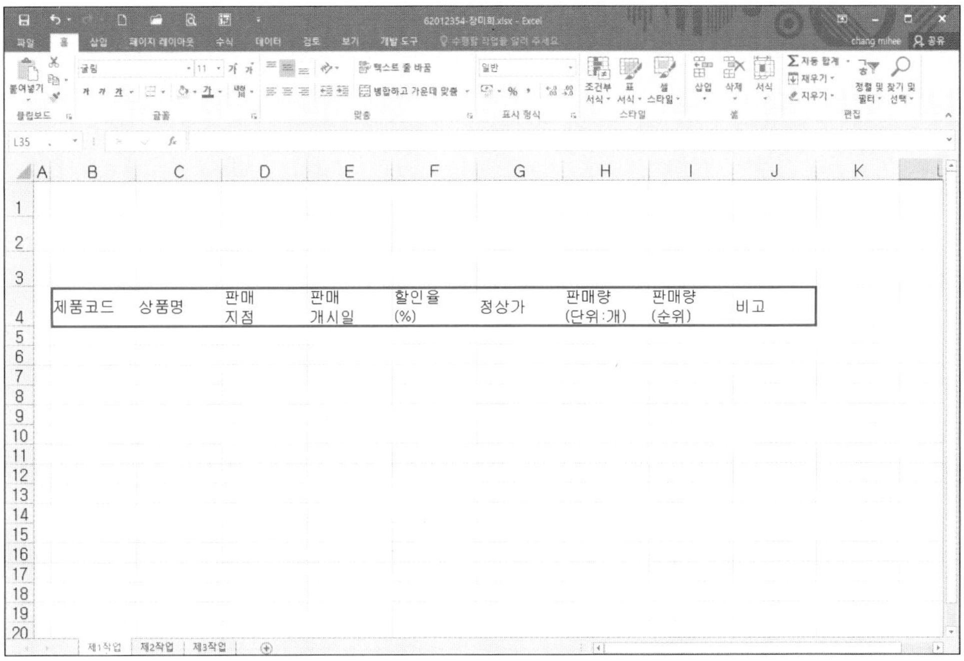

03 ≪출력형태≫를 보고 나머지 데이터를 모두 입력합니다. 판매개시일은 '6-1' 형태로 입력하고 할인율은 소수점으로 입력합니다. 원 단위나 숫자 뒤에 붙는 문자는 입력하지 않습니다.

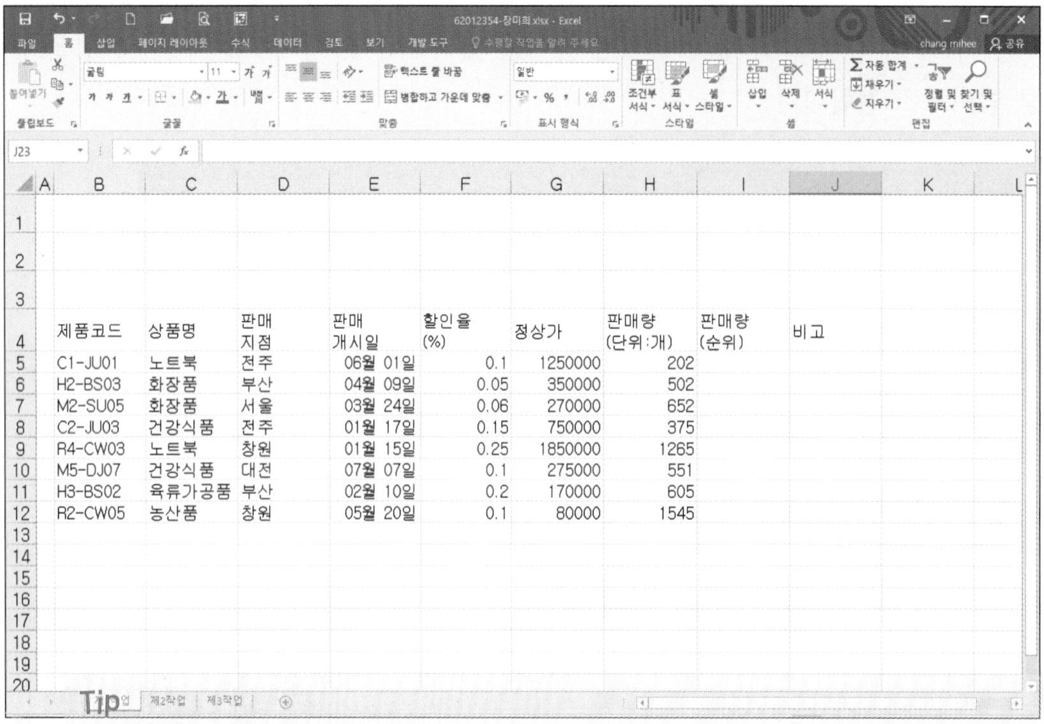

Tip

날짜는 년-월-일 형태로 입력합니다. '6-1'로 입력한 후 셀 서식에서 표시형식을 변경합니다. 백분율은 직접 '10%', '5%'로 입력해도 됩니다.

04 ❶[B13:D14] 셀까지 마우스로 드래그하여 영역을 설정한 다음 ❷ Ctrl 을 누르고 [G13:I13] 셀까지 영역을 설정합니다. ❸[홈] 탭의 [맞춤] 그룹에서 '병합하고 가운데 맞춤'의 목록 단추를 누른 후 ❹[전체 병합]을 클릭하여 행 단위 병합을 합니다.

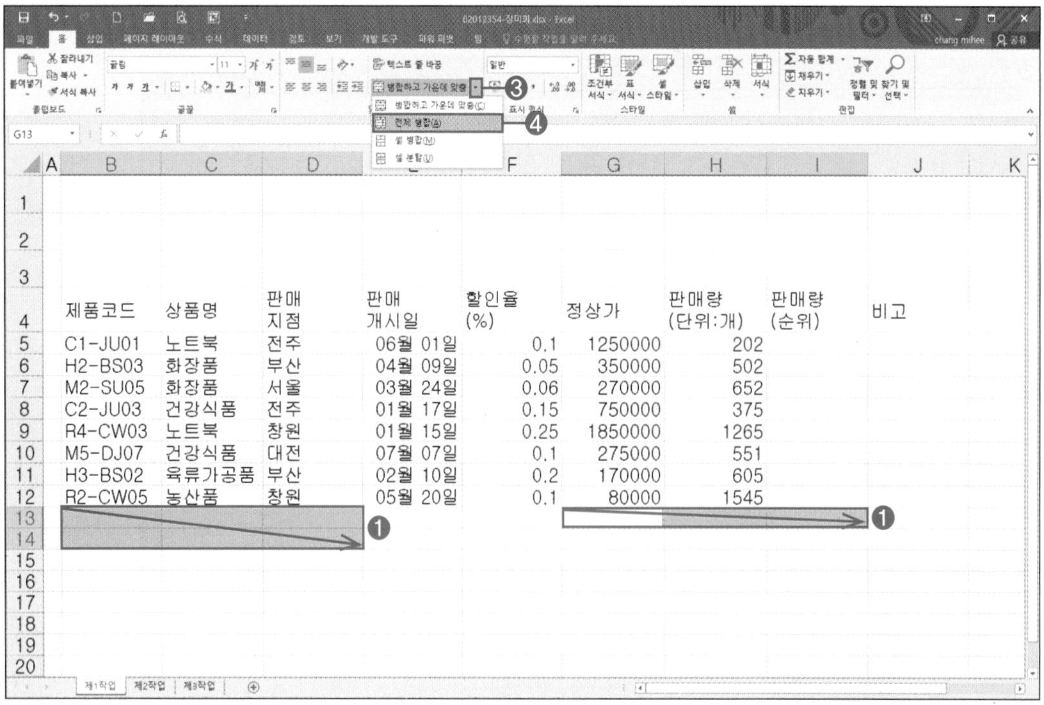

05 ❶[F13:F14] 셀까지 드래그하여 범위를 설정하고, ❷[홈] 탭의 [맞춤] 그룹에서 '병합하고 가운데 맞춤'을 클릭합니다.

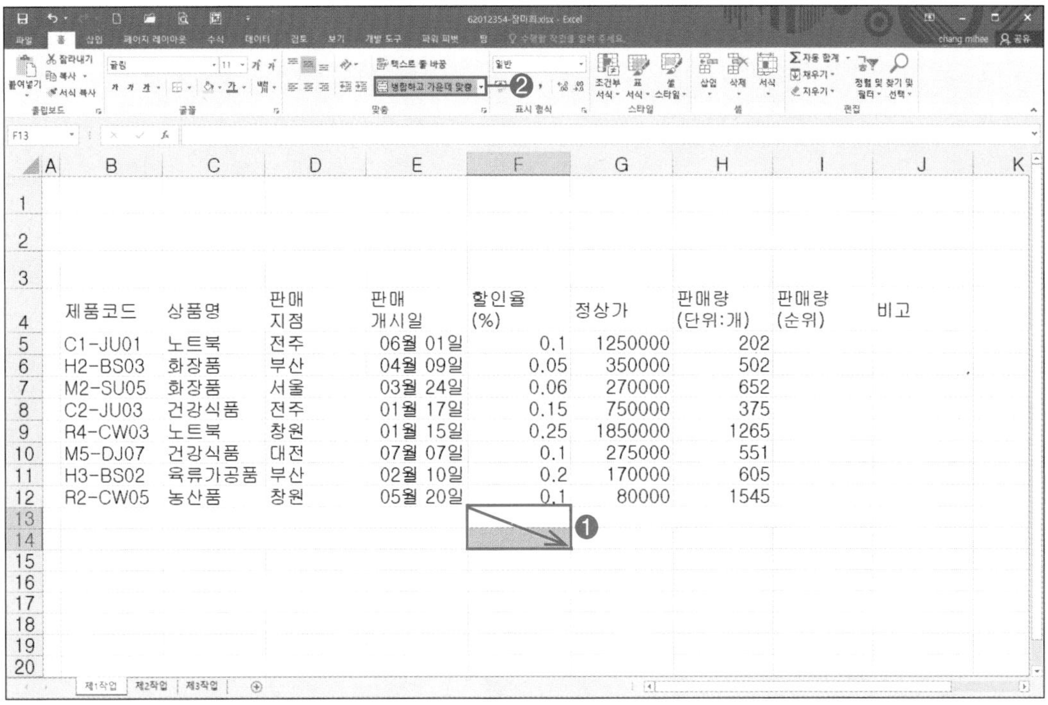

06 ❶[B13:B14] 셀과 [G13:G14] 셀, [G14] 셀, [I14] 셀에 내용을 입력한 후 ❷빠른 메뉴의 [저장]을 클릭하거나 Ctrl+S를 눌러 재 저장합니다.

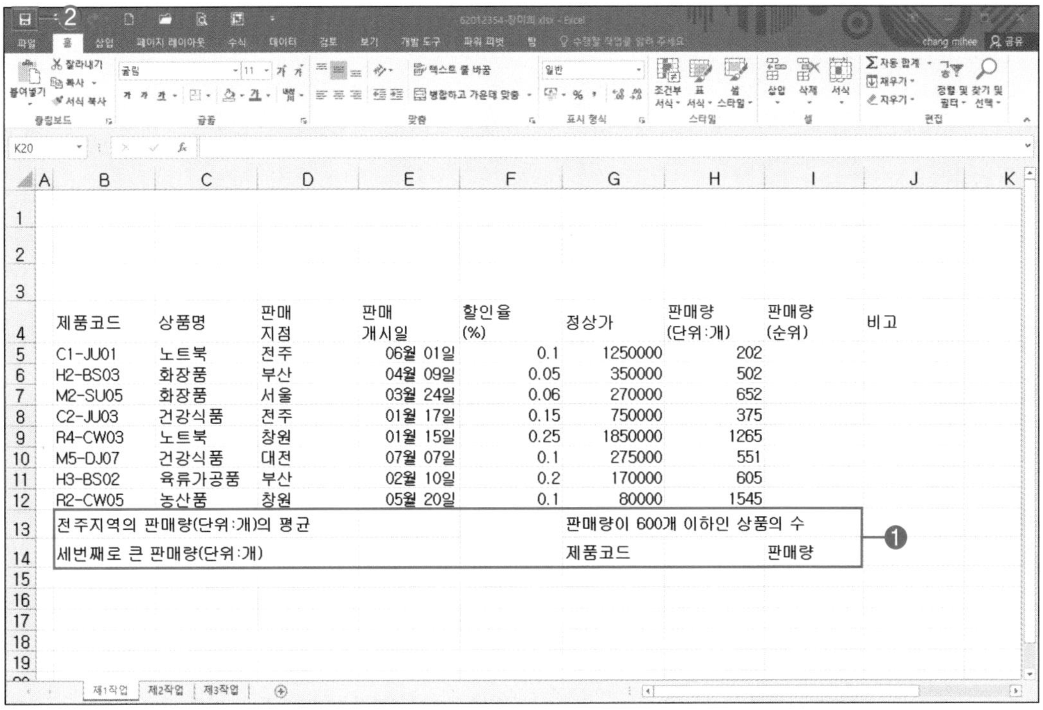

07 열 너비와 행 높이를 ≪출력형태≫에 맞춰 조절합니다. 'A' 열은 '1'입니다. ❶셀에 테두리를 지정하기 위해 [B4:J14] 셀 영역을 드래그하여 범위를 설정합니다. ❷[홈] 탭의 [글꼴] 그룹에서 ❸'테두리'의 목록 단추를 누르고 ❹'모든 테두리'를 선택하여 표 전체에 테두리를 적용합니다.

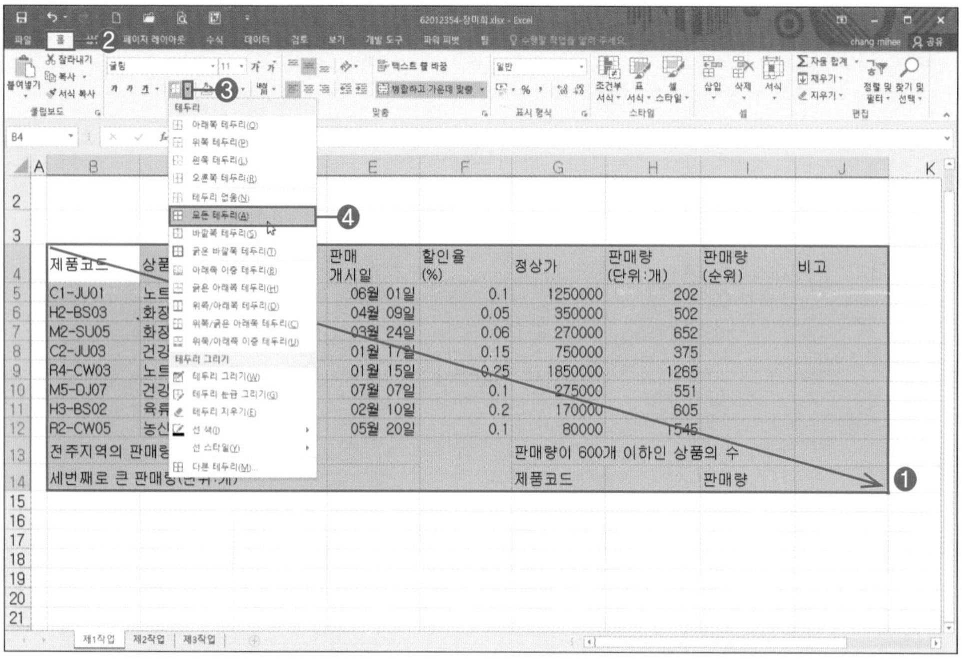

Tip

A열의 너비는 반드시 '1'로 설정해야 합니다. 설정 방법은 22쪽을 참고하세요.

08 바깥쪽 테두리를 넣기 위해 ❶[홈] 탭의 ❷[글꼴] 그룹에서 ❸'테두리'의 목록 단추를 눌러 '굵은 바깥쪽 테두리'를 선택합니다.

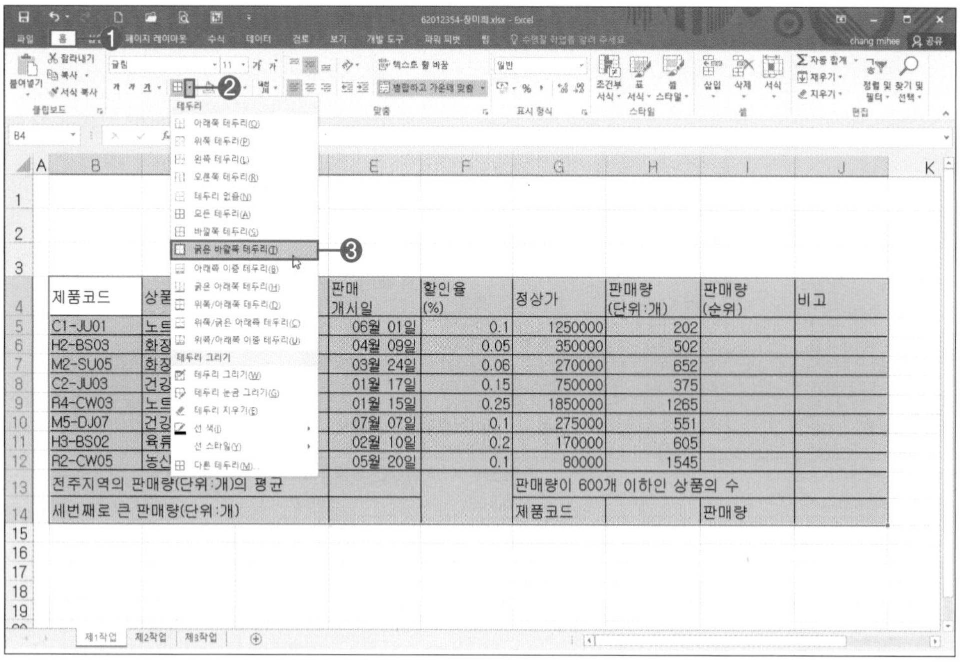

09 안쪽 셀에 테두리를 설정하기 위해 ❶[B5:J12] 셀 영역을 드래그하여 범위를 설정합니다. ❷[홈] 탭의 [글꼴] 그룹에서 ❸'테두리'의 목록 단추를 누르고 ❹'굵은 바깥쪽 테두리'를 선택하여 테두리를 적용합니다.

Tip

F4를 누르면 직전의 명령이 재 실행됩니다.

10 ❶[F13] 셀에 클릭하고 대각선을 넣기 위해 ❷[홈] 탭의 [글꼴] 그룹에서 [글꼴 설정]을 클릭합니다. ❸[셀 서식] 대화상자의 [테두리] 탭에서 ❹왼쪽 대각선과 ❺오른쪽 대각선을 선택한 후 ❻[확인]을 선택합니다.

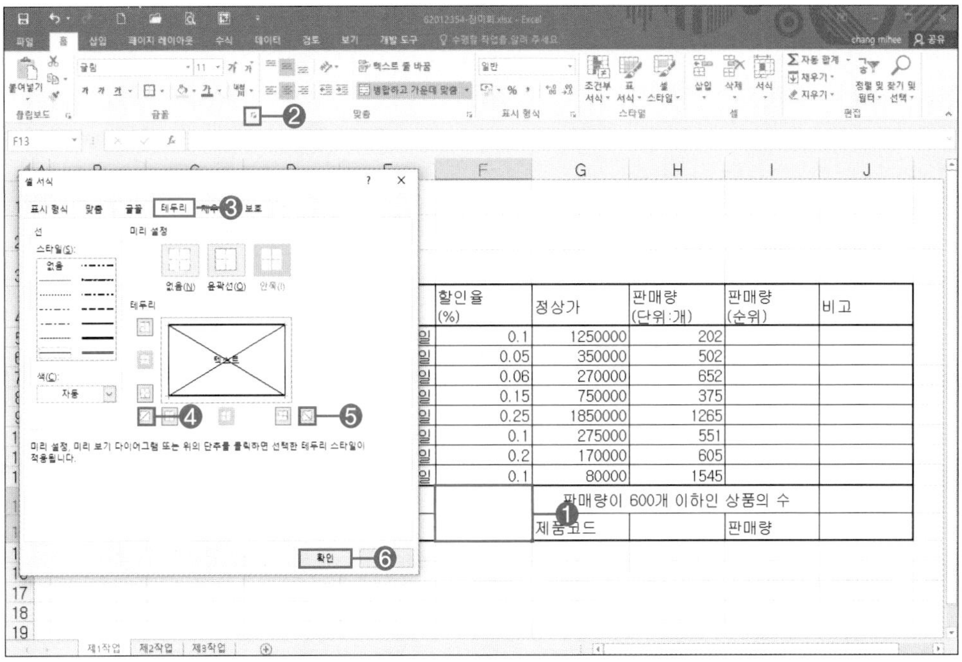

11 입력된 데이터를 정렬하기 위해 ❶[B4:J14] 셀 영역을 드래그하여 범위를 설정합니다. [홈] 탭의 [맞춤] 그룹에서 ❷'세로 가운데 맞춤'과 '가로 가운데 맞춤'을 클릭합니다.

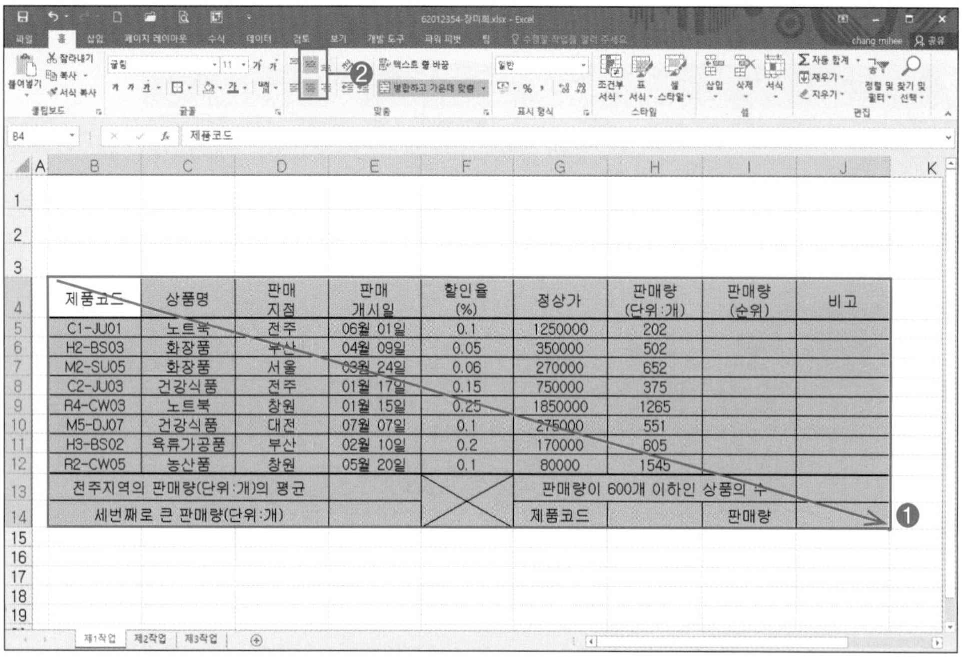

Tip

데이터가 있는 영역에 셀 포인터를 위치한 후 Ctrl + A 를 누르면 전체 선택이 됩니다.

12 숫자 또는 회계 형식은 오른쪽 정렬을 하기 위해 ❶[F5:H12] 셀 영역을 드래그하여 범위를 설정합니다. [홈] 탭의 [맞춤] 그룹에서 ❷'오른쪽 맞춤'을 클릭합니다. Ctrl + S 를 눌러 재 저장합니다. 함수식 부분은 함수 계산을 완료한 후 숫자인 경우는 오른쪽 정렬, 문자인 경우는 가운데 정렬을 합니다.

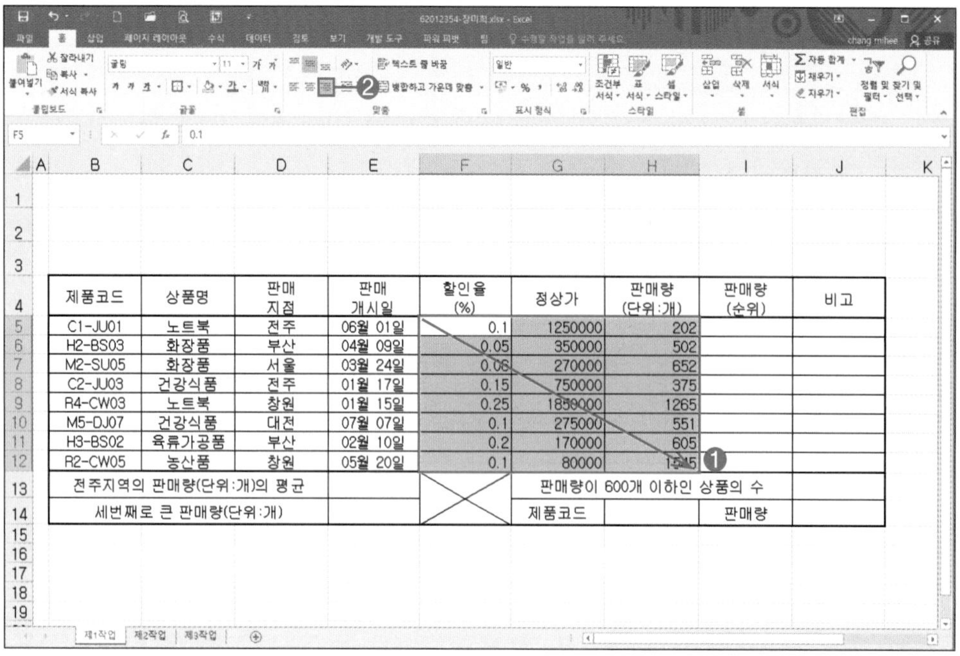

Step 03. 제목 도형과 결재란 작성하기

01 제목 도형을 삽입하기 위해 ❶[삽입] 탭의 [일러스트레이션] 그룹에서 [도형]을 클릭하여 ❷'사각형'의 '모서리가 둥근 직사각형'을 선택합니다.

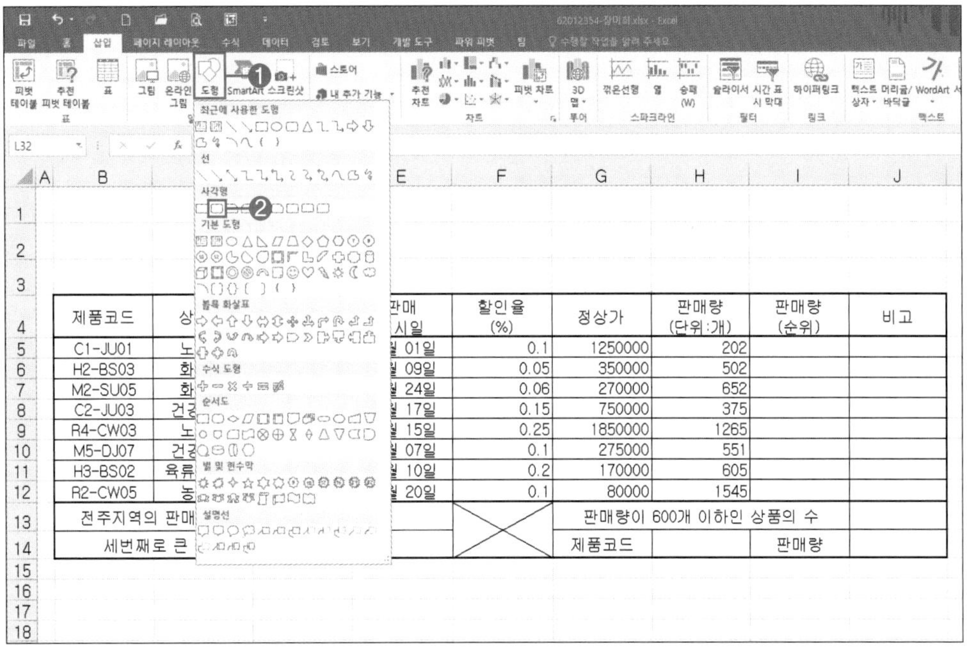

02 ❶[B1] 셀에서 [G3] 셀까지 ≪출력형태≫에 맞춰 대각선으로 드래그하여 도형을 그린 후 ❷왼쪽 상단의 노란색 조절점을 오른쪽으로 드래그하여 도형 모양을 변형합니다.

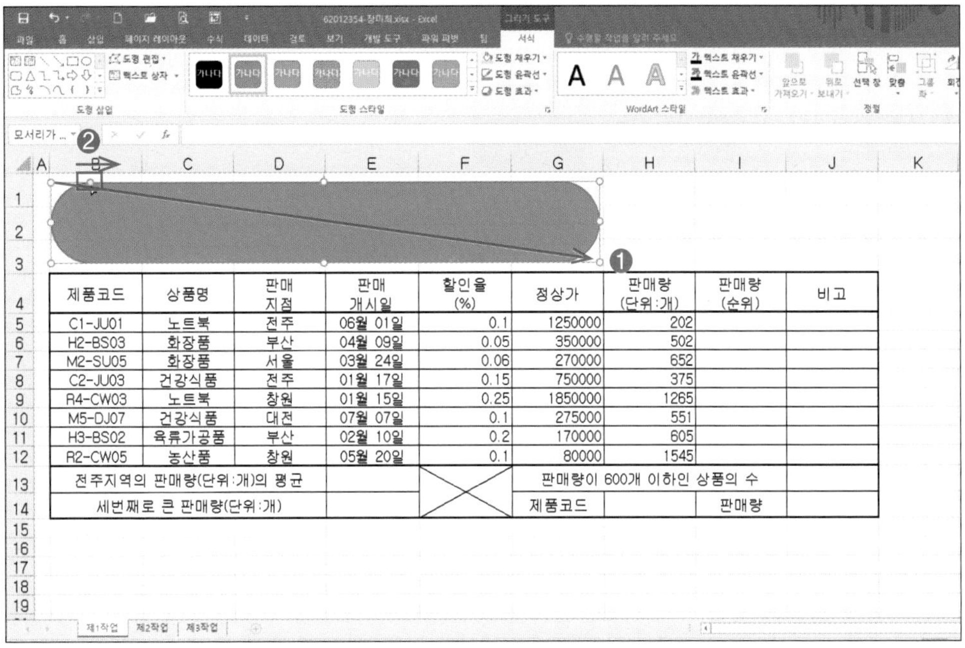

03 도형이 선택된 상태에서 '효림상사 지점별 판매 현황'을 입력한 후 도형을 클릭하여 도형 전체를 선택합니다.

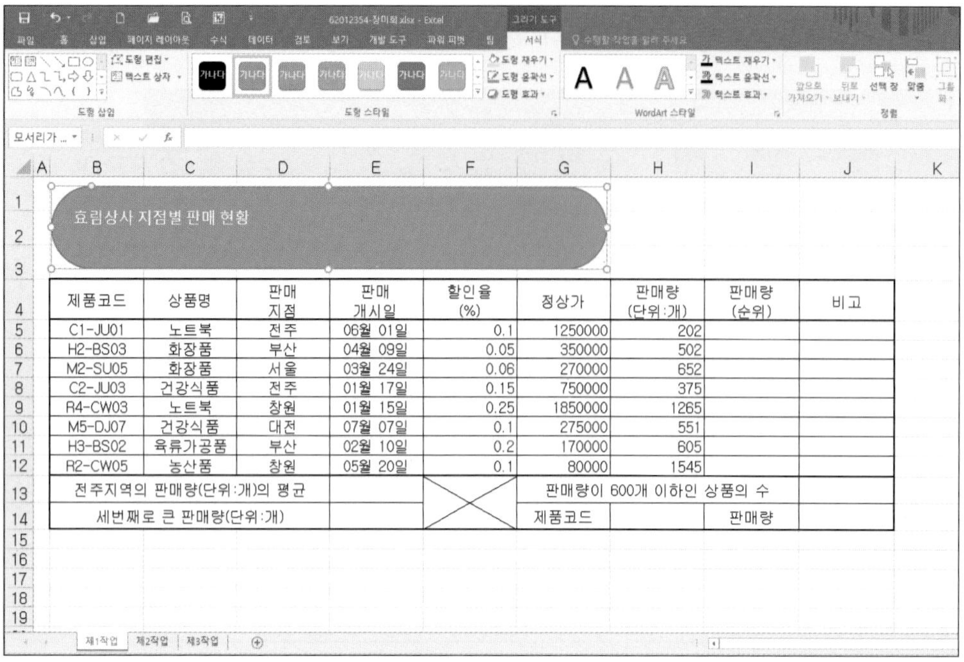

효림상사 지점별 판매 현황
제품코드
상품명
판매 지점
판매 개시일
할인율 (%)
정상가
판매량 (단위:개)
판매량 (순위)
비고
전주지역의 판매량(단위:개)의 평균
판매량이 600개 이하인 상품의 수
세번째로 큰 판매량(단위:개)
제품코드
판매량

04 도형이 선택된 상태에서 ❶[홈] 탭의 [글꼴] 그룹에서 '굴림, 24pt'를 선택하고 ❷글자 속성은 '굵게'를 클릭합니다. ❸'글자 색'의 목록 단추를 클릭하여 ❹'검정'을 선택합니다.

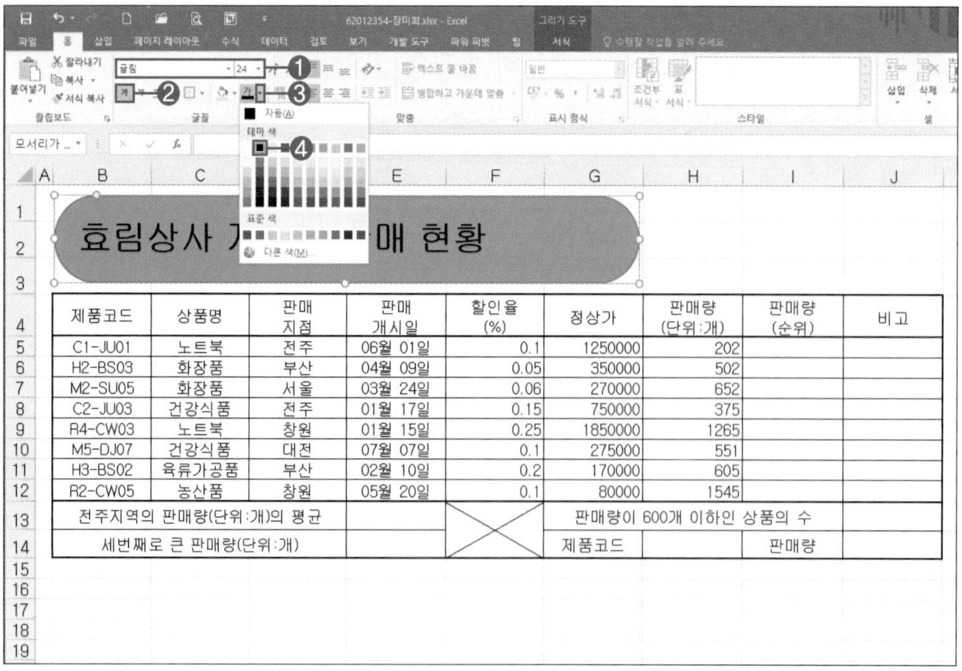

05 도형에 색을 채우기 위해 ❶[홈] 탭의 [글꼴] 그룹에서 ❷'채우기'의 목록 단추를 누른 후 ❸'표준색'의 '노랑'을 선택합니다. ❹도형 안의 텍스트를 정렬하기 위해 [맞춤] 그룹에서 '세로 가운데 맞춤'과 '가운데 정렬'을 선택합니다.

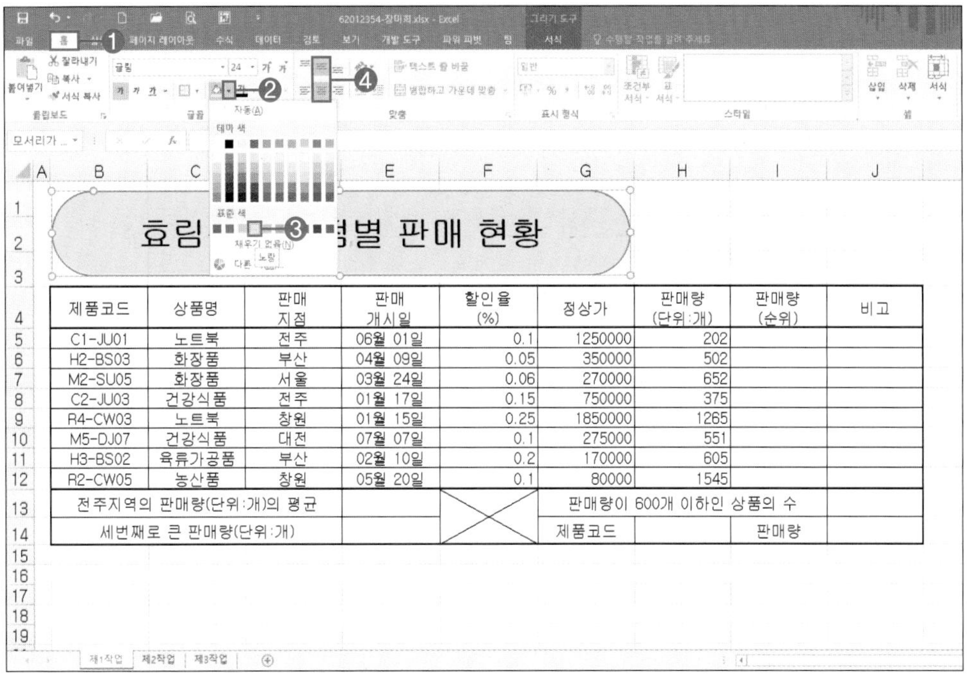

06 도형에 그림자를 적용합니다. ❶[그리기 도구]-[서식] 탭의 [도형 스타일] 그룹에서 ❷[도형 효과]를 클릭합니다. ❸'그림자'의 ❹'오프셋 오른쪽'을 선택합니다.

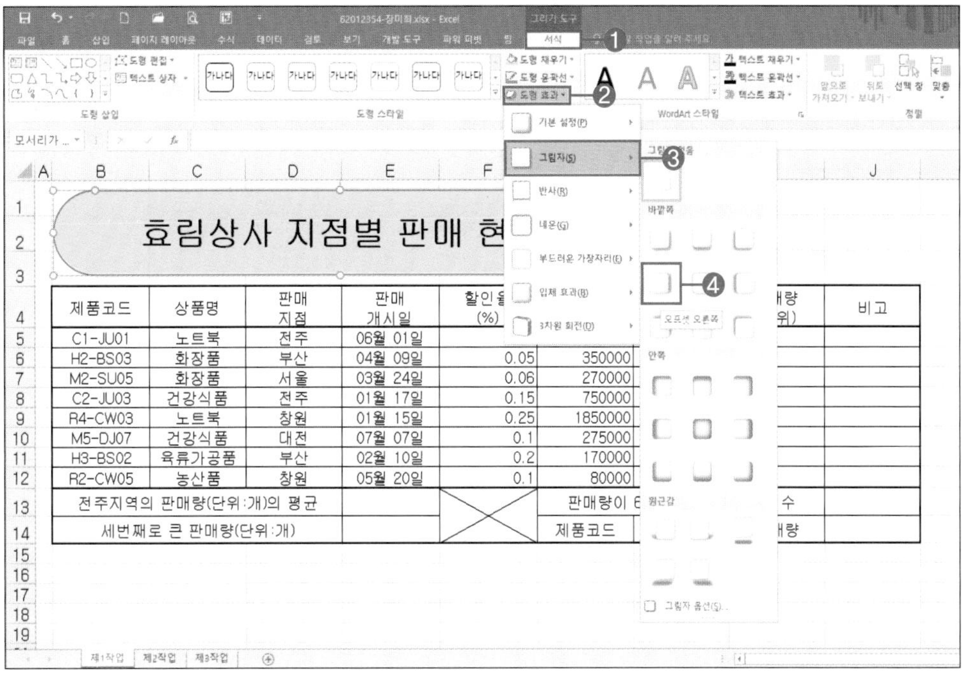

07 결재란을 작성하기 위해 입력된 본문의 행이나 열에 영향을 주지 않는 셀 부분에 그림과 같이 ❶'결재, 담당, 팀장, 부장'을 입력하고 그림과 같이 블록 설정합니다. [홈] 탭의 [글꼴] 그룹에서 ❷'테두리'의 목록 단추를 클릭한 후 ❸'모든 테두리'를 선택합니다. ❹[홈] 탭의 [맞춤] 그룹에서 '세로 가운데 정렬'과 '가로 가운데 정렬'을 선택하고 행과 열의 높이와 너비를 조절합니다.

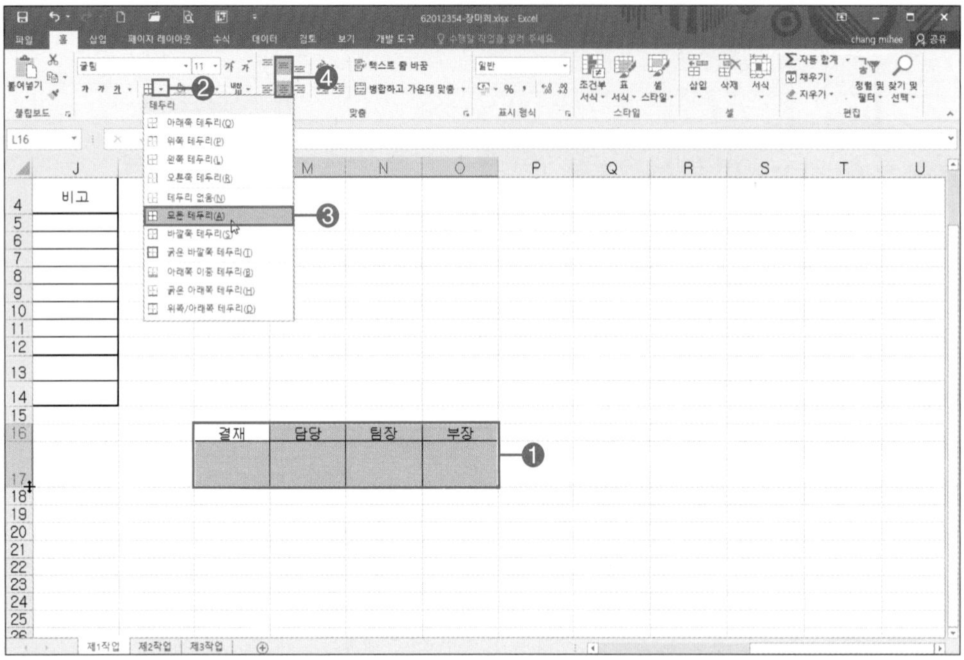

08 ❶[L16:L17] 셀을 블록 설정한 후 ❷[홈] 탭의 [맞춤] 그룹에서 '병합하고 가운데 맞춤'을 클릭합니다. 텍스트를 세로로 변경하기 위해 ❸[방향]의 ❹'세로쓰기'를 선택합니다.

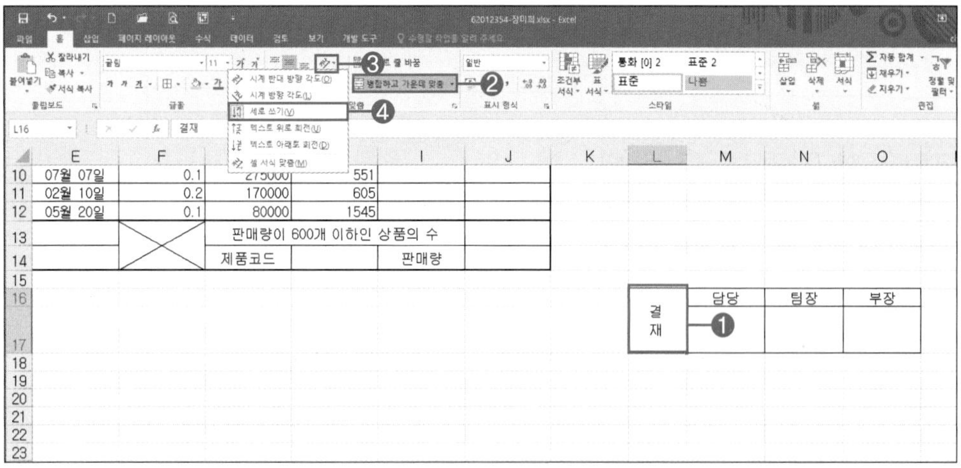

Tip

Alt + Enter 를 이용해 '결재'를 입력하거나, [홈] 탭의 [맞춤] 그룹에서 [방향]의 '텍스트 줄 바꿈'을 할 수 있습니다.

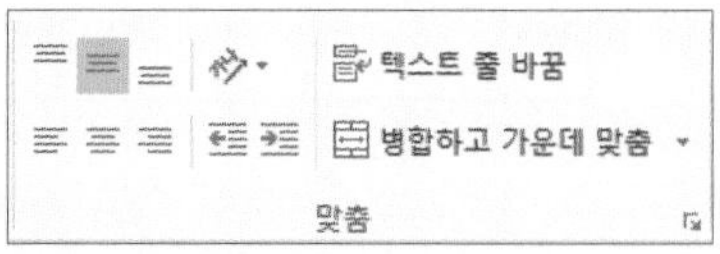

09 ❶[L16:O17] 셀까지 영역을 블록 설정하고 [홈] 탭의 [클립보드] 그룹에서 ❷'복사'의 목록 단추를 클릭하여 ❸'그림으로 복사'를 선택합니다.

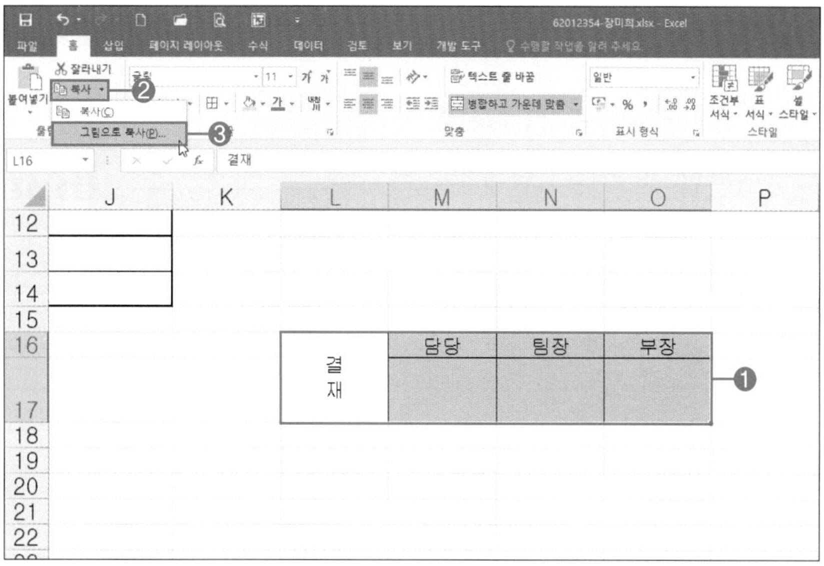

10 [그림 복사] 대화상자에서 ❶'화면에 표시된 대로', ❷'그림'으로 선택되었다면 ❸[확인]을 클릭합니다.

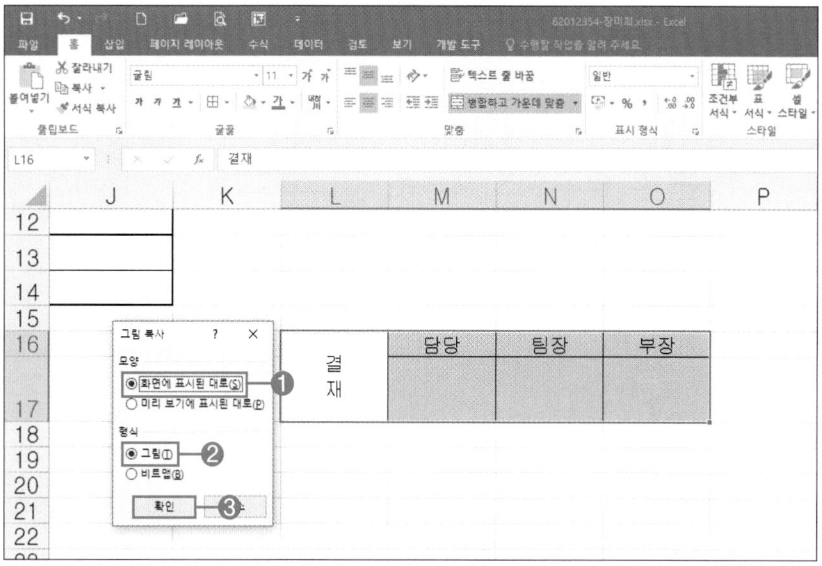

11 [H1] 셀을 클릭한 후 Ctrl + V 를 누릅니다. 복사된 결재란을 ≪출력형식≫에 맞춰 이동한 후 셀에 맞추어 크기를 조절합니다.

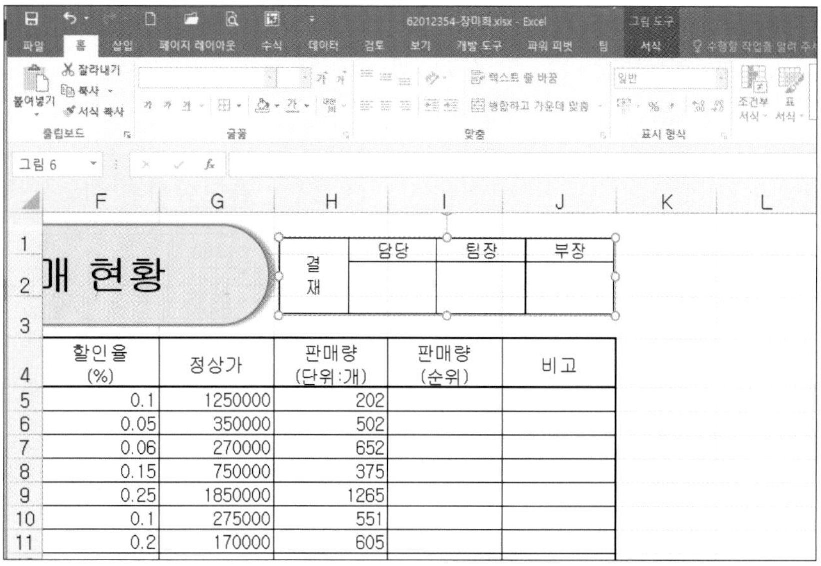

12 투명 설정된 결재란의 배경색을 '흰색'으로 설정합니다. ❶복사된 '결재란'을 클릭한 후 ❷[홈] 탭의 [글꼴] 그룹에서 '채우기 색'의 목록 단추를 클릭하여 ❸'흰색, 배경 1'을 선택합니다.

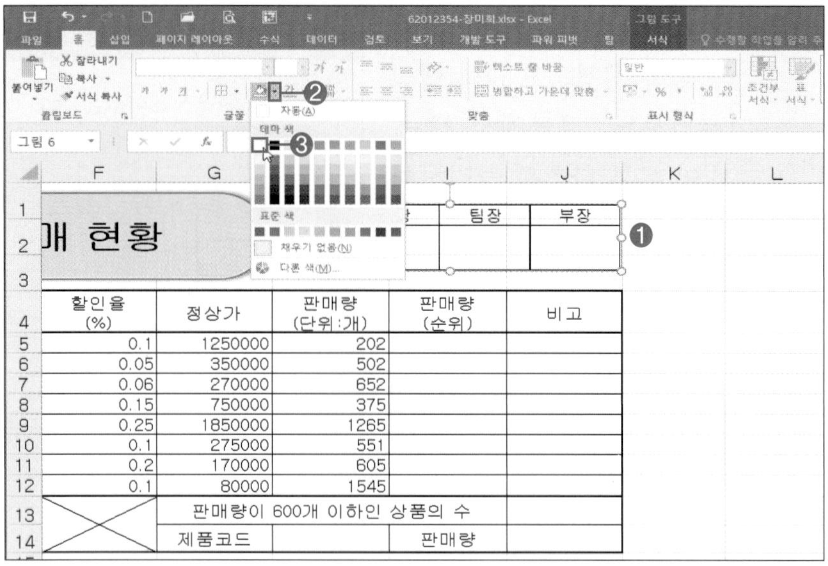

13 결재란의 원본은 삭제합니다. 원본이 있는 ❶'L'열 위에 마우스를 올려놓고 'L:O'열까지 드래그하여 영역 설정한 후 ❷마우스 오른쪽 버튼의 바로가기 메뉴에서 [삭제]를 클릭하여 원본을 삭제합니다.

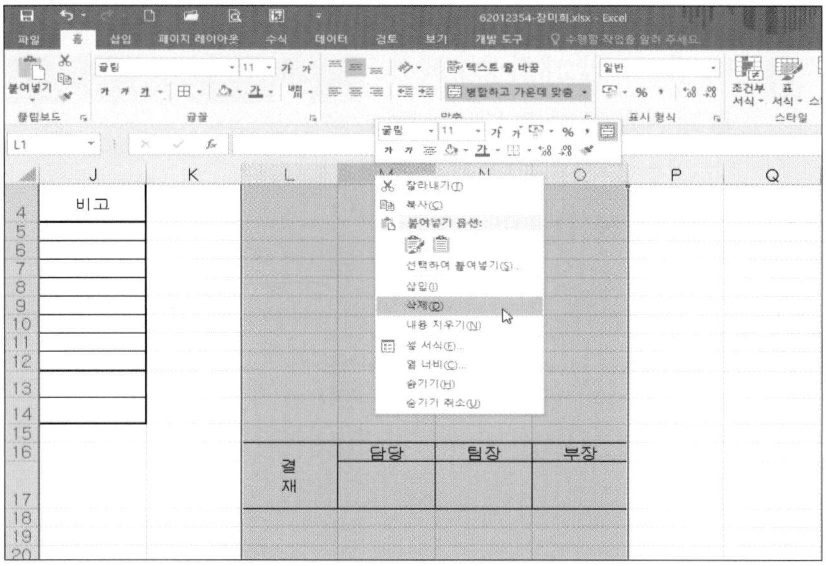

14 제목 도형과 결재란을 완성한 후 Ctrl + S 를 눌러 재저장합니다.

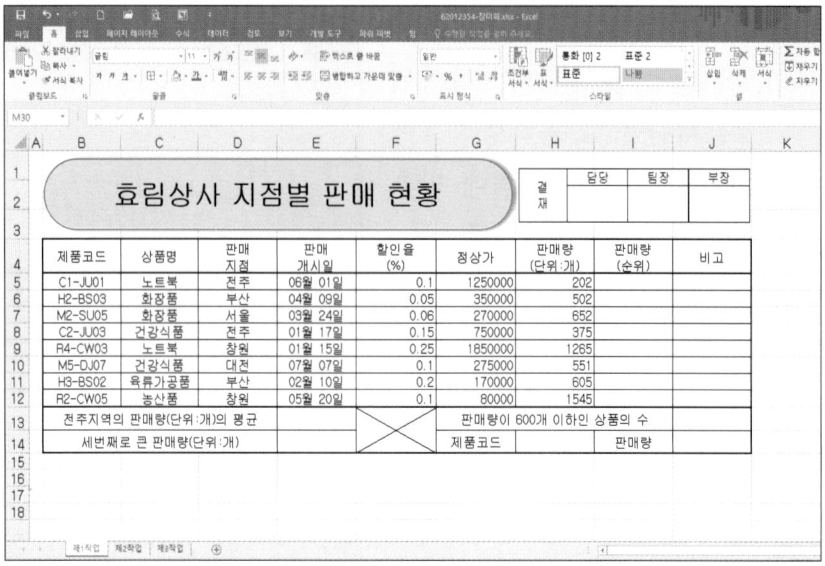

01 ≪조건≫에 있는 셀 색을 설정하기 위해 ❶[B4:J4] 셀 영역을 드래그하여 블록 설정한 후 ❷ Ctrl 을 누르고 [G14] 셀과 [I14] 셀을 클릭합니다.

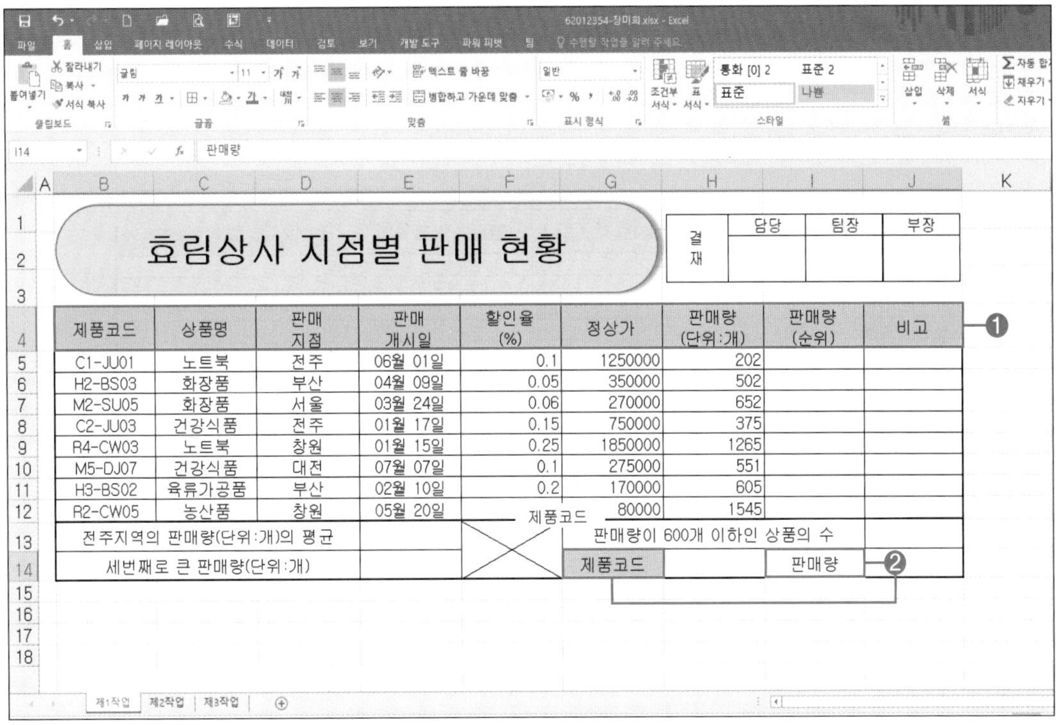

02 [홈] 탭의 [글꼴] 그룹에서 ❶'채우기 색'의 목록 단추를 클릭하여 '표준 색'의 ❷'주황'을 선택합니다.

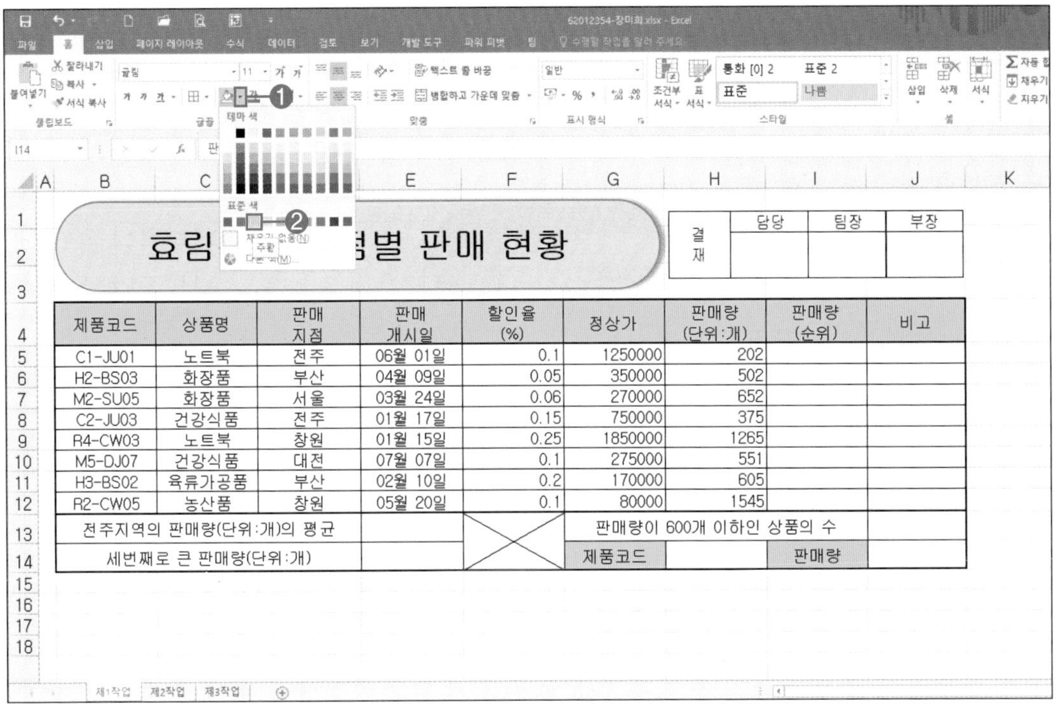

03 유효성 검사규칙을 설정합니다. ❶[H14] 셀을 클릭하고 ❷[데이터] 탭의 [데이터 도구] 그룹에서 ❸[데이터 유효성 검사] 아이콘을 클릭합니다.

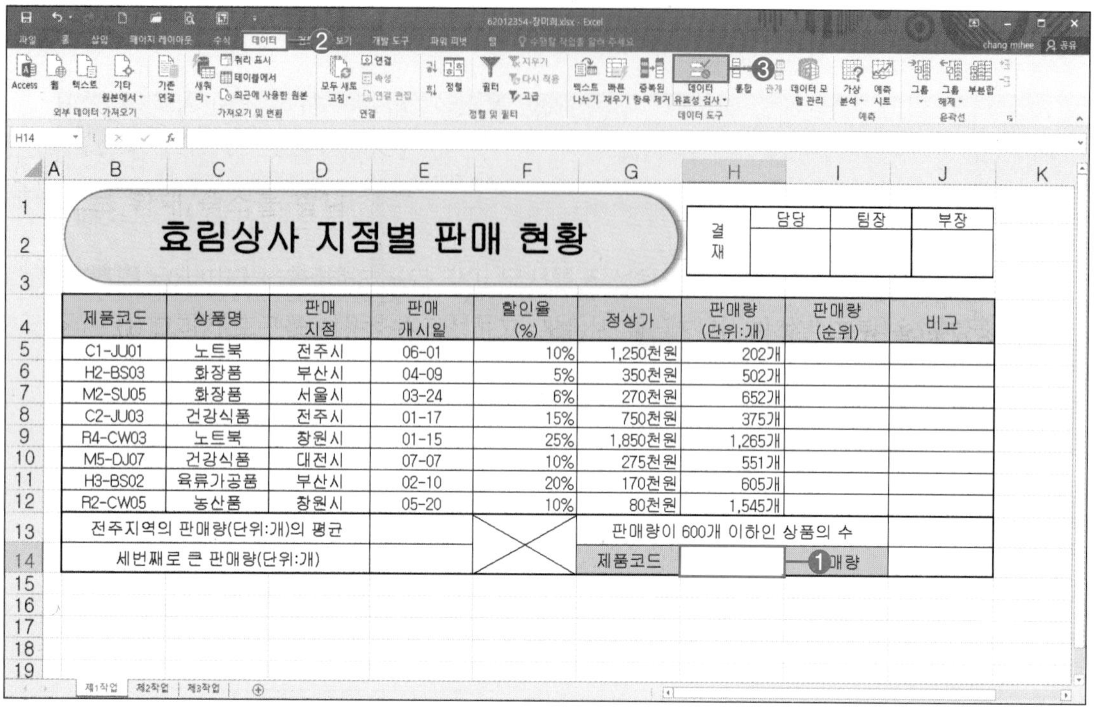

04 [데이터 유효성] 대화상자의 [설정] 탭에서 ❶'제한 대상'을 '목록'으로 선택하고, ❷'원본(S)'의 입력란을 클릭합니다. 본문의 ❸[B5:B12] 셀까지 드래그하여 범위를 지정한 후 ❹[확인]을 클릭합니다.

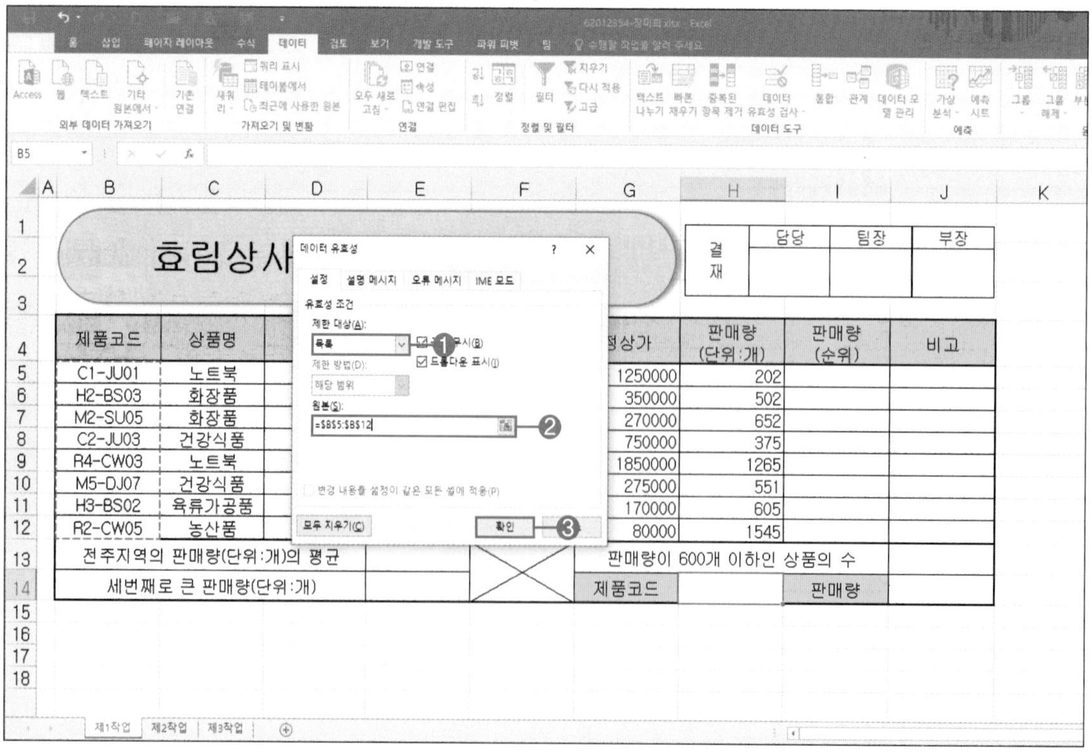

05 [H14] 셀에 유효성 검사가 적용되었으면 ❶목록 단추를 눌러 ❷해당하는 목록을 선택합니다.

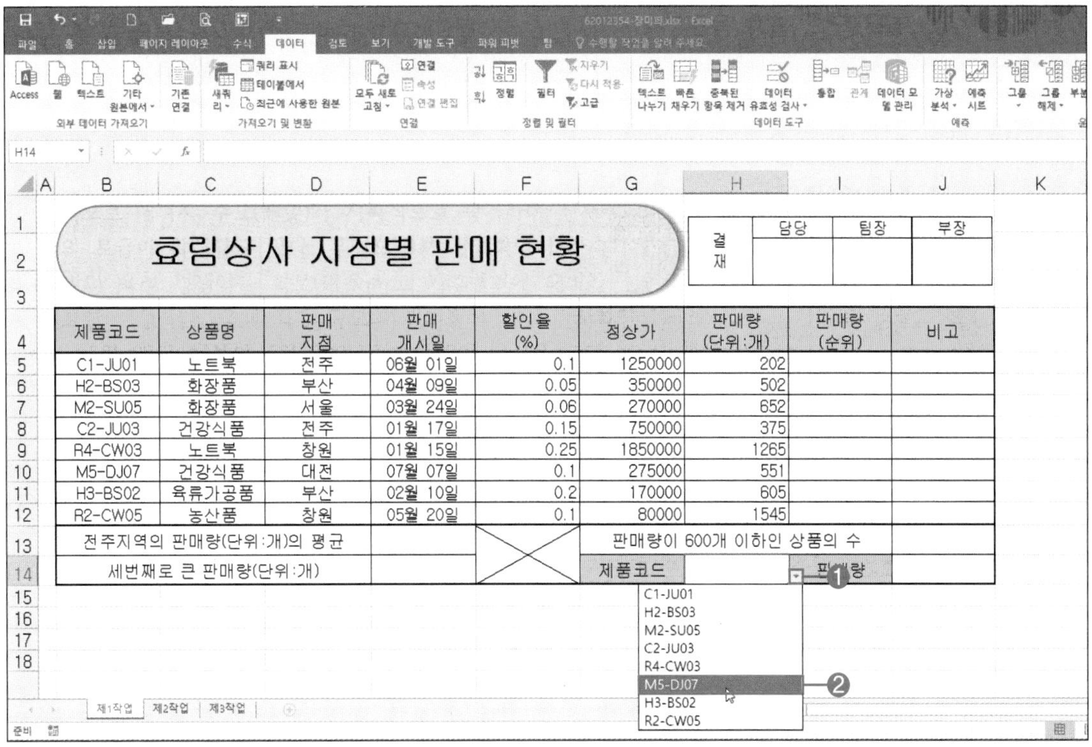

06 유효성 검사를 완성하고 Ctrl + S 를 눌러 재 저장합니다.

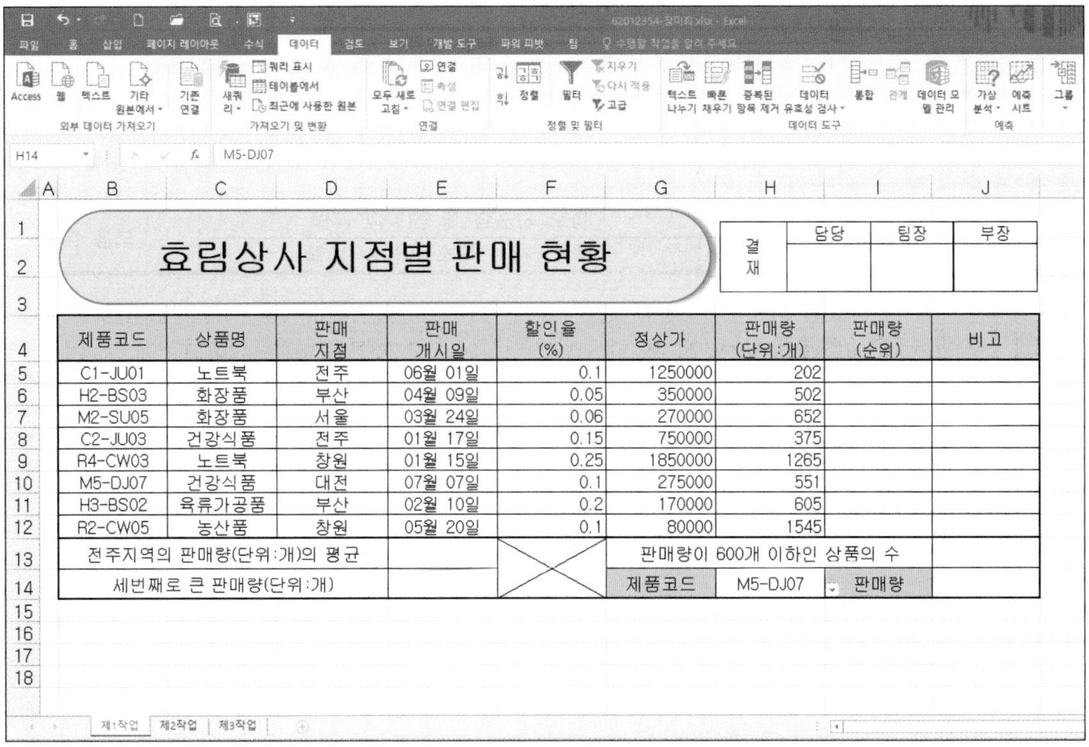

07 ≪조건≫에 있는 셀 서식 표시를 하기 위해 ❶[D5:D12] 셀까지 영역 지정한 후 [홈] 탭에서 [표시 형식] 그룹의 ❷'표시 형식'을 클릭합니다. 단축키 Ctrl + 1 을 눌러도 됩니다.

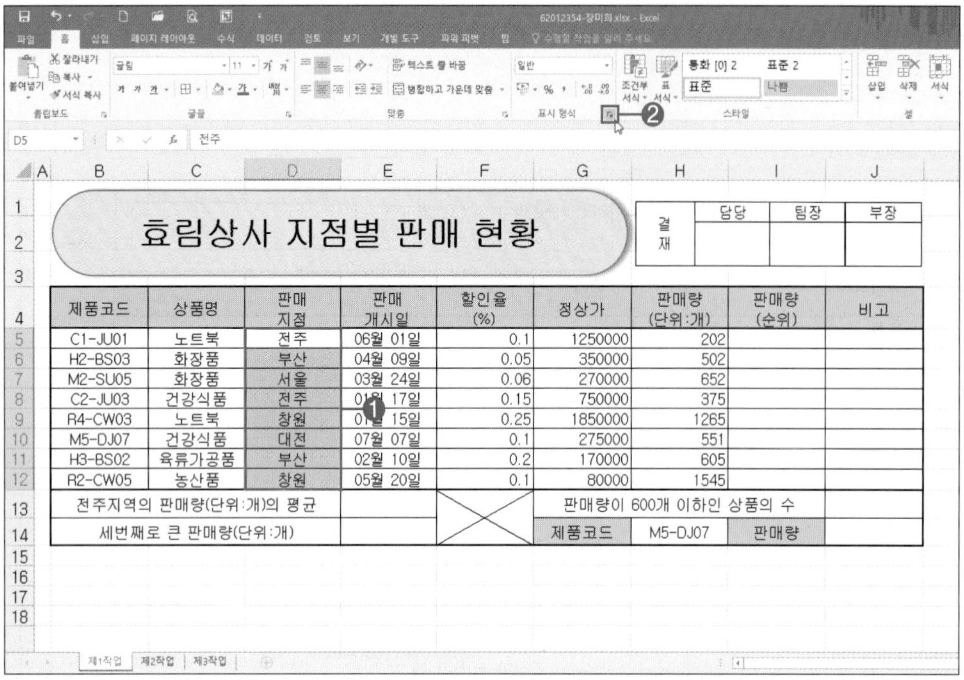

08 문자 앞/뒤에 텍스트를 삽입합니다. [셀 서식] 대화상자에서 [표시 형식] 탭의 ❶'범주'에서 '사용자 지정'을 선택합니다. ❷'형식' 입력란에 '@"시"'를 입력한 후 ❸[확인]을 클릭합니다.

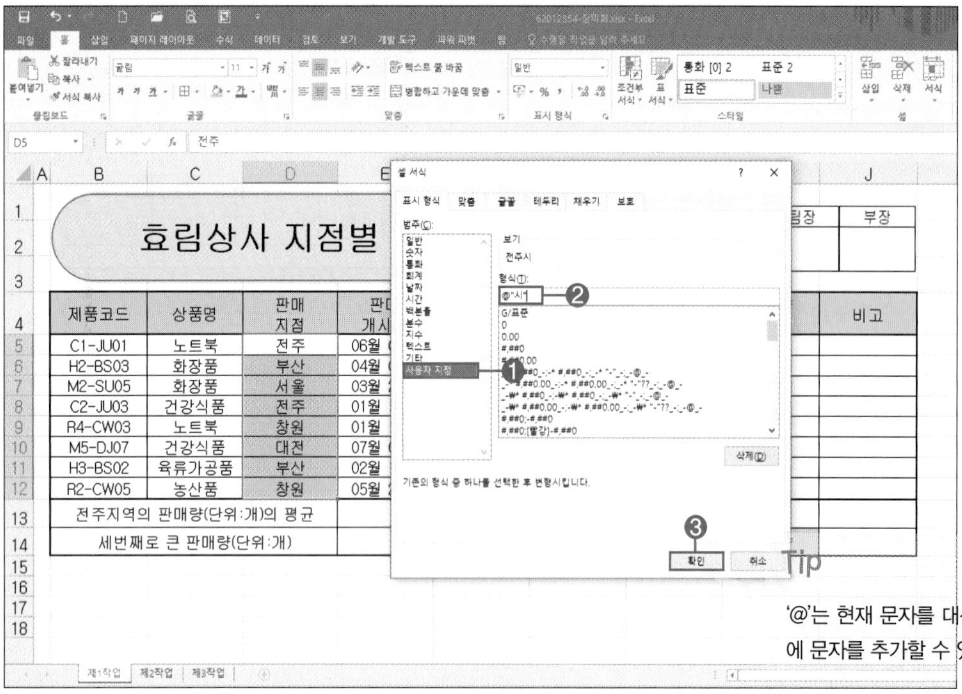

Tip
'@'는 현재 문자를 대신하는 코드이며, '@'앞뒤에 문자를 추가할 수 있습니다.

09 입력된 날짜형식을 ≪출력형태≫에 따라 변경합니다. ❶[E5:E12] 셀까지 영역 지정한 후 [홈] 탭에서 [표시 형식] 그룹의 ❷'표시 형식'을 클릭합니다. [셀 서식] 대화상자에서 [표시 형식]탭의 ❸범주에서 '사용자 지정'을 선택합니다. ❹'형식' 입력란에 'mm-dd'를 입력한 후 ❺[확인]을 클릭합니다.

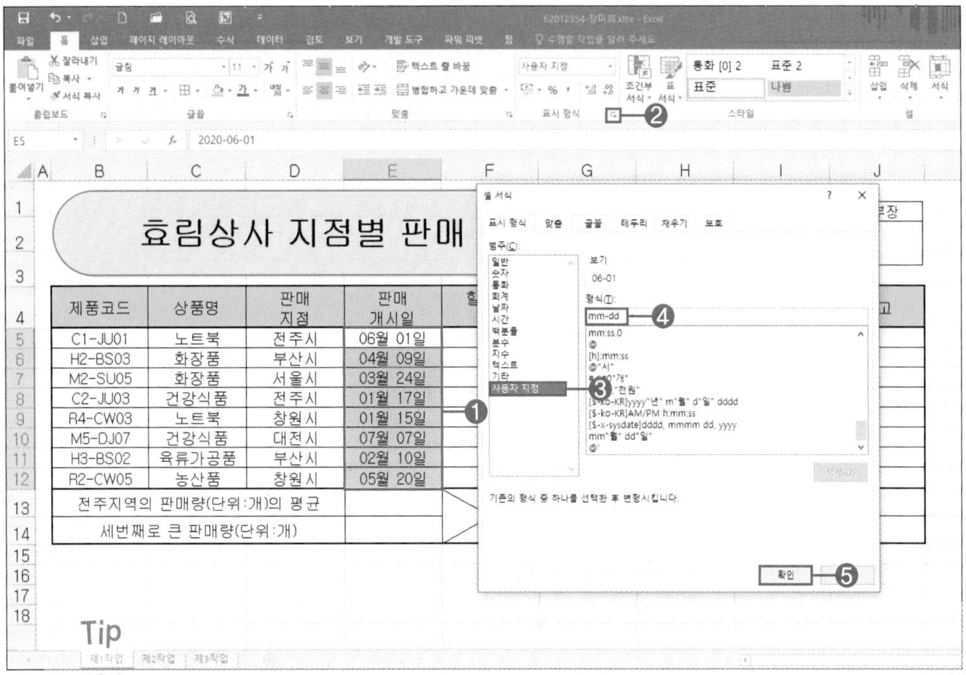

Tip

날짜 코드

y	년도 한 자리	m	월 한 자리	d	일 한 자리
yy	년도 두 자리	mm	월 두 자리	dd	일 두 자리
yyyy	년도 전체	mmm	월 영문 세 자리	ddd	요일 영문 세 자리 표시
		mmmm	월 영문 전체	dddd	요일 영문 전체 표시
		mmmmm	월 영문 첫 글자		

10 ❶[F5:F12] 셀까지 영역 지정을 한 후 [홈] 탭의 [표시 형식] 그룹에서 ❷백분율 '%'를 클릭합니다.

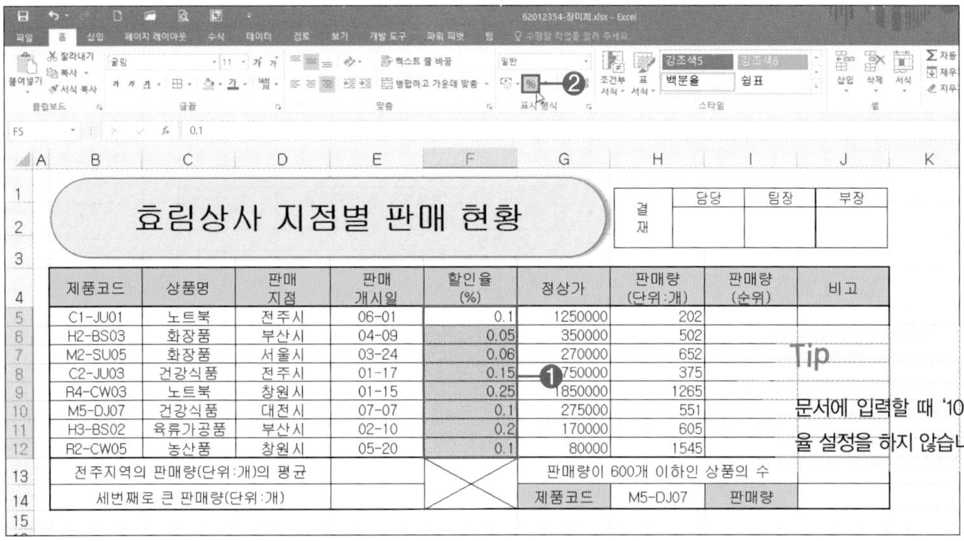

Tip

문서에 입력할 때 '10%'로 입력한 경우는 백분율 설정을 하지 않습니다.

11 천단위 자리를 절삭하고 단위를 변경합니다. ❶[G5:G12] 셀까지 범위 지정을 한 후 [홈] 탭의 [표시 형식] 그룹에서 ❷'표시 형식'을 클릭한 후 [셀 서식] 대화상자가 표시되면 [표시 형식] 탭의 ❸'범주'에서 '사용자 지정'을 선택합니다. ❹'형식'의 목록에서 '#,##0'을 선택한 후, ❺',"천원"'을 뒤에 입력한 후 ❻[확인]을 클릭합니다.

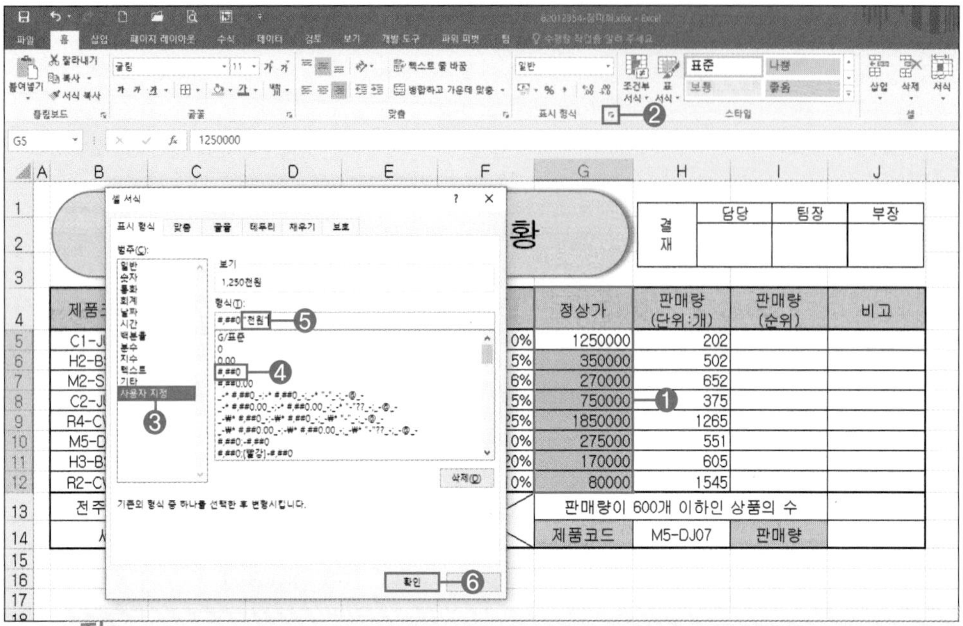

Tip

#,##0 : 천 단위마다 ','를 표시합니다.(예 45000 → #,##0원 서식 적용 후 45,000원)

#,##0, : #,##0 뒤에 ','를 추가할 때마다 천 단위가 절삭됩니다.(예 4500000 → #,##0,천원 서식 적용 후 4500천원)

12 숫자에 문자를 추가하기 위해 ❶[H5:H12] 셀까지 영역을 범위 지정한 후 [홈] 탭의 [표시 형식] 그룹에서 ❷'표시 형식'을 클릭합니다. [셀 서식] 대화상자에서 [표시 형식] 탭의 '범주'에서 ❸'사용자 지정'을 선택합니다. ❹'형식'의 목록에서 '#,##0'을 선택한 후, ❺'"개"'를 뒤에 입력한 후 ❻[확인]을 클릭합니다.

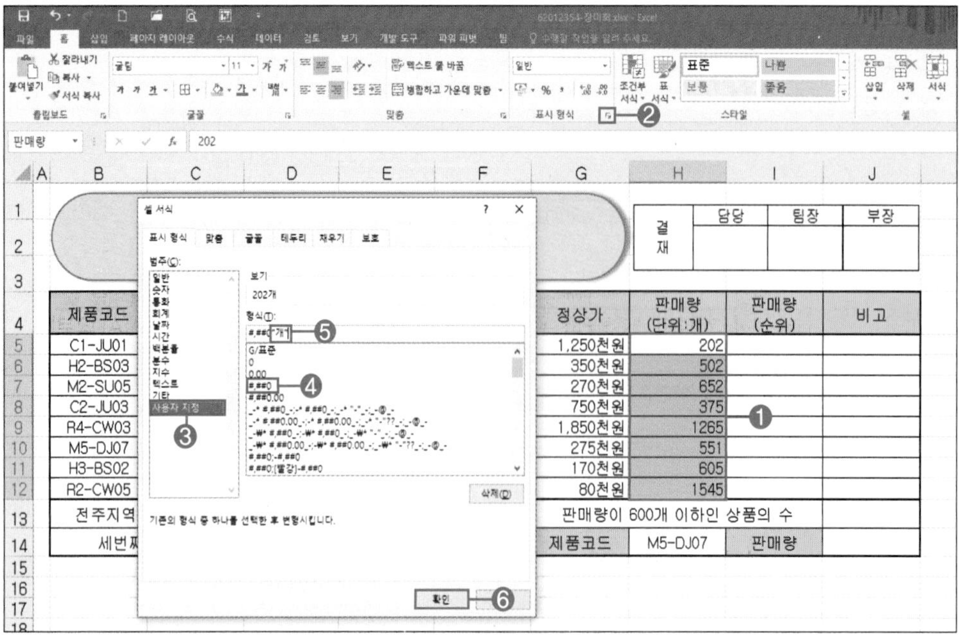

13 셀 서식을 완료합니다.

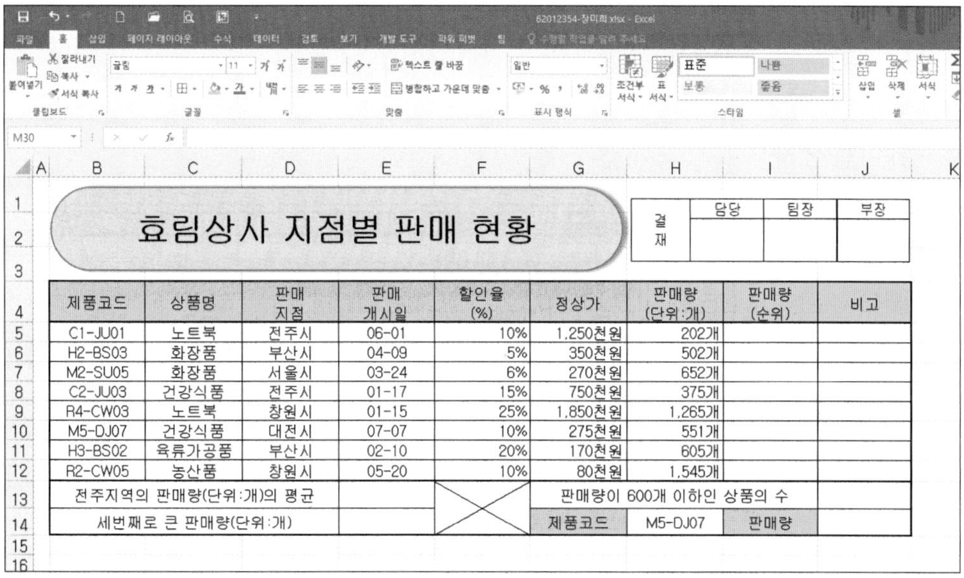

효림상사 지점별 판매 현황						결재	담당	팀장	부장

제품코드	상품명	판매 지점	판매 개시일	할인율 (%)	정상가	판매량 (단위:개)	판매량 (순위)	비고
C1-JU01	노트북	전주시	06-01	10%	1,250천원	202개		
H2-BS03	화장품	부산시	04-09	5%	350천원	502개		
M2-SU05	화장품	서울시	03-24	6%	270천원	652개		
C2-JU03	건강식품	전주시	01-17	15%	750천원	375개		
R4-CW03	노트북	창원시	01-15	25%	1,850천원	1,265개		
M5-DJ07	건강식품	대전시	07-07	10%	275천원	551개		
H3-BS02	육류가공품	부산시	02-10	20%	170천원	605개		
R2-CW05	농산품	창원시	05-20	10%	80천원	1,545개		
전주지역의 판매량(단위:개)의 평균					판매량이 600개 이하인 상품의 수			
세번째로 큰 판매량(단위:개)					제품코드	M5-DJ07	판매량	

Tip

셀 서식을 이용하여 숫자에 문자를 추가하는 경우는 숫자로 오른쪽 정렬을 하며, 함수식에 문자를 연결한 경우는 문자로 가운데 정렬을 합니다.

Level UP!

○ 숫자와 문자 셀 서식 유형

내용	데이터	표시 형식	결과
세 자리마다 천 단위 표시하고 "원" 표시	15000	#,##0원	15,000원
천 단위 자리 절삭하고 단위 바꾸기	1450000	#,##0,원	1,450천원
문자 뒤에 "님" 추가	김희정	@님	김희정님

○ 시험에 사용하면 편리한 단축키

F2	셀의 내용 수정하기	Ctrl + A	데이터 셀 영역 모두 선택
F4	상대 참조–혼합 참조 –절대 참조 설정	Ctrl + Shift + ← → ↑ ↓	셀 포인터를 기준으로 데이터가 있는 셀의 마지막 까지 영역 설정
Alt + Enter	한 셀에 여러 줄 입력	Ctrl + 1	셀 서식
Ctrl + ← → ↑ ↓	데이터가 입력되어 있는 셀의 첫 셀, 마지막 셀로 이동	Ctrl + S	선택하여 붙여넣기
Ctrl + Home	A1 셀로 바로 이동	Ctrl + Shift + V	재 실행
Ctrl + Z	실행 취소	Ctrl + Y	다시 실행

Step 05. 이름 정의하기

01 이름 정의를 하기 위해 본문의 ❶[H5:H12] 영역을 드래그한 후 ❷[이름상자] 부분에 '판매량'을 입력한 후 Enter를 누릅니다.

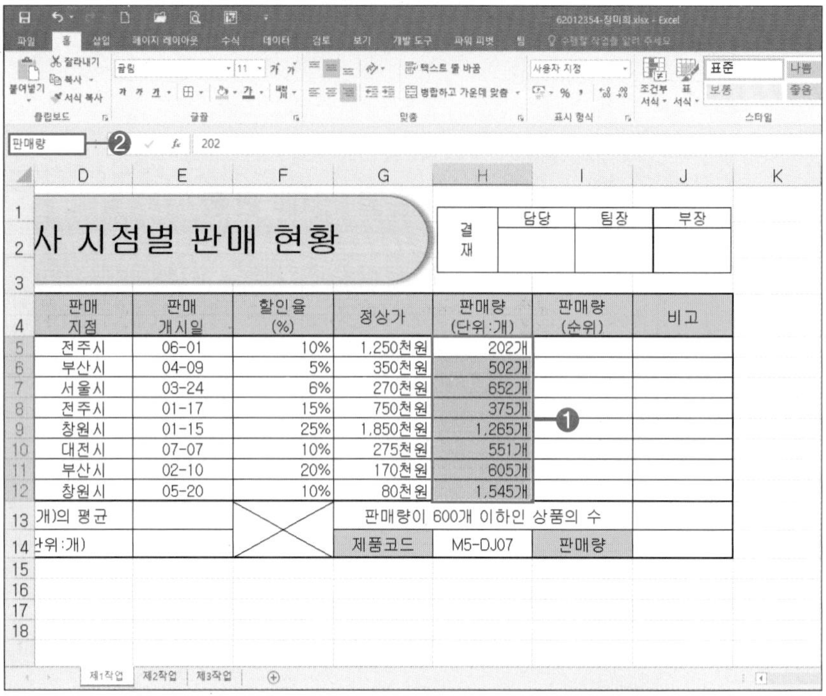

02 이름 정의의 범위를 잘못 설정하거나 정의한 이름을 삭제할 때는 ❶[수식] 탭의 [정의된 이름] 그룹의 ❷[이름 관리자]를 선택합니다.

03 [이름 관리자] 대화상자에서 수정할 이름 정의를 클릭하고, 대화상자 하단의 '참조 대상'에 범위를 다시 설정합니다. 정의한 이름을 삭제할 때에는 대화상자 윗 부분의 [삭제]를 클릭합니다.

Level UP!

○ 유효성 검사 편집하기

❶ 유효성 검사를 잘못 설정한 경우에는 유효성 검사를 적용할 셀을 클릭한 후 [데이터] 탭의 [데이터 도구] 그룹에서 [데이터 유효성 검사]를 클릭합니다. [데이터 유효성] 대화상자에서 '원본' 입력란을 클릭하여 범위를 다시 설정합니다.

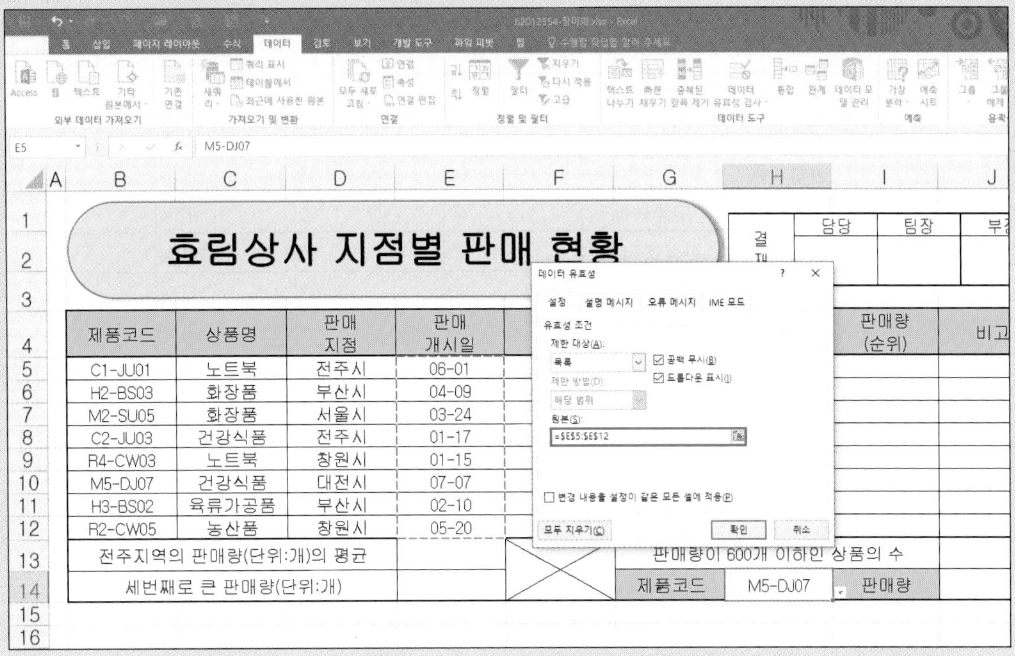

❷ 유효성 검사를 지우려면 [데이터 유효성] 대화상자에서 [모두 지우기]를 클릭합니다.

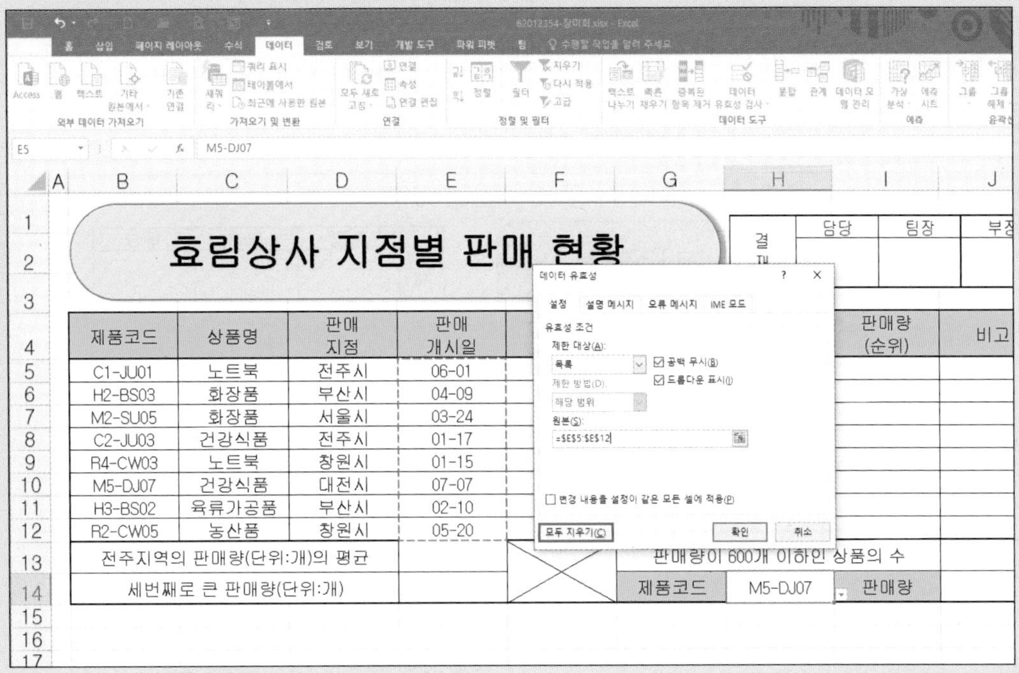

■ ■ 완성파일 : 실력팡팡₩도형1완성.xlsx

01 ☞ 다음은 '캐릭터 상품 재고 및 주문 현황'에 대한 자료이다. 자료를 입력하고 조건에 맞도록 작업하시오.

높은 음자리 교육원

결재	담당	팀장	부장

강사코드	담당강사	교육구분	프로그램명	전년도 지원현황	금년도 지원현황	재수강율 (단위:%)	순위	비고
SS003	우주원	자격증과정	SNS마케팅	100	85	30%		
SS005	이예슬	취미반	프랑스자수	80	55	15%		
SA012	최민아	창업교육	닥종이인형	50	55	35%		
TS030	서인정	취미반	우쿨렐레	40	40	75%		
TA100	정서연	창업교육	한식조리사	50	35	120%		
AS101	민지혜	창업교육	창업떡만들기	30	37	55%		
AS102	유나희	자격증과정	숲해설사	100	113	32%		
TA200	표민수	취미반	생활도예	100	100	26%		
취미반의 금년도 지원현황의 합계					재수강율(단위:%)의 중간값			
창업교육 모집인원 합계					담당강사	정서연	재수강율	

조건

○ 모든 데이터의 서식에는 글꼴(굴림, 11pt), 정렬은 숫자 및 회계 서식은 오른쪽 정렬, 나머지 서식은 가운데 정렬로 작성하며 예외적인 것은 ≪출력형태≫를 참조하시오.

○ 제 목 ⇒ 도형(사각형 : 양쪽 모서리가 잘린 사각형)과 그림자(오프셋 아래쪽)를 이용하여 작성하고 "높은 음자리 교육원"을 입력한 후 다음 서식을 적용하시오 (글꼴-굴림, 24pt, 검정, 굵게, 채우기-노랑).

○ 임의의 셀에 결재란을 작성하여 그림으로 복사 기능을 이용하여 붙이기 하시오(단, 원본 삭제).

○「B4:J4, G14, I14」 영역은 '주황'으로 채우시오.

○ 유효성 검사를 이용하여「H14」셀에 담당강사(「C5:C12」영역)가 선택 표시되도록 하시오.

○ 셀 서식 ⇒「F5:G12」영역에 셀 서식을 이용하여 숫자 뒤에 '명'을 표시하시오(예 : 10명).

○「H5:H12」영역에 대해 '재수강율'로 이름정의를 하시오.

출력형태

높은 음자리 교육원

결재	담당	팀장	부장

강사코드	담당강사	교육구분	프로그램명	전년도 지원현황	금년도 지원현황	재수강율 (단위:%)	순위	비고
SS003	우주원	자격증과정	SNS마케팅	100명	85명	30%		
SS005	이예슬	취미반	프랑스자수	80명	55명	15%		
SA012	최민아	창업교육	닥종이인형	50명	55명	35%		
TS030	서인정	취미반	우쿨렐레	40명	40명	75%		
TA100	정서연	창업교육	한식조리사	50명	35명	120%		
AS101	민지혜	창업교육	창업떡만들기	30명	37명	55%		
AS102	유나희	자격증과정	숲해설사	100명	113명	32%		
TA200	표민수	취미반	생활도예	100명	100명	26%		
취미반의 금년도 지원현황의 합계					재수강율(단위:%)의 중간값			
창업교육 모집인원 합계					담당강사	정서연	재수강율	

02 ☞ 다음은 '제5회 바리스타 경연대회 결과'에 대한 자료이다. 자료를 입력하고 조건에 맞도록 작업하시오.

제5회 바리스타 경연대회 결과

결재	담당	팀장	부장

수험번호	지원자	지원 종목	태도	맛과 향	총점 (200점 만점)	평가	순위
C3-0706	노형일	카푸치노	93	92.5	281.2		
E1-S078	두리안	에소프레소	87.7	89.1	265.5		
R3-A094	최미숙	카푸치노	91.7	91.6	275.8		
B3-U098	김순옥	블랜딩	89.9	92.3	272.1		
C3-A119	정은유	카푸치노	94.5	92.4	284.1		
R4-U073	강나연	로스팅	88.4	88.5	270.4		
C3-A040	정서연	카푸치노	93.1	90.5	276.1		
E1-A079	나나무	에소프레소	100	87.2	262.3		
두 번째로 높은 맛과 향의 점수				카푸치노의 총점의 평균			
카푸치노의 태도의 평균				지원자	노형일	평가	

조건

- ○ 모든 데이터의 서식에는 글꼴(굴림, 11pt), 정렬은 숫자 및 회계 서식은 오른쪽 정렬, 나머지 서식은 가운데 정렬로 작성하며 예외적인 것은 ≪출력형태≫를 참조하시오.
- ○ 제 목 ⇒ 도형(기본 도형 : 평행 사변형)과 그림자(오프셋 오른쪽)를 이용하여 작성하고 "제5회 바리스타 경연대회 결과"을 입력한 후 다음 서식을 적용하시오 (글꼴–돋움, 24pt, 검정, 굵게, 채우기–노랑).
- ○ 임의의 셀에 결재란을 작성하여 그림으로 복사 기능을 이용하여 붙이기 하시오(단, 원본 삭제).
- ○ 「B4:J4, F14, H14」 영역은 '연한 녹색'으로 채우시오.
- ○ 유효성 검사를 이용하여 「G14」 셀에 지원자(「C5:C12」 영역)가 선택 표시되도록 하시오.
- ○ 셀 서식 ⇒ 「G5:G12」 영역에 셀 서식을 이용하여 숫자 앞에 '총'을 표시하시오(예 : 총281.1).
- ○ 「E5:E12」 영역에 대해 '태도'로 이름정의를 하시오.

출력형태

제5회 바리스타 경연대회 결과

결재	담당	팀장	부장

수험번호	지원자	지원 종목	태도	맛과 향	총점 (200점 만점)	평가	순위
C3-0706	노형일	카푸치노	93	92.5	총281.2		
E1-S078	두리안	에소프레소	87.7	89.1	총265.5		
R3-A094	최미숙	카푸치노	91.7	91.6	총275.8		
B3-U098	김순옥	블랜딩	89.9	92.3	총272.1		
C3-A119	정은유	카푸치노	94.5	92.4	총284.1		
R4-U073	강나연	로스팅	88.4	88.5	총270.4		
C3-A040	정서연	카푸치노	93.1	90.5	총276.1		
E1-A079	나나무	에소프레소	100	87.2	총262.3		
두 번째로 높은 맛과 향의 점수				카푸치노의 총점의 평균			
카푸치노의 태도의 평균				지원자	노형일	평가	

■ ■ 완성파일 : 실력팡팡₩도형3완성.xlxs

03 ☞ 다음은 '문화관광 지원사업 결과'에 대한 자료이다. 자료를 입력하고 조건에 맞도록 작업하시오.

문화관광 지원사업 결과

결재	담당	부장	원장

지원코드	사업자	사업장주소	사업개업 연도	지원 분야	교육 시간	지원총액 (단위:천원)	지원비율 (단위:%)	비고
C3-0706	장미희	소대배기로 18-13		정보화교육	1	50000	50%	
E1-S078	이은나	문학로 11-8		문화예술	3	45000	45%	
R1-A094	최대정	백제로 25-3		마케팅	3	65000	65%	
B3-U098	이민정	서곡로 19-1		환경개선	2	100000	100%	
C5-A119	김희정	와룡로 12-5		문화예술	4	35000	35%	
R4-U073	정은유	효자로 6-5		문화예술	5	40000	40%	
C2-A040	정서연	기린로 55-8		환경개선	2	60000	60%	
E1-A079	노형원	한벽로 12-9		전통문화	2	55000	55%	
최대 지원총액(단위:천원)					폐강 수			
교육시간에 따른 운영비 총 합계					지원코드	B3-U098	사업개업년도	

조건

- ○ 모든 데이터의 서식에는 글꼴(굴림, 11pt), 정렬은 숫자 및 회계 서식은 오른쪽 정렬, 나머지 서식은 가운데 정렬로 작성하며 예외적인 것은 ≪출력형태≫를 참조하시오.
- ○ 제 목 ⇒ 도형(기본 도형 : 육각형)과 그림자(오프셋 대각선 왼쪽 아래)를 이용하여 작성하고 "문화관광 지원사업 결과"를 입력한 후 다음 서식을 적용하시오
  (글꼴–굴림, 24pt, 검정, 굵게, 채우기–노랑).
- ○ 임의의 셀에 결재란을 작성하여 그림으로 복사 기능을 이용하여 붙이기 하시오(단, 원본 삭제).
- ○ 「B4:J4, G14, I14」 영역은 '연한 녹색'으로 채우시오.
- ○ 유효성 검사를 이용하여 「H14」 셀에 지원자(「B5:B12」 영역)가 선택 표시되도록 하시오.
- ○ 셀 서식 ⇒ 「H5:H12」 영역에 셀 서식을 이용하여 숫자 뒤에 '천원'을 표시하시오(예 : 1,500천원).
- ○ 「G5:G12」 영역에 대해 '교육시간'으로 이름정의를 하시오.

출력형태

문화관광 지원사업 결과

결재	담당	부장	원장

지원코드	사업자	사업장주소	사업개업 연도	지원 분야	교육 시간	지원총액 (단위:천원)	지원비율 (단위:%)	비고
C3-0706	장미희	소대배기로 18-13		정보화교육	1	50천원	50%	
E1-S078	이은나	문학로 11-8		문화예술	3	45천원	45%	
R1-A094	최대정	백제로 25-3		마케팅	3	65천원	65%	
B3-U098	이민정	서곡로 19-1		환경개선	2	100천원	100%	
C5-A119	김희정	와룡로 12-5		문화예술	4	35천원	35%	
R4-U073	정은유	효자로 6-5		문화예술	5	40천원	40%	
C2-A040	정서연	기린로 55-8		환경개선	2	60천원	60%	
E1-A079	노형원	한벽로 12-9		전통문화	2	55천원	55%	
최대 지원총액(단위:천원)					폐강 수			
교육시간에 따른 운영비 총 합계					지원코드	B3-U098	사업개업년도	

04 ☞ 다음은 '교육공간 이룸 매출 실적'에 대한 자료이다. 자료를 입력하고 조건에 맞도록 작업하시오.

교육공간 이룸 매출 실적

결재	담당	부장	원장

사원코드	사원	부서	입사일	5월 매출	6월 매출	7월 매출	입사요일	총근무년수
P-0302	노형일	영업부	2012-03-02	80	100	80		
M-0604	임샛별	홍보부	2009-06-04	90	85	75		
E-0901	김신우	영업부	2008-09-01	85	100	100		
P-0601	최민아	기획부	2011-06-01	100	95	95		
M-0901	박종철	홍보부	2007-09-01	95	75	75		
S-0601	이민영	관리부	2012-06-01	80	80	80		
P-0301	정신정	기획부	2007-03-01	85	75	90		
E-0302	윤지안	영업부	2006-03-02	100	90	85		
홍보부의 6월 매출 평균					기획부서의 7월매출의 합계			
영업부의 5월매출의 합계					사원코드	P-0601	입사일	

조건

- ○ 모든 데이터의 서식에는 글꼴(돋움, 11pt), 정렬은 숫자 및 회계 서식은 오른쪽 정렬, 나머지 서식은 가운데 정렬로 작성하며 예외적인 것은 ≪출력형태≫를 참조하시오.
- ○ 제 목 ⇒ 도형(기본 도형 : 배지)과 그림자(오프셋 오른쪽)를 이용하여 작성하고 "교육공간 이룸 매출 실적"을 입력한 후 다음 서식을 적용하시오(글꼴–굴림, 24pt, 검정, 굵게, 채우기–노랑).
- ○ 임의의 셀에 결재란을 작성하여 그림으로 복사 기능을 이용하여 붙이기 하시오(단, 원본 삭제).
- ○ 「B4:J4, G14, I14」 영역은 '주황'으로 채우시오.
- ○ 유효성 검사를 이용하여 「H14」셀에 사원코드(「B5:B12」 영역)가 선택 표시되도록 하시오.
- ○ 셀 서식 ⇒ 「H5:H12」 영역에 셀 서식을 이용하여 숫자 뒤에 'GOAL'을 표시하시오(예 : 281GOAL).
- ○ 「G5:G12」 영역에 대해 '매출'로 이름정의를 하시오.

출력형태

교육공간 이룸 매출 실적

결재	담당	부장	원장

사원코드	사원	부서	입사일	5월 매출	6월 매출	7월 매출	입사요일	총근무년수
P-0302	노형일	영업부	2012-03-02	80	100	80GOAL		
M-0604	임샛별	홍보부	2009-06-04	90	85	75GOAL		
E-0901	김신우	영업부	2008-09-01	85	100	100GOAL		
P-0601	최민아	기획부	2011-06-01	100	95	95GOAL		
M-0901	박종철	홍보부	2007-09-01	95	75	75GOAL		
S-0601	이민영	관리부	2012-06-01	80	80	80GOAL		
P-0301	정신정	기획부	2007-03-01	85	75	90GOAL		
E-0302	윤지안	영업부	2006-03-02	100	90	85GOAL		
홍보부의 6월 매출 평균					기획부서의 7월매출의 합계			
영업부의 5월매출의 합계					사원코드	P-0601	입사일	

02 Section 함수

미리 정의해 놓은 수식을 불러와 계산의 결과 값을 얻는 것을 말합니다. 엑셀의 큰 장점은 복잡한 계산식을 함수를 이용해 계산을 하고 재 계산합니다.

수식의 이해

- 수식은 등호와 연산자로 이루어진 계산식입니다.
- 산술 연산자로는 '+, −, *, /'를 사용합니다.
- 수식은 '='을 먼저 입력하고 수식을 작성하고, 셀 값을 직접 입력하는 것이 아니라 셀을 클릭하여 수식을 작성합니다.
- 셀에 있는 값을 수정하면 입력된 값은 자동 계산됩니다.

	A	B	C	D	E	F
1			덧셈	뺄셈	곱셈	나눗셈
2		50	=B2+B3	=B2-B3	=B2*B3	=B2/B3
3		20				
4						

- 여러 셀 값을 계산할 때에는 셀 하나만 계산한 후 채우기 핸들을 이용해 수식을 복사합니다.

C3 =B3+C3

	A	B	C	D	E
1					
2		국어	영어	합계	
3		90	95	=B3+C3	
4		75	75		
5		80	80		
6		100	90		
7		95	100		
8					

D3 =B3+C3

	A	B	C	D	E
1					
2		국어	영어	합계	
3		90	95	185	
4		75	75		
5		80	80		
6		100	90		
7		95	100		
8					

- 관계식을 이용해 수식을 함께 작성합니다.

〉	크다(초과)	=	같다
〈	작다(미만)	〈〉	같지 않다
〉=	크거나 같다(이상)	〈=	작거나 같다(이하)

- 연결 연산자로 두 개의 수식이나 데이터를 연결하여 표시하는 '&'가 있습니다.

&	=	=LEFT(F4,2)&RIGTH(F4,2)

참조 방식의 이해

- 수식을 입력하고 채우기 핸들을 이용해 수식을 복사하여 셀 주소가 바뀌면 상대 참조, 셀이 고정되면 절대 참조, 열이나 행 둘 중 하나만 고정되면 혼합참조라고 합니다.
- 셀에 '$'를 표시하여 고정하며, 셀을 클릭하여 참조할 때에는 셀을 클릭하고 F4로 참조 형태를 표시합니다.
- 셀을 클릭하여 입력하고 F4를 누르면 $ 표시가 자동으로 생성되며, 한 번씩 누를 때마다 참조 형태가 바뀌게 됩니다.

F4 한 번	절대 참조($G$5)
F4 두 번	혼합 참조, 행 고정(G$5)
F4 세 번	혼합 참조, 행 고정(G$5)
F4 네 번	상대 참조(G5)

- 합계 값에 가산점을 더하여 최종 점수를 구하려고 할 때 '=D3+G2'를 하고, 수식을 복사하면 오류 또는 값이 다르게 나옵니다.
- 수식 입력 줄에서 오류의 원인을 알 수 있습니다. 또는 Ctrl + ,를 누르면 수식을 표시합니다.

	A	B	C	D	E	F	G
1							가산점
2		국어	영어	합계	총계		10
3		90	95	185	195		
4		75	75	150	150		
5		80	80	160	160		
6		100	90	190	190		
7		95	100	195	195		
8							
9							

	A	B	C	D	E	F	G
1							가산점
2		국어	영어	합계	총계		10
3		90	95	=B3+C3	=D3+G2		
4		75	75	=B4+C4	=D4+G3		
5		80	80	=B5+C5	=D5+G4		
6		100	90	=B6+C6	=D6+G5		
7		95	100	=B7+C7	=D7+G6		
8							
9							

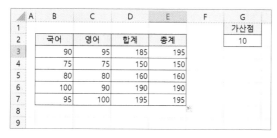

- 입력된 수식을 보면 가산점은 매번 사용되는 값이므로 절대 참조가 되어 있어야 하나 수식이 증가됨을 알 수 있습니다.
- 'E5' 셀에 '=D3+'를 클릭하고, 'G2'를 클릭한 다음, F4를 한 번 누르고, Enter를 누른 후, 채우기 핸들을 이용 해 수식을 복사합니다.
- 수식을 보면 'G2'가 고정되었습니다.

	A	B	C	D	E	F	G	H
1							가산점	
2		국어	영어	합계	총계		10	
3		90	95	185	=D3+$G$2			
4		75	75	150	150			
5		80	80	160	160			
6		100	90	190	190			
7		95	100	195	195			
8								

	A	B	C	D	E	F	G
1							가산점
2		국어	영어	합계	총계		10
3		90	95	=B3+C3	=D3+$G$2		
4		75	75	=B4+C4	=D4+$G$2		
5		80	80	=B5+C5	=D5+$G$2		
6		100	90	=B6+C6	=D6+$G$2		
7		95	100	=B7+C7	=D7+$G$2		
8							
9							

출제유형 따라하기

■ ■ 예제 : 기출유형₩2.함수.xlsx / 완성 : 기출유형₩2.함수완성.xlsx

기본 수식 따라하기

☞ 다음 조건에 따라 주어진 함수를 이용하여 '수식연습' 시트에 값을 구하시오.

출력형태

				계약금비율	20%
공사현장	공사대금	부 가 세	계약금	합계금액	잔액
경기 광주	2,500,000	(1)	(2)	(3)	(4)
전북 전주	3,500,000	(1)	(2)	(3)	(4)
강원 원주	3,500,000	(1)	(2)	(3)	(4)
경남 창원	7,500,000	(1)	(2)	(3)	(4)
부산 사직	3,580,000	(1)	(2)	(3)	(4)
충남 대전	6,500,000	(1)	(2)	(3)	(4)
제주도	2,400,000	(1)	(2)	(3)	(4)
서울 서부	8,200,000	(1)	(2)	(3)	(4)
경기 수원	4,500,000	(1)	(2)	(3)	(4)
충북 제천	9,500,000	(1)	(2)	(3)	(4)
경남 진주	3,800,000	(1)	(2)	(3)	(4)

수식연습 | 기본함수 | 통계함수 | 수학함수 | 논리함수 | 찾기참조 | 데이터베이스함수

조건
(1) 부가세는 공사대금의 10%를 곱한 값을 구하시오.
(2) 계약금은 공사대금에 계약금 비율(G3)값을 곱하여 구하시오
(3) 합계금액은 공사대금에 부가세를 더한 값을 구하시오.
(4) 잔액은 합계 금액에서 계약금 뺀 값을 구하시오.

KEY POINT
① [D6] 셀에 '=C6*0.1'을 입력한 다음 Enter 를 누릅니다. 채우기 핸들을 이용해 수식을 복사합니다.
② 계약금 [E6] 셀에는 '=C6*G3'을 입력한 다음 F4 를 눌러 '$G$3'은 절대참조를 합니다.
③ 합계금액 [F6] 셀에는 '=C6+D6'을 입력합니다.
④ 잔액 [G6] 셀에는 '=F6–E6'을 입력합니다.

상반기 공사대금 내역서

				계약금비율	20%
공사현장	공사대금	부 가 세	계약금	합계금액	잔액
경기 광주	2,500,000	250,000	500,000	2,750,000	2,250,000
전북 전주	3,500,000	350,000	700,000	3,850,000	3,150,000
강원 원주	3,500,000	350,000	700,000	3,850,000	3,150,000
경남 창원	7,500,000	750,000	1,500,000	8,250,000	6,750,000
부산 사직	3,580,000	358,000	716,000	3,938,000	3,222,000
충남 대전	6,500,000	650,000	1,300,000	7,150,000	5,850,000
제주도	2,400,000	240,000	480,000	2,640,000	2,160,000
서울 서부	8,200,000	820,000	1,640,000	9,020,000	7,380,000
경기 수원	4,500,000	450,000	900,000	4,950,000	4,050,000
충북 제천	9,500,000	950,000	1,900,000	10,450,000	8,550,000
경남 진주	3,800,000	380,000	760,000	4,180,000	3,420,000

통계 함수의 이해

함수	설명	사용 예	결과
AVERAGE(범위)	인수들의 평균	AVERAGE(50,90,100)	80
MAX(범위)	인수들 중 가장 큰 값	MAX(50,90,100,60)	100
MIN(범위)	인수들 중 가장 작은 값	MIN(50,90,100,60)	50
COUNT(범위)	숫자가 들어있는 셀의 개수	COUNT(A2:A20)	
COUNTA(범위)	공백을 제외한 셀의 개수	COUNTA(A2:A20)	
COUNTBLANK(범위)	공백 셀의 개수	COUNTBLANK(A2:A20)	
COUNTIF(조건이 있는 범위,"조건")	조건에 해당하는 셀의 개수	COUNTIF(A2:A20,"남자")	
LARGE(범위, K)	범위에서 K번째 해당하는 큰 값	LARGE(A2:A20,3)	
SMALL(범위, K)	범위에서 K번째 해당하는 작은 값	SMALL(A2:A20,3)	
MEDIAN(인수1, 인수2,...)	인수들 중의 중간 값	MEDIAN(A2:A20)	
RANK.EQ(기준,범위,내림/오름)	범위에서 순위를 구함	RANK(A2,$A$2:$A$20)	

RANK.EQ 순위 선택
0 또는 FLASE 또는 생략 : 내림차순으로 큰 값, 파하순, Z~A순
1 또는 TRUE : 오름차순으로 작은 값, 가나다순, A~Z순

함수의 예

	A	B	C	D	E	F	G	H	I	J	K
1				보험관리사 정보화교육							
2											
3		이름	면접여부	엑셀	파워	인터넷검색	총점	평균	순위		
4		강경수	O	100	70	100	270	=AVERAGE(D4:F4)	=RANK.EQ(G4,$G$4:$G$12)		
5		강민영	O	98	65	85	248	82.66666667	6		
6		김지선	O	80	90	75	245	81.66666667	7		
7		나승호		80	70	85	235	78.33333333	9		
8		박지웅	O	80	90	90	260	86.66666667	4		
9		윤찬수	O	90	95	70	255	85	5		
10		이문지		100	85	95	280	93.33333333	1		
11		장형인	O	95	70	75	240	80	8		
12		정미나	참석	98	85	80	263	87.66666667	3		
13											
14		총 인원수				=COUNT(F4:F12)			8		
15		면접 인원수				=COUNTA(C4:C12)			7		
16		면접 미응시 인원				=COUNTBLANK(C4:C12)			2		
17		파워포인트의 최고점수				=MAX(E4:E12)			95		
18		엑셀의 최저검수				=MIN(D4:D12)			80		
19		세 번째로 높은 평균값				=LARGE(H4:H12,3)			86.666667		
20		네 번째로 작은 평균값				=SMALL(H4:H12,4)			82.666667		
21		총점의 중앙값				=MEDIAN(G4:G12)			255		
22		평균이 90점이상인 학생수				=COUNTIF(H4:H12,">=90")			1		
23											

출제유형 따라하기

■ ■ 예제 : 기출유형₩2.함수.xlsx / 완성 : 기출유형₩2.함수완성.xlsx

통계 함수 따라하기

☞ **다음 조건에 따라 주어진 함수를 이용하여 '통계함수' 시트에 값을 구하시오.**

출력형태

지역별 연간 판매 실적

지역	품목	판매 목표		총금액	상하반기 판매실적		순위
		수량	단가		상반기	하반기	
경기5팀	유제품	1,000	1,500	1,500,000	250	200	(9)
수원7팀	채소류	800	2,000	1,600,000	350	350	(9)
전북	가공식품	1,500	1,250	1,875,000	650	700	(9)
광주	유제품	2,000	2,500	5,000,000	700	0	(9)
부산	가공식품	1,200	3,000	3,600,000	100	120	(9)
대전	채소류	2,000	1,000	2,000,000	650	650	(9)
창원	유제품	900	1,300	1,170,000	190	0	(9)
울산	가공식품	1,500	2,750	4,125,000	400	350	(9)
강원	채소류	1,400	3,500	4,900,000	500	450	(9)
청주	가공식품	2,200	2,400	5,280,000	560	450	(9)
총금액의 평균				(1)			
단가의 최고 금액				(2)			
단가의 최저 금액				(3)			
두 번째로 높은 수량				(4)			
세 번째로 낮은 단가				(5)			
참여 지역 수				(6)			
상반기 판매실적이 600이상인 개수				(7)			
총금액이 중앙값 이상인 지역 수				(8)			

조건

(1) 총금액의 평균 ⇒ 총금액의 평균 값을 구하시오(AVERAGE 함수).
(2) 단가의 최고 금액 ⇒ 단가의 최고 금액을 구하시오(MAX 함수).
(3) 단가의 최저 금액 ⇒ 단가의 최고 금액을 구하시오(MIN 함수).
(4) 두 번째로 높은 수량 ⇒ 수량이 두 번째로 높은 값 구하시오(LARGE 함수).
(5) 세 번째로 낮은 단가 ⇒ 단가가 세 번째로 낮은 값을 구하시오(SMALL 함수).
(6) 참여 지역 수 ⇒ 지역의 총 참여 수를 구하시오(COUNTA 함수).
(7) 상반기 판매실적이 600이상인 개수 ⇒ 상반기 판매실적이 600이상인 곳의 개수를 구하시오(COUNTIF 함수).
(8) 총금액이 중앙값 이상인 지역 수 ⇒ 총금액이 중앙 값 이상인 지역수를 구하시오(COUNTIF, MEDAIN 함수).
(9) 순위 ⇒ 총금액의 순위를 높은 값이 1위가 되도록 구하시오(RANK.EQ 함수, &연산자)(예:1위).

01 총금액의 평균을 구합니다. ❶[F15] 셀을 클릭한 후 ❷[수식] 탭의 [함수 라이브러리] 그룹에서 '자동 합계'의 목록 단추를 누르고 ❸'평균'을 선택합니다. ❹[F15] 셀에 '=AVERAGE( )'가 표시되면 평균을 구할 범위(F5:F14)를 드래그하여 영역 설정한 후 Enter 를 누릅니다.

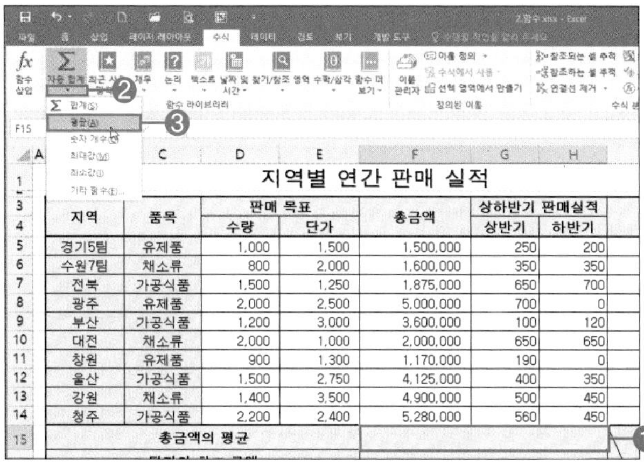

02 단가의 최고 금액을 구하기 위해 ❶[F16] 셀을 클릭하고, ❷[수식] 탭의 [함수 라이브러리] 그룹의 '자동 합계'의 목록 단추를 누르고 ❸'최대값'을 선택합니다. ❹[F16] 셀에 '=MAX( )'가 표시되면 최대값을 구할 범위(E5:E14)를 드래그하여 영역 설정한 후 Enter 를 누릅니다.

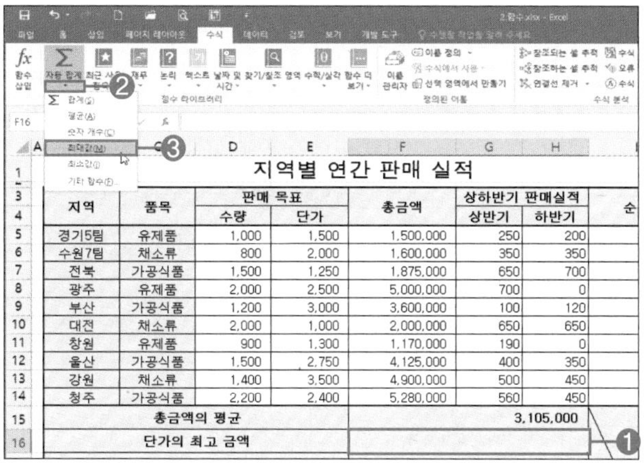

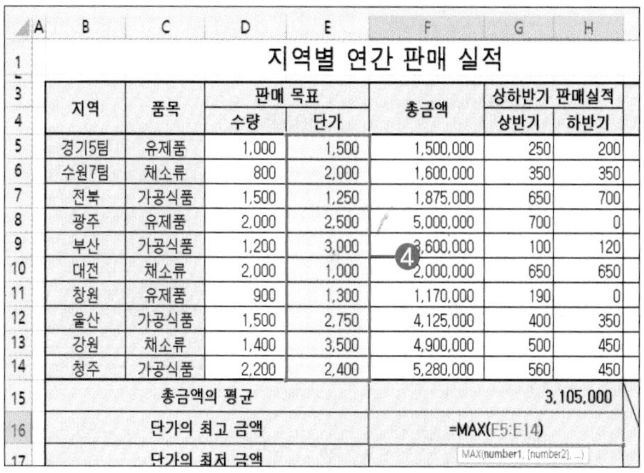

03 단가의 최저 금액을 구하기 위해 ❶[F17] 셀을 클릭하고, [수식] 탭의 [함수 라이브러리] 그룹의 ❷'자동 합계'의 목록 단추를 누르고 ❸'최소값'을 선택합니다. ❹[F17] 셀에 '=MIN( )'가 표시되면 최소값을 구할 범위(E5:E14)를 드래그하여 영역 설정한 후 Enter 를 누릅니다.

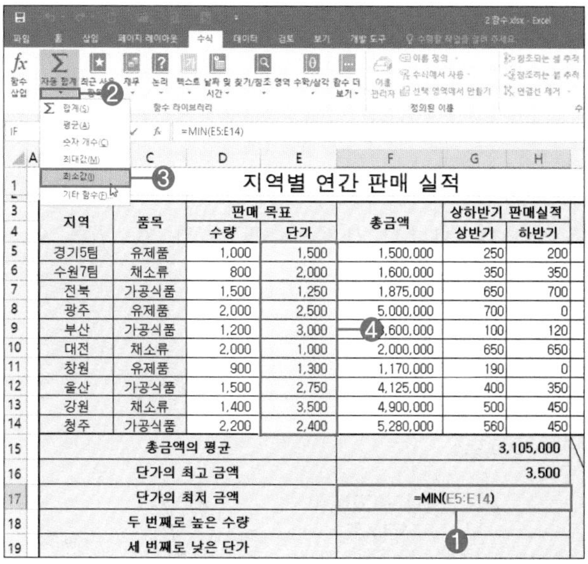

Tip

셀에 직접 함수식을 입력할 수 있습니다.

04 두 번째로 높은 수량을 구하기 위해 ❶[F18] 셀을 클릭하고, '=LA'를 입력하면 'LA'로 시작하는 함수가 표시됩니다. ❷'LARGE'를 더블클릭하면 선택한 함수가 전체 표시됩니다. ❸'수식 입력줄'의 [함수 삽입]을 클릭하여 함수 마법사를 표시합니다. ❹'Array'의 입력란을 클릭하여 수량의 범위를 드래그하고 'K' 입력란을 클릭하여 '2'를 입력한 후 ❺[확인]을 클릭합니다.

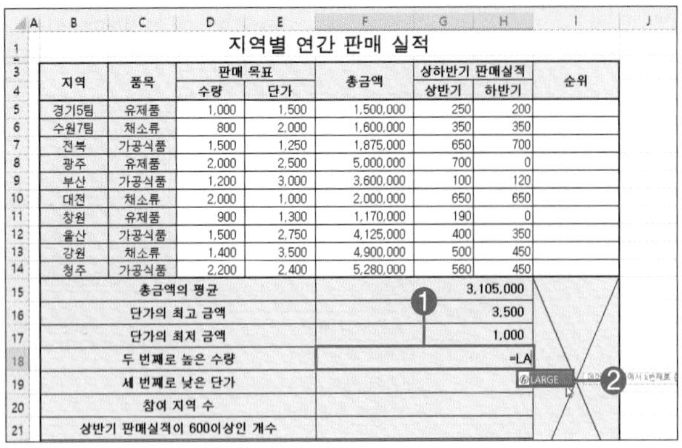

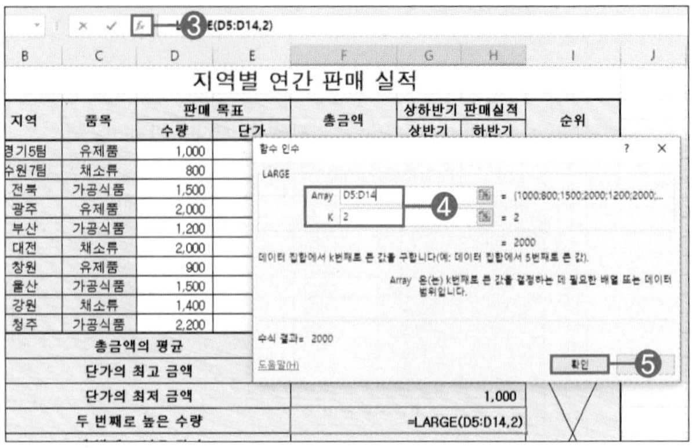

05 세 번째로 낮은 단가를 구하기 위해 ❶[F19] 셀을 클릭하고, '=SM'를 입력하면 'SM'로 시작하는 함수가 표시됩니다. ❷'SMALL'을 더블클릭하고 ❸'수식 입력줄'의 [함수 삽입]을 클릭하여 함수 마법사를 표시합니다. ❹'Array'의 입력란을 클릭하여 단가의 범위를 드래그하고 'K' 입력란을 클릭하여 '3'을 입력한 후 ❺[확인]을 클릭합니다.

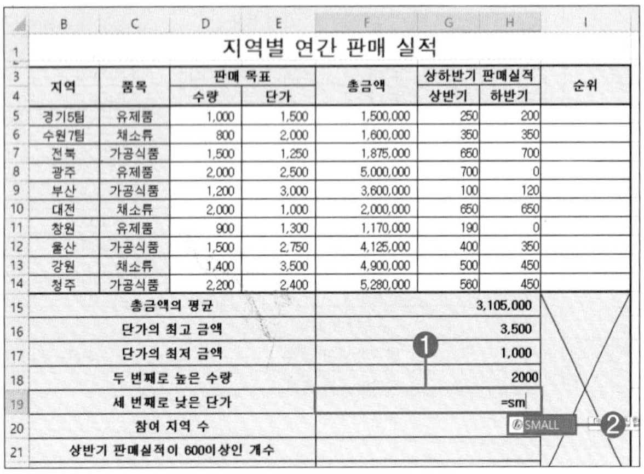

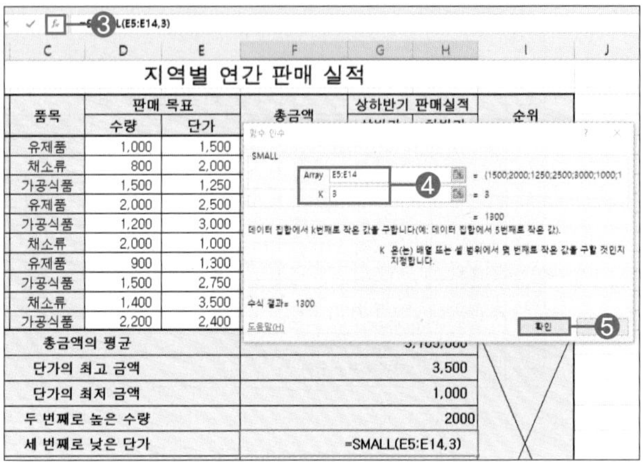

06 참여 지역 수를 구하기 위해 ❶[F20] 셀을 클릭하고, '=COUNTA('를 입력한 후 ❷[B5:B14] 셀을 드래그 한 후 ')'를 입력하고 ❸[확인]을 클릭합니다.

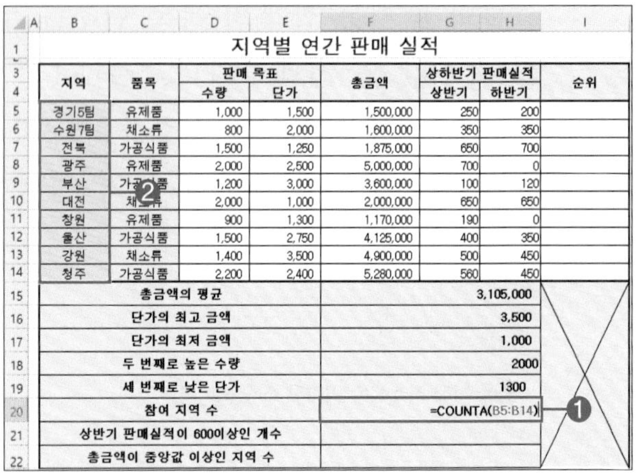

07

상반기 판매실적이 600이상인 개수를 구하기 위해 ❶[F21] 셀을 클릭합니다. '=COU'를 입력하고 'COUNTIF' 더블클릭하고 '수식 입력줄'의 ❷[함수 삽입]을 클릭하여 함수 마법사를 표시합니다. ❸'Range'의 입력란을 클릭하여 [G5:G14] 범위를 드래그하여 입력하고 'Criteria' 입력란을 클릭하여 조건인 '>=600'을 입력한 후 ❹[확인]을 클릭합니다.

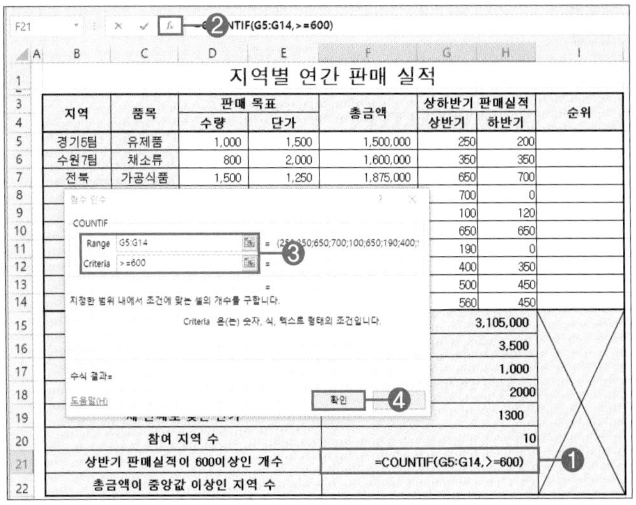

Tip

COUNTIF는 '=COUNTIF(조건이 있는 범위,"조건")'을 입력합니다.

08

총금액이 중앙값 이상인 지역 수를 구하기 위해 ❶[F22] 셀을 클릭합니다. 'COUNTIF'를 입력하여 ❷함수 마법사를 표시합니다. ❸'Range'의 입력란을 클릭하여 [F5:F14] 범위를 드래그하여 입력하고 'Criteria' 입력란을 클릭하여 조건인 '">="&median(F5:F14)'을 입력한 후 ❹[확인]을 클릭합니다.

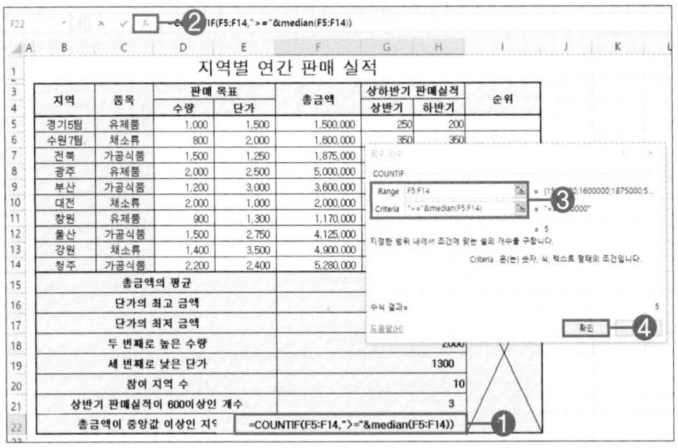

Tip

조건에 함수가 들어갈 경우에는 '=COUNTIF(조건이 있는 범위,"관계식"&함수식)'으로 입력합니다.

09

순위를 구하기 위해 ❶[I5] 셀을 클릭한 후 'RANK.EQ'함수를 불러옵니다. ❷'Number'에는 순위를 구할 셀 [F5] 셀을 클릭합니다. 'Ref'에는 순위를 구할 범위를 입력합니다. [F5:F14] 셀을 드래그한 후 F4를 눌러 절대참조로 변경하고 ❸[확인]을 클릭합니다. [I4] 셀을 [I14] 셀까지 채우기 핸들한 후 '자동 채우기 옵션'에서 '서식 없이 채우기'를 선택합니다.

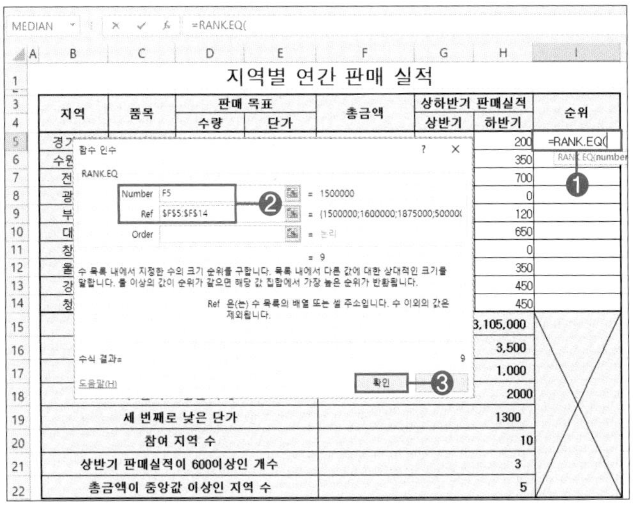

Tip

내림차순의 기준은 생략할 수 있습니다.

=RANK. EQ(순위를 구할 기준, 순위를 구할 범위)

오름차순의 경우 '1'을 입력합니다.

=RANK.EQ(순위를 구할 기준,순위를 구할 범위,1)

10 수식 뒤에 '위'를 추가하기 위해 '수식 입력줄'을 클릭한 후 '&"위"'를 입력하고 [확인]을 클릭합니다.

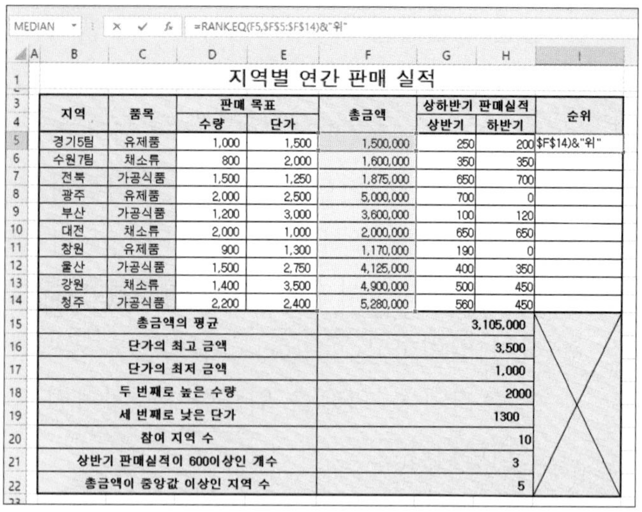

지역	품목	판매 목표 수량	판매 목표 단가	총금액	상하반기 판매실적 상반기	상하반기 판매실적 하반기	순위
경기5팀	유제품	1,000	1,500	1,500,000	250	200	$F$14)&"위"
수원7팀	채소류	800	2,000	1,600,000	350	350	
전북	가공식품	1,500	1,250	1,875,000	650	700	
광주	유제품	2,000	2,500	5,000,000	700	0	
부산	가공식품	1,200	3,000	3,600,000	100	120	
대전	채소류	2,000	1,000	2,000,000	650	650	
창원	유제품	900	1,300	1,170,000	190	0	
울산	가공식품	1,500	2,750	4,125,000	400	350	
강원	채소류	1,400	3,500	4,900,000	500	450	
청주	가공식품	2,200	2,400	5,280,000	560	450	
총금액의 평균				3,105,000			
단가의 최고 금액				3,500			
단가의 최저 금액				1,000			
두 번째로 높은 수량				2000			
세 번째로 낮은 단가				1300			
참여 지역 수				10			
상반기 판매실적이 600이상인 개수				3			
총금액이 중앙값 이상인 지역 수				5			

Tip

RANK와 RANK.EQ는 같은 함수이며, RANK는 EXCEL 2007 이전 버전과 호환하기 위한 함수이며, RANK.EQ는 최신 버전에서 사용하는 함수입니다.

11 [I5] 셀을 [I14] 셀까지 채우기 핸들로 수식을 복사합니다. ❶'자동 채우기 옵션'을 클릭하여 ❷'서식 없이 채우기'를 선택합니다.

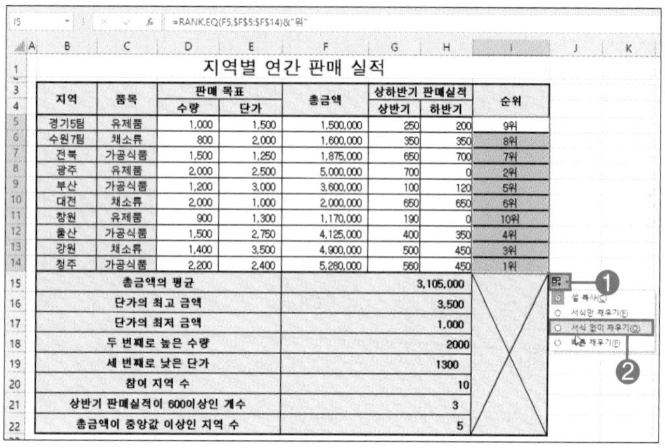

지역	품목	판매 목표 수량	판매 목표 단가	총금액	상하반기 판매실적 상반기	상하반기 판매실적 하반기	순위
경기5팀	유제품	1,000	1,500	1,500,000	250	200	9위
수원7팀	채소류	800	2,000	1,600,000	350	350	8위
전북	가공식품	1,500	1,250	1,875,000	650	700	7위
광주	유제품	2,000	2,500	5,000,000	700	0	2위
부산	가공식품	1,200	3,000	3,600,000	100	120	5위
대전	채소류	2,000	1,000	2,000,000	650	650	6위
창원	유제품	900	1,300	1,170,000	190	0	10위
울산	가공식품	1,500	2,750	4,125,000	400	350	4위
강원	채소류	1,400	3,500	4,900,000	500	450	3위
청주	가공식품	2,200	2,400	5,280,000	560	450	1위
총금액의 평균				3,105,000			
단가의 최고 금액				3,500			
단가의 최저 금액				1,000			
두 번째로 높은 수량				2000			
세 번째로 낮은 단가				1300			
참여 지역 수				10			
상반기 판매실적이 600이상인 개수				3			
총금액이 중앙값 이상인 지역 수				5			

Tip

'서식 없이 채우기'를 하지 않으면 굵은 테두리 서식이 함께 표시됩니다.

12 계산을 완료합니다.

지역	품목	판매 목표 수량	판매 목표 단가	총금액	상하반기 판매실적 상반기	상하반기 판매실적 하반기	순위
경기5팀	유제품	1,000	1,500	1,500,000	250	200	9위
수원7팀	채소류	800	2,000	1,600,000	350	350	8위
전북	가공식품	1,500	1,250	1,875,000	650	700	7위
광주	유제품	2,000	2,500	5,000,000	700	0	2위
부산	가공식품	1,200	3,000	3,600,000	100	120	5위
대전	채소류	2,000	1,000	2,000,000	650	650	6위
창원	유제품	900	1,300	1,170,000	190	0	10위
울산	가공식품	1,500	2,750	4,125,000	400	350	4위
강원	채소류	1,400	3,500	4,900,000	500	450	3위
청주	가공식품	2,200	2,400	5,280,000	560	450	1위
총금액의 평균				3,105,000			
단가의 최고 금액				3,500			
단가의 최저 금액				1,000			
두 번째로 높은 수량				2,000			
세 번째로 낮은 단가				1,300			
참여 지역 수				10			
상반기 판매실적이 600이상인 개수				3			
총금액이 중앙값 이상인 지역 수				5			

수학/삼각 함수의 이해

함수	설명	사용 예	결과
SUM(범위)	합계	sum(A2:A10)	
SUMIF(조건 범위,조건,합을 구할 범위)	조건이 있는 셀의 합계	SUMIF(A2:A10,"영업부",D2:D10)	
INT(인수)	소수점 아래를 버리고 가장 가까운 정수로 내림	INT(5.5) INT(−5.5)	5 −6
ABS(숫자)	절대값(부호가 없는 숫자)	ABS(−7)	7
MOD(숫자, 나눌 수)	나눗셈의 나머지 값	MOD(32,5)	2
PRODUCT(인수1, 인수2,...)	인수들의 곱한 값	PRODUCT(5*6*7)	210
SUMPRODUCT(배열1, 배열2,...)	배열과 대응하는 값들의 곱한 값의 합	SUMPRODUCT({1,2,3},{4,5,6})	32
ROUND(숫자,자릿수)	자릿수 만큼 반올림	ROUND(1234.567,2)	1234.57
ROUNDDOWN(숫자, 자릿수)	자릿수 만큼 내림	ROUNDDOWN(1234.567,2)	1234.56
ROUNDUP(숫자, 자릿수)	자릿수 만큼 올림	ROUNDUP(1234.337,2)	1234.34

ROUND 계열 함수 자릿수 지정		
2	소수 둘째 자리까지 표시	=ROUND(1234.567,2) ⇒ 1234.57
1	소수 첫째 자리까지 표시	=ROUND(1234.567,1) ⇒ 1234.6
0	소수 양의 정수값 표시	=ROUND(1234.567,0) ⇒ 1235
−1	일의 자리에서 반올림하여 십 단위까지 표시	=ROUND(1234.567,−1) ⇒ 1230
−2	십의 자리에서 반올림하여 백 단위까지 표시	=ROUND(1234.567,−2) ⇒ 1200
−3	백의 자리에서 반올림하여 천 단위 까지 표시	=ROUND(12345.67,−3) ⇒ 12000

수학/삼각 함수의 예

	A	B	C	D	E	F	G	H	I	J
1				성과비율	상반기	하반기				
2					20%	30%				
3	=SUM(E4:F4)									
4	=SUMIF(D4:D12,"영업",E4:E12)	170		부서	상반기 실적	하반기 실적	합계	최종실적		
5	=INT(5.5)	5		기획	100	70	=SUM(E4	=SUMPRODUCT($E$2:$F$2,E4:F4)		
6	=INT(-5.5)	-6		영업	98	65	163	39.1		
7	=ABS(-7)	7		홍보	80	90	170	43		
8	=MOD(32,5)	2		기획	80	70	150	37		
9	=PRODUCT(5,5,7)	175		총무	80	90	170	43		
10	=SUMPRODUCT($E$2:$F$2,E4:F4)	41		홍보	90	95	185	46.5		
11	=ROUND(1234567,2)	1234567		영업	100	85	185	45.5		
12	=ROUNDDOWN(1234.567,2)	1234.56		총무	95	70	165	40		
13	=ROUNDUP(1234.337,2)	1234.34		영업	98	85	183	45.1		
14										

출제유형 따라하기

■ ■ 예제 : 기출유형₩2.함수.xlsx / 완성 : 기출유형₩2.함수완성.xlsx

수학/삼각 함수 따라하기

☞ **다음 조건에 따라 주어진 함수를 이용하여 '수학삼각함수' 시트에 값을 구하시오.**

출력형태

정보화 경진대회 결과표

엑셀	검색
10%	15%

부서명	성명	직위	엑셀	검색	합계	점수비율
영업팀	강진원	사원	80	85	(1)	(2)
영업팀	김미진	과장	90	90	(1)	(2)
기획팀	김수인	대리	70	75	(1)	(2)
총무팀	김진숙	부장	60	60	(1)	(2)
총무팀	노경수	대리	80	100	(1)	(2)
인사팀	노형원	차장	100	90	(1)	(2)
기획팀	민경일	부장	98	85	(1)	(2)
기획팀	박상수	차장	70	75	(1)	(2)
총무팀	배자윤	차장	65	90	(1)	(2)
총무팀	오현영	차장	80	90	(1)	(2)
기획팀	유란희	대리	90	100	(1)	(2)
영업팀	윤찬진	사원	75	80	(1)	(2)
기획팀	임환영	사원	90	70	(1)	(2)
인사팀	채수영	부장	100	95	(1)	(2)
인사팀	최찬민	대리	95	100	(1)	(2)
인사팀	태민수	과장	85	75	(1)	(2)

총무팀 합계

부서명	합계
총무팀	(3)

총무팀 엑셀점수의 평균

평균
(4)

조건

(1) 합계 ⇒ 엑셀과 검색의 합계를 구하시오(SUM함수).

(2) 점수 비율 ⇒ 'G4:H4'의 값을 기준으로 '엑셀, 검색' 점수 비율을 구하시오(SUMPRODUCT 함수).

(3) 총무팀 합계의 합계 ⇒ 합계에서 총무팀의 합계를 구하시오(SUMIF함수).

(4) 총무팀 엑셀점수의 평균 ⇒ 총무팀의 엑셀점수의 평균을 구하고, 소수 첫째자리로 표시하시오(SUMIF, COUNTIF 함수, ROUND 함수).

01 합계를 구하기 위해 ❶[G7] 셀을 클릭하고 [수식] 탭의 [함수 라이브러리] 그룹의 ❷ '자동 합계'의 목록 단추를 누르고 ❸'합계'를 선택합니다. 합계 범위를 드래그한 후 Enter 를 누릅니다.

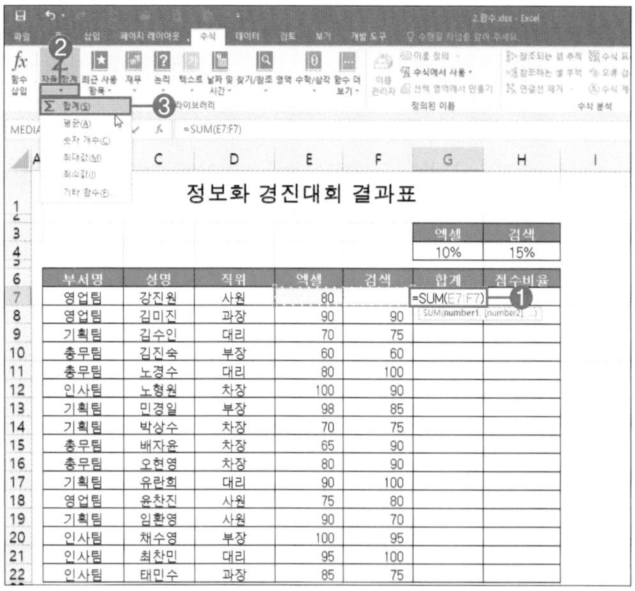

02 점수를 비율을 이용하여 구하기 위해 [H7] 셀을 클릭하고 '=SUMPRODUCT('함수를 입력한 후 함수 마법사를 불러옵니다. ❶ 'Array1'에 점수 비율이 있는 [G4:H4]셀을 드래그한 후 F4 를 눌러 절대참조로 변경합니다. 'Array2'에는 [E7:F7] 셀을 드래그한 후 ❷[확인]을 클릭합니다.

Tip

점수 비율 범위 '$G$4:$H$4'는 모든 항목에 공통으로 사용되므로 절대범위로 고정해야 합니다.

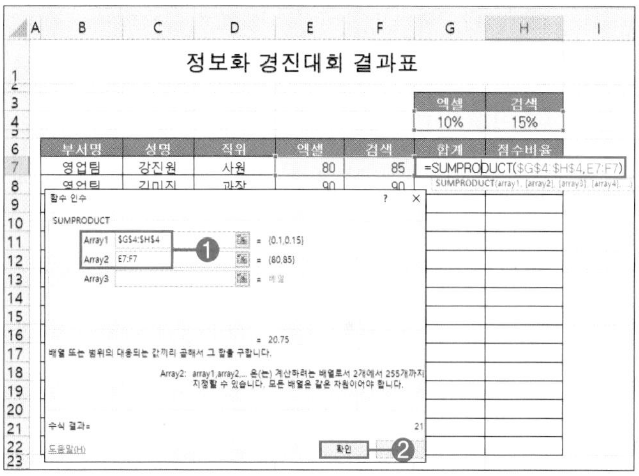

03 [G7:H7] 셀 범위를 영역 설정한 후 채우기 핸들로 수식을 [G22:H22] 셀까지 복사한 후 '자동 채우기 옵션'에서 '서식없이 채우기'를 선택합니다.

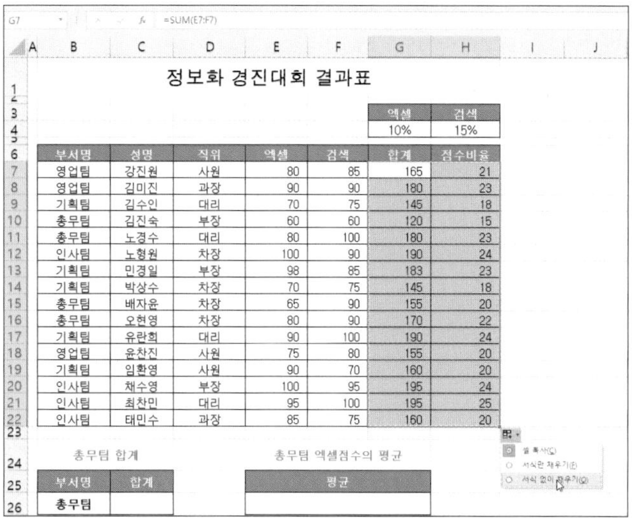

04 총무팀의 합계의 합계를 구하기 위해 [C26] 셀에 '=SUMIF(' 함수를 불러옵니다. ❶'Range'에 조건이 있는 범위, 즉 '총무팀'이 있는 '부서명' 범위를 드래그하고 F4를 눌러 절대참조로 변경합니다. 'Criteria'에는 조건인 '"총무팀"'을 입력합니다. 'Sum-range'에는 합을 구할 범위인 '합계'를 드래그하고 F4를 눌러 절대참조로 변경한 후 ❷[확인]을 클릭합니다.

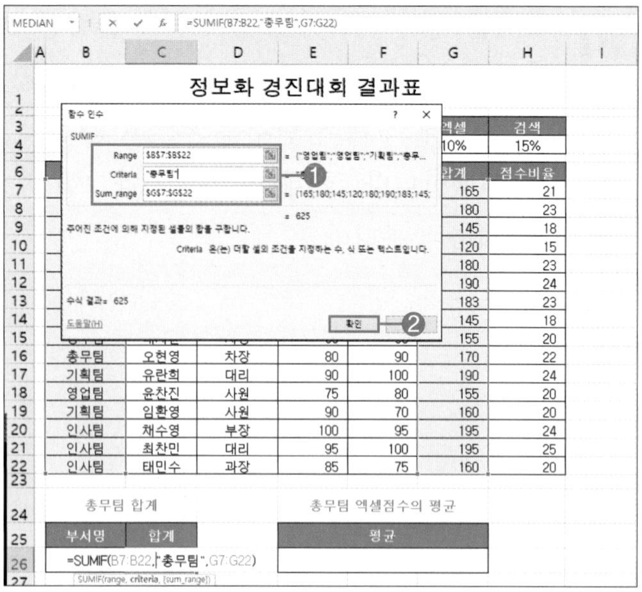

Tip

=sumif(조건이있는범위,"조건",합을구할범위)

=sumif(부서명에서,"총무팀"들의,합계)

05 총무팀 엑셀 점수의 평균을 구하기 위해 [E26] 셀을 클릭한 후 '=SUMIF(' 함수를 불러옵니다. ❶'Range'에 조건이 있는 범위 즉 '총무팀'이 있는 '부서명' 범위를 드래그하고, ❷'Criteria'에는 조건인 '"총무팀"'을 입력합니다. ❸'Sum-range'에는 합을 구할 범위인 '엑셀'의 범위를 드래그한 후 Enter를 누릅니다.

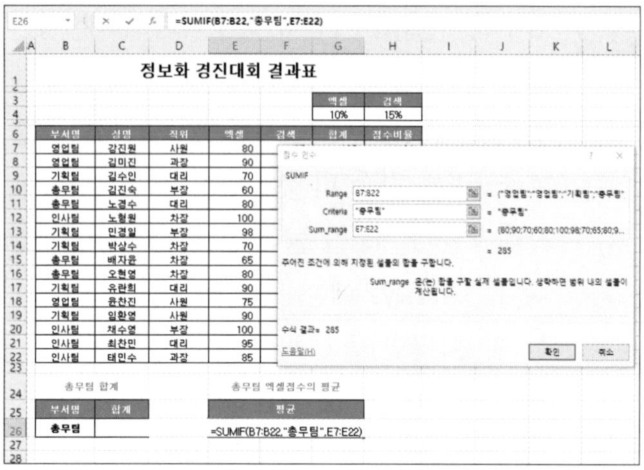

Tip

조건에 만족하는 평균은 SUMIF/COUNTIF를 사용합니다.

06 수식 입력줄에서 SUMIF 함수 끝에 '/COUNTIF(B7:B22,"총무팀")'을 추가합니다.

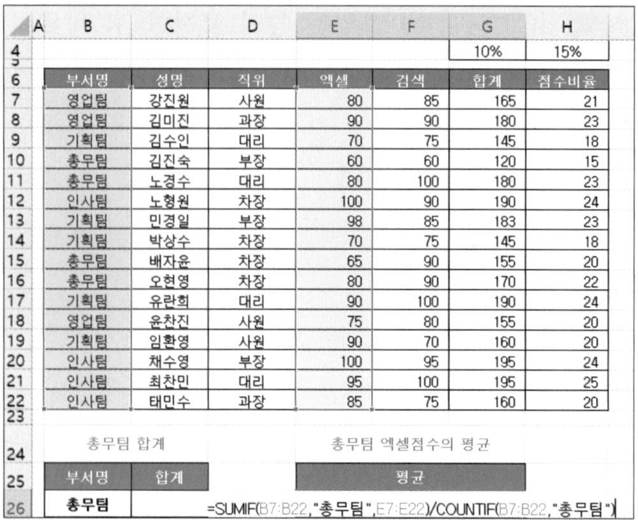

07 Round 함수를 이용해 소수 첫째자리까지 구합니다. =Round(SUMIF(B7:B22,"총무팀",E7:E22)/COUNTIF(B7:B22,"총무팀"),1)을 추가하여 계산을 완성합니다.

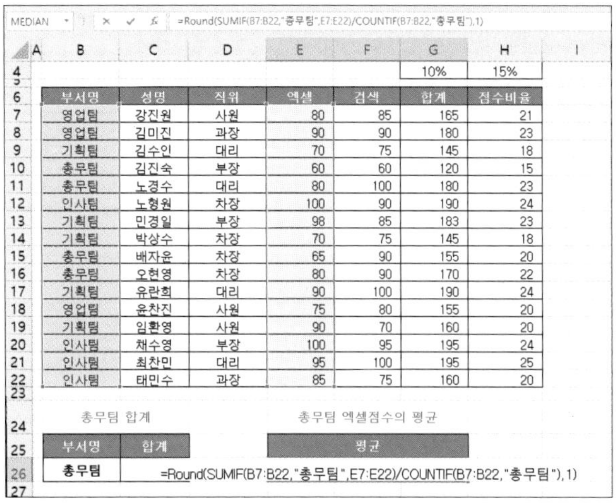

MEDIAN =Round(SUMIF(B7:B22,"총무팀",E7:E22)/COUNTIF(B7:B22,"총무팀"),1)

부서명	성명	직위	엑셀	검색	합계	점수비율
					10%	15%
영업팀	강진원	사원	80	85	165	21
영업팀	김미진	과장	90	90	180	23
기획팀	김수인	대리	70	75	145	18
총무팀	김진숙	부장	60	60	120	15
총무팀	노경수	대리	80	100	180	23
인사팀	노형원	차장	100	90	190	24
기획팀	민경일	부장	98	85	183	23
기획팀	박상수	차장	70	75	145	18
총무팀	배자윤	차장	65	90	155	20
총무팀	오현영	차장	80	90	170	22
기획팀	유란희	대리	90	100	190	24
영업팀	윤찬진	사원	75	80	155	20
기획팀	임환영	사원	90	70	160	20
인사팀	채수영	부장	100	95	195	24
인사팀	최찬민	대리	95	100	195	25
인사팀	태민수	과장	85	75	160	20

총무팀 합계 / 총무팀 엑셀점수의 평균

부서명	합계	평균
총무팀	=Round(SUMIF(B7:B22,"총무팀",E7:E22)/COUNTIF(B7:B22,"총무팀"),1)	

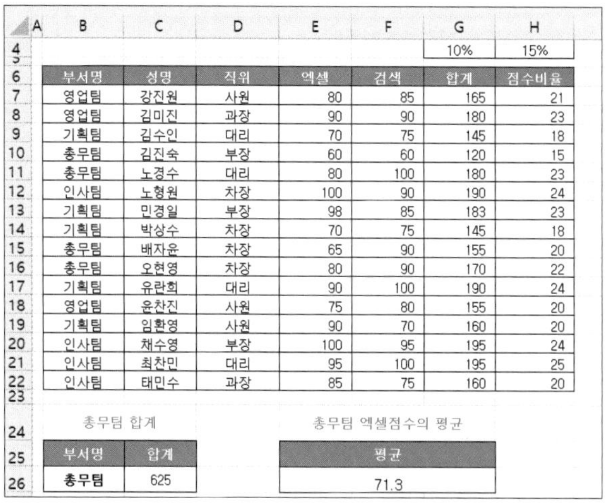

부서명	성명	직위	엑셀	검색	합계	점수비율
					10%	15%
영업팀	강진원	사원	80	85	165	21
영업팀	김미진	과장	90	90	180	23
기획팀	김수인	대리	70	75	145	18
총무팀	김진숙	부장	60	60	120	15
총무팀	노경수	대리	80	100	180	23
인사팀	노형원	차장	100	90	190	24
기획팀	민경일	부장	98	85	183	23
기획팀	박상수	차장	70	75	145	18
총무팀	배자윤	차장	65	90	155	20
총무팀	오현영	차장	80	90	170	22
기획팀	유란희	대리	90	100	190	24
영업팀	윤찬진	사원	75	80	155	20
기획팀	임환영	사원	90	70	160	20
인사팀	채수영	부장	100	95	195	24
인사팀	최찬민	대리	95	100	195	25
인사팀	태민수	과장	85	75	160	20

총무팀 합계 / 총무팀 엑셀점수의 평균

부서명	합계	평균
총무팀	625	71.3

문자 함수의 이해

함수	설명	사용 예	결과
LEFT(문자열,숫자)	왼쪽에서 문자 추출	=LEFT("무궁화꽃",2)	무궁
RIGHT(문자열,숫자)	오른쪽에서 문자 추출	=RIGHT("무궁화꽃",2)	화꽃
MID(문자열,시작 위치,끝 위치)	시작 위치에서 지정한 문자 수 추출	=MID("무궁화꽃",2,3)	궁화꽃
LOWER(문자열)	소문자로 변환	=LOWER("GOOD")	good
UPPER(문자열)	대문자로 변환	=UPPER("good")	GOOD
REPT(문자열,수치)	수치만큼 문자열 반복	=REPT("■",5)	■■■■■
VALUE(문자열)	문자로 입력된 숫자를 숫자로 변환	=VALUE("500")	500

날짜/시간 함수의 이해

함수	설명	사용 예	결과
TODAY()	현재 시스템 날짜	=TODAY()	2020-03-05
NOW()	현재 날짜와 시간	=NOW()	2020-03-05 11:30
DATE(년,월,일)	연,월,일 지정	=DATE(2020,05,07)	2020-05-07
TIME(시,분,초)	시,분,초 지정	=TIME(11:30)	11:30
YEAR(날짜)	날짜에서 연도만 추출	=YEAR("2020-03-05")	2020
MONTH(날짜)	날짜에서 월 부분만 추출	=MONTH("2020-03-05")	03
DAY(날짜)	날짜에서 일 부분만 추출	=DAY("2020-03-05")	05
HOUR(시간)(문자열)	시간에서 시간 부분만 추출	=HOUR(NOW())	11
MINUTE(시간)(문자열)	시간에서 분 부분만 추출	=MINUTE(NOW())VALUE	30
SECOND(시간)	시간에서 초 부분만 추출	=SECOND(NOW())	15
WEEKDAY(날짜, 타입)	날짜의 요일을 숫자로 표시	=WEEKDAY("2020-05-08",1)	3
1 또는 생략 : 일요일을 1로 시작 / 2 : 월요일을 1로 시작 / 3 : 월요일을 0으로 시작			

논리 함수의 이해

함수	설명
IF(조건, 참,거짓)	조건의 결과가 참이면 참 값을 거짓이면 거짓 값 표시
AND(조건1,조건2,...)	두 조건이 만족일 때 참
OR(조건1, 조건2...)	두 조건 중 하나라도 참이면 참
NOT(인수)	인수가 참이면 거짓, 거짓이면 참 값 표시
TRUE(),FALSE()	논리 값을 TRUE,FALSE로 표시
IF문의 다양한 예	
단순 IF	IF(조건, 참, 거짓)
다중 IF	IF(조건, 참,IF(조건, 참,거짓))
조건이 두 개이상(~이면서, 이고)	IF(AND(조건1,조건2,조건3,...),참,거짓)
조건이 두 개이상(~이거나, 또는)	IF(OR(조건1,조건2,조건3,...),참,거짓)

함수의 예

보험관리사 정보화교육

이름	엑셀	파워	인터넷검색	총점	평균	평가1	평가2	평가3	순위
강경수	85	80	80	245	81.7	재시험	보통	합격	
강민영	98	100	100	298	99.3	통과	우수	합격	최우수
김지선	80	46	45	171	57.0	재시험	노력	과락	
나승호	90	85	80	255	85.0	통과	보통	합격	
박지웅	80	50	78	208	69.3	재시험	노력	과락	
윤찬수	85	95	90	270	90.0	통과	우수	합격	장려상
이문지	100	89	40	229	76.3	재시험	노력	과락	
장형인	50	100	90	240	80.0	재시험	보통	과락	
정미나	98	100	100	298	99.3	통과	우수	합격	최우수

(1) 평가1 : 총점이 250점 이상이면 “통과” 아니면 “재시험”으로 표시
=IF(F5>=250,“통과”, “재시험”)

(2) 평가2 : 평균이 90점 이상이면 ‘우수’이고 평균이 80점 이상이면 “보통” 나머지는 “노력”으로 표시
=IF(G5>=90,“우수”,IF(G5>=80,“보통”,“노력”))

(3) 평가3 : 엑셀, 파워,인터넷 검색 점수가 모두 60점 이상이면 ‘합격’,아니면 ‘과락’으로 표시
=IF(AND(C5>=60,D5>=60,E5>=60),“합격”,“과락”)

(4) 순위 : 총점을 내림차순하여 순위가 1위이면 “최우수”, 2등이면 “우수”, 3등이면 “장려상”, 나머지는 빈공간으로 표시=IF(RANK(F5, $F$5:$F$13)=1,“최우수”,IF(RANK(F5, $F$5:$F$13)=2,“우수”,IF(RANK(F5, $F5:$F$13)=3,“장려상”,“”)))

출제유형 따라하기

■ ■ 예제 : 기출유형₩2.함수.xlsx / 완성 : 기출유형₩2.함수완성.xlsx

문자/날짜/논리 함수 따라하기

☞ **다음 조건에 따라 주어진 함수를 이용하여 '논리함수' 시트에 값을 구하시오.**

출력형태

	A	B	C	D	E	F	G	H
1								
2		직원 정보						
3								
4		사원코드	근무지점	입사일	계약기간	성별	주민번호	나이
5		GJ-05	(1)	2007-03-02	(2)	(3)	621012-1485214	(4)
6		BS-04	(1)	2006-03-02	(2)	(3)	711213-2049884	(4)
7		BS-03	(1)	2005-03-02	(2)	(3)	701015-2545713	(4)
8		GJ-06	(1)	2006-03-02	(2)	(3)	691013-1485125	(4)
9		BS-03	(1)	2007-03-02	(2)	(3)	620412-1065498	(4)
10		JB-02	(1)	2010-03-02	(2)	(3)	740712-2008989	(4)
11		BS-05	(1)	2006-03-02	(2)	(3)	800403-1054874	(4)
12		JB-04	(1)	2006-03-02	(2)	(3)	760508-2654124	(4)
13		BS-04	(1)	2012-03-02	(2)	(3)	751125-1485251	(4)
14		JB-03	(1)	2009-03-02	(2)	(3)	750218-2654741	(4)
15		GJ-02	(1)	2005-03-02	(2)	(3)	671210-1654874	(4)
16		GJ-05	(1)	2006-03-02	(2)	(3)	801103-2145741	(4)
17								

조건

(1) 근무지점 ⇒ 사원코드 앞 자리가 'GJ'이면 광주, 'BS'이면 부산,'JB'이면 전북으로 표시하시오 (IF 함수, LEFT 함수).

=IF(LEFT(B5,2)="GJ","광주",IF(LEFT(B5,2)="BS","부산","전북"))

(2) 계약기간 ⇒ 사원코드의 오른쪽에서 한 자리를 계약기간으로 표시하고 결과 값 뒤에 '년'을 표시하시오 (RIGHT 함수, &연산자).(예 5년).

=RIGHT(B5,1)&"년"

(3) 성별 ⇒ 주민번호의 8번째 자리가 '1'이면 '남자', '2'이면 '여자'로 표시하시오(IF 함수, MID 함수).

=IF(MID(G5,8,1)="1","남","여")

(4) 나이 ⇒ 「오늘의 날짜 년도 – (주민번호의 앞 두자리+1900)+1」로 계산하시오 (YEAR 함수, NOW 함수, LEFT 함수).

=YEAR(NOW())–(LEFT(G5,2)+1900)+1

01 근무 지점 [C5] 셀에 '=IF('를 입력하고 IF 함수 마법사를 불러온 후 ❶'Logical_test'의 입력란에 'left('를 입력합니다. ❷수식 입력줄의 'left( )'함수를 클릭하여 'LEFT( )'함수 마법사로 이동합니다. ❸'Text'에 사원코드 [B5] 셀을 클릭하고 'Num_chars'에 '2'를 입력한 후 ❹수식 입력줄의 'IF' 함수를 클릭합니다.

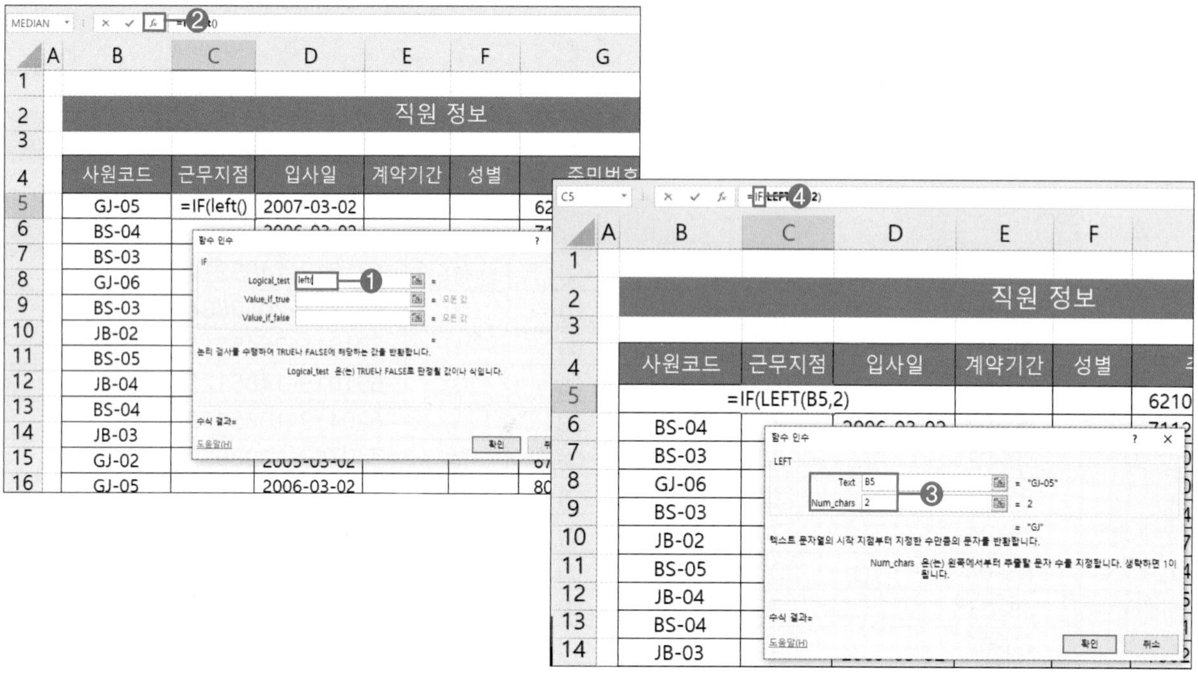

02 IF 함수 마법사로 이동한 후 ❶'Logical_test'의 입력란 맨 뒤에 '"GJ"'를 입력합니다. ❷'Value_if_true' 입력란에 '"광주"'를 입력합니다. 'Value_if_false' 입력란을 클릭한 후 ❸'IF(LEFT('를 입력합니다. 수식 입력줄에서 ❹'LEFT' 함수를 클릭하여 LEFT 함수 마법사로 이동합니다.

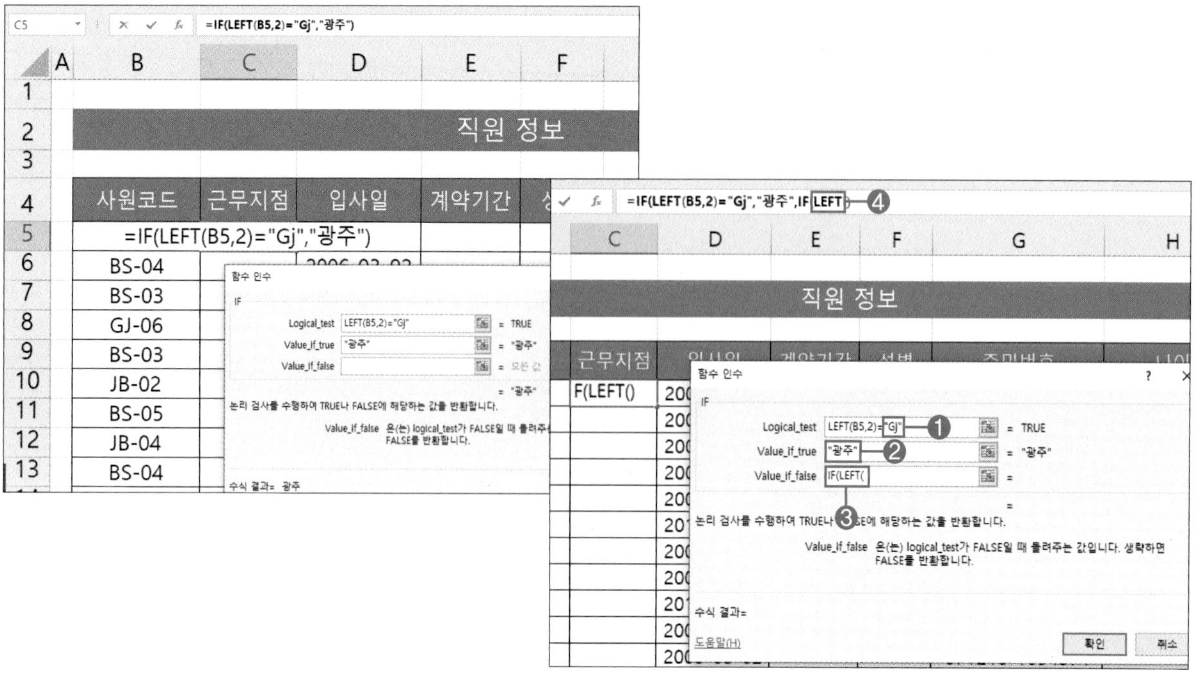

03 ❶'Text'에 사원코드 [B5] 셀을 클릭하고 'Num_chars'에 '2'를 입력한 후 ❷수식 입력줄의 'IF' 함수를 클릭합니다. ❸'IF' 함수 마법사로 이동되면 'Logical_test'의 입력란 맨 뒤에 '="BS"'를 입력합니다. ❹'Value_if_true' 입력란에 '"부산"'과 'Value_if_false' 입력란에는 '전북'을 입력한 후 ❺[확인]을 클릭합니다.

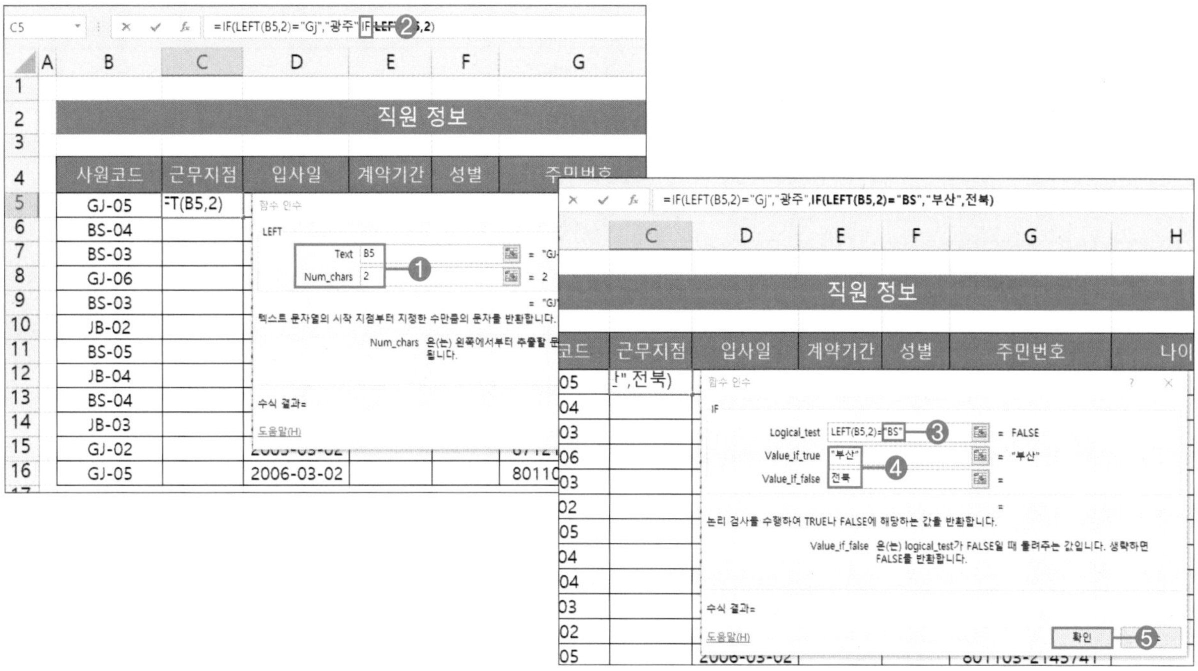

Tip

함수 마법사를 사용하지 않고 직접 수식을 입력할 수 있습니다. 함수 마법사를 이용하는 이유는 ","와 '(', ')'를 자동으로 작성해주어 오류를 줄이기 위해 사용합니다. 직접 입력하는 경우 """와 '(', ')'를 주의하여 작성합니다.

04 계약 기간은 [E5] 셀에 '=RIGHT(B5,1)&"년"'을 입력하여 계산합니다. 성별 [F5] 셀에 '=IF(MID(G5,8,1)="1","남","여")'입력하여 계산합니다. 나이 [H5] 셀에 '=YEAR(NOW())-(LEFT(G5,2)+1900)+1'을 입력하여 계산합니다.

직원 정보

사원코드	근무지점	입사일	계약기간	성별	주민번호	나이
GJ-05	광주	2007-03-02	5년	남	621012-1485214	59
BS-04	부산	2006-03-02	4년	여	711213-2049884	50
BS-03	부산	2005-03-02	3년	여	701015-2545713	51
GJ-06	광주	2006-03-02	6년	남	691013-1485125	52
BS-03	부산	2007-03-02	3년	남	620412-1065498	59
JB-02	전북	2010-03-02	2년	여	740712-2008989	47
BS-05	부산	2006-03-02	5년	남	800403-1054874	41
JB-04	전북	2006-03-02	4년	여	760508-2654124	45
BS-04	부산	2012-03-02	4년	남	751125-1485251	46
JB-03	전북	2009-03-02	3년	여	750218-2654741	46
GJ-02	광주	2005-03-02	2년	남	671210-1654874	54
GJ-05	광주	2006-03-02	5년	여	801103-2145741	41

찾기/참조 함수의 이해

함수	설명
CHOOSE(숫자,값1, 값2,...)	숫자에 해당하는 값을 표시
HLOOKUP(찾는 값, 범위,행 번호,찾는 방법)	찾는 값을 범위에서 행 번호에 위치하는 값 표시
VLOOKUP찾는 값, 범위,열 번호,찾는 방법)	찾는 값을 범위에서 열 번호에 위치하는 값 표시

찾는 방법 0 또는 FALSE : 찾는 값과 대응되는 값이 1:1
찾는 방법 1 또는 TRUE, 생략 : 찾는 값과 대응되는 값이 1:다

찾기/참조 함수의 예

정보화 능력 평가표

성명	평가일	엑셀	검색	합계	평균	배점	평가요일
강진원	2012-03-02	80	85	165	83	보통	금요일
김미진	2012-03-03	90	90	180	90	우수	토요일
김수인	2012-03-04	70	75	145	73	노력	일요일
김진숙	2012-03-05	60	60	120	60	재시험	월요일
노경수	2012-03-06	80	100	180	90	우수	화요일
노형원	2012-03-05	100	90	190	95	우수	월요일
민경일	2012-03-08	98	85	183	92	우수	목요일
박상수	2012-03-05	70	75	145	73	노력	월요일
배자윤	2012-03-10	65	90	155	78	노력	토요일
오현영	2012-03-11	80	90	170	85	보통	일요일
유란희	2012-03-02	90	100	190	95	우수	금요일

배점표	
50	과락
60	재시험
70	노력
80	보통
90	우수
100	최우수

(1) 배점 ⇒ 배점표 테이블에서 평균을 기준으로 배점을 구하시오.
=VLOOKUP(G4,$K$5:$L$10,2)

강진원의 'G4'의 평균을 배점표 테이블 '$K$5:$L$10'의 두 번째 열에 있는 배점을 찾아 입력합니다.

Tip

Range_lookup의 값을 어떻게 설정하나요?

Vlookup의 찾는 값		테이블 셀 범위 설정
0 또는 false	값과 찾는 값이 하나씩일 때 바나나 – 100 사과 – 200	테이블의 셀 범위는 '찾는 값'이 '첫 열'이 되도록 범위 설정하여야 합니다.
1 또는 true 또는 생략	여러 개의 값이 하나의 찾는 값을 가질 때 0~10 – A 11~20 – B	

(2) 평가 요일 ⇒ 평가일을 기준으로 '일요일, 월요일, 화요일,...' 기준으로 표시하시오.
=CHOOSE(WEEKDAY(C4,1),"일요일","월요일","화요일","수요일","목요일","금요일","토요일")

출제유형 따라하기

■ ■ 예제 : 기출유형₩2.참조함수.xlsx / 완성 : 기출유형₩2.참조함수완성.xlsx

찾기/참조 함수 따라하기

☞ 다음 조건에 따라 주어진 함수를 이용하여 '찾기참조함수' 시트에 값을 구하시오.

출력형태

A마트 2021년 상반기 매입현황

코드	매입일	품명	매입요일	단가	수량	금액	할인액
C1-201	06월 02일	(1)	(2)	(3)	20	(4)	(5)
A2-112	07월 02일	(1)	(2)	(3)	10	(4)	(5)
C2-303	06월 05일	(1)	(2)	(3)	15	(4)	(5)
D2-312	05월 02일	(1)	(2)	(3)	30	(4)	(5)
A2-212	04월 03일	(1)	(2)	(3)	24	(4)	(5)
C3-115	05월 15일	(1)	(2)	(3)	20	(4)	(5)
D2-312	03월 05일	(1)	(2)	(3)	30	(4)	(5)

단가테이블

품명	단가
문구	1000
식품	1500
화장품	2000

할인율 테이블

수량	10	20	30	40
할인율	0.1	0.15	0.2	0.25

조건 (1) 품명 ⇒ 코드의 4번째 글자가 '1'이면 '식품','2'이면 '문구', '3'이면 '화장품'을 표시하시오.
=IF(MID(B5,4,1)="1","식품",IF(MID(B5,4,1)="2","문구","화장품"))

(2) 매입 요일 ⇒ 평가일을 기준으로 '일요일, 월요일, 화요일,…' 기준으로 표시하시오.
=CHOOSE(WEEKDAY(C5,1),"일요일","월요일","화요일","수요일","목요일","금요일","토요일")

(3) 단가 ⇒ 단가 테이블에서 품명을 기준으로 단가를 구하시오. =VLOOKUP(D5,$K$5:$L$7,2,0)

(4) 금액 ⇒ 단가*수량=F5*G5

(5) 할인액 ⇒ 금액*할인율, 할인율 테이블에서 수량을 기준으로 할인율을 찾아 값을 구하시오.
=HLOOKUP(G5,$L$10:$O$11,2)*H5

01 ❶[D5] 셀에 '=IF(MID('를 입력한 후 수식 입력줄에서 ❷'MID'를 클릭한 후 ❸함수 삽입 단추를 눌러 함수 마법사를 불러옵니다.

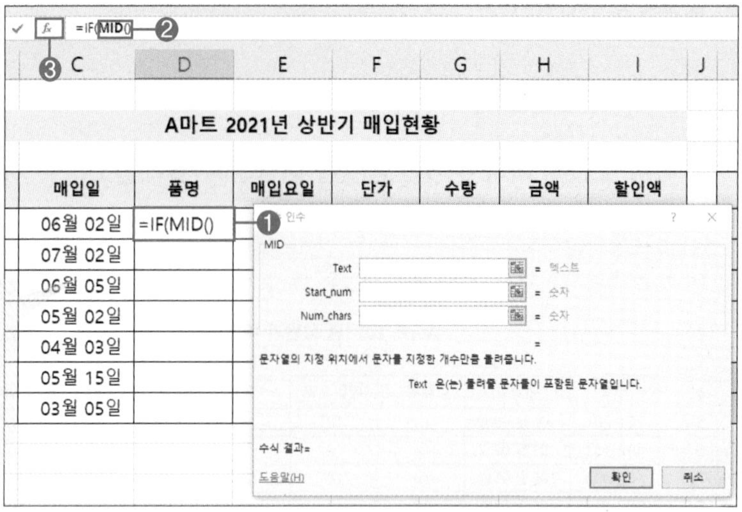

Tip

함수마법사가 번거로우면 수식 입력줄에 직접 입력합니다. 수식 입력줄에 수식을 입력할 때는 괄호 또는 ""에 주의하세요.

02 'MID' 함수 창이 표시되면 ❶'Text'에는 [B5] 셀을 클릭하고 'Start_Num'에는 '4'를 입력한 후 'Num_chars'에는 '1'을 입력합니다. 다시 IF문으로 이동하기 위해 수식 입력줄의 ❷'IF'를 클릭합니다.

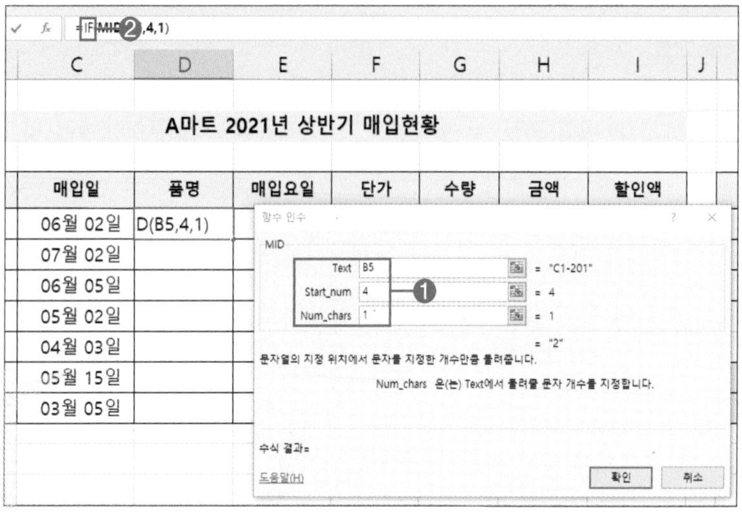

Tip

'Start_Num'의 '4'는 텍스트 시작 문자의 위치

'Num_chars'의 '1'은 시작 문자부터 시작하여 찾고자 하는 문자의 위치

03 'IF' 함수 창이 표시되면 ❶'Local_test'에 '="1"'을 입력하고 'Value_if_true'에 '"식품"'을 입력하고 두 번째 조건을 작성하기 위해 ❷'Value_if_false'에 'if(mid('입력한 후 ❸수식 입력줄의 'mid'를 클릭하여 ❹'mid' 함수마법사 창으로 이동합니다.

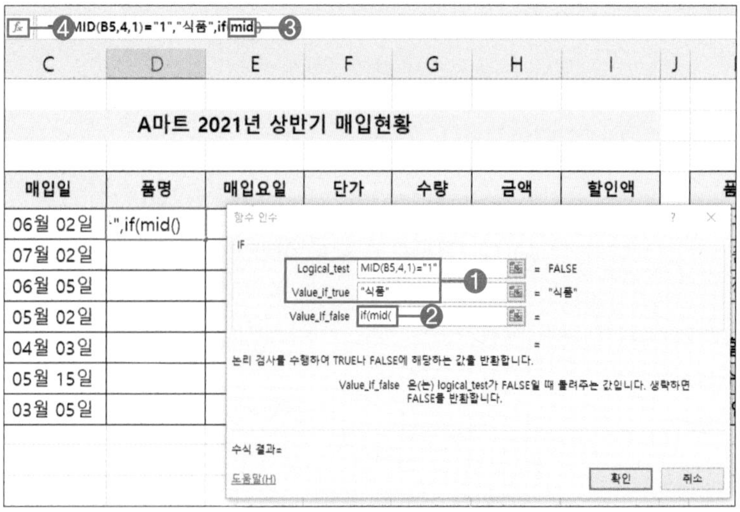

04 'MID' 함수 창이 표시되면 ❶'Text'에는 [B5]를 클릭하고 'Start_Num'에는 '4'를 입력한 후 'Num_chars'에는 '1'을 입력합니다. 다시 IF문으로 이동하기 위해 수식 입력 줄의 ❷'IF'를 클릭합니다.

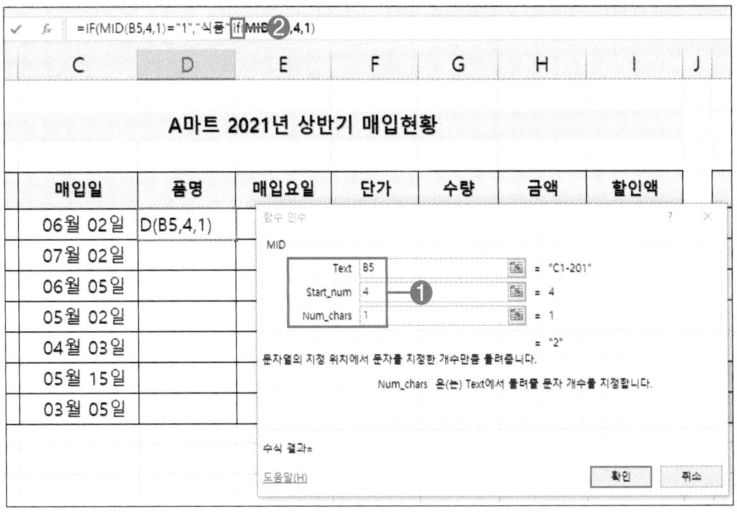

05 'IF'함수 창이 표시되면 ❶'Logical_test' 맨 뒤에 '="2"'를 입력하고 ❷'Value_if_true'에 '"문구"'와 'Value_if_true'에 '"화장품")'을 입력하고 ❸[확인]을 클릭합니다.

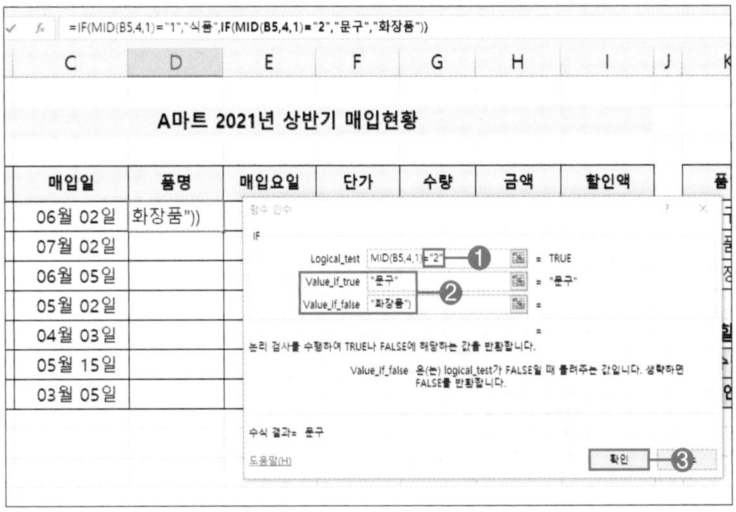

06 수식을 [D11] 셀까지 채우기 핸들하여 계산을 완료합니다.

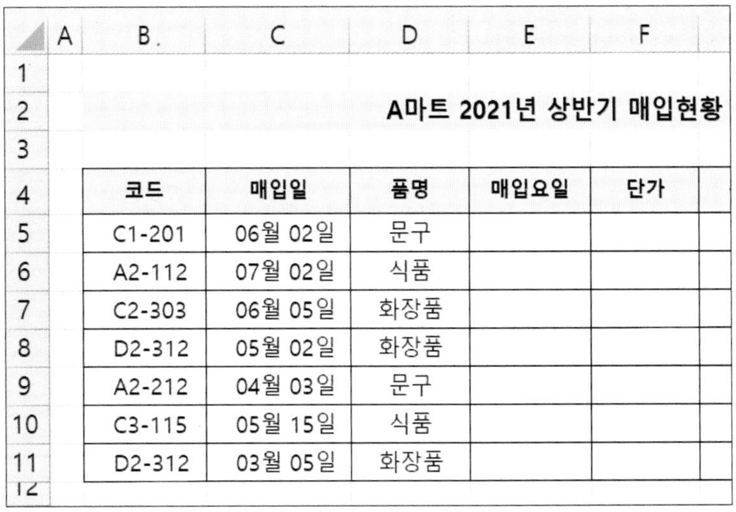

A마트 2021년 상반기 매입현황
코드
매입일
품명
매입요일
단가
C1-201
06월 02일
문구
A2-112
07월 02일
식품
C2-303
06월 05일
화장품
D2-312
05월 02일
화장품
A2-212
04월 03일
문구
C3-115
05월 15일
식품
D2-312
03월 05일
화장품

07 매입요일을 계산하기 위해 [E5]셀에 '=CHOOSE(week'를 입력하여 'WEEKDAY' 함수를 더블클릭합니다.

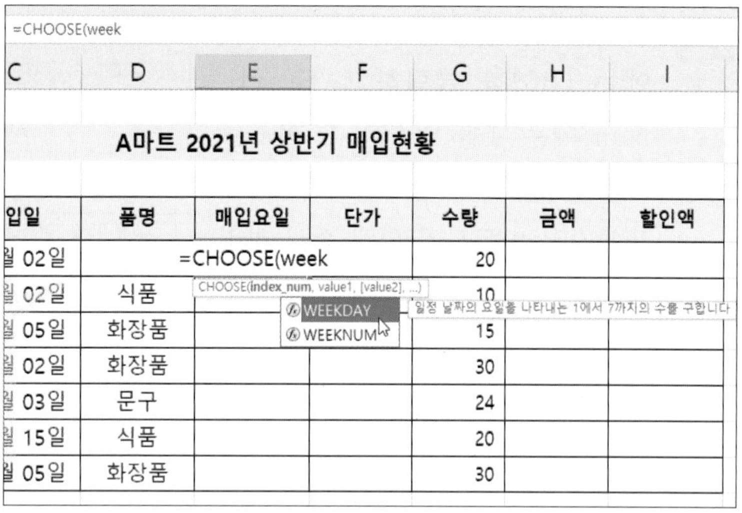

Tip

함수명을 두 세글자 입력하면 입력한 텍스트로 시작하는 함수명이 표시됩니다. 해당하는 함수를 더블클릭하면 함수가 자동 입력됩니다.

08 ❶'=CHOOSE(WEEKDAY('에서 'WEEKDAY' 함수가 선택된 상태에서 ❷[함수 삽입]을 클릭합니다.

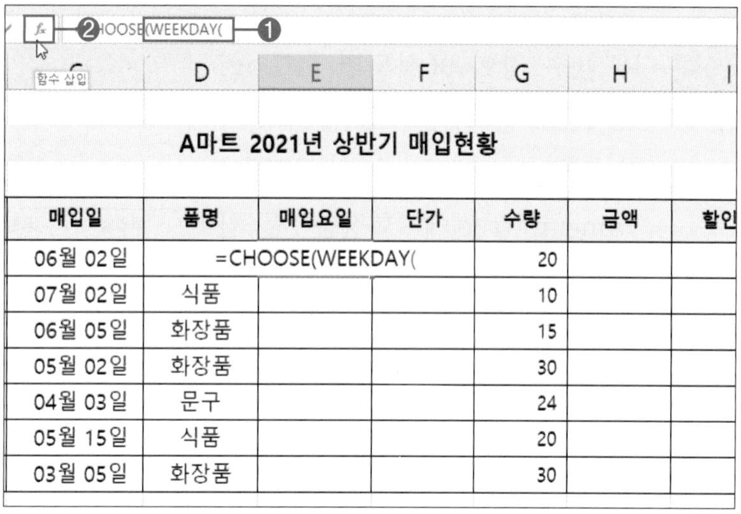

09 'WEEKDAY' 함수 창에서 ❶ 'Serial_number'에 [C5] 셀을 클릭하여 입력하고 'Return_type'에 '1'을 입력합니다. ❷수식 입력줄의 'CHOOSE' 함수를 클릭합니다.

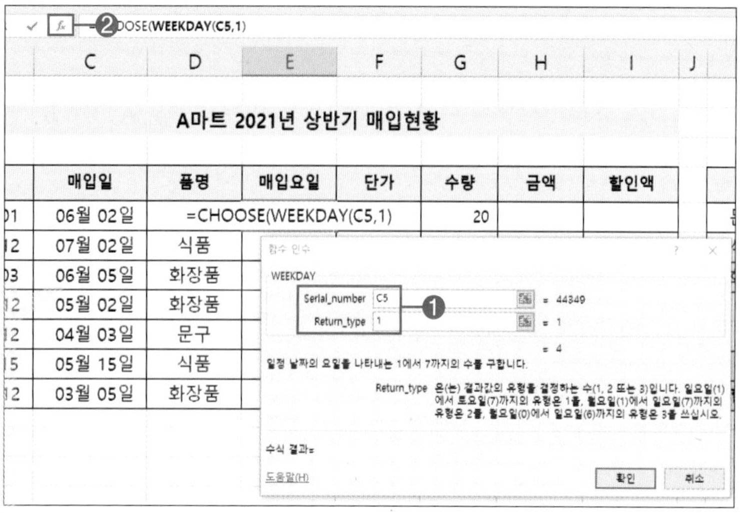

Tip

WEEKDAY 함수는 날짜에 해당하는 요일을 1~7까지의 수를 구합니다. 일요일부터 시작하면 일요일은 '1', 월요일은 '2' ....입니다.

'Return_type'은 '일요일'부터 시작하면 '1', '월요일'부터 시작하면 '2', '월요일'을 '0'부터 시작하면 '3'을 입력합니다.

10 'CHOOSE' 함수 창에서 ❶'Value1'에 '일요일'을 입력하고 'Value2'로 이동하려면 키보드 Tab 을 누릅니다.

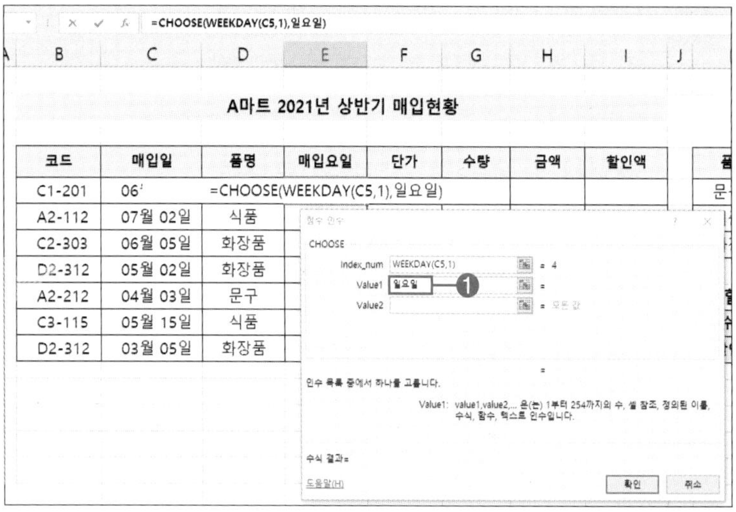

Tip

CHOOSE 함수는 인수에 해당하는 텍스트, 셀 참조, 함수등을 돌려줍니다. mid함수에서 추출된 숫자가 '1'이면 '일요일', '2'이면 '월요일'....입니다. 인수의 개수만큼 값을 입력해야 합니다.

11 Tab 을 이용하여 'Value1 : 일요일'을 시작으로 'Value2 : 월요일', 'Value3 : 화요일', 'Value4 : 수요일', 'Value5 : 목요일', 'Value6 : 금요일', 'Value7 : 토요일'을 입력하고 ❶[확인]을 클릭합니다.

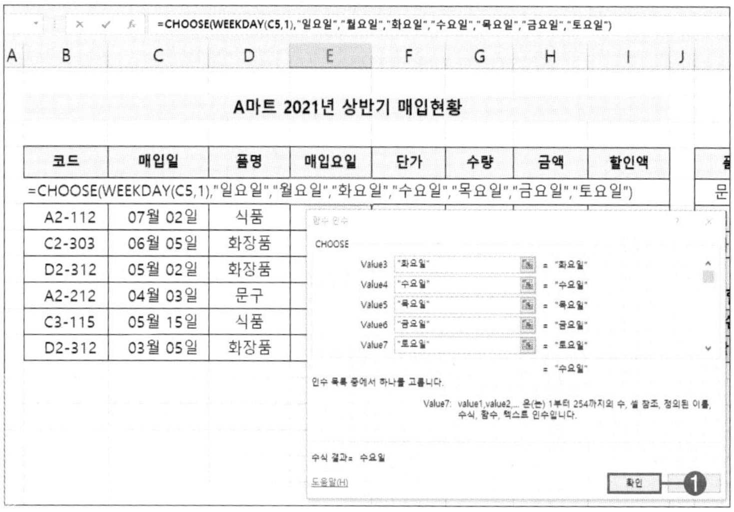

Tip

Choose 함수의 Value값은 인수 목록만큼 입력해야 합니다.

12 다음과 같이 수식을 복사하여 계산을 완료합니다.

Tip

채우기 핸들하여 수식을 복사한 후 '자동 채우기 옵션'을 눌러 '서식 없이 채우기'를 합니다.

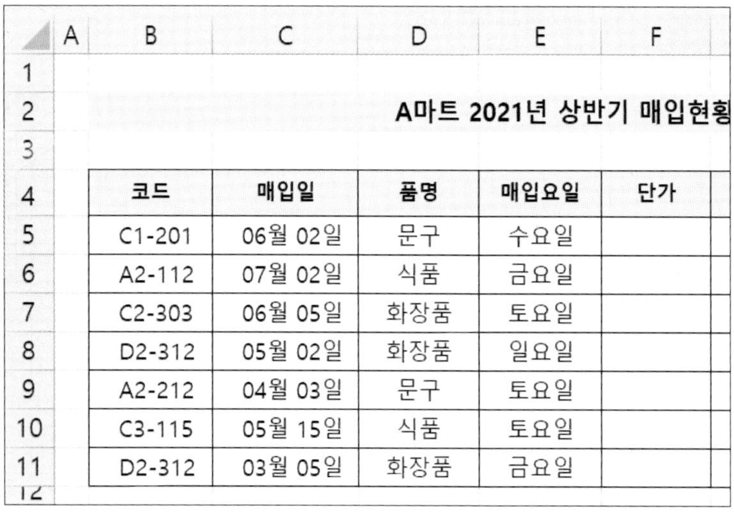

A마트 2021년 상반기 매입현황
코드 | 매입일 | 품명 | 매입요일 | 단가
C1-201 | 06월 02일 | 문구 | 수요일
A2-112 | 07월 02일 | 식품 | 금요일
C2-303 | 06월 05일 | 화장품 | 토요일
D2-312 | 05월 02일 | 화장품 | 일요일
A2-212 | 04월 03일 | 문구 | 토요일
C3-115 | 05월 15일 | 식품 | 토요일
D2-312 | 03월 05일 | 화장품 | 금요일

13 단가를 구하기 위해 [F5] 셀을 클릭한 후 ❶'=vl'을 입력한 후 ❷'VLOOKUP' 함수를 더블클릭하여 입력하고 ❸[함수 삽입]을 클릭합니다.

Tip

값을 찾는 테이블의 데이터가 열단위로 나열되어 있으면 'VLOOKUP' 함수를 사용합니다.

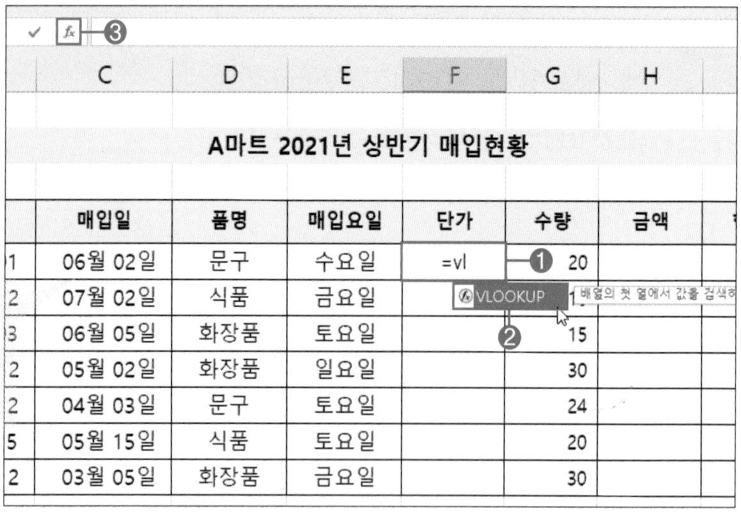

A마트 2021년 상반기 매입현황
매입일 품명 매입요일 단가 수량 금액
06월 02일 문구 수요일 =vl 20
07월 02일 식품 금요일 VLOOKUP
06월 05일 화장품 토요일 15
05월 02일 화장품 일요일 30
04월 03일 문구 토요일 24
05월 15일 식품 토요일 20
03월 05일 화장품 금요일 30

14 '단가테이블'에는 '품명'과 '단가'가 결정되어 있습니다. ❶'Lookup_value'에는 찾는 값이 있는 'D5'를 클릭하여 입력하고 'Table_array'에는 '$K$5:$L$7'까지 범위 설정 후 F4를 눌러 절대 참조로 변경합니다. 단가는 단가테이블의 두 번째 열에 있으므로 'Col_Index_num'에 '2'를 입력하고 'Range_lookup' 은 '0'을 입력하고 ❷[확인]을 클릭합니다.

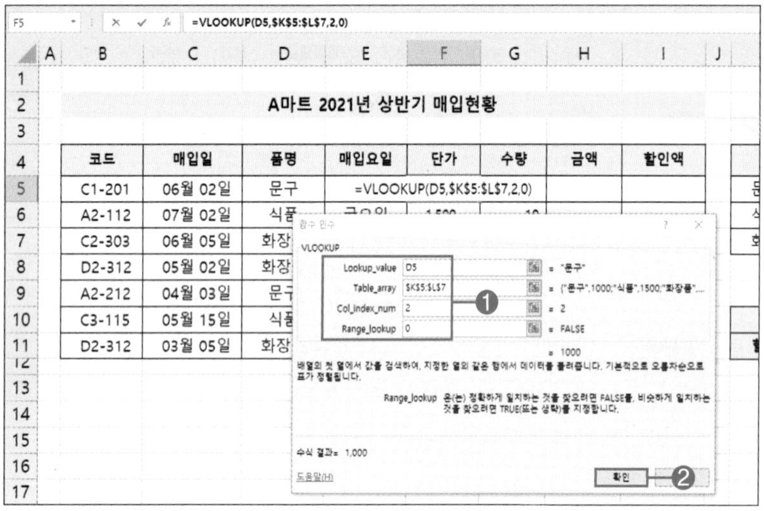

Tip

Range_lookup에는 품명과 단가가 1:1로 대응되므로 '0'을 입력합니다. 하나의 값에 여러 개가 대응되면 '1'을 입력합니다.

15 계산을 완료합니다.

A마트 2021년 상반기 매입현황
품명 매입요일 단가 수량 금액 할인액
문구 수요일 1,000 20
식품 금요일 1,500 10
화장품 토요일 2,000 15
화장품 일요일 2,000 30
문구 토요일 1,000 24
식품 토요일 1,500 20
화장품 금요일 2,000 30

16 금액은 '단가*수량'으로 계산합니다.

17 할인액을 구하기 위해 [I5] 셀에 ❶'=HL'을 입력하고 목록에서 ❷'HLOOKUP'을 더블클릭합니다.

Tip

값을 찾는 테이블의 데이터가 행단위로 나열되어 있으면 'HLOOKUP'함수를 사용합니다.

18 '할인율 테이블'에는 '수량'과 '할인율'이 결정되어 있습니다. ❶[함수 삽입]을 눌러 함수마법사 창이 열리면 ❷'Lookup_value'에는 찾는 값이 있는 [G5] 셀을 클릭하여 입력하고 'Table_array'에는 '$L$10:$O$11'까지 범위 설정 후 F4를 눌러 절대참조로 변경합니다. 수량에 따른 할인율은 할인율 테이블의 두 번째 행에 있으므로 'Row_Index_num'에 '2'를 입력하고 'Range_lookup' 은 빈칸으로 둔채로 ❸[확인]을 클릭합니다.

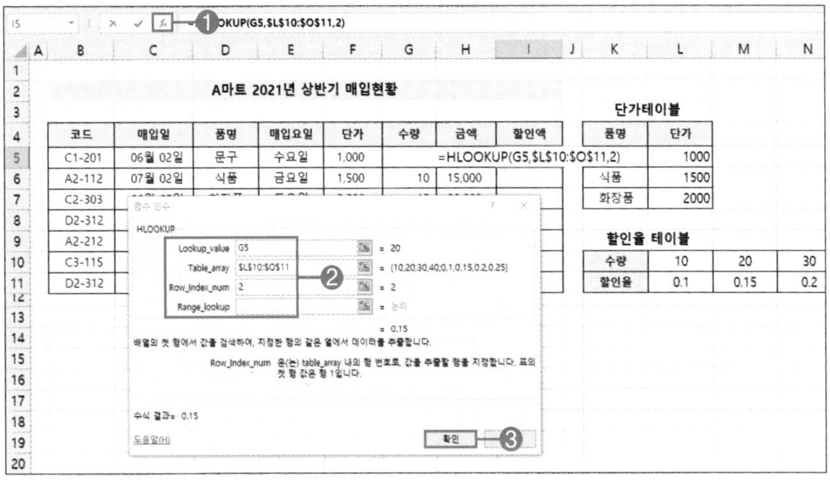

19 수식입력 줄의 끝에 '*H5'를 입력하고 Enter 를 누릅니다.

=HLOOKUP(G5,$L$10:$O$11,2)*H5

A마트 2021년 상반기 매입현황

일	품명	매입요일	단가	수량	금액	할인액
02일	문구	수요일	1,000	20	20,000	1,2)*H5
02일	식품	금요일	1,500	10	15,000	
05일	화장품	토요일	2,000	15	30,000	
02일	화장품	일요일	2,000	30	60,000	
03일	문구	토요일	1,000	24	24,000	
15일	식품	토요일	1,500	20	30,000	
05일	화장품	금요일	2,000	30	60,000	

20 계산을 완료합니다.

A마트 2021년 상반기 매입현황

품명	매입요일	단가	수량	금액	할인액
문구	수요일	1,000	20	20,000	3000
식품	금요일	1,500	10	15,000	1500
화장품	토요일	2,000	15	30,000	3000
화장품	일요일	2,000	30	60,000	12000
문구	토요일	1,000	24	24,000	3600
식품	토요일	1,500	20	30,000	4500
화장품	금요일	2,000	30	60,000	12000

Tip

Vlookup 범위 설정

품명에 따라 단가를 구하고자 할 때 단가테이블의 범위를 살펴보면 매입일, 품명, 단가순으로 표시되어 있습니다.

- 테이블 범위를 설정할 때 찾는 값이 '품명'이기 때문에 테이블 범위는 '매입일'이 아닌 '품명'부터 범위 설정합니다.
- 즉, 찾는 값이 테이블 범위의 첫 열이 되어야 합니다. VLOOKUP(D5, L5:M8,2,0)입니다.

VLOOKUP(lookup_value, table_array, col_index_num, [range_lookup])

A마트 2021년 상반기 매입현황

매입일	품명	매입요일	단가	수량	금액	할인액
06월 02일	문구	수요일	5,$L$5:M	20	20,000	3000
07월 02일	식품	금요일	1,500	10	15,000	1500
06월 05일	화장품	토요일	2,000	15	30,000	3000
05월 02일	화장품	일요일	2,000	30	60,000	12000
04월 03일	문구	토요일	1,000	24	24,000	3600
05월 15일	식품	토요일	1,500	20	30,000	4500
03월 05일	화장품	금요일	2,000	30	60,000	12000

단가테이블

매입일	품명	단가
06월 02일	문구	1000
07월 02일	식품	1500
06월 05일	화장품	2000

데이터베이스 함수의 이해

함수	설명
DSUM(범위,필드 또는 열 번호,찾을 조건)	조건에 맞는 필드의 합을 구함
DAVERAGE(범위,필드 또는 열 번호,찾을 조건)	조건에 맞는 필드의 평균을 구함
DCOUNT(범위,필드 또는 열 번호,찾을 조건)	조건에 맞는 필드의 숫자 셀의 개수를 구함
DCOUNTA(범위,필드 또는 열 번호,찾을 조건)	조건에 맞는 필드의 공백을 제외한 셀의 개수를 구함
DMAX(범위,필드 또는 열 번호,찾을 조건)	조건에 맞는 필드 값 중에서 가장 큰 값을 구함
DMIN(범위,필드 또는 열 번호,찾을 조건)	조건에 맞는 필드 값 중에서 가장 작은 값을 구함
DGET(범위,필드 또는 열 번호,찾을 조건	조건에 맞는 고유 데이터를 추출함

함수의 예

	A	B	C	D	E	F	G	H
1								
2		씨티정보통신 매출현황						
3								
4		제품명	상품	판매지역	상반기 판매일	할인율	정상가	판매량 (단위:개)
5		C1-JU01	본체	전주	2016-06-01	10%	₩ 250,000	202개
6		H2-BS03	라우터	부산	2016-04-09	5%	₩ 150,000	502개
7		M2-SU05	라우터	서울	2016-03-24	6%	₩ 200,000	652개
8		C2-JU03	본체	전주	2016-01-17	15%	₩ 200,000	375개
9		R4-CW03	메모리	창원	2016-01-15	25%	₩ 100,000	1,265개
10		M5-DJ07	스위치	대전	2016-06-07	10%	₩ 150,000	551개
11		H3-BS02	메모리	부산	2016-02-10	20%	₩ 170,000	605개
12		R2-CW05	스위치	창원	2016-05-20	10%	₩ 80,000	1,545개
13		본체의 판매량의 합계			577			
14		전주지역의 판매량의 평균			288.5			
15		본체의 개수			2			
16		상품본체 중에서 가장 높은 할인율			0.15			
17		전주지역의 가장 낮은 정상가			200000			
18		정상가가 250,000인 제품명			C1-JU01			

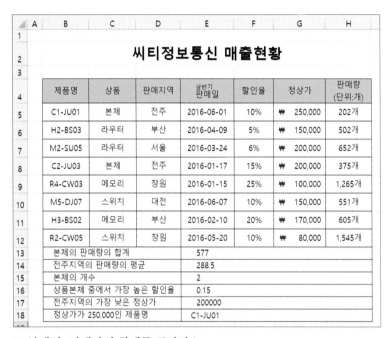

(1) 본체의 판매량의 합계를 구하시오.

=DSUM(B4:H12,7,C4:C5)

(2) 전주 지역의 판매량의 평균을 구하시오.

=DAVERAGE(B4:H12,7,D4:D5)

(3) 본체의 개수를 구하시오.

=DCOUNTA(B4:H12,C4,C4:C5)

(4) 상품 본체 중에서 가장 높은 할인율을 구하시오.

=DMAX(B4:H12,5,C4:C5)

(5) 전주 지역의 가장 낮은 정상가를 구하시오.

=DMIN(B4:H12,6,D4:D5)

(6) 정상가가 250,000인 제품명을 구하시오.

=DGET(B4:H12,1,G4:G5)

■ ■ 예제 : 기출유형₩2.함수.xlsx / 완성 : 기출유형₩2.함수완성.xlsx

데이터베이스 함수 따라하기

☞ 다음 조건에 따라 주어진 함수를 이용하여 '데이터베이스함수' 시트에 값을 구하시오.

출력형태

	A	B	C	D	E	F	G
1		상반기 영업 실적					
2							
3		사원명	소속	직위	팀명	판매수량	판매금액
4		이미나	총무부	대리	미래	12	1,184,400
5		김미자	인사부	대리	파워	15	1,480,500
6		정해웅	총무부	사원	파워	21	2,072,700
7		장말숙	총무부	과장	미래	10	987,000
8		강순영	인사부	부장	무궁	8	789,600
9		윤민아	인사부	대리	상공	32	3,158,400
10		박금미	영업부	사원	파워	8	789,600
11		전대형	영업부	사원	대한	15	1,480,500
12		최병윤	인사부	대리	미래	35	3,454,500
13		이슬이	총무부	부장	미래	11	1,085,700
14		노형일	인사부	대리	무궁	15	1,480,500
15		미래팀의 판매수량의 합계			(1)		
16		직위가 대리인 판매금액의 평균			(2)		
17		총무부 중 가장 높은 판매금액			(3)		
18		대리 중 가장 낮은 판매수량			(4)		
19		대리의 인원수			(5)		

조건

(1) 미래팀의 판매수량의 합계 ⇒ 팀명이 미래인 판매수량의 합계를 구하시오(DSUM 함수).

(2) 직위가 대리인 판매금액의 평균 ⇒ 직위가 대리인 판매금액의 평균을 구한 후 백단위에서 반올림 하시오(ROUND 함수, DAVERAGE 함수)(예 1,234,750 → 1,234,700).

(3) 총무부 중 가장 높은 판매금액 ⇒ 소속이 총무부 중 가장 높은 판매금액을 구하시오(DMAX 함수).

(4) 대리 중 가장 낮은 판매수량 ⇒ 직위가 대리 중 가장 낮은 판매수량을 구하시오(DMIN 함수).

(5) 대리의 인원수 ⇒ 직위가 대리의 인원수를 구하시오(DCOUNTA 함수).

01 ❶[F15] 셀에 '=DSUM' 함수를 입력하고 함수 마법사를 불러옵니다.

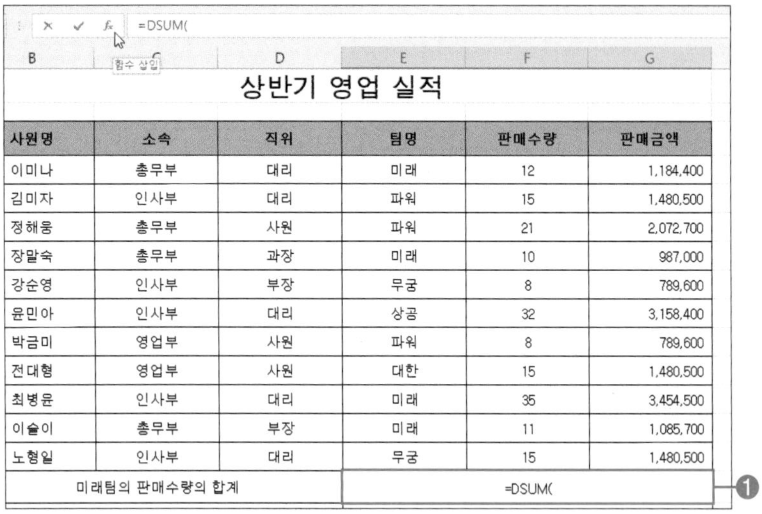

상반기 영업 실적					
사원명	소속	직위	팀명	판매수량	판매금액
이미나	총무부	대리	미래	12	1,184,400
김미자	인사부	대리	파워	15	1,480,500
정해웅	총무부	사원	파워	21	2,072,700
장말숙	총무부	과장	미래	10	987,000
강순영	인사부	부장	무궁	8	789,600
윤민아	인사부	대리	상공	32	3,158,400
박금미	영업부	사원	파워	8	789,600
전대형	영업부	사원	대한	15	1,480,500
최병윤	인사부	대리	미래	35	3,454,500
이슬이	총무부	부장	미래	11	1,085,700
노형일	인사부	대리	무궁	15	1,480,500
미래팀의 판매수량의 합계			=DSUM(		

02 'Database' 항목에는 'B3:G14'를 입력하고, 'Field' 항목에는 값을 구할 필드명 또는 필드명이 위치한 위치 번호를 입력합니다. 판매수량의 합계를 구하므로 '판매수량'의 필드인 [F3] 셀을 클릭하거나 5번째 필드이므로 '5'를 입력합니다. 'Criteria' 항목에는 조건을 입력하므로 팀명이 미래팀이므로 'E3:E4'를 범위 설정합니다.

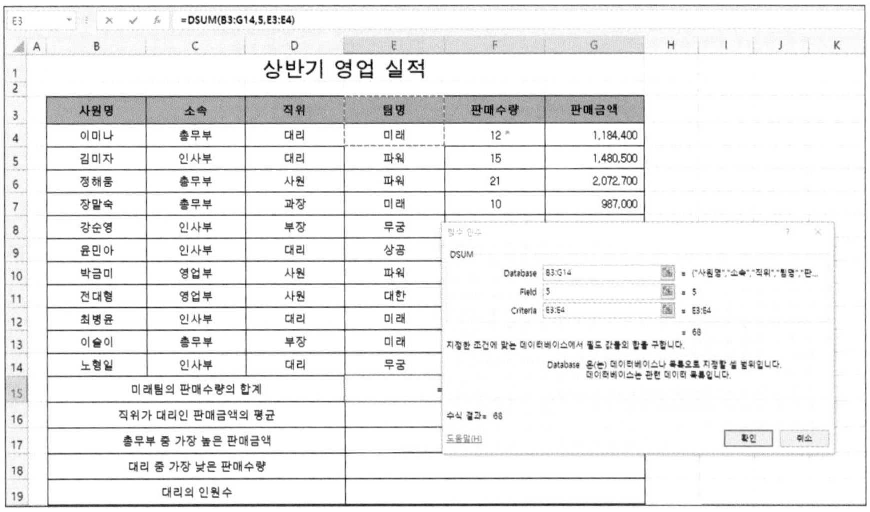

03 직위가 대리인 판매금액의 평균은 [E16] 셀에 '=ROUND(DAVERAGE(B3:G14,G3,D3:D4),−2)'를 입력합니다.
총무부 중 가장 높은 판매금액은 [E17] 셀에 '=DMAX(B3:G14,G3,C3:C4)'를 입력합니다.
대리 중 가장 낮은 판매수량은 [E18] 셀에 '=DMIN(B3:G14,F3,D3:D4)'를 입력합니다.
대리의 인원수는 [E19] 셀에 '=DCOUNTA(B3:G14,D3,D3:D4)'를 입력합니다.

■ ■ 예제파일 : 실력팡팡₩함수1.xlxs / 완성파일 :실력팡팡₩함수1완성.xlxs

01 ☞ 다음은 '높은 음자리 교육원'에 대한 자료이다. 자료를 입력하고 조건에 맞도록 작업하시오.

높은 음자리 교육원

결재	담당	팀장	부장

강사코드	담당강사	교육구분	프로그램명	전년도 지원현황	금년도 지원현황	재수강율 (단위:%)	순위	비고
SS003	우주원	자격증과정	SNS마케팅	100명	85명	30%	(1)	(2)
SS005	이예슬	취미반	프랑스자수	80명	55명	15%	(1)	(2)
SA012	최민아	창업교육	닥종이인형	50명	55명	35%	(1)	(2)
TS030	서인정	취미반	우쿨렐레	40명	40명	75%	(1)	(2)
TA100	정서연	창업교육	한식조리사	50명	35명	120%	(1)	(2)
AS101	민지혜	창업교육	창업떡만들기	30명	37명	55%	(1)	(2)
AS102	유나희	자격증과정	숲해설사	100명	113명	32%	(1)	(2)
TA200	표민수	취미반	생활도예	100명	100명	26%	(1)	(2)
취미반의 전년도 지원현황의 합계			(3)		두 번째로 높은 전년도 지원현황			(5)
가장 적은 금년도 지원현황			(4)		담당강사	정서연	재수강율	(6)

조건 ⊙ (1)~(6) 셀은 반드시 <u>주어진 함수를 이용</u>하여 값을 구하시오(결과값을 직접 입력하면 해당 셀은 0점 처리됨).

(1) 순위 ⇒ 금년도 지원현황의 내림차순 순위를 구하시오(RANK.EQ함수).

(2) 비고 ⇒ 강사코드의 첫 글자가 A이면 '오전반', S이면 '오후반', T이면 '야간반'으로 표시하시오 (IF, LEFT 함수).

(3) 취미반의 전년도 지원현황의 합계 ⇒ 취미반의 금년도 지원현황의 합계를 구하시오(SUMIF 함수).

(4) 가장 적은 금년도 지원현황 ⇒ 정의된 이름(지원현황)을 이용하여 구하시오(MIN 함수).

(5) 두 번째로 높은 전년도 지원현황 ⇒ 금년도 지원현황의 두 번째로 높은 값을 구하시오(LARGE 함수).

(6) 재수강율 ⇒ 「H14」 셀에서 선택한 강사명에 대한 재수강율(단위:%)을 표시하시오(VLOOKUP 함수).

출력형태

높은 음자리 교육원

결재	담당	팀장	부장

강사코드	담당강사	교육구분	프로그램명	전년도 지원현황	금년도 지원현황	재수강율 (단위:%)	순위	비고
SS003	우주원	자격증과정	SNS마케팅	98명	85명	30%	3	오후반
SS005	이예슬	취미반	프랑스자수	80명	55명	15%	4	오후반
SA012	최민아	창업교육	닥종이인형	50명	55명	35%	4	오후반
TS030	서인정	취미반	우쿨렐레	40명	40명	75%	6	야간반
TA100	정서연	창업교육	한식조리사	50명	35명	120%	8	야간반
AS101	민지혜	창업교육	창업떡만들기	30명	37명	55%	7	오전반
AS102	유나희	자격증과정	숲해설사	70명	113명	32%	1	오전반
TA200	표민수	취미반	생활도예	60명	100명	26%	2	야간반
취미반의 전년도 지원현황의 합계			180		두 번째로 높은 전년도 지원현황			80
가장 적은 금년도 지원현황			35		담당강사	정서연	재수강율	1.2

02 ☞ 다음은 '제5회 바리스타 경연대회 결과'에 대한 자료이다. 자료를 입력하고 조건에 맞도록 작업하시오.

제5회 바리스타 경연대회 결과

결재	담당	팀장	부장

수험번호	지원자	지원 종목	태도	맛과 향	총점 (200점 만점)	평가	순위
C3-0706	노형일	카푸치노	98.6	92.5	총281.2	(1)	(2)
E1-S078	두리안	에소프레소	87.7	89.1	총265.5	(1)	(2)
R3-A094	최미숙	카푸치노	91.7	91.6	총275.8	(1)	(2)
B3-U098	김순옥	블랜딩	89.9	92.3	총272.1	(1)	(2)
C3-A119	정은유	카푸치노	94.5	92.4	총284.1	(1)	(2)
R4-U073	강나연	로스팅	88.4	88.5	총270.4	(1)	(2)
C3-A040	이유리	블랜딩	93.1	90.5	총276.1	(1)	(2)
E1-A079	나나무	에소프레소	100	87.2	총262.3	(1)	(2)
두 번째로 적은 맛과 향			(3)	카푸치노의 총점의 평균			(5)
블랜딩의 태도의 평균			(4)	지원자	노형일	평가	(6)

조건

⊙ (1)~(6) 셀은 반드시 <u>주어진 함수를 이용</u>하여 값을 구하시오(결과값을 직접 입력하면 해당 셀은 0점 처리됨).

(1) 평가 ⇒ 태도와 맛과 향의 점수가 90점 이상이면 '2차선발', 그 외는 공백으로 구하시오 (IF, AND 함수).

(2) 순위 ⇒ 총점이 큰 순으로 순위를 구한 결과에 "위"를 붙이시오(RANK.EQ 함수, &연산자)(예 : 1위).

(3) 두 번째로 적은 맛과 향 ⇒ (SMALL 함수).

(4) 블랜딩의 태도의 평균 ⇒ 정의된 이름(태도)를 이용하여 구하시오(SUMIF, COUNTIF 함수).

(5) 카푸치노의 총점의 평균 ⇒ 지원종목이 블랜딩의 총점의 평균을 반올림하여 소수 첫째 자리까지 구하시오. 단, 조건은 입력된 데이터를 이용하시오.(ROUND, DAVERAGE 함수)(예 : 340.125 →340.1).

(6) 평가 ⇒ 「G14」 셀에서 선택한 지원자의 평가를 구하시오(VLOOKUP 함수).

출력형태

제5회 바리스타 경연대회 결과

결재	담당	팀장	부장

수험번호	지원자	지원 종목	태도	맛과 향	총점 (200점 만점)	평가	순위
C3-0706	노형일	카푸치노	98.6	92.5	총281.2	2차선발	2위
E1-S078	두리안	에소프레소	87.7	89.1	총265.5		7위
R3-A094	최미숙	카푸치노	91.7	91.6	총275.8	2차선발	4위
B3-U098	김순옥	블랜딩	89.9	92.3	총272.1		5위
C3-A119	정은유	카푸치노	94.5	92.4	총284.1	2차선발	1위
R4-U073	강나연	로스팅	88.4	88.5	총270.4		6위
C3-A040	이유리	블랜딩	93.1	90.5	총276.1	2차선발	3위
E1-A079	나나무	에소프레소	100	87.2	총262.3		8위
두 번째로 적은 맛과 향			88.5	카푸치노의 총점의 평균			280.4
블랜딩의 태도의 평균			91.50	지원자	노형일	평가	2차선발

■ ■ 예제파일 : 실력팡팡₩함수3.xlxs / 완성파일 : 실력팡팡₩함수3완성.xlxs

03 ☞ 다음은 '문화관광 지원사업 결과'에 대한 자료이다. 자료를 입력하고 조건에 맞도록 작업하시오.

문화관광 지원사업 결과

결재	담당	부장	원장

지원코드	사업자	사업장주소	사업개업 연도	지원 분야	교육 시간	지원총액 (단위:천원)	지원비율 (단위:%)	비고
C19-0706	장미희	소대배기로 18-13	(1)	정보화교육	1	50천원	50%	(2)
E18-S078	이은나	문학로 11-8	(1)	문화예술	3	45천원	45%	(2)
R21-A094	최대정	백제로 25-3	(1)	문화예술	3	65천원	65%	(2)
B19-U098	이민정	서곡로 19-1	(1)	환경개선	2	100천원	100%	(2)
C20-A119	김희정	와룡로 12-5	(1)	정보화교육	4	35천원	35%	(2)
R21-U073	정은유	효자로 6-5	(1)	문화예술	5	40천원	40%	(2)
C17-A040	정서연	기린로 55-8	(1)	정보화교육	2	60천원	60%	(2)
E20-A079	노형원	한벽로 12-9	(1)	전통문화	2	55천원	55%	(2)
최대 교육시간			(3)		지원분야가 문화예술 비율			(5)
교육시간에 따른 운영비 총 합계			(4)		지원코드	C20-A119	사업개업년도	(6)

조건 ⊙ (1)~(6) 셀은 반드시 **주어진 함수를 이용**하여 값을 구하시오(결과값을 직접 입력하면 해당 셀은 0점 처리됨).

(1) 사업개업년도 ⇒ 「2000+지원코드의 두 번째 숫자부터 두 자리」의 계산한 결과값 뒤에 '년'을 표시하시오. 단, 지원코드의 두 번째 자리를 이용하여 구하시오 (MID 함수, & 연산자)(예 : 2019년).

(2) 비고 ⇒ 지원비율(단위:%)의 내림차순 순위를 '1~3'만 표시하고 그 외에는 공백으로 표시하시오. (IF,RANK 함수)

(3) 최대 교육시간 ⇒ (MAX 함수).

(4) 교육시간에 따른 운영비 총 합계 ⇒ 정의된 이름(교육시간)을 이용하여 운영비 총 합계를 구하시오. 단, 운영비는 1시간에 30,000원으로 계산하시오 (SUMPRODUCT 함수)(예 : 660,000).

(5) 지원분야가 문화예술의 비율 ⇒ 지원분야가 문화예술인 비율을 구한 후 백분율로 표시하시오. (COUNTIF, COUNTA 함수).(예 : 0.15 →15%).

(6) 사업개업년도 ⇒「H14」 셀에서 선택한 사업개업년도를 표시하시오(VLOOKUP 함수).

출력형태

문화관광 지원사업 결과

결재	담당	부장	원장

지원코드	사업자	사업장주소	사업개업 연도	지원 분야	교육 시간	지원총액 (단위:천원)	지원비율 (단위:%)	비고
C19-0706	장미희	소대배기로 18-13	2019년	정보화교육	1	50천원	50%	
E18-S078	이은나	문학로 11-8	2018년	문화예술	3	45천원	45%	
R21-A094	최대정	백제로 25-3	2021년	문화예술	3	65천원	65%	2
B19-U098	이민정	서곡로 19-1	2019년	환경개선	2	100천원	100%	1
C20-A119	김희정	와룡로 12-5	2020년	정보화교육	4	35천원	35%	
R21-U073	정은유	효자로 6-5	2021년	문화예술	5	40천원	40%	
C17-A040	정서연	기린로 55-8	2017년	정보화교육	2	60천원	60%	3
E20-A079	노형원	한벽로 12-9	2020년	전통문화	2	55천원	55%	
최대 교육시간			5		지원분야가 문화예술 비율			38%
교육시간에 따른 운영비 총 합계			660,000		지원코드	C20-A119	사업개업년도	2020년

04 ☞ 다음은 '교육공간 이룸 매출 실적'에 대한 자료이다. 자료를 입력하고 조건에 맞도록 작업하시오.

교육공간 이룸 매출 실적

결재	담당	부장	원장

사원코드	사원	부서	입사일	5월 매출	6월 매출	7월 매출	근무지	총근무년수
1-030P2	노형일	영업부	2012-03-02	80	100	80GOAL	(1)	(2)
2-060D4	노형원	홍보부	2009-06-04	90	85	75GOAL	(1)	(2)
1-090A3	김신우	영업부	2008-09-01	85	100	100GOAL	(1)	(2)
3-060S1	최민아	기획부	2011-06-01	100	95	95GOAL	(1)	(2)
2-090P2	박종철	홍보부	2007-09-01	95	75	75GOAL	(1)	(2)
4-060B2	이민영	관리부	2012-06-01	80	80	80GOAL	(1)	(2)
3-030T1	정신정	기획부	2007-03-01	85	75	90GOAL	(1)	(2)
2-030F3	윤지안	영업부	2006-03-02	100	90	85GOAL	(1)	(2)
노형원 7월 매출 차트		(3)		영업부서의 7월매출의 합계				(5)
90이상인 6월 매출의 수		(4)		사원코드	2-060D4		입사일	(6)

조건 ⊙ (1)~(6) 셀은 반드시 **주어진 함수를 이용**하여 값을 구하시오(결과값을 직접 입력하면 해당 셀은 0점 처리됨).

(1) 근무지 ⇒ 사원코드의 첫 글자가 1이면 '마포',2이면 '강남', 그 외에는 '종로'로 구하시오 (CHOOSE, LEFT 함수).

(2) 총근무년수 ⇒ 입사일의 년도를 현재 날짜를 이용해 구하시오(YEAR, NOW 함수, &연산자)(예 5년)

(3) 노형원의 7월 매출 차트 ⇒ (「H6」 셀÷100)으로 구한 값만큼 '★' 문자를 반복하여 표시하시오 (REPT 함수)(예 : 2 →★★).

(4) 90이상인 6월 매출의 수 ⇒ 정의된 이름(매출)을 이용하여 6월 매출에서 90이상의 수를 구하시오 (COUNTIF 함수).

(5) 영업부서의 7월 매출의 합계 ⇒ 조건은 입력된 데이터를 이용하여 구하시오(DSUM 함수).

(6) 입사일 ⇒ 「H14」 셀에서 선택한 사원코드에 대한 입사일을 표시하시오(VLOOKUP 함수).

출력형태

교육공간 이룸 매출 실적

결재	담당	부장	원장

사원코드	사원	부서	입사일	5월 매출	6월 매출	7월 매출	근무지	총근무년수
1-030P2	노형일	영업부	2012-03-02	80	100	80GOAL	마포	8
2-060D4	노형원	홍보부	2009-06-04	90	85	75GOAL	강남	11
1-090A3	김신우	영업부	2008-09-01	85	100	100GOAL	마포	12
3-060S1	최민아	기획부	2011-06-01	100	95	95GOAL	종로	9
2-090P2	박종철	홍보부	2007-09-01	95	75	75GOAL	강남	13
4-060B2	이민영	관리부	2012-06-01	80	80	80GOAL	종로	8
3-030T1	정신정	기획부	2007-03-01	85	75	90GOAL	종로	13
2-030F3	윤지안	영업부	2006-03-02	100	90	85GOAL	강남	14
노형원 7월 매출 차트		★★★★★★★		영업부서의 7월매출의 합계				265
90이상인 6월 매출의 수		4		사원코드	2-060D4		입사일	2009-06-04

03 Section

조건부 서식

조건부 서식은 입력된 데이터를 시각적으로 표현하는 방법으로 글꼴 색, 글꼴 또는 채우기를 지정하여 특정한 조건에 만족하는 데이터에 적용하는 기능입니다. 최대 64개까지 조건부 서식을 지정할 수 있고, 셀 강조 규칙에서 아이콘 집합 또는 수식을 작성하여 적용하는 기능을 학습합니다.

셀 강조 규칙

- 특정한 값 사이에 존재하는 값 등에 적용합니다.
- 셀 강조 규칙과 상/하위 규칙은 모두 입력된 셀 값을 기준으로 서식을 지정합니다.
- 조건부 서식을 적용할 영역을 설정하고, [홈] 탭의 [스타일] 그룹에서 [조건부 서식]의 '셀 강조 규칙'의 조건을 클릭합니다.

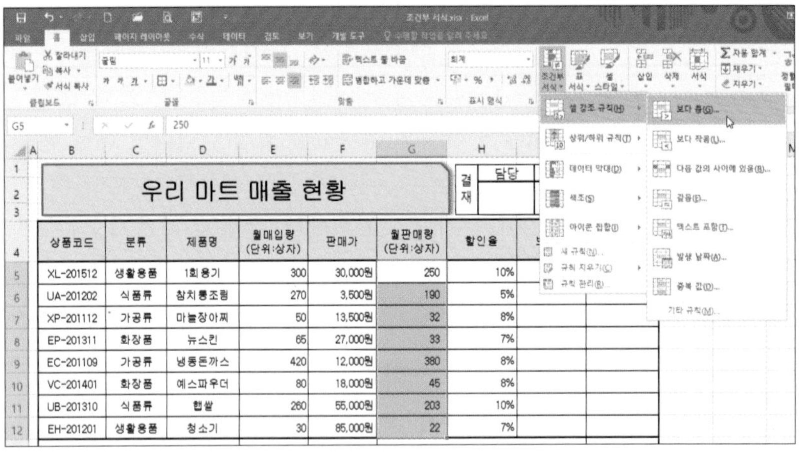

- [보다 큼] 대화상자에서 '값'을 입력하고 적용할 서식을 선택합니다.

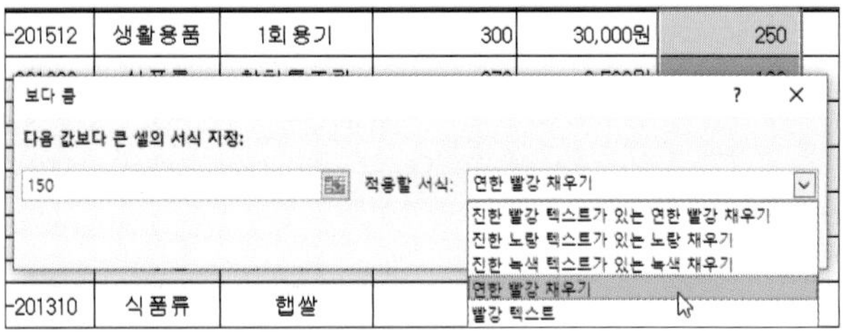

상위/하위 규칙

- 숫자 데이터를 기준으로 상위/하위 또는 평균 값을 표시합니다.

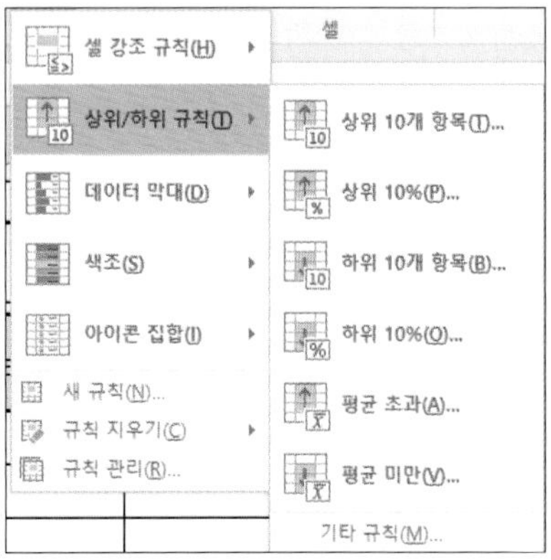

데이터 막대

• 현재 셀 값을 셀 영역에 다른 값들과 비교하여 크기를 막대로 표시합니다.

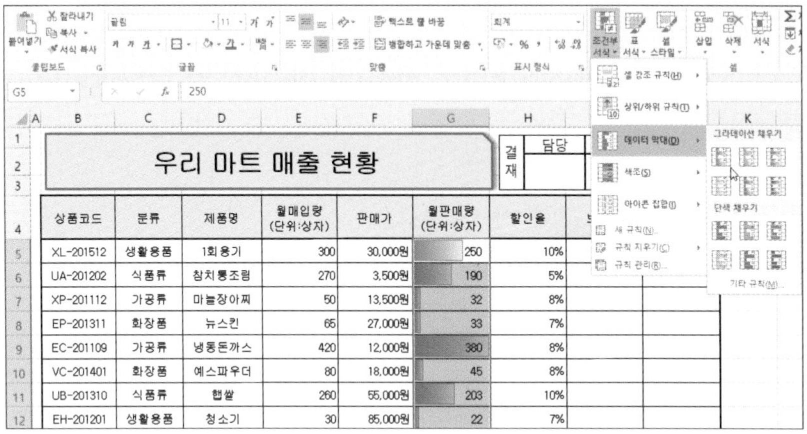

색조

• 두 가지 색 또는 세 가지 색을 이용하여 데이터 분포의 변화를 시각적으로 표시합니다.

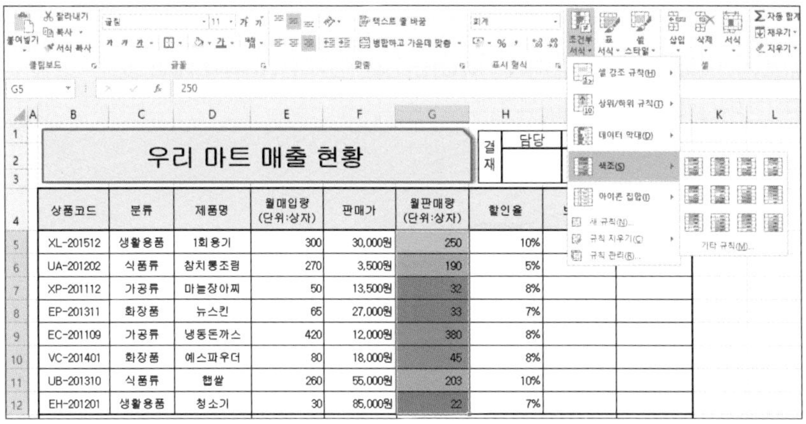

아이콘 집합

• 셀에 입력된 데이터 값을 상, 중, 하위 범위로 아이콘으로 표시합니다.

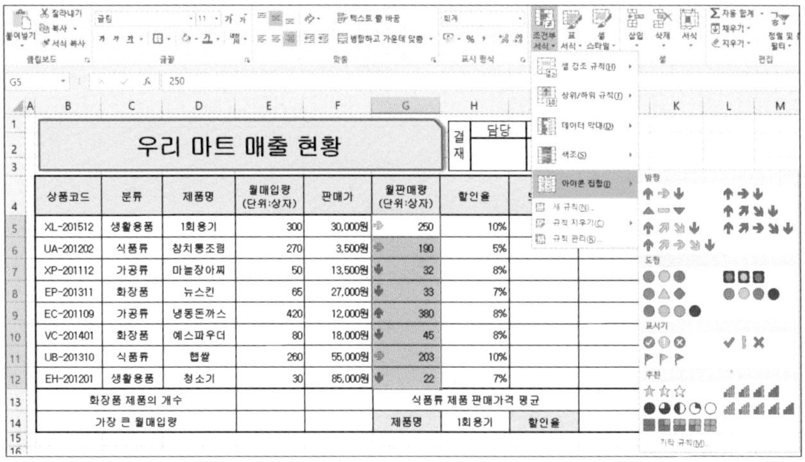

수식을 이용한 규칙 관리

- 두 개 이상의 항목에 적용되는 조건을 만족하는 서식을 적용하거나 특정한 조건에 일치하는 행 전체에 서식을 적용하고자 할 때 사용합니다.
- 셀 범위를 지정하고 [홈] 탭의 [스타일] 그룹에서 [조건부 서식]의 '새 규칙'을 클릭합니다.

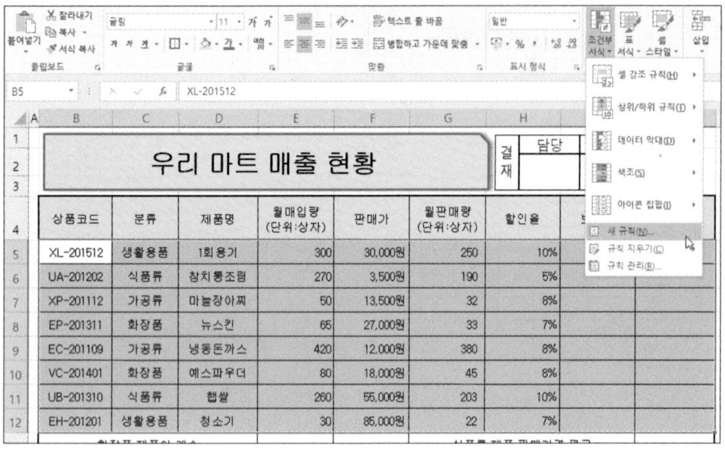

- [새 서식 규칙] 대화상자에서 [수식을 사용하여 서식을 지정할 셀 결정]을 선택한 후 '다음 수식이 참인 값의 서식 지정'에 서식을 지정합니다.
- [서식] 단추를 눌러 글꼴, 테두리, 채우기 등 서식을 선택한 후 [확인]을 클릭합니다.

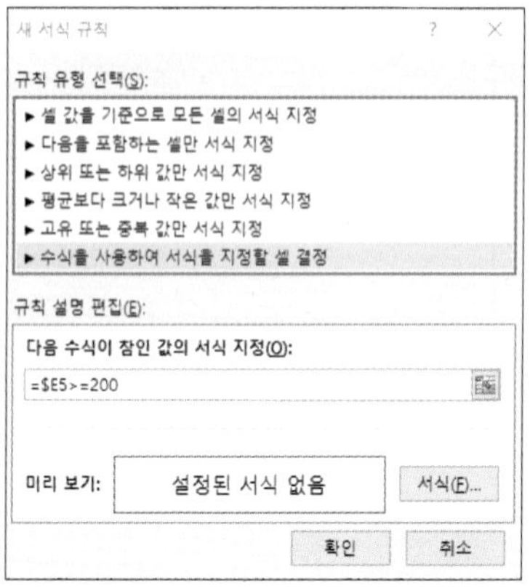

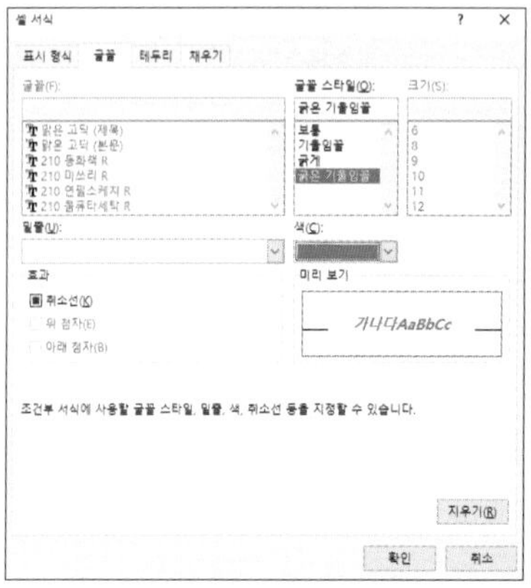

- 규칙을 수정하거나 삭제할 때에는 조건부 서식이 지정된 셀 범위를 지정하고, [홈] 탭의 [스타일] 그룹에서 [조건부 서식]의 '규칙 관리'를 클릭합니다.
- [조건부 서식 규칙 관리자] 대화상자에서 규칙을 더블클릭하여 수정하거나 '규칙 삭제'를 클릭하여 삭제합니다.

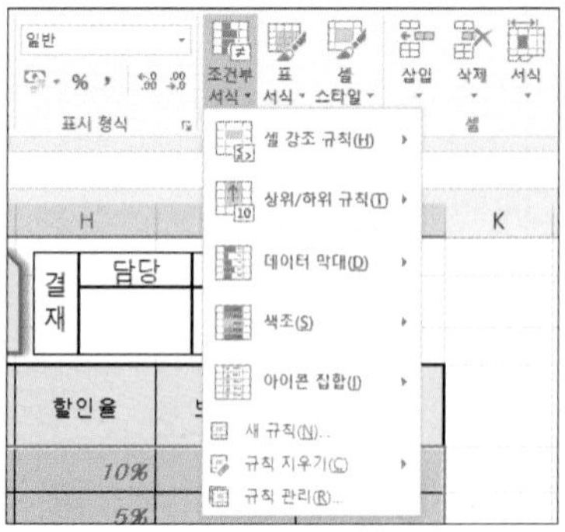

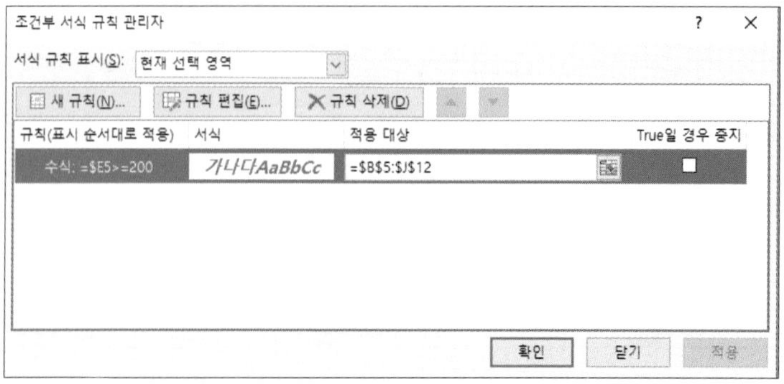

출제유형 따라하기

■ ■ 예제 : 기출유형₩3.조건부서식.xlsx / 완성 : 기출유형₩3.조건부서식완성.xlsx

조건부 서식 따라하기

엑셀의 데이터 표식 기능으로 셀이나 행 단위에 조건에 만족하는 데이터를 서식 또는 그래픽으로 강조하는 기능을 평가하는 문제입니다.

☞ 다음은 '효림상사 지점별 판매 현황'에 대한 자료이다. 조건에 맞도록 작업하시오.

출력형태

효림상사 지점별 판매 현황

결재	담당	팀장	부장

제품코드	상품명	판매 지점	판매 개시일	할인율 (%)	정상가	판매량 (단위:개)	판매량 (순위)	비고
C1-JU01	노트북	전주시	06-01	10%	1,250천원	202개		
H2-BS03	화장품	부산시	04-09	5%	350천원	502개		
M2-SU05	화장품	서울시	03-24	6%	270천원	652개		
C2-JU03	건강식품	전주시	01-17	15%	750천원	375개		
R4-CW03	노트북	창원시	01-15	25%	1,850천원	1,265개		
M5-DJ07	건강식품	대전시	07-07	10%	275천원	551개		
H3-BS02	육류가공품	부산시	02-10	20%	170천원	605개		
R2-CW05	농산품	창원시	05-20	10%	80천원	1,545개		
전주지역의 판매량(단위:개)의 평균					판매량이 600개 이하인 상품의 수			
세번째로 큰 판매량(단위:개)					제품코드	M5-DJ07	판매량	

조건

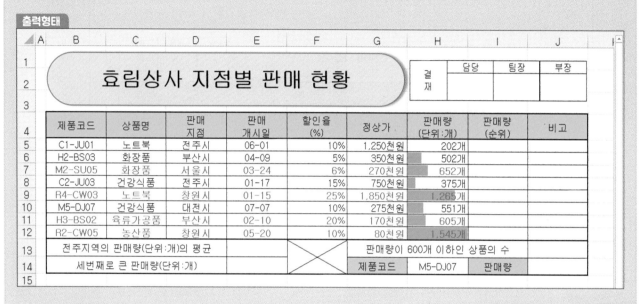

- 조건부 서식의 수식을 이용하여 판매량이 '600' 이상인 행 전체에 다음의 서식을 적용하시오.(글꼴 : 파랑, 굵게)
- 조건부 서식을 이용하여 판매량(단위:개) 셀에 데이터 막대 스타일(녹색)을 최소값 및 최대값으로 적용하시오.

KEY POINT

- 필드명을 제외한 실제 데이터 범위만 영역 설정 후 [홈] 탭 [스타일] 그룹 – [조건부 서식] – [새 규칙]
- 수식 설정 시 셀 주소는 F4 를 눌러 열 고정
- [홈] 탭 – [스타일] 그룹 – [조건부 서식] – [데이터 막대] – 기타 규칙 – 최소값, 최대값 – 색 지정

Step 01. 조건부 서식-수식정하기

01 행 전체에 조건부 서식을 설정하려면 제목 행을 제외한 ❶[B5:J12] 셀까지 실제 데이터만 영역을 설정합니다. ❷[홈] 탭의 [스타일] 그룹에서 [조건부 서식]의 ❸[새 규칙]을 클릭합니다.

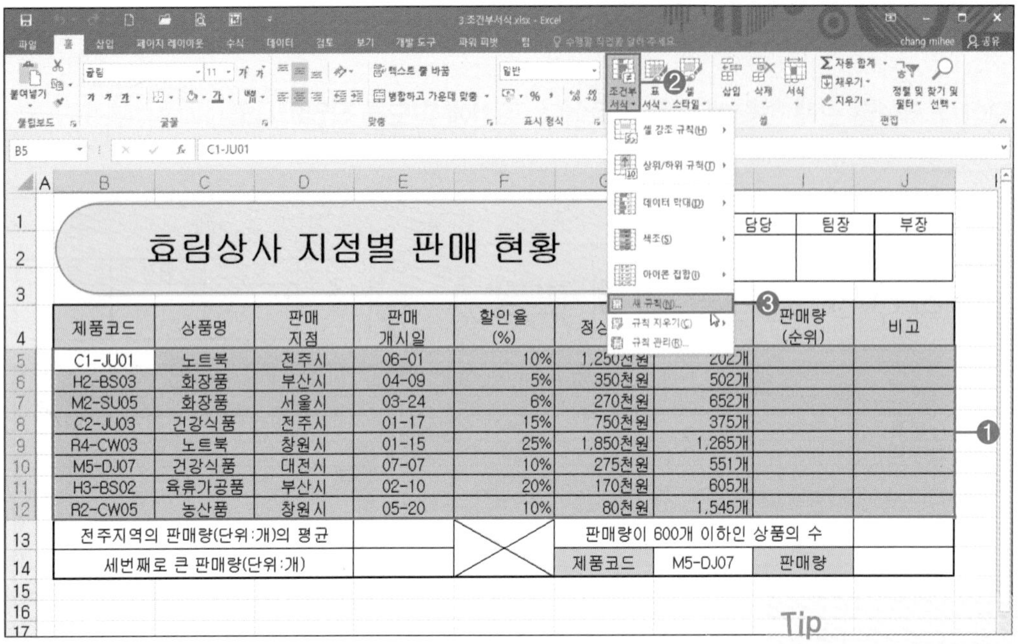

Tip

필드명을 제외한 실제 데이터만 영역을 설정합니다.

02 [새 서식 규칙] 대화상자에서 ❶[수식을 사용하여 서식을 지정할 셀 결정]을 선택합니다. ❷규칙 설명 편집에서 '다음 수식이 참인 값의 서식 지정(O)' 상자의 입력란을 클릭한 후 '='을 입력하고 [H5] 셀을 선택한 다음 F4를 2번 눌러 열 고정을 합니다.

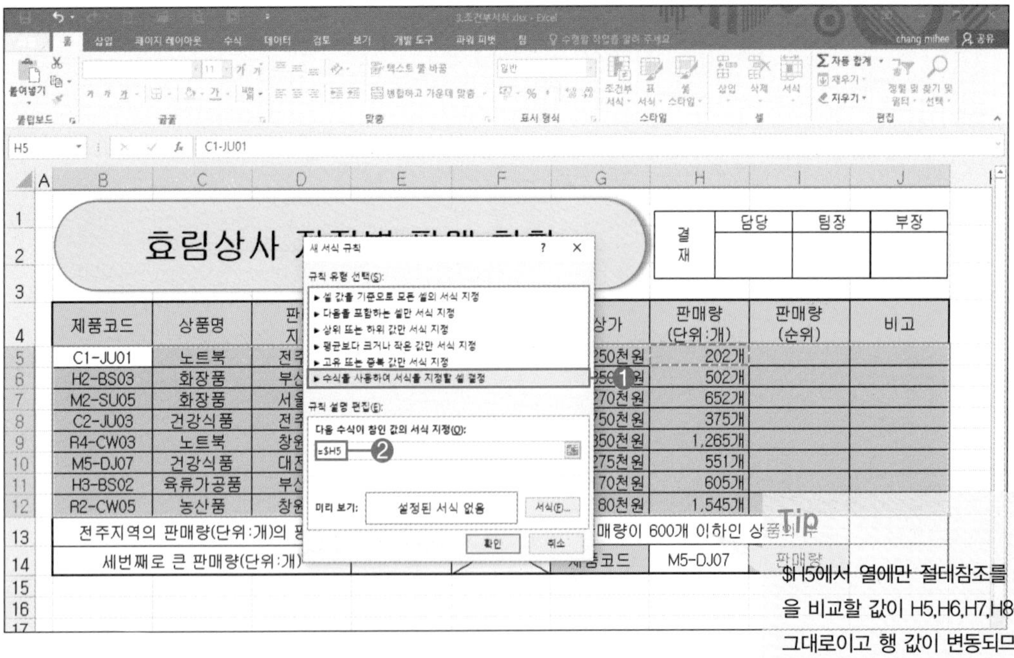

Tip

$H5에서 열에만 절대참조를 하는 이유는 조건을 비교할 값이 H5,H6,H7,H8~H12이므로 열은 그대로이고 행 값이 변동되므로 열에만 고정합니다.

03 조건부 서식의 조건인 ❶'>=600'을 입력하고 ❷[서식]을 클릭합니다.

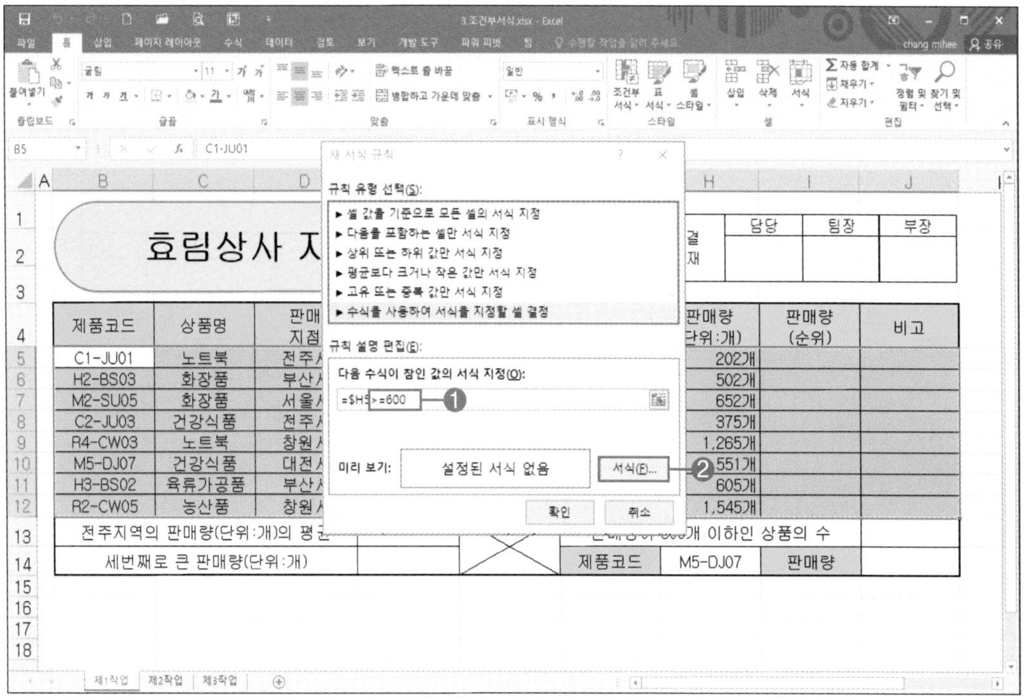

04 [셀 서식] 대화상자에서 ❶[글꼴] 탭의 글꼴 스타일은 '굵게', ❷글자 색은 '파랑'을 선택하고 ❸[확인]을 클릭합니다.

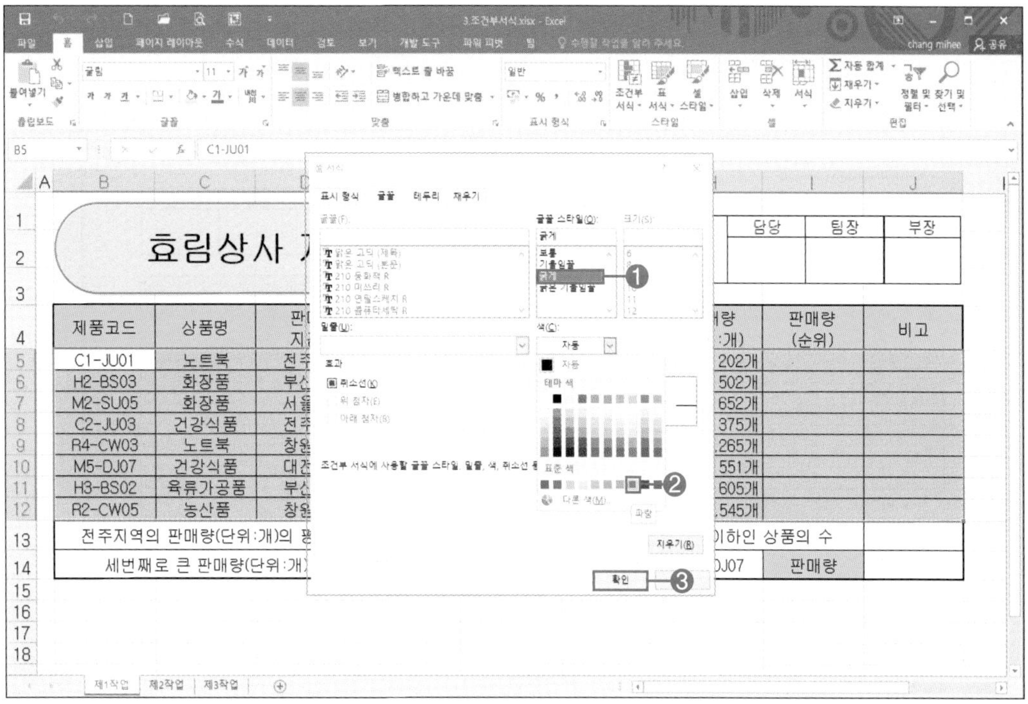

05 [새 규칙 편집] 대화상자의 [확인]을 클릭합니다.

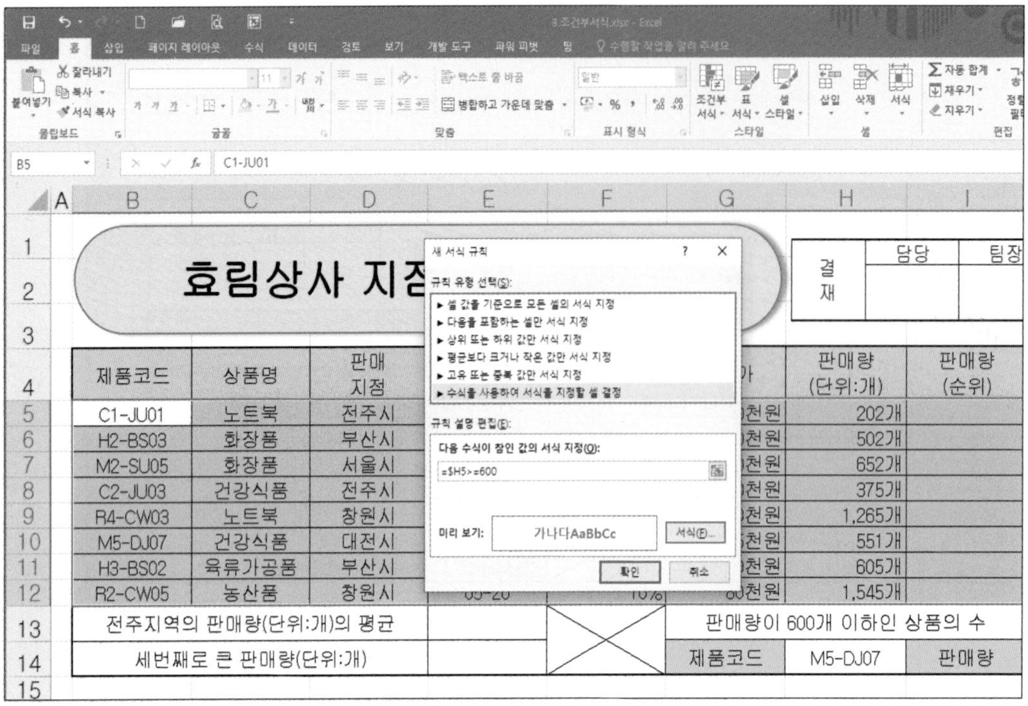

06 조건부 서식을 완성합니다.

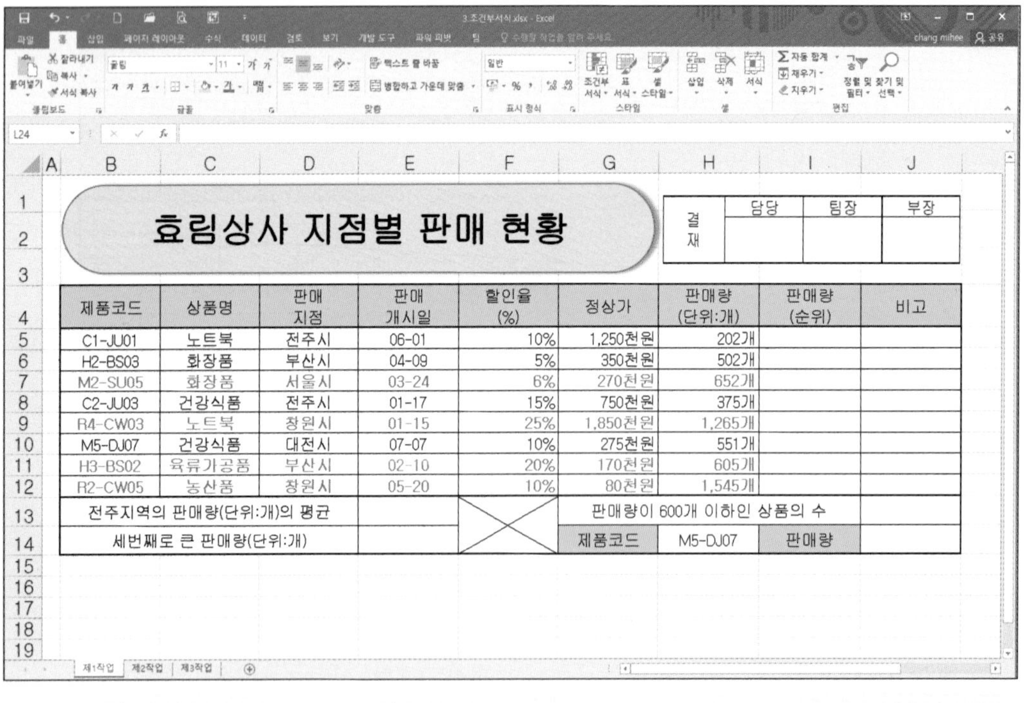

Tip

[조건부 서식]을 수정하려면 [홈]-[스타일]-[조건부 서식]에서 [규칙 관리]에서 조건부 서식을 더블클릭하여 수정합니다.

Step 02. 조건부 서식-막대

01 판매량(단위:개)의 필드를 제외한 ❶실제 데이터가 있는 [H5:H12]셀을 드래그하여 영역을 설정합니다. ❷[홈] 탭의 [스타일] 그룹에서 [조건부 서식]의 ❸[데이터 막대]에서 ❹'기타 규칙'을 클릭합니다.

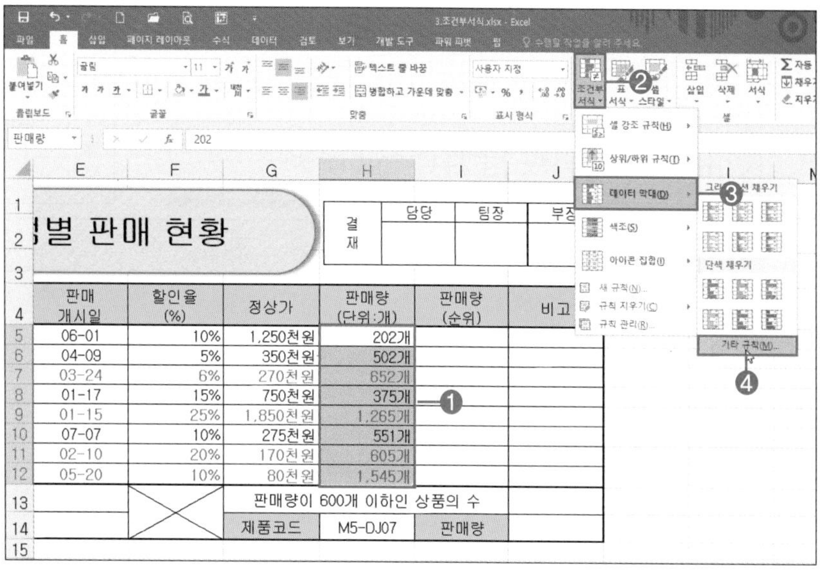

02 [새 서식 규칙] 대화상자에서 ❶'종류'의 최소값은 '최소값', 최대값은 '최대값'을 선택한 후 '막대 모양'에서 ❷채우기는 '칠'을 선택하고 ❸색은 조건에 제시된 '녹색'을 선택합니다. ❹테두리는 '테두리 없음'을 선택한 후 [확인]을 클릭합니다.

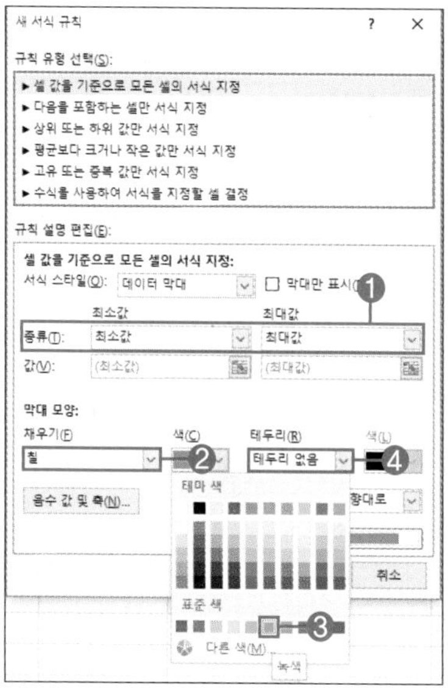

Tip

막대 모양의 채우기는 '칠' 또는 '그라데이션' 중에서 선택할 수 있습니다.

03 데이터 막대 조건부 서식을 완성합니다.

효림상사 지점별 판매 현황

제품코드	상품명	판매 지점	판매 개시일	할인율 (%)	정상가	판매량 (단위:개)	판매량 (순위)	비고
C1-JU01	노트북	전주시	06-01	10%	1,250천원	202개		
H2-BS03	화장품	부산시	04-09	5%	350천원	502개		
M2-SU05	화장품	서울시	03-24	6%	270천원	652개		
C2-JU03	건강식품	전주시	01-17	15%	750천원	375개		
R4-CW03	노트북	창원시	01-15	25%	1,850천원	1,265개		
M5-DJ07	건강식품	대전시	07-07	10%	275천원	551개		
H3-BS02	육류가공품	부산시	02-10	20%	170천원	605개		
R2-CW05	농산품	창원시	05-20	10%	80천원	1,545개		
전주지역의 판매량(단위:개)의 평균					판매량이 600개 이하인 상품의 수			
세번째로 큰 판매량(단위:개)					제품코드	M5-DJ07	판매량	

■ ■ 예제파일 : 실력팡팡₩조건1.xlsx / 완성파일 : 실력팡팡₩조건1완성.xlsx

01 ☞ **다음은 '높은 음자리 교육원'에 대한 자료이다. 자료를 입력하고 조건에 맞도록 작업하시오.**

높은 음자리 교육원

결재	담당	팀장	부장

강사코드	담당강사	교육구분	프로그램명	전년도 지원현황	금년도 지원현황	재수강율 (단위:%)	순위	비고
SS003	우주원	자격증과정	SNS마케팅	98명	85명	30%	3	오후반
SS005	이예슬	취미반	프랑스자수	80명	55명	15%	4	오후반
SA012	최민아	창업교육	닥종이인형	50명	55명	35%	4	오후반
TS030	서인정	취미반	우쿨렐레	40명	40명	75%	6	야간반
TA100	정서연	창업교육	한식조리사	50명	35명	120%	8	야간반
AS101	민지혜	창업교육	창업떡만들기	30명	37명	55%	7	오전반
AS102	유나희	자격증과정	숲해설사	70명	113명	32%	1	오전반
TA200	표민수	취미반	생활도예	60명	100명	26%	2	야간반
취미반의 전년도 지원현황의 합계				180		두 번째로 높은 전년도 지원현황		80
가장 적은 금년도 지원현황				35		담당강사	정서연	재수강율	1.2

조건

- 조건부 서식의 수식을 이용하여 재수강율(단위:%)가 '50%' 이상인 행 전체에 다음의 서식을 적용하시오(글꼴 : 파랑, 굵게).

■ ■ 예제파일 : 실력팡팡₩조건2.xlsx / 완성파일 : 실력팡팡₩조건2완성.xlsx

02 ☞ **다음은 '제5회 바리스타 경연대회 결과'에 대한 자료이다. 자료를 입력하고 조건에 맞도록 작업하시오.**

제5회 바리스타 경연대회 결과

결재	담당	팀장	부장

수험번호	지원자	지원 종목	태도	맛과 향	총점 (200점 만점)	평가	순위
C3-0706	*노형일*	*카푸치노*	*98.6*	*92.5*	*총281.2*	*2차선발*	*2위*
E1-S078	두리안	에소프레소	87.7	89.1	총265.5		7위
R3-A094	최미숙	카푸치노	91.7	91.6	총275.8	2차선발	4위
B3-U098	김순옥	블랜딩	89.9	92.3	총272.1		5위
C3-A119	*정은유*	*카푸치노*	*94.5*	*92.4*	*총284.1*	*2차선발*	*1위*
R4-U073	강나연	로스팅	88.4	88.5	총270.4		6위
C3-A040	이유리	블랜딩	93.1	90.5	총276.1	2차선발	3위
E1-A079	나나무	에소프레소	100	87.2	총262.3		8위
두 번째로 적은 맛과 향			88.5	카푸치노의 총점의 평균			280.4
블랜딩의 태도의 평균			91.50	지원자	노형일	평가	2차선발

조건

- 조건부 서식의 수식을 이용하여 총점(200점 만점)이 '280' 이상인 행 전체에 다음의 서식을 적용하시오(글꼴 : 빨강, 굵게기울임).
- 조건부 서식을 이용하여 총점(200점 만점) 셀에 데이터 막대 스타일(파랑)을 최소값 및 최대값으로 적용하시오.

03 ☞ 다음은 '문화관광 지원사업 결과'에 대한 자료이다. 자료를 입력하고 조건에 맞도록 작업하시오.

문화관광 지원사업 결과

결재	담당	부장	원장

지원코드	사업자	사업장주소	사업개업 연도	지원 분야	교육 시간	지원총액 (단위:천원)	지원비율 (단위:%)	비고
C19-0706	장미희	소대배기로 18-13	2019년	정보화교육	1	50천원	50%	
E18-S078	이은나	문학로 11-8	2018년	문화예술	3	45천원	45%	
R21-A094	최대정	백제로 25-3	2021년	문화예술	3	65천원	65%	2
B19-U098	이민정	서곡로 19-1	2019년	환경개선	2	100천원	100%	1
C20-A119	김희정	와룡로 12-5	2020년	정보화교육	4	35천원	35%	
R21-U073	정은유	효자로 6-5	2021년	문화예술	5	40천원	40%	
C17-A040	정서연	기린로 55-8	2017년	정보화교육	2	60천원	60%	3
E20-A079	노형원	한벽로 12-9	2020년	전통문화	2	55천원	55%	
최대 교육시간			5		지원분야가 문화예술 비율			38%
교육시간에 따른 운영비 총 합계			660,000		지원코드	C20-A119	사업개업년도	2020년

조건

- 조건부 서식의 수식을 이용하여 지원분야가 '정보화교육'인 행 전체에 다음의 서식을 적용하시오 (채우기 : 노랑).

04 ☞ 다음은 '교육공간 이룸 매출 실적'에 대한 자료이다. 자료를 입력하고 조건에 맞도록 작업하시오.

교육공간 이룸 매출 실적

결재	담당	부장	원장

사원코드	사원	부서	입사일	5월 매출	6월 매출	7월 매출	근무지	총근무년수
1-030P2	노형일	영업부	2012-03-02	80	100	80GOAL	마포	8
2-060D4	노형원	홍보부	2009-06-04	90	85	75GOAL	강남	11
1-090A3	김신우	영업부	2008-09-01	85	100	100GOAL	마포	12
3-060S1	최민아	기획부	2011-06-01	100	95	95GOAL	종로	9
2-090P2	박종철	홍보부	2007-09-01	95	75	75GOAL	강남	13
4-060B2	이민영	관리부	2012-06-01	80	80	80GOAL	종로	8
3-030T1	정신정	기획부	2007-03-01	85	75	90GOAL	종로	13
2-030F3	윤지안	영업부	2006-03-02	100	90	85GOAL	강남	14
노형원 7월 매출 차트		★★★★★★★			영업부서의 7월매출의 합계			265
90이상인 6월 매출의 수		4			사원코드	2-060D4	입사일	2009-06-04

조건

- 조건부 서식의 수식을 이용하여 7월 매출이 '80' 이하인 행 전체에 다음의 서식을 적용하시오. (글꼴 : 파랑, 굵게)
- 조건부 서식을 이용하여 6월 매출 셀에 데이터 막대 스타일(빨강)을 최소값 및 최대값으로 적용하시오.

04 Section 목표값 찾기

목표값 찾기는 수식의 결과 값은 알지만 수식에서 결과를 계산하기 위한 입력 값을 모르는 경우 목표값 찾기를 이용하여 데이터의 가상 값을 예측하는 방법을 학습합니다.

목표값 찾기

- 총 판매량 합계가 3,000이 되려면 노형원의 총판매량은 얼마가 되어야 하는가?
- [데이터] 탭의 [예측] 그룹에서 [가상 분석]의 [목표값 찾기]를 클릭합니다.

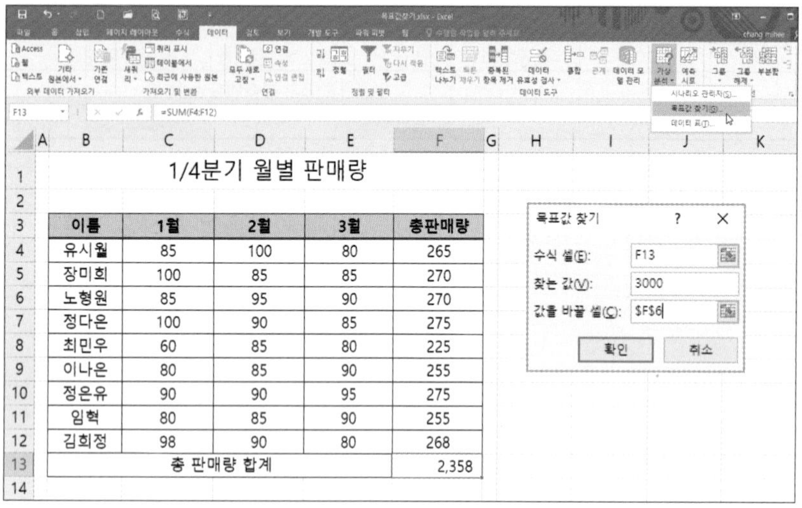

1/4분기 월별 판매량

이름	1월	2월	3월	총판매량
유시월	85	100	80	265
장미희	100	85	85	270
노형원	85	95	90	270
정다온	100	90	85	275
최민우	60	85	80	225
이나온	80	85	90	255
정은유	90	90	95	275
임혁	80	85	90	255
김희정	98	90	80	268
총 판매량 합계				2,358

- 수식 셀 : 결과 값이 출력되는 셀 주소로 수식이 있어야 합니다.
- 찾는 값 : 목표로 하는 값으로 반드시 키보드로 숫자를 입력합니다.
- 값을 바꿀 셀 : 목표값을 얻기 위해 변경되어야 할 값이 있는 셀 주소를 클릭합니다.
- [F13] 셀을 클릭한 후 [데이터] 탭의 [예측] 그룹에서 [가상 분석]의 [목표값 찾기]를 클릭합니다.
- [목표값 찾기 상태] 대화상자에서 '수식 셀'에 [F13] 셀을 선택하고, '찾는 값'에는 '3000'을 직접 입력한 후 '값을 바꿀 셀'에는 [F6] 셀을 클릭한 후 [확인]을 클릭합니다.
- [목표값 찾기 상태] 대화상자에서 [확인]을 클릭합니다.

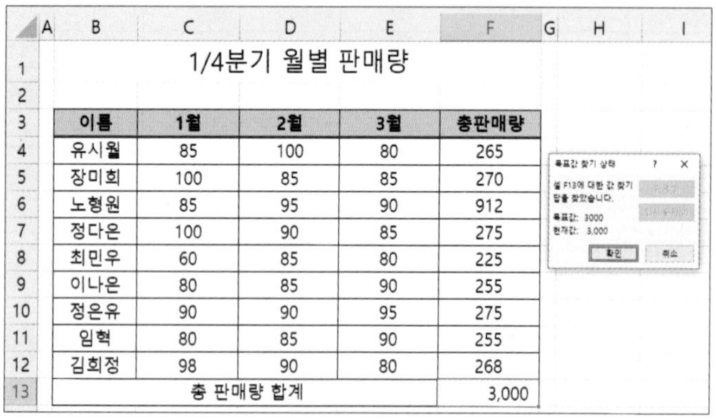

1/4분기 월별 판매량

이름	1월	2월	3월	총판매량
유시월	85	100	80	265
장미희	100	85	85	270
노형원	85	95	90	912
정다온	100	90	85	275
최민우	60	85	80	225
이나온	80	85	90	255
정은유	90	90	95	275
임혁	80	85	90	255
김희정	98	90	80	268
총 판매량 합계				3,000

출제유형 따라하기

■ ■ 예제 : 기출유형₩4.목표값찾기.xlsx / 완성 : 기출유형₩4.목표값찾기완성.xlsx

목표값 찾기 따라하기

목표값 찾기는 수식 값을 입력하고, 찾을 값은 반드시 키보드로 입력하여 가상 데이터 값을 찾는 문제입니다.

[제1작업] 필터 및 서식 (80점)

☞ **"제1작업" 시트의 「B4:H12」 영역을 복사하여 "제2작업" 시트의 「B2」 셀에 모두 붙여넣기를 한 후 다음의 조건과 같이 작업하시오.**

조건 (1) 목표값 찾기 – 「B11:G11」 셀을 병합하여 "노트북의 판매량의 평균"을 입력한 후 「H11」 셀에 '노트북의 판매량의 평균'을 구하시오(DAVERAGE 함수, 테두리, 가운데 맞춤).

– '노트북의 판매량의 평균'이 '1,000'이 되려면 '전주시 노트북'의 '판매량(단위:개)'은 얼마가 되어야 하는지 목표값을 구하시오.

출력형태

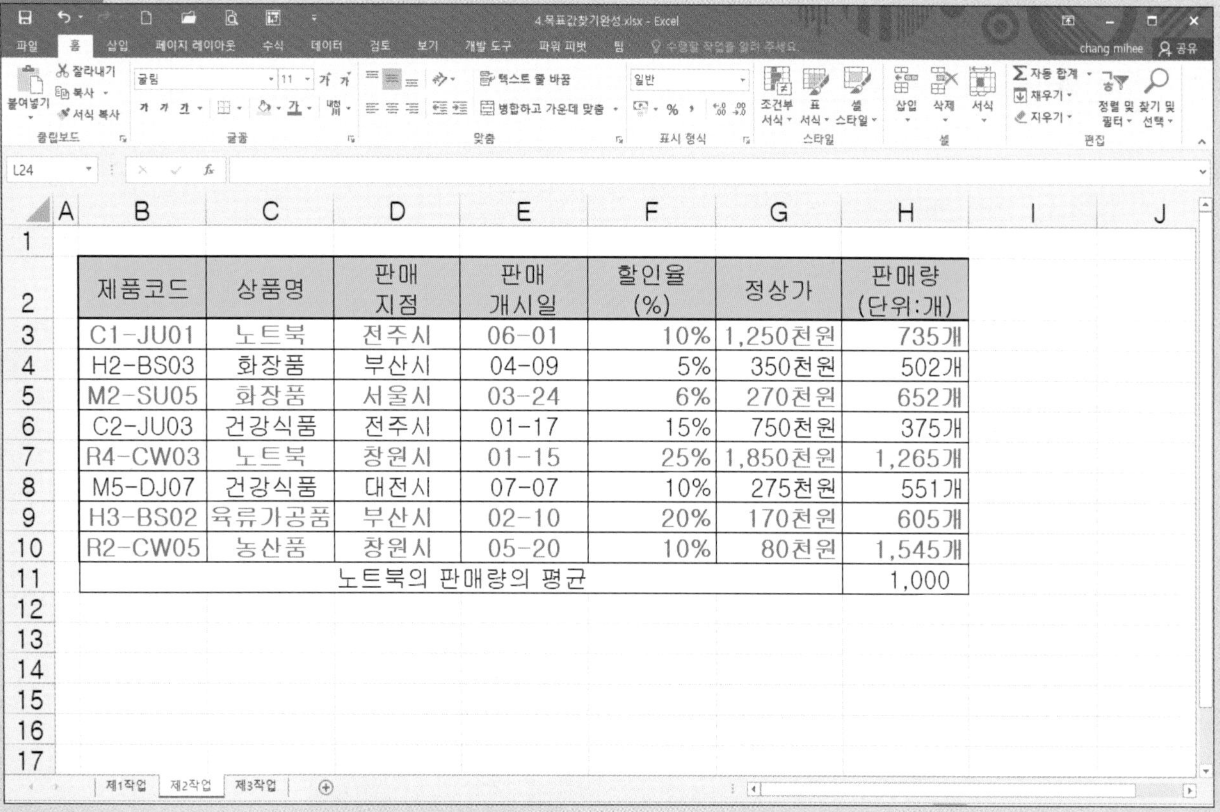

제품코드	상품명	판매 지점	판매 개시일	할인율 (%)	정상가	판매량 (단위:개)
C1-JU01	노트북	전주시	06-01	10%	1,250천원	735개
H2-BS03	화장품	부산시	04-09	5%	350천원	502개
M2-SU05	화장품	서울시	03-24	6%	270천원	652개
C2-JU03	건강식품	전주시	01-17	15%	750천원	375개
R4-CW03	노트북	창원시	01-15	25%	1,850천원	1,265개
M5-DJ07	건강식품	대전시	07-07	10%	275천원	551개
H3-BS02	육류가공품	부산시	02-10	20%	170천원	605개
R2-CW05	농산품	창원시	05-20	10%	80천원	1,545개
노트북의 판매량의 평균						1,000

KEY POINT
- 범위를 설정하고 '복사'한 후 [sheet2]에 붙여넣기
- 수식 셀에 클릭한 후 [데이터] – [데이터 도구] – [가상 분석] – [목표값 찾기]

Step 01. 복사 및 붙여넣기

01 '제1작업' 시트의 ❶[B4:H12] 영역을 범위로 지정한 후 [홈] 탭의 [클립보드] 그룹에서 ❷[복사] 또는 Ctrl+C를 누릅니다.

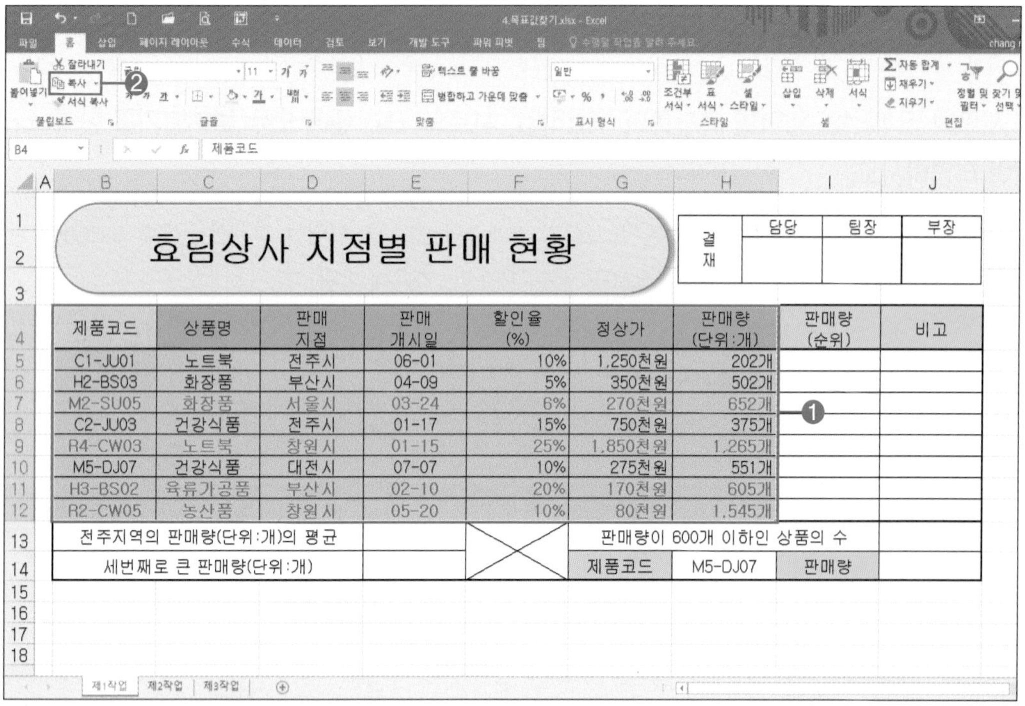

02 '제2작업' 시트의 ❶[B2] 셀을 클릭하고 [홈] 탭의 [클립보드] 그룹에서 ❷[붙여넣기] 또는 Ctrl+V를 누릅니다.

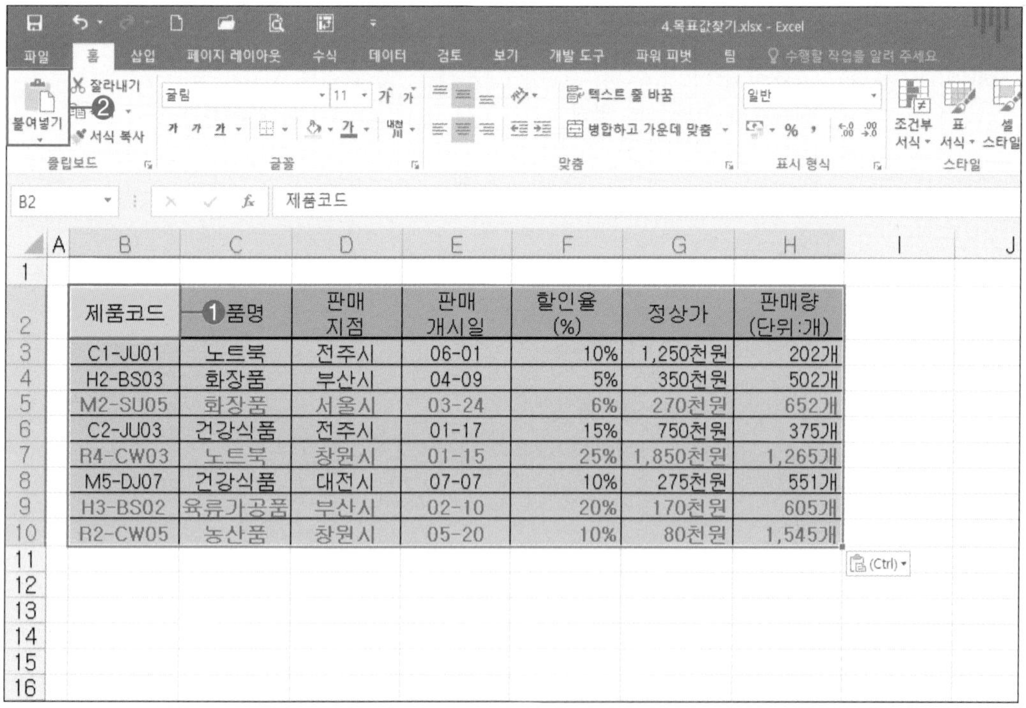

03 ❶[B11:G11] 셀까지 영역을 설정한 후 [홈] 탭의 [맞춤] 그룹에서 ❷'병합하고 가운데 맞춤'을 클릭합니다.

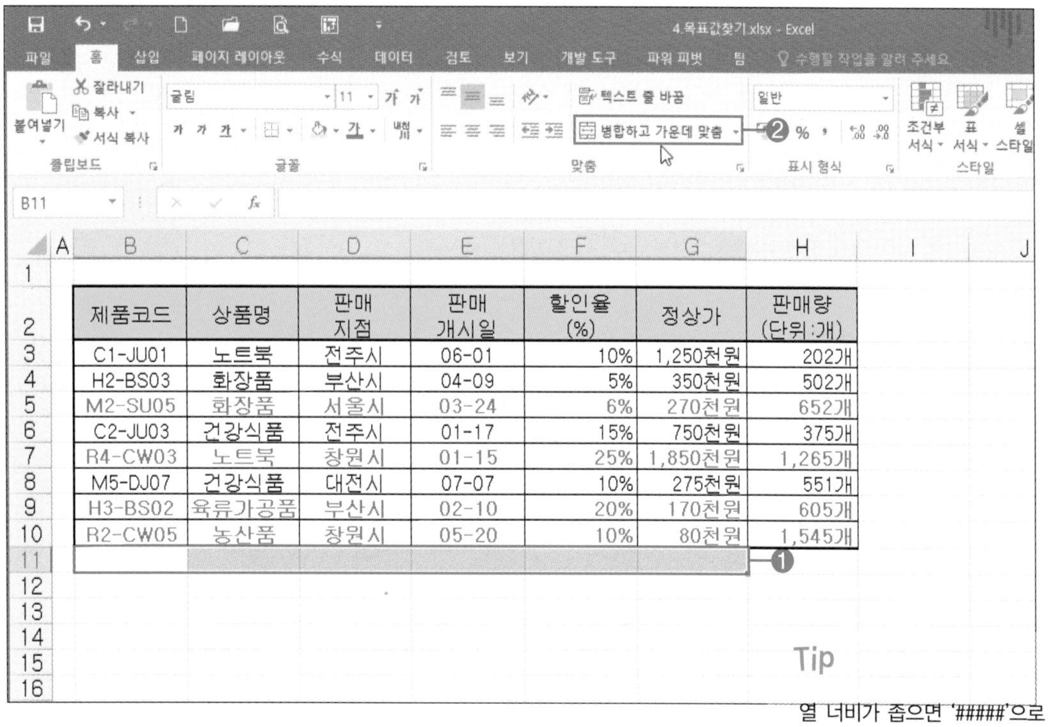

Tip

열 너비가 좁으면 '#####'으로 표시됩니다. 열 너비를 조절하세요.

04 ❶[B11] 셀에 '노트북의 판매량의 평균'을 입력한 후 [B11:H11] 셀까지 영역을 설정한 후 ❷[홈] 탭의 [글꼴] 그룹에서 '테두리'의 목록 단추를 클릭하여 ❸'모든 테두리'를 선택합니다. ❹[H11] 셀은 숫자이므로 오른쪽 정렬을 합니다.

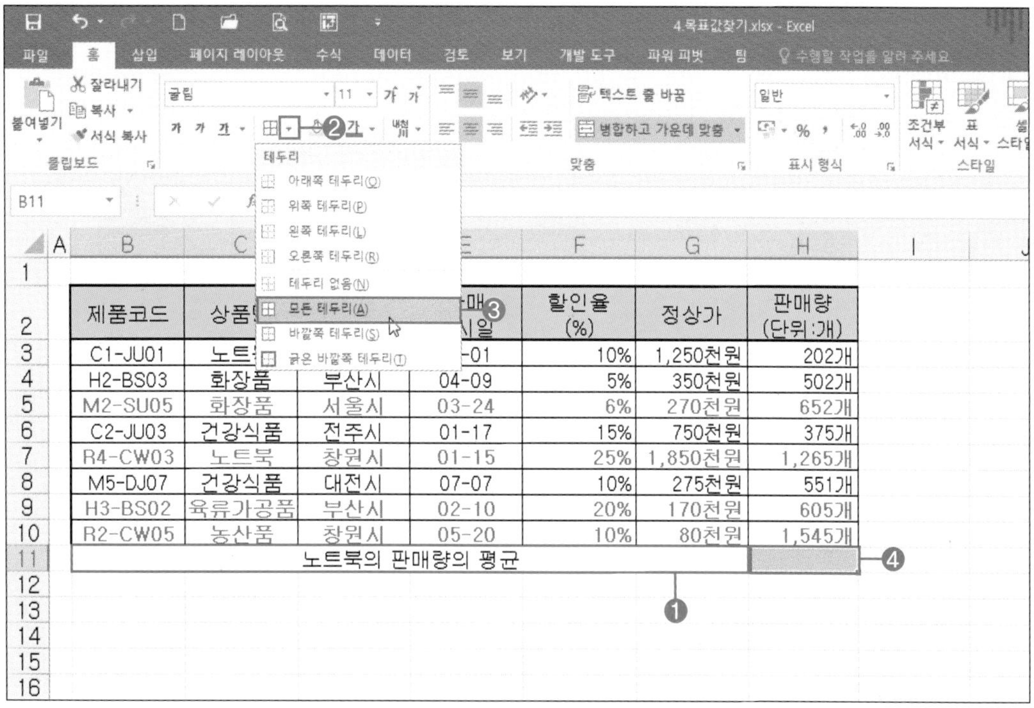

01 [H11] 셀을 클릭해 ❶'=DAVERAGE(' 함수를 입력한 후, ❷[함수 삽입]을 클릭합니다.

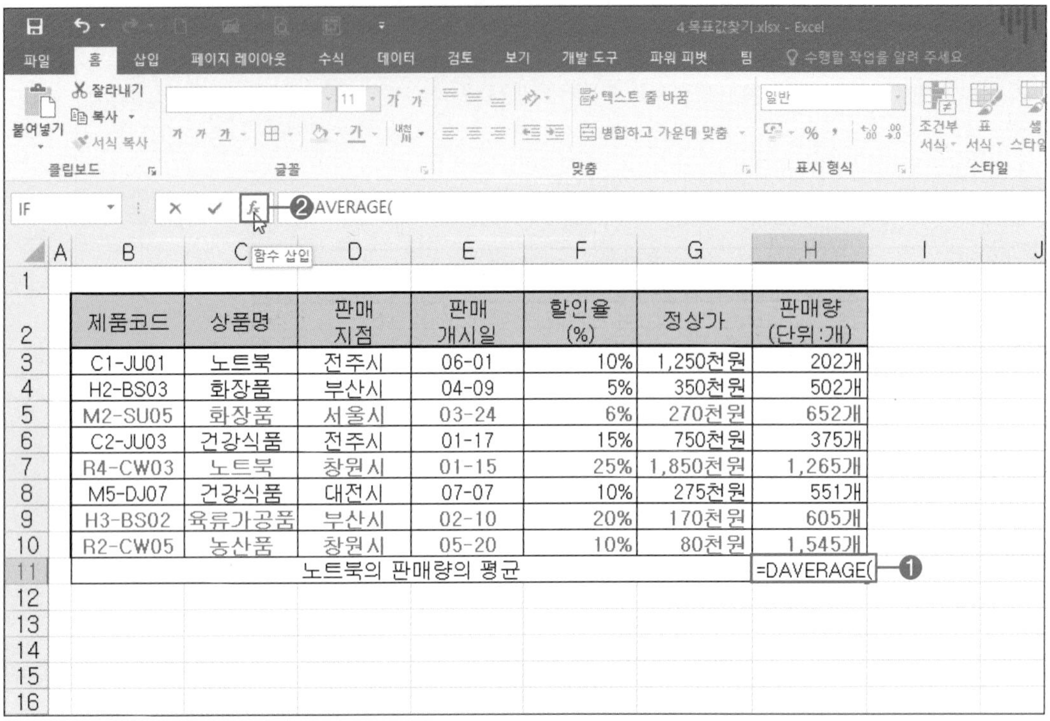

02 'DAVERAGE' 함수 마법사가 열리면 ❶'Database'에는 [B2:H10]까지 영역을 드래그하여 입력합니다. ❷'Field'에는 판매량이 있는 [H2] 셀을 클릭하고 'Criteria'에는 조건이 있는 [C2:C3] 영역을 드래그하여 입력한 다음 ❸[확인]을 클릭합니다.

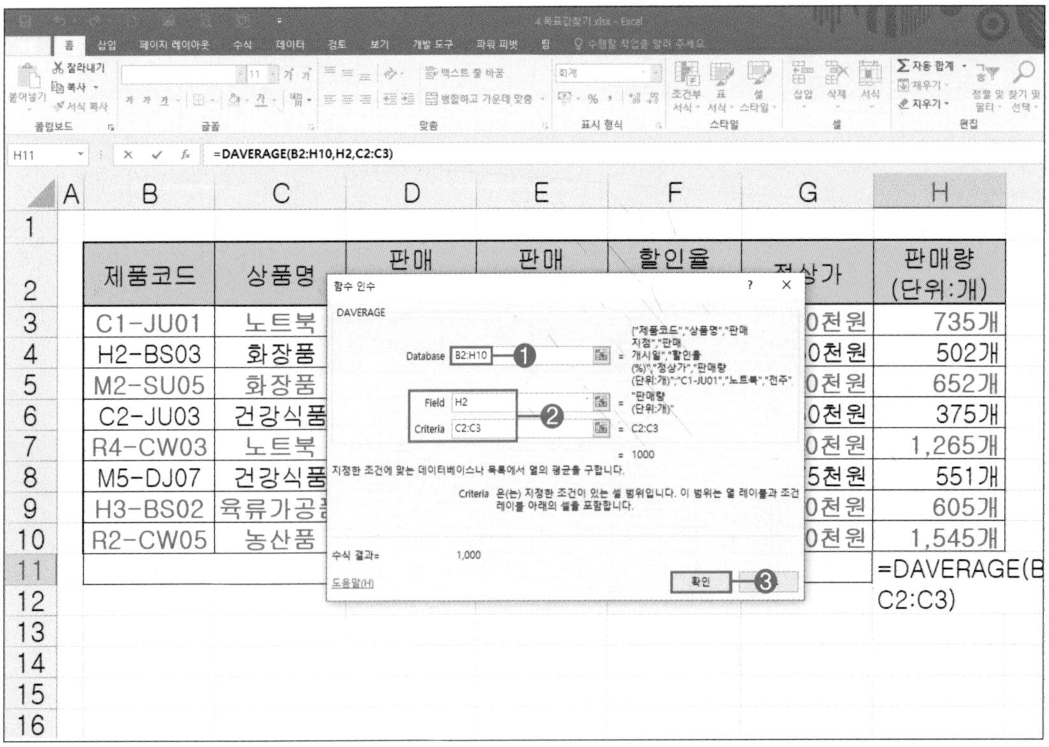

03 ❶[H11] 셀을 클릭하고 [데이터] 탭의 [예측] 그룹에서 ❷'가상분석'의 목록 단추를 클릭하여 ❸[목표값 찾기]를 선택합니다. ❹'수식 셀'에 'H11', '찾는 값'에는 '1000'을 입력하고, '값을 바꿀 셀'에는 'H3'을 클릭한 후 ❺[확인]을 클릭합니다.

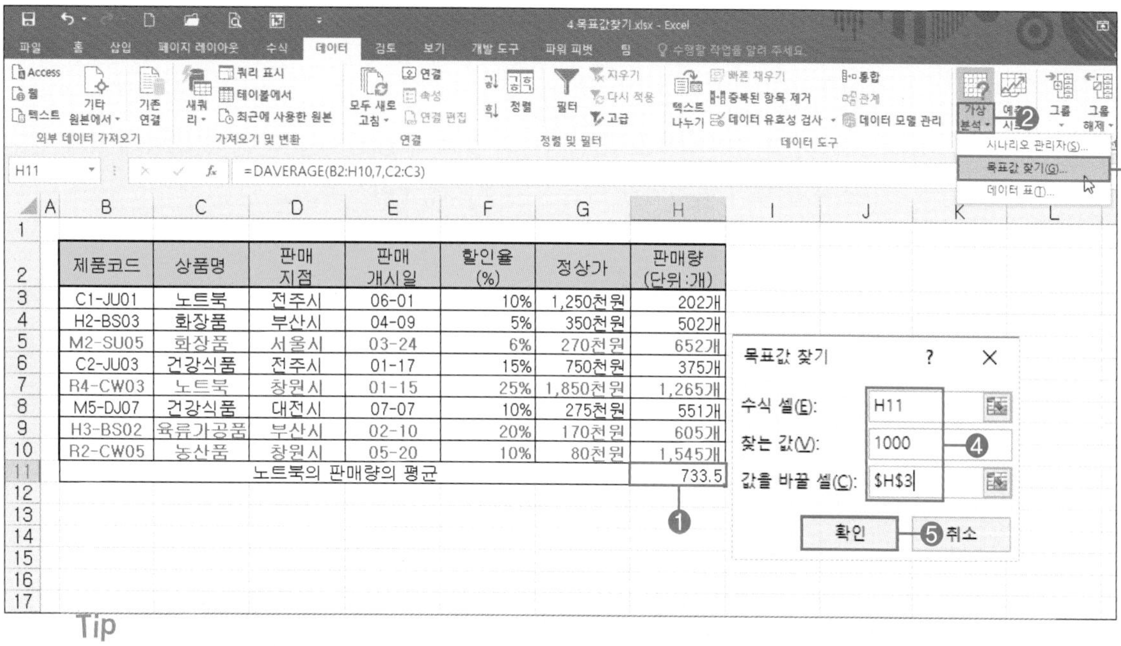

Tip

수식 셀 : 노트북의 판매량의 평균이

찾는 값 : 1000이 되려면

값을 바꿀 셀 : 전주시 노트북 판매량은?

조건과 목표값 찾기에 그대로 적용해 보세요.

04 [목표값 찾기 상태] 대화상자의 ❶[확인]을 클릭하여 완성합니다. ❷계산된 목표값은 '쉼표 스타일(,)'을 적용합니다.

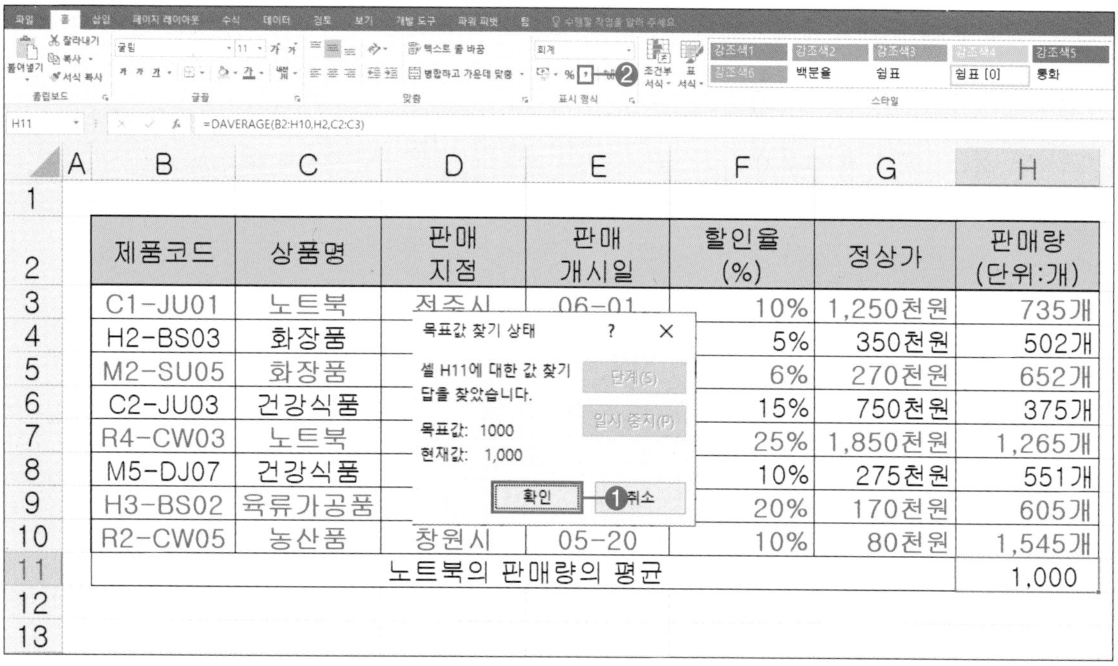
H11
=DAVERAGE(B2:H10,H2,C2:C3)
제품코드 상품명 판매 지점 판매 개시일 할인율 (%) 정상가 판매량 (단위:개)
C1-JU01 노트북 10% 1,250천원 735개
H2-BS03 화장품 5% 350천원 502개
M2-SU05 화장품 6% 270천원 652개
C2-JU03 건강식품 15% 750천원 375개
R4-CW03 노트북 25% 1,850천원 1,265개
M5-DJ07 건강식품 10% 275천원 551개
H3-BS02 육류가공품 20% 170천원 605개
R2-CW05 농산품 창원시 05-20 10% 80천원 1,545개
노트북의 판매량의 평균 1,000
목표값 찾기 상태
셀 H11에 대한 값 찾기
답을 찾았습니다.
목표값: 1000
현재값: 1,000
확인
취소

■ ■ 예제 : 실력팡팡₩목표값1.xlxs / 완성파일 : 실력팡팡₩목표값1완성.xlxs

01 ☞ "제1작업" 시트의 「B4:H12」 영역을 복사하여 "제2작업" 시트의 「B2」 셀에 모두 붙여넣기를 한 후 다음의 조건과 같이 작업하시오.

조건 (1) 목표값 찾기 – 「B11:G11」 셀을 병합하여 "자격증과정의 금년도 지원현황의 합계"를 입력한 후 「H11」 셀에 '자격증과정의 금년도 지원현황의 합계'를 구하시오(DSUM 함수, 테두리, 가운데 맞춤)

– '자격증과정의 금년도 지원현황의 합계'가 '300'이 되려면 'SNS마케팅'의 '금년도 지원현황'은 얼마가 되어야 하는지 목표값을 구하시오.

출력형태

	A	B	C	D	E	F	G	H
1								
2		강사코드	담당강사	교육구분	프로그램명	전년도 지원현황	금년도 지원현황	재수강율 (단위:%)
3		SS003	우주원	자격증과정	SNS마케팅	98명	187명	30%
4		SS005	이예슬	취미반	프랑스자수	80명	55명	15%
5		SA012	최민아	창업교육	닥종이인형	50명	55명	35%
6		TS030	서인정	취미반	우쿨렐레	40명	40명	75%
7		TA100	정서연	창업교육	한식조리사	50명	35명	120%
8		AS101	민지혜	창업교육	창업떡만들기	30명	37명	55%
9		AS102	유나희	자격증과정	숲해설사	70명	113명	32%
10		TA200	표민수	취미반	생활도예	60명	100명	26%
11		자격증과정의 금년도 지원현황의 합계						300
12								

KEY POINT
- 범위를 설정하고 '복사'한 후 [sheet2]에 붙여넣기
- 열 너비 조절하기
- 수식 셀에 클릭한 후 [데이터]-[데이터 도구]-[가상 분석]-[목표값 찾기]

■ ■ 예제 : 실력팡팡₩목표값2.xlxs / 완성파일 : 실력팡팡₩목표값2완성.xlxs

02 ☞ "제1작업" 시트의 「B4:H12」 영역을 복사하여 "제2작업" 시트의 「B2」 셀에 모두 붙여넣기를 한 후 다음의 조건과 같이 작업하시오.

조건 (1) 목표값 찾기 – 「B11:G11」 셀을 병합하여 "태도의 전체 평균"을 입력한 후 「H11」 셀에 '태도의 전체 평균'를 구하시오(AVERAGE 함수, 테두리, 가운데 맞춤).

– '태도의 전체 평균'이 '95'가 되려면 '강나연'의 '태도'는 얼마가 되어야 하는지 목표값을 구하시오.

출력형태

2	수험번호	지원자	지원 종목	태도	맛과 향	총점 (200점 만점)	평가
3	*C3-0706*	*노형일*	*카푸치노*	*98.6*	*92.5*	*총281.2*	*2차선발*
4	E1-S078	두리안	에소프레소	87.7	89.1	총265.5	
5	R3-A094	최미숙	카푸치노	91.7	91.6	총275.8	2차선발
6	B3-U098	김순옥	블랜딩	89.9	92.3	총272.1	
7	*C3-A119*	*정은유*	*카푸치노*	*94.5*	*92.4*	*총284.1*	*2차선발*
8	R4-U073	강나연	로스팅	88.4	124.4	총270.4	
9	C3-A040	이유리	블랜딩	93.1	90.5	총276.1	2차선발
10	E1-A079	나나무	에소프레소	100	87.2	총262.3	
11	태도의 전체 평균						95
12							

03 ☞ "제1작업" 시트의 「B4:H12」 영역을 복사하여 "제2작업" 시트의 「B2」 셀에 모두 붙여넣기를 한 후 다음의 조건과 같이 작업하시오.

조건 (1) 목표값 찾기 – 「B11:G11」 셀을 병합하여 "정보화교육의 지원총액의 평균"을 입력한 후 「H11」 셀에 '정보화교육의 지원총액의 평균'를 구하시오(DAVERAGE 함수, 테두리, 가운데 맞춤).

– '정보화교육의 지원총액의 평균'이 '50000'이 되려면 '김희정'의 '지원총액(단위:천원)'이 얼마가 되어야 하는지 목표값을 구하시오.

출력형태

지원코드	사업자	사업장주소	사업개업 연도	지원 분야	교육 시간	지원총액 (단위:천원)
C19-0706	장미희	소대배기로 18-13	2019년	정보화교육	1	50천원
E18-S078	이은나	문학로 11-8	2018년	문화예술	3	45천원
R21-A094	최대정	백제로 25-3	2021년	문화예술	3	65천원
B19-U098	이민정	서곡로 19-1	2019년	환경개선	2	100천원
C20-A119	김희정	와룡로 12-5	2020년	정보화교육	4	40천원
R21-U073	정은유	효자로 6-5	2021년	문화예술	5	40천원
C17-A040	정서연	기린로 55-8	2017년	정보화교육	2	60천원
E20-A079	노형원	한벽로 12-9	2020년	전통문화	2	55천원
정보화교육의 지원총액의 평균						50,000

KEY POINT
- 범위를 설정하고 '복사'한 후 [sheet2]에 붙여넣기
- 수식 셀을 클릭한 후 [데이터]–[데이터 도구]–[가상 분석]–[목표값 찾기]

■ ■ 예제 : 실력팡팡₩목표값4.xlxs / 완성파일 : 실력팡팡₩목표값4완성.xlxs

04 ☞ "제1작업" 시트의 「B4:H12」 영역을 복사하여 "제2작업" 시트의 「B2」 셀에 모두 붙여넣기를 한 후 다음의 조건과 같이 작업하시오.

조건 (1) 목표값 찾기 – 「B11:G11」 셀을 병합하여 "영업부의 7월 매출의 평균"을 입력한 후 「H11」 셀에 '영업부의 7월 매출의 평균'을 구하시오(DAVERAGE 함수, 테두리, 가운데 맞춤).

– '영업부의 7월 매출의 평균'이 '90'이 되려면 '노형일'의 '7월매출'은 얼마가 되어야 하는지 목표값을 구하시오.

출력형태

사원코드	사원	부서	입사일	5월 매출	6월 매출	7월 매출
1-030P2	노형일	영업부	2012-03-02	80	100	85GOAL
2-060D4	노형원	홍보부	2009-06-04	90	85	75GOAL
1-090A3	김신우	영업부	2008-09-01	85	100	100GOAL
3-060S1	최민아	기획부	2011-06-01	100	95	95GOAL
2-090P2	박종철	홍보부	2007-09-01	95	75	75GOAL
4-060B2	이민영	관리부	2012-06-01	80	80	80GOAL
3-030T1	정신정	기획부	2007-03-01	85	75	90GOAL
2-030F3	윤지안	영업부	2006-03-02	100	90	85GOAL
영업부의 7월 매출의 평균						90

05 Section

고급 필터와 표 서식

고급 필터는 조건을 직접 입력하여 원하는 데이터를 필터링합니다. 표 서식의 이미 만들어진 서식을 이용하여 표 서식을 지정하는 방법을 학습합니다.

고급 필터

- 조건을 다른 위치에 직접 입력하여 다양한 조건을 사용해서 데이터를 필터링합니다.
- 검색 데이터는 현재 데이터의 위치에 추출하거나 원하는 위치에 데이터를 추출합니다.
- 조건을 입력할 때는 필드 이름을 입력하고 필드 아래에 조건을 입력합니다.
- 두 조건이 만족하는 경우에는 AND 조건이 되고, 두 조건 중 한 조건만 만족하면 OR 조건입니다.
- 와일드 카드문자 (*,?)를 사용할 수 있습니다.

AND 조건의 예

직위	합계
대리	>=300

직위가 대리이고 합계가 300점 이상
조건1 (~이고, ~이면서) 조건2인 경우
조건과 조건 사이가 '~이고,~이면서' 이면 AND 두 조건이 모두 만족해야 하는 조건으로 조건은 같은 행에 입력

OR 조건의 예

직위	합계
대리	
	>=300

직위가 대리이거나 합계가 300점 이상
조건1 (~이거나, ~또는) 조건2인 경우
조건과 조건 사이가 '~이거나,~또는' 이면 OR 두 조건중 하나만 만족하면 되는 조건으로 조건과 조건은 다른 행에 입력

수식 조건의 예

직위	합계
대리	TRUE

직위가 대리이고 합계가 평균 합계 이상
수식을 사용하면 FALSE 또는 TRUE 값 표시
수식 입력 =$H4>=AVERAGE($H$4:$H$19)

AND / OR 복합 조건

직위	합계
대리	〉=250
과장	〉=200

직위가 대리이고 합계가 250점 이상이거나 직위가 과장이고 합계가 200점 이상인 데이터
수식을 사용하면 FALSE 또는 TRUE 값 표시

- [보다 큼] 대화상자에서 '값'을 입력하고 적용할 서식을 선택합니다.

지원코드	사업자	사업장주소	사업개업 연도	지원 분야	교육 시간	지원총액 (단위:천원)
C3-0706	장미희	소대배기로 18-13	2003년	정보화교육	1	50,000천원
E1-S078	이은나	문학로 11-8	2001년	문화예술	3	45,000천원
R1-A094	노경진	백제로 25-3	2001년	마케팅	3	65,000천원
B3-U098	이현미	서곡로 19-1	2003년	환경개선	2	100,000천원
C5-A119	김희정	와룡로 12-5	2005년	문화예술	4	35,000천원
R4-U073	정은유	효자로 6-5	2004년	문화예술	5	40,000천원
C2-A040	민지선	기린로 55-8	2002년	환경개선	2	60,000천원
E1-A079	노형원	한벽로 12-9	2001년	전통문화	2	55,000천원

지원 분야	교육 시간
문화예술	
	>=3

- [고급 필터] 대화상자에서 '다른 장소에 복사'에 체크하고 '목록 범위'는 데이터 범위, 조건 범위와 복사 위치를 선택하고 [확인]을 클릭합니다.
  - 현재 위치에 필터 : 결과가 원본 영역에 추출
  - 다른 장소에 복사 : 원본은 그대로 두고 추출 결과를 다른 장소에 표시
  - 목록 범위 : 필드를 포함한 데이터 전체 범위
  - 조건 범위 : 찾을 조건을 입력한 조건 범위
  - 복사 위치 : '다른 장소에 복사'를 선택한 경우 추출할 셀의 위치
  - 동일한 레코드는 하나만 : 중복 레코드 추출

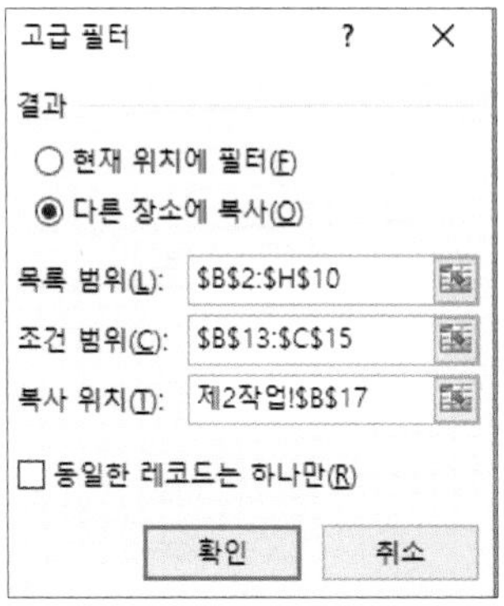

표 서식

- 미리 지정된 표 스타일을 적용하여 쉽고 빠르게 미려한 문서를 작성합니다.
- 표 서식을 적용할 범위를 설정하고, [홈] 탭의 [스타일] 그룹에서 [표 서식]을 클릭하여 선택합니다.

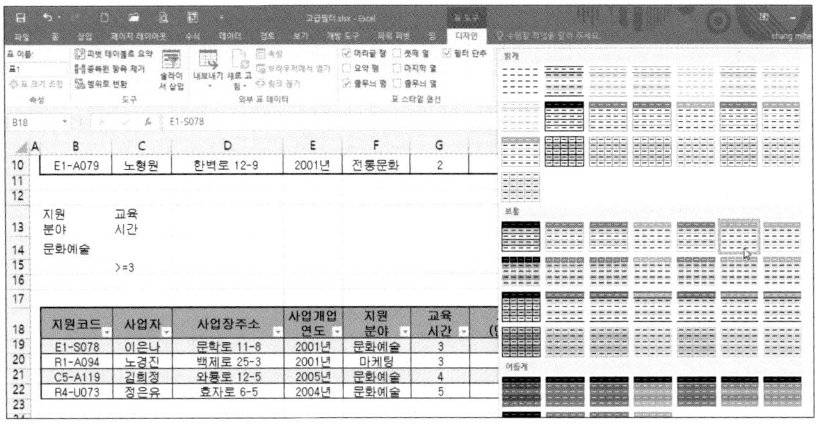

지원코드	사업자	사업장주소	사업개업 연도	지원 분야	교육 시간
E1-S078	이은나	문학로 11-8	2001년	문화예술	3
R1-A094	노경진	백제로 25-3	2001년	마케팅	3
C5-A119	김희정	와룡로 12-5	2005년	문화예술	4
R4-U073	정은유	효자로 6-5	2004년	문화예술	5

■ ■ 예제 : 기출유형₩5.고급필터.xlsx / 완성 : 기출유형₩5.고급필터완성.xlsx

고급 필터와 표 서식 따라하기

다양한 조건을 입력하여 자료를 추출하고, 필터된 자료에 표 서식을 적용하는 기능을 평가합니다.

[제2작업] 필터 및 서식 (80점)

☞ **"제1작업" 시트의 「B4:H12」 영역을 복사하여 "제2작업" 시트의 「B2」 셀에 모두 붙여넣기를 한 후 다음의 조건과 같이 작업하시오.**

조건 (1) 고급필터 – 판매지점이 '부산'이거나, 정상가가 '1,000,000' 이상인 자료의 데이터만 추출하시오.
- 조건 위치 : 「B14」 셀부터 입력하시오.
- 복사 위치 : 「B18」 셀부터 나타나도록 하시오.

(2) 표 서식 – 고급필터의 결과셀을 채우기 없음으로 설정한 후, '표 스타일 보통 6'의 서식을 적용하시오.
- 머리글 행, 줄무늬 행을 적용하시오.

출력형태

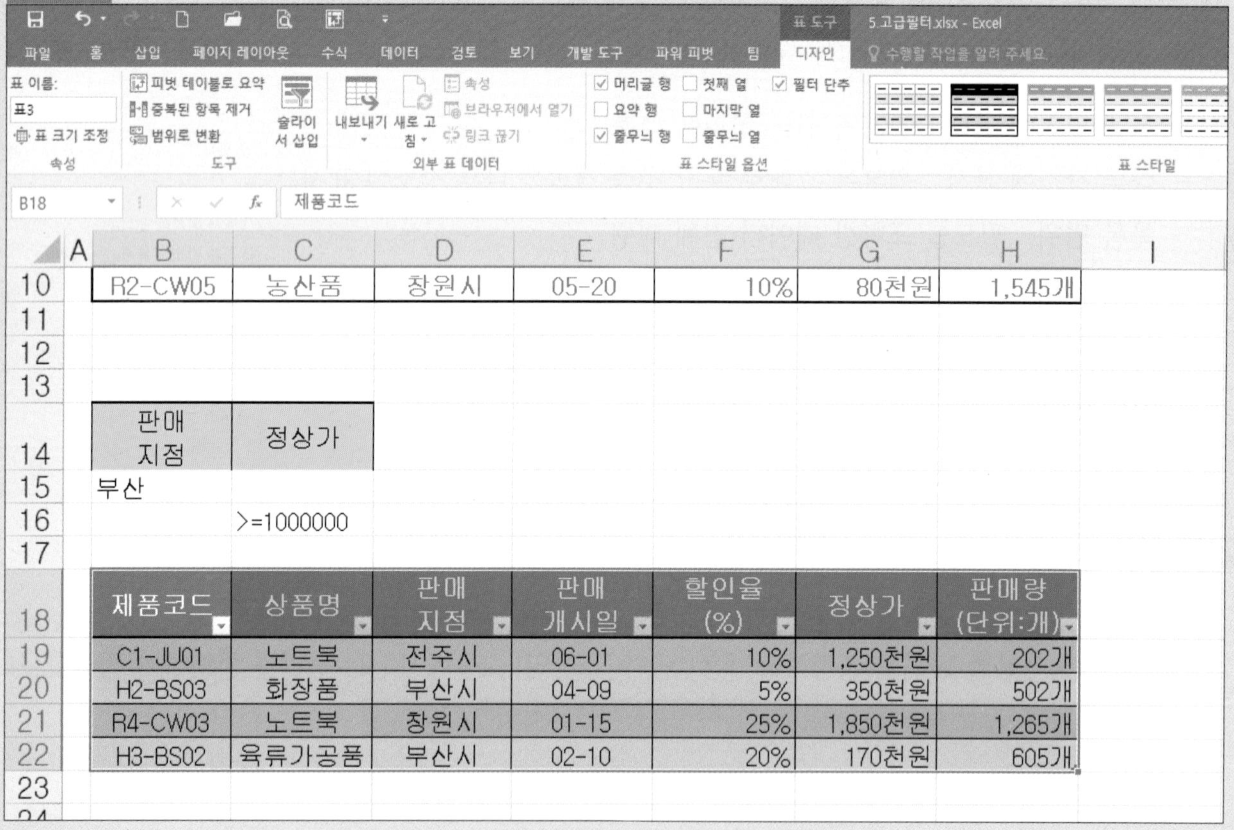

KEY POINT
- 고급 필터 조건 입력 – AND 조건과 OR 조건 확인
- [데이터]–[데이터 도구]–[정렬 및 필터]–[고급]
- 다른 장소에 복사 / 목록 범위 / 조건 범위 / 복사 위치 확인
- 표 서식 설정 – 채우기 없음 / [홈]–[스타일]–[표 서식]

Step 01. 고급 필터

01 ❶'제1작업' 시트의 [B4:H12] 영역을 범위로 지정 한 후 [홈] 탭의 [클립보드] 그룹에서 ❷[복사] 또는 Ctrl + C 를 누릅니다.

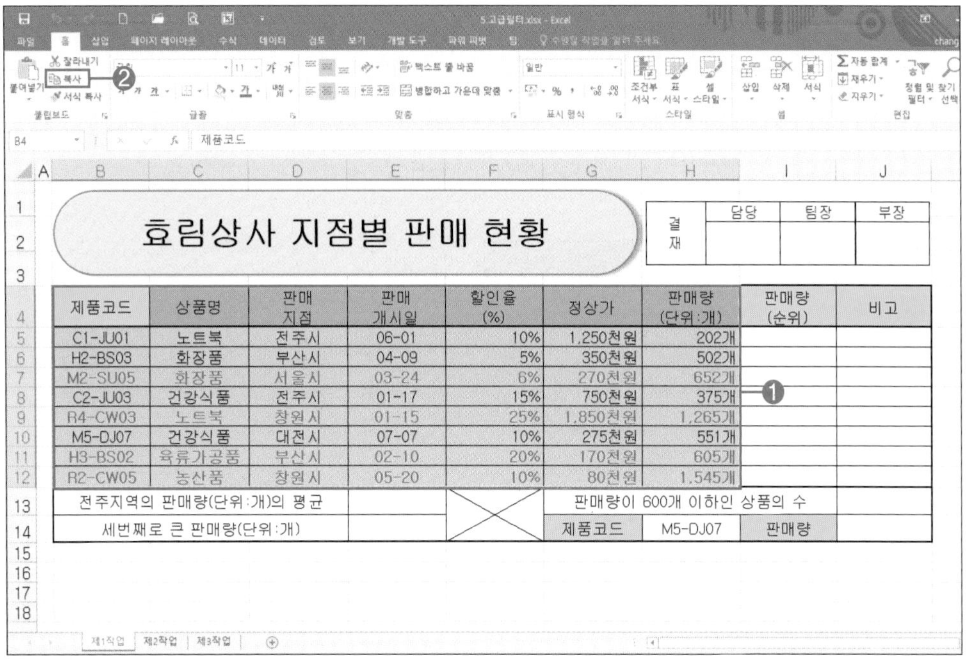

제품코드	상품명	판매 지점	판매 개시일	할인율 (%)	정상가	판매량 (단위:개)	판매량 (순위)	비고
C1-JU01	노트북	전주시	06-01	10%	1,250천원	202개		
H2-BS03	화장품	부산시	04-09	5%	350천원	502개		
M2-SU05	화장품	서울시	03-24	6%	270천원	652개		
C2-JU03	건강식품	전주시	01-17	15%	750천원	375개		
R4-CW03	노트북	창원시	01-15	25%	1,850천원	1,265개		
M5-DJ07	건강식품	대전시	07-07	10%	275천원	551개		
H3-BS02	육류가공품	부산시	02-10	20%	170천원	605개		
R2-CW05	농산품	창원시	05-20	10%	80천원	1,545개		
전주지역의 판매량(단위:개)의 평균					판매량이 600개 이하인 상품의 수			
세번째로 큰 판매량(단위:개)					제품코드	M5-DJ07	판매량	

02 '제2작업' 시트의 [B2] 셀을 클릭한 후 Ctrl + V 를 눌러 붙여넣기 합니다. 조건의 필드를 복사합니다. ❶[D2] 셀을 클릭하고 ❷ Ctrl 을 누르고 [G2] 셀을 선택하여 Ctrl + C 를 누릅니다. ❸ [B14] 셀을 클릭하여 Ctrl + V 를 눌러 필드명을 입력한 후 [B14:C16] 셀에 조건을 입력합니다.

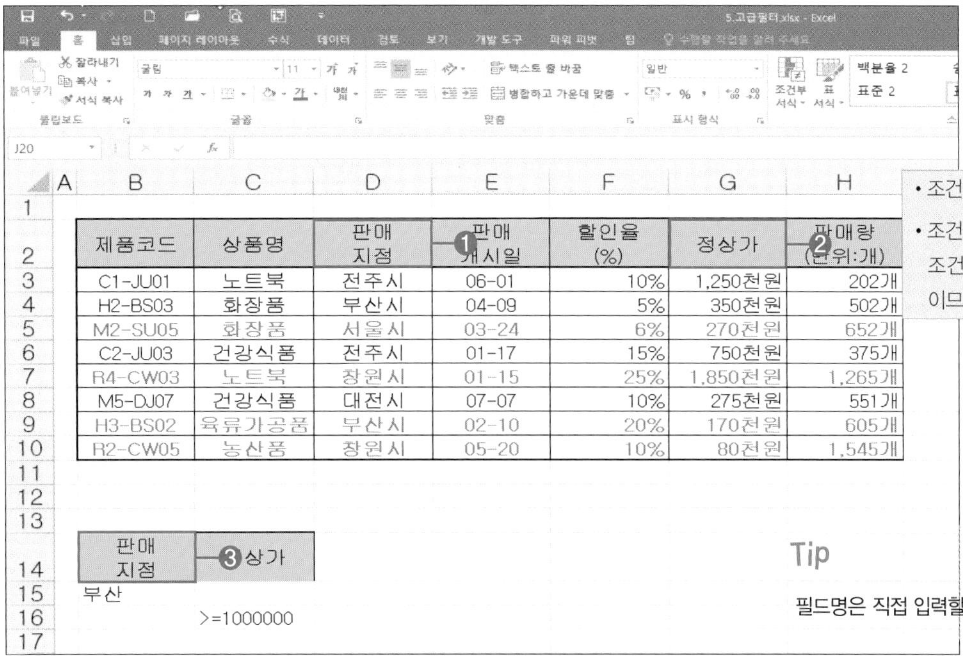

제품코드	상품명	판매 지점	판매 개시일	할인율 (%)	정상가	판매량 (단위:개)
C1-JU01	노트북	전주시	06-01	10%	1,250천원	202개
H2-BS03	화장품	부산시	04-09	5%	350천원	502개
M2-SU05	화장품	서울시	03-24	6%	270천원	652개
C2-JU03	건강식품	전주시	01-17	15%	750천원	375개
R4-CW03	노트북	창원시	01-15	25%	1,850천원	1,265개
M5-DJ07	건강식품	대전시	07-07	10%	275천원	551개
H3-BS02	육류가공품	부산시	02-10	20%	170천원	605개
R2-CW05	농산품	창원시	05-20	10%	80천원	1,545개

판매 지점	정상가
부산	
	>=1000000

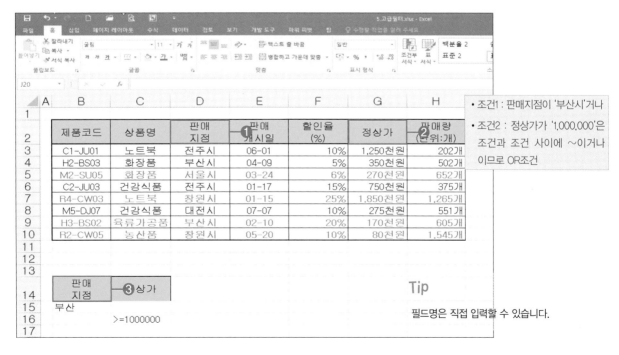

- 조건1 : 판매지점이 '부산시'거나
- 조건2 : 정상가가 '1,000,000'은 조건과 조건 사이에 ~이거나 이므로 OR조건

Tip

필드명은 직접 입력할 수 있습니다.

03 ❶표 안을 클릭하고 [데이터] 탭의 [정렬 및 필터] 그룹에서 ❷[고급]을 클릭합니다.

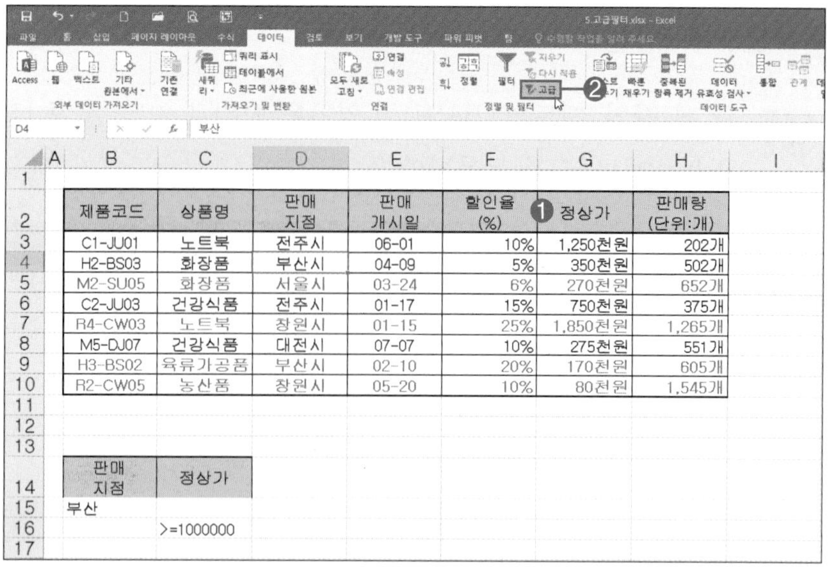

제품코드	상품명	판매 지점	판매 개시일	할인율 (%)	정상가	판매량 (단위:개)
C1-JU01	노트북	전주시	06-01	10%	1,250천원	202개
H2-BS03	화장품	부산시	04-09	5%	350천원	502개
M2-SU05	화장품	서울시	03-24	6%	270천원	652개
C2-JU03	건강식품	전주시	01-17	15%	750천원	375개
R4-CW03	노트북	창원시	01-15	25%	1,850천원	1,265개
M5-DJ07	건강식품	대전시	07-07	10%	275천원	551개
H3-BS02	육류가공품	부산시	02-10	20%	170천원	605개
R2-CW05	농산품	창원시	05-20	10%	80천원	1,545개

판매 지점	정상가
부산	
	>=1000000

04 [고급 필터] 대화상자에 ❶'다른 장소에 복사'를 체크하고, ❷'목록 범위'는 '$B$2:$H$10'까지, '조건 범위'는 [B14:C16]을 드래그하고, '복사 위치'는 [B18] 셀을 클릭하고 ❸[확인]을 누릅니다.

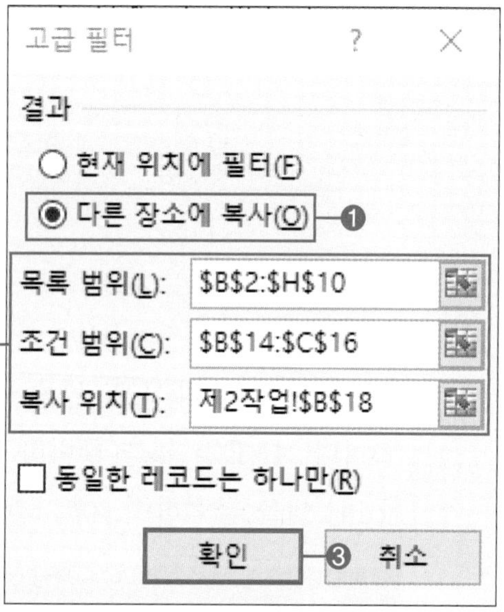

05 결과를 추출합니다.

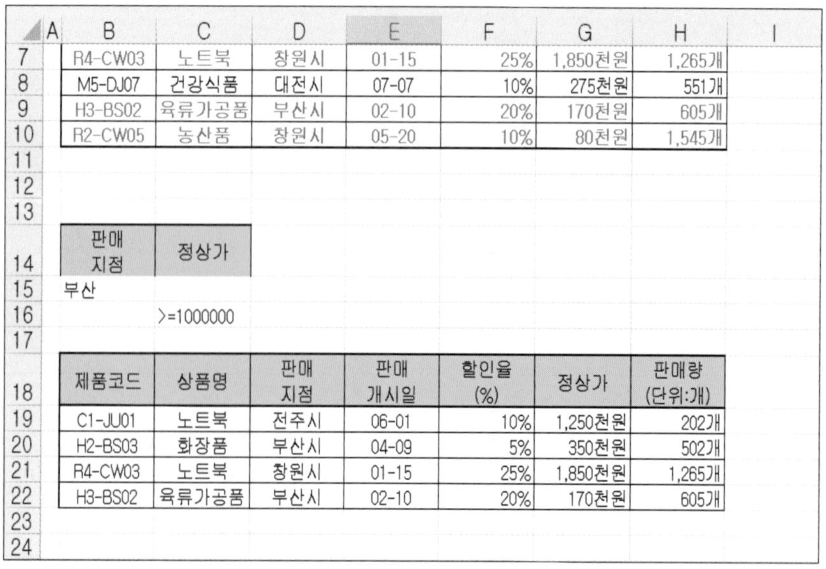

제품코드	상품명	판매 지점	판매 개시일	할인율 (%)	정상가	판매량 (단위:개)
C1-JU01	노트북	전주시	06-01	10%	1,250천원	202개
H2-BS03	화장품	부산시	04-09	5%	350천원	502개
R4-CW03	노트북	창원시	01-15	25%	1,850천원	1,265개
H3-BS02	육류가공품	부산시	02-10	20%	170천원	605개

Level UP!

○ 원하는 필드만 추출하기

☞ "판매지점이 '부산'이거나 정상가가 '>=1000000' 이상인 자료의 상품명, 정상가, 매량(단위:개)데이터만 추출하시오.

❶ 조건을 입력하고 추출할 필드만 선택합니다. 상품명을 클릭한 후 Ctrl 을 누르고 '정상가'와 '판매량(단위:개)'를 클릭한 후 Ctrl + C 를 눌러 복사합니다. 복사 위치에 클릭한 후 Ctrl + V 를 누릅니다.

	B	C	D	E	F	G	H
2	제품코드	상품명	판매 지점	판매 개시일	할인율 (%)	정상가	판매량 (단위:개)
3	C1-JU01	노트북	전주시	06-01	10%	1,250천원	202개
4	H2-BS03	화장품	부산시	04-09	5%	350천원	502개
5	M2-SU05	화장품	서울시	03-24	6%	270천원	652개
6	C2-JU03	건강식품	전주시	01-17	15%	750천원	375개
7	R4-CW03	노트북	창원시	01-15	25%	1,850천원	1,265개
8	M5-DJ07	건강식품	대전시	07-07	10%	275천원	551개
9	H3-BS02	육류가공품	부산시	02-10	20%	170천원	605개
10	R2-CW05	농산품	창원시	05-20	10%	80천원	1,545개
14	판매 지점	정상가					
15	부산						
16		>=1000000					
18	상품명	정상가	판매량 (단위:개)				

❷ [고급 필터] 대화상자에 '다른 장소에 복사'에 체크하고, 목록 범위는 '$B$2:$H$10'까지, 조건 범위는 '$B$14:$C$16'을, 복사 위치는 '$B$18:$D$18'을 드래그하여 입력한 후 [확인]을 누릅니다.

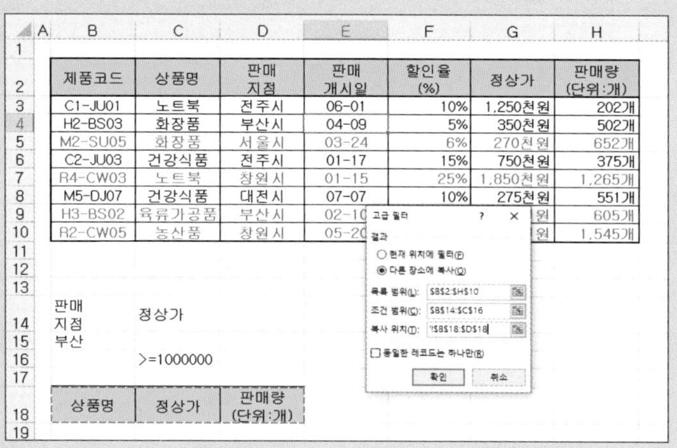

❸ 원하는 필드의 결과만 추출합니다.

	B	C	D	E	F
7	R4-CW03	노트북	창원시	01-15	25%
8	M5-DJ07	건강식품	대전시	07-07	10%
9	H3-BS02	육류가공품	부산시	02-10	20%
10	R2-CW05	농산품	창원시	05-20	10%
14	판매 지점	정상가			
15	부산				
16		>=1000000			
18	상품명	정상가	판매량 (단위:개)		
19	노트북	1,250천원	202개		
20	화장품	350천원	502개		
21	노트북	1,850천원	1,265개		
22	육류가공품	170천원	605개		

Step 02. 표 서식

01 고급 필터로 추출된 데이터 ❶[B18:H22] 셀까지 범위를 설정하고, [홈] 탭의 [글꼴] 그룹에서 ❷'채우기'의 목록 단추를 클릭하여 ❸[채우기 없음]을 선택합니다.

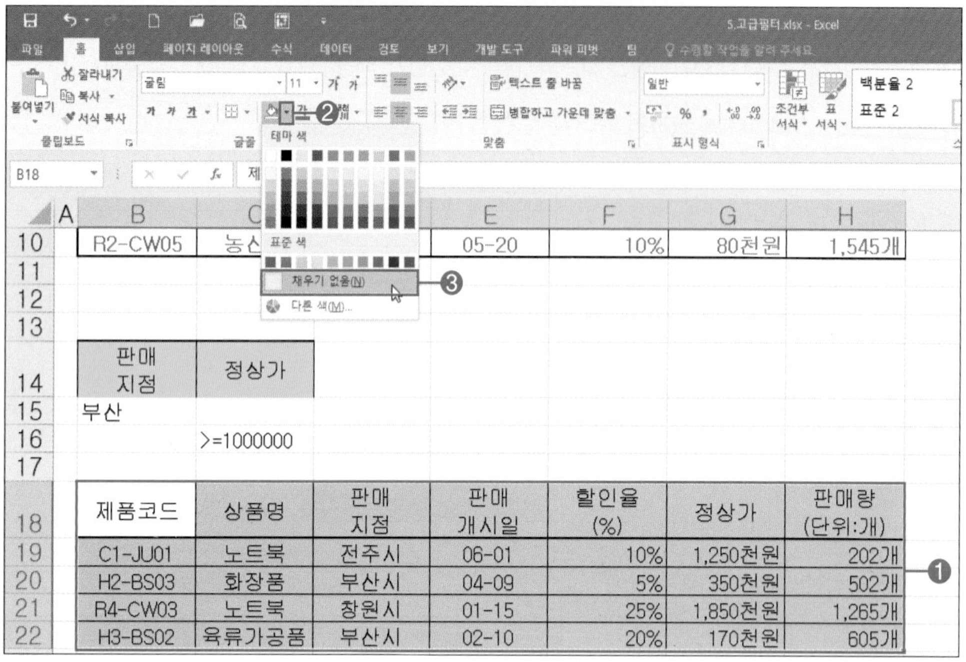

02 범위가 설정된 상태에서 [홈] 탭의 [스타일] 그룹에서 ❶[표 서식]을 클릭하고, 목록에서 ❷'표 스타일 보통 6'을 선택합니다. ❸[표 서식] 대화상자의 범위 지정을 확인하고 ❹[확인]을 클릭합니다.

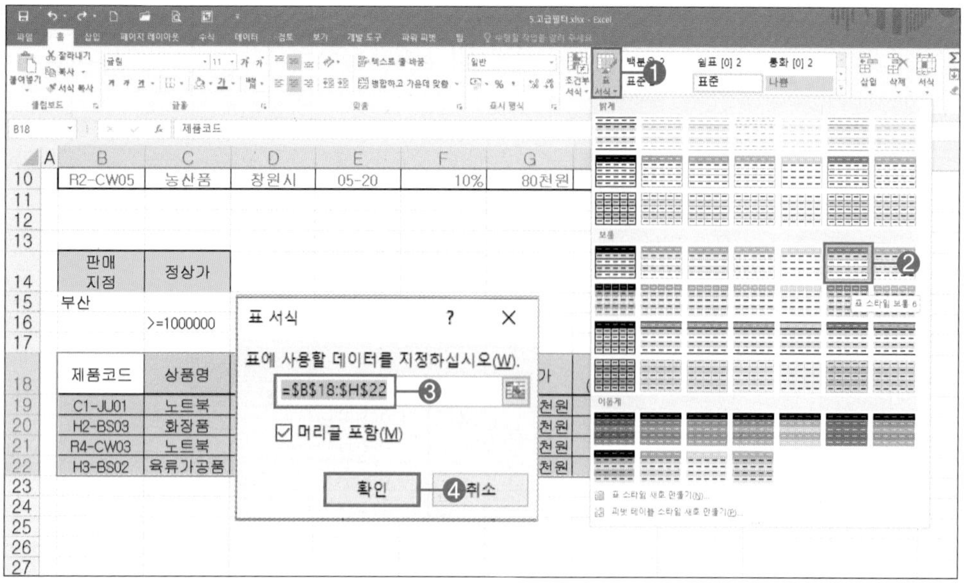

03 ❶범위가 설정된 상태에서 [표 도구]–[디자인] 탭의 [표 스타일 옵션] 그룹에서 ❷'머리글 행'과 '줄무늬 행'을 적용하여 완성합니다.

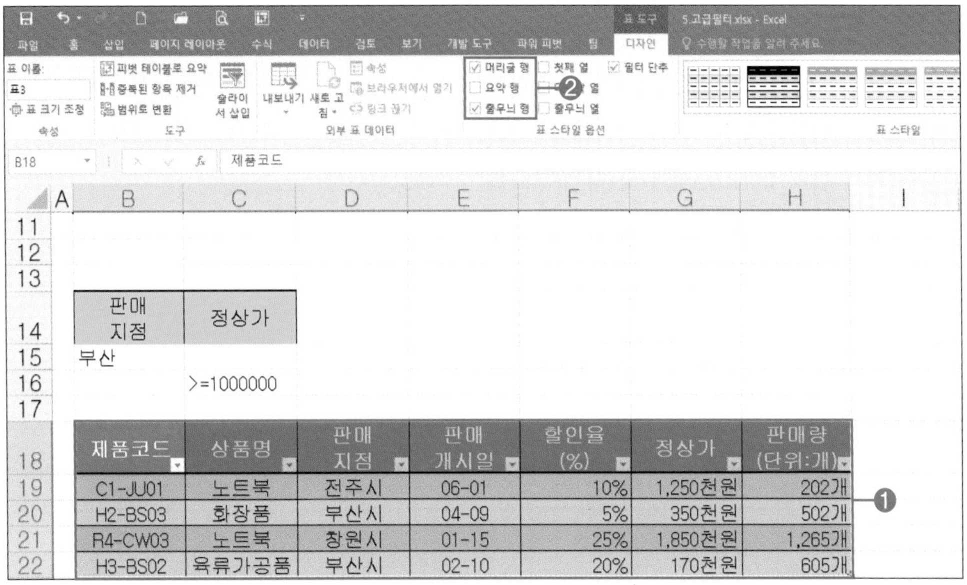

Level UP!

○ 고급 필터의 와일드카드 문자와 관계식 조건

관계식 표현

>=	<=	<	>	=	<>
이상	이하	미만	초과	같다	아니다

❶ 와일드 카드 문자(*, ?)

- 하나 또는 많은 문자를 대신하여 사용되는 문자
- * : 모든 문자를 대신 ? : 한 문자를 대신

A로 시작하는 코드 출력	A가 들어있는 문자열 추출	A로 끝나는 문자열 추출
A*	*A*	*A

❷ AND조건 (두 조건 만족, ~이고, ~이면서)

접수번호가 'A'로 시작하고, 매출이 '500'이상		수강 구분이 '전공'을 포함하면서 출석이 '3'이하	
접수번호	매출	수강	출석
A*	>=500	*전공*	<=3

❸ OR조건 (하나의 조건 만족, ~이거나, ~또는)

수강 구분이 '교양'이 아니거나 출석률이 '3'미만		가입일이 '2012-02-01'이후(해당일 포함)이거나 접수일이 '당일'인 자료	
수강 구분	출석률	가입일	접수일
<>교양		>=2012-02-01	
	<3		당일

■ ■ 예제 : 실력팡팡₩고급필터1.xlsx / 완성 : 실력팡팡₩고급필터1완성.xlsx

01 ☞ **"제1작업" 시트의 「B4:H12」 영역을 복사하여 "제2작업" 시트의 「B2」 셀에 모두 붙여넣기를 한 후 다음의 조건과 같이 작업하시오.**

조건 (1) 고급필터 – 교육구분이 '취미반'이거나, 전년도지원현황이 '70'이상인 자료의 데이터만 추출하시오.
- 조건 위치 : 「B14」 셀부터 입력하시오.
- 복사 위치 : 「B18」 셀부터 나타나도록 하시오.

(2) 표 서식 – 고급필터의 결과셀을 채우기 없음으로 설정한 후, '표 스타일 보통 7'의 서식을 적용하시오.
- 머리글 행, 줄무늬 행을 적용하시오.

출력형태

	A	B	C	D	E	F	G	H	I
1									
2		강사코드	담당강사	교육구분	프로그램명	전년도 지원현황	금년도 지원현황	재수강율 (단위:%)	
3		SS003	우주원	자격증과정	SNS마케팅	98명	85명	30%	
4		SS005	이예슬	취미반	프랑스자수	80명	55명	15%	
5		SA012	최민아	창업교육	닥종이인형	50명	55명	35%	
6		TS030	서인정	취미반	우쿨렐레	40명	40명	75%	
7		TA100	정서연	창업교육	한식조리사	50명	35명	120%	
8		AS101	민지혜	창업교육	창업떡만들기	30명	37명	55%	
9		AS102	유나희	자격증과정	숲해설사	70명	113명	32%	
10		TA200	표민수	취미반	생활도예	60명	100명	26%	
11									
12									
13									
14		교육구분	전년도 지원현황						
15		취미반							
16			>=70						
17									
18		강사코드	담당강사	교육구분	프로그램명	전년도 지원현황	금년도 지원현황	재수강율 (단위:%)	
19		SS003	우주원	자격증과정	SNS마케팅	98명	85명	30%	
20		SS005	이예슬	취미반	프랑스자수	80명	55명	15%	
21		TS030	서인정	취미반	우쿨렐레	40명	40명	75%	
22		AS102	유나희	자격증과정	숲해설사	70명	113명	32%	
23		TA200	표민수	취미반	생활도예	60명	100명	26%	
24									

02 ☞ "제1작업" 시트의 「B4:H12」 영역을 복사하여 "제2작업" 시트의 「B2」 셀에 모두 붙여넣기를 한 후 다음의 조건과 같이 작업하시오.

조건 (1) 고급필터 – 지원 종목이 '카푸치노'이고, 총점(200점 만점)이 '280'이상인 자료의 '지원자, 태도, 맛과 향, 총점(200점 만점)'의 데이터만 추출하시오.

– 조건 위치 : 「B14」 셀부터 입력하시오.

– 복사 위치 : 「B18」 셀부터 나타나도록 하시오.

(2) 표 서식 – 고급필터의 결과셀을 채우기 없음으로 설정한 후, '표 스타일 보통 4'의 서식을 적용하시오.

– 머리글 행, 줄무늬 행을 적용하시오.

출력형태

수험번호	지원자	지원 종목	태도	맛과 향	총점 (200점 만점)	평가
C3-0706	노형일	카푸치노	98.6	92.5	총281.2	2차선발
E1-S078	두리안	에소프레소	87.7	89.1	총265.5	
R3-A094	최미숙	카푸치노	91.7	91.6	총275.8	2차선발
B3-U098	김순옥	블랜딩	89.9	92.3	총272.1	
C3-A119	정은유	카푸치노	94.5	92.4	총284.1	2차선발
R4-U073	강나연	로스팅	88.4	88.5	총270.4	
C3-A040	이유리	블랜딩	93.1	90.5	총276.1	2차선발
E1-A079	나나무	에소프레소	100	87.2	총262.3	

지원 종목	총점 (200점 만점)
카푸치노	>=280

지원자	태도	맛과 향	총점 (200점 만점)
노형일	98.6	92.5	총281.2
정은유	94.5	92.4	총284.1

■ ■ 예제 : 실력팡팡₩고급필터3.xlsx / 완성 : 실력팡팡₩고급필터3완성.xlsx

03 ☞ **"제1작업" 시트의 「B4:H12」 영역을 복사하여 "제2작업" 시트의 「B2」 셀에 모두 붙여넣기를 한 후 다음의 조건과 같이 작업하시오.**

조건 (1) 고급필터 – 지원분야가 '문화예술'이 아니거나, 교육시간이 '3'이하인 자료의 데이터만 추출하시오.
– 조건 위치 : 「B14」 셀부터 입력하시오.
– 복사 위치 : 「B18」 셀부터 나타나도록 하시오.

(2) 표 서식 – 고급필터의 결과셀을 채우기 없음으로 설정한 후, '표 스타일 밝게 13'의 서식을 적용하시오.
– 머리글 행, 줄무늬 행을 적용하시오.

출력형태

	A	B	C	D	E	F	G	H	I
1									
2		지원코드	사업자	사업장주소	사업개업 연도	지원 분야	교육 시간	지원총액 (단위:천원)	
3		C19-0706	장미희	소대배기로 18-13	2019년	정보화교육	1	50천원	
4		E18-S078	이은나	문학로 11-8	2018년	문화예술	3	45천원	
5		R21-A094	최대정	백제로 25-3	2021년	문화예술	3	65천원	
6		B19-U098	이민정	서곡로 19-1	2019년	환경개선	2	100천원	
7		C20-A119	김희정	와룡로 12-5	2020년	정보화교육	4	35천원	
8		R21-U073	정은유	효자로 6-5	2021년	문화예술	5	40천원	
9		C17-A040	정서연	기린로 55-8	2017년	정보화교육	2	60천원	
10		E20-A079	노형원	한벽로 12-9	2020년	전통문화	2	55천원	
11									
12									
13									
14		지원 분야	교육 시간						
15		<>문화예술	<=3						
16									
17									
18		지원코드	사업자	사업장주소	사업개업 연도	지원 분야	교육 시간	지원총액 (단위:천원)	
19		C19-0706	장미희	소대배기로 18-13	2019년	정보화교육	1	50천원	
20		B19-U098	이민정	서곡로 19-1	2019년	환경개선	2	100천원	
21		C17-A040	정서연	기린로 55-8	2017년	정보화교육	2	60천원	
22		E20-A079	노형원	한벽로 12-9	2020년	전통문화	2	55천원	
23									

04 ☞ "제1작업" 시트의 「B4:H12」 영역을 복사하여 "제2작업" 시트의 「B2」 셀에 모두 붙여넣기를 한 후 다음의 조건과 같이 작업하시오.

조건 (1) 고급필터 – 입사일이 '2009년1월 1일' 이후이고, 5월매출이 '90'이상인 자료의 사원, 부서, 입사일, 5월매출 데이터만 추출하시오.

– 조건 위치 : 「B14」 셀부터 입력하시오.

– 복사 위치 : 「B18」 셀부터 나타나도록 하시오.

(2) 표 서식 – 고급필터의 결과셀을 채우기 없음으로 설정한 후, '표 스타일 보통 5'의 서식을 적용하시오.

– 머리글 행, 줄무늬 행을 적용하시오.

출력형태

사원코드	사원	부서	입사일	5월 매출	6월 매출	7월 매출
1-030P2	노형일	영업부	2012-03-02	80	100	80GOAL
2-060D4	노형원	홍보부	2009-06-04	90	85	75GOAL
1-090A3	김신우	영업부	2008-09-01	85	100	100GOAL
3-060S1	최민아	기획부	2011-06-01	100	95	95GOAL
2-090P2	박종철	홍보부	2007-09-01	95	75	75GOAL
4-060B2	이민영	관리부	2012-06-01	80	80	80GOAL
3-030T1	정신정	기획부	2007-03-01	85	75	90GOAL
2-030F3	윤지안	영업부	2006-03-02	100	90	85GOAL

입사일	5월 매출
>=2009-1-1	>=90

사원	부서	입사일	5월 매출
노형원	홍보부	2009-06-04	90
최민아	기획부	2011-06-01	100

06 Section 정렬 및 부분합

특정 기준으로 데이터를 정렬하고 그룹별로 합계, 평균, 개수 등을 구하는 부분합을 지정하는 방법을 학습합니다.

정렬

- 데이터를 순서대로 정렬해서 재배치하는 기능으로 오름차순 또는 내림차순 정렬, 사용자 지정 순으로 정렬할 수 있습니다.
- [데이터] 탭의 [정렬 및 필터] 그룹에서 [정렬]을 클릭합니다.
- 정렬할 대상이 하나일 경우에는 필드를 선택하고 오름차순 또는 내림차순 단추를 누릅니다.

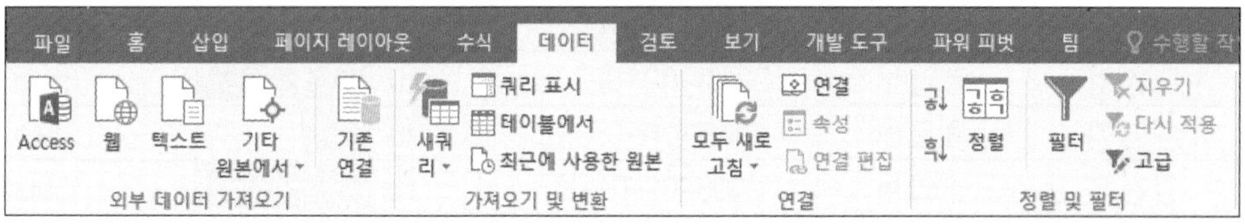

- 하나 이상의 정렬은 정렬될 데이터를 범위 설정 후 [데이터] 탭의 [정렬 및 필터] 그룹에서 [정렬]을 클릭합니다.
- [기준 추가]를 눌러 정렬 대상을 추가할 수 있으며, 오름차순 또는 내림차순, 사용자 지정을 선택합니다.

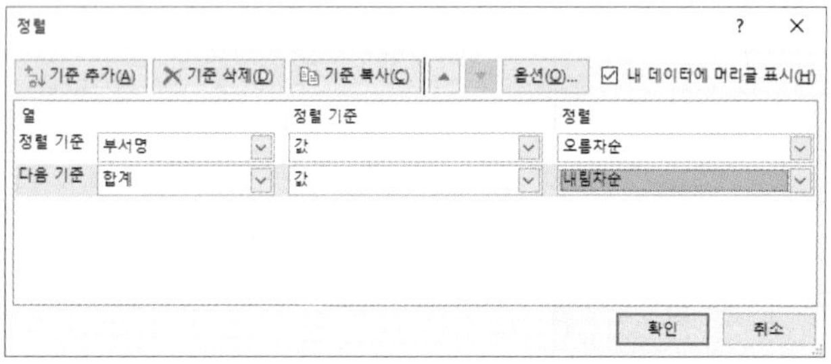

- 사용자 지정 정렬은 [사용자 지정 목록]을 선택하고, [사용자 지정 목록]에서 [목록 항목]에 목록을 추가한 후 정렬합니다.

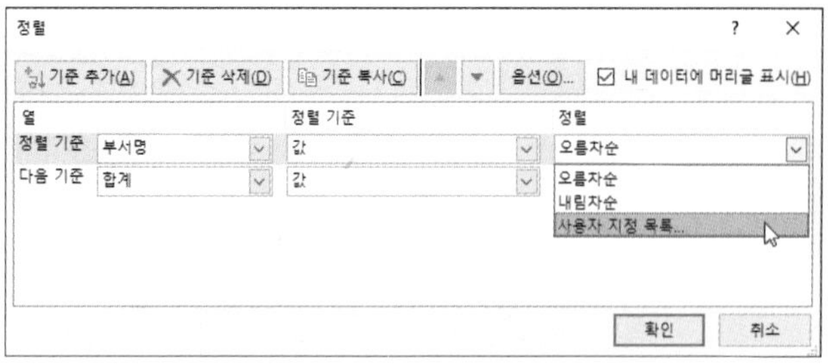

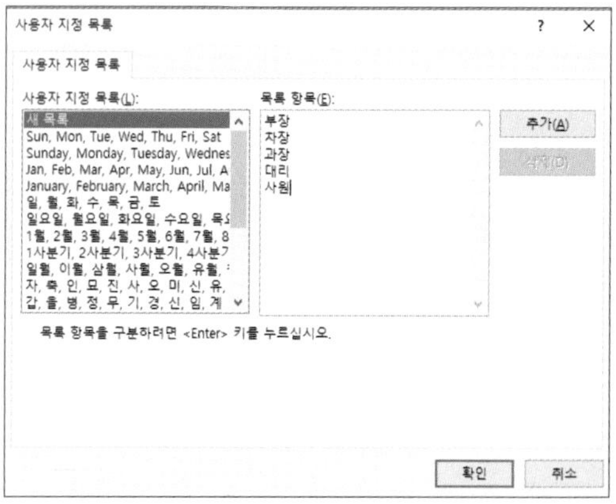

부분합

- 데이터 범위의 열 방향의 특정 항목을 기준으로 데이터별로 그룹화하고, 합계, 평균, 개수, 최댓값, 최솟값, 표준 편차, 분산 등을 그룹별로 계산합니다.
- [데이터] 탭의 [윤곽선] 그룹에서 [부분합]을 클릭합니다.
- 부분합은 정렬을 먼저 실행한 후 부분합을 합니다.

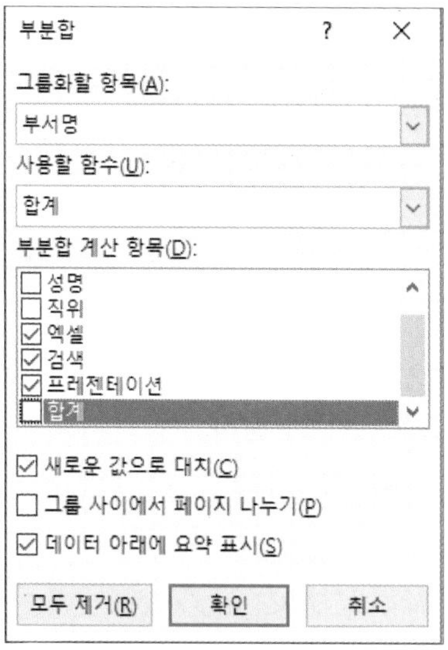

- 부분합을 여러 번 할 경우에는 [부분합] 대화상자에서 '새로운 값으로 대치'에 체크를 해제해야 합니다.
- 부분합 제거는 [부분합] 대화상자에서 '모두 제거'를 클릭합니다.

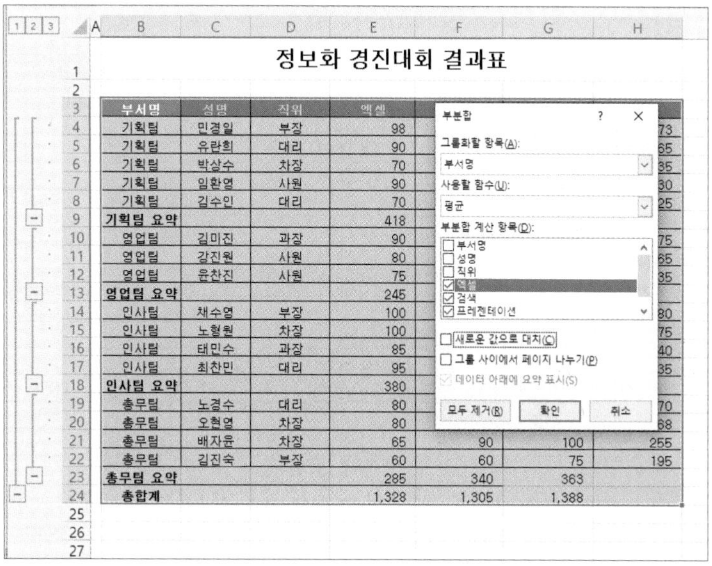

부분합

- 부분합의 그룹의 단계를 표시하는 기능으로 데이터의 윤곽 기호를 없애려면 [데이터] 탭의 [윤곽선] 그룹에서 [그룹 해제]를 클릭하여 [윤곽선 지우기]를 클릭합니다.

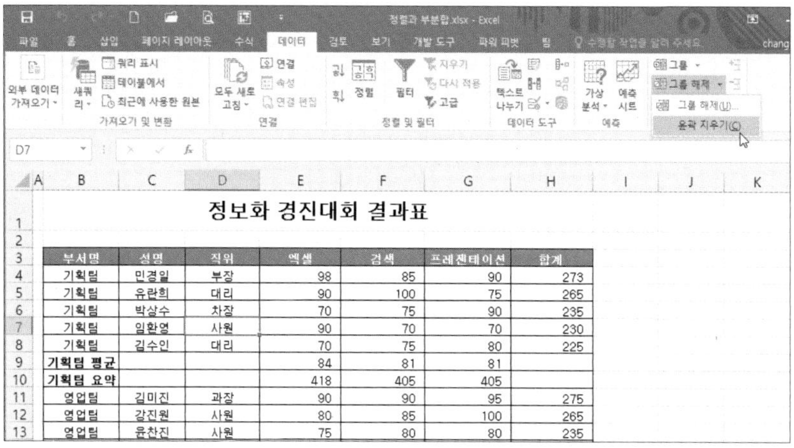

■ ■ 예제 : 기출유형₩6.부분합.xlsx / 완성 : 기출유형₩6.부분합완성.xlsx

정렬 및 부분합 따라하기

데이터를 조건에 맞추어 자료를 정렬하고, 정렬된 데이터에 부분합을 이용해 그룹 계산식을 만드는 기능을 평가하는 문제입니다.

[제3작업] 정렬 및 부분합 (80점)

☞ "제1작업" 시트의 「B4:H12」 영역을 복사하여 "제3작업" 시트의 「B2」 셀에 모두 붙여넣기를 한 후 다음의 조건과 같이 작업하시오.

조건 (1) 부분합 – ≪출력형태≫처럼 정렬하고, 정상가의 합계와 판매량(단위:개)의 평균을 구하시오.
(2) 윤곽 – 지우시오.
(3) 나머지 사항은 ≪출력형태≫에 맞게 작성하시오.

출력형태

	A	B	C	D	E	F	G	H	I	J	K
1											
2		제품코드	상품명	판매 지점	판매 개시일	할인율 (%)	정상가	판매량 (단위:개)			
3		M5-DJ07	건강식품	대전시	07-07	10%	275천원	551개			
4				대전시 평균				551개			
5				대전시 요약			275천원				
6		H2-BS03	화장품	부산시	04-09	5%	350천원	502개			
7		H3-BS02	육류가공품	부산시	02-10	20%	170천원	605개			
8				부산시 평균				554개			
9				부산시 요약			520천원				
10		M2-SU05	화장품	서울시	03-24	6%	270천원	652개			
11				서울시 평균				652개			
12				서울시 요약			270천원				
13		C1-JU01	노트북	전주시	06-01	10%	1,250천원	202개			
14		C2-JU03	건강식품	전주시	01-17	15%	750천원	375개			
15				전주시 평균				289개			
16				전주시 요약			2,000천원				
17		R4-CW03	노트북	창원시	01-15	25%	1,850천원	1,265개			
18		R2-CW05	농산품	창원시	05-20	10%	80천원	1,545개			
19				창원시 평균				1,405개			
20				창원시 요약			1,930천원				
21				전체 평균				712개			
22				총합계			4,995천원				

제1작업 | 제2작업 | 제3작업

KEY POINT

- 부분합 작성시 반드시 정렬을 먼저 합니다.
- [데이터]-[데이터 도구]-[정렬]
- [데이터] 탭의 [윤곽선] 그룹의 [부분합]
- [데이터] 탭의 [윤곽선] 그룹의 [그룹 해제]-[윤곽선 지우기]

Step 01. 정렬

01 '제1작업' 시트의 ❶[B4:H12] 셀 영역을 범위를 설정한 후 Ctrl + C 를 눌러 복사합니다.

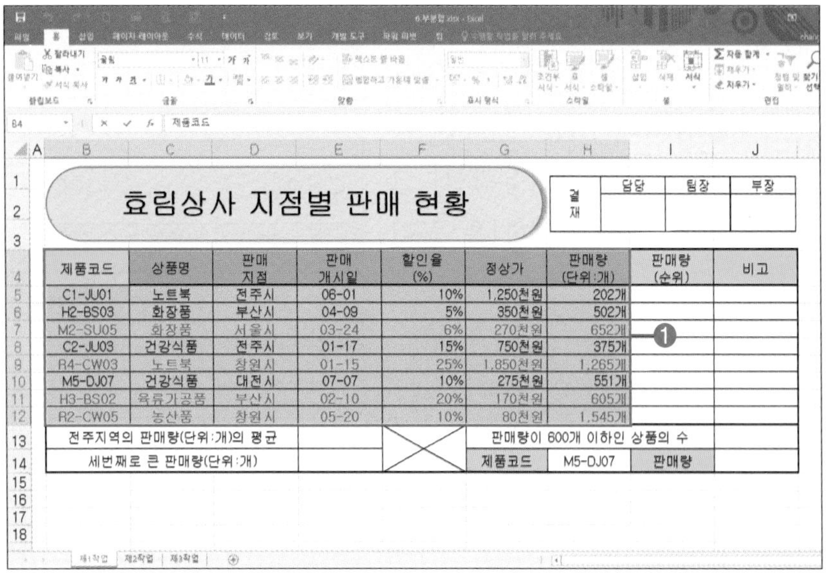

제품코드	상품명	판매 지점	판매 개시일	할인율 (%)	정상가	판매량 (단위:개)	판매량 (순위)	비고
C1-JU01	노트북	전주시	06-01	10%	1,250천원	202개		
H2-BS03	화장품	부산시	04-09	5%	350천원	502개		
M2-SU05	화장품	서울시	03-24	6%	270천원	652개		
C2-JU03	건강식품	전주시	01-17	15%	750천원	375개		
R4-CW03	노트북	창원시	01-15	25%	1,850천원	1,265개		
M5-DJ07	건강식품	대전시	07-07	10%	275천원	551개		
H3-BS02	육류가공품	부산시	02-10	20%	170천원	605개		
R2-CW05	농산품	창원시	05-20	10%	80천원	1,545개		
전주지역의 판매량(단위:개)의 평균					판매량이 600개 이하인 상품의 수			
세번째로 큰 판매량(단위:개)					제품코드	M5-DJ07	판매량	

02 '제3작업' 시트의 [B2] 셀을 클릭한 후 Ctrl + V 를 누릅니다. 열 너비 또는 행 높이를 조절합니다. 부분합은 정렬을 먼저 해야합니다. ❶'판매지점(D2)'을 클릭한 후 [데이터] 탭의 [정렬 및 필터] 그룹에서 ❷'텍스트 오름차순 정렬'을 클릭합니다.

Tip

≪출력형태≫의 그룹화된 필드가 정렬 대상이고 오름차순인지 내림차순인지 확인합니다.

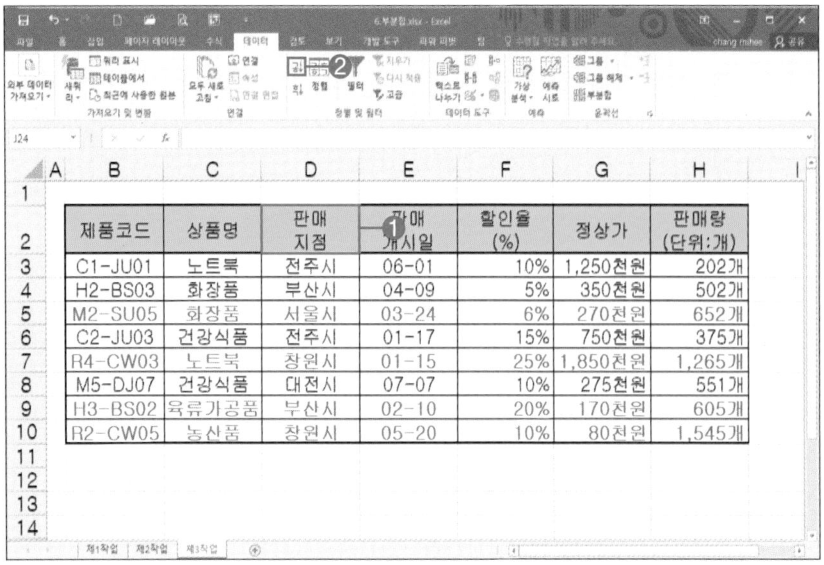

제품코드	상품명	판매 지점	판매 개시일	할인율 (%)	정상가	판매량 (단위:개)
C1-JU01	노트북	전주시	06-01	10%	1,250천원	202개
H2-BS03	화장품	부산시	04-09	5%	350천원	502개
M2-SU05	화장품	서울시	03-24	6%	270천원	652개
C2-JU03	건강식품	전주시	01-17	15%	750천원	375개
R4-CW03	노트북	창원시	01-15	25%	1,850천원	1,265개
M5-DJ07	건강식품	대전시	07-07	10%	275천원	551개
H3-BS02	육류가공품	부산시	02-10	20%	170천원	605개
R2-CW05	농산품	창원시	05-20	10%	80천원	1,545개

03 판매지점이 오름차순으로 정렬됩니다.

제품코드	상품명	판매 지점	판매 개시일	할인율 (%)	정상가	판매량 (단위:개)
M5-DJ07	건강식품	대전시	07-07	10%	275천원	551개
H2-BS03	화장품	부산시	04-09	5%	350천원	502개
H3-BS02	육류가공품	부산시	02-10	20%	170천원	605개
M2-SU05	화장품	서울시	03-24	6%	270천원	652개
C1-JU01	노트북	전주시	06-01	10%	1,250천원	202개
C2-JU03	건강식품	전주시	01-17	15%	750천원	375개
R4-CW03	노트북	창원시	01-15	25%	1,850천원	1,265개
R2-CW05	농산품	창원시	05-20	10%	80천원	1,545개

Step 02. 부분합

01 첫 번째 '정상가'의 합계를 구하기 위해 데이터 안에 ❶임의의 셀을 클릭한 후 [데이터] 탭의 [윤곽선] 그룹에서 ❷[부분합]을 클릭합니다.

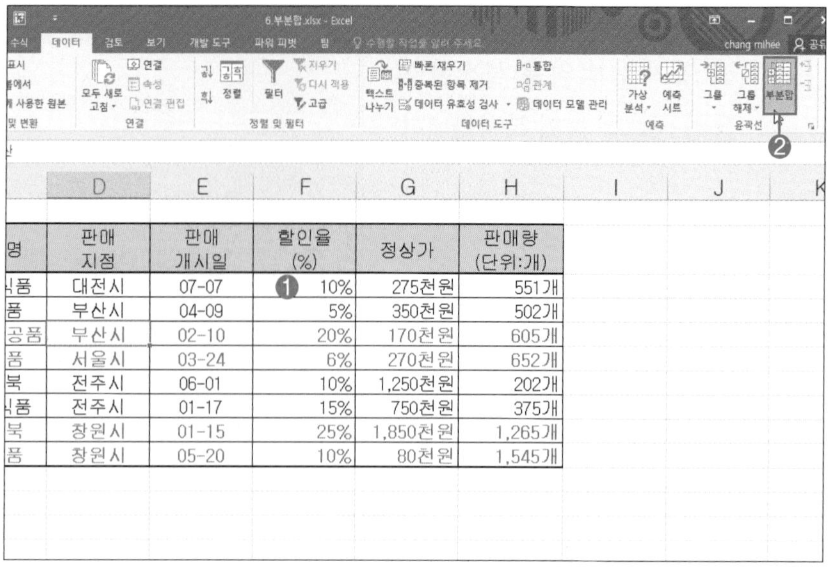

02 [부분합] 대화상자에서 '그룹화할 항목'에는 정렬이 되었던 필드 ❶'판매지점'이 되며, '사용할 함수'에는 첫 번째 계산될 ❷'합계', '부분합 계산 항목'에는 ❸'정상가'를 선택한 후 ❹[확인]을 클릭합니다.

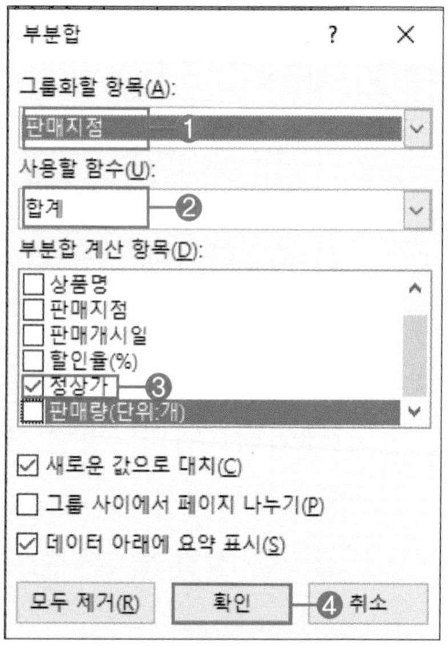

03 두 번째 '판매량'의 평균을 구하기 위해 부분합 안에 ❶임의의 셀을 클릭한 후 [데이터] 탭의 [윤곽선] 그룹에서 ❷[부분합]을 클릭합니다.

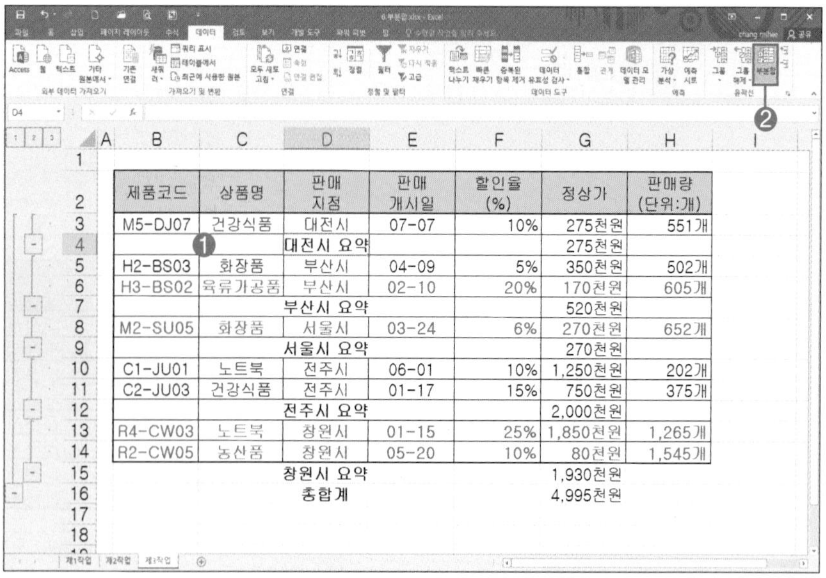

04 [부분합] 대화상자에서 '그룹화할 항목'에는 정렬이 되었던 필드 ❶'판매지점'이 되며, ❷'사용할 함수'에는 두 번째 계산될 '평균', ❸'부분합 계산 항목'에는 '판매량(단위:개)'를 선택합니다. 이전에 계산과 함께 표시하기 위해 ❹'새로운 값으로 대치'의 체크 표시를 없애고 ❺[확인]을 누릅니다.

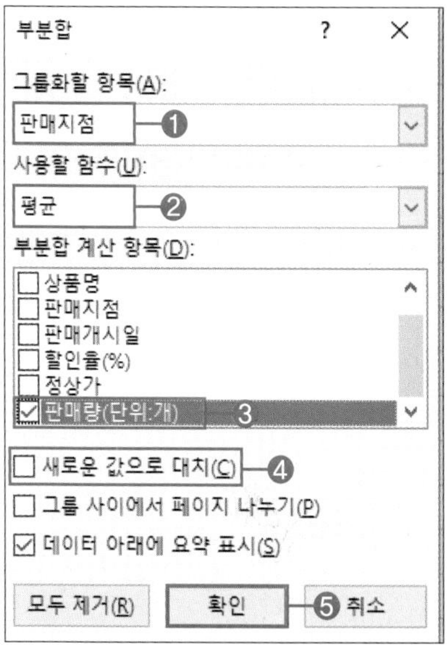

05 부분합의 윤곽을 지우기 위해 ❶임의의 부분합 영역에 클릭하고, [데이터] 탭의 [윤곽선] 그룹에서 ❷[그룹 해제]의 목록 단추를 클릭하여 ❸[윤곽 지우기]를 클릭합니다.

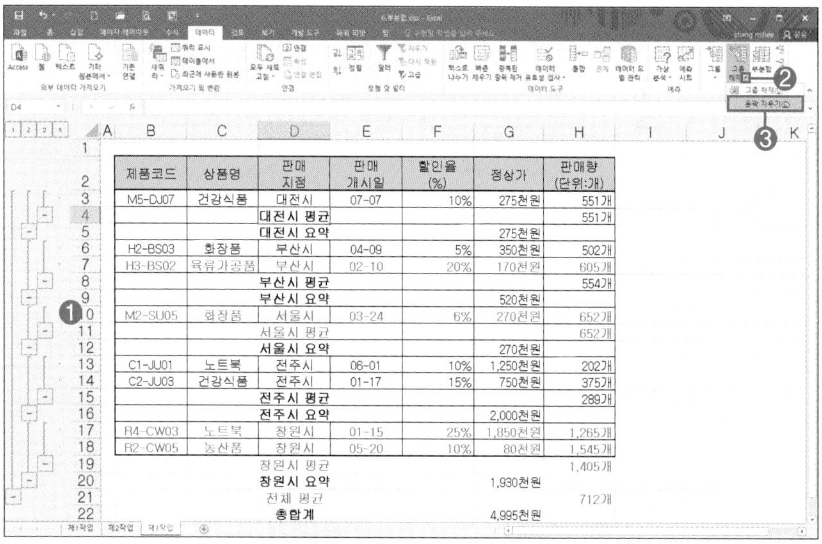

제품코드	상품명	판매 지점	판매 개시일	할인율 (%)	정상가	판매량 (단위:개)
M5-DJ07	건강식품	대전시	07-07	10%	275천원	551개
		대전시 평균				551개
		대전시 요약			275천원	
H2-BS03	화장품	부산시	04-09	5%	350천원	502개
H3-BS02	육류가공품	부산시	02-10	20%	170천원	605개
		부산시 평균				554개
		부산시 요약			520천원	
M2-SU05	화장품	서울시	03-24	6%	270천원	652개
		서울시 평균				652개
		서울시 요약			270천원	
C1-JU01	노트북	전주시	06-01	10%	1,250천원	202개
C2-JU03	건강식품	전주시	01-17	15%	750천원	375개
		전주시 평균				289개
		전주시 요약			2,000천원	
R4-CW03	노트북	창원시	01-15	25%	1,850천원	1,265개
R2-CW05	농산품	창원시	05-20	10%	80천원	1,545개
		창원시 평균				1,405개
		창원시 요약			1,930천원	
		전체 평균				712개
		총합계			4,995천원	

06 부분합을 완성합니다.

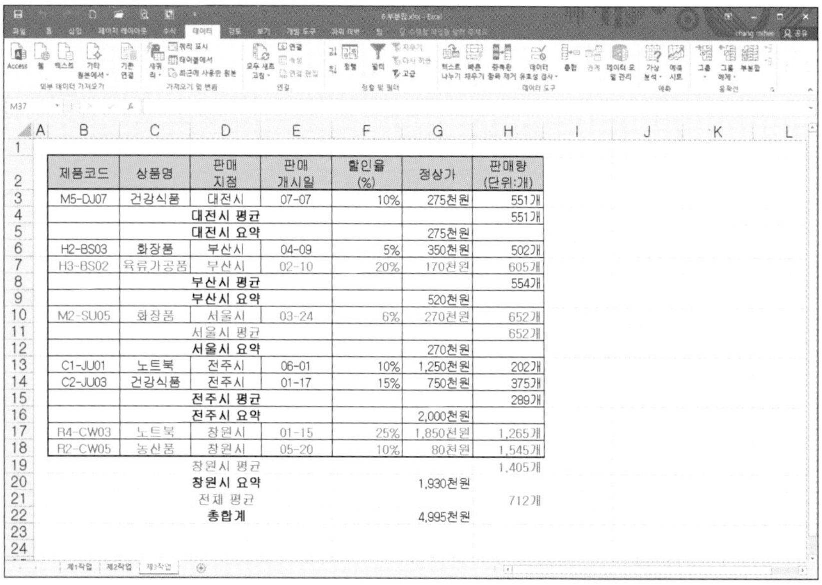

제품코드	상품명	판매 지점	판매 개시일	할인율 (%)	정상가	판매량 (단위:개)
M5-DJ07	건강식품	대전시	07-07	10%	275천원	551개
		대전시 평균				551개
		대전시 요약			275천원	
H2-BS03	화장품	부산시	04-09	5%	350천원	502개
H3-BS02	육류가공품	부산시	02-10	20%	170천원	605개
		부산시 평균				554개
		부산시 요약			520천원	
M2-SU05	화장품	서울시	03-24	6%	270천원	652개
		서울시 평균				652개
		서울시 요약			270천원	
C1-JU01	노트북	전주시	06-01	10%	1,250천원	202개
C2-JU03	건강식품	전주시	01-17	15%	750천원	375개
		전주시 평균				289개
		전주시 요약			2,000천원	
R4-CW03	노트북	창원시	01-15	25%	1,850천원	1,265개
R2-CW05	농산품	창원시	05-20	10%	80천원	1,545개
		창원시 평균				1,405개
		창원시 요약			1,930천원	
		전체 평균				712개
		총합계			4,995천원	

Tip

부분합을 잘못한 경우 [부분합] 대화상자에서 '모두 제거'를 클릭하여 부분합을 제거한 후 다시 계산합니다.

■ ■ 예제 : 실력팡팡₩부분합1.xlsx / 완성 : 실력팡팡₩부분합1완성.xlsx

01 ☞ **"제1작업" 시트의 「B4:H12」 영역을 복사하여 "제2작업" 시트의 「B2」 셀에 모두 붙여넣기를 한 후 다음의 조건과 같이 작업하시오.**

조건 (1) 부분합 – ≪출력형태≫처럼 정렬하고, 전년도 지원현황의 합계와 금년도 지원현황의 평균을 구하시오.

(2) 윤곽 – 지우시오.

(3) 나머지 사항은 ≪출력형태≫에 맞게 작성하시오.

출력형태

	A	B	C	D	E	F	G	H
1								
2		강사코드	담당강사	교육구분	프로그램명	전년도 지원현황	금년도 지원현황	재수강율 (단위:%)
3		SS003	우주원	자격증과정	SNS마케팅	98명	85명	30%
4		AS102	유나희	자격증과정	숲해설사	70명	113명	32%
5				**자격증과정 평균**			99명	
6				**자격증과정 요약**		168명		
7		SA012	최민아	창업교육	닥종이인형	50명	55명	35%
8		TA100	정서연	창업교육	한식조리사	50명	35명	120%
9		AS101	민지혜	창업교육	창업떡만들기	30명	37명	55%
10				**창업교육 평균**			42.333명	
11				**창업교육 요약**		130명		
12		SS005	이예슬	취미반	프랑스자수	80명	55명	15%
13		TS030	서인정	취미반	우쿨렐레	40명	40명	75%
14		TA200	표민수	취미반	생활도예	60명	100명	26%
15				**취미반 평균**			65명	
16				**취미반 요약**		180명		
17				**전체 평균**			65명	
18				**총합계**		478명		
19								

02 ☞ "제1작업" 시트의 「B4:H12」 영역을 복사하여 "제2작업" 시트의 「B2」 셀에 모두 붙여넣기를 한 후 다음의 조건과 같이 작업하시오.

조건 (1) 부분합 – ≪출력형태≫처럼 정렬하고, 태도의 개수와 총점(200점 만점)의 최대값을 구하시오.

(2) 윤곽 – 지우시오.

(3) 나머지 사항은 ≪출력형태≫에 맞게 작성하시오.

출력형태

수험번호	지원자	지원 종목	태도	맛과 향	총점 (200점 만점)	평가
C3-0706	*노형일*	*카푸치노*	*98.6*	*92.5*	*총281.2*	*2차선발*
R3-A094	최미숙	카푸치노	91.7	91.6	총275.8	2차선발
C3-A119	*정은유*	*카푸치노*	*94.5*	*92.4*	*총284.1*	*2차선발*
		카푸치노 최대값			*총284.1*	
		카푸치노 개수	3			
E1-S078	두리안	에소프레소	87.7	89.1	총265.5	
E1-A079	나나무	에소프레소	100	87.2	총262.3	
		에소프레소 최대값			총265.5	
		에소프레소 개수	2			
B3-U098	김순옥	블랜딩	89.9	92.3	총272.1	
C3-A040	이유리	블랜딩	93.1	90.5	총276.1	2차선발
		블랜딩 최대값			총276.1	
		블랜딩 개수	2			
R4-U073	강나연	로스팅	88.4	88.5	총270.4	
		로스팅 최대값			총270.4	
		로스팅 개수	1			
		전체 최대값			*총284.1*	
		전체 개수	8			

제1작업 | 제2작업 | 제3작업

■ ■ 예제 : 실력팡팡₩부분합3.xlsx / 완성 : 실력팡팡₩부분합3완성.xlsx

03 ☞ "제1작업" 시트의 「B4:H12」 영역을 복사하여 "제2작업" 시트의 「B2」 셀에 모두 붙여넣기를 한 후 다음의 조건과 같이 작업하시오.

조건 (1) 부분합 – ≪출력형태≫처럼 정렬하고, 교육시간의 개수와 지원총액(단위:천원)의 평균을 구하시오.

(2) 윤곽 – 지우시오.

(3) 나머지 사항은 ≪출력형태≫에 맞게 작성하시오.

출력형태

	A	B	C	D	E	F	G	H	I
1									
2		지원코드	사업자	사업장주소	사업개업 연도	지원 분야	교육 시간	지원총액 (단위:천원)	
3		B19-U098	이민정	서곡로 19-1	2019년	환경개선	2	100천원	
4						**환경개선 평균**		100천원	
5						**환경개선 개수**	1		
6		C19-0706	장미희	소대배기로 18-13	2019년	정보화교육	1	50천원	
7		C20-A119	김희정	와룡로 12-5	2020년	정보화교육	4	35천원	
8		C17-A040	정서연	기린로 55-8	2017년	정보화교육	2	60천원	
9						**정보화교육 평균**		48천원	
10						**정보화교육 개수**	3		
11		E20-A079	노형원	한벽로 12-9	2020년	전통문화	2	55천원	
12						**전통문화 평균**		55천원	
13						**전통문화 개수**	1		
14		E18-S078	이은나	문학로 11-8	2018년	문화예술	3	45천원	
15		R21-A094	최대정	백제로 25-3	2021년	문화예술	3	65천원	
16		R21-U073	정은유	효자로 6-5	2021년	문화예술	5	40천원	
17						**문화예술 평균**		50천원	
18						**문화예술 개수**	3		
19						**전체 평균**		56천원	
20						**전체 개수**	8		
21									

04 ☞ **"제1작업" 시트의 「B4:H12」 영역을 복사하여 "제2작업" 시트의 「B2」 셀에 모두 붙여넣기를 한 후 다음의 조건과 같이 작업하시오.**

조건 (1) 부분합 – ≪출력형태≫처럼 정렬하고, 사원의 개수와 7월매출의 합계를 구하시오.

(2) 윤곽 – 지우시오.

(3) 나머지 사항은 ≪출력형태≫에 맞게 작성하시오.

출력형태

	A	B	C	D	E	F	G	H	I
1									
2		사원코드	사원	부서	입사일	5월 매출	6월 매출	7월 매출	
3		4-060B2	이민영	관리부	2012-06-01	80	80	80GOAL	
4				관리부 요약부				80GOAL	
5			1	관리부 개수부					
6		3-060S1	최민아	기획부	2011-06-01	100	95	95GOAL	
7		3-030T1	정신정	기획부	2007-03-01	85	75	90GOAL	
8				**기획부 요약부**				185GOAL	
9			2	기획부 개수부					
10		1-030P2	노형일	영업부	2012-03-02	80	100	80GOAL	
11		1-090A3	김신우	영업부	2008-09-01	85	100	100GOAL	
12		2-030F3	윤지안	영업부	2006-03-02	100	90	85GOAL	
13				**영업부 요약부**				265GOAL	
14			3	영업부 개수부					
15		2-060D4	노형원	홍보부	2009-06-04	90	85	75GOAL	
16		2-090P2	박종철	홍보부	2007-09-01	95	75	75GOAL	
17				**홍보부 요약부**				150GOAL	
18			2	홍보부 개수부					
19				**총합계부**				680GOAL	
20			8	전체 개수부					
21									

07 Section 피벗 테이블

많은 데이터를 효율적으로 분석하고 요약하는 방법을 학습합니다.

피벗 테이블

- 복잡하고 많은 데이터를 쉽게 요약하는 기능으로 행 또는 열을 중심으로 다양한 형태로 요약하여 분석할 수 있으며 대화형 테이블이라고도 합니다.
- 데이터 수준을 확장하거나 축소하여 원하는 결과를 볼 수 있습니다.
- 피벗 테이블을 생성할 범위를 설정하고 [삽입] 탭의 [표] 그룹에서 [피벗 테이블]을 클릭합니다.
- [피벗 테이블] 대화상자에서 '대상 범위'와 '보고서 위치'를 선택합니다.

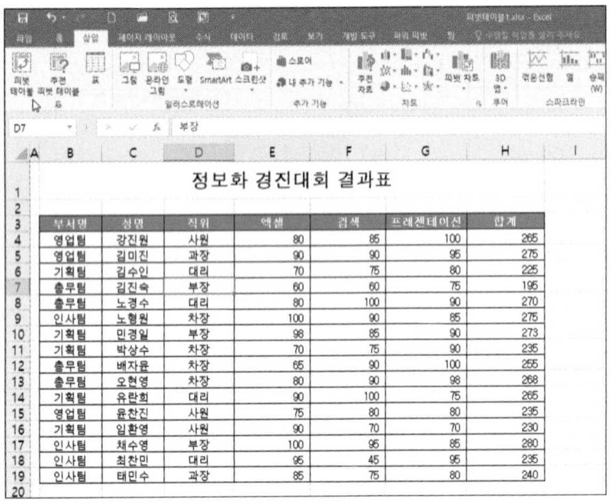

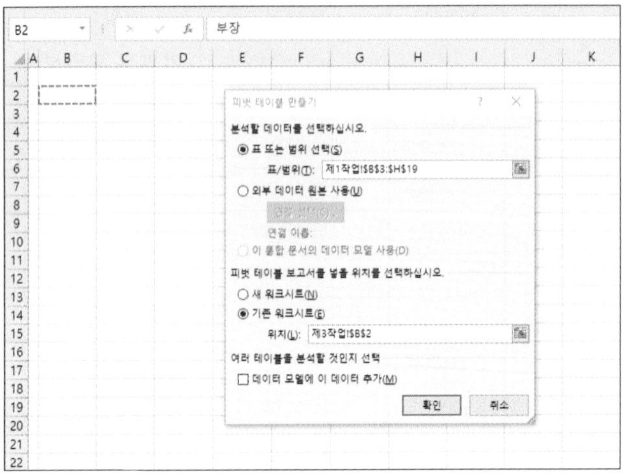

- [피벗 테이블 필드 목록]에서 '행 레이블', '열 레이블', '값' 목록에 해당하는 필드를 드래그하여 항목에 추가합니다.

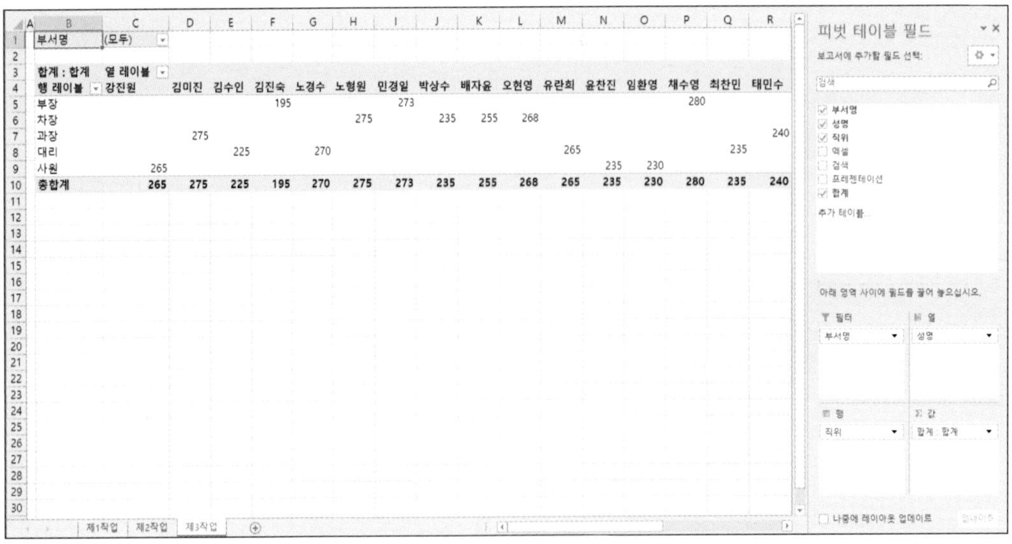

• 필드를 잘못 넣었을 때는 필드를 워크시트 위로 드래그하면 삭제되며, 필드 목록에서 삭제할 필드를 체크 해제합니다.

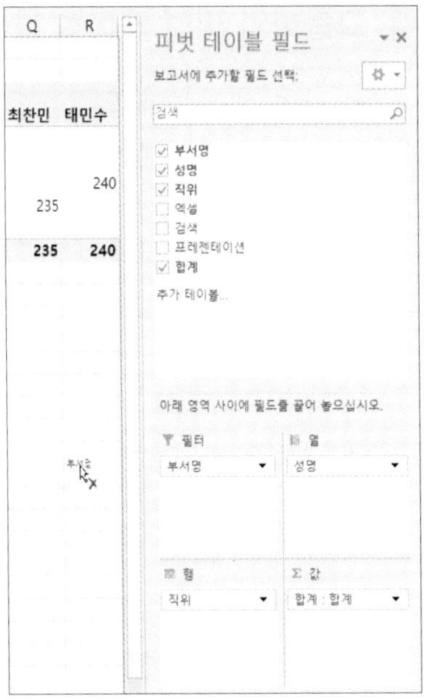

값 필드 설정과 정렬

• 값을 클릭하면 [값 필드 설정] 대화상자가 열리고 [사용할 함수]에서 계산 유형을 선택합니다. [사용자 지정 이름]에서 필드명을 수정할 수 있습니다.

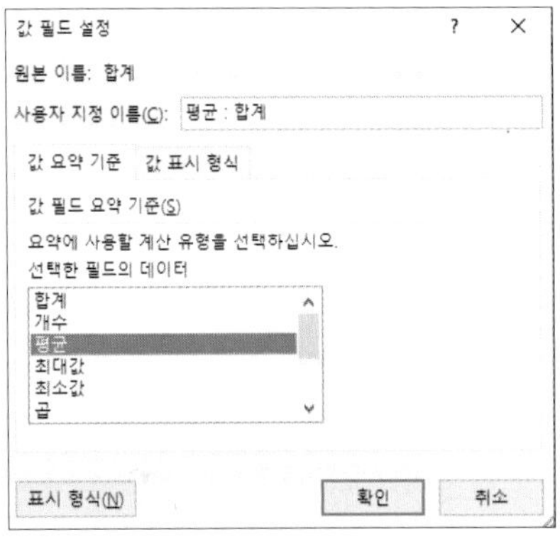

• 정렬할 때는 정렬할 행이나 열 필드를 클릭한 후 마우스 오른쪽 버튼을 눌러 [정렬]을 클릭하고, 사용자 지정 정렬일 경우에는 [기타 정렬 옵션] 대화상자에서 '수동(항목을 끌어 다시 정렬)'을 선택한 후 필드를 드래그하여 정렬할 수 있습니다.

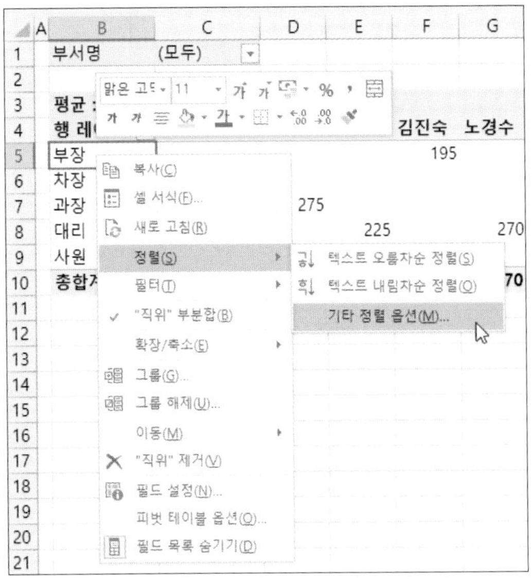

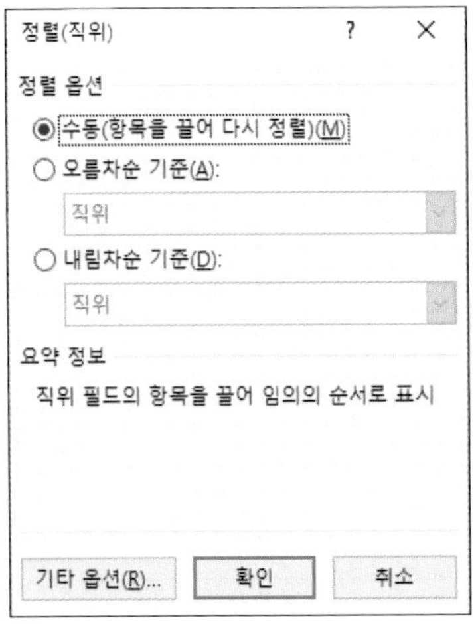

그룹화와 피벗 테이블 옵션

- 피벗 테이블에 있는 숫자나 날짜 부분에서 마우스 오른쪽 버튼을 클릭하여 [그룹]을 누르면 '시작 값, 끝 값, 단위'를 입력하여 그룹화할 수 있습니다.

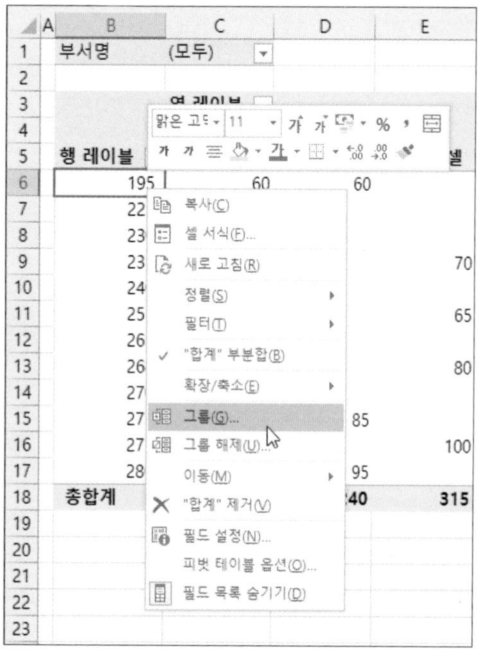

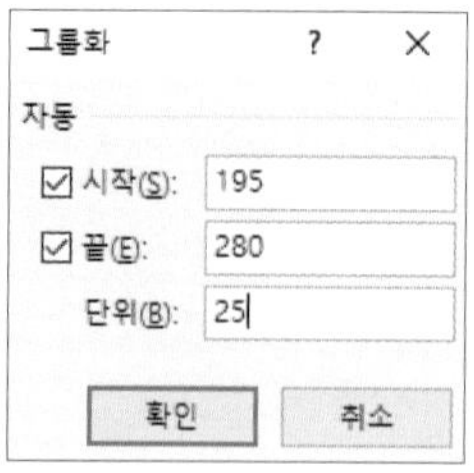

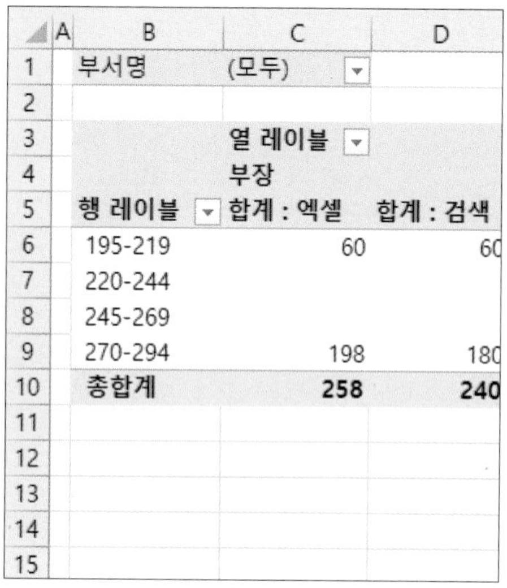

- 피벗 테이블 안을 클릭한 후 [피벗 테이블 도구]-[분석] 탭에서 [피벗 테이블] 그룹의 [옵션]을 클릭합니다.

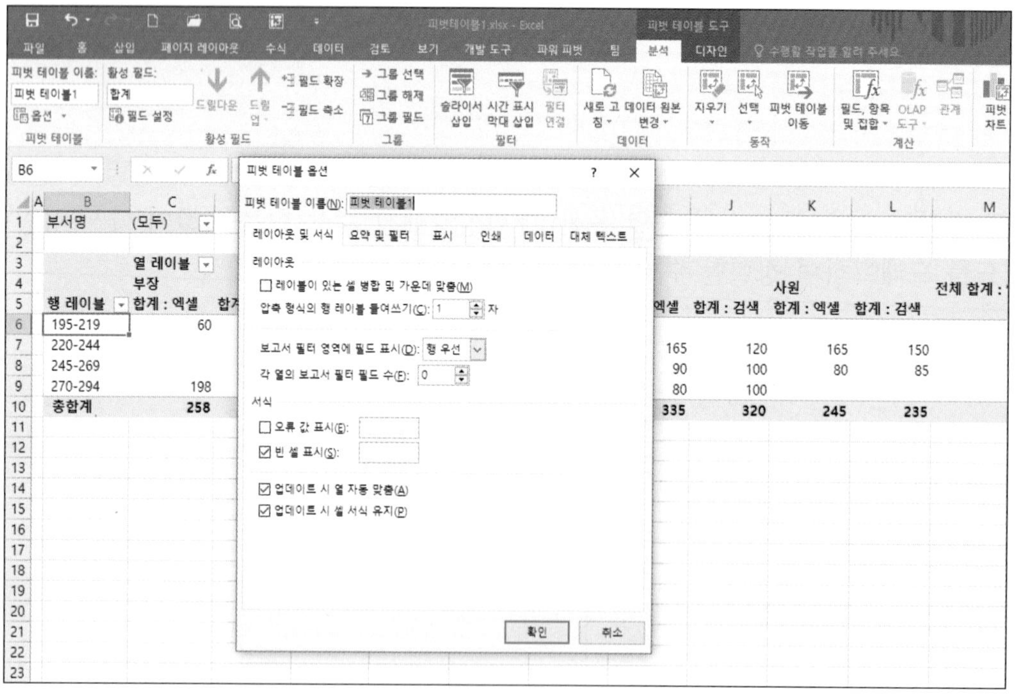

- [레이아웃 및 서식] 탭에서는 '레이블 병합', '빈 셀 표시' 등을 할 수 있으며, [요약 및 필터] 탭에서는 '행 총합계' 또는 '열 총합계 표시'를 선택할 수 있습니다.

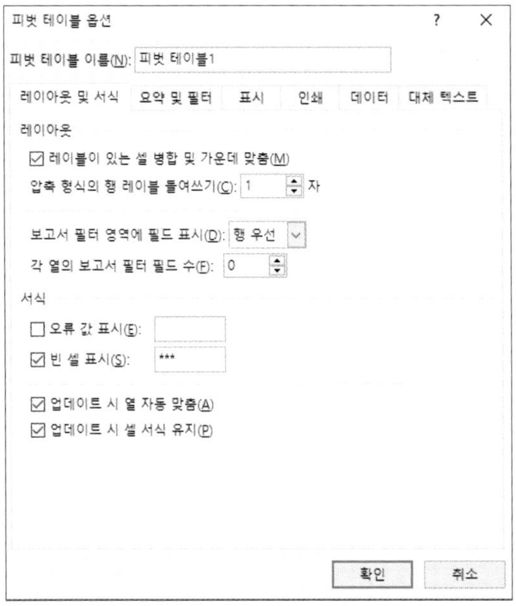

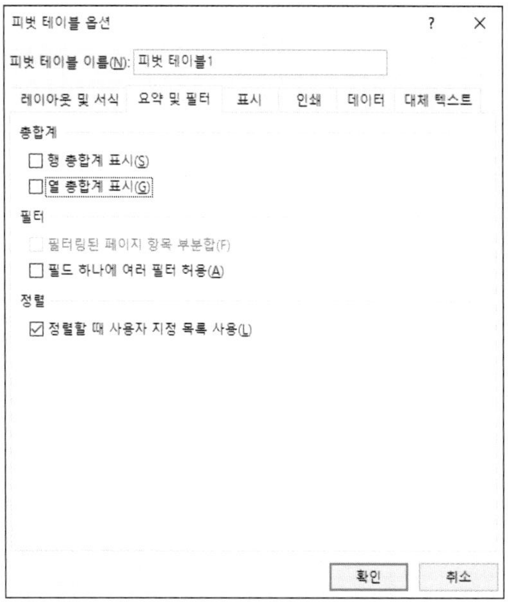

- [디자인] 탭의 [레이아웃] 그룹에서 [보고서 레이아웃]을 클릭하여 '개요 형식으로 표시'를 클릭하여 레이아웃을 변경할 수 있습니다.

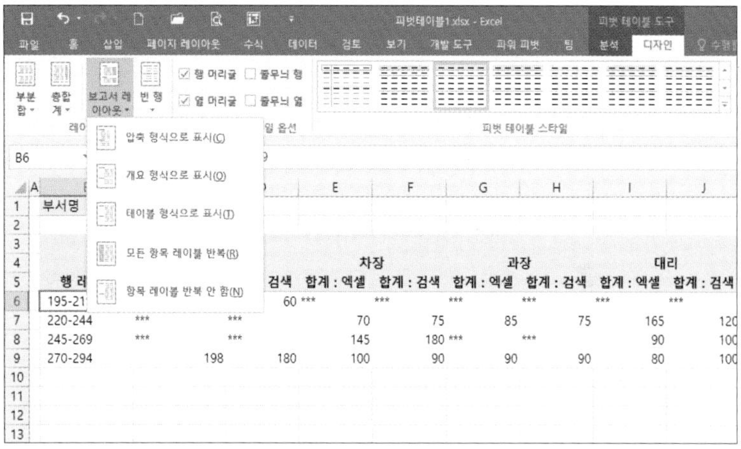

- 숫자 데이터 영역을 블록 설정하여 [홈] 탭의 [표시 형식] 그룹에서 '회계 표시', '쉼표 스타일' 등과 '소수 자릿수'를 설정할 수 있다. [맞춤] 탭을 이용하여 정렬 방법을 설정할 수 있습니다.

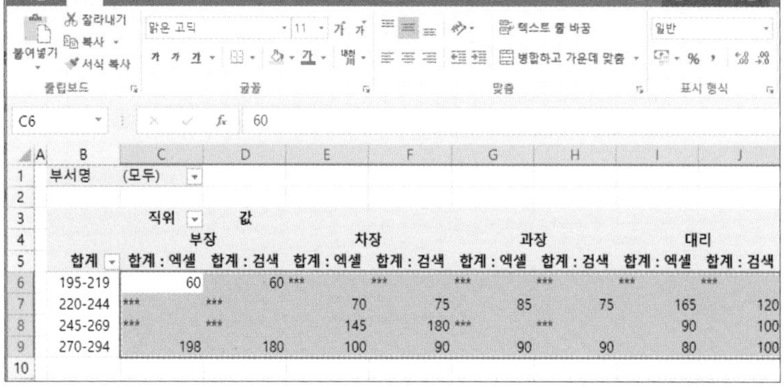

■ ■ 예제 : 기출유형₩7.피벗.xlsx / 완성 : 기출유형₩7.피벗완성.xlsx

피벗 테이블 따라하기

데이터를 조건에 맞추어 자료를 정렬하고, 정렬된 데이터에 부분합을 이용해 그룹 계산식을 만드는 기능을 평가하는 문제입니다.

[제3작업] 피벗 테이블 (80점)

☞ **"제1작업" 시트를 이용하여 "제3작업" 시트에 조건에 따라 ≪출력형태≫와 같이 작업하시오.**

조건
(1) 판매개시일 및 판매지점별 제품코드의 개수와 판매량(단위:개)의 평균을 구하시오.
(2) 판매개시일을 그룹화하고, 판매지점을 ≪출력형태≫와 같이 정렬하시오.
(3) 레이블이 있는 셀 병합 및 가운데 맞춤 적용 및 빈 셀은 '**'로 표시하시오.
(4) 행의 총합계는 지우고, 나머지 사항은 ≪출력형태≫에 맞게 작성하시오.

출력형태

	판매지점	값								
	창원		전주		서울		부산		대전	
판매개시일	개수 : 제품코드	평균 : 판매량	개수 : 제품코드	평균 : 판매량	개수 : 제품코드	평균 : 판매량	개수 : 제품코드	평균 : 판매량	개수 : 제품코드	평균 : 판매량
1월	1	1,265	1	375	**	**	**	**	**	**
2월	**	**	**	**	**	**	1	605	**	**
3월	**	**	**	**	1	652	**	**	**	**
4월	**	**	**	**	**	**	1	502	**	**
5월	1	1,545	**	**	**	**	**	**	**	**
6월	**	**	1	202	**	**	**	**	**	**
7월	**	**	**	**	**	**	**	**	1	551
총합계	2	1,405	2	289	1	652	2	554	1	551

KEY POINT
- 피벗 테이블에 삽입될 영역 지정
- [삽입]–[피벗 테이블]
- 피벗 테이블 옵션 설정 – 빈 셀 표시 및 행/열 총합계 표시 여부
- [피벗 테이블]–[디자인]–[보고서 레이아웃]–[개요 형식으로]
- 피벗 테이블 정렬 / 셀 서식 지정

Step 01. 피벗 테이블 삽입하기

01 ❶'제1작업' 시트의 [B4:J12] 영역을 범위로 지정한 후 [삽입] 탭의 [표] 그룹에서 ❷[피벗 테이블]을 클릭합니다.

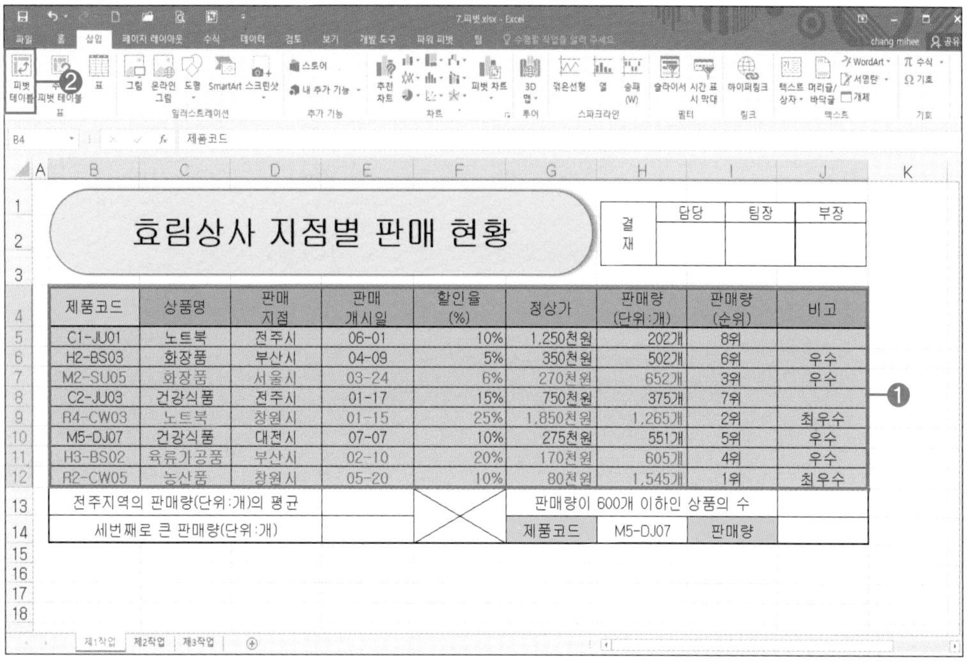

02 [피벗 테이블 만들기] 대화상자의 ❶'표 또는 범위 선택'에서 표/범위가 맞는지 확인하고 [피벗 테이블 보고서를 넣을 위치에서 ❷'기존 워크시트'를 선택한 후 입력란을 클릭하여 '제3작업' 시트의 [B2] 셀을 클릭한 후 ❸[확인]을 누릅니다.

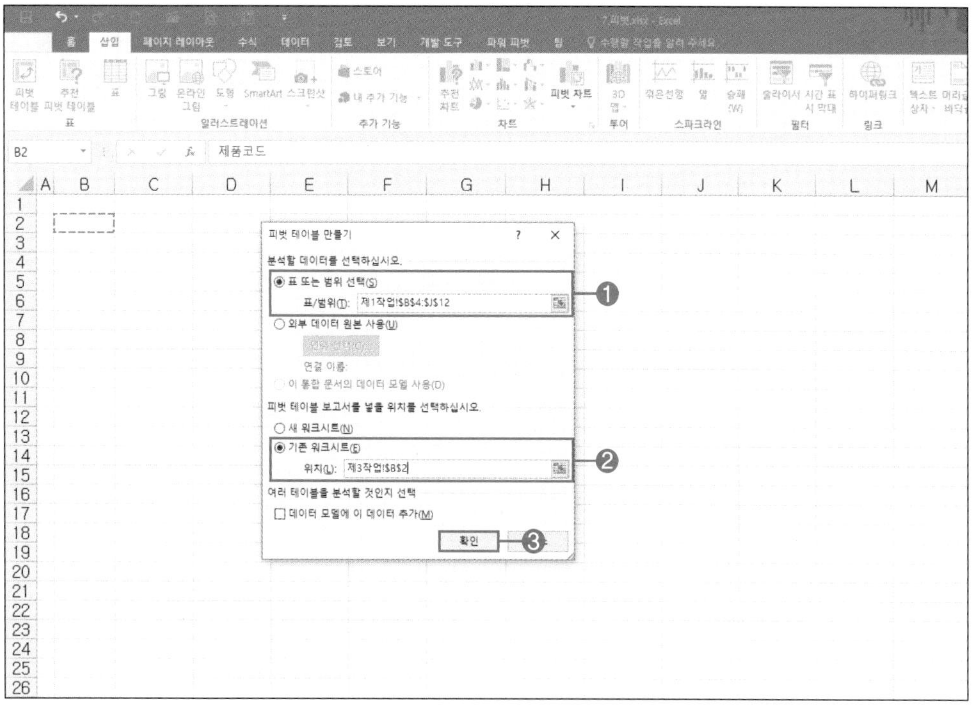

03 오른쪽의 [피벗 테이블 필드 목록]에서 필드명을 해당하는 영역으로 드래그합니다. '판매개시일'은 [행] 레이블로 드래그하고 '판매지점'은 [열] 레이블로 드래그합니다. 각 값을 구할 '제품코드'와 '판매량(단위:개)'는 [값] 영역으로 드래그합니다.

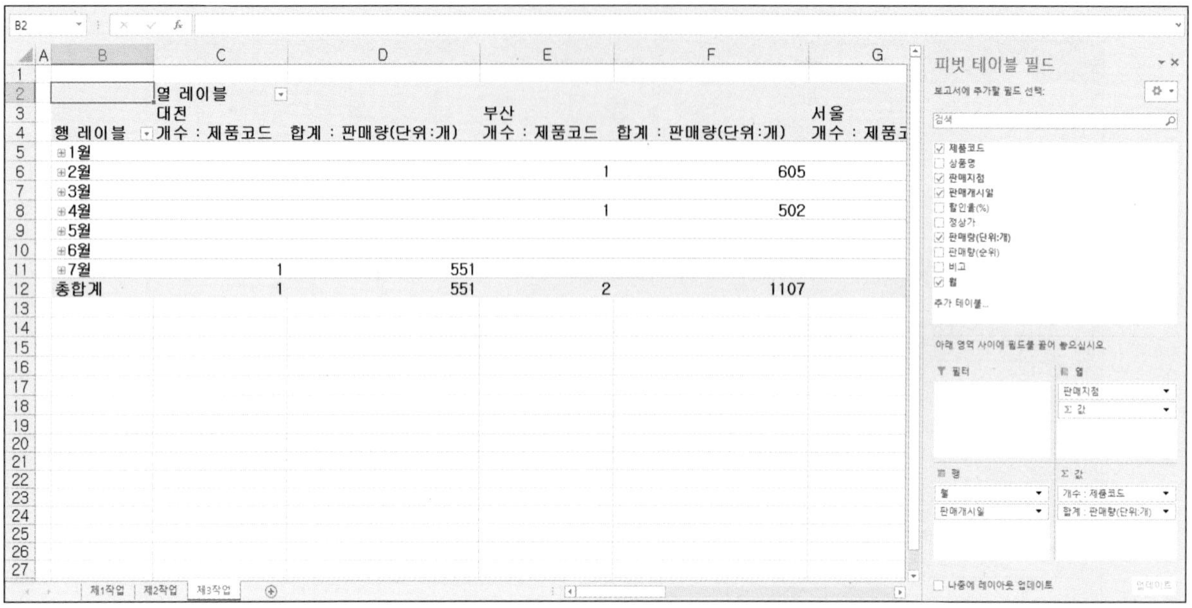

Level UP!

○ 제시된 조건의 피벗 테이블의 각 영역 지정하기

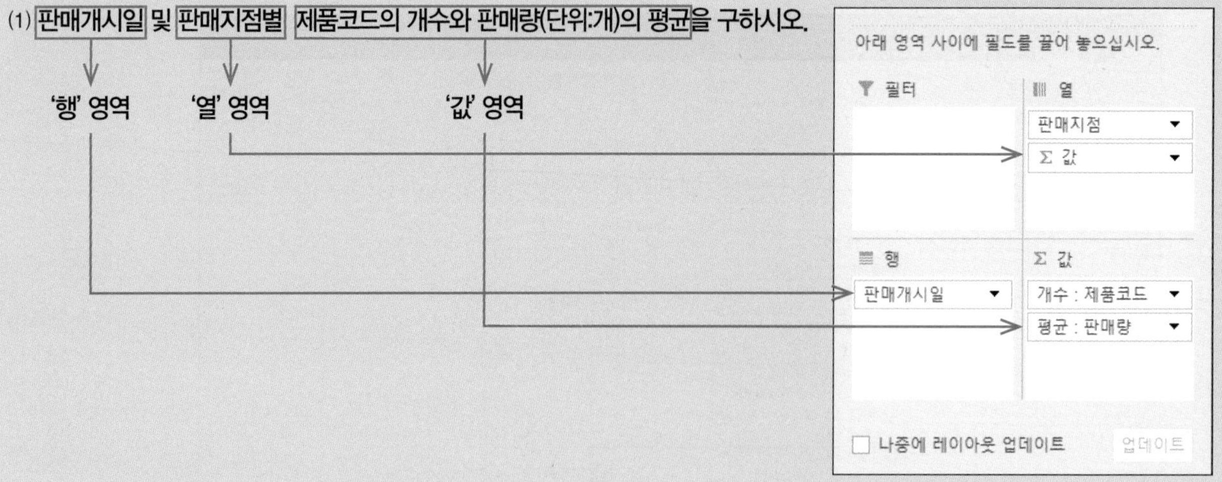

Step 02. 값 필드 수정과 그룹 및 정렬하기

01 필드의 값을 수정하기 위해 ❶'합계 : 판매량(단위:개)' 필드를 클릭하여 ❷[값 필드 설정]을 클릭합니다. [값 필드 설정] 대화상자의 [값 요약 기준] 탭에서 ❸'평균'을 선택한 후 ❹[확인]을 클릭합니다.

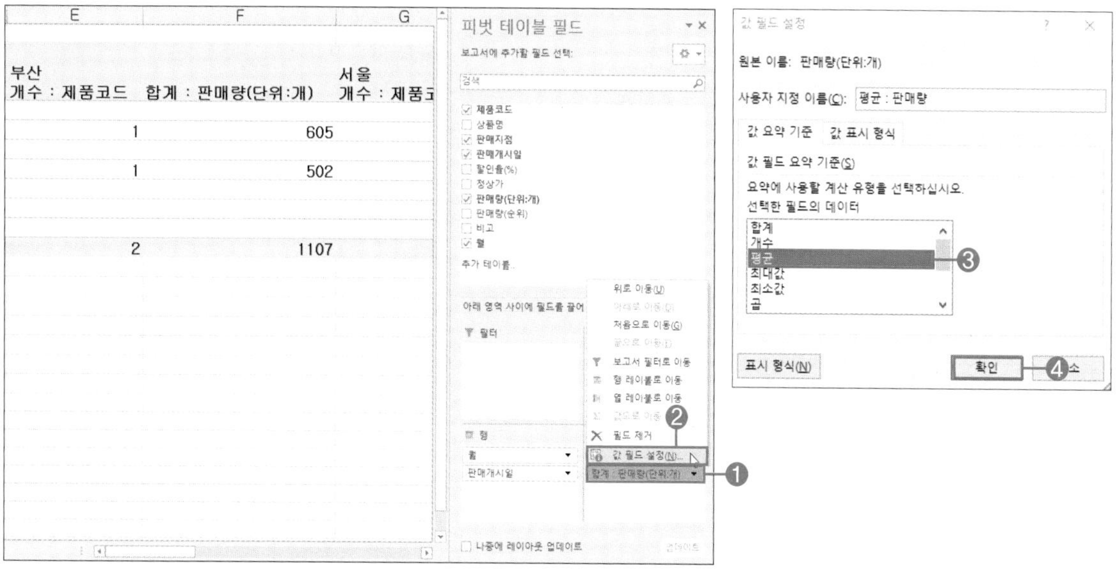

Tip

필드명을 수정할 경우에는 [값 필드 설정] 대화상자의 [사용자 지정 이름]에서 수정합니다.

02 '판매개시일'을 그룹화하기 위해 ❶'판매개시일'이 있는 임의의 행 레이블을 클릭한 후 ❷마우스 오른쪽 버튼을 눌러 바로가기 메뉴에서 [그룹(G)]을 선택합니다. ❸[그룹화] 대화상자의 '월'을 클릭하고 ❹[확인]을 누릅니다.

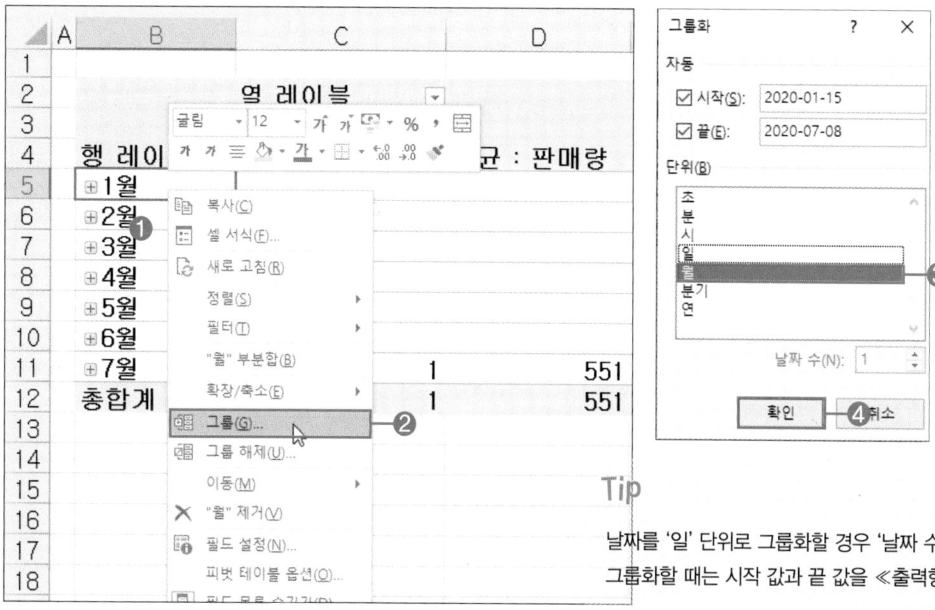

Tip

날짜를 '일' 단위로 그룹화할 경우 '날짜 수'를 설정할 수 있으며, 숫자를 그룹화할 때는 시작 값과 끝 값을 ≪출력형태≫를 보고 수정합니다.

03 레이블을 정렬하기 위해 ❶ 임의의 열 레이블의 필드명을 클릭하고 ❷마우스 오른쪽 버튼의 바로가기 메뉴에서 [정렬]의 ❸'텍스트 내림차순 정렬'을 선택합니다.

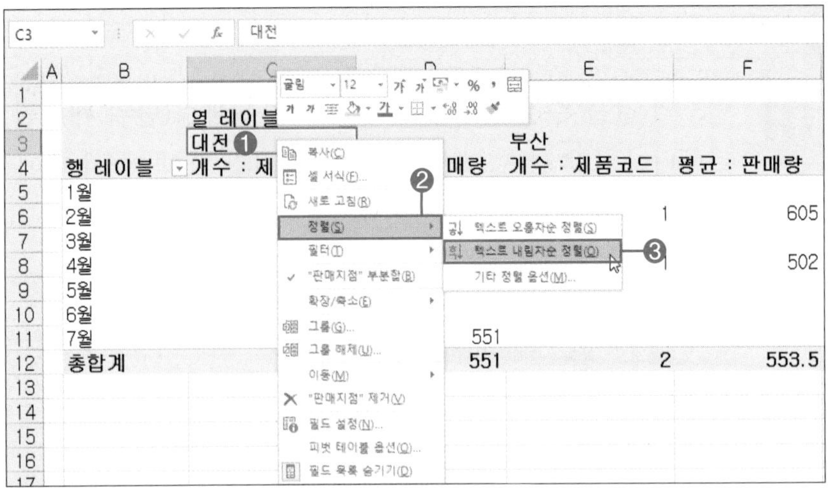

04 정렬을 완성합니다.

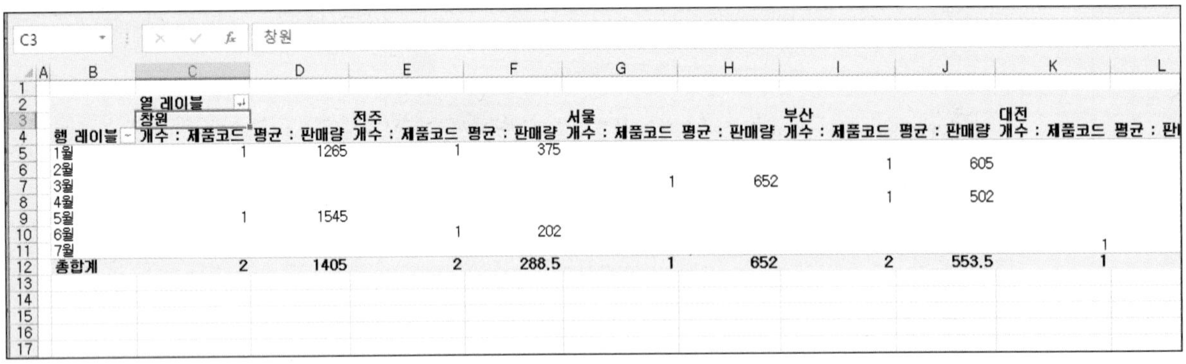

Level UP!

○ 사용자 정의 정렬인 경우

오름차순 또는 내림차순이 아닌 경우 마우스 오른쪽 버튼의 바로가기 메뉴에서 [정렬]의 '기타 정렬 옵션'을 클릭한 후 [정렬] 대화상자에서 '수동(항목을 끌어 다시 정렬)'을 선택하고 [확인]을 클릭합니다.. 필드명을 드래그하여 원하는 위치로 이동합니다.

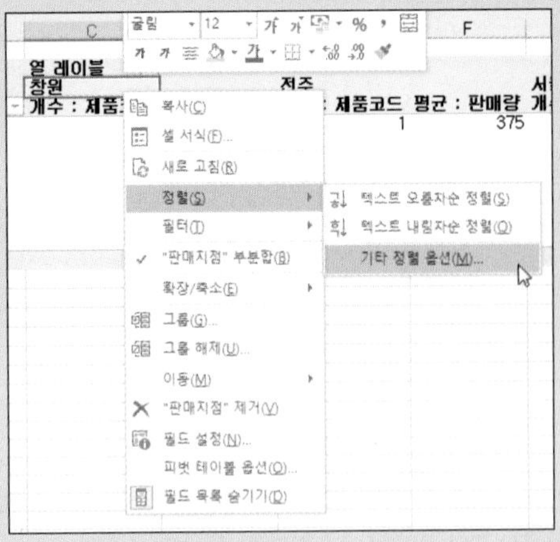

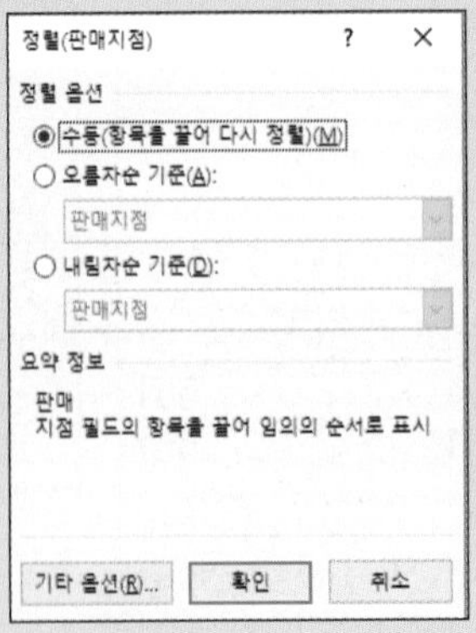

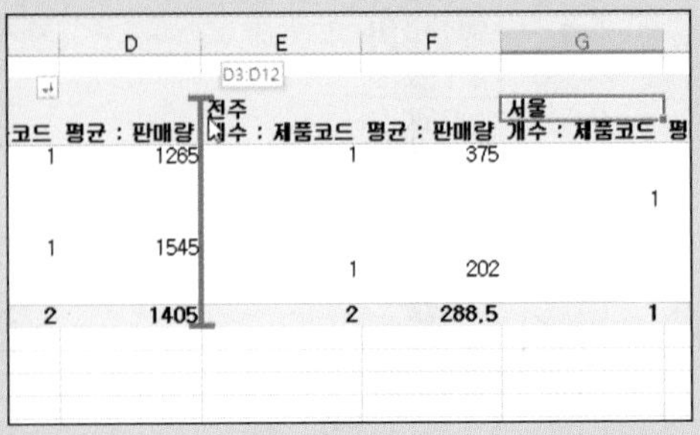

Step 03. 옵션과 레이아웃 설정하기

01 ❶피벗 테이블의 임의의 셀에 클릭하고 [피벗 테이블 도구]-[분석] 탭의 [피벗 테이블] 그룹에서 ❷'옵션'을 클릭합니다.

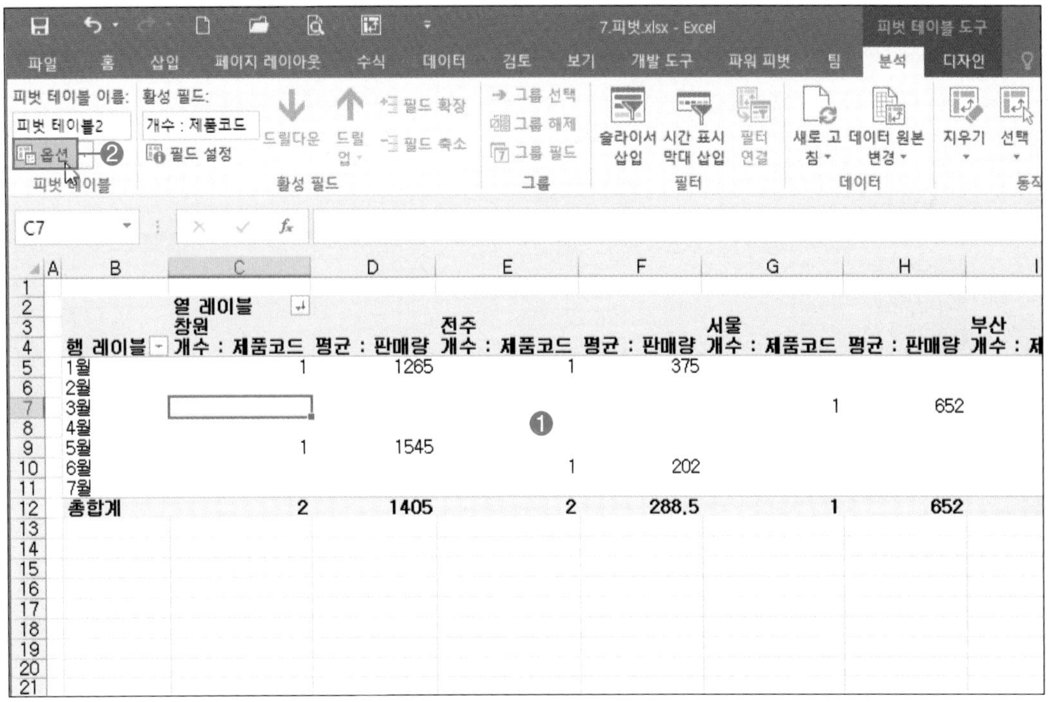

02 [피벗 테이블 옵션] 대화상자에서 [레이아웃 및 서식] 탭의 [레이아웃]에서 ❶'레이블이 있는 셀 병합 및 가운데 맞춤'에 체크하고, ❷[서식]의 '빈 셀 표시'에 '**'를 입력합니다. [요약 및 필터] 탭의 [총합계]에서 ❸'행 총합계 표시'에 체크를 해제한 후 ❹[확인]을 누릅니다.

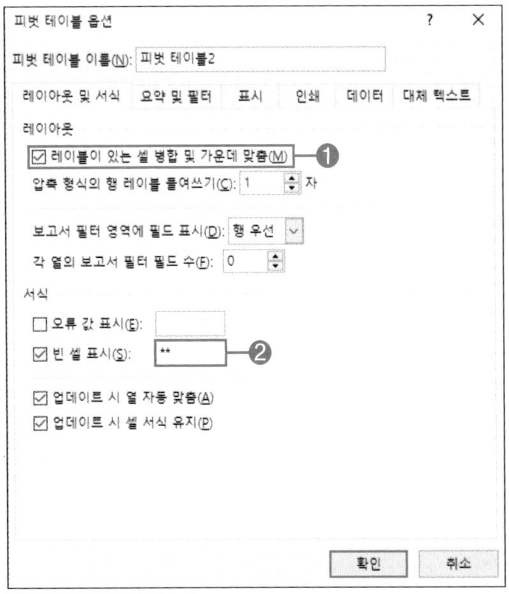

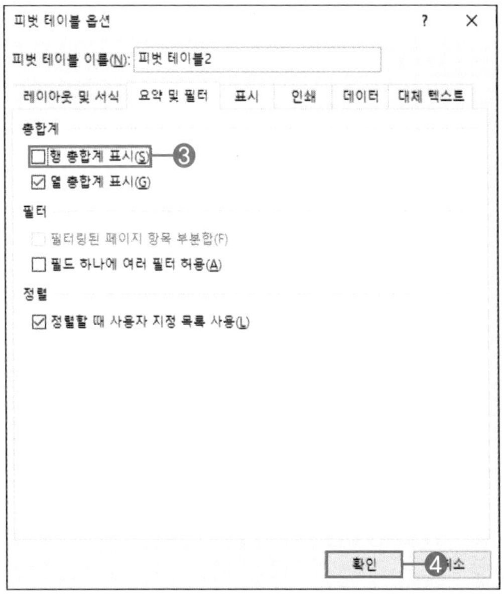

03 ❶행 레이블 영역을 블록 설정한 후 [홈] 탭의 [표시 형식] 그룹의 ❷'쉼표 스타일'을 클릭합니다. 숫자는 오른쪽 정렬되어 있고, 텍스트나 기호는 가운데 정렬이 되어 있습니다. 소수점은 ≪출력 형태≫에 맞춰 조절합니다. [홈] 탭의 [맞춤] 그룹에서 ❸'가운데 정렬'을 합니다. 정렬은 ≪출력 형태≫에 따라 정렬합니다.

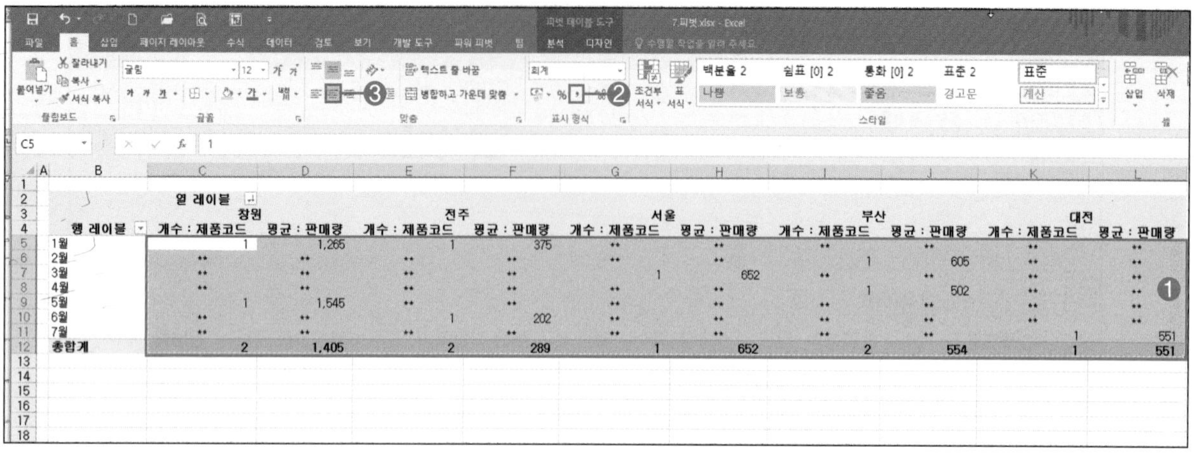

04 열 필드와 행 필드의 필드명을 표시하기 위해 ❶피벗 테이블 영역 안에 클릭하고 [피벗 테이블 도구]-[디자인] 탭의 [레이아웃] 그룹에서 ❷'보고서 레이아웃'의 목록 단추를 클릭하여 ❸'개요 형식으로 표시'를 선택합니다.

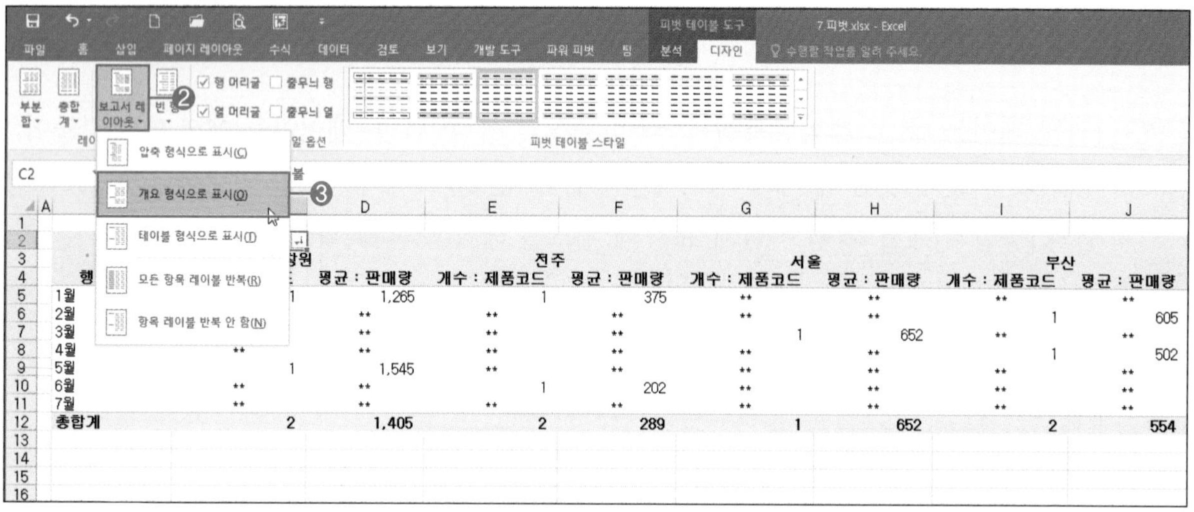

05 피벗 테이블을 완성합니다.

	판매지점	창원			전주			서울			부산			대전	
판매개시일		개수 : 제품코드	평균 : 판매량	개수 : 제품코드	평균 : 판매량		개수 : 제품코드	평균 : 판매량	개수 : 제품코드	평균 : 판매량		개수 : 제품코드	평균 : 판매량
1월		1	1,265	1	375		**	**	**	**		**	**
2월		**	**	**	**		**	**	1	605		**	**
3월		**	**	**	**		1	652	**	**		**	**
4월		**	**	**	**		**	**	1	502		**	**
5월		1	1,545	**	**		**	**	**	**		**	**
6월		**	**	1	202		**	**	**	**		**	**
7월		**	**	**	**		**	**	**	**		1	551
총합계		2	1,405	2	289		1	652	2	554		1	551

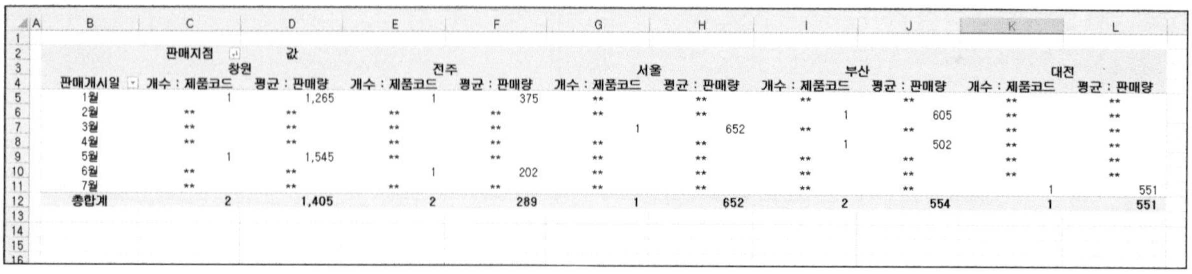

Level UP!

○ 피벗 테이블 원본 영역을 수정하려면?

피벗 테이블의 원본 영역을 수정할 수 있습니다. 피벗 테이블의 임의의 셀에 클릭한 후 [피벗 테이블 도구]-[분석] 탭의 [데이터] 그룹에서 [데이터 원본 변경]-[데이터 원본 변경]을 클릭합니다. [피벗 테이블 데이터 원본 변경] 대화상자에서 '표/범위'의 입력란을 클릭하여 영역을 설정합니다.

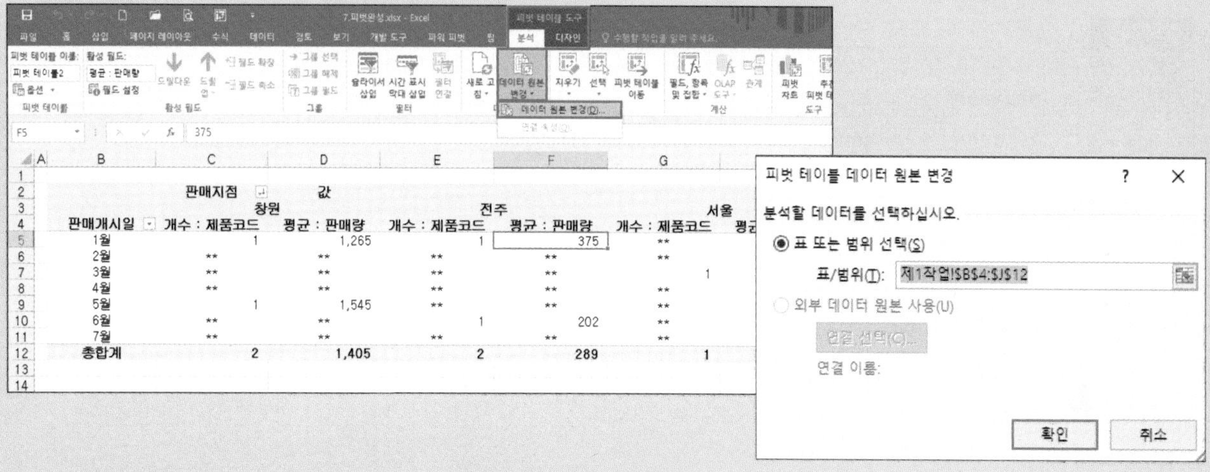

○ 피벗 테이블의 원본 내용이 수정되면?

원본 내용이 수정되면 피벗 테이블은 자동으로 반영되지 않습니다. 피벗 테이블의 임의의 셀에 클릭한 후 [피벗 테이블 도구]-[분석] 탭의 [데이터] 그룹에서 [새로 고침]-[모두 새로 고침]을 클릭해 변경된 원본의 내용을 피벗 테이블에 반영합니다.

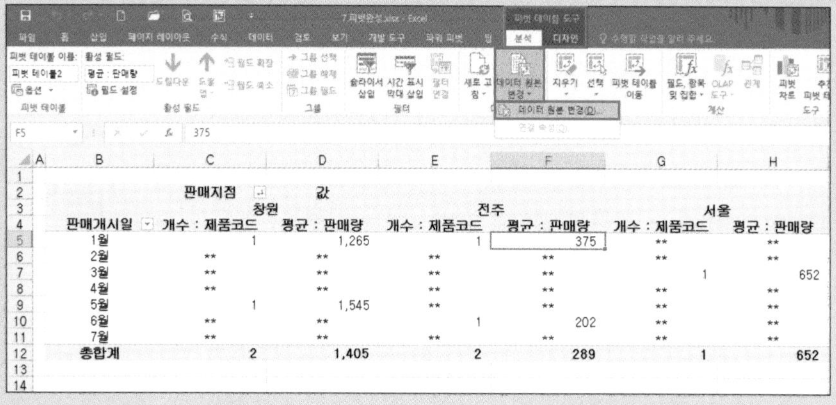

▶ 새로 고침 : 활성화된 셀에 연결된 원본에서 최신 데이터를 가져옵니다.

▶ 모두 새로 고침 : 통합 문서의 모든 원본을 새로 고쳐 최신 데이터를 가져옵니다.

■ ■ 예제 : 실력팡팡₩피벗1.xlsx / 완성 : 실력팡팡₩피벗1완성.xlsx

01 ☞ "제1작업" 시트를 이용하여 "제3작업" 시트에 조건에 따라 ≪출력형태≫와 같이 작업하시오.

조건 (1) 교육구분 및 전년도지원현황별 담당강사의 개수와 금년도지원현황의 평균을 구하시오.

(2) 전년도지원현황을 그룹화하고, 교육구분을 ≪출력형태≫와 같이 정렬하시오.

(3) 레이블이 있는 셀 병합 및 가운데 맞춤 적용 및 빈 셀은 '***'로 표시하시오.

(4) 행의 총합계는 지우고, 나머지 사항은 ≪출력형태≫에 맞게 작성하시오.

출력형태

	A	B	C	D	E	F	G	H	I	J
1										
2			전년도지원현황	값						
3			20-39		40-59		60-79		80-100	
4		교육구분	개수 : 담당강사	평균 : 금년도	개수 : 담당강사	평균 : 금년도	개수 : 담당강사	평균 : 금년도	개수 : 담당강사	평균 : 금년도
5		취미반	***	***	1	40	1	100	1	55
6		창업교육	1	37	2	45	***	***	***	***
7		자격증과정	***	***	***	***	1	113	1	85
8		**총합계**	**1**	**37**	**3**	**43.3**	**2**	**106.5**	**2**	**70**
9										
10										

■ ■ 예제 : 실력팡팡₩피벗2.xlsx / 완성 : 실력팡팡₩피벗2완성.xlsx

02 ☞ "제1작업" 시트를 이용하여 "제3작업" 시트에 조건에 따라 ≪출력형태≫와 같이 작업하시오.

조건 (1) 총점(200점 만점) 및 지원 종목별 태도의 합계와 맛과 향의 평균을 구하시오.

(2) 총점(200점 만점)을 그룹화하고, 지원종목을 ≪출력형태≫와 같이 정렬하시오.

(3) 레이블이 있는 셀 병합 및 가운데 맞춤 적용 및 빈 셀은 '**'로 표시하시오.

(4) 행의 총합계는 지우고, 나머지 사항은 ≪출력형태≫에 맞게 작성하시오.

출력형태

	A	B	C	D	E	F	G	H	I	J
1										
2			지원 종목	값						
3			에소프레소		블랜딩		로스팅		카푸치노	
4		총점(200점 만점)	합계 : 태도	평균 : 맛과 향	합계 : 태도	평균 : 맛과 향	합계 : 태도	평균 : 맛과 향	합계 : 태도	평균 : 맛과 향
5		260-270	187.7	88.15	**	**	**	**	**	**
6		270-280	**	**	183	91.4	88.4	88.5	91.7	91.6
7		280-290	**	**	**	**	**	**	193.1	92.45
8		**총합계**	**187.7**	**88.2**	**183.0**	**91.4**	**88.4**	**88.5**	**284.8**	**92.2**
9										
10										
11										

03 ☞ "제1작업" 시트를 이용하여 "제3작업" 시트에 조건에 따라 ≪출력형태≫와 같이 작업하시오.

조건 (1) 지원총액(단위:천원) 및 지원분야별 사업자의 개수와 교육시간의 평균을 구하시오.

(2) 지원총액(단위:천원)을 그룹화하고, 지원분야를 ≪출력형태≫와 같이 정렬하시오.

(3) 레이블이 있는 셀 병합 및 가운데 맞춤 적용 및 빈 셀은 '***'로 표시하시오.

(4) 행의 총합계는 지우고, 나머지 사항은 ≪출력형태≫에 맞게 작성하시오.

출력형태

	A	B	C	D	E	F	G	H	I	J
1										
2			지원분야	값						
3			환경개선		정보화교육		전통문화		문화예술	
4		지원총액(단위:천원)	개수 : 사업자	평균 : 교육	개수 : 사업자	평균 : 교육	개수 : 사업자	평균 : 교육	개수 : 사업자	평균 : 교육
5		30000-39999	***	***	1	4	***	***	***	***
6		40000-49999	***	***	***	***	***	***	2	4
7		50000-59999	***	***	1	1	1	2	***	***
8		60000-69999	***	***	1	2	***	***	1	3
9		90000-100000	1	2	***	***	***	***	***	***
10		총합계	1	2	3	2.3	1	2	3	3.7
11										

04 ☞ "제1작업" 시트를 이용하여 "제3작업" 시트에 조건에 따라 ≪출력형태≫와 같이 작업하시오.

조건 (1) 총입사일 및 부서별 5월 매출의 합계와 7월 매출의 평균을 구하시오.

(2) 입사일을 그룹화하고, 부서를 ≪출력형태≫와 같이 정렬하시오.

(3) 레이블이 있는 셀 병합 및 가운데 맞춤 적용 및 빈 셀은 '**'로 표시하시오.

(4) 행의 총합계는 지우고, 나머지 사항은 ≪출력형태≫에 맞게 작성하시오.

출력형태

	A	B	C	D	E	F	G	H	I	J
1										
2			부서	값						
3			기획		홍보		관리		영업	
4		입사일	합계 : 5월	평균 : 7월	합계 : 5월	평균 : 7월	합계 : 5월	평균 : 7월	합계 : 5월	평균 : 7월
5		2006년	**	**	**	**	**	**	100	85
6		2007년	85	90	95	75	**	**	**	**
7		2008년	**	**	**	**	**	**	85	100
8		2009년	**	**	90	75	**	**	**	**
9		2011년	100	95	**	**	**	**	**	**
10		2012년	**	**	**	**	80	80	80	80
11		총합계	185.0	92.5	185.0	75.0	80.0	80.0	265.0	88.3
12										
13										

08 Section 그래프

데이터를 구체적으로 명확하게 보기 위해 시각적으로 표현하여 효과적으로 분석하고 한 눈에 파악할 수 있도록 작성하는 차트 작성방법을 학습합니다.

차트 구성 요소

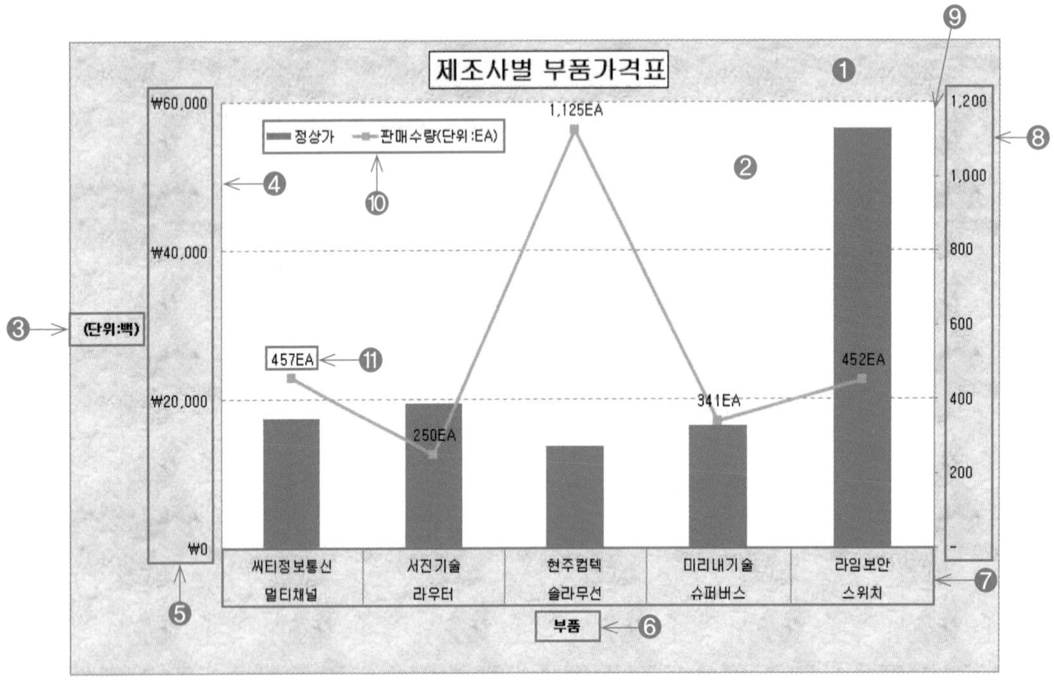

① 차트 영역
② 그림 영역
③ 값 축(Y축) 제목
④ 세로 값 축(Y축)
⑤ 값 축 이름
⑥ 항목 축(X축) 제목
⑦ 항목 축(X축) 이름
⑧ 값 축(Z축)
⑨ 보조 세로 값 축
⑩ 범례
⑪ 데이터 레이블

차트 삽입과 차트 이동

- 데이터의 특정 부분을 명확하게 시각적으로 표현하고자 할 때 사용합니다.
- 자료를 분석하여 데이터 변화의 추이, 상관 관계를 알 수 있습니다.
- 데이터 범위를 설정한 후 [삽입] 탭의 [차트] 그룹에서 선택합니다.

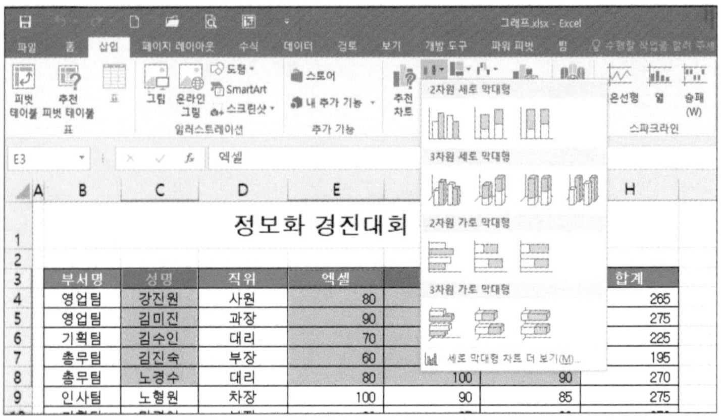

- 차트의 위치 이동을 하려면 차트를 선택하고 [차트 도구]-[디자인] 탭의 [위치] 그룹에서 '차트 이동'을 클릭합니다.
- 차트는 '새 시트'와 '워크시트에 삽입'을 할 수 있습니다.

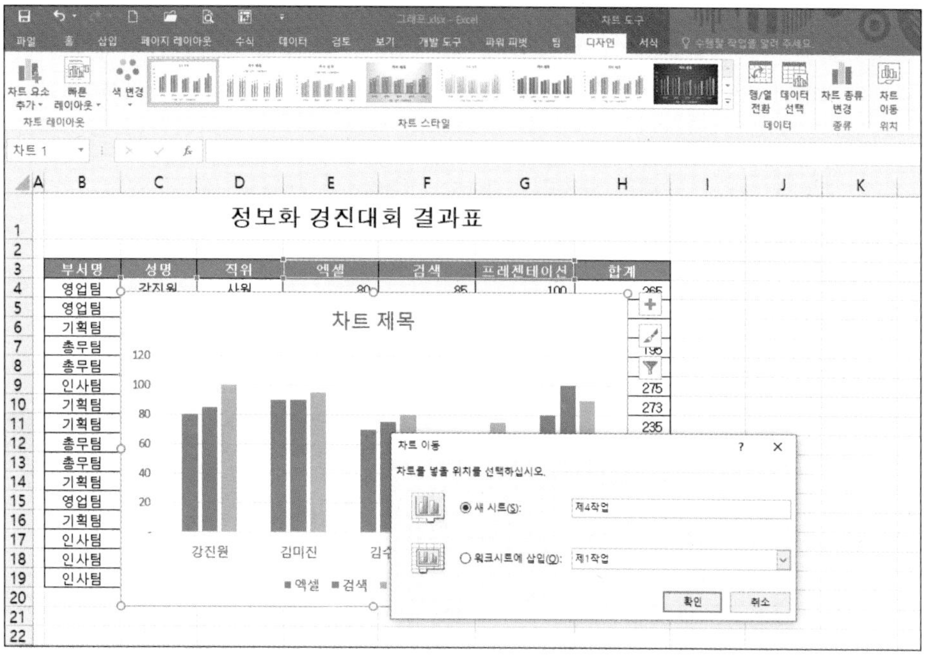

차트 디자인

- 차트를 클릭하면 [차트 도구]가 생성되고 [디자인], [서식] 탭이 생성됩니다.
- [차트 도구]-[디자인] 탭에서 차트 요소 추가, 빠른 레이아웃, 차트 스타일, 행/열 전환, 차트 종류 변경, 차트 이동을 수정할 수 있습니다.
- [서식] 탭에서는 도형 스타일, WordArt 스타일, 정렬과 크기 등을 수정할 수 있습니다.

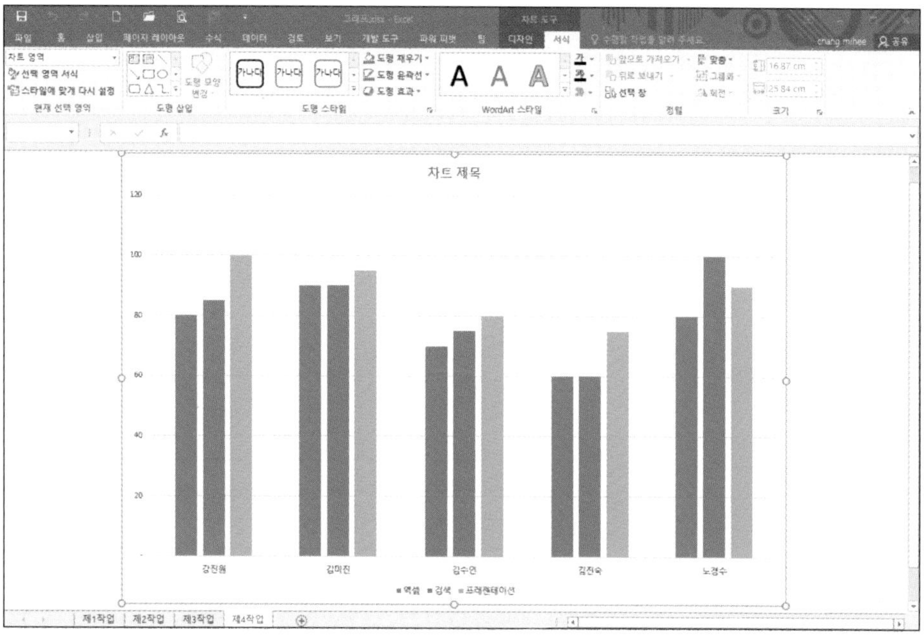

차트 데이터 수정

- 차트의 범위를 수정하려면 [디자인] 탭의 [데이터] 그룹에서 [데이터 선택]을 클릭합니다.
- [데이터 원본 선택]의 [차트 데이터 범위]에서 범위를 수정할 수 있습니다.
- [데이터 원본 선택]의 [범례 항목 계열]에서 필드명을 선택하고 '편집'을 클릭합니다.
- [계열 편집] 대화상자의 '계열 이름'은 필드명을 수정할 수 있습니다. 범례명을 수정할 때 사용합니다.
- [계열 편집] 대화상자의 '계열 값'을 수정하여 차트 데이터 범위를 설정할 수 있습니다.

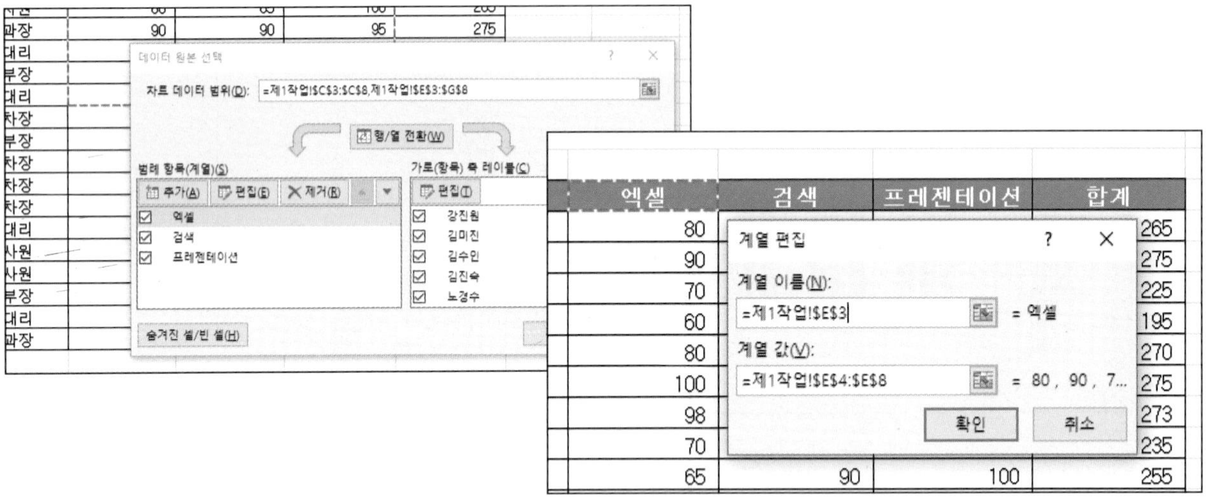

차트 레이블 수정

- 항목 축을 수정하려면 [디자인] 탭의 [데이터] 그룹에서 [데이터 선택]을 클릭합니다.
- [데이터 원본 선택] 대화상자에서 [가로(항목)축 레이블]에서 '편집'을 클릭합니다.
- [축 레이블] 대화상자의 '축 레이블 범위'를 수정하여 항목 축 데이터 범위를 설정할 수 있습니다.

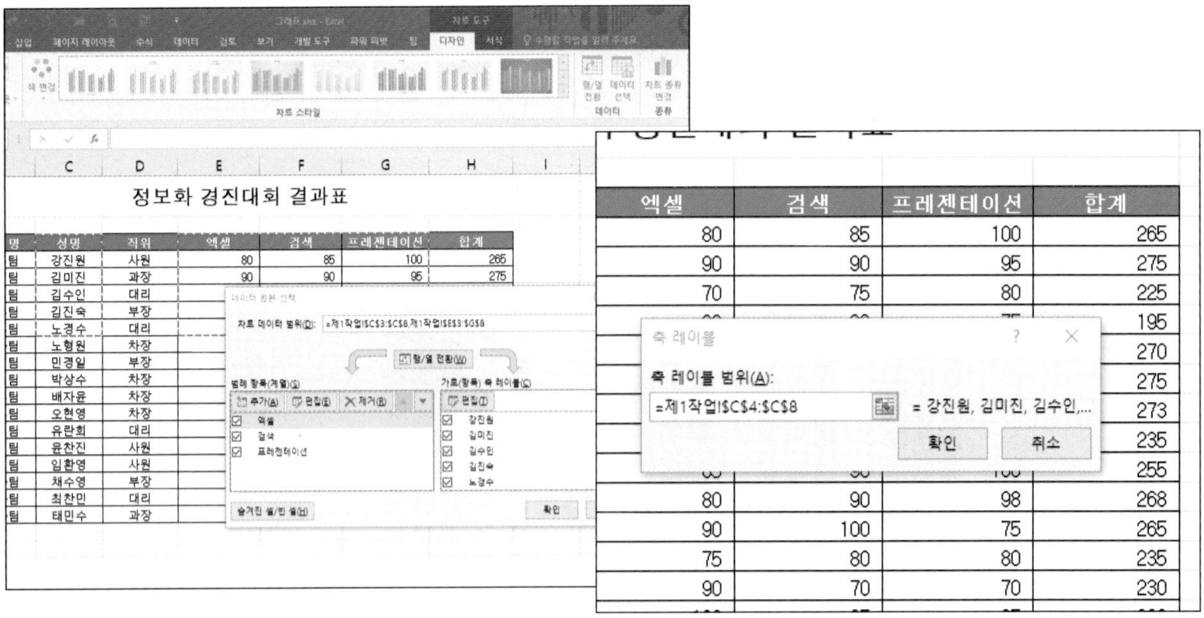

차트 영역 서식과 그림 영역 서식

- 차트 영역 서식과 그림 영역 서식을 더블클릭하여 오른쪽 창에서 수정할 수 있으며, 채우기 또는 그림자 스타일, 3차원 서식 등을 설정할 수 있습니다.
- [차트 도구]-[서식] 탭에서 [도형 스타일] 그룹의 도형 채우기, 도형 윤곽선, 도형 효과 등을 설정할 수 있습니다.

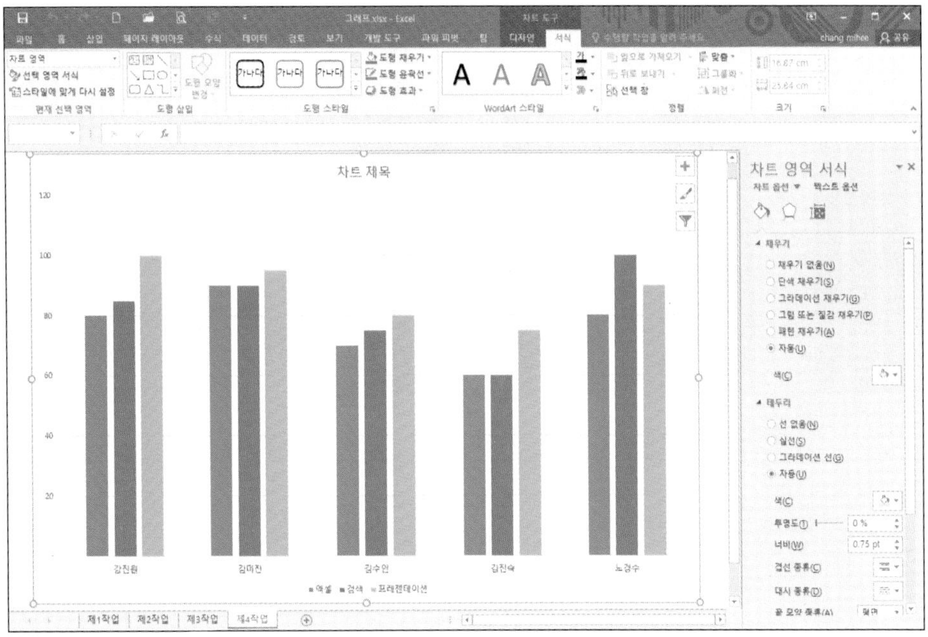

차트 축 서식

- 값 축(Y축)을 클릭하여 '축 서식'을 이용해 단위 조정과 표시 단위 등의 설정이 가능하며, 표시 형식의 서식 코드를 추가할 수 있습니다.
- 서식 코드는 서식을 지정한 후 [추가]를 하고 사용해야 합니다.

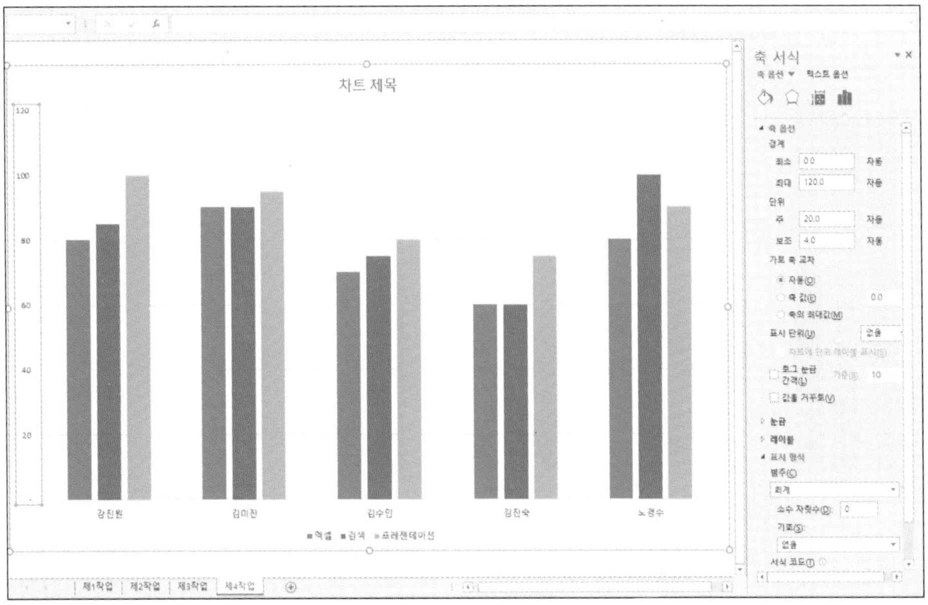

범례 서식

- 범례 서식에서는 범례의 위치, 채우기, 테두리 색, 테두리 스타일과 그림자를 설정할 수 있습니다.

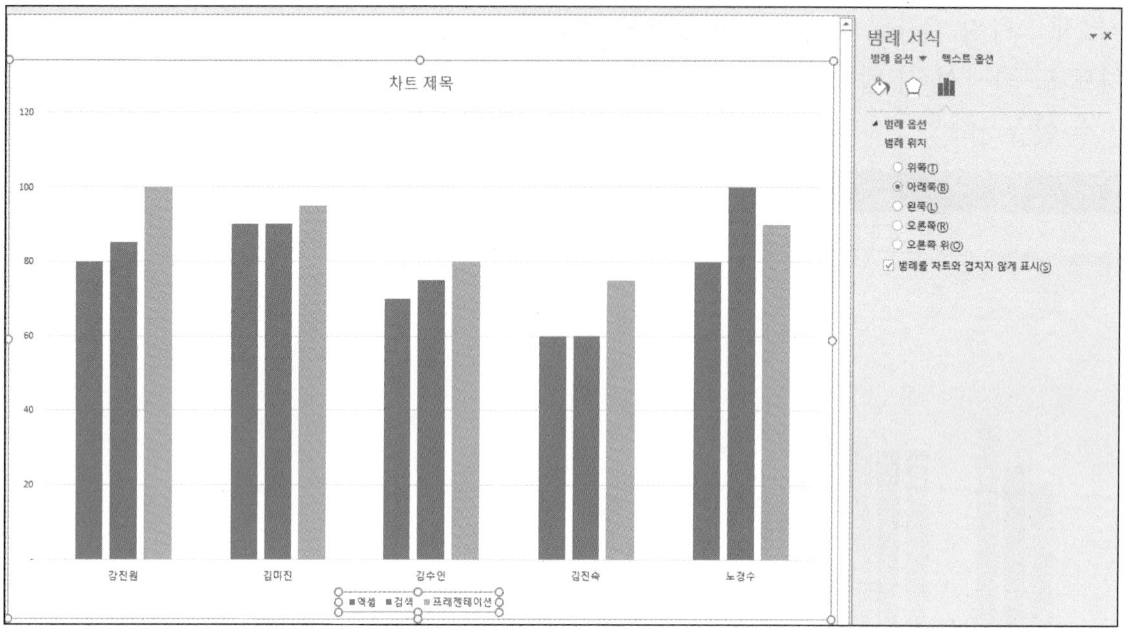

축 제목과 레이블 추가

- [차트 도구]–[디자인] 탭의 [차트 레이아웃] 그룹에서 [차트 요소 추가]에서 추가할 수 있습니다.

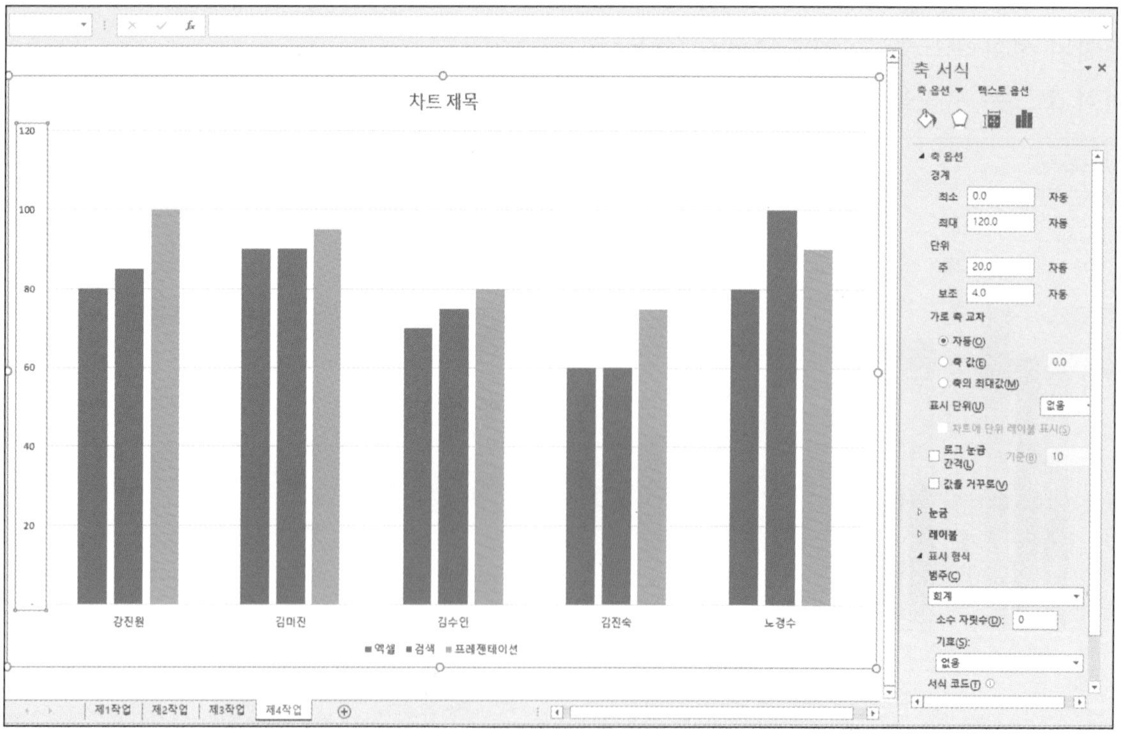

출제유형 따라하기

■ ■ 예제 : 기출유형₩그래프.xlsx / 완성 : 기출유형₩그래프완성.xlsx

그래프 따라하기

엑셀의 데이터를 이용하여 차트를 삽입하고 차트를 편집하는 기능을 평가하는 문제입니다.

[제4작업] 그래프 (100점)

☞ "제1작업" 시트를 이용하여 조건에 따라 ≪출력형태≫와 같이 작업하시오.

조건 (1) 차트 종류 ⇒ 〈묶은 세로 막대형〉으로 작업하시오.

(2) 데이터 범위 ⇒ "제1작업"시트의 내용을 이용하여 작업하시오.

(3) 위치 ⇒ "새 시트"로 이동하고, "제4작업"으로 시트 이름을 바꾸시오.

(4) 차트 디자인 도구 ⇒ 레이아웃3, 스타일 1을 선택하여 ≪출력형태≫에 맞게 작업하시오.

(5) 영역 서식 ⇒ 차트 : 글꼴(굴림, 11pt), 채우기 효과(질감 – 파랑 박엽지)

그림 : 채우기(흰색, 배경 1)

(6) 제목 서식 ⇒ 차트 제목 : 글꼴(굴림, 굵게, 20pt), 채우기(흰색, 배경 1), 테두리

(7) 서식 ⇒ 판매량 계열의 차트 종류를 〈표식이 있는 꺾은선형〉으로 변경한 후 보조 축으로 지정하시오.

계열 : ≪출력형태≫를 참조하여 표식(네모, 크기 10)과 레이블 값을 표시하시오.

눈금선 : 선 스타일 – 파선

축 : ≪출력형태≫를 참조하시오.

(8) 범례 ⇒ 범례명을 변경하고 ≪출력형태≫를 참조하시오.

(9) 도형 ⇒ '모서리가 둥근 사각형 설명선'을 삽입한 후 ≪출력형태≫와 같이 내용을 입력하시오.

(10) 나머지 사항은 ≪출력형태≫에 맞게 작성하시오.

출력형태

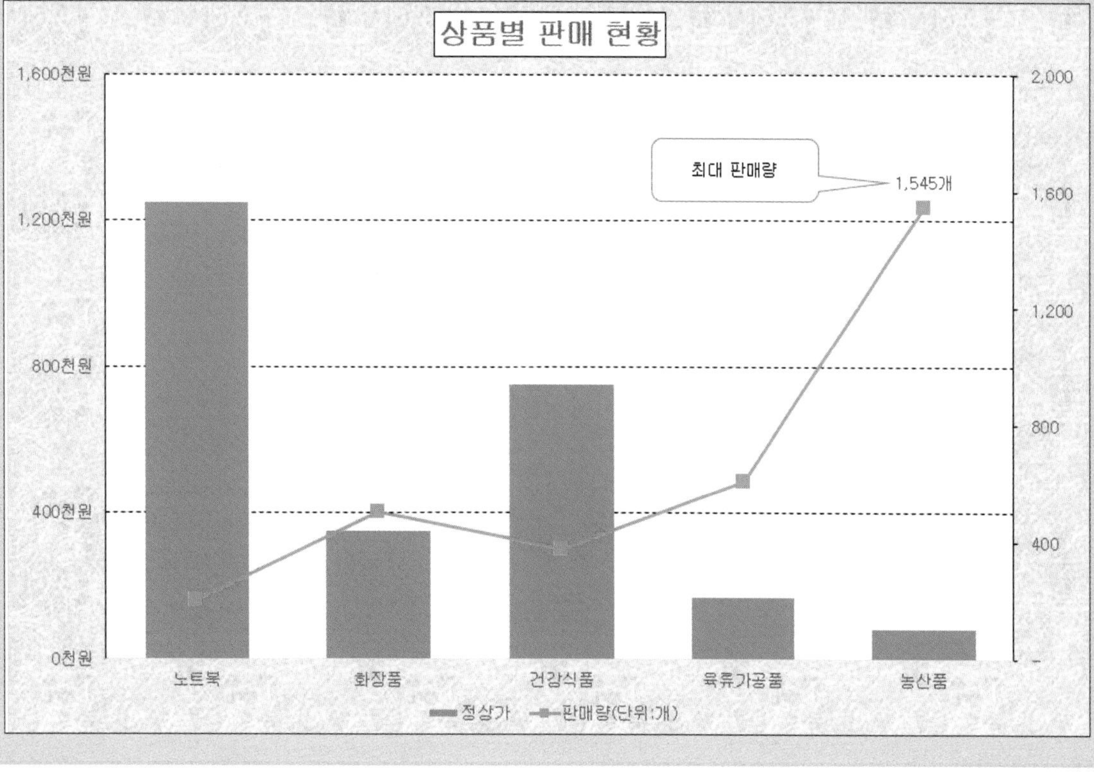

Step 01. 차트 삽입 및 이동하기

01 차트를 작성하기 위해 먼저 차트의 영역을 설정합니다. ≪출력형태≫의 X축을 참고하여 ❶'제1작업' 시트의 [C4:C6] 셀을 드래그합니다. Ctrl 을 누르고 [C8] 셀과 [C11:C12] 셀을 범위를 설정합니다. ≪출력형태≫의 범례를 참고하여 ❷[G4:G6] 셀, [G8] 셀, [G11:G12] 셀을 범위 설정하고 ❸[H4:H6] 셀, [H8] 셀, [H11:H12] 셀 영역을 범위를 설정합니다.

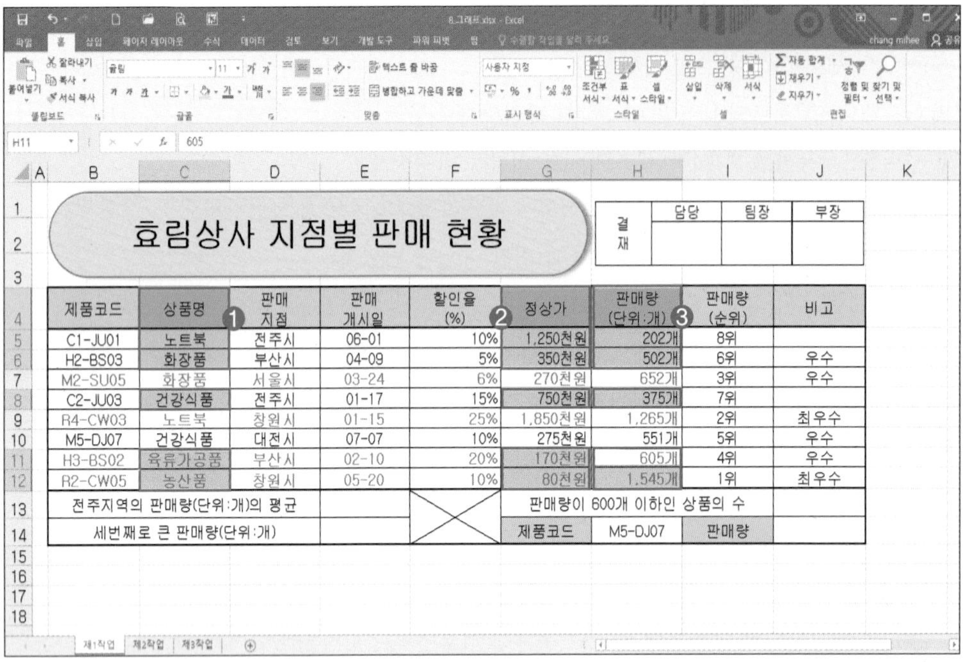

02 [조건] (1)번의 〈묶은 세로 막대형〉과 (7)번의 〈표식이 있는 꺾은선형〉을 함께 작성합니다. [삽입] 탭의 [차트]그룹에서 ❶'콤보 차트 삽입'을 클릭합니다. ❷'사용자 지정 콤보 차트 만들기'를 클릭하면 [차트 삽입] 대화상자가 열리며 [콤보]차트가 표시됩니다.

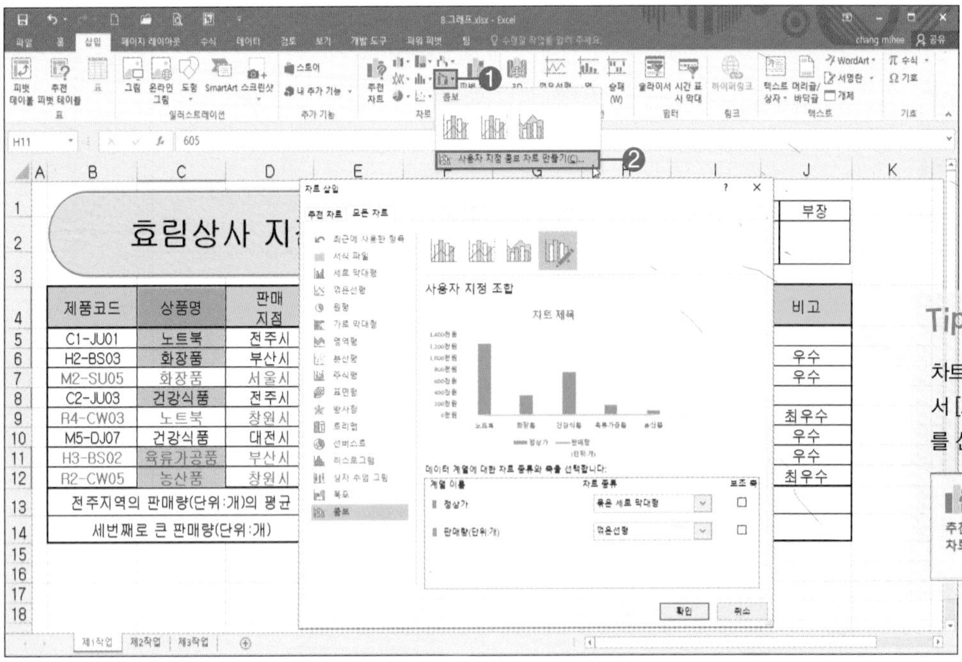

Tip

차트의 '모든 차트 보기'에서 [모든 차트] 탭의 '콤보'를 선택할 수 있습니다.

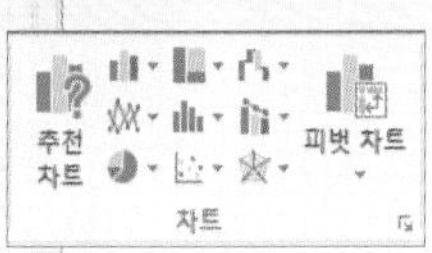

03 [차트 삽입] 대화상자에서 ❶'판매량(단위:개)'의 목록 단추를 누르고 ❷'표식이 있는 꺾은선형'을 선택합니다.

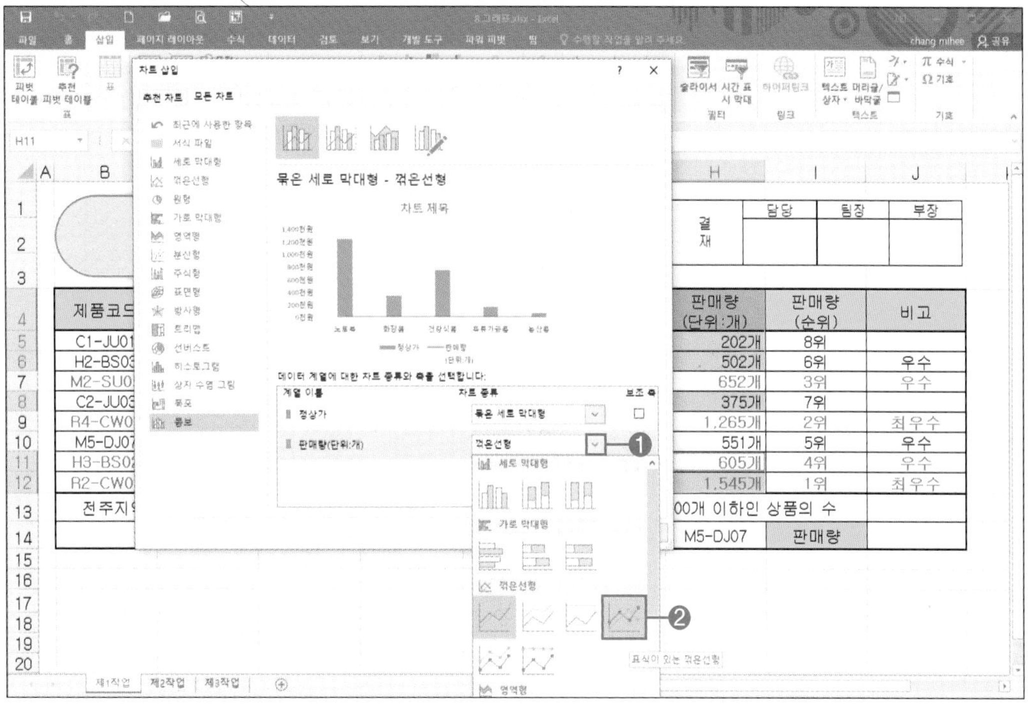

04 ❶'판매량(단위:개)'의 '보조 축'에 체크한 후 ❷[확인]을 클릭합니다.

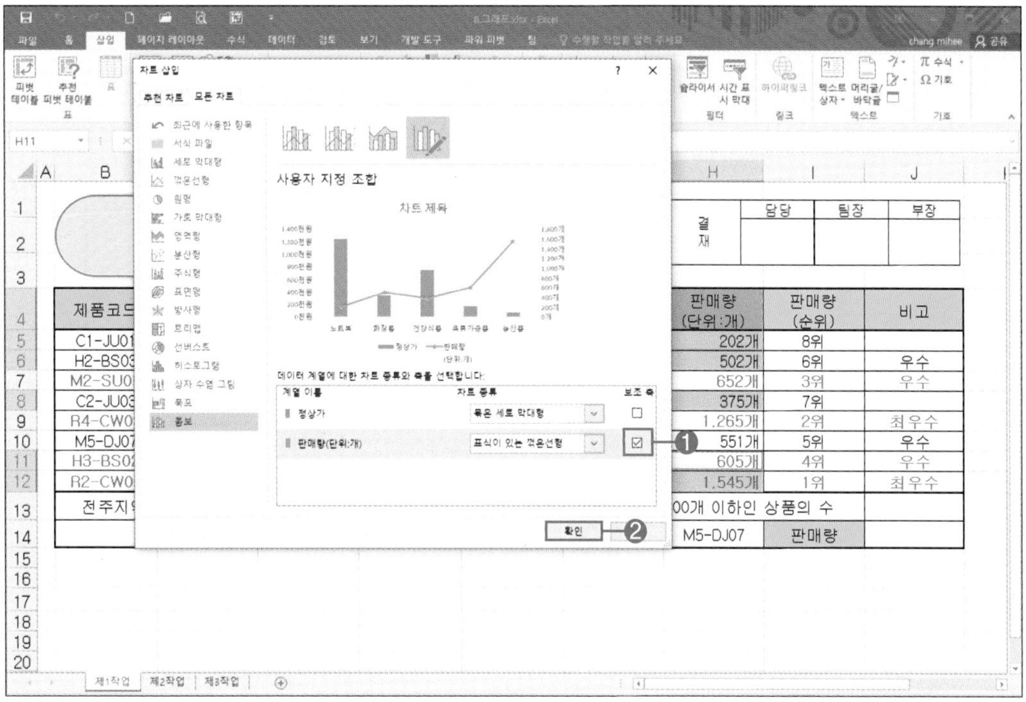

05 ❶삽입된 차트를 선택한 후 [차트 도구]-[디자인] 탭의 [위치] 그룹에서 ❷[차트 이동]을 클릭합니다. [차트 이동] 대화상자에서 ❸'새 시트'를 선택하고 입력란에 ❹'제4작업'을 입력한 후 ❺[확인]을 클릭합니다.

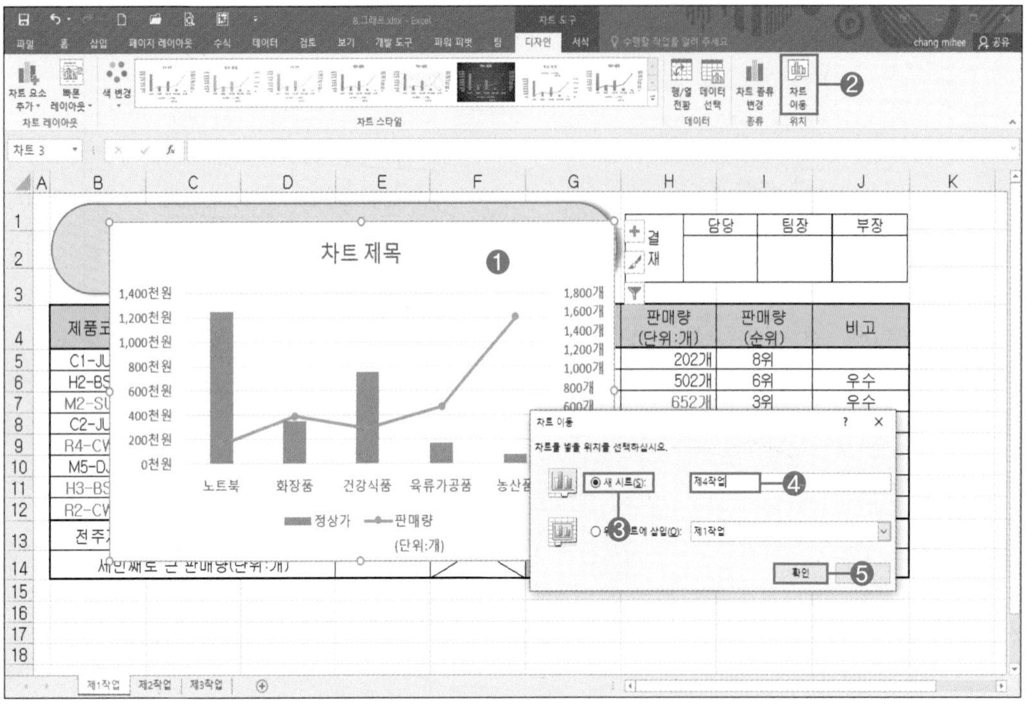

06 '제4작업' 시트가 생성되면 워크시트를 드래그하여 '제3작업' 시트 뒤로 이동합니다.

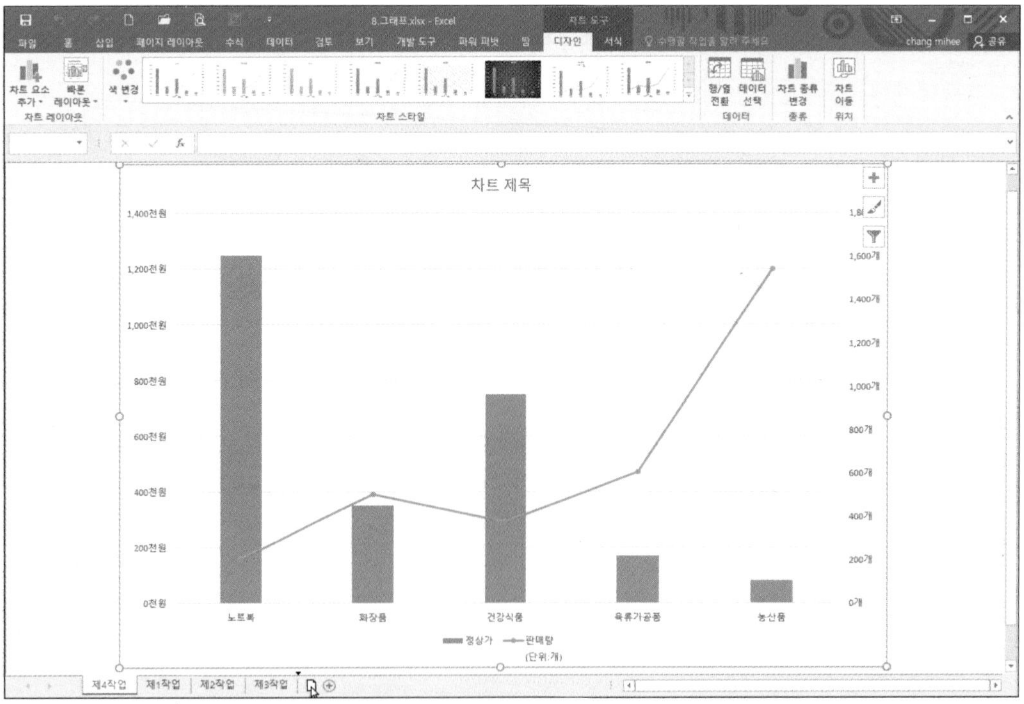

Step 02. 차트 디자인과 영역 서식하기

01 차트 디자인을 설정하기 위해 먼저 ❶차트의 영역을 선택한 후 [차트 도구]-[디자인] 탭의 [차트 레이아웃] 그룹에서 ❷[빠른 레이아웃]을 클릭한 후 ❸'레이아웃3'을 선택합니다.

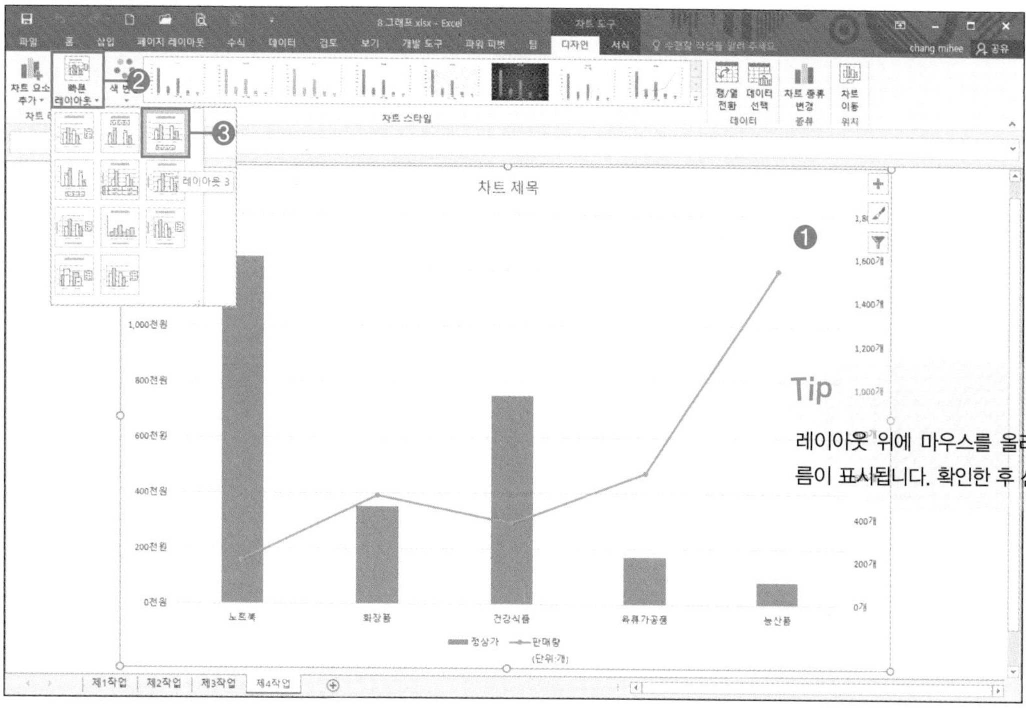

Tip

레이아웃 위에 마우스를 올려놓으면 스타일이름이 표시됩니다. 확인한 후 선택합니다.

02 차트 스타일을 변경하기 위해 [차트 도구]-[디자인] 탭의 [차트 스타일] 그룹에서 ❶'스타일1'을 선택합니다.

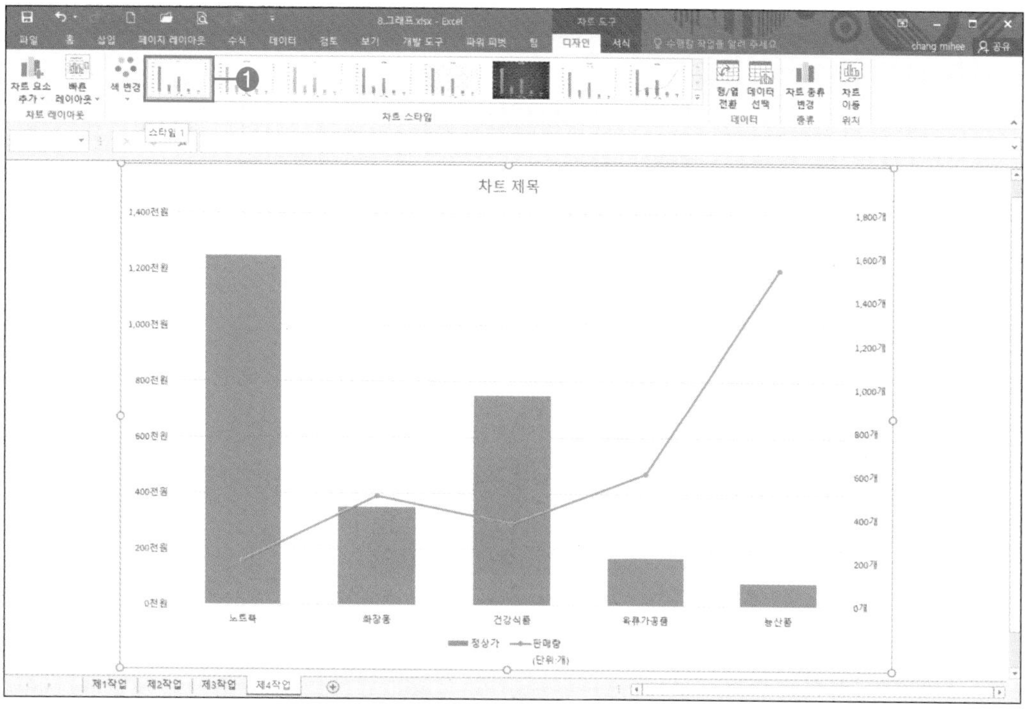

03 차트 전체의 글꼴을 변경합니다. ❶차트 전체가 선택된 상태에서 [홈] 탭의 [글꼴] 그룹에서 ❷ '굴림, 11pt'를 선택합니다.

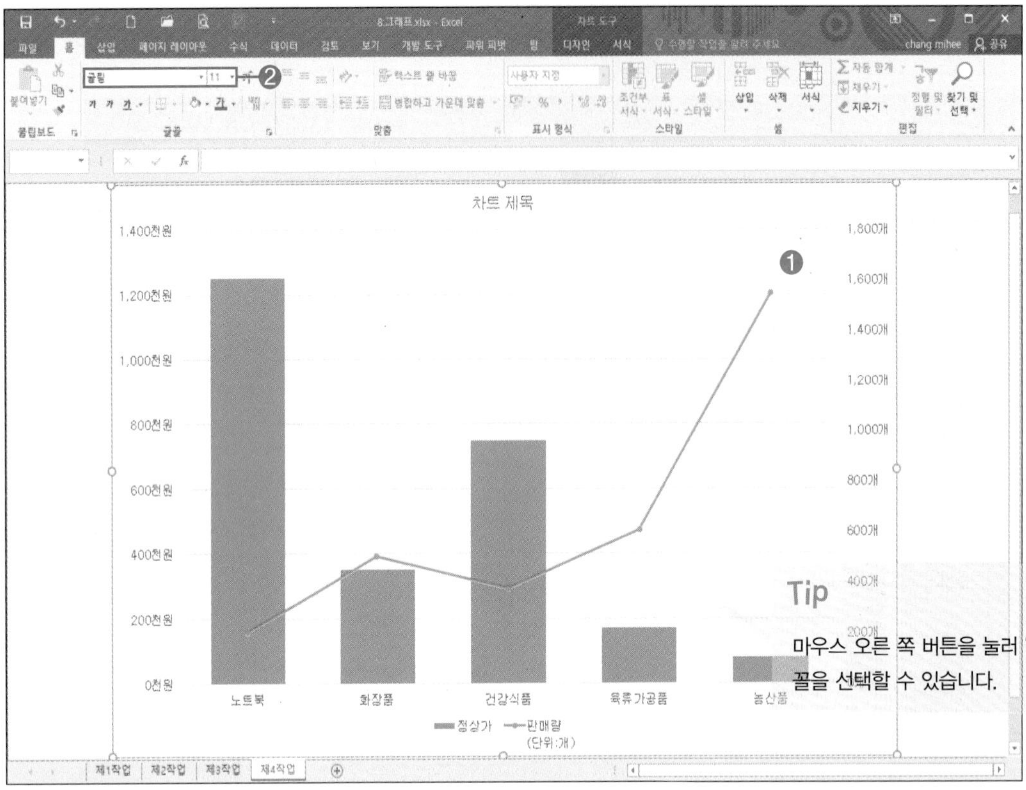

Tip

마우스 오른 쪽 버튼을 눌러 '빠른 메뉴'에서 글꼴을 선택할 수 있습니다.

04 ❶차트 전체를 선택하고 [차트 도구]-[서식] 탭의 [도형 스타일] 그룹에서 ❷[도형 채우기]의 ❸ [질감]에서 ❹'파랑 박엽지'를 선택합니다.

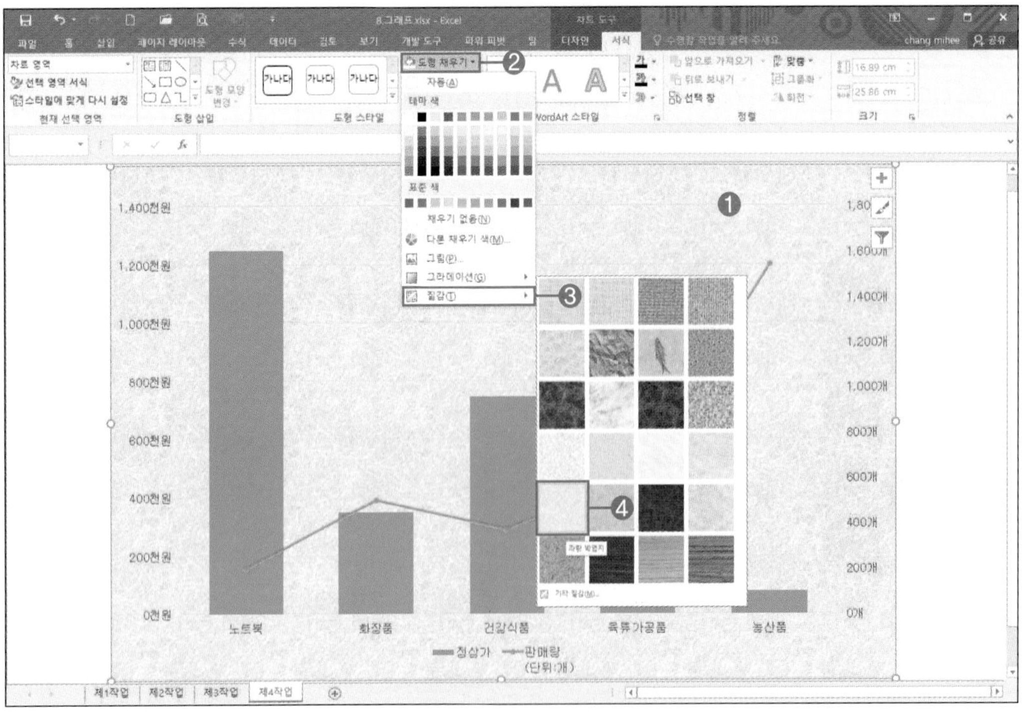

05 차트 안쪽의 ❶그림 영역을 선택한 후 [차트 도구]-[서식] 탭의 [도형 스타일] 그룹에서 ❷[도형 채우기]의 ❸'흰색, 배경 1'을 선택합니다.

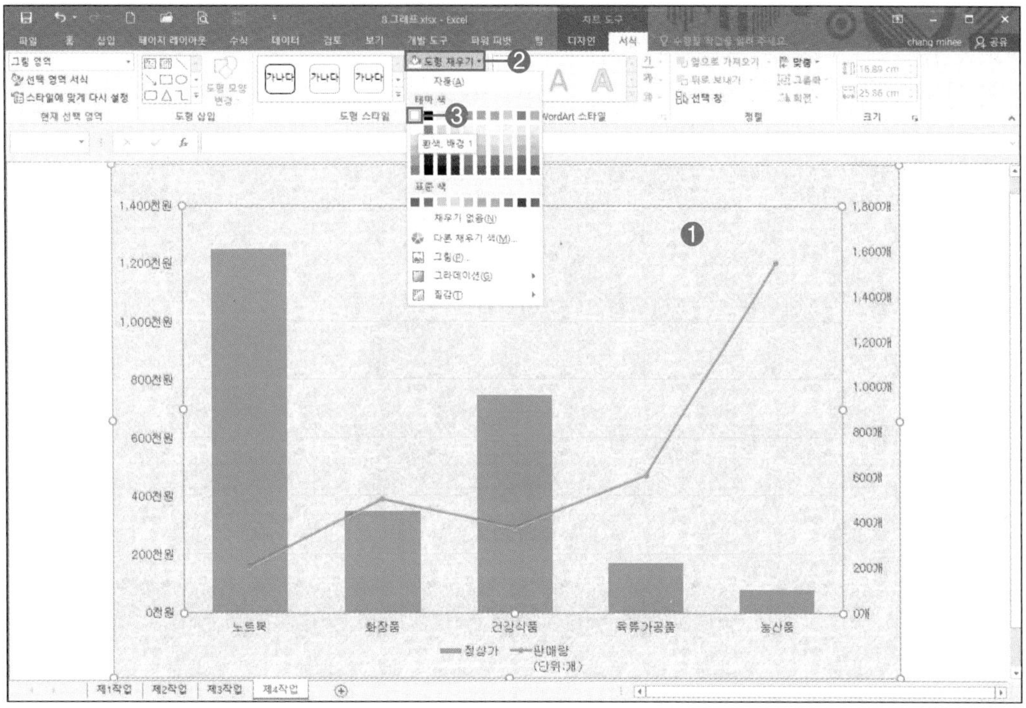

06 차트 디자인과 영역 서식이 변경되었습니다.

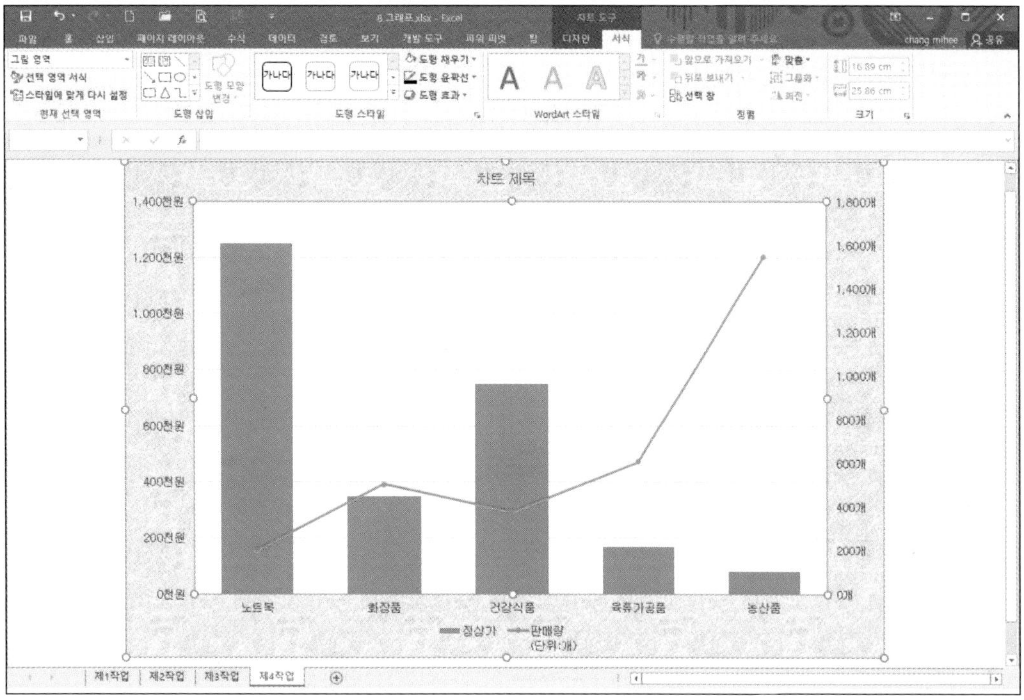

Step 03. 차트 제목 서식하기

01 차트 제목은 ❶제목란에 입력한 후 차트 제목 전체를 선택합니다. [홈] 탭의 [글꼴] 그룹에서 ❷'굴림, 20pt, 굵게'를 설정합니다.

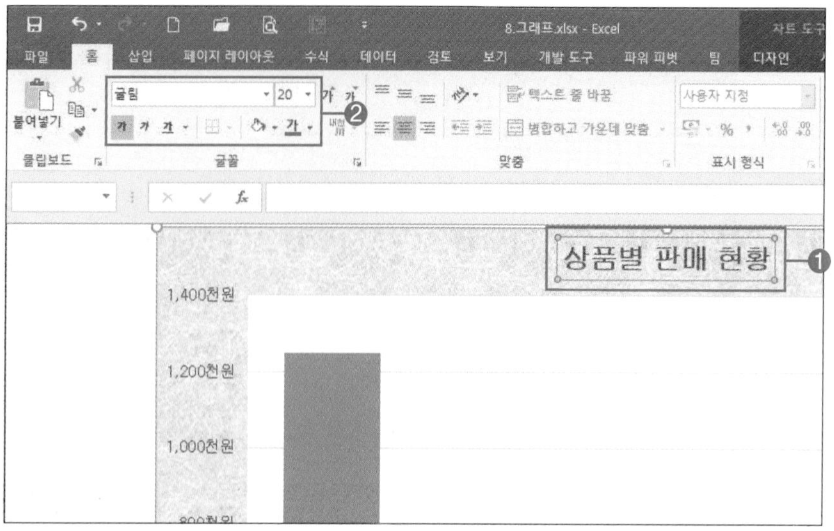

02 차트 제목에 채우기 색을 설정하기 위해 ❶차트 제목을 선택하고 [차트 도구] – [서식] 탭에서 [도형 스타일] 그룹의 ❷[도형 채우기]에서 ❸'흰색, 배경 1'을 선택합니다.

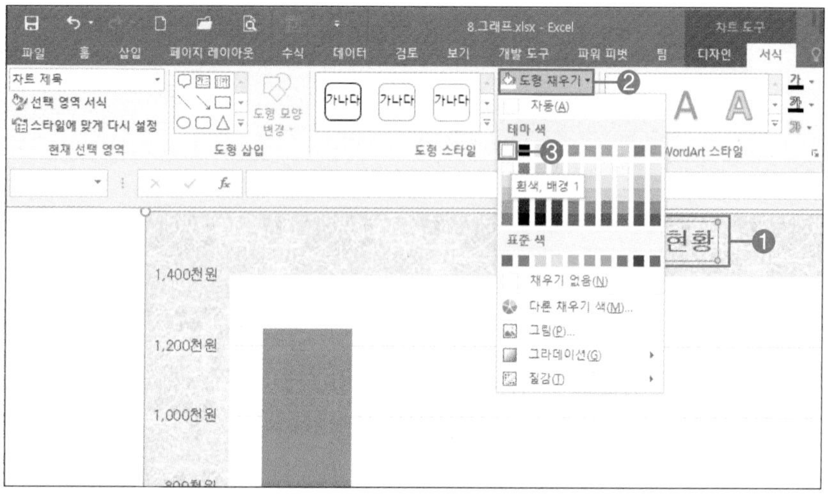

Tip

마우스 오른쪽 버튼의 빠른 메뉴에서 선택할 수도 있습니다.

03 차트 제목에 테두리 색을 설정하기 위해 ❶차트 제목을 선택하고 [차트 도구] – [서식] 탭에서 [도형 스타일] 그룹의 ❷[도형 윤곽선]에서 ❸'검정, 텍스트1'을 선택합니다.

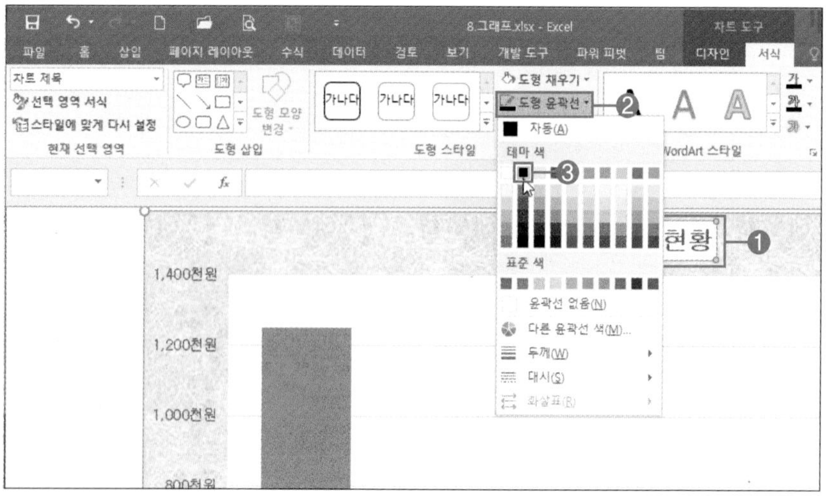

Step 04. 서식 설정하기

01 ≪조건≫의 (7)번의 서식 설정입니다. 표식이 있는 꺾은선형은 처음 차트를 만들 때 작성했습니다. 표식이 있는 꺾은선형의 표식만 변경합니다. ❶〈표식이 있는 꺾은선형〉을 클릭합니다. [차트 도구]-[서식] 탭에서 [현재 선택 영역] 그룹의 ❷'계열 "판매량"'을 확인하고 ❸'선택 영역 서식'을 클릭합니다.

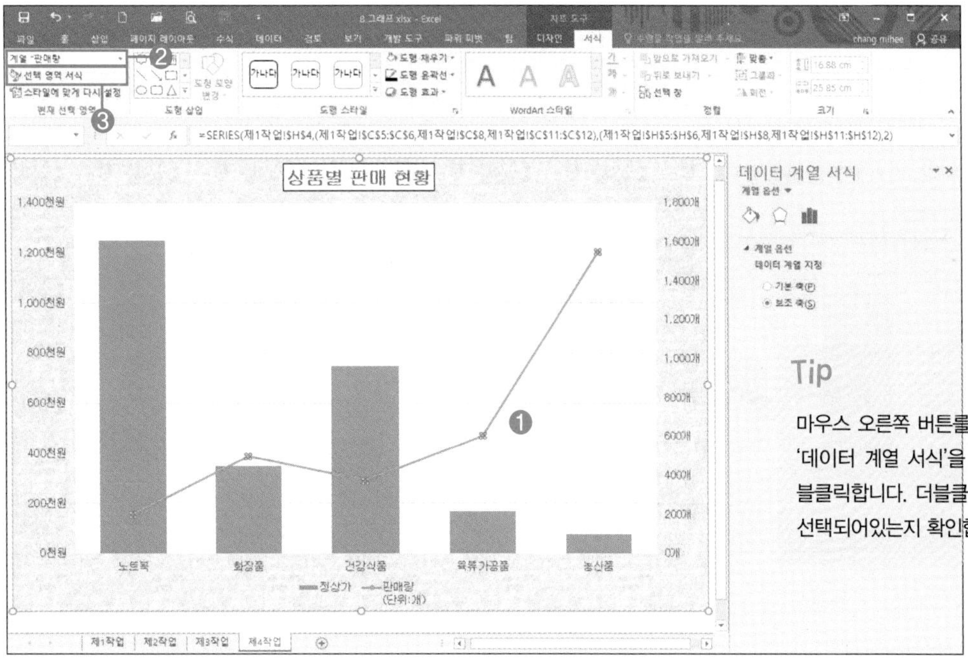

Tip

마우스 오른쪽 버튼를 눌러 바로가기 메뉴에서 '데이터 계열 서식'을 클릭하거나 그래프를 더블클릭합니다. 더블클릭한 후 그래프가 전체가 선택되어있는지 확인합니다.

02 ❶그래프 전체가 선택된 상태에서 ❷'채우기 및 선'을 클릭한 후 ❸'표식'을 선택합니다. '표식 옵션'의 ❹'기본 제공'을 선택한 후 '형식'을 '네모'로 변경하고 크기는 '10'으로 변경합니다.

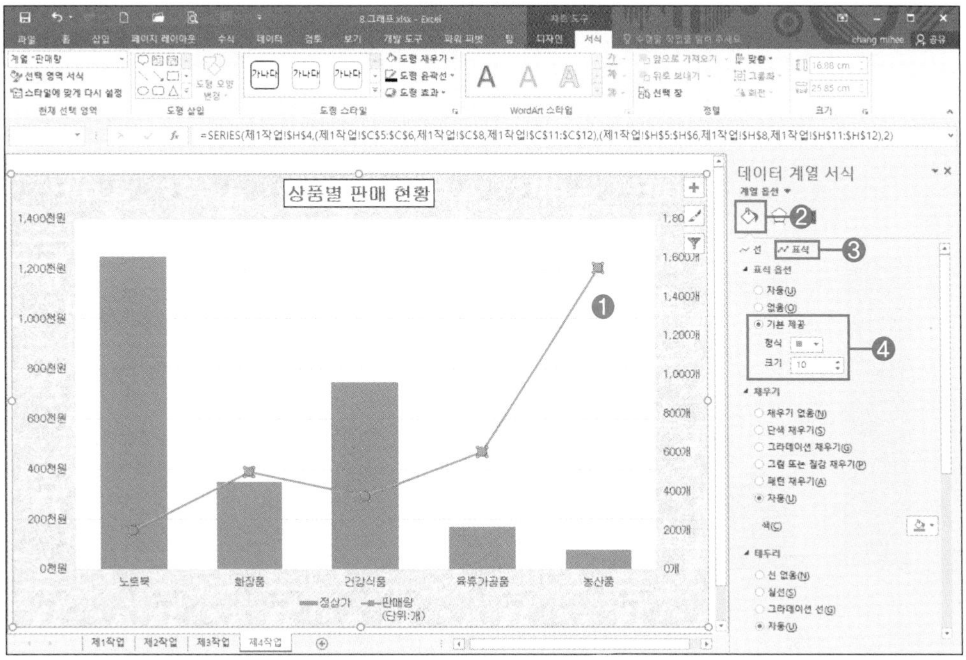

03

레이블값을 표시합니다. 꺾은선을 선택하면 전체가 선택됩니다. 전체가 선택된 상태에서 ❶레이블을 표시할 표식을 한 번 클릭합니다. [차트 도구]의 [디자인] 탭에서 [차트 레이아웃] 그룹의 ❷[차트 요소 추가]의 목록 단추를 누른 후 ❸'데이터 레이블'에서 ❹'위쪽'을 선택합니다.

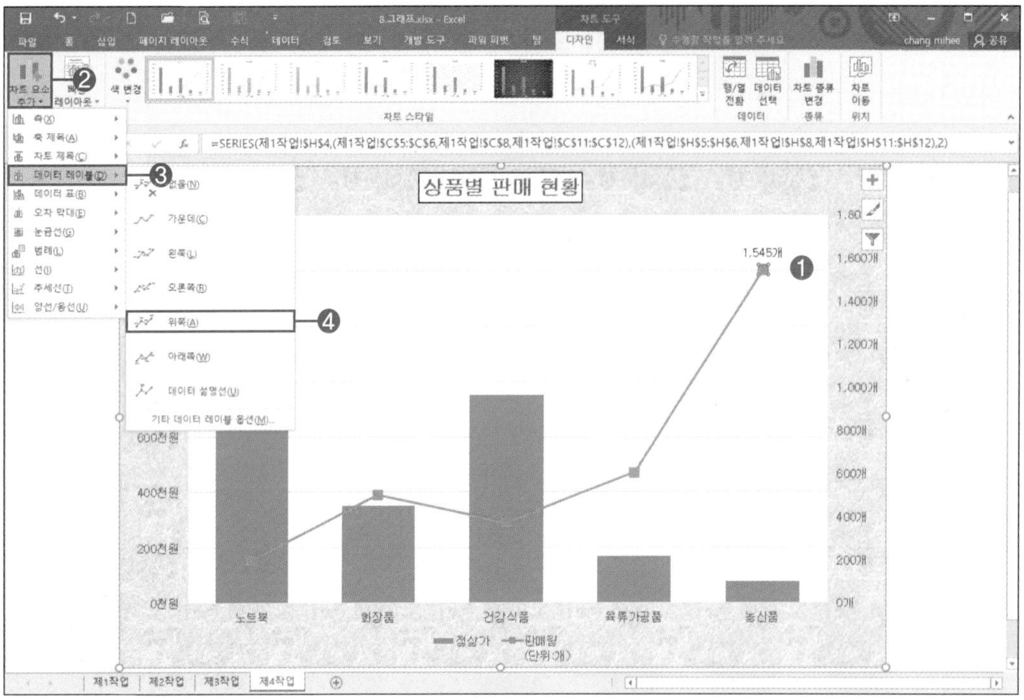

04

눈금선을 수정합니다. 그림 영역의 ❶눈금선에 마우스를 올려놓고 흰색 화살표가 나오면 눈금선을 선택합니다. 눈금선이 선택된 상태에서 [차트 도구] – [서식] 탭의 [도형 스타일] 그룹에서 ❷[도형 윤곽선]에서 ❸윤곽선 색을 '검정'으로 하고 ❹[대시]의 ❺'파선'을 선택합니다.

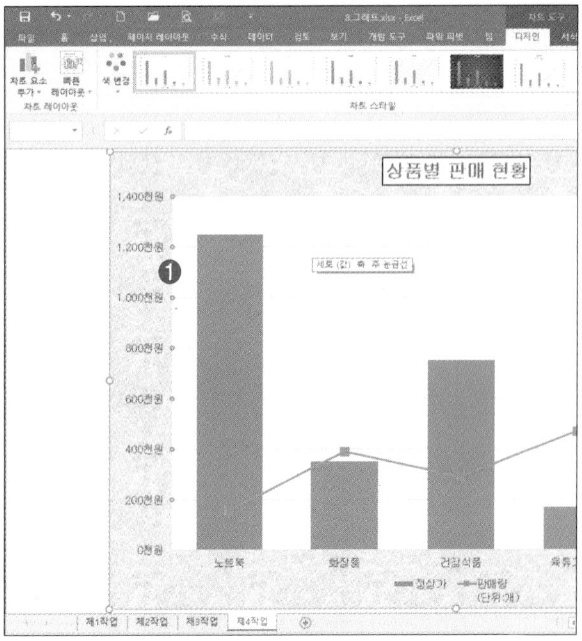

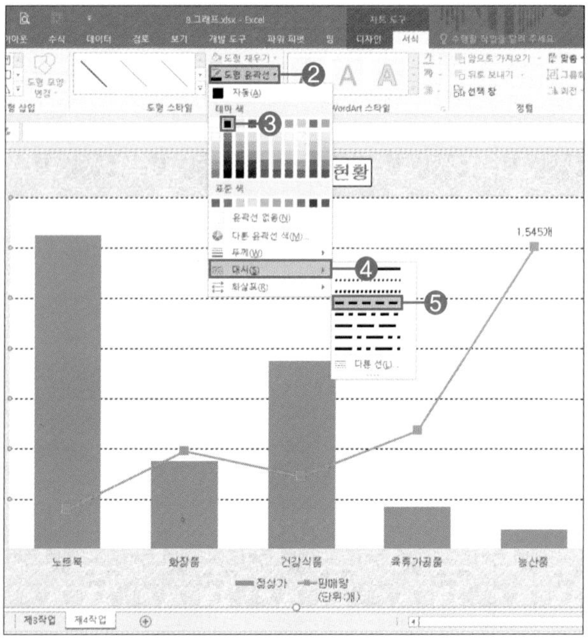

Step 05. 축 서식과 범례 설정하기

01 축 서식을 설정하기 위해 ❶'세로(값) 축'을 더블클릭합니다. 오른쪽 서식 설정 창에서 ❷[축 옵션]의 ❸[축 옵션]을 클릭합니다.

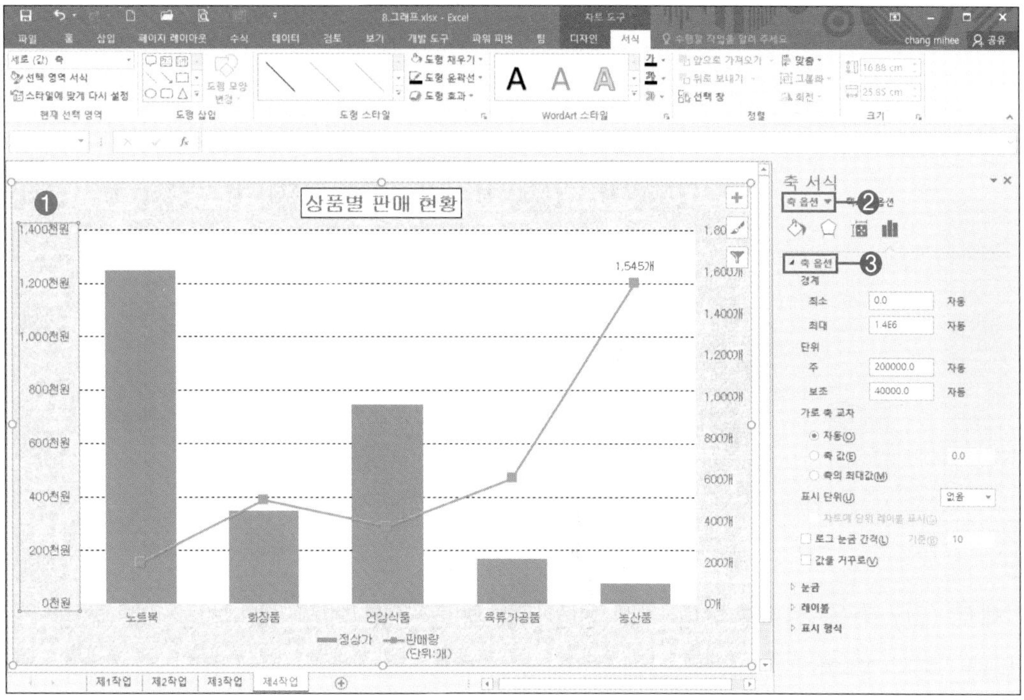

02 ≪출력형태≫를 보고 최소/최대값과 주 단위를 확인합니다. ❷'최소 : 0', '최대 : 1600000'을 입력하고 ❸단위에서 주 단위를 '400000'을 입력합니다.

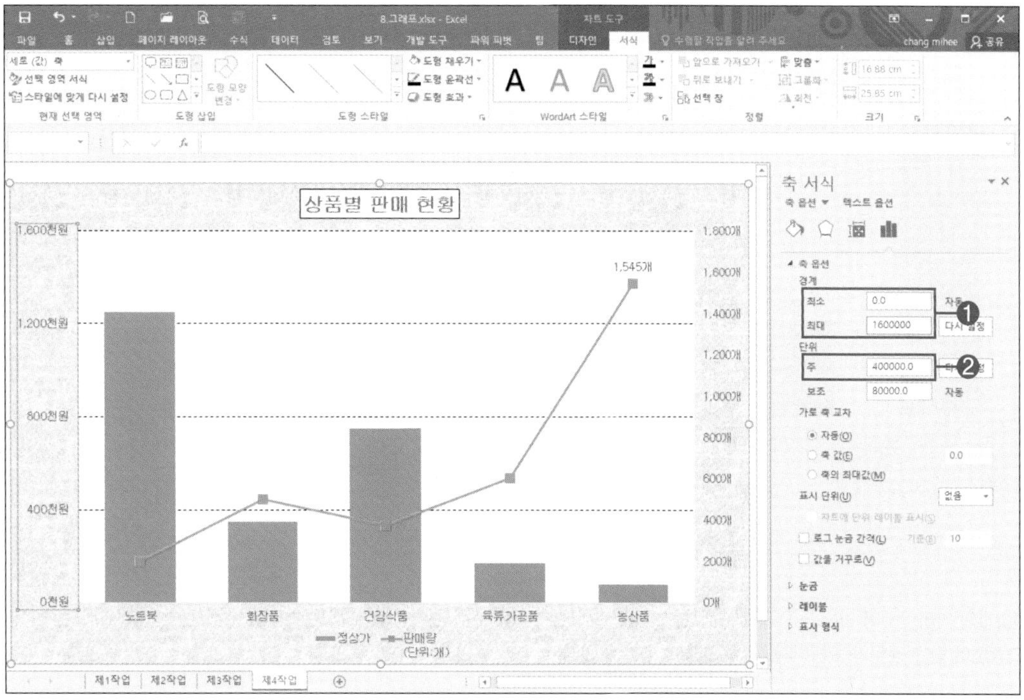

03 ❶세로 (값) 축이 선택된 상태에서 [축 서식]의 ❷[채우기 및 선]을 클릭합니다. ❸'선'의 '실선'에 체크하고 ❹색은 '검정'을 선택합니다.

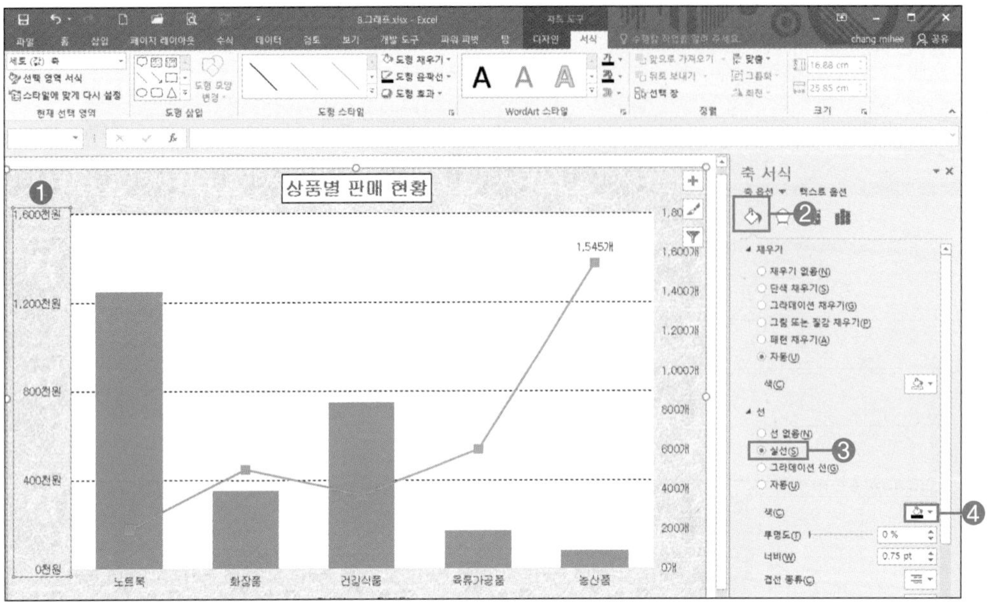

04 ❶보조 세로 (값) 축을 선택합니다. [축 옵션]의 ❷[축 옵션]에서 ❸'최소 : 0', '최대 : 2000'을 입력합니다. ❹주 단위에 '400'을 입력한 후 눈금자를 표시하기 위해 ❺[눈금자]의 '주 눈금'을 '바깥쪽'으로 선택합니다. 최소값의 형태가 '–'인 경우 ❻범주는 '회계', 기호는 ' 없음', 소수 자릿수는 '0'을 입력합니다. ❼창을 닫습니다.

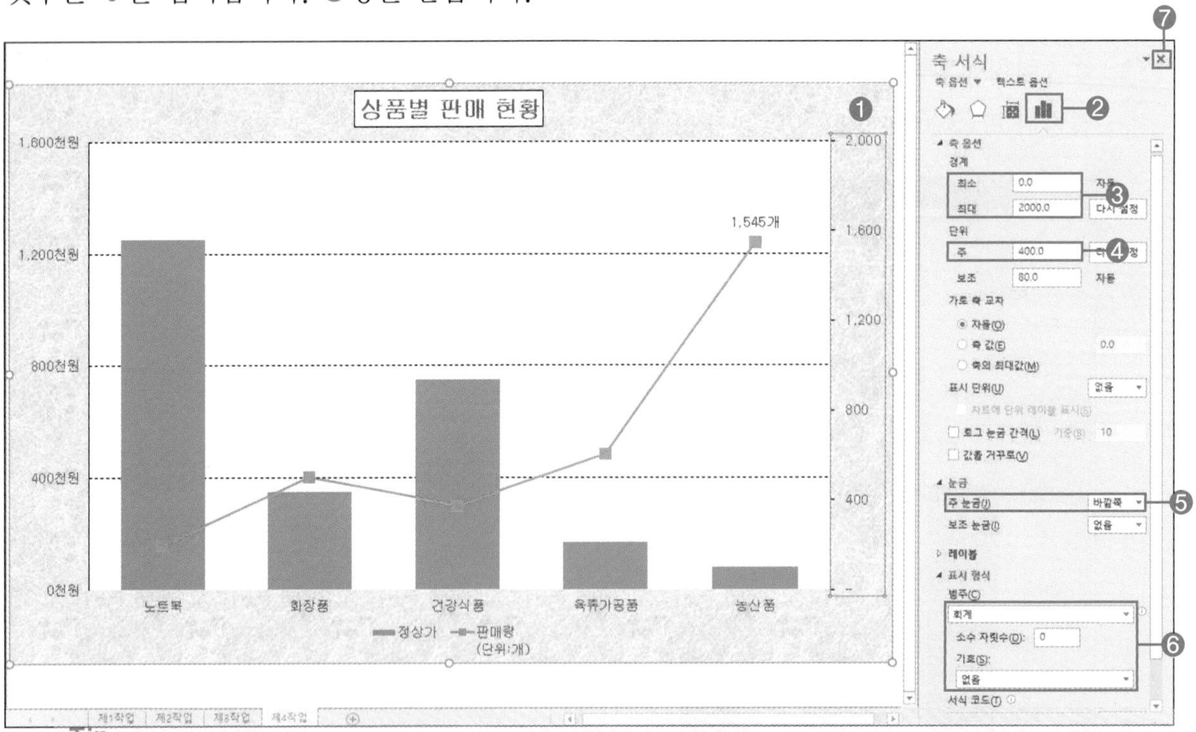

Tip

최소값의 자리가 0이 아닌 '–'인 경우 범주를 회계로 하고 '0'인 경우는 출력형태에 따라 '통화 또는 숫자'로 선택합니다. 소수 자리수도 정해야 하는 경우가 있습니다. ≪출력형태≫를 확인합니다.

05 두 줄로 입력된 범례를 수정하기 위해 ❶범례를 선택한 후 [차트 도구]–[디자인] 탭의 [데이터] 그룹에서 ❷[데이터 선택]을 클릭합니다. [데이터 원본 선택] 대화상자에서 '범례 항목(계열)'의 ❸'판매량(단위:개)'를 선택한 후 ❹[편집]을 클릭합니다.

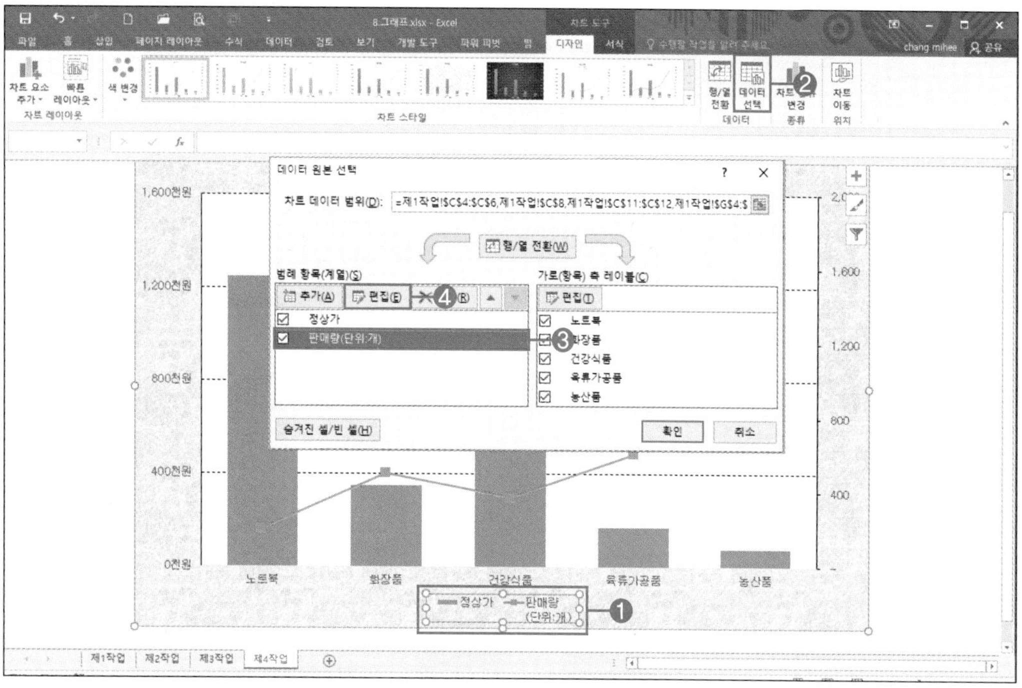

06 [계열 편집] 대화상자가 열리면 ❶'계열 이름' 입력란에 '="판매량(단위:개)"'를 입력하고 ❷[확인]을 클릭하고 [데이터 원본 선택] 대화상자로 이동되면 ❸[확인]을 클릭합니다.

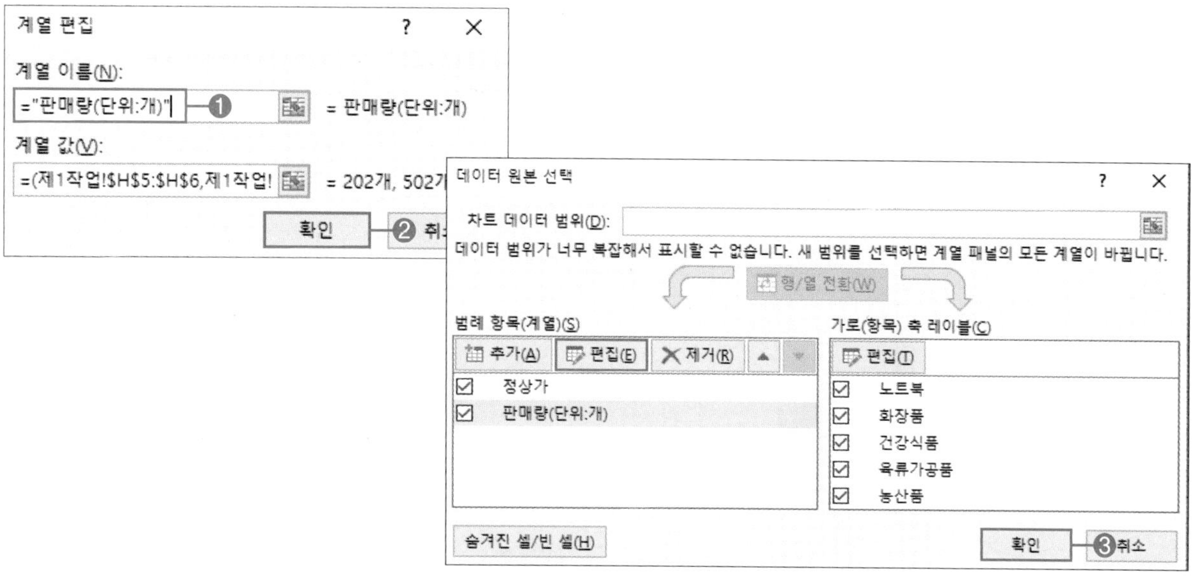

Step 06. 도형 삽입하기

01 차트에 도형을 삽입합니다. ❶차트를 선택하고 [삽입] 탭의 [일러스트레이션] 그룹에서 ❷[도형]을 클릭한 후 ❸'설명선'의 '모서리가 둥근 사각형 설명선'을 클릭합니다.

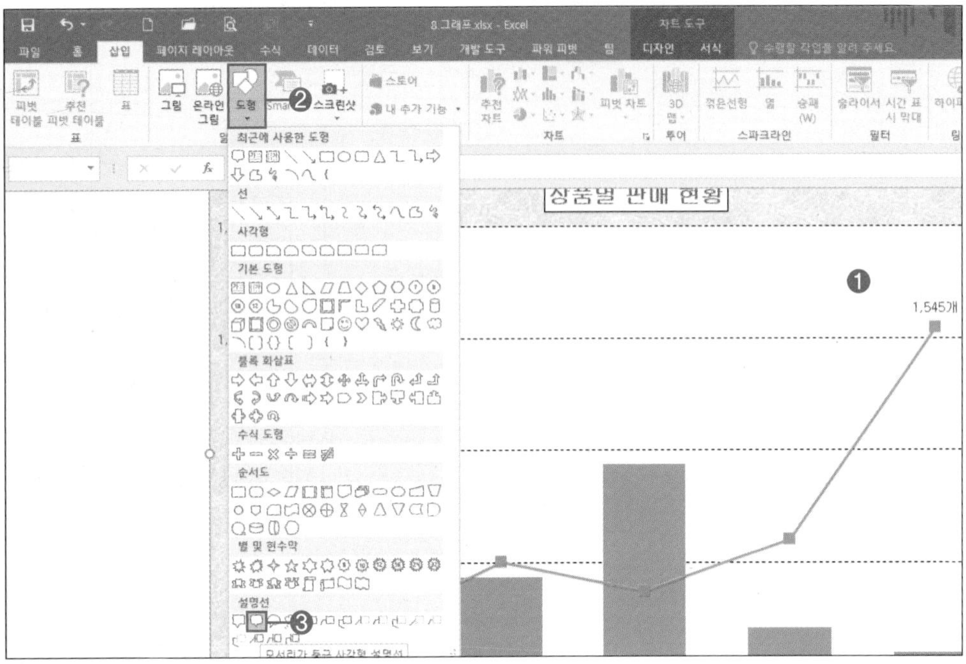

02 ≪출력형태≫와 같은 위치에 마우스로 드래그하여 도형을 삽입합니다. ❶도형이 선택된 상태에서 '최대 판매량'을 입력한 후 [홈] 탭의 [글꼴] 그룹에서 글꼴은 ❷'굴림, 11pt'과 글자 색은 '검정'을 선택합니다. ❸[맞춤] 그룹의 '가로 가운데 맞춤'과 '세로 가운데 맞춤'으로 설정합니다.

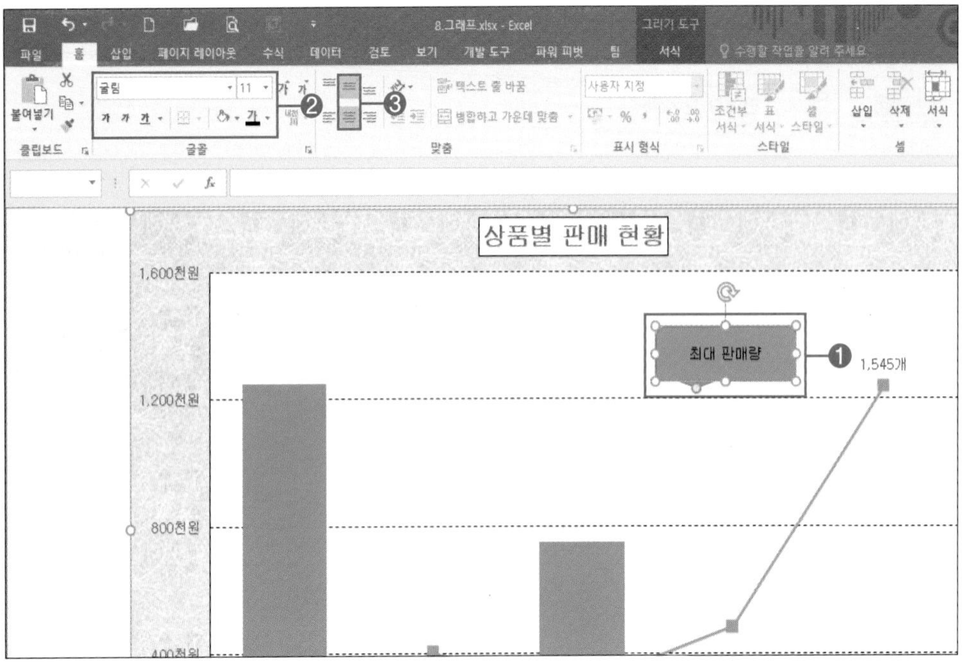

03 ❶도형을 선택한 후 [그리기 도구]-[서식] 탭의 [도형 스타일] 그룹에서 ❷[도형 채우기]를 클릭하여 ❸'흰색, 배경 1'을 선택합니다.

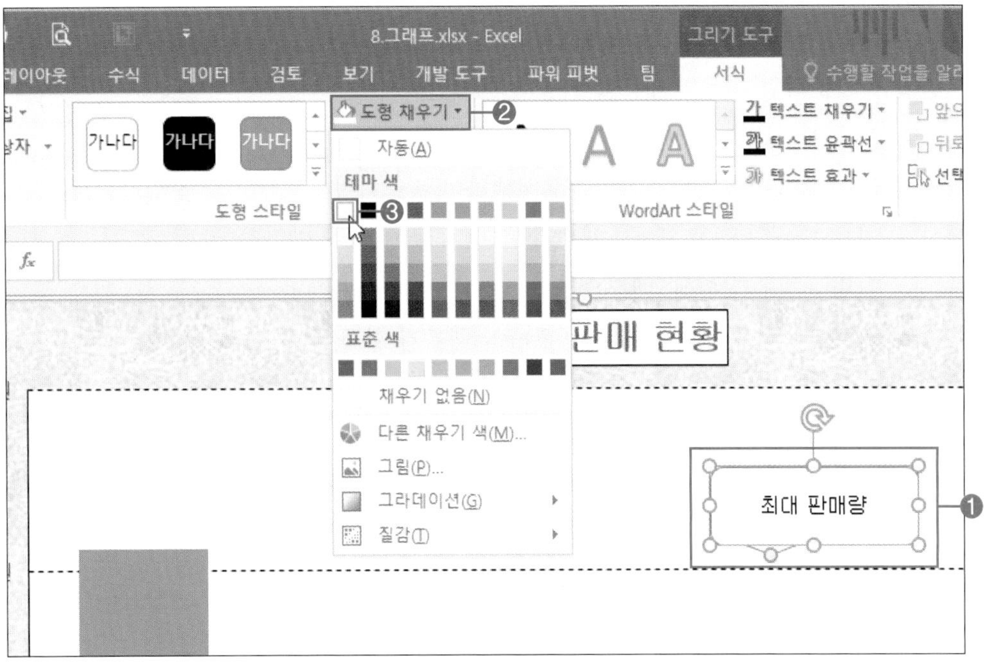

04 도형의 노란 조절점을 드래그하여 ≪출력형태≫에 맞춰 모양을 변형하고 위치를 조절합니다.

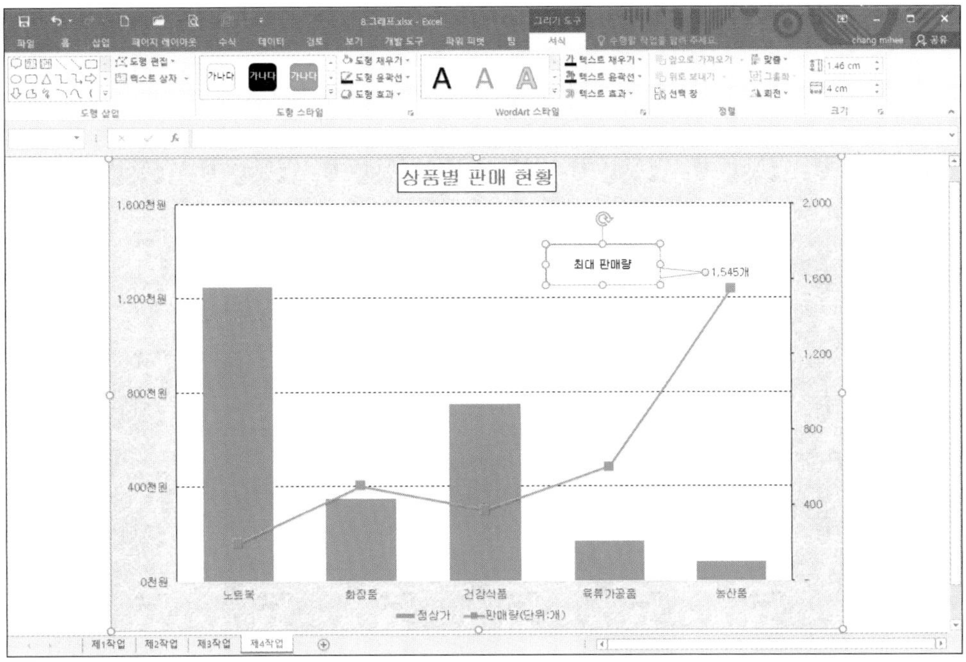

■ ■ 예제 : 실력팡팡₩그래프1.xlsx / 완성 : 실력팡팡₩그래프1완성.xlsx

01 "제1작업" 시트를 이용하여 조건에 따라 ≪출력형태≫와 같이 작업하시오.

조건 (1) 차트 종류 ⇒ 〈묶은 세로 막대형〉으로 작업하시오.

(2) 데이터 범위 ⇒ "제1작업"시트의 내용을 이용하여 작업하시오.

(3) 위치 ⇒ "새 시트"로 이동하고, "제4작업"으로 시트 이름을 바꾸시오.

(4) 차트 디자인 도구 ⇒ 레이아웃3, 스타일 1을 선택하여 ≪출력형태≫에 맞게 작업하시오.

(5) 영역 서식 ⇒ 차트 : 글꼴(굴림, 11pt), 채우기 효과(질감 - 파랑 박엽지)

그림 : 채우기(흰색, 배경 1)

(6) 제목 서식 ⇒ 차트 제목 : 글꼴(굴림, 굵게, 20pt), 채우기(흰색, 배경 1), 테두리

(7) 서식 ⇒ 재수강율(단위:%) 계열의 차트 종류를 〈표식이 있는 꺾은선형〉으로 변경한 후 보조 축으로 지정하시오.

계열 : ≪출력형태≫를 참조하여 표식(다이아몬드, 크기 10)과 레이블 값을 표시하시오.

눈금선 : 선 스타일 - 파선

축 : ≪출력형태≫를 참조하시오.

(8) 범례 ⇒ 범례명을 변경하고 ≪출력형태≫를 참조하시오.

(9) 도형 ⇒ '모서리가 둥근 사각형 설명선'을 삽입한 후 ≪출력형태≫와 같이 내용을 입력하시오.

(10) 나머지 사항은 ≪출력형태≫에 맞게 작성하시오.

출력형태

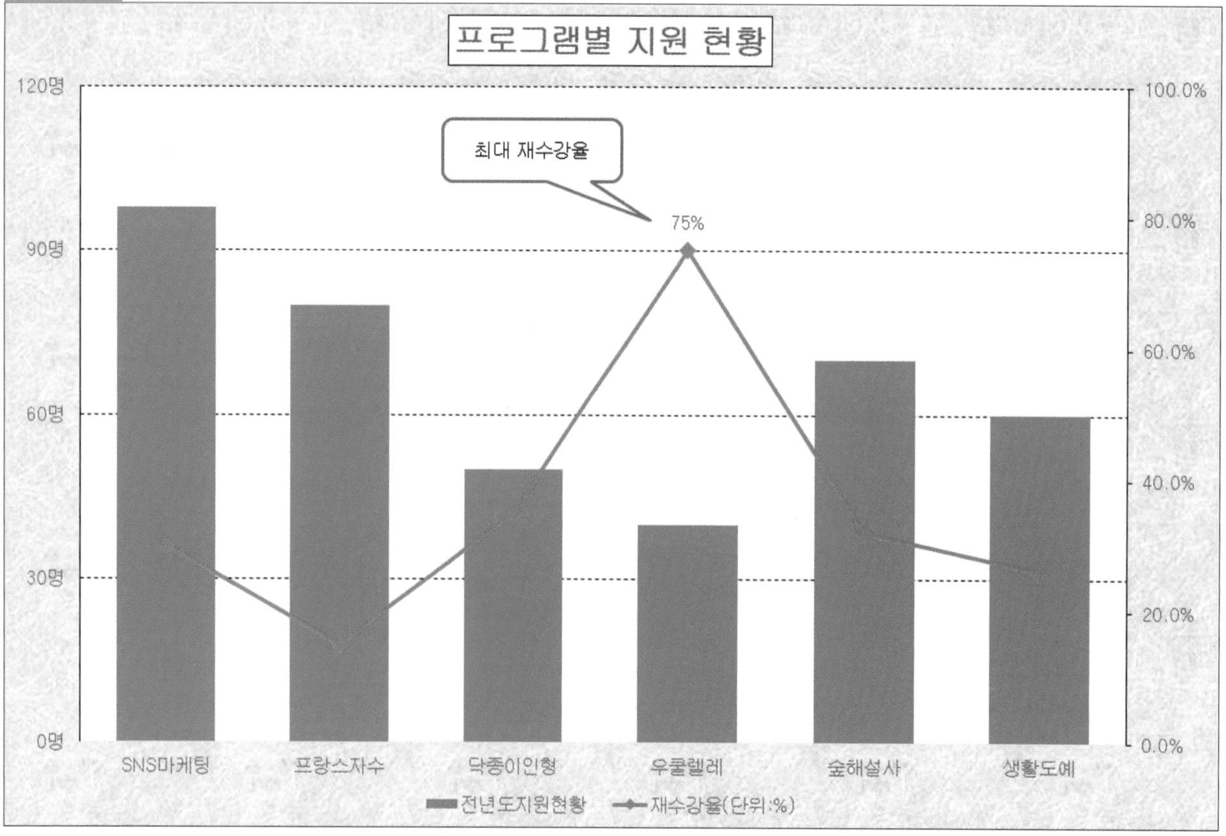

02 "제1작업" 시트를 이용하여 조건에 따라 ≪출력형태≫와 같이 작업하시오.

조건 (1) 차트 종류 ⇒ 〈묶은 세로 막대형〉으로 작업하시오.

(2) 데이터 범위 ⇒ "제1작업"시트의 내용을 이용하여 작업하시오.

(3) 위치 ⇒ "새 시트"로 이동하고, "제4작업"으로 시트 이름을 바꾸시오.

(4) 차트 디자인 도구 ⇒ 레이아웃3, 스타일 3을 선택하여 ≪출력형태≫에 맞게 작업하시오.

(5) 영역 서식 ⇒ 차트 : 글꼴(돋움, 11pt), 채우기 효과(질감 – 편지지)

그림 : 채우기(흰색, 배경 1)

(6) 제목 서식 ⇒ 차트 제목 : 글꼴(돋움, 굵게, 20pt), 채우기(흰색, 배경 1), 테두리

(7) 서식 ⇒ 총점(200점만점) 계열의 차트 종류를 〈표식이 있는 꺾은선형〉으로 변경한 후 보조 축으로 지정하시오.

계열 : ≪출력형태≫를 참조하여 표식(삼각형, 크기 10)과 레이블 값을 표시하시오.

눈금선 : 선 스타일 – 파선

축 : ≪출력형태≫를 참조하시오.

(8) 범례 ⇒ 범례명을 변경하고 ≪출력형태≫를 참조하시오.

(9) 도형 ⇒ '위쪽 리본'을 삽입한 후 ≪출력형태≫와 같이 내용을 입력하시오.

(10) 나머지 사항은 ≪출력형태≫에 맞게 작성하시오.

출력형태

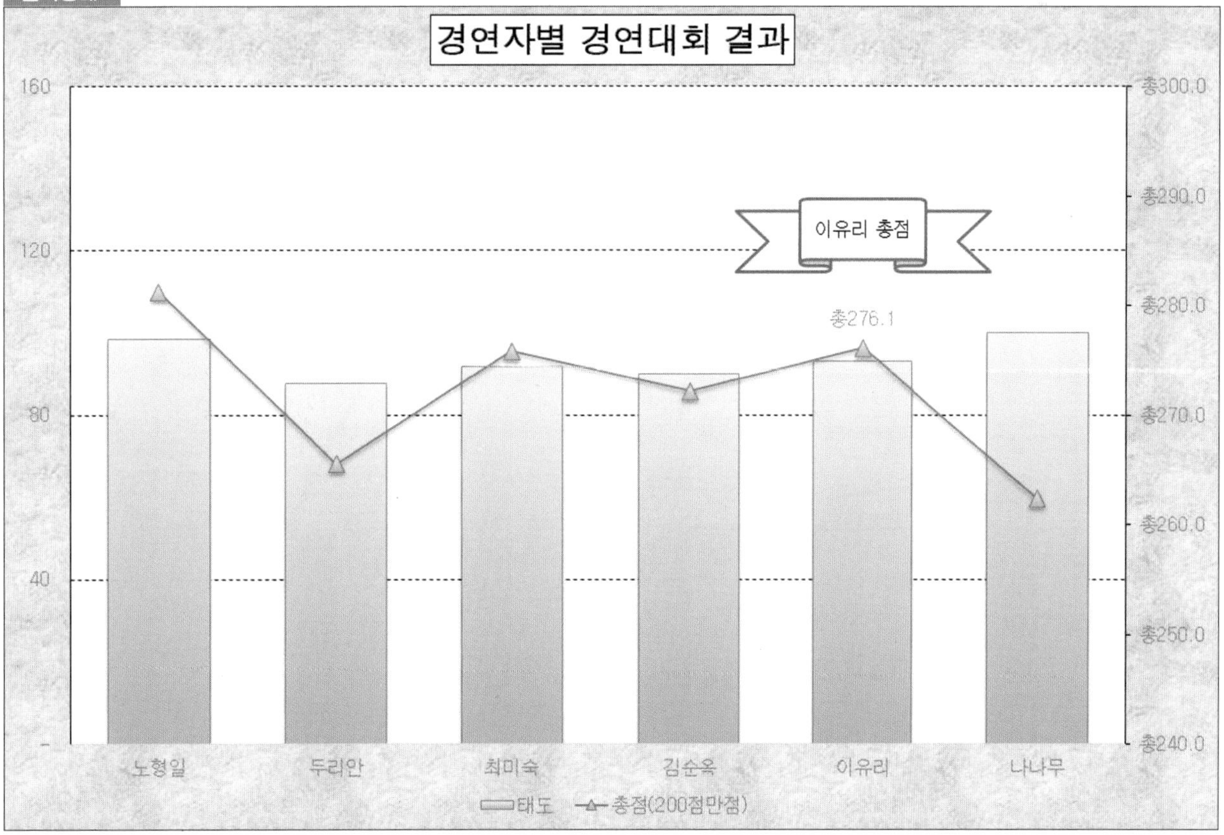

■ ■ 예제 : 실력팡팡₩그래프3.xlsx / 완성 : 실력팡팡₩그래프3완성.xlsx

03 "제1작업" 시트를 이용하여 조건에 따라 ≪출력형태≫와 같이 작업하시오.

조건 (1) 차트 종류 ⇒ 〈묶은 세로 막대형〉으로 작업하시오.

(2) 데이터 범위 ⇒ "제1작업"시트의 내용을 이용하여 작업하시오.

(3) 위치 ⇒ "새 시트"로 이동하고, "제4작업"으로 시트 이름을 바꾸시오.

(4) 차트 디자인 도구 ⇒ 레이아웃3, 스타일 1을 선택하여 ≪출력형태≫에 맞게 작업하시오.

(5) 영역 서식 ⇒ 차트 : 글꼴(굴림, 11pt), 채우기 효과(질감 - 분홍 박엽지)
그림 : 채우기(흰색, 배경 1)

(6) 제목 서식 ⇒ 차트 제목 : 글꼴(굴림, 굵게, 20pt), 채우기(흰색, 배경 1), 테두리

(7) 서식 ⇒ 지원비율(단위:%) 계열의 차트 종류를 〈표식이 있는 꺾은선형〉으로 변경한 후 보조 축으로 지정하시오.
계열 : ≪출력형태≫를 참조하여 표식(네모, 크기 10)과 레이블 값을 표시하시오.
눈금선 : 선 스타일 - 파선
축 : ≪출력형태≫를 참조하시오.

(8) 범례 ⇒ 범례명을 변경하고 ≪출력형태≫를 참조하시오.

(9) 도형 ⇒ '사각형 설명선'을 삽입한 후 ≪출력형태≫와 같이 내용을 입력하시오.

(10) 나머지 사항은 ≪출력형태≫에 맞게 작성하시오.

출력형태

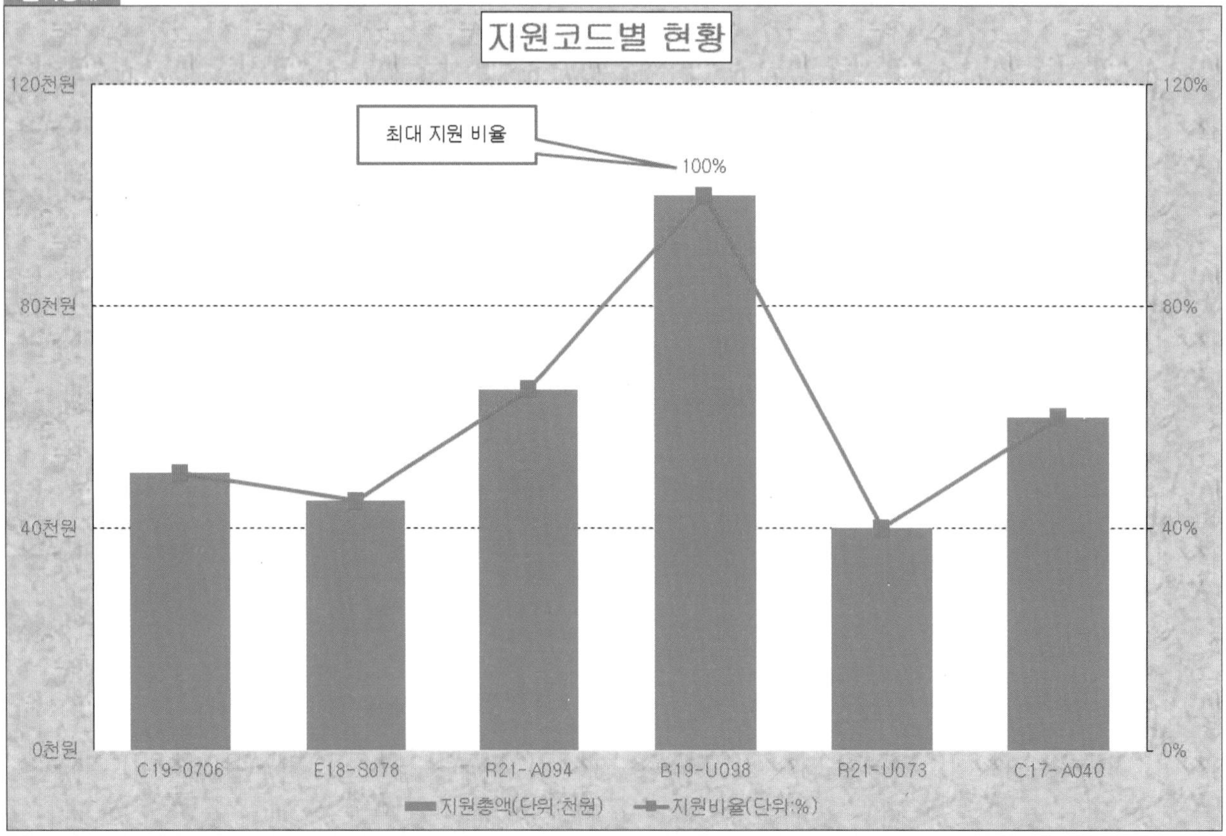

04 "제1작업" 시트를 이용하여 조건에 따라 ≪출력형태≫와 같이 작업하시오.

조건 (1) 차트 종류 ⇒ 〈묶은 세로 막대형〉으로 작업하시오.

(2) 데이터 범위 ⇒ "제1작업"시트의 내용을 이용하여 작업하시오.

(3) 위치 ⇒ "새 시트"로 이동하고, "제4작업"으로 시트 이름을 바꾸시오.

(4) 차트 디자인 도구 ⇒ 레이아웃3, 스타일 8을 선택하여 ≪출력형태≫에 맞게 작업하시오.

(5) 영역 서식 ⇒ 차트 : 글꼴(굴림, 11pt), 채우기 효과(질감 – 파피루스)

그림 : 채우기(흰색, 배경 1)

(6) 제목 서식 ⇒ 차트 제목 : 글꼴(굴림, 굵게, 20pt), 채우기(흰색, 배경 1), 테두리

(7) 서식 ⇒ 7월매출 계열의 차트 종류를 〈표식이 있는 꺾은선형〉으로 변경한 후 보조 축으로 지정하시오.

계열 : ≪출력형태≫를 참조하여 표식(원형, 크기 10)과 레이블 값을 표시하시오.

눈금선 : 선 스타일 – 파선

축 : ≪출력형태≫를 참조하시오.

(8) 범례 ⇒ 범례명을 변경하고 ≪출력형태≫를 참조하시오.

(9) 도형 ⇒ '구름 모양 설명선'을 삽입한 후 ≪출력형태≫와 같이 내용을 입력하시오.

(10) 나머지 사항은 ≪출력형태≫에 맞게 작성하시오.

출력형태

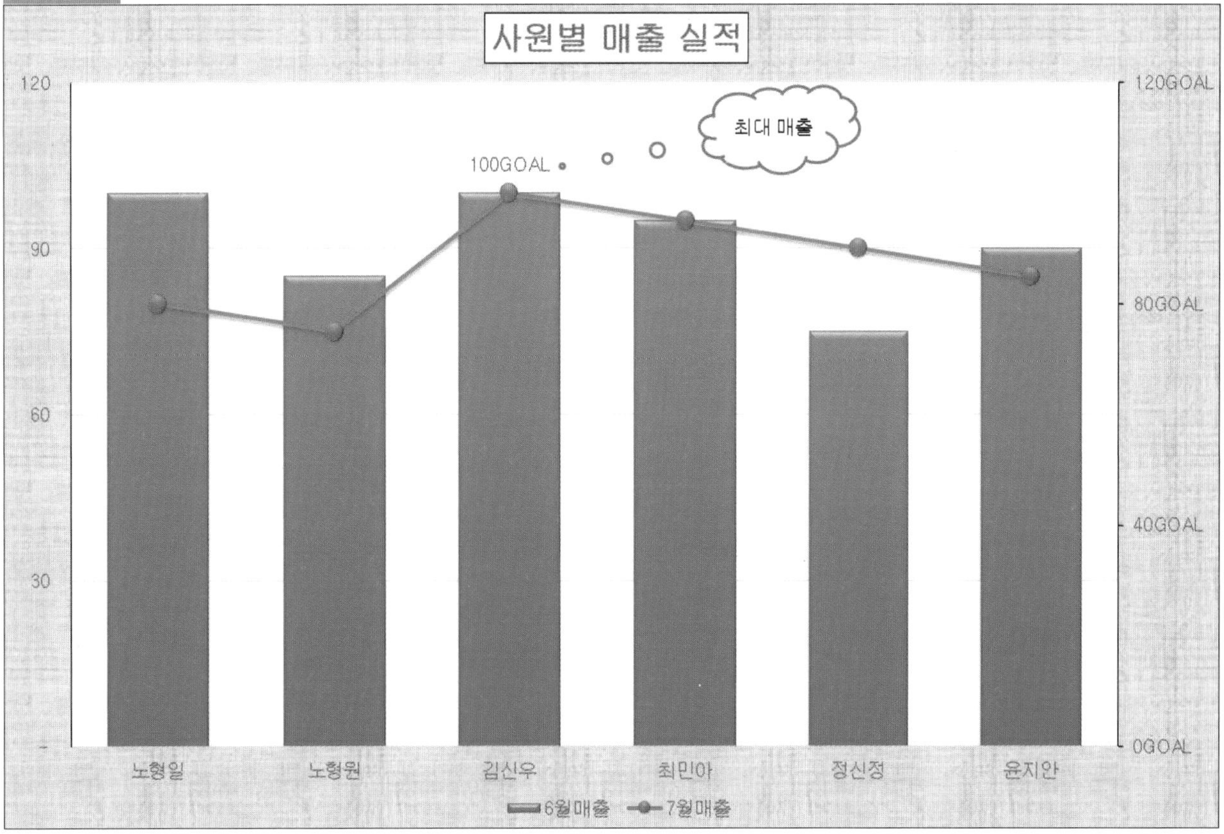

ITQ Excel

기출 · 예상 문제 15회

EXCEL

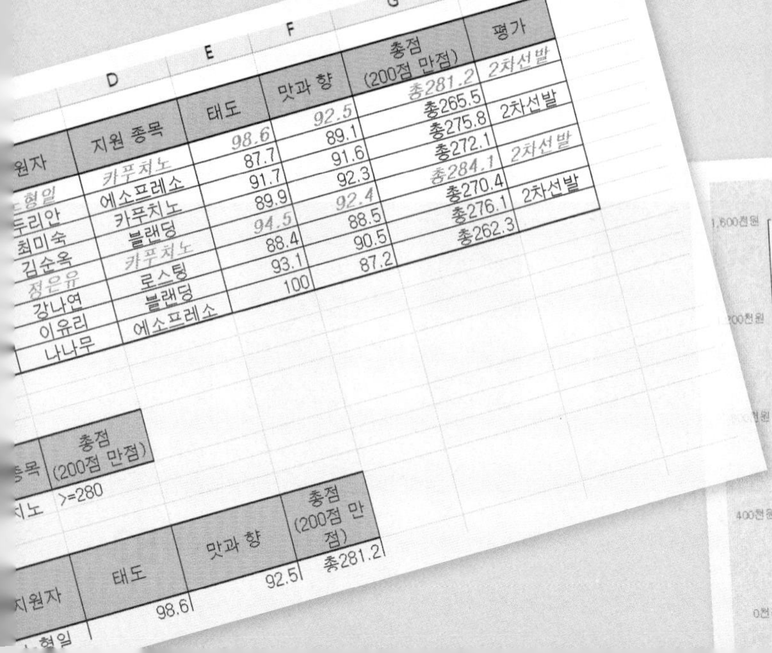

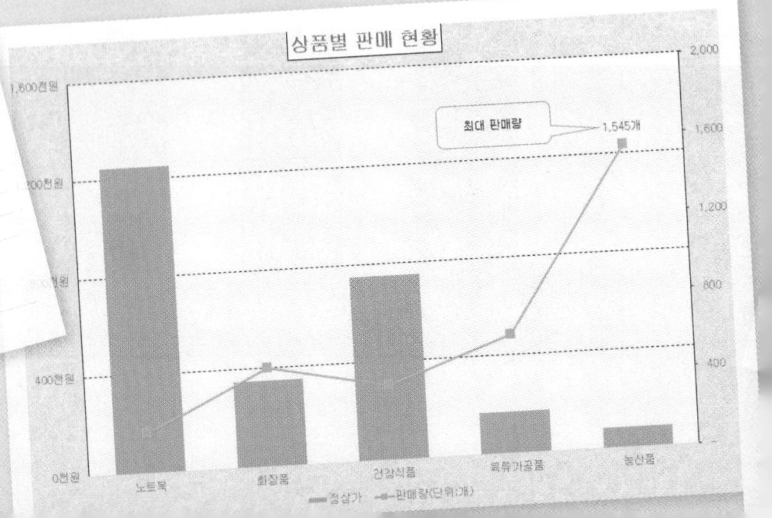

2016

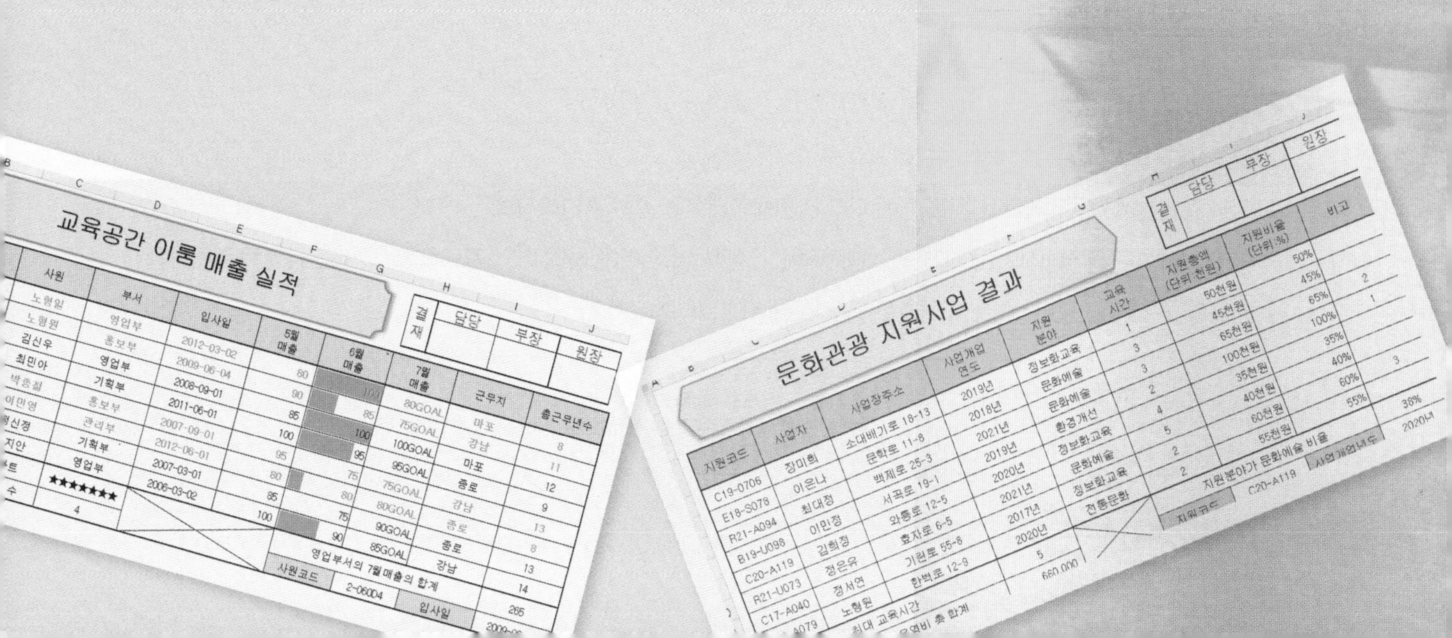

제1회 정보기술자격(ITQ) 시험

과 목	코 드	문제유형	시험시간	수험번호	성 명
한글엑셀	1122	A	60분		

수험자 유의사항

- 수험자는 문제지를 받는 즉시 문제지와 **수험표상의 시험과목(프로그램)이 동일한지 반드시 확인**하여야 합니다.
- 파일명은 본인의 "수험번호-성명"으로 입력하여 답안폴더(내 PC₩문서₩ITQ)에 하나의 파일로 저장해야하며, 답안문서 파일명이 "수험번호-성명"과 일치하지 않거나, 답안파일을 전송하지 않아 미제출로 처리될 경우 실격 처리합니다 (예:12345678-홍길동.xlsx).
- 답안 작성을 마치면 파일을 저장하고, '답안 전송' 버튼을 선택하여 감독위원 PC로 답안을 전송하십시오. 수험생 정보와 저장한 파일명이 다를 경우 전송되지 않으므로 주의하시기 바랍니다.
- 답안 작성 중에도 **주기적으로 저장하고, '답안 전송'**하여야 문제 발생을 줄일 수 있습니다. 작업한 내용을 저장하지 않고 전송할 경우 이전에 저장된 내용이 전송되오니 이점 유의하시기 바랍니다.
- 답안문서는 지정된 경로 외의 다른 보조기억장치에 저장하는 경우, 지정된 시험 시간 외에 작성된 파일을 활용할 경우, 기타 통신수단(이메일, 메신저, 네트워크 등)을 이용하여 타인에게 전달 또는 외부 반출하는 경우는 부정 처리합니다.
- 시험 중 부주의 또는 고의로 시스템을 파손한 경우는 수험자가 변상해야 하며, 〈수험자 유의사항〉에 기재된 방법대로 이행하지 않아 생기는 불이익은 수험생 당사자의 책임임을 알려 드립니다.
- 문제의 조건은 MS오피스 2016 버전으로 설정되어 있으니 유의하시기 바랍니다.
- 시험을 완료한 수험자는 답안파일이 전송되었는지 확인한 후 감독위원의 지시에 따라 문제지를 제출하고 퇴실합니다.

답안 작성요령

- 온라인 답안 작성 절차
  수험자 등록 ⇒ 시험 시작 ⇒ 답안파일 저장 ⇒ 답안 전송 ⇒ 시험 종료
- 문제는 총 4단계, 즉 제1작업부터 제4작업까지 구성되어 있으며 반드시 제1작업부터 순서대로 작성하고 조건대로 작업하시오.
- 모든 작업시트의 A열은 열 너비 '1'로, 나머지 열은 적당하게 조절하시오.
- 모든 작업시트의 테두리는 ≪출력형태≫와 같이 작업하시오.
- 해당 작업란에서는 각각 제시된 조건에 따라 ≪출력형태≫와 같이 작업하시오.
- 답안 시트 이름은 "제1작업", "제2작업", "제3작업", "제4작업"이어야 하며 답안 시트 이외의 것은 감점 처리됩니다.
- 시트를 파일로 나누어 작업해서 저장할 경우 실격 처리됩니다.

The Insight KPC
kpc 한국생산성본부

☞ **다음은 '실버상품 쇼핑몰 판매 현황'에 대한 자료이다. 자료를 입력하고 조건에 맞도록 작업하시오.**

≪출력형태≫

실버상품 쇼핑몰 판매 현황

확인	담당	대리	과장

상품코드	상품명	카테고리	구매자수	판매금액 (단위:원)	재고량 (단위:EA)	입고일	재고순위	비고
HE-0012	욕창예방매트리스	복지용구	989	139,000	815	2019-05-12	(1)	(2)
BO-2101	경량알루미늄 휠체어	보장구	887	320,000	1,232	2019-01-20	(1)	(2)
PE-1005	당뇨환자용 양파효소	환자식	1,700	53,000	2,983	2019-10-11	(1)	(2)
HE-0305	성인용보행기	복지용구	1,480	198,000	1,141	2019-03-25	(1)	(2)
BO-2043	스틸통타이어 휠체어	보장구	980	197,000	1,024	2019-04-08	(1)	(2)
BO-2316	거상형 휠체어	보장구	316	380,000	684	2019-03-13	(1)	(2)
PE-1138	고단백 영양푸딩	환자식	1,605	99,000	827	2019-09-20	(1)	(2)
PE-1927	고농축 영양식	환자식	912	12,000	3,028	2019-10-04	(1)	(2)
환자식 판매금액(단위:원) 평균			(3)		두 번째로 많은 구매자수			(5)
복지용구 구매자수 합계			(4)		상품명	욕창예방매트리스	구매자수	(6)

≪조건≫

○ 모든 데이터의 서식에는 글꼴(굴림, 11pt), 정렬은 숫자 및 회계 서식은 오른쪽 정렬, 나머지 서식은 가운데 정렬로 작성하며 예외적인 것은 ≪출력형태≫를 참조하시오.

○ 제 목 ⇒ 육각형 도형과 바깥쪽 그림자(오프셋 오른쪽)를 이용하여 작성하고 "실버상품 쇼핑몰 판매 현황"을 입력한 후 다음 서식을 적용하시오(글꼴–굴림, 24pt, 검정, 굵게, 채우기–노랑).

○ 임의의 셀에 결재란을 작성하여 그림으로 복사 기능을 이용하여 붙이기 하시오(단, 원본 삭제).

○ 「B4:J4, G14, I14」 영역은 '주황'으로 채우기 하시오.

○ 유효성 검사를 이용하여 「H14」 셀에 상품명(「C5:C12」 영역)이 선택 표시되도록 하시오.

○ 셀 서식 ⇒ 「E5:E12」 영역에 셀 서식을 이용하여 숫자 뒤에 '명'을 표시하시오(예 : 1,700명).

○ 「E5:E12」 영역에 대해 '구매자수'로 이름정의를 하시오.

⊙ (1)~(6) 셀은 반드시 **주어진 함수를 이용**하여 값을 구하시오(결과값을 직접 입력하면 해당 셀은 0점 처리됨).

(1) 재고순위 ⇒ 재고량(단위:EA)의 내림차순 순위를 1~3까지 구한 결과값에 '위'를 붙이고 그 외에는 공백으로 구하시오(IF, RANK.EQ 함수, & 연산자)(예 : 1위).

(2) 비고 ⇒ 「구매자수÷300」의 정수의 크기만큼 '★'을 반복 표시되도록 구하시오(REPT 함수).

(3) 환자식 판매금액(단위:원) 평균 ⇒ (SUMIF, COUNTIF 함수)

(4) 복지용구 구매자수 합계 ⇒ 조건은 입력데이터를 이용하시오(DSUM 함수).

(5) 두 번째로 많은 구매자수 ⇒ 정의된 이름(구매자수)을 이용하여 구하시오(LARGE 함수).

(6) 구매자수 ⇒ 「H14」셀에서 선택한 상품명에 대한 구매자수를 구하시오(VLOOKUP 함수).

(7) 조건부 서식의 수식을 이용하여 구매자수가 '1,000' 이상인 행 전체에 다음의 서식을 적용하시오 (글꼴 : 파랑, 굵게).

제 2 작업 목표값 찾기 및 필터 80점

☞ **"제1작업" 시트의 「B4:H12」 영역을 복사하여 "제2작업" 시트의 「B2」 셀부터 모두 붙여넣기를 한 후 다음의 조건과 같이 작업하시오.**

≪조건≫

(1) 목표값 찾기 – 「B11:G11」 셀을 병합하여 "판매금액(단위:원)의 전체 평균"을 입력한 후 「H11」 셀에 판매금액(단위:원)의 전체 평균을 구하시오(AVERAGE 함수, 테두리, 가운데 맞춤).

– '판매금액(단위:원)의 전체 평균'이 '175,000'이 되려면 욕창예방매트리스의 판매금액(단위:원)이 얼마가 되어야 하는지 목표값을 구하시오.

(2) 고급필터 – 카테고리가 '복지용구'이거나, 구매자수가 '1,000' 이상인 자료의 상품코드, 상품명, 판매금액(단위:원), 재고량(단위:EA)의 데이터만 추출하시오.

– 조건 위치 : 「B14」 셀부터 입력하시오.

– 복사 위치 : 「B18」 셀부터 나타나도록 하시오.

제 3 작업 정렬 및 부분합 80점

☞ **"제1작업" 시트의 「B4:H12」 영역을 복사하여 "제3작업" 시트의 「B2」 셀부터 모두 붙여넣기를 한 후 다음의 조건과 같이 작업하시오.**

≪조건≫

(1) 부분합 – ≪출력형태≫처럼 정렬하고, 상품명의 개수와 판매금액(단위:원)의 평균을 구하시오.

(2) 윤 곽 – 지우시오.

(3) 나머지 사항은 ≪출력형태≫에 맞게 작성하시오.

≪출력형태≫

	A	B	C	D	E	F	G	H
1								
2		상품코드	상품명	카테고리	구매자수	판매금액 (단위:원)	재고량 (단위:EA)	입고일
3		PE-1005	당뇨환자용 양파효소	환자식	1,700명	53,000	2,983	2019-10-11
4		PE-1138	고단백 영양푸딩	환자식	1,605명	99,000	827	2019-09-20
5		PE-1927	고농축 영양식	환자식	912명	12,000	3,028	2019-10-04
6				환자식 평균		54,667		
7			3	환자식 개수				
8		HE-0012	욕창예방매트리스	복지용구	989명	139,000	815	2019-05-12
9		HE-0305	성인용보행기	복지용구	1,480명	198,000	1,141	2019-03-25
10				복지용구 평균		168,500		
11			2	복지용구 개수				
12		BO-2101	경량알루미늄 휠체어	보장구	887명	320,000	1,232	2019-01-20
13		BO-2043	스틸통타이어 휠체어	보장구	980명	197,000	1,024	2019-04-08
14		BO-2316	거상형 휠체어	보장구	316명	380,000	684	2019-03-13
15				보장구 평균		299,000		
16			3	보장구 개수				
17				전체 평균		174,750		
18			8	전체 개수				
19								

☞ **"제1작업" 시트를 이용하여 조건에 따라 ≪출력형태≫와 같이 작업하시오.**

≪조건≫

(1) 차트 종류 ⇒ 〈묶은 세로 막대형〉으로 작업하시오.
(2) 데이터 범위 ⇒ "제1작업" 시트의 내용을 이용하여 작업하시오.
(3) 위치 ⇒ "새 시트"로 이동하고, "제4작업"으로 시트 이름을 바꾸시오.
(4) 차트 디자인 도구 ⇒ 레이아웃 3, 스타일 1을 선택하여 ≪출력형태≫에 맞게 작업하시오.
(5) 영역 서식 ⇒ 차트 : 글꼴(굴림, 11pt), 채우기 효과(질감-분홍 박엽지)
그림 : 채우기(흰색, 배경 1)
(6) 제목 서식 ⇒ 차트 제목 : 글꼴(굴림, 굵게, 20pt), 채우기(흰색, 배경 1), 테두리
(7) 서식 ⇒ 구매자수 계열의 차트 종류를 〈표식이 있는 꺾은선형〉으로 변경한 후 보조 축으로 지정하시오.
계열 : ≪출력형태≫를 참조하여 표식(다이아몬드, 크기 10)과 레이블 값을 표시하시오.
눈금선 : 선 스타일-파선
축 : ≪출력형태≫를 참조하시오.
(8) 범례 ⇒ 범례명을 변경하고 ≪출력형태≫를 참조하시오.
(9) 도형 ⇒ '모서리가 둥근 사각형 설명선'을 삽입한 후 ≪출력형태≫와 같이 내용을 입력하시오.
(10) 나머지 사항은 ≪출력형태≫에 맞게 작성하시오.

≪출력형태≫

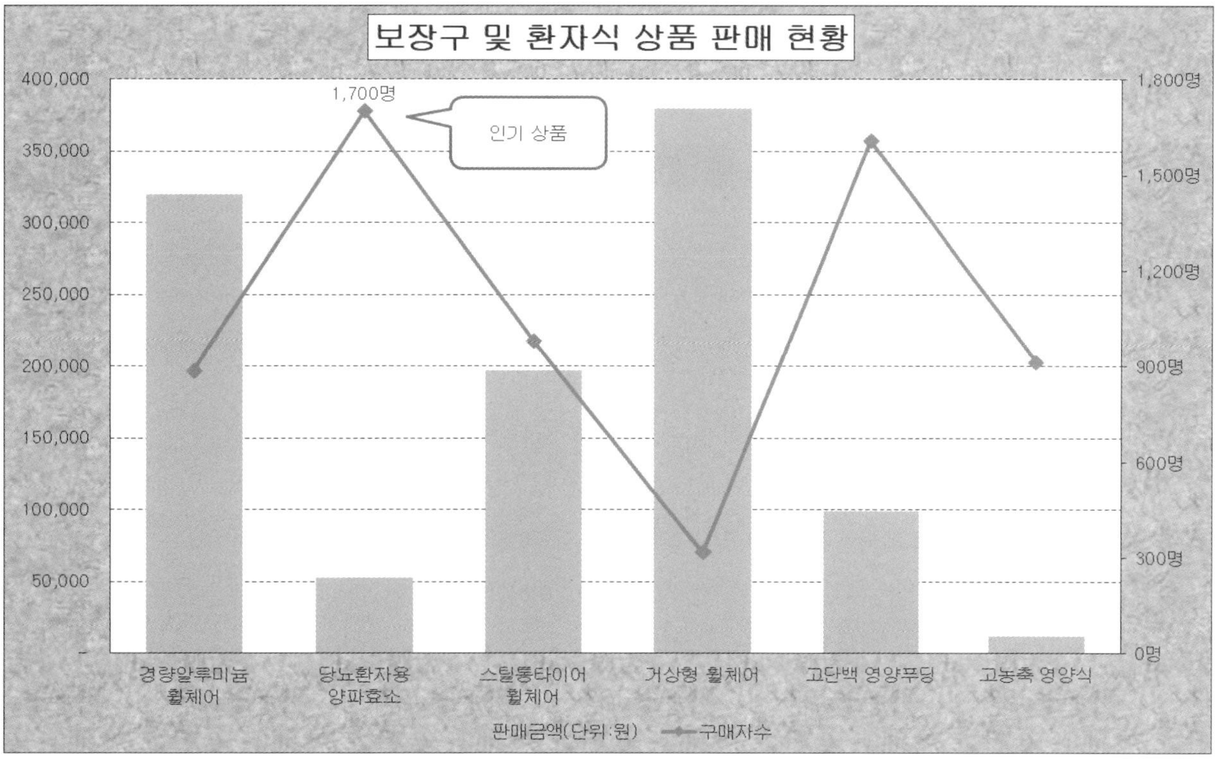

주의 ☞ 시트명 순서가 차례대로 "제1작업", "제2작업", "제3작업", "제4작업"이 되도록 할 것.

제2회 정보기술자격(ITQ) 시험

과 목	코 드	문제유형	시험시간	수험번호	성 명
한글엑셀	1122	A	60분		

수험자 유의사항

- 수험자는 문제지를 받는 즉시 문제지와 **수험표상의 시험과목(프로그램)이 동일한지 반드시 확인**하여야 합니다.
- 파일명은 본인의 "수험번호-성명"으로 입력하여 답안폴더(내 PC₩문서₩ITQ)에 하나의 파일로 저장해야하며, 답안문서 파일명이 "수험번호-성명"과 일치하지 않거나, 답안파일을 전송하지 않아 미제출로 처리될 경우 실격 처리합니다 (예:12345678-홍길동.xlsx).
- 답안 작성을 마치면 파일을 저장하고, '답안 전송' 버튼을 선택하여 감독위원 PC로 답안을 전송하십시오. 수험생 정보와 저장한 파일명이 다를 경우 전송되지 않으므로 주의하시기 바랍니다.
- 답안 작성 중에도 **주기적으로 저장하고, '답안 전송'**하여야 문제 발생을 줄일 수 있습니다. 작업한 내용을 저장하지 않고 전송할 경우 이전에 저장된 내용이 전송되오니 이점 유의하시기 바랍니다.
- 답안문서는 지정된 경로 외의 다른 보조기억장치에 저장하는 경우, 지정된 시험 시간 외에 작성된 파일을 활용할 경우, 기타 통신수단(이메일, 메신저, 네트워크 등)을 이용하여 타인에게 전달 또는 외부 반출하는 경우는 부정 처리합니다.
- 시험 중 부주의 또는 고의로 시스템을 파손한 경우는 수험자가 변상해야 하며, 〈수험자 유의사항〉에 기재된 방법대로 이행하지 않아 생기는 불이익은 수험생 당사자의 책임임을 알려 드립니다.
- 문제의 조건은 MS오피스 2016 버전으로 설정되어 있으니 유의하시기 바랍니다.
- 시험을 완료한 수험자는 답안파일이 전송되었는지 확인한 후 감독위원의 지시에 따라 문제지를 제출하고 퇴실합니다.

답안 작성요령

- 온라인 답안 작성 절차

  수험자 등록 ⇒ 시험 시작 ⇒ 답안파일 저장 ⇒ 답안 전송 ⇒ 시험 종료
- 문제는 총 4단계, 즉 제1작업부터 제4작업까지 구성되어 있으며 반드시 제1작업부터 순서대로 작성하고 조건대로 작업하시오.
- 모든 작업시트의 A열은 열 너비 '1'로, 나머지 열은 적당하게 조절하시오.
- 모든 작업시트의 테두리는 ≪출력형태≫와 같이 작업하시오.
- 해당 작업란에서는 각각 제시된 조건에 따라 ≪출력형태≫와 같이 작업하시오.
- 답안 시트 이름은 "제1작업", "제2작업", "제3작업", "제4작업"이어야 하며 답안 시트 이외의 것은 감점 처리됩니다.
- 시트를 파일로 나누어 작업해서 저장할 경우 실격 처리됩니다.

The Insight KPC
kpc 한국생산성본부

☞ **다음은 '수입 원두커피 판매 현황'에 대한 자료이다. 자료를 입력하고 조건에 맞도록 작업하시오.**

≪출력형태≫

	결재	담당	팀장	부장
수입 원두커피 판매 현황				

상품코드	상품명	커피 원산지	제조날짜	커피 원가(단위:원)	판매수량	판매가(단위:원)	유통기한	판매순위
BR-344	산토스 NY2	브라질	2019-10-20	8,500	339	18,000	(1)	(2)
CE-233	산타로사	콜롬비아	2019-10-02	7,000	1,035	15,200	(1)	(2)
CE-156	후일라 수프리모	콜롬비아	2019-11-04	6,300	326	11,000	(1)	(2)
ET-245	모모라 G1	에티오피아	2019-12-08	12,300	864	33,900	(1)	(2)
BR-332	모지아나 NY2	브라질	2019-12-23	9,800	1,532	14,500	(1)	(2)
CE-295	카우카 수프리모	콜롬비아	2019-11-04	6,800	248	12,300	(1)	(2)
BR-157	씨에라 옐로우버본	브라질	2019-12-15	6,900	567	15,000	(1)	(2)
ET-148	아리차 예가체프G1	에티오피아	2019-11-29	10,500	954	29,500	(1)	(2)
브라질 원산지 판매가(단위:원)의 평균			(3)		최대 커피 원가(단위:원)			(5)
11월 15일 이후 제조한 커피 판매수량의 합			(4)		상품명	산토스 NY2	제조날짜	(6)

≪조건≫

- ○ 모든 데이터의 서식에는 글꼴(굴림, 11pt), 정렬은 숫자 및 회계 서식은 오른쪽 정렬, 나머지 서식은 가운데 정렬로 작성하며 예외적인 것은 ≪출력형태≫를 참조하시오.
- ○ 제 목 ⇒ 사다리꼴 도형과 바깥쪽 그림자(오프셋 대각선 오른쪽 아래)를 이용하여 작성하고 "수입 원두커피 판매 현황"을 입력한 후 다음 서식을 적용하시오(글꼴–굴림, 24pt, 검정, 굵게, 채우기–노랑).
- ○ 임의의 셀에 결재란을 작성하여 그림으로 복사 기능을 이용하여 붙이기 하시오(단, 원본 삭제).
- ○ 「B4:J4, G14, I14」 영역은 '주황'으로 채우기 하시오.
- ○ 유효성 검사를 이용하여 「H14」 셀에 직영점(「C5:C12」 영역)이 선택 표시되도록 하시오.
- ○ 셀 서식 ⇒ 「G5:G12」 영역에 셀 서식을 이용하여 숫자 뒤에 '개'를 표시하시오(예 : 1,035개).
- ○ 「F5:F12」 영역에 대해 '원가'로 이름정의를 하시오.

⊙ (1)~(6) 셀은 반드시 **주어진 함수를 이용**하여 값을 구하시오(결과값을 직접 입력하면 해당 셀은 0점 처리됨).

(1) 유통기한 ⇒ 「제조날짜+기간」으로 구하되 기간은 상품코드 네 번째 값이 1이면 365일, 2이면 500일, 3이면 730일로 지정하여 구하시오(CHOOSE, MID 함수)(예 : 2022-03-10).

(2) 판매순위 ⇒ 판매수량의 내림차순 순위를 1~3까지 구한 결과값에 '위'를 붙이고, 그 외에는 공백으로 구하시오(IF, RANK.EQ 함수, & 연산자)(예: 1위).

(3) 브라질 원산지 판매가(단위:원)의 평균 ⇒ 조건은 입력데이터를 이용하시오(DAVERAGE 함수).

(4) 11월 15일 이후 제조한 커피 판매수량의 합 ⇒ 11월 15일 이후(해당일 포함) 제조한 상품의 판매수량 합을 구하시오(SUMIF 함수).

(5) 최대 커피 원가(단위:원) ⇒ 정의된 이름(원가)을 이용하여 구하시오(LARGE 함수).

(6) 제조날짜 ⇒ 「H14」 셀에서 선택한 상품명에 대한 제조날짜를 구하시오(VLOOKUP 함수)(예 : 2019-01-01).

(7) 조건부 서식을 이용하여 판매가(단위:원) 셀에 데이터 막대 스타일(녹색)을 최소값 및 최대값으로 적용하시오.

제 2 작업 필터 및 서식 80점

☞ **"제1작업" 시트의 「B4:H12」 영역을 복사하여 "제2작업" 시트의 「B2」 셀부터 모두 붙여넣기를 한 후 다음의 조건과 같이 작업하시오.**

≪조건≫

(1) 고급필터 – 커피 원산지가 '에티오피아'가 아니면서, 커피 원가(단위:원)이 '7,000' 이상인 자료의 데이터만 추출하시오.
- 조건 범위 : 「B13」 셀부터 입력하시오.
- 복사 위치 : 「B18」 셀부터 나타나도록 하시오.

(2) 표 서식 – 고급필터의 결과셀을 채우기 없음으로 설정한 후 '표 스타일 보통 6'의 서식을 적용하시오.
- 머리글 행, 줄무늬 행을 적용하시오.

제 3 작업 피벗 테이블 80점

☞ **"제1작업" 시트를 이용하여 "제3작업" 시트의 조건에 따라 ≪출력형태≫와 같이 작업하시오.**

≪조건≫

(1) 제조날짜 및 커피 원산지별 상품명의 개수와 판매가(단위:원)의 평균을 구하시오.
(2) 제조날짜를 그룹화하고, 커피 원산지를 ≪출력형태≫와 같이 정렬하시오.
(3) 레이블이 있는 셀 병합 및 가운데 맞춤 적용 및 빈 셀은 '***'로 표시하시오.
(4) 행의 총합계는 지우고, 나머지 사항은 ≪출력형태≫에 맞게 작성하시오.

≪출력형태≫

	A	B	C	D	E	F	G	H
1								
2			커피 원산지					
3			콜롬비아		에티오피아		브라질	
4		제조날짜	개수 : 상품명	평균 : 판매가(단위:원)	개수 : 상품명	평균 : 판매가(단위:원)	개수 : 상품명	평균 : 판매가(단위:원)
5		10월	1	15,200	***	***	1	18,000
6		11월	2	11,650	1	29,500	***	***
7		12월	***	***	1	33,900	2	14,750
8		총합계	3	12,833	2	31,700	3	15,833

☞ **"제1작업" 시트를 이용하여 조건에 따라 ≪출력형태≫와 같이 작업하시오.**

≪조건≫

(1) 차트 종류 ⇒ 〈묶은 세로 막대형〉으로 작업하시오.
(2) 데이터 범위 ⇒ "제1작업" 시트의 내용을 이용하여 작업하시오.
(3) 위치 ⇒ "새 시트"로 이동하고, "제4작업"으로 시트 이름을 바꾸시오.
(4) 차트 디자인 도구 ⇒ 레이아웃 3, 스타일 1을 선택하여 ≪출력형태≫에 맞게 작업하시오.
(5) 영역 서식 ⇒ 차트 : 글꼴(굴림, 11pt), 채우기 효과(질감-파랑 박엽지)
그림 : 채우기(흰색, 배경 1)
(6) 제목 서식 ⇒ 차트 제목 : 글꼴(굴림, 굵게, 20pt), 채우기(흰색, 배경 1), 테두리
(7) 서식 ⇒ 판매수량 계열의 차트 종류를 〈표식이 있는 꺾은선형〉으로 변경한 후 보조 축으로 지정하시오.
계열 : ≪출력형태≫를 참조하여 표식(네모, 크기 10)과 레이블 값을 표시하시오.
눈금선 : 선 스타일-파선
축 : ≪출력형태≫를 참조하시오.
(8) 범례 ⇒ 범례명을 변경하고 ≪출력형태≫를 참조하시오.
(9) 도형 ⇒ '사각형 설명선'을 삽입하고 ≪출력형태≫와 같이 내용을 입력하시오.
(10) 나머지 사항은 ≪출력형태≫에 맞게 작성하시오.

≪출력형태≫

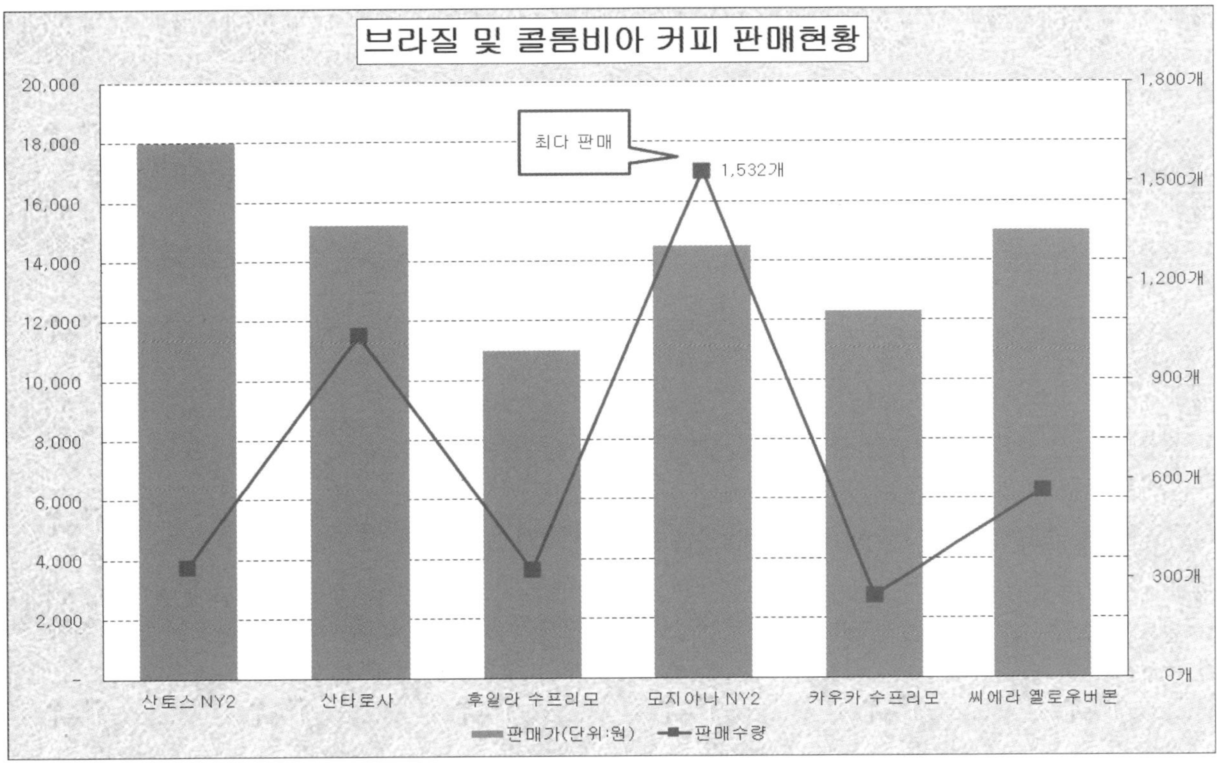

주의 ☞ 시트명 순서가 차례대로 "제1작업", "제2작업", "제3작업", "제4작업"이 되도록 할 것.

제3회 정보기술자격(ITQ) 시험

과 목	코 드	문제유형	시험시간	수험번호	성 명
한글엑셀	1122	A	60분		

수험자 유의사항

- 수험자는 문제지를 받는 즉시 문제지와 **수험표상의 시험과목(프로그램)이 동일한지 반드시 확인**하여야 합니다.
- 파일명은 본인의 "수험번호-성명"으로 입력하여 답안폴더(내 PC₩문서₩ITQ)에 하나의 파일로 저장해야하며, 답안문서 파일명이 "수험번호-성명"과 일치하지 않거나, 답안파일을 전송하지 않아 미제출로 처리될 경우 실격 처리합니다 (예:12345678-홍길동.xlsx).
- 답안 작성을 마치면 파일을 저장하고, '답안 전송' 버튼을 선택하여 감독위원 PC로 답안을 전송하십시오. 수험생 정보와 저장한 파일명이 다를 경우 전송되지 않으므로 주의하시기 바랍니다.
- 답안 작성 중에도 **주기적으로 저장하고, '답안 전송'**하여야 문제 발생을 줄일 수 있습니다. 작업한 내용을 저장하지 않고 전송할 경우 이전에 저장된 내용이 전송되오니 이점 유의하시기 바랍니다.
- 답안문서는 지정된 경로 외의 다른 보조기억장치에 저장하는 경우, 지정된 시험 시간 외에 작성된 파일을 활용할 경우, 기타 통신수단(이메일, 메신저, 네트워크 등)을 이용하여 타인에게 전달 또는 외부 반출하는 경우는 부정 처리합니다.
- 시험 중 부주의 또는 고의로 시스템을 파손한 경우는 수험자가 변상해야 하며, 〈수험자 유의사항〉에 기재된 방법대로 이행하지 않아 생기는 불이익은 수험생 당사자의 책임임을 알려 드립니다.
- 문제의 조건은 MS오피스 2016 버전으로 설정되어 있으니 유의하시기 바랍니다.
- 시험을 완료한 수험자는 답안파일이 전송되었는지 확인한 후 감독위원의 지시에 따라 문제지를 제출하고 퇴실합니다.

답안 작성요령

- 온라인 답안 작성 절차
  수험자 등록 ⇒ 시험 시작 ⇒ 답안파일 저장 ⇒ 답안 전송 ⇒ 시험 종료
- 문제는 총 4단계, 즉 제1작업부터 제4작업까지 구성되어 있으며 반드시 제1작업부터 순서대로 작성하고 조건대로 작업하시오.
- 모든 작업시트의 A열은 열 너비 '1'로, 나머지 열은 적당하게 조절하시오.
- 모든 작업시트의 테두리는 ≪출력형태≫와 같이 작업하시오.
- 해당 작업란에서는 각각 제시된 조건에 따라 ≪출력형태≫와 같이 작업하시오.
- 답안 시트 이름은 "제1작업", "제2작업", "제3작업", "제4작업"이어야 하며 답안 시트 이외의 것은 감점 처리됩니다.
- 시트를 파일로 나누어 작업해서 저장할 경우 실격 처리됩니다.

The Insight KPC
kpc 한국생산성본부

☞ **다음은 '꽃집청년들 매출 현황'에 대한 자료이다. 자료를 입력하고 조건에 맞도록 작업하시오.**

≪출력형태≫

꽃집청년들 매출 현황

확인	담당	과장	차장

상품코드	상품명	구분	판매가 (단위:원)	주문수량	매출금액 (단위:원)	증감률	사이즈	순위
T2578-M	수국	꽃다발	67,000	94	5,700,000	5.3%	(1)	(2)
B2324-L	진백	분재	200,000	79	7,500,000	-12.0%	(1)	(2)
F2354-S	생일축하	꽃바구니	50,000	105	4,250,000	8.2%	(1)	(2)
B2384-M	소사	분재	150,000	69	4,000,000	-16.0%	(1)	(2)
F4322-L	프로포즈	꽃바구니	125,000	86	9,625,000	2.6%	(1)	(2)
T3284-L	분홍장미	꽃다발	59,000	64	5,600,000	-33.9%	(1)	(2)
F3255-S	결혼기념일	꽃바구니	50,000	91	3,650,000	-8.2%	(1)	(2)
T2698-L	안개	꽃다발	61,000	114	6,500,000	15.4%	(1)	(2)
꽃바구니 상품 개수			(3)		꽃다발의 주문수량 평균			(5)
최대 판매가(단위:원)			(4)		상품명	수국	주문수량	(6)

≪조건≫

○ 모든 데이터의 서식에는 글꼴(굴림, 11pt), 정렬은 숫자 및 회계 서식은 오른쪽 정렬, 나머지 서식은 가운데 정렬로 작성하며 예외적인 것은 ≪출력형태≫를 참조하시오.

○ 제 목 ⇒ 갈매기형 수장 도형과 바깥쪽 그림자(오프셋 오른쪽)를 이용하여 작성하고 "꽃집청년들 매출 현황"을 입력한 후 다음 서식을 적용하시오(글꼴-굴림, 24pt, 검정, 굵게, 채우기-노랑).

○ 임의의 셀에 결재란을 작성하여 그림으로 복사 기능을 이용하여 붙이기 하시오(단, 원본 삭제).

○ 「B4:J4, G14, I14」 영역은 '주황'으로 채우기 하시오.

○ 유효성 검사를 이용하여 「H14」 셀에 상품명(「C5:C12」 영역)이 선택 표시되도록 하시오.

○ 셀 서식 ⇒ 「F5:F12」 영역에 셀 서식을 이용하여 숫자 뒤에 '개'를 표시하시오(예 : 94개).

○ 「E5:E12」 영역에 대해 '판매가'로 이름정의를 하시오.

⊙ (1)~(6) 셀은 반드시 <u>**주어진 함수를 이용**</u>하여 값을 구하시오(결과값을 직접 입력하면 해당 셀은 0점 처리됨).

(1) 사이즈 ⇒ 상품코드의 마지막 한 글자가 L이면 '대', M이면 '중', 그 외에는 '소'로 구하시오 (IF, RIGHT 함수).

(2) 순위 ⇒ 주문수량의 내림차순 순위를 구한 결과값에 '위'를 붙이시오(RANK.EQ 함수, & 연산자)(예 : 1위).

(3) 꽃바구니 상품 개수 ⇒ (COUNTIF 함수)

(4) 최대 판매가(단위:원) ⇒ 정의된 이름(판매가)을 이용하여 구하시오(MAX 함수).

(5) 꽃다발의 주문수량 평균 ⇒ 반올림하여 정수로 구하시오. 단, 조건은 입력데이터를 이용하시오 (ROUND, DAVERAGE 함수)(예 : 12.3 → 12).

(6) 주문수량 ⇒ 「H14」 셀에서 선택한 상품명에 대한 주문수량을 구하시오(VLOOKUP 함수).

(7) 조건부 서식의 수식을 이용하여 주문수량이 '100' 이상인 행 전체에 다음의 서식을 적용하시오 (글꼴 : 파랑, 굵게).

제 2 작업 목표값 찾기 및 필터 80점

☞ **"제1작업" 시트의 「B4:H12」 영역을 복사하여 "제2작업" 시트의 「B2」 셀부터 모두 붙여넣기를 한 후 다음의 조건과 같이 작업하시오.**

≪조건≫

(1) 목표값 찾기 – 「B11:G11」 셀을 병합하여 "꽃다발의 매출금액(단위:원)의 평균"을 입력한 후 「H11」 셀에 꽃다발의 매출금액(단위:원)의 평균을 구하시오. 단, 조건은 입력데이터를 이용하시오. (DAVERAGE 함수, 테두리, 가운데 맞춤)

– '매출금액(단위:원)의 평균'이 '6,500,000'이 되려면 수국의 매출금액(단위:원)이 얼마가 되어야 하는지 목표값을 구하시오.

(2) 고급필터 – 구분이 '분재'이거나, 주문수량이 '100' 이상인 자료의 상품코드, 상품명, 판매가(단위:원), 매출금액(단위:원)의 데이터만 추출하시오.

– 조건 범위 : 「B14」 셀부터 입력하시오.

– 복사 위치 : 「B18」 셀부터 나타나도록 하시오.

제 3 작업 정렬 및 부분합 80점

☞ **"제1작업" 시트의 「B4:H12」 영역을 복사하여 "제3작업" 시트의 「B2」 셀부터 모두 붙여넣기를 한 후 다음의 조건과 같이 작업하시오.**

≪조건≫

(1) 부분합 – ≪출력형태≫처럼 정렬하고, 상품명의 개수와 매출금액(단위:원)의 평균을 구하시오.

(2) 윤 곽 – 지우시오.

(3) 나머지 사항은 ≪출력형태≫에 맞게 작성하시오.

≪출력형태≫

	A	B	C	D	E	F	G	H
1								
2		상품코드	상품명	구분	판매가 (단위:원)	주문수량	매출금액 (단위:원)	증감률
3		B2324-L	진백	분재	200,000	79개	7,500,000	-12.0%
4		B2384-M	소사	분재	150,000	69개	4,000,000	-16.0%
5				분재 평균			5,750,000	
6			2	분재 개수				
7		F2354-S	생일축하	꽃바구니	50,000	105개	4,250,000	8.2%
8		F4322-L	프로포즈	꽃바구니	125,000	86개	9,625,000	2.6%
9		F3255-S	결혼기념일	꽃바구니	50,000	91개	3,650,000	-8.2%
10				꽃바구니 평균			5,841,667	
11			3	꽃바구니 개수				
12		T2578-M	수국	꽃다발	67,000	94개	5,700,000	5.3%
13		T3284-L	분홍장미	꽃다발	59,000	64개	5,600,000	-33.9%
14		T2698-L	안개	꽃다발	61,000	114개	6,500,000	15.4%
15				꽃다발 평균			5,933,333	
16			3	꽃다발 개수				
17				전체 평균			5,853,125	
18			8	전체 개수				

제 4 작업 그래프

100점

☞ **"제1작업" 시트를 이용하여 조건에 따라 ≪출력형태≫와 같이 작업하시오.**

≪조건≫

(1) 차트 종류 ⇒ 〈묶은 세로 막대형〉으로 작업하시오.
(2) 데이터 범위 ⇒ "제1작업" 시트의 내용을 이용하여 작업하시오.
(3) 위치 ⇒ "새 시트"로 이동하고, "제4작업"으로 시트 이름을 바꾸시오.
(4) 차트 디자인 도구 ⇒ 레이아웃 3, 스타일 3을 선택하여 ≪출력형태≫에 맞게 작업하시오.
(5) 영역 서식 ⇒ 차트 : 글꼴(굴림, 11pt), 채우기 효과(질감-파피루스)
그림 : 채우기(흰색, 배경 1)
(6) 제목 서식 ⇒ 차트 제목 : 글꼴(굴림, 굵게, 20pt), 채우기(흰색, 배경 1), 테두리
(7) 서식 ⇒ 판매가(단위:원) 계열의 차트 종류를 〈표식이 있는 꺾은선형〉으로 변경한 후 보조 축으로 지정하시오.
계열 : ≪출력형태≫를 참조하여 표식(세모, 크기 10)과 레이블 값을 표시하시오.
눈금선 : 선 스타일-파선
축 : ≪출력형태≫를 참조하시오.
(8) 범례 ⇒ 범례명을 변경하고 ≪출력형태≫를 참조하시오.
(9) 도형 ⇒ '모서리가 둥근 사각형 설명선'을 삽입하고 ≪출력형태≫와 같이 내용을 입력하시오.
(10) 나머지 사항은 ≪출력형태≫에 맞게 작성하시오.

≪출력형태≫

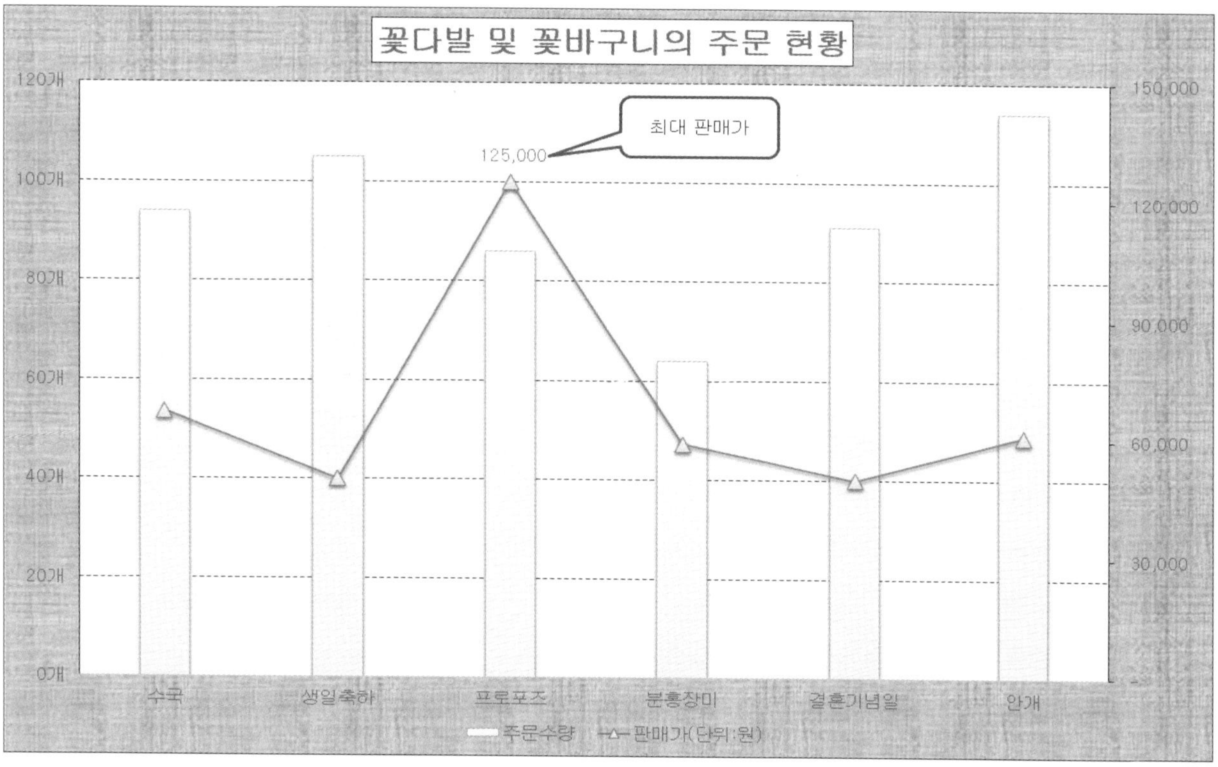

주의 ☞ 시트명 순서가 차례대로 "제1작업", "제2작업", "제3작업", "제4작업"이 되도록 할 것.

제4회 정보기술자격(ITQ) 시험

과 목	코 드	문제유형	시험시간	수험번호	성 명
한글엑셀	1122	A	60분		

수험자 유의사항

- 수험자는 문제지를 받는 즉시 문제지와 **수험표상의 시험과목(프로그램)이 동일한지 반드시 확인**하여야 합니다.
- 파일명은 본인의 "수험번호-성명"으로 입력하여 답안폴더(내 PC₩문서₩ITQ)에 하나의 파일로 저장해야하며, 답안문서 파일명이 "수험번호-성명"과 일치하지 않거나, 답안파일을 전송하지 않아 미제출로 처리될 경우 실격 처리합니다(예:12345678-홍길동.xlsx).
- 답안 작성을 마치면 파일을 저장하고, '답안 전송' 버튼을 선택하여 감독위원 PC로 답안을 전송하십시오. 수험생 정보와 저장한 파일명이 다를 경우 전송되지 않으므로 주의하시기 바랍니다.
- 답안 작성 중에도 **주기적으로 저장하고, '답안 전송'**하여야 문제 발생을 줄일 수 있습니다. 작업한 내용을 저장하지 않고 전송할 경우 이전에 저장된 내용이 전송되오니 이점 유의하시기 바랍니다.
- 답안문서는 지정된 경로 외의 다른 보조기억장치에 저장하는 경우, 지정된 시험 시간 외에 작성된 파일을 활용할 경우, 기타 통신수단(이메일, 메신저, 네트워크 등)을 이용하여 타인에게 전달 또는 외부 반출하는 경우는 부정 처리합니다.
- 시험 중 부주의 또는 고의로 시스템을 파손한 경우는 수험자가 변상해야 하며, 〈수험자 유의사항〉에 기재된 방법대로 이행하지 않아 생기는 불이익은 수험생 당사자의 책임임을 알려 드립니다.
- 문제의 조건은 MS오피스 2016 버전으로 설정되어 있으니 유의하시기 바랍니다.
- 시험을 완료한 수험자는 답안파일이 전송되었는지 확인한 후 감독위원의 지시에 따라 문제지를 제출하고 퇴실합니다.

답안 작성요령

- 온라인 답안 작성 절차
  수험자 등록 ⇒ 시험 시작 ⇒ 답안파일 저장 ⇒ 답안 전송 ⇒ 시험 종료
- 문제는 총 4단계, 즉 제1작업부터 제4작업까지 구성되어 있으며 반드시 제1작업부터 순서대로 작성하고 조건대로 작업하시오.
- 모든 작업시트의 A열은 열 너비 '1'로, 나머지 열은 적당하게 조절하시오.
- 모든 작업시트의 테두리는 ≪출력형태≫와 같이 작업하시오.
- 해당 작업란에서는 각각 제시된 조건에 따라 ≪출력형태≫와 같이 작업하시오.
- 답안 시트 이름은 "제1작업", "제2작업", "제3작업", "제4작업"이어야 하며 답안 시트 이외의 것은 감점 처리됩니다.
- 시트를 파일로 나누어 작업해서 저장할 경우 실격 처리됩니다.

The Insight KPC
kpc 한국생산성본부

☞ **다음은 '일반의약품 판매가격 현황'에 대한 자료이다. 자료를 입력하고 조건에 맞도록 작업하시오.**

≪출력형태≫

	A	B	C	D	E	F	G	H	I	J
1		일반의약품 판매가격 현황					결재	담당	대리	팀장
2										
3										
4		코드	제품명	제조사	구분	규격 (ml/캡셀/g)	평균가격 (원)	최저가격	순위	제품이력
5		DH1897	위생천	광동제약	소화제	75	580	500	(1)	(2)
6		HY1955	챔프	동아제약	해열진통제	10	2,000	1,600	(1)	(2)
7		DA1956	판피린큐	동아제약	해열진통제	20	400	350	(1)	(2)
8		DG1985	애시논액	동아제약	소화제	10	4,800	4,150	(1)	(2)
9		GY1958	포타디연고	삼일제약	외용연고제	75	500	400	(1)	(2)
10		SE1987	부루펜시럽	삼일제약	해열진통제	90	4,300	3,900	(1)	(2)
11		HD1957	생록천	광동제약	소화제	75	500	420	(1)	(2)
12		DH1980	후시딘	동화약품	외용연고제	10	5,200	4,500	(1)	(2)
13		광동제약 제품 평균가격(원)의 평균			(3)		최저가격의 중간값			(5)
14		소화제 최저가격의 평균			(4)		제품명	위생천	최저가격	(6)

≪조건≫

○ 모든 데이터의 서식에는 글꼴(굴림, 11pt), 정렬은 숫자 및 회계 서식은 오른쪽 정렬, 나머지 서식은 가운데 정렬로 작성하며 예외적인 것은 ≪출력형태≫를 참조하시오.

○ 제 목 ⇒ 오각형 도형과 바깥쪽 그림자(오프셋 오른쪽)를 이용하여 작성하고 "일반의약품 판매가격 현황"을 입력한 후 다음 서식을 적용하시오(글꼴–굴림, 24pt, 검정, 굵게, 채우기–노랑).

○ 임의의 셀에 결재란을 작성하여 그림으로 복사 기능을 이용하여 붙이기 하시오(단, 원본 삭제).

○ 「B4:J4, G14, I14」 영역은 '주황'으로 채우기 하시오.

○ 유효성 검사를 이용하여 「H14」 셀에 제품명(「C5:C12」 영역)이 선택 표시되도록 하시오.

○ 셀 서식 ⇒ 「H5:H12」 영역에 셀 서식을 이용하여 숫자 뒤에 '원'을 표시하시오(예 : 1,600원).

○ 「H5:H12」 영역에 대해 '최저가격'으로 이름정의를 하시오.

⊙ (1)~(6) 셀은 반드시 **주어진 함수를 이용**하여 값을 구하시오(결과값을 직접 입력하면 해당 셀은 0점 처리됨).

(1) 순위 ⇒ 평균가격(원)의 내림차순 순위를 1~3까지 구하고, 그 외에는 공백으로 표시하시오 (IF, RANK.EQ 함수).

(2) 제품이력 ⇒「2020–제품출시연도」로 계산한 결과값 뒤에 '년'을 붙이시오. 단, 제품출시연도는 코드의 마지막 네 글자를 이용하시오(RIGHT 함수, & 연산자)(예 : 11년).

(3) 광동제약 제품 평균가격(원)의 평균 ⇒ (SUMIF, COUNTIF 함수).

(4) 소화제 최저가격의 평균 ⇒ 조건은 입력데이터를 이용하시오(DAVERAGE 함수).

(5) 최저가격의 중간값 ⇒ 정의된 이름(최저가격)을 이용하여 구하시오(MEDIAN 함수).

(6) 최저가격 ⇒「H14」 셀에서 선택한 제품명에 대한 최저가격을 표시하시오(VLOOKUP 함수).

(7) 조건부 서식을 이용하여 평균가격(원) 셀에 데이터 막대 스타일(빨강)을 최소값 및 최대값으로 적용하시오.

제 2 작업 필터 및 서식 80점

☞ **"제1작업" 시트의 「B4:H12」 영역을 복사하여 "제2작업" 시트의 「B2」 셀부터 모두 붙여넣기를 한 후 다음의 조건과 같이 작업하시오.**

≪조건≫

(1) 고급필터 – 구분이 '소화제'가 아니면서, 평균가격(원)이 '1,000' 이상인 자료의 데이터만 추출하시오.
- 조건 범위 : 「B13」 셀부터 입력하시오.
- 복사 위치 : 「B18」 셀부터 나타나도록 하시오.

(2) 표 서식 – 고급필터의 결과셀을 채우기 없음으로 설정한 후 '표 스타일 보통 6'의 서식을 적용하시오.
- 머리글 행, 줄무늬 행을 적용하시오.

제 3 작업 피벗 테이블 80점

☞ **"제1작업" 시트를 이용하여 "제3작업" 시트의 조건에 따라 ≪출력형태≫와 같이 작업하시오.**

≪조건≫

(1) 최저가격 및 구분별 제품명의 개수와 평균가격(원)의 최소값을 구하시오.
(2) 최저가격을 그룹화하고, 구분을 ≪출력형태≫와 같이 정렬하시오.
(3) 레이블이 있는 셀 병합 및 가운데 맞춤 적용 및 빈 셀은 '***'로 표시하시오.
(4) 행의 총합계는를 지우고, 나머지 사항은 ≪출력형태≫에 맞게 작성하시오.

≪출력형태≫

	A	B	C	D	E	F	G	H
1								
2			구분					
3			해열진통제		외용연고제		소화제	
4		최저가격	개수 : 제품명	최소값 : 평균가격(원)	개수 : 제품명	최소값 : 평균가격(원)	개수 : 제품명	최소값 : 평균가격(원)
5		1-1000	1	400	1	500	2	500
6		1001-2000	1	2,000	***	***	***	***
7		3001-4000	1	4,300	***	***	***	***
8		4001-5000	***	***	1	5,200	1	4,800
9		총합계	3	400	2	500	3	500

☞ **"제1작업" 시트를 이용하여 조건에 따라 ≪출력형태≫와 같이 작업하시오.**

≪조건≫

(1) 차트 종류 ⇒ 〈묶은 세로 막대형〉으로 작업하시오.
(2) 데이터 범위 ⇒ "제1작업" 시트의 내용을 이용하여 작업하시오.
(3) 위치 ⇒ "새 시트"로 이동하고, "제4작업"으로 시트 이름을 바꾸시오.
(4) 차트 디자인 도구 ⇒ 레이아웃 3, 스타일 4를 선택하여 ≪출력형태≫에 맞게 작업하시오.
(5) 영역 서식 ⇒ 차트 : 글꼴(굴림, 11pt), 채우기 효과(질감–파랑 박엽지)
그림 : 채우기(흰색, 배경 1)
(6) 제목 서식 ⇒ 차트 제목 : 글꼴(굴림, 굵게, 20pt), 채우기(흰색, 배경 1), 테두리
(7) 서식 ⇒ 평균가격(원) 계열의 차트 종류를 〈표식이 있는 꺾은선형〉으로 변경한 후 보조 축으로 지정하시오.
계열 : ≪출력형태≫를 참조하여 표식(원형, 크기 10)과 레이블 값을 표시하시오.
눈금선 : 선 스타일–파선
축 : ≪출력형태≫를 참조하시오.
(8) 범례 ⇒ 범례명을 변경하고 ≪출력형태≫를 참조하시오.
(9) 도형 ⇒ '위쪽 리본'을 삽입하고 ≪출력형태≫와 같이 내용을 입력하시오.
(10) 나머지 사항은 ≪출력형태≫에 맞게 작성하시오.

≪출력형태≫

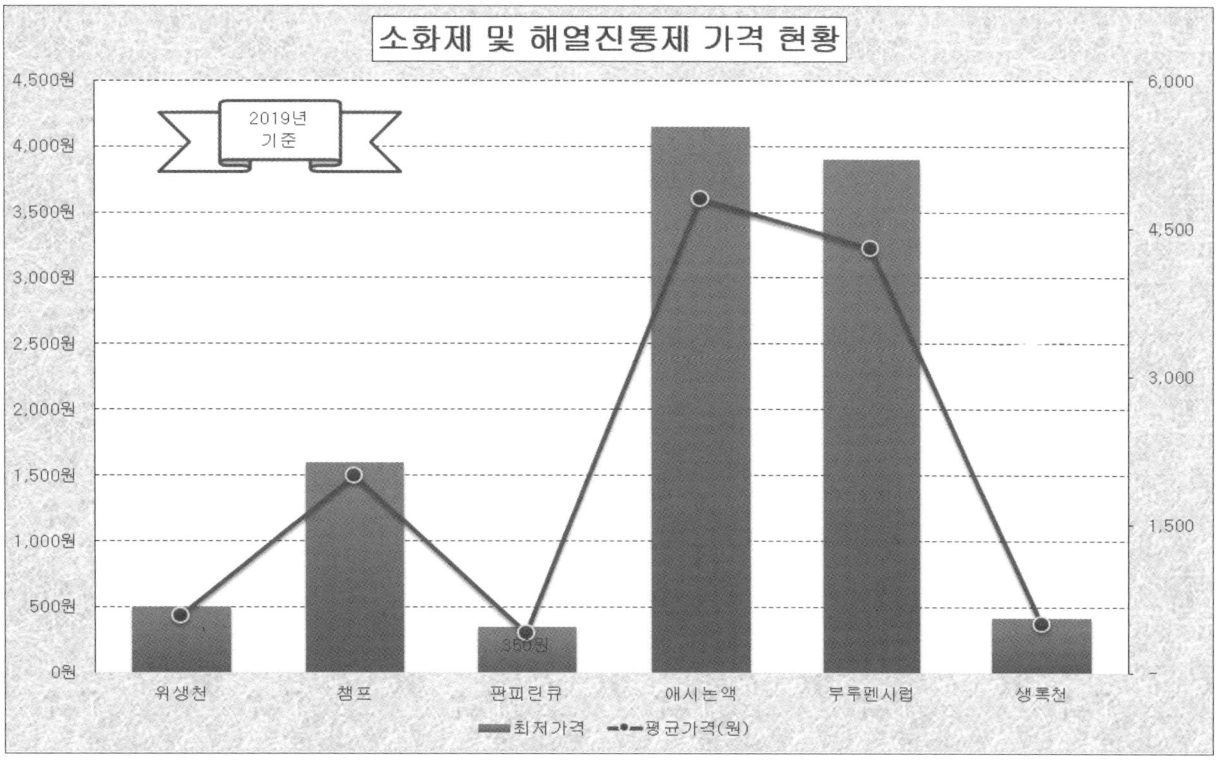

주의 ☞ 시트명 순서가 차례대로 "제1작업", "제2작업", "제3작업", "제4작업"이 되도록 할 것.

제5회 정보기술자격(ITQ) 시험

과 목	코 드	문제유형	시험시간	수험번호	성 명
한글엑셀	1122	A	60분		

수험자 유의사항

- 수험자는 문제지를 받는 즉시 문제지와 **수험표상의 시험과목(프로그램)이 동일한지 반드시 확인**하여야 합니다.
- 파일명은 본인의 "수험번호-성명"으로 입력하여 답안폴더(내 PC₩문서₩ITQ)에 하나의 파일로 저장해야하며, 답안문서 파일명이 "수험번호-성명"과 일치하지 않거나, 답안파일을 전송하지 않아 미제출로 처리될 경우 실격 처리합니다(예:12345678-홍길동.xlsx).
- 답안 작성을 마치면 파일을 저장하고, '답안 전송' 버튼을 선택하여 감독위원 PC로 답안을 전송하십시오. 수험생 정보와 저장한 파일명이 다를 경우 전송되지 않으므로 주의하시기 바랍니다.
- 답안 작성 중에도 **주기적으로 저장하고, '답안 전송'**하여야 문제 발생을 줄일 수 있습니다. 작업한 내용을 저장하지 않고 전송할 경우 이전에 저장된 내용이 전송되오니 이점 유의하시기 바랍니다.
- 답안문서는 지정된 경로 외의 다른 보조기억장치에 저장하는 경우, 지정된 시험 시간 외에 작성된 파일을 활용할 경우, 기타 통신수단(이메일, 메신저, 네트워크 등)을 이용하여 타인에게 전달 또는 외부 반출하는 경우는 부정 처리합니다.
- 시험 중 부주의 또는 고의로 시스템을 파손한 경우는 수험자가 변상해야 하며, 〈수험자 유의사항〉에 기재된 방법대로 이행하지 않아 생기는 불이익은 수험생 당사자의 책임임을 알려 드립니다.
- 문제의 조건은 MS오피스 2016 버전으로 설정되어 있으니 유의하시기 바랍니다.
- 시험을 완료한 수험자는 답안파일이 전송되었는지 확인한 후 감독위원의 지시에 따라 문제지를 제출하고 퇴실합니다.

답안 작성요령

- 온라인 답안 작성 절차
  수험자 등록 ⇒ 시험 시작 ⇒ 답안파일 저장 ⇒ 답안 전송 ⇒ 시험 종료
- 문제는 총 4단계, 즉 제1작업부터 제4작업까지 구성되어 있으며 반드시 제1작업부터 순서대로 작성하고 조건대로 작업하시오.
- 모든 작업시트의 A열은 열 너비 '1'로, 나머지 열은 적당하게 조절하시오.
- 모든 작업시트의 테두리는 ≪출력형태≫와 같이 작업하시오.
- 해당 작업란에서는 각각 제시된 조건에 따라 ≪출력형태≫와 같이 작업하시오.
- 답안 시트 이름은 "제1작업", "제2작업", "제3작업", "제4작업"이어야 하며 답안 시트 이외의 것은 감점 처리됩니다.
- 시트를 파일로 나누어 작업해서 저장할 경우 실격 처리됩니다.

The Insight KPC
kpc 한국생산성본부

☞ 다음은 '인터넷 외국어 강좌 현황'에 대한 자료이다. 자료를 입력하고 조건에 맞도록 작업하시오.

≪출력형태≫

인터넷 외국어 강좌 현황

확인	사원	팀장	본부장

관리코드	강좌명	구분	수강료	수강기간	학습자수 (단위:명)	진행강사수 (단위:명)	수업일수	순위
HB-2272	왕초보	스페인어	79,000	4개월	215	3	(1)	(2)
AC-7543	발음클리닉	중국어	50,000	2개월	249	2	(1)	(2)
HR-2843	원어민처럼 말하기	스페인어	90,000	3개월	105	1	(1)	(2)
PB-2433	어법/어휘 마스터	영어	203,000	8개월	248	2	(1)	(2)
PW-3462	실전 비즈니스	영어	214,000	8개월	194	3	(1)	(2)
CB-3642	즐거운 스페인어	스페인어	189,000	5개월	384	3	(1)	(2)
PC-2361	맛있는 중국어	중국어	153,000	12개월	348	2	(1)	(2)
EB-4342	중국어 첫걸음	중국어	80,000	2개월	127	2	(1)	(2)
수강료가 10만원 이하인 강좌 비율			(3)		최다 학습자수(단위:명)			(5)
중국어 학습자수(단위:명) 합계			(4)		강좌명	왕초보	수강료	(6)

≪조건≫

- ㅇ 모든 데이터의 서식에는 글꼴(굴림, 11pt), 정렬은 숫자 및 회계 서식은 오른쪽 정렬, 나머지 서식은 가운데 정렬로 작성하며 예외적인 것은 ≪출력형태≫를 참조하시오.
- ㅇ 제 목 ⇒ 평행 사변형 도형과 바깥쪽 그림자(오프셋 오른쪽)를 이용하여 작성하고 "인터넷 외국어 강좌 현황"을 입력한 후 다음 서식을 적용하시오(글꼴-굴림, 24pt, 검정, 굵게, 채우기-노랑).
- ㅇ 임의의 셀에 결재란을 작성하여 그림으로 복사 기능을 이용하여 붙이기 하시오(단, 원본 삭제).
- ㅇ 「B4:J4, G14, I14」 영역은 '주황'으로 채우기 하시오.
- ㅇ 유효성 검사를 이용하여 「H14」 셀에 강좌명(「C5:C12」 영역)이 선택 표시되도록 하시오.
- ㅇ 셀 서식 ⇒ 「E5:E12」 영역에 셀 서식을 이용하여 숫자 뒤에 '원'을 표시하시오(예 : 79,000원).
- ㅇ 「D5:D12」 영역에 대해 '구분'으로 이름정의를 하시오.

⊙ (1)~(6) 셀은 반드시 <u>주어진 함수를 이용</u>하여 값을 구하시오(결과값을 직접 입력하면 해당 셀은 0점 처리됨).

(1) 수업일수 ⇒ 관리코드의 마지막 한 글자가 1이면 '주1회', 2이면 '주2회', 3이면 '주3회'로 구하시오 (CHOOSE, RIGHT 함수).

(2) 순위 ⇒ 학습자수(단위:명)의 내림차순 순위를 구한 결과값에 '위'를 붙이시오 (RANK.EQ 함수, & 연산자)(예 : 1위).

(3) 수강료가 10만원 이하인 강좌 비율 ⇒ 전체 강좌에 대한 수강료가 100,000 이하인 강좌의 비율을 구하고, 백분율로 표시하시오(COUNTIF, COUNTA 함수)(예 : 12%).

(4) 중국어 학습자수(단위:명) 합계 ⇒ 정의된 이름(구분)을 이용하여 구하시오(SUMIF 함수).

(5) 최다 학습자수(단위:명) ⇒ (MAX 함수)

(6) 수강료 ⇒ 「H14」 셀에서 선택한 강좌명에 대한 수강료를 구하시오(VLOOKUP 함수).

(7) 조건부 서식의 수식을 이용하여 학습자수(단위:명)가 '300' 이상인 행 전체에 다음의 서식을 적용하시오 (글꼴 : 파랑, 굵게).

제 2 작업 목표값 찾기 및 필터 80점

☞ **"제1작업" 시트의 「B4:H12」 영역을 복사하여 "제2작업" 시트의 「B2」 셀부터 모두 붙여넣기를 한 후 다음의 조건과 같이 작업하시오.**

≪조건≫

(1) 목표값 찾기 – 「B11:G11」 셀을 병합하여 "스페인어의 학습자수(단위:명)의 평균"을 입력한 후 「H11」 셀에 스페인어의 학습자수(단위:명)의 평균을 구하시오. 단, 조건은 입력데이터를 이용하시오. (DAVERAGE 함수, 테두리, 가운데 맞춤)

– '스페인어의 학습자수(단위:명)'의 평균이 '300'이 되려면 왕초보의 학습자수(단위:명)가 얼마가 되어야 하는지 목표값을 구하시오.

(2) 고급필터 – 구분이 '영어'이거나, 수강료가 '50,000' 이하인 자료의 관리코드, 강좌명, 수강료, 학습자수(단위:명)의 데이터만 추출하시오.

– 조건 범위 : 「B14」 셀부터 입력하시오.

– 복사 위치 : 「B18」 셀부터 나타나도록 하시오.

제 3 작업 정렬 및 부분합 80점

☞ **"제1작업" 시트의 「B4:H12」 영역을 복사하여 "제3작업" 시트의 「B2」 셀부터 모두 붙여넣기를 한 후 다음의 조건과 같이 작업하시오.**

≪조건≫

(1) 부분합 – ≪출력형태≫처럼 정렬하고, 강좌명의 개수와 학습자수(단위:명)의 평균을 구하시오.

(2) 윤 곽 – 지우시오.

(3) 나머지 사항은 ≪출력형태≫에 맞게 작성하시오.

≪출력형태≫

	A	B	C	D	E	F	G	H
1								
2		관리코드	강좌명	구분	수강료	수강기간	학습자수 (단위:명)	진행강사수 (단위:명)
3		AC-7543	발음클리닉	중국어	50,000원	2개월	249	2
4		PC-2361	맛있는 중국어	중국어	153,000원	12개월	348	2
5		EB-4342	중국어 첫걸음	중국어	80,000원	2개월	127	2
6				중국어 평균			241	
7			3	중국어 개수				
8		PB-2433	어법/어휘 마스터	영어	203,000원	8개월	248	2
9		PW-3462	실전 비즈니스	영어	214,000원	8개월	194	3
10				영어 평균			221	
11			2	영어 개수				
12		HB-2272	왕초보	스페인어	79,000원	4개월	215	3
13		HR-2843	원어민처럼 말하기	스페인어	90,000원	3개월	105	1
14		CB-3642	즐거운 스페인어	스페인어	189,000원	5개월	384	3
15				스페인어 평균			235	
16			3	스페인어 개수				
17				전체 평균			234	
18			8	전체 개수				

☞ **"제1작업" 시트를 이용하여 조건에 따라 ≪출력형태≫와 같이 작업하시오.**

≪조건≫

(1) 차트 종류 ⇒ 〈묶은 세로 막대형〉으로 작업하시오.
(2) 데이터 범위 ⇒ "제1작업" 시트의 내용을 이용하여 작업하시오.
(3) 위치 ⇒ "새 시트"로 이동하고, "제4작업"으로 시트 이름을 바꾸시오.
(4) 차트 디자인 도구 ⇒ 레이아웃 3, 스타일 1을 선택하여 ≪출력형태≫에 맞게 작업하시오.
(5) 영역 서식 ⇒ 차트 : 글꼴(굴림, 11pt), 채우기 효과(질감–양피지)
그림 : 채우기(흰색, 배경 1)
(6) 제목 서식 ⇒ 차트 제목 : 글꼴(굴림, 굵게, 20pt), 채우기(흰색, 배경 1), 테두리
(7) 서식 ⇒ 수강료 계열의 차트 종류를 〈표식이 있는 꺾은선형〉으로 변경한 후 보조 축으로 지정하시오.
계열 : ≪출력형태≫를 참조하여 표식(네모, 크기 10)과 레이블 값을 표시하시오.
눈금선 : 선 스타일–파선
축 : ≪출력형태≫를 참조하시오.
(8) 범례 ⇒ 범례명을 변경하고 ≪출력형태≫를 참조하시오.
(9) 도형 ⇒ '모서리가 둥근 사각형 설명선'을 삽입하고 ≪출력형태≫와 같이 내용을 입력하시오.
(10) 나머지 사항은 ≪출력형태≫에 맞게 작성하시오.

≪출력형태≫

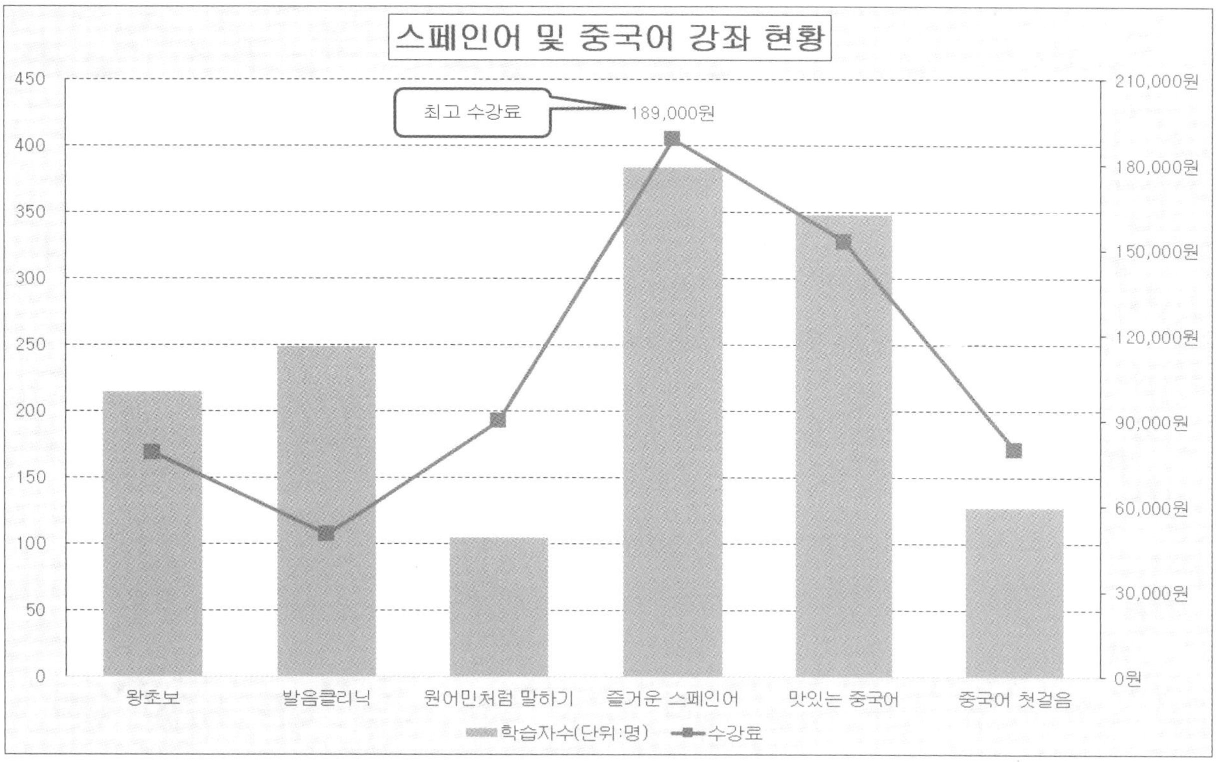

주의 ☞ 시트명 순서가 차례대로 "제1작업", "제2작업", "제3작업", "제4작업"이 되도록 할 것.

제6회 정보기술자격(ITQ) 시험

과 목	코 드	문제유형	시험시간	수험번호	성 명
한글엑셀	1122	A	60분		

수험자 유의사항

- 수험자는 문제지를 받는 즉시 문제지와 **수험표상의 시험과목(프로그램)이 동일한지 반드시 확인**하여야 합니다.
- 파일명은 본인의 "수험번호-성명"으로 입력하여 답안폴더(내 PC₩문서₩ITQ)에 하나의 파일로 저장해야하며, 답안문서 파일명이 "수험번호-성명"과 일치하지 않거나, 답안파일을 전송하지 않아 미제출로 처리될 경우 실격 처리합니다(예:12345678-홍길동.xlsx).
- 답안 작성을 마치면 파일을 저장하고, '답안 전송' 버튼을 선택하여 감독위원 PC로 답안을 전송하십시오. 수험생 정보와 저장한 파일명이 다를 경우 전송되지 않으므로 주의하시기 바랍니다.
- 답안 작성 중에도 **주기적으로 저장하고, '답안 전송'**하여야 문제 발생을 줄일 수 있습니다. 작업한 내용을 저장하지 않고 전송할 경우 이전에 저장된 내용이 전송되오니 이점 유의하시기 바랍니다.
- 답안문서는 지정된 경로 외의 다른 보조기억장치에 저장하는 경우, 지정된 시험 시간 외에 작성된 파일을 활용할 경우, 기타 통신수단(이메일, 메신저, 네트워크 등)을 이용하여 타인에게 전달 또는 외부 반출하는 경우는 부정 처리합니다.
- 시험 중 부주의 또는 고의로 시스템을 파손한 경우는 수험자가 변상해야 하며, 〈수험자 유의사항〉에 기재된 방법대로 이행하지 않아 생기는 불이익은 수험생 당사자의 책임임을 알려 드립니다.
- 문제의 조건은 MS오피스 2016 버전으로 설정되어 있으니 유의하시기 바랍니다.
- 시험을 완료한 수험자는 답안파일이 전송되었는지 확인한 후 감독위원의 지시에 따라 문제지를 제출하고 퇴실합니다.

답안 작성요령

- 온라인 답안 작성 절차
  수험자 등록 ⇒ 시험 시작 ⇒ 답안파일 저장 ⇒ 답안 전송 ⇒ 시험 종료
- 문제는 총 4단계, 즉 제1작업부터 제4작업까지 구성되어 있으며 반드시 제1작업부터 순서대로 작성하고 조건대로 작업하시오.
- 모든 작업시트의 A열은 열 너비 '1'로, 나머지 열은 적당하게 조절하시오.
- 모든 작업시트의 테두리는 ≪출력형태≫와 같이 작업하시오.
- 해당 작업란에서는 각각 제시된 조건에 따라 ≪출력형태≫와 같이 작업하시오.
- 답안 시트 이름은 "제1작업", "제2작업", "제3작업", "제4작업"이어야 하며 답안 시트 이외의 것은 감점 처리됩니다.
- 시트를 파일로 나누어 작업해서 저장할 경우 실격 처리됩니다.

The Insight KPC
kpc 한국생산성본부

☞ 다음은 '핑크레인 매출 현황'에 대한 자료이다. 자료를 입력하고 조건에 맞도록 작업하시오.

≪출력형태≫

	A	B	C	D	E	F	G	H	I	J
1		핑크레인 매출 현황					결재	담당	팀장	본부장
2										
3										
4		코드	매입일자	제품명	제품종류	소비자가 (단위:원)	회원가 (단위:원)	판매수량	이벤트	순위
5		106-DG	2019-12-20	낭만고양이	우비세트	59,000	52,000	84	(1)	(2)
6		204-DG	2019-12-21	밤에 부엉이	우산	13,000	11,000	97	(1)	(2)
7		127-AT	2019-12-22	겨울왕국	우비세트	24,500	20,000	415	(1)	(2)
8		137-CT	2019-12-05	크리스마스	장화	49,000	34,500	354	(1)	(2)
9		124-AP	2019-12-16	릴리	우비세트	58,700	51,500	45	(1)	(2)
10		111-DR	2019-12-08	도트레인	장화	24,000	20,000	215	(1)	(2)
11		119-DR	2019-12-12	정글	우산	18,000	13,600	306	(1)	(2)
12		422-AP	2019-12-16	엘투	우산	21,700	18,600	201	(1)	(2)
13		우산제품의 회원가(단위:원) 평균			(3)		최저 판매수량			(5)
14		우비세트의 판매수량 합계			(4)		제품명	낭만고양이	판매수량	(6)

≪조건≫

○ 모든 데이터의 서식에는 글꼴(굴림, 11pt), 정렬은 숫자 및 회계 서식은 오른쪽 정렬, 나머지 서식은 가운데 정렬로 작성하며 예외적인 것은 ≪출력형태≫를 참조하시오.

○ 제 목 ⇒ 한쪽 모서리가 잘린 사각형도형과 바깥쪽 그림자(오프셋 오른쪽)를 이용하여 작성하고 "핑크레인 매출 현황"을 입력한 후 다음 서식을 적용하시오(글꼴–굴림, 24pt, 검정, 굵게, 채우기–노랑).

○ 임의의 셀에 결재란을 작성하여 그림으로 복사 기능을 이용하여 붙이기 하시오(단, 원본 삭제).

○ 「B4:J4, G14, I14」영역은 '주황'으로 채우기 하시오.

○ 유효성 검사를 이용하여 「H14」 셀에 제품명(「D5:D12」 영역)이 선택 표시되도록 하시오.

○ 셀 서식 ⇒ 「H5:H12」 영역에 셀 서식을 이용하여 숫자 뒤에 '개'를 표시하시오. (예 : 84개).

○ 「G5:G12」 영역에 대해 '회원가'로 이름정의를 하시오.

⊙ (1)~(6) 셀은 반드시 **주어진 함수를 이용**하여 값을 구하시오(결과값을 직접 입력하면 해당 셀은 0점 처리됨).

(1) 이벤트 ⇒ 코드의 마지막 글자가 T이면 '1월 40% 할인', 그 외에는 공백으로 구하시오(IF, RIGHT 함수).

(2) 순위 ⇒ 판매수량의 내림차순 순위를 구한 결과값에 '위'를 붙이시오(RANK.EQ 함수, & 연산자)(예 : 1위).

(3) 우산제품의 회원가(단위:원) 평균 ⇒ 정의된 이름(회원가)을 이용하여 구하시오(SUMIF, COUNTIF 함수).

(4) 우비세트의 판매수량 합계 ⇒ 조건은 입력데이터를 이용하시오(DSUM 함수).

(5) 최저 판매수량 ⇒ (MIN 함수)

(6) 판매수량 ⇒ 「H14」 셀에서 선택한 제품명에 대한 판매수량을 표시하시오(VLOOKUP 함수).

(7) 조건부 서식을 이용하여 판매수량 셀에 데이터 막대 스타일(빨강)을 최소값 및 최대값으로 적용하시오.

제 2 작업 필터 및 서식 80점

☞ **"제1작업" 시트의 「B4:H12」 영역을 복사하여 "제2작업" 시트의 「B2」 셀부터 모두 붙여넣기를 한 후 다음의 조건과 같이 작업하시오.**

≪조건≫

(1) 고급필터 – 제품종류가 '우비세트'가 아니면서, 판매수량이 '100' 이상인 자료의 데이터만 추출하시오.
- 조건 범위 : 「B13」 셀부터 입력하시오.
- 복사 위치 : 「B18」 셀부터 나타나도록 하시오.

(2) 표 서식 – 고급필터의 결과셀을 채우기 없음으로 설정한 후 '표 스타일 보통 6'의 서식을 적용하시오.
- 머리글 행, 줄무늬 행을 적용하시오.

제 3 작업 피벗 테이블 80점

☞ **"제1작업" 시트를 이용하여 "제3작업" 시트의 조건에 따라 ≪출력형태≫와 같이 작업하시오.**

≪조건≫

(1) 매입일자 및 제품종류별 제품명의 개수와 회원가(단위:원)의 평균을 구하시오.
(2) 매입일자를 그룹화하고, 제품종류를 ≪출력형태≫와 같이 정렬하시오.
(3) 레이블이 있는 셀 병합 및 가운데 맞춤 적용 및 빈 셀은 '***'로 표시하시오.
(4) 행의 총합계는 지우고, 나머지 사항은 ≪출력형태≫에 맞게 작성하시오.

≪출력형태≫

	A	B	C	D	E	F	G	H
1								
2			제품종류					
3			장화		우산		우비세트	
4		매입일자	개수 : 제품명	평균 : 회원가(단위:원)	개수 : 제품명	평균 : 회원가(단위:원)	개수 : 제품명	평균 : 회원가(단위:원)
5		2019-12-05 - 2019-12-09	2	27,250	***	***	***	***
6		2019-12-10 - 2019-12-14	***	***	1	13,600	***	***
7		2019-12-15 - 2019-12-19	***	***	1	18,600	1	51,500
8		2019-12-20 - 2019-12-23	***	***	1	11,000	2	36,000
9		**총합계**	**2**	**27,250**	**3**	**14,400**	**3**	**41,167**

☞ **"제1작업" 시트를 이용하여 조건에 따라 ≪출력형태≫와 같이 작업하시오.**

≪조건≫

(1) 차트 종류 ⇒ 〈묶은 세로 막대형〉으로 작업하시오.
(2) 데이터 범위 ⇒ "제1작업" 시트의 내용을 이용하여 작업하시오.
(3) 위치 ⇒ "새 시트"로 이동하고, "제4작업"으로 시트 이름을 바꾸시오.
(4) 차트 디자인 도구 ⇒ 레이아웃 3, 스타일 4를 선택하여 ≪출력형태≫에 맞게 작업하시오.
(5) 영역 서식 ⇒ 차트 : 글꼴(굴림, 11pt), 채우기 효과(질감-꽃다발)
그림 : 채우기(흰색, 배경 1)
(6) 제목 서식 ⇒ 차트 제목 : 글꼴(굴림, 굵게, 20pt), 채우기(흰색, 배경 1), 테두리
(7) 서식 ⇒ 회원가(단위:원) 계열의 차트 종류를 〈표식이 있는 꺾은선형〉으로 변경한 후 보조 축으로 지정하시오.
계열 : ≪출력형태≫를 참조하여 표식(네모, 크기 10)과 레이블 값을 표시하시오.
눈금선 : 선 스타일-파선
축 : ≪출력형태≫를 참조하시오.
(8) 범례 ⇒ 범례명을 변경하고 ≪출력형태≫를 참조하시오.
(9) 도형 ⇒ '사각형 설명선'을 삽입하고 ≪출력형태≫와 같이 내용을 입력하시오.
(10) 나머지 사항은 ≪출력형태≫에 맞게 작성하시오.

≪출력형태≫

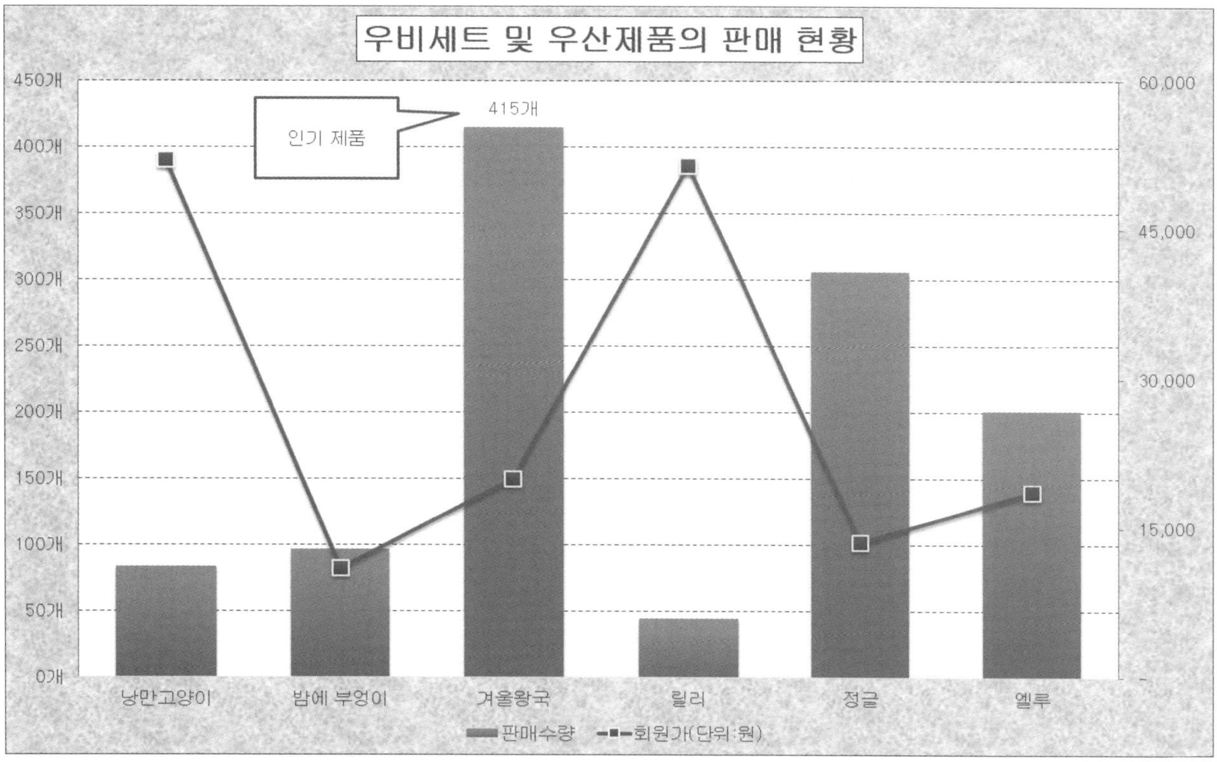

주의 ☞ 시트명 순서가 차례대로 "제1작업", "제2작업", "제3작업", "제4작업"이 되도록 할 것.

제7회 정보기술자격(ITQ) 시험

과 목	코 드	문제유형	시험시간	수험번호	성 명
한글엑셀	1122	A	60분		

수험자 유의사항

- 수험자는 문제지를 받는 즉시 문제지와 **수험표상의 시험과목(프로그램)이 동일한지 반드시 확인**하여야 합니다.
- 파일명은 본인의 "수험번호-성명"으로 입력하여 답안폴더(내 PC₩문서₩ITQ)에 하나의 파일로 저장해야하며, 답안문서 파일명이 "수험번호-성명"과 일치하지 않거나, 답안파일을 전송하지 않아 미제출로 처리될 경우 실격 처리합니다 (예:12345678-홍길동.xlsx).
- 답안 작성을 마치면 파일을 저장하고, '답안 전송' 버튼을 선택하여 감독위원 PC로 답안을 전송하십시오. 수험생 정보와 저장한 파일명이 다를 경우 전송되지 않으므로 주의하시기 바랍니다.
- 답안 작성 중에도 **주기적으로 저장하고, '답안 전송'**하여야 문제 발생을 줄일 수 있습니다. 작업한 내용을 저장하지 않고 전송할 경우 이전에 저장된 내용이 전송되오니 이점 유의하시기 바랍니다.
- 답안문서는 지정된 경로 외의 다른 보조기억장치에 저장하는 경우, 지정된 시험 시간 외에 작성된 파일을 활용할 경우, 기타 통신수단(이메일, 메신저, 네트워크 등)을 이용하여 타인에게 전달 또는 외부 반출하는 경우는 부정 처리합니다.
- 시험 중 부주의 또는 고의로 시스템을 파손한 경우는 수험자가 변상해야 하며, 〈수험자 유의사항〉에 기재된 방법대로 이행하지 않아 생기는 불이익은 수험생 당사자의 책임임을 알려 드립니다.
- 문제의 조건은 MS오피스 2016 버전으로 설정되어 있으니 유의하시기 바랍니다.
- 시험을 완료한 수험자는 답안파일이 전송되었는지 확인한 후 감독위원의 지시에 따라 문제지를 제출하고 퇴실합니다.

답안 작성요령

- 온라인 답안 작성 절차
  수험자 등록 ⇒ 시험 시작 ⇒ 답안파일 저장 ⇒ 답안 전송 ⇒ 시험 종료
- 문제는 총 4단계, 즉 제1작업부터 제4작업까지 구성되어 있으며 반드시 제1작업부터 순서대로 작성하고 조건대로 작업하시오.
- 모든 작업시트의 A열은 열 너비 '1'로, 나머지 열은 적당하게 조절하시오.
- 모든 작업시트의 테두리는 ≪출력형태≫와 같이 작업하시오.
- 해당 작업란에서는 각각 제시된 조건에 따라 ≪출력형태≫와 같이 작업하시오.
- 답안 시트 이름은 "제1작업", "제2작업", "제3작업", "제4작업"이어야 하며 답안 시트 이외의 것은 감점 처리됩니다.
- 시트를 파일로 나누어 작업해서 저장할 경우 실격 처리됩니다.

The Insight KPC
kpc 한국생산성본부

제 1 작업 표 서식 작성 및 값 계산 240점

☞ **다음은 '업무 차량 보유 현황'에 대한 자료이다. 자료를 입력하고 조건에 맞도록 작업하시오.**

≪출력형태≫

업무 차량 보유 현황

결재	담당	과장	소장

관리코드	관리자	구입일자	유종	구매가	주행거리 (Km)	평균연비 (Km/L)	주행거리 순위	사용년수
M597K	김지현	2018-07-03	하이브리드	3,555	171,833	22.4	(1)	(2)
R374G	안규정	2018-04-02	디젤	9,738	119,912	14.8	(1)	(2)
G839R	이수연	2019-08-27	가솔린	10,129	21,833	10.5	(1)	(2)
Z329F	장동욱	2017-01-19	하이브리드	8,650	47,158	12.5	(1)	(2)
Z325J	정인경	2019-03-30	디젤	9,894	58,075	15.3	(1)	(2)
O356L	최민석	2018-06-24	가솔린	7,402	73,402	8.9	(1)	(2)
C385B	정유진	2019-02-15	하이브리드	14,615	70,161	31.1	(1)	(2)
U594L	박두일	2017-04-04	가솔린	7,339	102,863	9.3	(1)	(2)
최저 구매가			(3)		하이브리드 구매가 합계			(5)
주행거리가 평균 이상인 차량 수			(4)		관리자	김지현	유종	(6)

≪조건≫

○ 모든 데이터의 서식에는 글꼴(굴림, 11pt), 정렬은 숫자 및 회계 서식은 오른쪽 정렬, 나머지 서식은 가운데 정렬로 작성하며 예외적인 것은 ≪출력형태≫를 참조하시오.

○ 제 목 ⇒ 오각형과 바깥쪽 그림자(오프셋 대각선 오른쪽 아래)를 이용하여 작성하고 "업무 차량 보유 현황"을 입력한 후 다음 서식을 적용하시오(글꼴–굴림, 24pt, 검정, 굵게, 채우기–노랑).

○ 임의의 셀에 결재란을 작성하여 그림으로 복사 기능을 이용하여 붙이기 하시오(단, 원본 삭제).

○ 「B4:J4, G14, I14」 영역은 '주황'으로 채우기 하시오.

○ 유효성 검사를 이용하여 「H14」 셀에 관리자(「C5:C12」 영역)를 선택 표시되도록 하시오.

○ 셀 서식 ⇒ 「F5:F12」 영역에 셀 서식을 이용하여 숫자 뒤에 '만원'을 표시하시오(예 : 3,555만원).

○ 「F5:F12」영역에 대해 '구매가'로 이름정의를 하시오.

⊙ (1)~(6) 셀은 반드시 **주어진 함수를 이용**하여 값을 구하시오(결과값을 직접 입력하면 해당 셀은 0점 처리됨).

(1) 주행거리 순위 ⇒ 주행거리(Km)의 내림차순 순위를 1~3까지 구하고, 그 외에는 공백으로 나타내시오(IF, RANK.EQ 함수).

(2) 사용년수 ⇒ 「2019 – 구입일자의 연도+1」로 구한 결과값에 '년'을 붙이시오 (YEAR 함수, & 연산자)(예 : 2년).

(3) 최저 구매가 ⇒ 정의된 이름(구매가)을 이용하여 구하시오(MIN 함수).

(4) 주행거리가 평균 이상인 차량 수 ⇒ (COUNTIF, AVERAGE 함수)

(5) 하이브리드 구매가 합계 ⇒ 조건은 입력데이터를 이용하시오(DSUM 함수).

(6) 유종 ⇒ 「H14」 셀에서 선택한 관리자에 대한 유종을 구하시오(VLOOKUP 함수).

(7) 조건부 서식을 이용하여 평균연비(Km/L) 셀에 데이터 막대 스타일(녹색)을 최소값 및 최대값으로 적용하시오.

제 2 작업 필터 및 서식 80점

☞ **"제1작업" 시트의 「B4:H12」 영역을 복사하여 "제2작업" 시트의 「B2」 셀부터 모두 붙여넣기를 한 후 다음의 조건과 같이 작업하시오.**

≪조건≫

(1) 고급필터 – 유종이 '디젤'이거나 평균연비(Km/L)가 '10' 이하인 자료의 데이터만 추출하시오.
- 조건 범위 : 「B13」 셀부터 입력하시오.
- 복사 위치 : 「B18」 셀부터 나타나도록 하시오.

(2) 표 서식 – 고급필터의 결과셀을 채우기 없음으로 설정한 후 '표 스타일 보통 2'의 서식을 적용하시오.
- 머리글 행, 줄무늬 행을 적용하시오.

제 3 작업 정렬 및 부분합 80점

☞ **"제1작업" 시트의 「B4:H12」 영역을 복사하여 "제3작업" 시트의 「B2」 셀부터 모두 붙여넣기를 한 후 다음의 조건과 같이 작업하시오.**

≪조건≫

(1) 부분합 – ≪출력형태≫처럼 정렬하고, 관리코드의 개수와 구매가의 최대값을 구하시오.

(2) 윤 곽 – 지우시오.

(3) 나머지 사항은 ≪출력형태≫에 맞게 작성하시오.

≪출력형태≫

	A	B	C	D	E	F	G	H
1								
2		관리코드	관리자	구입일자	유종	구매가	주행거리 (Km)	평균연비 (Km/L)
3		M597K	김지현	2018-07-03	하이브리드	3,555만원	171,833	22.4
4		Z329F	장동욱	2017-01-19	하이브리드	8,650만원	47,158	12.5
5		C385B	정유진	2019-02-15	하이브리드	14,615만원	70,161	31.1
6					**하이브리드 최대값**	14,615만원		
7		3			**하이브리드 개수**			
8		R374G	안규정	2018-04-02	디젤	9,738만원	119,912	14.8
9		Z325J	정인경	2019-03-30	디젤	9,894만원	58,075	15.3
10					**디젤 최대값**	9,894만원		
11		2			**디젤 개수**			
12		G839R	이수연	2019-08-27	가솔린	10,129만원	21,833	10.5
13		O356L	최민석	2018-06-24	가솔린	7,402만원	73,402	8.9
14		U594L	박두일	2017-04-04	가솔린	7,339만원	102,863	9.3
15					**가솔린 최대값**	10,129만원		
16		3			**가솔린 개수**			
17					**전체 최대값**	14,615만원		
18		8			**전체 개수**			

☞ **"제1작업" 시트를 이용하여 조건에 따라 ≪출력형태≫와 같이 작업하시오.**

≪조건≫

(1) 차트 종류 ⇒ 〈묶은 세로 막대형〉으로 작업하시오.
(2) 데이터 범위 ⇒ "제1작업" 시트의 내용을 이용하여 작업하시오.
(3) 위치 ⇒ "새 시트"로 이동하고, "제4작업"으로 시트 이름을 바꾸시오.
(4) 차트 디자인 도구 ⇒ 레이아웃 3, 스타일 1을 선택하여 ≪출력형태≫에 맞게 작업하시오.
(5) 영역 서식 ⇒ 차트 : 글꼴(굴림, 11pt), 채우기 효과(질감-분홍 박엽지)
　　　　　　그림 : 채우기(흰색, 배경 1)
(6) 제목 서식 ⇒ 차트 제목 : 글꼴(굴림, 굵게, 20pt), 채우기(흰색, 배경 1), 테두리
(7) 서식 ⇒ 구매가 계열의 차트 종류를 〈표식이 있는 꺾은선형〉으로 변경한 후 보조 축으로 지정하시오.
　　계열 : ≪출력형태≫를 참조하여 표식(원형, 크기 10)과 레이블 값을 표시하시오.
　　눈금선 : 선 스타일-파선
　　축 : ≪출력형태≫를 참조하시오.
(8) 범례 ⇒ 범례명을 변경하고 ≪출력형태≫를 참조하시오.
(9) 도형 ⇒ '모서리가 둥근 사각형 설명선'을 삽입하고 ≪출력형태≫와 같이 내용을 입력하시오.
(10) 나머지 사항은 ≪출력형태≫에 맞게 작성하시오.

≪출력형태≫

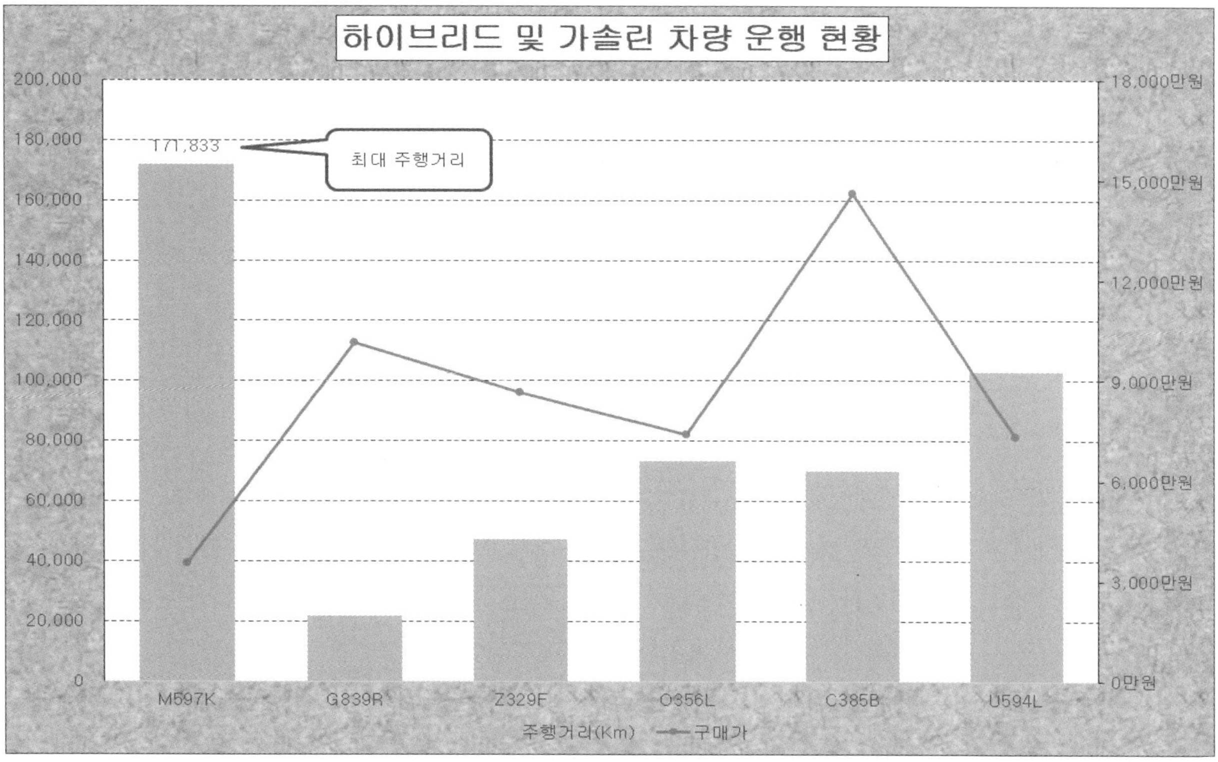

주의 ☞ 시트명 순서가 차례대로 "제1작업", "제2작업", "제3작업", "제4작업"이 되도록 할 것.

제8회 정보기술자격(ITQ) 시험

과 목	코 드	문제유형	시험시간	수험번호	성 명
한글엑셀	1122	A	60분		

수험자 유의사항

- 수험자는 문제지를 받는 즉시 문제지와 **수험표상의 시험과목(프로그램)이 동일한지 반드시 확인**하여야 합니다.
- 파일명은 본인의 "수험번호-성명"으로 입력하여 답안폴더(내 PC₩문서₩ITQ)에 하나의 파일로 저장해야하며, 답안문서 파일명이 "수험번호-성명"과 일치하지 않거나, 답안파일을 전송하지 않아 미제출로 처리될 경우 실격 처리합니다(예:12345678-홍길동.xlsx).
- 답안 작성을 마치면 파일을 저장하고, '답안 전송' 버튼을 선택하여 감독위원 PC로 답안을 전송하십시오. 수험생 정보와 저장한 파일명이 다를 경우 전송되지 않으므로 주의하시기 바랍니다.
- 답안 작성 중에도 **주기적으로 저장하고, '답안 전송'**하여야 문제 발생을 줄일 수 있습니다. 작업한 내용을 저장하지 않고 전송할 경우 이전에 저장된 내용이 전송되오니 이점 유의하시기 바랍니다.
- 답안문서는 지정된 경로 외의 다른 보조기억장치에 저장하는 경우, 지정된 시험 시간 외에 작성된 파일을 활용할 경우, 기타 통신수단(이메일, 메신저, 네트워크 등)을 이용하여 타인에게 전달 또는 외부 반출하는 경우는 부정 처리합니다.
- 시험 중 부주의 또는 고의로 시스템을 파손한 경우는 수험자가 변상해야 하며, 〈수험자 유의사항〉에 기재된 방법대로 이행하지 않아 생기는 불이익은 수험생 당사자의 책임임을 알려 드립니다.
- 문제의 조건은 MS오피스 2016 버전으로 설정되어 있으니 유의하시기 바랍니다.
- 시험을 완료한 수험자는 답안파일이 전송되었는지 확인한 후 감독위원의 지시에 따라 문제지를 제출하고 퇴실합니다.

답안 작성요령

- 온라인 답안 작성 절차
  수험자 등록 ⇒ 시험 시작 ⇒ 답안파일 저장 ⇒ 답안 전송 ⇒ 시험 종료
- 문제는 총 4단계, 즉 제1작업부터 제4작업까지 구성되어 있으며 반드시 제1작업부터 순서대로 작성하고 조건대로 작업하시오.
- 모든 작업시트의 A열은 열 너비 '1'로, 나머지 열은 적당하게 조절하시오.
- 모든 작업시트의 테두리는 ≪출력형태≫와 같이 작업하시오.
- 해당 작업란에서는 각각 제시된 조건에 따라 ≪출력형태≫와 같이 작업하시오.
- 답안 시트 이름은 "제1작업", "제2작업", "제3작업", "제4작업"이어야 하며 답안 시트 이외의 것은 감점 처리됩니다.
- 시트를 파일로 나누어 작업해서 저장할 경우 실격 처리됩니다.

The Insight KPC
kpc 한국생산성본부

☞ **다음은 '멀티 충전기 판매 현황'에 대한 자료이다. 자료를 입력하고 조건에 맞도록 작업하시오.**

≪출력형태≫

	A	B	C	D	E	F	G	H	I	J
1		멀티 충전기 판매 현황						결재	MD	차장	이사
2										
3										
4		상품코드	상품명	분류	리뷰	사용자 총 평점	가격 (단위:원)	출시일	순위	비고
5		125-PT	이엠듀 QC30C	퀵차지 3.0	1,128	4.7	18,300	2017-04-01	(1)	(2)
6		505-WP	글로벌텐교 TK	초고속	279	4.9	13,900	2018-07-01	(1)	(2)
7		602-QC	이지넷 NEXT62	퀵차지 3.0	1,910	4.6	19,330	2017-06-05	(1)	(2)
8		665-JC	큐브온 C타입	차량용	60	4.8	23,600	2019-03-01	(1)	(2)
9		401-UC	알로멀티 UC401	초고속	1,114	4.5	14,900	2017-08-31	(1)	(2)
10		501-QC	대쉬크랩	차량용	1,415	4.3	19,800	2017-08-09	(1)	(2)
11		602-PV	파워스테이션 V2	퀵차지 3.0	1,049	3.8	89,900	2017-08-01	(1)	(2)
12		301-VR	주파집 CAR3	차량용	59	4.6	13,800	2018-11-26	(1)	(2)
13		차량용을 제외한 제품의 평균 리뷰			(3)		퀵차지 3.0 평균 가격(단위:원)			(5)
14		두 번째로 높은 사용자 총 평점			(4)		상품명	이엠듀 QC30C	출시일	(6)

≪조건≫

○ 모든 데이터의 서식에는 글꼴(굴림, 11pt), 정렬은 숫자 및 회계 서식은 오른쪽 정렬, 나머지 서식은 가운데 정렬로 작성하며 예외적인 것은 ≪출력형태≫를 참조하시오.

○ 제 목 ⇒ 평행 사변형 도형과 바깥쪽 그림자(오프셋 오른쪽)를 이용하여 작성하고 "멀티 충전기 판매 현황" 을 입력한 후 다음 서식을 적용하시오(글꼴–굴림, 24pt, 검정, 굵게, 채우기–노랑).

○ 임의의 셀에 결재란을 작성하여 그림으로 복사 기능을 이용하여 붙이기 하시오(단, 원본 삭제).

○ 「B4:J4, G14, I14」영역은 '주황'으로 채우기 하시오.

○ 유효성 검사를 이용하여 「H14」 셀에 상품명(「C5:C12」 영역)이 선택 표시되도록 하시오.

○ 셀 서식 ⇒ 「E5:E12」 영역에 셀 서식을 이용하여 숫자 뒤에 '명'을 표시하시오(예 : 1,128명).

○ 「F5:F12」 영역에 대해 '평점'으로 이름정의를 하시오.

⊙ (1)~(6) 셀은 반드시 <u>**주어진 함수를 이용**</u>하여 값을 구하시오(결과값을 직접 입력하면 해당 셀은 0점 처리됨).

(1) 순위 ⇒ 가격(단위:원)을 기준으로 오름차순 순위를 구한 값에 '위'를 붙이시오 (RANK.EQ 함수, & 연산자)(예 : 1위).

(2) 비고 ⇒ 상품코드의 마지막 글자가 C이면 'C타입', P이면 'P타입', 그 외에는 공백으로 구하시오. (IF, RIGHT 함수).

(3) 차량용을 제외한 제품의 평균 리뷰 ⇒ (SUMIF, COUNTIF 함수)

(4) 두 번째로 높은 사용자 총 평점 ⇒ 정의된 이름(평점)을 이용하여 구하시오(LARGE 함수).

(5) 퀵차지 3.0 평균 가격(단위:원) ⇒ 분류가 퀵차지 3.0인 상품의 가격(단위:원) 평균을 구하시오. 단, 조건은 입력데이터를 이용하시오(DAVERAGE 함수).

(6) 출시일 ⇒「H14」셀에서 선택한 상품명에 대한 출시일을 구하시오(VLOOKUP 함수)(예 : 2019-01-01).

(7) 조건부 서식의 수식을 이용하여 사용자 총 평점이 '4.8' 이상인 행 전체에 다음의 서식을 적용하시오 (글꼴 : 파랑, 굵게).

제 2 작업 목표값 찾기 및 필터 80점

☞ **"제1작업" 시트의 「B4:H12」 영역을 복사하여 "제2작업" 시트의 「B2」 셀부터 모두 붙여넣기를 한 후 다음의 조건과 같이 작업하시오.**

≪조건≫

(1) 목표값 찾기 – 「B11:G11」 셀을 병합하여 "퀵차지 3.0의 가격(단위:원)의 평균"을 입력한 후 「H11」 셀에 퀵차지 3.0의 가격(단위:원)의 평균을 구하시오. 단, 조건은 입력데이터를 이용하시오 (DAVERAGE 함수, 테두리, 가운데 맞춤).

– '퀵차지 3.0의 가격(단위:원)의 평균'이 '18,000'이 되려면 이엠듀 QC30C의 가격(단위:원이 얼마가 되어야 하는지 목표값을 구하시오.

(2) 고급필터 – 리뷰가 '1,500' 이상이거나 출시일이 '2018-01-01' 이후(해당일 포함)인 자료의 상품코드, 상품명, 리뷰, 사용자 총 평점 데이터만 추출하시오.

– 조건 범위 : 「B14」 셀부터 입력하시오.

– 복사 위치 : 「B18」 셀부터 나타나도록 하시오.

제 3 작업 정렬 및 부분합 80점

☞ **"제1작업" 시트의 「B4:H12」 영역을 복사하여 "제3작업" 시트의 「B2」 셀부터 모두 붙여넣기를 한 후 다음의 조건과 같이 작업하시오.**

≪조건≫

(1) 부분합 – ≪출력형태≫처럼 정렬하고, 상품명의 개수와 사용자 총 평점의 최대값을 구하시오.

(2) 윤 곽 – 지우시오.

(3) 나머지 사항은 ≪출력형태≫에 맞게 작성하시오.

≪출력형태≫

	A	B	C	D	E	F	G	H
1								
2		상품코드	상품명	분류	리뷰	사용자 총 평점	가격 (단위:원)	출시일
3		125-PT	이엠듀 QC30C	퀵차지 3.0	1,128명	4.7	18,300	2017-04-01
4		602-QC	이지넷 NEXT62	퀵차지 3.0	1,910명	4.6	19,330	2017-06-05
5		602-PV	파워스테이션 V2	퀵차지 3.0	1,049명	3.8	89,900	2017-08-01
6				퀵차지 3.0 최대값		4.7		
7			3	퀵차지 3.0 개수				
8		505-WP	글로벌텐교 TK	초고속	279명	4.9	13,900	2018-07-01
9		401-UC	알로멀티 UC401	초고속	1,114명	4.5	14,900	2017-08-31
10				초고속 최대값		4.9		
11			2	초고속 개수				
12		665-JC	큐브온 C타입	차량용	60명	4.8	23,600	2019-03-01
13		501-QC	대쉬크랩	차량용	1,415명	4.3	19,800	2017-08-09
14		301-VR	주파집 CAR3	차량용	59명	4.6	13,800	2018-11-26
15				차량용 최대값		4.8		
16			3	차량용 개수				
17				전체 최대값		4.9		
18			8	전체 개수				
19								

제 4 작업 그래프 (100점)

☞ **"제1작업" 시트를 이용하여 조건에 따라 ≪출력형태≫와 같이 작업하시오.**

≪조건≫

(1) 차트 종류 ⇒ 〈묶은 세로 막대형〉으로 작업하시오.
(2) 데이터 범위 ⇒ "제1작업" 시트의 내용을 이용하여 작업하시오.
(3) 위치 ⇒ "새 시트"로 이동하고, "제4작업"으로 시트 이름을 바꾸시오.
(4) 차트 디자인 도구 ⇒ 레이아웃 3, 스타일 1을 선택하여 ≪출력형태≫에 맞게 작업하시오.
(5) 영역 서식 ⇒ 차트 : 글꼴(굴림, 11pt), 채우기 효과(질감-분홍 박엽지)
그림 : 채우기(흰색, 배경 1)
(6) 제목 서식 ⇒ 차트 제목 : 글꼴(굴림, 굵게, 20pt), 채우기(흰색, 배경 1), 테두리
(7) 서식 ⇒ 리뷰 계열의 차트 종류를 〈표식이 있는 꺾은선형〉으로 변경한 후 보조 축으로 지정하시오.
계열 : ≪출력형태≫를 참조하여 표식(다이아몬드, 크기 13)과 레이블 값을 표시하시오.
눈금선 : 선 스타일-파선
축 : ≪출력형태≫를 참조하시오.
(8) 범례 ⇒ 범례명을 변경하고 ≪출력형태≫를 참조하시오.
(9) 도형 ⇒ '모서리가 둥근 사각형 설명선'을 삽입하고 ≪출력형태≫와 같이 내용을 입력하시오.
(10) 나머지 사항은 ≪출력형태≫에 맞게 작성하시오.

≪출력형태≫

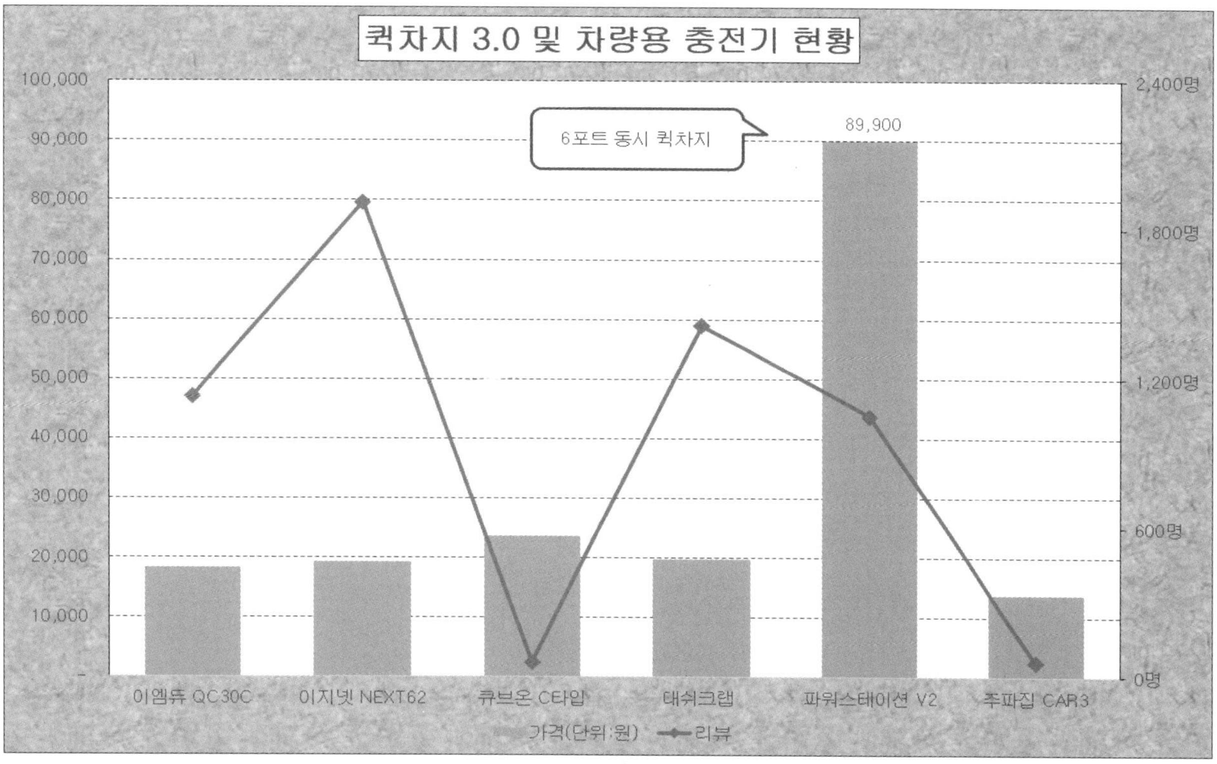

주의 ☞ 시트명 순서가 차례대로 "제1작업", "제2작업", "제3작업", "제4작업"이 되도록 할 것.

제9회 정보기술자격(ITQ) 시험

과 목	코 드	문제유형	시험시간	수험번호	성 명
한글엑셀	1122	A	60분		

수험자 유의사항

- 수험자는 문제지를 받는 즉시 문제지와 **수험표상의 시험과목(프로그램)이 동일한지 반드시 확인**하여야 합니다.
- 파일명은 본인의 "수험번호-성명"으로 입력하여 답안폴더(내 PC₩문서₩ITQ)에 하나의 파일로 저장해야하며, 답안문서 파일명이 "수험번호-성명"과 일치하지 않거나, 답안파일을 전송하지 않아 미제출로 처리될 경우 실격 처리합니다(예:12345678-홍길동.xlsx).
- 답안 작성을 마치면 파일을 저장하고, '답안 전송' 버튼을 선택하여 감독위원 PC로 답안을 전송하십시오. 수험생 정보와 저장한 파일명이 다를 경우 전송되지 않으므로 주의하시기 바랍니다.
- 답안 작성 중에도 **주기적으로 저장하고, '답안 전송'**하여야 문제 발생을 줄일 수 있습니다. 작업한 내용을 저장하지 않고 전송할 경우 이전에 저장된 내용이 전송되오니 이점 유의하시기 바랍니다.
- 답안문서는 지정된 경로 외의 다른 보조기억장치에 저장하는 경우, 지정된 시험 시간 외에 작성된 파일을 활용할 경우, 기타 통신수단(이메일, 메신저, 네트워크 등)을 이용하여 타인에게 전달 또는 외부 반출하는 경우는 부정 처리합니다.
- 시험 중 부주의 또는 고의로 시스템을 파손한 경우는 수험자가 변상해야 하며, 〈수험자 유의사항〉에 기재된 방법대로 이행하지 않아 생기는 불이익은 수험생 당사자의 책임임을 알려 드립니다.
- 문제의 조건은 MS오피스 2016 버전으로 설정되어 있으니 유의하시기 바랍니다.
- 시험을 완료한 수험자는 답안파일이 전송되었는지 확인한 후 감독위원의 지시에 따라 문제지를 제출하고 퇴실합니다.

답안 작성요령

- 온라인 답안 작성 절차
  수험자 등록 ⇒ 시험 시작 ⇒ 답안파일 저장 ⇒ 답안 전송 ⇒ 시험 종료
- 문제는 총 4단계, 즉 제1작업부터 제4작업까지 구성되어 있으며 반드시 제1작업부터 순서대로 작성하고 조건대로 작업하시오.
- 모든 작업시트의 A열은 열 너비 '1'로, 나머지 열은 적당하게 조절하시오.
- 모든 작업시트의 테두리는 ≪출력형태≫와 같이 작업하시오.
- 해당 작업란에서는 각각 제시된 조건에 따라 ≪출력형태≫와 같이 작업하시오.
- 답안 시트 이름은 "제1작업", "제2작업", "제3작업", "제4작업"이어야 하며 답안 시트 이외의 것은 감점 처리됩니다.
- 시트를 파일로 나누어 작업해서 저장할 경우 실격 처리됩니다.

The Insight KPC
kpc 한국생산성본부

☞ **다음은 '2019년 온라인 카페 현황'에 대한 자료이다. 자료를 입력하고 조건에 맞도록 작업하시오.**

≪출력형태≫

2019년 온라인 카페 현황

결재	담당	대리	과장

카페명	분류	개설일	회원 수	게시글 수	게시판 구독 수	하반기 조회 건수	포털 순위	개설연수
바이트레인	여행	2016-07-06	370,240	550,012	1,232	6,766	(1)	(2)
스윙댄스	취미	2018-09-17	529,588	549,385	3,090	5,813	(1)	(2)
카이트	취미	2016-12-11	164,056	410,904	17,817	6,315	(1)	(2)
유랑	여행	2018-08-04	265,265	147,056	3,930	6,537	(1)	(2)
요리쿡	요리	2016-12-12	807,475	902,103	55,830	5,491	(1)	(2)
여행홀릭	여행	2017-04-15	405,395	785,678	34,130	8,739	(1)	(2)
오늘요리	요리	2018-05-14	220,186	268,612	9,654	7,719	(1)	(2)
우드워커	취미	2017-12-02	368,271	755,304	23,037	6,933	(1)	(2)
여행 분야 중 최고 회원 수			(3)		여행 분야 평균 게시글 수			(5)
분류가 요리인 카페 수			(4)		카페명	바이트레인	회원 수	(6)

≪조건≫

○ 모든 데이터의 서식에는 글꼴(굴림, 11pt), 정렬은 숫자 및 회계 서식은 오른쪽 정렬, 나머지 서식은 가운데 정렬로 작성하며 예외적인 것은 ≪출력형태≫를 참조하시오.

○ 제 목 ⇒ 육각형 도형과 바깥쪽 그림자(오프셋 아래쪽)를 이용하여 작성하고 "2019년 온라인 카페 현황"을 입력한 후 다음 서식을 적용하시오(글꼴–굴림, 24pt, 검정, 굵게, 채우기–노랑).

○ 임의의 셀에 결재란을 작성하여 그림으로 복사 기능을 이용하여 붙이기 하시오(단, 원본 삭제).

○ 「B4:J4, G14, I14」영역은 '주황'으로 채우기 하시오.

○ 유효성 검사를 이용하여 「H14」 셀에 카페명(「B5:B12」 영역)이 선택 표시되도록 하시오.

○ 셀 서식 ⇒ 「E5:E12」 영역에 셀 서식을 이용하여 숫자 뒤에 '명'을 표시하시오(예 : 370,240명).

○ 「C5:C12」 영역에 대해 '분류'로 이름정의를 하시오.

⊙ (1)~(6) 셀은 반드시 **주어진 함수를 이용**하여 값을 구하시오(결과값을 직접 입력하면 해당 셀은 0점 처리됨).

(1) 포털 순위 ⇒ 하반기 조회 건수의 내림차순 순위를 '1~4'만 표시하고 그 외에는 공백으로 구하시오 (IF, RANK.EQ 함수).

(2) 개설연수 ⇒ 「2019–개설일의 연도」로 구한 결과값에 '년'을 붙이시오(YEAR 함수, & 연산자)(예 : 1년).

(3) 여행 분야 중 최고 회원 수 ⇒ 조건은 입력데이터를 이용하여 구하시오(DMAX 함수).

(4) 분류가 요리인 카페 수 ⇒ 정의된 이름(분류)을 이용하여 구하시오(COUNTIF 함수).

(5) 여행 분야 평균 게시글 수 ⇒ 조건은 입력데이터를 이용하고, 반올림하여 정수로 구하시오 (ROUND, DAVERAGE 함수)(예 : 156,251.6 → 156,252).

(6) 회원 수 ⇒ 「H14」 셀에서 선택한 카페명에 대한 회원 수를 구하시오(VLOOKUP 함수).

(7) 조건부 서식을 이용하여 회원 수 셀에 데이터 막대 스타일(녹색)을 최소값 및 최대값으로 적용하시오.

제 2 작업　필터 및 서식　80점

☞ **"제1작업" 시트의 「B4:H12」 영역을 복사하여 "제2작업" 시트의 「B2」 셀부터 모두 붙여넣기를 한 후 다음의 조건과 같이 작업하시오.**

≪조건≫

(1) 고급필터 – 분류가 '요리'이거나 회원 수가 '300,000' 이하인 자료의 데이터만 추출하시오.

– 조건 범위 : 「B13」 셀부터 입력하시오.

– 복사 위치 : 「B18」 셀부터 나타나도록 하시오.

(2) 표 서식 – 고급필터의 결과셀을 채우기 없음으로 설정한 후 '표 스타일 보통 2'의 서식을 적용하시오.

– 머리글 행, 줄무늬 행을 적용하시오.

제 3 작업　정렬 및 부분합　80점

☞ **"제1작업" 시트의 「B4:H12」 영역을 복사하여 "제3작업" 시트의 「B2」 셀부터 모두 붙여넣기를 한 후 다음의 조건과 같이 작업하시오.**

≪조건≫

(1) 부분합 – ≪출력형태≫처럼 정렬하고, 카페명의 개수와 게시글 수의 최대값을 구하시오.

(2) 윤 곽 – 지우시오.

(3) 나머지 사항은 ≪출력형태≫에 맞게 작성하시오.

≪출력형태≫

	A	B	C	D	E	F	G	H
1								
2		카페명	분류	개설일	회원 수	게시글 수	게시판 구독 수	하반기 조회 건수
3		스윙댄스	취미	2018-09-17	529,588명	549,385	3,090	5,813
4		카이트	취미	2016-12-11	164,056명	410,904	17,817	6,315
5		우드워커	취미	2017-12-02	368,271명	755,304	23,037	6,933
6			**취미 최대값**			755,304		
7		3	**취미 개수**					
8		요리쿡	요리	2016-12-12	807,475명	902,103	55,830	5,491
9		오늘요리	요리	2018-05-14	220,186명	268,612	9,654	7,719
10			**요리 최대값**			902,103		
11		2	**요리 개수**					
12		바이트레인	여행	2016-07-06	370,240명	550,012	1,232	6,766
13		유랑	여행	2018-08-04	265,265명	147,056	3,930	6,537
14		여행홀릭	여행	2017-04-15	405,395명	785,678	34,130	8,739
15			**여행 최대값**			785,678		
16		3	**여행 개수**					
17			**전체 최대값**			902,103		
18		8	**전체 개수**					

제 4 작업 그래프 100점

☞ **"제1작업" 시트를 이용하여 조건에 따라 ≪출력형태≫와 같이 작업하시오.**

≪조건≫

(1) 차트 종류 ⇒ 〈묶은 세로 막대형〉으로 작업하시오.
(2) 데이터 범위 ⇒ "제1작업" 시트의 내용을 이용하여 작업하시오.
(3) 위치 ⇒ "새 시트"로 이동하고, "제4작업"으로 시트 이름을 바꾸시오.
(4) 차트 디자인 도구 ⇒ 레이아웃 3, 스타일 1을 선택하여 ≪출력형태≫에 맞게 작업하시오.
(5) 영역 서식 ⇒ 차트 : 글꼴(굴림, 11pt), 채우기 효과(질감-신문 용지)
그림 : 채우기(흰색, 배경 1)
(6) 제목 서식 ⇒ 차트 제목 : 글꼴(굴림, 굵게, 20pt), 채우기(흰색, 배경 1), 테두리
(7) 서식 ⇒ 회원 수 계열의 차트 종류를 〈표식이 있는 꺾은선형〉으로 변경한 후 보조 축으로 지정하시오.
계열 : ≪출력형태≫를 참조하여 표식(다이아몬드, 크기 10)과 레이블 값을 표시하시오.
눈금선 : 선 스타일-파선
축 : ≪출력형태≫를 참조하시오.
(8) 범례 ⇒ 범례명을 변경하고 ≪출력형태≫를 참조하시오.
(9) 도형 ⇒ '모서리가 둥근 사각형 설명선'을 삽입하고 ≪출력형태≫와 같이 내용을 입력하시오.
(10) 나머지 사항은 ≪출력형태≫에 맞게 작성하시오.

≪출력형태≫

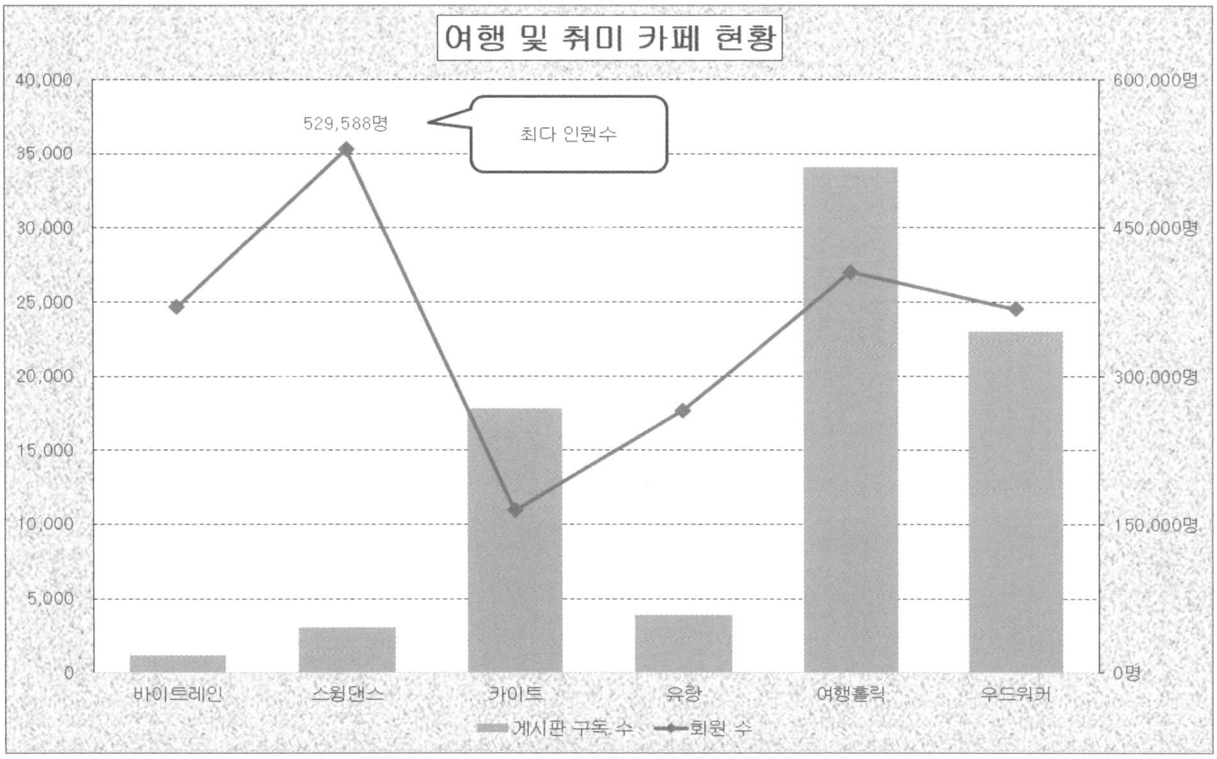

주의 ☞ 시트명 순서가 차례대로 "제1작업", "제2작업", "제3작업", "제4작업"이 되도록 할 것.

제10회 정보기술자격(ITQ) 시험

과 목	코 드	문제유형	시험시간	수험번호	성 명
한글엑셀	1122	A	60분		

수험자 유의사항

- 수험자는 문제지를 받는 즉시 문제지와 **수험표상의 시험과목(프로그램)이 동일한지 반드시 확인**하여야 합니다.
- 파일명은 본인의 "수험번호-성명"으로 입력하여 답안폴더(내 PC₩문서₩ITQ)에 하나의 파일로 저장해야하며, 답안문서 파일명이 "수험번호-성명"과 일치하지 않거나, 답안파일을 전송하지 않아 미제출로 처리될 경우 실격 처리합니다 (예:12345678-홍길동.xlsx).
- 답안 작성을 마치면 파일을 저장하고, '답안 전송' 버튼을 선택하여 감독위원 PC로 답안을 전송하십시오. 수험생 정보와 저장한 파일명이 다를 경우 전송되지 않으므로 주의하시기 바랍니다.
- 답안 작성 중에도 **주기적으로 저장하고, '답안 전송'**하여야 문제 발생을 줄일 수 있습니다. 작업한 내용을 저장하지 않고 전송할 경우 이전에 저장된 내용이 전송되오니 이점 유의하시기 바랍니다.
- 답안문서는 지정된 경로 외의 다른 보조기억장치에 저장하는 경우, 지정된 시험 시간 외에 작성된 파일을 활용할 경우, 기타 통신수단(이메일, 메신저, 네트워크 등)을 이용하여 타인에게 전달 또는 외부 반출하는 경우는 부정 처리합니다.
- 시험 중 부주의 또는 고의로 시스템을 파손한 경우는 수험자가 변상해야 하며, 〈수험자 유의사항〉에 기재된 방법대로 이행하지 않아 생기는 불이익은 수험생 당사자의 책임임을 알려 드립니다.
- 문제의 조건은 MS오피스 2016 버전으로 설정되어 있으니 유의하시기 바랍니다.
- 시험을 완료한 수험자는 답안파일이 전송되었는지 확인한 후 감독위원의 지시에 따라 문제지를 제출하고 퇴실합니다.

답안 작성요령

- 온라인 답안 작성 절차
  수험자 등록 ⇒ 시험 시작 ⇒ 답안파일 저장 ⇒ 답안 전송 ⇒ 시험 종료
- 문제는 총 4단계, 즉 제1작업부터 제4작업까지 구성되어 있으며 반드시 제1작업부터 순서대로 작성하고 조건대로 작업하시오.
- 모든 작업시트의 A열은 열 너비 '1'로, 나머지 열은 적당하게 조절하시오.
- 모든 작업시트의 테두리는 ≪출력형태≫와 같이 작업하시오.
- 해당 작업란에서는 각각 제시된 조건에 따라 ≪출력형태≫와 같이 작업하시오.
- 답안 시트 이름은 "제1작업", "제2작업", "제3작업", "제4작업"이어야 하며 답안 시트 이외의 것은 감점 처리됩니다.
- 시트를 파일로 나누어 작업해서 저장할 경우 실격 처리됩니다.

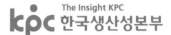

The Insight KPC
kpc 한국생산성본부

☞ **다음은 '제주도 객실 요금 및 예약 현황'에 대한 자료이다. 자료를 입력하고 조건에 맞도록 작업하시오.**

≪출력형태≫

	결재	담당	대리	과장
제주도 객실 요금 및 예약 현황				

관리코드	장소	객실수	성수기 요금	비수기 요금	9월 예약인원	10월 예약인원	순위	구분
BE-001	서귀포	24	200,000	120,000	975	300	(1)	(2)
FE-002	중문	281	375,000	230,000	7,332	3,384	(1)	(2)
SC-002	서귀포	49	375,000	220,000	1,378	636	(1)	(2)
GW-001	중문	500	480,000	320,000	13,000	6,035	(1)	(2)
SE-002	서귀포	16	154,000	89,000	469	288	(1)	(2)
XG-001	성산	95	165,000	140,000	2,548	1,176	(1)	(2)
XY-003	성산	15	147,000	90,000	390	180	(1)	(2)
ST-003	서귀포	429	295,000	200,000	11,154	5,148	(1)	(2)
성산을 제외한 지역의 9월 예약인원 평균			(3)		최고 성수기 요금			(5)
서귀포지역의 10월 예약인원 평균			(4)		관리코드	BE-001	성수기 요금	(6)

≪조건≫

○ 모든 데이터의 서식에는 글꼴(굴림, 11pt), 정렬은 숫자 및 회계 서식은 오른쪽 정렬, 나머지 서식은 가운데 정렬로 작성하며 예외적인 것은 ≪출력형태≫를 참조하시오.

○ 제 목 ⇒ 양쪽 모서리가 둥근 사각형과 바깥쪽 그림자(오프셋 오른쪽)를 이용하여 작성하고"제주도 객실 요금 및 예약 현황"을 입력한 후 다음 서식을 적용하시오 (글꼴–굴림, 24pt, 검정, 굵게, 채우기–노랑).

○ 임의의 셀에 결재란을 작성하여 그림으로 복사 기능을 이용하여 붙이기 하시오(단, 원본 삭제).

○ 「B4:J4, G14, I14」영역은 '주황'으로 채우기 하시오.

○ 유효성 검사를 이용하여 「H14」 셀에 관리코드(「B5:B12」 영역)가 선택 표시되도록 하시오.

○ 셀 서식 ⇒ 「E5:F12」 영역에 셀 서식을 이용하여 숫자 뒤에 '원'을 표시하시오(예 : 200,000원).

○ 「E5:E12」 영역에 대해 '성수기요금'으로 이름정의를 하시오.

⊙ (1)~(6) 셀은 반드시 <u>주어진 함수를 이용</u>하여 값을 구하시오(결과값을 직접 입력하면 해당 셀은 0점 처리됨).

(1) 순위 ⇒ 10월 예약인원의 내림차순 순위를 구한 결과값에 '위'를 붙이시오 (RANK.EQ 함수, & 연산자)(예 : 1위).

(2) 구분 ⇒ 관리코드의 마지막 글자가 1이면 '호텔', 2이면 '리조트', 3이면 '펜션'으로 구하시오 (CHOOSE, RIGHT 함수).

(3) 성산을 제외한 지역의 9월 예약인원 평균 ⇒ (SUMIF, COUNTIF 함수)

(4) 서귀포지역의 10월 예약인원 평균 ⇒ 조건은 입력데이터를 이용하시오(DAVERAGE 함수).

(5) 최고 성수기 요금 ⇒ 정의된 이름(성수기요금)을 이용하여 구하시오(MAX 함수).

(6) 성수기 요금 ⇒ 「H14」 셀에서 선택한 관리코드에 대한 성수기 요금을 구하시오(VLOOKUP 함수).

(7) 조건부 서식의 수식을 이용하여 10월 예약인원이 '5,000' 이상인 행 전체에 다음의 서식을 적용하시오 (글꼴 : 파랑, 굵게).

제 2 작업 목표값 찾기 및 필터 80점

☞ **"제1작업" 시트의 「B4:H12」 영역을 복사하여 "제2작업" 시트의 「B2」 셀부터 모두 붙여넣기를 한 후 다음의 조건과 같이 작업하시오.**

≪조건≫

(1) 목표값 찾기 – 「B11:G11」 셀을 병합하여 "서귀포의 10월 예약인원의 평균"을 입력한 후 「H11」 셀에 서귀포의 10월 예약인원의 평균을 구하시오. 단, 조건은 입력데이터를 이용하시오. (DAVERAGE 함수, 테두리, 가운데 맞춤)

– '서귀포의 10월 예약인원의 평균'이 '2,500'이 BE-001의 10월 예약인원이 얼마가 되어야 하는지 목표값을 구하시오.

(2) 고급필터 – 장소가 '성산'이거나 비수기 요금이 '300,000' 이상인 자료의 관리코드, 장소, 9월 예약인원, 10월 예약인원 데이터만 추출하시오.

– 조건 범위 : 「B14」 셀부터 입력하시오.

– 복사 위치 : 「B18」 셀부터 나타나도록 하시오.

제 3 작업 정렬 및 부분합 80점

☞ **"제1작업" 시트의 「B4:H12」 영역을 복사하여 "제3작업" 시트의 「B2」 셀부터 모두 붙여넣기를 한 후 다음의 조건과 같이 작업하시오.**

≪조건≫

(1) 부분합 – ≪출력형태≫처럼 정렬하고, 관리코드의 개수와 10월 예약인원의 최대값을 구하시오.

(2) 윤 곽 – 지우시오.

(3) 나머지 사항은 ≪출력형태≫에 맞게 작성하시오.

≪출력형태≫

	A	B	C	D	E	F	G	H
1								
2		관리코드	장소	객실수	성수기 요금	비수기 요금	9월 예약인원	10월 예약인원
3		FE-002	중문	281	375,000원	230,000원	7,332	3,384
4		GW-001	중문	500	480,000원	320,000원	13,000	6,035
5			중문 최대값					6,035
6		2	중문 개수					
7		XG-001	성산	95	165,000원	140,000원	2,548	1,176
8		XY-003	성산	15	147,000원	90,000원	390	180
9			성산 최대값					1,176
10		2	성산 개수					
11		BE-001	서귀포	24	200,000원	120,000원	975	300
12		SC-002	서귀포	49	375,000원	220,000원	1,378	636
13		SE-002	서귀포	16	154,000원	89,000원	469	288
14		ST-003	서귀포	429	295,000원	200,000원	11,154	5,148
15			서귀포 최대값					5,148
16		4	서귀포 개수					
17			전체 최대값					6,035
18		8	전체 개수					
19								

☞ "제1작업" 시트를 이용하여 조건에 따라 ≪출력형태≫와 같이 작업하시오.

≪조건≫

(1) 차트 종류 ⇒ 〈묶은 세로 막대형〉으로 작업하시오.
(2) 데이터 범위 ⇒ "제1작업" 시트의 내용을 이용하여 작업하시오.
(3) 위치 ⇒ "새 시트"로 이동하고, "제4작업"으로 시트 이름을 바꾸시오.
(4) 차트 디자인 도구 ⇒ 레이아웃 3, 스타일 3을 선택하여 ≪출력형태≫에 맞게 작업하시오.
(5) 영역 서식 ⇒ 차트 : 글꼴(굴림, 11pt), 채우기 효과(질감-재생지)
그림 : 채우기(흰색, 배경 1)
(6) 제목 서식 ⇒ 차트 제목 : 글꼴(굴림, 굵게, 20pt), 채우기(흰색, 배경 1), 테두리
(7) 서식 ⇒ 비수기 요금 계열의 차트 종류를 〈표식이 있는 꺾은선형〉으로 변경한 후 보조 축으로 지정하시오.
계열 : ≪출력형태≫를 참조하여 표식(네모, 크기 10)과 레이블 값을 표시하시오.
눈금선 : 선 스타일-파선
축 : ≪출력형태≫를 참조하시오.
(8) 범례 ⇒ 범례명을 변경하고 ≪출력형태≫를 참조하시오.
(9) 도형 ⇒ '모서리가 둥근 사각형 설명선"을 삽입하고 ≪출력형태≫와 같이 내용을 입력하시오.
(10) 나머지 사항은 ≪출력형태≫에 맞게 작성하시오.

≪출력형태≫

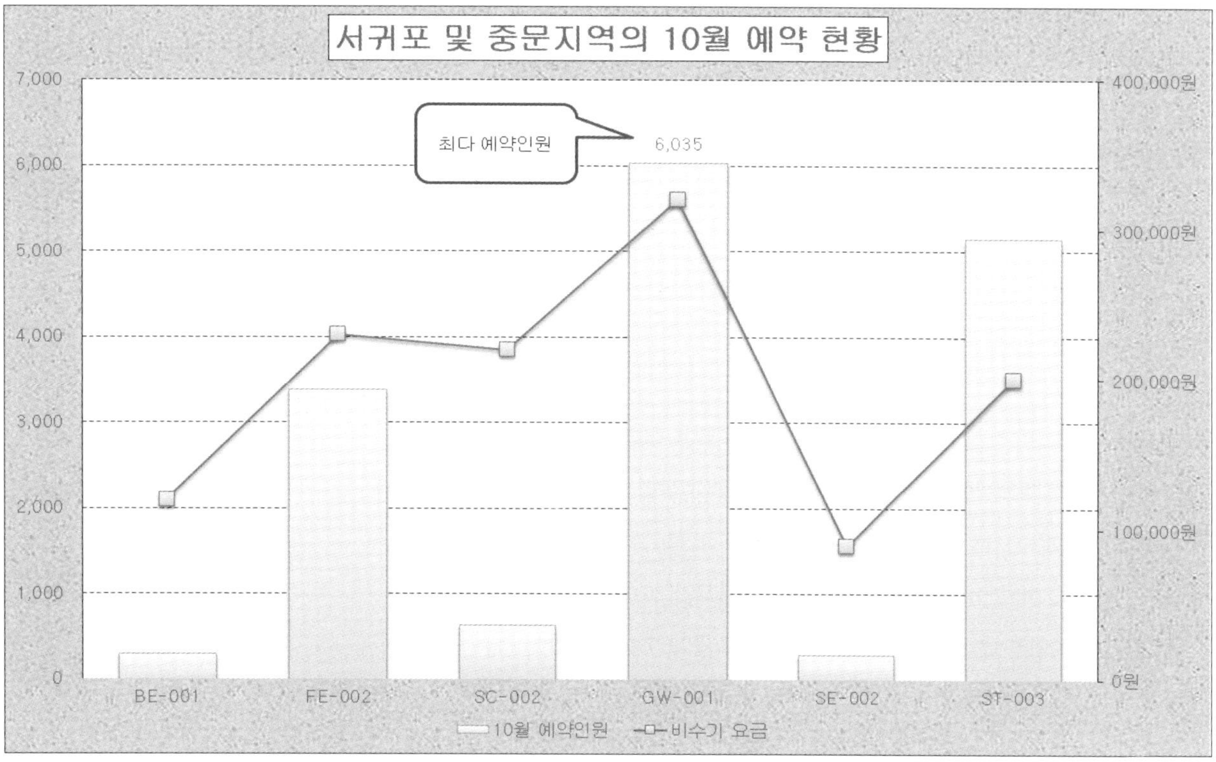

주의 ☞ 시트명 순서가 차례대로 "제1작업", "제2작업", "제3작업", "제4작업"이 되도록 할 것.

제11회 정보기술자격(ITQ) 시험

과 목	코 드	문제유형	시험시간	수험번호	성 명
한글엑셀	1122	A	60분		

수험자 유의사항

- 수험자는 문제지를 받는 즉시 문제지와 **수험표상의 시험과목(프로그램)이 동일한지 반드시 확인**하여야 합니다.
- 파일명은 본인의 "수험번호-성명"으로 입력하여 답안폴더(내 PC₩문서₩ITQ)에 하나의 파일로 저장해야하며, 답안문서 파일명이 "수험번호-성명"과 일치하지 않거나, 답안파일을 전송하지 않아 미제출로 처리될 경우 실격 처리합니다 (예:12345678-홍길동.xlsx).
- 답안 작성을 마치면 파일을 저장하고, '답안 전송' 버튼을 선택하여 감독위원 PC로 답안을 전송하십시오. 수험생 정보와 저장한 파일명이 다를 경우 전송되지 않으므로 주의하시기 바랍니다.
- 답안 작성 중에도 **주기적으로 저장하고, '답안 전송'**하여야 문제 발생을 줄일 수 있습니다. 작업한 내용을 저장하지 않고 전송할 경우 이전에 저장된 내용이 전송되오니 이점 유의하시기 바랍니다.
- 답안문서는 지정된 경로 외의 다른 보조기억장치에 저장하는 경우, 지정된 시험 시간 외에 작성된 파일을 활용할 경우, 기타 통신수단(이메일, 메신저, 네트워크 등)을 이용하여 타인에게 전달 또는 외부 반출하는 경우는 부정 처리합니다.
- 시험 중 부주의 또는 고의로 시스템을 파손한 경우는 수험자가 변상해야 하며, 〈수험자 유의사항〉에 기재된 방법대로 이행하지 않아 생기는 불이익은 수험생 당사자의 책임임을 알려 드립니다.
- 문제의 조건은 MS오피스 2016 버전으로 설정되어 있으니 유의하시기 바랍니다.
- 시험을 완료한 수험자는 답안파일이 전송되었는지 확인한 후 감독위원의 지시에 따라 문제지를 제출하고 퇴실합니다.

답안 작성요령

- 온라인 답안 작성 절차
  수험자 등록 ⇒ 시험 시작 ⇒ 답안파일 저장 ⇒ 답안 전송 ⇒ 시험 종료
- 문제는 총 4단계, 즉 제1작업부터 제4작업까지 구성되어 있으며 반드시 제1작업부터 순서대로 작성하고 조건대로 작업하시오.
- 모든 작업시트의 A열은 열 너비 '1'로, 나머지 열은 적당하게 조절하시오.
- 모든 작업시트의 테두리는 ≪출력형태≫와 같이 작업하시오.
- 해당 작업란에서는 각각 제시된 조건에 따라 ≪출력형태≫와 같이 작업하시오.
- 답안 시트 이름은 "제1작업", "제2작업", "제3작업", "제4작업"이어야 하며 답안 시트 이외의 것은 감점 처리됩니다.
- 시트를 파일로 나누어 작업해서 저장할 경우 실격 처리됩니다.

The Insight KPC
kpc 한국생산성본부

☞ **다음은 '2019년 연구사업 진행 현황'에 대한 자료이다. 자료를 입력하고 조건에 맞도록 작업하시오.**

≪출력형태≫

2019년 연구사업 진행 현황

결재	담당	팀장	본부장

관리코드	사업명	관리팀	진행 인원수	시작일	기본예산 (단위:원)	사업구분	진행기간	예산순위
TE1-12	홈네트워크	개발2팀	12	2019-06-20	185,000,000	교육/기술	(1)	(2)
SA4-06	이러닝	교육관리	7	2019-07-10	45,800,000	영업/교육	(1)	(2)
SA2-05	VR개발	개발2팀	7	2019-08-10	34,500,000	교육/기술	(1)	(2)
TE3-05	환경개선	개발2팀	7	2019-09-01	105,000,000	생산/기술	(1)	(2)
TE3-07	AR개발	개발1팀	11	2019-07-01	85,600,000	교육/기술	(1)	(2)
SA4-04	연수원관리	교육관리	6	2019-09-20	28,000,000	영업/교육	(1)	(2)
SA2-03	마케팅	개발1팀	4	2019-10-05	22,500,000	영업/교육	(1)	(2)
TE1-10	네트워크보안	개발1팀	10	2019-06-01	155,000,000	생산/기술	(1)	(2)
개발1팀 기본예산(단위:원) 평균			(3)		교육/기술 사업의 총 기본예산(단위:원)			(5)
최저 진행인원수			(4)		사업명	홈네트워크	기본예산(원)	(6)

≪조건≫

○ 모든 데이터의 서식에는 글꼴(굴림, 11pt), 정렬은 숫자 및 회계 서식은 오른쪽 정렬, 나머지 서식은 가운데 정렬로 작성하며 예외적인 것은 ≪출력형태≫를 참조하시오.

○ 제 목 ⇒ 순서도: 문서 도형과 바깥쪽 그림자(오프셋 오른쪽)를 이용하여 작성하고 "2019년 연구 사업 진행 현황"을 입력한 후 다음 서식을 적용하시오(글꼴-굴림, 24pt, 검정, 굵게, 채우기-노랑).

○ 임의의 셀에 결재란을 작성하여 그림으로 복사 기능을 이용하여 붙이기 하시오(단, 원본 삭제).

○ 「B4:J4, G14, I14」 영역은 '주황'으로 채우기 하시오.

○ 유효성 검사를 이용하여 「H14」 셀에 사업명(「C5:C12」 영역)이 선택 표시되도록 하시오.

○ 셀 서식 ⇒ 「E5:E12」 영역에 셀 서식을 이용하여 숫자 뒤에 '명'을 표시하시오(예 : 12명).

○ 「E5:E12」 영역에 대해 '진행인원수'로 이름정의를 하시오.

⊙ (1)~(6) 셀은 반드시 **주어진 함수를 이용**하여 값을 구하시오(결과값을 직접 입력하면 해당 셀은 0점 처리됨).

(1) 진행기간 ⇒ 「12-시작일의 월」을 구한 값에 '개월'을 붙이시오(MONTH 함수, & 연산자)(예 : 1개월).

(2) 예산순위 ⇒ 기본예산(단위:원)의 내림차순 순위를 '1~3'만 표시하고 그 외에는 공백으로 구하시오 (IF, RANK.EQ 함수).

(3) 개발1팀 기본예산(단위:원) 평균 ⇒ 개발1팀의 기본예산(단위:원) 평균을 구하시오 (SUMIF, COUNTIF 함수).

(4) 최저 진행인원수 ⇒ 정의된 이름(진행인원수)을 이용하여 구하시오(MIN 함수).

(5) 교육/기술 사업의 총 기본예산(단위:원) ⇒ 조건은 입력데이터를 이용하여 구하시오(DSUM 함수).

(6) 기본예산(원) ⇒ 「H14」 셀에서 선택한 사업명의 기본예산(단위:원)을 구하시오(VLOOKUP 함수).

(7) 조건부 서식을 이용하여 진행 인원수 셀에 데이터 막대 스타일(녹색)을 최소값 및 최대값으로 적용하시오.

제 2 작업 필터 및 서식

80점

☞ **"제1작업" 시트의 「B4:H12」 영역을 복사하여 "제2작업" 시트의 「B2」 셀부터 모두 붙여넣기를 한 후 다음의 조건과 같이 작업하시오.**

≪조건≫

(1) 고급필터 – 관리팀이 '교육관리'이거나 기본예산(단위:원)이 '100,000,000' 이상인 자료의 데이터만 추출하시오.

– 조건 범위 : 「B13」 셀부터 입력하시오.

– 복사 위치 : 「B18」 셀부터 나타나도록 하시오.

(2) 표 서식 – 고급필터의 결과셀을 채우기 없음으로 설정한 후 '표 스타일 보통 2'의 서식을 적용하시오.

– 머리글 행, 줄무늬 행을 적용하시오.

제 3 작업 정렬 및 부분합

80점

☞ **"제1작업" 시트의 「B4:H12」 영역을 복사하여 "제3작업" 시트의 「B2」 셀부터 모두 붙여넣기를 한 후 다음의 조건과 같이 작업하시오.**

≪조건≫

(1) 부분합 – ≪출력형태≫처럼 정렬하고, 사업명의 개수와 기본예산(단위:원)의 최대값을 구하시오.

(2) 윤 곽 – 지우시오.

(3) 나머지 사항은 ≪출력형태≫에 맞게 작성하시오.

≪출력형태≫

	A	B	C	D	E	F	G	H
1								
2		관리코드	사업명	관리팀	진행 인원수	시작일	기본예산 (단위:원)	사업구분
3		SA4-06	이러닝	교육관리	7명	2019-07-10	45,800,000	영업/교육
4		SA4-04	연수원관리	교육관리	6명	2019-09-20	28,000,000	영업/교육
5				교육관리 최대값			45,800,000	
6			2	교육관리 개수				
7		TE1-12	홈네트워크	개발2팀	12명	2019-06-20	185,000,000	교육/기술
8		SA2-05	VR개발	개발2팀	7명	2019-08-10	34,500,000	교육/기술
9		TE3-05	환경개선	개발2팀	7명	2019-09-01	105,000,000	생산/기술
10				개발2팀 최대값			185,000,000	
11			3	개발2팀 개수				
12		TE3-07	AR개발	개발1팀	11명	2019-07-01	85,600,000	교육/기술
13		SA2-03	마케팅	개발1팀	4명	2019-10-05	22,500,000	영업/교육
14		TE1-10	네트워크보안	개발1팀	10명	2019-06-01	155,000,000	생산/기술
15				개발1팀 최대값			155,000,000	
16			3	개발1팀 개수				
17				전체 최대값			185,000,000	
18			8	전체 개수				

☞ **"제1작업" 시트를 이용하여 조건에 따라 ≪출력형태≫와 같이 작업하시오.**

≪조건≫

(1) 차트 종류 ⇒ 〈묶은 세로 막대형〉으로 작업하시오.

(2) 데이터 범위 ⇒ "제1작업" 시트의 내용을 이용하여 작업하시오.

(3) 위치 ⇒ "새 시트"로 이동하고, "제4작업"으로 시트 이름을 바꾸시오.

(4) 차트 디자인 도구 ⇒ 레이아웃 3, 스타일 1을 선택하여 ≪출력형태≫에 맞게 작업하시오.

(5) 영역 서식 ⇒ 차트 : 글꼴(굴림, 11pt), 채우기 효과(질감–캔버스)
그림 : 채우기(흰색, 배경 1)

(6) 제목 서식 ⇒ 차트 제목 : 글꼴(굴림, 굵게, 20pt), 채우기(흰색, 배경 1), 테두리

(7) 서식 ⇒ 기본예산(단위:원) 계열의 차트 종류를 〈표식이 있는 꺾은선형〉으로 변경한 후 보조 축으로 지정하시오.
계열 : ≪출력형태≫를 참조하여 표식(네모, 크기 10)과 레이블 값을 표시하시오.
눈금선 : 선 스타일–파선
축 : ≪출력형태≫를 참조하시오.

(8) 범례 ⇒ 범례명을 변경하고 ≪출력형태≫를 참조하시오.

(9) 도형 ⇒ '모서리가 둥근 사각형 설명선'을 삽입하고 ≪출력형태≫와 같이 내용을 입력하시오.

(10) 나머지 사항은 ≪출력형태≫에 맞게 작성하시오.

≪출력형태≫

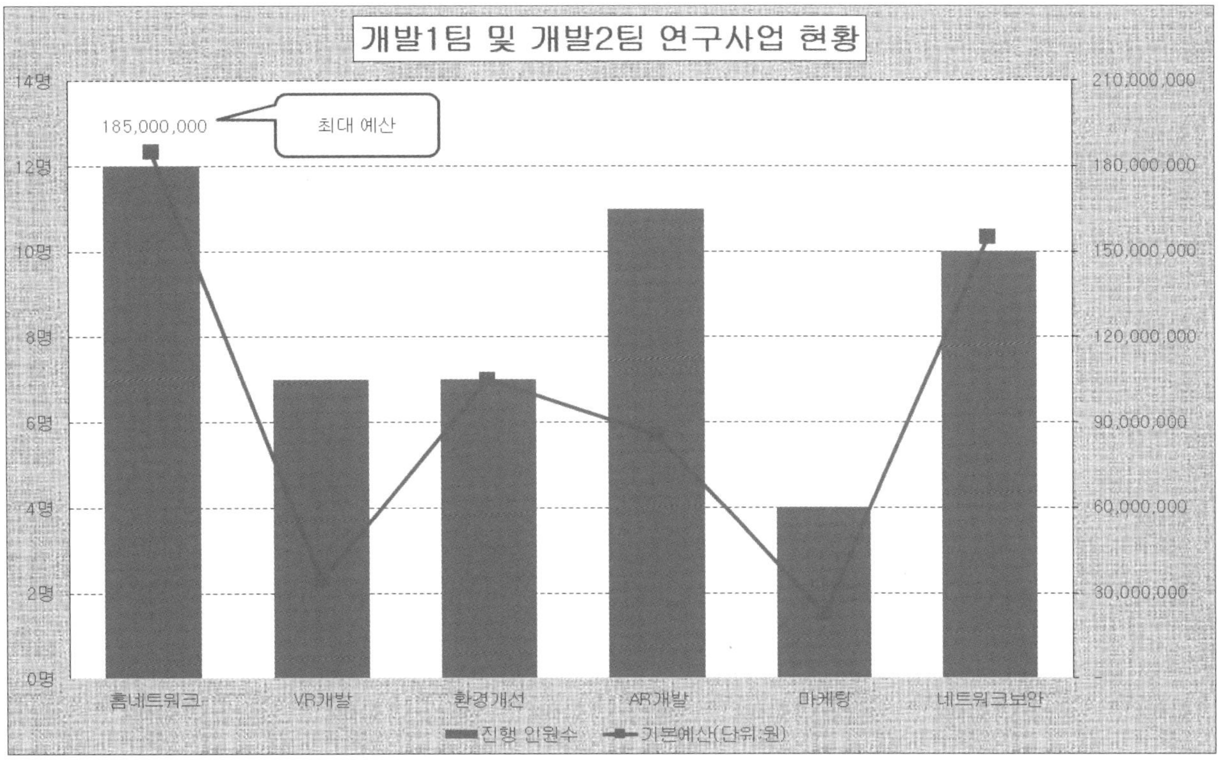

주의 ☞ 시트명 순서가 차례대로 "제1작업", "제2작업", "제3작업", "제4작업"이 되도록 할 것.

제12회 정보기술자격(ITQ) 시험

과 목	코 드	문제유형	시험시간	수험번호	성 명
한글엑셀	1122	A	60분		

수험자 유의사항

- 수험자는 문제지를 받는 즉시 문제지와 **수험표상의 시험과목(프로그램)이 동일한지 반드시 확인**하여야 합니다.
- 파일명은 본인의 "수험번호-성명"으로 입력하여 답안폴더(내 PC₩문서₩ITQ)에 하나의 파일로 저장해야하며, 답안문서 파일명이 "수험번호-성명"과 일치하지 않거나, 답안파일을 전송하지 않아 미제출로 처리될 경우 실격 처리합니다(예:12345678-홍길동.xlsx).
- 답안 작성을 마치면 파일을 저장하고, '답안 전송' 버튼을 선택하여 감독위원 PC로 답안을 전송하십시오. 수험생 정보와 저장한 파일명이 다를 경우 전송되지 않으므로 주의하시기 바랍니다.
- 답안 작성 중에도 **주기적으로 저장하고, '답안 전송'**하여야 문제 발생을 줄일 수 있습니다. 작업한 내용을 저장하지 않고 전송할 경우 이전에 저장된 내용이 전송되오니 이점 유의하시기 바랍니다.
- 답안문서는 지정된 경로 외의 다른 보조기억장치에 저장하는 경우, 지정된 시험 시간 외에 작성된 파일을 활용할 경우, 기타 통신수단(이메일, 메신저, 네트워크 등)을 이용하여 타인에게 전달 또는 외부 반출하는 경우는 부정 처리합니다.
- 시험 중 부주의 또는 고의로 시스템을 파손한 경우는 수험자가 변상해야 하며, 〈수험자 유의사항〉에 기재된 방법대로 이행하지 않아 생기는 불이익은 수험생 당사자의 책임임을 알려 드립니다.
- 문제의 조건은 MS오피스 2016 버전으로 설정되어 있으니 유의하시기 바랍니다.
- 시험을 완료한 수험자는 답안파일이 전송되었는지 확인한 후 감독위원의 지시에 따라 문제지를 제출하고 퇴실합니다.

답안 작성요령

- 온라인 답안 작성 절차
  수험자 등록 ⇒ 시험 시작 ⇒ 답안파일 저장 ⇒ 답안 전송 ⇒ 시험 종료
- 문제는 총 4단계, 즉 제1작업부터 제4작업까지 구성되어 있으며 반드시 제1작업부터 순서대로 작성하고 조건대로 작업하시오.
- 모든 작업시트의 A열은 열 너비 '1'로, 나머지 열은 적당하게 조절하시오.
- 모든 작업시트의 테두리는 ≪출력형태≫와 같이 작업하시오.
- 해당 작업란에서는 각각 제시된 조건에 따라 ≪출력형태≫와 같이 작업하시오.
- 답안 시트 이름은 "제1작업", "제2작업", "제3작업", "제4작업"이어야 하며 답안 시트 이외의 것은 감점 처리됩니다.
- 시트를 파일로 나누어 작업해서 저장할 경우 실격 처리됩니다.

The Insight KPC
kpc 한국생산성본부

☞ **다음은 '두리여행 마일리지 투어 상품'에 대한 자료이다. 자료를 입력하고 조건에 맞도록 작업하시오.**

≪출력형태≫

	A	B	C	D	E	F	G	H	I	J
1		두리여행 마일리지 투어 상품					확인	사원	팀장	센터장
2										
3										
4		상품코드	지역	여행지	항공사	일정 (일)	출발인원	공제 마일리지	순위	비고
5		K-85074	유럽	이탈리아	하나항공	7	17	169,000	(1)	(2)
6		H-35035	동남아	보라카이	블루항공	5	26	80,000	(1)	(2)
7		F-51166	미주	뉴욕	하나항공	8	32	155,000	(1)	(2)
8		H-34122	동남아	방콕	그린항공	6	12	70,000	(1)	(2)
9		P-76117	동남아	보홀	하나항공	4	9	115,000	(1)	(2)
10		F-06048	미주	보스턴	그린항공	5	27	125,000	(1)	(2)
11		H-94122	유럽	파리	블루항공	7	10	190,000	(1)	(2)
12		L-62021	동남아	빈탄	블루항공	3	21	90,000	(1)	(2)
13		그린항공의 공제 마일리지 합계			(3)		최대 공제 마일리지			(5)
14		유럽 지역의 출발인원 평균			(4)		여행지	이탈리아	출발인원	(6)

≪조건≫

- ○ 모든 데이터의 서식에는 글꼴(굴림, 11pt), 정렬은 숫자 및 회계 서식은 오른쪽 정렬, 나머지 서식은 가운데 정렬로 작성하며 예외적인 것은 ≪출력형태≫를 참조하시오.
- ○ 제 목 ⇒ 한쪽 모서리가 잘린 사각형 도형과 바깥쪽 그림자(오프셋 오른쪽)를 이용하여 작성하고 "두리여행 마일리지 투어 상품"을 입력한 후 다음 서식을 적용하시오
(글꼴-굴림, 24pt, 검정, 굵게, 채우기-노랑).
- ○ 임의의 셀에 결재란을 작성하여 그림으로 복사 기능을 이용하여 붙이기 하시오(단, 원본 삭제).
- ○ 「B4:J4, G14, I14」 영역은 '주황'으로 채우기 하시오.
- ○ 유효성 검사를 이용하여 「H14」 셀에 여행지(「D5:D12」 영역)가 선택 표시되도록 하시오.
- ○ 셀 서식 ⇒ 「G5:G12」 영역에 셀 서식을 이용하여 숫자 뒤에 '명'을 표시하시오(예 : 17명).
- ○ 「E5:E12」 영역에 대해 '항공사'로 이름정의를 하시오.

⊙ (1)~(6) 셀은 반드시 <u>주어진 함수를 이용</u>하여 값을 구하시오(결과값을 직접 입력하면 해당 셀은 0점 처리됨).

(1) 순위 ⇒ 출발인원의 내림차순 순위를 구한 결과값에 '위'를 붙이시오(RANK.EQ 함수, & 연산자)(예 : 1위).

(2) 비고 ⇒ 상품코드의 첫 글자가 F이면 '자유여행', 그 외에는 공백으로 구하시오(IF, LEFT 함수).

(3) 그린항공의 공제 마일리지 합계 ⇒ 정의된 이름(항공사)을 이용하여 그린항공의 공제 마일리지 합계를 구하시오(SUMIF 함수).

(4) 유럽 지역의 출발인원 평균 ⇒ 반올림하여 정수로 구하시오. 단, 조건은 입력데이터를 이용하시오 (ROUND, DAVERAGE 함수)(예 : 24.3 → 24).

(5) 최대 공제 마일리지 ⇒ (MAX 함수)

(6) 출발인원 ⇒ 「H14」 셀에서 선택한 여행지에 대한 출발인원을 표시하시오(VLOOKUP 함수).

(7) 조건부 서식의 수식을 이용하여 출발인원이 '25' 이상인 행 전체에 다음의 서식을 적용하시오 (글꼴 : 파랑, 굵게).

제 2 작업 목표값 찾기 및 필터 80점

☞ **"제1작업" 시트의 「B4:H12」 영역을 복사하여 "제2작업" 시트의 「B2」 셀부터 모두 붙여넣기를 한 후 다음의 조건과 같이 작업하시오.**

≪조건≫

(1) 목표값 찾기 – 「B11:G11」 셀을 병합하여 "하나항공의 공제 마일리지의 평균"을 입력한 후 「H11」 셀에 하나항공의 공제 마일리지의 평균을 구하시오. 단, 조건은 입력데이터를 이용하시오. (DAVERAGE 함수, 테두리, 가운데 맞춤)

– '하나항공의 공제 마일리지의 평균'이 '160,000'이 되려면 이탈리아의 공제 마일리지가 얼마가 되어야 하는지 목표값을 구하시오.

(2) 고급필터 – 일정(일)이 '4' 이하이거나, 출발인원이 '30' 이상인 자료의 여행지, 항공사, 일정(일), 출발인원 데이터만 추출하시오.

– 조건 범위 : 「B14」 셀부터 입력하시오.

– 복사 위치 : 「B18」 셀부터 나타나도록 하시오.

제 3 작업 정렬 및 부분합 80점

☞ **"제1작업" 시트의 「B4:H12」 영역을 복사하여 "제3작업" 시트의 「B2」 셀부터 모두 붙여넣기를 한 후 다음의 조건과 같이 작업하시오.**

≪조건≫

(1) 부분합 – ≪출력형태≫처럼 정렬하고, 여행지의 개수와 공제 마일리지의 평균을 구하시오.

(2) 윤 곽 – 지우시오.

(3) 나머지 사항은 ≪출력형태≫에 맞게 작성하시오.

≪출력형태≫

	A	B	C	D	E	F	G	H
1								
2		상품코드	지역	여행지	항공사	일정 (일)	출발인원	공제 마일리지
3		K-85074	유럽	이탈리아	하나항공	7	17명	169,000
4		F-51166	미주	뉴욕	하나항공	8	32명	155,000
5		P-76117	동남아	보홀	하나항공	4	9명	115,000
6					하나항공 평균			146,333
7				3	하나항공 개수			
8		H-35035	동남아	보라카이	블루항공	5	26명	80,000
9		H-94122	유럽	파리	블루항공	7	10명	190,000
10		L-62021	동남아	빈탄	블루항공	3	21명	90,000
11					블루항공 평균			120,000
12				3	블루항공 개수			
13		H-34122	동남아	방콕	그린항공	6	12명	70,000
14		F-06048	미주	보스턴	그린항공	5	27명	125,000
15					그린항공 평균			97,500
16				2	그린항공 개수			
17					전체 평균			124,250
18				8	전체 개수			

☞ **"제1작업" 시트를 이용하여 조건에 따라 ≪출력형태≫와 같이 작업하시오.**

≪조건≫

(1) 차트 종류 ⇒ 〈묶은 세로 막대형〉으로 작업하시오.
(2) 데이터 범위 ⇒ "제1작업" 시트의 내용을 이용하여 작업하시오.
(3) 위치 ⇒ "새 시트"로 이동하고, "제4작업"으로 시트 이름을 바꾸시오.
(4) 차트 디자인 도구 ⇒ 레이아웃 3, 스타일 1을 선택하여 ≪출력형태≫에 맞게 작업하시오.
(5) 영역 서식 ⇒ 차트 : 글꼴(굴림, 11pt), 채우기 효과(질감-파랑 박엽지)
그림 : 채우기(흰색, 배경 1)
(6) 제목 서식 ⇒ 차트 제목 : 글꼴(굴림, 굵게, 20pt), 채우기(흰색, 배경 1), 테두리
(7) 서식 ⇒ 출발인원 계열의 차트 종류를 〈표식이 있는 꺾은선형〉으로 변경한 후 보조 축으로 지정하시오.
계열 : ≪출력형태≫를 참조하여 표식(세모, 크기 10)과 레이블 값을 표시하시오.
눈금선 : 선 스타일-파선
축 : ≪출력형태≫를 참조하시오.
(8) 범례 ⇒ 범례명을 변경하고 ≪출력형태≫를 참조하시오.
(9) 도형 ⇒ '모서리가 둥근 사각형 설명선'을 삽입하고 ≪출력형태≫와 같이 내용을 입력하시오.
(10) 나머지 사항은 ≪출력형태≫에 맞게 작성하시오.

≪출력형태≫

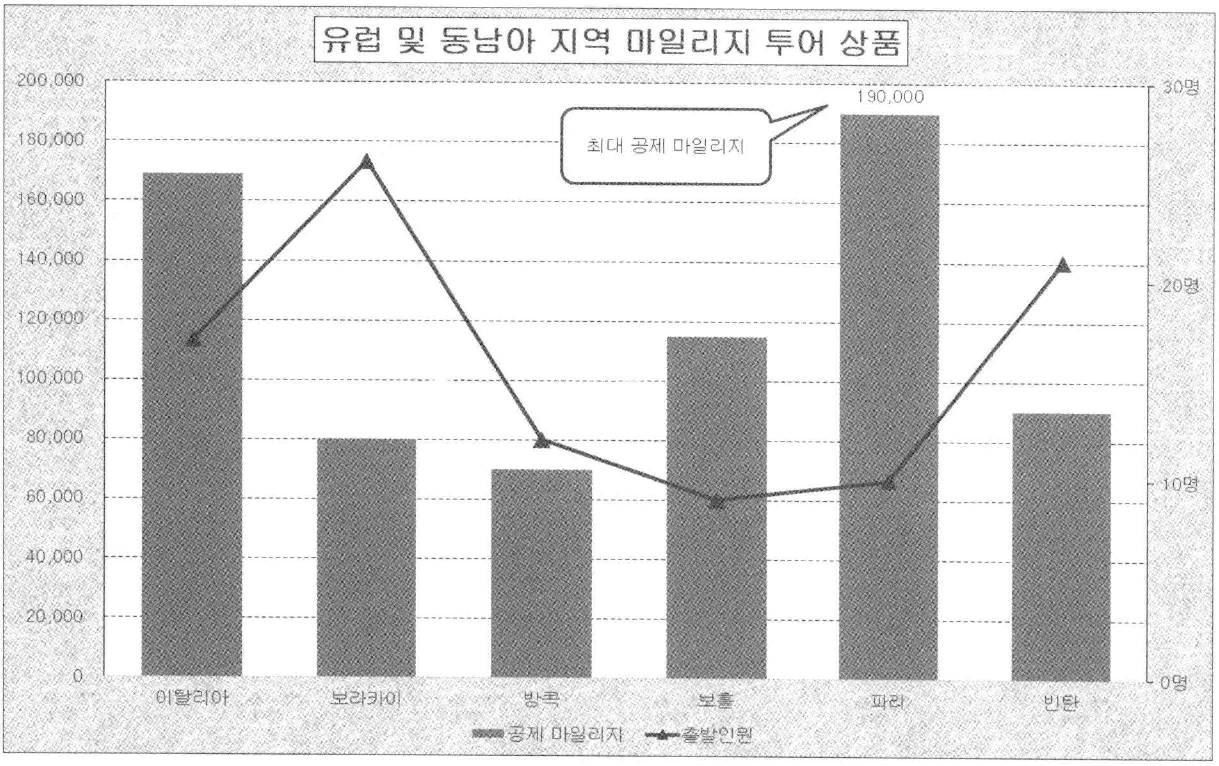

주의 ☞ 시트명 순서가 차례대로 "제1작업", "제2작업", "제3작업", "제4작업"이 되도록 할 것.

제13회 정보기술자격(ITQ) 시험

과 목	코 드	문제유형	시험시간	수험번호	성 명
한글엑셀	1122	A	60분		

수험자 유의사항

- 수험자는 문제지를 받는 즉시 문제지와 **수험표상의 시험과목(프로그램)이 동일한지 반드시 확인**하여야 합니다.
- 파일명은 본인의 "수험번호-성명"으로 입력하여 답안폴더(내 PC₩문서₩ITQ)에 하나의 파일로 저장해야하며, 답안문서 파일명이 "수험번호-성명"과 일치하지 않거나, 답안파일을 전송하지 않아 미제출로 처리될 경우 실격 처리합니다 (예:12345678-홍길동.xlsx).
- 답안 작성을 마치면 파일을 저장하고, '답안 전송' 버튼을 선택하여 감독위원 PC로 답안을 전송하십시오. 수험생 정보와 저장한 파일명이 다를 경우 전송되지 않으므로 주의하시기 바랍니다.
- 답안 작성 중에도 **주기적으로 저장하고, '답안 전송'**하여야 문제 발생을 줄일 수 있습니다. 작업한 내용을 저장하지 않고 전송할 경우 이전에 저장된 내용이 전송되오니 이점 유의하시기 바랍니다.
- 답안문서는 지정된 경로 외의 다른 보조기억장치에 저장하는 경우, 지정된 시험 시간 외에 작성된 파일을 활용할 경우, 기타 통신수단(이메일, 메신저, 네트워크 등)을 이용하여 타인에게 전달 또는 외부 반출하는 경우는 부정 처리합니다.
- 시험 중 부주의 또는 고의로 시스템을 파손한 경우는 수험자가 변상해야 하며, 〈수험자 유의사항〉에 기재된 방법대로 이행하지 않아 생기는 불이익은 수험생 당사자의 책임임을 알려 드립니다.
- 문제의 조건은 MS오피스 2016 버전으로 설정되어 있으니 유의하시기 바랍니다.
- 시험을 완료한 수험자는 답안파일이 전송되었는지 확인한 후 감독위원의 지시에 따라 문제지를 제출하고 퇴실합니다.

답안 작성요령

- 온라인 답안 작성 절차
  수험자 등록 ⇒ 시험 시작 ⇒ 답안파일 저장 ⇒ 답안 전송 ⇒ 시험 종료
- 문제는 총 4단계, 즉 제1작업부터 제4작업까지 구성되어 있으며 반드시 제1작업부터 순서대로 작성하고 조건대로 작업하시오.
- 모든 작업시트의 A열은 열 너비 '1'로, 나머지 열은 적당하게 조절하시오.
- 모든 작업시트의 테두리는 ≪출력형태≫와 같이 작업하시오.
- 해당 작업란에서는 각각 제시된 조건에 따라 ≪출력형태≫와 같이 작업하시오.
- 답안 시트 이름은 "제1작업", "제2작업", "제3작업", "제4작업"이어야 하며 답안 시트 이외의 것은 감점 처리됩니다.
- 시트를 파일로 나누어 작업해서 저장할 경우 실격 처리됩니다.

The Insight KPC
kpc 한국생산성본부

☞ **다음은 '트로트드림 오디션 현황'에 대한 자료이다. 자료를 입력하고 조건에 맞도록 작업하시오.**

≪출력형태≫

트로트드림 오디션 현황

확인	담당	대리	과장

참가번호	성명	구분	참가지역	인터넷 선호도	ARS 투표수	심사위원 점수	순위	성별
D-25712	허민지	대학생	부산	7.6%	5,128,602	314	(1)	(2)
P-24531	최용철	일반	서울	9.4%	4,370,520	246	(1)	(2)
G-01401	김진성	청소년	부산	11.5%	4,875,340	267	(1)	(2)
Z-15702	허서영	일반	광주	19.4%	5,294,678	325	(1)	(2)
S-45342	양서연	일반	서울	18.7%	4,680,251	231	(1)	(2)
S-72811	문현진	대학생	인천	16.7%	4,858,793	297	(1)	(2)
S-82471	김승모	청소년	인천	16.8%	3,278,457	215	(1)	(2)
T-20252	이다경	대학생	천안	9.3%	3,029,752	198	(1)	(2)
대학생 부문 ARS 투표수 평균			(3)		허서영 인기차트			(5)
심사위원 점수 최대값			(4)		성명	허민지	ARS 투표수	(6)

≪조건≫

○ 모든 데이터의 서식에는 글꼴(굴림, 11pt), 정렬은 숫자 및 회계 서식은 오른쪽 정렬, 나머지 서식은 가운데 정렬로 작성하며 예외적인 것은 ≪출력형태≫를 참조하시오.

○ 제 목 ⇒ 대각선 방향의 모서리가 잘린 사각형 도형과 바깥쪽 그림자(오프셋 오른쪽)를 이용하여 작성하고 "트로트드림 오디션 현황"을 입력한 후 다음 서식을 적용하시오
(글꼴-굴림, 24pt, 검정, 굵게, 채우기-노랑).

○ 임의의 셀에 결재란을 작성하여 그림으로 복사 기능을 이용하여 붙이기 하시오(단, 원본 삭제).

○ 「B4:J4, G14, I14」 영역은 '주황'으로 채우기 하시오.

○ 유효성 검사를 이용하여 「H14」 셀에 성명(「C5:C12」 영역)이 선택 표시되도록 하시오.

○ 셀 서식 ⇒ 「H5:H12」 영역에 셀 서식을 이용하여 숫자 뒤에 '점'을 표시하시오(예 : 314점).

○ 「H5:H12」 영역에 대해 '심사위원점수'로 이름정의를 하시오.

⊙ (1)~(6) 셀은 반드시 <u>주어진 함수를 이용</u>하여 값을 구하시오(결과값을 직접 입력하면 해당 셀은 0점 처리됨).

(1) 순위 ⇒ ARS 투표수의 내림차순 순위를 구한 결과값에 '위'를 붙이시오
(RANK.EQ 함수, & 연산자)(예 : 1위).

(2) 성별 ⇒ 참가번호의 마지막 글자가 1이면 '남성', 그 외에는 여성으로 구하시오(IF, RIGHT 함수).

(3) 대학생 부문 ARS 투표수 평균 ⇒ (SUMIF, COUNTIF 함수)

(4) 심사위원 점수 최대값 ⇒ 정의된 이름(심사위원점수)을 이용하여 구하시오(MAX 함수).

(5) 허서영 인기차트 ⇒ (「G8」 셀÷ 1,000,000)으로 구한 값만큼 '★' 문자를 반복하여 표시하시오(REPT 함수)
(예 : 2 → ★★).

(6) ARS 투표수 ⇒ 「H14」 셀에서 선택한 성명에 대한 ARS 투표수를 표시하시오(VLOOKUP 함수).

(7) 조건부 서식의 수식을 이용하여 심사위원 점수가 '300' 이상인 행 전체에 다음의 서식을 적용하시오
(글꼴 : 파랑, 굵게).

제 2 작업　목표값 찾기 및 필터　80점

☞ **"제1작업" 시트의 「B4:H12」 영역을 복사하여 "제2작업" 시트의 「B2」 셀부터 모두 붙여넣기를 한 후 다음의 조건과 같이 작업하시오.**

≪조건≫

(1) 목표값 찾기 – 「B11:G11」 셀을 병합하여 "대학생의 심사위원 점수의 평균"을 입력한 후 「H11」 셀에 대학생의 심사위원 점수의 평균을 구하시오. 단, 조건은 입력데이터를 이용하시오. (DAVERAGE 함수, 테두리, 가운데 맞춤)

– '대학생의 심사위원 점수의 평균'이 '300'이 되려면 허민지의 심사위원 점수가 얼마가 되어야 하는지 목표값을 구하시오.

(2) 고급필터 – 참가지역이 '서울' 이거나, ARS 투표수가 '4,000,000' 이하인 자료의 성명, 인터넷 선호도, ARS 투표수, 심사위원 점수 데이터만 추출하시오.

– 조건 범위 : 「B14」 셀부터 입력하시오.

– 복사 위치 : 「B18」 셀부터 나타나도록 하시오.

제 3 작업　정렬 및 부분합　80점

☞ **"제1작업" 시트의 「B4:H12」 영역을 복사하여 "제3작업" 시트의 「B2」 셀부터 모두 붙여넣기를 한 후 다음의 조건과 같이 작업하시오.**

≪조건≫

(1) 부분합 – ≪출력형태≫처럼 정렬하고, 성명의 개수와 ARS 투표수의 평균을 구하시오.

(2) 윤 곽 – 지우시오.

(3) 나머지 사항은 ≪출력형태≫에 맞게 작성하시오.

≪출력형태≫

	A	B	C	D	E	F	G	H
1								
2		참가번호	성명	구분	참가지역	인터넷 선호도	ARS 투표수	심사위원 점수
3		G-01401	김진성	청소년	부산	11.5%	4,875,340	267점
4		S-82471	김승모	청소년	인천	16.8%	3,278,457	215점
5				**청소년 평균**			4,076,899	
6			2	**청소년 개수**				
7		P-24531	최용철	일반	서울	9.4%	4,370,520	246점
8		Z-15702	허서영	일반	광주	19.4%	5,294,678	325점
9		S-45342	양서연	일반	서울	18.7%	4,680,251	231점
10				**일반 평균**			4,781,816	
11			3	**일반 개수**				
12		D-25712	허민지	대학생	부산	7.6%	5,128,602	314점
13		S-72811	문현진	대학생	인천	16.7%	4,858,793	297점
14		T-20252	이다경	대학생	천안	9.3%	3,029,752	198점
15				**대학생 평균**			4,339,049	
16			3	**대학생 개수**				
17				**전체 평균**			4,439,549	
18			8	**전체 개수**				

☞ **"제1작업" 시트를 이용하여 조건에 따라 ≪출력형태≫와 같이 작업하시오.**

≪조건≫

(1) 차트 종류 ⇒ 〈묶은 세로 막대형〉으로 작업하시오.
(2) 데이터 범위 ⇒ "제1작업" 시트의 내용을 이용하여 작업하시오.
(3) 위치 ⇒ "새 시트"로 이동하고, "제4작업"으로 시트 이름을 바꾸시오.
(4) 차트 디자인 도구 ⇒ 레이아웃 3, 스타일 8을 선택하여 ≪출력형태≫에 맞게 작업하시오.
(5) 영역 서식 ⇒ 차트 : 글꼴(굴림, 11pt), 채우기 효과(질감-파랑 박엽지)
그림 : 채우기(흰색, 배경 1)
(6) 제목 서식 ⇒ 차트 제목 : 글꼴(굴림, 굵게, 20pt), 채우기(흰색, 배경 1), 테두리
(7) 서식 ⇒ ARS 투표수 계열의 차트 종류를 〈표식이 있는 꺾은선형〉으로 변경한 후 보조 축으로 지정하시오.
계열 : ≪출력형태≫를 참조하여 표식(네모, 크기 10)과 레이블 값을 표시하시오.
눈금선 : 선 스타일-파선
축 : ≪출력형태≫를 참조하시오.
(8) 범례 ⇒ 범례명을 변경하고 ≪출력형태≫를 참조하시오.
(9) 도형 ⇒ '모서리가 둥근 사각형 설명선'을 삽입하고 ≪출력형태≫와 같이 내용을 입력하시오.
(10) 나머지 사항은 ≪출력형태≫에 맞게 작성하시오.

≪출력형태≫

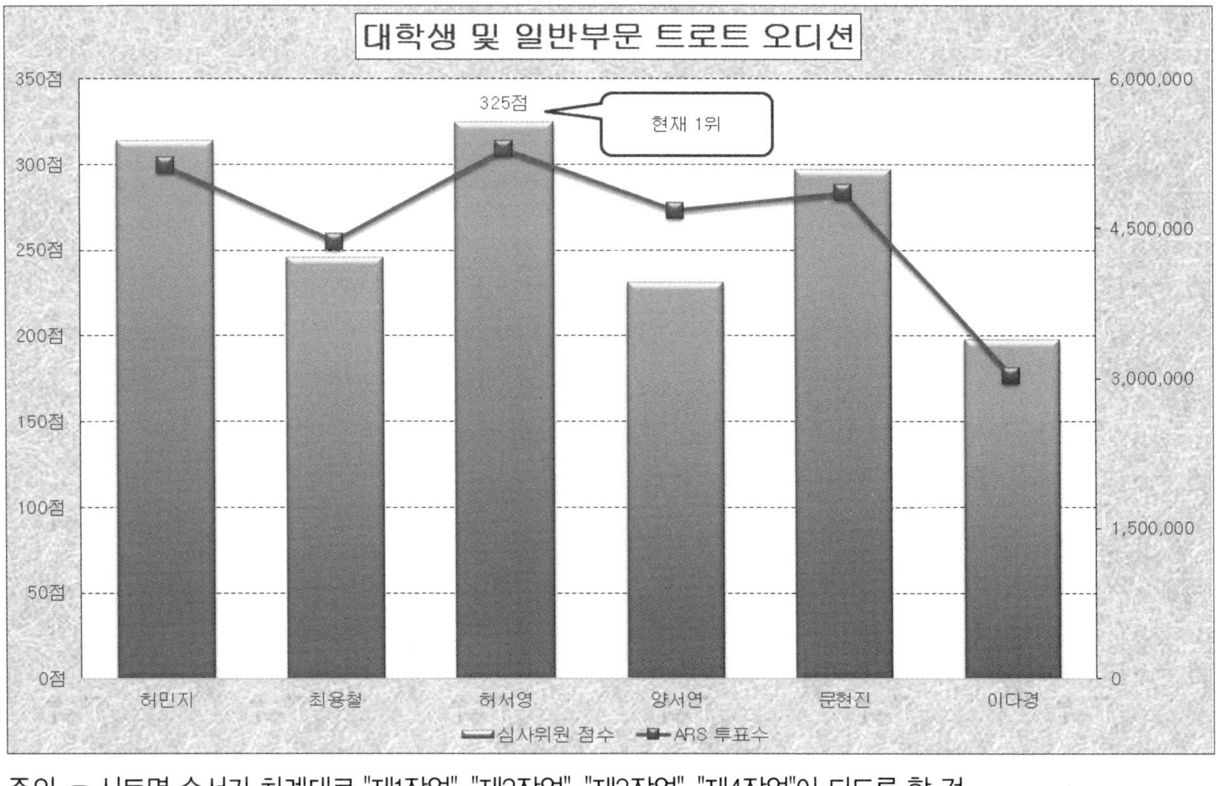

주의 ☞ 시트명 순서가 차례대로 "제1작업", "제2작업", "제3작업", "제4작업"이 되도록 할 것.

제14회 정보기술자격(ITQ) 시험

과 목	코 드	문제유형	시험시간	수험번호	성 명
한글엑셀	1122	A	60분		

수험자 유의사항

- 수험자는 문제지를 받는 즉시 문제지와 **수험표상의 시험과목(프로그램)이 동일한지 반드시 확인**하여야 합니다.
- 파일명은 본인의 "수험번호-성명"으로 입력하여 답안폴더(내 PC₩문서₩ITQ)에 하나의 파일로 저장해야하며, 답안문서 파일명이 "수험번호-성명"과 일치하지 않거나, 답안파일을 전송하지 않아 미제출로 처리될 경우 실격 처리합니다 (예:12345678-홍길동.xlsx).
- 답안 작성을 마치면 파일을 저장하고, '답안 전송' 버튼을 선택하여 감독위원 PC로 답안을 전송하십시오. 수험생 정보와 저장한 파일명이 다를 경우 전송되지 않으므로 주의하시기 바랍니다.
- 답안 작성 중에도 **주기적으로 저장하고, '답안 전송'**하여야 문제 발생을 줄일 수 있습니다. 작업한 내용을 저장하지 않고 전송할 경우 이전에 저장된 내용이 전송되오니 이점 유의하시기 바랍니다.
- 답안문서는 지정된 경로 외의 다른 보조기억장치에 저장하는 경우, 지정된 시험 시간 외에 작성된 파일을 활용할 경우, 기타 통신수단(이메일, 메신저, 네트워크 등)을 이용하여 타인에게 전달 또는 외부 반출하는 경우는 부정 처리합니다.
- 시험 중 부주의 또는 고의로 시스템을 파손한 경우는 수험자가 변상해야 하며, 〈수험자 유의사항〉에 기재된 방법대로 이행하지 않아 생기는 불이익은 수험생 당사자의 책임임을 알려 드립니다.
- 문제의 조건은 MS오피스 2016 버전으로 설정되어 있으니 유의하시기 바랍니다.
- 시험을 완료한 수험자는 답안파일이 전송되었는지 확인한 후 감독위원의 지시에 따라 문제지를 제출하고 퇴실합니다.

답안 작성요령

- 온라인 답안 작성 절차
  수험자 등록 ⇒ 시험 시작 ⇒ 답안파일 저장 ⇒ 답안 전송 ⇒ 시험 종료
- 문제는 총 4단계, 즉 제1작업부터 제4작업까지 구성되어 있으며 반드시 제1작업부터 순서대로 작성하고 조건대로 작업하시오.
- 모든 작업시트의 A열은 열 너비 '1'로, 나머지 열은 적당하게 조절하시오.
- 모든 작업시트의 테두리는 ≪출력형태≫와 같이 작업하시오.
- 해당 작업란에서는 각각 제시된 조건에 따라 ≪출력형태≫와 같이 작업하시오.
- 답안 시트 이름은 "제1작업", "제2작업", "제3작업", "제4작업"이어야 하며 답안 시트 이외의 것은 감점 처리됩니다.
- 시트를 파일로 나누어 작업해서 저장할 경우 실격 처리됩니다.

The Insight KPC
kpc 한국생산성본부

☞ **다음은 '초등학교 9월 체험 일정'에 대한 자료이다. 자료를 입력하고 조건에 맞도록 작업하시오.**

≪출력형태≫

초등학교 9월 체험 일정

결재	담당	팀장	본부장

문서번호	학교명	장소	지역	체험일	인솔자 수 (명)	체험 학생 수	체험요일	순위
GA-121	신창초	국립전북기상과학관	정읍	2019-09-02	11	228	(1)	(2)
ZA-222	경양초	호남기후변화체험관	담양	2019-09-16	17	350	(1)	(2)
VC-131	대자초	호남기후변화체험관	담양	2019-09-10	20	427	(1)	(2)
NA-232	계림초	영산강유역환경청	광주	2019-09-07	16	334	(1)	(2)
AB-123	중앙초	국립전북기상과학관	정읍	2019-09-24	15	300	(1)	(2)
HC-522	수창초	국립전북기상과학관	정읍	2019-09-02	23	476	(1)	(2)
EA-421	동운초	영산강유역환경청	광주	2019-09-12	14	297	(1)	(2)
BF-271	동림초	호남기후변화체험관	담양	2019-09-10	9	178	(1)	(2)
담양을 제외한 지역의 체험 학생 수 평균			(3)		두 번째로 적은 체험 학생 수			(5)
국립전북기상과학관 체험 학생 수 합계			(4)		학교명	신창초	체험일	(6)

≪조건≫

○ 모든 데이터의 서식에는 글꼴(굴림, 11pt), 정렬은 숫자 및 회계 서식은 오른쪽 정렬, 나머지 서식은 가운데 정렬로 작성하며 예외적인 것은 ≪출력형태≫를 참조하시오.

○ 제 목 ⇒ 대각선 방향의 모서리가 잘린 사각형과 바깥쪽 그림자(오프셋 오른쪽)를 이용하여 작성하고 "초등학교 9월 체험 일정"을 입력한 후 다음 서식을 적용하시오
(글꼴–굴림, 24pt, 검정, 굵게, 채우기–노랑).

○ 임의의 셀에 결재란을 작성하여 그림으로 복사 기능을 이용하여 붙이기 하시오(단, 원본 삭제).

○ 「B4:J4, G14, I14」 영역은 '주황'으로 채우기 하시오.

○ 유효성 검사를 이용하여 「H14」 셀에 학교명(「C5:C12」 영역)이 선택 표시되도록 하시오.

○ 셀 서식 ⇒ 「H5:H12」 영역에 셀 서식을 이용하여 숫자 뒤에 '명'을 표시하시오(예 : 228명).

○ 「E5:E12」 영역에 대해 '지역'으로 이름정의를 하시오.

⊙ (1)~(6) 셀은 반드시 <u>**주어진 함수를 이용**</u>하여 값을 구하시오(결과값을 직접 입력하면 해당 셀은 0점 처리됨).

(1) 체험요일 ⇒ 체험일의 요일을 예와 같이 구하시오(CHOOSE, WEEKDAY 함수)(예 : 월요일).

(2) 순위 ⇒ 체험 학생 수의 내림차순 순위를 구한 결과값에 '위'를 붙이시오
(RANK.EQ 함수, & 연산자)(예 : 1위).

(3) 담양을 제외한 지역의 체험 학생 수 평균 ⇒ 정의된 이름(지역)을 이용하여 구하시오
(SUMIF, COUNTIF 함수).

(4) 국립전북기상과학관 체험 학생 수 합계 ⇒ 조건은 입력데이터를 이용하시오(DSUM 함수).

(5) 두 번째로 적은 체험 학생 수 ⇒ (SMALL 함수)

(6) 체험일 ⇒ 「H14」 셀에서 선택한 학교명에 대한 체험일을 구하시오(VLOOKUP 함수)(예 : 2019-09-02).

(7) 조건부 서식의 수식을 이용하여 체험 학생 수가 '400' 이상인 행 전체에 다음의 서식을 적용하시오
(글꼴 : 파랑, 굵게).

제 2 작업 목표값 찾기 및 필터 80점

☞ **"제1작업" 시트의 「B4:H12」 영역을 복사하여 "제2작업" 시트의 「B2」 셀부터 모두 붙여넣기를 한 후 다음의 조건과 같이 작업하시오.**

≪조건≫

(1) 목표값 찾기 – 「B11:G11」 셀을 병합하여 "국립전북기상과학관의 체험 학생 수의 평균"을 입력한 후 「H11」 셀에 국립전북기상과학관의 평균을 구하시오. 단, 조건은 입력데이터를 이용하시오. (DAVERAGE 함수, 테두리, 가운데 맞춤)

– '국립전북기상과학관의 체험 학생 수의 평균'이 '400'이 되려면 신창초의 체험 학생 수가 얼마가 되어야 하는지 목표값을 구하시오.

(2) 고급필터 – 지역이 '광주'이거나 인솔자 수(명)가 '20' 이상인 자료의 학교명, 체험일, 인솔자 수(명),체험 학생수 데이터만 추출하시오.

– 조건 범위 : 「B14」 셀부터 입력하시오.

– 복사 위치 : 「B18」 셀부터 나타나도록 하시오.

제 3 작업 정렬 및 부분합 80점

☞ **"제1작업" 시트의 「B4:H12」 영역을 복사하여 "제3작업" 시트의 「B2」 셀부터 모두 붙여넣기를 한 후 다음의 조건과 같이 작업하시오.**

≪조건≫

(1) 부분합 – ≪출력형태≫처럼 정렬하고, 학교명의 개수와 체험 학생 수의 최대값을 구하시오.

(2) 윤 곽 – 지우시오.

(3) 나머지 사항은 ≪출력형태≫에 맞게 작성하시오.

≪출력형태≫

	A	B	C	D	E	F	G	H
1								
2		문서번호	학교명	장소	지역	체험일	인솔자 수 (명)	체험 학생 수
3		GA-121	신창초	국립전북기상과학관	정읍	2019-09-02	11	228명
4		AB-123	중앙초	국립전북기상과학관	정읍	2019-09-24	15	300명
5		HC-522	수창초	국립전북기상과학관	정읍	2019-09-02	23	476명
6					정읍 최대값			476명
7			3		정읍 개수			
8		ZA-222	경양초	호남기후변화체험관	담양	2019-09-16	17	350명
9		VC-131	대자초	호남기후변화체험관	담양	2019-09-10	20	427명
10		BF-271	동림초	호남기후변화체험관	담양	2019-09-10	9	178명
11					담양 최대값			427명
12			3		담양 개수			
13		NA-232	계림초	영산강유역환경청	광주	2019-09-07	16	334명
14		EA-421	동운초	영산강유역환경청	광주	2019-09-12	14	297명
15					광주 최대값			334명
16			2		광주 개수			
17					전체 최대값			476명
18			8		전체 개수			

제 4 작업 그래프 (100점)

☞ **"제1작업" 시트를 이용하여 조건에 따라 ≪출력형태≫와 같이 작업하시오.**

≪조건≫

(1) 차트 종류 ⇒ 〈묶은 세로 막대형〉으로 작업하시오.
(2) 데이터 범위 ⇒ "제1작업" 시트의 내용을 이용하여 작업하시오.
(3) 위치 ⇒ "새 시트"로 이동하고, "제4작업"으로 시트 이름을 바꾸시오.
(4) 차트 디자인 도구 ⇒ 레이아웃 3, 스타일 4를 선택하여 ≪출력형태≫에 맞게 작업하시오.
(5) 영역 서식 ⇒ 차트 : 글꼴(굴림, 11pt), 채우기 효과(질감-분홍 박엽지)
그림 : 채우기(흰색, 배경 1)
(6) 제목 서식 ⇒ 차트 제목 : 글꼴(굴림, 굵게, 20pt), 채우기(흰색, 배경 1), 테두리
(7) 서식 ⇒ 인솔자 수(명)의 차트 종류를 〈표식이 있는 꺾은선형〉으로 변경한 후 보조 축으로 지정하시오.
계열 : ≪출력형태≫를 참조하여 표식(다이아몬드, 크기 10)과 레이블 값을 표시하시오.
눈금선 : 선 스타일-파선
축 : ≪출력형태≫를 참조하시오.
(8) 범례 ⇒ 범례명을 변경하고 ≪출력형태≫를 참조하시오.
(9) 도형 ⇒ '모서리가 둥근 사각형 설명선'을 삽입하고 ≪출력형태≫와 같이 내용을 입력하시오.
(10) 나머지 사항은 ≪출력형태≫에 맞게 작성하시오.

≪출력형태≫

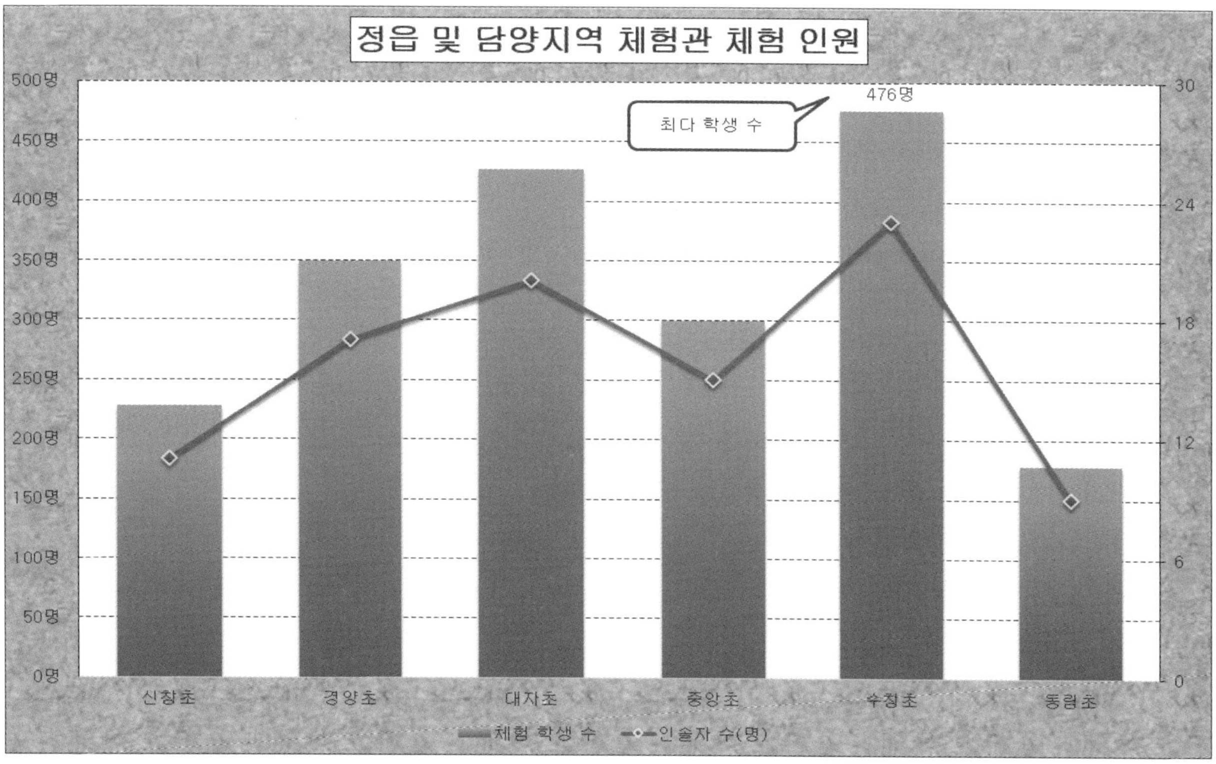

주의 ☞ 시트명 순서가 차례대로 "제1작업", "제2작업", "제3작업", "제4작업"이 되도록 할 것.

제15회 정보기술자격(ITQ) 시험

과 목	코 드	문제유형	시험시간	수험번호	성 명
한글엑셀	1122	A	60분		

수험자 유의사항

- 수험자는 문제지를 받는 즉시 문제지와 **수험표상의 시험과목(프로그램)이 동일한지 반드시 확인**하여야 합니다.
- 파일명은 본인의 "수험번호-성명"으로 입력하여 답안폴더(내 PC₩문서₩ITQ)에 하나의 파일로 저장해야하며, 답안문서 파일명이 "수험번호-성명"과 일치하지 않거나, 답안파일을 전송하지 않아 미제출로 처리될 경우 실격 처리합니다 (예:12345678-홍길동.xlsx).
- 답안 작성을 마치면 파일을 저장하고, '답안 전송' 버튼을 선택하여 감독위원 PC로 답안을 전송하십시오. 수험생 정보와 저장한 파일명이 다를 경우 전송되지 않으므로 주의하시기 바랍니다.
- 답안 작성 중에도 **주기적으로 저장하고, '답안 전송'**하여야 문제 발생을 줄일 수 있습니다. 작업한 내용을 저장하지 않고 전송할 경우 이전에 저장된 내용이 전송되오니 이점 유의하시기 바랍니다.
- 답안문서는 지정된 경로 외의 다른 보조기억장치에 저장하는 경우, 지정된 시험 시간 외에 작성된 파일을 활용할 경우, 기타 통신수단(이메일, 메신저, 네트워크 등)을 이용하여 타인에게 전달 또는 외부 반출하는 경우는 부정 처리합니다.
- 시험 중 부주의 또는 고의로 시스템을 파손한 경우는 수험자가 변상해야 하며, 〈수험자 유의사항〉에 기재된 방법대로 이행하지 않아 생기는 불이익은 수험생 당사자의 책임임을 알려 드립니다.
- 문제의 조건은 MS오피스 2016 버전으로 설정되어 있으니 유의하시기 바랍니다.
- 시험을 완료한 수험자는 답안파일이 전송되었는지 확인한 후 감독위원의 지시에 따라 문제지를 제출하고 퇴실합니다.

답안 작성요령

- 온라인 답안 작성 절차
  수험자 등록 ⇒ 시험 시작 ⇒ 답안파일 저장 ⇒ 답안 전송 ⇒ 시험 종료
- 문제는 총 4단계, 즉 제1작업부터 제4작업까지 구성되어 있으며 반드시 제1작업부터 순서대로 작성하고 조건대로 작업하시오.
- 모든 작업시트의 A열은 열 너비 '1'로, 나머지 열은 적당하게 조절하시오.
- 모든 작업시트의 테두리는 ≪출력형태≫와 같이 작업하시오.
- 해당 작업란에서는 각각 제시된 조건에 따라 ≪출력형태≫와 같이 작업하시오.
- 답안 시트 이름은 "제1작업", "제2작업", "제3작업", "제4작업"이어야 하며 답안 시트 이외의 것은 감점 처리됩니다.
- 시트를 파일로 나누어 작업해서 저장할 경우 실격 처리됩니다.

The Insight KPC
kpc 한국생산성본부

☞ **다음은 '장난감 대여 관리 현황'에 대한 자료이다. 자료를 입력하고 조건에 맞도록 작업하시오.**

≪출력형태≫

장난감 대여 관리 현황

결재	담당	대리	과장

대여코드	제품명	분류	대여기간	판매가격 (단위:원)	4주 대여가격 (단위:원)	대여수량	배송지	비고
GW-03	페달트랙터	자동차	15	125,000	33,000	17	(1)	(2)
CE-13	레이싱카	자동차	5	65,000	28,000	19	(1)	(2)
DC-12	워크어라운드	쏘서	6	95,000	33,000	6	(1)	(2)
PK-01	물놀이세트	놀이세트	12	17,000	33,000	15	(1)	(2)
DW-01	디보쏘서	쏘서	10	105,000	26,000	12	(1)	(2)
CQ-02	미니카	자동차	6	78,000	28,000	20	(1)	(2)
WB-12	구름빵 놀이터	놀이세트	8	42,000	23,000	14	(1)	(2)
PX-02	스포츠센터	놀이세트	10	56,000	30,000	7	(1)	(2)
놀이세트 제품 대여수량 합계			(3)		4주 대여가격(단위:원)의 최저값			(5)
자동차 제품 평균 대여기간			(4)		제품명	페달트랙터	대여수량	(6)

≪조건≫

○ 모든 데이터의 서식에는 글꼴(굴림, 11pt), 정렬은 숫자 및 회계 서식은 오른쪽 정렬, 나머지 서식은 가운데 정렬로 작성하며 예외적인 것은 ≪출력형태≫를 참조하시오.

○ 제 목 ⇒ 육각형 도형과 바깥쪽 그림자(오프셋 오른쪽)를 이용하여 작성하고 "장난감 대여 관리 현황"을 입력한 후 다음 서식을 적용하시오(글꼴–굴림, 24pt, 검정, 굵게, 채우기–노랑).

○ 임의의 셀에 결재란을 작성하여 그림으로 복사 기능을 이용하여 붙이기 하시오(단, 원본 삭제).

○ 「B4:J4, G14, I14」 영역은 '주황'으로 채우기 하시오.

○ 유효성 검사를 이용하여 「H14」 셀에 제품명(「C5:C12」 영역)이 선택 표시되도록 하시오.

○ 셀 서식 ⇒ 「E5:E12」 영역에 셀 서식을 이용하여 숫자 뒤에 '주'를 표시하시오(예 : 15주).

○ 「G5:G12」 영역에 대해 '대여가격'으로 이름정의를 하시오.

⊙ (1)~(6) 셀은 반드시 **주어진 함수를 이용**하여 값을 구하시오(결과값을 직접 입력하면 해당 셀은 0점 처리됨).

(1) 직배송지 ⇒ 대여코드의 마지막 글자가 1이면 '경기', 2이면 '인천', 3이면 '서울'로 구하시오 (CHOOSE, RIGHT 함수).

(2) 비고 ⇒ 대여수량이 15 이상이면 '★', 그 외에는 공백으로 구하시오(IF 함수).

(3) 놀이세트 제품 대여수량 합계 ⇒ 결과값에 '개'를 붙이시오(SUMIF 함수, & 연산자)(예 : 10개).

(4) 자동차 제품 평균 대여기간 ⇒ 올림하여 정수로 구하시오. 단, 조건은 입력데이터를 이용하시오 (ROUNDUP, DAVERAGE 함수)(예 : 12.3 → 13).

(5) 4주 대여가격(단위:원)의 최저값 ⇒ 정의된 이름(대여가격)을 이용하여 구하시오(MIN 함수).

(6) 대여수량 ⇒ 「H14」 셀에서 선택한 제품명에 대한 대여수량을 구하시오(VLOOKUP 함수).

(7) 조건부 서식을 이용하여 대여수량 셀에 데이터 막대 스타일(녹색)을 최소값 및 최대값으로 적용하시오.

제 2 작업　필터 및 서식　80점

☞ **"제1작업" 시트의 「B4:H12」 영역을 복사하여 "제2작업" 시트의 「B2」 셀부터 모두 붙여넣기를 한 후 다음의 조건과 같이 작업하시오.**

≪조건≫

(1) 고급필터 – 분류가 '자동차'이거나, 판매가격(단위:원)이 '100,000' 이상인 자료의 데이터만 추출하시오.
- 조건 범위 : 「B13」 셀부터 입력하시오.
- 복사 위치 : 「B18」 셀부터 나타나도록 하시오.

(2) 표 서식 – 고급필터의 결과셀을 채우기 없음으로 설정한 후 '표 스타일 보통 4'의 서식을 적용하시오.
- 머리글 행, 줄무늬 행을 적용하시오.

제 3 작업　피벗테이블　80점

☞ **"제1작업" 시트를 이용하여 "제3작업" 시트의 조건에 따라 ≪출력형태≫와 같이 작업하시오.**

≪조건≫

(1) 판매가격(단위:원) 및 분류별 제품명의 개수와 4주 대여가격(단위:원)의 평균을 구하시오.

(2) 판매가격(단위:원)을 그룹화하고, 분류를 ≪출력형태≫와 같이 정렬하시오.

(3) 레이블이 있는 셀 병합 및 가운데 맞춤 적용 및 빈 셀은 '***'로 표시하시오.

(4) 행의 총합계는 지우고, 나머지 사항은 ≪출력형태≫에 맞게 작성하시오.

≪출력형태≫

	A	B	C	D	E	F	G	H
1								
2			분류					
3			자동차		쏘서		놀이세트	
4		판매가격(단위:원)	개수 : 제품명	평균 : 4주 대여가격(단위:원)	개수 : 제품명	평균 : 4주 대여가격(단위:원)	개수 : 제품명	평균 : 4주 대여가격(단위:원)
5		1-50000	***	***	***	***	2	28,000
6		50001-100000	2	28,000	1	33,000	1	30,000
7		100001-150000	1	33,000	1	26,000	***	***
8		**총합계**	**3**	**29,667**	**2**	**29,500**	**3**	**28,667**

☞ **"제1작업" 시트를 이용하여 조건에 따라 ≪출력형태≫와 같이 작업하시오.**

≪조건≫

(1) 차트 종류 ⇒ 〈묶은 세로 막대형〉으로 작업하시오.

(2) 데이터 범위 ⇒ "제1작업" 시트의 내용을 이용하여 작업하시오.

(3) 위치 ⇒ "새 시트"로 이동하고, "제4작업"으로 시트 이름을 바꾸시오.

(4) 차트 디자인 도구 ⇒ 레이아웃 3, 스타일 5를 선택하여 ≪출력형태≫에 맞게 작업하시오.

(5) 영역 서식 ⇒ 차트 : 글꼴(굴림, 11pt), 채우기 효과(질감-양피지)

그림 : 채우기(흰색, 배경 1)

(6) 제목 서식 ⇒ 차트 제목 : 글꼴(굴림, 굵게, 20pt), 채우기(흰색, 배경 1), 테두리

(7) 서식 ⇒ 대여기간 계열의 차트 종류를 〈표식이 있는 꺾은선형〉으로 변경한 후 보조 축으로 지정하시오.

계열 : ≪출력형태≫를 참조하여 표식(원형, 크기 10)과 레이블 값을 표시하시오.

눈금선 : 선 스타일-파선

축 : ≪출력형태≫를 참조하시오.

(8) 범례 ⇒ 범례명을 변경하고 ≪출력형태≫를 참조하시오.

(9) 도형 ⇒ '모서리가 둥근 사각형 설명선'을 삽입하고 ≪출력형태≫와 같이 내용을 입력하시오.

(10) 나머지 사항은 ≪출력형태≫에 맞게 작성하시오.

≪출력형태≫

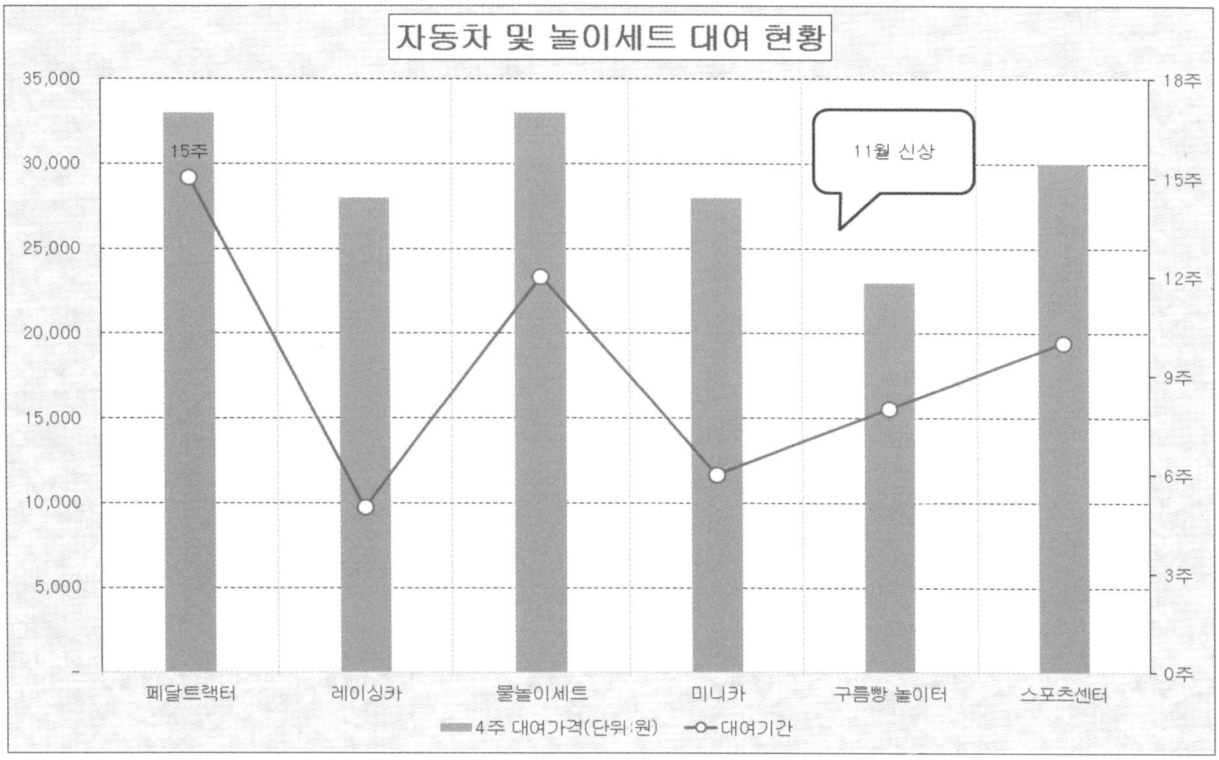

주의 ☞ 시트명 순서가 차례대로 "제1작업", "제2작업", "제3작업", "제4작업"이 되도록 할 것.

memo

ITQ

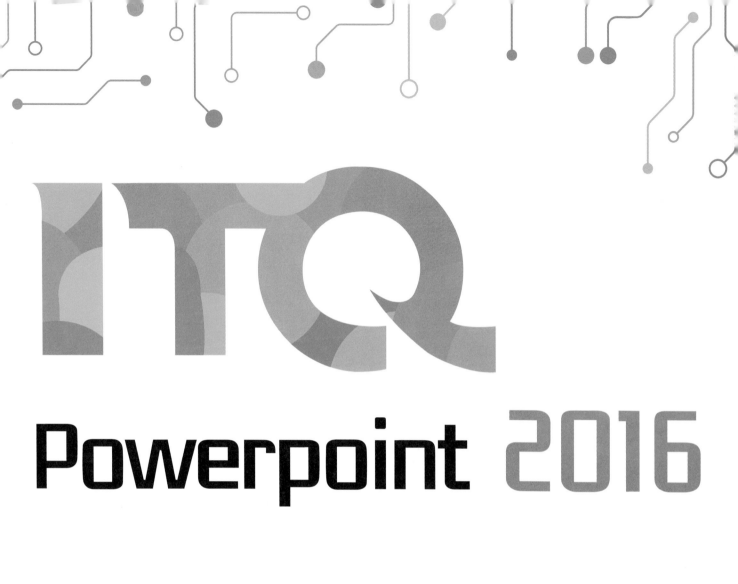

Powerpoint 2016

ITQ 파워포인트 2016 답안 작성요령

[전체 조건]

- ⊙ 슬라이드 크기는 A4(210mm×297mm)로 설정한다.
- ⊙ 슬라이드의 총 개수는 6개로 구성되어 있다.
- ⊙ 별도의 지시사항이 없는 경우 출력형태를 참조하여 검정 또는 흰색으로 작성한다.
- ⊙ 슬라이드 마스터를 이용하여 제목을 작성한다.
- ⊙ 제목 슬라이드에 제목 도형, 로고 이미지, 슬라이드 번호가 표시되면 감점되므로 주의한다.
- ⊙ 로고 이미지는≪출력형태≫와 같은 위치에 배치한다.

[슬라이드 1] 표지 디자인

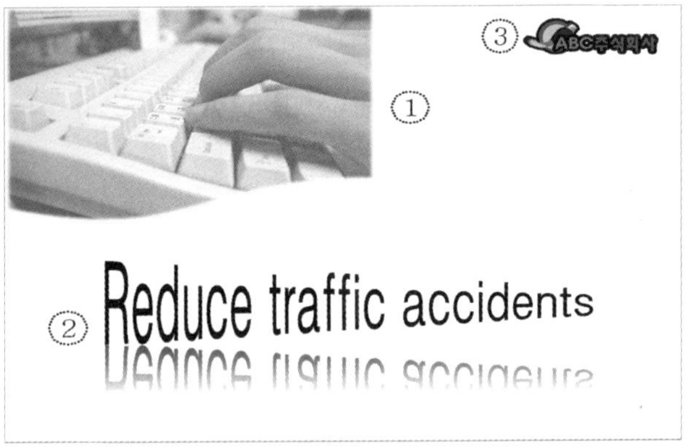
③
①
②
Reduce traffic accidents

- ⊙ 표지는 지시한 도형으로 편집 기능을 이용하여 ≪출력형태≫ 와 같은 모양이 되도록 편집한다.
- ⊙ 워드아트의 반사 효과는 반드시 [WordArt스타일] 그룹에서 설정해야 된다. 도형 서식의 반사 효과는 ≪출력형태≫와 다르게 나타나므로 감점 요인이 된다.
- ⊙ 워드아트의 도형 모양은 ≪출력형태≫와 같은 모양으로 설정해야 된다.

[슬라이드 2] 목차 슬라이드

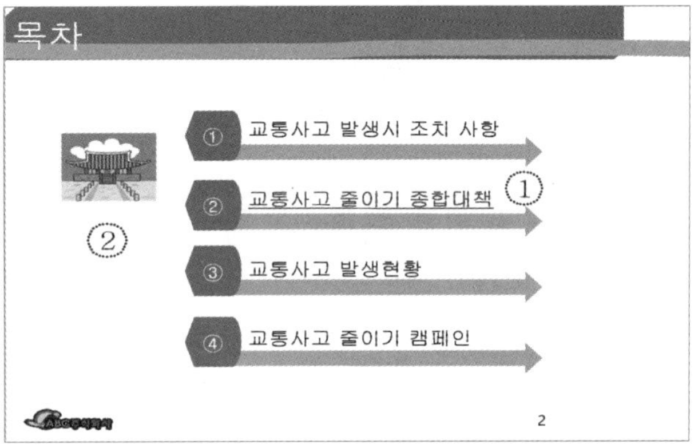
목차
① 교통사고 발생시 조치 사항
② 교통사고 줄이기 종합대책
③ 교통사고 발생현황
④ 교통사고 줄이기 캠페인
①
②
2

- ⊙ 목차 도형의 글꼴과 그림자가 정확히 설정되었는지 확인한다.
- ⊙ 그림은 [내 PC₩문서₩ITQ₩Picture] 폴더에 그림4.jpg 또는 그림5.jpg
  그림을 삽입하고, 반드시 도형은 ≪출력형태≫와 같은 위치에 배치 한다(도형과 겹쳐있는지 떨어져 있는지를 확인한다).
- ⊙ 그림 자르기는 삽입된 그림과 같게 잘라야 된다. 다른 그림이 표시되면 감점되므로 주의한다.
- ⊙ 하이퍼링크는 반드시 텍스트에 설정되어야 된다.

[슬라이드 3] 텍스트 / 동영상 슬라이드

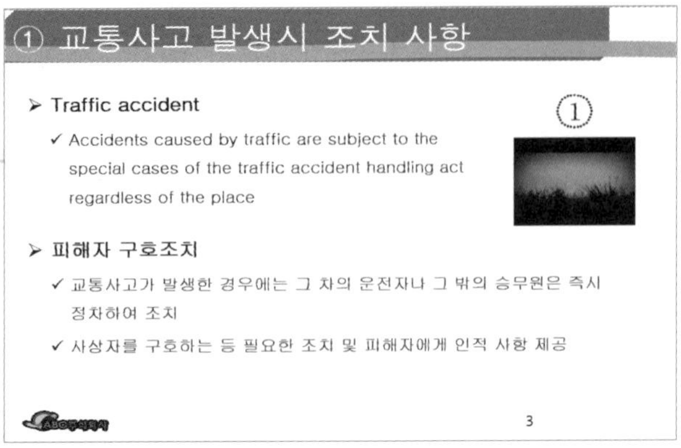
① 교통사고 발생시 조치 사항
➢ Traffic accident
✓ Accidents caused by traffic are subject to the special cases of the traffic accident handling act regardless of the place
①
➢ 피해자 구호조치
✓ 교통사고가 발생한 경우에는 그 차의 운전자나 그 밖의 승무원은 즉시 정차하여 조치
✓ 사상자를 구호하는 등 필요한 조치 및 피해자에게 인적 사항 제공
3

- ⊙ 문단의 들여쓰기는 ≪출력형태≫와 같아야 한다.
- ⊙ 동영상 삽입 후 반드시 자동실행과 반복실행을 설정한다.
- ⊙ 동영상의 위치는 반드시 ≪출력형태≫와 같은 위치에 있어야 하며, 글 뒤로 배치한다.

[슬라이드 4] 표 슬라이드

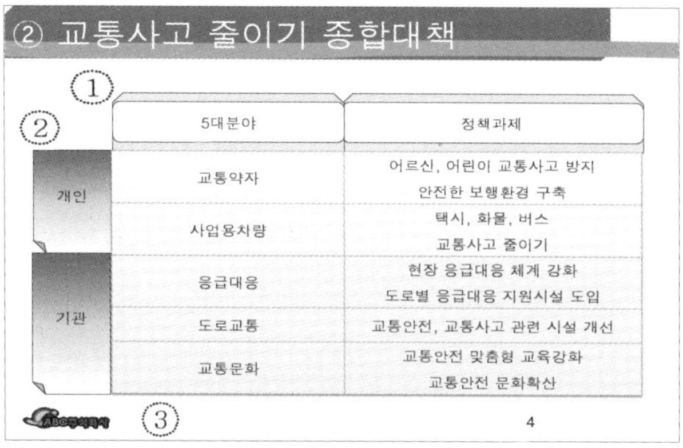

⊙ 입력한 텍스트에 오타가 있는지 확인한다.

⊙ 상단 도형, 좌측 도형, 표에 입력된 글꼴은 지시사항에서 지시한 글꼴과 일치해야 한다.

⊙ 상단 도형 또는 좌측 도형에 그라데이션의 색은 임의의 색으로 설정하되, 그라데이션 효과는 세부조건과 일치해야 된다.

[슬라이드 5] 차트 슬라이드

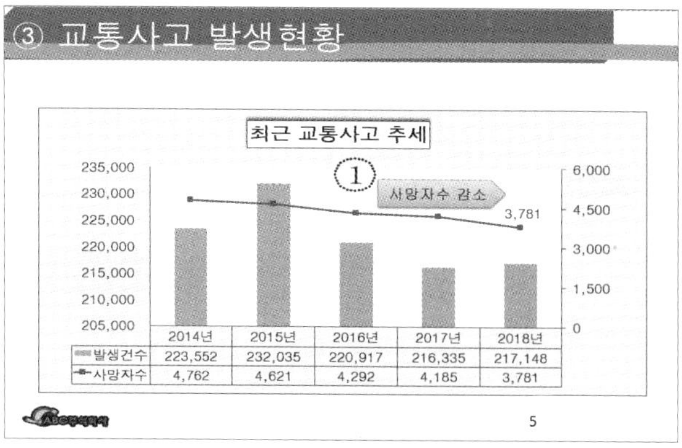

⊙ 차트는 세부조건이 많으므로 꼼꼼하게 읽어보고 작성하는 것이 좋다.

⊙ 데이터 계열 서식을 보조 축으로 설정하는 문제가 자주 출제되고 있다.

⊙ 차트 데이터를 정확하게 입력하고, 소수점이나 콤마 형식의 데이터를 확인한다.

⊙ 차트의 주 눈금선 유무를 확인한다.

[슬라이드 6] 도형 슬라이드

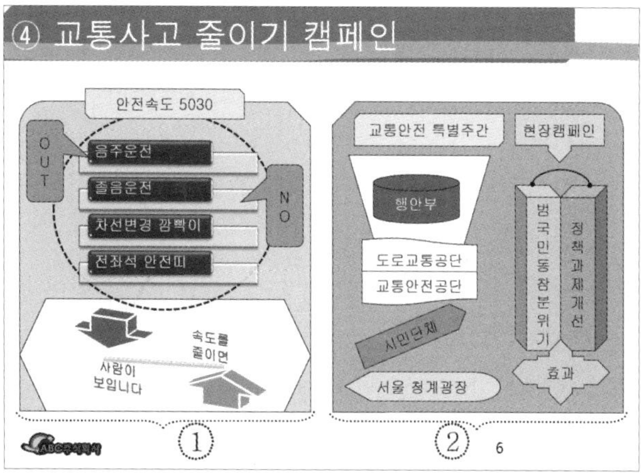

⊙ 스마트아트는 ≪출력형태≫와 같은 모양으로 삽입한다.

⊙ 스마트아트와 도형의 글꼴은 반드시 지시사항에서 지시한 글꼴로 설정했는지 확인한다.

⊙ 도형의 테두리 선 모양이나 데시 스타일이 ≪출력형태≫와 동일한지 확인한다.

⊙ 애니메이션은 날아오기(왼쪽에서), 블라인드(가로), 블라인드(세로)로 출제되고 있다.

Check 사항

⊙ 파일명은 본인의 "수험번호-성명"으로 입력하여 답안폴더(내 PC₩문서₩ITQ₩)에 정확하게 저장되었는지 확인한다(예 : 12345678-홍길동.pptx).

⊙ 슬라이드 쇼를 실행하여 하이퍼링크와 애니메이션이 정확하게 설정되었는지 확인한다.

⊙ 그림 삽입 문제의 경우 반드시 「내 PC₩문서₩ITQ₩Picture」 폴더에서 정확한 파일을 선택하여 삽입한다.

⊙ 각 슬라이드를 각각의 파일로 작업해서 저장할 경우 실격 처리됩니다.

01 Section

전체 구성

파워포인트의 기본 화면 구성을 이해하고, 용지 설정과 슬라이드에 반복되는 도형과 슬라이드 번호, 로고 등을 설정하는 슬라이드 마스터 작성 방법을 학습합니다.

화면 구성 요소

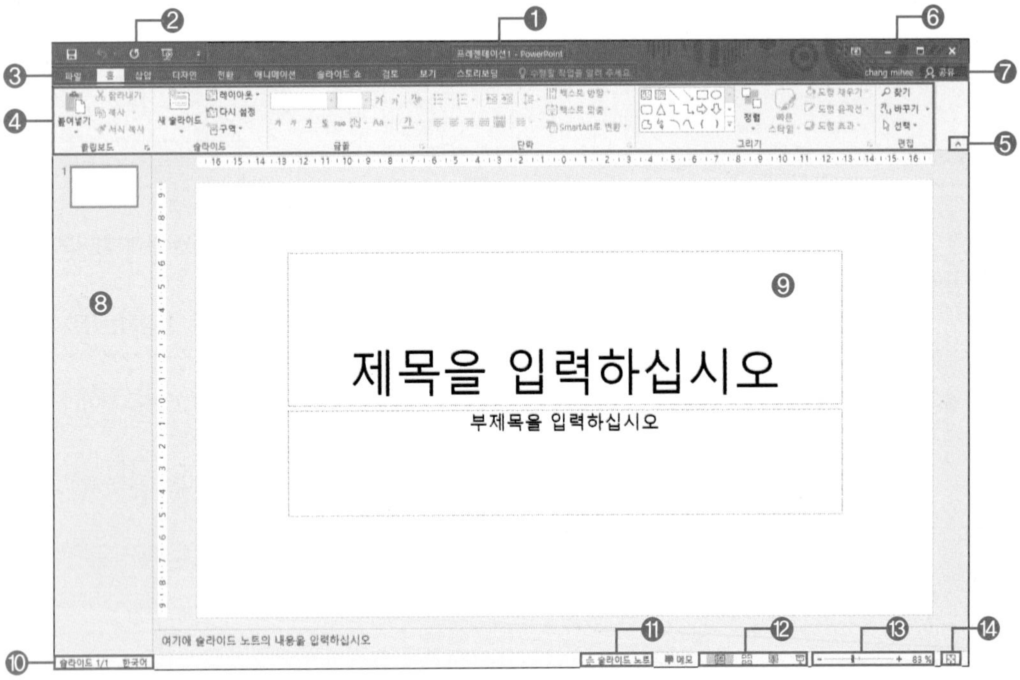

① 제목 표시줄 : 현재 실행 중인 파일 이름이 표시되며, 지정하지 않으면 '프레젠테이션1', '프레젠테이션2'로 표시됩니다.

② 빠른 실행 단추 : 자주 사용하는 메뉴들의 모음으로 개인 설정이 가능합니다.

③ 탭 메뉴 : 파워포인트의 메뉴가 표시됩니다.

④ 리본 메뉴 : [메뉴] 탭을 누르면 해당하는 메뉴가 펼쳐지며 그룹의 자세히 단추를 누르면 세부 명령 설정이 가능합니다.

⑤ 리본 메뉴 축소 : 리본 메뉴 축소 단추를 누르면 탭 메뉴만 표시되어 화면을 넓게 사용할 수 있습니다.

⑥ 화면 조절 버튼 : 리본 메뉴 표시 옵션 단추, 작업 화면의 크기 조절, 종료 단추가 있습니다.

⑦ 계정 : 계정에 로그인하면 사용자 아이디 표시와 공유 옵션이 나타납니다.

⑧ 슬라이드 축소 창 : 슬라이드의 섬네일 화면이 표시됩니다.

⑨ 슬라이드 창 : 슬라이드를 직접 편집하고 제작하는 창입니다.

⑩ 상태 표시줄 : 슬라이드 번호, 디자인 테마, 언어 등을 표시합니다.

⑪ 슬라이드 노트 : 슬라이드에 대한 설명이나 내레이션, 부가 설명 등을 입력할 수 있습니다.

⑫ 화면 보기 단추 : 슬라이드 노트, 기본 보기, 여러 슬라이드 보기, 슬라이드쇼 보기가 있습니다.

⑬ 확대/축소 : 슬라이드 창의 확대 및 축소를 비율로 조절할 수 있습니다.

⑭ 슬라이드를 현재 창 크기에 맞추기 : 슬라이드 창의 크기를 현재 작업 환경 크기에 맞춥니다.

페이지 설정

- [디자인] 탭의 [사용자 지정] 그룹의 [슬라이드 크기]-[사용자 지정 슬라이드 크기]를 클릭하여, 슬라이드 크기와 시작 번호, 슬라이드의 방향 등을 설정한 후 '맞춤 확인'을 클릭하여 설정합니다.

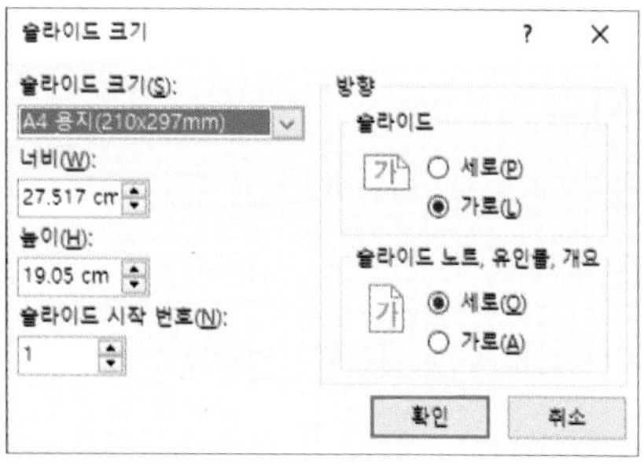

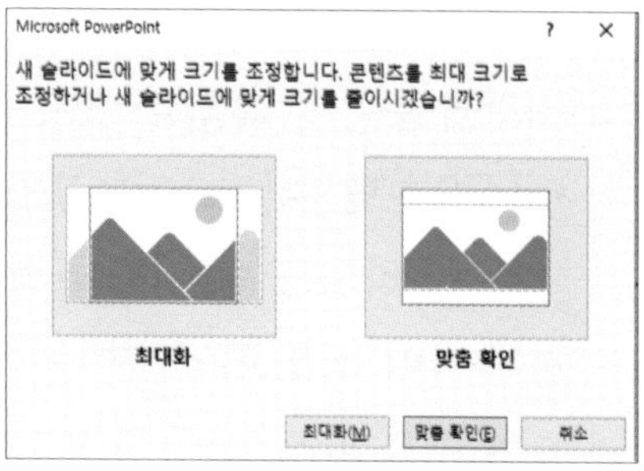

슬라이드 마스터 설정

- 슬라이드 마스터는 각 슬라이드에 공통으로 디자인할 수 있는 슬라이드 배경, 서식, 머리글과 바닥글, 페이지 번호, 제목 등을 한꺼번에 설정하는 기능입니다.
- 슬라이드 마스터는 '슬라이드 마스터, 유인물 마스터, 슬라이드 노트 마스터' 등 3가지가 있으며, 편집 슬라이드를 작성할 때는 '슬라이드 마스터'를 사용합니다.
- [보기] 탭의 [마스터 보기] 그룹-[슬라이드 마스터]를 선택합니다.
- 맨 위에 번호가 붙어있는 Office 테마 슬라이드 마스터에서 로고, 제목, 도형 등을 설정하면 하위 레이아웃의 기본적인 배경이나 서식이 하위 레이아웃 슬라이드에 모두 적용됩니다.
- 하위 레이아웃 마스터는 각 슬라이드마다 개별적으로 슬라이드를 디자인합니다.
- 슬라이드 마스터는 사용자 지정 마스터 설정이 가능합니다.
- 슬라이드 번호 위치, 제목 마스터 편집, 그림 삽입, 배경 삽입 등을 설정한 다음 [슬라이드 마스터]-[닫기]-[마스터 보기 닫기] 또는 오른쪽 하단의 '화면 보기'에서 [기본]을 클릭하여 마스터를 종료합니다.

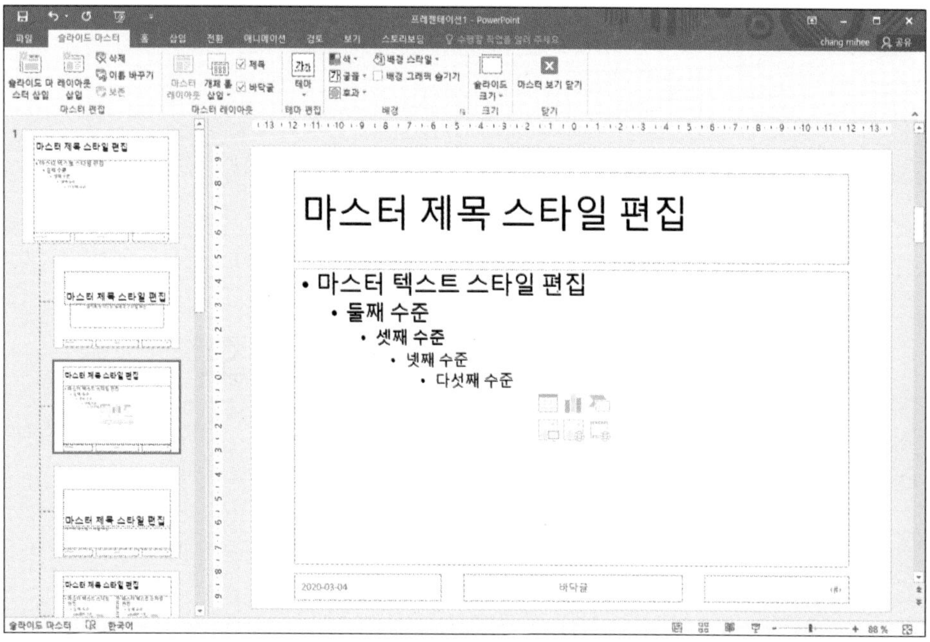

슬라이드 번호 삽입

- [머리글/바닥글] 대화상자에서 날짜, 페이지 번호, 바닥글 등을 삽입할 수 있습니다.
- [삽입] 탭의 [텍스트] 그룹에서 [머리글/바닥글] 또는 [슬라이드 번호]를 클릭합니다.
- '슬라이드 번호'와 '제목 슬라이드에는 표시 안 함'에 체크한 후 '모두 적용'을 누릅니다.

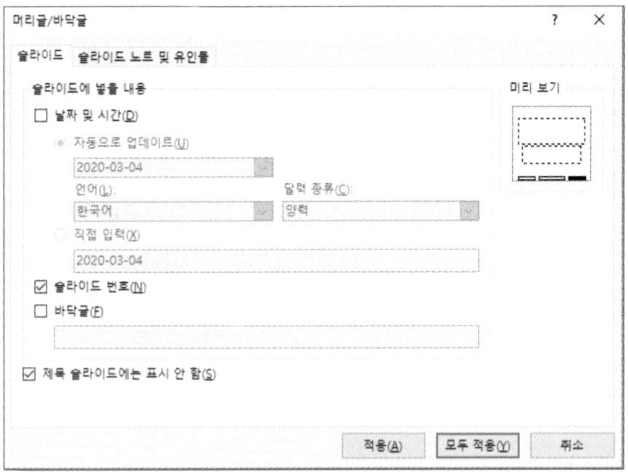

도형 삽입

- [삽입] 탭의 [일러스트레이션] 그룹에서 [도형] 또는 [홈] 탭의 [그리기] 그룹에서 원하는 도형을 삽입합니다.
- 도형을 삽입할 때는 왼쪽 위 상단에서 시작해서 오른쪽 하단 즉, 대각선으로 드래그하면 쉽게 삽입할 수 있습니다.

Shift +드래그	정원, 정사각형, 직선인 경우 45° 방향으로 직선
Ctrl +드래그	Ctrl 을 누르고 도형을 드래그하면 도형의 중심부터 도형이 그려집니다.
Alt +드래그	도형을 세밀하게 크기 조절
Ctrl +드래그	도형을 선택한 후 Ctrl 을 누르고 드래그하면 복사
Ctrl + D	도형을 선택한 후 Ctrl + D 를 누르면 복제
Ctrl + Shift +드래그	수평 · 수직 복사
여러 도형 선택	Ctrl 또는 Shift 를 누르고 여러 도형을 선택

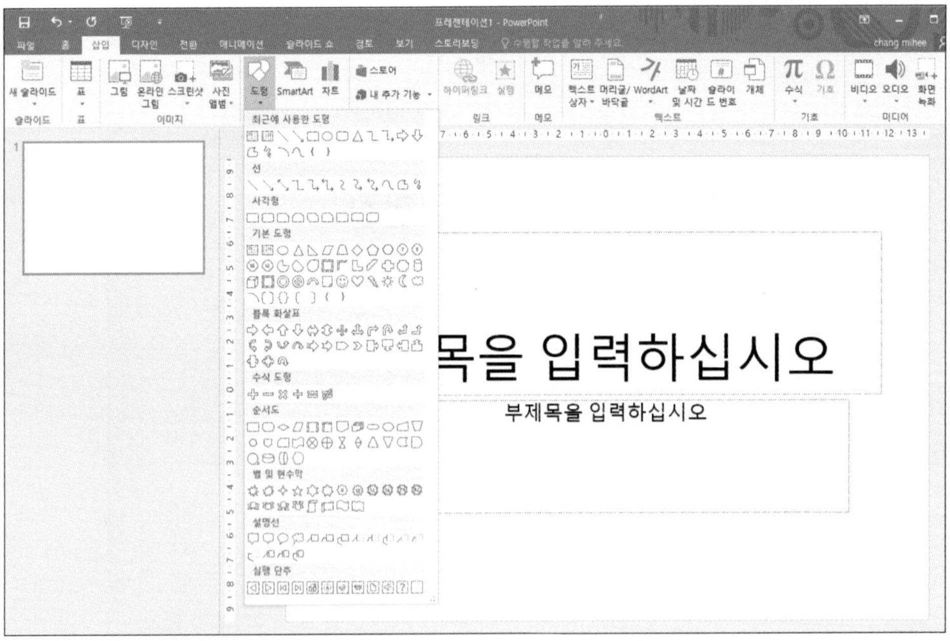

도형 크기 조절

- 도형을 선택하면 흰색 조절점, 노란색 조절점, 회전 화살표가 표시됩니다.
- 흰색 조절점으로 도형의 크기를 조절합니다.
- 회전 화살표 위에 마우스를 올려 놓고 돌리면 도형의 방향이 변경되고, 노란색 조절점으로 도형의 모양을 변형시킵니다.

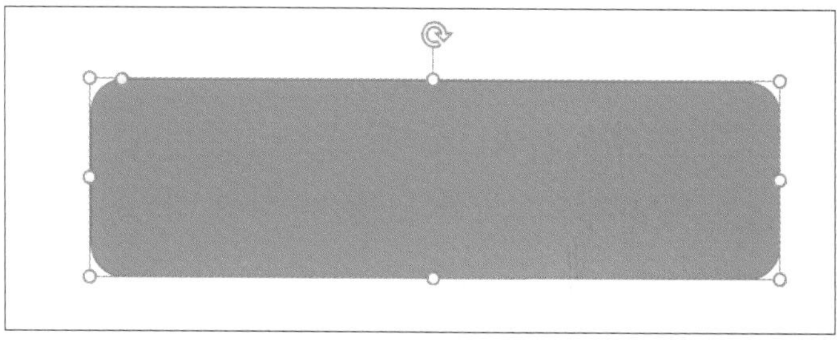

도형 서식 설정

- 도형을 선택하면 도형을 편집할 수 있는 도구 모음 상황 탭이 표시되며, [도형 삽입] 그룹에서는 다른 도형을 삽입하거나, 도형 변경, 점 편집 등이 가능합니다.
- [도형 스타일] 그룹에서는 미리 만들어진 도형 스타일과 도형 채우기, 도형 윤곽선, 도형 효과를 지정할 수 있으며, [도형 효과]에서는 '그림자, 반사, 네온, 부드러운 가장자리, 입체 효과, 3차원 효과' 등을 설정합니다.
- [WordArt 스타일] 그룹에서는 입력한 텍스트를 미리 만들어진 스타일로 변경하거나, 텍스트의 효과 등을 설정합니다.
- [정렬] 그룹에서는 도형의 순서와 맞춤, 그룹화, 회전 등을 할 수 있으며, [크기] 그룹에서는 도형의 크기를 입력하여 설정합니다.

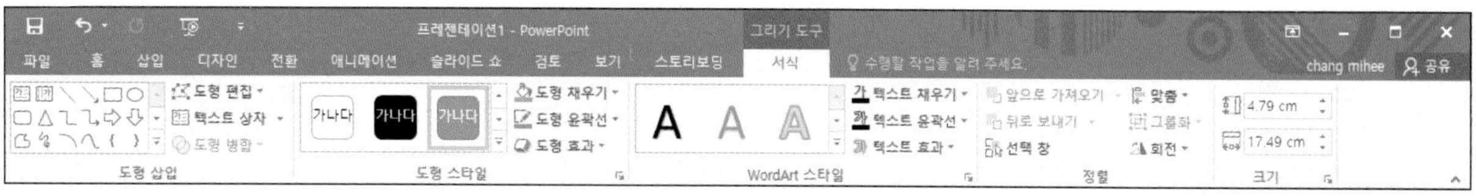

- 도형 스타일의 '도형 서식' 단추를 클릭하면 오른쪽에 세부 사항을 편집할 수 있는 도형 서식의 옵션을 사용합니다.

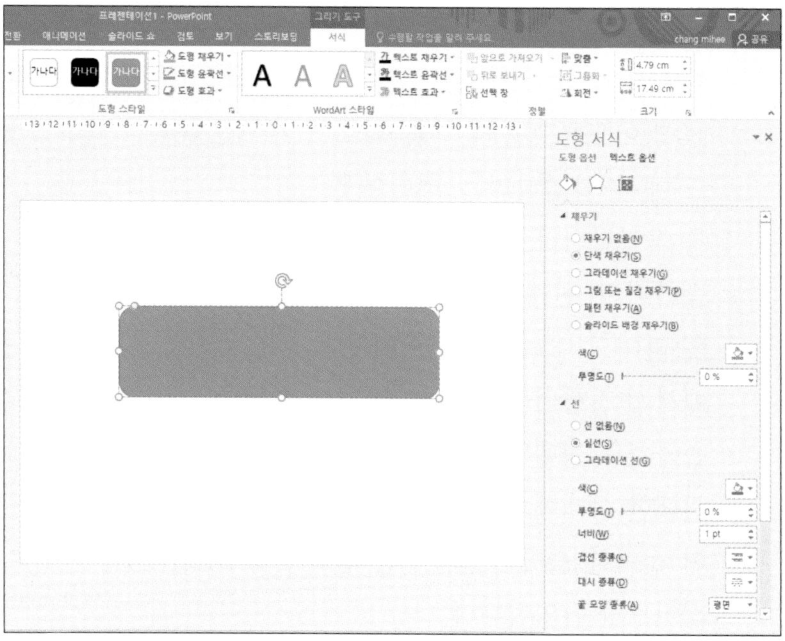

그림 삽입과 편집

- [삽입] 탭의 [일러스트레이션] 그룹에서 [그림]을 클릭합니다.
- [내 PC₩문서₩ITQ₩Picture] 폴더에서 해당하는 그림을 더블클릭하여 삽입합니다.

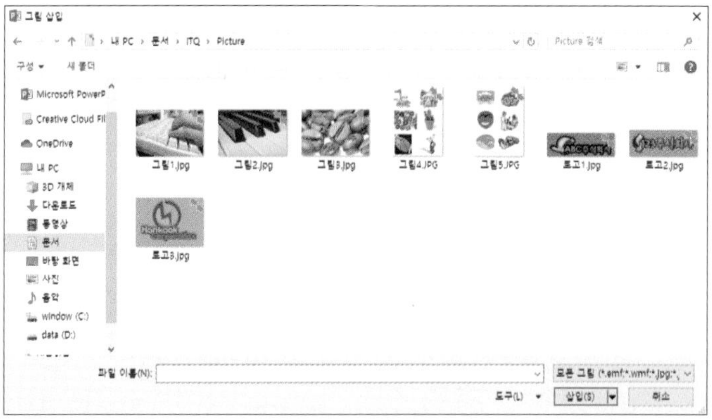

- 그림을 선택하면 [그림 도구] 상황 탭이 생성되고, [서식] 탭의 [조정] 그룹에서 [색]의 '투명한 색 설정'을 이용해 배경색을 제거합니다.
- [그림 스타일] 그룹에서는 그림 스타일, 그림 테두리와 그림 효과, 그림 레이아웃 등을 설정합니다.

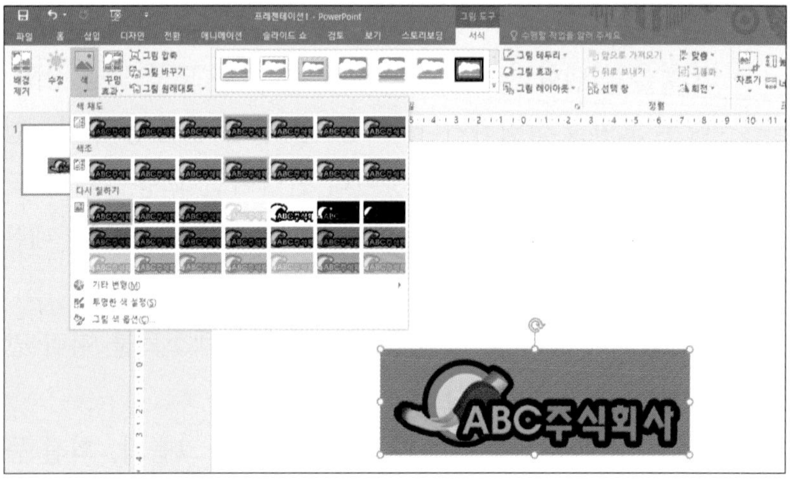

- [정렬] 그룹에서는 그림의 앞뒤 순서 변경, 맞춤, 회전을 지정할 수 있으며, [크기] 그룹에서는 '그림 자르기'와 '크기'를 변경합니다.

슬라이드 삽입과 수정

- 슬라이드 삽입은 [홈] 탭에서 [슬라이드] 그룹의 [새슬라이드]에서 삽입하려는 레이아웃을 클릭합니다.
- 슬라이드 변경은 [홈] 탭에서 [슬라이드] 그룹의 [레이아웃]에서 변경합니다.
- 슬라이드 섬네일의 슬라이드를 선택한 상태에서 Enter 를 누르면 선택한 슬라이드와 같은 슬라이드가 삽입됩니다.

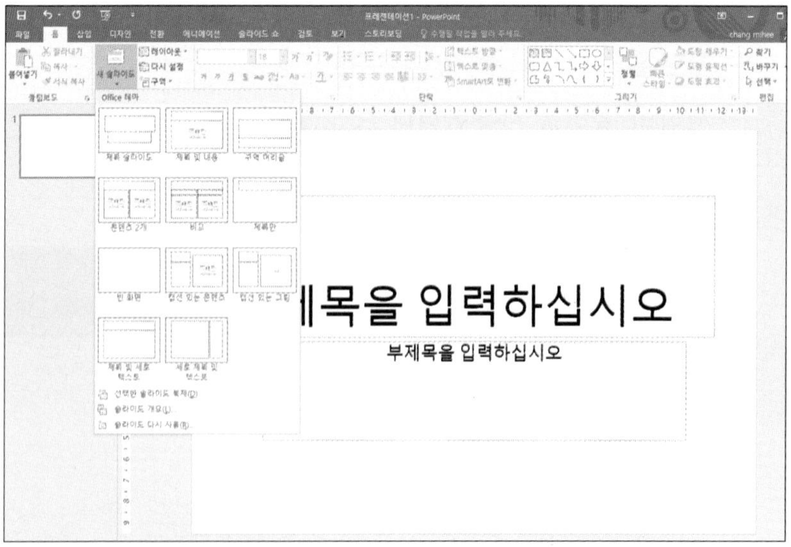

출제유형 따라하기

■ ■ 예제 : 출제유형₩1.전체구성.pptx

전체 구성

파워포인트의 전체 구성으로 배점은 60점이며 슬라이드 크기 지정, 슬라이드 번호, 바닥글, 슬라이드 마스터를 이용하여 작성, 로고 삽입, 투명 배경색 지정 등 전체적인 구성 내용을 평가합니다.

≪전체구성≫ (60점)

조건 (1) 슬라이드 크기 및 순서 : 크기를 A4 용지로 설정하고 슬라이드 순서에 맞게 작성한다.

(2) 슬라이드 마스터 : 2~6슬라이드의 제목, 하단 로고, 슬라이드 번호는 슬라이드 마스터를 이용하여 작성한다.

- 제목 글꼴(돋움, 40pt, 흰색), 왼쪽 맞춤, 도형(선 없음)
- 하단 로고(「내 PC₩문서₩ITQ₩Picture₩로고2.jpg」), 배경(회색) 투명색으로 설정)

출력형태

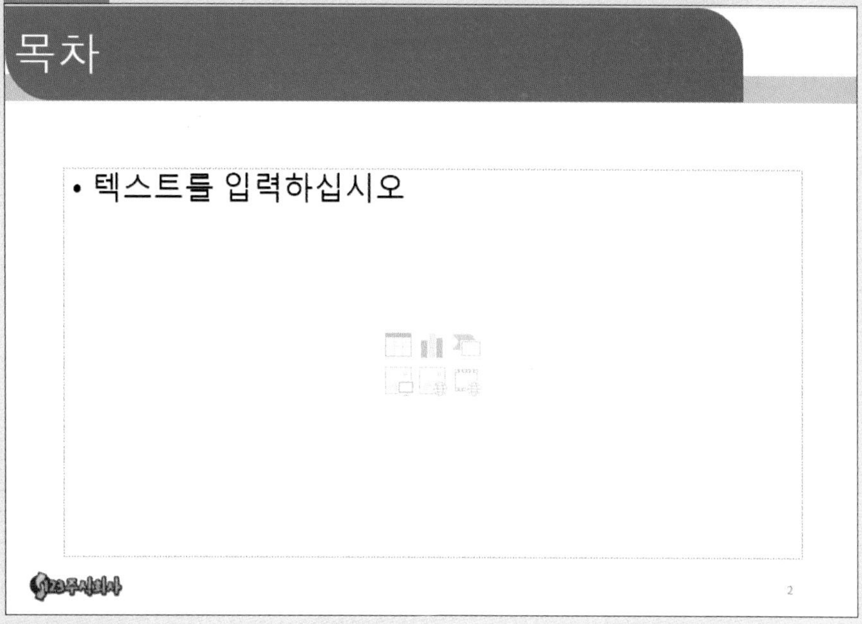

KEY POINT

- 슬라이드 크기 지정 : [디자인] – [사용자 지정] – [슬라이드 크기] – [사용자 지정 슬라이드 크기] – 'A4용지' – '맞춤 확인'
- 슬라이드 마스터 설정 : [보기] – [슬라이드 마스터]
- 슬라이드 마스터 작업 – [제목 및 내용 레이아웃] 선택
  - [도형 삽입] : [삽입] – [일러스트레이션] – [도형] / [도형 윤곽선] – [윤곽선 없음]
  - [마스터 제목 서식 지정] : 글꼴, 크기, 색 지정
  - [그림 삽입] : [삽입] – [일러스트레이션] – [그림] – 그림 삽입
  - [그림 투명색 설정] : [그림 도구] – [서식] – [조정] – [색] – 투명한 색 설정 / [그림 위치 변경]
  - 슬라이드 번호 삽입 : [삽입] – [텍스트] – [슬라이드 번호] – [슬라이드 번호와 제목 슬라이드에는 표시 안 함] 체크
  - [마스터 닫기] : [슬라이드 마스터] – [닫기] – [마스터 보기 닫기]
- 저장 : 내 PC₩문서₩ITQ₩수험번호–이름

01 파워포인트를 실행시키고 '새 프레젠테이션'을 선택합니다. 새 프레젠테이션이 열리면 ❶[디자인] 탭의 ❷[사용자 지정] 그룹에서 [슬라이드 크기]를 클릭한 후 ❸[사용자 지정 슬라이드 크기]를 선택합니다.

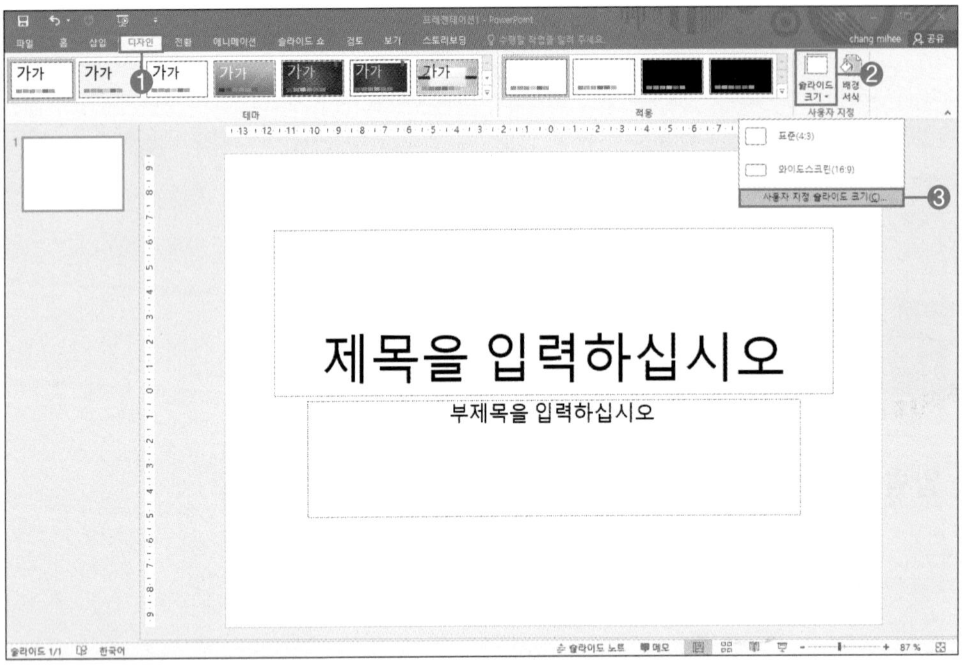

02 [슬라이드 크기] 대화상자에서 ❶'슬라이드 크기 : A4 용지', ❷'슬라이드 방향 : 가로'로 지정하고 ❸[확인]을 클릭한 후 ❹'맞춤 확인'을 선택합니다.

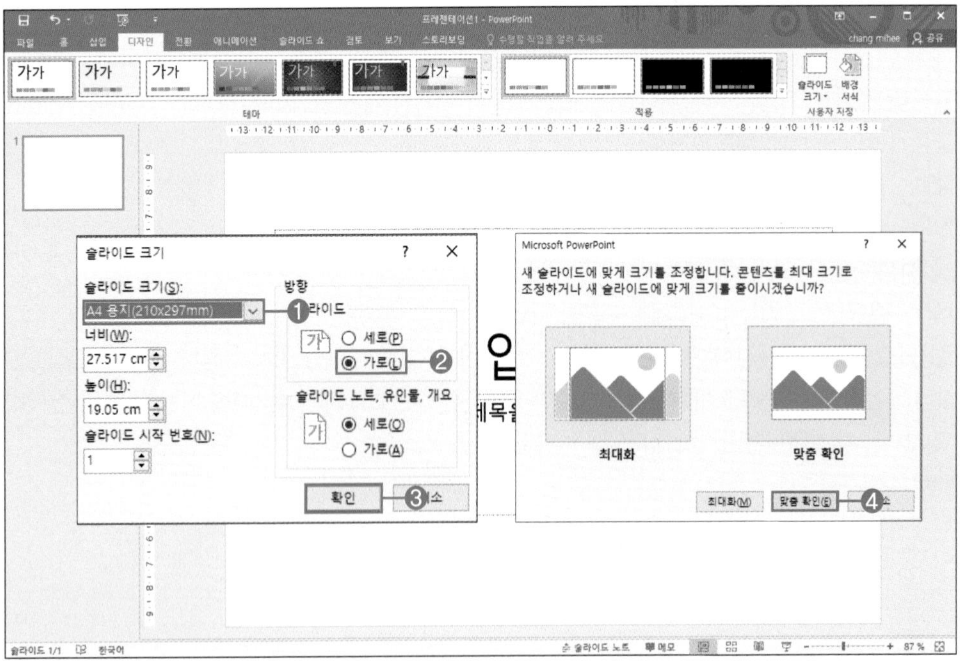

03 프레젠테이션을 저장하기 위해 ❶[파일]을 클릭합니다.

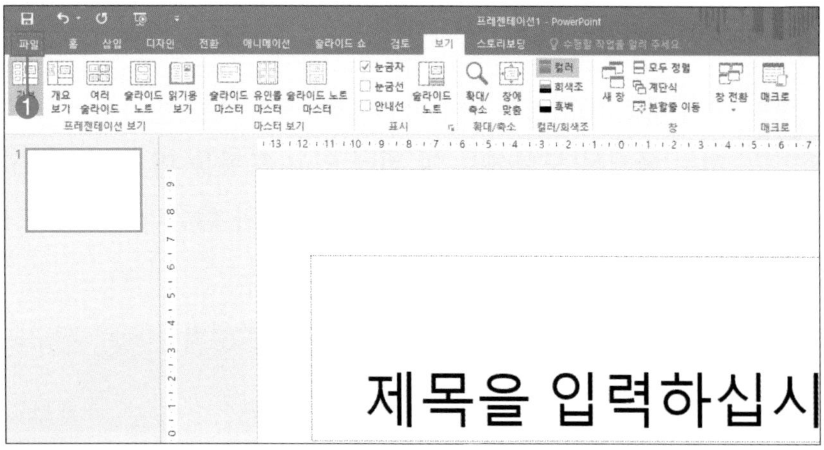

Tip

빠른 메뉴의 '디스켓' 단추를 클릭해도 됩니다.

단축키 : Ctrl + S

04 ❶[저장] 또는 [다른 이름으로 저장]을 클릭한 후 ❷'이 PC'를 더블클릭합니다.

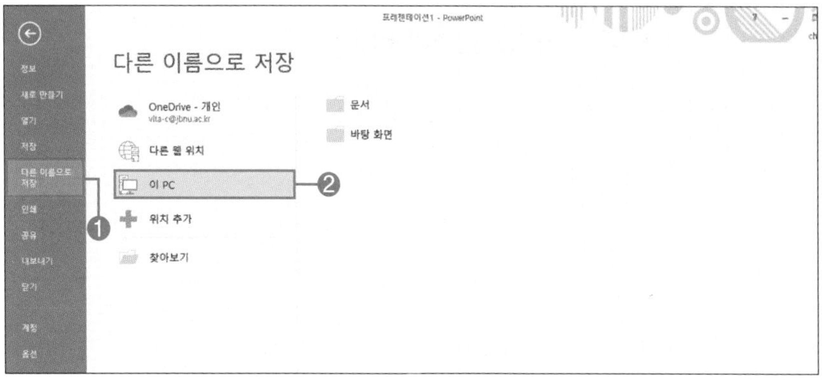

05 저장될 폴더는 ❶'내 PC ₩문서₩ITQ'를 선택한 후 ❷저장 폴더를 확인하고 ❸ 파일 이름은 '수험번호-이름'을 입력한 후 ❹'저장'을 클릭합니다.

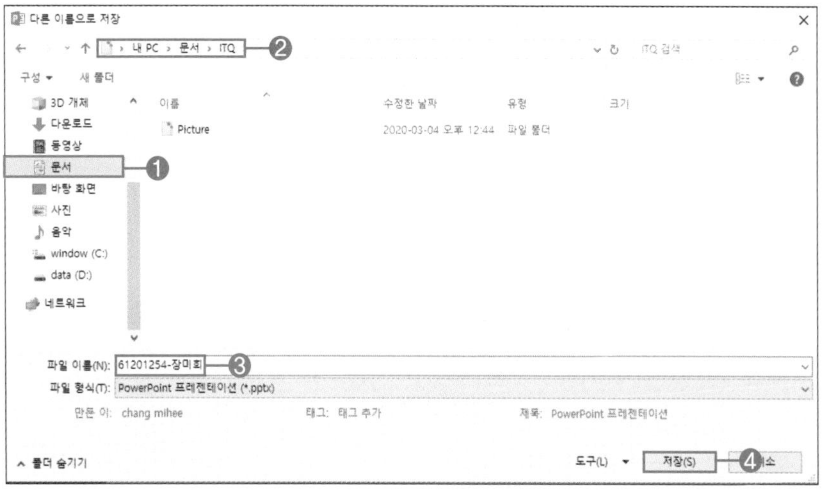

06 제목 표시줄에 파일명이 표시됩니다. 파워포인트에 편집을 하면 왼쪽 상단의 '저장'을 눌러 재저장합니다.

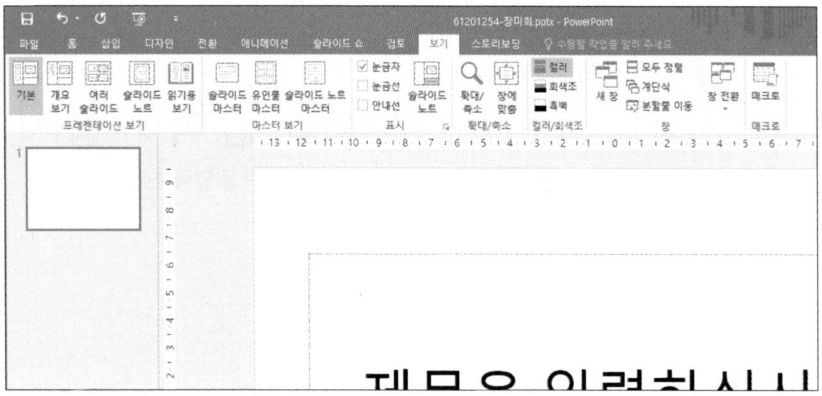

Tip

파일명 또는 저장 위치를 잘못 입력했다면 [파일] - [다른 이름으로 저장]을 클릭하여 다시 저장하세요.

Step 02. 슬라이드 마스터 작성하기

01 슬라이드 마스터를 작성하기 위해서는 목차 슬라이드의 제목을 보고 작성해야 합니다. 작성 순서는 ❶제목 도형에서 맨 뒤에 있는 도형을 먼저 삽입하고, ❷위쪽 도형을 그린 후 ❸슬라이드 마스터 제목 글꼴을 설정한 후 ❹로고와 ❺슬라이드 번호를 삽입합니다. 작성 순서를 알아둡니다.

02 슬라이드를 균형있게 편집하기 위해 눈금선을 표시합니다. ❶[보기] 탭의 ❷[표시] 그룹에서 '눈금자', '눈금선', '안내선'을 체크합니다.

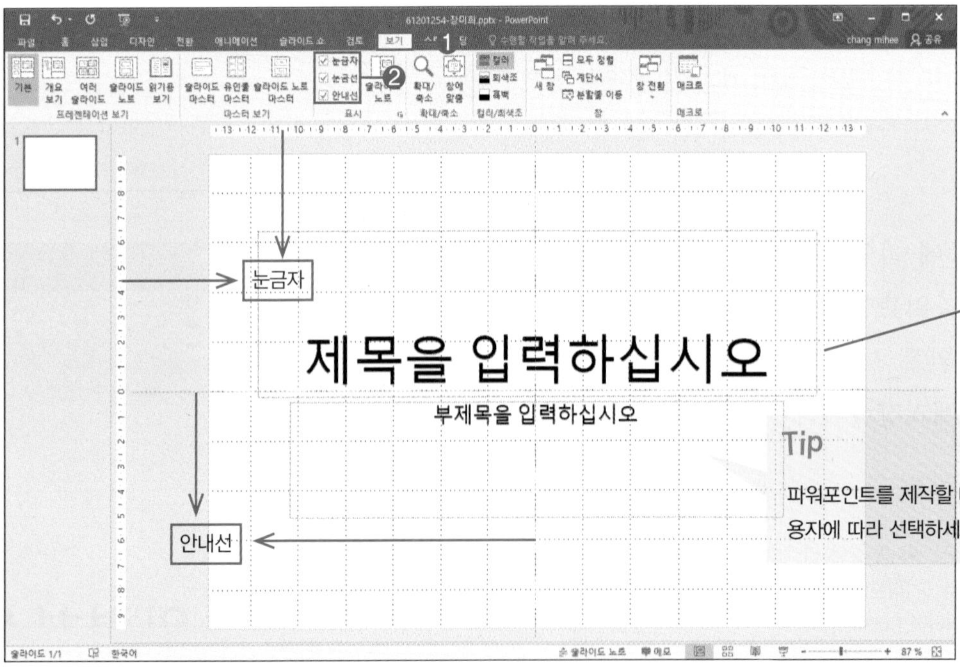

Tip

파워포인트를 제작할 때 눈금선, 안내선 등은 사용자에 따라 선택하세요.

Step 03. 슬라이드 마스터 제목 도형 작성하기

01 슬라이드 마스터를 설정하기 위해 ❶[보기] 탭의 [마스터 보기] 그룹에서 ❷[슬라이드 마스터]를 클릭합니다.

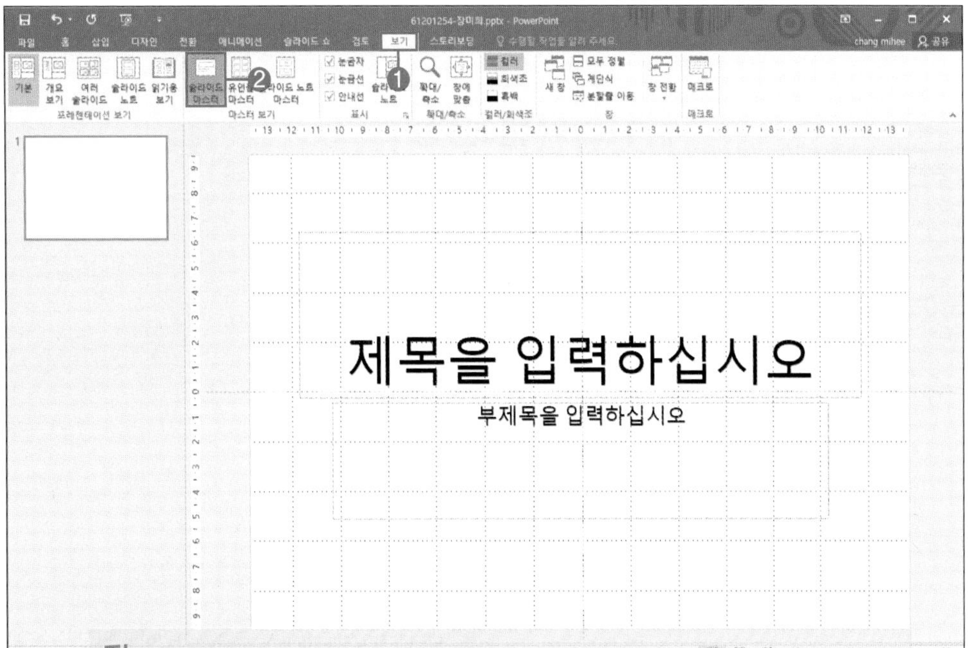

Tip

Shift 를 누른 채 오른쪽 하단의 '기본 보기'를 클릭하여 슬라이드 마스터로 이동할 수 있습니다.

02 [슬라이드 마스터] 탭이 열리면 ❶스크롤 바를 위로 올린 후 ❷'제목 및 내용' 레이아웃을 클릭합니다.

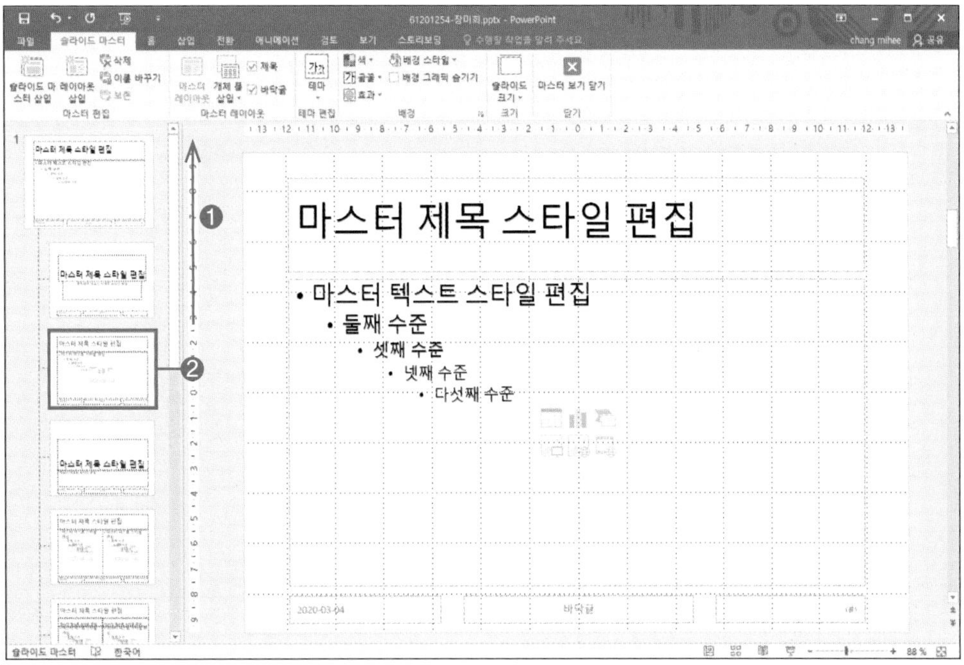

03 ❶'제목 및 내용' 레이아웃이 선택된 상태에서 ❷[삽입] 탭의 [이미지] 그룹에서 ❸[도형]을 클릭하여 ❹'사각형'의 '사각형'을 선택합니다.

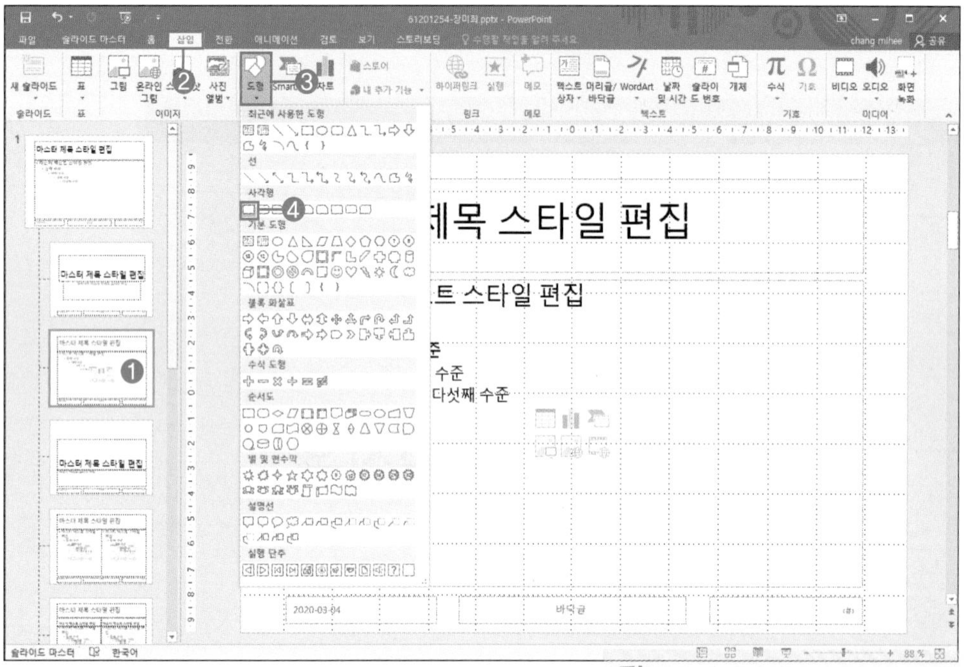

Tip

[홈] 탭의 [그리기] 그룹에서 도형을 삽입하고 편집할 수 있습니다.

04 슬라이드 마스터의 ❶마스터 제목 스타일 부분의 두 번째 칸의 중간 정도에서 드래그하여 ❷오른쪽 하단으로 '마스터 제목 스타일 편집' 제목의 절반 정도를 넘지 않게 드래그합니다. 두 번째 눈금의 절반을 넘지 않도록 합니다.

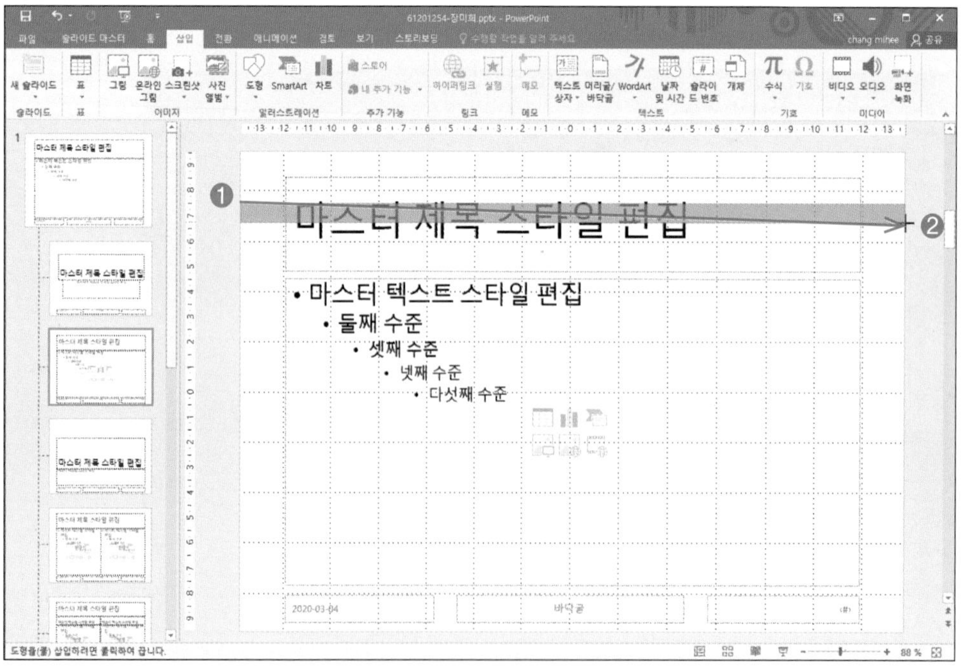

05 ❶'제목 및 내용' 레이아웃이 선택된 상태에서 맨 위에 그려진 도형을 삽입하기 위해 ❷[삽입] 탭의 [이미지] 그룹에서 ❸[도형]을 클릭하여 '사각형'의 ❹'대각선 방향의 모서리가 둥근 사각형'을 선택합니다.

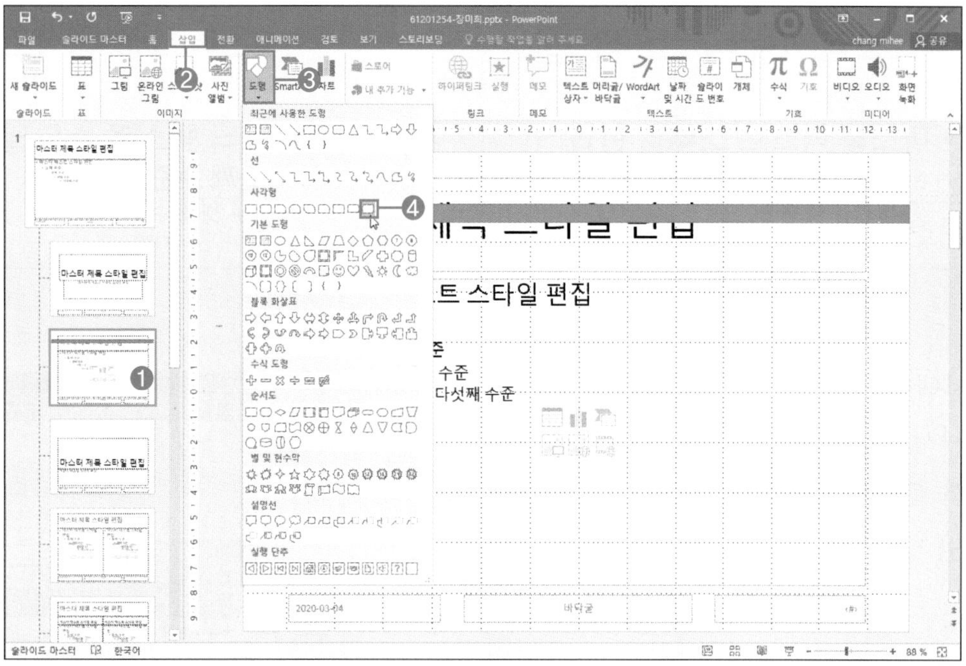

06 ❶슬라이드 마스터의 왼쪽 위 상단에 마우스를 직각으로 맞춘 후 ❷오른쪽 하단으로 '마스터 제목 스타일 편집' 도형의 너비만큼 드래그하여 삽입합니다.

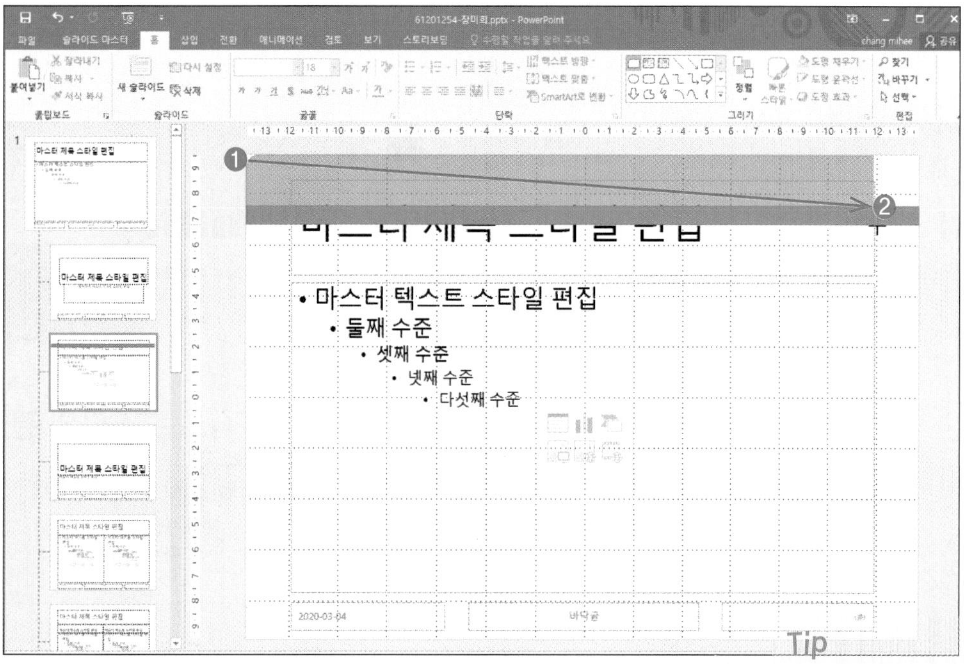

Tip

도형의 높이는 마스터 제목 슬라이드 개체 틀 높이를 넘지 않도록 합니다.

07 ❶도형의 왼쪽 노란색 핸들러를 ❷오른쪽으로 드래그하여 도형을 변형합니다.

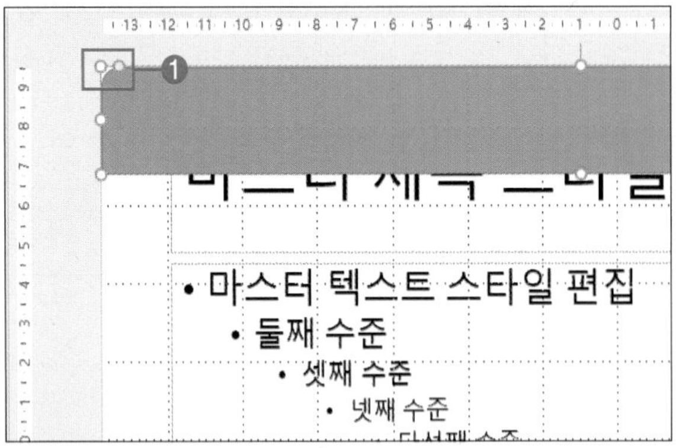

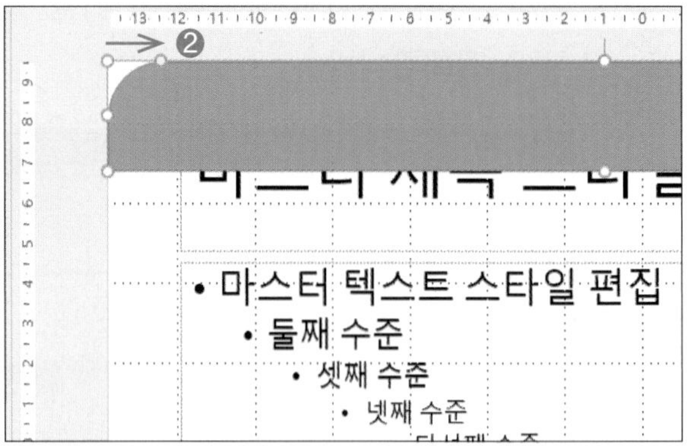

08 ❶도형을 선택한 후 ❷[그리기 도구]–[서식] 탭의 [정렬] 그룹에서 ❸[회전]의 ❹[좌우 대칭]을 클릭합니다.

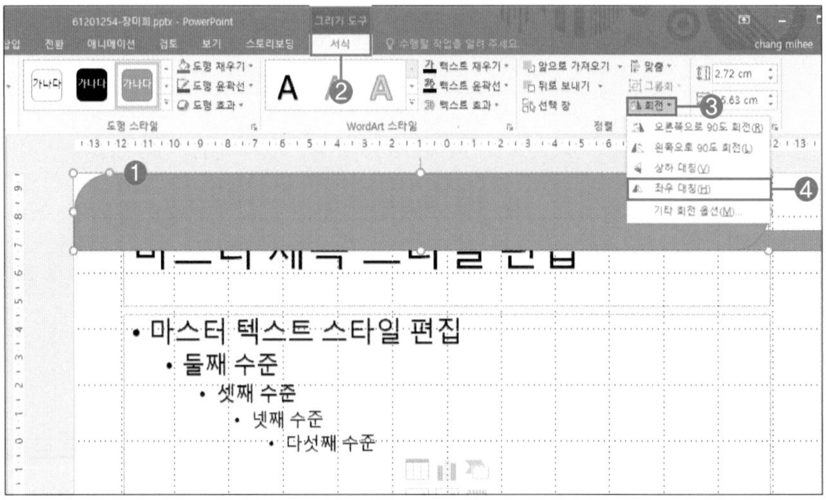

Tip

도형의 회전은 ≪출력형태≫를 보고 변경합니다.

09 ❶도형을 선택한 후 ❷[그리기 도구]–[서식] 탭의 ❸[도형 스타일] 그룹에서 [도형 채우기]를 클릭한 후 ❹임의 색을 선택합니다.

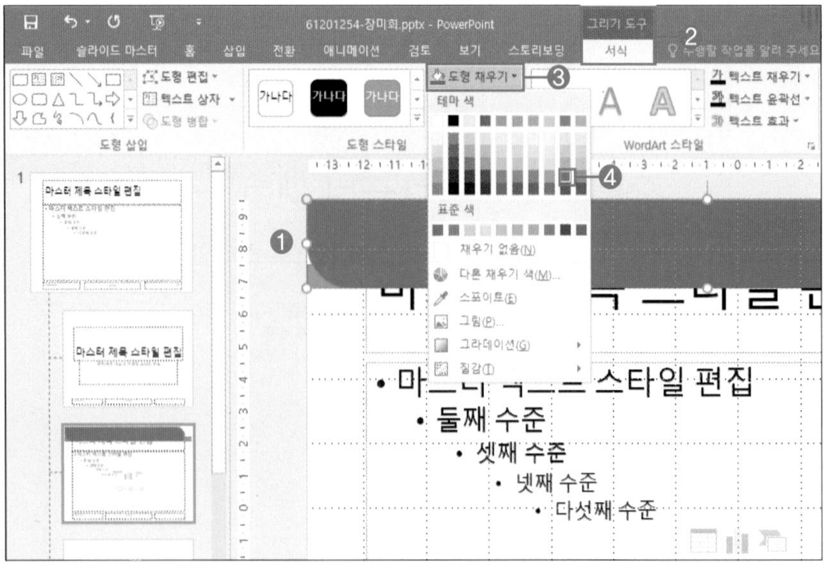

Tip

도형의 색은 지정되지 않아 채점 대상이 아니지만 텍스트 글꼴의 색상에 따라 도형을 어두운 색 또는 밝은 색으로 변경합니다. 또한 변경하지 않아도 감점되지 않으므로 기본값 그대로 사용해도 됩니다.

10 슬라이드 마스터 작성 조건에 도형(선 없음)이 있습니다. ❶첫 번째 도형을 선택한 후 ❷Ctrl을 누른 채 두 번째 도형을 선택합니다. ❸[그리기 도구]-[서식] 탭의 ❹[도형 스타일] 그룹에서 [도형 윤곽선]을 클릭한 후 ❺'윤곽선 없음'을 선택합니다.

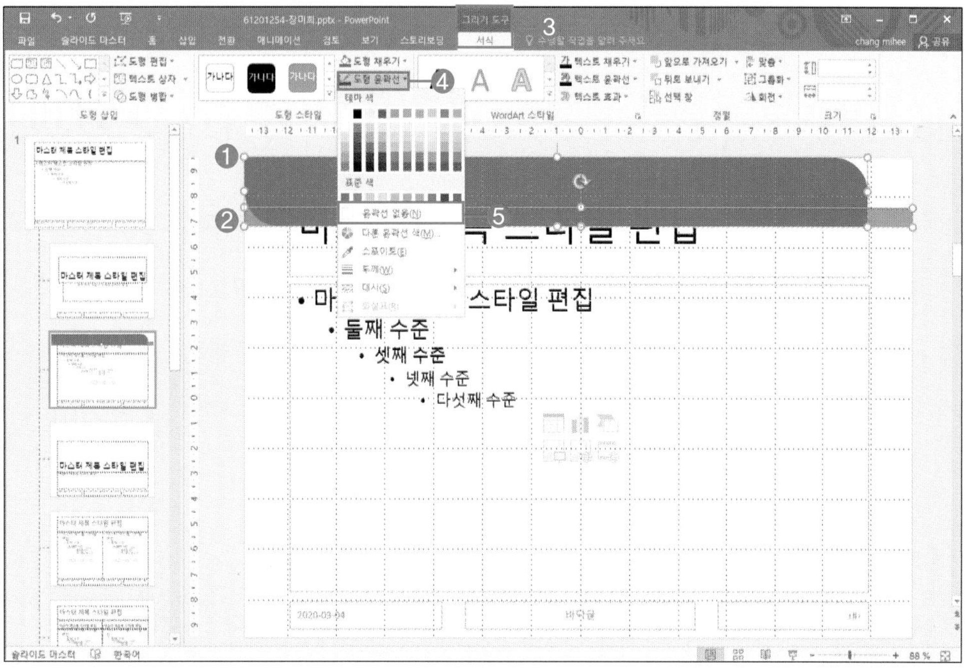

Tip

도형의 '크기'와 '테두리 색', '테두리 두께', '도형 채우기 색'을 제시되지 않은 부분은 기본값 그대로 사용하거나 임의로 변경합니다. 단 제시된 '도형(선 없음)'은 반드시 작성하도록 합니다.

11 ❶'마스터 제목 스타일 편집' 개체 틀을 선택한 후 ❷[그리기 도구]-[서식] 탭의 ❸[정렬] 그룹에서 [앞으로 가져오기] 목록 단추를 클릭한 후 ❹'맨 앞으로 가져오기'를 선택합니다.

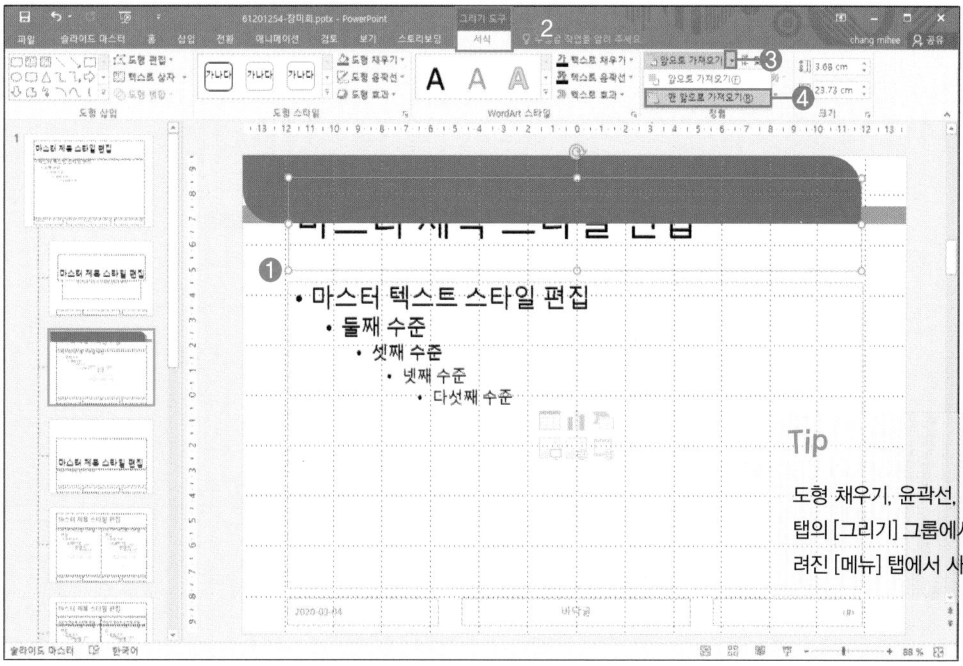

Tip

도형 채우기, 윤곽선, 도형 효과, 정렬 등은 [홈] 탭의 [그리기] 그룹에서 할 수 있습니다. 현재 열려진 [메뉴] 탭에서 사용하세요.

12 제목 글꼴 조건을 설정하기 위해 ❶마스터 제목 스타일 편집 개체 틀이 선택된 상태에서 ❷[홈] 탭의 ❸[글꼴] 그룹에서 '돋움', '40pt'를 설정합니다. ❹글꼴 색의 목록 단추를 누르고 ❺'흰색, 배경1'을 선택합니다.

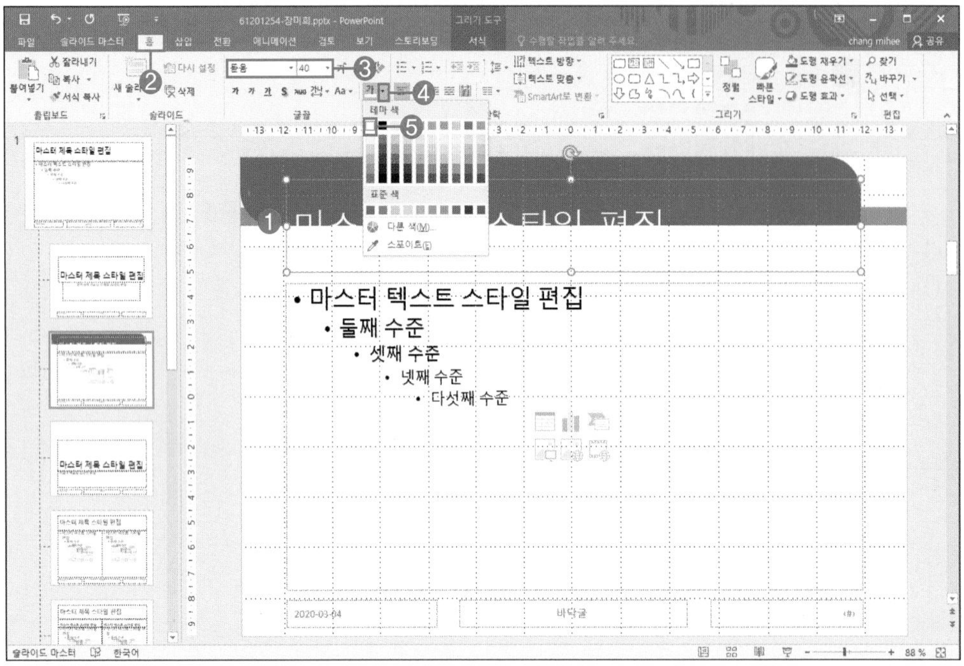

13 제목 글꼴 조건의 '왼쪽 정렬'을 설정합니다. ❶'마스터 제목 스타일 편집' 개체 틀이 선택된 상태에서 ❷[홈] 탭의 ❸[단락] 그룹에서 '왼쪽 맞춤'을 설정합니다. ❹'제목 개체 틀'을 도형 크기에 맞게 조절하고 위치를 이동시켜 완성합니다.

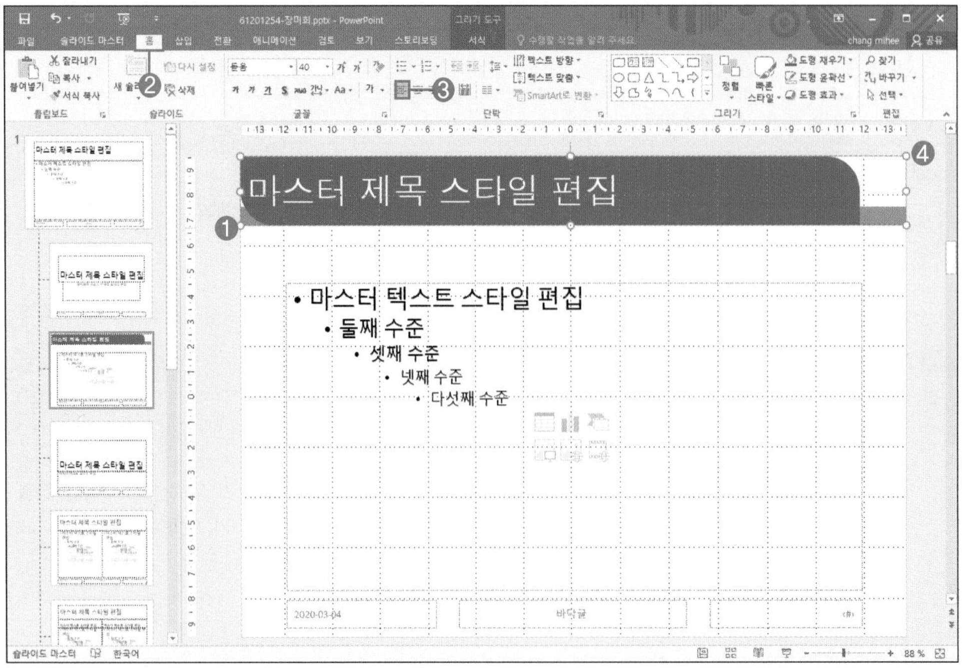

Step 04. 슬라이드 마스터 그림 삽입하기

01 그림을 삽입하고 배경을 투명도로 설정합니다. ❶'제목 및 내용' 레이아웃 마스터가 선택된 상태에서 ❷[삽입] 탭의 [이미지] 그룹에서 ❸[그림]을 클릭합니다. [그림 삽입] 대화상자가 열리면 ❹왼쪽 구성에서 [내 PC]–[문서]– [ITQ]–[Picture] 폴더를 선택하고 ❺경로를 확인한 다음 ❻'로고2.jpg' 파일을 더블클릭하여 이미지를 삽입합니다.

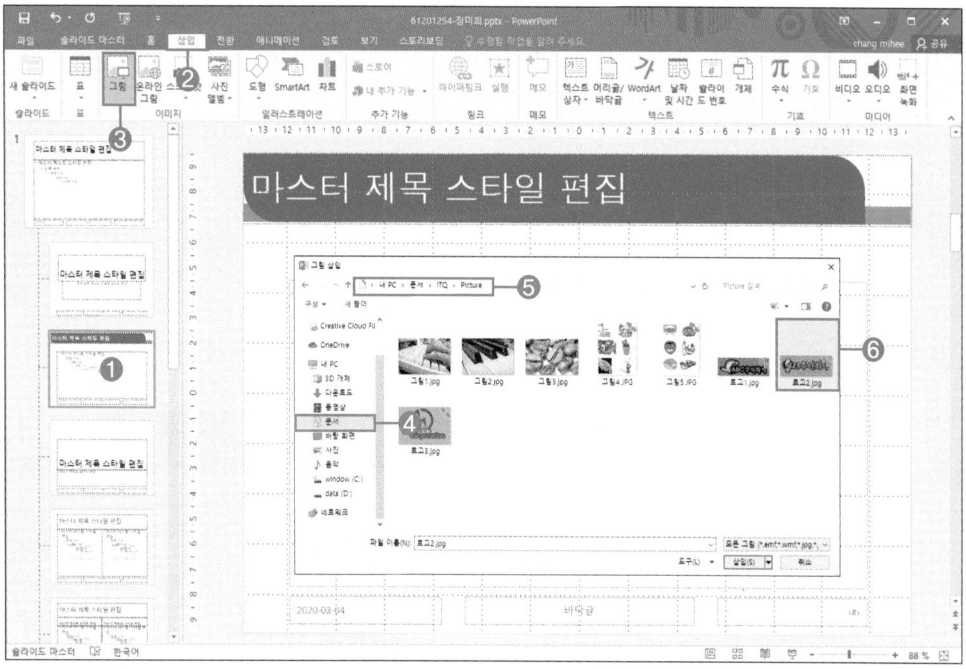

02 ❶삽입된 그림을 선택한 상태에서 ❷[그림 도구]–[서식] 탭의 [조정] 그룹에 서 ❸[색]의 ❹'투명한 색 설정'을 클릭합니다.

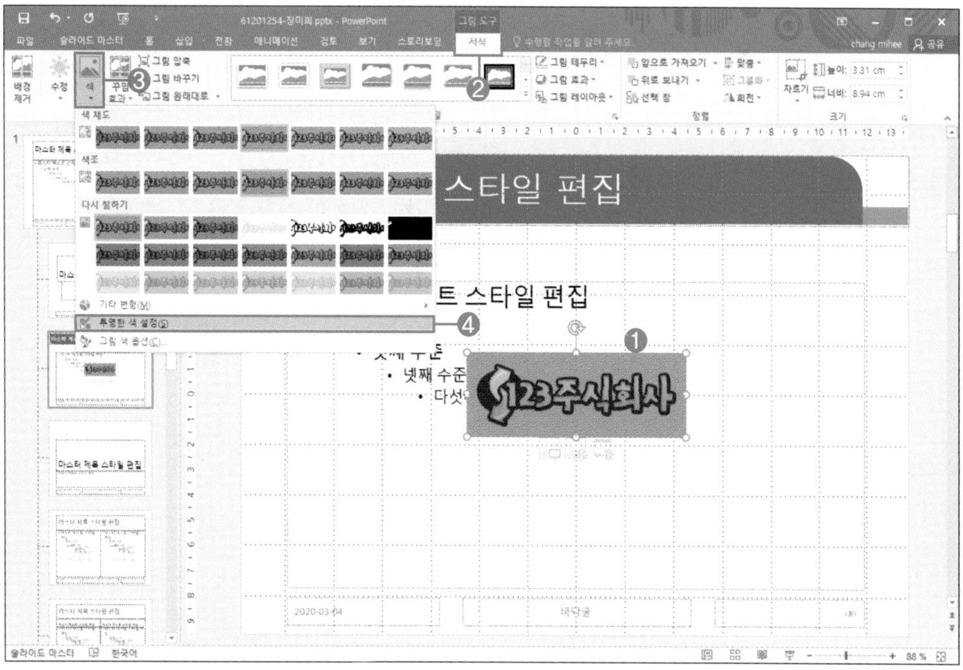

03 ❶마우스 모양이 일 때 그림의 회색 부분을 클릭하여 '회색' 배경색을 삭제하여 투명하게 합니다.

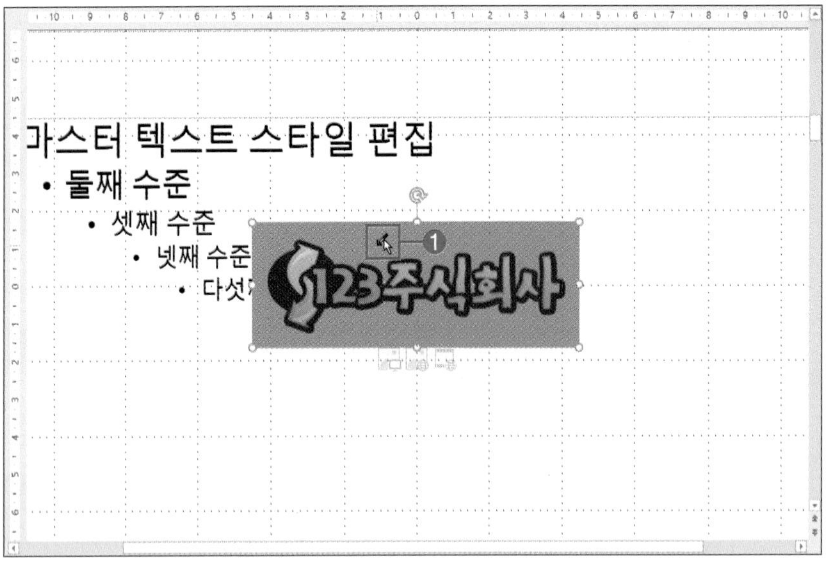

04 ❶그림의 오른쪽 상단의 대각선 조절점을 드래그하여 왼쪽 하단으로 크기를 조절합니다.

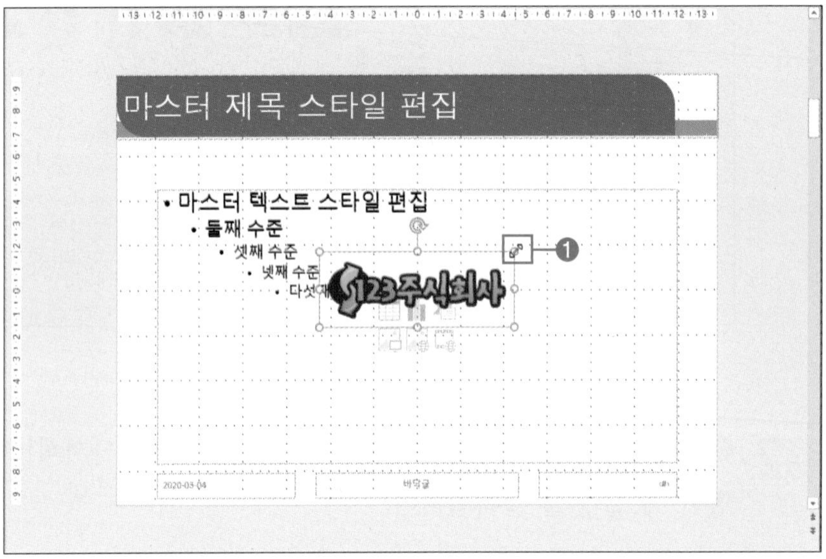

05 ≪출력형태≫와 같이 드래그하여 위치를 이동합니다.

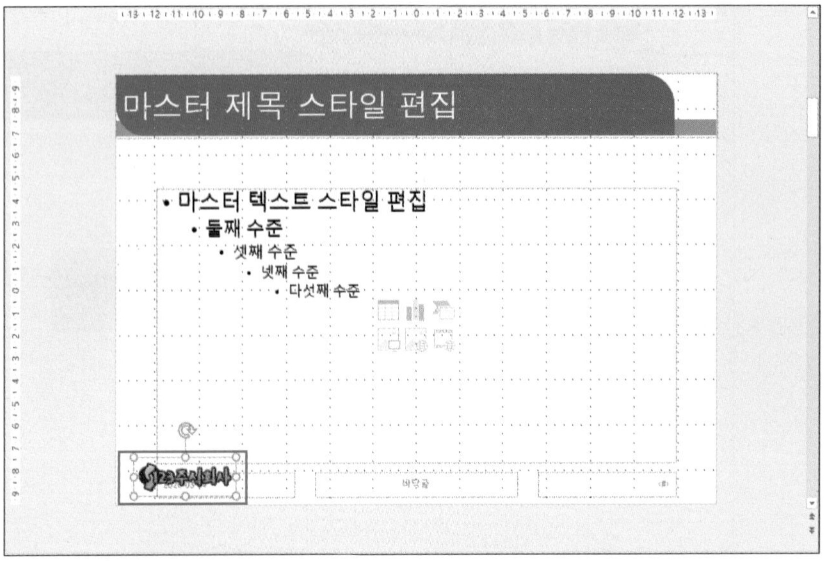

Tip

'크기'와 '위치'는 제시되지 않았으므로 ≪출력형태≫와 같이 작성하면 됩니다.

Step 05. 슬라이드 번호 삽입과 슬라이드 삽입하기

01 슬라이드의 번호를 삽입하고 제목 슬라이드에는 표시하지 않습니다. ❶'제목 및 내용 슬라이드 마스터'를 선택한 후 ❷[삽입] 탭의 ❸[텍스트] 그룹에서 '슬라이드 번호'를 클릭합니다.

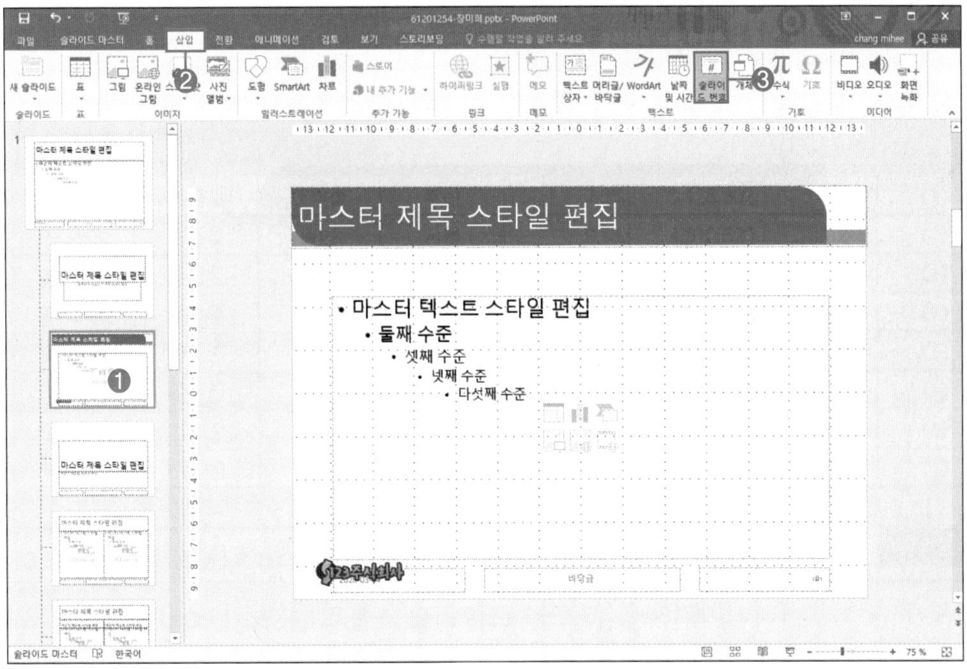

02 [머리글/바닥글] 대화상자에서 ❶[슬라이드] 탭의 ❷'슬라이드 번호'와 ❸'제목 슬라이드에는 표시 안 함'에 체크하고 ❹[모두 적용]을 클릭합니다.

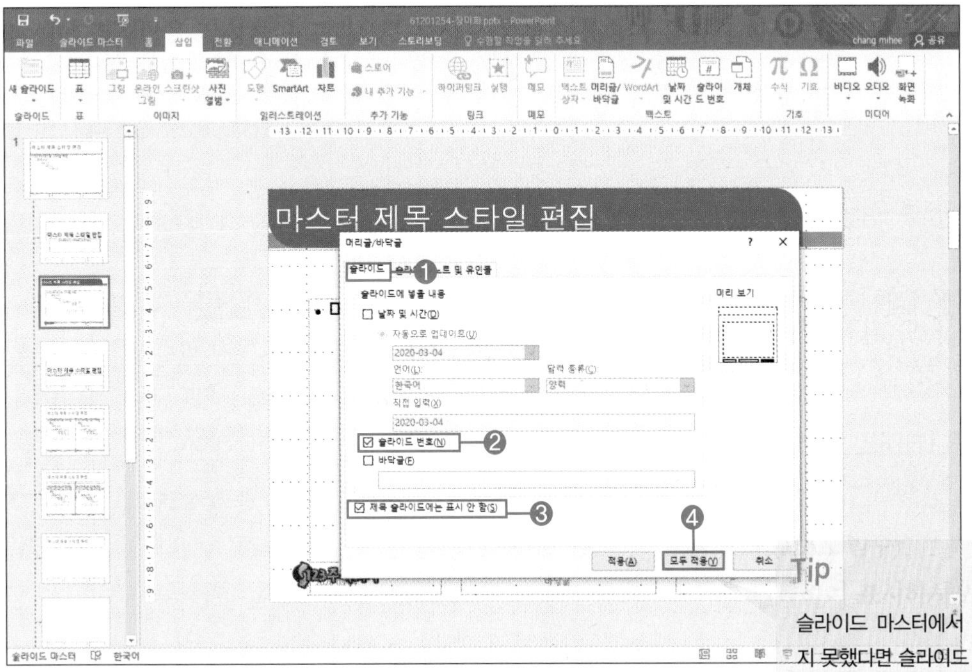

Tip

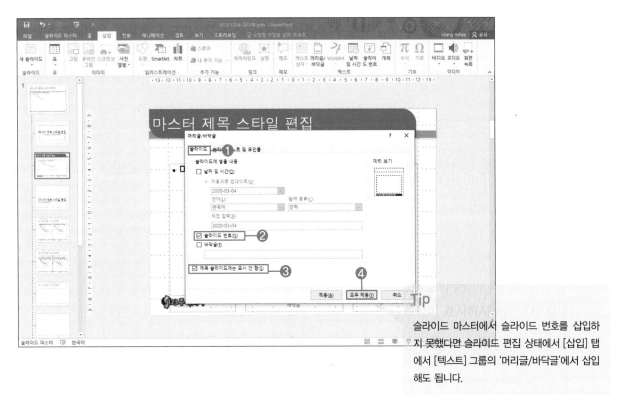

슬라이드 마스터에서 슬라이드 번호를 삽입하지 못했다면 슬라이드 편집 상태에서 [삽입] 탭에서 [텍스트] 그룹의 '머리글/바닥글'에서 삽입해도 됩니다.

03 슬라이드 번호를 삽입해도 슬라이드 마스터에서는 표시되지 않습니다. 편집 화면으로 되돌아가기 위해 ❶[슬라이드 마스터] 탭의 ❷[마스터 보기 닫기]를 클릭합니다. 또는 ❸오른쪽 화면 하단의 '기본 보기'를 클릭해도 편집 화면으로 되돌아 갑니다.

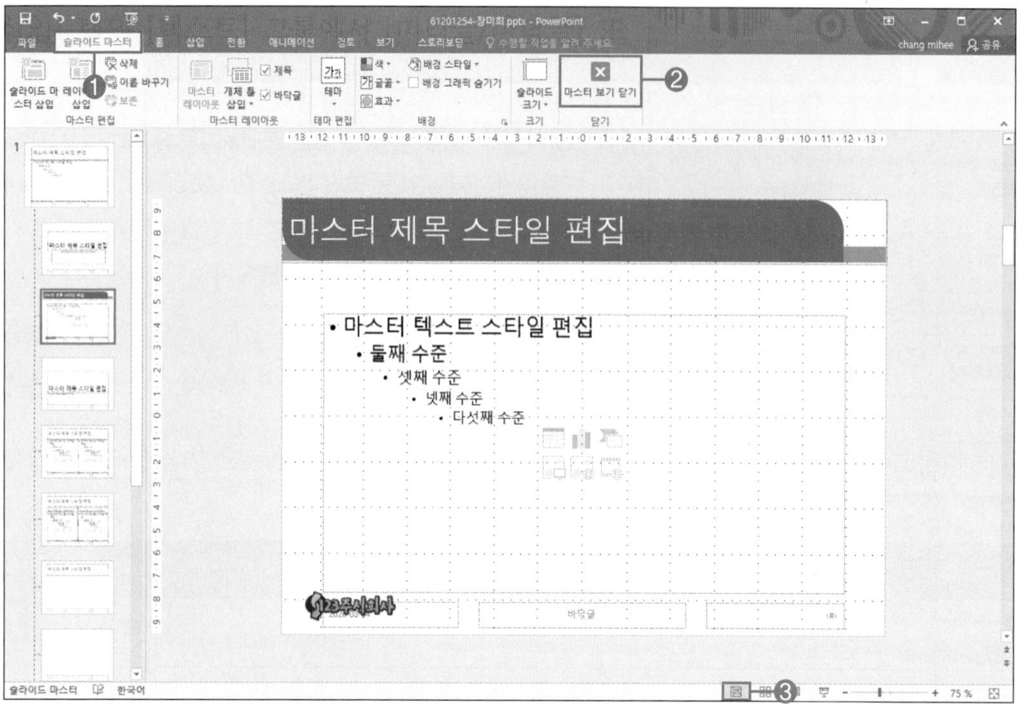

04 '제목 슬라이드'에서 ❶'부제목'을 선택한 후 Delete 를 눌러 삭제합니다.

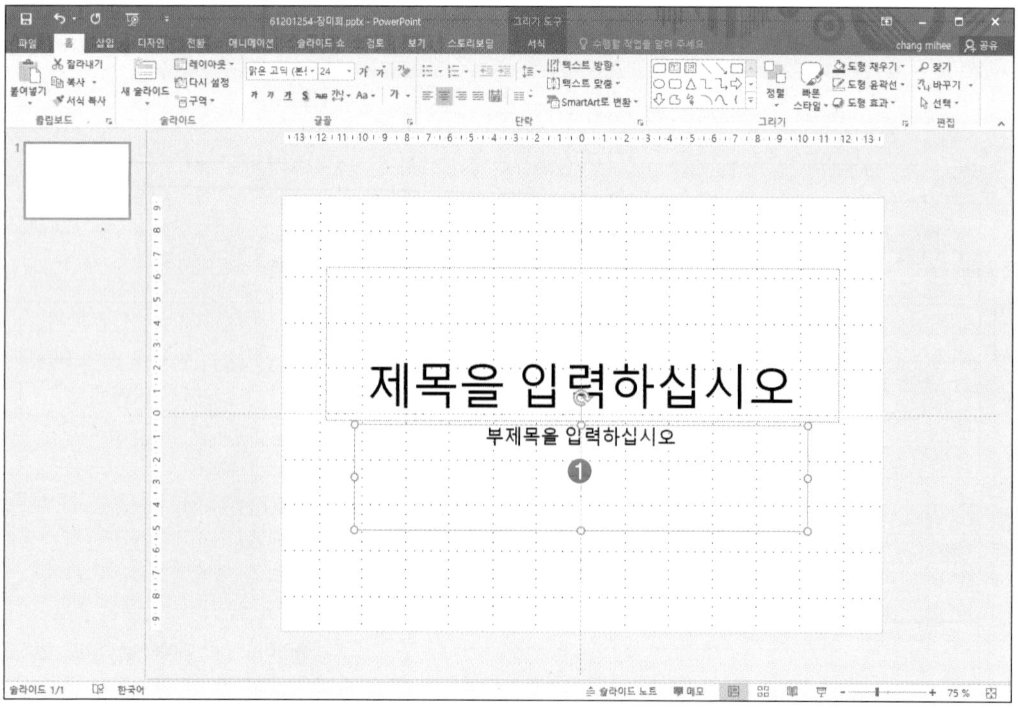

05 왼쪽 슬라이드 축소판에서 '제목 슬라이드'를 선택한 후 Enter 를 다섯 번 누릅니다.

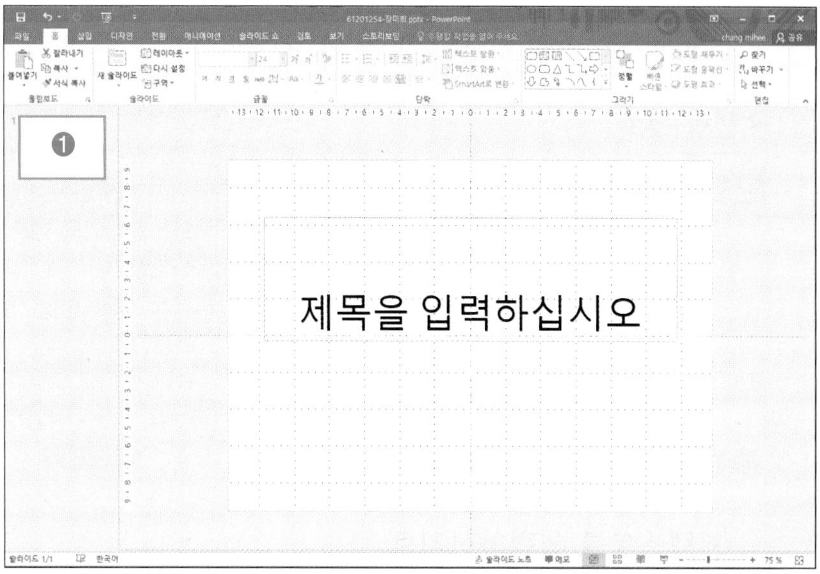

Tip

[홈] 탭의 [슬라이드] 그룹에서 '새 슬라이드'를 클릭하여 삽입할 수 있습니다.

06 6개의 슬라이드를 삽입한 후 마지막 6번째 슬라이드의 ❶개체 틀을 선택한 후 Delete 를 눌러 삭제합니다.

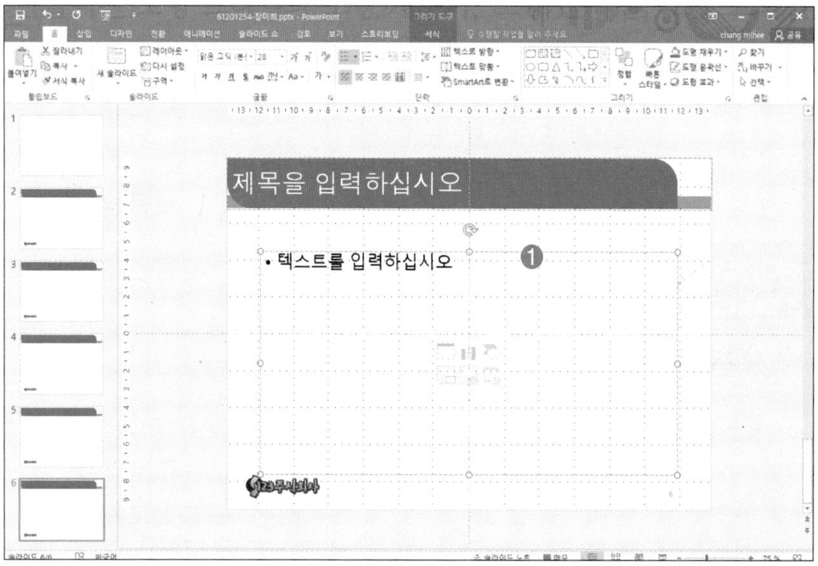

Tip

첫 번째 '제목 슬라이드'만 '제목 슬라이드'로 설정하고 두 번째 ~ 여섯 번째 슬라이드는 작성하기 편한 레이아웃으로 삽입하면 됩니다.

07 6개의 슬라이드를 완성합니다.

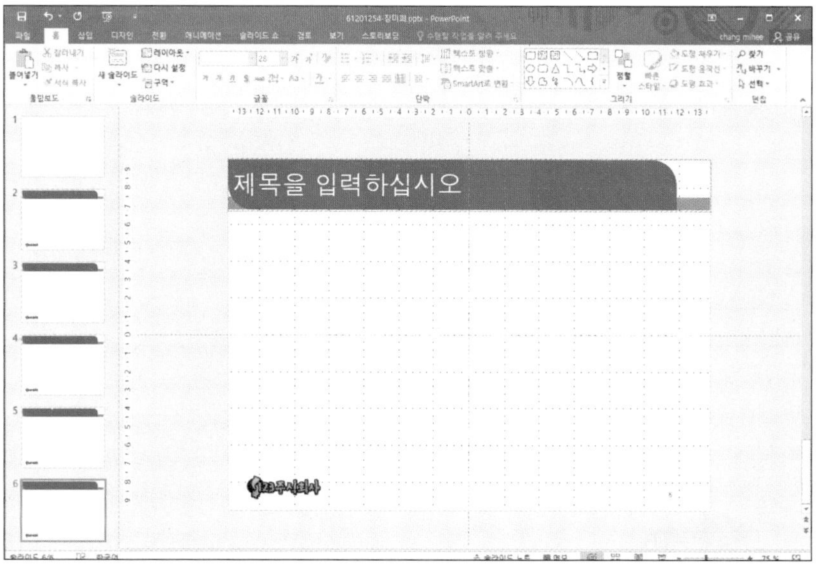

Tip

슬라이드가 추가되면 Delete 를 눌러 삭제하고 슬라이드 작성 순서가 바뀌면 드래그하여 순서를 맞춰 작성해야 합니다.

01 다음의 조건을 적용하여 슬라이드를 완성하시오.

■ ■ 예제 : 실력팡팡₩1.전체구성₩전체1.pptx

≪전체구성≫ **(60점)**

조건 (1) 슬라이드 크기 및 순서 : 크기를 A4 용지로 설정하고 슬라이드 순서에 맞게 작성한다.

(2) 슬라이드 마스터 : 2~6슬라이드의 제목, 하단 로고, 슬라이드 번호는 슬라이드 마스터를 이용하여 작성한다.

- 제목 글꼴(굴림, 40pt, 검정), 가운데 맞춤, 도형(선 없음)
- 하단 로고(「내 PC₩문서₩ITQ₩Picture₩로고1.jpg」, 배경(회색) 투명색으로 설정)

출력형태

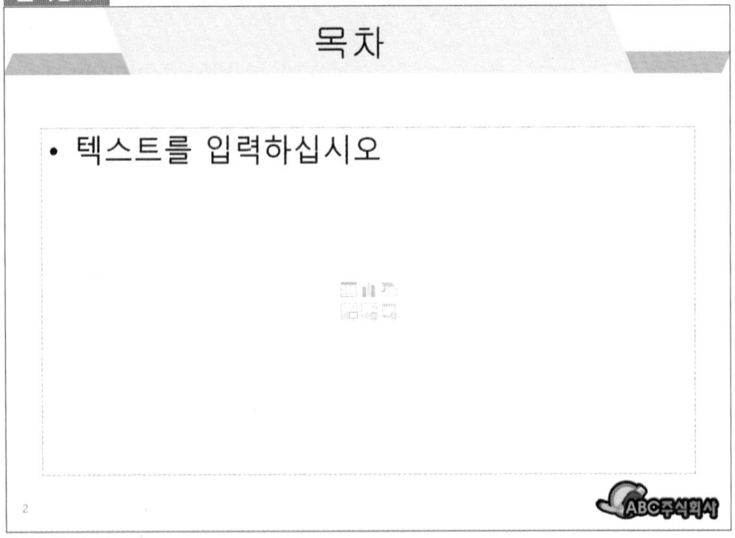

02 다음의 조건을 적용하여 슬라이드를 완성하시오.

■ ■ 예제 : 실력팡팡₩1.전체구성₩전체2.pptx

≪전체구성≫ **(60점)**

조건 (1) 슬라이드 크기 및 순서 : 크기를 A4 용지로 설정하고 슬라이드 순서에 맞게 작성한다.

(2) 슬라이드 마스터 : 2~6슬라이드의 제목, 하단 로고, 슬라이드 번호는 슬라이드 마스터를 이용하여 작성한다.

- 제목 글꼴(돋움, 40pt, 흰색), 왼쪽 맞춤, 도형(선 없음)
- 하단 로고(「내 PC₩문서₩ITQ₩Picture₩로고1.jpg」, 배경(회색) 투명색으로 설정)

출력형태

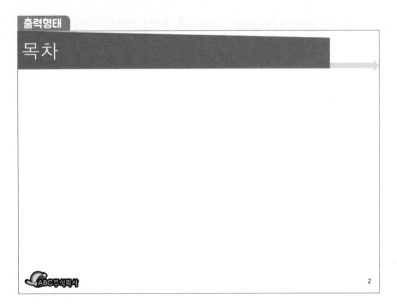

03 다음의 조건을 적용하여 슬라이드를 완성하시오.

■ ■ 예제 : 실력팡팡₩1.전체구성₩전체3.pptx

≪전체구성≫ **(60점)**

조건 (1) 슬라이드 크기 및 순서 : 크기를 A4 용지로 설정하고 슬라이드 순서에 맞게 작성한다.

(2) 슬라이드 마스터 : 2~6슬라이드의 제목, 하단 로고, 슬라이드 번호는 슬라이드 마스터를 이용하여 작성한다.

- 제목 글꼴(굴림, 40pt, 흰색), 가운데 맞춤, 도형(선 없음)
- 하단 로고(「내 PC₩문서₩ITQ₩Picture₩로고3.jpg」), 배경(보라색) 투명색으로 설정)

출력형태

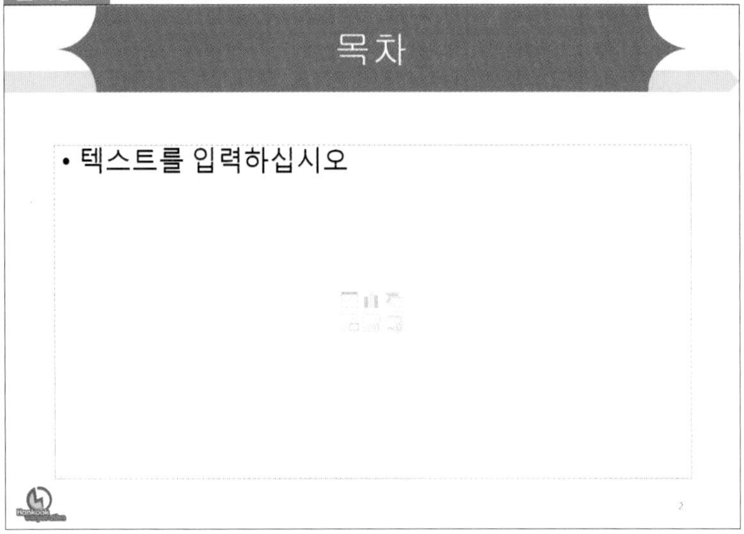

04 다음의 조건을 적용하여 슬라이드를 완성하시오.

■ ■ 예제 : 실력팡팡₩1.전체구성₩전체4.pptx

≪전체구성≫ **(60점)**

조건 (1) 슬라이드 크기 및 순서 : 크기를 A4 용지로 설정하고 슬라이드 순서에 맞게 작성한다.

(2) 슬라이드 마스터 : 2~6슬라이드의 제목, 하단 로고, 슬라이드 번호는 슬라이드 마스터를 이용하여 작성한다.

- 제목 글꼴(궁서, 40pt, 검정), 왼쪽 맞춤, 도형(선 없음)
- 하단 로고(「내 PC₩문서₩ITQ₩Picture₩로고2.jpg」), 배경(회색) 투명색으로 설정)

출력형태

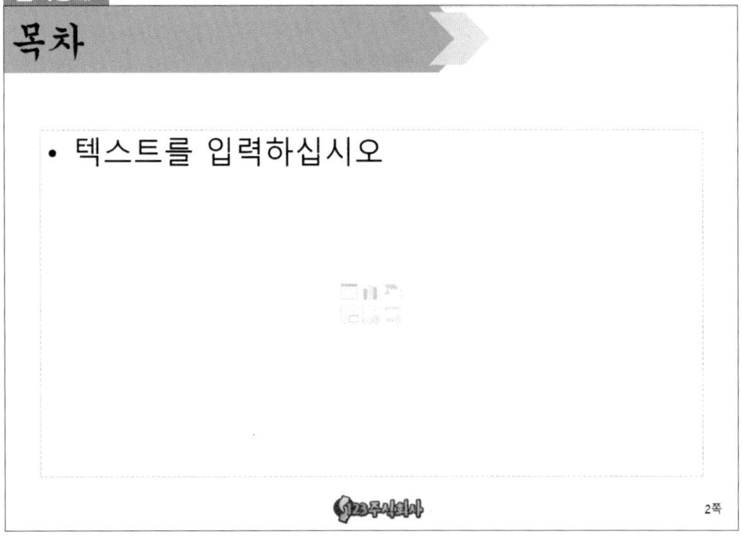

Tip

슬라이드 번호에 '쪽'을 입력하려면 '슬라이드 마스터'에서 '‹#›' 뒤쪽에 '쪽'을 입력합니다.

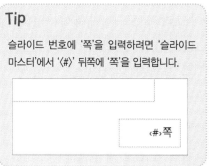

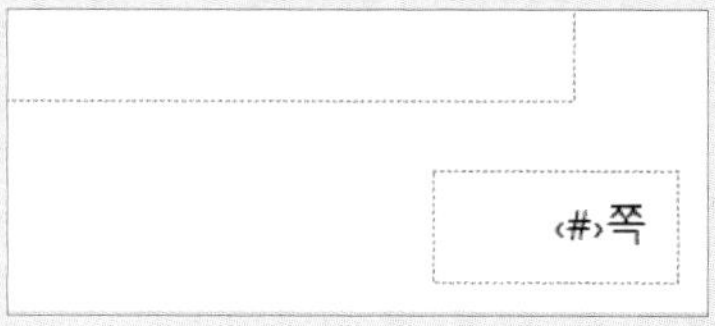

02
Section

표지 디자인

슬라이드의 전체 내용을 파악할 수 있는 표지 디자인은 도형을 삽입하여 이미지를 채우고 투명도를 설정합니다. 워드아트로 제목을 부각시키며 로고를 삽입하는 방법을 학습합니다.

도형 편집

- 도형을 삽입하고 [그리기 도구]-[서식] 탭의 [도형 스타일] 그룹에서 '도형 서식'을 클릭합니다.
- 도형의 '채우기' 옵션과 '효과' 옵션에서 편집할 수 있습니다.

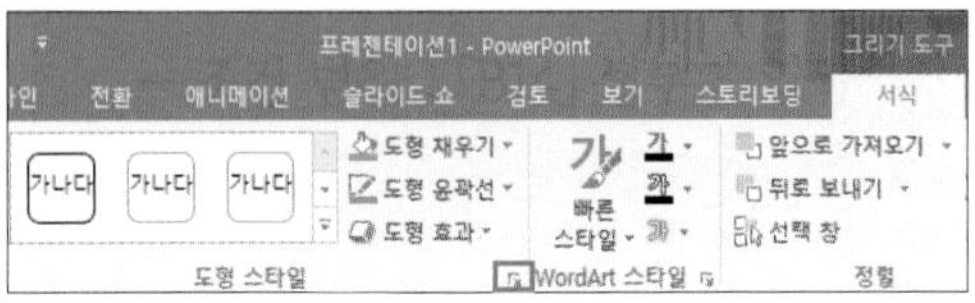

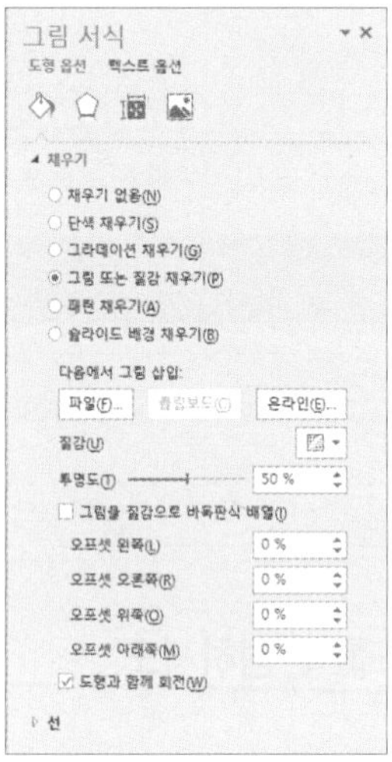

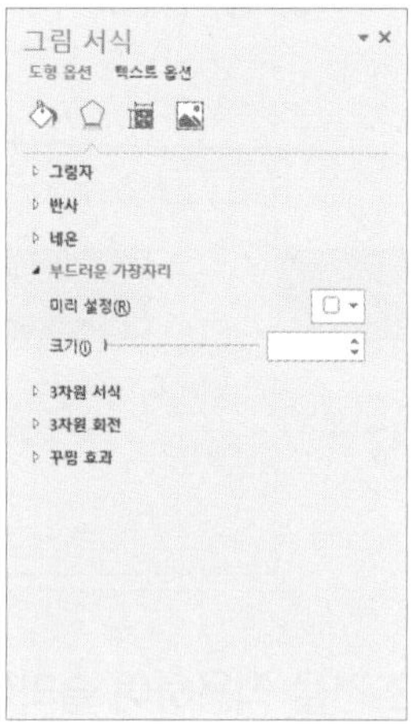

WordArt 편집

- WordArt는 [삽입] 탭에서 [텍스트] 그룹의 [WordArt]에서 스타일을 선택합니다.
- WordArt를 선택하고 [그리기 도구]-[서식] 탭에서 [WordArt 스타일] 그룹의 [텍스트 채우기]에서 색을 변경할 수 있습니다.

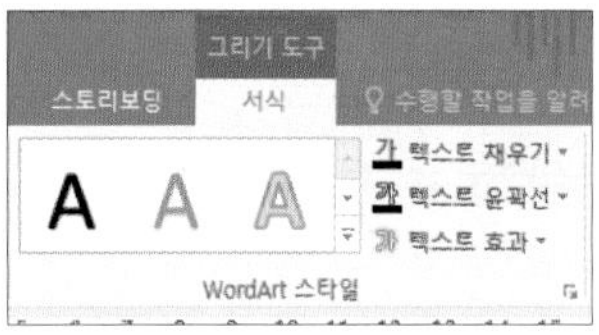

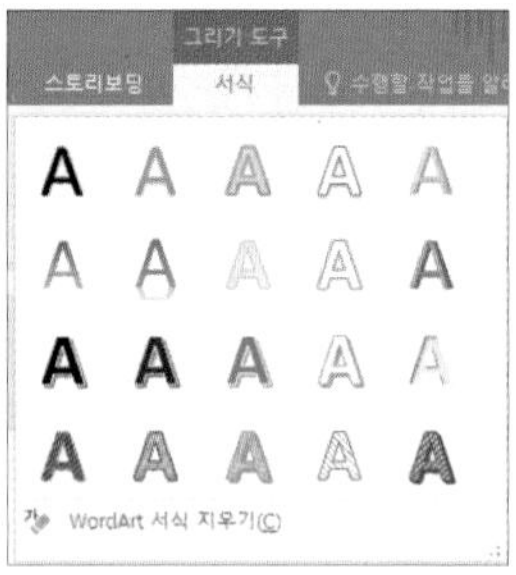

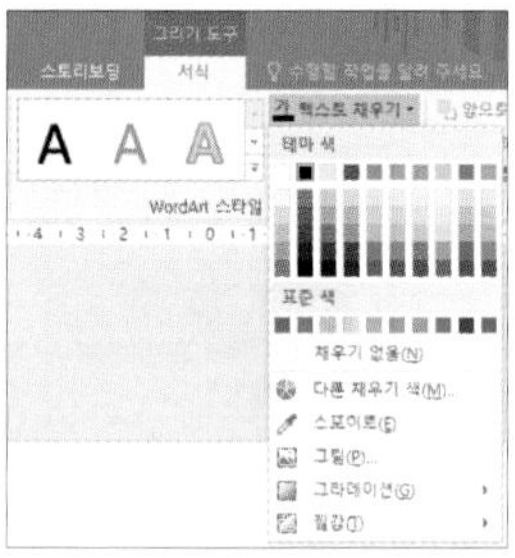

- [그리기 도구]-[서식] 탭의 [WordArt 스타일]에서 [텍스트 윤곽선]을 설정할 수 있으며, [텍스트 효과]의 '그림자', '반사', '네온', '변환' 등의 효과를 설정할 수 있습니다.

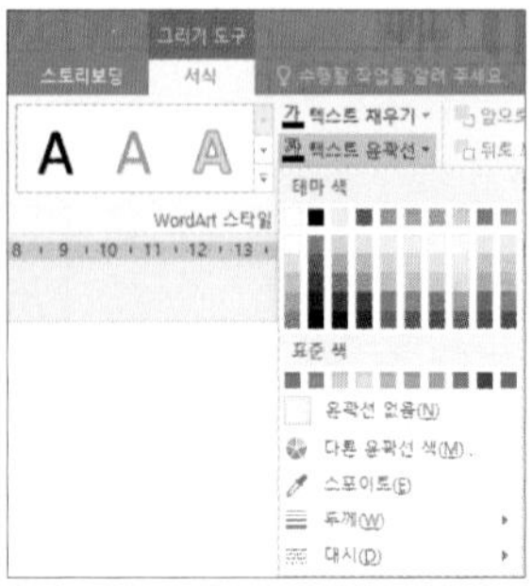

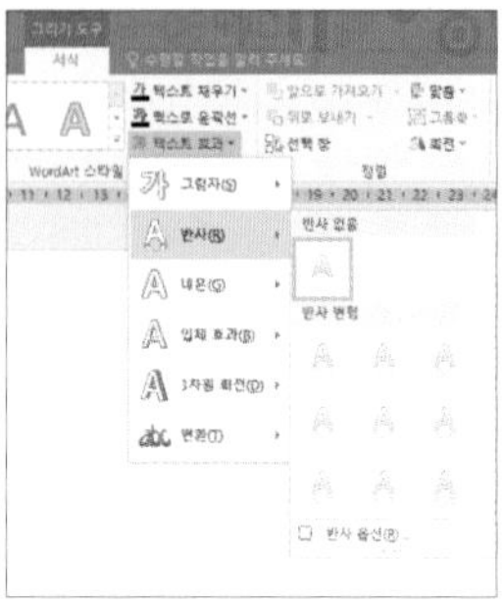

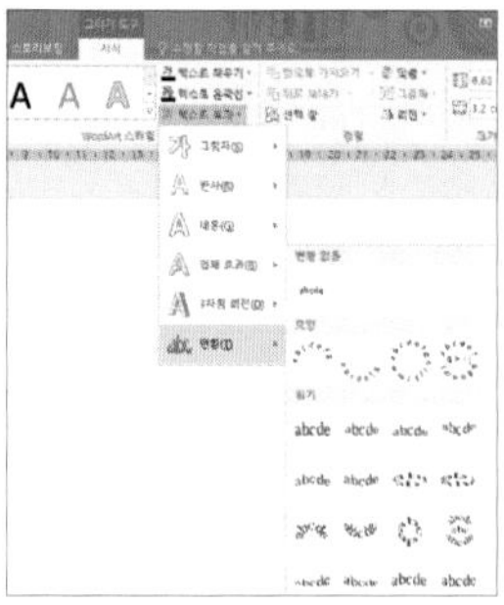

출제유형 따라하기

■ ■ 예제 : 출제유형₩2.표지디자인.pptx

표지 디자인

파워포인트의 표지 디자인의 배점은 40점이며 도형을 삽입하고 도형에 그림으로 채우고 투명도를 설정하며, 그림 삽입과 워드아트를 이용한 제목 슬라이드 작성 능력을 평가합니다.

[슬라이드 1] ≪표지 디자인≫ (40점)

조건 (1) 표지 디자인 : 도형, 워드아트 및 그림을 이용하여 작성한다.

세부 조건

① 도형 편집
- 도형에 그림 채우기 : 「내 PC₩문서₩ITQ₩Picture₩그림1.jpg」, 투명도 50%
- 도형 효과 : (부드러운 가장자리 5포인트)

② 워드아트 삽입
- 변환 : 삼각형
- 글꼴 : 돋움, 굵게
- 텍스트 반사 : 근접반사, 4pt 오프셋

③ 그림 삽입
- 「내 PC₩문서₩ITQ₩Picture₩로고2.jpg」
- 배경(회색) 투명색으로 설정

출력형태

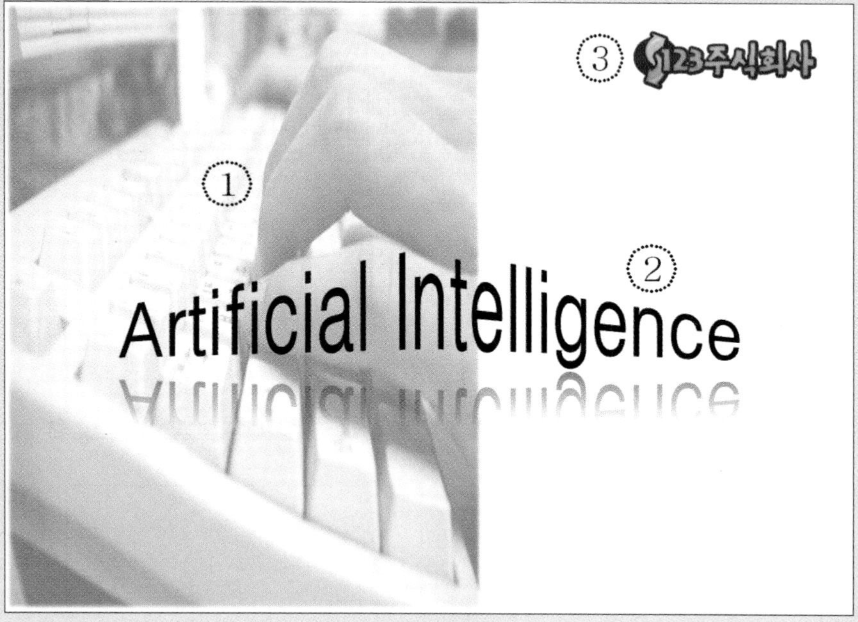

KEY POINT

- 도형 삽입 : [삽입] – [일러스트레이션] – [도형], [홈] – [그리기] – [도형]
- 도형 그림 채우기 : [도형 스타일] – [도형 채우기] – [그림] / 투명도 설정
  [도형 효과] – [부드러운 가장자리]
- 워드아트 삽입 : 제목 개체 틀 입력 또는 [삽입] – [텍스트] – [WordArt]
- 워드아트 편집 : 워드아트 스타일 – [반사] / [변환]
- 그림 삽입 : [삽입] – [이미지] – [그림] –그림 삽입
  [그림 배경 투명색 설정] : [그림 도구] – [서식] – [색] – [투명한 색 설정]
  [그림 크기 / 위치 변경]
- 재 저장하기(Ctrl + S)

Step 01. 도형 삽입과 편집하기

01 '제목 슬라이드'에 도형을 삽입하기 위해 ❶'제목 슬라이드'를 선택한 후 ❷[삽입] 탭의 [일러스트레이션] 그룹에서 ❸[도형]을 클릭하여 ❹[사각형]의 [사각형]을 선택합니다.

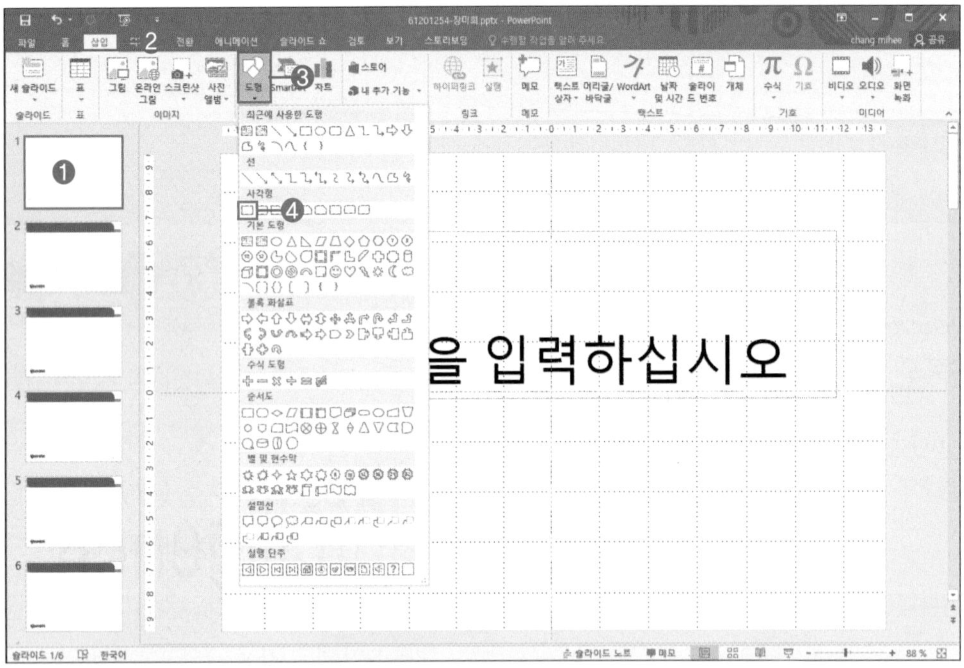

Tip

[홈] 탭의 [그리기] 그룹에서 [도형]의 삽입과 편집이 가능합니다. 화면 확대/축소를 이용하여 편집하기 좋은 화면 비율을 맞추세요.

단축키 : Ctrl +마우스 휠을 위 · 아래로 드래그

02 왼쪽 상단에서 오른쪽 하단으로 ≪출력형태≫에 맞게 드래그하여 도형을 삽입합니다.

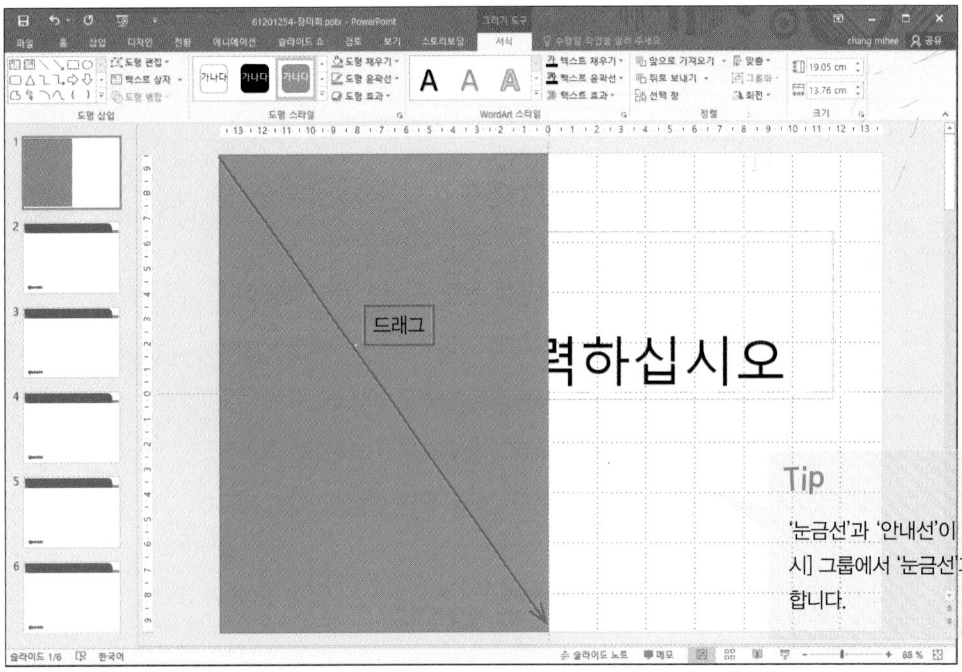

Tip

'눈금선'과 '안내선'이 불편하면 [보기] 탭의 [표시] 그룹에서 '눈금선'과 '안내선'의 체크를 해제합니다.

03 도형을 그림으로 채우기 위해 ❶'사각형'을 선택한 상태에서 ❷[그리기 도구]-[서식] 탭의 ❸[도형 스타일] 그룹에서 '도형 서식'을 클릭합니다.

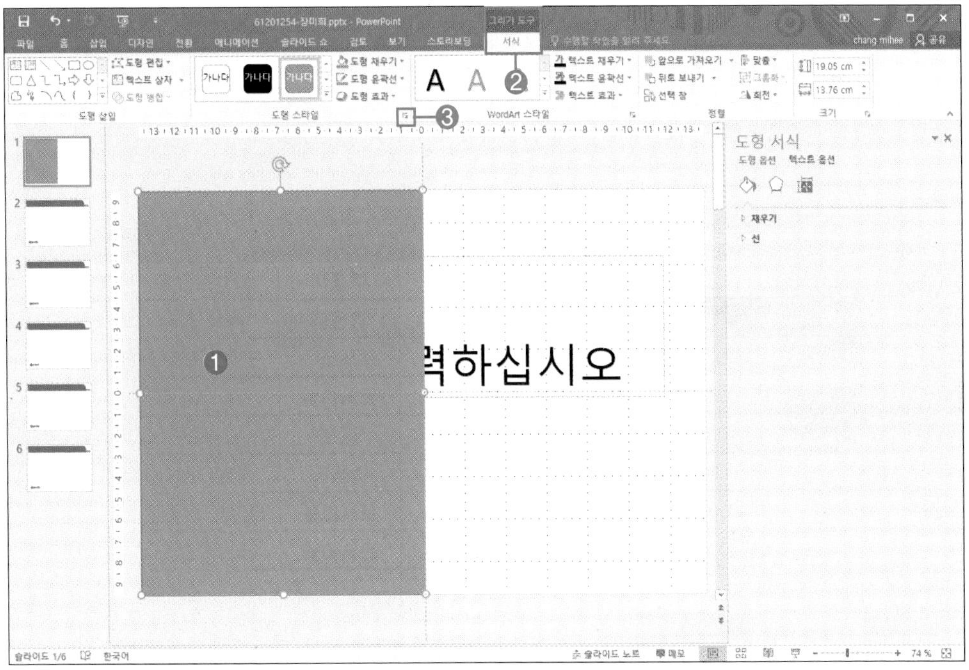

04 ❶'사각형' 도형을 선택하고 오른쪽 대화상자에서 ❷[그림 서식]-[도형 옵션] 탭의 ❸[채우기]에서 ❹'그림 또는 질감 채우기'를 선택하고 ❺'파일' 단추를 클릭합니다.

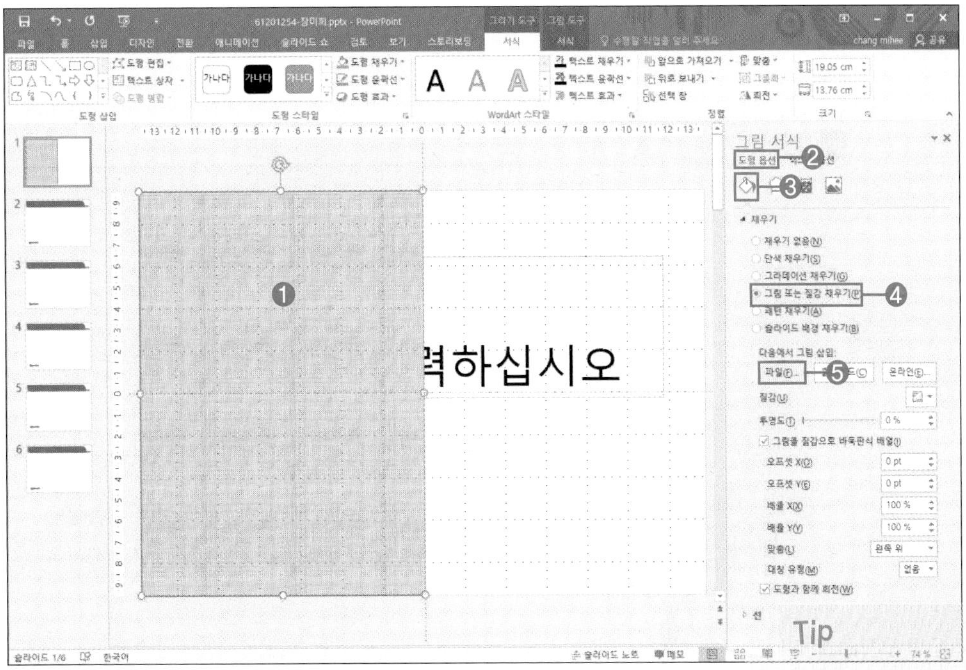

Tip

도형을 선택한 후 '그림 또는 질감 채우기'를 선택하면 대화상자의 이름이 [도형 서식]이 [그림 서식]으로 변경됩니다.

05 [그림 삽입] 대화상자가 열리면 ❶'내 PC'에서 '문서' 폴더의 'ITQ₩Picture' 폴더에서 선택하고 ❷경로를 확인한 다음 ❸'그림1.jpg'을 더블클릭하여 삽입합니다.

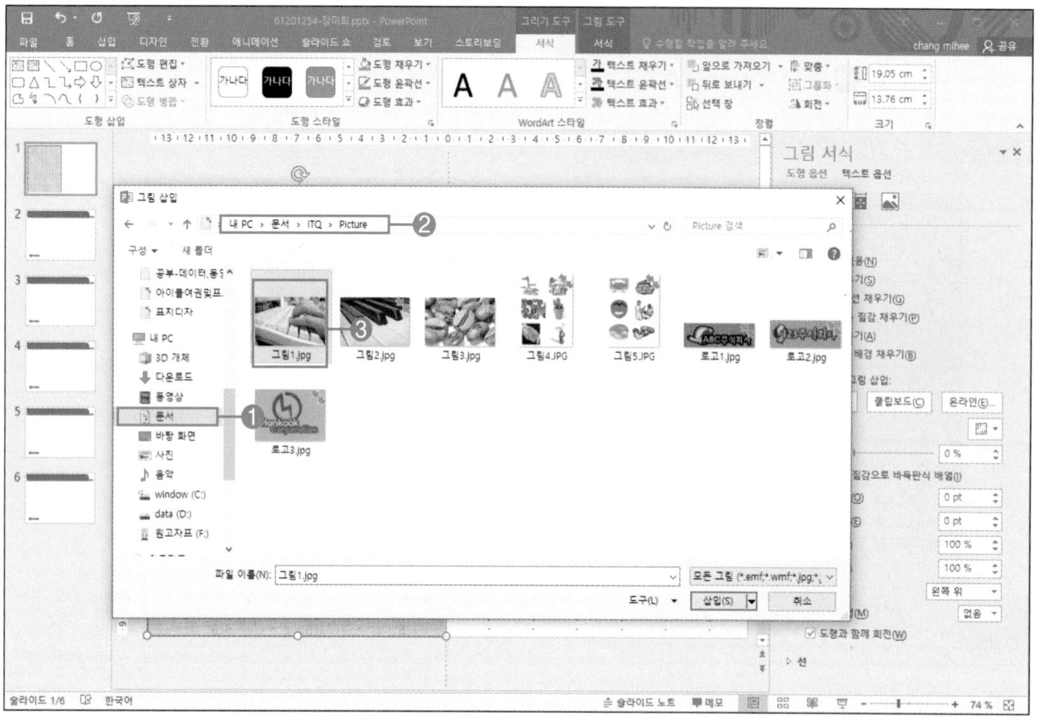

06 투명도를 설정하기 위해 그림으로 채워진 '사각형'을 선택한 상태에서 ❶'투명도'를 '50'으로 입력합니다.

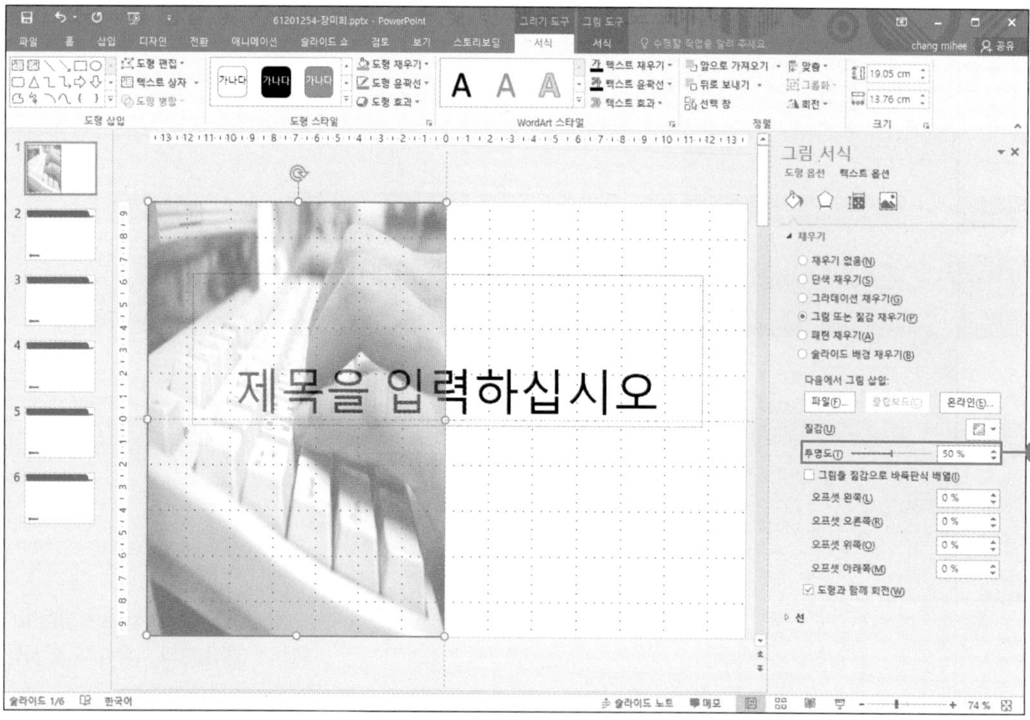

07 부드러운 가장자리 효과를 설정합니다. '사각형'을 선택한 후 ❶'그림 서식'의 '도형 옵션' 탭의 '효과'에서 ❷'부드러운 가장자리'를 선택하고 ❸'미리 설정' 목록 단추를 클릭하여 ❹'5포인트'를 선택합니다.

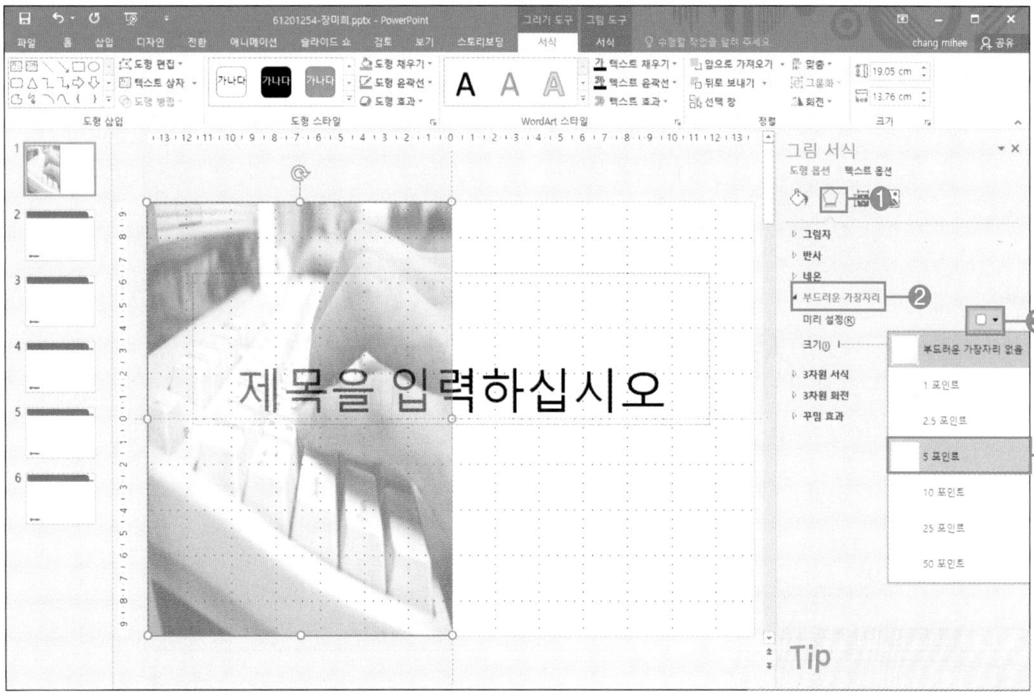

Tip

부드러운 가장자리의 '크기'에서 직접 입력하여 적용할 수 있습니다.

08 도형 편집이 끝난 후 도형을 맨 뒤로 배치합니다. '사각형'을 선택하고 ❶[그리기 도구]-[서식] 탭에서 ❷[정렬] 그룹의 '뒤로 보내기'의 목록 단추를 누른 후 ❸'맨 뒤로 보내기'를 선택합니다. ❹오른쪽 '그림 서식' 창을 닫습니다.

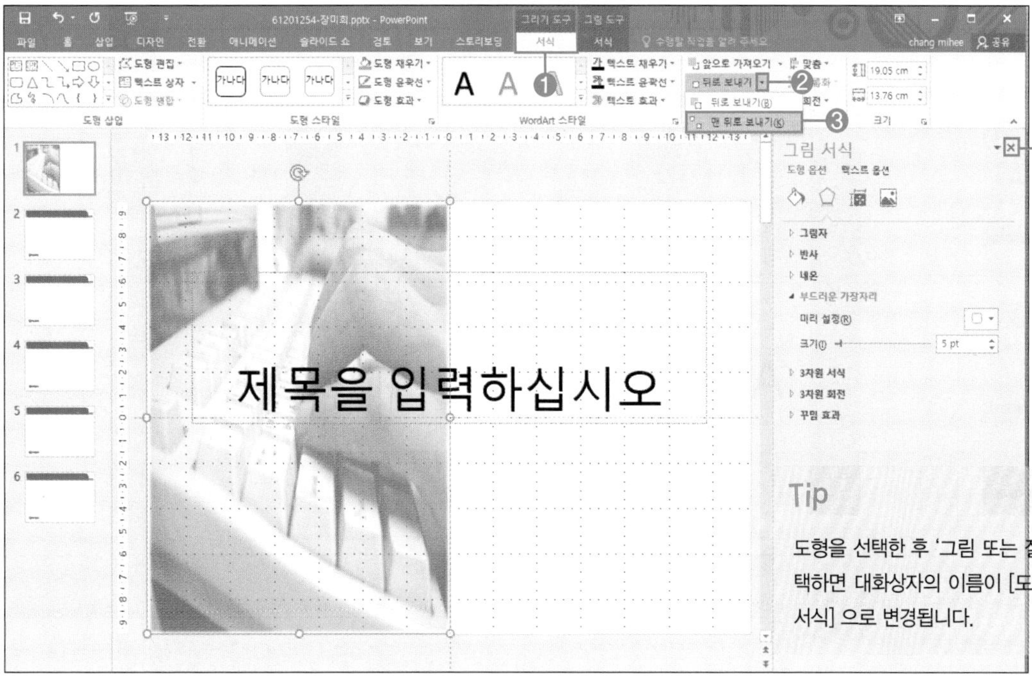

Tip

도형을 선택한 후 '그림 또는 질감 채우기'를 선택하면 대화상자의 이름이 [도형 서식]이 [그림 서식] 으로 변경됩니다.

Step 02. 워드아트 삽입과 편집하기

01 '워드아트'를 삽입하기 위해 ❶'제목 슬라이드'의 '제목' 개체 틀 안을 클릭합니다.

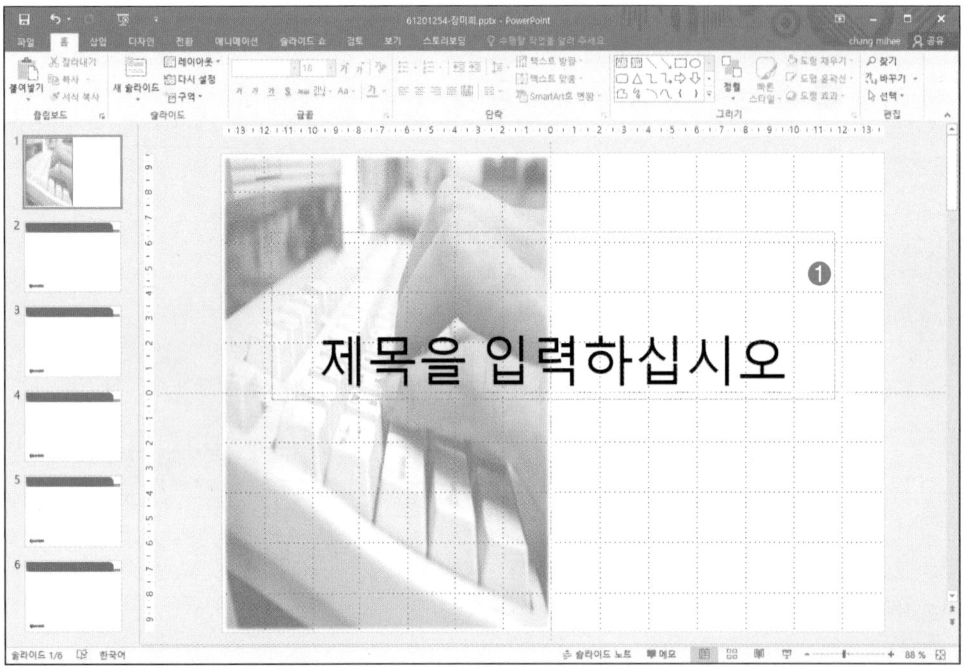

Tip

[삽입] 탭에서 [텍스트] 그룹의 'WordArt'에서 임의의 워드아트를 삽입한 후 편집해도 됩니다. 또는 기본 도형의 '텍스트 상자'에 텍스트를 입력한 후 편집해도 됩니다.

02 텍스트를 입력한 후 ❶제목 개체틀을 선택한 후 ❷[홈] 탭의 ❸[글꼴] 그룹에서 '글꼴 : 돋움'을 선택하고 ❹'굵게'를 선택합니다.

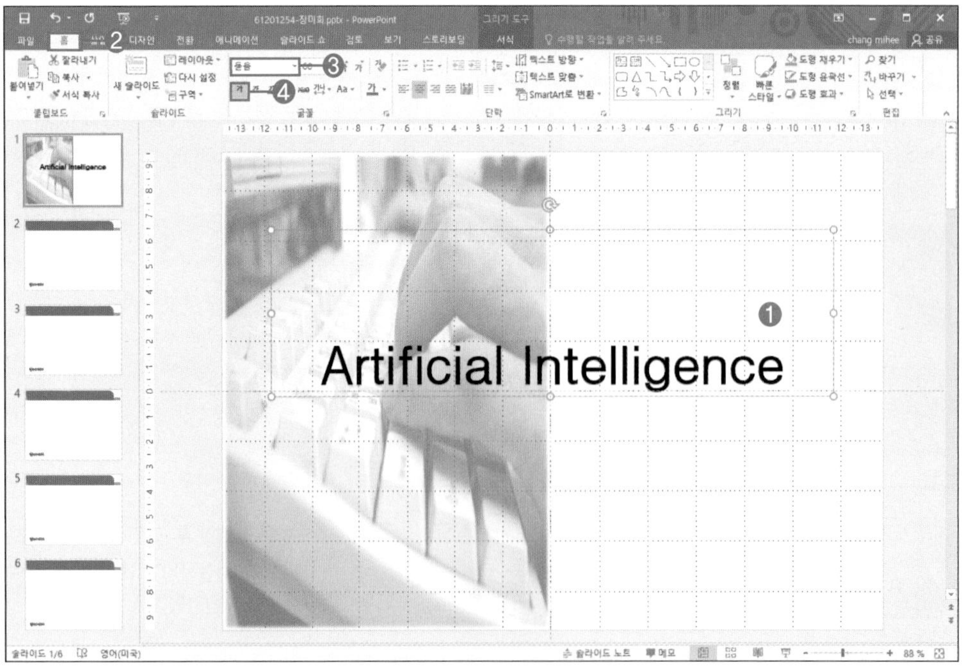

03 변환 효과를 적용하기 위해 ❶텍스트 개체 틀을 선택한 후 ❷[그리기 도구]-[서식] 탭에서 ❸ [WordArt 스타일] 그룹의 '텍스트 효과'를 클릭합니다. ❹'변환'에서 ❺'삼각형'을 선택합니다.

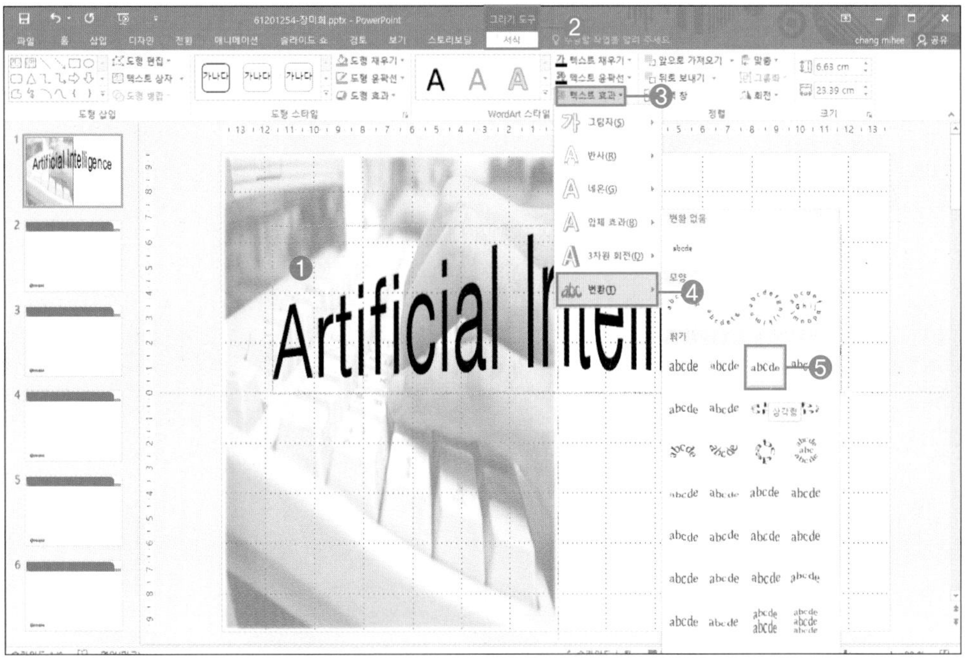

Tip

변환 효과에서 모양 위에 마우스를 올려 놓으면 옵션 명이 표시됩니다. 확인한 후 선택합니다.

04 반사 효과를 적용하기 위해 텍스트 개체 틀을 선택한 후 ❶[그리기 도구]-[서식] 탭에서 ❷ [WordArt 스타일] 그룹의 '텍스트 효과'를 클릭합니다. ❸'반사'에서 ❹'근접 반사, 4pt 오프셋'을 선택합니다.

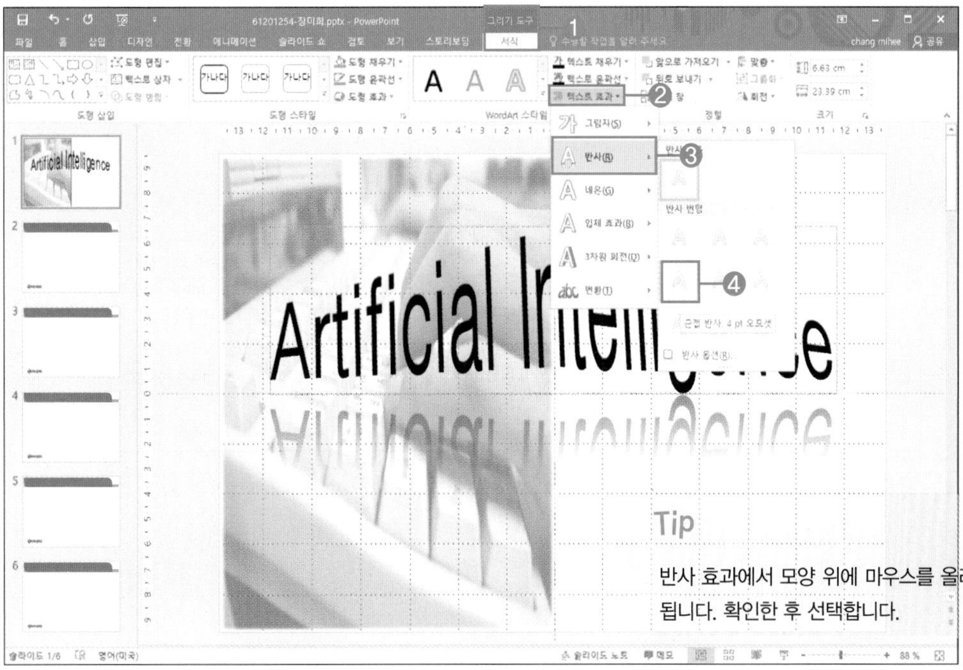

Tip

반사 효과에서 모양 위에 마우스를 올려 놓으면 옵션 명이 표시됩니다. 확인한 후 선택합니다.

05 워드아트 편집이 완료되면 크기를 조절하고 위치를 《출력 형태》와 같이 배치합니다.

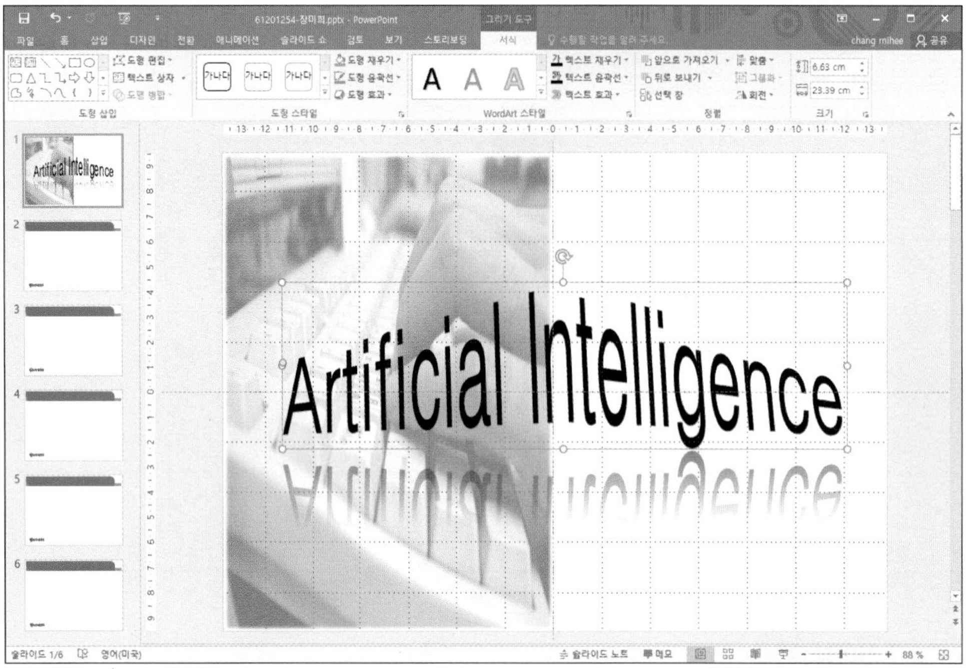

Level UP!

○ 워드아트 모양 변형

워드아트의 노란색 조절점을 드래그하여 워드아트의 모양을 변형시킬 수 있습니다. 《출력형태》에 따라 변형해야 하는 경우 사용합니다.

○ 반사 효과

반사 효과 옵션의 규칙을 알아두면 조건의 위치를 바로 찾을 수 있습니다.

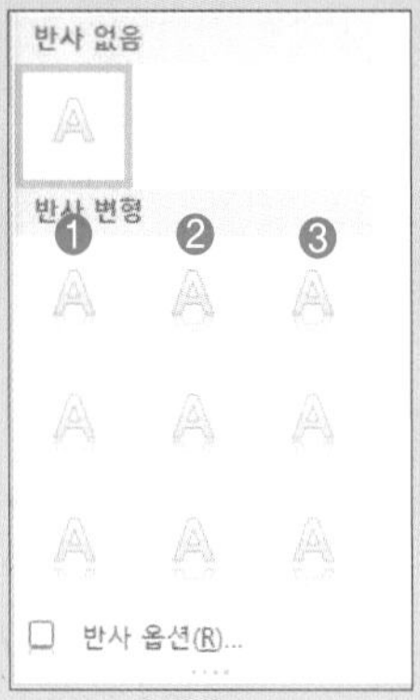

❶	❷	❸
근접 반사, 터치	½반사, 터치	전체 반사, 터치
근접 반사, 4pt 오프셋	½반사, 4pt 오프셋	전체 반사, 4pt 오프셋
근접 반사, 8pt 오프셋	½반사, 4pt 오프셋	전체 반사, 8pt 오프셋

근접 반사는 반사의 형태가 1/3정도 표시되며 1/2반사는 반사가 1/2, 전체 반사는 반사의 형태가 전체로 표시됩니다. 오프셋은 워드아트와 반사의 사이가 벌어진 정도를 나타냅니다.

Step 03. 그림 삽입과 편집하기

01 그림을 삽입하기 위해 ❶[삽입] 탭의 [이미지] 그룹에서 ❷[그림]을 클릭합니다.

02 [그림 삽입] 대화상자가 열리면 왼쪽 구성에서 [내 PC]-[문서]- [ITQ]-[Picture] 폴더를 선택하고 ❶'로고 2.jpg' 파일을 더블클릭하여 이미지를 삽입합니다.

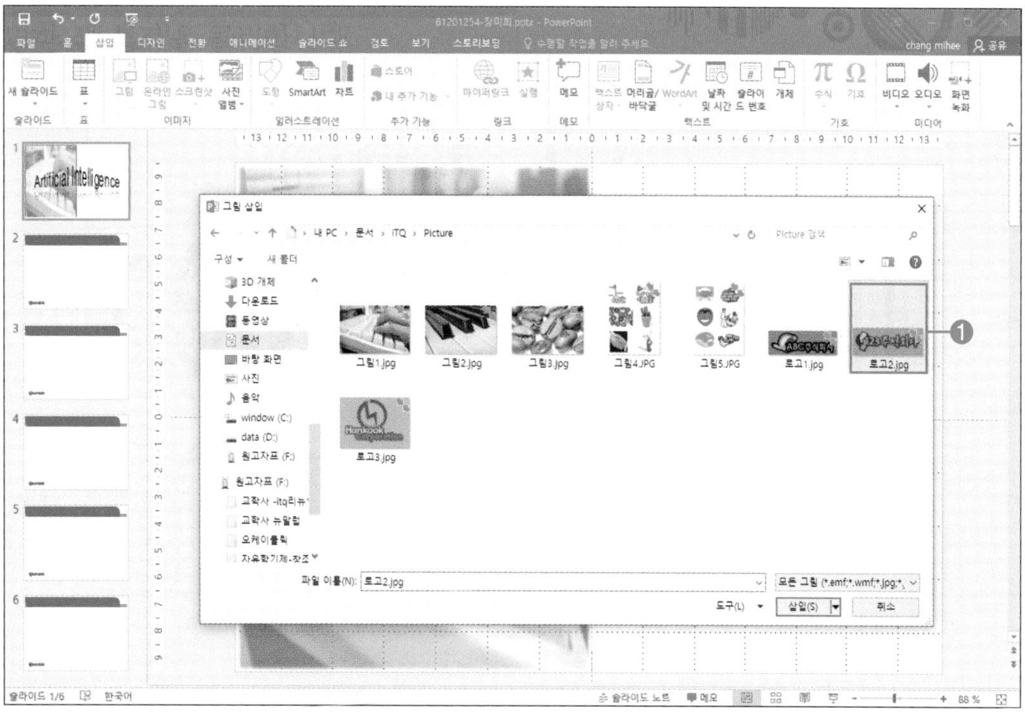

03 ❶삽입된 그림을 선택하고 ❷[그림 도구]-[서식] 탭의 [조정] 그룹에서 ❸[색]의 ❹'투명한 색 설정'을 클릭합니다.

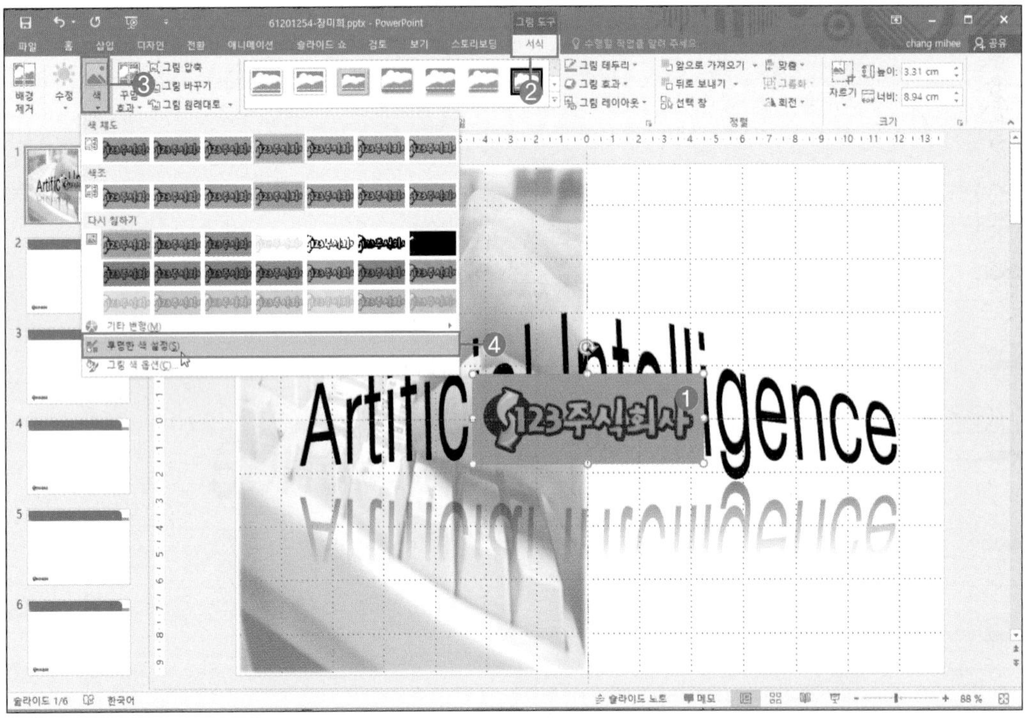

04 ❶마우스 모양이 [아이콘]일 때 그림의 회색 부분을 클릭합니다. 배경색을 삭제하여 투명하게 합니다.

Tip

잘못 선택했다면 Ctrl+Z를 눌러 이전 상태로 되돌립니다.

05 그림의 크기를 조절하고 ≪출력형태≫와 같이 드래그하여 배치합니다.

○ 그림을 잘못 삽입한 경우

그림을 잘못 삽입한 경우 삭제하지 않고 그림을 변경하면 크기와 위치는 변하지 않고 그림만 변경이 됩니다.
그림을 선택한 후 [그림 도구]-[서식] 탭의 [조정] 그룹에서 '그림 바꾸기'를 클릭합니다. [그림 삽입] 대화상자에서 파일을 선택하여 그림을 불러옵니다.

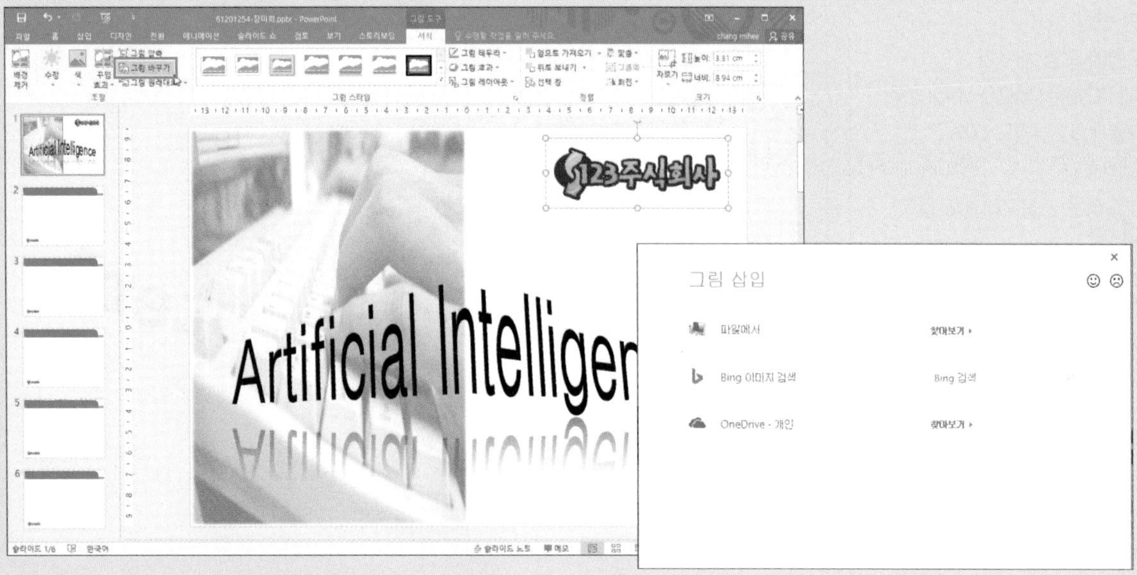

01 다음의 조건을 적용하여 슬라이드를 완성하시오.

■ ■ 예제 : 실력팡팡₩2.표지디자인₩표지1.pptx

[슬라이드 1] ≪표지 디자인≫ (40점)

조건 표지 디자인 : 도형, 워드아트 및 그림을 이용하여 작성한다.

세부조건

① 도형 편집
- 도형에 그림 채우기 : 「내 PC₩문서₩ITQ₩Picture₩그림3.jpg」, 투명도 50%
- 도형 효과 : (부드러운 가장자리 5포인트)

② 워드아트 삽입
- 변환 : 중지
- 글꼴 : 돋움, 굵게
- 텍스트 반사 : 전체 반사, 터치

③ 그림 삽입
- 「내 PC₩문서₩ITQ₩Picture₩로고2.jpg」
- 배경(회색) 투명색으로 설정

출력형태

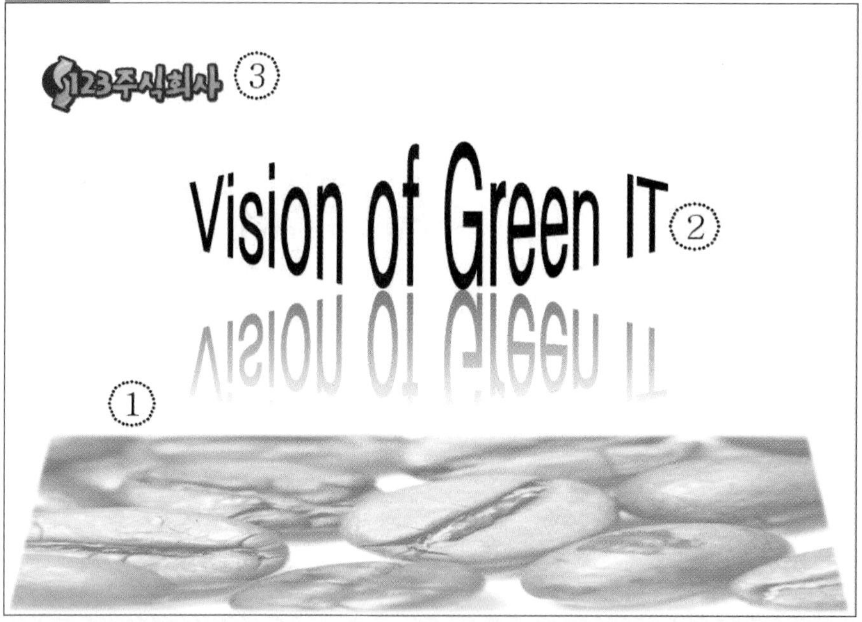

02 다음의 조건을 적용하여 슬라이드를 완성하시오.

■ ■ 예제 : 실력팡팡₩2.표지디자인₩표지2.pptx

[슬라이드 1] ≪표지 디자인≫ (40점)

조건 표지 디자인 : 도형, 워드아트 및 그림을 이용하여 작성한다.

세부조건

① 도형 편집
- 도형에 그림 채우기 : 「내 PC₩문서₩ITQ₩Picture₩그림1.jpg」, 투명도 50%
- 도형 효과 : (부드러운 가장자리 10포인트)

② 워드아트 삽입
- 변환 : 아래쪽 원호
- 글꼴 : 궁서, 굵게
- 텍스트 반사 : 근접 반사, 터치

③ 그림 삽입
- 「내 PC₩문서₩ITQ₩Picture₩로고3.jpg」
- 배경(보라색) 투명색으로 설정

출력형태

03 다음의 조건을 적용하여 슬라이드를 완성하시오.

■ ■ 예제 : 실력팡팡₩2.표지디자인₩표지3.pptx

[슬라이드 1] ≪표지 디자인≫ (40점)

조건 표지 디자인 : 도형, 워드아트 및 그림을 이용하여 작성한다.

세부조건

① 도형 편집
- 도형에 그림 채우기 : 「내 PC₩문서₩ITQ₩Picture₩그림3.jpg」, 투명도 50%
- 도형 효과 : (부드러운 가장자리 5포인트)

② 워드아트 삽입
- 변환 : 역갈매기형 수장
- 글꼴 : 돋움, 굵게
- 텍스트 반사 : 근접 반사, 8pt 오프셋

③ 그림 삽입
- 「내 PC₩문서₩ITQ₩Picture₩로고1.jpg」
- 배경(회색) 투명색으로 설정

출력형태

04 다음의 조건을 적용하여 슬라이드를 완성하시오.

■ ■ 예제 : 실력팡팡₩2.표지디자인₩표지4.pptx

[슬라이드 1] ≪표지 디자인≫ (40점)

조건 표지 디자인 : 도형, 워드아트 및 그림을 이용하여 작성한다.

세부조건

① 도형 편집
- 도형에 그림 채우기 : 「내 PC₩문서₩ITQ₩Picture₩그림2.jpg」, 투명도 30%
- 도형 효과 : (부드러운 가장자리 5포인트)

② 워드아트 삽입
- 변환 : 오른쪽 줄이기
- 글꼴 : 궁서, 굵게
- 텍스트 반사 : 전체 반사, 4pt 오프셋

③ 그림 삽입
- 「내 PC₩문서₩ITQ₩Picture₩로고2.jpg」
- 배경(회색) 투명색으로 설정

출력형태

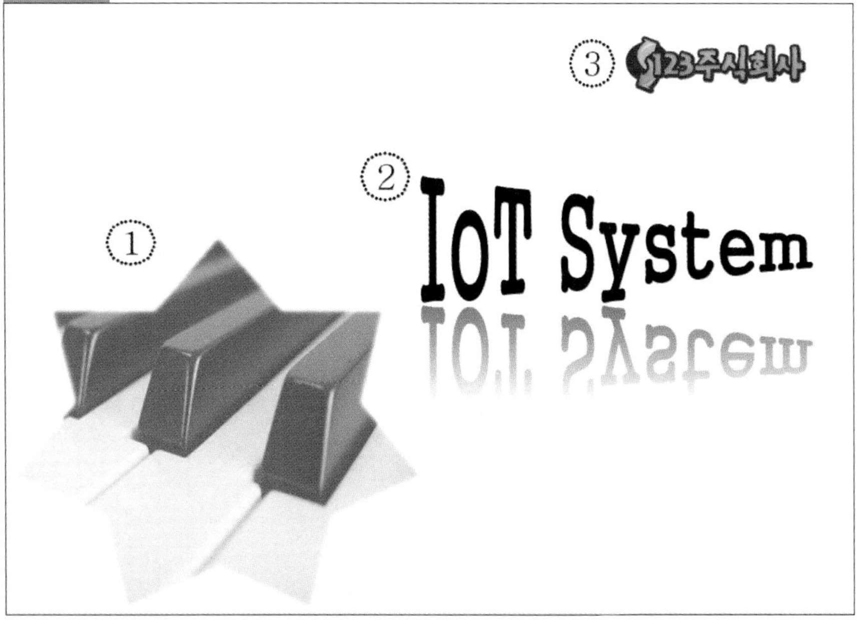

03 Section

목차 슬라이드

슬라이드의 목차를 작성하는 부분으로 프레젠테이션의 전체 내용의 구성의 이해를 돕는 슬라이드입니다. 도형을 삽입하여 도형의 배치와, 그림을 원하는 부분만 자르고, 하이퍼링크를 삽입하는 방법을 학습합니다.

도형 삽입과 편집

- 도형을 삽입할 때는 [홈] 탭의 [그리기] 또는 [삽입] 탭의 [이미지] 그룹에서 [도형]을 클릭하여 삽입합니다.
- 도형 편집은 [그리기 도구]–[서식] 탭의 [도형 스타일] 그룹에서 '도형 서식'을 클릭합니다.

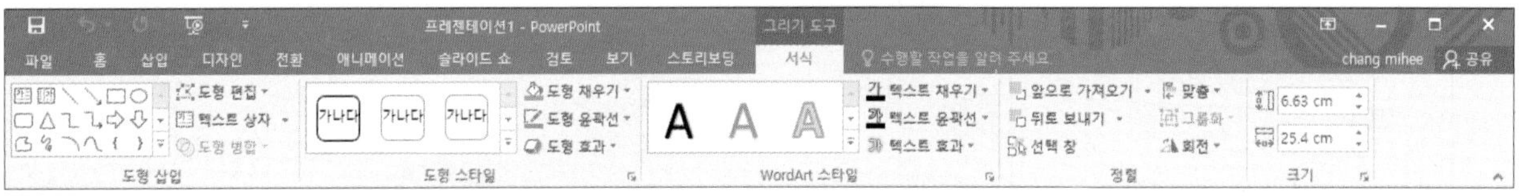

❶ 도형 삽입

- 도형 삽입 : 도형을 삽입할 때 사용
- 도형 편집 : 삽입된 도형을 다른 도형으로 변경 또는 점 편집을 이용하여 도형 편집
- 텍스트 상자 : 가로, 세로 텍스트 상자 추가
- 도형 병합 : 두 도형을 병합, 결합, 조각, 교차, 빼기

❷ 도형 스타일

- 도형 스타일 갤러리 : 미리 정해진 도형 스타일 적용
- 도형 채우기 : 채우기 효과(색, 그림, 그라데이션, 질감) 적용
- 도형 윤곽선 : 윤곽선의 색, 두께, 모양 등을 지정
- 도형 효과 : 기본 설정, 그림자, 반사, 네온, 부드러운 가장자리, 입체 효과, 3차원 효과 등 적용

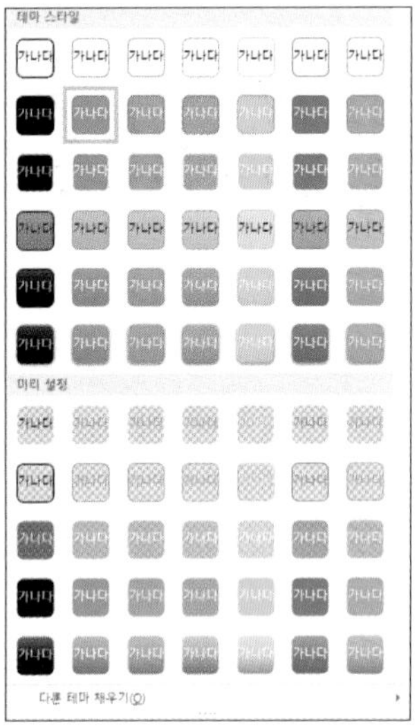
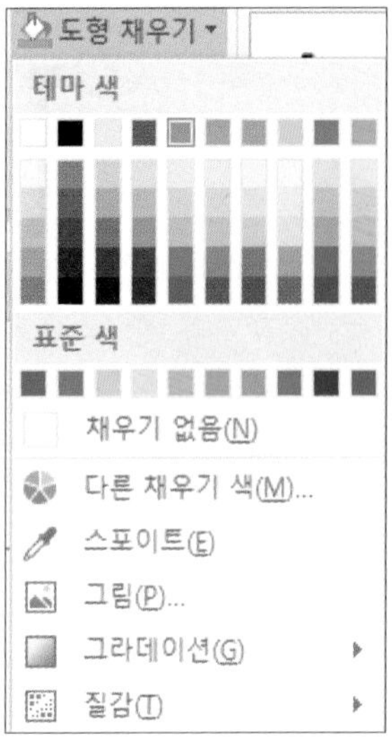

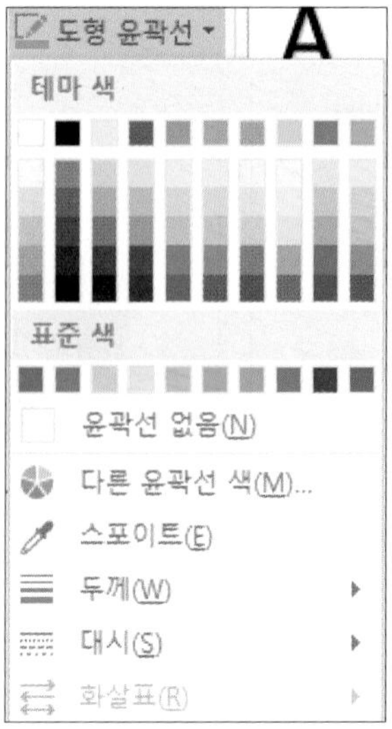

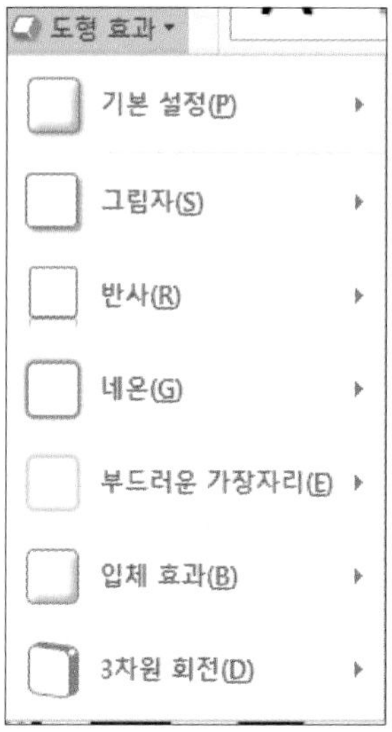

❸ 도형 정렬과 맞춤 배분 /회전

- 맨 앞으로 가져오기 : 선택한 개체를 여러 개체들의 앞으로 또는 맨 앞으로 가져올 때 사용
- 맨 뒤로 보내기 : 선택한 개체를 여러 개체들의 뒤로 또는 맨 뒤로 보낼 때 사용
- 선택 창 : 여러 개체들을 표시하는 작업 창을 실행하며 각 개체들을 선택

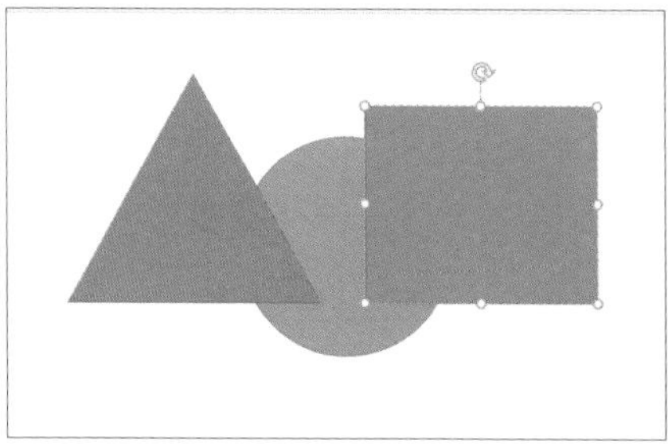

- 맞춤 : 선택한 두 개 이상의 개체 방향 맞춤과 세로 간격, 가로 간격을 지정

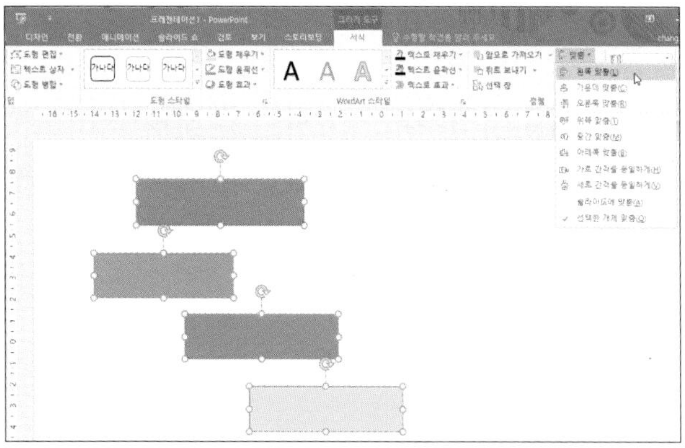

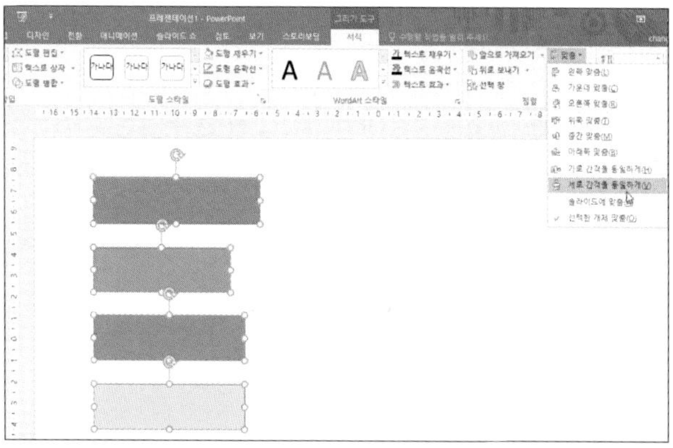

- 그룹 : 두 개 이상의 개체 그룹화
- 회전 : 좌우, 상하 회전, 선택한 개체 회전

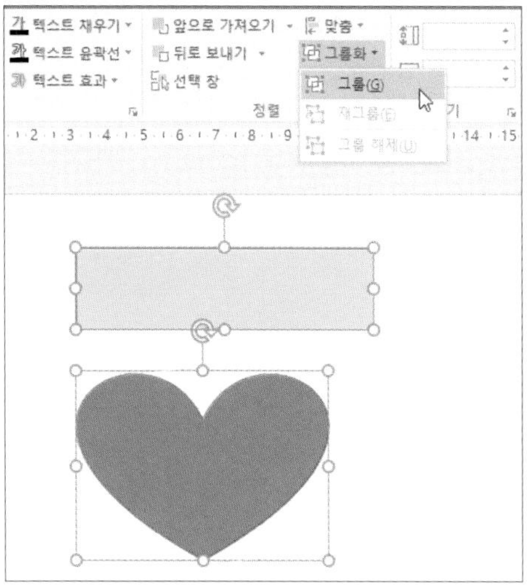

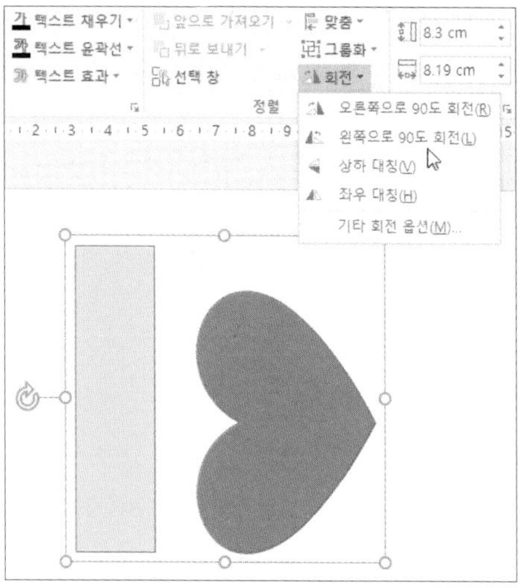

❹ 도형 크기

- 도형의 높이 : 높이 지정
- 도형의 너비 : 너비 지정

텍스트 상자 삽입

- 도형을 회전하고 텍스트를 입력하면 텍스트도 회전되기 때문에 텍스트 상자를 이용해 따로 삽입합니다.
- [삽입] 탭의 [텍스트] 그룹에서 '가로 텍스트 상자', '세로 텍스트 상자'를 사용합니다.
- 텍스트 상자를 클릭만 하고 텍스트를 입력하면 한 줄로 입력이 되어 크기가 자동 조절됩니다.
- 텍스트 상자를 드래그하여 크기를 조절한 후 입력하면 텍스트 상자의 너비에 맞게 입력되어 텍스트가 넘치면 줄 바꿈하여 자동으로 입력되어 크기를 조절합니다.

〈클릭만 하고 텍스트 입력〉

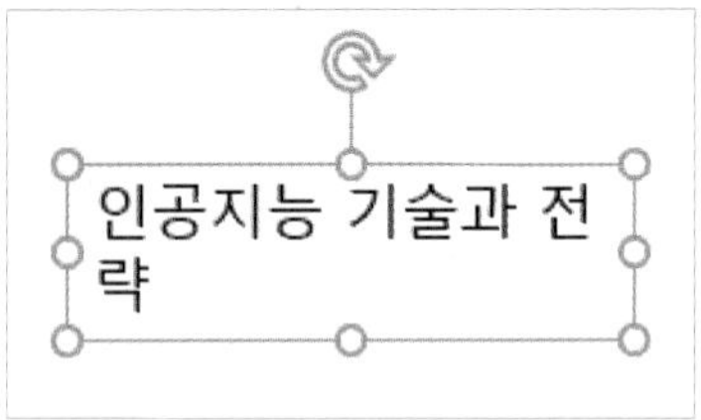

〈크기를 정한 후 텍스트 입력〉

하이퍼링크

- 하이퍼링크란 개체에 연결된 다른 문서나 슬라이드, 웹 사이트로 이동하는 기능입니다.
- 하이퍼링크는 텍스트, 도형, 그림 등의 개체에 연결할 수 있으며, [삽입] 탭의 [링크] 그룹에서 하이퍼링크 또는 마우스 오른쪽 버튼의 바로가기 메뉴의 하이퍼링크를 클릭합니다.

– 기존 파일/웹 페이지 : 기존에 작성해 둔 파일이나 문서 혹은 웹 페이지 연결
– 현재 문서 : 현재 작업 중인 프레젠테이션 슬라이드 연결
– 새 문서 만들기 : 새 문서 제목을 지정하여 링크로 프레젠테이션 생성
– 전자메일 주소 : 전자메일 발송 설정

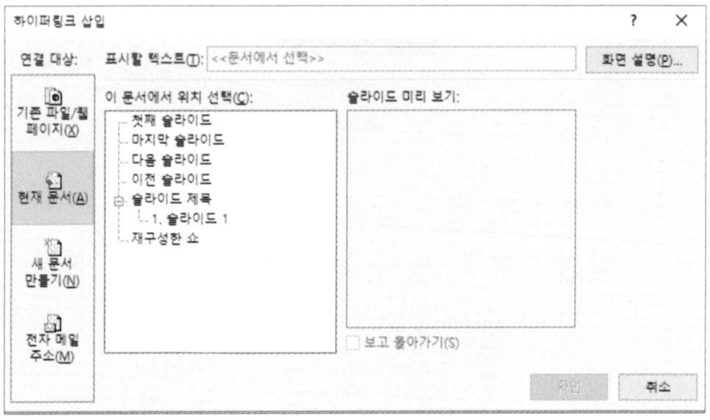

그림 자르기

- 삽입한 그림을 선택하고 [그림 도구]–[서식] 탭의 [크기] 그룹에서 '자르기'를 선택합니다.
- 테두리에 생긴 격자 위에 마우스를 올려놓고 원하는 부분까지 드래그합니다.
- Shift + 드래그하면 '가로/세로비율'을 유지하면서 자르기가 됩니다.
- '도형에 맞춰 자르기'를 하면 그림이 선택한 도형 모양으로 잘라집니다.

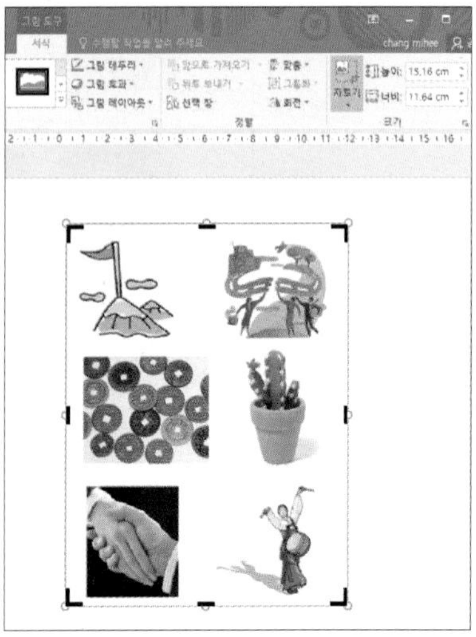

출제유형 따라하기

■ ■ 예제 : 출제유형₩3.목차슬라이드.pptx

목차 슬라이드

목차 슬라이드의 배점은 60점이며 도형을 삽입과 편집, 배치 텍스트에 하이퍼링크와 그림 삽입과 자르기 및 이동 등의 작성 능력을 평가합니다.

[슬라이드 2] ≪목차 디자인≫ (40점)

조건 (1) 출력형태와 같이 도형을 이용하여 목차를 작성한다(글꼴 : 굴림, 24pt).
(2) 도형 : 선 없음

세부 조건

① 텍스트에 하이퍼링크 적용
→ '슬라이드 4'

② 그림 삽입
– 「내 PC₩문서₩ITQ₩Picture₩그림5.jpg」
– 자르기 기능 이용

출력형태

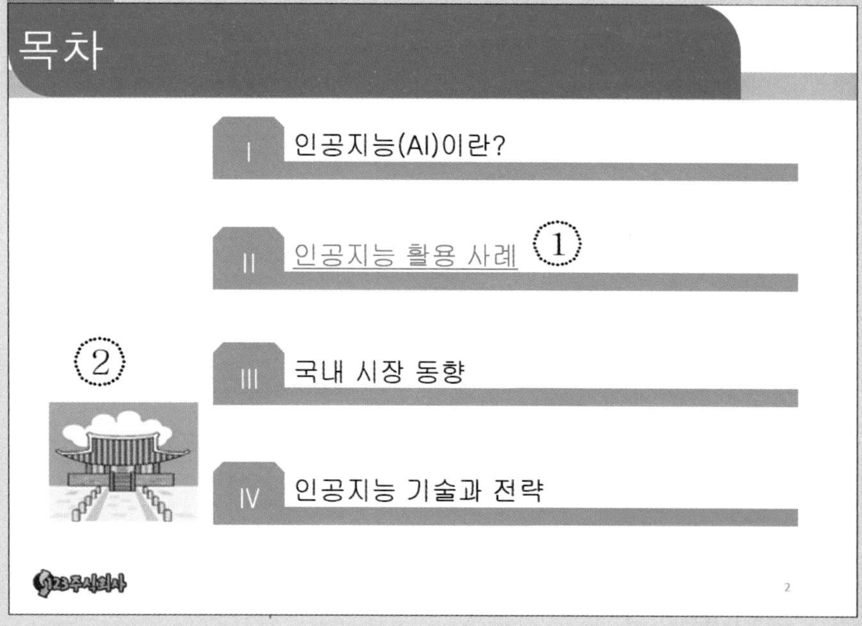

KEY POINT

- 그림 삽입과 자르기 및 정렬
  – 개체 틀에서 그림 삽입
  – [자르기] – [그림 도구 상황] 탭 – [서식] – [크기] – [자르기]
  – [그림 정렬] – [그림 도구 상황] 탭 – [서식] – [정렬] – [맨 뒤로 보내기]
- 도형 삽입과 편집
  – [홈] – [그리기] – [도형] 또는 [삽입] – [일러스트레이션] – [도형]
  – [그리기 도구] – [서식] – [정렬] – [그룹화] 또는 Ctrl + G
  – 도형 복사 – Ctrl + Shift +드래그 복사 – 내용 입력
- 하이퍼링크 – 텍스트 블록 설정 후 – 바로가기 메뉴 – [하이퍼링크] 삽입 또는 [삽입] – [링크] – [하이퍼링크]
- 재 저장하기(Ctrl + S)

Step 01. 그림 삽입과 편집하기

01 ❶두 번째 슬라이드를 선택하고 ❷제목 개체 틀에 '목차'를 입력한 후 ❸'개체 틀'의 [그림] 아이콘을 클릭합니다.

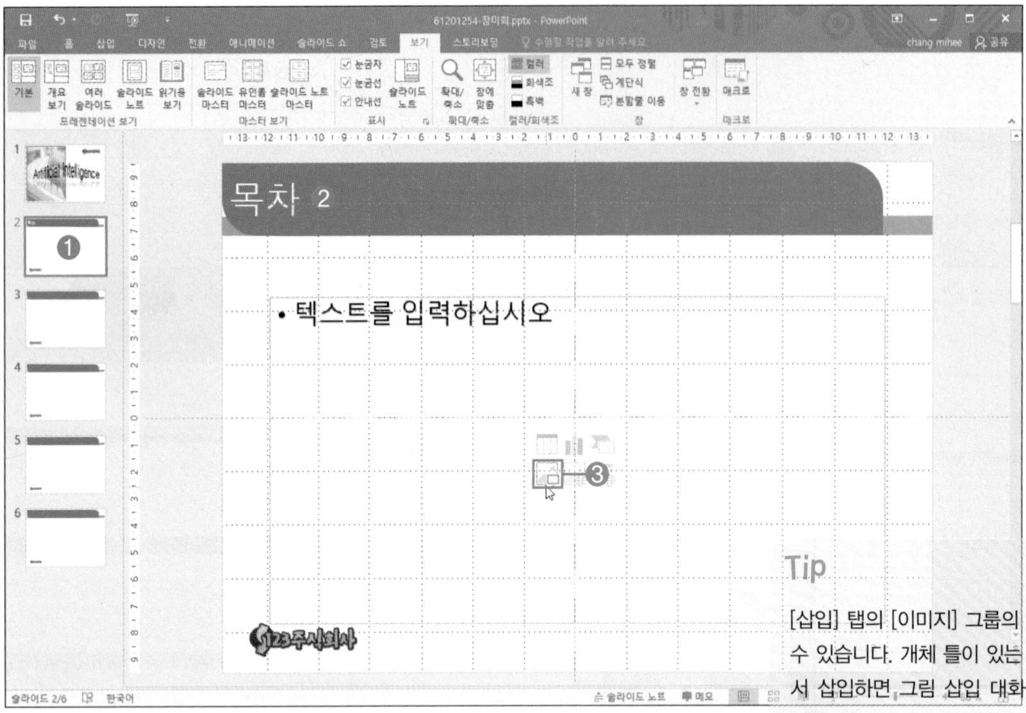

Tip

[삽입] 탭의 [이미지] 그룹의 '그림'에서 삽입할 수 있습니다. 개체 틀이 있는 경우는 개체 틀에서 삽입하면 그림 삽입 대화상자가 바로 열립니다.

02 [그림 삽입] 대화상자에서 ❶'내 PC₩문서₩ITQ₩Picture₩그림5.jpg'를 선택하고 더블클릭하여 삽입합니다.

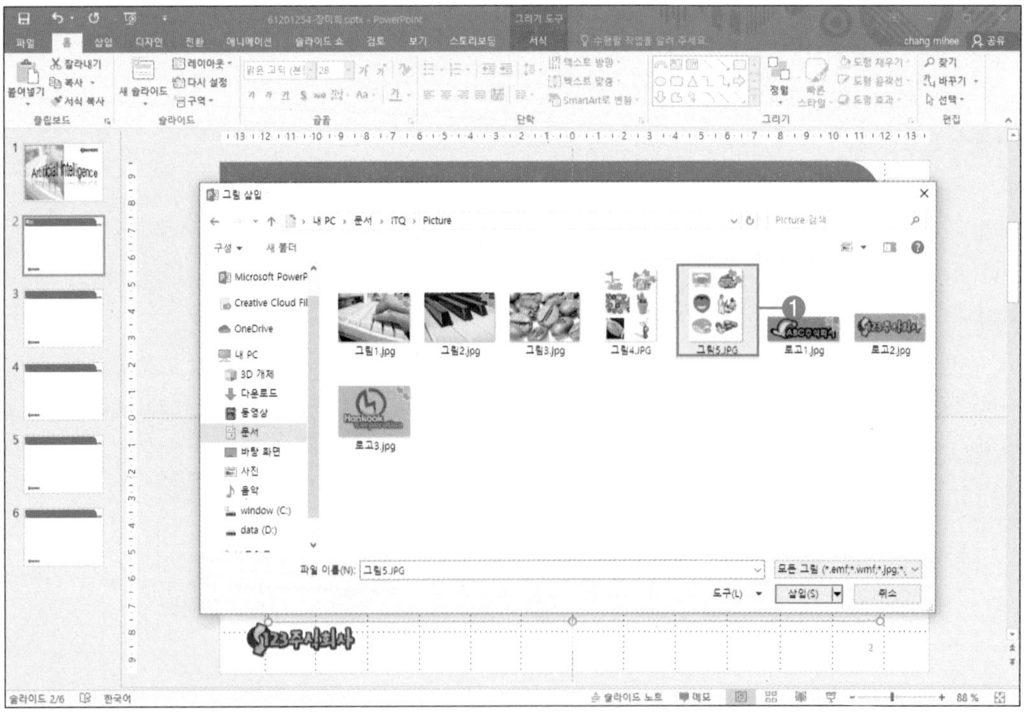

03 ❶[그림 도구]-[서식] 탭의 ❷[크기] 그룹에서 [자르기]를 클릭합니다. 그림 테두리의 '자르기 도구' 위에 마우스를 올려놓습니다.

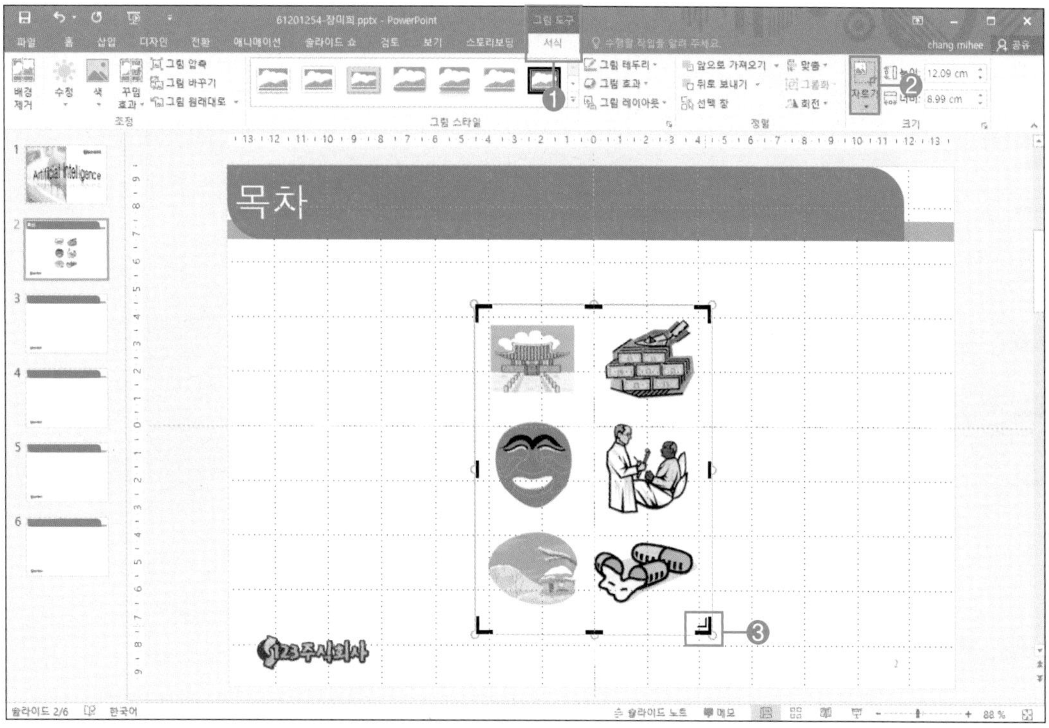

04 ❶오른쪽 하단에서 왼쪽 상단으로 대각선 방향으로 드래그하여 그림을 자릅니다.

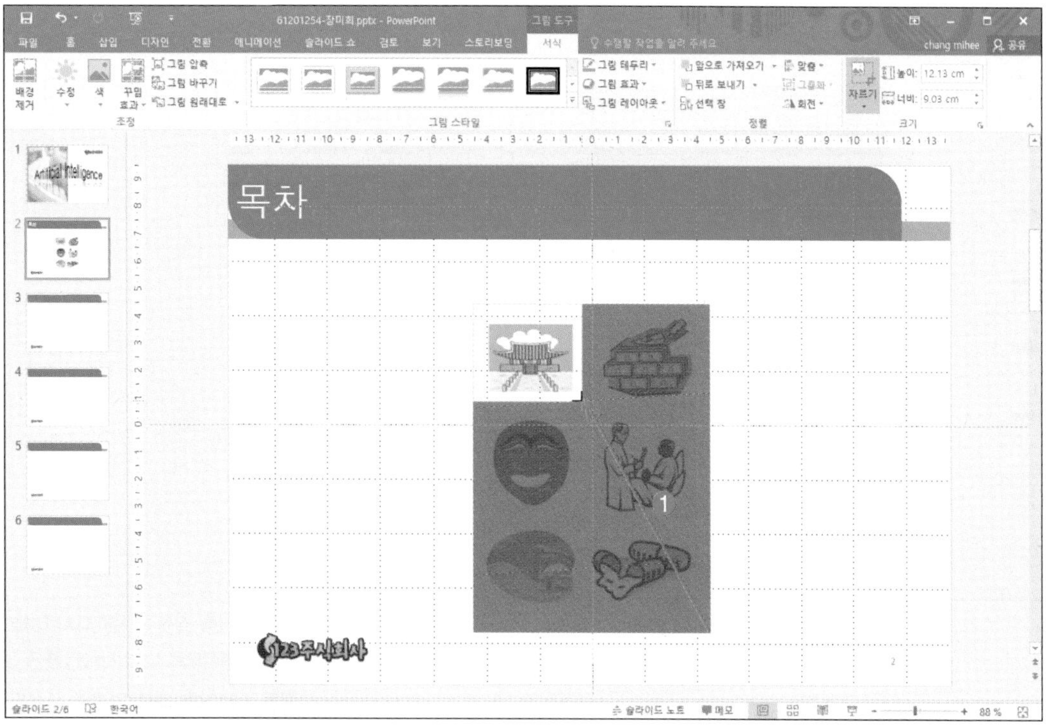

05 ❶왼쪽 상단에서 자르기를 이용하여 여백을 잘라낸 후 ❷비어있는 슬라이드 여백을 클릭하여 자르기를 해제합니다.

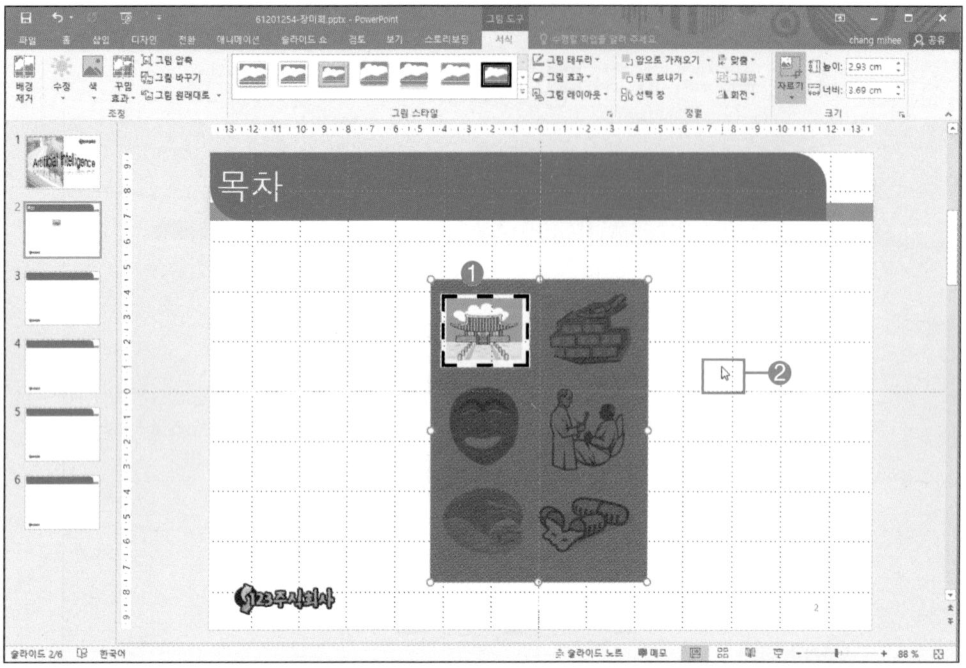

06 ≪출력형태≫에 맞춰 크기를 조절하고 배치합니다.

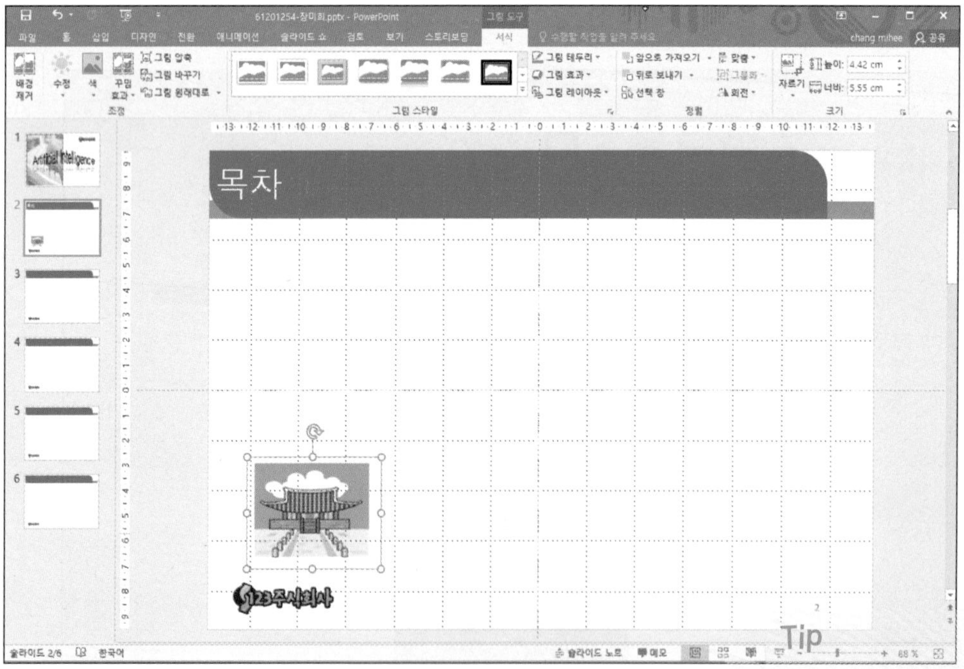

Tip

그림 자르기를 잘못했다면 다시 [자르기]를 선택하여 조절점으로 다시 자르기를 조절합니다.

그림을 자르기를 해도 완전히 삭제된 것이 아니므로 복원이 가능합니다.

Step 02. 도형 삽입과 편집하기

01 도형의 삽입은 맨 아래에 있는 도형부터 삽입하면 정렬이나 배치가 쉽습니다. ❶[삽입] 탭의 [일러스트레이션] 그룹에서 ❷'도형'의 ❸'사각형'의 '사각형'을 선택합니다.

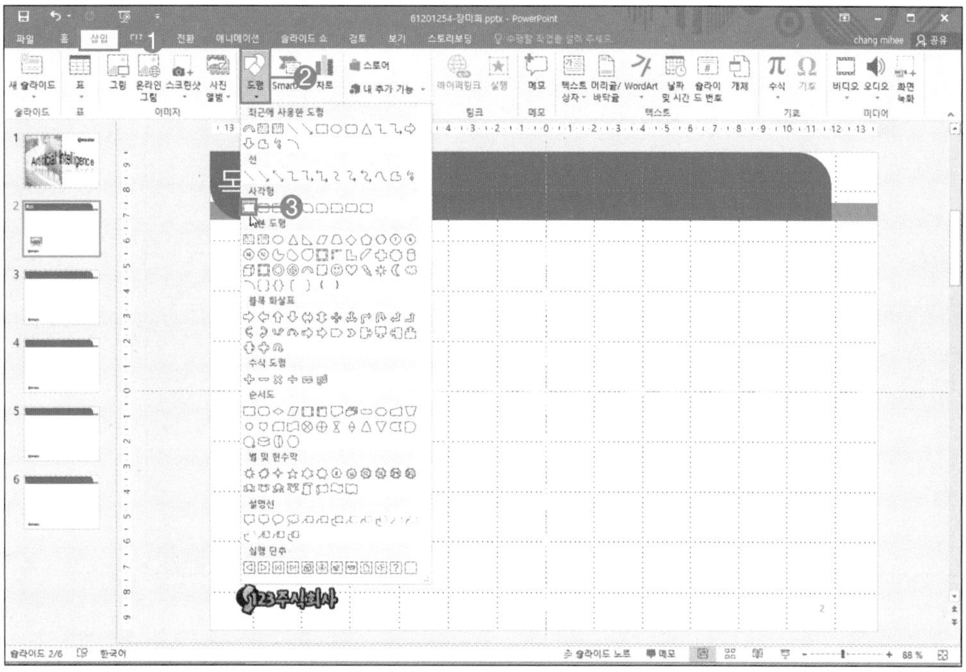

02 짧게 그리면 텍스트의 길이에 따라 다시 조절해야 합니다. ❶《출력형태》에 맞춰 길이와 너비를 조절하여 삽입합니다.

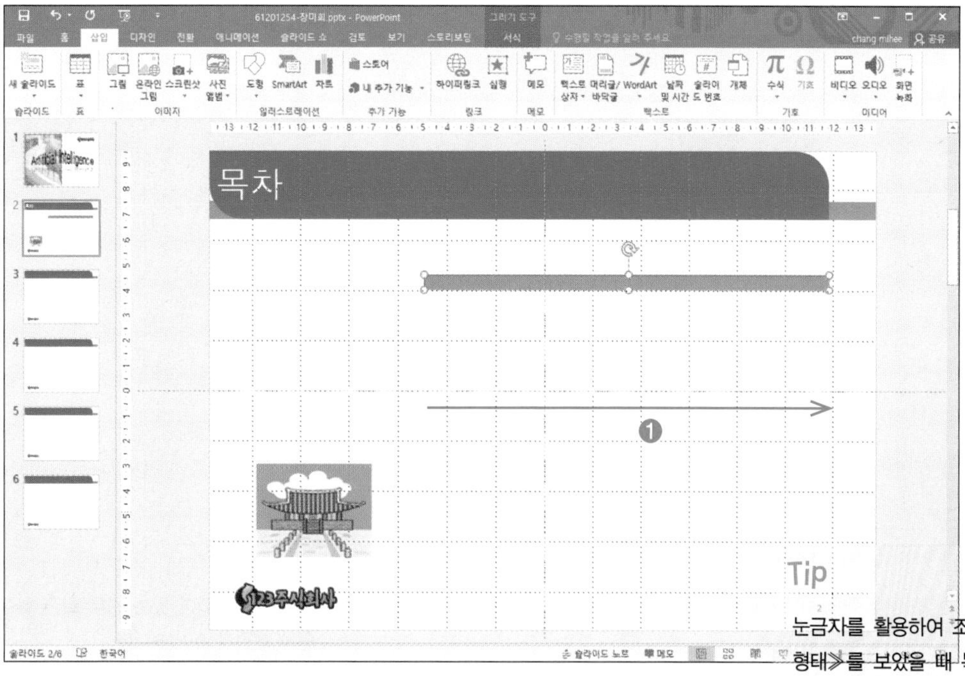

Tip

눈금자를 활용하여 조절하면 편리하며 《출력형태》를 보았을 때 목차 도형의 길이를 참고하면 조절하기 쉽습니다.

03 번호가 입력되어 있는 도형을 삽입하기 위해 ❶[삽입] 탭의 ❷[일러스트레이션] 그룹에서 '도형'에서 ❸'사각형'의 '양쪽 모서리가 잘린 사각형'을 선택합니다.

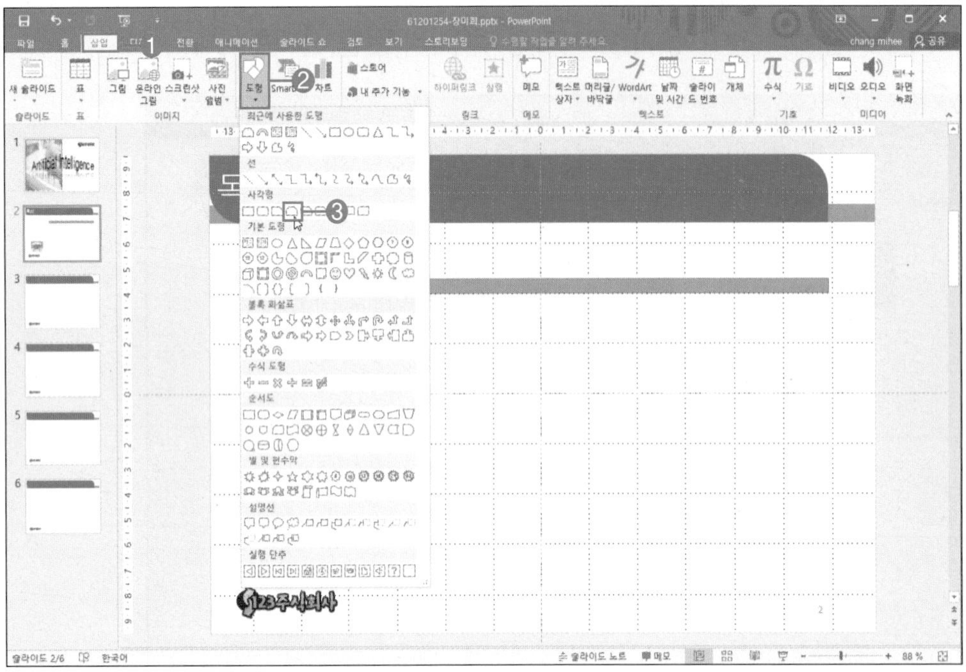

04 도형을 ❶≪출력형태≫와 같이 드래그하여 긴 도형 위에 배치합니다.

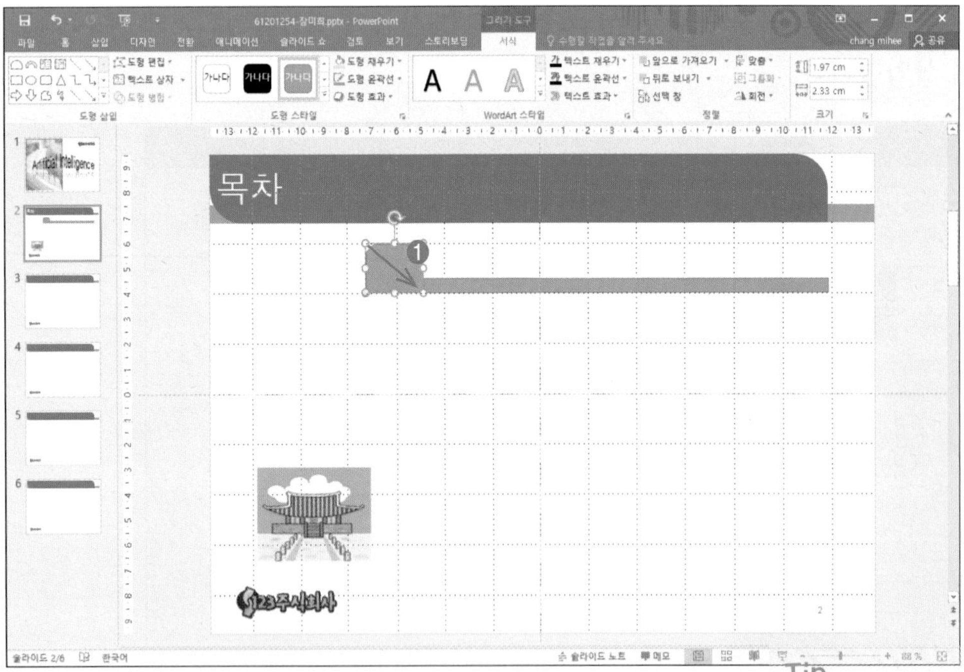

Tip

도형이 회전되어 있는 경우 회전 화살표를 이용해 회전할 수 있습니다.

05 도형을 선택한 상태에서 ❶'ㅈ'을 입력한 후 키보드의 [한자]를 누릅니다. ❷우측 하단의 '보기 변경'을 클릭합니다. ❸≪출력형태≫에 맞는 '로마자'를 더블클릭하여 삽입합니다.

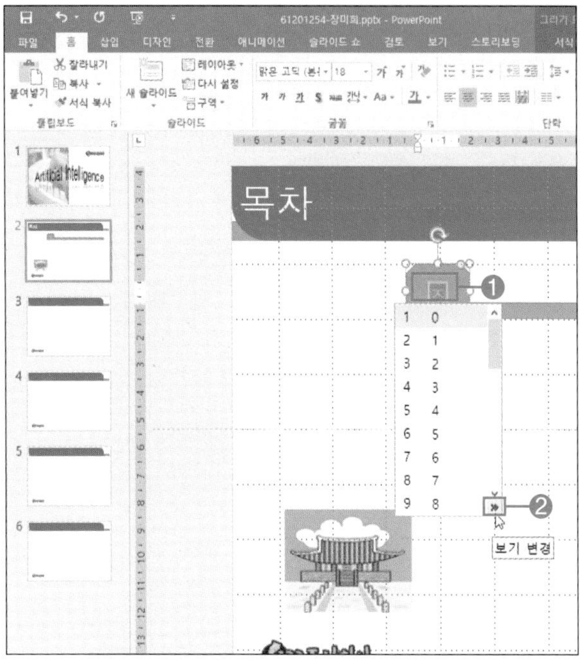

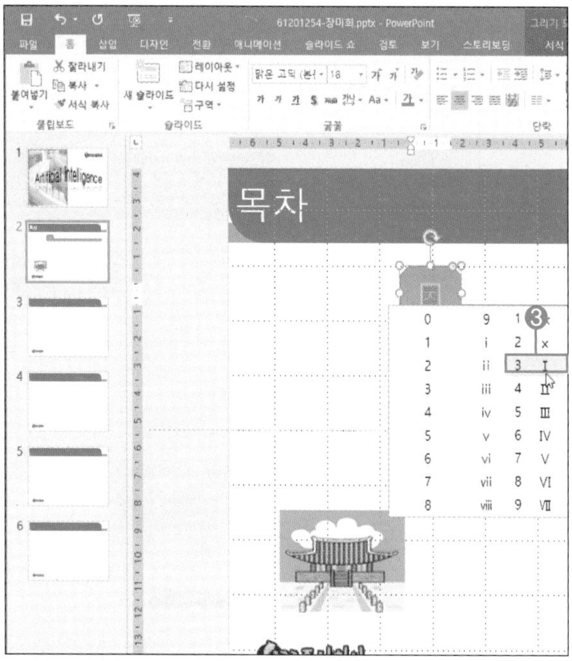

Tip

특수기호 등을 삽입할 때 자음+[한자]를 누릅니다. 글자 색이 흰색인지 검은색인지 확인합니다.

06 텍스트 상자를 삽입하기 위해 ❶[삽입] 탭의 ❷[일러스트레이션] 그룹에서 '도형'의 ❸'기본 도형'의 '텍스트 상자'를 선택합니다.

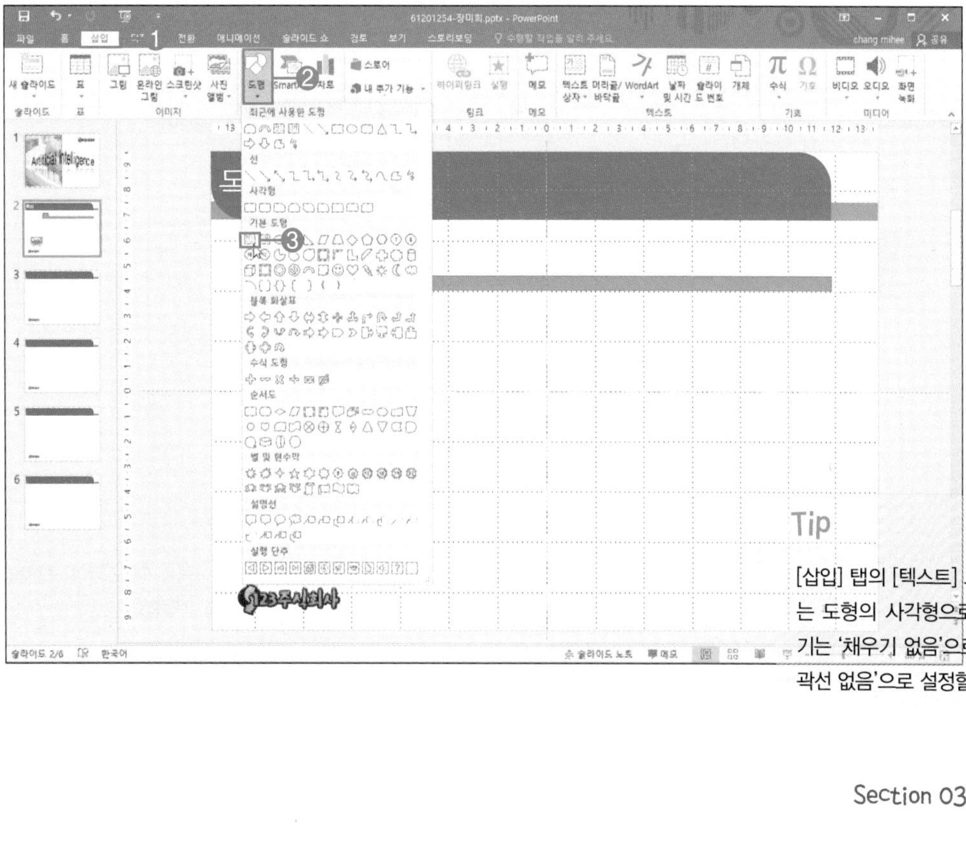

Tip

[삽입] 탭의 [텍스트] 그룹에서 '텍스트 상자' 또는 도형의 사각형으로 삽입한 후 도형의 채우기는 '채우기 없음'으로 하고 도형 윤곽선은 '윤곽선 없음'으로 설정할 수 있습니다.

07 선택한 텍스트 상자를 클릭만 한 후 텍스트를 입력합니다. 입력이 완료되면 텍스트 상자를 ≪출력형태≫에 맞게 배치합니다.

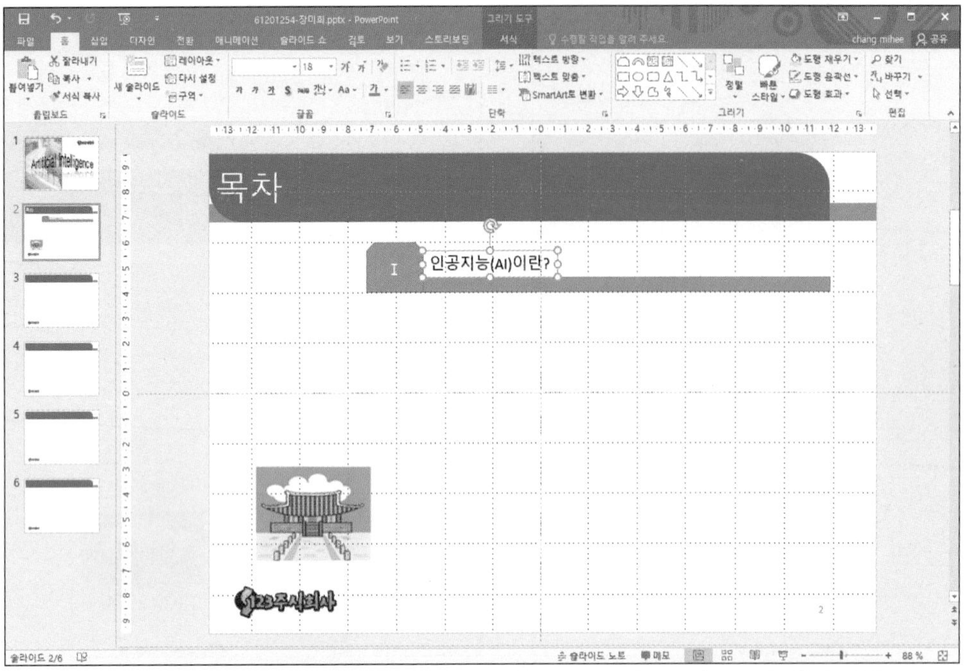

Tip

텍스트 상자를 드래그해서 삽입할 경우 텍스트 길이를 생각해서 긴 도형에 맞게 길게 그려줍니다.

08 ❶ Shift 를 누르고 클릭하여 모든 도형을 선택한 후 ❷[그리기 도구]–[서식] 탭의 ❸[정렬] 그룹에서 '그룹화'의 '그룹'을 클릭합니다. 단축키 Ctrl + G 또는 마우스 오른쪽 단추를 눌러 '그룹화–그룹'을 선택해도 됩니다.

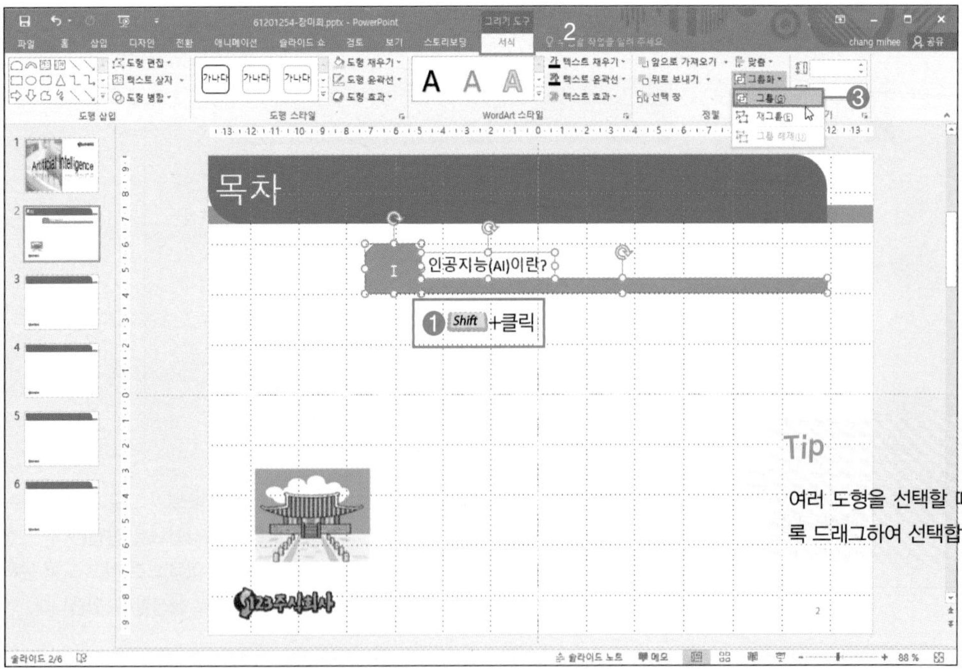

Tip

여러 도형을 선택할 때 도형이 포함될 수 있도록 드래그하여 선택합니다.

09 ❶그룹화된 도형이 선택된 상태에서 ❷[그리기 도구]-[서식] 탭의 ❸[도형 스타일] 그룹에서 [도형 윤곽선]을 클릭하여 ❹'윤곽선 없음'을 선택합니다.

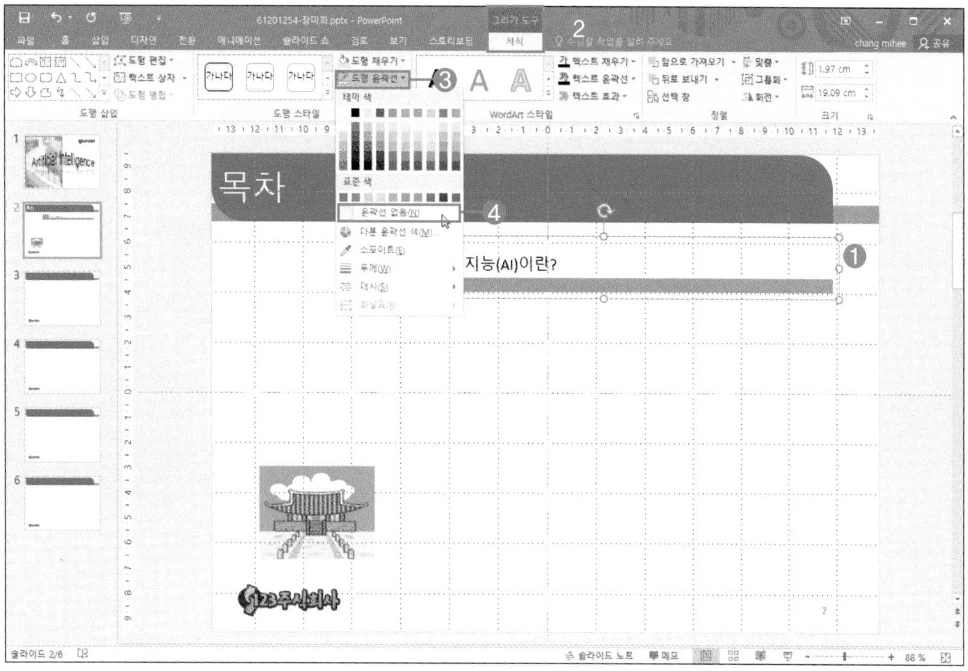

10 글꼴을 설정하기 위해 ❶그룹화된 도형이 선택된 상태에서 ❷[홈] 탭의 ❸[글꼴] 그룹에서 '글꼴 : 굴림', '글자 크기 : 24pt'를 설정합니다.

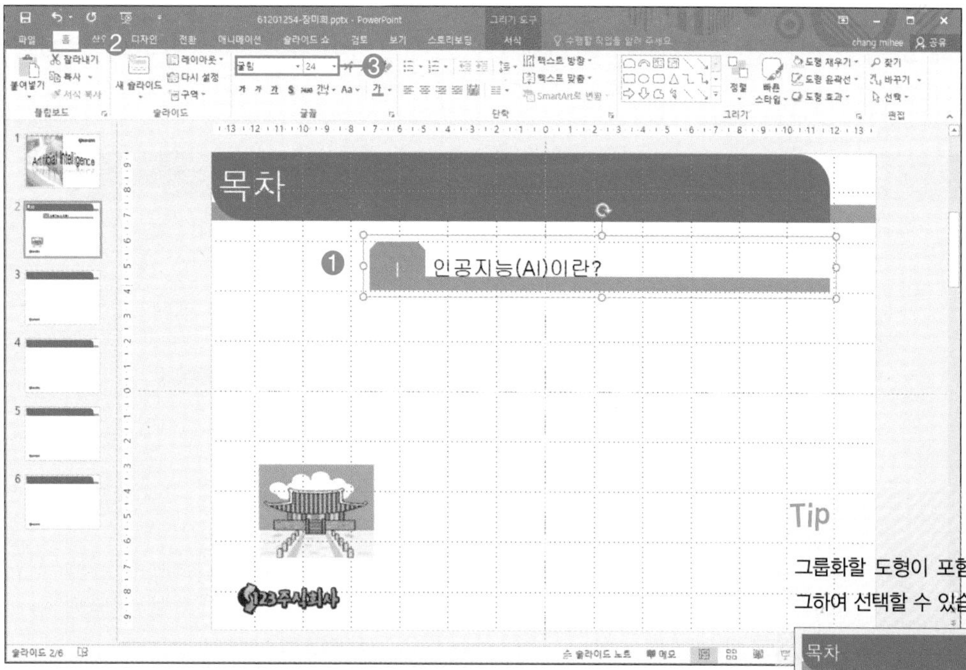

Tip

그룹화할 도형이 포함될 수 있도록 넓게 드래그하여 선택할 수 있습니다.

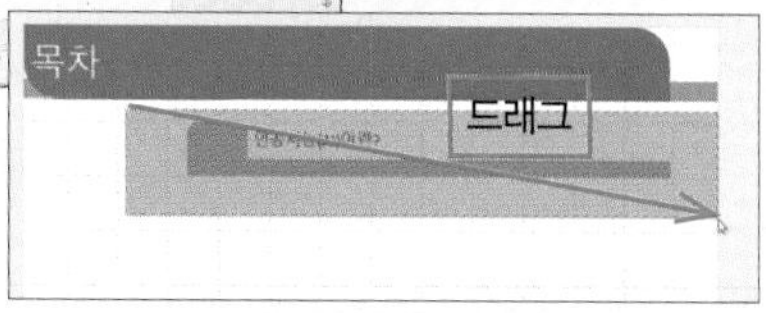

11 그룹화된 도형들은 그룹화된 상태에서 수정이 가능합니다. 그룹화된 전체 도형을 선택한 상태에서 안쪽 텍스트 상자를 한 번 더 선택한 후 ≪출력형태≫에 맞게 위치를 조절합니다.

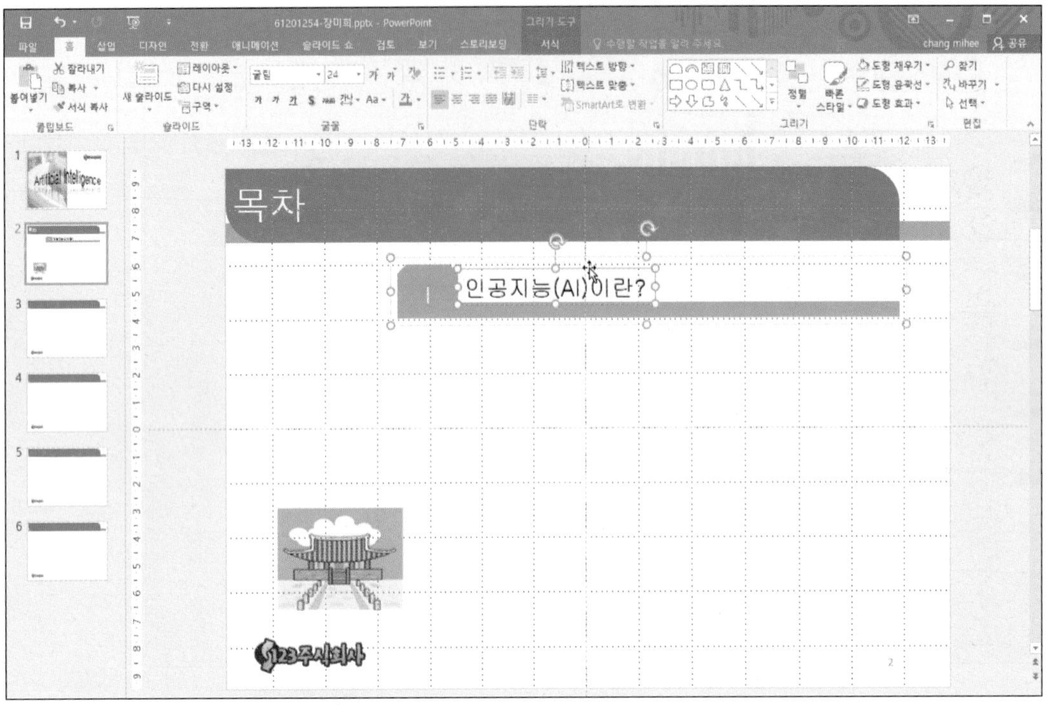

Tip

그룹화된 도형이 선택되면 조절점이 바깥쪽에 6개가 생성되며 그룹 안쪽 도형을 선택하면 안쪽 도형의 조절점이 추가로 생성이 됩니다. 그룹화된 전체 도형인지 안쪽 도형만 선택된 것인지 확인합니다.

12 그룹화된 전체 도형을 선택한 후 ❶ Ctrl + Shift + 드래그하여 수직 복사합니다. 3개를 복사하여 목록 4개를 만듭니다.

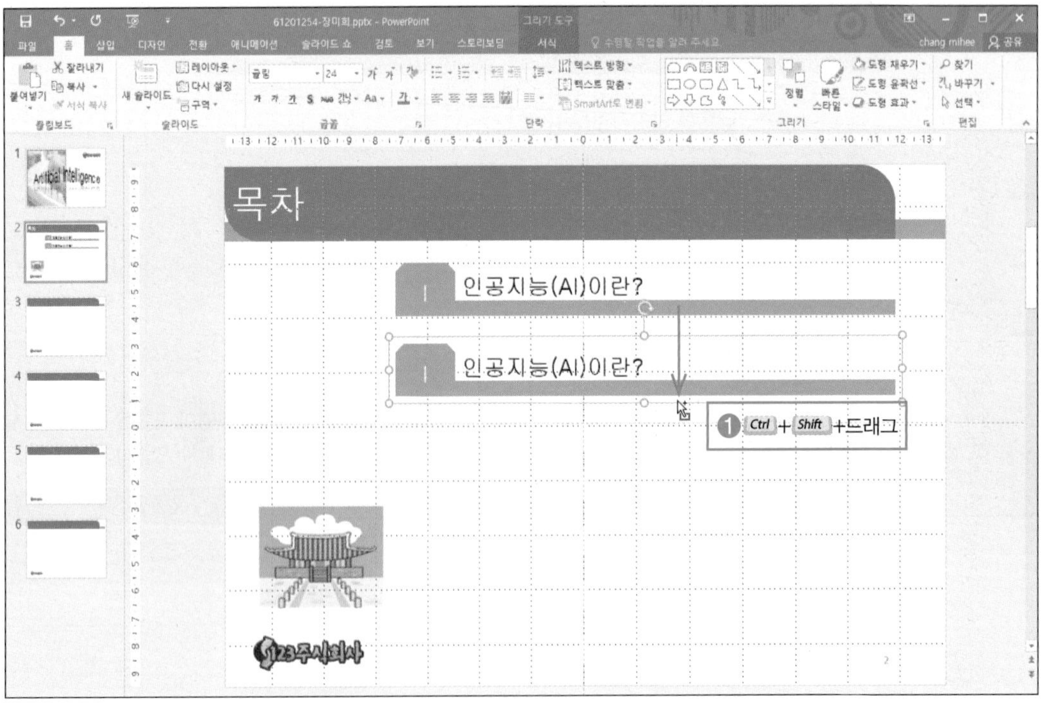

13 텍스트를 수정합니다. 텍스트 부분에 마우스를 올려 놓으면 마우스 포인터가 'I' 모양으로 바뀝니다. 로마자를 블록 지정한 후 동일한 방법으로 Ⅱ를 삽입하여 수정합니다.

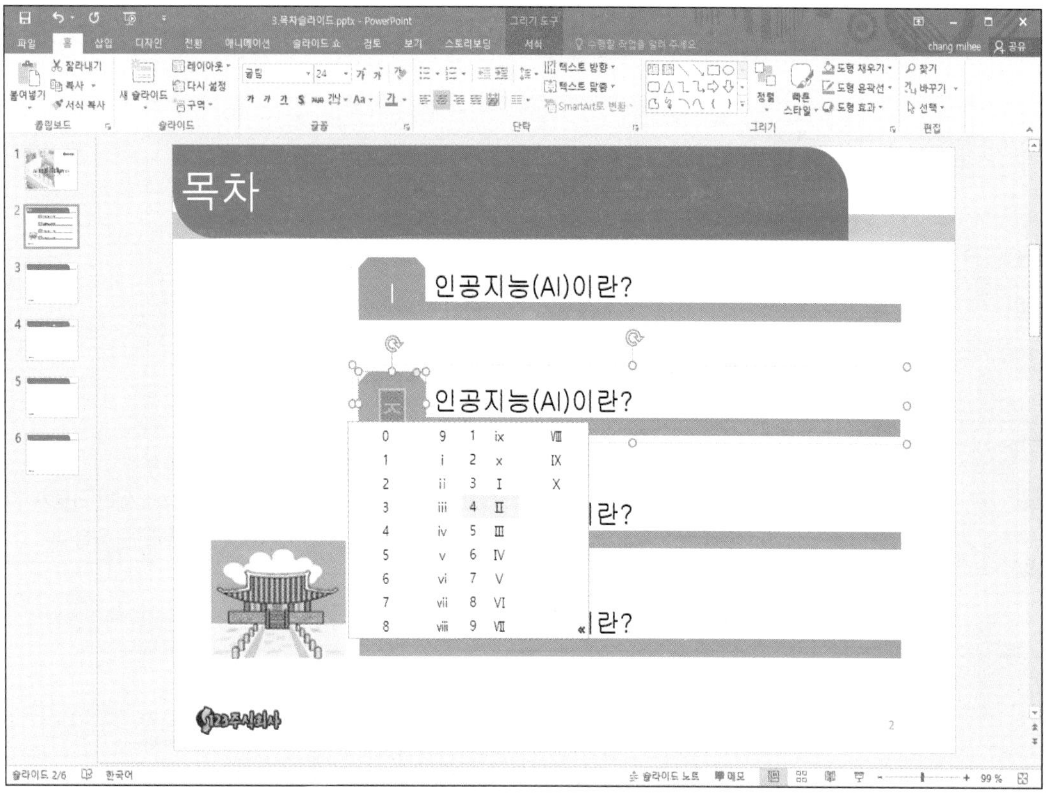

14 번호와 텍스트를 모두 수정하고 ≪출력형태≫에 맞춰 그림과 도형의 배치를 조절합니다.

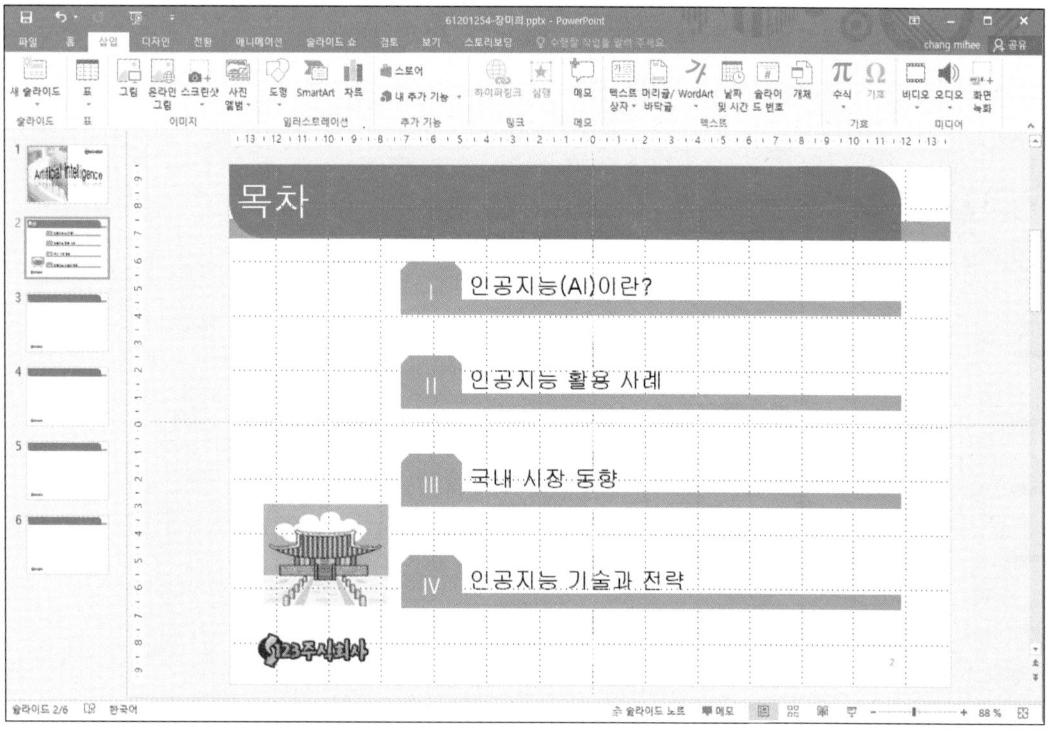

Step 03. 하이퍼링크 삽입하기

01 텍스트에 하이퍼링크를 삽입하기 위해 ❶텍스트를 드래그하여 영역을 설정합니다. ❷[삽입] 탭의 ❸[링크] 그룹에서 '하이퍼링크'를 클릭합니다.

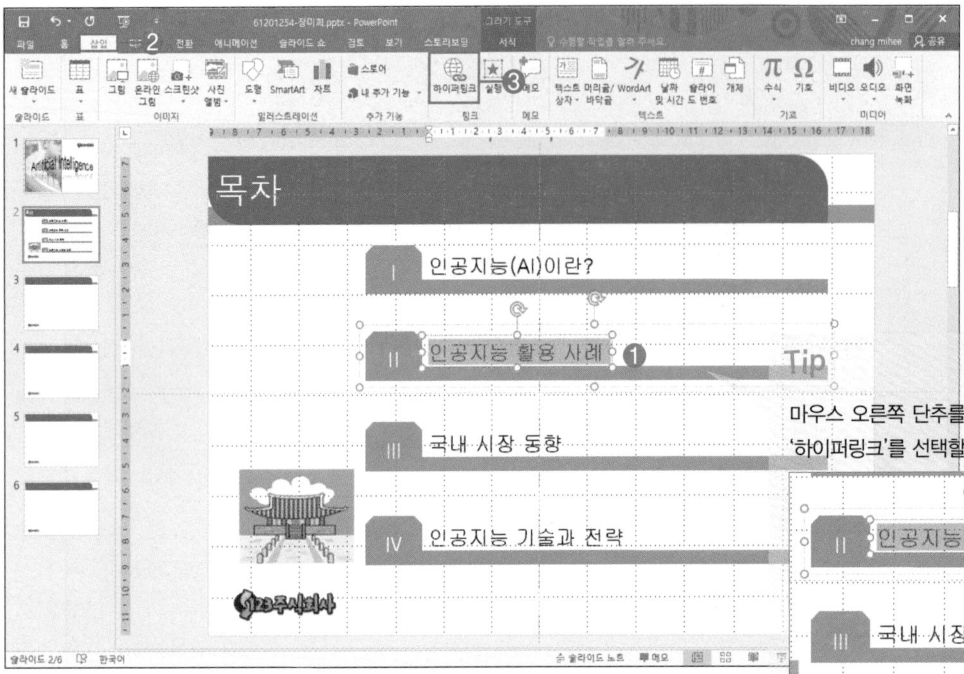

Tip

마우스 오른쪽 단추를 눌러 바로가기 메뉴에서 '하이퍼링크'를 선택할 수 있습니다.

02 [하이퍼링크 삽입] 대화상자에서 ❶[현재 문서]를 클릭한 후 ❷[이 문서에서 위치 선택]에서 '4. 슬라이드 4'를 선택하고 ❸[확인]을 클릭합니다.

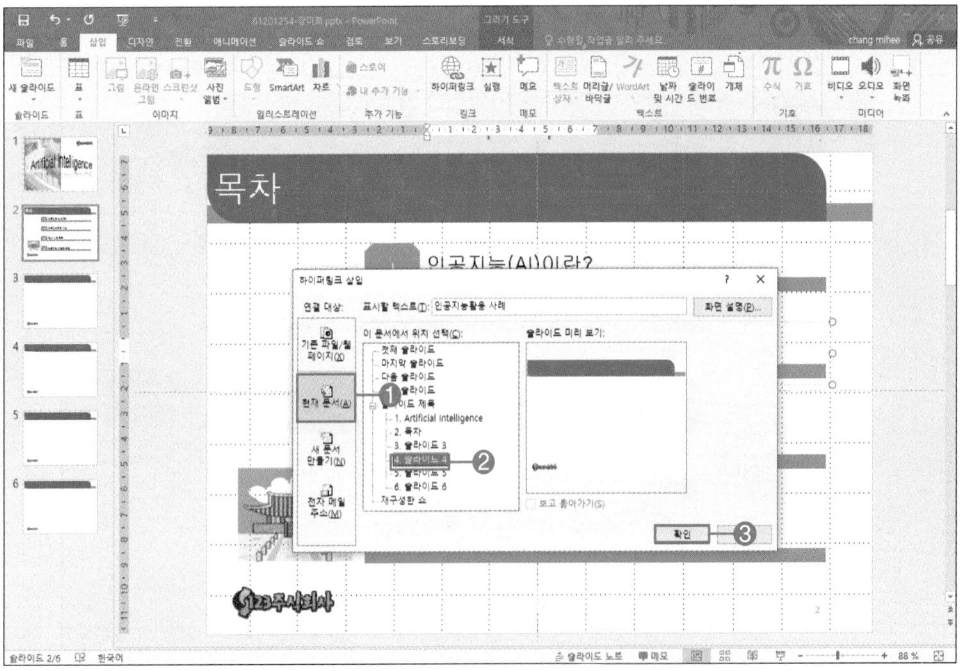

03 하이퍼링크가 설정되면 텍스트에 밑줄이 생기고 글자색이 변합니다.

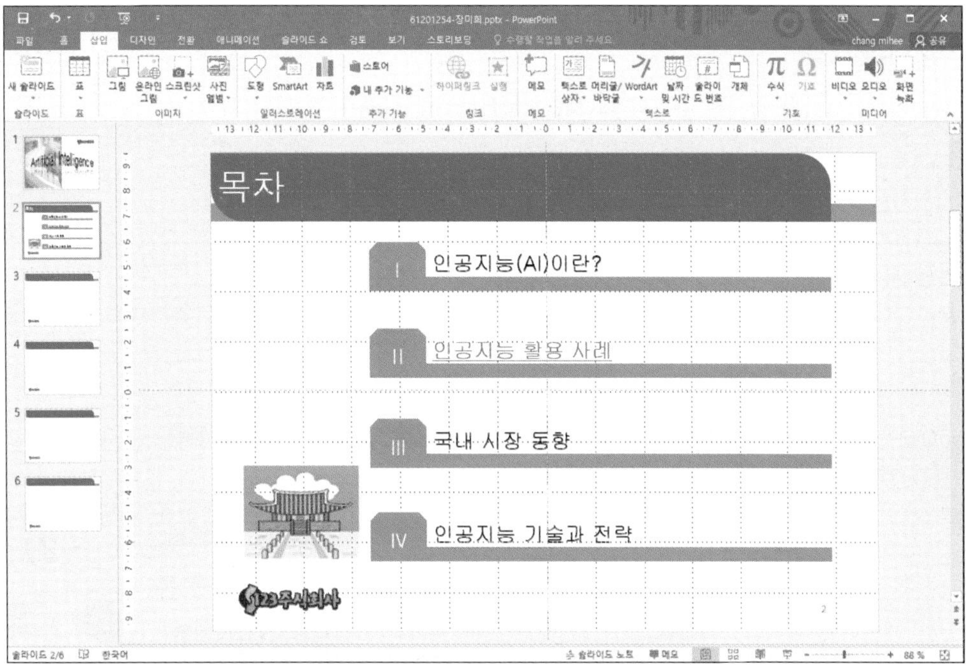

Level UP!

○ 하이퍼링크를 잘못 삽입한 경우

하이퍼링크 부분에 클릭한 후 마우스 오른쪽 단추를 누른 후 바로가기 메뉴에서 '편집', '열기', '제거'를 할 수 있습니다.

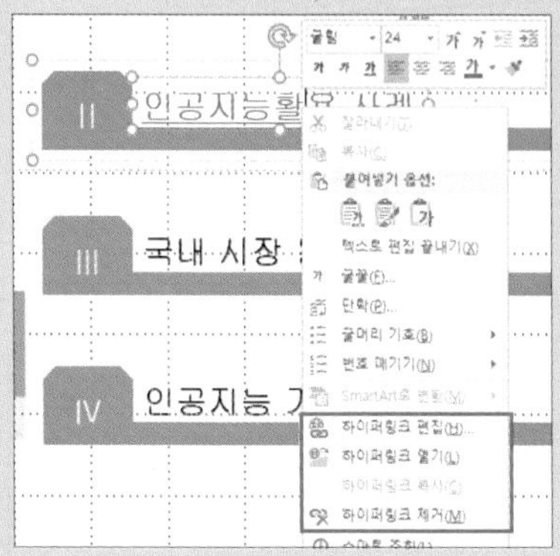

○ 하이퍼링크를 삽입할 때 마우스 오른쪽 단추의 '하이퍼링크'가 활성화되지 않는 경우

단어에 맞춤법 검사가 적용된 경우에는 하이퍼링크 바로가기 메뉴가 표시되지 않습니다. ≪출력형태≫와 같이 입력한 경우 [모두 건너뛰기]를 한 후 다시 마우스 오른쪽 단추를 누르면 '바로가기 메뉴'가 활성화됩니다.

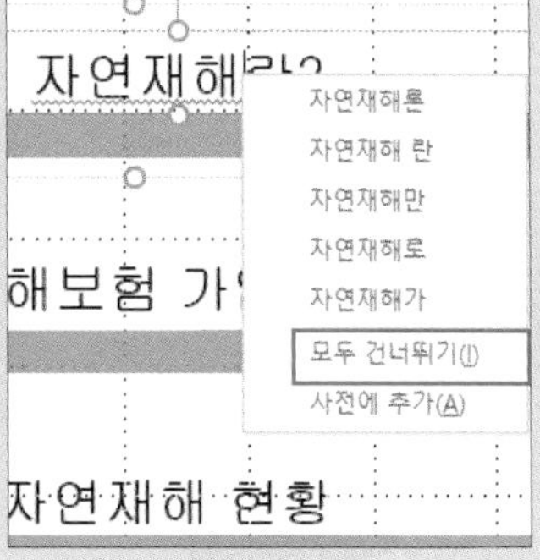

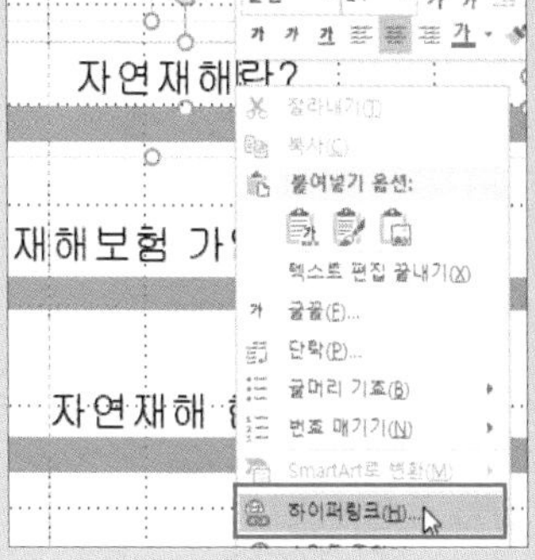

01 다음의 조건을 적용하여 슬라이드를 완성하시오.

■ ■ 예제 : 실력팡팡₩3.목차슬라이드₩목차1.pptx

[슬라이드 2] ≪목차 디자인≫ (60점)

조건 (1) 출력형태와 같이 도형을 이용하여 목차를 작성한다(글꼴 : 굴림, 24pt).
(2) 도형 : 선 없음

세부조건

① 텍스트에 하이퍼링크 적용
-〉 '슬라이드 4'

② 그림 삽입
- 「내 PC₩문서₩ITQ₩Picture₩그림4.jpg」
- 자르기 기능 이용

출력형태

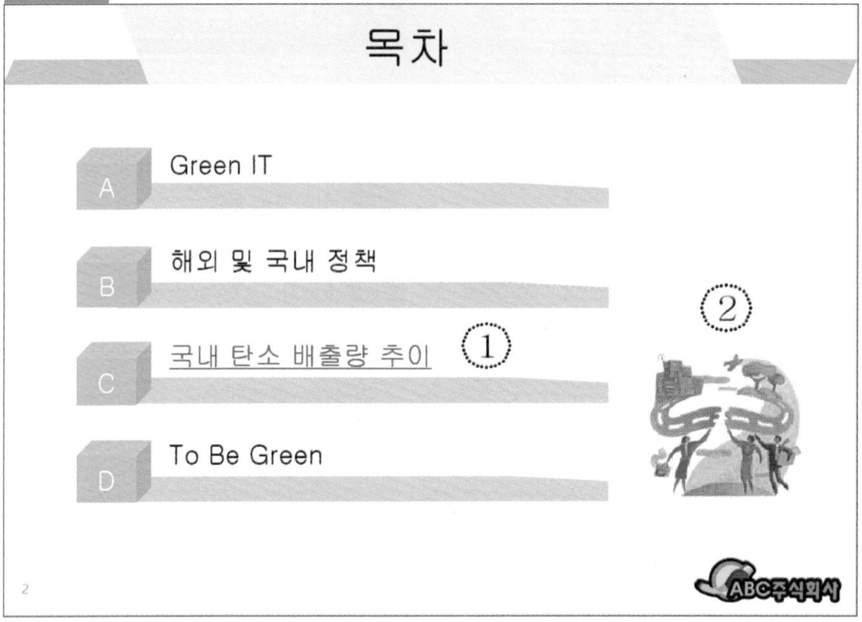

02 다음의 조건을 적용하여 슬라이드를 완성하시오.

■ ■ 예제 : 실력팡팡₩3.목차슬라이드₩목차2.pptx

[슬라이드 2] ≪목차 디자인≫ (60점)

조건 (1) 출력형태와 같이 도형을 이용하여 목차를 작성한다(글꼴 : 굴림, 24pt).
(2) 도형 : 선 없음

세부조건

① 텍스트에 하이퍼링크 적용
-〉 '슬라이드 6'

② 그림 삽입
- 「내 PC₩문서₩ITQ₩Picture₩그림4.jpg」
- 자르기 기능 이용

출력형태

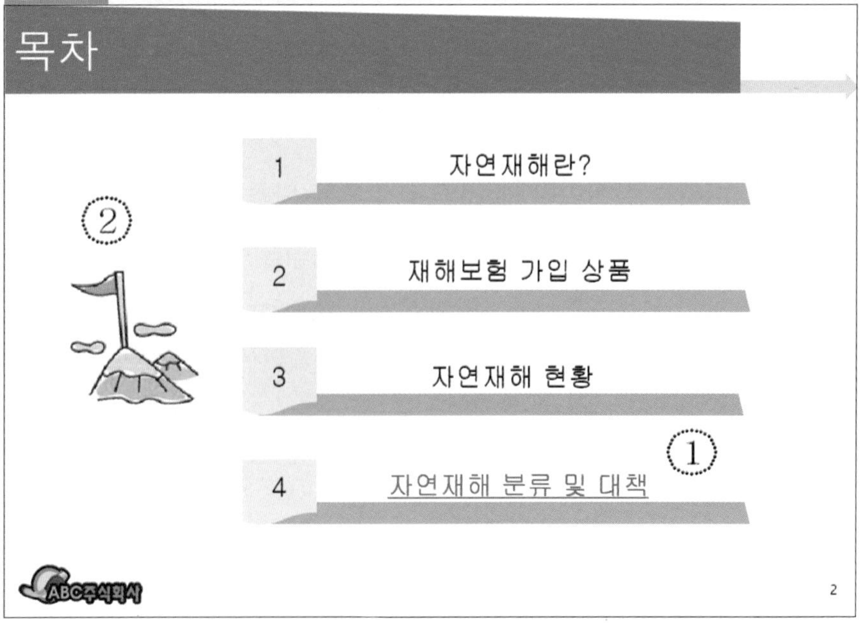

03 다음의 조건을 적용하여 슬라이드를 완성하시오.

■ ■ 예제 : 실력팡팡₩3.목차슬라이드₩목차3.pptx

[슬라이드 2] ≪목차 디자인≫

(60점)

조건 (1) 출력형태와 같이 도형을 이용하여 목차를 작성한다(글꼴 : 돋움, 24pt).

(2) 도형 : 선 없음

세부조건

① 텍스트에 하이퍼링크 적용

–〉'슬라이드 4'

② 그림 삽입

–「내 PC₩문서₩ITQ₩Picture₩그림4.jpg」

– 자르기 기능 이용

출력형태

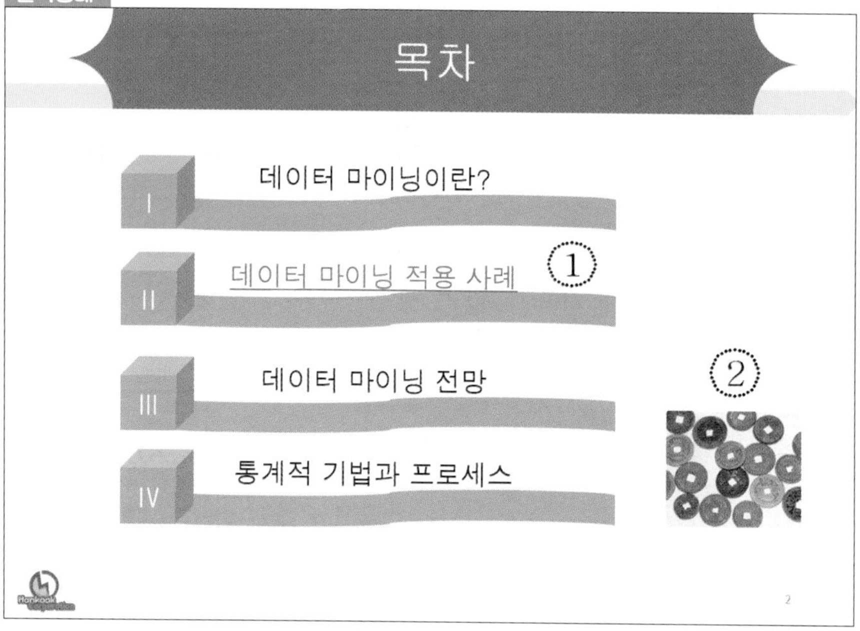

04 다음의 조건을 적용하여 슬라이드를 완성하시오.

■ ■ 예제 : 실력팡팡₩3.목차슬라이드₩목차4.pptx

[슬라이드 2] ≪목차 디자인≫

(60점)

조건 (1) 출력형태와 같이 도형을 이용하여 목차를 작성한다(글꼴 : 돋움, 24pt).

(2) 도형 : 선 없음

세부조건

① 텍스트에 하이퍼링크 적용

–〉'슬라이드 5'

② 그림 삽입

–「내 PC₩문서₩ITQ₩Picture₩그림5.jpg」

– 자르기 기능 이용

출력형태

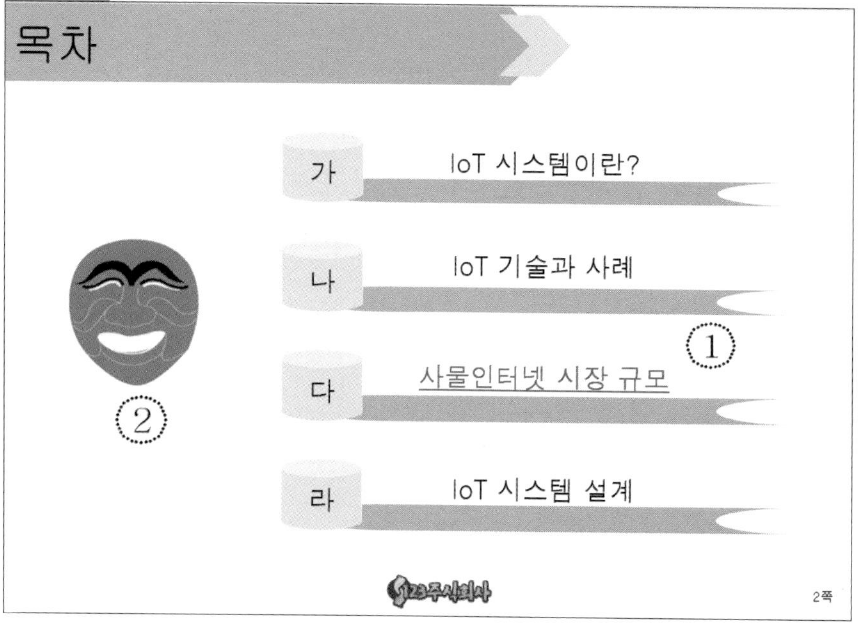

04 Section 텍스트/동영상 슬라이드

텍스트/동영상 슬라이드를 작성하는 부분으로 주제에 맞는 자료의 요약과 관련된 동영상을 통해 프레젠테이션의 발표하고자 하는 내용을 명확하게 알리는 슬라이드입니다. 텍스트의 단락과 글머리 기호로 가독성을 높이고 동영상을 삽입하는 방법을 학습합니다.

글머리 기호

- 문단의 글 목록을 가독성 있는 문서로 만들기 위해 기호 및 숫자로 구분합니다.
- [홈] 탭에서 [단락] 그룹의 [글머리 기호]에서 설정합니다.
- 목록에 글머리 기호가 없는 경우 [사용자 지정] 단추를 클릭하여 '글꼴'에서 'Webdings, Wingdings, Wingdings2, Wingdings3'에서 글머리 기호를 입력합니다.

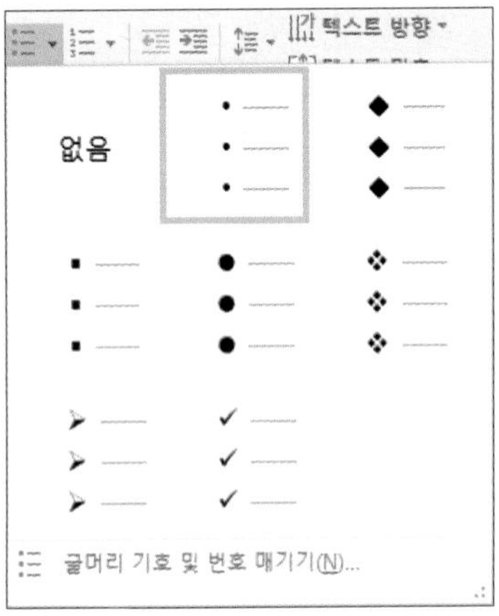

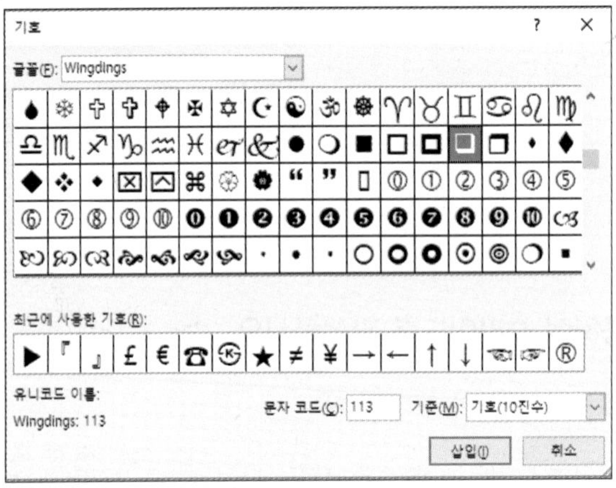

단락 줄 간격 조절하기

- 들여쓰기를 설정할 수 있습니다.
- 단락과 단락 사이의 앞/뒤 간격과 줄 간격을 조절할 수 있습니다.
- 임의로 줄 간격을 조절하려면 줄 간격을 '배수'로 설정한 후 입력합니다.

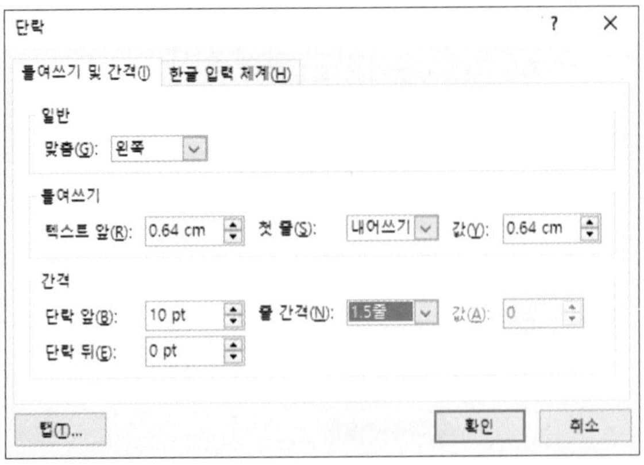

문단 구분과 텍스트 블록 설정

- 단락과 단락의 구분은 Tab 으로 구분합니다.
- 단락 수준 내리기 Tab , 단락 수준을 다시 올리려면 Shift + Tab 을 누릅니다.
- 문단과 문단은 Enter 로 구분하며, 문단은 바뀌지 않고 강제 줄바꿈은 Shift + Enter 를 누릅니다.

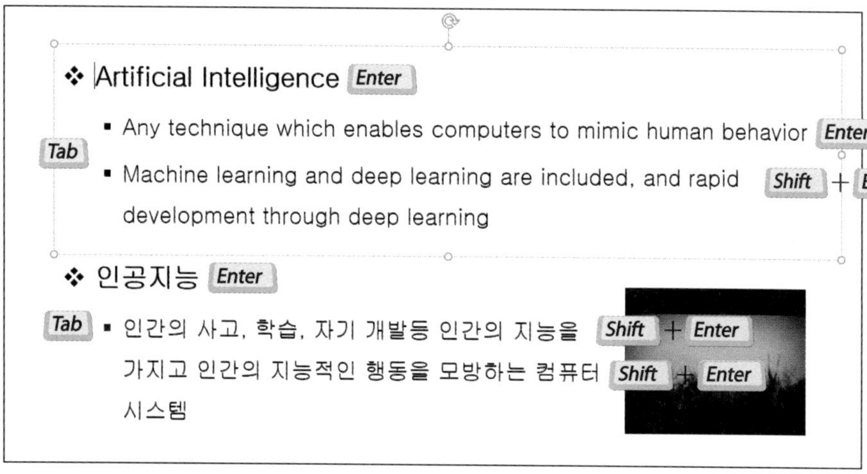

텍스트 상자 자동 맞춤 중지

- 텍스트 상자에 텍스트를 입력하게 되면 상자 크기에 따라 텍스트 크기가 자동으로 변경됩니다.
- 텍스트 상자 크기에 관계없이 텍스트 크기를 고정할 수 있습니다.
- 텍스트 상자 크기보다 많은 텍스트를 입력하면 텍스트 크기가 자동으로 조절됩니다. 텍스트 상자 안에 클릭하면 왼쪽 하단에 '자동 고침 옵션 조절' 메뉴가 생깁니다. 옵션 단추를 클릭하여 '이 개체 틀에 텍스트 맞춤 중지'를 선택합니다.
- '자동 고침 옵션 조절' 단추가 생성되지 않는다면 텍스트 상자를 클릭한 후 '도형 서식' 메뉴에서 '텍스트 옵션'– 텍스트 상자의 '자동 맞춤 안 함'을 선택합니다.
- 텍스트 상자를 클릭한 후 마우스 오른쪽 단추를 눌러 바로가기 메뉴의 '도형 서식'을 클릭하여 선택할 수 있습니다.

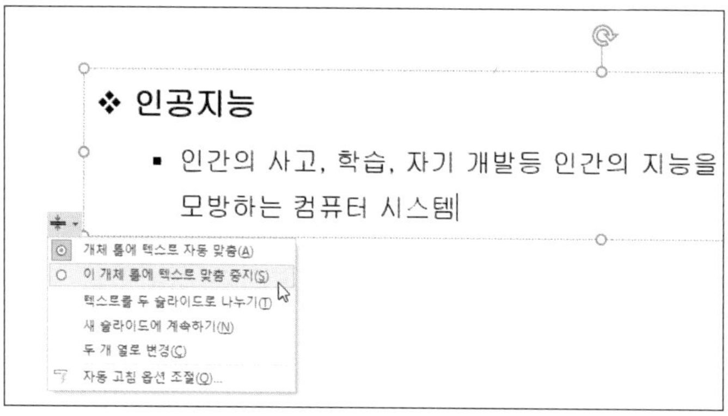

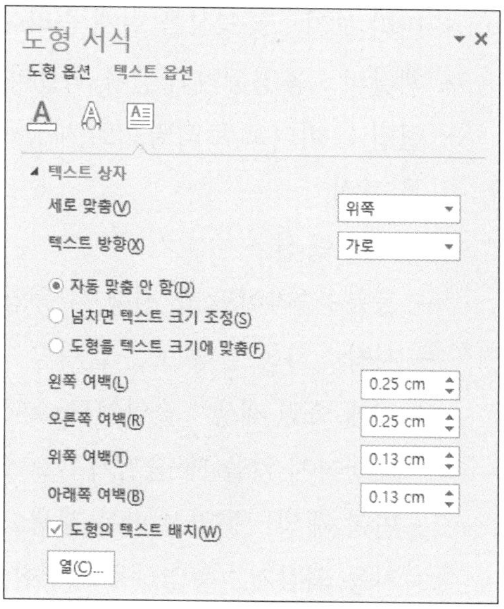

동영상 삽입

- 동영상을 삽입하면 프레젠테이션이 훨씬 더 생동감이 생기고 이해도가 높으며 청중들의 집중을 유도할 수 있습니다.
- [삽입] 탭의 [미디어] 그룹에서 [비디오]를 클릭하여 '내 PC의 비디오'를 클릭한 후 [동영상 삽입] 대화상자에서 동영상을 더블클릭하여 삽입할 수 있습니다.

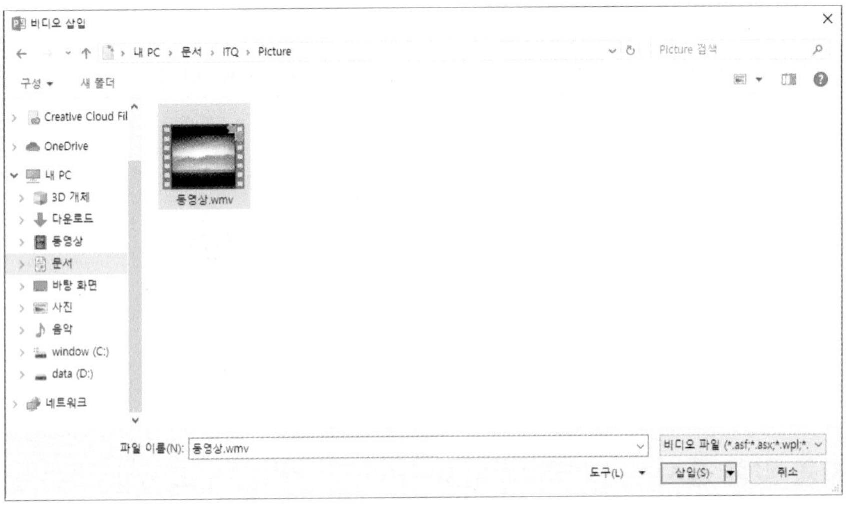

- [비디오 도구]-[재생] 탭에서 미리보기, 책갈피, 비디오 트리밍, 페이드, 비디오 옵션 등을 설정할 수 있습니다.

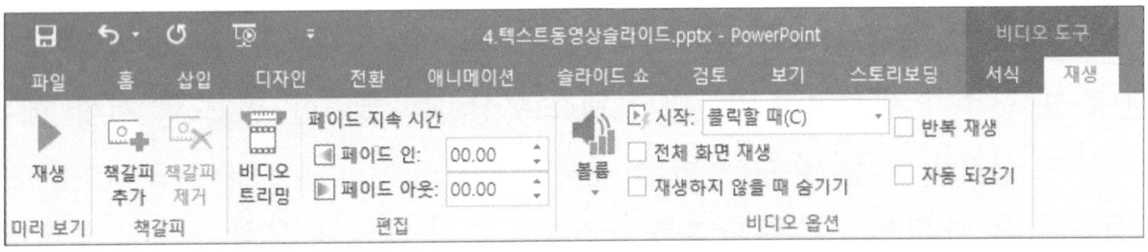

- 미리 보기 : 동영상을 현재 슬라이드 창에서 미리 재생
- 책갈피 : 동영상의 구간을 책갈피를 추가하면 필요시 원하는 구간으로 빠르게 이동 가능
- 편집 : 비디오 트리밍으로 재생 구간만 설정 / 페이드 인과 아웃으로 자연스럽게 시작하고 끝나도록 설정
- 비디오 옵션
  - 볼륨 : 슬라이드 쇼 진행 시 동영상 음량 조절
  - 시작 : 자동 실행 또는 클릭할 때
  - 전체 화면 재생 : 슬라이드 쇼 진행 시 전체 화면으로 재생
  - 재생하지 않을 때 숨기기 : 쇼 실행 시 재생하지 않을 때 동영상 숨김
  - 반복 재생 : 동영상 반복 재생
  - 자동 되감기 : 동영상을 재생한 후 첫 프레임으로 되감기

출제유형 따라하기

■ ■ 예제 : 출제유형₩4.텍스트동영상슬라이드.pptx

텍스트/동영상 슬라이드

파워포인트의 텍스트 슬라이드로 배점은 60점이며 텍스트의 단락 구성과 글머리 기호, 줄 간격 등을 지정하고 동영상을 삽입한 후 옵션을 지정하는 작성 능력을 평가합니다.

[슬라이드 3] ≪텍스트/동영상 슬라이드≫ (60점)

조건 (1) 텍스트 작성 : 글머리 기호 사용(❖, ▪)

❖문단(굴림, 24pt, 굵게, 줄간격 : 1.5줄), ▪ 문단(굴림, 20pt, 줄간격 : 1.5줄)

세부 조건

① 동영상 삽입 :

– 「내 PC₩문서₩ITQ₩Picture₩동영상.wmv」

– 자동실행, 반복재생 설정

출력형태

Ⅰ.인공지능(AI)이란?

❖ Artificial Intelligence

▪ Any technique which enables computers to mimic human behavior

▪ Machine learning and deep learning are included, and rapid development through deep learning

❖ 인공지능

▪ 인간의 사고, 학습, 자기 개발등 인간의 지능을 가지고 인간의 지능적인 행동을 모방하는 컴퓨터 시스템

①

123주식회사

3

KEY POINT

- 텍스트 편집과 글머리 기호
  - [자동 고침 옵션 조절] : [이 개체 틀에 텍스트 맞춤 중지(S)]
  - [글꼴 변경] : [홈] 탭 – [글꼴] / [단락] – [줄 간격]
  - [글머리 기호 변경] : [홈] 탭 – [단락] – [글머리 기호]
- 단락 지정 : 한 수준 내리기 Tab , 한 수준 올리기 : Shift + Tab
- 텍스트 줄 바꿈 : Enter : 줄 바꿈 / Shift + Enter : 문단을 바꾸지 않고 행만 바꿈
- 동영상 삽입
  - [삽입] : [미디어] – [비디오] – [내 PC 비디오]
  - [동영상 도구] : [재생] – [비디오 옵션] – [자동 실행 / 반복 재생]
- 재 저장하기(Ctrl + S)

Step 01. 텍스트 삽입과 글머리 기호 삽입하기

01 ❶세 번째 슬라이드를 선택하고 ❷제목 개체 틀에 'ㅈ'을 입력한 후 키보드의 [한자]를 눌러 ❸특수 문자가 표시되면 '보기 옵션'을 클릭합니다.

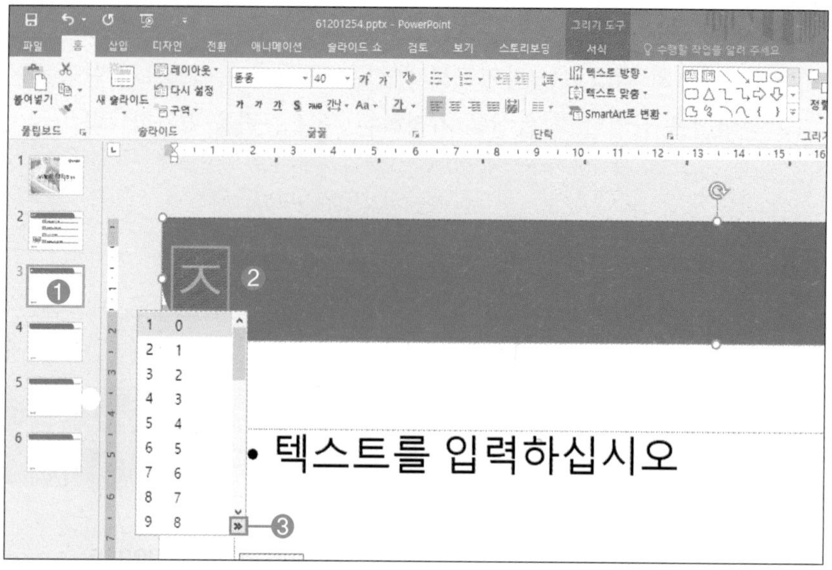

Tip

눈금선과 안내선이 필요 없으면 해제한 후 편집합니다.

[보기] 탭의 [표시] 그룹에서 눈금선과 안내선 체크 해제

02 로마자 'Ⅰ'을 더블클릭하여 입력합니다.

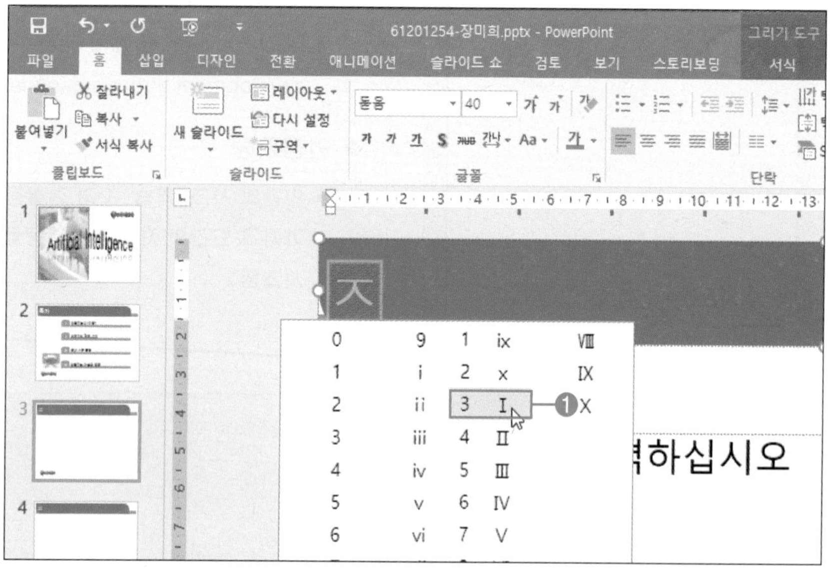

03 제목을 모두 입력합니다.

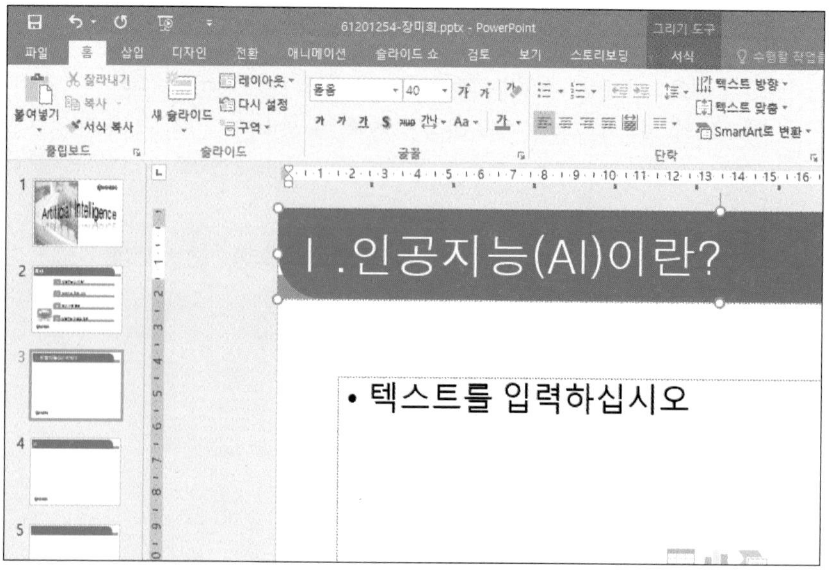

Tip

로마자와 한글의 띄어쓰기는 하지 않아도 됩니다.

04 개체 틀에 내용을 입력합니다. 문단이 바뀌면 Enter 를 눌러 입력하고, 한 문단에서 여러 줄을 입력하는 경우 문단을 강제 줄 바꿈하기 위해 Shift + Enter 를 눌러 입력합니다.

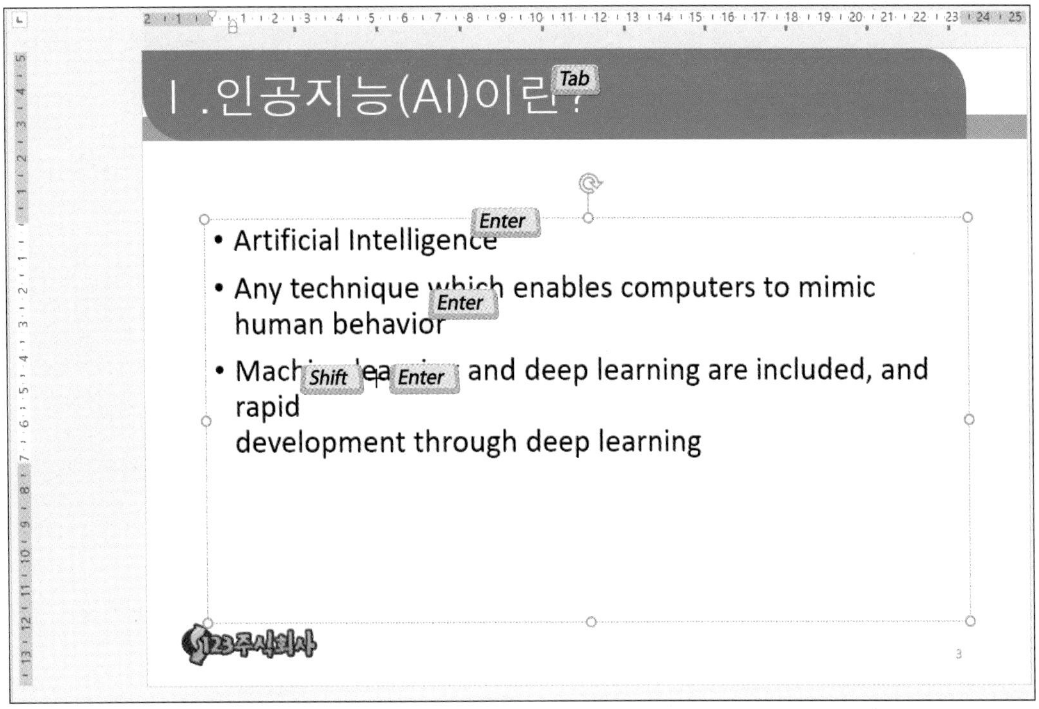

05 입력이 끝나면 글꼴을 설정합니다. 첫 번째 줄의 텍스트를 블록 설정한 후 ❶[홈] 탭의 ❷[글꼴] 그룹에서 ❸'글꼴 : 굴림', '글자 크기 : 24pt'를 설정한 후 ❹'굵게'를 설정합니다.

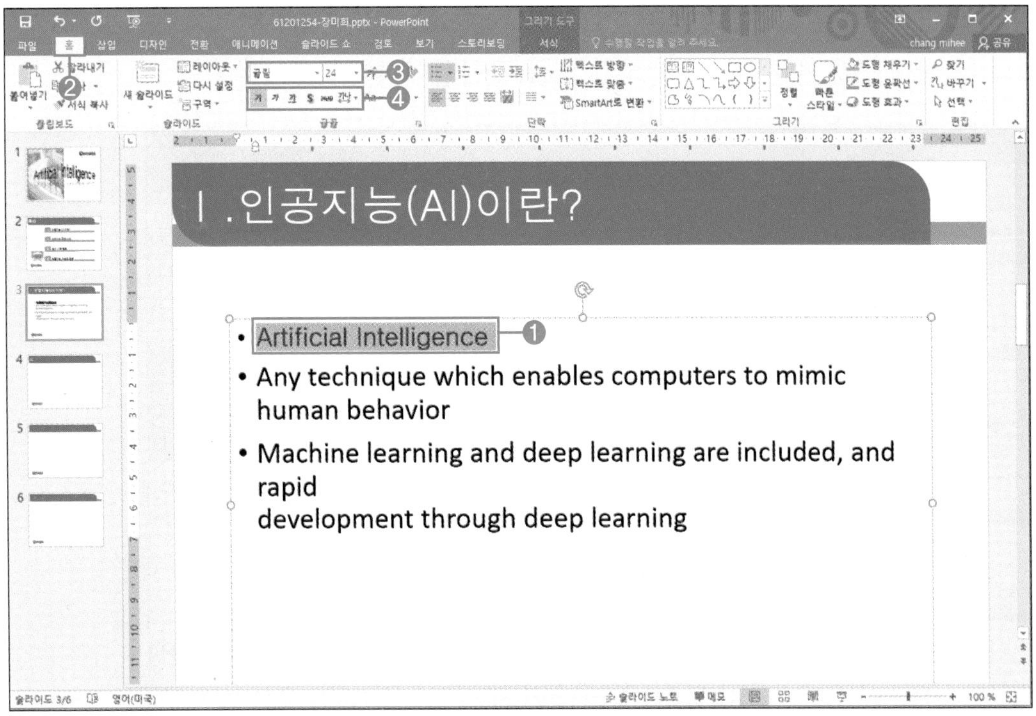

06 글머리 기호와 줄 간격을 변경합니다. [홈] 탭의 [단락] 그룹에서 ❶'글머리기호'의 목록 단추를 클릭한 후 ❷'별표 글머리 기호'를 선택합니다.

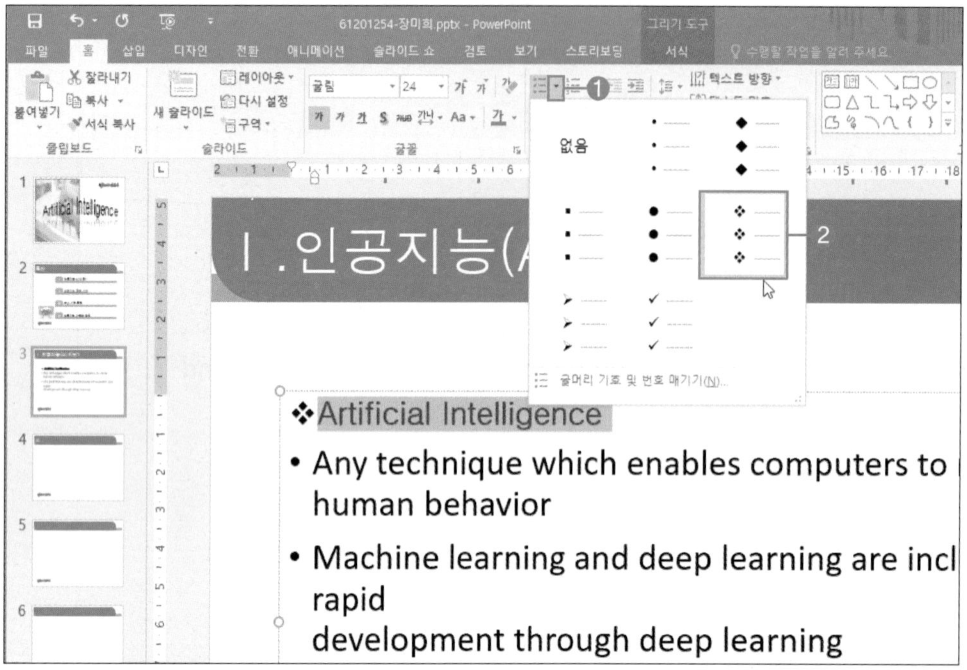

Tip

목록에 글머리 기호가 없는 경우 [사용자 지정] 단추를 클릭하여 '글꼴'에서 'Webdings, Wingdings, Wingdings2, Wingdings3'에서 글머리 기호를 입력합니다.

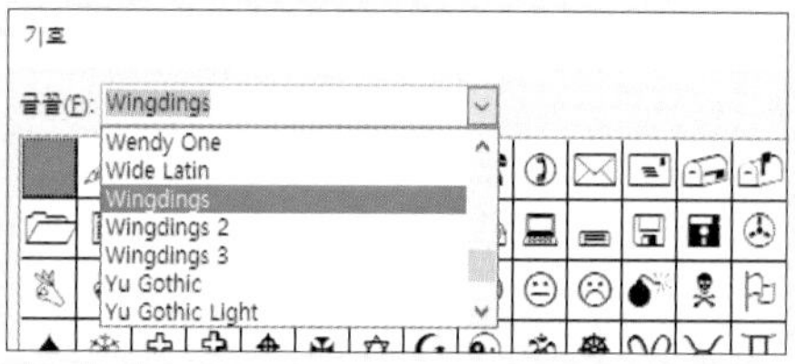

07 [홈] 탭의 ❶[단락] 그룹에서 ❷'줄 간격: 1.5'를 클릭합니다.

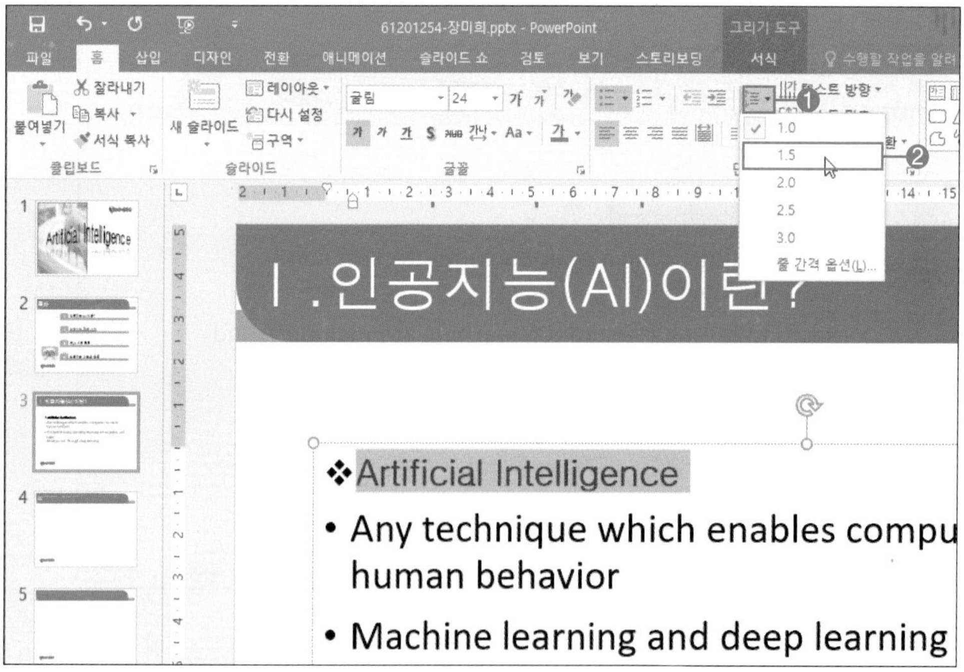

08 글머리 기호와 영문 사이를 '한 칸 띄어쓰기'를 하여 완성합니다.

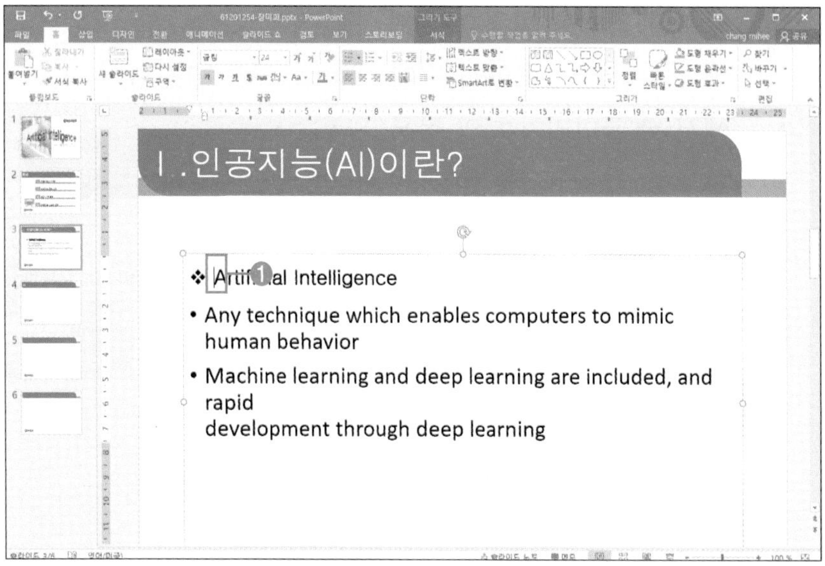

09 ❶두 번째 텍스트 단락을 블록 설정한 후 키보드의 Tab 을 눌러 단락을 한 수준 내립니다.

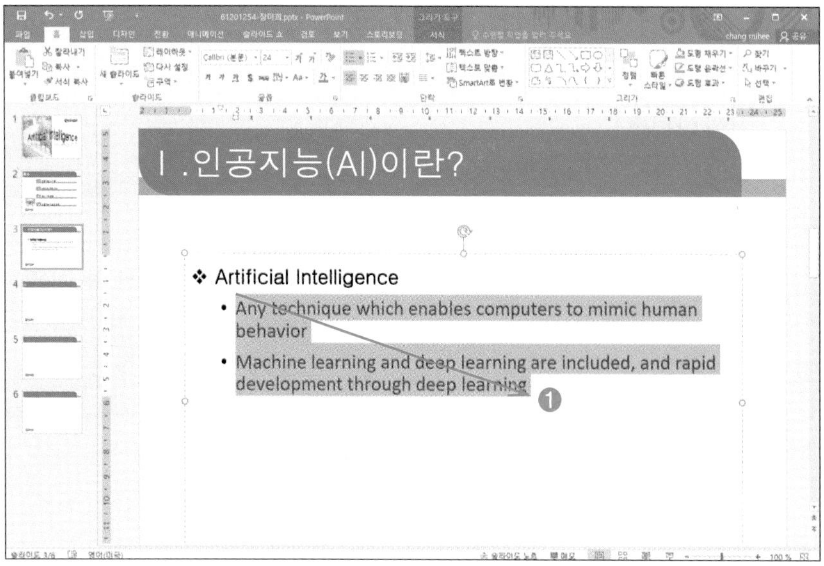

Tip

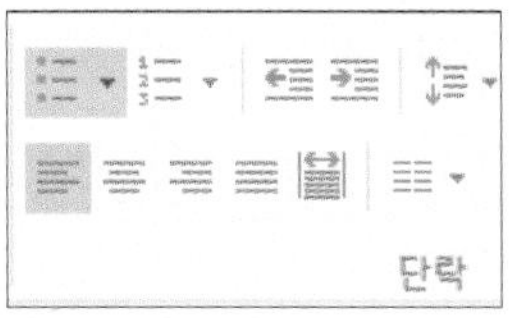

❶ 한 수준 올리기(Shift + Tab)

❷ 한 수준 내리기(Tab)

10 두 번째 단락이 블록 설정된 상태에서 ❶[홈] 탭의 [글꼴] 그룹에서 ❷'글꼴 : 굴림', '글자 크기 : 20pt'를 설정합니다.

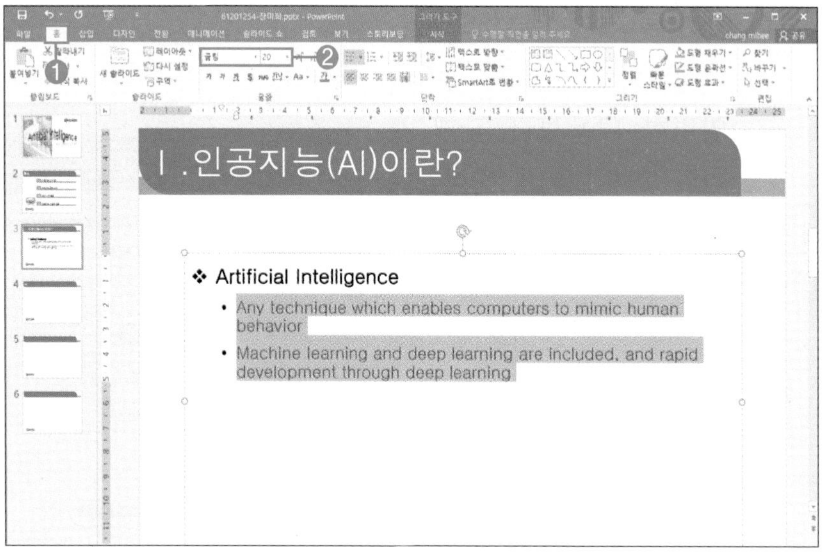

11 글머리 기호를 변경하기 위해 [홈] 탭의 [단락] 그룹에서 ❶'글머리기호'의 목록 단추를 클릭한 후 ❷'속이 찬 정사각형 글머리 기호'를 선택합니다.

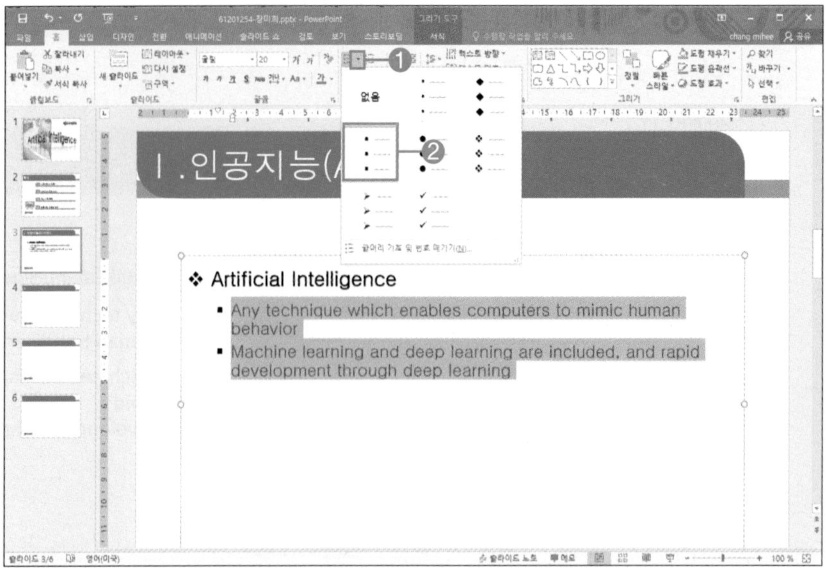

12 [홈] 탭의 ❶[단락] 그룹에서 ❷'줄 간격: 1.5'를 클릭합니다.

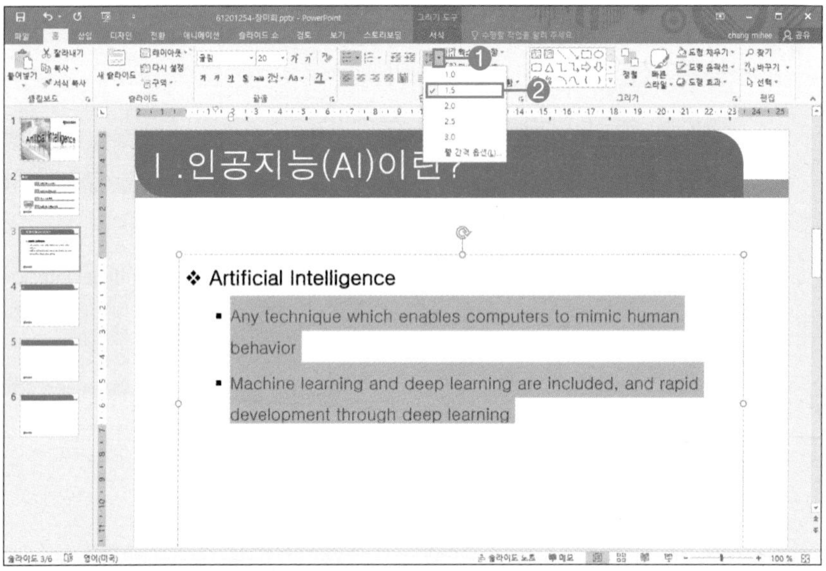

13 텍스트 개체 틀의 크기를 조절합니다. 텍스트 상자를 입력한 내용보다 작게 줄이면 글씨 크기가 작아집니다. 이런 경우 텍스트 상자 안에 클릭하여 커서를 상자 안쪽에 두고 ❶왼쪽 하단에 '자동 고침 옵션' 단추가 표시됩니다. ❷'이 개체 틀에 텍스트 맞춤 중지'를 선택합니다.

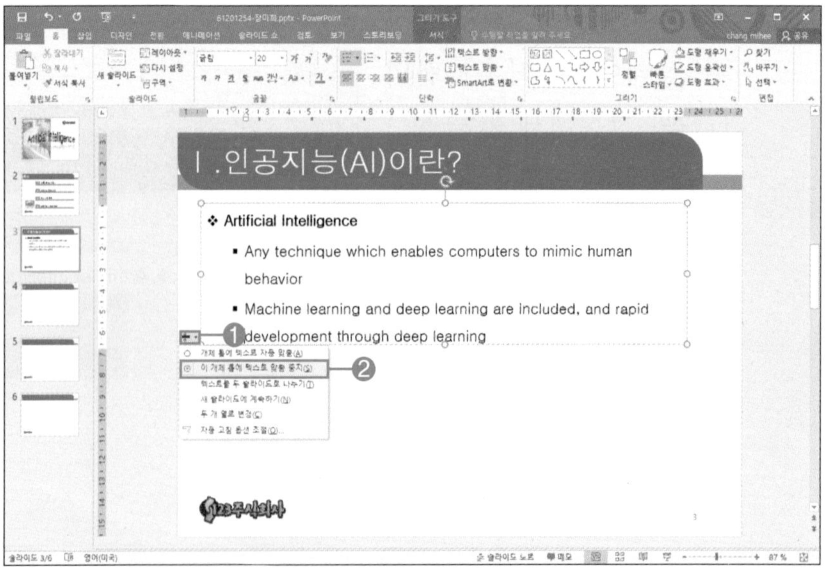

14 영문 텍스트 상자를 위쪽에 배치한 후 ❶ Ctrl + Shift +드래그하여 아래쪽으로 수직복사합니다.

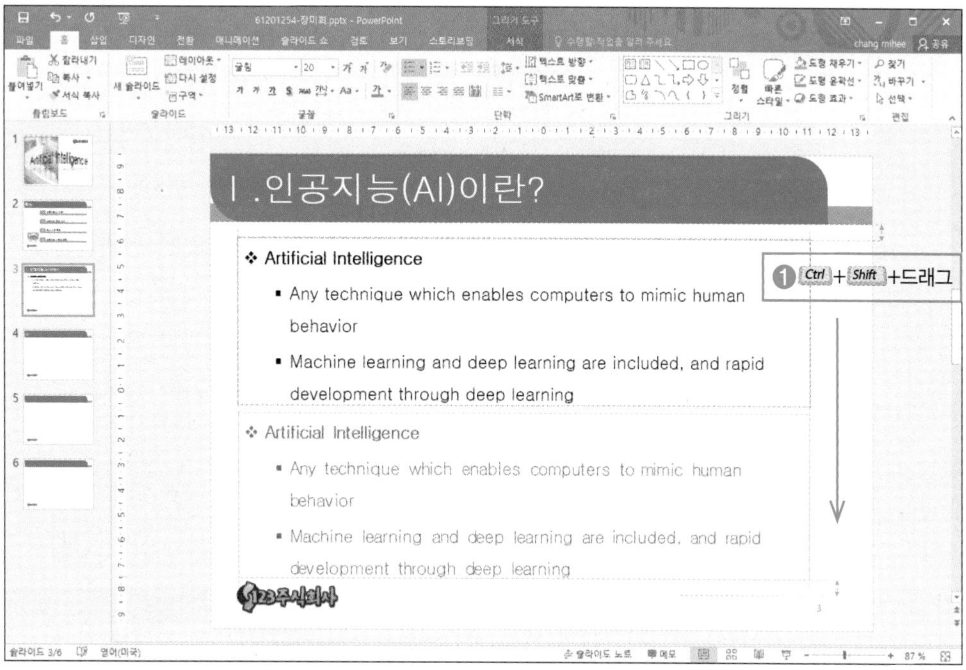

Level UP!

글머리 기호와 텍스트 사이는 ≪출력형태≫에 따라 간격이 조절되어야 합니다. 띄어쓰기를 해도 되고 [보기] – [눈금자]를 체크하여 눈금자에서 설정할 수 있습니다.

조절할 문단을 영역 설정한 후 눈금자의 () 역삼각형은 글머리 기호를 이동할 수 있으며, 삼각형은 텍스트를 이동하고 사각형은 글머리 기호와 텍스트를 동시에 이동할 수 있습니다.

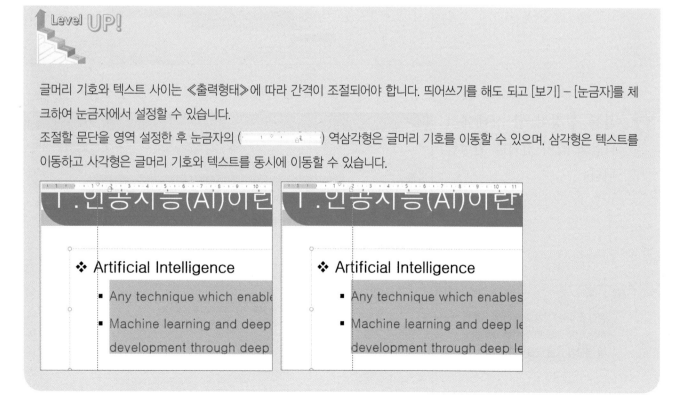

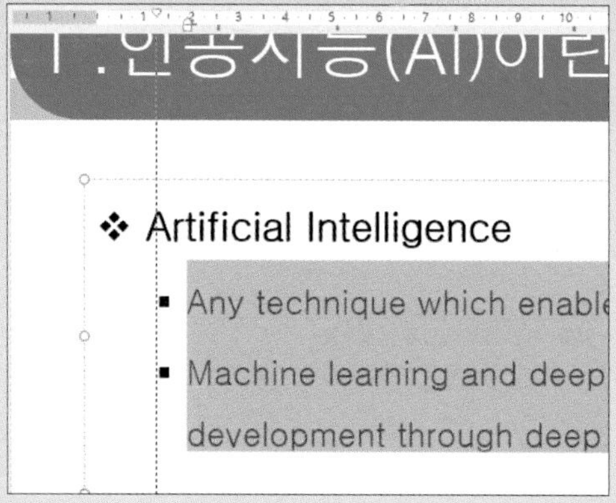

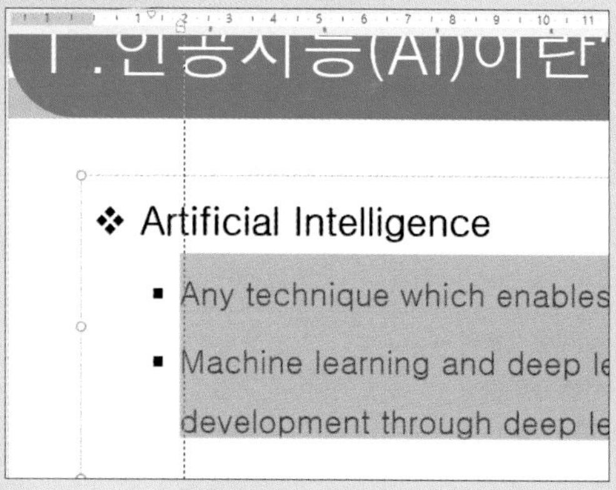

15 복사된 영문 텍스트 상자의 첫 번째 단락을 블록 설정한 후 '인공지능'을 입력합니다.

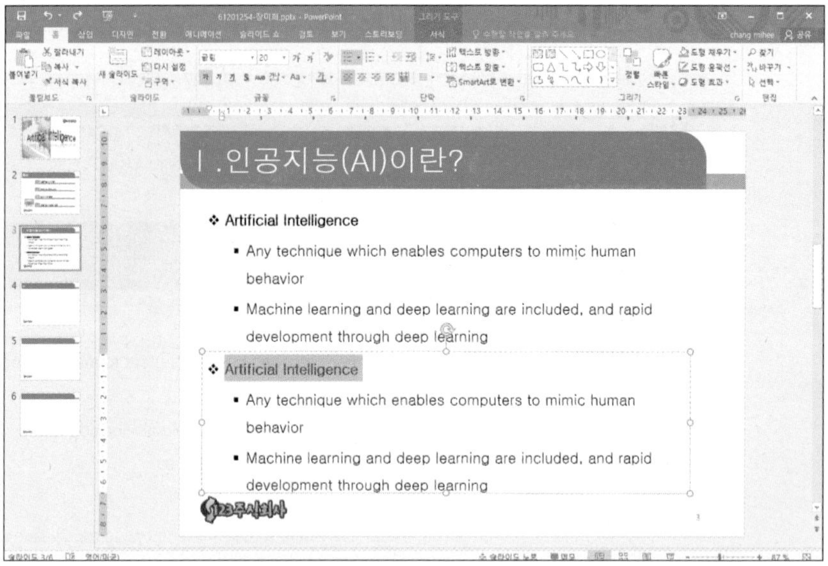

16 두 번째 단락을 블록 설정합니다.

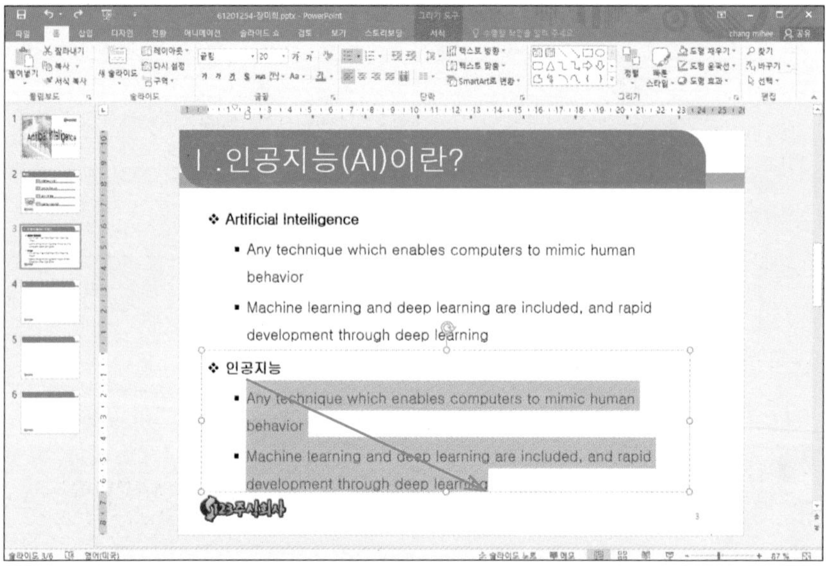

17 블록 설정이 된 상태에서 다음과 같이 입력을 완성합니다.

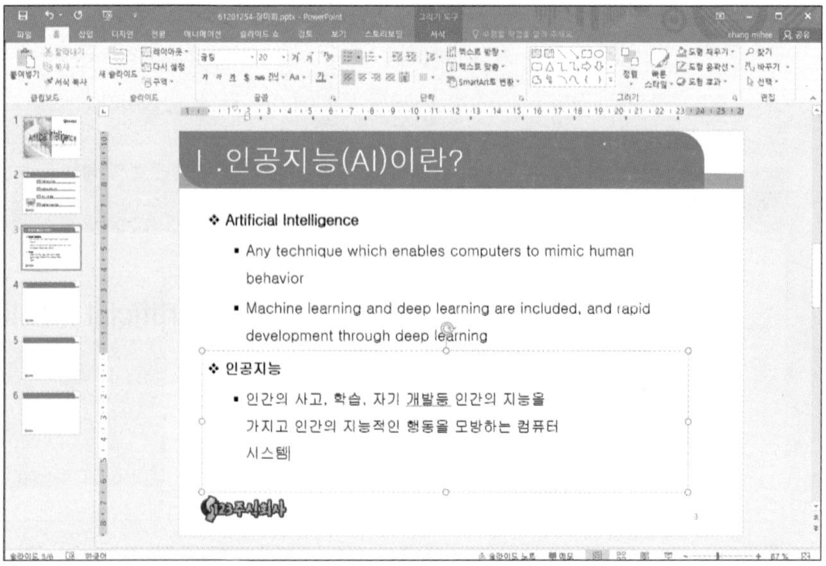

Tip

문단을 나누지 않고 이어서 입력하는 경우 텍스트 상자를 조절하여 문단의 끝을 맞춥니다.

Step 02. 동영상 삽입과 편집하기

01 ❶[삽입] 탭의 [미디어] 그룹에서 ❷[비디오]의 ❸'내 PC의 비디오'를 클릭합니다. [동영상 삽입] 대화상자에서 ❹'내 PC₩문서₩ITQ₩Picture₩동영상.wmv' 파일을 더블클릭하여 삽입합니다.

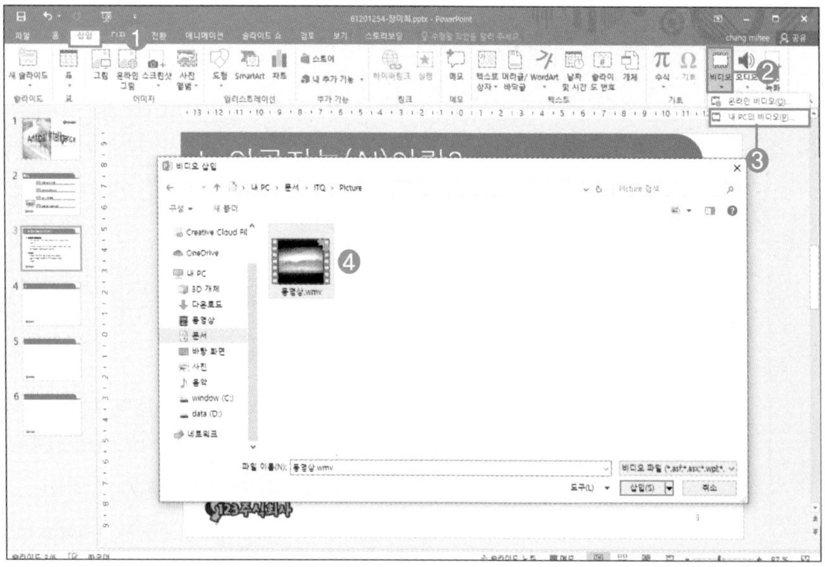

02 ❶[비디오 도구]-[재생] 탭의 [비디오 옵션] 그룹에서 ❷'반복 재생'에 체크한 후 ❸'시작'의 목록 단추를 눌러 '자동 실행'을 선택합니다.

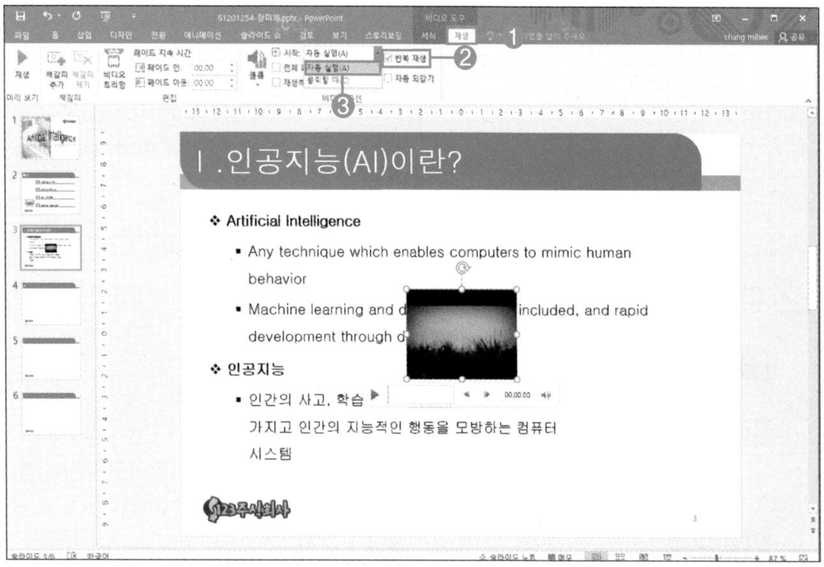

03 동영상을 드래그하여 ≪출력형태≫와 같이 크기를 조절하고 배치하여 완성합니다.

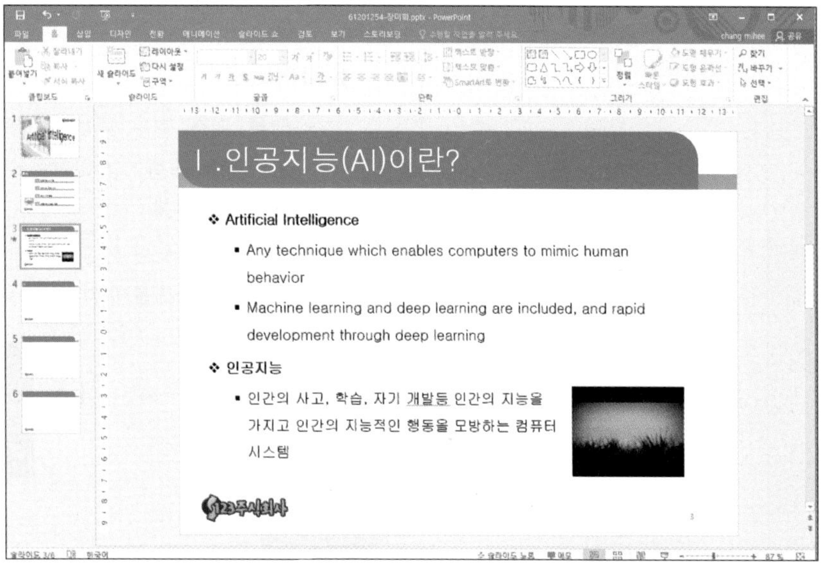

01 다음의 조건을 적용하여 슬라이드를 완성하시오.

■ ■ 예제 : 실력팡팡₩4.텍스트슬라이드₩텍스트1.pptx

[슬라이드 3] ≪텍스트/동영상 슬라이드≫ (60점)

조건 (1) 텍스트 작성 : 글머리 기호 사용(◆, ▪)

◆문단(굴림, 24pt, 굵게, 줄간격 : 1.5줄), ▪문단(굴림, 20pt, 줄간격 : 1.5줄)

세부조건

① 동영상 삽입 :
- 「내 PC₩문서₩ITQ₩Picture₩동영상.wmv」
- 자동실행, 반복재생 설정

출력형태

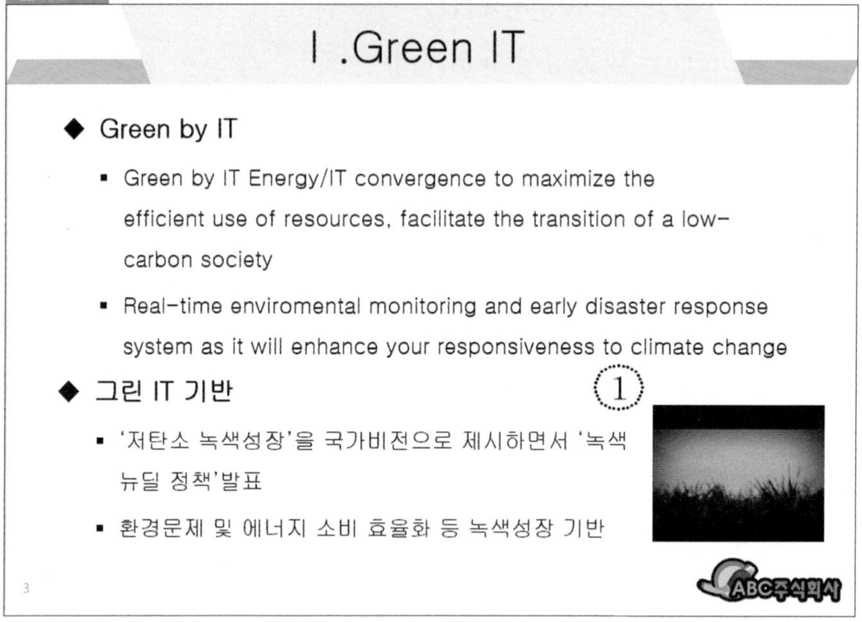
Ⅰ.Green IT
◆ Green by IT
▪ Green by IT Energy/IT convergence to maximize the efficient use of resources, facilitate the transition of a low-carbon society
▪ Real-time enviromental monitoring and early disaster response system as it will enhance your responsiveness to climate change
◆ 그린 IT 기반
▪ '저탄소 녹색성장'을 국가비전으로 제시하면서 '녹색 뉴딜 정책'발표
▪ 환경문제 및 에너지 소비 효율화 등 녹색성장 기반
1
3
ABC주식회사

02 다음의 조건을 적용하여 슬라이드를 완성하시오.

■ ■ 예제 : 실력팡팡₩4.텍스트슬라이드₩텍스트2.pptx

[슬라이드 3] ≪텍스트/동영상 슬라이드≫ (60점)

조건 (1) 텍스트 작성 : 글머리 기호 사용(❖, ✓)

❖문단(굴림, 24pt, 굵게, 줄간격 : 1.5줄), ✓문단(굴림, 20pt, 줄간격 : 1.5줄)

세부조건

① 동영상 삽입 :
- 「내 PC₩문서₩ITQ₩Picture₩동영상.wmv」
- 자동실행, 반복재생 설정

출력형태

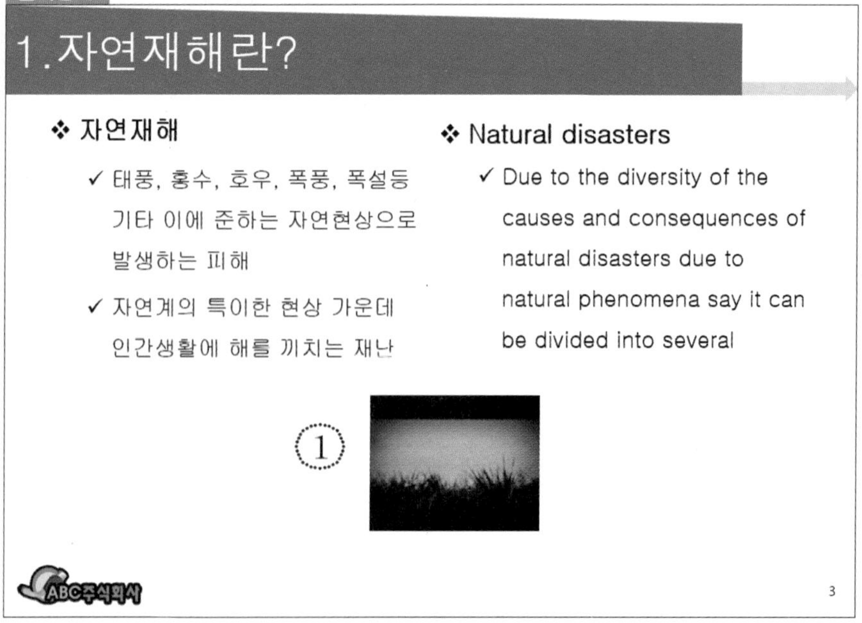
1.자연재해란?
❖ 자연재해
✓ 태풍, 홍수, 호우, 폭풍, 폭설등 기타 이에 준하는 자연현상으로 발생하는 피해
✓ 자연계의 특이한 현상 가운데 인간생활에 해를 끼치는 재난
❖ Natural disasters
✓ Due to the diversity of the causes and consequences of natural disasters due to natural phenomena say it can be divided into several
1
ABC주식회사
3

03 다음의 조건을 적용하여 슬라이드를 완성하시오.

■ ■ 예제 : 실력팡팡₩4.텍스트슬라이드₩텍스트3.pptx

[슬라이드 3] ≪텍스트/동영상 슬라이드≫ (60점)

조건 (1) 텍스트 작성 : 글머리 기호 사용(❑, ✓)

❑문단(돋움, 24pt, 굵게, 줄간격 : 1.5줄), ✓문단(돋움, 20pt, 줄간격 : 1.5줄)

세부조건

① 동영상 삽입 :
- 「내 PC₩문서₩ITQ₩Picture₩동영상.wmv」
- 자동실행, 반복재생 설정

출력형태

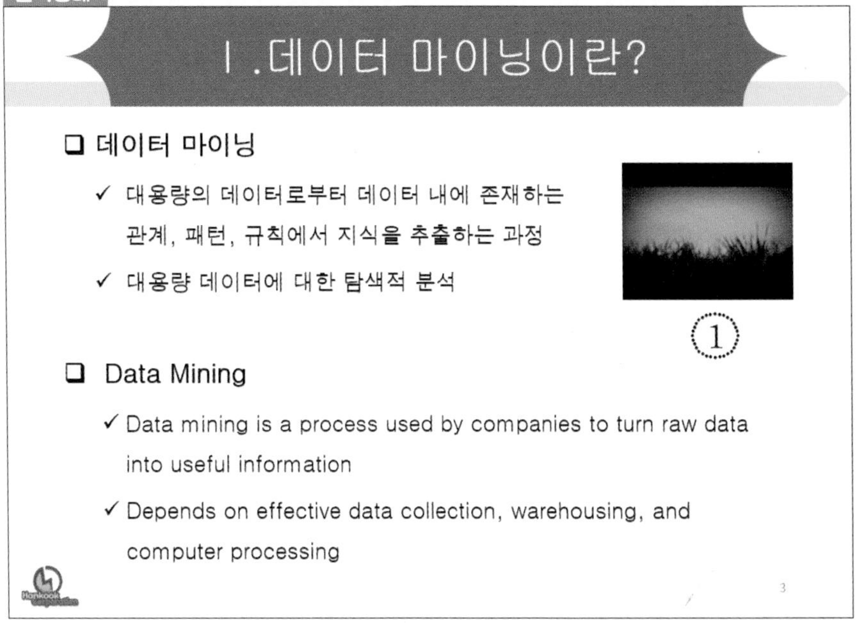
Ⅰ.데이터 마이닝이란?
❑ 데이터 마이닝
✓ 대용량의 데이터로부터 데이터 내에 존재하는 관계, 패턴, 규칙에서 지식을 추출하는 과정
✓ 대용량 데이터에 대한 탐색적 분석
①
❑ Data Mining
✓ Data mining is a process used by companies to turn raw data into useful information
✓ Depends on effective data collection, warehousing, and computer processing
3

04 다음의 조건을 적용하여 슬라이드를 완성하시오.

■ ■ 예제 : 실력팡팡₩4.텍스트슬라이드₩텍스트4.pptx

[슬라이드 3] ≪텍스트/동영상 슬라이드≫ (60점)

조건 (1) 텍스트 작성 : 글머리 기호 사용(◆, •)

◆문단(돋움, 24pt, 굵게, 줄간격 : 1.5줄), •문단(돋움, 20pt, 줄간격 : 1.5줄)

세부조건

① 동영상 삽입 :
- 「내 PC₩문서₩ITQ₩Picture₩동영상.wmv」
- 자동실행, 반복재생 설정

출력형태

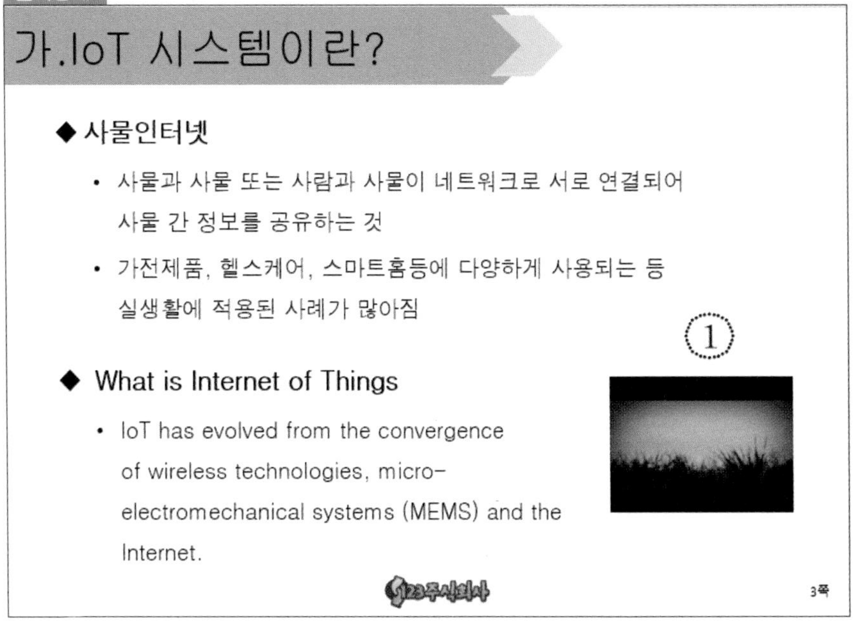
가.IoT 시스템이란?
◆ 사물인터넷
• 사물과 사물 또는 사람과 사물이 네트워크로 서로 연결되어 사물 간 정보를 공유하는 것
• 가전제품, 헬스케어, 스마트홈등에 다양하게 사용되는 등 실생활에 적용된 사례가 많아짐
①
◆ What is Internet of Things
• IoT has evolved from the convergence of wireless technologies, micro-electromechanical systems (MEMS) and the Internet.
3쪽

05 Section 표 슬라이드

표 슬라이드는 다양한 항목들을 한눈에 볼 수 있도록 비교하고 여러 데이터를 하나의 표로 요약 정리합니다. 도형의 그라데이션 효과, 표 작성과 표 편집 방법을 학습합니다.

표 구성 요소

- 하나의 표는 셀, 행, 열로 구성됩니다.

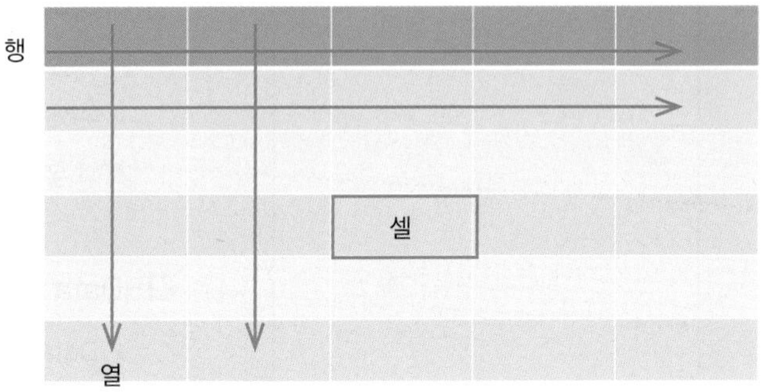

표 삽입하기

- [삽입] 탭의 [표] 그룹에서 [표]를 클릭하고 행/열을 드래그하여 삽입할 수 있으며, 표 삽입 기능을 행/열의 개수를 직접 입력하여 삽입할 수 있습니다.
- 표 그리기와 엑셀에서 표를 삽입할 수 있습니다.
- 개체 틀에서 [표 삽입]을 눌러 행/열의 개수를 직접 입력하여 삽입할 수 있습니다.

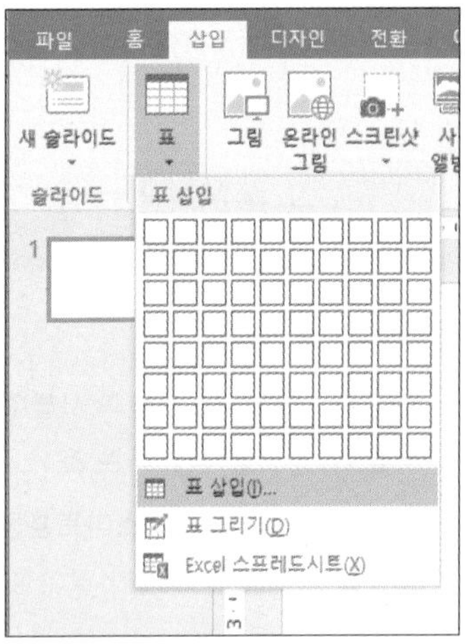

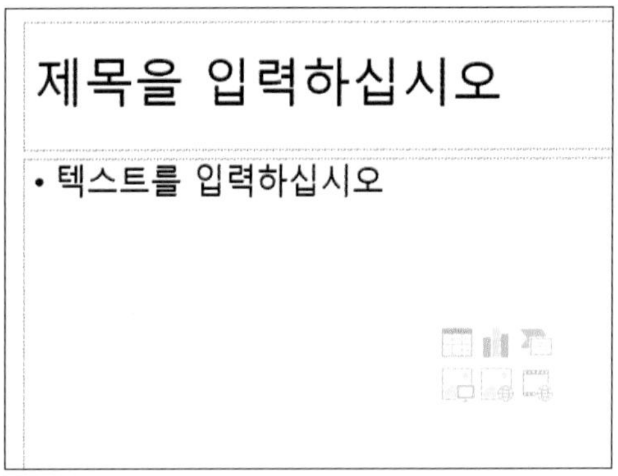

표 디자인 탭

- 표의 스타일과 테두리, 표에 들어가는 텍스트의 WordArt 스타일 등 표의 전반적인 디자인을 설정할 수 있습니다.

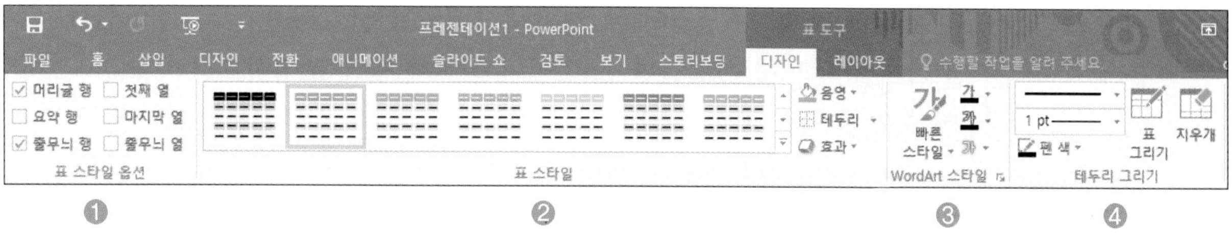

❶ 표 스타일 옵션 : 표의 머리글 행을 설정하거나 해제 또는 첫째 열과 마지막 열, 요약 행, 열과 짝수 행/열을 색상으로 구분

❷ 표 스타일 : 미리 정해져 있는 표 스타일을 빠르게 적용할 수 있으며, 셀의 색상, 테두리, 효과 등을 지정

❸ WordArt 스타일 : 표에 들어가는 텍스트의 WordArt 스타일 설정

❹ 테두리 그리기 : 테두리의 선 모양, 선 굵기, 펜 색 등을 설정

표 레이아웃 탭

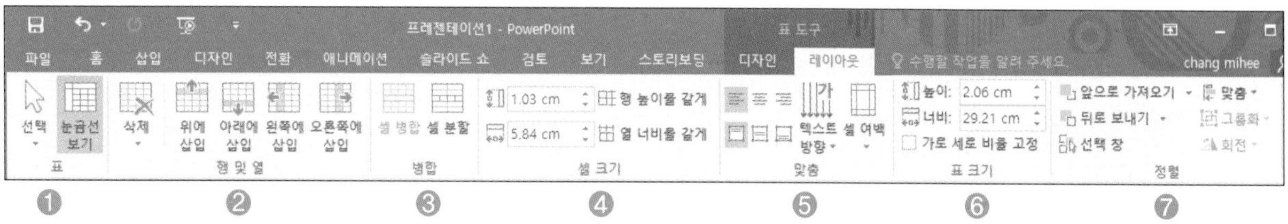

❶ 표 : 마우스 커서가 있는 행, 열, 표 전체 선택 또는 표 안의 눈금선 표시 및 감추기

❷ 행 및 열 : 커서가 위치한 곳에서 행 또는 열의 삽입

❸ 병합 : 선택한 두 셀을 합치거나 선택한 하나의 셀을 두 개 이상으로 나누기

❹ 셀 크기 : 셀의 높이와 너비 조정하거나 행/열의 높이와 너비를 동일하게 지정

❺ 맞춤 : 셀 안의 텍스트를 왼쪽, 오른쪽, 가운데로 정렬 또는 위, 아래, 가운데로 정렬, 셀 여백을 지정

❻ 표 크기 : 표 전체의 높이와 너비 지정

❼ 정렬 : 선택한 개체 정렬과 맞춤, 그룹과 회전 지정

표 편집

- 표의 셀의 열 너비나 행 높이를 조절할 때는 표의 열과 열사이, 행과 행사이에 마우스를 올려놓고 드래그합니다.
- 표의 전체 크기를 조절할 때는 표 테두리의 조절점을 드래그하여 크기를 조절합니다.

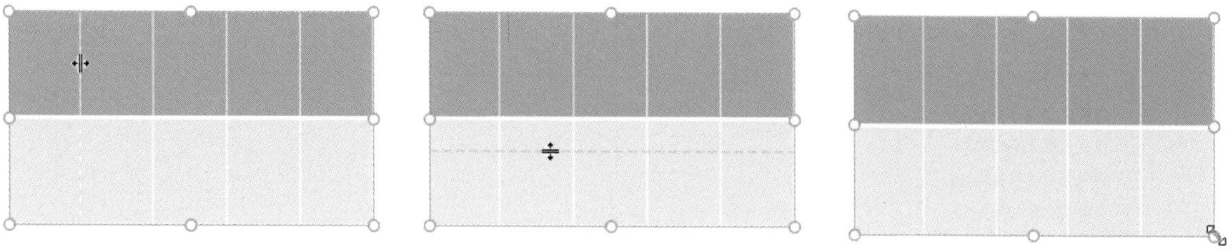

- 셀의 너비와 높이를 같게 조절하려면 표를 선택한 후 [레이아웃] 탭의 [셀 크기] 그룹에서 '행 높이를 같게' 또는 '열 너비를 같게'를 선택하면 표 너비와 높이에 맞게 조정합니다.
- 일부 열 너비와 행 높이를 같게 하려는 행이나 열을 블록 설정한 후 조정합니다.

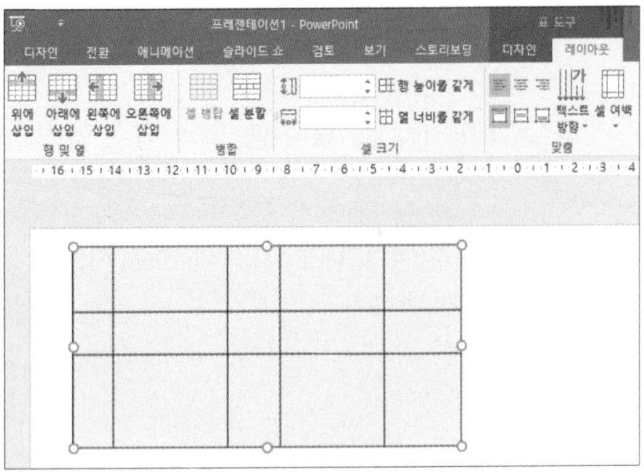

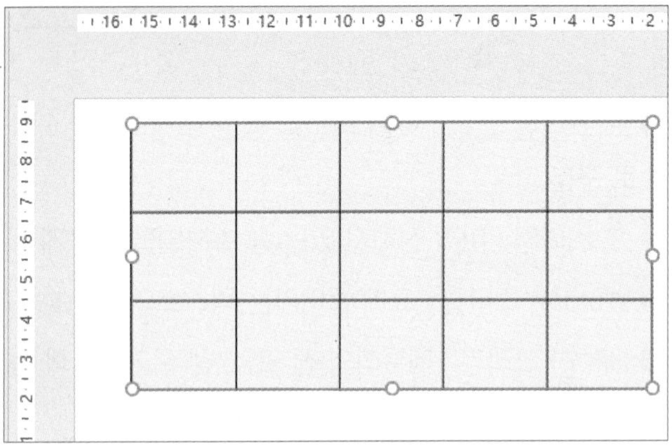

- 셀 합치기는 병합할 셀들을 블록 설정하고 [레이아웃] 탭의 [병합] 그룹에서 [셀 병합]을 클릭합니다.
- 셀 나누기는 나누고자 하는 셀에 클릭한 후 [레이아웃] 탭의 [병합] 그룹에서 [셀 분할]을 클릭한 후 '열/행'의 개수를 입력합니다.

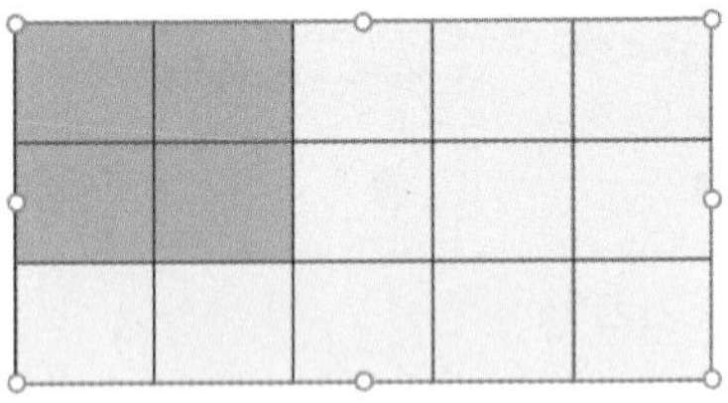

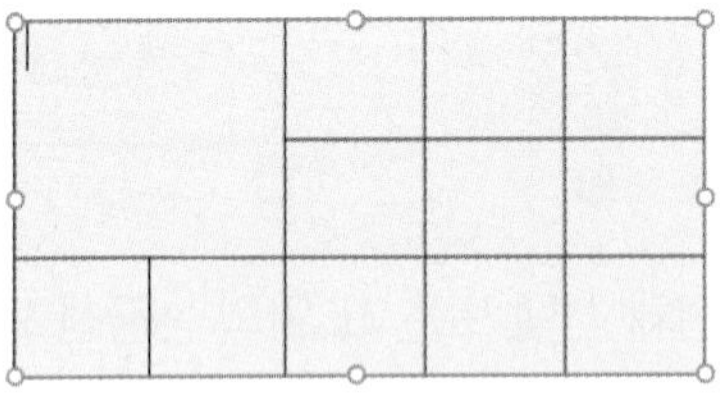

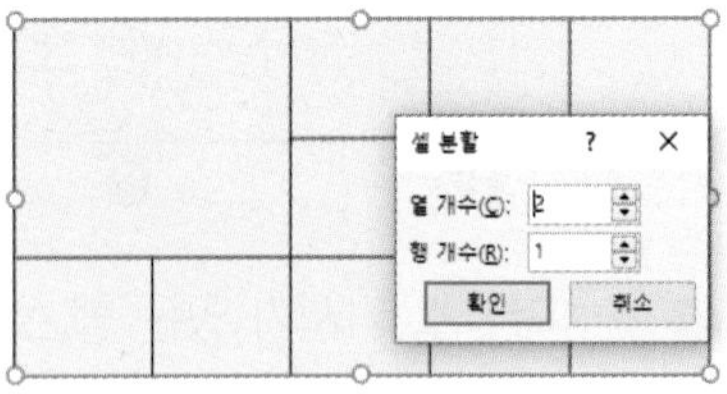

- 표의 테두리는 [디자인] 탭의 [표 스타일] 그룹에서 [테두리]를 클릭하여 테두리의 종류를 선택합니다.
- [디자인] 탭의 [테두리 그리기] 그룹에서 테두리의 색, 굵기, 펜색 등을 지정한 후 [테두리]를 선택하면 원하는 색이나 굵기가 지정이 됩니다.
- 표의 셀이나 전체에 색을 넣을려면 [디자인] 탭의 [표 스타일] 그룹에서 [음영]을 클릭하여 색을 지정됩니다.

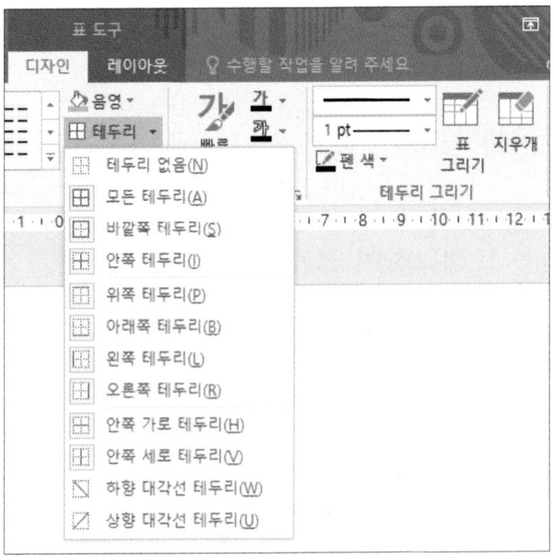

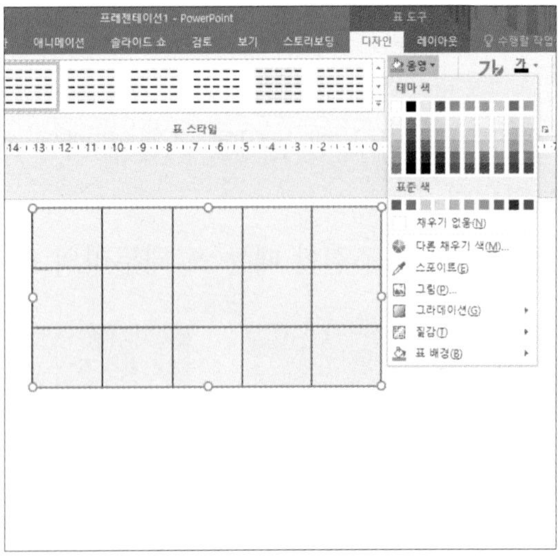

■ ■ 예제 : 출제유형₩5.표슬라이드.pptx

표 슬라이드

표 슬라이드는 배점이 80점이며 두 개의 도형의 조합, 도형의 그라데이션 효과 등을 설정하며, 표를 삽입하고 표 스타일의 작성 능력을 평가한다.

[슬라이드 4] ≪표 슬라이드≫ (80점)

조건 (1) 도형과 표 작성 기능을 이용하여 슬라이드를 작성한다(글꼴 : 돋움, 18pt).

세부 조건

① 상단 도형 :
2개 도형의 조합으로 작성

② 좌측 도형 :
그라데이션 효과(선형 아래쪽)

③ 표 스타일 :
테마 스타일 1 – 강조 1

출력형태

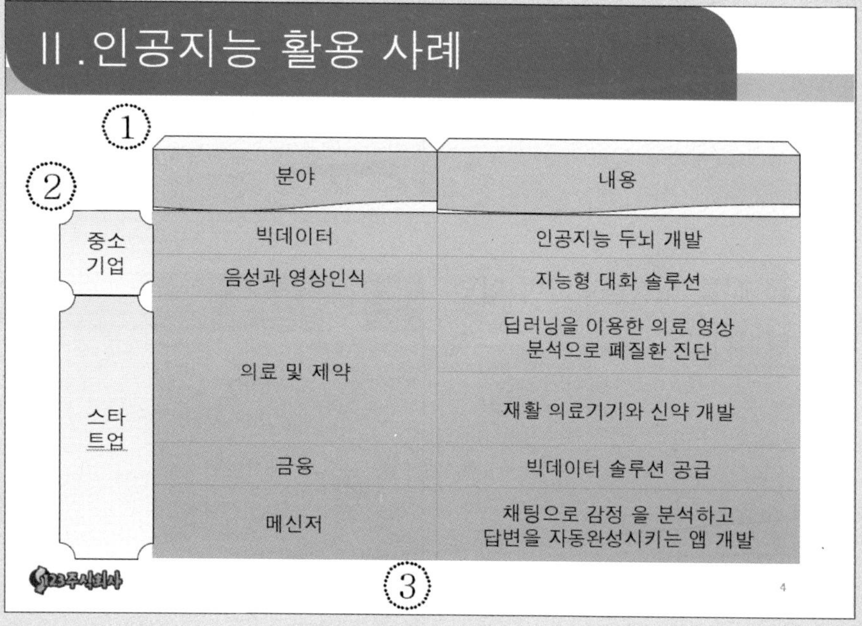

KEY POINT

- 표 작성 : [개체 틀] – [표] 또는 [삽입] – [표] – [표 삽입]
  – 표 스타일 : [표 도구] – [디자인] – [표 스타일]
  – 표 스타일 옵션 : [표 도구] – [디자인] – [표 스타일 옵션] – '체크 없애기'
  – 표 내용 정렬 : [표 도구] – [레이아웃] – [맞춤] – [가운데 맞춤, 중간 맞춤]
  – 글꼴 설정 : [홈] – [글꼴]
- 상단 도형 : 두 개의 도형 조합
  – 도형 삽입 : [홈] – [그리기] – [도형] 또는 [삽입] – [일러스트레이션] – [도형]
  – 도형 변형 : 도형의 모양 조절점 이용– 도형 글꼴 변경
- 좌측 도형 : [그리기 도구] – [서식] – [도형 서식] – [채우기] – [그라데이션 채우기] – [종류 지정]
  – 도형 글꼴 변경
- 도형 복사 : Ctrl + Shift +드래그
- 재 저장하기 – 파일 – 저장하기(Ctrl + S)

Step 01. 표 삽입과 표 스타일 적용하기

01 ❶네 번째 슬라이드를 선택하고 ❷제목 개체 틀에 'ㅈ'을 입력한 후 키보드의 한자를 눌러 ❸특수 문자가 표시되면 '보기 변경'을 클릭합니다.

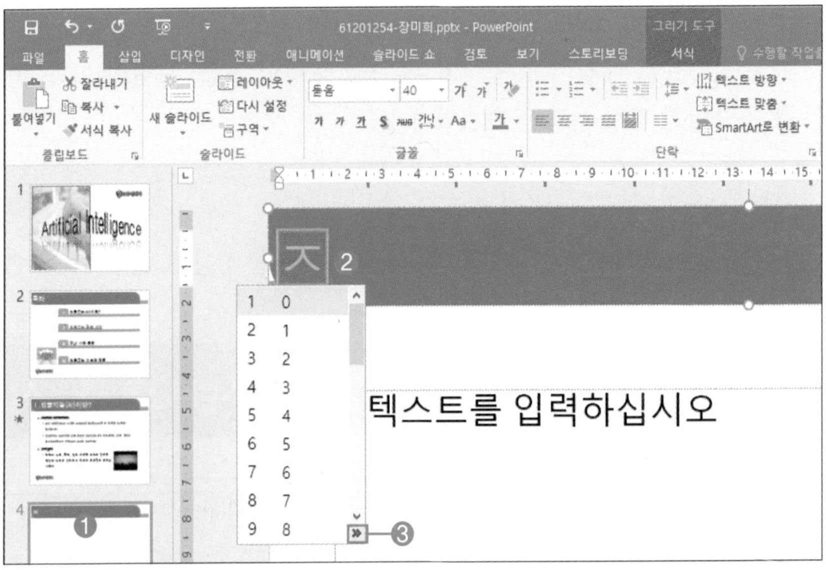

02 ❶'Ⅱ'를 더블클릭하여 삽입합니다.

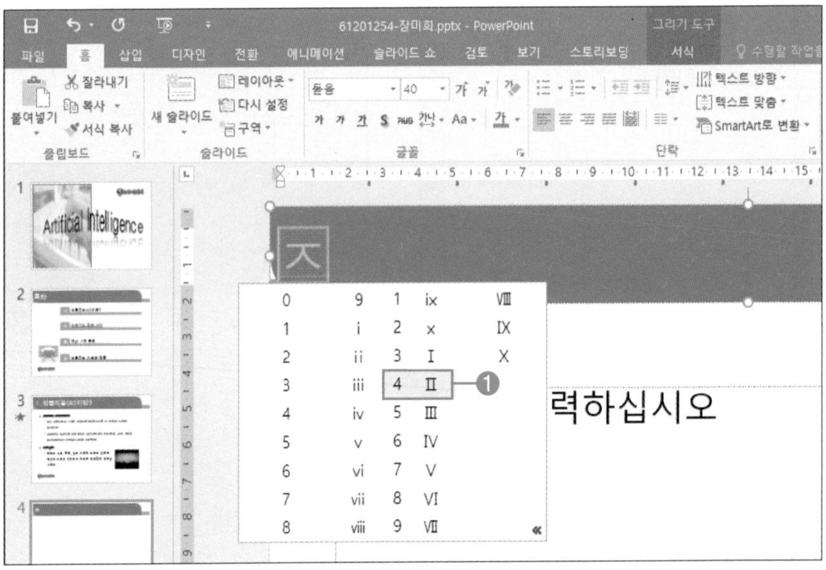

03 제목을 입력한 후 ❶개체 틀 안의 [표 삽입]을 클릭합니다. ❷[표 삽입] 대화상자에서 '열 개수: 2, 행 개수: 6'을 입력한 후 ❸[확인]을 클릭합니다.

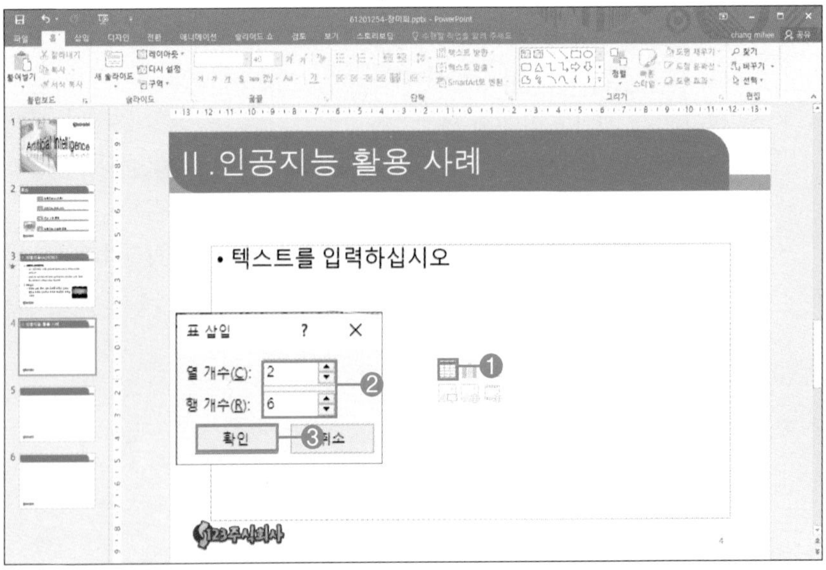

04 《출력형태》와 같이 내용을 입력합니다. ❶셀 병합을 할 셀을 블록 설정한 후 ❷[표 도구]-[레이아웃] 탭에서 ❸[병합] 그룹의 '셀 병합'을 클릭합니다.

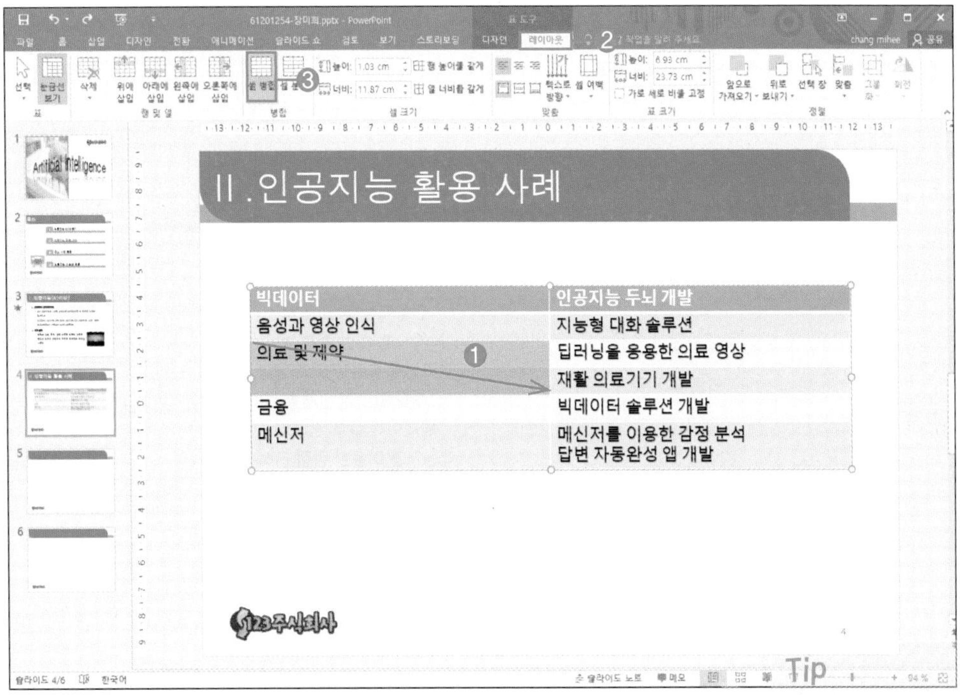

Tip

마우스 오른쪽 단추를 눌러 '셀 병합'을 클릭해도 됩니다.

05 표 안의 텍스트를 정렬하기 위해서 ❶표 테두리를 클릭하여 표 전체를 선택하거나 표 안을 드래그하여 블록 설정한 후 ❷[표 도구]-[레이아웃] 탭에서 ❸[맞춤] 그룹의 '가운데 맞춤'과 '세로 가운데 맞춤'을 클릭하여 표 내부의 텍스트를 정렬합니다.

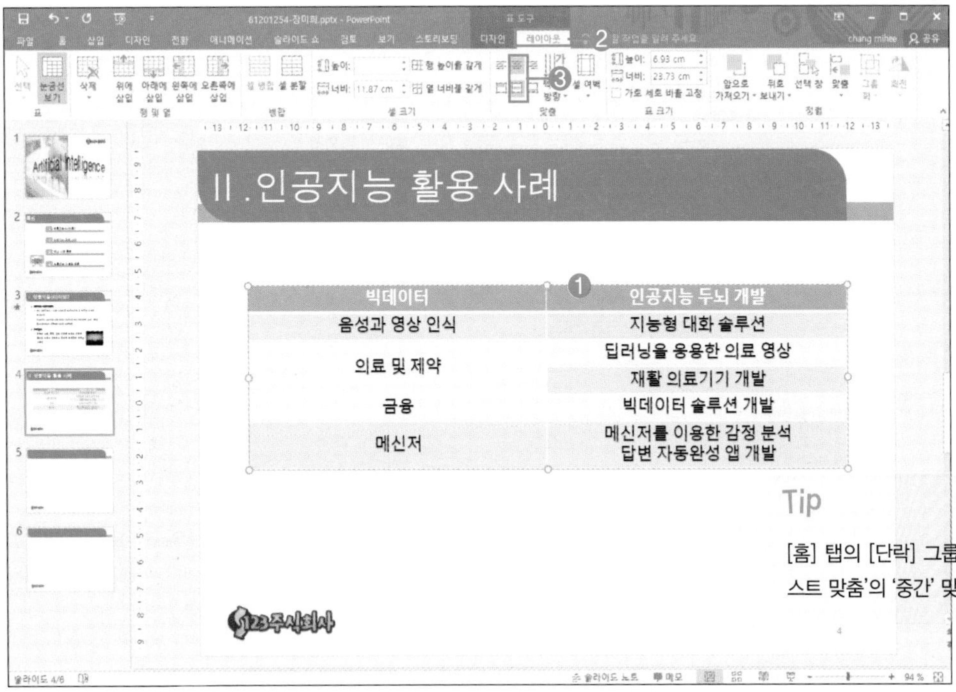

Tip

[홈] 탭의 [단락] 그룹에서 '가운데 맞춤'과 '텍스트 맞춤'의 '중간' 맞춤을 할 수 있습니다.

06 ❶표 전체를 선택하고 ❷[표 도구]-[디자인] 탭의 ❸[표 스타일 옵션] 그룹에서 '머리글 행', '줄무늬 열'의 체크를 해제합니다.

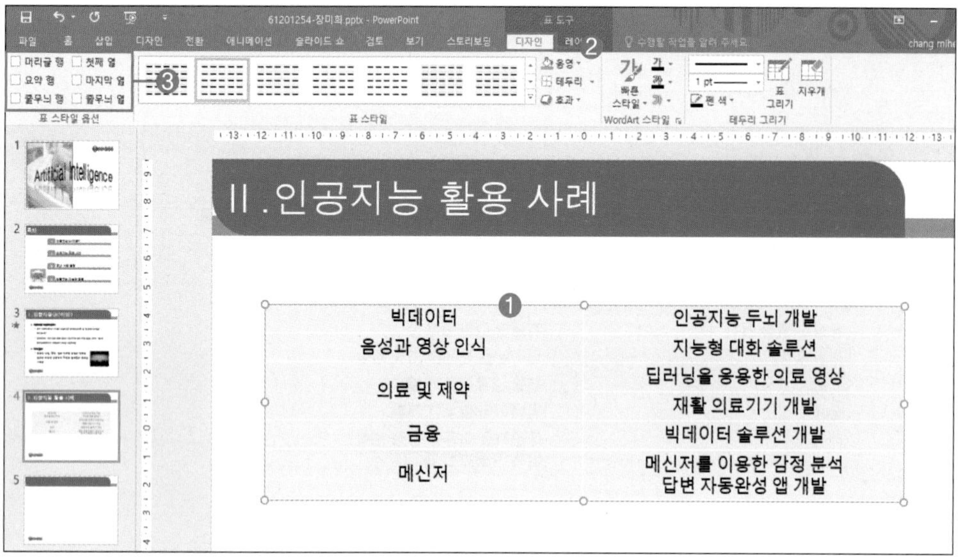

07 표 스타일을 변경하기 위해 ❶[표 도구]-[디자인] 탭의 ❷[표 스타일] 그룹에서 우측 하단의 '자세히' 단추를 눌러 ❸'테마 스타일 1-강조 1'을 선택합니다. 표 스타일 위에 마우스를 올려놓고 표 스타일 이름을 확인 후 적용합니다.

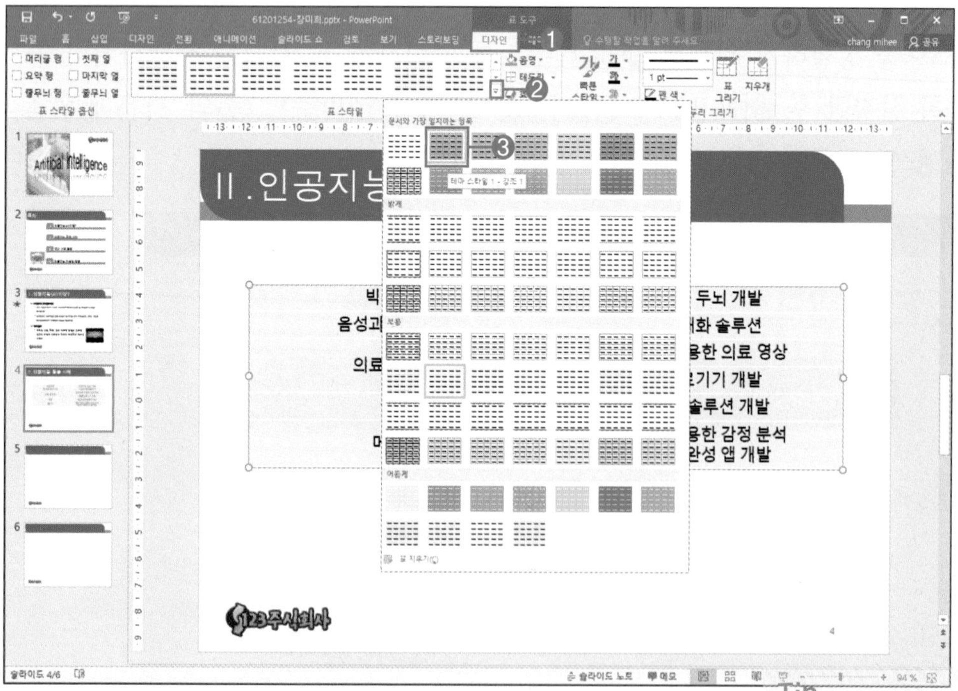

Tip

표 스타일에 마우스를 올려 놓으면 표 스타일 이름이 표시됩니다. 《조건》에 제시된 표 스타일을 확인하세요.

08 ❶표의 바깥 테두리를 클릭 또는 표 안을 드래그하여 '표 전체'를 선택한 후 ❷[홈] 탭의 ❸[글꼴] 그룹에서 '글꼴 : 돋움, 크기 : 18pt' 를 클릭합니다.

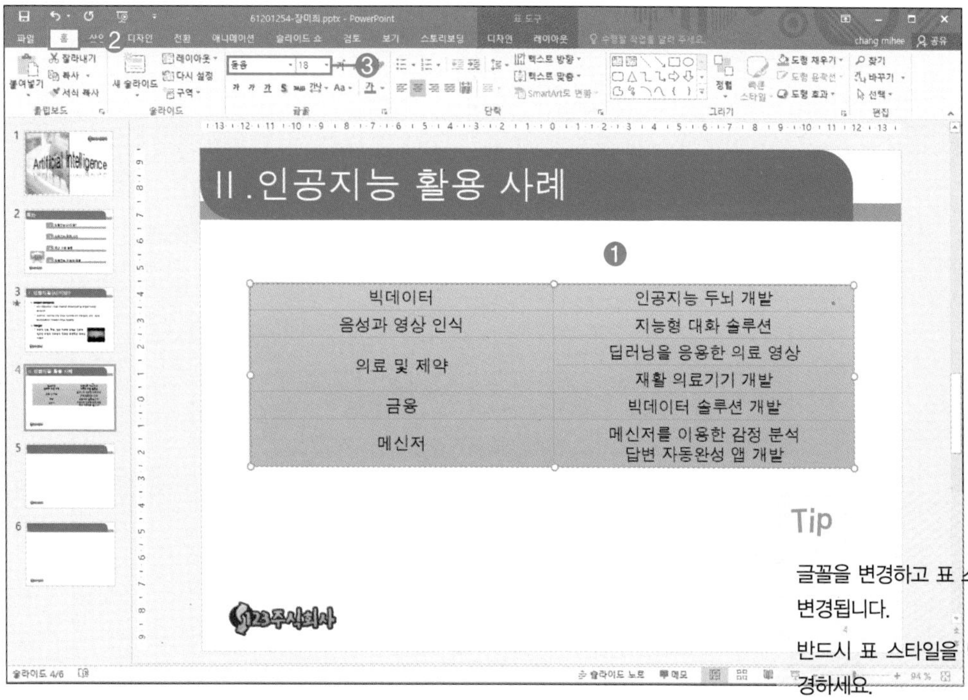

Tip

글꼴을 변경하고 표 스타일을 적용하면 글꼴이 변경됩니다.

반드시 표 스타일을 먼저 적용하고 글꼴을 변경하세요.

09 [보기] 탭의 [표시] 그룹에서 '눈금선'을 선택한 후 ❶표의 대각선의 조절점을 드래그하여 전체 너비를 조절합니다. 눈금자를 보고 상하좌우의 여백을 남겨둡니다. 표의 전체 크기를 조절하지 않으면 상단 도형과 좌측 도형을 그린 후 또 다시 조절해야 합니다. 처음부터 크기를 고정해 두면 도형 삽입이 수월합니다.

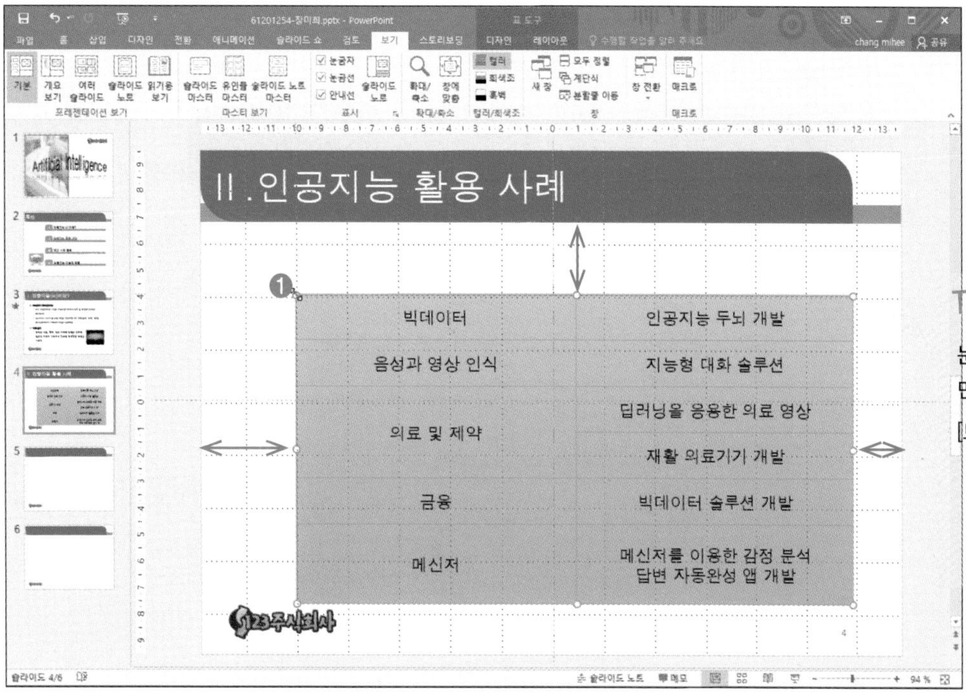

Tip

눈금자와 안내선 표시는 화면에서만 표시됩니다.

[보기] 탭 – [표시] 그룹

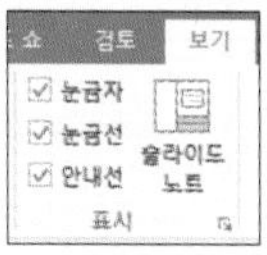

10 [보기] 탭의 [표시] 그룹에서 '눈금선'을 해제합니다. 전체 표의 크기를 조절했다면 ❶열 너비를 조절합니다.

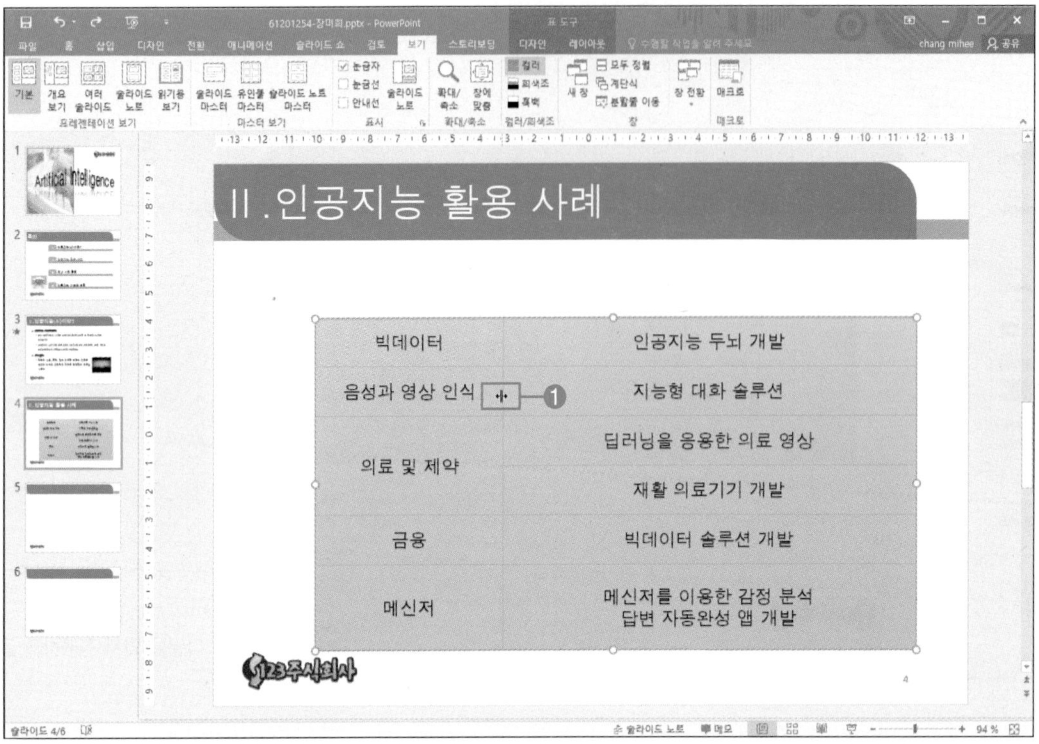

11 행 높이를 같은 높이로 조절하려면 ❶표 전체를 선택한 후 ❷[표 도구]–[레이아웃] 탭에서 [셀 크기] 그룹의 ❸'행 높이를 같게'를 클릭합니다.

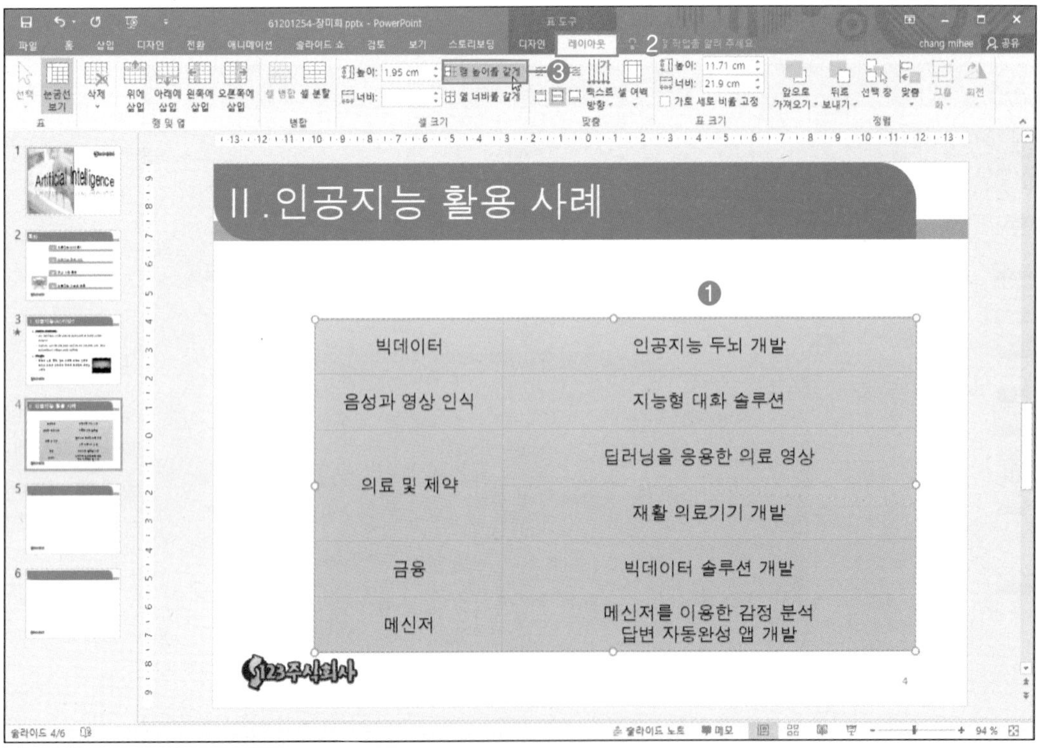

Step 02. 상단 도형 삽입하기

01 상단 도형을 작성할 때는 맨 뒤에 있는 도형부터 삽입합니다. ❶[삽입] 탭의 ❷[일러스트레이션] 그룹에서 [도형]을 클릭하여 ❸'사각형'의 '양쪽 모서리가 잘린 사각형'을 선택합니다.

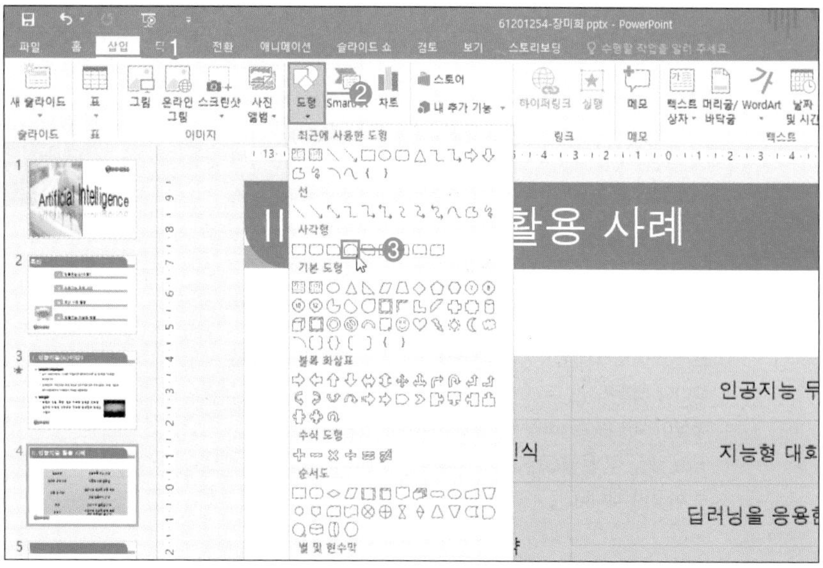

02 ❶표의 첫 번째 열의 너비에 맞게 드래그하여 도형을 삽입합니다.

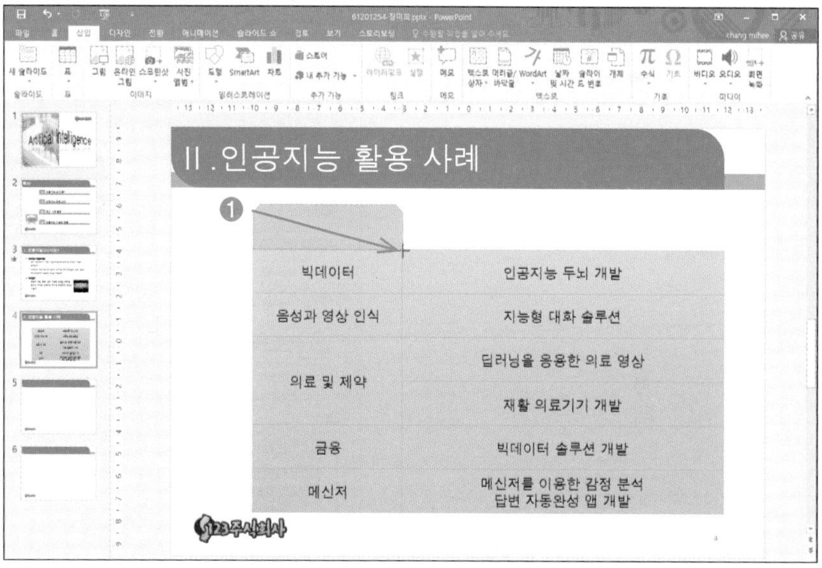

03 맨 위쪽 도형을 삽입하기 위해 ❶[삽입] 탭의 ❷[일러스트레이션] 그룹에서 [도형]을 클릭하여 ❸'순서도'의 '순서도:문서'를 선택합니다.

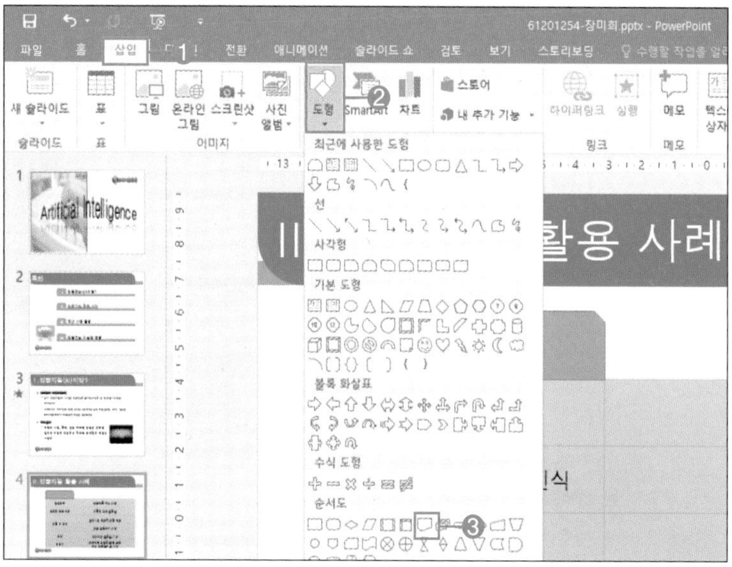

04 《출력형태》에 맞게 맨 뒤에 있는 도형 위에 ❶드래그하여 삽입하고 ❷[그리기 도구]–[서식] 탭에서 ❸[도형 스타일]의 '도형 채우기'에서 임의의 색을 설정합니다.

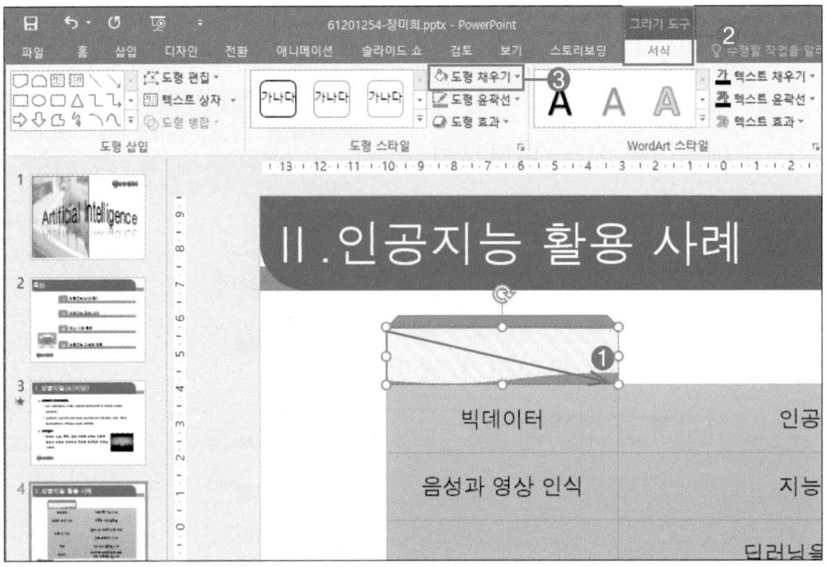

Tip

표 슬라이드에서는 도형의 채우기 색이나 테두리 선, 두께 등은 채점 대상이 아니므로 바꾸지 않아도 되며 글꼴 색 등을 고려하여 임의로 바꾸면 됩니다.

05 ❶맨 위의 도형을 선택하고 ❷[홈] 탭의 [글꼴] 그룹에서 ❸'글꼴 : 돋움'과 '글자 크기 : 18pt', ❹'글자 색 : 검정'을 설정합니다.

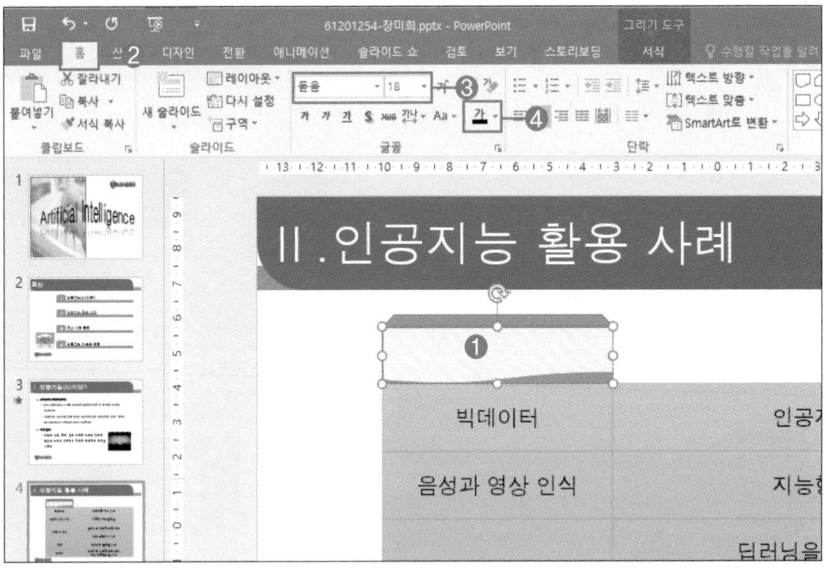

06 두 도형을 포함할 만큼 대각선으로 드래그하여 선택합니다.

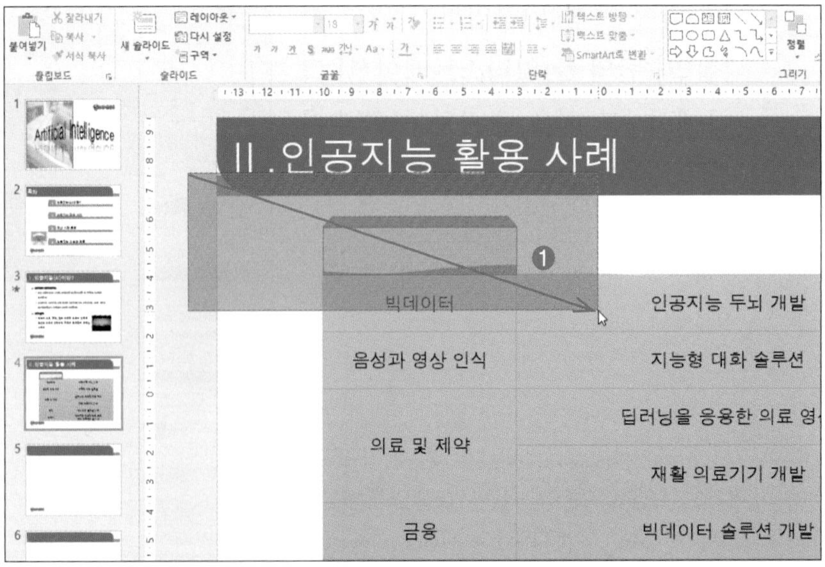

Tip

Ctrl 또는 Shift 를 누르고 도형을 선택할 수 있습니다.

07 ❶도형을 Ctrl + Shift 를 누르고 오른쪽으로 드래그를 하여 수평복사합니다. 두 번째 열 너비에 맞게 크기를 조절합니다.

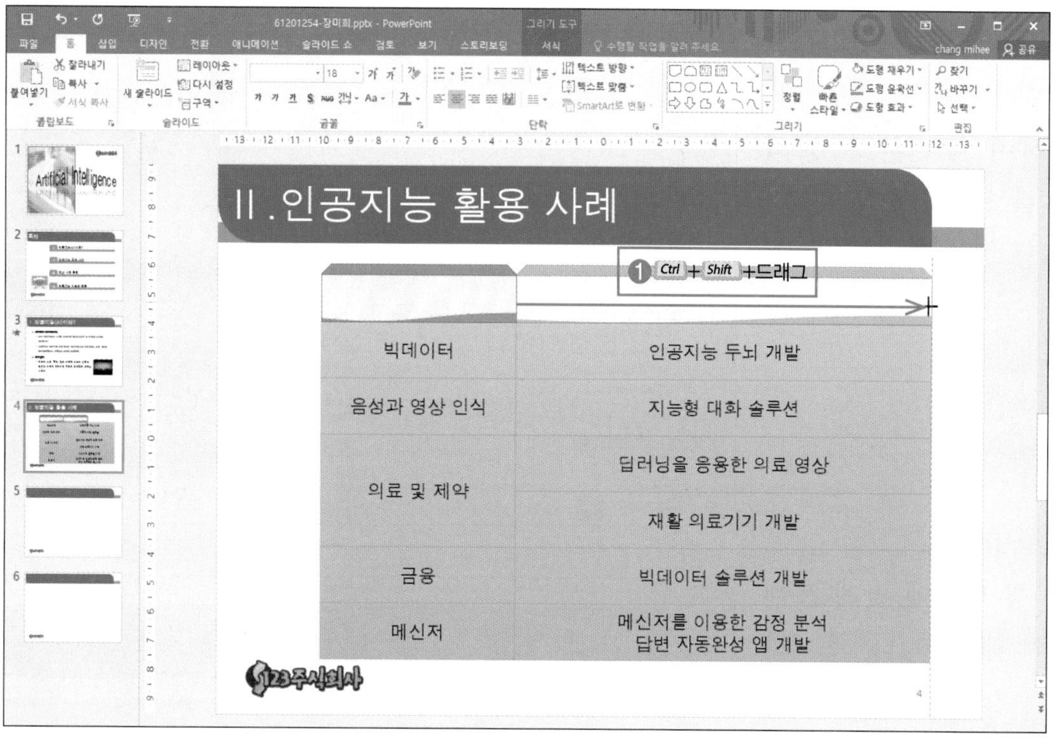

08 도형에 '분야'와 '내용'을 입력하여 상단 도형을 완성합니다.

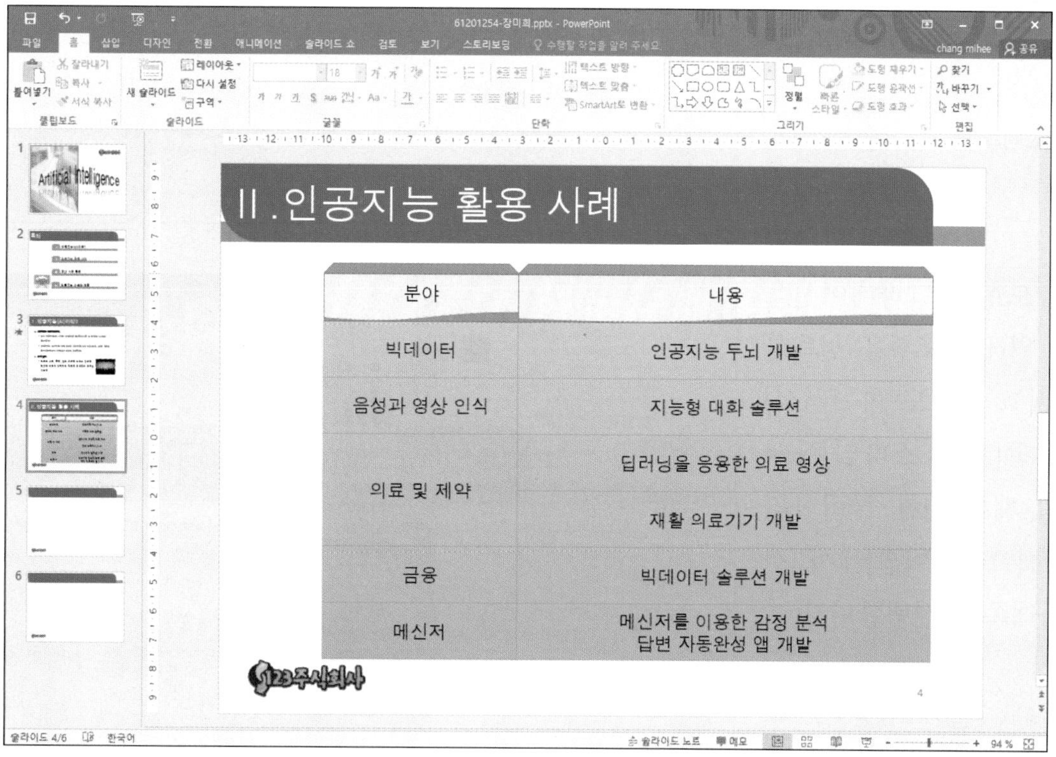

Step 03. 좌측 도형 삽입하기

01 좌측 도형을 삽입하기 위해 ❶[삽입] 탭의 ❷[일러스트레이션] 그룹에서 [도형]을 클릭하여 ❸'기본 도형'의 '배지'를 선택합니다.

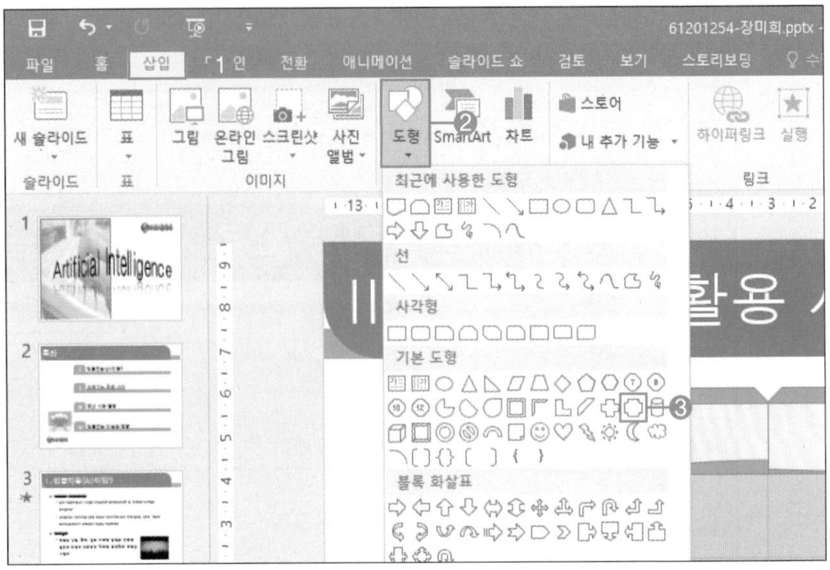

02 표의 행 내용에 맞게 드래그하여 배치합니다. 높이나 너비가 잘 맞지 않으면 Alt 를 누르고 드래그하면 세밀하게 그려집니다.

Tip

Ctrl 과 방향키를 사용하면 세밀하게 이동할 수 있으며, Alt 를 누르고 도형을 그리면 세밀하게 그릴 수 있습니다.

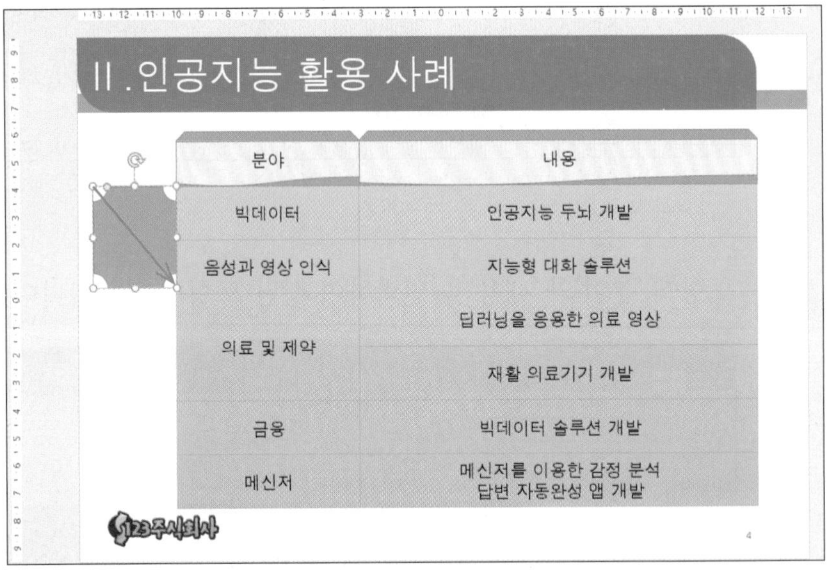

03 좌측 도형의 그라데이션을 넣기 위해 ❶도형을 선택한 후 ❷[그리기 도구]-[서식] 탭의 ❸[도형 스타일]에서 [도형 채우기]를 클릭합니다. ❹[그라데이션]에서 '선형 아래쪽'을 선택합니다.

Tip

그라데이션에 마우스를 올려 놓으면 설명이 표시됩니다. 확인하고 선택합니다.

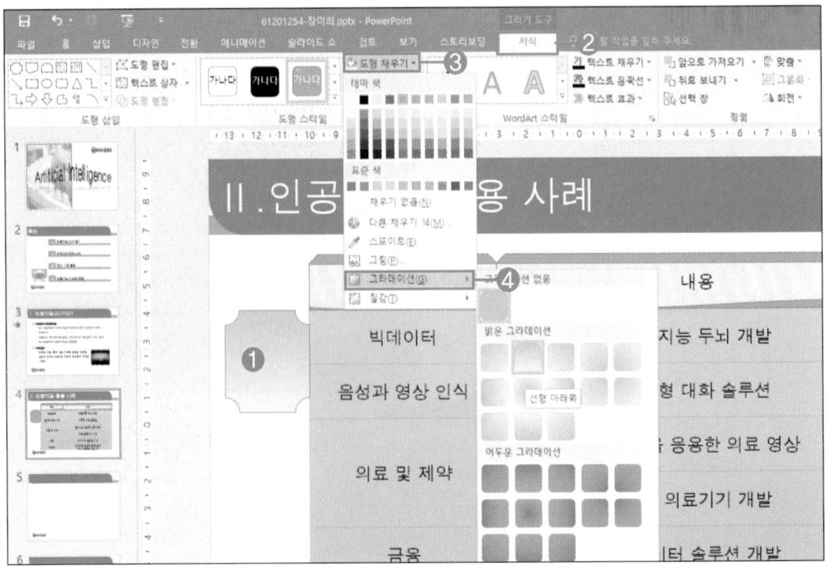

04 도형에 글꼴을 설정하기 위해 ❶도형을 선택하고 ❷[홈] 탭의 [글꼴] 그룹에서 ❸'글꼴 : 돋움'과 '글자 크기 : 18pt', ❹'글자 색 : 검정'을 설정합니다.

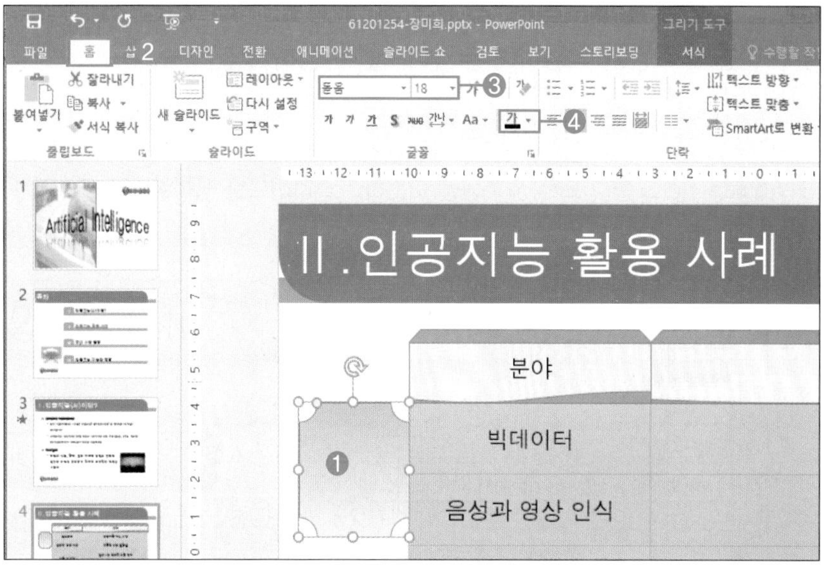

05 도형을 Ctrl + Shift 를 누르고 아래쪽으로 드래그를 하여 수직복사합니다. 두 번째 행 높이에 맞게 크기를 조절합니다.

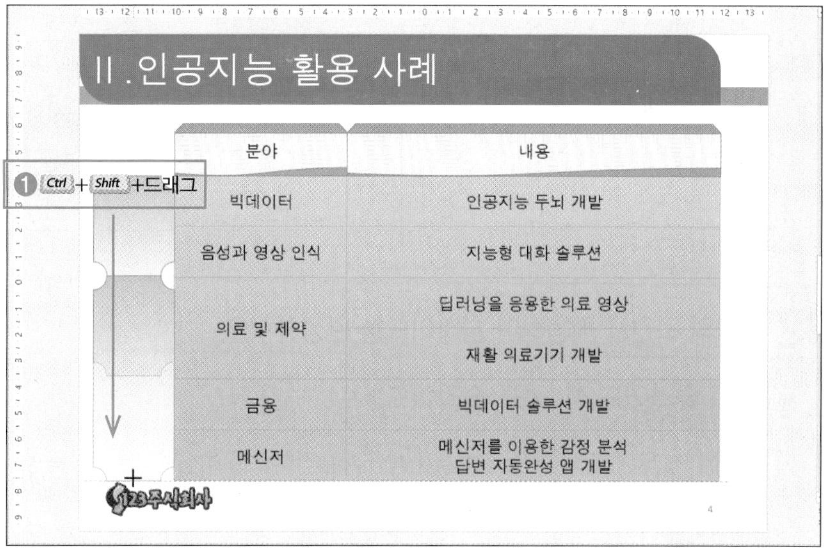

06 《출력형태》에 맞게 도형에 텍스트를 입력하여 완성합니다.

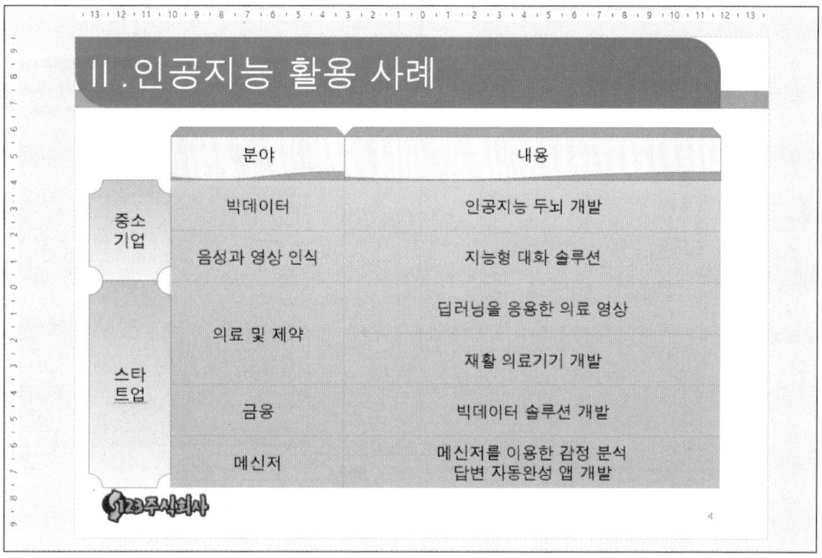

Tip

그라데이션은 제시된 그라데이션 형식만 맞으면 됩니다. 색 등은 기본값 그대로 사용해도 됩니다.

01 다음의 조건을 적용하여 슬라이드를 완성하시오.

■ ■ 예제 : 실력팡팡2₩5.표슬라이드₩표1.pptx

[차트 슬라이드 4] ≪표 슬라이드≫ (80점)

조건 (1) 도형과 표 작성 기능을 이용하여 슬라이드를 작성한다(글꼴 : 돋움, 18pt).

세부조건

① 상단 도형 :
2개 도형의 조합으로 작성

② 좌측 도형 :
그라데이션 효과(선형 아래쪽)

③ 표 스타일 :
테마 스타일 1 - 강조 3

출력형태

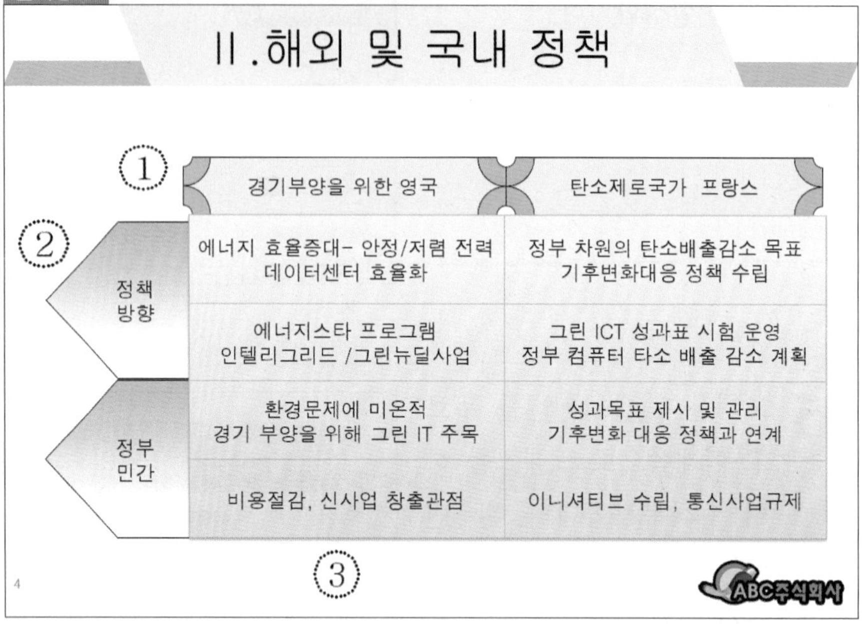

02 다음의 조건을 적용하여 슬라이드를 완성하시오.

■ ■ 예제 : 실력팡팡₩5.표슬라이드₩표2.pptx

[차트 슬라이드 4] ≪표 슬라이드≫ (80점)

조건 (1) 도형과 표 작성 기능을 이용하여 슬라이드를 작성한다(글꼴 : 돋움, 18pt).

세부조건

① 상단 도형 :
2개 도형의 조합으로 작성

② 좌측 도형 :
그라데이션 효과(선형 대각선 - 오른쪽 위에서 왼쪽 아래로)

③ 표 스타일 :
테마 스타일 1 - 강조 4

출력형태

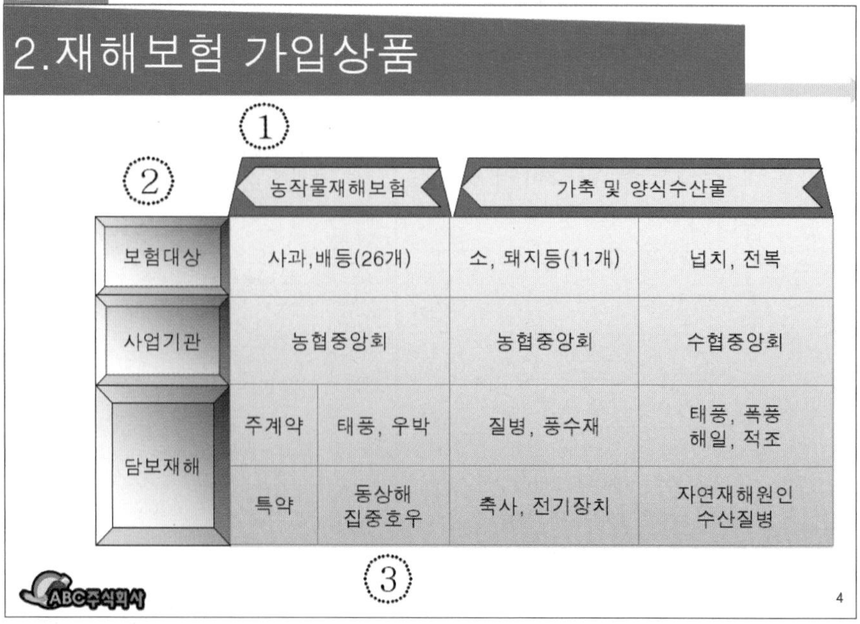

03 다음의 조건을 적용하여 슬라이드를 완성하시오.

■ ■ 예제 : 실력팡팡₩5.표슬라이드₩표3.pptx

[차트 슬라이드 4] ≪표 슬라이드≫ (80점)

조건 (1) 도형과 표 작성 기능을 이용하여 슬라이드를 작성한다(글꼴 : 굴림, 18pt).

세부조건

① 상단 도형 :
2개 도형의 조합으로 작성

② 좌측 도형 :
그라데이션 효과(선형 아래쪽)

③ 표 스타일 :
테마 스타일 1 – 강조 4

출력형태

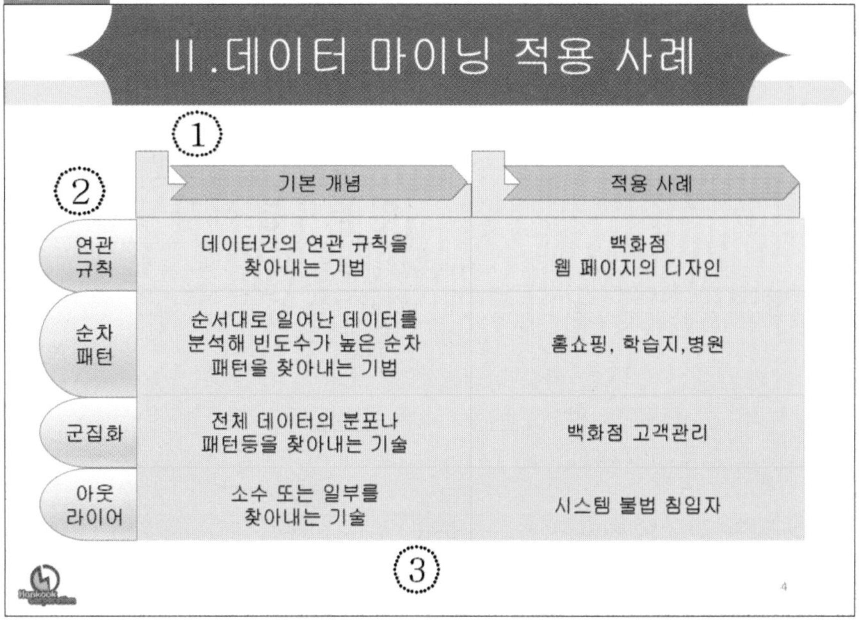

	기본 개념	적용 사례
연관 규칙	데이터간의 연관 규칙을 찾아내는 기법	백화점 웹 페이지의 디자인
순차 패턴	순서대로 일어난 데이터를 분석해 빈도수가 높은 순차 패턴을 찾아내는 기법	홈쇼핑, 학습지,병원
군집화	전체 데이터의 분포나 패턴등을 찾아내는 기술	백화점 고객관리
아웃 라이어	소수 또는 일부를 찾아내는 기술	시스템 불법 침입자

04 다음의 조건을 적용하여 슬라이드를 완성하시오.

■ ■ 예제 : 실력팡팡₩5.표슬라이드₩표4.pptx

[차트 슬라이드 4] ≪표 슬라이드≫ (80점)

조건 (1) 도형과 표 작성 기능을 이용하여 슬라이드를 작성한다(글꼴 : 굴림, 18pt).

세부조건

① 상단 도형 :
2개 도형의 조합으로 작성

② 좌측 도형 :
그라데이션 효과(선형 대각선 – 오른쪽 아래에서 왼쪽 위로)

③ 표 스타일 :
보통 스타일 4 – 강조 5

출력형태

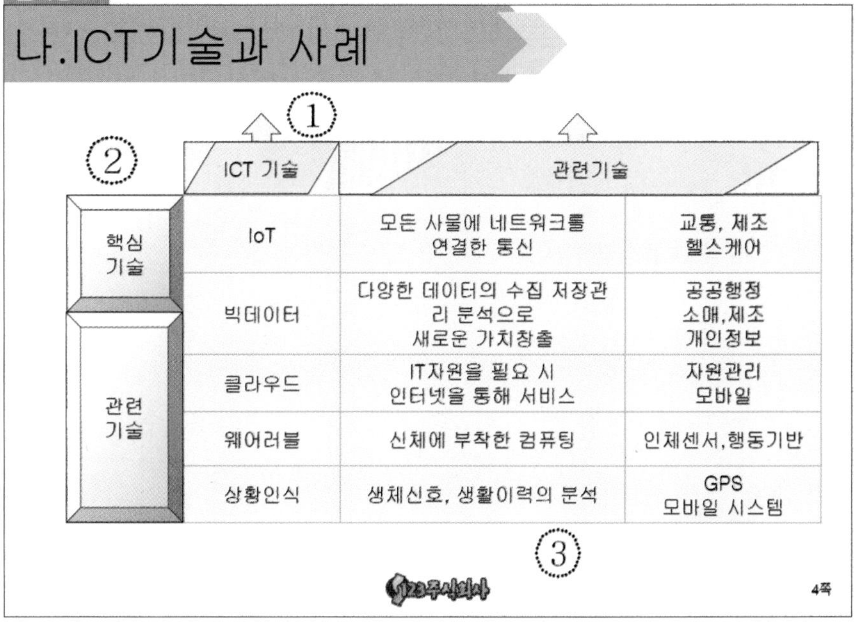

	ICT 기술	관련기술	
핵심 기술	IoT	모든 사물에 네트워크를 연결한 통신	교통, 제조 헬스케어
관련 기술	빅데이터	다양한 데이터의 수집 저장관리 분석으로 새로운 가치창출	공공행정 소매,제조 개인정보
	클라우드	IT자원을 필요 시 인터넷을 통해 서비스	자원관리 모바일
	웨어러블	신체에 부착한 컴퓨팅	인체센서,행동기반
	상황인식	생체신호, 생활이력의 분석	GPS 모바일 시스템

06
Section

차트 슬라이드

차트 슬라이드를 작성하는 부분으로 객관적인 수치 데이터를 분석해 쉽게 이해할 수 있도록 그래프로 표현합니다. 차트를 삽입하고 차트를 편집하는 방법을 학습합니다.

차트 구성 요소

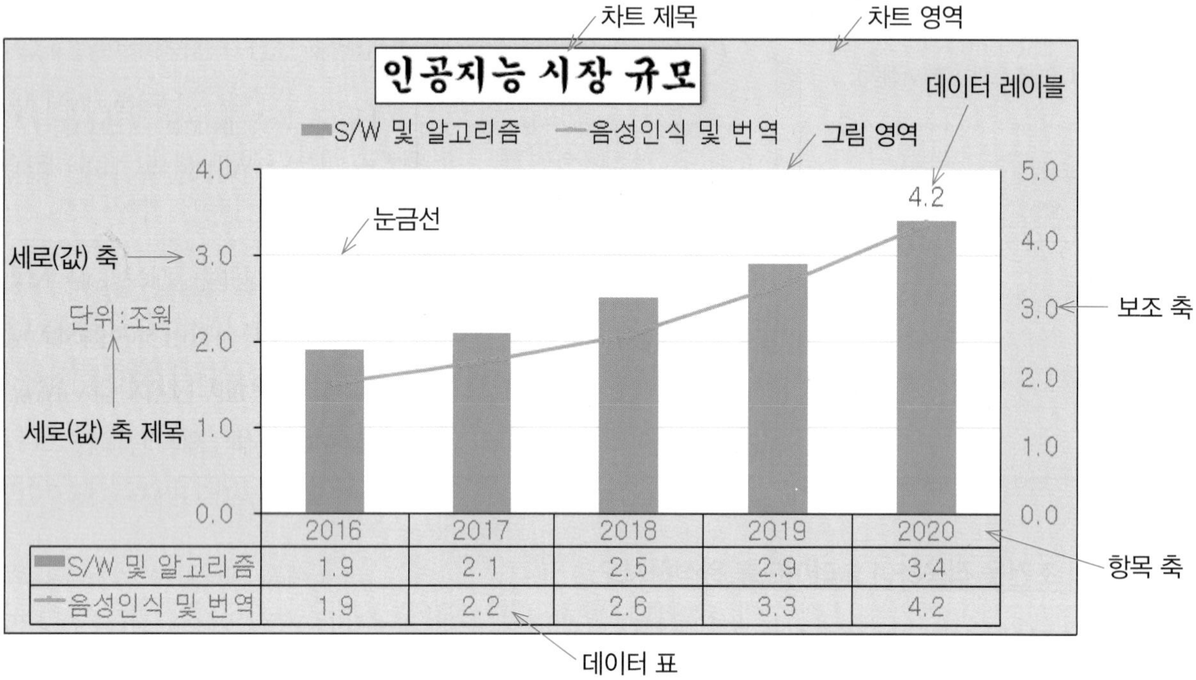

차트 삽입하기

- [삽입] 탭의 [일러스트레이션] 그룹에서 [차트]를 클릭하거나, 개체 틀의 [차트]를 클릭합니다.
- [차트 삽입] 대화상자에서 차트 종류를 선택합니다.

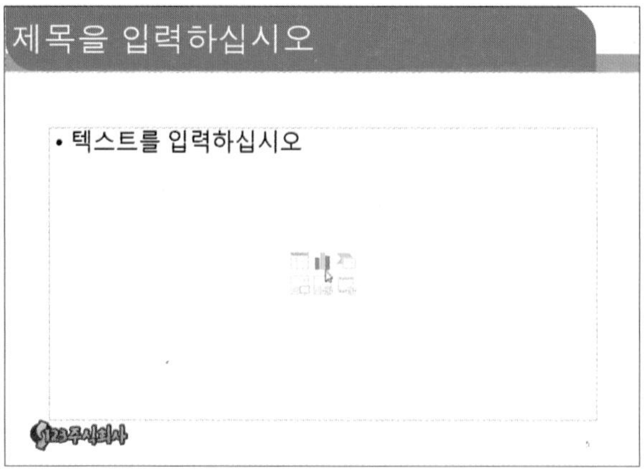

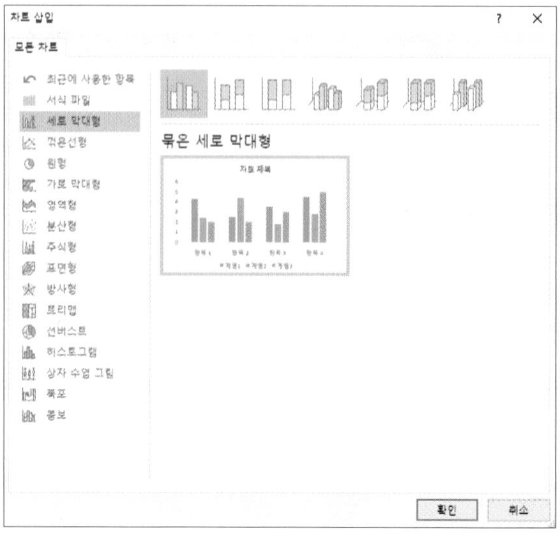

- 데이터를 입력할 수 있는 'Microsoft PowerPoint의 차트' 창에서 데이터를 입력합니다.
- 엑셀의 표시 형식을 지정해야 하는 경우에는 상단 메뉴에서 'Microsoft Excel에서 데이터 편집' 창에서 데이터를 입력합니다.
- 데이터 영역의 오른쪽 하단의 대각선 모서리를 드래그하여 데이터 범위의 크기를 조절합니다.
- 데이터를 삽입하거나 삭제할 때 행이나 열을 삽입하거나 삭제할 수 있습니다.
- 데이터 입력이 끝나면 오른쪽 상단의 '닫기'를 눌러 종료합니다.

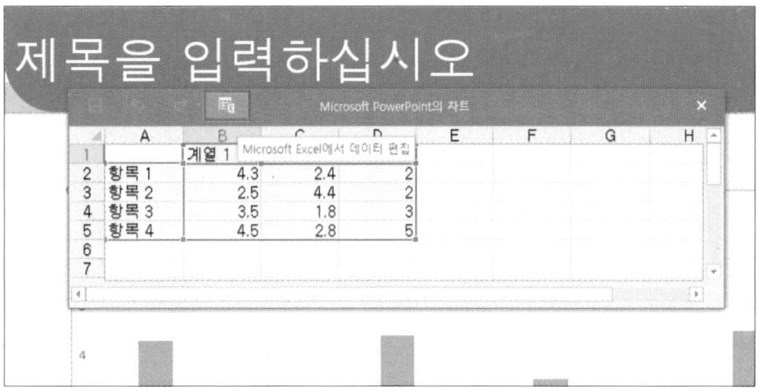

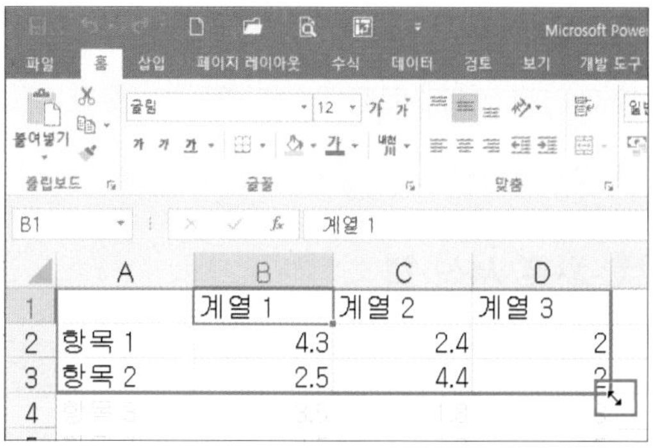

차트 편집

- 차트를 선택하며 우측에 빠른 메뉴가 표시됩니다.
- 차트 요소는 제목, 범례, 눈금선, 축 제목 등 요소들을 추가하거나 제거 또는 변경합니다.

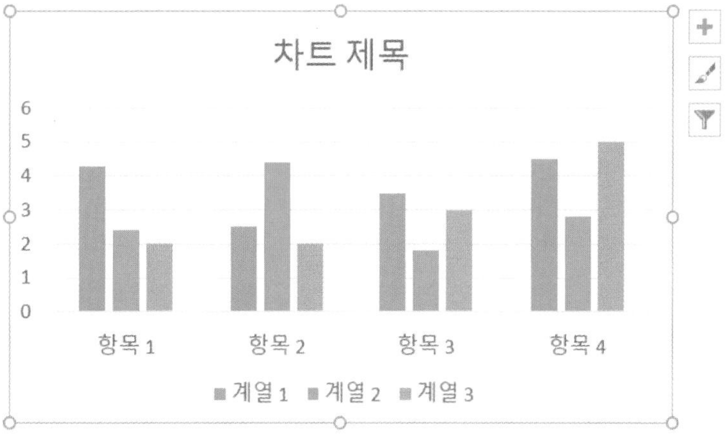

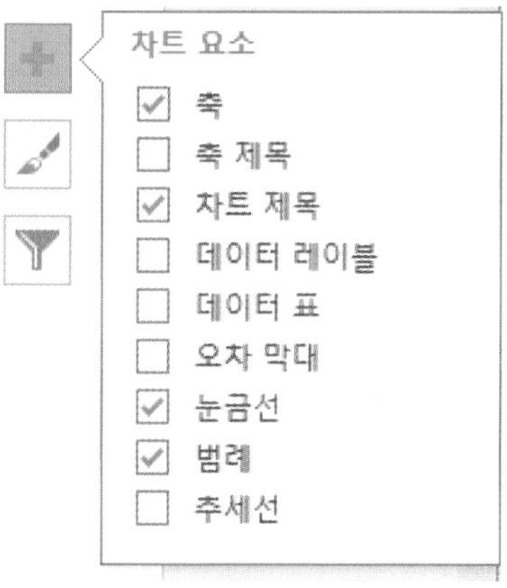

차트 편집

- 차트 스타일은 차트에 대한 스타일 및 색 구성표를 설정합니다.
- 차트에 표시할 데이터 요소 및 이름을 편집합니다.

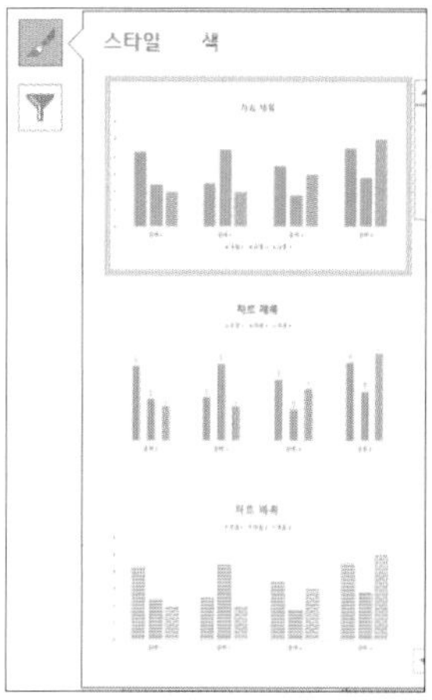

차트 디자인 탭

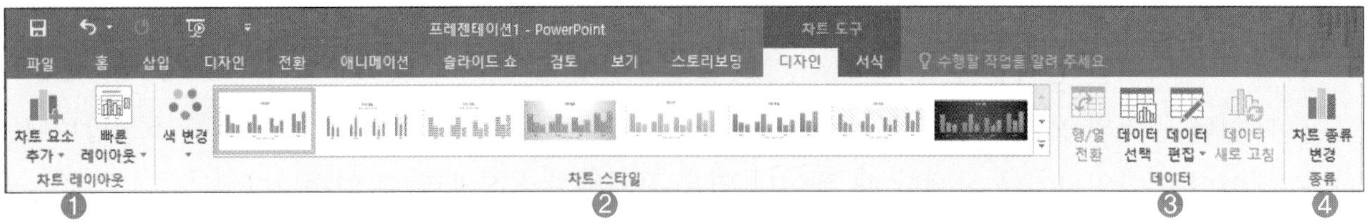

❶ 차트 레이아웃 : 차트 요소 추가와 미리 지정되어 있는 차트의 레이아웃을 변경 또는 추가

❷ 차트 스타일 : 미리 지정되어 있는 차트의 색과 차트 스타일 지정

❸ 데이터 : 현재 차트의 행과 열을 바꾸고, 데이터의 범위를 변경하거나 편집하고 업데이트된 데이터를 적용

❹ 차트 종류 변경 : 현재 적용되어 있는 차트의 종류를 변경하거나 차트의 서식을 파일(*.crtx)로 저장

차트 서식 탭

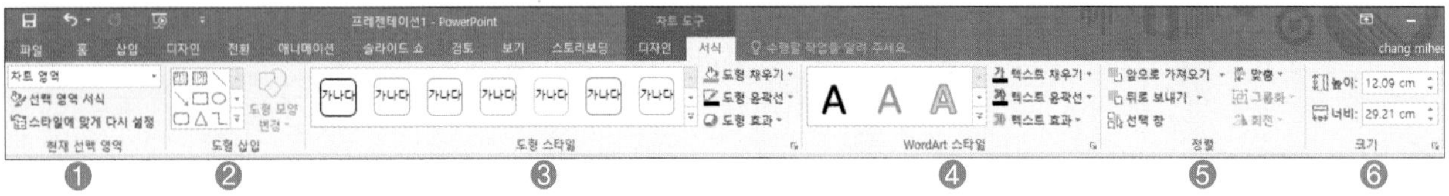

❶ 현재 선택 영역 : 차트의 요소를 선택, 선택한 요소의 서식 지정, 가장 최근에 설정한 차트 스타일 서식으로 되돌림

❷ 도형 삽입 : 차트에 도형을 삽입하고 도형 모양 변경

❸ 도형 스타일 : 선택한 개체나 요소의 스타일 지정

❹ WordArt 스타일 : 차트에 입력되어 있는 텍스트 서식 지정

❺ 정렬 : 차트의 순서 조정, 다른 개체와 정렬 지정

❻ 크기 : 차트의 전체 크기 지정

차트 축 서식 수정

- 값 축 영역에서 마우스 오른쪽 단추의 [축 서식]을 선택
- [축 옵션]에서는 축 값의 '최소, 최대, 주 단위' 값과 표시 단위 값을 변경
- [눈금]에서 바깥쪽, 안쪽 눈금선 설정
- [표시 형식]에서는 값의 숫자, 통화, 회계, 사용자 지정 등을 이용해서 값에 다양한 형식을 변경

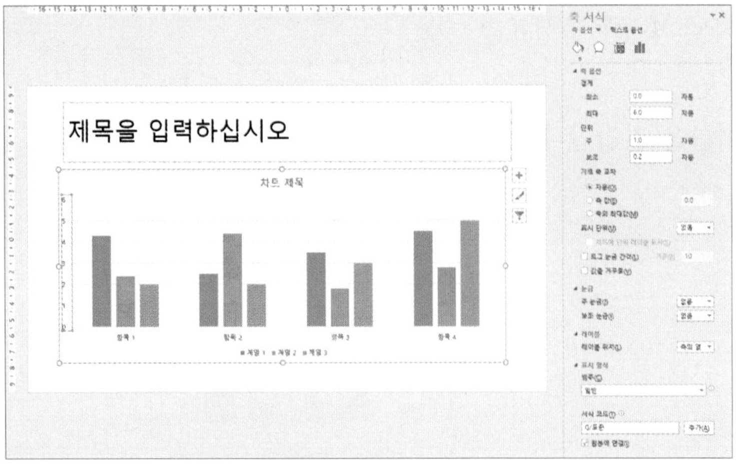

■ ■ 예제 : 출제유형₩6.차트슬라이드.pptx

차트 슬라이드

차트 슬라이드는 배점이 100점이며, 차트를 삽입하고 차트 및 그림 영역, 레이블, 축 제목 등 차트 편집기능과 차트에 도형을 삽입하는 등의 차트 작성 능력을 평가합니다.

[슬라이드 5] ≪차트 슬라이드≫ (100점)

조건 (1) 차트 작성 기능을 이용하여 슬라이드를 작성한다.

(2) 차트 : 종류(묶은 세로 막대형), 글꼴(돋움, 16pt), 외곽선

세부 조건

❖ **차트설명**

- 차트제목 : 궁서, 24pt, 굵게, 채우기(흰색), 테두리, 그림자(오프셋 오른쪽)
- 차트영역 : 채우기(노랑) 그림영역 : 채우기(흰색)
- 데이터 서식 : '음성인식 및 번역' 계열을 표식이 있는 꺾은선형으로 변경 후 보조 축으로 지정
- 값 표시 : 2019년의 S/W 및 알고리즘 계열만

① 도형 삽입

– 스타일 : 미세효과 – 파랑, 강조1

– 글꼴 : 굴림, 18pt

출력형태

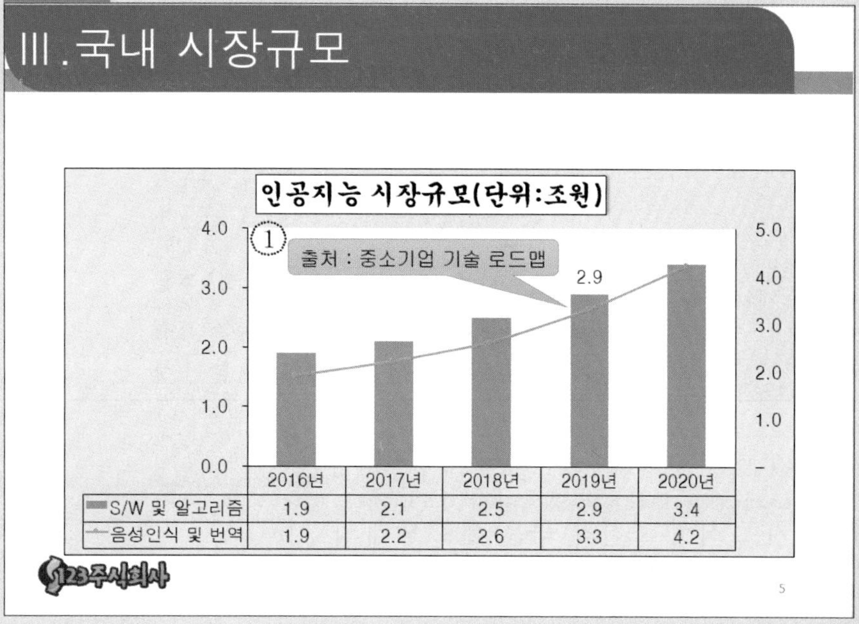

KEY POINT

- 차트 삽입
  - [삽입] : [일러스트레이션] – [차트] 또는 개체 틀 – 차트 삽입
  - [데이터 입력] – [행/열 전환]
  - [빠른 레이아웃 설정]
- 차트 편집
  - [차트 영역] / [차트 서식 편집]
  - [차트 제목 편집] / [그림 영역] 설정
  - [데이터 계열 서식 편집] / [축 서식] / 눈금선 편집
- 도형 삽입 : 도형 삽입 : 도형 스타일 , 텍스트 편집
- 재 저장하기(Ctrl + S)

Step 01. 차트 삽입과 데이터 범위 설정하기

01 ❶다섯 번째 슬라이드를 선택하고 ❷제목 개체 틀에 'ㅈ'을 입력한 후 키보드의 한자를 눌러 'Ⅲ'을 삽입한 후 제목을 입력합니다. ❸개체 틀의 [차트 삽입]을 클릭합니다.

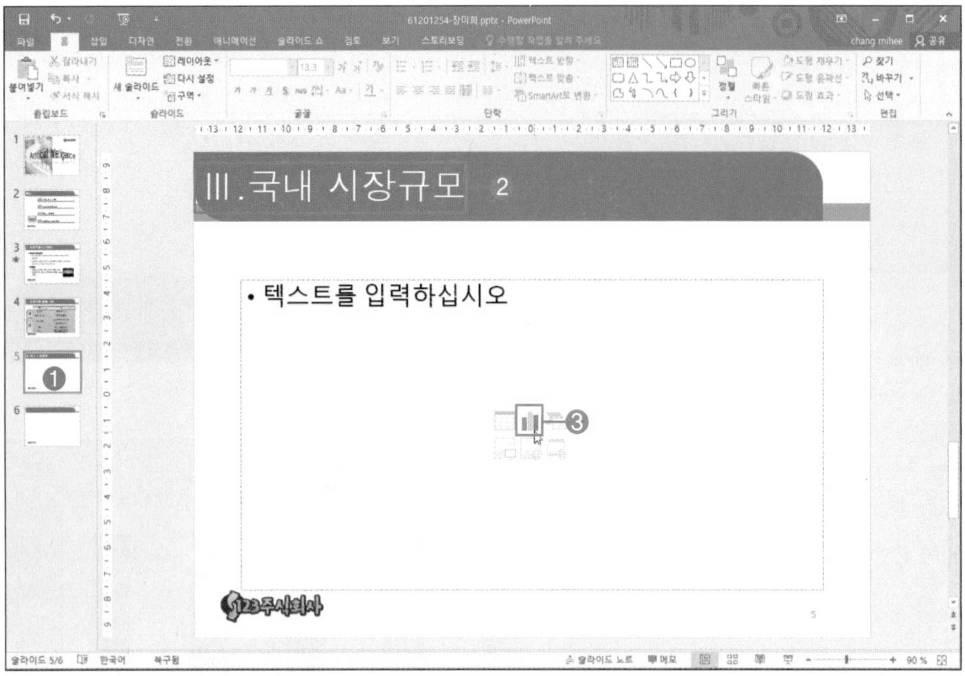

02 차트 작성 조건의 '묶은 세로 막대'와 데이터 서식 조건의 '표식이 있는 꺾은선형'을 한꺼번에 설정합니다. [차트 삽입] 대화상자에서 ❶모든 차트 영역의 '콤보'를 선택한 후 ❷'계열1'은 '묶은 세로 막대형'을 선택합니다.

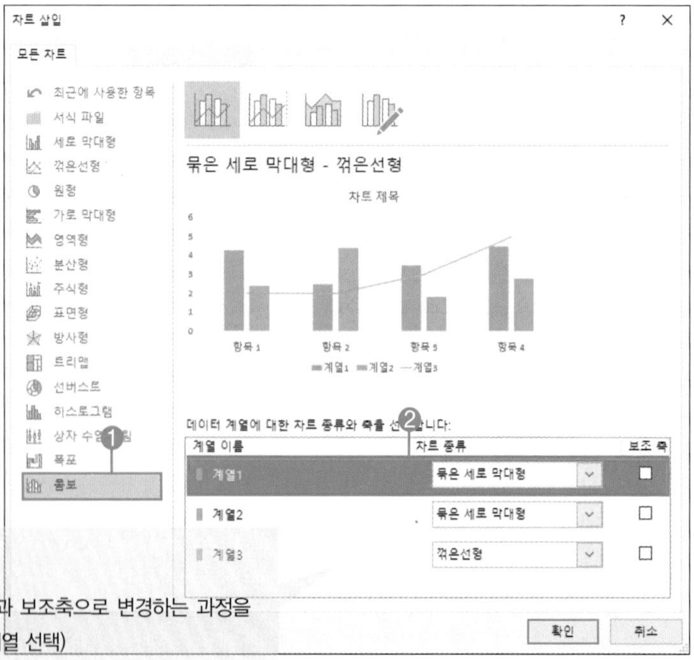

Tip

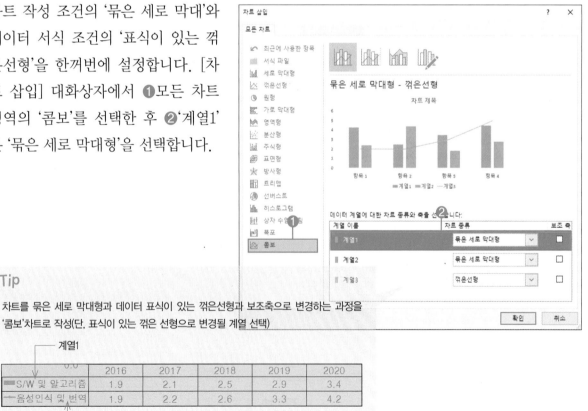

차트를 묶은 세로 막대형과 데이터 표식이 있는 꺾은선형과 보조축으로 변경하는 과정을 '콤보'차트로 작성(단, 표식이 있는 꺾은 선형으로 변경될 계열 선택)

계열1

0.0	2016	2017	2018	2019	2020
S/W 및 알고리즘	1.9	2.1	2.5	2.9	3.4
음성인식 및 번역	1.9	2.2	2.6	3.3	4.2

계열2

03 ❶'계열2'의 목록 단추를 누른 후 ❷꺾은선형에서 '표식이 있는 꺾은선형'을 선택합니다.

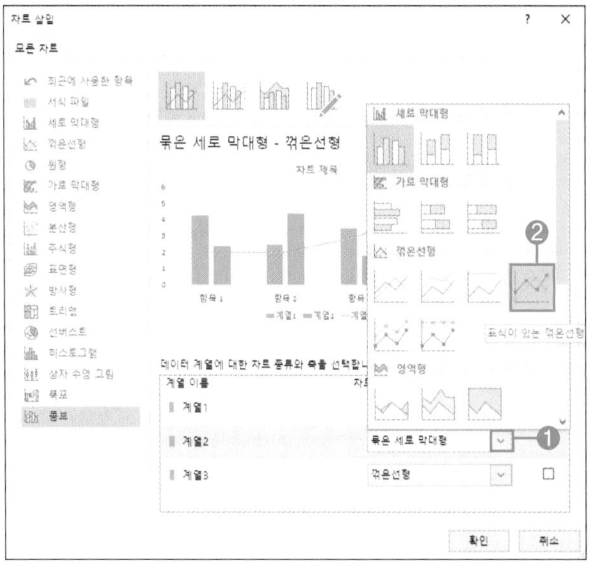

04 '계열2'는 '보조축'으로 변경하기 위해 ❶'보조축'에 체크한 후 ❷[확인]를 클릭합니다.

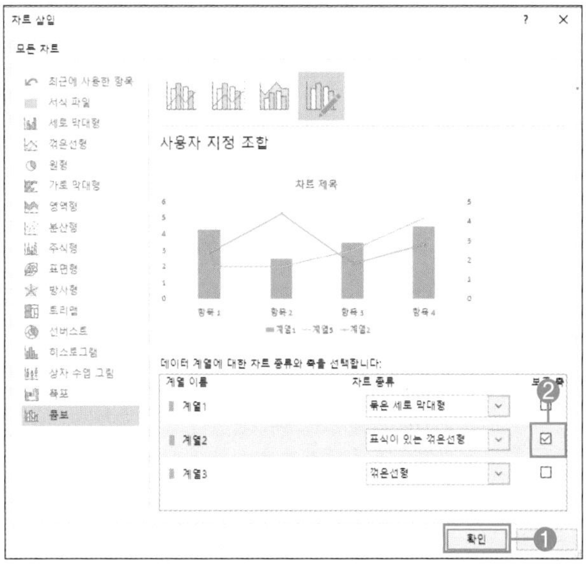

05 'Microsoft PowerPoint의 차트' 창이 열립니다. 연속데이터, 천단위, 백분율 등의 데이터를 입력할 때는 Excel에서 편집합니다. ❶'Microsoft Excel에서 데이터 편집'을 클릭합니다.

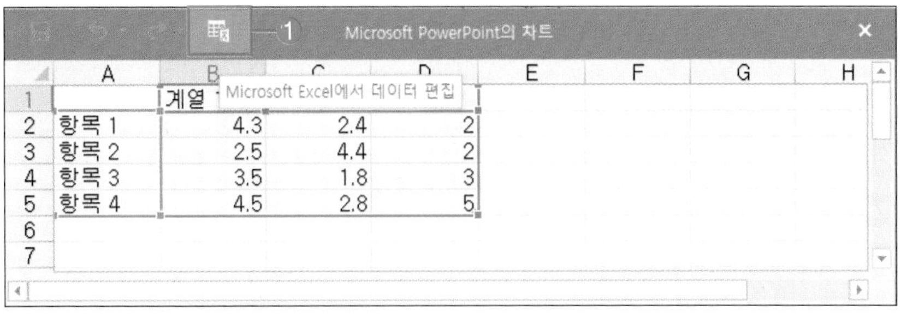

06 ❶항목1에 '2016년'을 입력하고 셀 오른쪽 하단에 마우스를 올려놓고 '+' 모양일 때 아래쪽으로 드래그하여 자동 채우기를 합니다. 연속된 숫자가 표시됩니다. 확인하면서 드래그합니다.

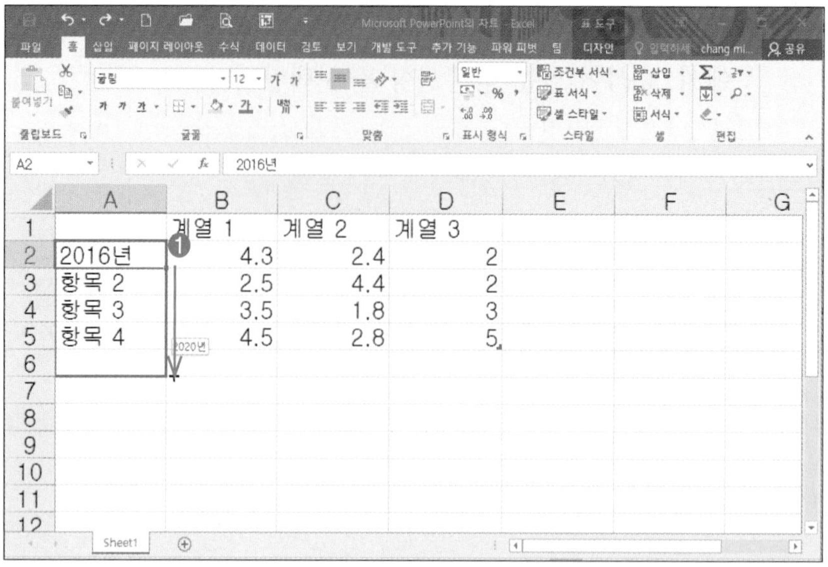

07 《출력형태》에 있는 ❶ 데이터를 행과 열을 바꾸어 그대로 입력합니다. 엑셀 시트에서 ❷데이터의 범위를 조절하기 위해 오른쪽 하단 대각선에 마우스를 올려놓습니다.

Tip

천단위 콤마를 표시해야 하는 경우 '쉼표스타일(,)'과 소수 자리수 늘림/줄임 등 [홈] 탭의 [표시 형식] 그룹에서 설정합니다.

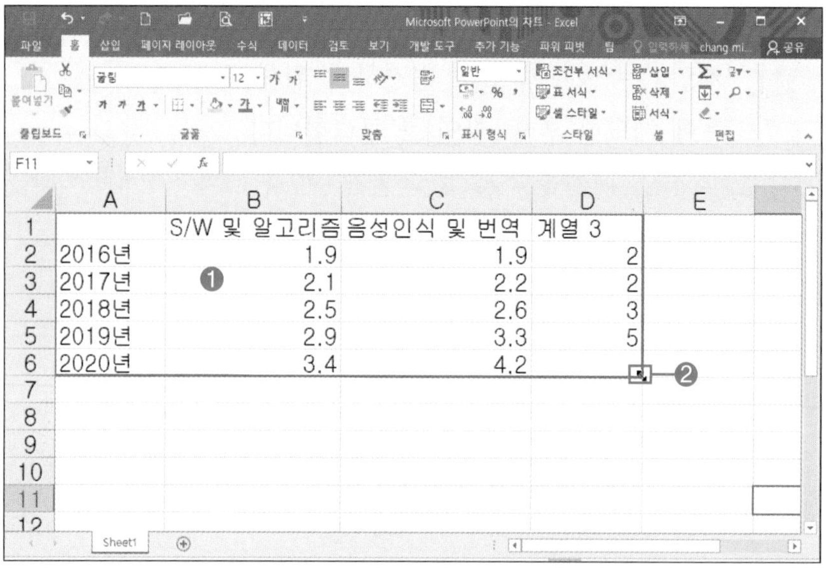

08 데이터 입력이 완료되면 데이터의 범위를 조절합니다. ❶오른쪽 하단의 조절점 위에 마우스를 올려놓고 '↘' 모양으로 변경되면 왼쪽으로 드래그하여 범위를 조절합니다. ❷엑셀을 닫기 위해 오른쪽 상단의 '닫기'를 클릭합니다.

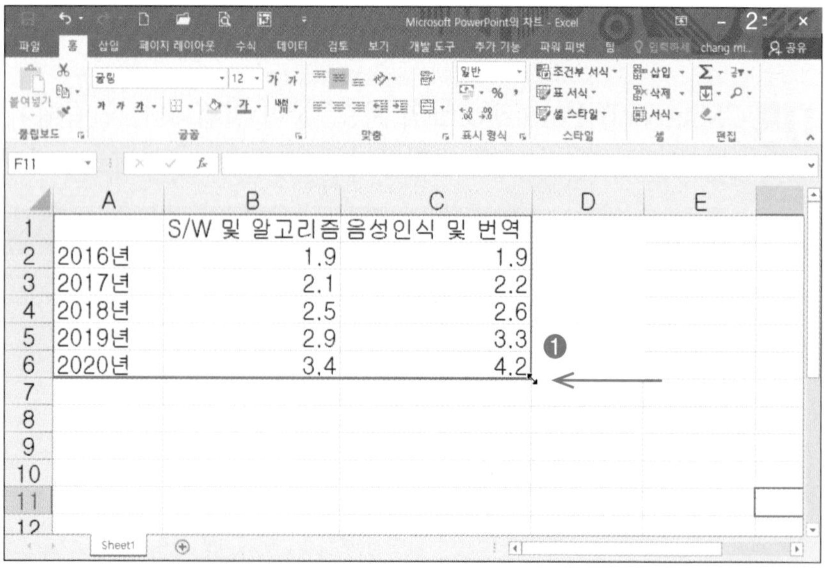

09 기본 차트를 완성합니다.

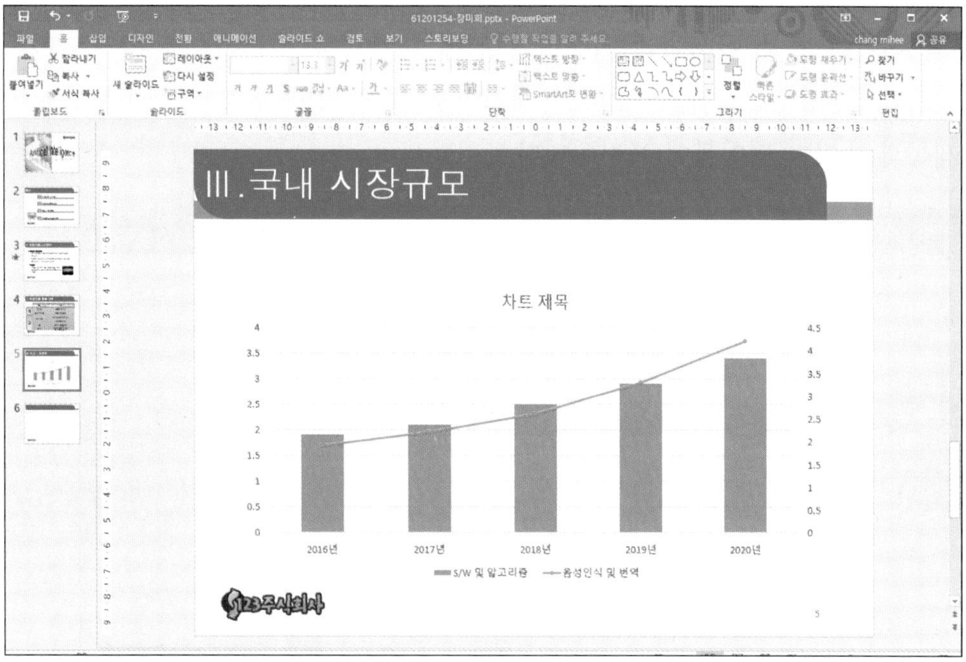

Level UP!

○ 행/열 전환을 해야 하는 경우

엑셀 창에 입력 데이터를 ≪출력형태≫와 같은 형태로 입력한 경우 차트가 행열이 바뀌어 표시됩니다. [차트 도구]-[디자인] 탭의 [데이터] 그룹에서 '데이터 선택'의 '행/열 전환'을 합니다. 엑셀 창이 열린 상태에서는 '행/열 전환'을 바로 클릭해도 됩니다.

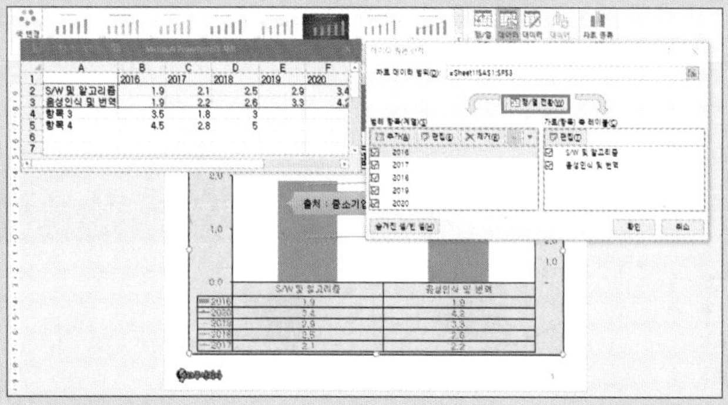

○ 데이터 수정을 하려면?

[차트 도구]-[디자인] 탭의 [데이터] 그룹에서 '데이터 편집'의 'Excel에서 데이터 편집'을 클릭합니다.

Step 02. 차트 영역 편집과 차트 요소 추가하기

01 차트의 제목과 데이터 표를 한꺼번에 적용하기 위해 ❶차트를 선택하고 ❷[차트 도구]-[디자인] 탭의 [차트 레이아웃] 그룹에서 ❸[빠른 레이아웃]을 클릭한 후 ❹'레이아웃5'를 선택합니다. 차트의 제목과 데이터 테이블이 표시됩니다.

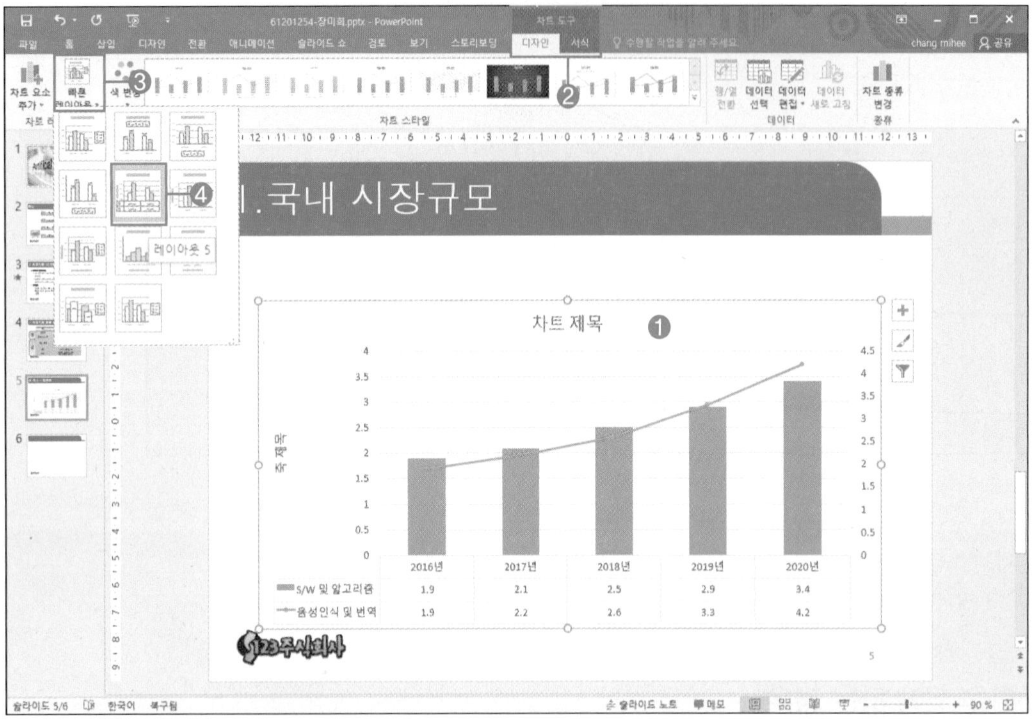

02 차트의 '세로 축 제목'은 사용하지 않으므로 '세로 축 제목'은 Delete를 눌러 삭제합니다.

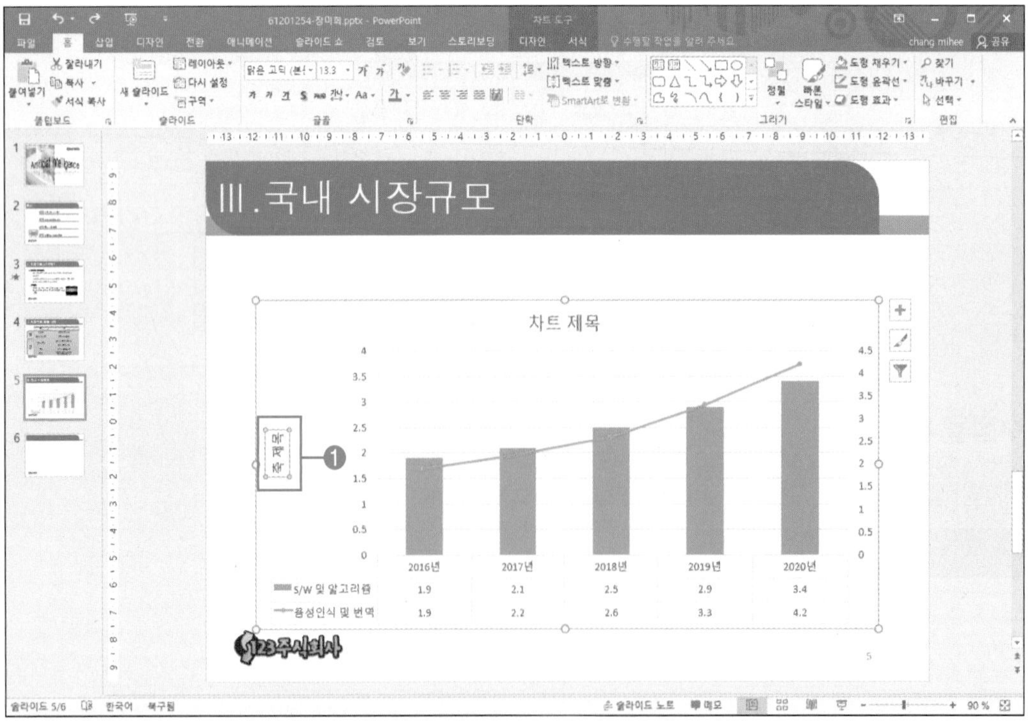

03 제시된 ≪조건≫의 차트 영역에 해당하는 부분을 편집합니다. ❶차트 테두리를 클릭하여 차트 전체를 선택하고 ❷[홈] 탭의 ❸[글꼴] 그룹에서 '글꼴 : 돋움, 크기 : 16 pt', ❹글자 색은 '검정'을 설정합니다.

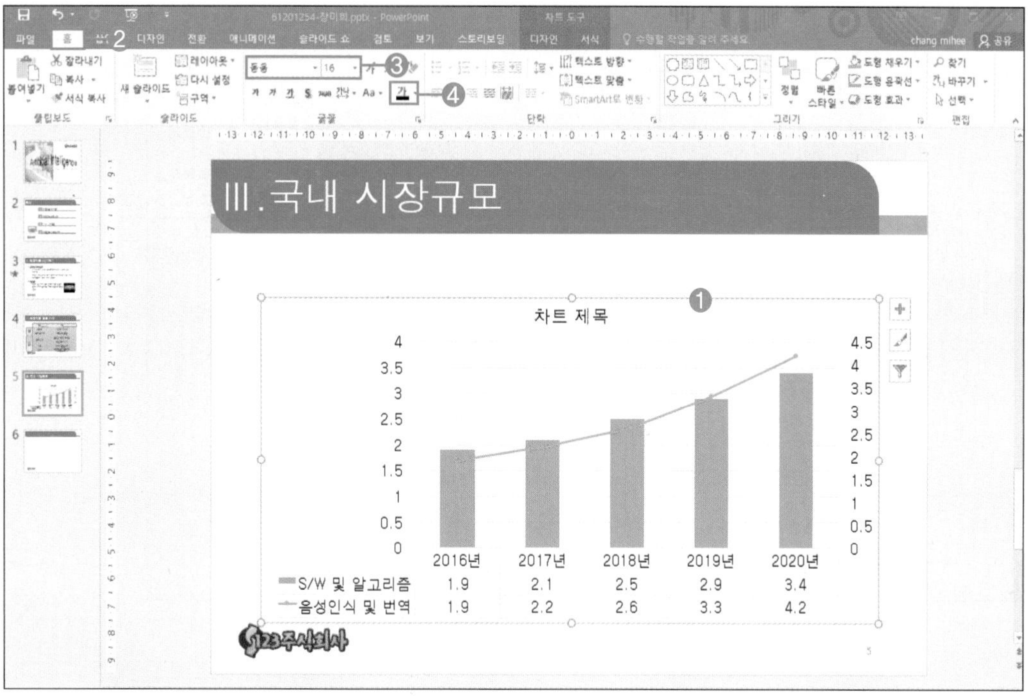

04 차트의 영역의 색을 설정하기 위해 ❶차트 전체를 선택하고 ❷[홈] 탭의 [그리기] 그룹에서 ❸[도형 채우기]을 클릭하여 ❹'노랑'을 선택합니다.

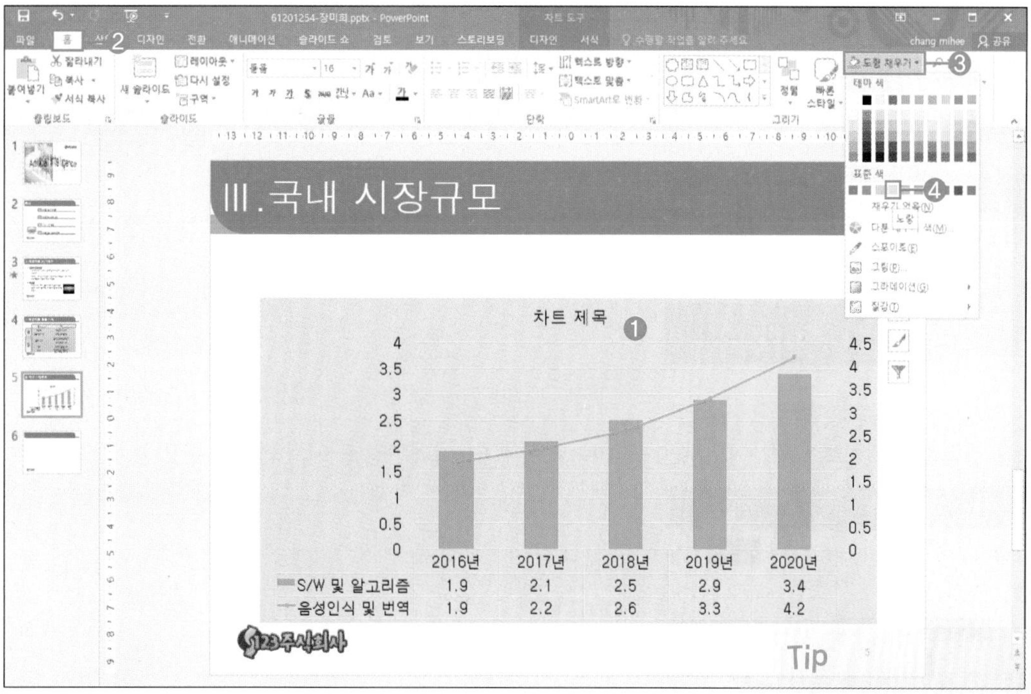

Tip

[차트 도구]-[서식] 탭의 [도형 스타일] 그룹에서 [도형 채우기]-[노랑]을 선택해도 됩니다.

05 차트의 외곽선을 설정하기 위해 ❶차트 전체를 선택하고 ❷[홈] 탭의 [그리기] 그룹에서 ❸[도형 윤곽선]을 클릭하여 ❹'검정'을 선택합니다.

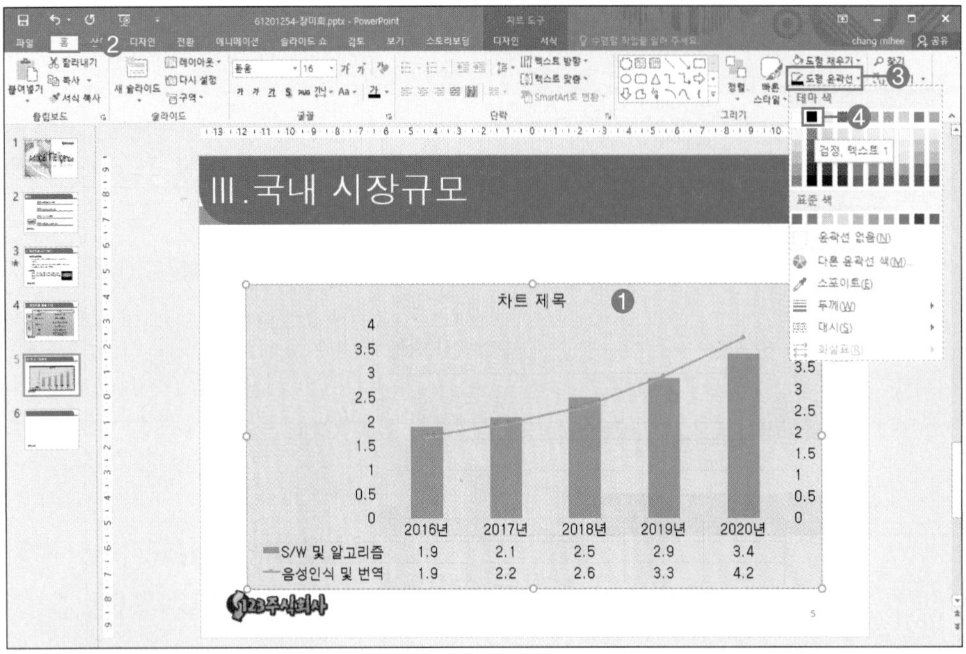

Tip

[차트 도구] – [서식] 탭의 – [도형 스타일] 그룹에서 [도형 윤곽선] – [검정]을 선택해도 됩니다.

글꼴, 채우기 색, 윤곽선 등은 마우스 오른쪽 단추를 눌러 바로가기 메뉴에서 설정할 수 있습니다.

Level UP!

○ 차트 차트 제목과 데이터 표를 삽입하는 또 다른 방법

차트 제목을 삽입하려면 [차트 도구] – [디자인] – [차트 요소 추가] – [차트 제목]에서 삽입할 수 있습니다.

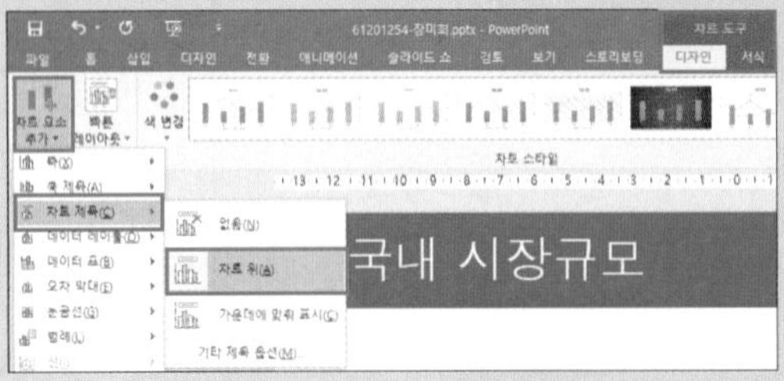

차트 데이터 표를 삽입하려면 [차트 도구] – [디자인] – [차트 요소 추가] – [데이터 표]에서 삽입할 수 있습니다.

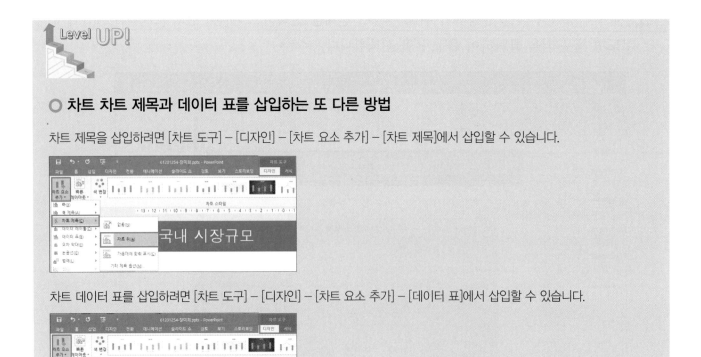

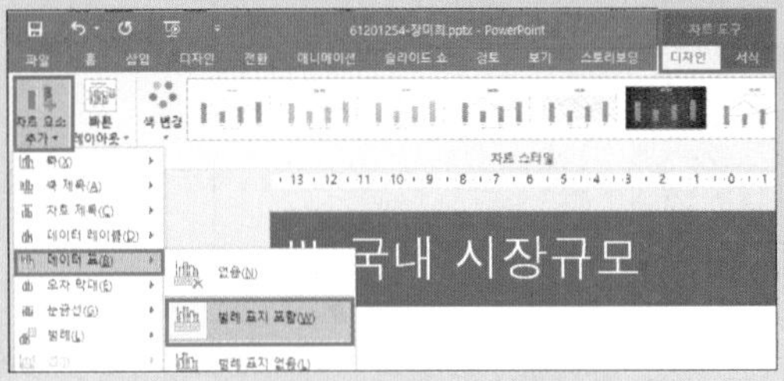

Step 03. 차트 제목 설정하기

01 차트 제목을 클릭한 후 마우스 모양이 'I'일 때 드래그한 후 ❶'인공지능 시장규모(단위:조원)'을 입력한 후 제목 개체 틀 전체를 선택합니다. ❷[홈] 탭의 [글꼴] 그룹에서 ❸'글꼴 : 궁서, 글자 크기 : 24pt', ❹'굵게'를 선택합니다.

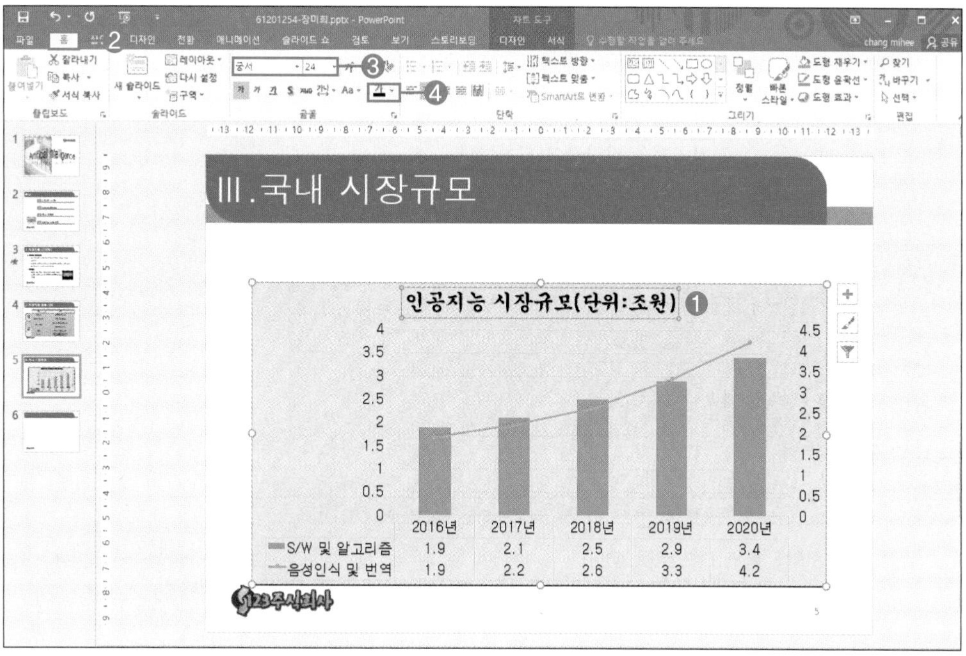

02 차트 제목의 채우기와 테두리를 설정합니다. ❶차트 제목 개체 틀을 선택한 후 ❷[홈] 탭의 [그리기] 그룹에서 ❸[도형 채우기]를 '흰색'과 [도형 윤곽선]을 ❹'검정'으로 선택합니다.

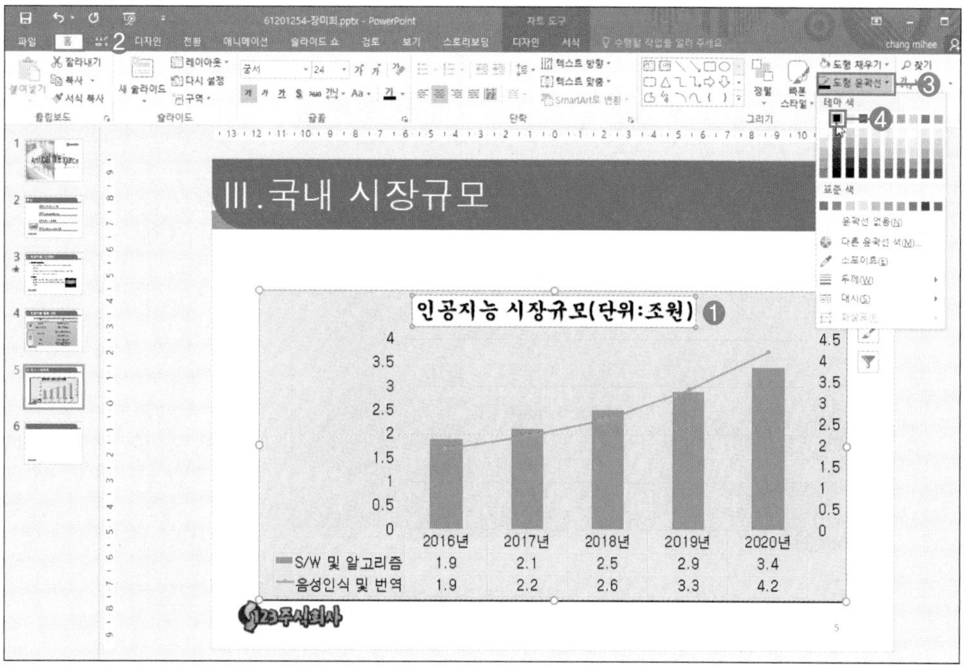

03 차트 제목에 그림자 효과를 적용하기 위해 ❶차트 제목이 선택된 상태에서 ❷[홈] 탭의 [그리기] 그룹에서 ❸[도형 효과]를 클릭하여 ❹[그림자]를 클릭한 후 ❺'오프셋 오른쪽'을 선택합니다.

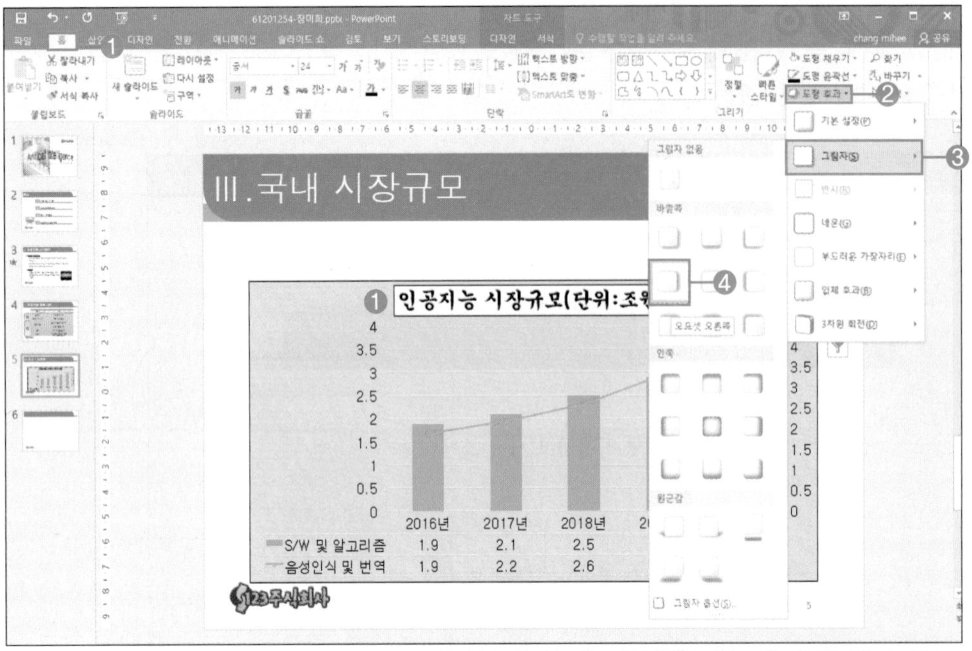

Tip

마우스를 '그림자 효과' 위에 올려 놓은 후 '설명'을 확인한 후 선택합니다.

04 차트 제목을 완성합니다.

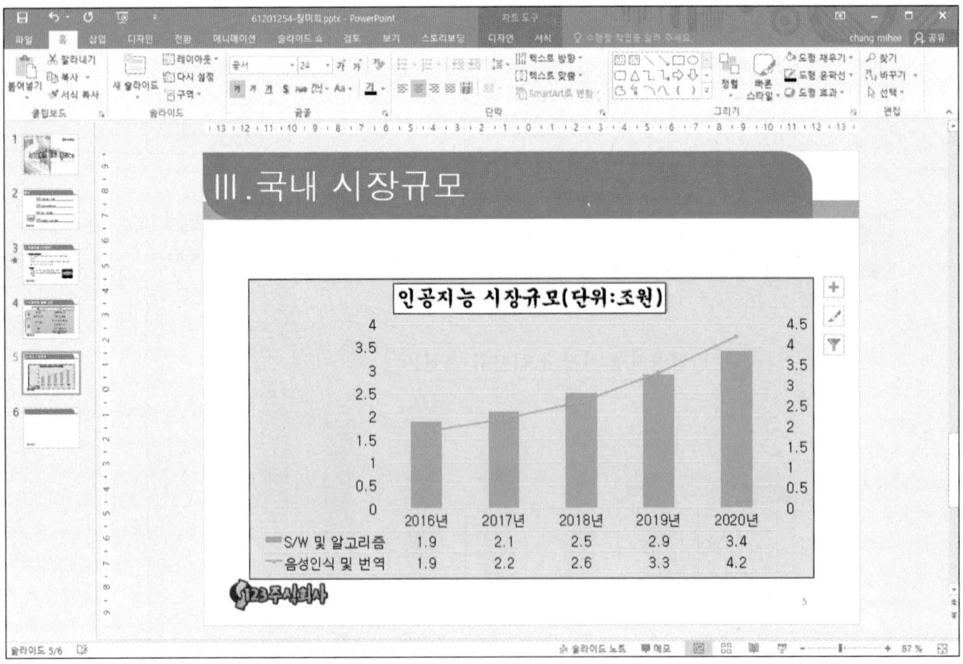

Step 04. 그림 영역 설정하기

01 그림 영역의 '채우기 색'과 '세로 (값) 축 주 눈금선'을 편집합니다. 차트의 안쪽을 클릭하여 ❶그림 영역을 선택하고 ❷[홈] 탭의 [그리기] 그룹에서 [도형 채우기]의 '흰색'을 선택합니다.

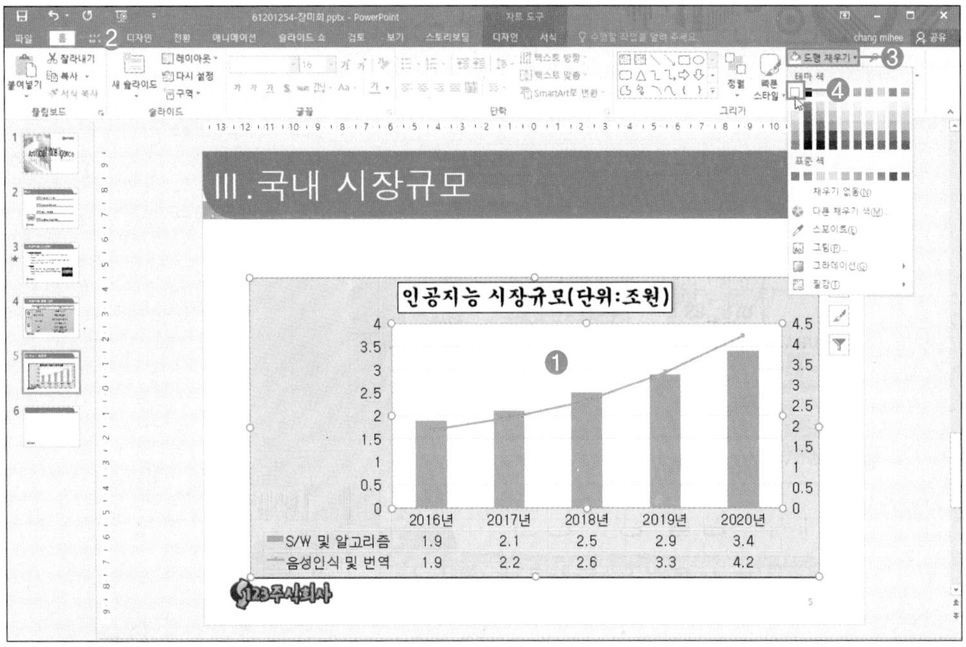

Tip

[차트 도구]의 [서식] 탭에서 [도형 스타일] 그룹의 [도형 채우기]와 [도형 윤곽선]에서 선택할 수 있습니다.

02 그림 영역의 '세로 (값) 축 주 눈금선'을 삭제하기 위해 차트의 안쪽 ❶눈금선 위에 마우스를 올려놓고 마우스 모양이 ↖일 때 클릭합니다. 눈금선이 선택이 되면 Delete 를 눌러 삭제합니다.

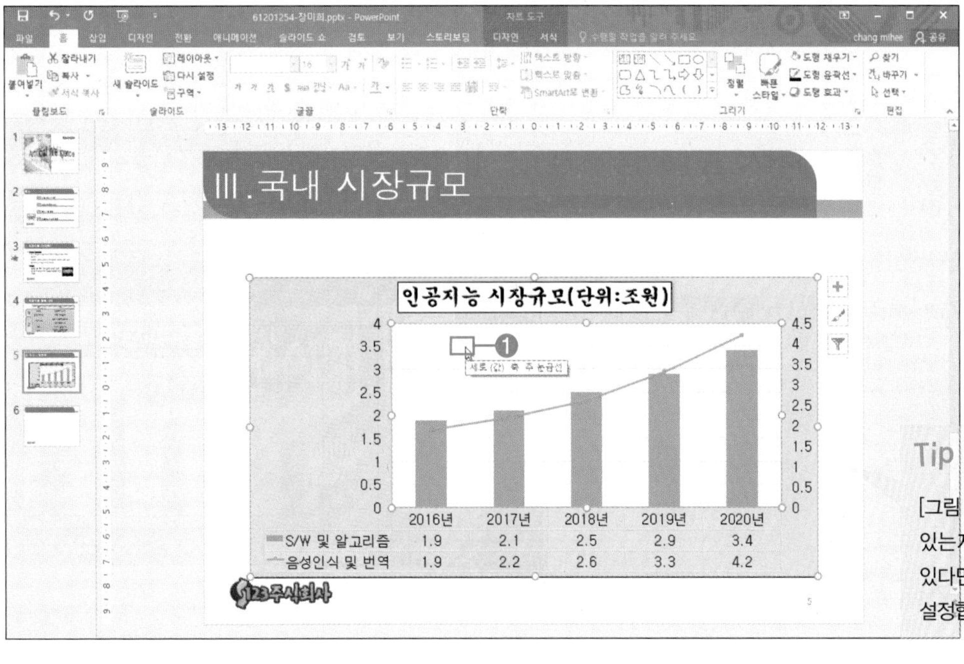

Tip

[그림 영역]의 외곽선(윤곽선)이 있는지 확인합니다. 외곽선이 있다면 '도형 윤곽선 : 검정'을 설정합니다.

03 그림 영역을 완성합니다.

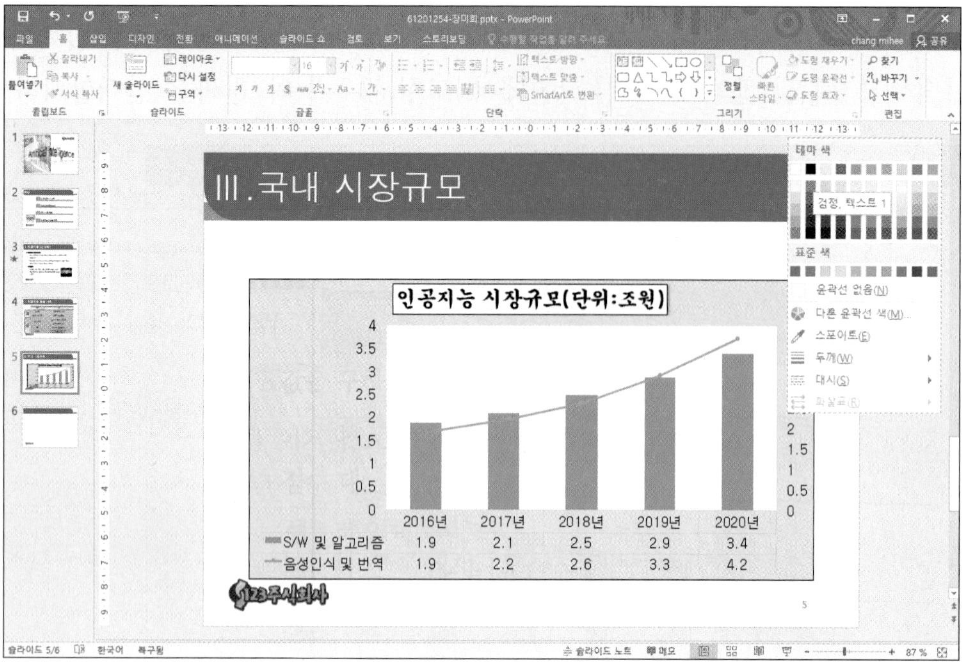

Level UP!

○ 그림 영역에 윤곽선이 있는 경우와 윤곽선이 없는 경우 처리 방법

❶ 그림 영역에 윤곽선이 없는 경우는 그림 영역의 상단이 테두리가 없습니다. [도형 채우기]만 하면 됩니다.

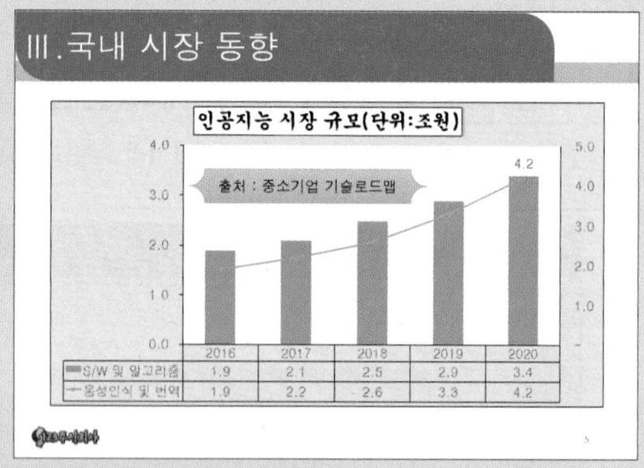

❷ 그림 영역에 윤곽선이 있는 경우는 그림 영역의 상단이 테두리가 있습니다. 이런 경우에는 [도형 윤곽선] – [검정]을 적용해야 합니다.

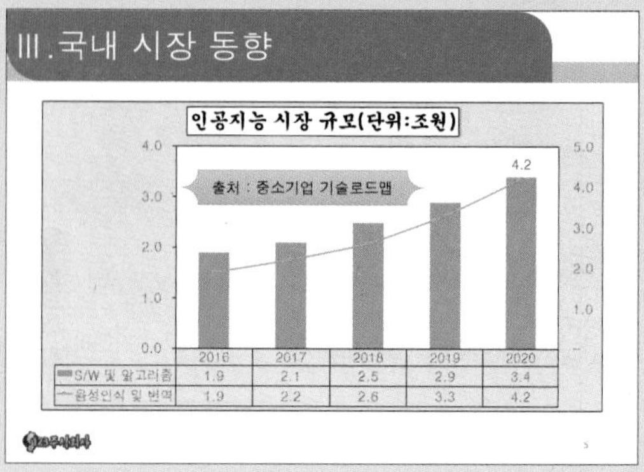

Step 05. 데이터 서식 설정하기

01 데이터 서식의 ≪세부 조건≫에서 꺾은선과 보조 축으로 변경하는 부분은 차트를 만들 때 '콤보' 차트로 '묶은 세로막대'와 '표식이 있는 꺾은선'으로 작성했기 때문에 이 과정에서는 '데이터 레이블'만 표시하면 됩니다. ❶'S/W 및 알고리즘'의 묶은 세로막대 그래프를 클릭하면 전체가 선택됩니다.

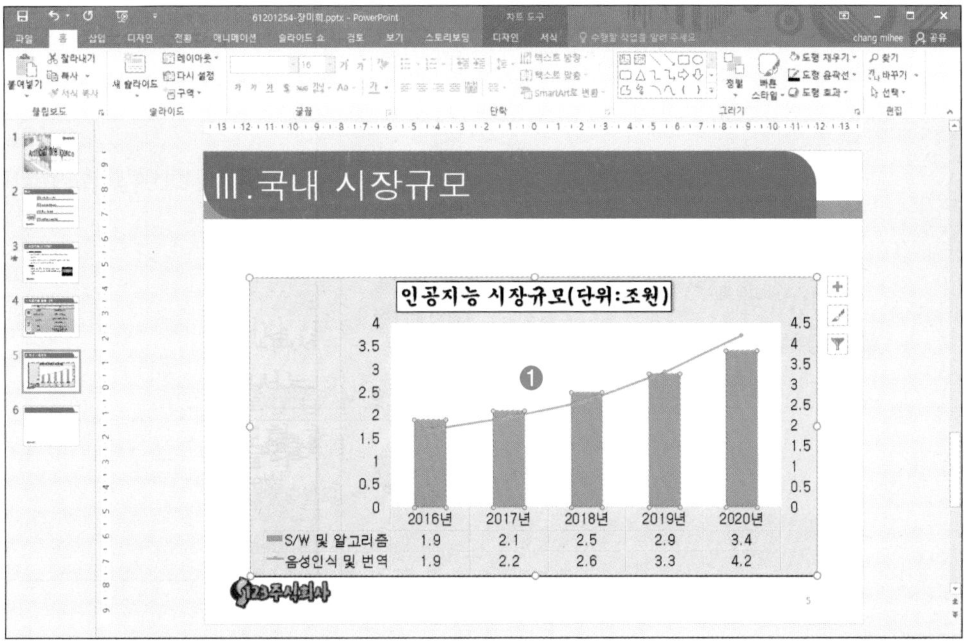

02 ❶'2019년'의 'S/W 및 알고리즘'의 막대 그래프를 한 번 더 클릭합니다. ❷[차트 도구]-[디자인] 탭의 ❸[차트 레이아웃] 그룹에서 [차트 요소 추가]를 클릭합니다. ❹[데이터 레이블]의 ❺ '바깥쪽 끝에'를 선택합니다.

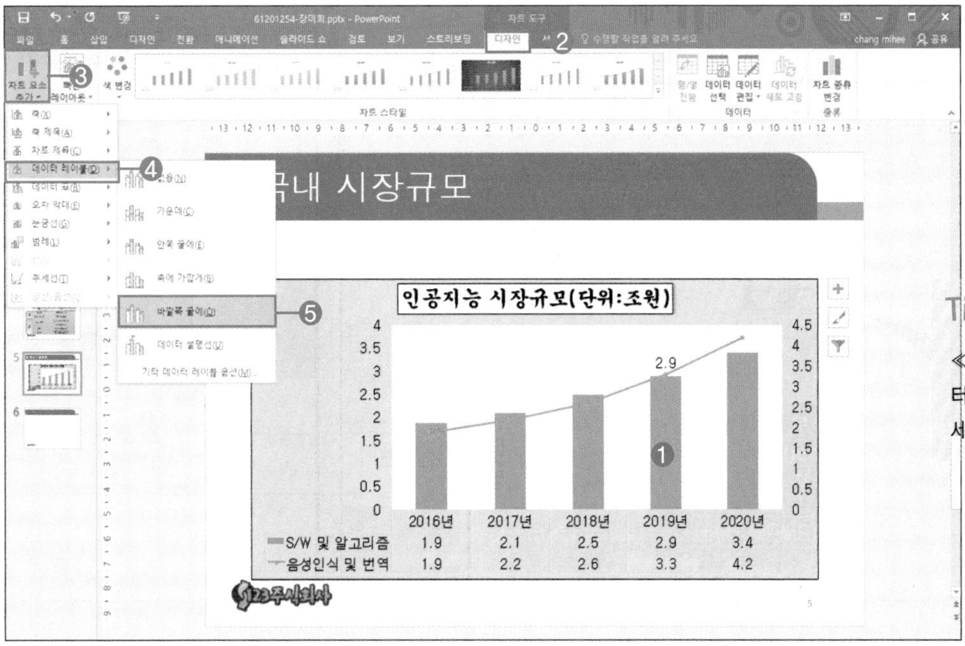

Tip

≪출력형태≫에 따라 데이터레이블의 위치를 확인하세요.

03 데이터 값 표시를 완성합니다.

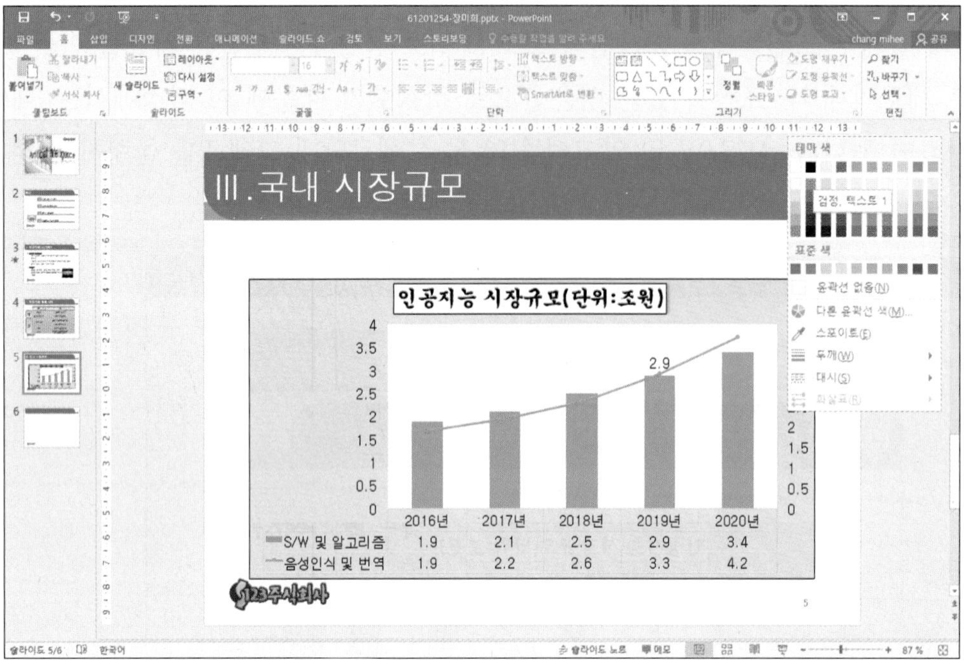

Level UP!

○ 묶은 세로 막대형으로 차트를 삽입한 후 차트 변경

❶ 처음 차트를 작성할 때 '묶은 세로 막대형'으로만 작성했다면 차트를 변경할 경우 [차트 도구]-[디자인] 탭의 [종류] 그룹에서 [차트 종류 변경]을 클릭합니다.

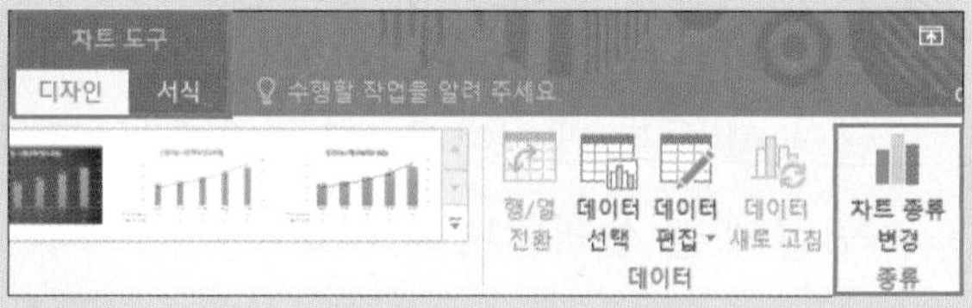

❷ [차트 종류 변경] 대화상자가 표시되면 차트 종류를 '콤보'로 선택하고 꺾은선으로 변경할 계열을 차트 종류를 변경하고 '보조 축'에 체크한 후 [확인]을 클릭합니다.

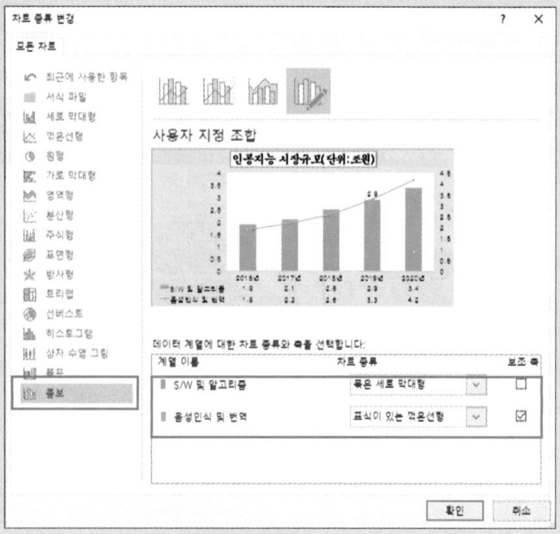

Step 06. 축 서식 설정하기

01 차트의 축 서식을 설정합니다. ❶왼쪽 '세로 (값) 축'을 더블클릭하여 오른쪽에 [축 서식] 대화상자를 표시합니다.

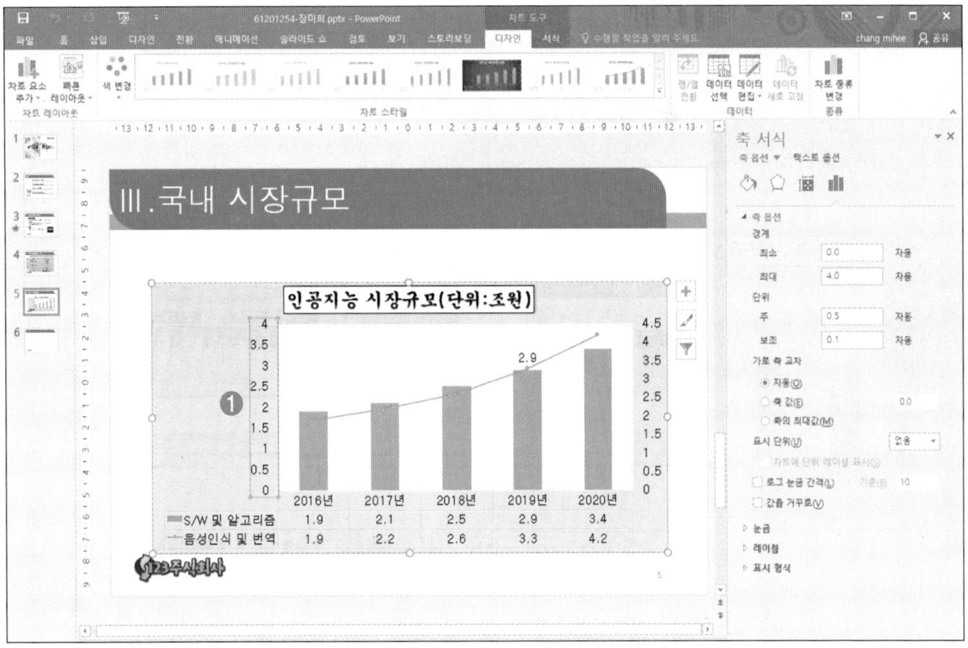

02 ❶세로 (값) 축이 선택된 상태에서 [축 서식] 대화상자의 ❷[축 옵션]을 클릭하고 ❸[축 옵션]에서 ❹'최소 : 0'과 '최대 : 4'를 입력하고, ❺'주 단위'의 값을 '1'을 입력합니다. ❻'눈금'의 '주 눈금을 '바깥쪽'을 선택합니다. 숫자 서식의 표시 형식을 변경하기 위해 ❼[표시 형식]의 [범주]에서 '숫자'를 선택하고 소수 자릿 수 : 1'을 입력합니다.

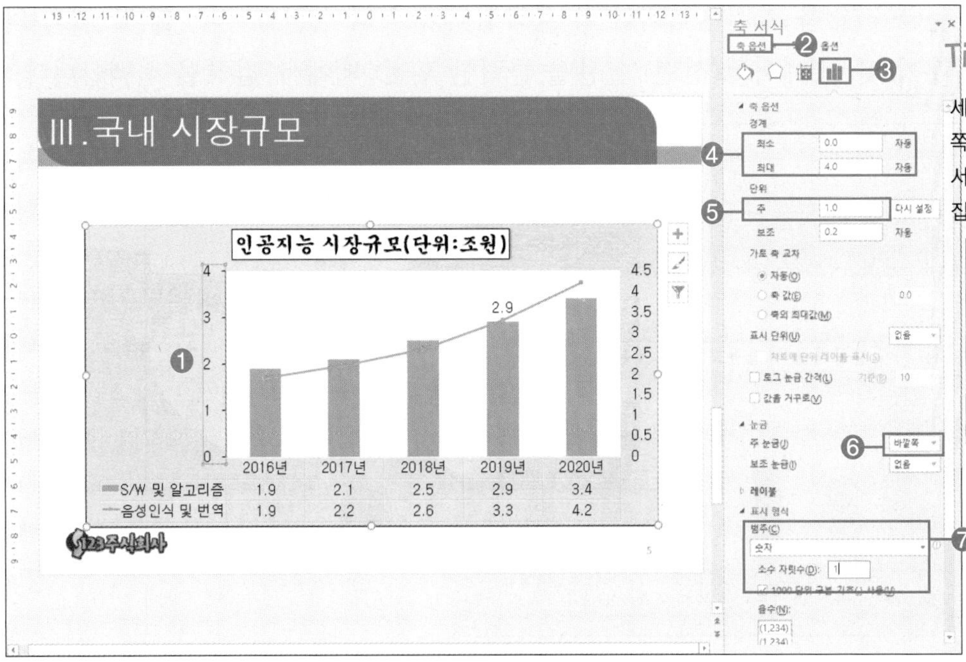

Tip

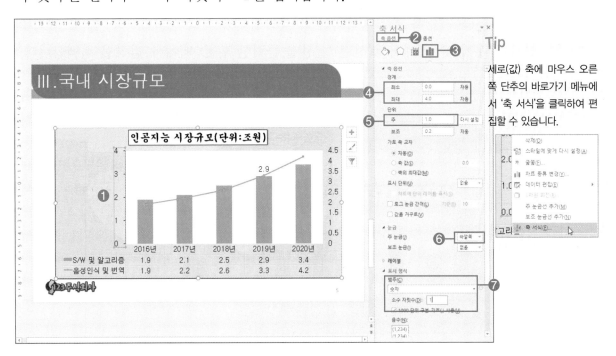

세로(값) 축에 마우스 오른쪽 단추의 바로가기 메뉴에서 '축 서식'을 클릭하여 편집할 수 있습니다.

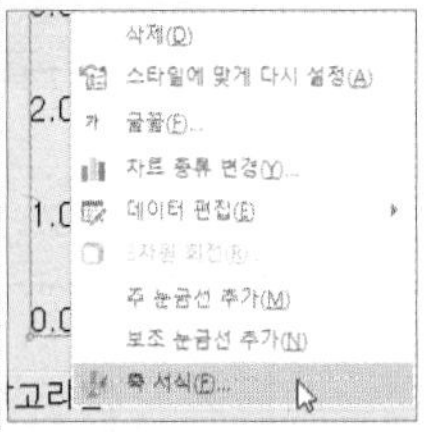

03 ❶오른쪽 보조 축을 선택하고 ❷[축 서식] 대화상자의 ❸[축 옵션]에서 ❹'최소 : 0'과 '최대 : 5'를 입력하고, ❺'주 단위'의 값을 '1'을 입력합니다. ❻'눈금'의 '주 눈금을 '없음'을 선택합니다. ❼숫자 서식의 표시 형식을 변경하기 위해 [표시 형식]의 [범주]에서 '회계'를 선택하고 소수 자릿 수 : 1'을 입력한 후 '기호'는 '없음'으로 선택합니다.

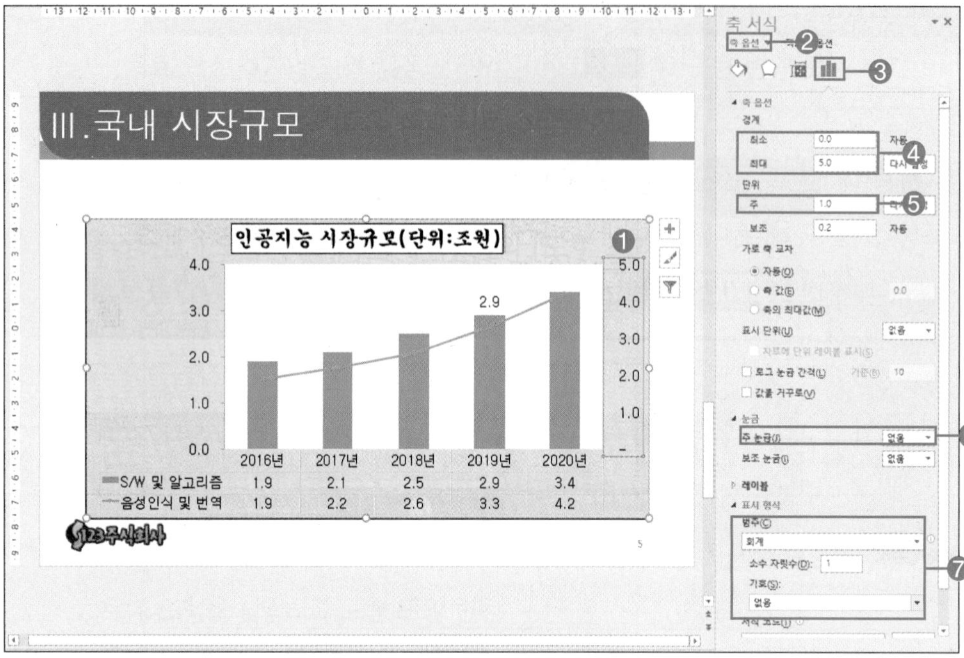

Tip

· 최소 값이 '0'인 경우 : 표시 형식을 '일반' 또는 '숫자'로 설정

· 최소 값이 '–'인 경우 : 표시 형식을 '회계'로 설정

04 '보조 축'은 눈금을 '없음'으로 선택되어 축 윤곽선이 표시되지 않습니다. ❶[축 서식]의 [축 옵션] 탭의 [채우기 및 선]에서 ❷'선'은 '실선'을 클릭한 후 ❸'색'에서 '검정'을 선택합니다.

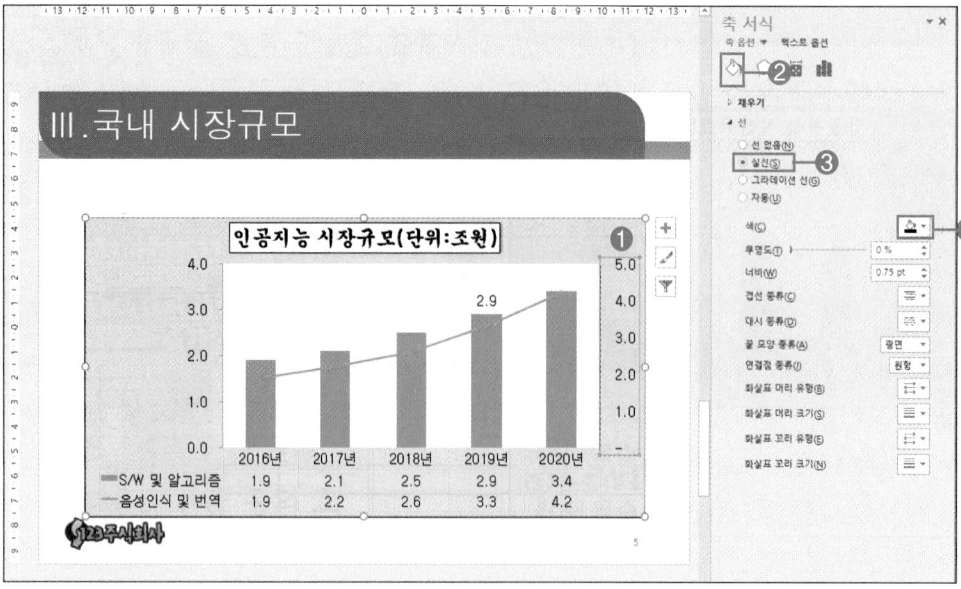

05 ❶왼쪽 세로 (값) 축 값을 선택한 후 ❷[축 서식]의 [축 옵션] 탭의 [채우기 및 선]에서 ❸'선'을 '실선'을 클릭한 후 ❹'색'에서 '검정'을 선택합니다.

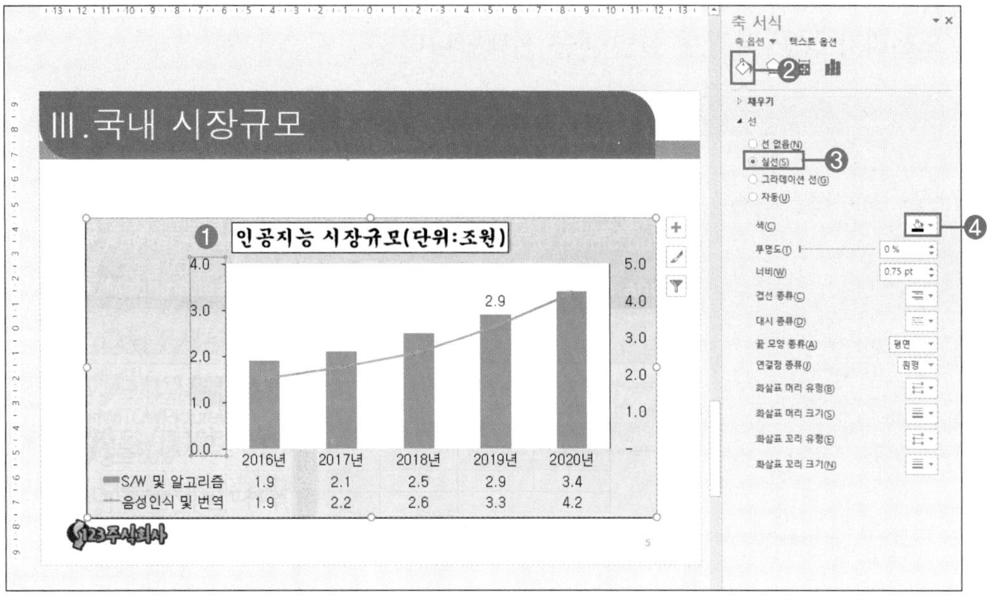

06 ❶데이터 표를 선택한 후 ❷[데이터 표 서식]의 [표 옵션] 탭의 [채우기 및 선]에서 ❸'테두리'를 '실선'을 클릭한 후 ❹'색'에서 '검정'을 선택합니다. ❺[닫기]를 클릭하여 옵션 창을 닫습니다.

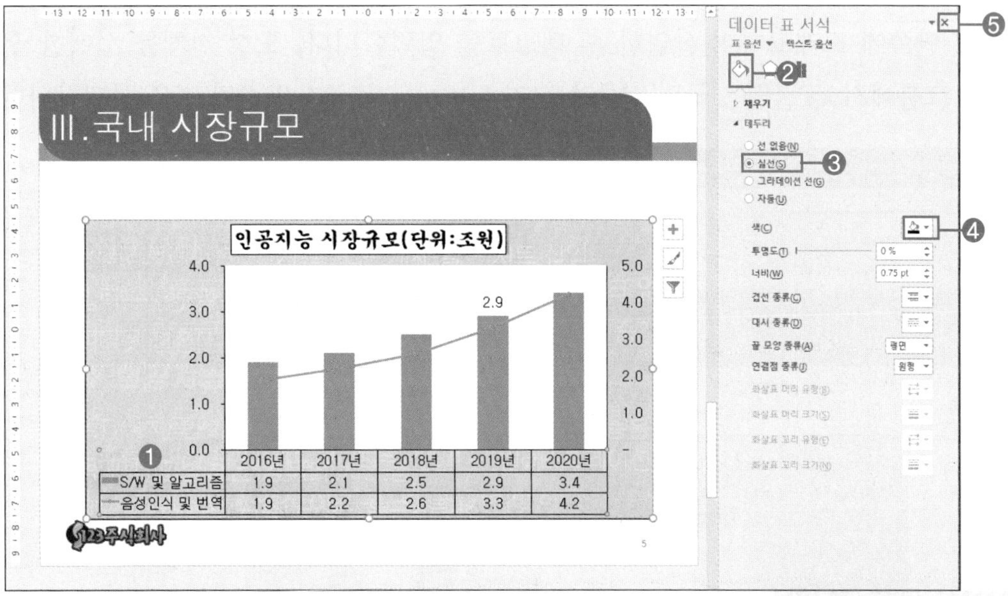

Tip

옵션 창이 열린 상태에서 개체를 클릭하면 개체를 편집할 수 있는 옵션 창이 표시됩니다.

01 차트에 도형을 삽입합니다. ❶[삽입] 탭의 [일러스트레이션] 그룹에서 ❷[도형]을 클릭하여 ❸[설명선]의 '모서리가 둥근 사각형 설명선'을 선택합니다.

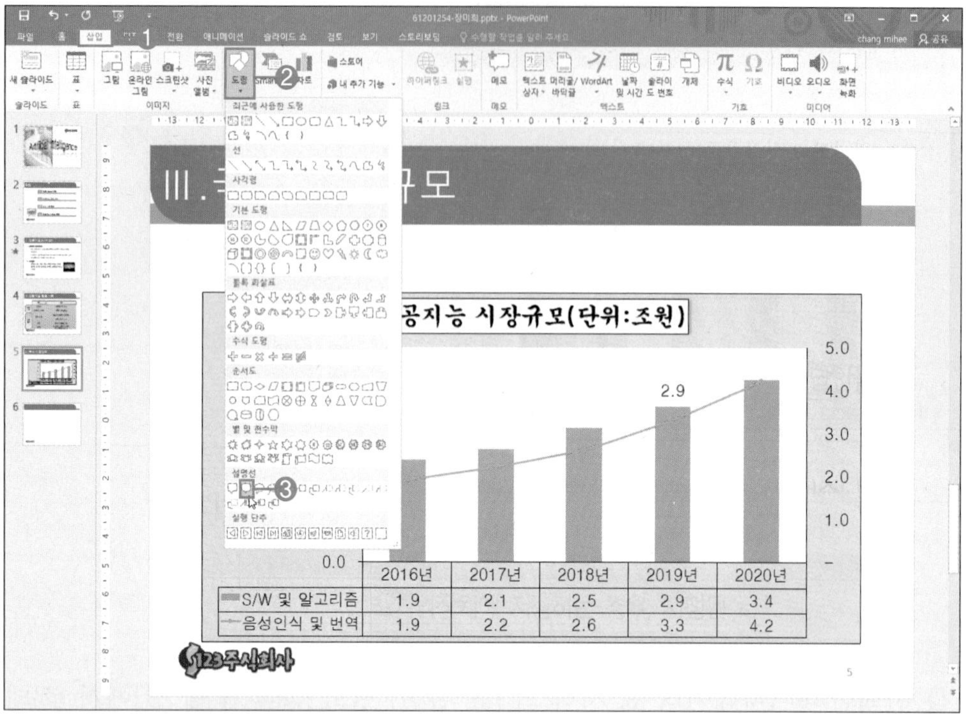

02 ❶차트 영역 안쪽에 드래그하여 삽입한 후 텍스트를 입력합니다. 도형 전체를 선택한 후 ❷[홈] 탭의 [글꼴] 그룹에서 ❸'글꼴 : 굴림', '글자 크기 : 18pt', ❹'글자색 : 검정'을 선택합니다.

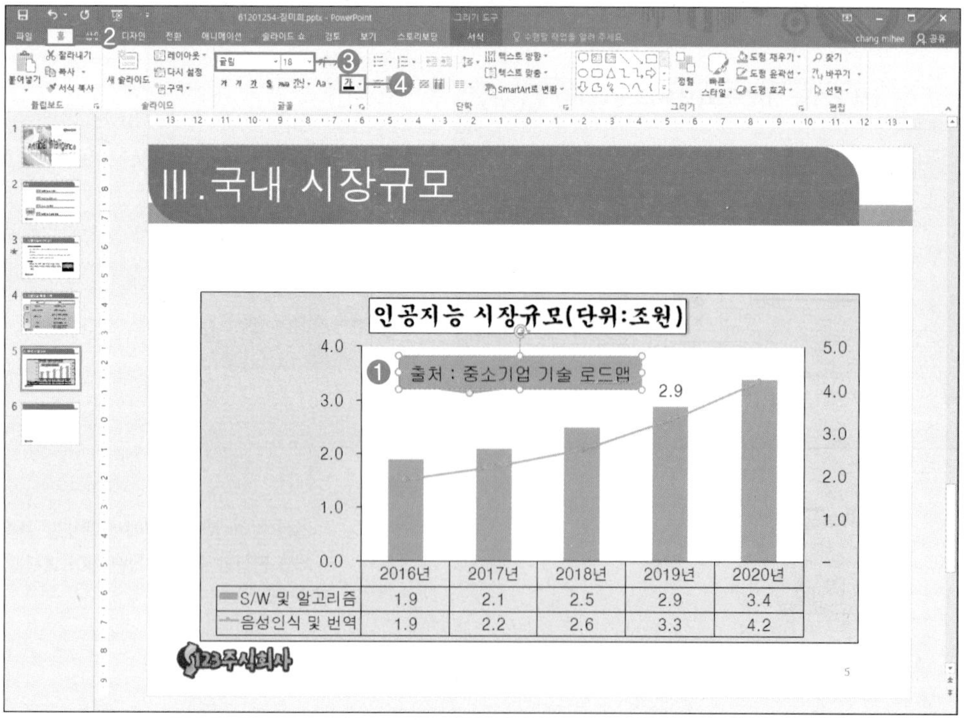

03 도형에 스타일을 적용하기 위해 도형을 선택한 상태에서 ❶[홈] 탭의 [그리기] 그룹에서 ❷'빠른 스타일'의 ❸'미세효과 – 파랑, 강조 1'을 선택합니다.

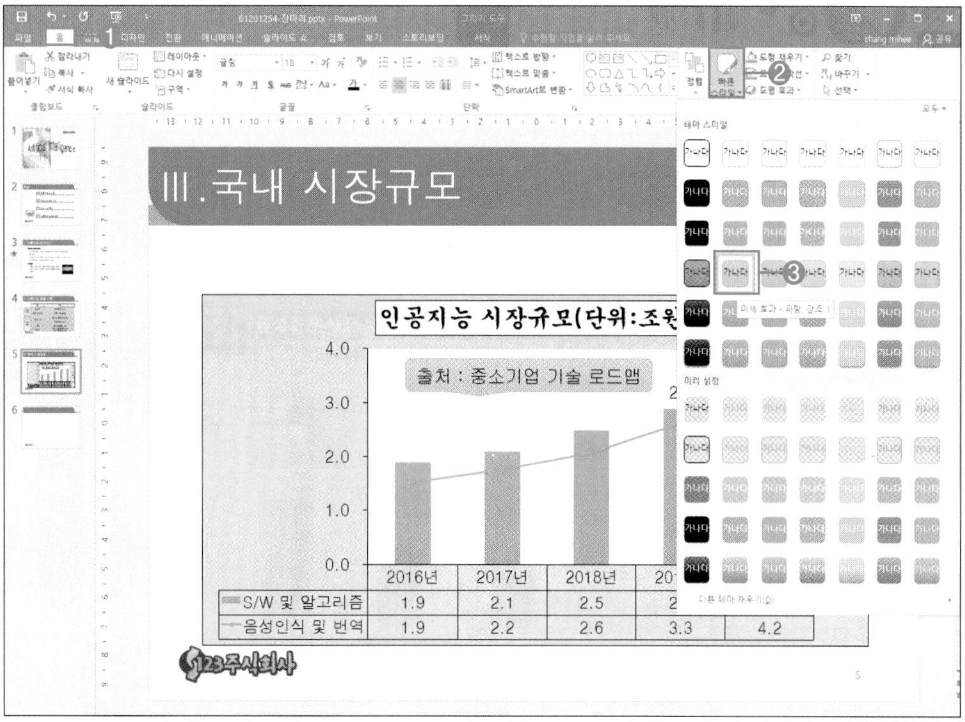

Tip

[그리기 도구]-[서식] 탭의 [도형 스타일]에서 선택할 수 있습니다.

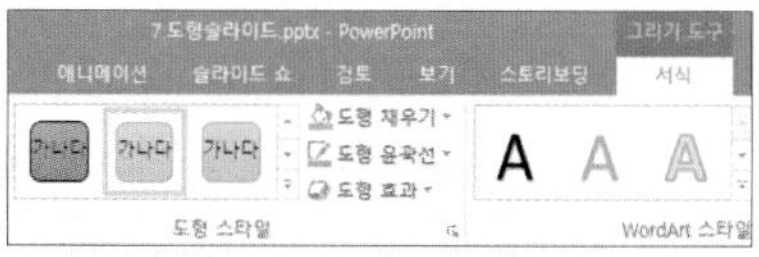

04 도형의 노란 조절점을 드래그하여 《출력형태》에 맞게 조절하고 완성합니다.

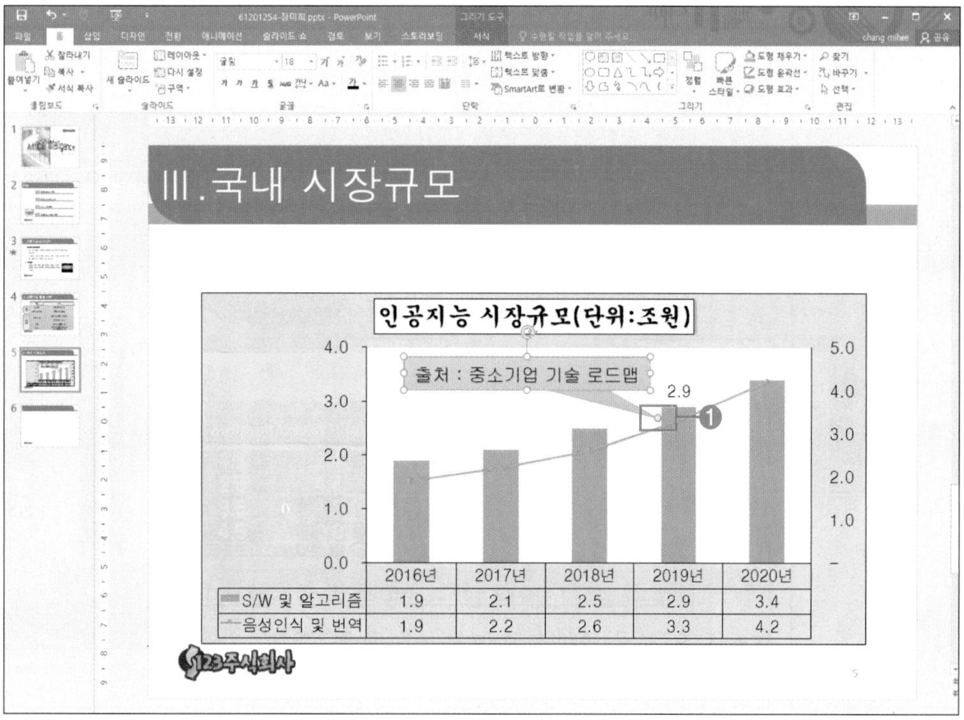

01 다음의 조건을 적용하여 슬라이드를 완성하시오.

■ ■ 예제 : 실력팡팡₩6.차트슬라이드₩차트1.pptx

≪차트 슬라이드≫ (100점)

조건 (1) 차트 작성 기능을 이용하여 슬라이드를 작성한다.
(2) 차트 : 종류(묶은 세로 막대형), 글꼴(돋움, 16pt), 외곽선

세부조건

❖ **차트설명**

- 차트제목 : 궁서, 24pt, 굵게, 채우기(흰색), 테두리, 그림자(오프셋 아래쪽)
- 차트 영역 : 채우기(노랑)
- 그림 영역 : 채우기(흰색)
- 데이터 서식 : 국가총배출량 계열을 표식이 있는 꺾은선형으로 변경 후 보조축으로 지정
- 값 표시 : 국가총배출량 계열만

① 도형 삽입
– 스타일 : 미세 효과 – 황록색, 강조3
– 글꼴 : 돋움, 18pt

출력형태

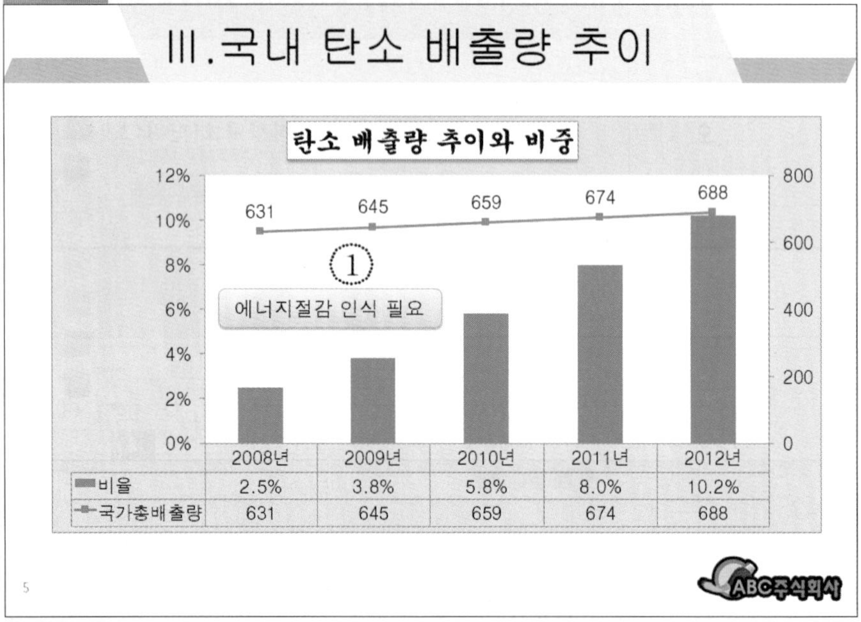

02 다음의 조건을 적용하여 슬라이드를 완성하시오.

■ ■ 예제 : 실력팡팡₩6.차트슬라이드₩차트2.pptx

≪차트 슬라이드≫ (100점)

조건 (1) 차트 작성 기능을 이용하여 슬라이드를 작성한다.
(2) 차트 : 종류(묶은 세로 막대형), 글꼴(굴림, 16pt), 외곽선

세부조건

❖ **차트설명**

- 차트제목 : 돋움, 24pt, 굵게, 채우기(흰색), 테두리, 그림자(오프셋 아래쪽)
- 차트 영역 : 채우기(노랑)
- 그림 영역 : 채우기(흰색)
- 데이터 서식 : 피해액 계열을 표식이 있는 꺾은선형으로 변경 후 보조축으로 지정
- 값 표시 : 태풍호우의 피해액 계열만

① 도형 삽입
– 스타일 : 강한 효과 – 자주, 강조4
– 글꼴 : 돋움, 18pt

출력형태

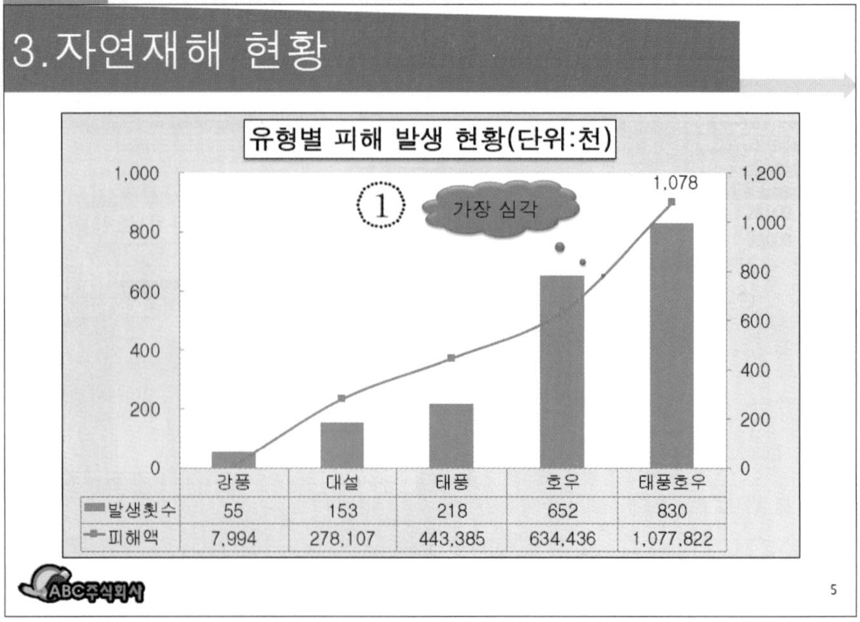

03 다음의 조건을 적용하여 슬라이드를 완성하시오.

■ ■ 예제 : 실력팡팡₩6.차트슬라이드₩차트3.pptx

≪차트 슬라이드≫

(100점)

조건 (1) 차트 작성 기능을 이용하여 슬라이드를 작성한다.
(2) 차트 : 종류(묶은 세로 막대형), 글꼴(굴림, 16pt), 외곽선

세부조건

❖ **차트설명**

- 차트제목 : 궁서, 24pt, 굵게, 채우기(흰색), 테두리, 그림자(오프셋 대각선 오른쪽 위)
- 차트 영역 : 채우기(노랑)
- 그림 영역 : 채우기(흰색)
- 데이터 서식 : 소프트웨어 계열을 표식이 있는 꺾은선형으로 변경 후 보조축으로 지정
- 값 표시 : 2020년의 소프트웨어 계열만

① 도형 삽입
– 스타일 : 미세 효과 – 황금색, 강조4
– 글꼴 : 굴림, 16pt

출력형태

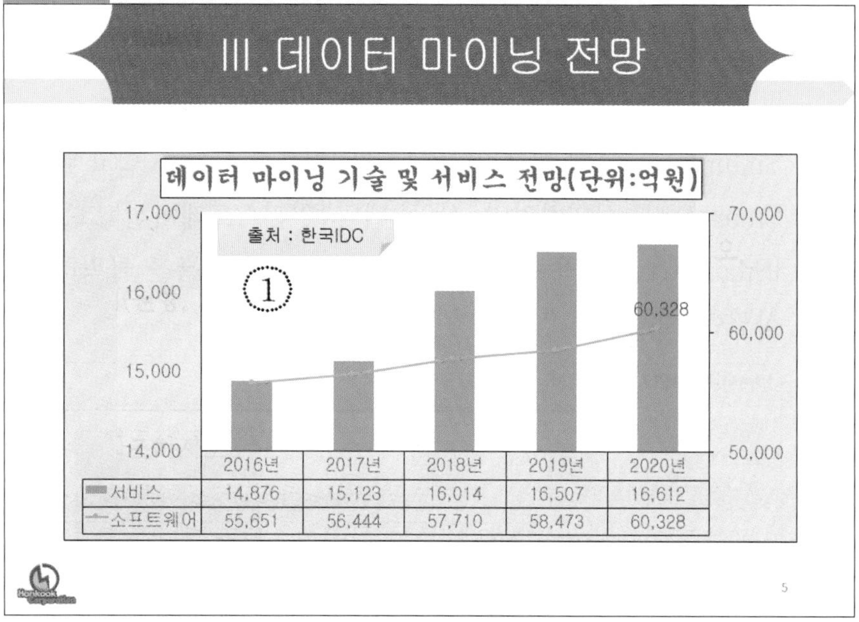

04 다음의 조건을 적용하여 슬라이드를 완성하시오.

■ ■ 예제 : 실력팡팡₩6.차트슬라이드₩차트4.pptx

≪차트 슬라이드≫

(100점)

조건 (1) 차트 작성 기능을 이용하여 슬라이드를 작성한다.
(2) 차트 : 종류(묶은 세로 막대형), 글꼴(돋움, 16pt), 외곽선

세부조건

❖ **차트설명**

- 차트제목 : 궁서, 24pt, 굵게, 채우기(흰색), 테두리, 그림자(오프셋 위쪽)
- 차트 영역 : 채우기(노랑)
- 그림 영역 : 채우기(흰색)
- 데이터 서식 : 국내 계열을 표식이 있는 꺾은선형으로 변경 후 보조축으로 지정
- 값 표시 : 2017년의 국내 계열만
- 질감 : 작은 물방울

① 도형 삽입
– 스타일 : 미세 효과 – 빨강, 강조2
– 글꼴 : 굴림, 18pt

출력형태

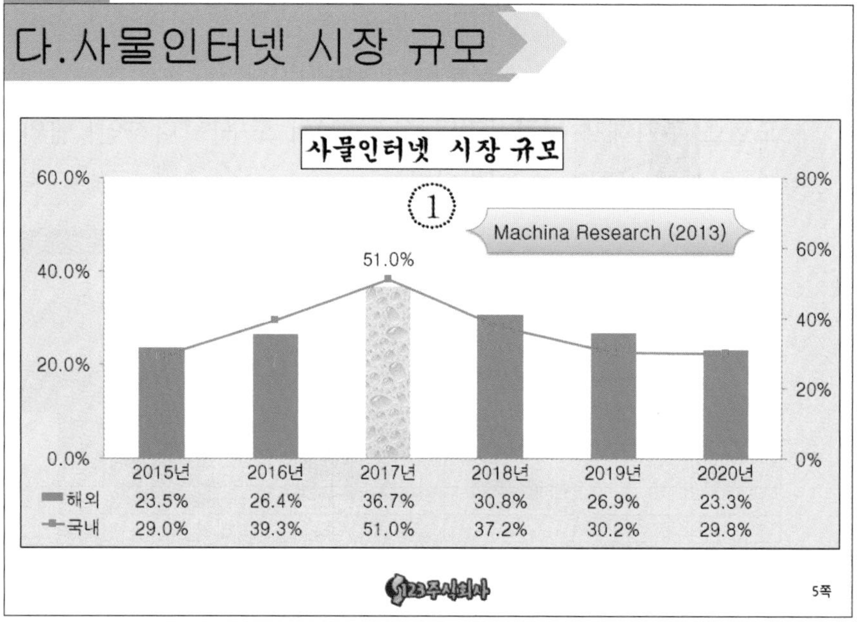

07
Section

도형 슬라이드

도형 슬라이드를 작성하는 부분으로 도해를 빠르고 쉽게 삽입할 수 있도록 하는 SmartArt와 도형을 이용하여 개체를 편집 및 그룹화하고 애니메이션 효과 등을 삽입하는 방법을 학습합니다.

SmartArt 삽입

- SmartArt는 도형을 패턴화해서 슬라이드에 도해를 쉽고 빠르게 삽입하기 위한 도구입니다.
- SmartArt를 삽입하려면 [삽입] 탭의 [일러스트레이션] 그룹에서 [SmartArt]를 클릭합니다.
- [SmartArt 그래픽 선택] 대화상자에서 선택 목록을 클릭하고 상황에 맞는 SmartArt를 선택하여 삽입합니다.

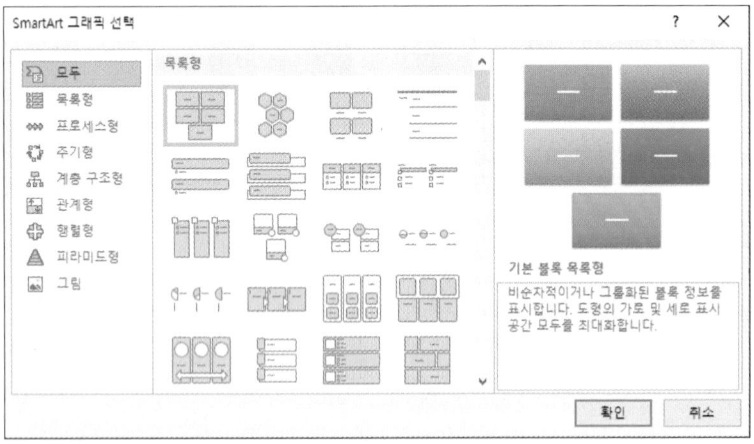

- 내용은 SmartArt의 텍스트 입력란에 직접 입력할 수 있으며 [텍스트 창]을 이용하여 입력할 수 있습니다.
- 텍스트 입력 창에서 줄바꿈은 Enter 를 누른 후 입력하고, 단락과 단락은 Tab 또는 Shift + Tab 으로 구분합니다. 자동으로 도형은 추가됩니다.
- 도형을 추가해서 입력하려면 [SmartArt 도구]-[디자인] 탭의 [그래픽 만들기] 그룹에서 [도형 추가]를 눌러 삽입할 수 있습니다.

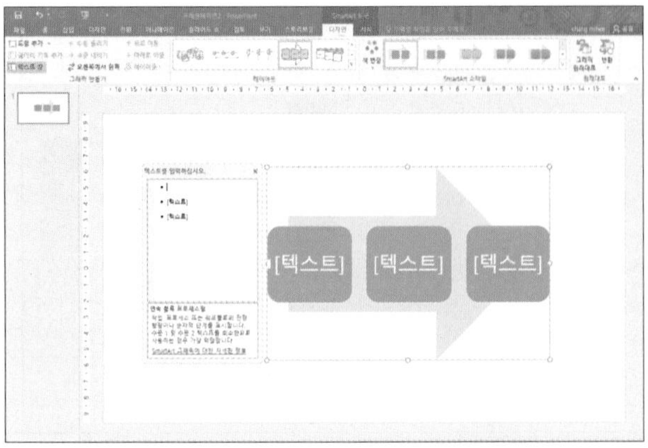

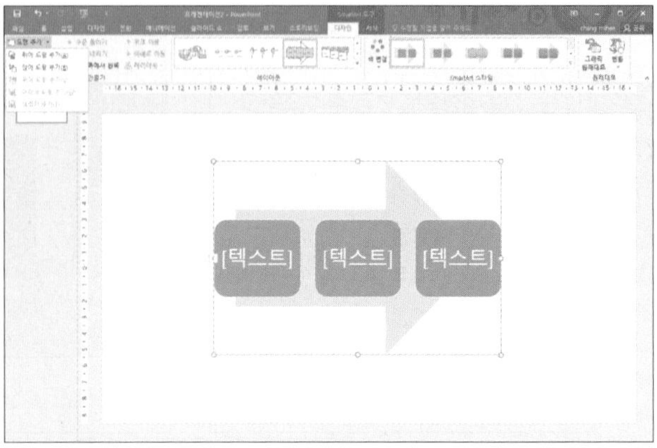

SmartArt 편집

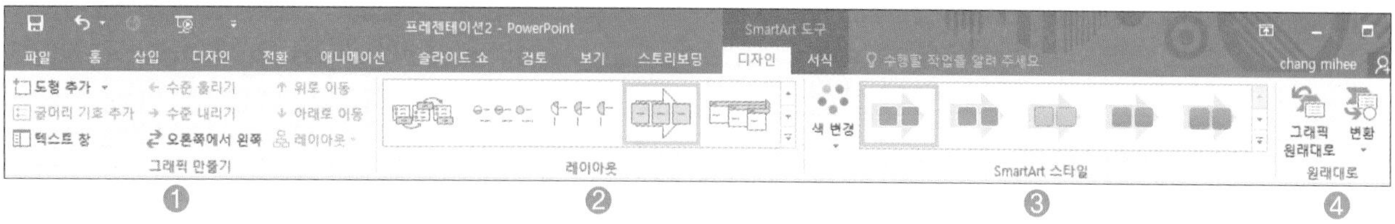

❶ 그래픽 만들기 : SmartArt에 도형 추가, 좌우 대칭, 수준 올리기/내리기, 글머리 기호 추가, 레이아웃 변경

❷ 레이아웃 : SmartArt의 레이아웃 변경

❸ SmartArt 스타일 : SmartArt의 색 변경 또는 SmartArt의 미리 정해진 효과 적용

❹ 원래대로 : SmartArt 적용에 모든 서식을 초기 상태로 변경

그룹화

- 하나 이상의 도형을 선택한 후 마우스 바로가기 메뉴의 [그룹]–[그룹]을 선택합니다.
- 그룹 해제는 그룹을 선택하고 마우스 바로가기 메뉴의 [그룹]–[그룹 해제]를 선택합니다.
- 그룹화하거나 그룹 해제는 [그리기 도구]–[서식] 탭에서 [정렬] 그룹의 [그룹]에서 선택합니다.
- 단축키는 그룹은 Ctrl + G, 그룹 해제는 Ctrl + Shift + G 입니다.

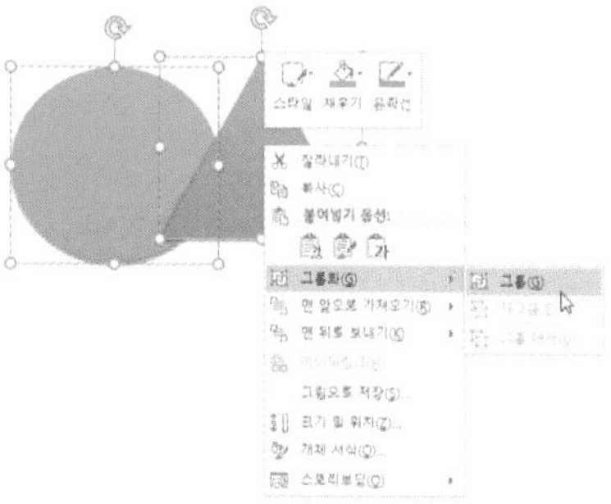

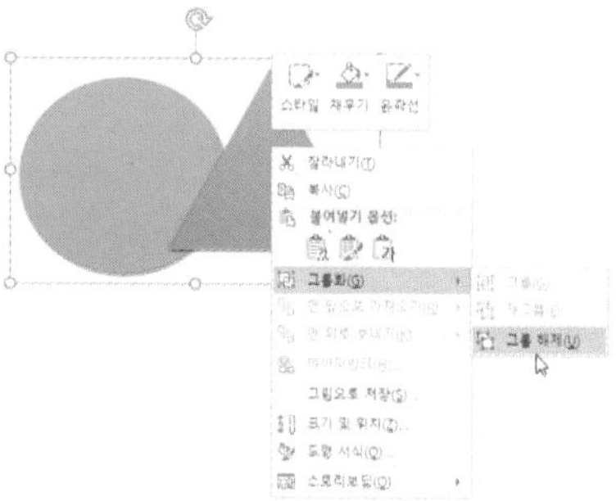

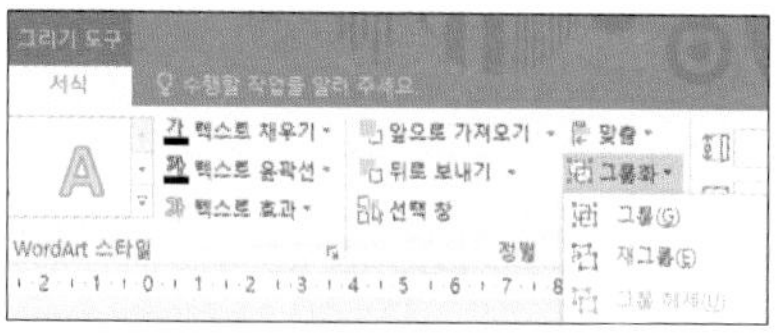

애니메이션 효과

- 슬라이드의 내용에서 강조하고 싶은 부분이나 이해를 돕는 부분에 효과를 주기 위해 사용합니다.
- [애니메이션] 탭의 [애니메이션] 그룹에서 '나타내기, 강조, 끝내기, 이동 경로' 효과를 적용합니다.

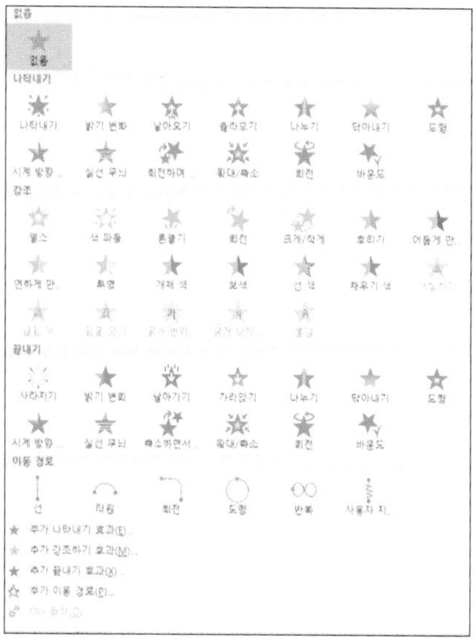

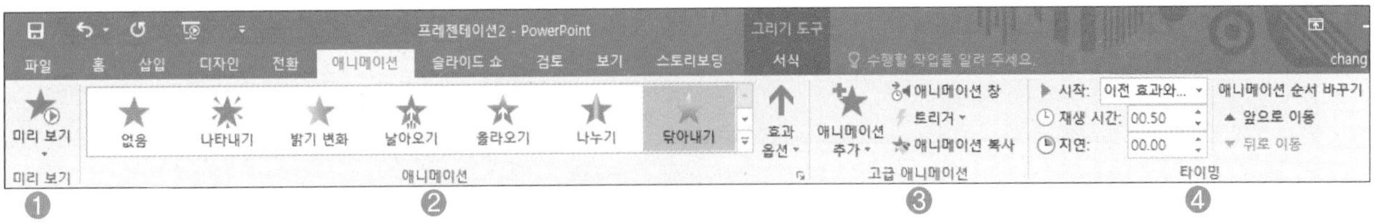

❶ 미리보기 : 편집 창에서 애니메이션을 재생합니다.

❷ 애니메이션 : 개체들의 애니메이션 목록에서 나타내기, 강조, 끝내기, 이동경로를 지정하고 애니메이션의 효과 옵션을 설정합니다.

❸ 고급 애니메이션

– 애니메이션 추가 : 설정된 애니메이션에 추가로 애니메이션을 지정합니다.

– 애니메이션 창 : 애니메이션 옵션 창을 표시합니다.

– 트리거 : 특정 개체를 클릭하면 다른 개체를 실행하는 기능입니다.

– 애니메이션 복사 : 애니메이션을 복사하여 다른 개체에 지정합니다.

❹ 타이밍

– 시작 옵션 : 클릭할 때, 이전 효과와 함께, 이전 효과 다음에 등 애니메이션의 시작 옵션입니다.

– 재생 시간 : 애니메이션의 재생 속도를 설정합니다.

– 순서 바꾸기 : 실행 순서를 바꿉니다.

애니메이션 옵션

- 효과 : 방향, 소리, 애니메이션 후의 효과를 설정합니다.
- 타이밍 : 애니메이션의 시작 옵션과 재생 속도, 반복을 설정합니다.
- 텍스트 애니메이션 : 개체 단위 애니메이션의 효과를 설정합니다.

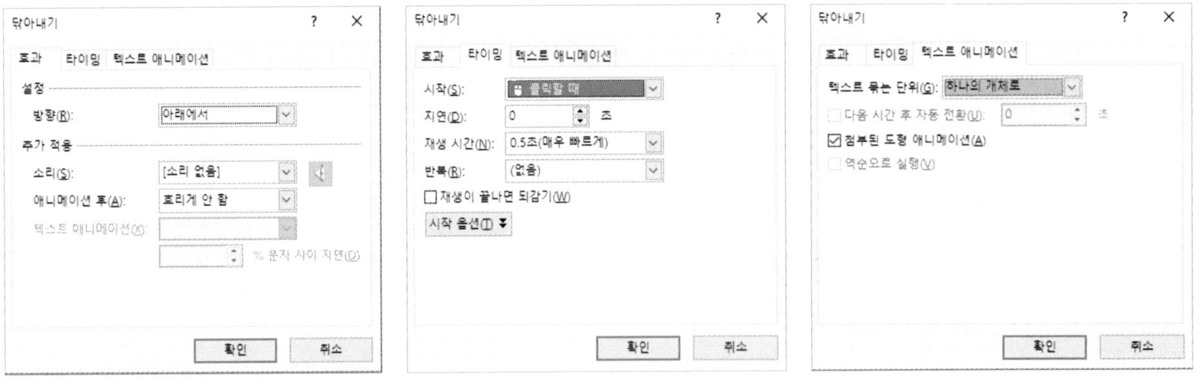

■ ■ 예제 : 출제유형₩7.도형슬라이드.pptx

도형 슬라이드

도형 슬라이드는 배점이 100점이며, 스마트아트와 도형을 삽입하고 개체를 그룹화하여 애니메이션 효과를 삽입하는 프레젠테이션 종합능력을 평가합니다.

[슬라이드 6] ≪도형 슬라이드≫ (100점)

조건 (1) 슬라이드와 같이 도형 및 스마트아트를 배치한다(글꼴 : 굴림, 18pt).

(2) 애니메이션 순서 : ① ⇒ ②

세부 조건

① 도형 및 스마트아트 편집
- 스마트아트 디자인
  : 3차원 광택 처리, 3차원 벽돌
- 그룹화 후 애니메이션 효과
  : 시계 방향 회전

② 도형 편집
- 그룹화 후 애니메이션 효과
  : 실선무늬(세로)

출력형태

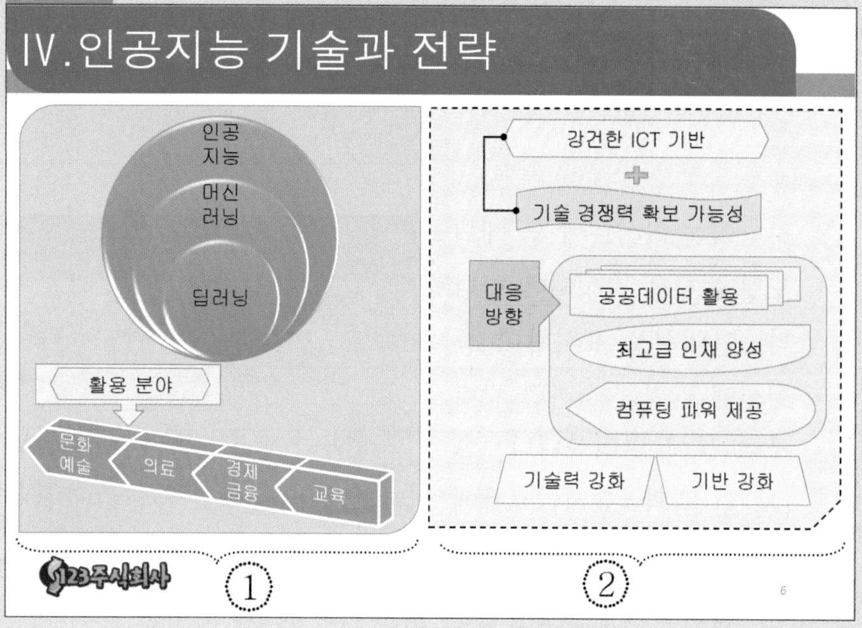

KEY POINT

- 도형 삽입
  - [삽입] : [일러스트레이션]–[도형]
  - [도형 편집] – [채우기] / [선 모양] / [정렬] – 좌우 대칭, 상하 대칭
- 스마트아트 디자인
  - [삽입] – [일러스트레이션] – [스마트아트] – [내용 입력]
  - [글꼴]
  - [스마트아트 디자인] – [스마트아트 스타일]
  - [그래픽 만들기] – [좌우 전환]
- 도형 그룹 : 도형 선택–마우스 오른쪽 버튼 – [그룹] – [그룹] / Ctrl + G
- 애니메이션
  - [애니메이션] – [애니메이션] – [나타내기] – [효과 옵션]
- 재 저장하기(Ctrl + S)

01 ❶여섯 번째 슬라이드를 선택하고 ❷제목 개체 틀에 'ㅈ'을 입력한 후 키보드의 한자를 눌러 'Ⅳ'를 삽입한 후 제목을 입력합니다. ❸개체 틀이 있다면 개체 틀은 Delete를 눌러 삭제합니다.

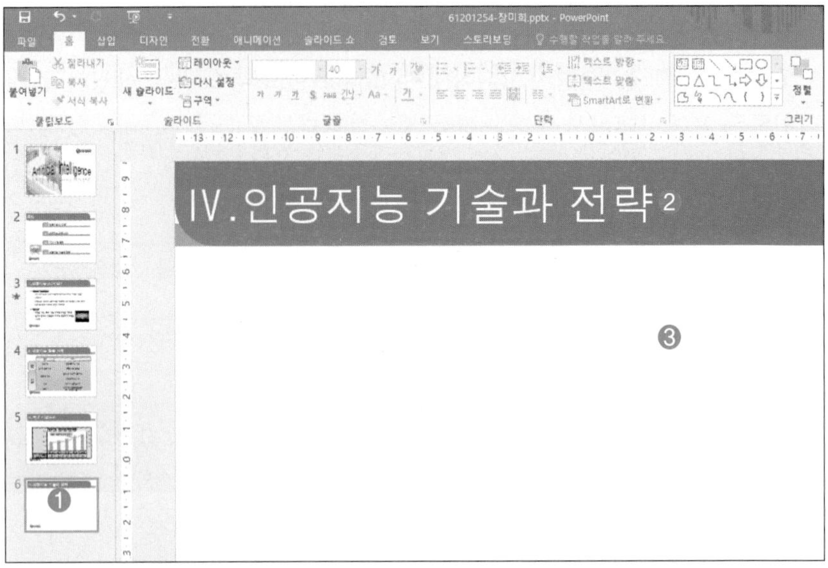

02 하나의 슬라이드에 두 개의 도형 그룹을 작성해야 합니다. 안내선을 표시하여 중심선에 맞춰 작성하면 간격 조절 등이 편리합니다. ❶[보기] 탭의 [표시] 그룹에서 ❷'안내선'을 체크합니다.

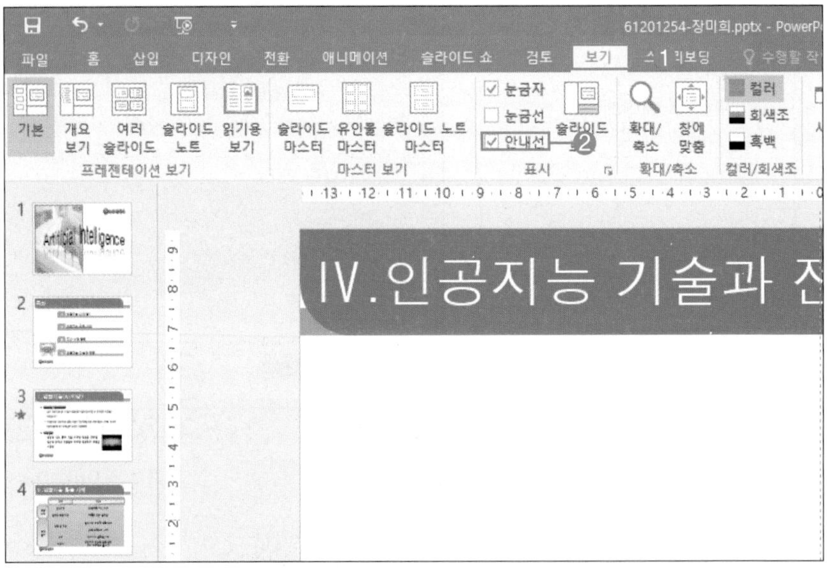

03 좌측 도형 그룹을 먼저 작성합니다. 바닥의 도형부터 작성합니다. ❶[삽입] 탭의 ❷[일러스트레이션] 그룹에서 [도형]을 클릭하여 ❸'사각형'의 '대각선 방향의 모서리가 둥근 사각형'을 선택합니다.

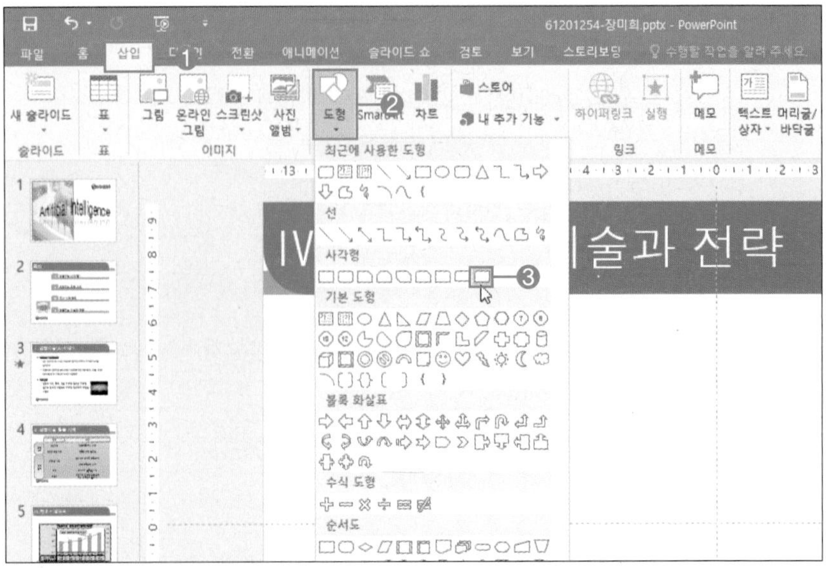

04 ❶도형을 안내선의 왼쪽에 드래그합니다. ❷노란 조절점을 왼쪽으로 드래그하여 ≪출력형태≫에 맞게 조절합니다. 도형의 색을 임의로 변경합니다.

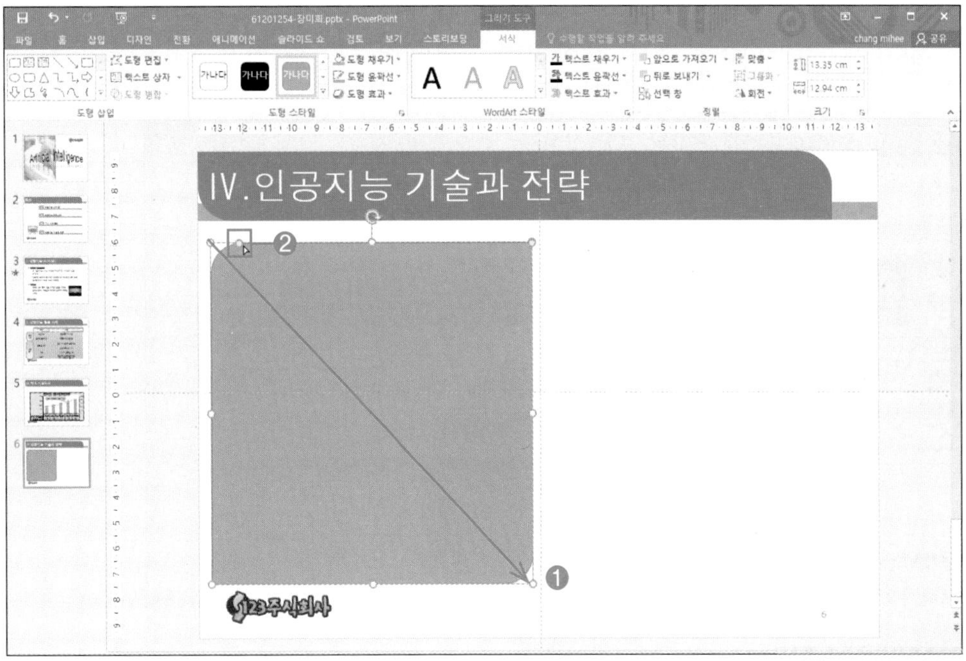

Tip

도형의 색과 테두리는 기본색 그대로 작성해도 됩니다. ≪출력형태≫에 따라 외곽선, 굵기, 그림자 등이 있는 경우 변경합니다.

05 스마트아트를 삽입하기 위해 ❶[삽입] 탭의 [일러스트레이션] 그룹에서 ❷'SmartArt'를 클릭합니다. ❸[SmartArt] 대화상자가 열리면 관계형에서 ❹'누적 벤형'을 선택한 후 ❺[확인]을 클릭합니다.

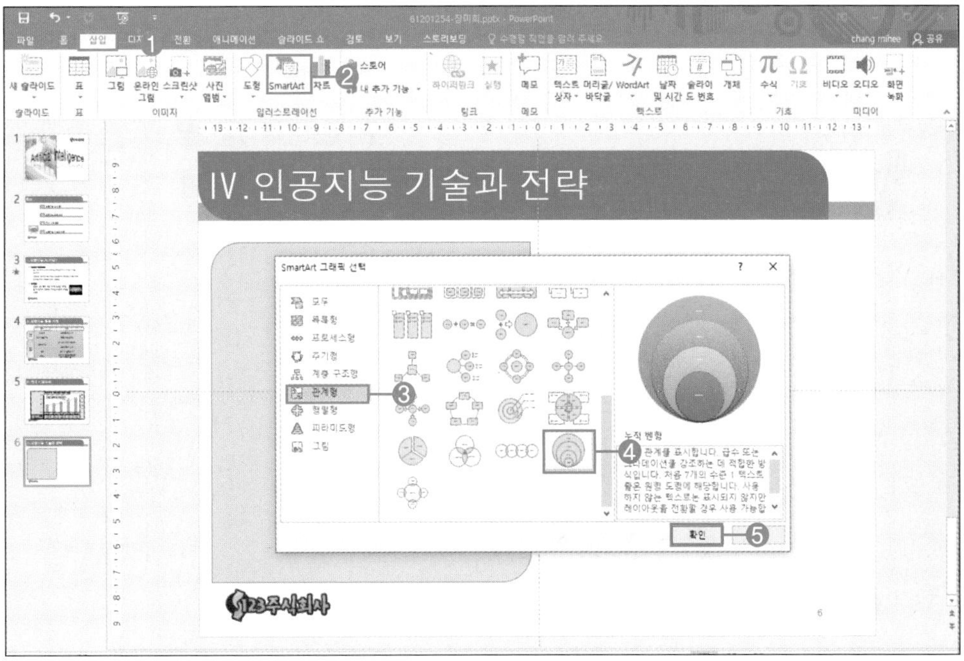

06 텍스트 창에 입력하기 위해 ❶텍스트 창 단추를 누릅니다. ❷'인공지능, 머신러닝, 딥러닝'을 입력하고 남은 텍스트 입력란은 Delete 눌러 삭제합니다. 하나의 문단에 두 줄을 입력할 때는 Shift + Enter 를 눌러 입력하고 다음 도형으로 이동할 때는 아래 방향키로 이동합니다. 내용을 추가할 때는 Enter 를 눌러 입력합니다. ❸입력이 완료되면 텍스트 창은 [닫기]를 누릅니다.

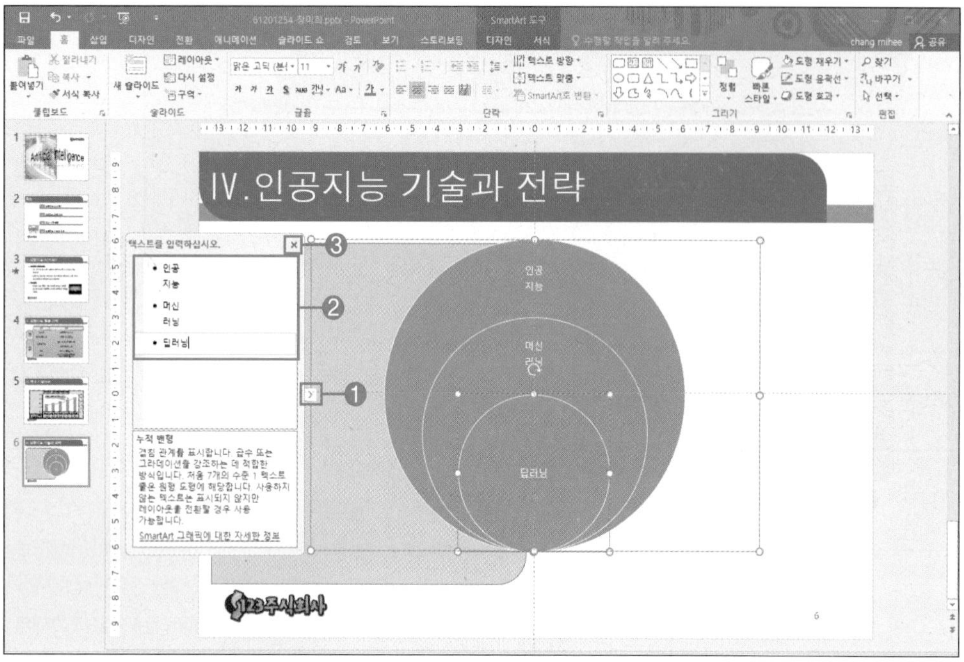

07 스마트아트 디자인을 적용하기 위해 ❶작성된 스마트아트를 선택한 후 ❷[SmartArt 도구]-[디자인] 탭에서 ❸[SmartArt 스타일] 그룹의 '자세히' 단추를 클릭합니다. ❹SmartArt 스타일 목록에서 '3차원'의 '광택 처리'를 선택합니다.

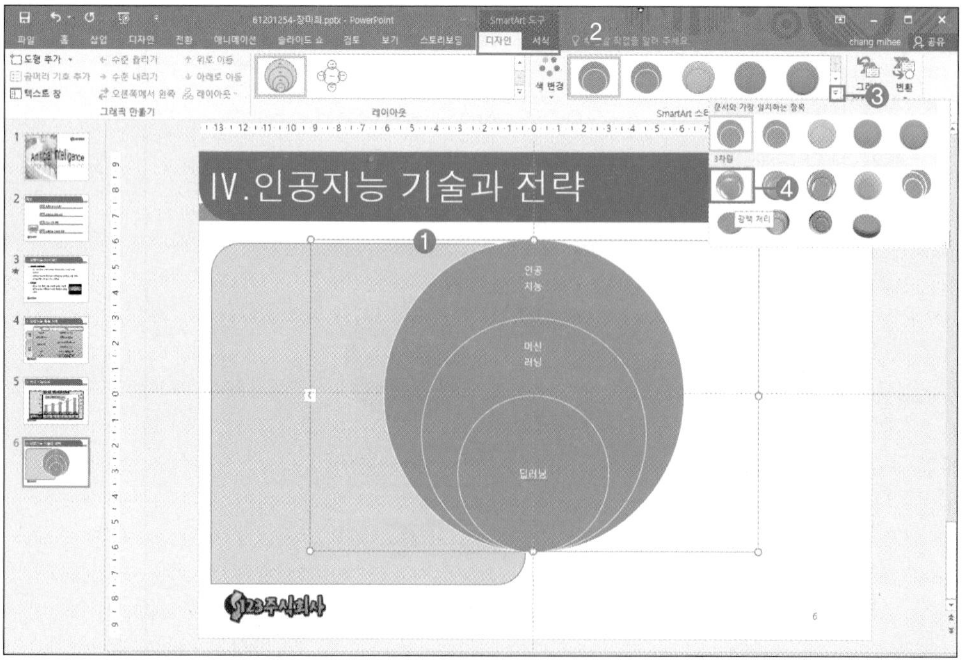

08 스마트아트에 글꼴을 적용하기 위해 ❶작성된 스마트아트를 선택한 후 ❷[홈] 탭의 ❸[글꼴] 그룹에서 '글꼴 : 굴림, 글자 크기 : 18pt'를 선택하고 ❹'글자 색 : 검정'을 선택합니다.

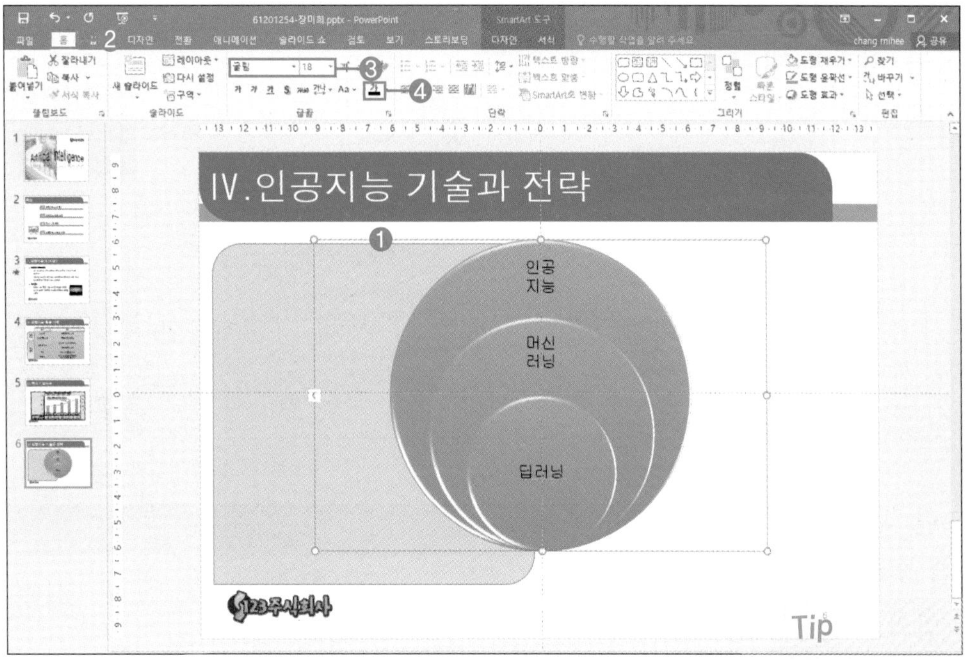

Tip

글꼴을 먼저 변경하게 되면 스타일에 의해 글꼴이 바뀌게 됩니다. 스마트아트 스타일을 설정한 후 글꼴을 변경합니다.

09 작성된 스마트아트는 도형 안의 텍스트가 두 줄로 넘겨지지 않도록 주의하면서 크기를 조절하고 ≪출력형태≫에 맞춰 배치합니다. 스마트아트의 바깥 테두리 선은 바깥쪽으로 넘어가도 됩니다. 안쪽의 스마트아트가 안쪽에 배치되면 됩니다.

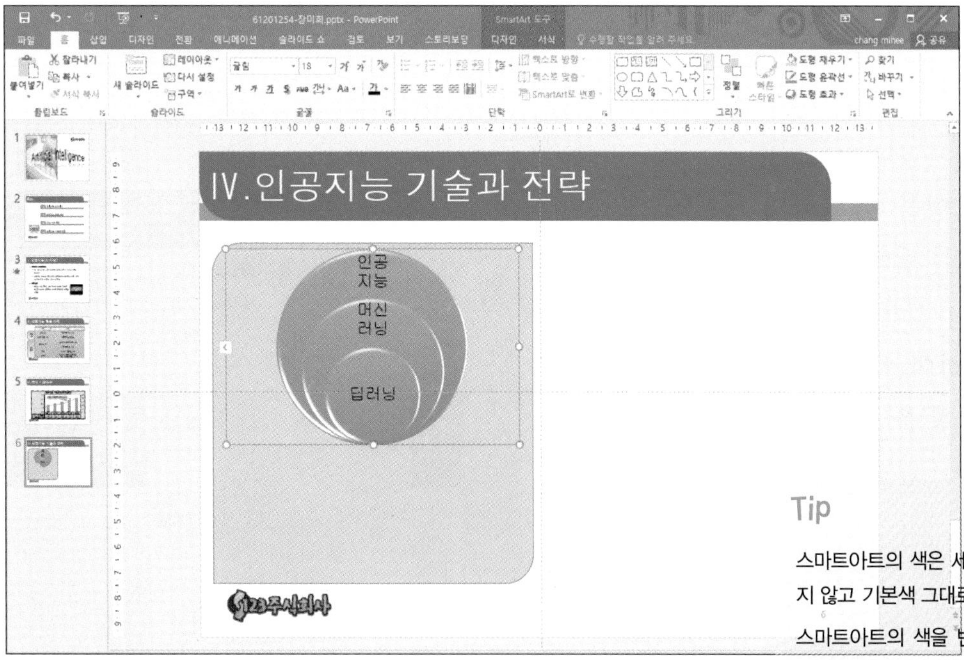

Tip

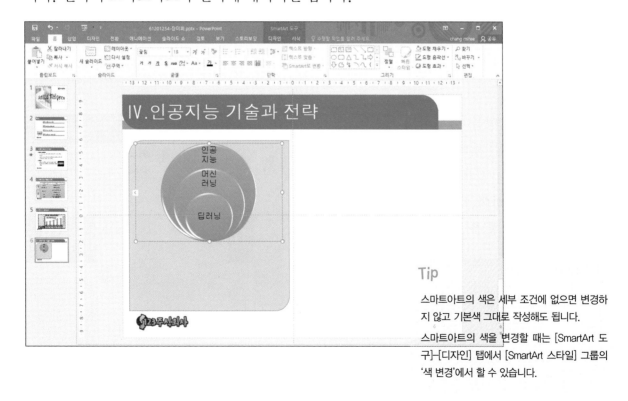

스마트아트의 색은 세부 조건에 없으면 변경하지 않고 기본색 그대로 작성해도 됩니다.
스마트아트의 색을 변경할 때는 [SmartArt 도구]-[디자인] 탭에서 [SmartArt 스타일] 그룹의 '색 변경'에서 할 수 있습니다.

10 도형을 삽입하기 위해 ❶[삽입] 탭의 ❷[일러스트레이션] 그룹에서 [도형]을 클릭하여 ❸'블록 화살표'의 '아래쪽 화살표 설명선'을 선택합니다.

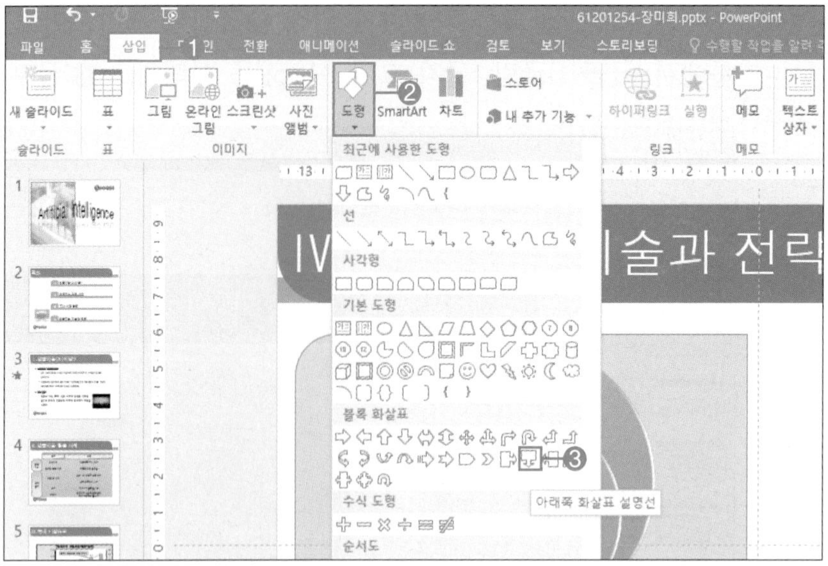

11 ❶도형을 그린 후 도형과 도형의 구분을 위해 도형의 채우기 색을 임의로 변경합니다.

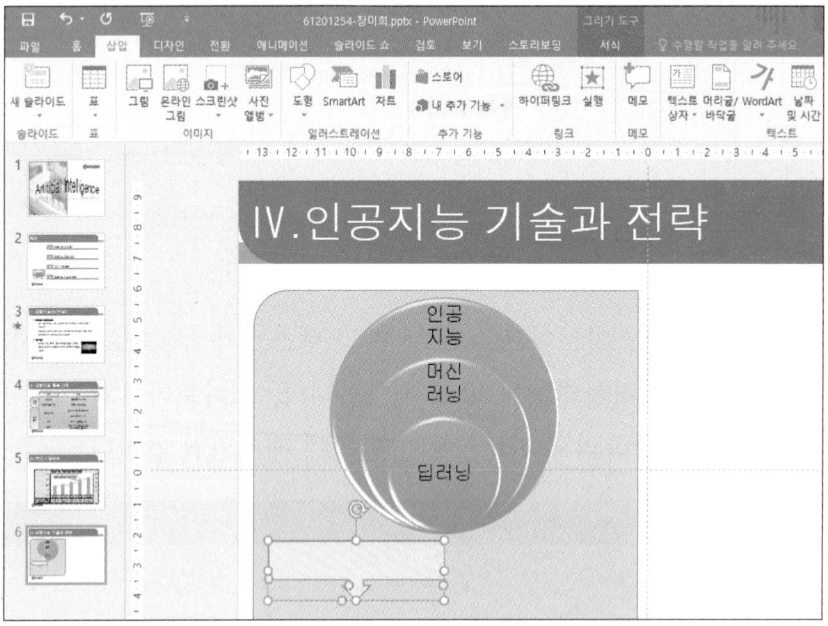

Tip

도형의 색과 두께 등은 기본값으로 적용해도 됩니다. 제시된 경우나 《출력형태》에 따라 변경합니다.

12 두 번째 도형을 삽입하기 위해 ❶[삽입] 탭의 ❷[일러스트레이션] 그룹에서 [도형]을 클릭하여 ❸'기본 도형'의 '육각형'을 선택합니다.

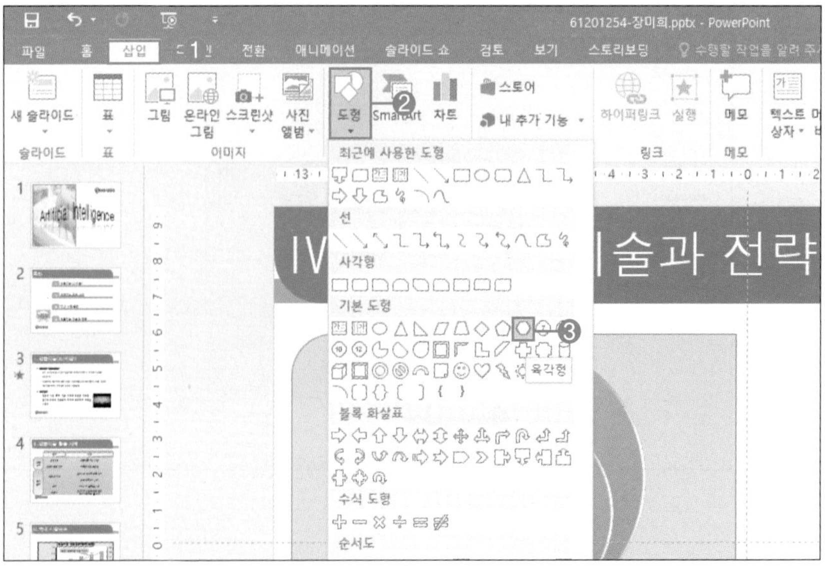

13 도형을 삽입하고 도형의 채우기 색을 임의로 변경합니다. 삽입된 도형에 ❶텍스트를 입력한 후 ❷[홈] 탭의 ❸[글꼴] 그룹에서 '글꼴 : 굴림, 글자 크기 : 18pt'를 설정하고 ❹'글자 색 : 검정'을 선택합니다.

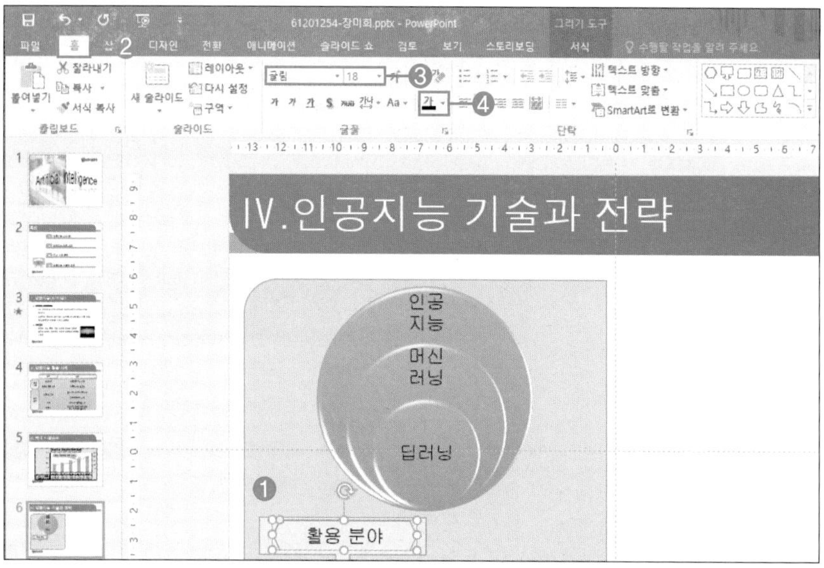

14 도형을 그릴 때마다 글꼴 설정을 해야하는 번거로움을 없애기 위해 ❶글꼴과 크기가 설정된 도형을 선택한 후 ❷마우스 오른쪽 단추를 눌러 바로가기 메뉴의 '기본 도형으로 설정'을 클릭합니다. 이후부터 그려지는 도형은 같은 서식으로 삽입이 되어 글꼴과 크기, 색 등은 변경하지 않아도 됩니다.

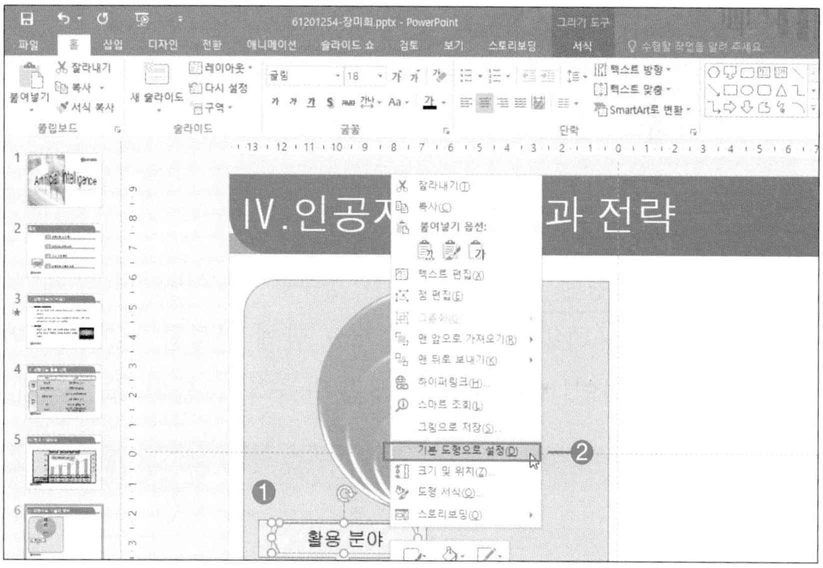

15 두 번째 스마트아트를 삽입하기 위해 ❶[삽입] 탭의 [일러스트레이션] 그룹에서 ❷'SmartArt'를 클릭합니다.

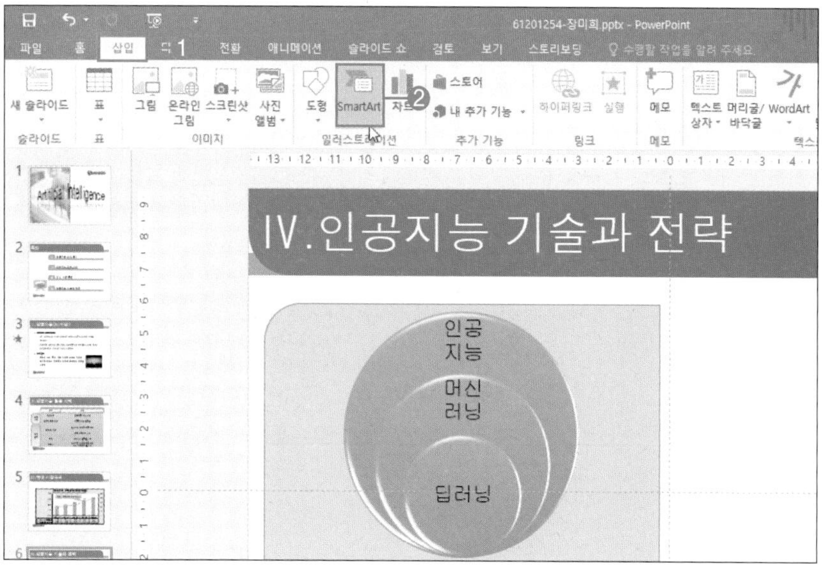

16 [SmartArt] 대화상자가 열리면 ❶'프로세스형'에서 ❷'닫힌 갈매기형 수장 프로세스형'을 선택한 후 ❸[확인]을 클릭합니다.

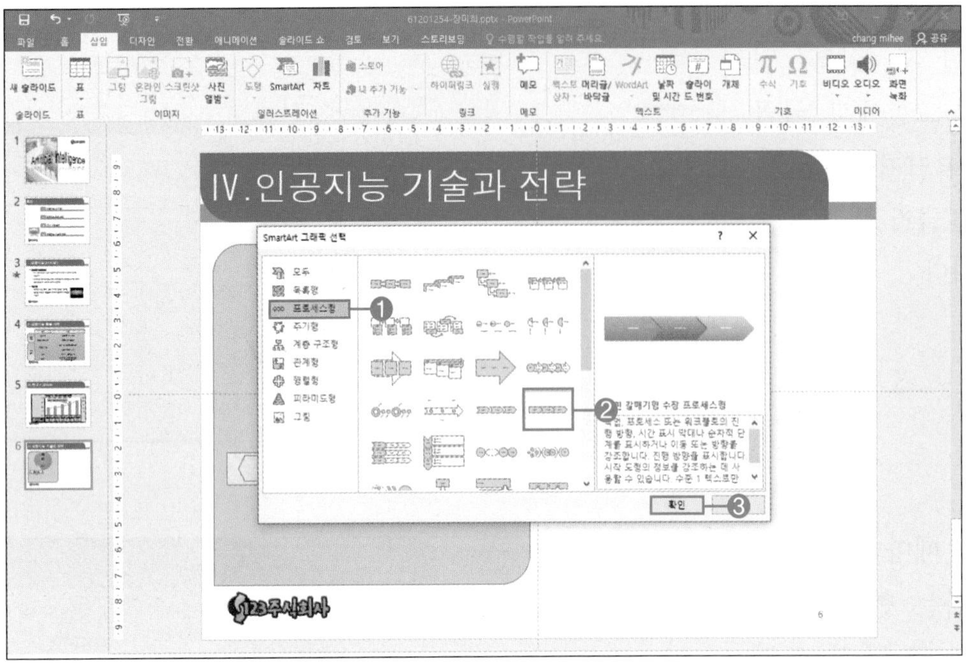

17 프로세스형은 좌우로 변환된 경우는 좌우변환한 후에 텍스트를 입력합니다. 입력한 후 좌우로 변환을 하면 텍스트의 순서도 함께 변경됩니다. ❶스마트아트를 선택한 후 ❷[SmartArt 도구]–[디자인] 탭에서 ❸[그래픽 만들기] 그룹의 '오른쪽에서 왼쪽'을 클릭합니다.

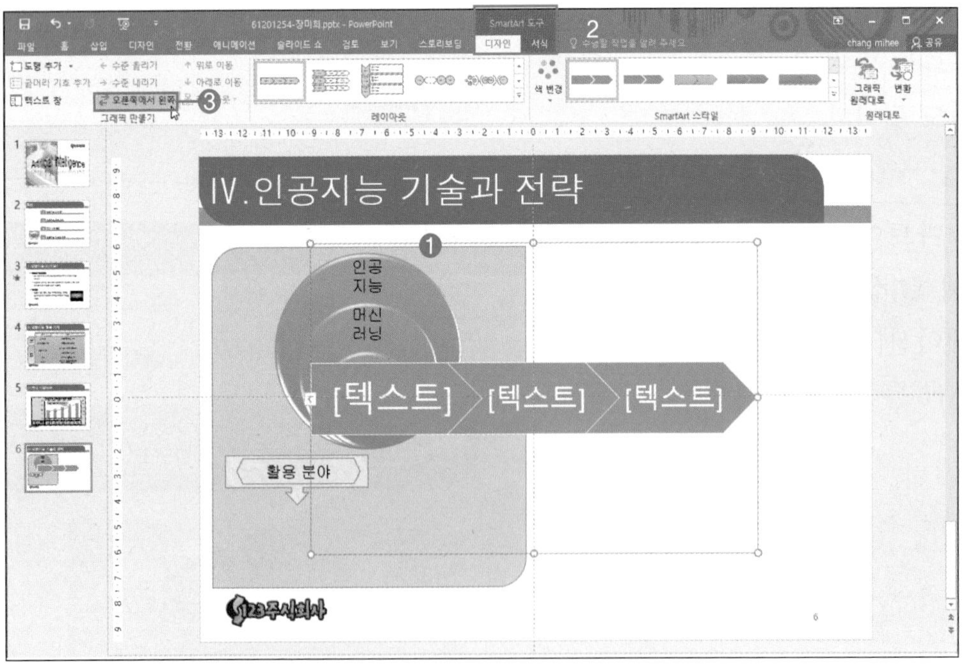

18 좌우로 변환된 스마트아트의 ❶'텍스트 창'을 클릭하여 활성화한 후 ❷《출력형태》의 오른쪽 텍스트부터 입력합니다. ❸입력이 완료되면 [닫기]를 누릅니다.

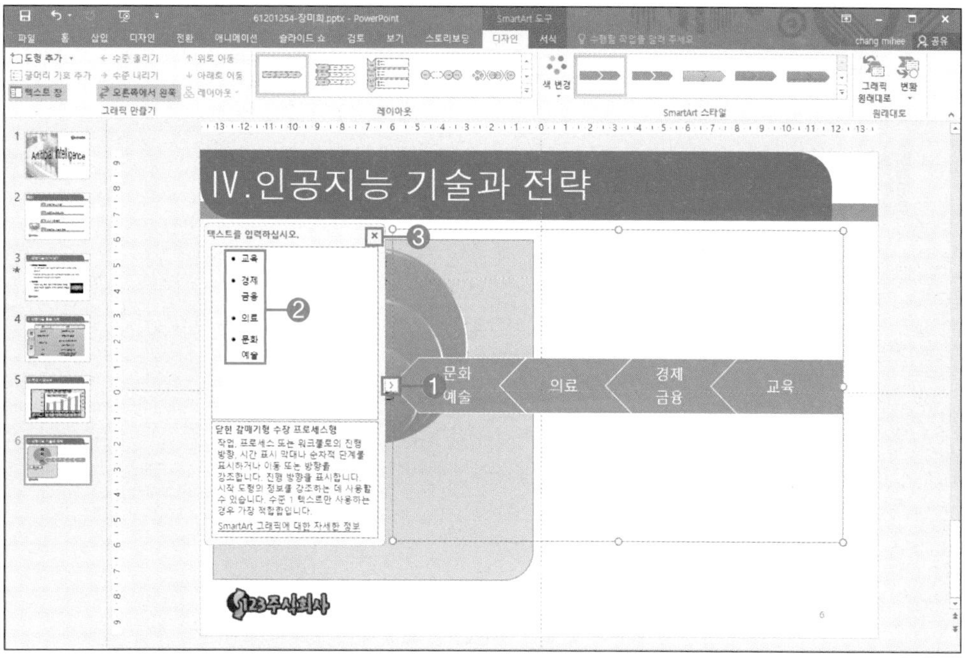

Tip

도형에 직접 입력할 때는 왼쪽부터 입력하지만 텍스트 창을 이용하는 경우에는 오른쪽 텍스트부터 입력합니다. 텍스트 창을 이용하면 텍스트 입력 여부에 따라 자동으로 도형이 추가됩니다.

19 스마트아트 디자인을 적용하기 위해 ❶작성된 스마트아트를 선택한 후 ❷[SmartArt 도구]–[디자인] 탭에서 ❸[SmartArt 스타일] 그룹의 '자세히' 단추를 클릭한 후 'SmartArt 스타일' 목록에서 '3차원'의 '벽돌'을 선택합니다.

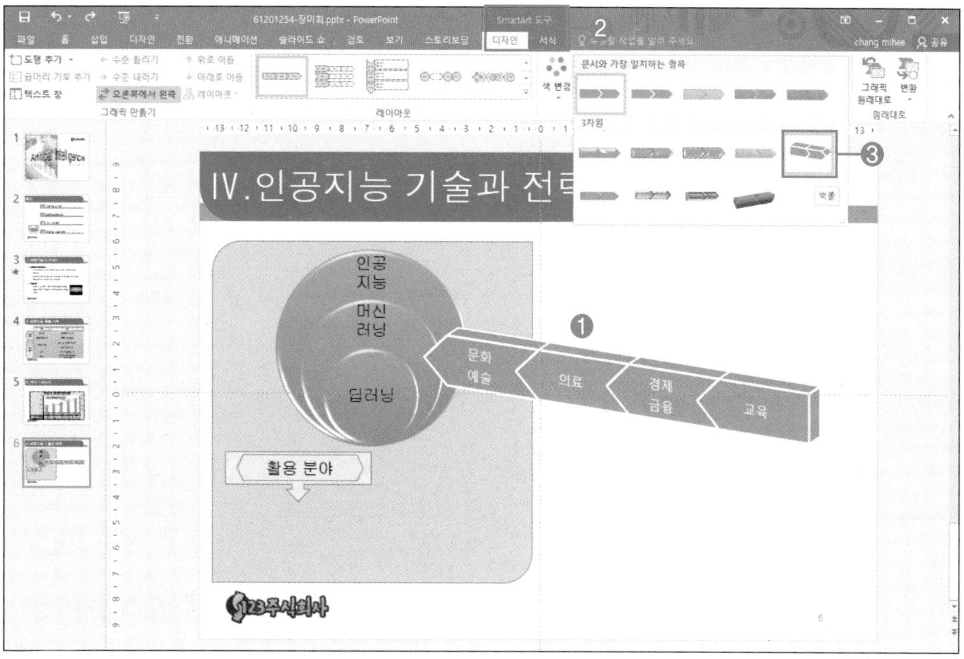

20 스마트아트에 글꼴을 적용하기 위해 ❶작성된 스마트아트를 선택한 후 ❷[홈] 탭의 ❸[글꼴] 그룹에서 '글꼴 : 굴림, 글자 크기 : 18pt'를 선택합니다. 글자 색은 흰색이므로 변경하지 않습니다.

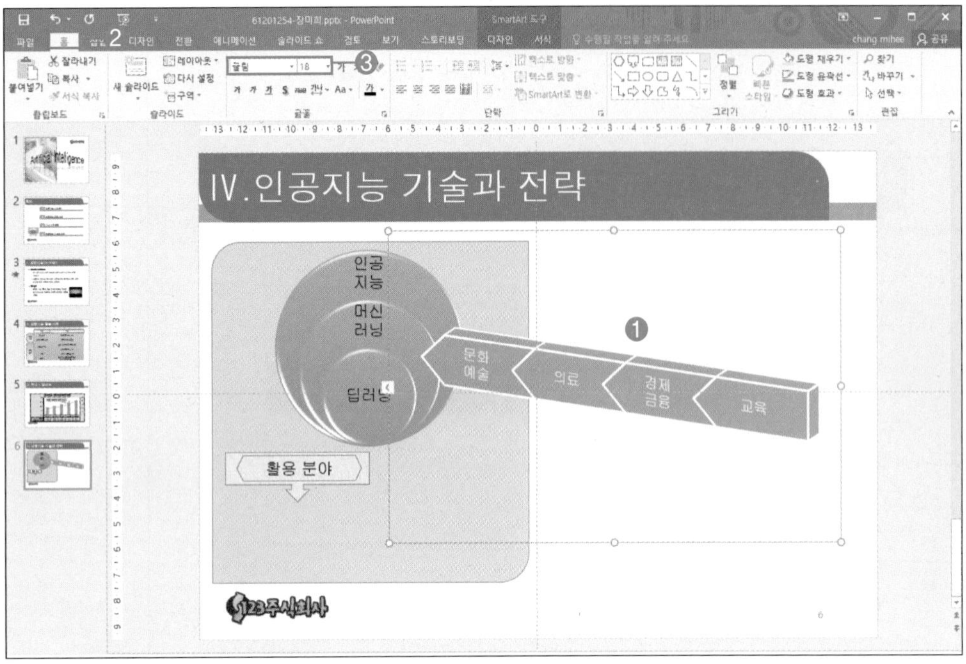

Tip

스마트아트와 도형의 글자 색은 《출력형태》에 따라 변경합니다.

21 작성된 스마트아트는 도형 안의 텍스트가 두 줄로 넘겨지지 않도록 주의하면서 크기를 조절하고 《출력 형태》와 같이 배치합니다.

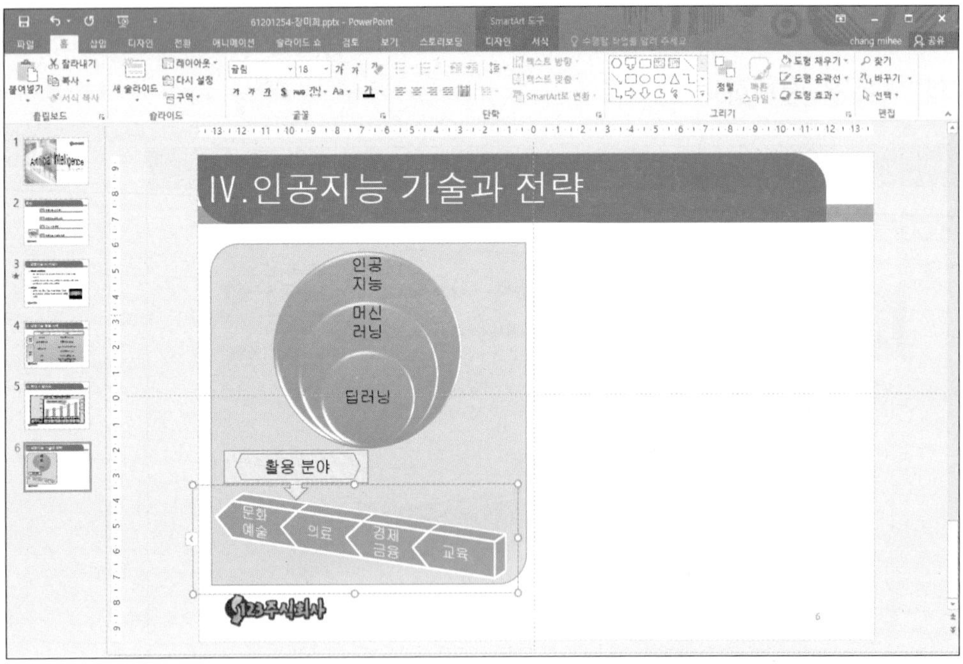

Tip

스마트아트의 도형 부분만 바닥 도형 안쪽에 배치되면 됩니다.

22 스마트아트와 도형들이 모두 선택될 수 있도록 넓게 드래그하여 선택합니다.

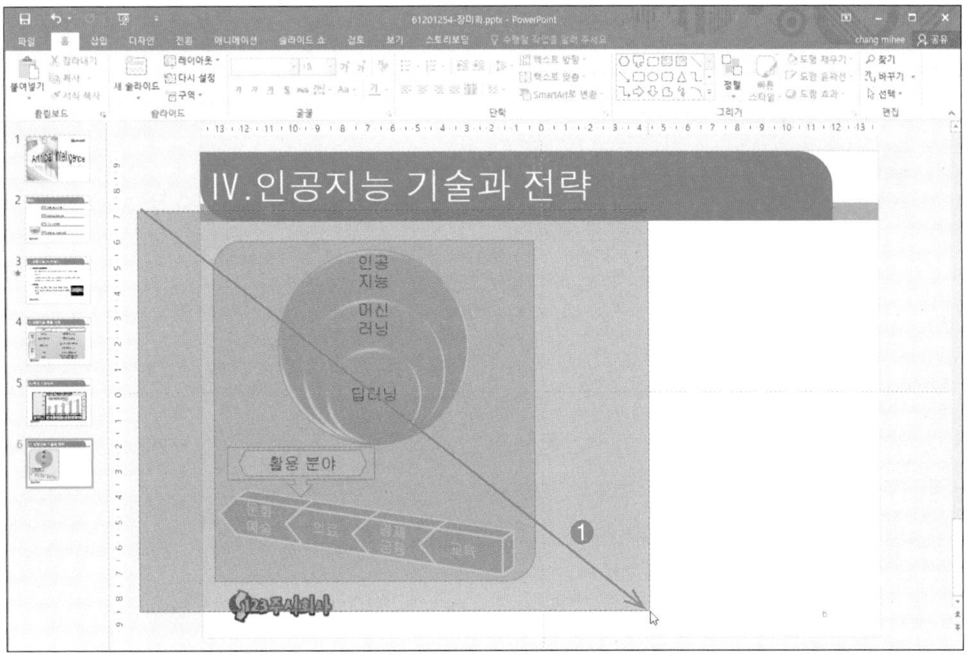

Tip

Ctrl 또는 Shift 를 누르고 도형과 스마트아트를 선택할 수 있습니다.

23 ❶도형과 스마트아트가 모두 포함되었는지 확인한 후 ❷[그리기 도구]–[서식] 탭에서 ❸[정렬] 그룹의 '그룹화'–'그룹'을 선택합니다. 단축키 Ctrl + G 를 사용할 수 있습니다.

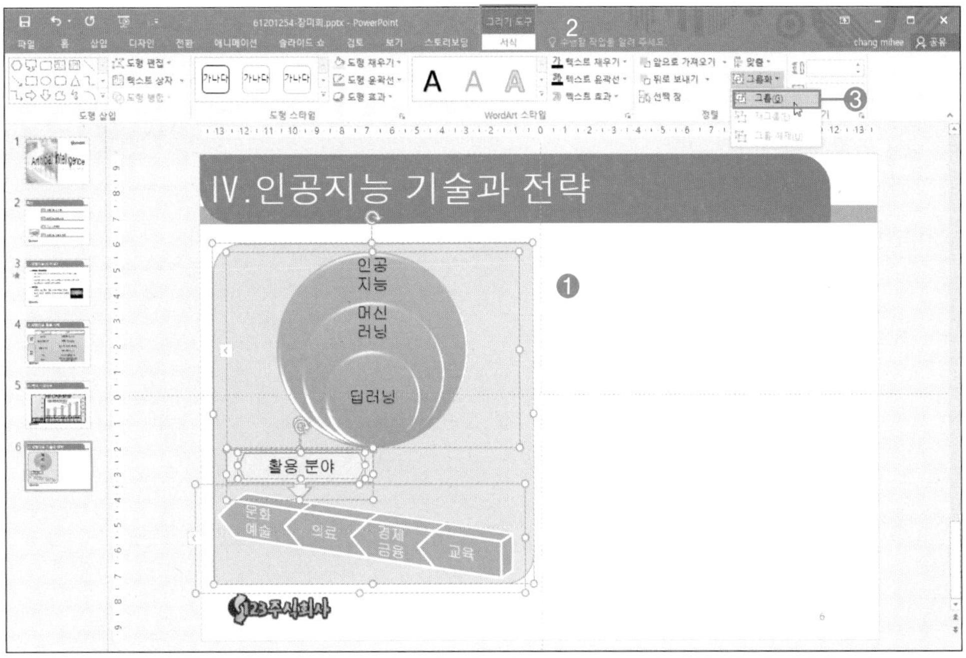

24 그룹이 되면 하나의 개체가 되고 조절점이 바깥쪽에 8개가 생깁니다.

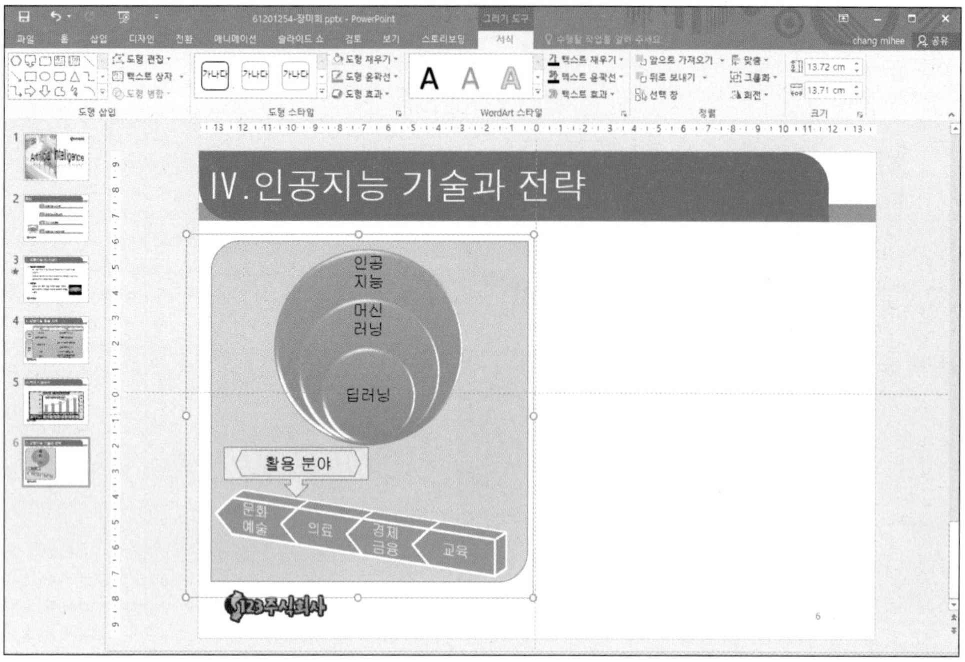

Level UP!

○ 도형과 스마트아트 그룹화

도형과 스마트아트를 그룹화할 때 스마트아트가 포함이 되었는지 확인합니다. 도형 안에 배치되어 있어도 스마트아트의 테두리는 도형 바깥쪽까지 걸쳐 있는 경우가 있습니다. 마우스로 드래그하여 도형들을 선택하는 경우 스마트아트의 전체 크기를 확인한 후 도형을 선택합니다.

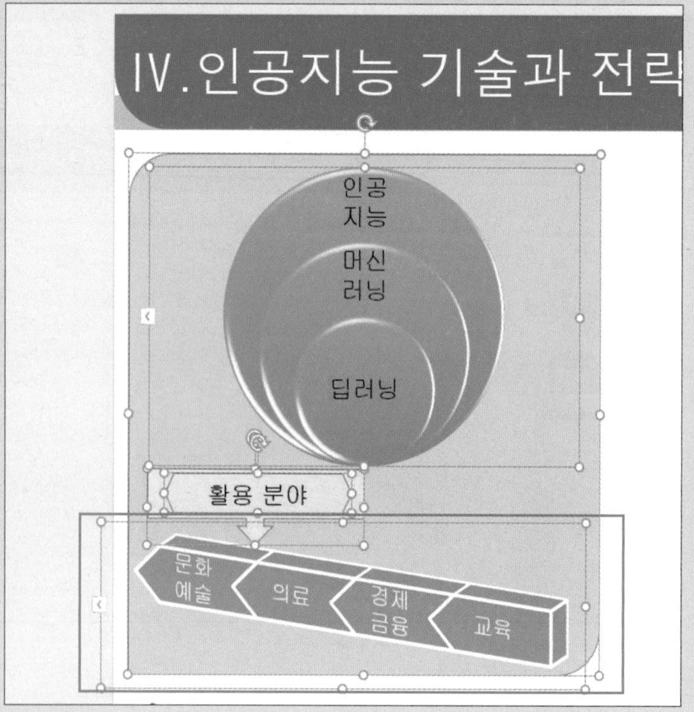

Step 02. 도형 편집하기

01 우측 도형 그룹을 작성합니다. 바닥의 도형부터 작성하기 위해 ❶[홈] 탭의 ❷[일러스트레이션] 그룹에서 [도형]을 클릭하여 ❸'사각형'의 '한쪽 모서리가 잘린 사각형'을 선택합니다.

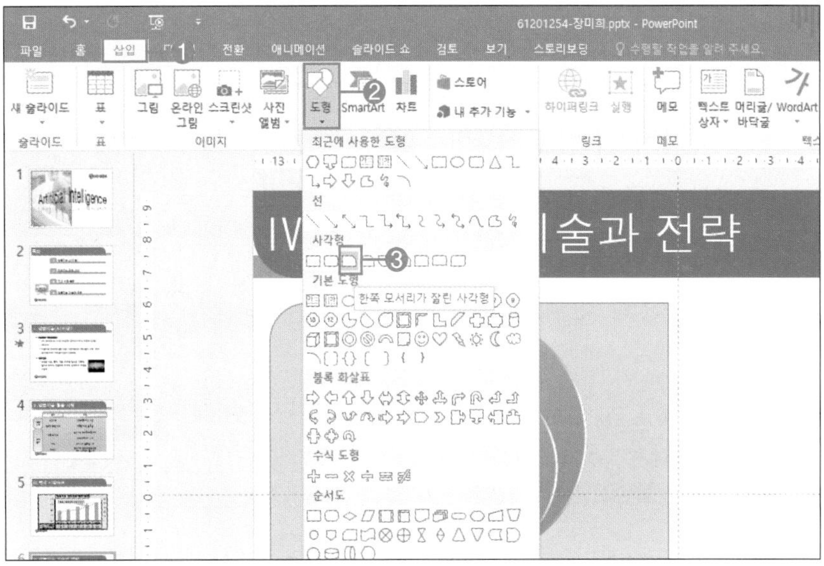

02 ❶도형을 안내선에 맞춰 오른쪽에 드래그합니다. ❷노란 조절점을 왼쪽으로 드래그하여 ≪출력형태≫에 맞게 조절합니다.

Tip

왼쪽 텍스트가 입력된 도형을 '기본 도형으로 설정'을 했기 때문에 '기본 도형 설정'한 도형 스타일로 그려집니다.

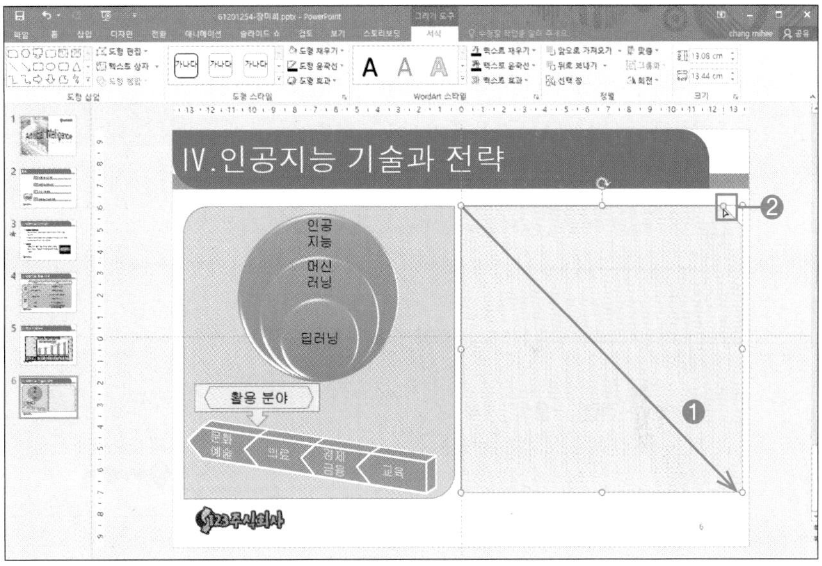

03 ≪출력형태≫에 보이는 도형의 테두리의 굵기를 변경합니다. ❶우측 도형을 선택한 상태에서 ❷[그리기 도구]-[서식] 탭의 [도형 스타일] 그룹에서 ❸[도형 윤곽선]의 ❹'두께'를 클릭한 후 ❺'1½pt'를 선택합니다.

Tip

두께에 대한 제시가 없으므로 화면에 보이는 대로 임의로 선택하면 됩니다.

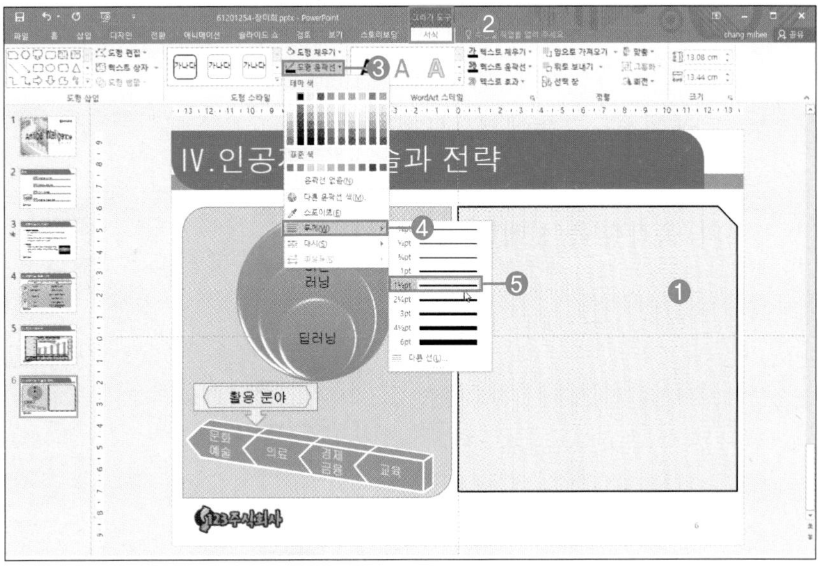

04 ≪출력형태≫에 보이는 도형의 테두리 스타일을 변경합니다. 우측 도형을 선택한 상태에서 ❶[그리기 도구]-[서식] 탭의 [도형 스타일] 그룹에서 ❷[도형 윤곽선]의 ❸'대시'를 클릭한 후 ❹'파선'을 선택합니다.

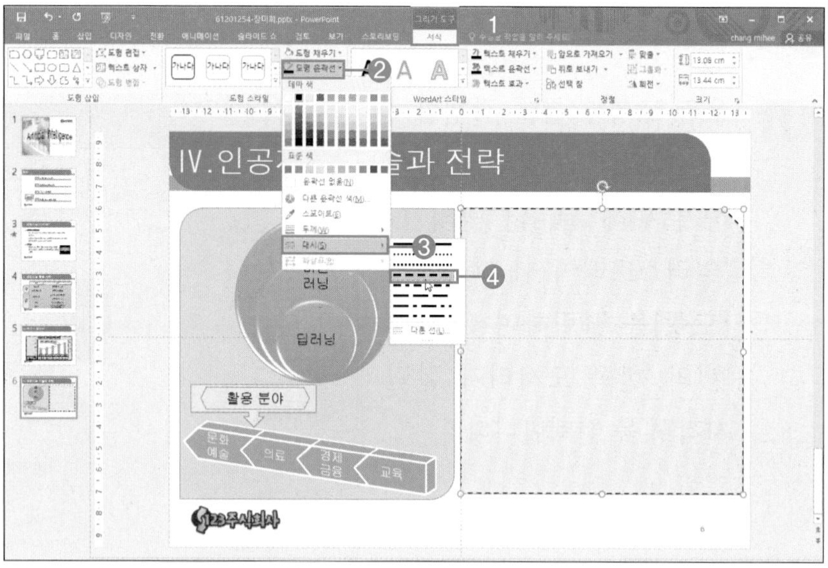

Tip

마우스 오른쪽 버튼을 눌러 '빠른 메뉴'에서 '도형 채우기'와 '도형 윤곽선'을 설정할 수 있습니다.

05 도형을 회전하기 위해 우측 도형을 선택한 상태에서 ❶[그리기 도구]-[서식] 탭의 [정렬] 그룹에서 ❷[회전]의 ❸'상하 대칭'을 클릭합니다.

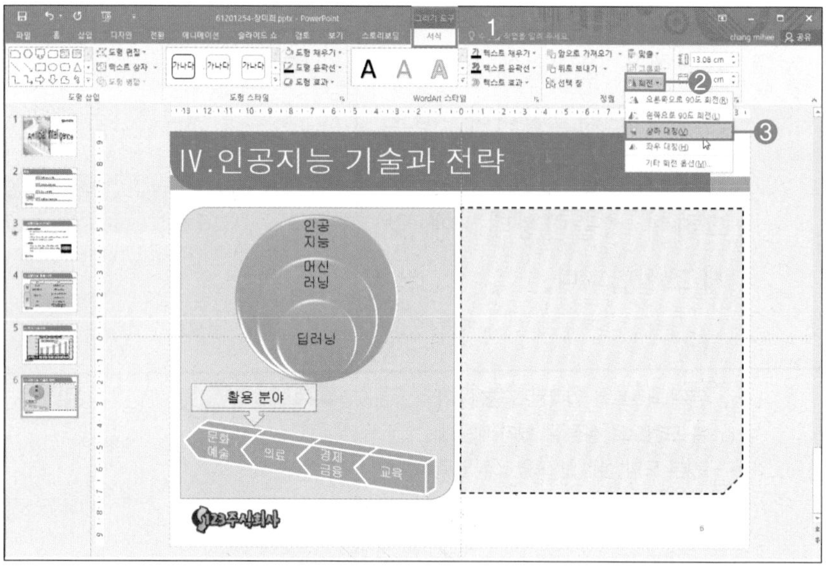

Tip

[홈] 탭의 [정렬] 그룹의 [개체 위치] – [회전]에서 설정할 수 있습니다.

06 첫 번째 도형을 작성하기 위해 ❶[홈] 탭의 ❷[일러스트레이션] 그룹에서 [도형]을 클릭하여 ❸'기본 도형'의 '육각형'을 선택합니다.

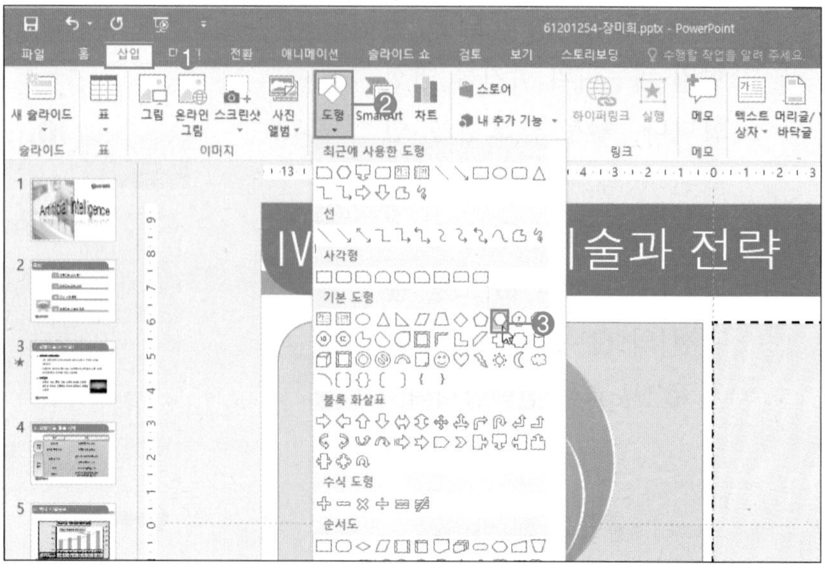

07 ❶도형을 드래그하여 작성한 후 텍스트를 입력합니다. '기본 도형 설정'에 의해 도형의 색과 테두리, 글꼴이 적용됩니다. 도형의 구분을 위해 도형 '채우기 색'만 변경하고 크기와 위치를 조절합니다.

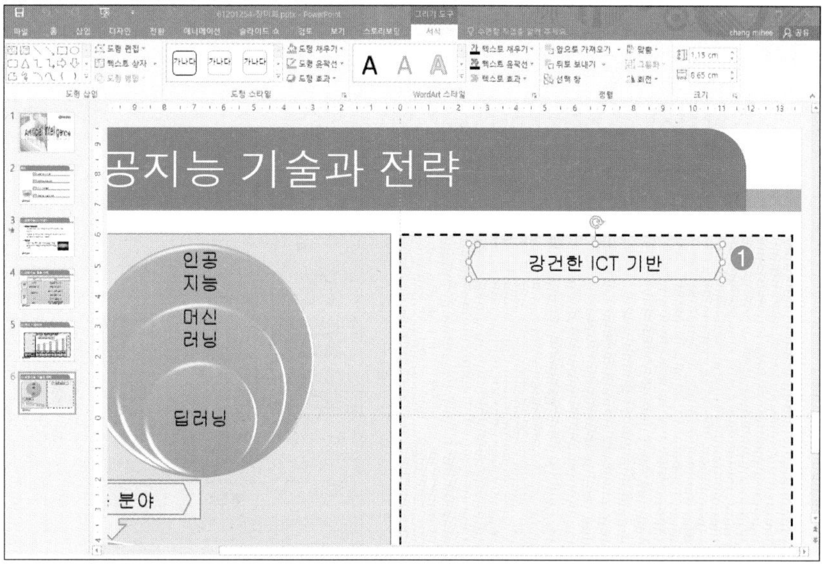

08 두 번째 도형을 작성하기 위해 ❶[삽입] 탭의 ❷[일러스트레이션] 그룹에서 [도형]을 클릭하여 ❸'별 및 현수막'의 '물결'을 선택합니다.

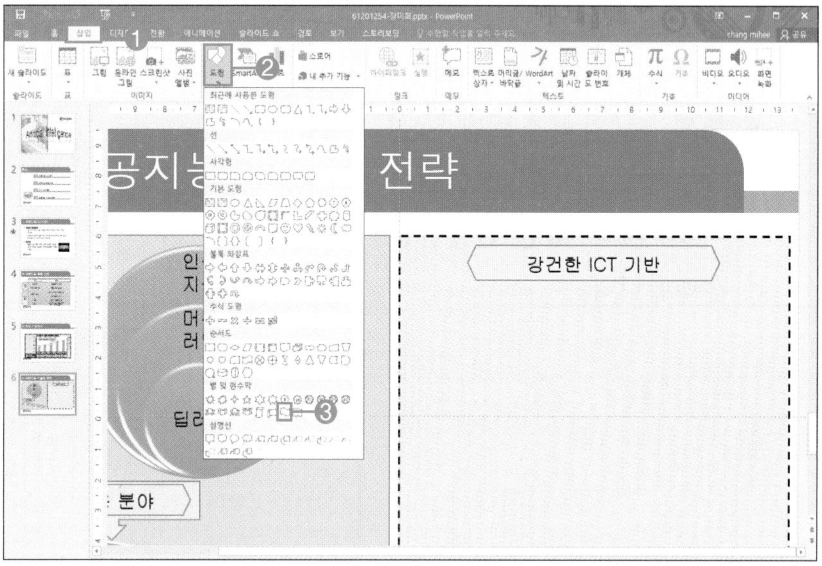

09 ❶도형을 드래그하여 작성한 후 텍스트를 입력합니다. '기본 도형 설정'에 의해 도형의 색과 테두리, 글꼴이 적용됩니다. 도형의 구분을 위해 도형 채우기 색만 변경하고 크기와 위치를 조절합니다.

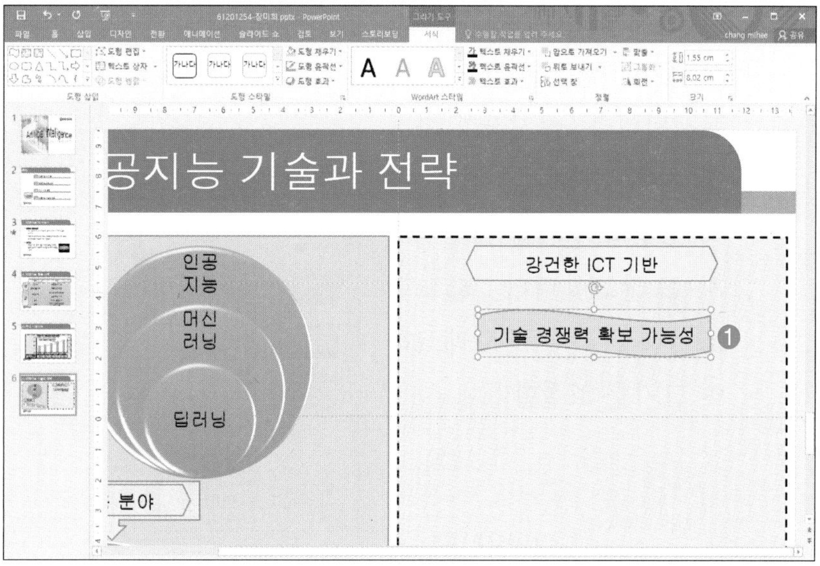

10 ❶[홈] 탭의 ❷[일러스트레이션] 그룹에서 [도형]을 클릭하여 ❸ '수식'의 '덧셈 기호'를 그린 후 《출력형태》에 맞춰 배치합니다.

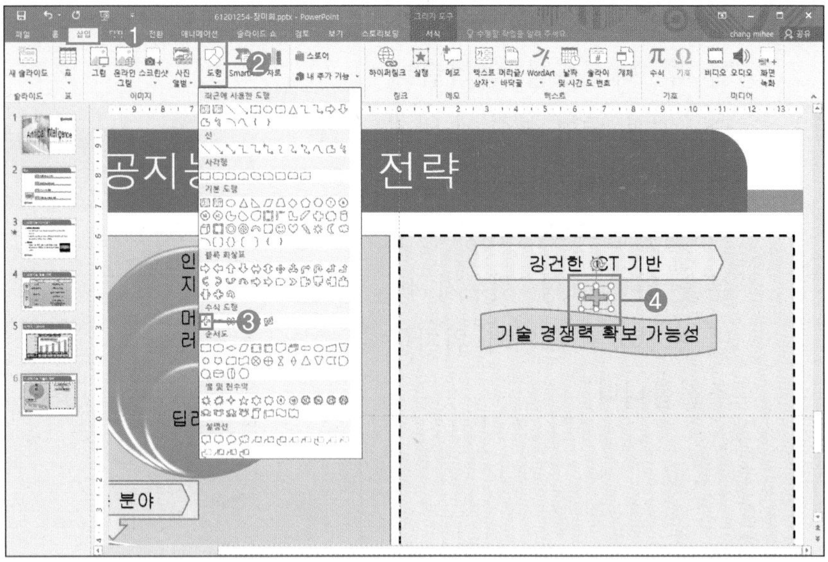

11 도형과 도형을 연결하는 연결선을 작성합니다. ❶[홈] 탭의 ❷[일러스트레이션] 그룹에서 [도형]을 클릭하여 ❸'선'의 '꺾인 연결선'을 선택합니다.

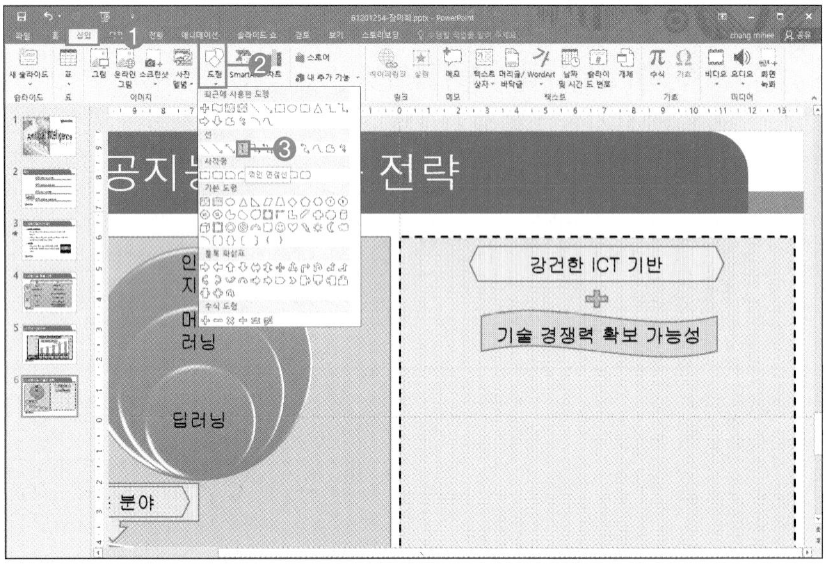

12 첫 번째 도형 위에 마우스를 올려 놓으면 조절점이 표시됩니다. ❶시작할 조절점 위에 클릭한 후 ❷두 번째 도형의 연결할 조절점까지 드래그합니다. ❸노란 조절점을 좌우로 드래그하여 크기를 조절합니다.

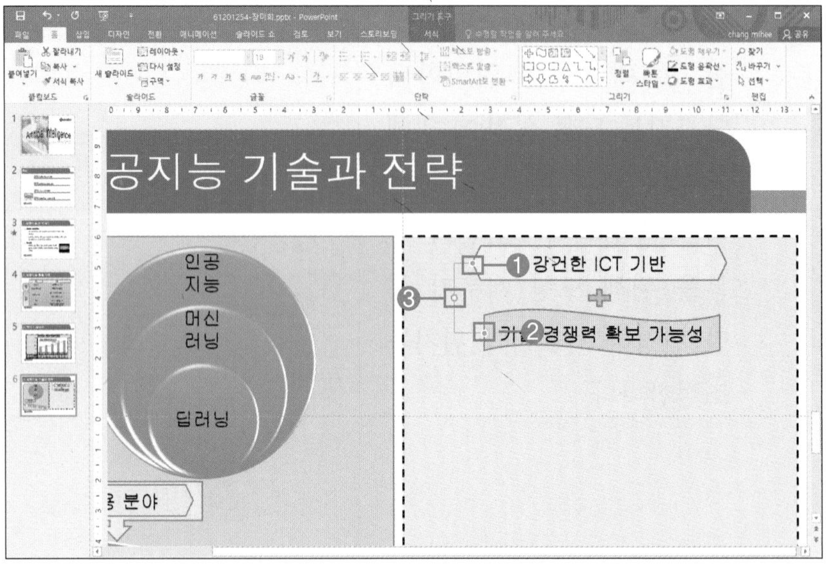

13 연결선을 선택한 상태에서 ❶[그리기 도구]-[서식] 탭의 [도형 스타일] 그룹에서 ❷[도형 윤곽선]의 ❸'두께'를 클릭한 후 ❹'1½pt'를 선택합니다.

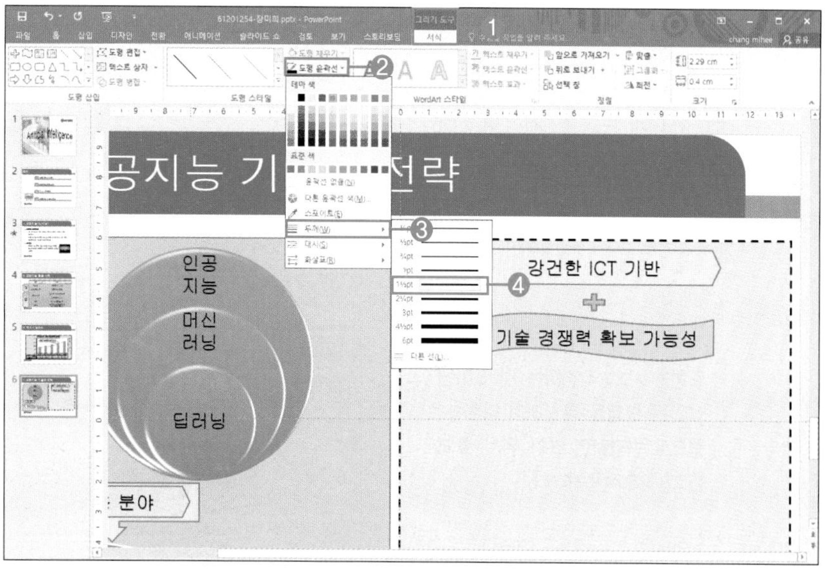

14 화살표를 변경하기 위해 ❶ 연결선을 선택한 상태에서 ❷[그리기 도구]-[서식] 탭의 [도형 스타일] 그룹에서 ❸[도형 윤곽선]의 ❹'화살표'를 클릭한 후 ❺'화살표 스타일11'을 선택합니다.

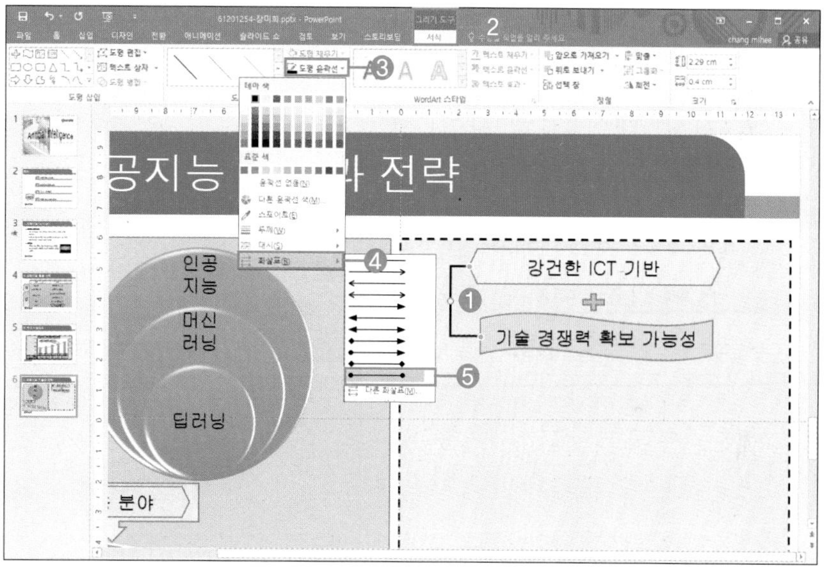

15 [삽입] 탭의 [일러스트레이션] 그룹에서 [도형]을 클릭하여 ❶'사각형'의 '모서리가 둥근 사각형'과 '순서도'의 '순서도 : 다중 문서'를 작성합니다.

Tip

입력된 텍스트 길이를 보고 길게 작성합니다.

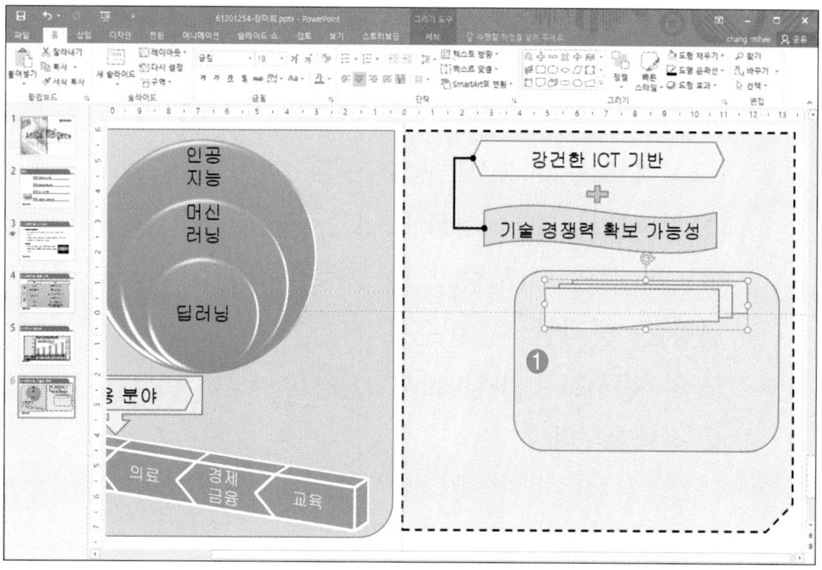

16 삽입된 '순서도 : 다중 문서' 도형을 Ctrl + Shift 를 누르고 아래로 수직 복사합니다.

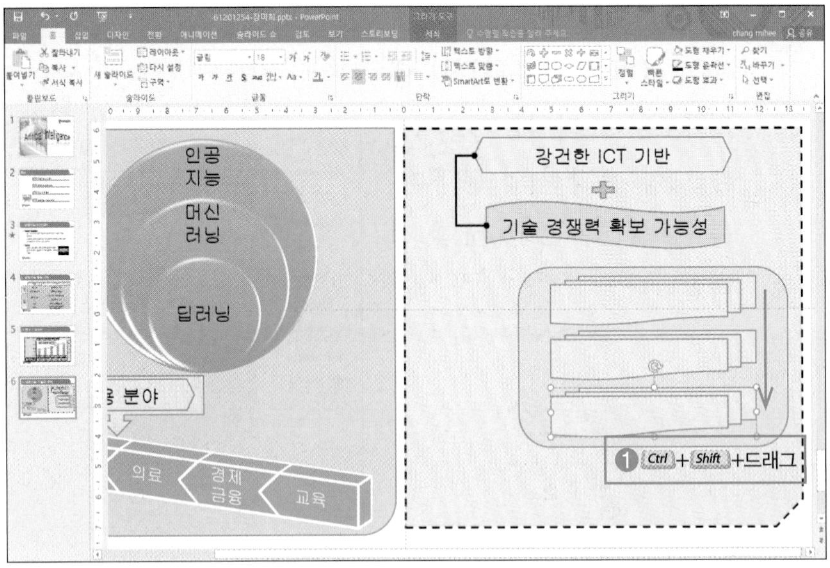

> **Tip**
>
> 도형을 새로 작성하는 것이 아닌 삽입된 도형을 복사하여 다른 도형으로 변경하면 크기, 위치, 효과 등 그대로 적용됩니다.

17 ❶복사된 도형을 선택한 상태에서 ❷[그리기 도구]-[서식] 탭의 [도형 삽입] 그룹에서 ❸[도형 편집]의 ❹[도형 모양 변경]을 클릭한 후 ❺'기본 도형'의 '눈물 방울'을 선택합니다.

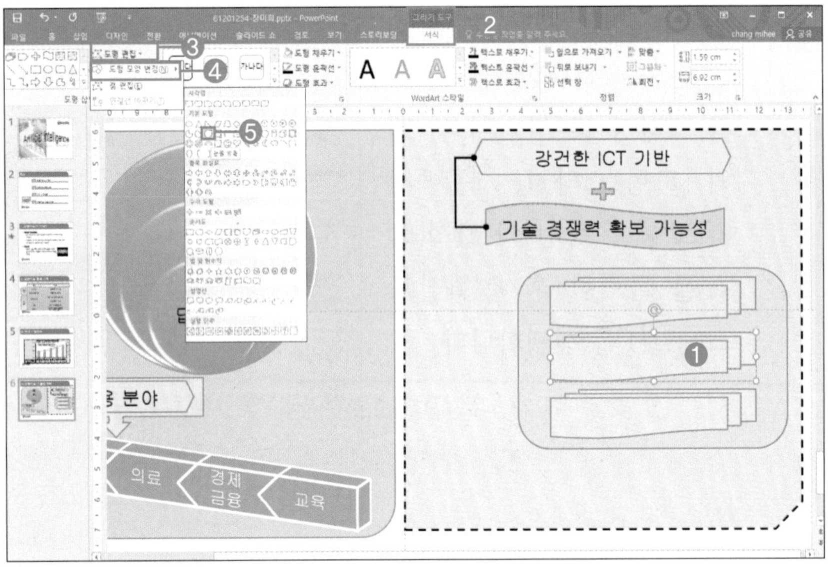

18 복사된 도형이 '눈물 방울' 도형으로 변경됩니다. ❶ 마지막 도형을 선택하고 ❷[그리기 도구]-[서식] 탭의 [도형 삽입] 그룹에서❸[도형 편집]의 ❹[도형 모양 변경]을 클릭한 후 ❺'순서도'의 '순서도 : 화면 표시'를 선택합니다.

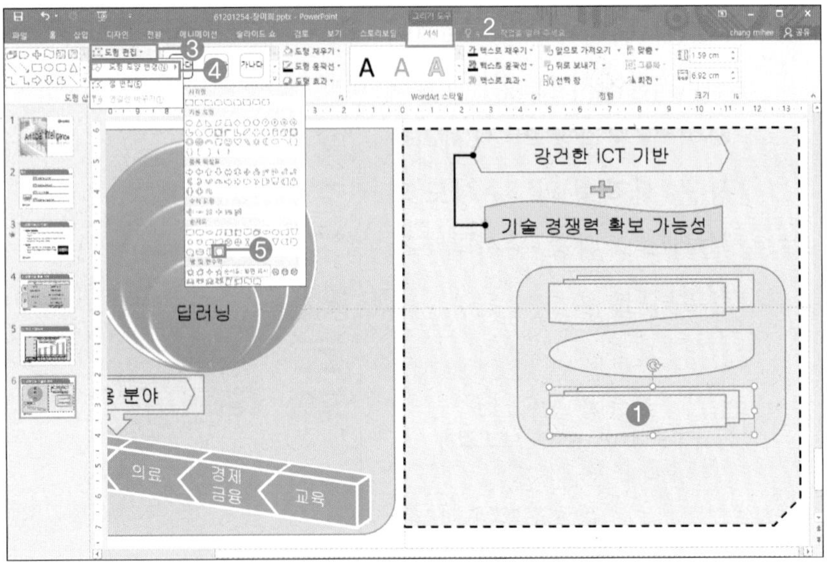

19 도형이 변경됩니다. 각 도형에 텍스트를 입력하고 도형의 너비를 조절합니다.

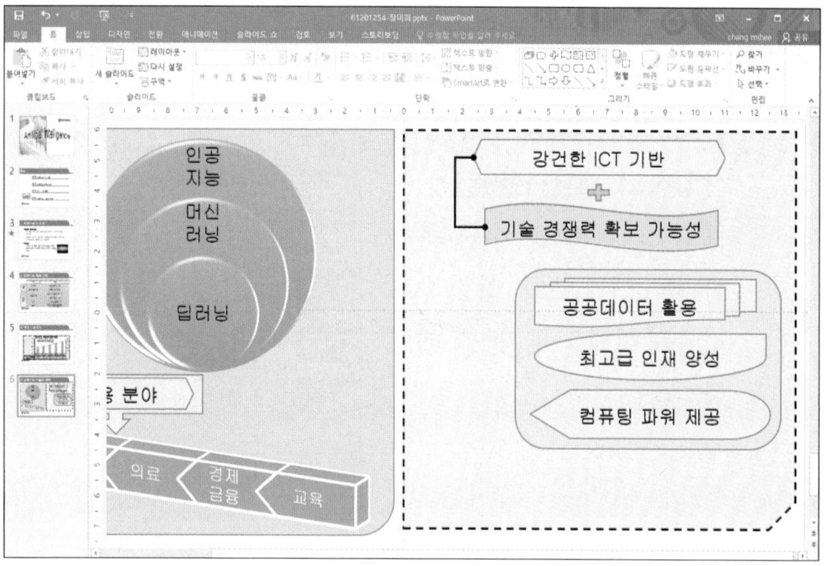

20 왼쪽 도형을 삽입하기 위해 ❶[삽입] 탭의 ❷[일러스트레이션] 그룹에서 [도형]을 클릭하여 ❸'블록 화살표'의 '오른쪽 화살표 설명선'을 선택한 후 ❹《출력 형태》에 맞게 작성합니다.

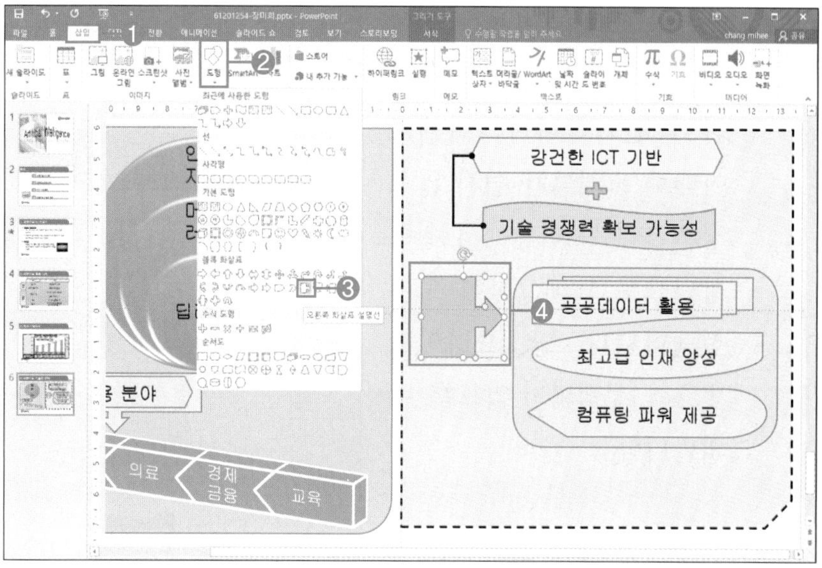

21 ❶도형의 사각형에 있는 조절점을 ❷우측으로 드래그합니다. ❸위쪽 삼각형에 있는 조절점을 ❹위로 드래그하여 도형을 변형합니다.

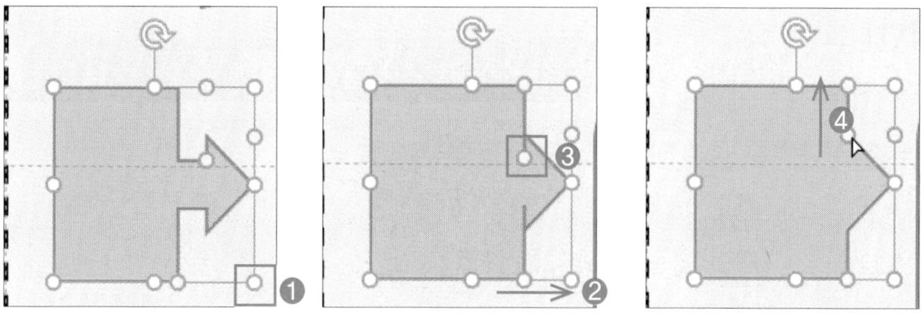

Tip

①사각형 위쪽의 조절점을 아래로 내리고 ②안쪽 조절점을 위로 드래그하면 ③모양은 비슷하나 뾰족하고 길어 집니다. 주의하세요.

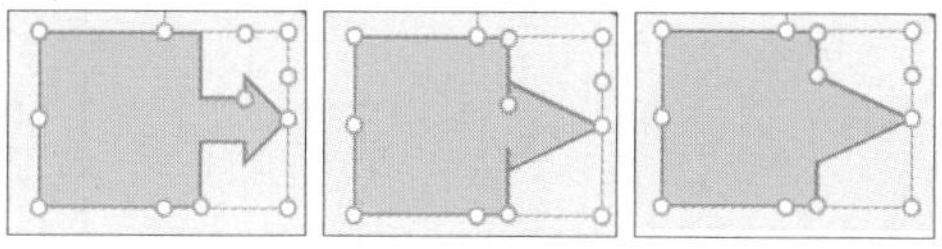

22 ❶[삽입] 탭의 [일러스트레이션] 그룹의 [도형]에서 '기본 도형'의 '평행 사변형'을 삽입하고, Ctrl + Shift 를 누르고 오른쪽으로 수평 복사한 후 텍스트를 입력하고 ≪출력형태≫에 맞게 배치합니다.

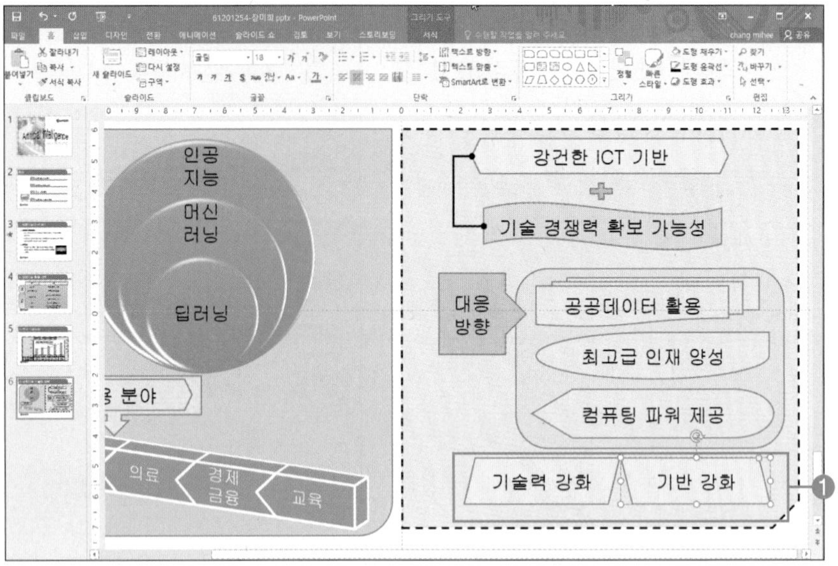

23 오른쪽 도형들이 모두 선택될 수 있도록 넓게 드래그하여 선택합니다. 위에서 아래로 드래그가 쉽지 않은 경우 오른쪽 하단에서 왼쪽 상단으로 드래그하여 모두 선택합니다. 단, 슬라이드 번호가 선택되지 않도록 주의합니다.

Tip

Ctrl 또는 Shift 를 누르고 선택할 수 있습니다.

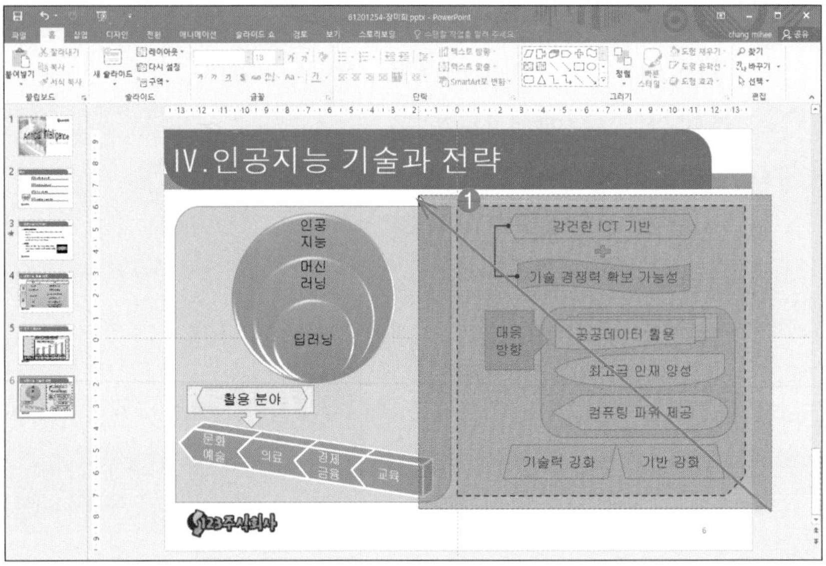

24 도형 모두 포함되었는지 확인한 후 ❶[그리기 도구]-[서식] 탭에서 ❷[정렬] 그룹의 '그룹화'-'그룹'을 선택합니다. 단축키 Ctrl + G 를 사용할 수 있습니다.

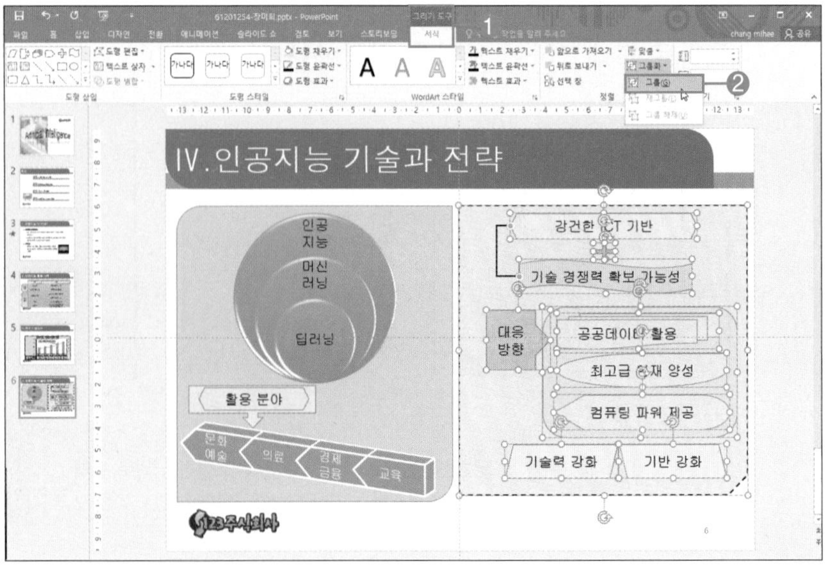

Step 03. 애니메이션 설정하기

01 그룹화된 도형에 애니메이션을 설정합니다. ❶왼쪽의 그룹 도형을 선택한 후 ❷[애니메이션] 탭의 [애니메이션] 그룹에서 ❸'자세히' 단추를 클릭합니다.

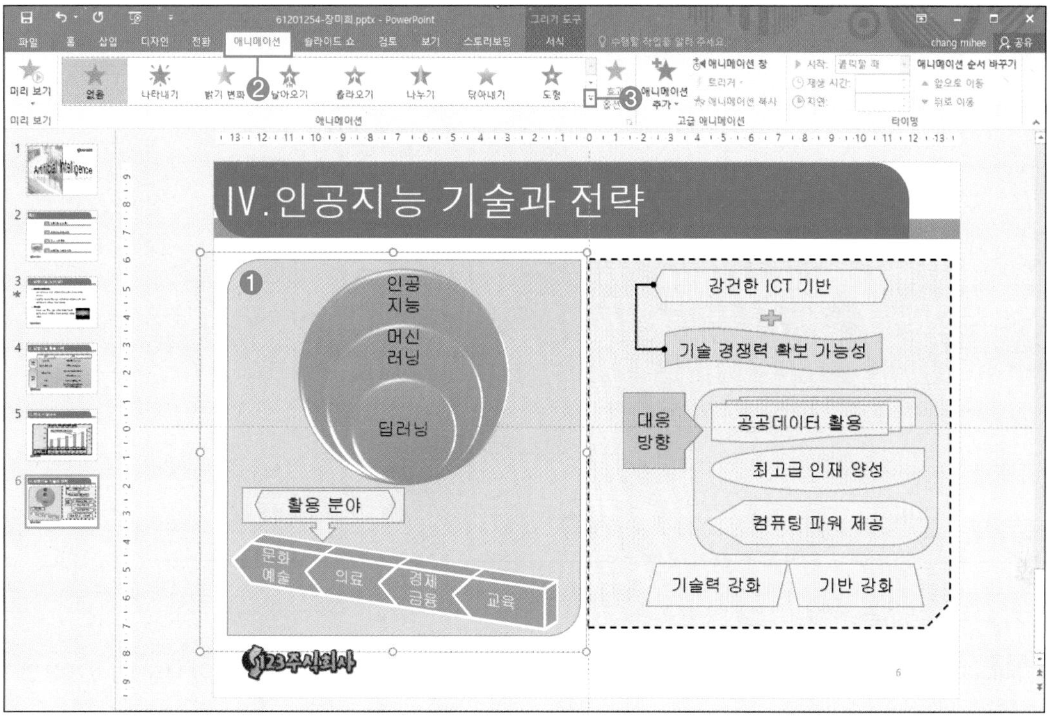

02 ❶[나타내기] 목록에서 ❷'시계 방향 회전'을 선택합니다.

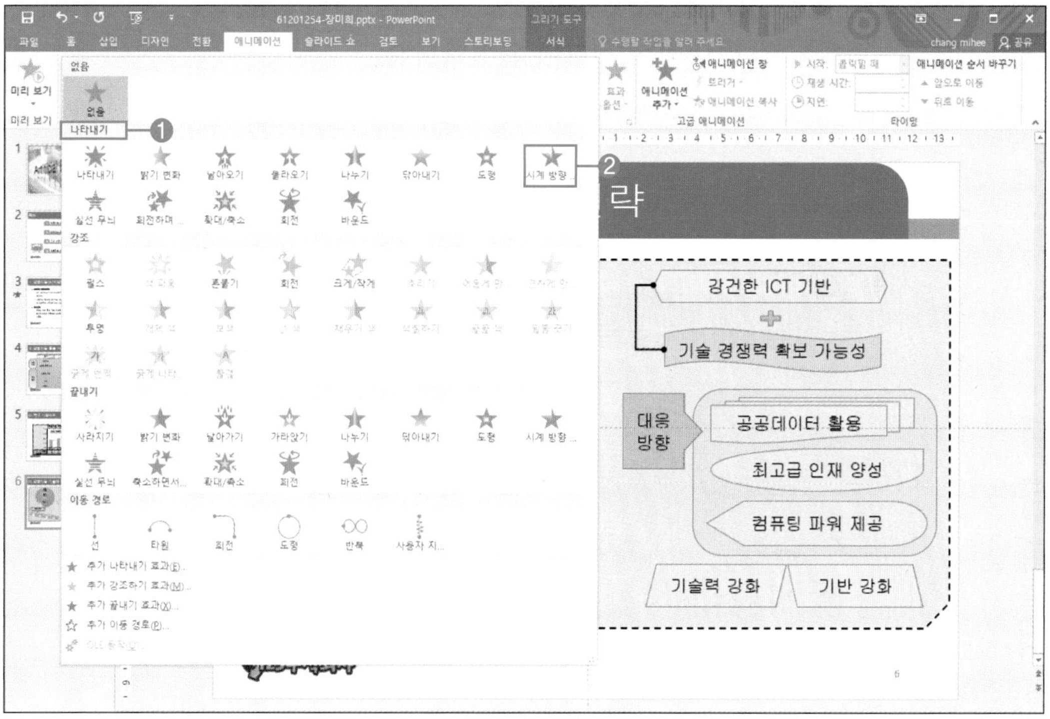

03 ❶오른쪽의 그룹 도형을 선택한 후 ❷[애니메이션] 탭의 [애니메이션] 그룹에서 ❸'자세히' 단추를 클릭합니다. ❶[나타내기]의 '실선 무늬'를 선택합니다.

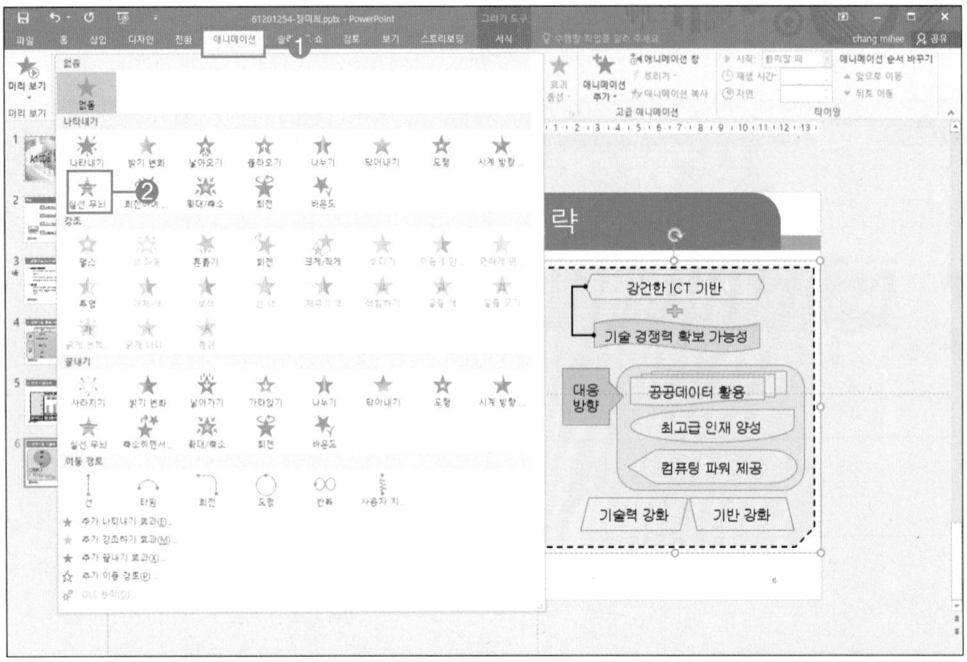

Tip

[나타내기]에 없는 애니메이션을 하단의 [추가 나타내기 효과]에서 찾을수 있으며 [나타내기] 또는 [추가 나타내기 효가]에 없으면 [강조] 애니메이션에서 찾아보세요.

04 적용된 애니메이션의 효과 옵션을 변경하기 위해 ❶[애니메이션] 탭의 [애니메이션] 그룹에서 ❷[효과 옵션]을 클릭하고 ❸'세로'를 선택하여 완성합니다.

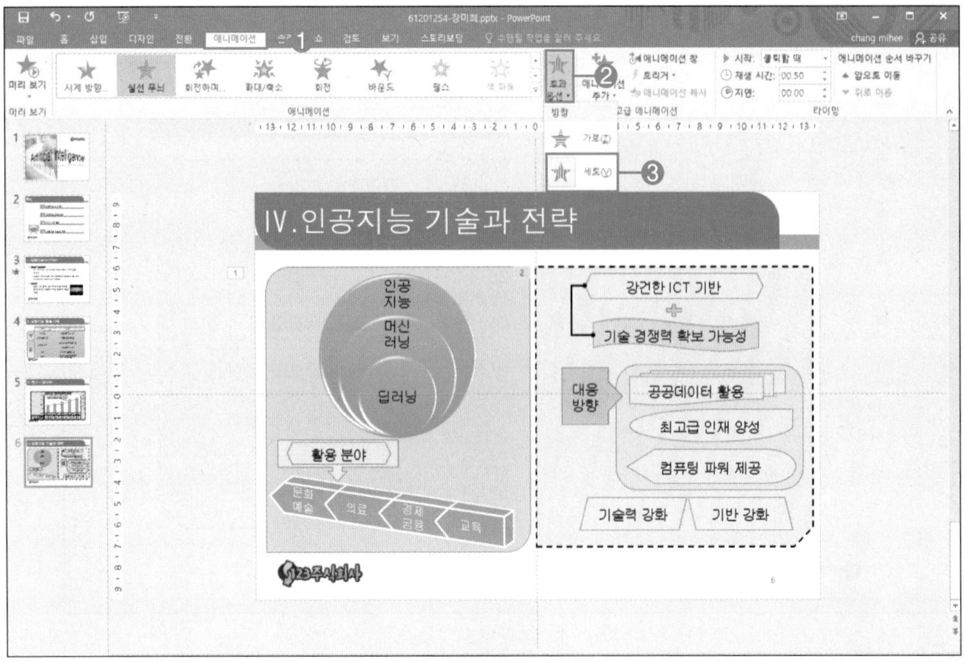

05 애니메이션을 재생해 봅니다. ❶[애니메이션] 탭의 ❷[고급 애니메이션] 그룹에서 '애니메이션 창'을 클릭합니다. ❸오른쪽 '애니메이션 창'에서 '모두 재생'을 클릭하여 애니메이션 순서가 맞는지 또는 그룹화에서 빠진 도형이 있는지 확인합니다.

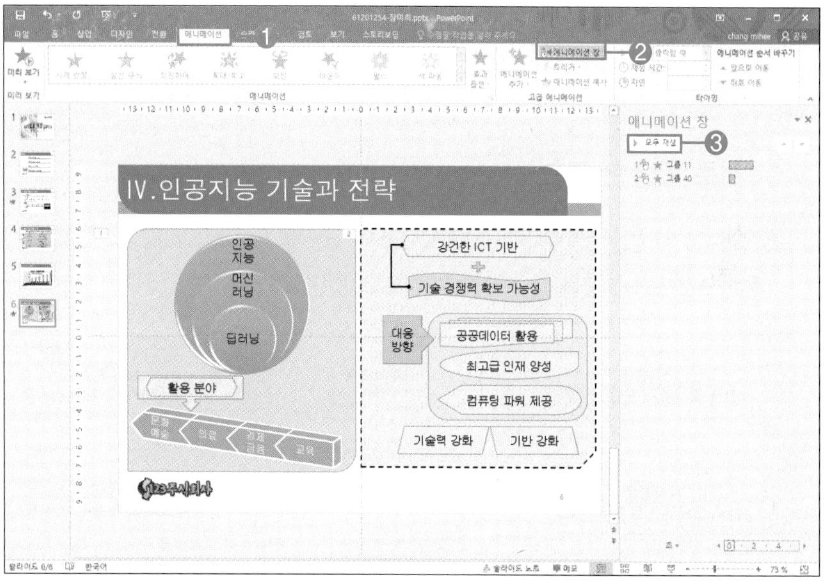

06 애니메이션은 순서에 따라 ❶번과 ❷번의 번호가 표시됩니다. 순서가 바뀌었다면 ❶애니메이션을 선택한 후 ❹'위로' 또는 '아래'단추를 눌러 순서를 변경합니다.

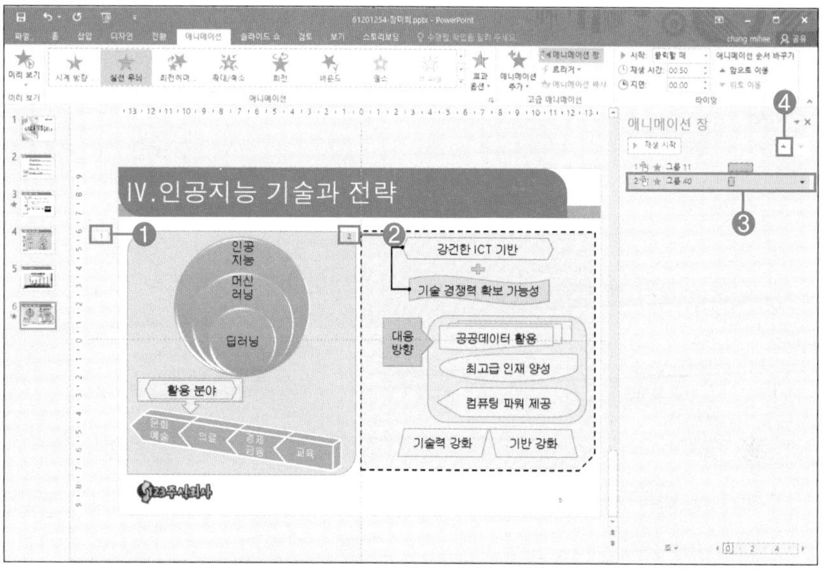

Tip

애니메이션을 삭제하려면 [애니메이션 창]에서 삭제할 애니메이션을 선택한 후 목록 단추를 클릭하여 '제거'를 선택합니다.

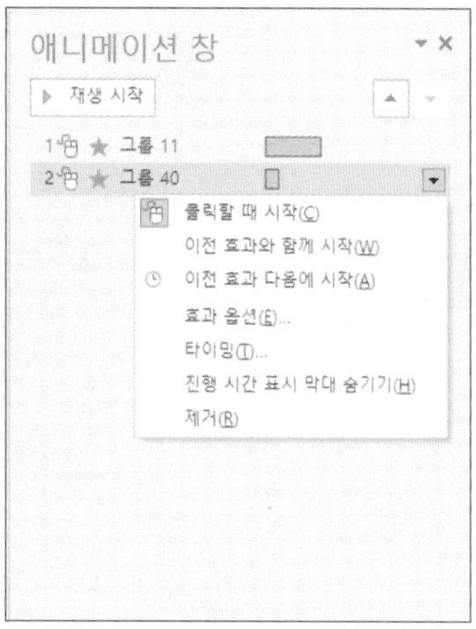

Level UP!

○ 서로 비슷한 도형

❶ '사각형'의 '한쪽 모서리가 잘린 사각형'과 '순서도'의 '카드'입니다. '한쪽 모서리가 잘린 사각형'은 노란 조절점이 있으며 왼쪽으로 드래그했을 때 '순서도의 카드'와 빗면이 다릅니다.

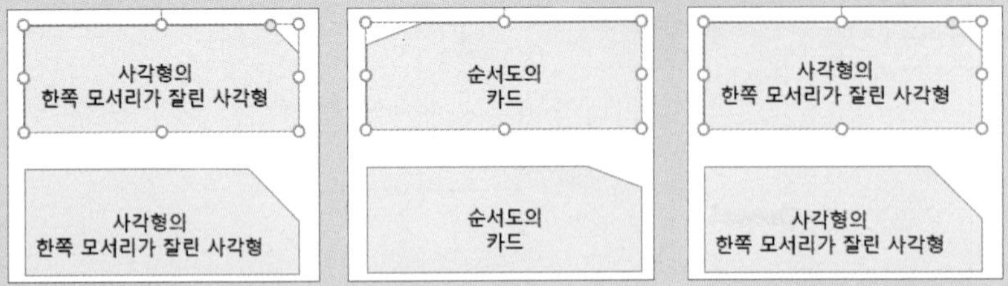

❷ '기본 도형의 원통형'과 '순서도의 자기 디스크'의 차이점은 노란색 조절점의 유무와 원형 부분의 색이 다릅니다. '순서도의 직접 엑세스 저장소'를 원통형처럼 회전하면 텍스트도 회전됩니다.

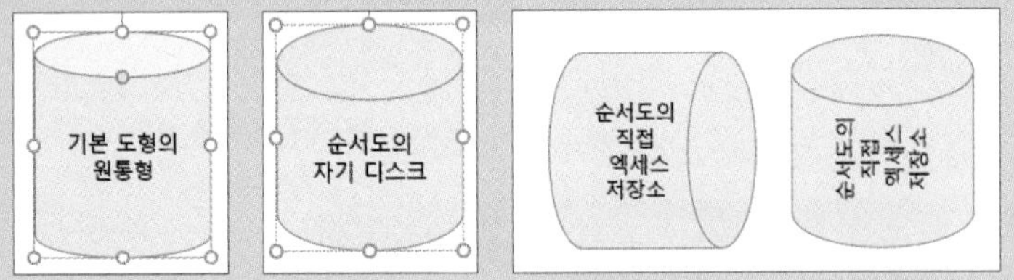

❸ 다음 도형의 차이점은 오목하고 볼록한 부분의 위치입니다.

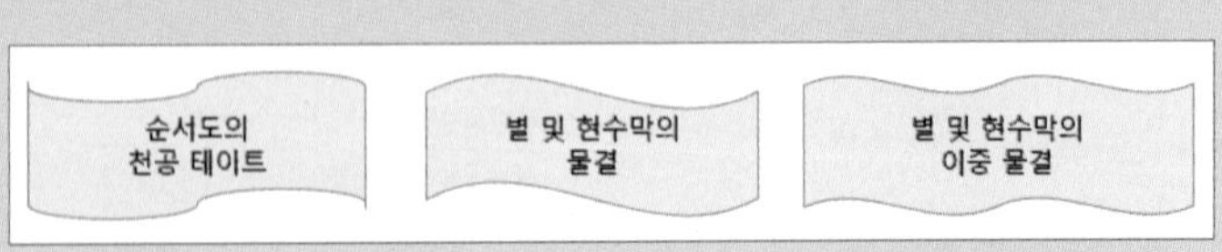

❹ 다음 도형은 서로 비슷하나 회전을 했을 때 텍스트가 같이 회전됩니다. 사다리꼴을 회전했지만 텍스트는 정상이라면 사다리꼴이 아닌 순서도 도형이며 길게 크기를 조절했을 때 빗면 경사도가 다릅니다.

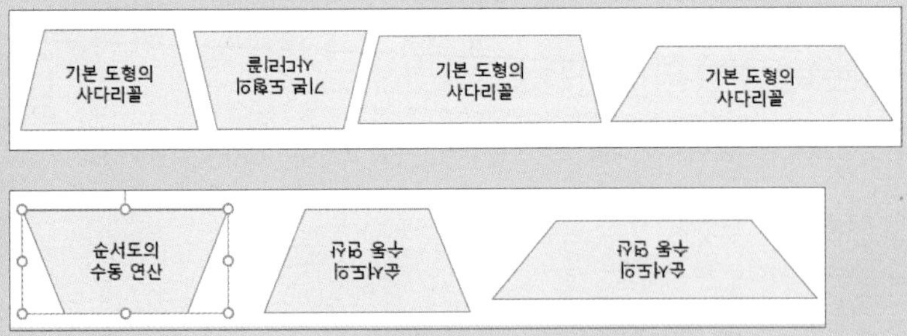

❺ '기본 도형의 구름'과 '설명선의 구름 모양 설명선'입니다. 구름 아래에 꼬리가 있는지 확인합니다.

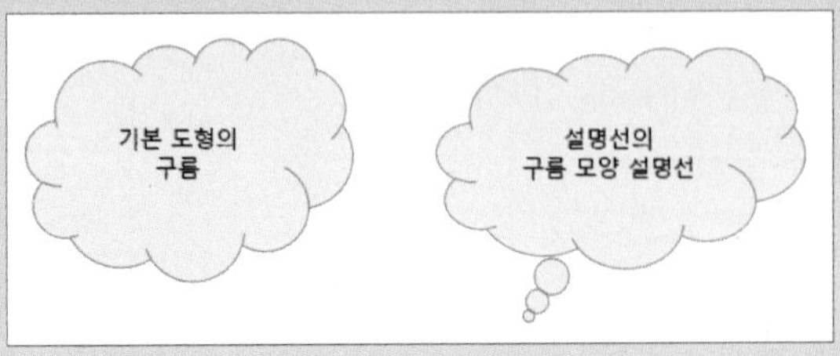

Level UP!

틀리기 쉬운 도형

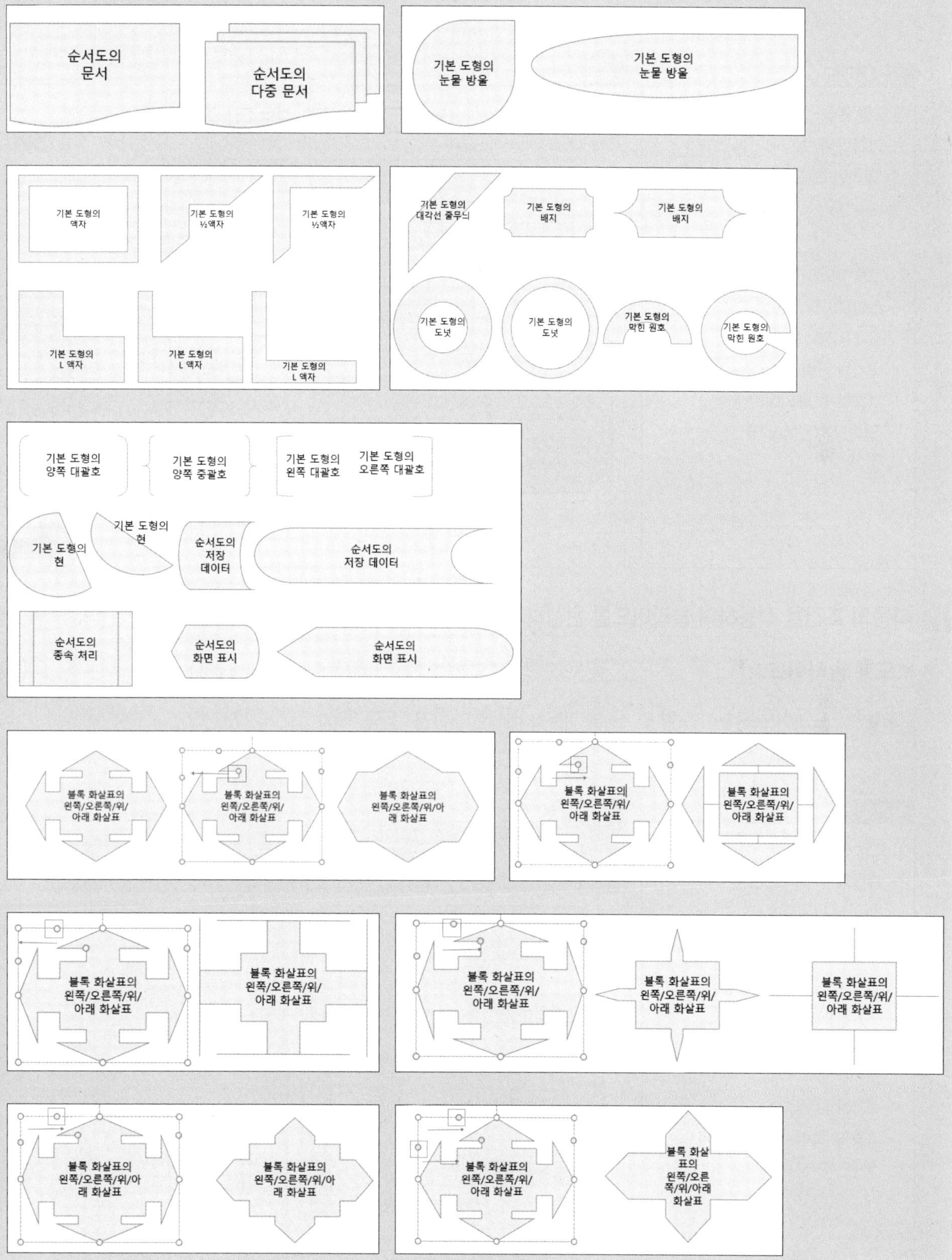

01 다음의 조건을 적용하여 슬라이드를 완성하시오.

■ ■ 예제 : 실력팡팡₩7.도형슬라이드₩도형1.pptx

≪도형 슬라이드≫ (100점)

조건 (1) 슬라이드와 같이 도형 및 스마트아트를 배치한다(글꼴 : 굴림, 18pt).
(2) 애니메이션 순서 : ① ⇒ ②

세부조건

① 도형 편집
– 그룹화 후 애니메이션 효과
: 블라인드(세로)

② 도형 및 스마트아트 편집
– 스마트아트 디자인
: 3차원 광택처리,
3차원 만화
– 그룹화 후 애니메이션 효과
: 날아오기(왼쪽에서)

출력형태

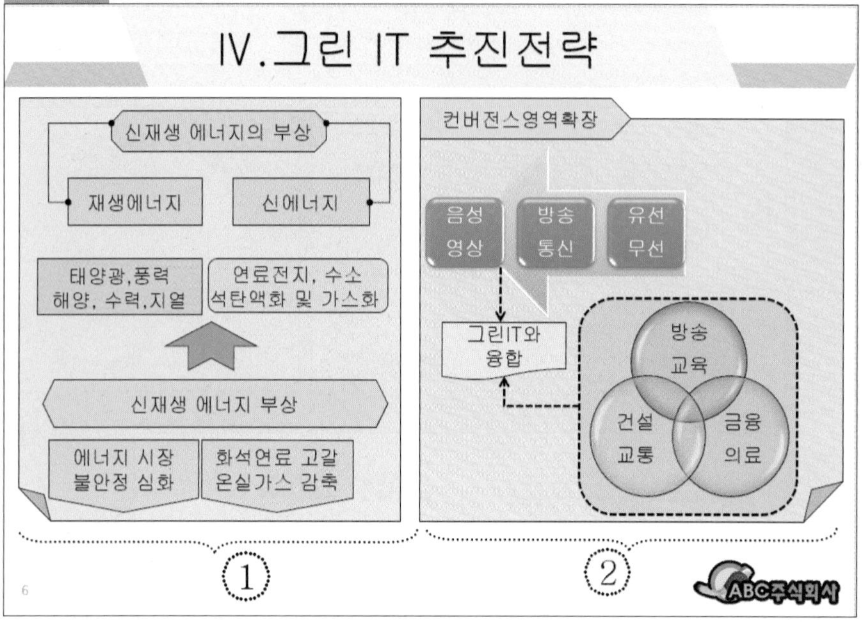

02 다음의 조건을 적용하여 슬라이드를 완성하시오.

■ ■ 예제 : 실력팡팡₩7.도형슬라이드₩도형2.pptx

≪도형 슬라이드≫ (100점)

조건 (1) 슬라이드와 같이 도형 및 스마트아트를 배치한다(글꼴 : 돋움, 18pt).
(2) 애니메이션 순서 : ① ⇒ ②

세부조건

① 도형 편집
– 그룹화 후 애니메이션 효과
: 날아오기(왼쪽에서)

② 도형 및 스마트아트 편집
– 스마트아트 디자인
: 3차원 경사,
3차원 파우더
– 그룹화 후 애니메이션 효과
: 회전

출력형태

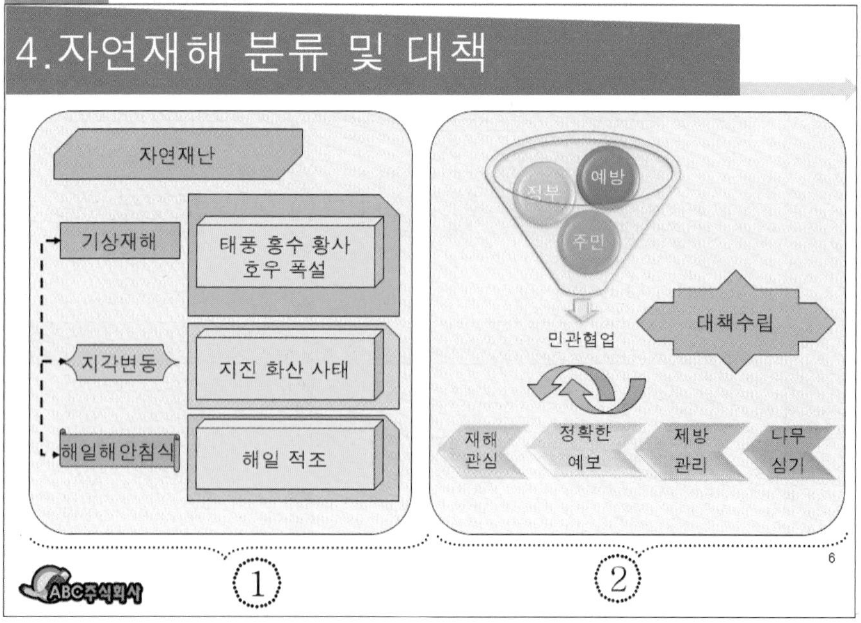

03 다음의 조건을 적용하여 슬라이드를 완성하시오.

■ ■ 예제 : 실력팡팡₩7.도형슬라이드₩도형3.pptx

≪도형 슬라이드≫ (100점)

조건 (1) 슬라이드와 같이 도형 및 스마트아트를 배치한다(글꼴 : 굴림, 18pt).
(2) 애니메이션 순서 : ① ⇒ ②

세부조건

① 도형 및 스마트아트 편집
- 스마트아트 디자인
  : 3차원 광택처리,
  3차원 벽돌
- 그룹화 후 애니메이션 효과
  : 닦아내기(위에서)

② 도형 편집
- 그룹화 후 애니메이션 효과
  : 바운드

출력형태

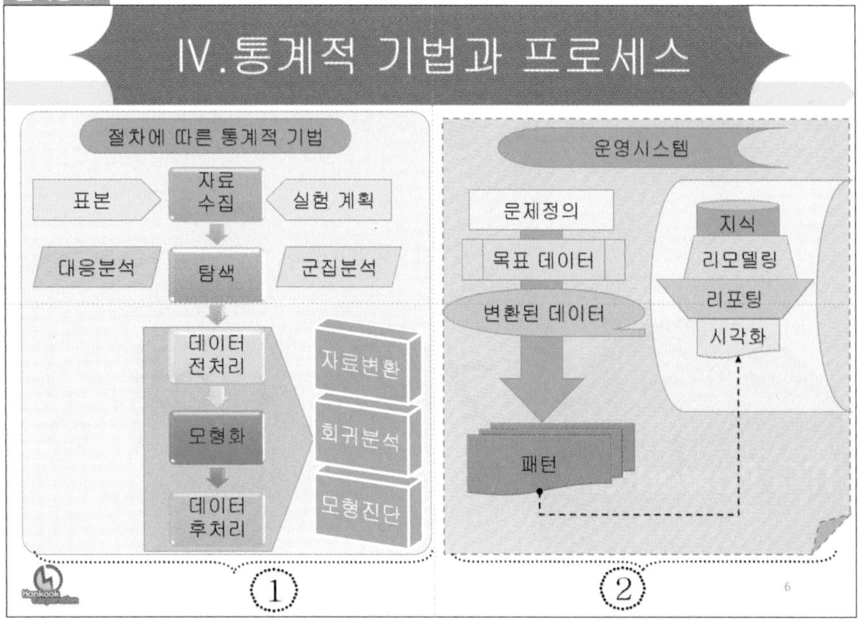

04 다음의 조건을 적용하여 슬라이드를 완성하시오.

■ ■ 예제 : 실력팡팡₩7.도형슬라이드₩도형4.pptx

≪도형 슬라이드≫ (100점)

조건 (1) 슬라이드와 같이 도형 및 스마트아트를 배치한다(글꼴 : 굴림, 18pt).
(2) 애니메이션 순서 : ① ⇒ ②

세부조건

① 도형 및 스마트아트 편집
- 스마트아트 디자인
  : 3차원 조감도
  강한 효과
- 그룹화 후 애니메이션 효과
  : 회전하며 밝기 변화

② 도형 편집
- 그룹화 후 애니메이션 효과
  : 깜빡이기

출력형태

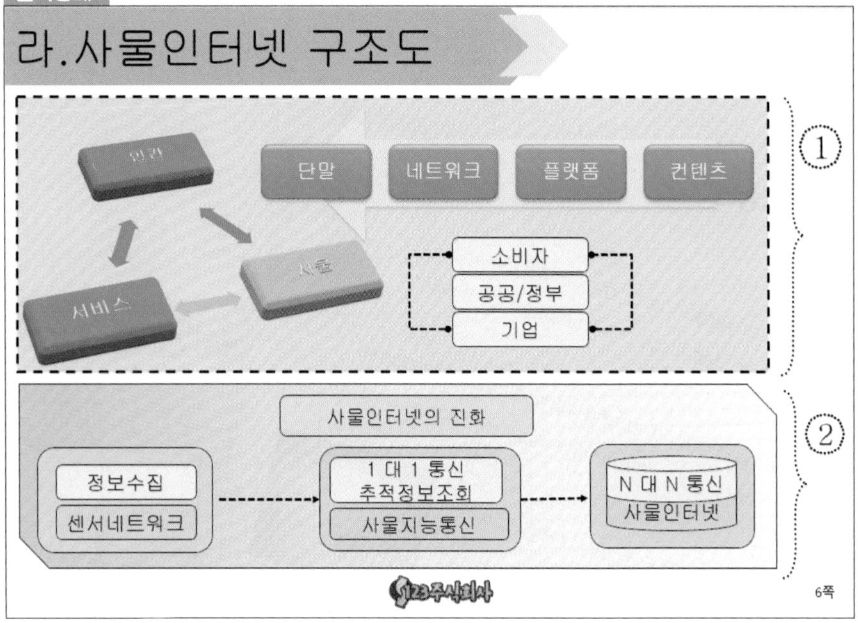

ITQ PowerPoint

기출·예상 문제 15회

POWERPO

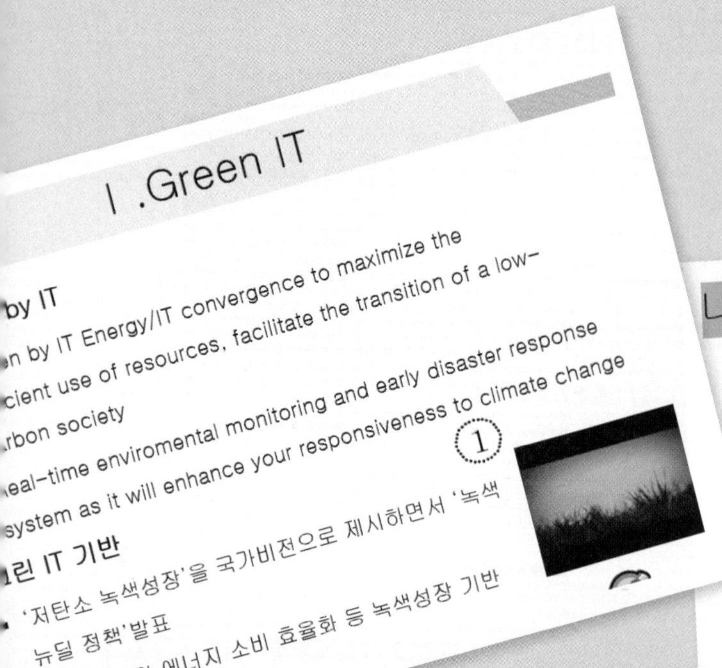

Ⅰ.Green IT
by IT
n by IT Energy/IT convergence to maximize the
cient use of resources, facilitate the transition of a low-
rbon society
eal-time enviromental monitoring and early disaster response
system as it will enhance your responsiveness to climate change
린 IT 기반
'저탄소 녹색성장'을 국가비전으로 제시하면서 '녹색
뉴딜 정책'발표
환경문제 및 에너지 소비 효율화 등 녹색성장 기반
①

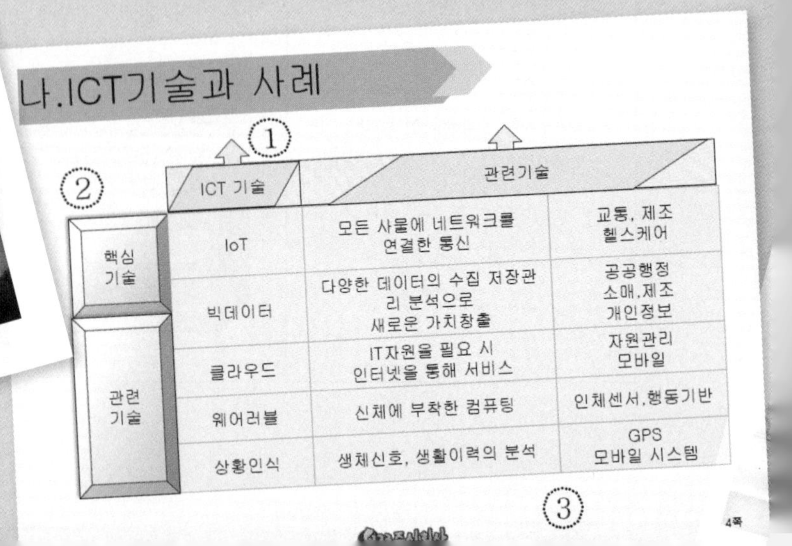

나.ICT기술과 사례
①
②
ICT 기술
관련기술
핵심 기술
관련 기술
IoT
모든 사물에 네트워크를 연결한 통신
교통, 제조 헬스케어
빅데이터
다양한 데이터의 수집 저장관리 분석으로 새로운 가치창출
공공행정 소매,제조 개인정보
클라우드
IT자원을 필요 시 인터넷을 통해 서비스
자원관리 모바일
웨어러블
신체에 부착한 컴퓨팅
인체센서,행동기반
상황인식
생체신호, 생활이력의 분석
GPS 모바일 시스템
③

NT 2016

123주식회사 ③
Vision of Green IT ②
4. 자연재해 분류 및 대책
자연재난
기상재해
태풍 홍수 황사
호우 폭설
지각변동
지진 화산 사태
해일해안침식
해일 적조
대책수립
민관협업
재해
관심
정확한
예보
제방
관리
나무
심기
①
②
6

제1회 정보기술자격(ITQ) 시험

과 목	코 드	문제유형	시험시간	수험번호	성 명
한글파워포인트	1142	B	60분		

수험자 유의사항

- 수험자는 문제지를 받는 즉시 문제지와 **수험표상의 시험과목(프로그램)이 동일한지 반드시 확인**하여야 합니다.
- 파일명은 본인의 "수험번호-성명"으로 입력하여 답안폴더(내 PC₩문서₩ITQ)에 하나의 파일로 저장해야 하며, 답안문서 파일명이 "수험번호-성명"과 일치하지 않거나, 답안파일을 전송하지 않아 미제출로 처리될 경우 실격 처리합니다 (예:12345678-홍길동.pptx).
- 답안 작성을 마치면 파일을 저장하고, '답안 전송' 버튼을 선택하여 감독위원 PC로 답안을 전송하십시오. 수험생 정보와 저장한 파일명이 다를 경우 전송되지 않으므로 주의하시기 바랍니다.
- 답안 작성 중에도 **주기적으로 저장하고, '답안 전송'**하여야 문제 발생을 줄일 수 있습니다. 작업한 내용을 저장하지 않고 전송할 경우 이전에 저장된 내용이 전송되오니 이점 유의하시기 바랍니다.
- 답안문서는 지정된 경로 외의 다른 보조기억장치에 저장하는 경우, 지정된 시험 시간 외에 작성된 파일을 활용할 경우, 기타 통신수단(이메일, 메신저, 네트워크 등)을 이용하여 타인에게 전달 또는 외부 반출하는 경우는 부정 처리합니다.
- 시험 중 부주의 또는 고의로 시스템을 파손한 경우는 수험자가 변상해야 하며, 〈수험자 유의사항〉에 기재된 방법대로 이행하지 않아 생기는 불이익은 수험생 당사자의 책임임을 알려 드립니다.
- 문제의 조건은 MS오피스 2016 버전으로 설정되어 있으니 유의하시기 바랍니다.
- 시험을 완료한 수험자는 답안파일이 전송되었는지 확인한 후 감독위원의 지시에 따라 문제지를 제출하고 퇴실합니다.

답안 작성요령

- 온라인 답안 작성 절차
  수험자 등록 ⇒ 시험 시작 ⇒ 답안파일 저장 ⇒ 답안 전송 ⇒ 시험 종료
- 슬라이드의 크기는 A4 Paper로 설정하여 작성합니다.
- 슬라이드의 총 개수는 6개로 구성되어 있으며 슬라이드 1부터 순서대로 작업하고 반드시 문제와 세부 조건대로 합니다.
- 별도의 지시사항이 없는 경우 출력형태를 참조하여 글꼴색은 검정 또는 흰색으로 작성하고, 기타사항은 전체적인 균형을 고려하여 작성합니다.
- 슬라이드 도형 및 개체에 출력형태와 다른 스타일 (그림자 , 외곽선 등)을 적용했을 경우 감점처리 됩니다.
- 슬라이드 번호를 작성합니다(슬라이드 1에는 생략).
- 2~6번 슬라이드 제목 도형과 하단 로고는 슬라이드 마스터를 이용하여 출력형태와 동일하게 작성합니다(슬라이드 1에는 생략).
- 문제와 세부조건, 세부조건 번호 ◌ (점선원)는 입력하지 않습니다.
- 각 개체의 위치는 오른쪽의 슬라이드와 동일하게 구성합니다.
- 그림 삽입 문제의 경우 반드시 「내 PC₩문서₩ITQ₩Picture」 폴더에서 정확한 파일을 선택하여 삽입하십시오.
- 각 슬라이드를 각각의 파일로 작업해서 저장할 경우 실격 처리됩니다.

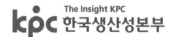

The Insight KPC
kpc 한국생산성본부

전체구성

60점

⑴ 슬라이드 크기 및 순서 : 크기를 A4 용지로 설정하고 슬라이드 순서에 맞게 작성한다.

⑵ 슬라이드 마스터 : 2~6슬라이드의 제목, 하단 로고, 슬라이드 번호는 슬라이드 마스터를 이용하여 작성한다.

– 제목 글꼴(돋움, 40pt, 흰색), 가운데 맞춤, 도형(선 없음)

– 하단 로고(「내 PC₩문서₩ITQ₩Picture₩로고2.jpg」, 배경(회색) 투명색으로 설정)

슬라이드 1 표지 디자인

40점

(1) 표지 디자인 : 도형, 워드아트 및 그림을 이용하여 작성한다.

세부조건

① 도형 편집
- 도형에 그림 채우기 : 「내 PC₩문서₩ITQ₩Picture₩그림2.jpg」, 투명도 30%
- 도형 효과 : (부드러운 가장자리 10포인트)

② 워드아트 삽입
- 변환 : 갈매기형 수장
- 글꼴 : 돋움, 굵게
- 텍스트 반사 : 전체 반사, 8 pt 오프셋

③ 그림 삽입
- 「내 PC₩문서₩ITQ₩Picture₩로고2.jpg」
- 배경(회색) 투명색으로 설정

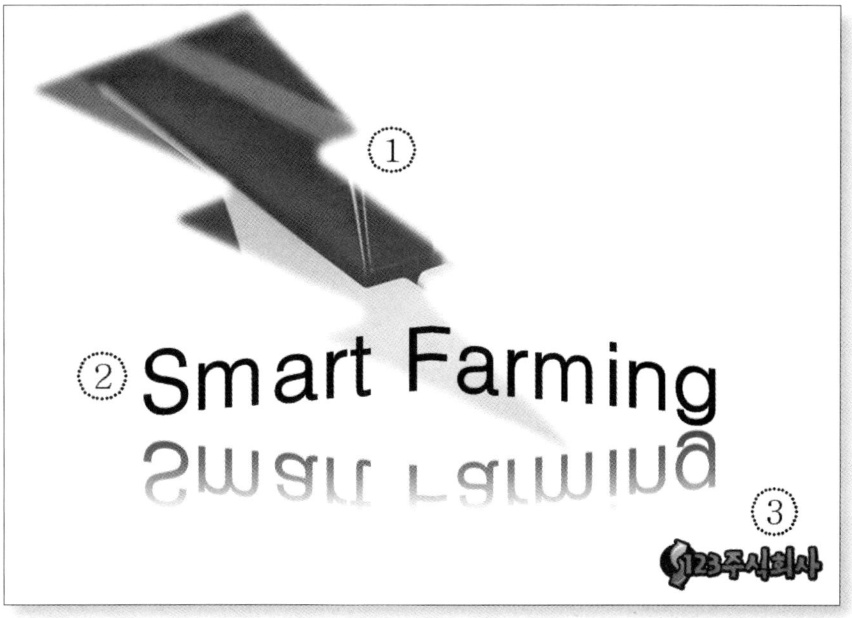

슬라이드 2 목차 슬라이드

60점

(1) 출력형태와 같이 도형을 이용하여 목차를 작성한다(글꼴 : 굴림, 24pt).

(2) 도형 : 선 없음

세부조건

① 텍스트에 하이퍼링크 적용
-> '슬라이드 4'

② 그림 삽입
- 「내 PC₩문서₩ITQ₩Picture₩그림5.jpg」
- 자르기 기능 이용

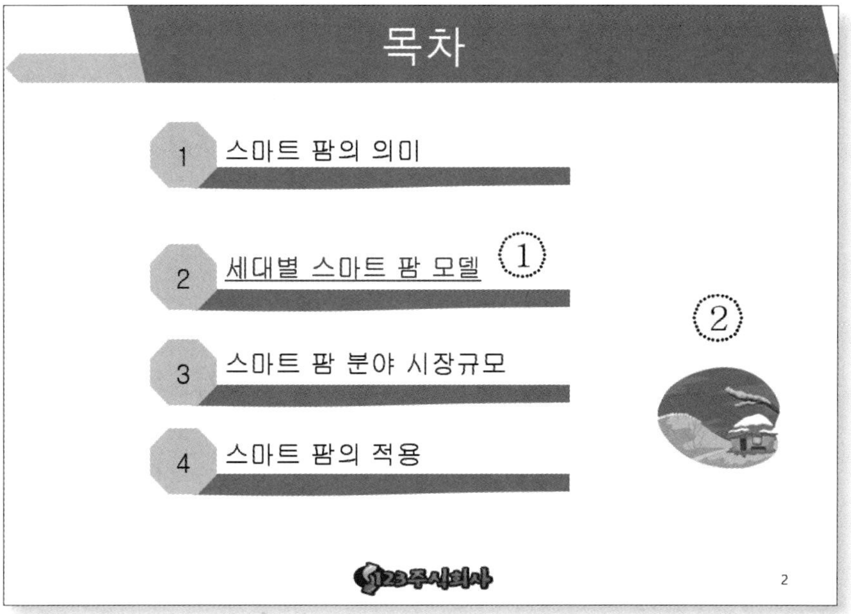

슬라이드 3 텍스트/동영상 슬라이드

60점

(1) 텍스트 작성 : 글머리 기호 사용(❖, ■)

❖문단(굴림, 24pt, 굵게, 줄간격 : 1.5줄), ■문단(굴림, 20pt, 줄간격 : 1.5줄)

세부조건

① 동영상 삽입 :

– 「내 PC₩문서₩ITQ₩Picture₩동영상.wmv」

– 자동실행, 반복재생 설정

1.스마트 팜의 의미

❖ What is Smart Farming?

- Smart Farming represents the application of modern Information and Communication Technologies (ICT) into agriculture, leading to what can be called a Third Green Revolution

①

❖ 스마트 팜 운영원리

- 온실 및 축사 내 온도, 습도, CO2수준 등 생육조건 설정
- 환경정보 모니터링(온도, 습도, 일사량, CO2, 생육환경 등 자동수집)
- 자동 원격 환경관리(냉/난방기 구동, 창문 개폐, CO2, 사료 공급 등)

123주식회사 3

슬라이드 4 표 슬라이드

80점

(1) 도형과 표 작성 기능을 이용하여 슬라이드를 작성한다(글꼴 : 돋움, 18pt).

세부조건

① 상단 도형 :

2개 도형의 조합으로 작성

② 좌측 도형 :

그라데이션 효과(선형 아래쪽)

③ 표 스타일 :

테마 스타일 1 – 강조 3

2.세대별 스마트 팜 모델

①

②

	1세대	2세대	3세대
기본 구성	각종 센서 데이터 수집, 네트워크 연결	지상부 복합환경 제어	복합에너지 관리
	네트워크로부터 제어명령 수신	클라우드 서비스	스마트 농작업 (로봇, 지능형 농기계)
특징	농민이 영상을 통해 직접 원격제어	작물의 지상부/지하부 생육환경을 자동제어	스마트 온실 시스템의 최적의 에너지관리와 로봇 농작업

③

123주식회사 4

슬라이드 5 차트 슬라이드

100점

(1) 차트 작성 기능을 이용하여 슬라이드를 작성한다.

(2) 차트 : 종류(묶은 세로 막대형), 글꼴(돋움, 16pt), 외곽선

세부조건

※ 차트설명

- 차트제목 : 궁서, 24pt, 굵게,
  채우기(흰색), 테두리,
  그림자(오프셋 왼쪽)
- 차트영역 : 채우기(노랑)
  그림영역 : 채우기(흰색)
- 데이터 서식 : 국내시장(억 원) 계열을 표식이 있는 꺾은선형으로 변경 후 보조축으로 지정
- 값 표시 : 2020년의 국내시장(억 원) 계열만

① 도형 삽입
- 스타일 :
  색 채우기 – 파랑, 강조1
- 글꼴 : 돋움, 18pt

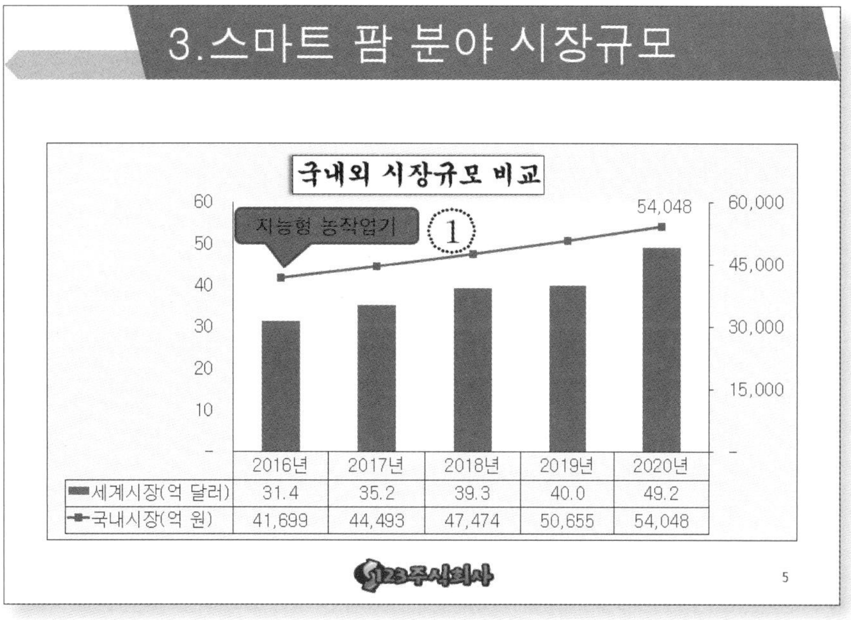

슬라이드 6 도형 슬라이드

100점

(1) 슬라이드와 같이 도형 및 스마트아트를 배치한다(글꼴 : 굴림, 18pt).

(2) 애니메이션 순서 : ① ⇒ ②

세부조건

① 도형 및 스마트아트 편집
- 스마트아트 디자인
  : 3차원 경사, 3차원 만화
- 그룹화 후 애니메이션 효과
  : 흔들기

② 도형 편집
- 그룹화 후 애니메이션 효과
  : 실선 무늬(세로)

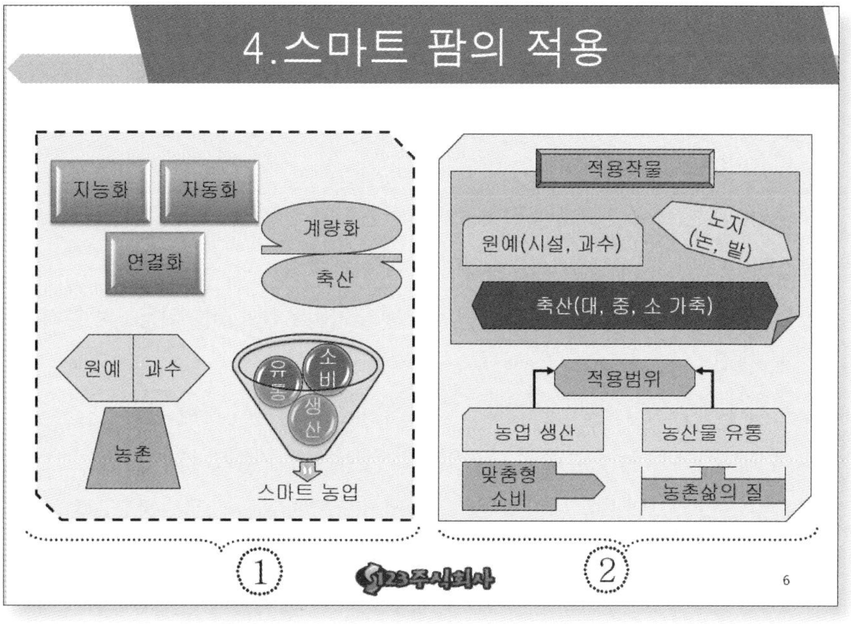

제2회 정보기술자격(ITQ) 시험

과 목	코 드	문제유형	시험시간	수험번호	성 명
한글파워포인트	1142	B	60분		

수험자 유의사항

- 수험자는 문제지를 받는 즉시 문제지와 **수험표상의 시험과목(프로그램)이 동일한지 반드시 확인**하여야 합니다.
- 파일명은 본인의 "수험번호-성명"으로 입력하여 답안폴더(내 PC₩문서₩ITQ)에 하나의 파일로 저장해야 하며, 답안문서 파일명이 "수험번호-성명"과 일치하지 않거나, 답안파일을 전송하지 않아 미제출로 처리될 경우 실격 처리합니다 (예:12345678-홍길동.pptx).
- 답안 작성을 마치면 파일을 저장하고, '답안 전송' 버튼을 선택하여 감독위원 PC로 답안을 전송하십시오. 수험생 정보와 저장한 파일명이 다를 경우 전송되지 않으므로 주의하시기 바랍니다.
- 답안 작성 중에도 **주기적으로 저장하고, '답안 전송'**하여야 문제 발생을 줄일 수 있습니다. 작업한 내용을 저장하지 않고 전송할 경우 이전에 저장된 내용이 전송되오니 이점 유의하시기 바랍니다.
- 답안문서는 지정된 경로 외의 다른 보조기억장치에 저장하는 경우, 지정된 시험 시간 외에 작성된 파일을 활용할 경우, 기타 통신수단(이메일, 메신저, 네트워크 등)을 이용하여 타인에게 전달 또는 외부 반출하는 경우는 부정 처리합니다.
- 시험 중 부주의 또는 고의로 시스템을 파손한 경우는 수험자가 변상해야 하며, 〈수험자 유의사항〉에 기재된 방법대로 이행하지 않아 생기는 불이익은 수험생 당사자의 책임임을 알려 드립니다.
- 문제의 조건은 MS오피스 2016 버전으로 설정되어 있으니 유의하시기 바랍니다.
- 시험을 완료한 수험자는 답안파일이 전송되었는지 확인한 후 감독위원의 지시에 따라 문제지를 제출하고 퇴실합니다.

답안 작성요령

- 온라인 답안 작성 절차
  수험자 등록 ⇒ 시험 시작 ⇒ 답안파일 저장 ⇒ 답안 전송 ⇒ 시험 종료
- 슬라이드의 크기는 A4 Paper로 설정하여 작성합니다.
- 슬라이드의 총 개수는 6개로 구성되어 있으며 슬라이드 1부터 순서대로 작업하고 반드시 문제와 세부 조건대로 합니다.
- 별도의 지시사항이 없는 경우 출력형태를 참조하여 글꼴색은 검정 또는 흰색으로 작성하고, 기타사항은 전체적인 균형을 고려하여 작성합니다.
- 슬라이드 도형 및 개체에 출력형태와 다른 스타일 (그림자 , 외곽선 등)을 적용했을 경우 감점처리 됩니다.
- 슬라이드 번호를 작성합니다(슬라이드 1에는 생략).
- 2~6번 슬라이드 제목 도형과 하단 로고는 슬라이드 마스터를 이용하여 출력형태와 동일하게 작성합니다(슬라이드 1에는 생략).
- 문제와 세부조건, 세부조건 번호 ◌(점선원)는 입력하지 않습니다.
- 각 개체의 위치는 오른쪽의 슬라이드와 동일하게 구성합니다.
- 그림 삽입 문제의 경우 반드시 「내 PC₩문서₩ITQ₩Picture」 폴더에서 정확한 파일을 선택하여 삽입하십시오.
- 각 슬라이드를 각각의 파일로 작업해서 저장할 경우 실격 처리됩니다.

The Insight KPC
kpc 한국생산성본부

전체구성

60점

(1) 슬라이드 크기 및 순서 : 크기를 A4 용지로 설정하고 슬라이드 순서에 맞게 작성한다.

(2) 슬라이드 마스터 : 2~6슬라이드의 제목, 하단 로고, 슬라이드 번호는 슬라이드 마스터를 이용하여 작성한다.

– 제목 글꼴(굴림, 40pt, 흰색), 가운데 맞춤, 도형(선 없음)

– 하단 로고(「내 PC₩문서₩ITQ₩Picture₩로고1.jpg」, 배경(회색) 투명색으로 설정)

슬라이드 1 표지 디자인

40점

(1) 표지 디자인 : 도형, 워드아트 및 그림을 이용하여 작성한다.

세부조건

① 도형 편집
– 도형에 그림 채우기 : 「내 PC₩문서₩ITQ₩Picture₩그림2.jpg」, 투명도 50%
– 도형 효과 : (부드러운 가장자리 5포인트)

② 워드아트 삽입
– 변환 : 휘어 내려가기
– 글꼴 : 돋움, 굵게
– 텍스트 반사 : 전체 반사, 8 pt 오프셋

③ 그림 삽입
– 「내 PC₩문서₩ITQ₩Picture₩로고2.jpg」
– 배경(회색) 투명색으로 설정

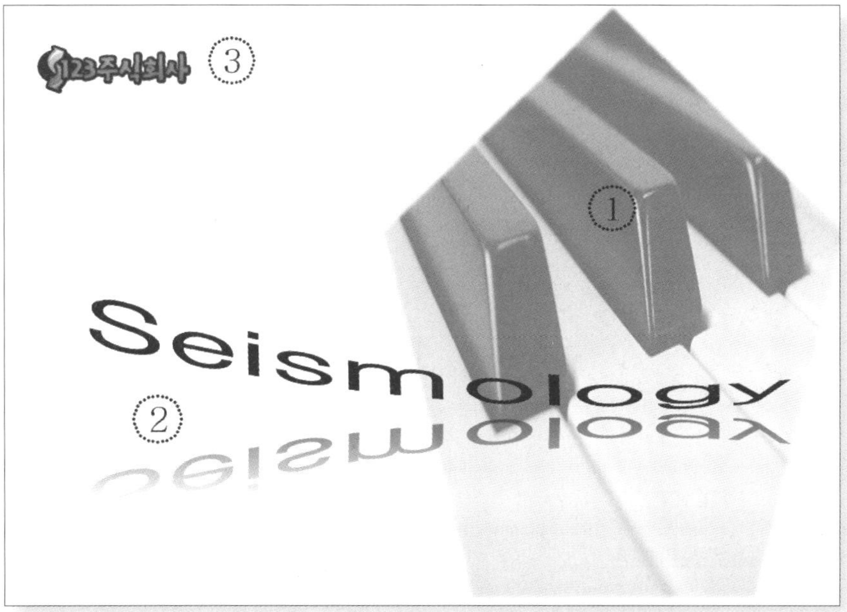

슬라이드 2 목차 슬라이드

60점

(1) 출력형태와 같이 도형을 이용하여 목차를 작성한다(글꼴 : 굴림, 24pt).

(2) 도형 : 선 없음

세부조건

① 텍스트에 하이퍼링크 적용
–> '슬라이드 4'

② 그림 삽입
– 「내 PC₩문서₩ITQ₩Picture₩그림5.jpg」
– 자르기 기능 이용

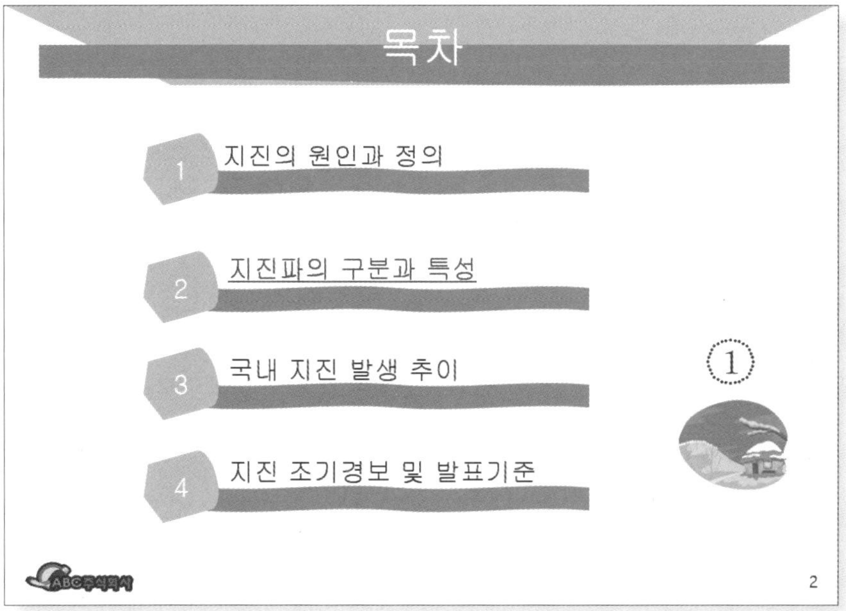

슬라이드 3 텍스트/동영상 슬라이드

60점

(1) 텍스트 작성 : 글머리 기호 사용(❖, ▪)

❖ 문단(굴림, 24pt, 굵게, 줄간격 : 1.5줄), ▪ 문단(굴림, 20pt, 줄간격 : 1.5줄)

세부조건

① 동영상 삽입 :

- 「내 PC₩문서₩ITQ₩Picture₩동영상.wmv」
- 자동실행, 반복재생 설정

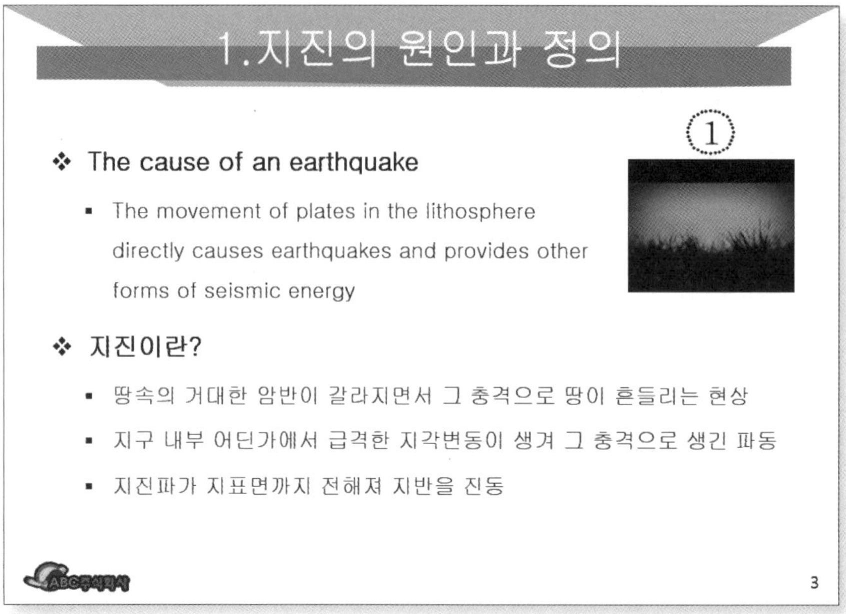

1.지진의 원인과 정의
①
❖ The cause of an earthquake
▪ The movement of plates in the lithosphere directly causes earthquakes and provides other forms of seismic energy
❖ 지진이란?
▪ 땅속의 거대한 암반이 갈라지면서 그 충격으로 땅이 흔들리는 현상
▪ 지구 내부 어딘가에서 급격한 지각변동이 생겨 그 충격으로 생긴 파동
▪ 지진파가 지표면까지 전해져 지반을 진동
ABC주식회사
3

슬라이드 4 표 슬라이드

80점

(1) 도형과 표 작성 기능을 이용하여 슬라이드를 작성한다(글꼴 : 돋움, 18pt).

세부조건

① 상단 도형 :
2개 도형의 조합으로 작성

② 좌측 도형 :
그라데이션 효과(선형 아래쪽)

③ 표 스타일 :
테마 스타일 1 – 강조 3

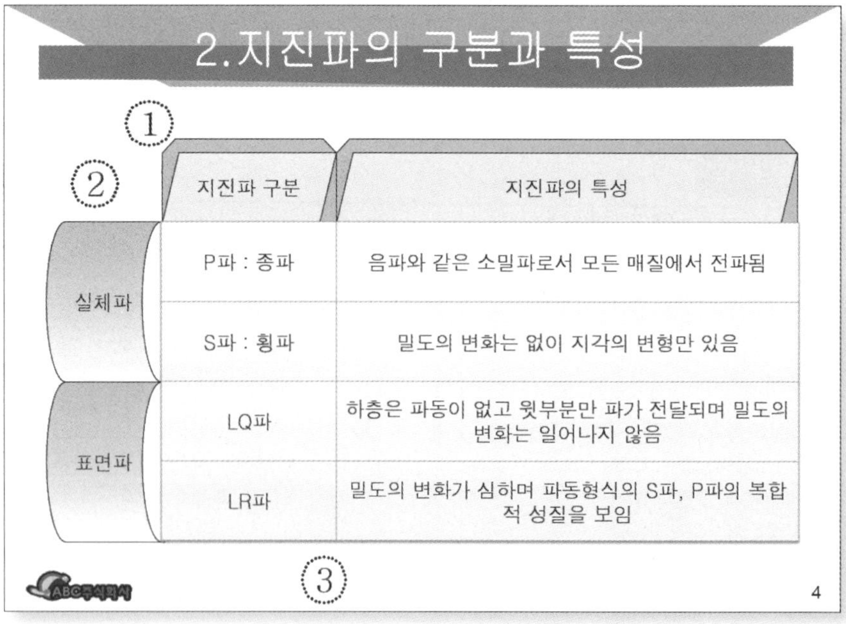

2.지진파의 구분과 특성
①
②
지진파 구분
지진파의 특성
실체파
P파 : 종파
음파와 같은 소밀파로서 모든 매질에서 전파됨
S파 : 횡파
밀도의 변화는 없이 지각의 변형만 있음
표면파
LQ파
하층은 파동이 없고 윗부분만 파가 전달되며 밀도의 변화는 일어나지 않음
LR파
밀도의 변화가 심하며 파동형식의 S파, P파의 복합적 성질을 보임
③
ABC주식회사
4

슬라이드 5 차트 슬라이드

100점

(1) 차트 작성 기능을 이용하여 슬라이드를 작성한다.

(2) 차트 : 종류(묶은 세로 막대형), 글꼴(돋움, 16pt), 외곽선

세부조건

※ 차트설명

- 차트제목 : 궁서, 24pt, 굵게, 채우기(흰색), 테두리, 그림자(오프셋 왼쪽)
- 차트영역 : 채우기(노랑)
  그림영역 : 채우기(흰색)
- 데이터 서식 : 유감횟수 계열을 표식이 있는 꺾은선형으로 변경 후 보조축으로 지정
- 값 표시 : 2018년의 유감횟수 계열만

① 도형 삽입
- 스타일 : 강한 효과 – 빨강, 강조2
- 글꼴 : 돋움, 18pt

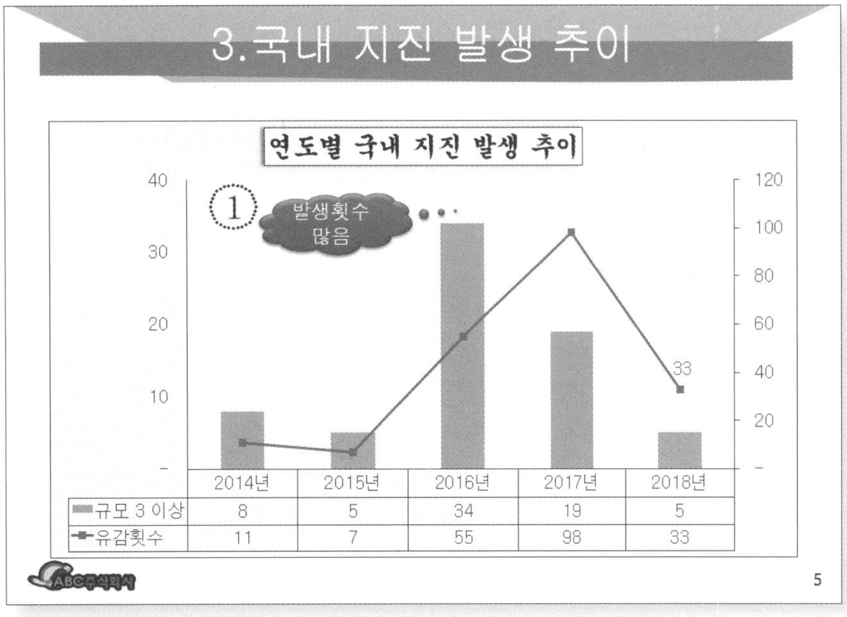

슬라이드 6 도형 슬라이드

100점

(1) 슬라이드와 같이 도형 및 스마트아트를 배치한다(글꼴 : 굴림, 18pt).

(2) 애니메이션 순서 : ① ⇒ ②

세부조건

① 도형 및 스마트아트 편집
- 스마트아트 디자인
  : 3차원 경사, 3차원 만화
- 그룹화 후 애니메이션 효과
  : 흔들기

② 도형 편집
- 그룹화 후 애니메이션 효과
  : 실선 무늬(세로)

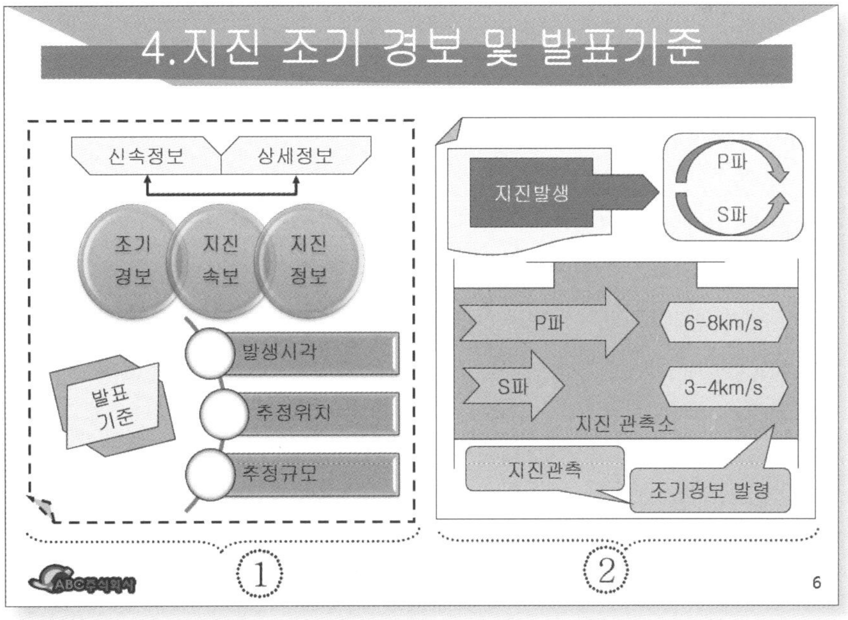

제3회 정보기술자격(ITQ) 시험

과 목	코 드	문제유형	시험시간	수험번호	성 명
한글파워포인트	1142	B	60분		

수험자 유의사항

- 수험자는 문제지를 받는 즉시 문제지와 **수험표상의 시험과목(프로그램)이 동일한지 반드시 확인**하여야 합니다.
- 파일명은 본인의 "수험번호-성명"으로 입력하여 답안폴더(내 PC₩문서₩ITQ)에 하나의 파일로 저장해야 하며, 답안문서 파일명이 "수험번호-성명"과 일치하지 않거나, 답안파일을 전송하지 않아 미제출로 처리될 경우 실격 처리합니다 (예:12345678-홍길동.pptx).
- 답안 작성을 마치면 파일을 저장하고, '답안 전송' 버튼을 선택하여 감독위원 PC로 답안을 전송하십시오. 수험생 정보와 저장한 파일명이 다를 경우 전송되지 않으므로 주의하시기 바랍니다.
- 답안 작성 중에도 **주기적으로 저장하고, '답안 전송'**하여야 문제 발생을 줄일 수 있습니다. 작업한 내용을 저장하지 않고 전송할 경우 이전에 저장된 내용이 전송되오니 이점 유의하시기 바랍니다.
- 답안문서는 지정된 경로 외의 다른 보조기억장치에 저장하는 경우, 지정된 시험 시간 외에 작성된 파일을 활용할 경우, 기타 통신수단(이메일, 메신저, 네트워크 등)을 이용하여 타인에게 전달 또는 외부 반출하는 경우는 부정 처리합니다.
- 시험 중 부주의 또는 고의로 시스템을 파손한 경우는 수험자가 변상해야 하며, 〈수험자 유의사항〉에 기재된 방법대로 이행하지 않아 생기는 불이익은 수험생 당사자의 책임임을 알려 드립니다.
- 문제의 조건은 MS오피스 2016 버전으로 설정되어 있으니 유의하시기 바랍니다.
- 시험을 완료한 수험자는 답안파일이 전송되었는지 확인한 후 감독위원의 지시에 따라 문제지를 제출하고 퇴실합니다.

답안 작성요령

- 온라인 답안 작성 절차
  수험자 등록 ⇒ 시험 시작 ⇒ 답안파일 저장 ⇒ 답안 전송 ⇒ 시험 종료
- 슬라이드의 크기는 A4 Paper로 설정하여 작성합니다.
- 슬라이드의 총 개수는 6개로 구성되어 있으며 슬라이드 1부터 순서대로 작업하고 반드시 문제와 세부 조건대로 합니다.
- 별도의 지시사항이 없는 경우 출력형태를 참조하여 글꼴색은 검정 또는 흰색으로 작성하고, 기타사항은 전체적인 균형을 고려하여 작성합니다.
- 슬라이드 도형 및 개체에 출력형태와 다른 스타일 (그림자 , 외곽선 등)을 적용했을 경우 감점처리 됩니다.
- 슬라이드 번호를 작성합니다(슬라이드 1에는 생략).
- 2~6번 슬라이드 제목 도형과 하단 로고는 슬라이드 마스터를 이용하여 출력형태와 동일하게 작성합니다(슬라이드 1에는 생략).
- 문제와 세부조건, 세부조건 번호 ◌(점선원)는 입력하지 않습니다.
- 각 개체의 위치는 오른쪽의 슬라이드와 동일하게 구성합니다.
- 그림 삽입 문제의 경우 반드시 「내 PC₩문서₩ITQ₩Picture」 폴더에서 정확한 파일을 선택하여 삽입하십시오.
- 각 슬라이드를 각각의 파일로 작업해서 저장할 경우 실격 처리됩니다.

The Insight KPC
kpc 한국생산성본부

전체구성

60점

(1) 슬라이드 크기 및 순서 : 크기를 A4 용지로 설정하고 슬라이드 순서에 맞게 작성한다.

(2) 슬라이드 마스터 : 2~6슬라이드의 제목, 하단 로고, 슬라이드 번호는 슬라이드 마스터를 이용하여 작성한다.

- 제목 글꼴(굴림, 40pt, 검정), 가운데 맞춤, 도형(선 없음)
- 하단 로고(「내 PC₩문서₩ITQ₩Picture₩로고1.jpg」, 배경(회색) 투명색으로 설정)

슬라이드 1 표지 디자인

40점

(1) 표지 디자인 : 도형, 워드아트 및 그림을 이용하여 작성한다.

세부조건

① 도형 편집
- 도형에 그림 채우기 : 「내 PC₩문서₩ITQ₩Picture₩그림3.jpg」, 투명도 50%
- 도형 효과 : (부드러운 가장자리 5포인트)

② 워드아트 삽입
- 변환 : 갈매기형 수장
- 글꼴 : 돋움, 굵게
- 텍스트 반사 : 전체 반사, 8 pt 오프셋

③ 그림 삽입
- 「내 PC₩문서₩ITQ₩Picture₩로고2.jpg」
- 배경(회색) 투명색으로 설정

슬라이드 2 목차 슬라이드

60점

(1) 출력형태와 같이 도형을 이용하여 목차를 작성한다(글꼴 : 굴림, 24pt).

(2) 도형 : 선 없음

세부조건

① 텍스트에 하이퍼링크 적용
-> '슬라이드 4'

② 그림 삽입
- 「내 PC₩문서₩ITQ₩Picture₩그림5.jpg」
- 자르기 기능 이용

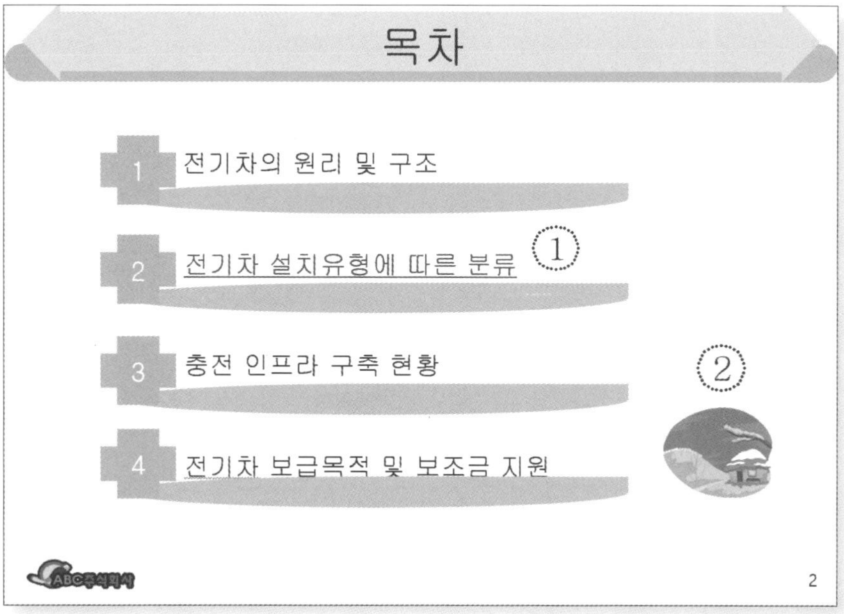

슬라이드 3 텍스트/동영상 슬라이드

60점

(1) 텍스트 작성 : 글머리 기호 사용(❖, ▪)

❖ 문단(굴림, 24pt, 굵게, 줄간격 : 1.5줄), ▪ 문단(굴림, 20pt, 줄간격 : 1.5줄)

세부조건

① 동영상 삽입 :
- 「내 PC₩문서₩ITQ₩Picture₩동영상.wmv」
- 자동실행, 반복재생 설정

1.전기차의 원리 및 구조
❖ 전기차 내부구조
▪ 급속충전기는 충전까지 30분 정도 소요
▪ 배터리에서 공급되는 전기에너지만을 동력원으로 전기모터를 구동
▪ 제동 횟수가 많은 도심에서 에너지 효율성 극대화
①
❖ Principles of Electric Cars
▪ Electric cars are vehicles that produce drive by supplying electric energy from high voltage batteries to electric motors
ABC주식회사
3

슬라이드 4 표 슬라이드

80점

(1) 도형과 표 작성 기능을 이용하여 슬라이드를 작성한다(글꼴 : 돋움, 18pt).

세부조건

① 상단 도형 :
2개 도형의 조합으로 작성

② 좌측 도형 :
그라데이션 효과(선형 아래쪽)

③ 표 스타일 :
테마 스타일 1 – 강조 3

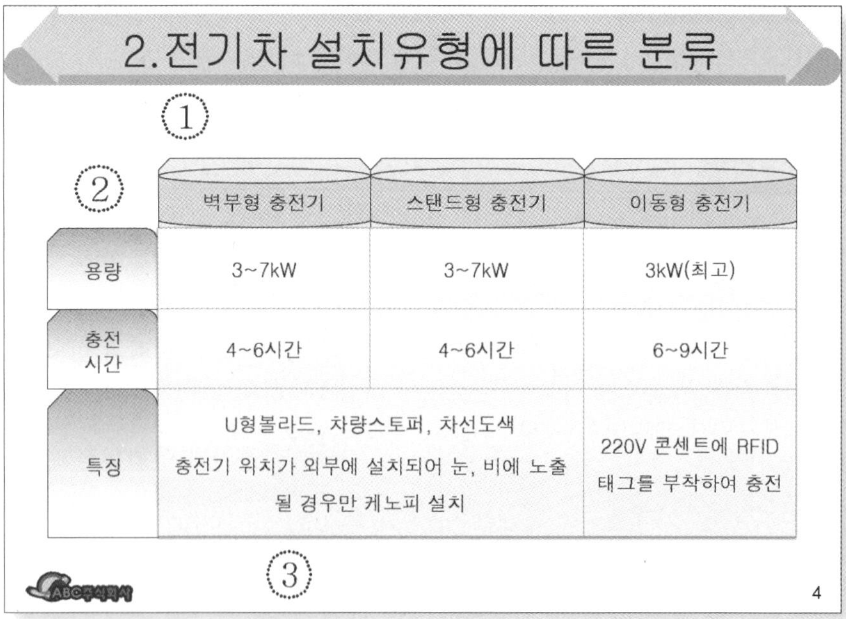

	벽부형 충전기	스탠드형 충전기	이동형 충전기
용량	3~7kW	3~7kW	3kW(최고)
충전 시간	4~6시간	4~6시간	6~9시간
특징	U형볼라드, 차량스토퍼, 차선도색 충전기 위치가 외부에 설치되어 눈, 비에 노출될 경우만 케노피 설치		220V 콘센트에 RFID 태그를 부착하여 충전

슬라이드 5 차트 슬라이드

100점

(1) 차트 작성 기능을 이용하여 슬라이드를 작성한다.

(2) 차트 : 종류(묶은 세로 막대형), 글꼴(돋움, 16pt), 외곽선

세부조건

※ 차트설명

- 차트제목 : 궁서, 24pt, 굵게,
  채우기(흰색), 테두리,
  그림자(오프셋 왼쪽)
- 차트영역 : 채우기(노랑)
  그림영역 : 채우기(흰색)
- 데이터 서식 : 2016년 계열을 표식이 있는 꺾은선형으로 변경 후 보조축으로 지정
- 값 표시 : 전라권의 2016년 계열만

① 도형 삽입

- 스타일 :
  미세 효과 – 황록색, 강조3
- 글꼴 : 돋움, 18pt

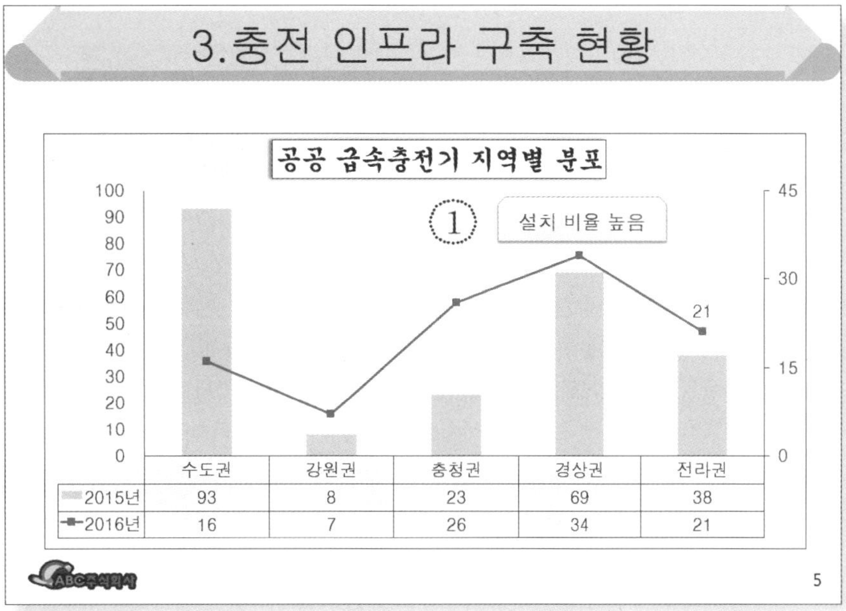

슬라이드 6 도형 슬라이드

100점

(1) 슬라이드와 같이 도형 및 스마트아트를 배치한다(글꼴 : 굴림, 18pt).

(2) 애니메이션 순서 : ① ⇒ ②

세부조건

① 도형 및 스마트아트 편집

- 스마트아트 디자인
  : 3차원 경사, 3차원 만화
- 그룹화 후 애니메이션 효과
  : 펄스

② 도형 편집

- 그룹화 후 애니메이션 효과
  : 실선 무늬(세로)

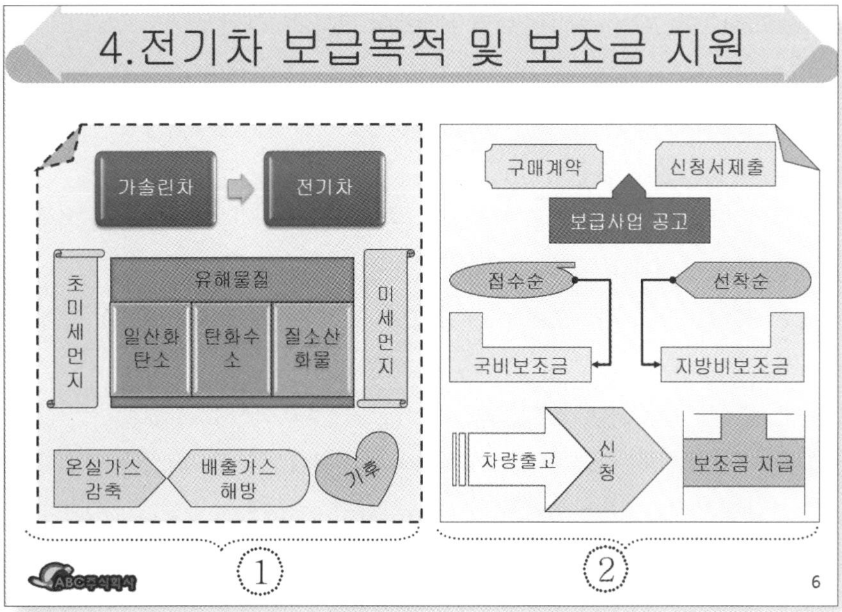

제4회 정보기술자격(ITQ) 시험

과 목	코 드	문제유형	시험시간	수험번호	성 명
한글파워포인트	1142	B	60분		

수험자 유의사항

- 수험자는 문제지를 받는 즉시 문제지와 **수험표상의 시험과목(프로그램)이 동일한지 반드시 확인**하여야 합니다.
- 파일명은 본인의 "수험번호-성명"으로 입력하여 답안폴더(내 PC₩문서₩ITQ)에 하나의 파일로 저장해야 하며, 답안문서 파일명이 "수험번호-성명"과 일치하지 않거나, 답안파일을 전송하지 않아 미제출로 처리될 경우 실격 처리합니다(예:12345678-홍길동.pptx).
- 답안 작성을 마치면 파일을 저장하고, '답안 전송' 버튼을 선택하여 감독위원 PC로 답안을 전송하십시오. 수험생 정보와 저장한 파일명이 다를 경우 전송되지 않으므로 주의하시기 바랍니다.
- 답안 작성 중에도 **주기적으로 저장하고, '답안 전송'**하여야 문제 발생을 줄일 수 있습니다. 작업한 내용을 저장하지 않고 전송할 경우 이전에 저장된 내용이 전송되오니 이점 유의하시기 바랍니다.
- 답안문서는 지정된 경로 외의 다른 보조기억장치에 저장하는 경우, 지정된 시험 시간 외에 작성된 파일을 활용할 경우, 기타 통신수단(이메일, 메신저, 네트워크 등)을 이용하여 타인에게 전달 또는 외부 반출하는 경우는 부정 처리합니다.
- 시험 중 부주의 또는 고의로 시스템을 파손한 경우는 수험자가 변상해야 하며, 〈수험자 유의사항〉에 기재된 방법대로 이행하지 않아 생기는 불이익은 수험생 당사자의 책임임을 알려 드립니다.
- 문제의 조건은 MS오피스 2016 버전으로 설정되어 있으니 유의하시기 바랍니다.
- 시험을 완료한 수험자는 답안파일이 전송되었는지 확인한 후 감독위원의 지시에 따라 문제지를 제출하고 퇴실합니다.

답안 작성요령

- 온라인 답안 작성 절차
  수험자 등록 ⇒ 시험 시작 ⇒ 답안파일 저장 ⇒ 답안 전송 ⇒ 시험 종료
- 슬라이드의 크기는 A4 Paper로 설정하여 작성합니다.
- 슬라이드의 총 개수는 6개로 구성되어 있으며 슬라이드 1부터 순서대로 작업하고 반드시 문제와 세부 조건대로 합니다.
- 별도의 지시사항이 없는 경우 출력형태를 참조하여 글꼴색은 검정 또는 흰색으로 작성하고, 기타사항은 전체적인 균형을 고려하여 작성합니다.
- 슬라이드 도형 및 개체에 출력형태와 다른 스타일 (그림자 , 외곽선 등)을 적용했을 경우 감점처리 됩니다.
- 슬라이드 번호를 작성합니다(슬라이드 1에는 생략).
- 2~6번 슬라이드 제목 도형과 하단 로고는 슬라이드 마스터를 이용하여 출력형태와 동일하게 작성합니다(슬라이드 1에는 생략).
- 문제와 세부조건, 세부조건 번호 ◌(점선원)는 입력하지 않습니다.
- 각 개체의 위치는 오른쪽의 슬라이드와 동일하게 구성합니다.
- 그림 삽입 문제의 경우 반드시 「내 PC₩문서₩ITQ₩Picture」 폴더에서 정확한 파일을 선택하여 삽입하십시오.
- 각 슬라이드를 각각의 파일로 작업해서 저장할 경우 실격 처리됩니다.

The Insight KPC
kpc 한국생산성본부

전체구성

60점

(1) 슬라이드 크기 및 순서 : 크기를 A4 용지로 설정하고 슬라이드 순서에 맞게 작성한다.

(2) 슬라이드 마스터 : 2~6슬라이드의 제목, 하단 로고, 슬라이드 번호는 슬라이드 마스터를 이용하여 작성한다.

- 제목 글꼴(궁서, 40pt, 흰색), 가운데 맞춤, 도형(선 없음)
- 하단 로고(「내 PC₩문서₩ITQ₩Picture₩로고1.jpg」, 배경(회색) 투명색으로 설정)

슬라이드 1 표지 디자인

40점

(1) 표지 디자인 : 도형, 워드아트 및 그림을 이용하여 작성한다.

세부조건

① 도형 편집
- 도형에 그림 채우기 : 「내 PC₩문서₩ITQ₩Picture₩그림3.jpg」, 투명도 30%
- 도형 효과 : (부드러운 가장자리 5포인트)

② 워드아트 삽입
- 변환 : 오른쪽 줄이기
- 글꼴 : 돋움, 굵게
- 텍스트 반사 : 1/2 반사, 터치

③ 그림 삽입
- 「내 PC₩문서₩ITQ₩Picture₩로고1.jpg」
- 배경(회색) 투명색으로 설정

슬라이드 2 목차 슬라이드

60점

(1) 출력형태와 같이 도형을 이용하여 목차를 작성한다(글꼴 : 굴림, 24pt).

(2) 도형 : 선 없음

세부조건

① 텍스트에 하이퍼링크 적용
-> '슬라이드 4'

② 그림 삽입
- 「내 PC₩문서₩ITQ₩Picture₩그림5.jpg」
- 자르기 기능 이용

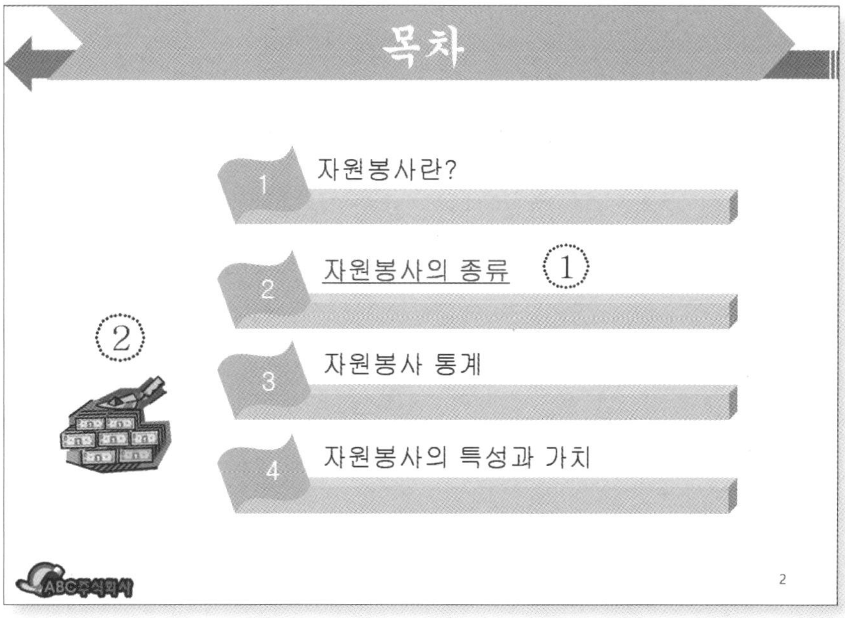

슬라이드 3 텍스트/동영상 슬라이드

60점

(1) 텍스트 작성 : 글머리 기호 사용(➤, ✓)

➤ 문단(굴림, 24pt, 굵게, 줄간격 : 1.5줄), ✓ 문단(굴림, 20pt, 줄간격 : 1.5줄)

세부조건

① 동영상 삽입 :

– 「내 PC₩문서₩ITQ₩Picture₩동영상.wmv」

– 자동실행, 반복재생 설정

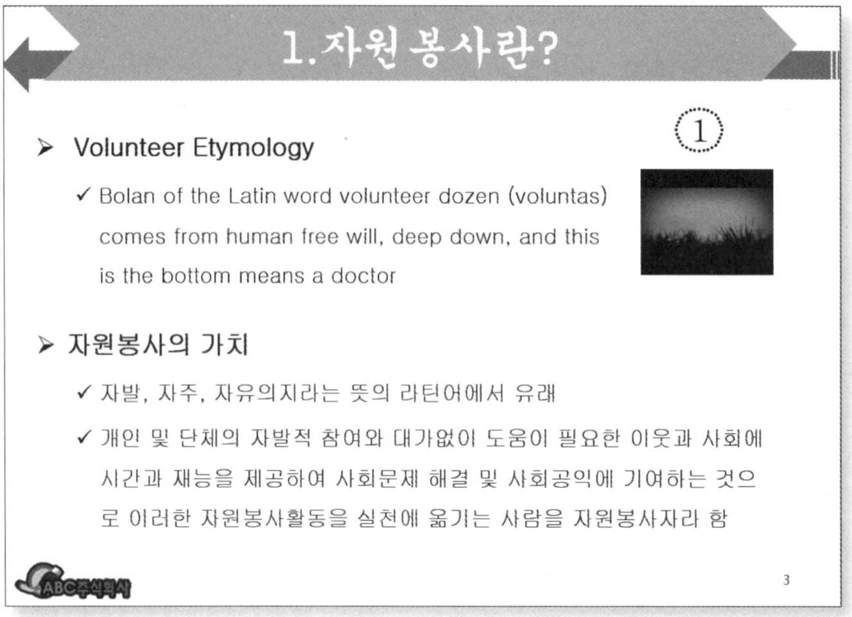

1.자원 봉사란?
①
➤ Volunteer Etymology
✓ Bolan of the Latin word volunteer dozen (voluntas) comes from human free will, deep down, and this is the bottom means a doctor
➤ 자원봉사의 가치
✓ 자발, 자주, 자유의지라는 뜻의 라틴어에서 유래
✓ 개인 및 단체의 자발적 참여와 대가없이 도움이 필요한 이웃과 사회에 시간과 재능을 제공하여 사회문제 해결 및 사회공익에 기여하는 것으로 이러한 자원봉사활동을 실천에 옮기는 사람을 자원봉사자라 함
ABC주식회사
3

슬라이드 4 표 슬라이드

80점

(1) 도형과 표 작성 기능을 이용하여 슬라이드를 작성한다(글꼴 : 돋움, 18pt).

세부조건

① 상단 도형 :

2개 도형의 조합으로 작성

② 좌측 도형 :

그라데이션 효과(선형 아래쪽)

③ 표 스타일 :

테마 스타일 1 – 강조 3

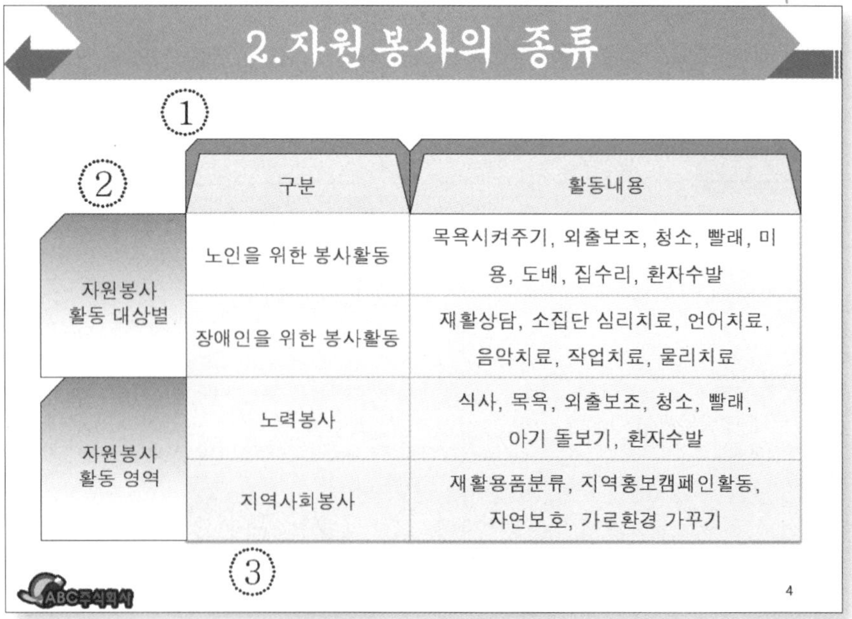

2.자원봉사의 종류
①
②
자원봉사 활동 대상별
자원봉사 활동 영역
③
ABC주식회사
4

구분	활동내용
노인을 위한 봉사활동	목욕시켜주기, 외출보조, 청소, 빨래, 미용, 도배, 집수리, 환자수발
장애인을 위한 봉사활동	재활상담, 소집단 심리치료, 언어치료, 음악치료, 작업치료, 물리치료
노력봉사	식사, 목욕, 외출보조, 청소, 빨래, 아기 돌보기, 환자수발
지역사회봉사	재활용품분류, 지역홍보캠페인활동, 자연보호, 가로환경 가꾸기

슬라이드 5　차트 슬라이드

100점

(1) 차트 작성 기능을 이용하여 슬라이드를 작성한다.

(2) 차트 : 종류(묶은 세로 막대형), 글꼴(돋움, 16pt), 외곽선

세부조건

※ 차트설명
- 차트제목 : 돋움, 24pt, 굵게, 채우기(흰색), 테두리, 그림자(오프셋 위쪽)
- 차트영역 : 채우기(노랑) 그림영역 : 채우기(흰색)
- 데이터 서식 : 여 계열을 표식이 있는 꺾은 선형으로 변경 후 보조축으로 지정
- 값 표시 : 광주의 여 계열만

① 도형 삽입
- 스타일 : 미세 효과 – 황록색, 강조3
- 글꼴 : 굴림, 18pt

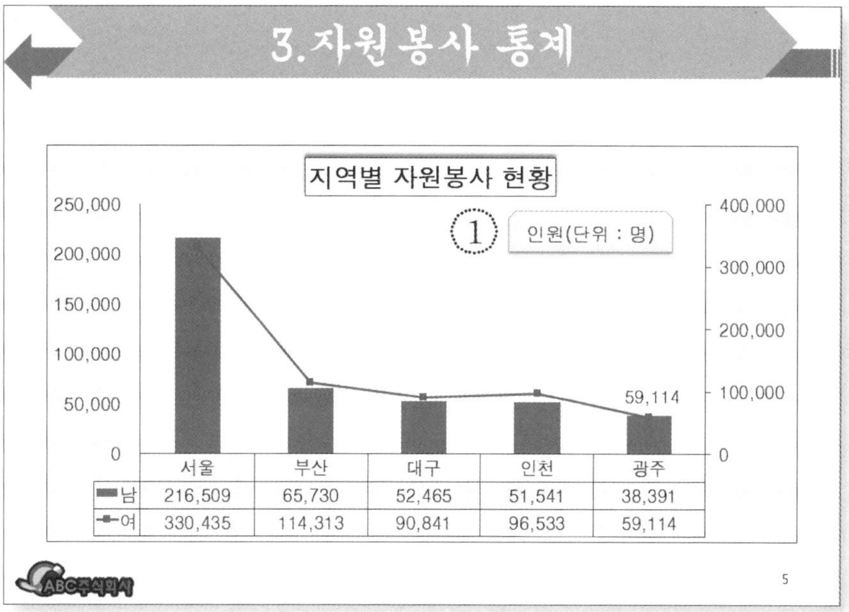

슬라이드 6　도형 슬라이드

100점

(1) 슬라이드와 같이 도형 및 스마트아트를 배치한다(글꼴 : 굴림, 18pt).

(2) 애니메이션 순서 : ① ⇒ ②

세부조건

① 도형 및 스마트아트 편집
- 스마트아트 디자인 : 3차원 광택 처리, 3차원 벽돌
- 그룹화 후 애니메이션 효과 : 바운드

② 도형 편집
- 그룹화 후 애니메이션 효과 : 닦아내기(왼쪽에서)

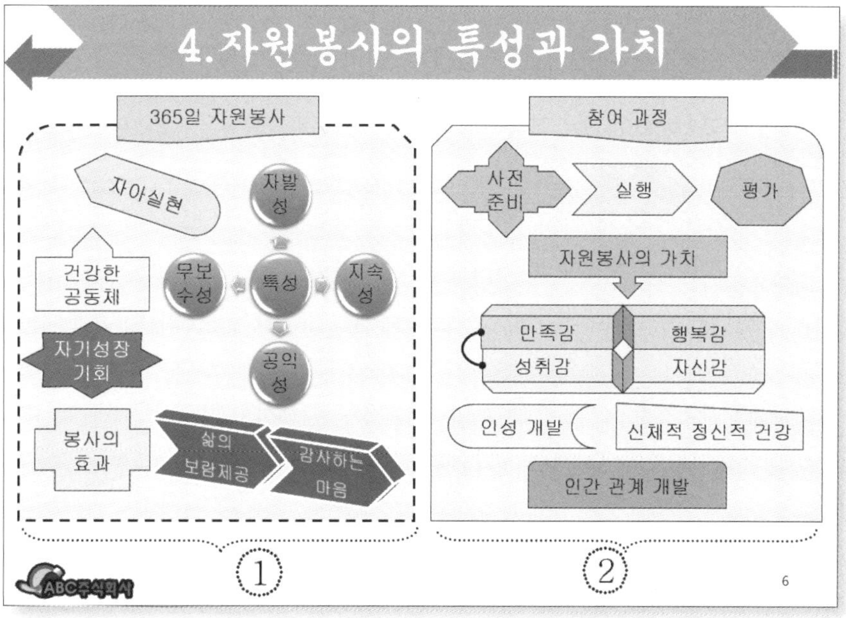

제5회 정보기술자격(ITQ) 시험

과 목	코 드	문제유형	시험시간	수험번호	성 명
한글파워포인트	1142	B	60분		

수험자 유의사항

- 수험자는 문제지를 받는 즉시 문제지와 **수험표상의 시험과목(프로그램)이 동일한지 반드시 확인**하여야 합니다.
- 파일명은 본인의 "수험번호-성명"으로 입력하여 답안폴더(내 PC₩문서₩ITQ)에 하나의 파일로 저장해야 하며, 답안문서 파일명이 "수험번호-성명"과 일치하지 않거나, 답안파일을 전송하지 않아 미제출로 처리될 경우 실격 처리합니다(예:12345678-홍길동.pptx).
- 답안 작성을 마치면 파일을 저장하고, '답안 전송' 버튼을 선택하여 감독위원 PC로 답안을 전송하십시오. 수험생 정보와 저장한 파일명이 다를 경우 전송되지 않으므로 주의하시기 바랍니다.
- 답안 작성 중에도 **주기적으로 저장하고, '답안 전송'**하여야 문제 발생을 줄일 수 있습니다. 작업한 내용을 저장하지 않고 전송할 경우 이전에 저장된 내용이 전송되오니 이점 유의하시기 바랍니다.
- 답안문서는 지정된 경로 외의 다른 보조기억장치에 저장하는 경우, 지정된 시험 시간 외에 작성된 파일을 활용할 경우, 기타 통신수단(이메일, 메신저, 네트워크 등)을 이용하여 타인에게 전달 또는 외부 반출하는 경우는 부정 처리합니다.
- 시험 중 부주의 또는 고의로 시스템을 파손한 경우는 수험자가 변상해야 하며, 〈수험자 유의사항〉에 기재된 방법대로 이행하지 않아 생기는 불이익은 수험생 당사자의 책임임을 알려 드립니다.
- 문제의 조건은 MS오피스 2016 버전으로 설정되어 있으니 유의하시기 바랍니다.
- 시험을 완료한 수험자는 답안파일이 전송되었는지 확인한 후 감독위원의 지시에 따라 문제지를 제출하고 퇴실합니다.

답안 작성요령

- 온라인 답안 작성 절차
  수험자 등록 ⇒ 시험 시작 ⇒ 답안파일 저장 ⇒ 답안 전송 ⇒ 시험 종료
- 슬라이드의 크기는 A4 Paper로 설정하여 작성합니다.
- 슬라이드의 총 개수는 6개로 구성되어 있으며 슬라이드 1부터 순서대로 작업하고 반드시 문제와 세부 조건대로 합니다.
- 별도의 지시사항이 없는 경우 출력형태를 참조하여 글꼴색은 검정 또는 흰색으로 작성하고, 기타사항은 전체적인 균형을 고려하여 작성합니다.
- 슬라이드 도형 및 개체에 출력형태와 다른 스타일 (그림자 , 외곽선 등)을 적용했을 경우 감점처리 됩니다.
- 슬라이드 번호를 작성합니다(슬라이드 1에는 생략).
- 2~6번 슬라이드 제목 도형과 하단 로고는 슬라이드 마스터를 이용하여 출력형태와 동일하게 작성합니다(슬라이드 1에는 생략).
- 문제와 세부조건, 세부조건 번호 ◌(점선원)는 입력하지 않습니다.
- 각 개체의 위치는 오른쪽의 슬라이드와 동일하게 구성합니다.
- 그림 삽입 문제의 경우 반드시 「내 PC₩문서₩ITQ₩Picture」 폴더에서 정확한 파일을 선택하여 삽입하십시오.
- 각 슬라이드를 각각의 파일로 작업해서 저장할 경우 실격 처리됩니다.

The Insight KPC
kpc 한국생산성본부

전체구성 60점

(1) 슬라이드 크기 및 순서 : 크기를 A4 용지로 설정하고 슬라이드 순서에 맞게 작성한다.

(2) 슬라이드 마스터 : 2~6슬라이드의 제목, 하단 로고, 슬라이드 번호는 슬라이드 마스터를 이용하여 작성한다.
- 제목 글꼴(궁서, 40pt, 검정), 가운데 맞춤, 도형(선 없음)
- 하단 로고(「내 PC₩문서₩ITQ₩Picture₩로고1.jpg」, 배경(회색) 투명색으로 설정)

슬라이드 1 표지 디자인 40점

(1) 표지 디자인 : 도형, 워드아트 및 그림을 이용하여 작성한다.

세부조건

① 도형 편집
- 도형에 그림 채우기 : 「내 PC₩문서₩ITQ₩Picture₩그림1.jpg」, 투명도 50%
- 도형 효과 : (부드러운 가장자리 5포인트)

② 워드아트 삽입
- 변환 : 오른쪽 줄이기
- 글꼴 : 돋움, 굵게
- 텍스트 반사 : 1/2 반사, 터치

③ 그림 삽입
- 「내 PC₩문서₩ITQ₩Picture₩로고1.jpg」
- 배경(회색) 투명색으로 설정

슬라이드 2 목차 슬라이드 60점

(1) 출력형태와 같이 도형을 이용하여 목차를 작성한다(글꼴 : 굴림, 24pt).

(2) 도형 : 선 없음

세부조건

① 텍스트에 하이퍼링크 적용
-> '슬라이드 4'

② 그림 삽입
- 「내 PC₩문서₩ITQ₩Picture₩그림5.jpg」
- 자르기 기능 이용

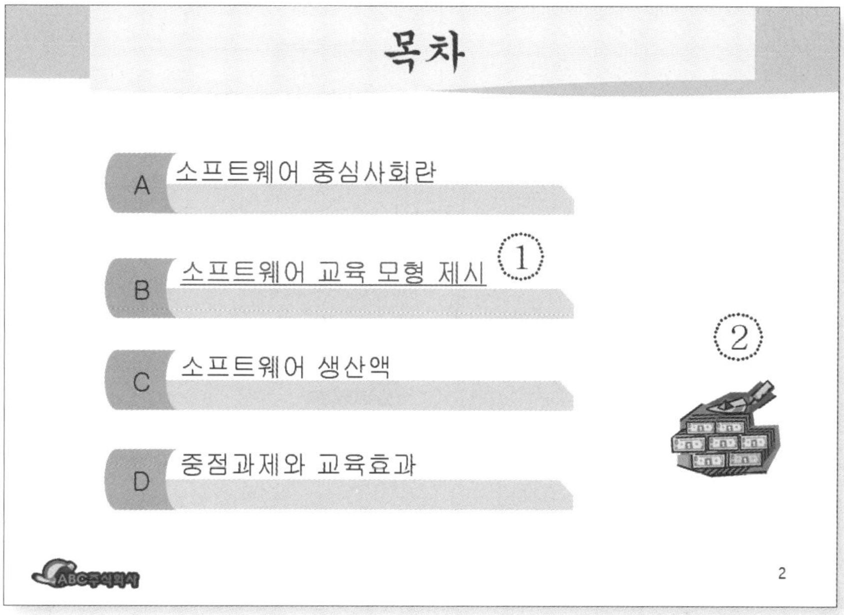

슬라이드 3 텍스트/동영상 슬라이드

60점

(1) 텍스트 작성 : 글머리 기호 사용(➢, ✓)

➢ 문단(굴림, 24pt, 굵게, 줄간격 : 1.5줄), ✓ 문단(굴림, 20pt, 줄간격 : 1.5줄)

세부조건

① 동영상 삽입 :
- 「내 PC₩문서₩ITQ₩Picture₩동영상.wmv」
- 자동실행, 반복재생 설정

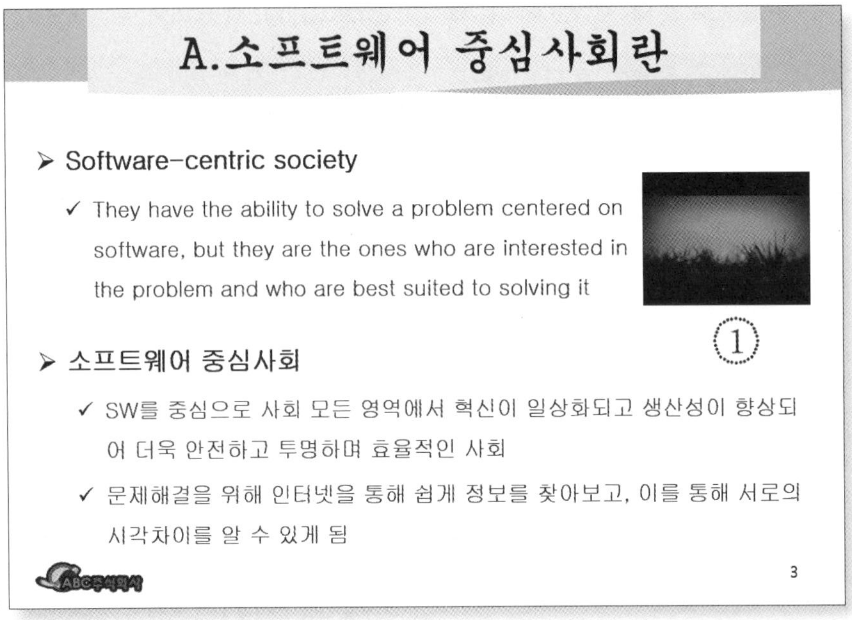

A.소프트웨어 중심사회란
➢ Software-centric society
✓ They have the ability to solve a problem centered on software, but they are the ones who are interested in the problem and who are best suited to solving it
①
➢ 소프트웨어 중심사회
✓ SW를 중심으로 사회 모든 영역에서 혁신이 일상화되고 생산성이 향상되어 더욱 안전하고 투명하며 효율적인 사회
✓ 문제해결을 위해 인터넷을 통해 쉽게 정보를 찾아보고, 이를 통해 서로의 시각차이를 알 수 있게 됨
3

슬라이드 4 표 슬라이드

80점

(1) 도형과 표 작성 기능을 이용하여 슬라이드를 작성한다(글꼴 : 돋움, 18pt).

세부조건

① 상단 도형 :
2개 도형의 조합으로 작성

② 좌측 도형 :
그라데이션 효과(선형 아래쪽)

③ 표 스타일 :
테마 스타일 1 – 강조 3

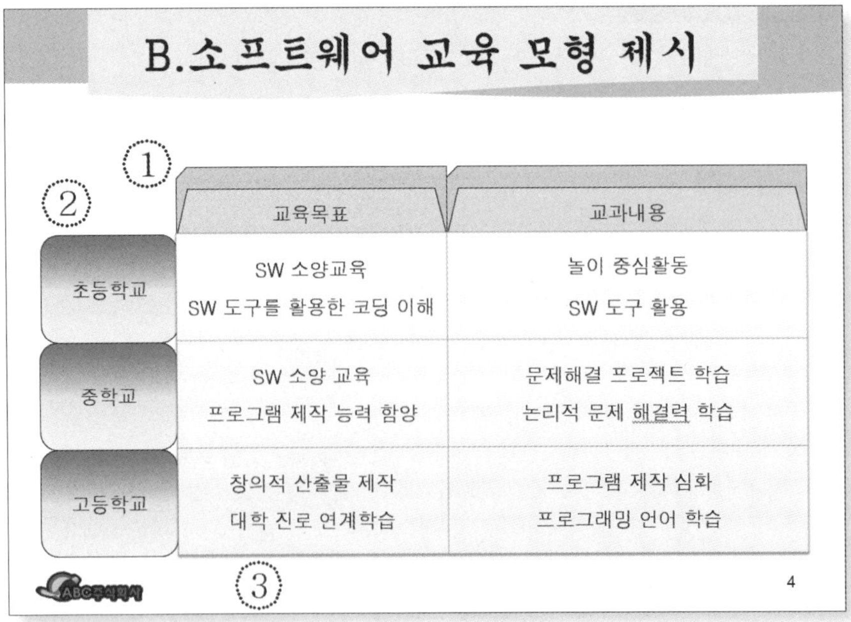

	교육목표	교과내용
초등학교	SW 소양교육 SW 도구를 활용한 코딩 이해	놀이 중심활동 SW 도구 활용
중학교	SW 소양 교육 프로그램 제작 능력 함양	문제해결 프로젝트 학습 논리적 문제 해결력 학습
고등학교	창의적 산출물 제작 대학 진로 연계학습	프로그램 제작 심화 프로그래밍 언어 학습

슬라이드 5 차트 슬라이드

100점

(1) 차트 작성 기능을 이용하여 슬라이드를 작성한다.

(2) 차트 : 종류(묶은 세로 막대형), 글꼴(돋움, 16pt), 외곽선

세부조건

※ 차트설명
- 차트제목 : 돋움, 24pt, 굵게, 채우기(흰색), 테두리, 그림자(오프셋 위쪽)
- 차트영역 : 채우기(노랑) 그림영역 : 채우기(흰색)
- 데이터 서식 : 응용SW 계열을 표식이 있는 꺾은선형으로 변경 후 보조축으로 지정
- 값 표시 : 2018년의 시스템SW 계열만

① 도형 삽입
- 스타일 : 미세 효과 – 파랑, 강조1
- 글꼴 : 굴림, 18pt

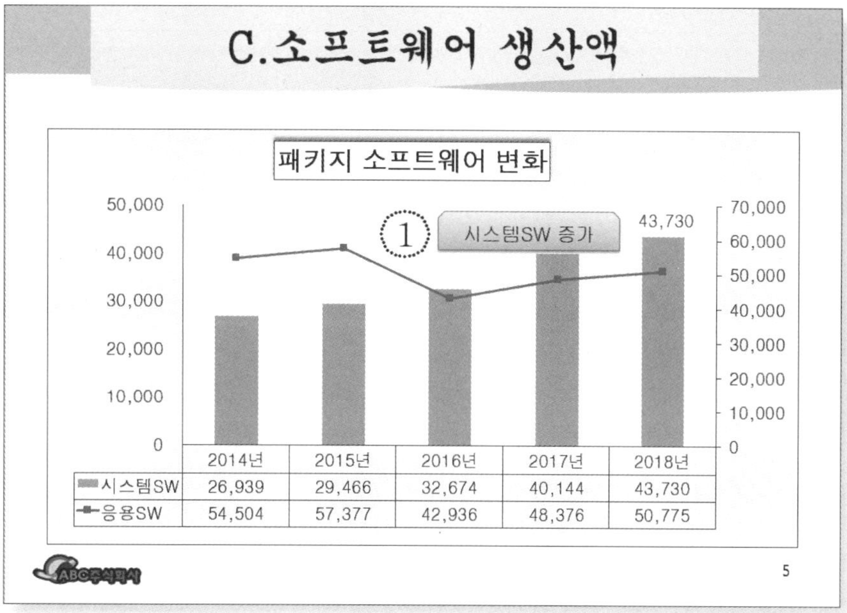

슬라이드 6 도형 슬라이드

100점

(1) 슬라이드와 같이 도형 및 스마트아트를 배치한다(글꼴 : 굴림, 18pt).

(2) 애니메이션 순서 : ① ⇒ ②

세부조건

① 도형 및 스마트아트 편집
- 스마트아트 디자인 : 3차원 광택 처리, 3차원 벽돌
- 그룹화 후 애니메이션 효과 : 바운드

② 도형 편집
- 그룹화 후 애니메이션 효과 : 회전

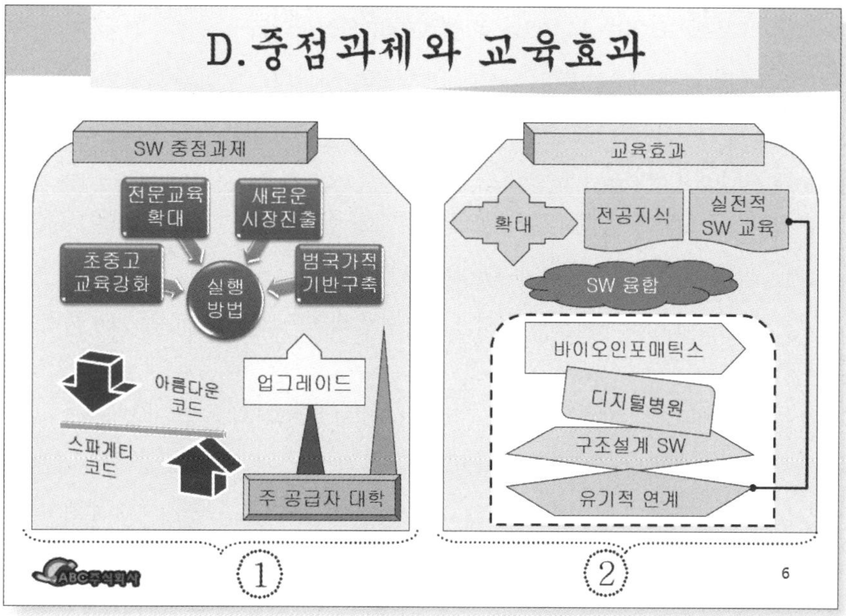

제6회 정보기술자격(ITQ) 시험

과 목	코 드	문제유형	시험시간	수험번호	성 명
한글파워포인트	1142	B	60분		

수험자 유의사항

- 수험자는 문제지를 받는 즉시 문제지와 **수험표상의 시험과목(프로그램)이 동일한지 반드시 확인**하여야 합니다.
- 파일명은 본인의 "수험번호-성명"으로 입력하여 답안폴더(내 PC₩문서₩ITQ)에 하나의 파일로 저장해야 하며, 답안문서 파일명이 "수험번호-성명"과 일치하지 않거나, 답안파일을 전송하지 않아 미제출로 처리될 경우 실격 처리합니다(예:12345678-홍길동.pptx).
- 답안 작성을 마치면 파일을 저장하고, '답안 전송' 버튼을 선택하여 감독위원 PC로 답안을 전송하십시오. 수험생 정보와 저장한 파일명이 다를 경우 전송되지 않으므로 주의하시기 바랍니다.
- 답안 작성 중에도 **주기적으로 저장하고, '답안 전송'**하여야 문제 발생을 줄일 수 있습니다. 작업한 내용을 저장하지 않고 전송할 경우 이전에 저장된 내용이 전송되오니 이점 유의하시기 바랍니다.
- 답안문서는 지정된 경로 외의 다른 보조기억장치에 저장하는 경우, 지정된 시험 시간 외에 작성된 파일을 활용할 경우, 기타 통신수단(이메일, 메신저, 네트워크 등)을 이용하여 타인에게 전달 또는 외부 반출하는 경우는 부정 처리합니다.
- 시험 중 부주의 또는 고의로 시스템을 파손한 경우는 수험자가 변상해야 하며, 〈수험자 유의사항〉에 기재된 방법대로 이행하지 않아 생기는 불이익은 수험생 당사자의 책임임을 알려 드립니다.
- 문제의 조건은 MS오피스 2016 버전으로 설정되어 있으니 유의하시기 바랍니다.
- 시험을 완료한 수험자는 답안파일이 전송되었는지 확인한 후 감독위원의 지시에 따라 문제지를 제출하고 퇴실합니다.

답안 작성요령

- 온라인 답안 작성 절차
  수험자 등록 ⇒ 시험 시작 ⇒ 답안파일 저장 ⇒ 답안 전송 ⇒ 시험 종료
- 슬라이드의 크기는 A4 Paper로 설정하여 작성합니다.
- 슬라이드의 총 개수는 6개로 구성되어 있으며 슬라이드 1부터 순서대로 작업하고 반드시 문제와 세부 조건대로 합니다.
- 별도의 지시사항이 없는 경우 출력형태를 참조하여 글꼴색은 검정 또는 흰색으로 작성하고, 기타사항은 전체적인 균형을 고려하여 작성합니다.
- 슬라이드 도형 및 개체에 출력형태와 다른 스타일 (그림자 , 외곽선 등)을 적용했을 경우 감점처리 됩니다.
- 슬라이드 번호를 작성합니다(슬라이드 1에는 생략).
- 2~6번 슬라이드 제목 도형과 하단 로고는 슬라이드 마스터를 이용하여 출력형태와 동일하게 작성합니다(슬라이드 1에는 생략).
- 문제와 세부조건, 세부조건 번호 ◌ (점선원)는 입력하지 않습니다.
- 각 개체의 위치는 오른쪽의 슬라이드와 동일하게 구성합니다.
- 그림 삽입 문제의 경우 반드시 「내 PC₩문서₩ITQ₩Picture」 폴더에서 정확한 파일을 선택하여 삽입하십시오.
- 각 슬라이드를 각각의 파일로 작업해서 저장할 경우 실격 처리됩니다.

The Insight KPC
kpc 한국생산성본부

전체구성 60점

(1) 슬라이드 크기 및 순서 : 크기를 A4 용지로 설정하고 슬라이드 순서에 맞게 작성한다.

(2) 슬라이드 마스터 : 2~6슬라이드의 제목, 하단 로고, 슬라이드 번호는 슬라이드 마스터를 이용하여 작성한다.

- 제목 글꼴(돋움, 40pt, 흰색), 왼쪽 맞춤, 도형(선 없음)
- 하단 로고(「내 PC₩문서₩ITQ₩Picture₩로고1.jpg」, 배경(회색) 투명색으로 설정)

슬라이드 1 표지 디자인 40점

(1) 표지 디자인 : 도형, 워드아트 및 그림을 이용하여 작성한다.

세부조건

① 도형 편집
- 도형에 그림 채우기 : 「내 PC₩문서₩ITQ₩Picture₩그림1.jpg」, 투명도 50%
- 도형 효과 : (부드러운 가장자리 5포인트)

② 워드아트 삽입
- 변환 : 오른쪽 줄이기
- 글꼴 : 돋움, 굵게
- 텍스트 반사 : 1/2 반사, 터치

③ 그림 삽입
- 「내 PC₩문서₩ITQ₩Picture₩로고1.jpg」
- 배경(회색) 투명색으로 설정

슬라이드 2 목차 슬라이드 60점

(1) 출력형태와 같이 도형을 이용하여 목차를 작성한다(글꼴 : 굴림, 24pt).

(2) 도형 : 선 없음

세부조건

① 텍스트에 하이퍼링크 적용
-> '슬라이드 4'

② 그림 삽입
- 「내 PC₩문서₩ITQ₩Picture₩그림5.jpg」
- 자르기 기능 이용

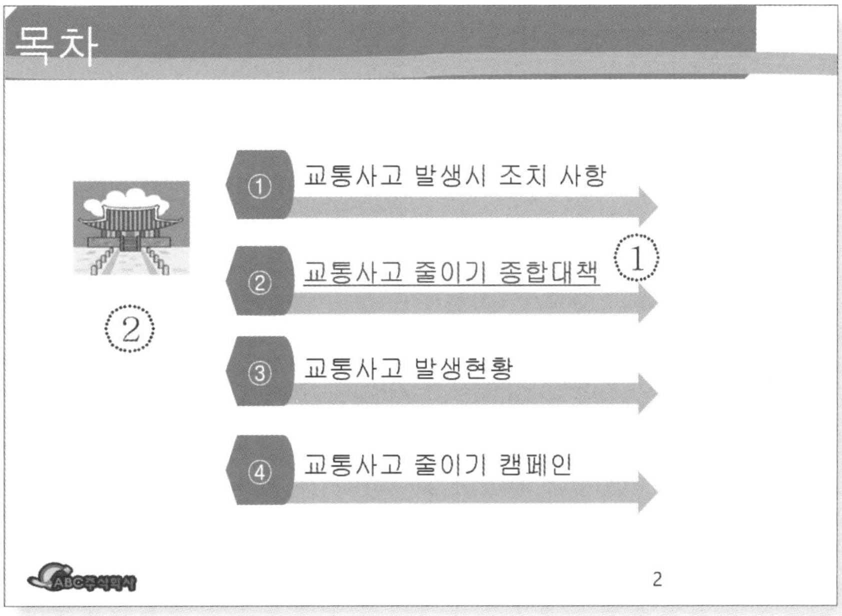

슬라이드 3 텍스트/동영상 슬라이드

60점

(1) 텍스트 작성 : 글머리 기호 사용(➢, ✓)

➢ 문단(굴림, 24pt, 굵게, 줄간격 : 1.5줄), ✓ 문단(굴림, 20pt, 줄간격 : 1.5줄)

세부조건

① 동영상 삽입 :
- 「내 PC₩문서₩ITQ₩Picture₩동영상.wmv」
- 자동실행, 반복재생 설정

① 교통사고 발생시 조치 사항
➢ Traffic accident
✓ Accidents caused by traffic are subject to the special cases of the traffic accident handling act regardless of the place
①
➢ 피해자 구호조치
✓ 교통사고가 발생한 경우에는 그 차의 운전자나 그 밖의 승무원은 즉시 정차하여 조치
✓ 사상자를 구호하는 등 필요한 조치 및 피해자에게 인적 사항 제공
3

슬라이드 4 표 슬라이드

80점

(1) 도형과 표 작성 기능을 이용하여 슬라이드를 작성한다(글꼴 : 돋움, 18pt).

세부조건

① 상단 도형 :
2개 도형의 조합으로 작성

② 좌측 도형 :
그라데이션 효과(선형 아래쪽)

③ 표 스타일 :
테마 스타일 1 – 강조 3

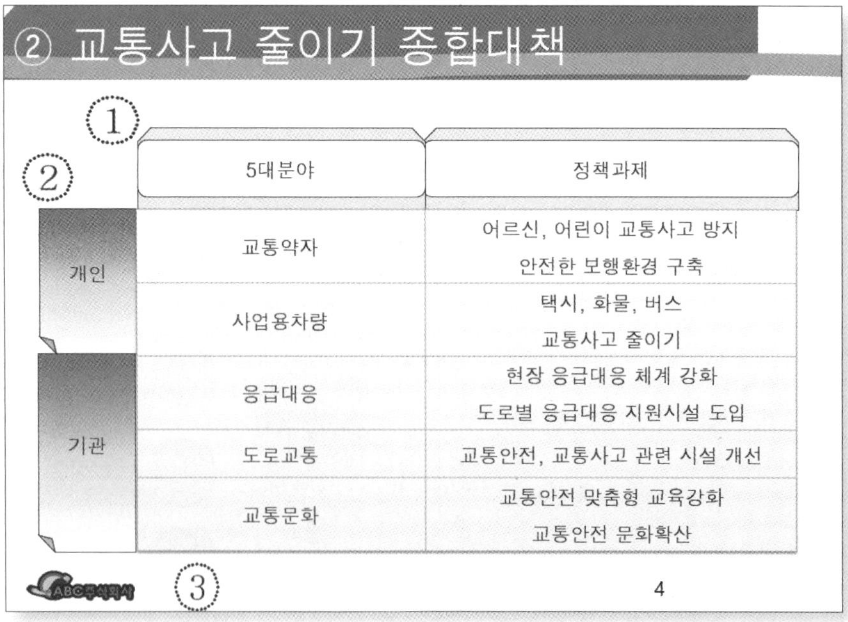
② 교통사고 줄이기 종합대책
①
②
③
4

	5대분야	정책과제
개인	교통약자	어르신, 어린이 교통사고 방지 안전한 보행환경 구축
	사업용차량	택시, 화물, 버스 교통사고 줄이기
기관	응급대응	현장 응급대응 체계 강화 도로별 응급대응 지원시설 도입
	도로교통	교통안전, 교통사고 관련 시설 개선
	교통문화	교통안전 맞춤형 교육강화 교통안전 문화확산

슬라이드 5 차트 슬라이드

100 점

(1) 차트 작성 기능을 이용하여 슬라이드를 작성한다.

(2) 차트 : 종류(묶은 세로 막대형), 글꼴(돋움, 16pt), 외곽선

세부조건

※ 차트설명
- 차트제목 : 돋움, 24pt, 굵게, 채우기(흰색), 테두리, 그림자(오프셋 위쪽)
- 차트영역 : 채우기(노랑) 그림영역 : 채우기(흰색)
- 데이터 서식 : 사망자수 계열을 표식이 있는 꺾은선형으로 변경 후 보조축으로 지정
- 값 표시 : 2018년의 사망자수 계열만

① 도형 삽입
- 스타일 : 미세 효과 – 주황, 강조6
- 글꼴 : 굴림, 18pt

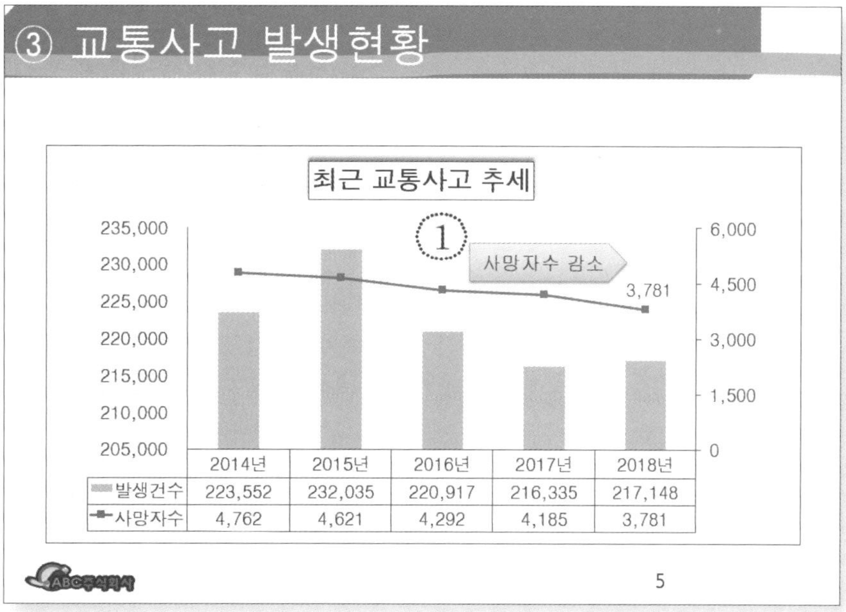

슬라이드 6 도형 슬라이드

100 점

(1) 슬라이드와 같이 도형 및 스마트아트를 배치한다(글꼴 : 굴림, 18pt).

(2) 애니메이션 순서 : ① ⇒ ②

세부조건

① 도형 및 스마트아트 편집
- 스마트아트 디자인 : 3차원 광택 처리, 3차원 벽돌
- 그룹화 후 애니메이션 효과 : 시계 방향 회전(살 1개)

② 도형 편집
- 그룹화 후 애니메이션 효과 : 닦아내기(왼쪽에서)

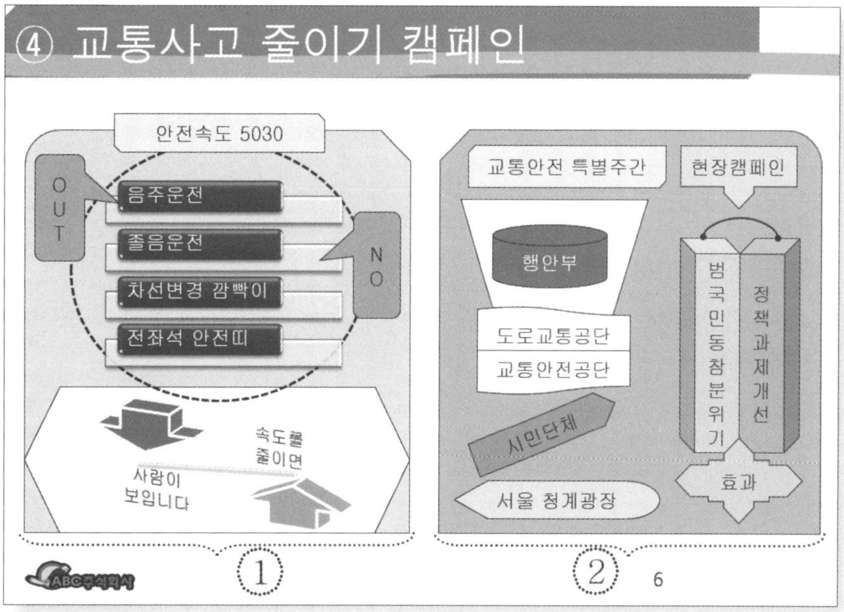

제7회 정보기술자격(ITQ) 시험

과 목	코 드	문제유형	시험시간	수험번호	성 명
한글파워포인트	1142	B	60분		

수험자 유의사항

- 수험자는 문제지를 받는 즉시 문제지와 **수험표상의 시험과목(프로그램)이 동일한지 반드시 확인**하여야 합니다.
- 파일명은 본인의 "수험번호-성명"으로 입력하여 답안폴더(내 PC₩문서₩ITQ)에 하나의 파일로 저장해야 하며, 답안문서 파일명이 "수험번호-성명"과 일치하지 않거나, 답안파일을 전송하지 않아 미제출로 처리될 경우 실격 처리합니다 (예:12345678-홍길동.pptx).
- 답안 작성을 마치면 파일을 저장하고, '답안 전송' 버튼을 선택하여 감독위원 PC로 답안을 전송하십시오. 수험생 정보와 저장한 파일명이 다를 경우 전송되지 않으므로 주의하시기 바랍니다.
- 답안 작성 중에도 **주기적으로 저장하고, '답안 전송'**하여야 문제 발생을 줄일 수 있습니다. 작업한 내용을 저장하지 않고 전송할 경우 이전에 저장된 내용이 전송되오니 이점 유의하시기 바랍니다.
- 답안문서는 지정된 경로 외의 다른 보조기억장치에 저장하는 경우, 지정된 시험 시간 외에 작성된 파일을 활용할 경우, 기타 통신수단(이메일, 메신저, 네트워크 등)을 이용하여 타인에게 전달 또는 외부 반출하는 경우는 부정 처리합니다.
- 시험 중 부주의 또는 고의로 시스템을 파손한 경우는 수험자가 변상해야 하며, 〈수험자 유의사항〉에 기재된 방법대로 이행하지 않아 생기는 불이익은 수험생 당사자의 책임임을 알려 드립니다.
- 문제의 조건은 MS오피스 2016 버전으로 설정되어 있으니 유의하시기 바랍니다.
- 시험을 완료한 수험자는 답안파일이 전송되었는지 확인한 후 감독위원의 지시에 따라 문제지를 제출하고 퇴실합니다.

답안 작성요령

- 온라인 답안 작성 절차
  수험자 등록 ⇒ 시험 시작 ⇒ 답안파일 저장 ⇒ 답안 전송 ⇒ 시험 종료
- 슬라이드의 크기는 A4 Paper로 설정하여 작성합니다.
- 슬라이드의 총 개수는 6개로 구성되어 있으며 슬라이드 1부터 순서대로 작업하고 반드시 문제와 세부 조건대로 합니다.
- 별도의 지시사항이 없는 경우 출력형태를 참조하여 글꼴색은 검정 또는 흰색으로 작성하고, 기타사항은 전체적인 균형을 고려하여 작성합니다.
- 슬라이드 도형 및 개체에 출력형태와 다른 스타일 (그림자 , 외곽선 등)을 적용했을 경우 감점처리 됩니다.
- 슬라이드 번호를 작성합니다(슬라이드 1에는 생략).
- 2~6번 슬라이드 제목 도형과 하단 로고는 슬라이드 마스터를 이용하여 출력형태와 동일하게 작성합니다(슬라이드 1에는 생략).
- 문제와 세부조건, 세부조건 번호 ◌(점선원)는 입력하지 않습니다.
- 각 개체의 위치는 오른쪽의 슬라이드와 동일하게 구성합니다.
- 그림 삽입 문제의 경우 반드시「내 PC₩문서₩ITQ₩Picture」폴더에서 정확한 파일을 선택하여 삽입하십시오.
- 각 슬라이드를 각각의 파일로 작업해서 저장할 경우 실격 처리됩니다.

The Insight KPC
kpc 한국생산성본부

전체구성

60점

(1) 슬라이드 크기 및 순서 : 크기를 A4 용지로 설정하고 슬라이드 순서에 맞게 작성한다.

(2) 슬라이드 마스터 : 2~6슬라이드의 제목, 하단 로고, 슬라이드 번호는 슬라이드 마스터를 이용하여 작성한다.

- 제목 글꼴(돋움, 40pt, 흰색), 가운데 맞춤, 도형(선 없음)
- 하단 로고(「내 PC₩문서₩ITQ₩Picture₩로고1.jpg」, 배경(회색) 투명색으로 설정)

슬라이드 1 표지 디자인

40점

(1) 표지 디자인 : 도형, 워드아트 및 그림을 이용하여 작성한다.

세부조건

① 도형 편집
- 도형에 그림 채우기 : 「내 PC₩문서₩ITQ₩Picture₩그림3.jpg」, 투명도 50%
- 도형 효과 : (부드러운 가장자리 5포인트)

② 워드아트 삽입
- 변환 : 갈매기형 수장
- 글꼴 : 돋움, 굵게
- 텍스트 반사 : 1/2 반사, 터치

③ 그림 삽입
- 「내 PC₩문서₩ITQ₩Picture₩로고1.jpg」
- 배경(회색) 투명색으로 설정

슬라이드 2 목차 슬라이드

60점

(1) 출력형태와 같이 도형을 이용하여 목차를 작성한다(글꼴 : 굴림, 24pt).

(2) 도형 : 선 없음

세부조건

① 텍스트에 하이퍼링크 적용
-> '슬라이드 5'

② 그림 삽입
- 「내 PC₩문서₩ITQ₩Picture₩그림5.jpg」
- 자르기 기능 이용

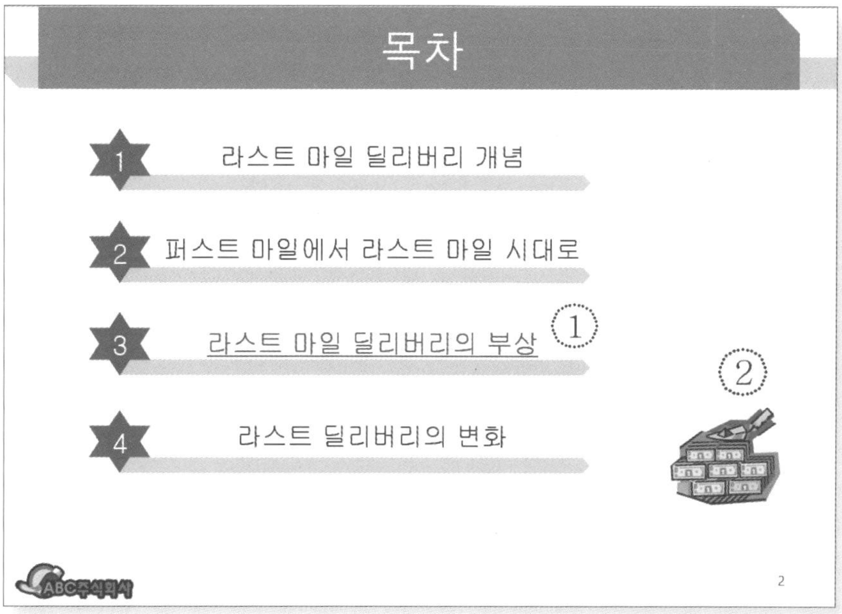

슬라이드 3 텍스트/동영상 슬라이드

60 점

(1) 텍스트 작성 : 글머리 기호 사용(➢, ✓)

➢ 문단(굴림, 24pt, 굵게, 줄간격 : 1.5줄), ✓ 문단(굴림, 20pt, 줄간격 : 1.5줄)

세부조건

① 동영상 삽입 :
- 「내 PC₩문서₩ITQ₩Picture₩동영상.wmv」
- 자동실행, 반복재생 설정

1.라스트 마일 딜리버리 개념

①

➢ Last Mile Delivery

✓ All elements used to convey goods to their destination

✓ In order to save logistics freight costs from courier companies, distributors have to order products and ship them to consumers.

➢ 라스트 마일 딜리버리

✓ 상품이 목적지까지 전달되기 위해 사용되는 모든 요소들로 택배업체에서 물류 운송비용을 절약하기 위한 기술적 방안으로 최근에는 유통업체가 제품을 주문 받아 소비자들에게 배송하는 것까지 포함

ABC주식회사 3

슬라이드 4 표 슬라이드

80 점

(1) 도형과 표 작성 기능을 이용하여 슬라이드를 작성한다(글꼴 : 돋움, 18pt).

세부조건

① 상단 도형 :
2개 도형의 조합으로 작성

② 좌측 도형 :
그라데이션 효과(선형 아래쪽)

③ 표 스타일 :
테마 스타일 1 – 강조 3

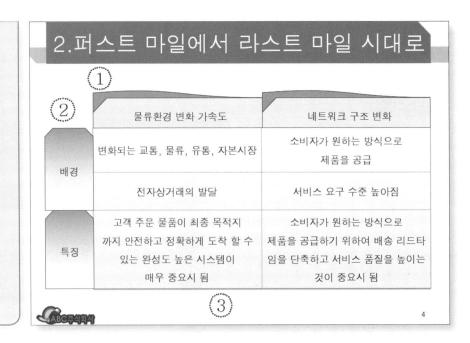

2.퍼스트 마일에서 라스트 마일 시대로

① ②

	물류환경 변화 가속도	네트워크 구조 변화
배경	변화되는 교통, 물류, 유통, 자본시장	소비자가 원하는 방식으로 제품을 공급
	전자상거래의 발달	서비스 요구 수준 높아짐
특징	고객 주문 물품이 최종 목적지까지 안전하고 정확하게 도착 할 수 있는 완성도 높은 시스템이 매우 중요시 됨	소비자가 원하는 방식으로 제품을 공급하기 위하여 배송 리드타임을 단축하고 서비스 품질을 높이는 것이 중요시 됨

③

ABC주식회사 4

슬라이드 5 차트 슬라이드

100 점

(1) 차트 작성 기능을 이용하여 슬라이드를 작성한다.

(2) 차트 : 종류(묶은 세로 막대형), 글꼴(돋움, 16pt), 외곽선

세부조건

※ 차트설명

- 차트제목 : 궁서, 24pt, 굵게, 채우기(흰색), 테두리, 그림자(오프셋 위쪽)
- 차트영역 : 채우기(노랑) 그림영역 : 채우기(흰색)
- 데이터 서식 : 모바일 계열을 표식이 있는 꺾은선형으로 변경 후 보조축으로 지정
- 값 표시 : 2017년의 모바일 계열만

① 도형 삽입

– 스타일 : 미세 효과 – 파랑, 강조1

– 글꼴 : 굴림, 18pt

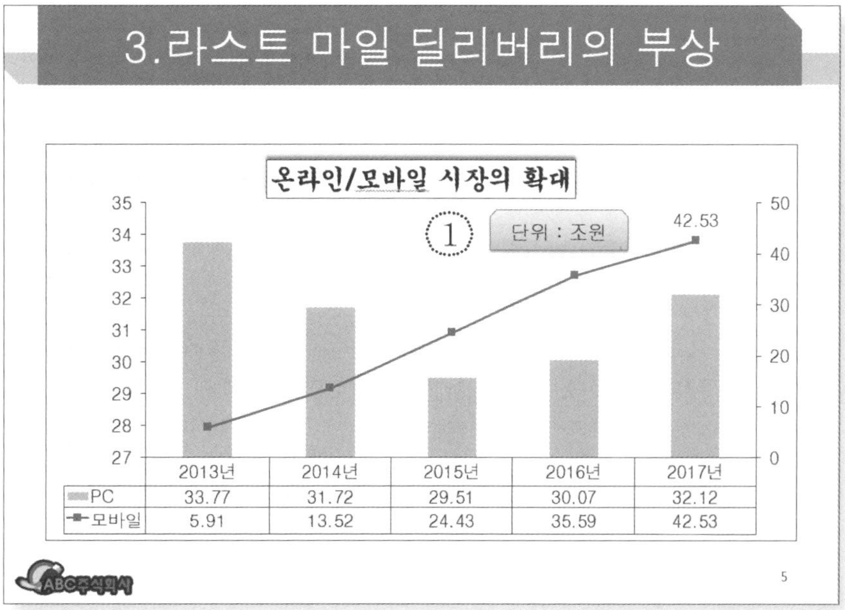

슬라이드 6 도형 슬라이드

100 점

(1) 슬라이드와 같이 도형 및 스마트아트를 배치한다(글꼴 : 굴림, 18pt).

(2) 애니메이션 순서 : ① ⇒ ②

세부조건

① 도형 및 스마트아트 편집

– 스마트아트 디자인 : 3차원 광택 처리, 3차원 경사

– 그룹화 후 애니메이션 효과 : 밝기 변화

② 도형 편집

– 그룹화 후 애니메이션 효과 : 날아오기(오른쪽에서)

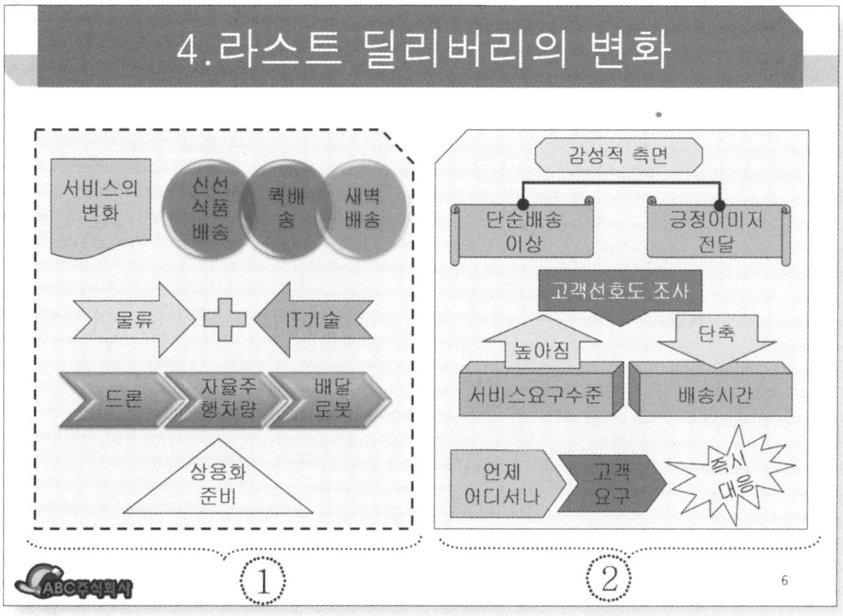

제8회 정보기술자격(ITQ) 시험

과 목	코 드	문제유형	시험시간	수험번호	성 명
한글파워포인트	1142	B	60분		

수험자 유의사항

- 수험자는 문제지를 받는 즉시 문제지와 **수험표상의 시험과목(프로그램)이 동일한지 반드시 확인**하여야 합니다.
- 파일명은 본인의 "수험번호-성명"으로 입력하여 답안폴더(내 PC₩문서₩ITQ)에 하나의 파일로 저장해야 하며, 답안문서 파일명이 "수험번호-성명"과 일치하지 않거나, 답안파일을 전송하지 않아 미제출로 처리될 경우 실격 처리합니다(예:12345678-홍길동.pptx).
- 답안 작성을 마치면 파일을 저장하고, '답안 전송' 버튼을 선택하여 감독위원 PC로 답안을 전송하십시오. 수험생 정보와 저장한 파일명이 다를 경우 전송되지 않으므로 주의하시기 바랍니다.
- 답안 작성 중에도 **주기적으로 저장하고, '답안 전송'**하여야 문제 발생을 줄일 수 있습니다. 작업한 내용을 저장하지 않고 전송할 경우 이전에 저장된 내용이 전송되오니 이점 유의하시기 바랍니다.
- 답안문서는 지정된 경로 외의 다른 보조기억장치에 저장하는 경우, 지정된 시험 시간 외에 작성된 파일을 활용할 경우, 기타 통신수단(이메일, 메신저, 네트워크 등)을 이용하여 타인에게 전달 또는 외부 반출하는 경우는 부정 처리합니다.
- 시험 중 부주의 또는 고의로 시스템을 파손한 경우는 수험자가 변상해야 하며, 〈수험자 유의사항〉에 기재된 방법대로 이행하지 않아 생기는 불이익은 수험생 당사자의 책임임을 알려 드립니다.
- 문제의 조건은 MS오피스 2016 버전으로 설정되어 있으니 유의하시기 바랍니다.
- 시험을 완료한 수험자는 답안파일이 전송되었는지 확인한 후 감독위원의 지시에 따라 문제지를 제출하고 퇴실합니다.

답안 작성요령

- 온라인 답안 작성 절차
  수험자 등록 ⇒ 시험 시작 ⇒ 답안파일 저장 ⇒ 답안 전송 ⇒ 시험 종료
- 슬라이드의 크기는 A4 Paper로 설정하여 작성합니다.
- 슬라이드의 총 개수는 6개로 구성되어 있으며 슬라이드 1부터 순서대로 작업하고 반드시 문제와 세부 조건대로 합니다.
- 별도의 지시사항이 없는 경우 출력형태를 참조하여 글꼴색은 검정 또는 흰색으로 작성하고, 기타사항은 전체적인 균형을 고려하여 작성합니다.
- 슬라이드 도형 및 개체에 출력형태와 다른 스타일 (그림자 , 외곽선 등)을 적용했을 경우 감점처리 됩니다.
- 슬라이드 번호를 작성합니다(슬라이드 1에는 생략).
- 2~6번 슬라이드 제목 도형과 하단 로고는 슬라이드 마스터를 이용하여 출력형태와 동일하게 작성합니다(슬라이드 1에는 생략).
- 문제와 세부조건, 세부조건 번호 ◌(점선원)는 입력하지 않습니다.
- 각 개체의 위치는 오른쪽의 슬라이드와 동일하게 구성합니다.
- 그림 삽입 문제의 경우 반드시 「내 PC₩문서₩ITQ₩Picture」 폴더에서 정확한 파일을 선택하여 삽입하십시오.
- 각 슬라이드를 각각의 파일로 작업해서 저장할 경우 실격 처리됩니다.

The Insight KPC
kpc 한국생산성본부

전체구성

60점

(1) 슬라이드 크기 및 순서 : 크기를 A4 용지로 설정하고 슬라이드 순서에 맞게 작성한다.

(2) 슬라이드 마스터 : 2~6슬라이드의 제목, 하단 로고, 슬라이드 번호는 슬라이드 마스터를 이용하여 작성한다.

- 제목 글꼴(돋움, 40pt, 흰색), 가운데 맞춤, 도형(선 없음)
- 하단 로고(「내 PC₩문서₩ITQ₩Picture₩로고1.jpg」, 배경(회색) 투명색으로 설정)

슬라이드 1 표지 디자인

40점

(1) 표지 디자인 : 도형, 워드아트 및 그림을 이용하여 작성한다.

세부조건

① 도형 편집
- 도형에 그림 채우기 : 「내 PC₩문서₩ITQ₩Picture₩그림1.jpg」, 투명도 50%
- 도형 효과 : (부드러운 가장자리 5포인트)

② 워드아트 삽입
- 변환 : 물결 1
- 글꼴 : 돋움, 굵게
- 텍스트 반사 : 1/2 반사, 터치

③ 그림 삽입
- 「내 PC₩문서₩ITQ₩Picture₩로고1.jpg」
- 배경(회색) 투명색으로 설정

슬라이드 2 목차 슬라이드

60점

(1) 출력형태와 같이 도형을 이용하여 목차를 작성한다(글꼴 : 굴림, 24pt).

(2) 도형 : 선 없음

세부조건

① 텍스트에 하이퍼링크 적용
-> '슬라이드 5'

② 그림 삽입
- 「내 PC₩문서₩ITQ₩Picture₩그림5.jpg」
- 자르기 기능 이용

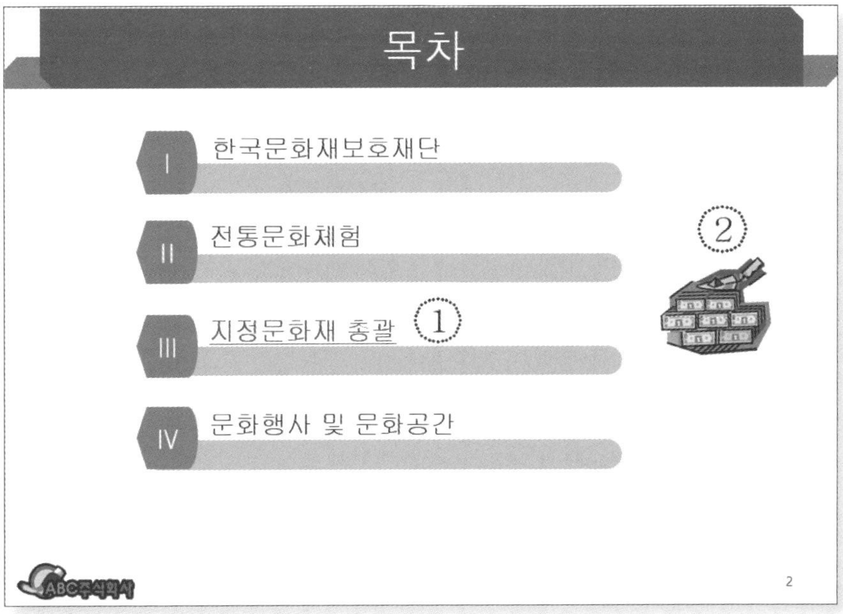

슬라이드 3 텍스트/동영상 슬라이드

60점

(1) 텍스트 작성 : 글머리 기호 사용(➢, ✓)

➢ 문단(굴림, 24pt, 굵게, 줄간격 : 1.5줄), ✓ 문단(굴림, 20pt, 줄간격 : 1.5줄)

세부조건

① 동영상 삽입 :

– 「내 PC₩문서₩ITQ₩Picture₩동영상.wmv」

– 자동실행, 반복재생 설정

Ⅰ.한국문화재보호재단

➢ **한국문화재보호재단**

✓ 우리의 문화재를 보호 및 보존하고 전통생활문화를 창조적으로 계발하여 이를 보급, 활용함으로 우수한 우리의 민족 문화를 널리 보전 및 선양함을 목적으로 함

① 

➢ The Traditional Ceremony Reproduction Project

✓ Royal Guard-Changing Ceremony

✓ Cangchamui(King's morning session) in the Joseon Dynasty

✓ Royal Palace Walk

✓ Giroyeon(the ceremony to honor the aged)

ABC주식회사 3

슬라이드 4 표 슬라이드

80점

(1) 도형과 표 작성 기능을 이용하여 슬라이드를 작성한다(글꼴 : 돋움, 18pt).

세부조건

① 상단 도형 :

2개 도형의 조합으로 작성

② 좌측 도형 :

그라데이션 효과(선형 아래쪽)

③ 표 스타일 :

테마 스타일 1 – 강조 3

Ⅱ.전통문화체험

① ② ③

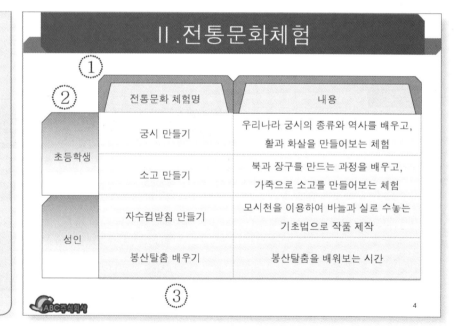

	전통문화 체험명	내용
초등학생	궁시 만들기	우리나라 궁시의 종류와 역사를 배우고, 활과 화살을 만들어보는 체험
	소고 만들기	북과 장구를 만드는 과정을 배우고, 가죽으로 소고를 만들어보는 체험
성인	자수컵받침 만들기	모시천을 이용하여 바늘과 실로 수놓는 기초법으로 작품 제작
	봉산탈춤 배우기	봉산탈춤을 배워보는 시간

ABC주식회사 4

슬라이드 5 차트 슬라이드

100 점

(1) 차트 작성 기능을 이용하여 슬라이드를 작성한다.

(2) 차트 : 종류(묶은 세로 막대형), 글꼴(돋움, 16pt), 외곽선

세부조건

※ 차트설명

- 차트제목 : 궁서, 24pt, 굵게, 채우기(흰색), 테두리, 그림자(오프셋 위쪽)
- 차트영역 : 채우기(노랑) 그림영역 : 채우기(흰색)
- 데이터 서식 : 보물 계열을 표식이 있는 꺾은선형으로 변경 후 보조축으로 지정
- 값 표시 : 광주의 보물 계열만

① 도형 삽입

- 스타일 : 보통 효과 – 황록색, 강조3
- 글꼴 : 굴림, 18pt

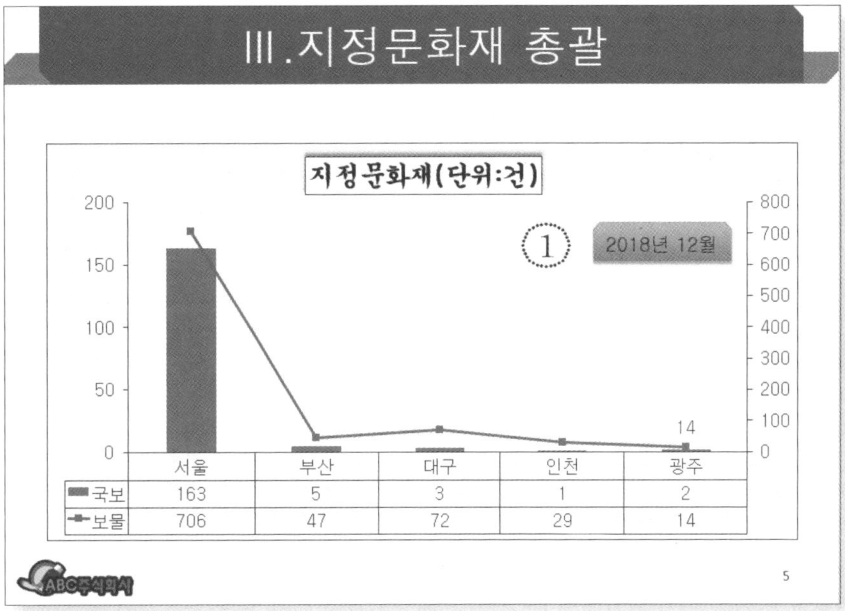

슬라이드 6 도형 슬라이드

100 점

(1) 슬라이드와 같이 도형 및 스마트아트를 배치한다(글꼴 : 굴림, 18pt).

(2) 애니메이션 순서 : ① ⇒ ②

세부조건

① 도형 및 스마트아트 편집

- 스마트아트 디자인 : 3차원 광택 처리, 3차원 경사
- 그룹화 후 애니메이션 효과 : 밝기 변화

② 도형 편집

- 그룹화 후 애니메이션 효과 : 흔들기

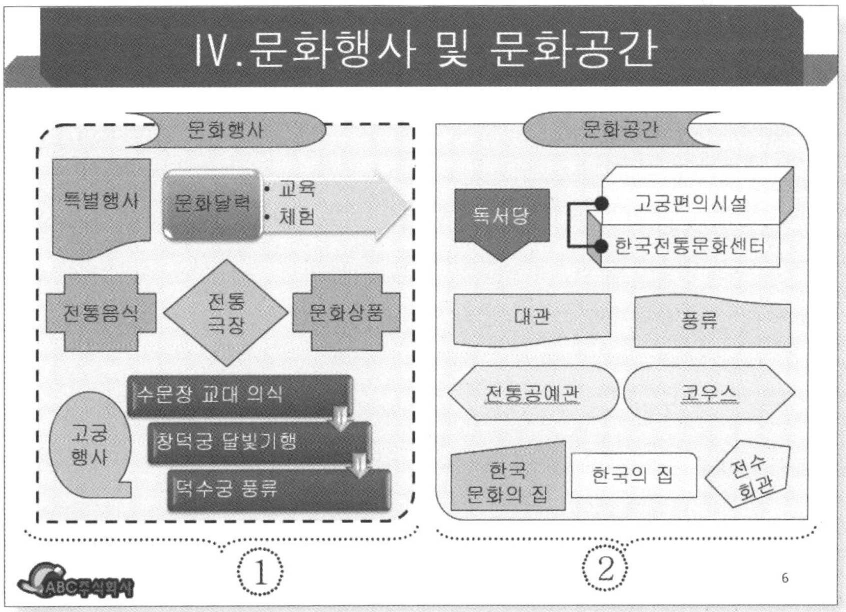

제9회 정보기술자격(ITQ) 시험

과 목	코 드	문제유형	시험시간	수험번호	성 명
한글파워포인트	1142	B	60분		

수험자 유의사항

- 수험자는 문제지를 받는 즉시 문제지와 **수험표상의 시험과목(프로그램)이 동일한지 반드시 확인**하여야 합니다.
- 파일명은 본인의 "수험번호-성명"으로 입력하여 답안폴더(내 PC₩문서₩ITQ)에 하나의 파일로 저장해야 하며, 답안문서 파일명이 "수험번호-성명"과 일치하지 않거나, 답안파일을 전송하지 않아 미제출로 처리될 경우 실격 처리합니다(예:12345678-홍길동.pptx).
- 답안 작성을 마치면 파일을 저장하고, '답안 전송' 버튼을 선택하여 감독위원 PC로 답안을 전송하십시오. 수험생 정보와 저장한 파일명이 다를 경우 전송되지 않으므로 주의하시기 바랍니다.
- 답안 작성 중에도 **주기적으로 저장하고, '답안 전송'**하여야 문제 발생을 줄일 수 있습니다. 작업한 내용을 저장하지 않고 전송할 경우 이전에 저장된 내용이 전송되오니 이점 유의하시기 바랍니다.
- 답안문서는 지정된 경로 외의 다른 보조기억장치에 저장하는 경우, 지정된 시험 시간 외에 작성된 파일을 활용할 경우, 기타 통신수단(이메일, 메신저, 네트워크 등)을 이용하여 타인에게 전달 또는 외부 반출하는 경우는 부정 처리합니다.
- 시험 중 부주의 또는 고의로 시스템을 파손한 경우는 수험자가 변상해야 하며, 〈수험자 유의사항〉에 기재된 방법대로 이행하지 않아 생기는 불이익은 수험생 당사자의 책임임을 알려 드립니다.
- 문제의 조건은 MS오피스 2016 버전으로 설정되어 있으니 유의하시기 바랍니다.
- 시험을 완료한 수험자는 답안파일이 전송되었는지 확인한 후 감독위원의 지시에 따라 문제지를 제출하고 퇴실합니다.

답안 작성요령

- 온라인 답안 작성 절차
  수험자 등록 ⇒ 시험 시작 ⇒ 답안파일 저장 ⇒ 답안 전송 ⇒ 시험 종료
- 슬라이드의 크기는 A4 Paper로 설정하여 작성합니다.
- 슬라이드의 총 개수는 6개로 구성되어 있으며 슬라이드 1부터 순서대로 작업하고 반드시 문제와 세부 조건대로 합니다.
- 별도의 지시사항이 없는 경우 출력형태를 참조하여 글꼴색은 검정 또는 흰색으로 작성하고, 기타사항은 전체적인 균형을 고려하여 작성합니다.
- 슬라이드 도형 및 개체에 출력형태와 다른 스타일 (그림자 , 외곽선 등)을 적용했을 경우 감점처리 됩니다.
- 슬라이드 번호를 작성합니다(슬라이드 1에는 생략).
- 2~6번 슬라이드 제목 도형과 하단 로고는 슬라이드 마스터를 이용하여 출력형태와 동일하게 작성합니다(슬라이드 1에는 생략).
- 문제와 세부조건, 세부조건 번호 ◌(점선원)는 입력하지 않습니다.
- 각 개체의 위치는 오른쪽의 슬라이드와 동일하게 구성합니다.
- 그림 삽입 문제의 경우 반드시 「내 PC₩문서₩ITQ₩Picture」 폴더에서 정확한 파일을 선택하여 삽입하십시오.
- 각 슬라이드를 각각의 파일로 작업해서 저장할 경우 실격 처리됩니다.

The Insight KPC
kpc 한국생산성본부

전체구성

60점

(1) 슬라이드 크기 및 순서 : 크기를 A4 용지로 설정하고 슬라이드 순서에 맞게 작성한다.

(2) 슬라이드 마스터 : 2~6슬라이드의 제목, 하단 로고, 슬라이드 번호는 슬라이드 마스터를 이용하여 작성한다.

- 제목 글꼴(돋움, 40pt, 흰색), 왼쪽 맞춤, 도형(선 없음)
- 하단 로고(「내 PC₩문서₩ITQ₩Picture₩로고1.jpg」, 배경(회색) 투명색으로 설정)

슬라이드 1 표지 디자인

40점

(1) 표지 디자인 : 도형, 워드아트 및 그림을 이용하여 작성한다.

세부조건

① 도형 편집
- 도형에 그림 채우기 : 「내 PC₩문서₩ITQ₩Picture₩그림2.jpg」, 투명도 50%
- 도형 효과 : (부드러운 가장자리 15포인트)

② 워드아트 삽입
- 변환 : 역삼각형
- 글꼴 : 돋움, 굵게
- 텍스트 반사 : 1/2 반사, 터치

③ 그림 삽입
- 「내 PC₩문서₩ITQ₩Picture₩로고1.jpg」
- 배경(회색) 투명색으로 설정

슬라이드 2 목차 슬라이드

60점

(1) 출력형태와 같이 도형을 이용하여 목차를 작성한다(글꼴 : 굴림, 24pt).

(2) 도형 : 선 없음

세부조건

① 텍스트에 하이퍼링크 적용
-> '슬라이드 5'

② 그림 삽입
- 「내 PC₩문서₩ITQ₩Picture₩그림5.jpg」
- 자르기 기능 이용

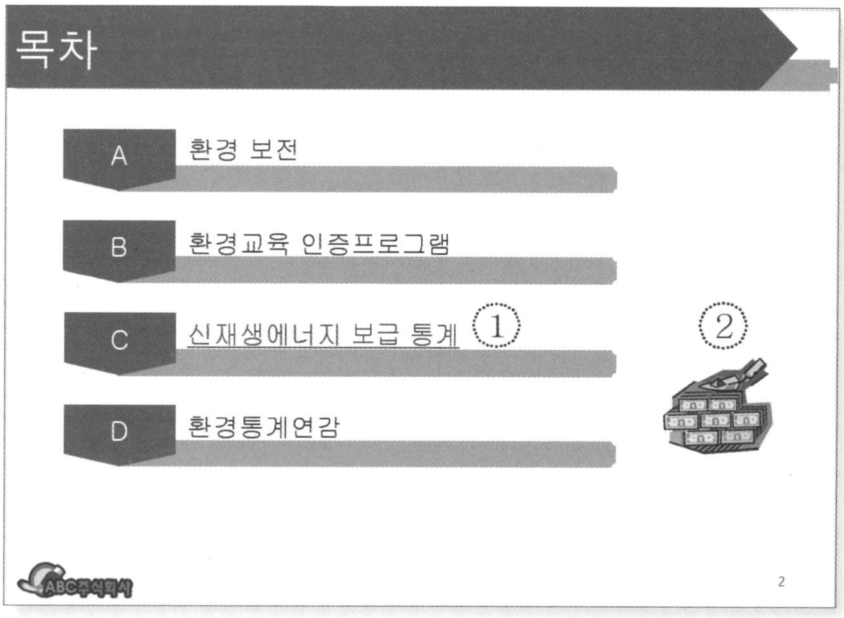

슬라이드 3 텍스트/동영상 슬라이드 60점

(1) 텍스트 작성 : 글머리 기호 사용(➢, ✓)

➢ 문단(굴림, 24pt, 굵게, 줄간격 : 1.5줄), ✓ 문단(굴림, 20pt, 줄간격 : 1.5줄)

세부조건

① 동영상 삽입 :

- 「내 PC₩문서₩ITQ₩Picture₩동영상.wmv」
- 자동실행, 반복재생 설정

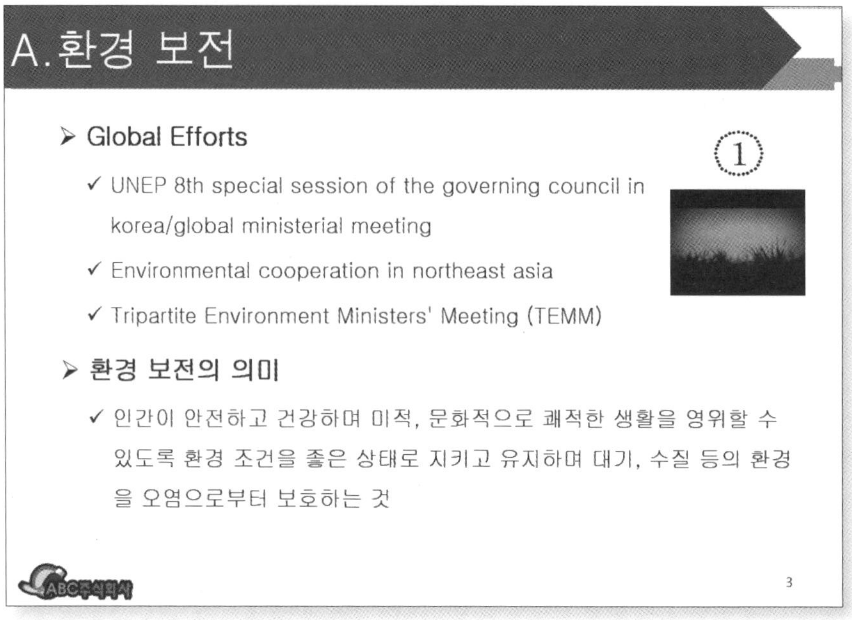

A.환경 보전
①
➢ Global Efforts
✓ UNEP 8th special session of the governing council in korea/global ministerial meeting
✓ Environmental cooperation in northeast asia
✓ Tripartite Environment Ministers' Meeting (TEMM)
➢ 환경 보전의 의미
✓ 인간이 안전하고 건강하며 미적, 문화적으로 쾌적한 생활을 영위할 수 있도록 환경 조건을 좋은 상태로 지키고 유지하며 대기, 수질 등의 환경을 오염으로부터 보호하는 것
ABC주식회사
3

슬라이드 4 표 슬라이드 80점

(1) 도형과 표 작성 기능을 이용하여 슬라이드를 작성한다(글꼴 : 돋움, 18pt).

세부조건

① 상단 도형 :

2개 도형의 조합으로 작성

② 좌측 도형 :

그라데이션 효과(선형 아래쪽)

③ 표 스타일 :

테마 스타일 1 – 강조 3

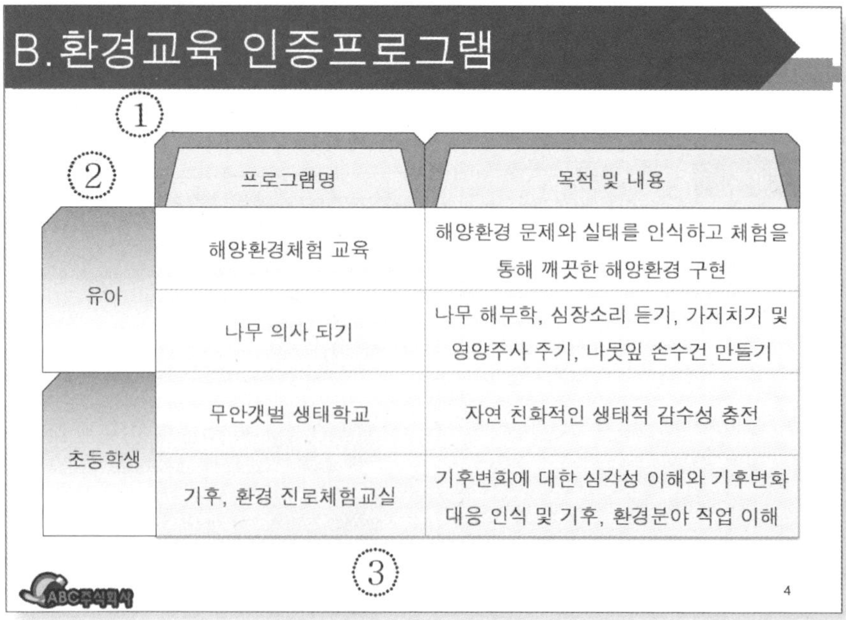

B.환경교육 인증프로그램
①
②
③
ABC주식회사
4

	프로그램명	목적 및 내용
유아	해양환경체험 교육	해양환경 문제와 실태를 인식하고 체험을 통해 깨끗한 해양환경 구현
	나무 의사 되기	나무 해부학, 심장소리 듣기, 가지치기 및 영양주사 주기, 나뭇잎 손수건 만들기
초등학생	무안갯벌 생태학교	자연 친화적인 생태적 감수성 충전
	기후, 환경 진로체험교실	기후변화에 대한 심각성 이해와 기후변화 대응 인식 및 기후, 환경분야 직업 이해

슬라이드 5 차트 슬라이드 (100점)

(1) 차트 작성 기능을 이용하여 슬라이드를 작성한다.

(2) 차트 : 종류(묶은 세로 막대형), 글꼴(돋움, 16pt), 외곽선

세부조건

※ 차트설명
- 차트제목 : 궁서, 24pt, 굵게, 채우기(흰색), 테두리, 그림자(오프셋 위쪽)
- 차트영역 : 채우기(노랑) 그림영역 : 채우기(흰색)
- 데이터 서식 : 발전량(GWh) 계열을 표식이 있는 꺾은선형으로 변경 후 보조축으로 지정
- 값 표시 : IGCC의 발전량(GWh) 계열만

① 도형 삽입
- 스타일 : 보통 효과 – 바다색, 강조5
- 글꼴 : 굴림, 18pt

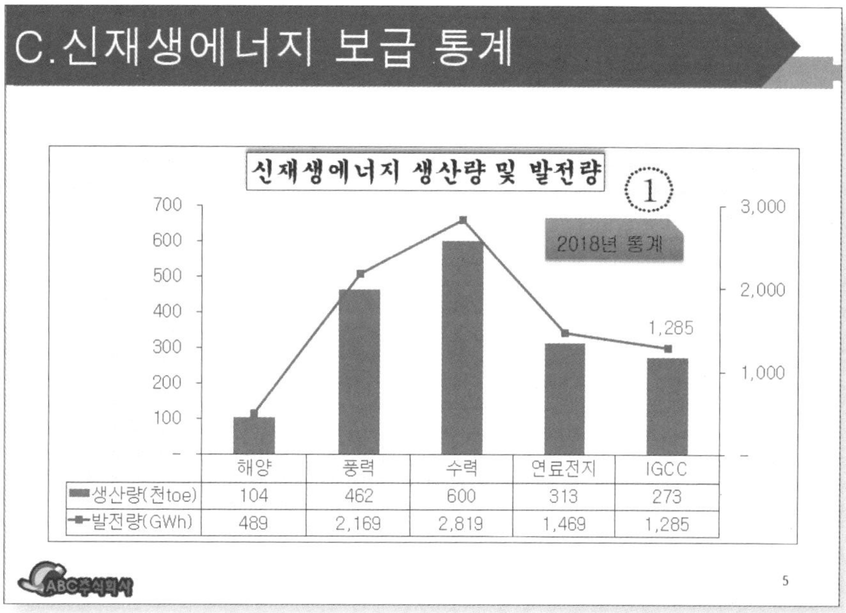

슬라이드 6 도형 슬라이드 (100점)

(1) 슬라이드와 같이 도형 및 스마트아트를 배치한다(글꼴 : 굴림, 18pt).

(2) 애니메이션 순서 : ① ⇒ ②

세부조건

① 도형 및 스마트아트 편집
- 스마트아트 디자인 : 3차원 광택 처리, 3차원 경사
- 그룹화 후 애니메이션 효과 : 밝기 변화

② 도형 편집
- 그룹화 후 애니메이션 효과 : 날아오기(오른쪽에서)

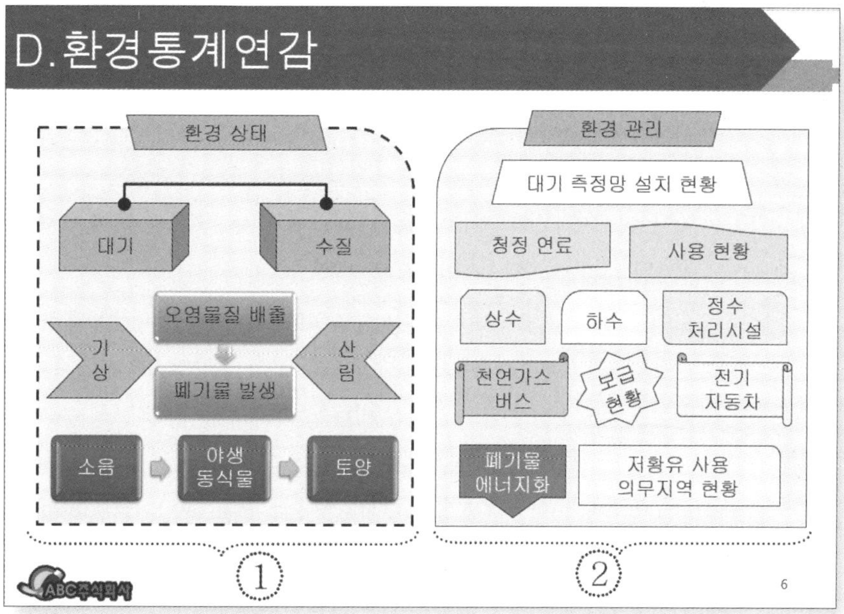

제10회 정보기술자격(ITQ) 시험

과 목	코 드	문제유형	시험시간	수험번호	성 명
한글파워포인트	1142	B	60분		

수험자 유의사항

- 수험자는 문제지를 받는 즉시 문제지와 **수험표상의 시험과목(프로그램)이 동일한지 반드시 확인**하여야 합니다.
- 파일명은 본인의 "수험번호-성명"으로 입력하여 답안폴더(내 PC₩문서₩ITQ)에 하나의 파일로 저장해야 하며, 답안문서 파일명이 "수험번호-성명"과 일치하지 않거나, 답안파일을 전송하지 않아 미제출로 처리될 경우 실격 처리합니다(예:12345678-홍길동.pptx).
- 답안 작성을 마치면 파일을 저장하고, '답안 전송' 버튼을 선택하여 감독위원 PC로 답안을 전송하십시오. 수험생 정보와 저장한 파일명이 다를 경우 전송되지 않으므로 주의하시기 바랍니다.
- 답안 작성 중에도 **주기적으로 저장하고, '답안 전송'**하여야 문제 발생을 줄일 수 있습니다. 작업한 내용을 저장하지 않고 전송할 경우 이전에 저장된 내용이 전송되오니 이점 유의하시기 바랍니다.
- 답안문서는 지정된 경로 외의 다른 보조기억장치에 저장하는 경우, 지정된 시험 시간 외에 작성된 파일을 활용할 경우, 기타 통신수단(이메일, 메신저, 네트워크 등)을 이용하여 타인에게 전달 또는 외부 반출하는 경우는 부정 처리합니다.
- 시험 중 부주의 또는 고의로 시스템을 파손한 경우는 수험자가 변상해야 하며, 〈수험자 유의사항〉에 기재된 방법대로 이행하지 않아 생기는 불이익은 수험생 당사자의 책임임을 알려 드립니다.
- 문제의 조건은 MS오피스 2016 버전으로 설정되어 있으니 유의하시기 바랍니다.
- 시험을 완료한 수험자는 답안파일이 전송되었는지 확인한 후 감독위원의 지시에 따라 문제지를 제출하고 퇴실합니다.

답안 작성요령

- 온라인 답안 작성 절차
  수험자 등록 ⇒ 시험 시작 ⇒ 답안파일 저장 ⇒ 답안 전송 ⇒ 시험 종료
- 슬라이드의 크기는 A4 Paper로 설정하여 작성합니다.
- 슬라이드의 총 개수는 6개로 구성되어 있으며 슬라이드 1부터 순서대로 작업하고 반드시 문제와 세부 조건대로 합니다.
- 별도의 지시사항이 없는 경우 출력형태를 참조하여 글꼴색은 검정 또는 흰색으로 작성하고, 기타사항은 전체적인 균형을 고려하여 작성합니다.
- 슬라이드 도형 및 개체에 출력형태와 다른 스타일 (그림자 , 외곽선 등)을 적용했을 경우 감점처리 됩니다.
- 슬라이드 번호를 작성합니다(슬라이드 1에는 생략).
- 2~6번 슬라이드 제목 도형과 하단 로고는 슬라이드 마스터를 이용하여 출력형태와 동일하게 작성합니다(슬라이드 1에는 생략).
- 문제와 세부조건, 세부조건 번호 ◌(점선원)는 입력하지 않습니다.
- 각 개체의 위치는 오른쪽의 슬라이드와 동일하게 구성합니다.
- 그림 삽입 문제의 경우 반드시 「내 PC₩문서₩ITQ₩Picture」 폴더에서 정확한 파일을 선택하여 삽입하십시오.
- 각 슬라이드를 각각의 파일로 작업해서 저장할 경우 실격 처리됩니다.

The Insight KPC
kpc 한국생산성본부

전체구성

60점

(1) 슬라이드 크기 및 순서 : 크기를 A4 용지로 설정하고 슬라이드 순서에 맞게 작성한다.

(2) 슬라이드 마스터 : 2~6슬라이드의 제목, 하단 로고, 슬라이드 번호는 슬라이드 마스터를 이용하여 작성한다.

- 제목 글꼴(굴림, 40pt, 검정), 가운데 맞춤, 도형(선 없음)
- 하단 로고(「내 PC₩문서₩ITQ₩Picture₩로고2.jpg」, 배경(회색) 투명색으로 설정)

슬라이드 1 표지 디자인

40점

(1) 표지 디자인 : 도형, 워드아트 및 그림을 이용하여 작성한다.

세부조건

① 도형 편집
- 도형에 그림 채우기 : 「내 PC₩문서₩ITQ₩Picture₩그림1.jpg」, 투명도 50%
- 도형 효과 : (부드러운 가장자리 10포인트)

② 워드아트 삽입
- 변환 : 역삼각형
- 글꼴 : 굴림, 굵게
- 텍스트 반사 : 근접 반사, 8pt 오프셋

③ 그림 삽입
- 「내 PC₩문서₩ITQ₩Picture₩로고2.jpg」
- 배경(회색) 투명색으로 설정

슬라이드 2 목차 슬라이드

60점

(1) 출력형태와 같이 도형을 이용하여 목차를 작성한다(글꼴 : 돋움, 24pt).

(2) 도형 : 선 없음

세부조건

① 텍스트에 하이퍼링크 적용
-> '슬라이드 3'

② 그림 삽입
- 「내 PC₩문서₩ITQ₩Picture₩그림5.jpg」
- 자르기 기능 이용

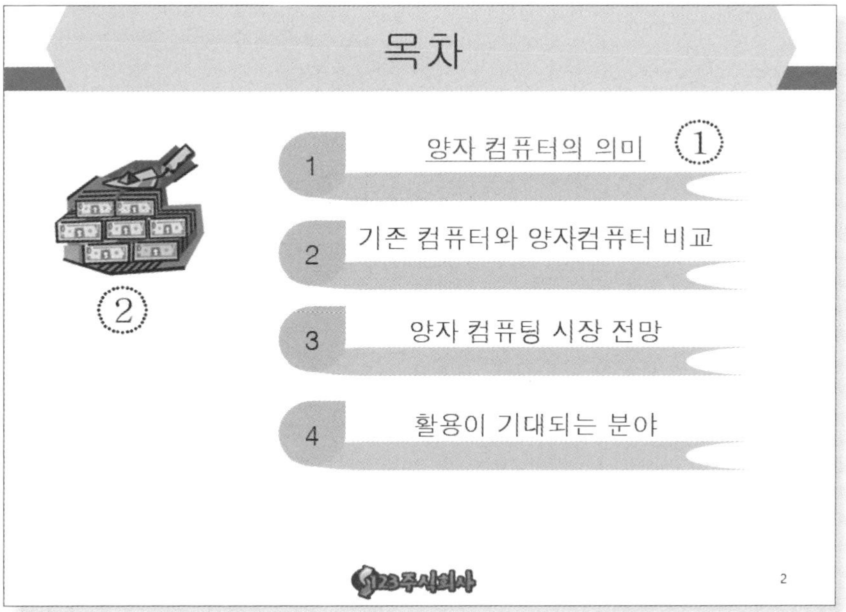

슬라이드 3 텍스트/동영상 슬라이드

60점

(1) 텍스트 작성 : 글머리 기호 사용(❖, ✓)

❖ 문단(굴림, 24pt, 굵게, 줄간격 : 1.5줄), ✓ 문단(굴림, 20pt, 줄간격 : 1.5줄)

세부조건

① 동영상 삽입 :

- 「내 PC₩문서₩ITQ₩Picture₩동영상.wmv」
- 자동실행, 반복재생 설정

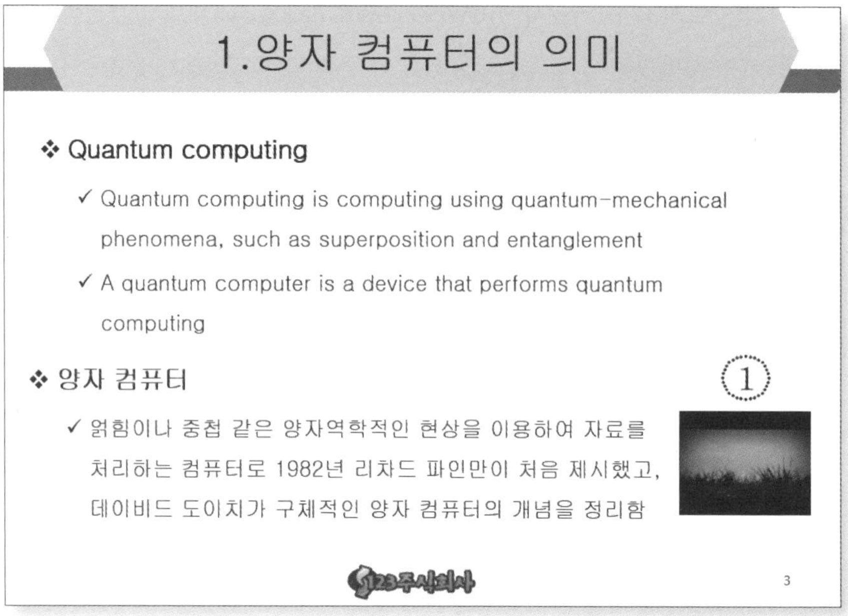

1.양자 컴퓨터의 의미
❖ Quantum computing
✓ Quantum computing is computing using quantum-mechanical phenomena, such as superposition and entanglement
✓ A quantum computer is a device that performs quantum computing
❖ 양자 컴퓨터
✓ 얽힘이나 중첩 같은 양자역학적인 현상을 이용하여 자료를 처리하는 컴퓨터로 1982년 리차드 파인만이 처음 제시했고, 데이비드 도이치가 구체적인 양자 컴퓨터의 개념을 정리함
①
123주식회사
3

슬라이드 4 표 슬라이드

80점

(1) 도형과 표 작성 기능을 이용하여 슬라이드를 작성한다(글꼴 : 돋움, 18pt).

세부조건

① 상단 도형 :
2개 도형의 조합으로 작성

② 좌측 도형 :
그라데이션 효과(선형 아래쪽)

③ 표 스타일 :
테마 스타일 1 – 강조 1

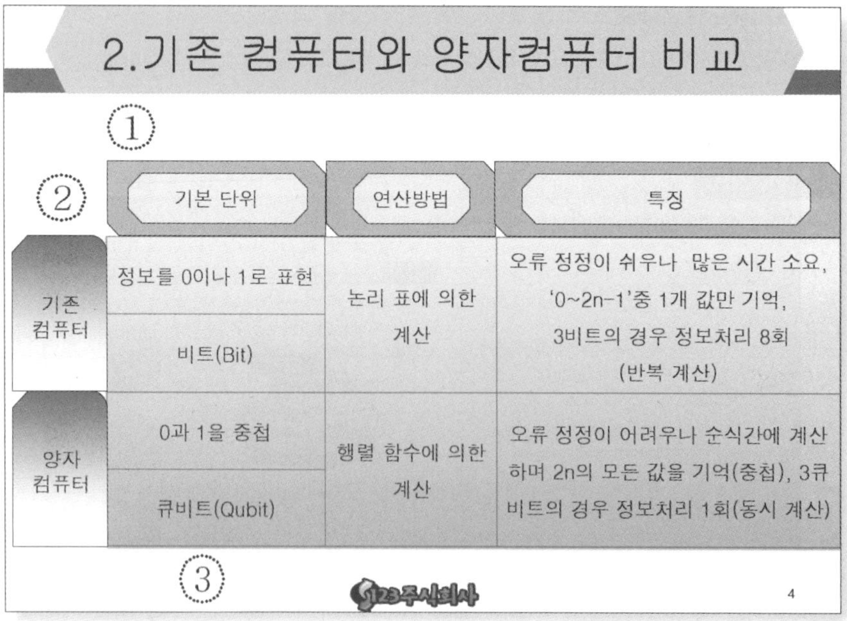

	기본 단위	연산방법	특징
기존 컴퓨터	정보를 0이나 1로 표현	논리 표에 의한 계산	오류 정정이 쉬우나 많은 시간 소요, '0~2n-1'중 1개 값만 기억, 3비트의 경우 정보처리 8회 (반복 계산)
	비트(Bit)		
양자 컴퓨터	0과 1을 중첩	행렬 함수에 의한 계산	오류 정정이 어려우나 순식간에 계산하며 2n의 모든 값을 기억(중첩), 3큐비트의 경우 정보처리 1회(동시 계산)
	큐비트(Qubit)		

슬라이드 5 차트 슬라이드

100점

(1) 차트 작성 기능을 이용하여 슬라이드를 작성한다.

(2) 차트 : 종류(묶은 세로 막대형), 글꼴(돋움, 16pt), 외곽선

세부조건

※ 차트설명

- 차트제목 : 궁서, 24pt, 굵게, 채우기(흰색), 테두리, 그림자(오프셋 위쪽)
- 차트영역 : 채우기(노랑) 그림영역 : 채우기(흰색)
- 데이터 서식 : 국내시장 계열을 표식이 있는 꺾은선형으로 변경 후 보조축으로 지정
- 값 표시 : 2020년의 국내시장 계열만

① 도형 삽입

- 스타일 : 강한 효과 – 바다색, 강조5
- 글꼴 : 굴림, 18pt

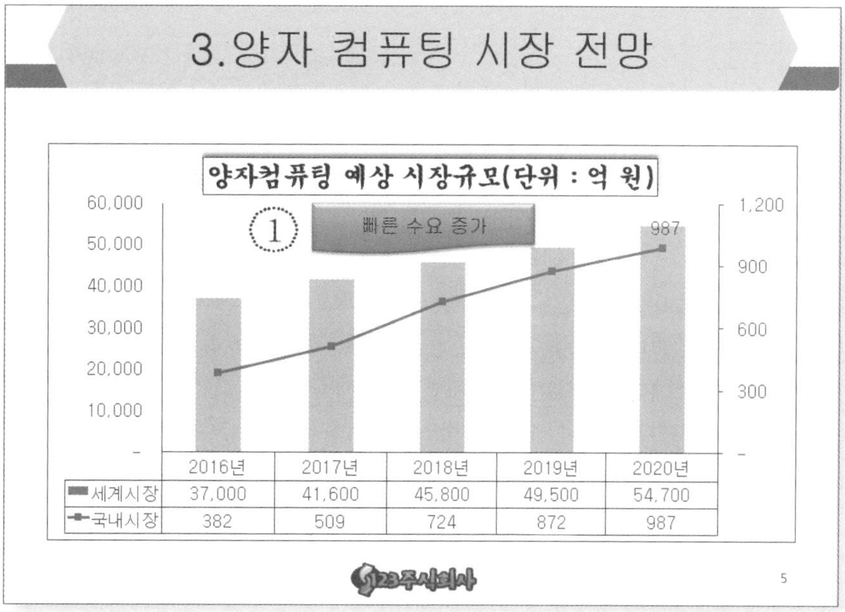

슬라이드 6 도형 슬라이드

100점

(1) 슬라이드와 같이 도형 및 스마트아트를 배치한다(글꼴 : 굴림, 18pt).

(2) 애니메이션 순서 : ① ⇒ ②

세부조건

① 도형 및 스마트아트 편집

- 스마트아트 디자인 : 3차원 경사, 3차원 만화
- 그룹화 후 애니메이션 효과 : 나누기(세로 바깥쪽으로)

② 도형 편집

- 그룹화 후 애니메이션 효과 : 시계 방향 회전

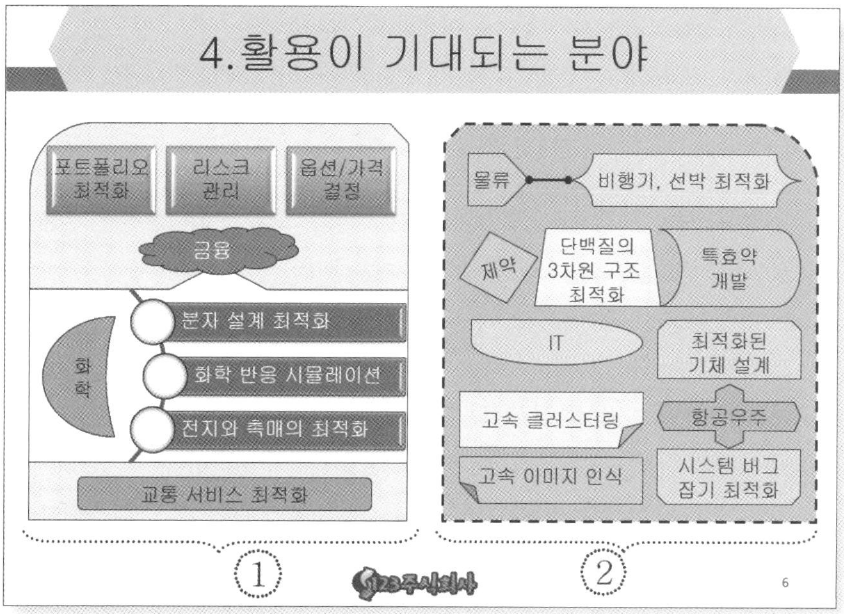

제11회 정보기술자격(ITQ) 시험

과 목	코 드	문제유형	시험시간	수험번호	성 명
한글파워포인트	1142	B	60분		

수험자 유의사항

- 수험자는 문제지를 받는 즉시 문제지와 **수험표상의 시험과목(프로그램)이 동일한지 반드시 확인**하여야 합니다.
- 파일명은 본인의 "수험번호-성명"으로 입력하여 답안폴더(내 PC₩문서₩ITQ)에 하나의 파일로 저장해야 하며, 답안문서 파일명이 "수험번호-성명"과 일치하지 않거나, 답안파일을 전송하지 않아 미제출로 처리될 경우 실격 처리합니다(예:12345678-홍길동.pptx).
- 답안 작성을 마치면 파일을 저장하고, '답안 전송' 버튼을 선택하여 감독위원 PC로 답안을 전송하십시오. 수험생 정보와 저장한 파일명이 다를 경우 전송되지 않으므로 주의하시기 바랍니다.
- 답안 작성 중에도 **주기적으로 저장하고, '답안 전송'**하여야 문제 발생을 줄일 수 있습니다. 작업한 내용을 저장하지 않고 전송할 경우 이전에 저장된 내용이 전송되오니 이점 유의하시기 바랍니다.
- 답안문서는 지정된 경로 외의 다른 보조기억장치에 저장하는 경우, 지정된 시험 시간 외에 작성된 파일을 활용할 경우, 기타 통신수단(이메일, 메신저, 네트워크 등)을 이용하여 타인에게 전달 또는 외부 반출하는 경우는 부정 처리합니다.
- 시험 중 부주의 또는 고의로 시스템을 파손한 경우는 수험자가 변상해야 하며, 〈수험자 유의사항〉에 기재된 방법대로 이행하지 않아 생기는 불이익은 수험생 당사자의 책임임을 알려 드립니다.
- 문제의 조건은 MS오피스 2016 버전으로 설정되어 있으니 유의하시기 바랍니다.
- 시험을 완료한 수험자는 답안파일이 전송되었는지 확인한 후 감독위원의 지시에 따라 문제지를 제출하고 퇴실합니다.

답안 작성요령

- 온라인 답안 작성 절차
  수험자 등록 ⇒ 시험 시작 ⇒ 답안파일 저장 ⇒ 답안 전송 ⇒ 시험 종료
- 슬라이드의 크기는 A4 Paper로 설정하여 작성합니다.
- 슬라이드의 총 개수는 6개로 구성되어 있으며 슬라이드 1부터 순서대로 작업하고 반드시 문제와 세부 조건대로 합니다.
- 별도의 지시사항이 없는 경우 출력형태를 참조하여 글꼴색은 검정 또는 흰색으로 작성하고, 기타사항은 전체적인 균형을 고려하여 작성합니다.
- 슬라이드 도형 및 개체에 출력형태와 다른 스타일 (그림자 , 외곽선 등)을 적용했을 경우 감점처리 됩니다.
- 슬라이드 번호를 작성합니다(슬라이드 1에는 생략).
- 2~6번 슬라이드 제목 도형과 하단 로고는 슬라이드 마스터를 이용하여 출력형태와 동일하게 작성합니다(슬라이드 1에는 생략).
- 문제와 세부조건, 세부조건 번호 ◌(점선원)는 입력하지 않습니다.
- 각 개체의 위치는 오른쪽의 슬라이드와 동일하게 구성합니다.
- 그림 삽입 문제의 경우 반드시 「내 PC₩문서₩ITQ₩Picture」 폴더에서 정확한 파일을 선택하여 삽입하십시오.
- 각 슬라이드를 각각의 파일로 작업해서 저장할 경우 실격 처리됩니다.

The Insight KPC
kpc 한국생산성본부

전체구성

60점

(1) 슬라이드 크기 및 순서 : 크기를 A4 용지로 설정하고 슬라이드 순서에 맞게 작성한다.

(2) 슬라이드 마스터 : 2~6슬라이드의 제목, 하단 로고, 슬라이드 번호는 슬라이드 마스터를 이용하여 작성한다.

- 제목 글꼴(굴림, 40pt, 흰색), 가운데 맞춤, 도형(선 없음)
- 하단 로고(「내 PC₩문서₩ITQ₩Picture₩로고2.jpg」, 배경(회색) 투명색으로 설정)

슬라이드 1 표지 디자인

40점

(1) 표지 디자인 : 도형, 워드아트 및 그림을 이용하여 작성한다.

세부조건

① 도형 편집
- 도형에 그림 채우기 : 「내 PC₩문서₩ITQ₩Picture₩그림2.jpg」, 투명도 30%
- 도형 효과 : (부드러운 가장자리 5포인트)

② 워드아트 삽입
- 변환 : 수축
- 글꼴 : 궁서, 굵게
- 텍스트 반사 : 근접 반사, 8pt 오프셋

③ 그림 삽입
- 「내 PC₩문서₩ITQ₩Picture₩로고2.jpg」
- 배경(회색) 투명색으로 설정

슬라이드 2 목차 슬라이드

60점

(1) 출력형태와 같이 도형을 이용하여 목차를 작성한다(글꼴 : 돋움, 24pt).

(2) 도형 : 선 없음

세부조건

① 텍스트에 하이퍼링크 적용
-> '슬라이드 3'

② 그림 삽입
- 「내 PC₩문서₩ITQ₩Picture₩그림5.jpg」
- 자르기 기능 이용

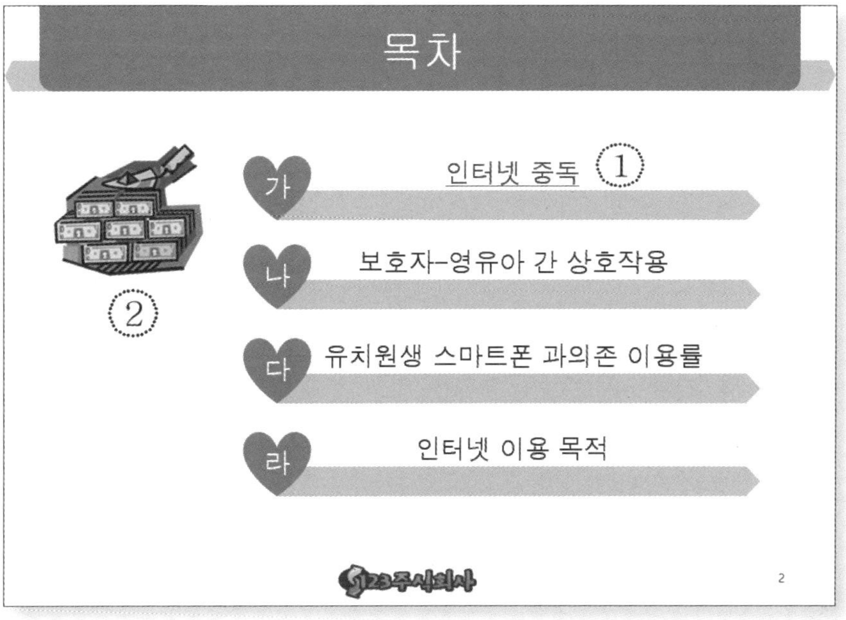

슬라이드 3 텍스트/동영상 슬라이드

60점

(1) 텍스트 작성 : 글머리 기호 사용(❖, ✓)

❖ 문단(굴림, 24pt, 굵게, 줄간격 : 1.5줄), ✓ 문단(굴림, 20pt, 줄간격 : 1.5줄)

세부조건

① 동영상 삽입 :

- 「내 PC₩문서₩ITQ₩Picture₩동영상.wmv」
- 자동실행, 반복재생 설정

가.인터넷 중독

❖ **Internet Addiction Test**

✓ The Internet Addiction Test is the first validated and reliable measure of addictive use of the Internet

✓ How do you know if you're already addicted or rapidly tumbling toward trouble

❖ 인터넷 중독

✓ 과다한 인터넷 이용으로 인해 가정, 학교, 사회에서 수행해야 할 일들에 지장이 생기거나 일상생활의 유지가 불가능한 상태로 습관적 행위로 굳어짐

①

123주식회사 3

슬라이드 4 표 슬라이드

80점

(1) 도형과 표 작성 기능을 이용하여 슬라이드를 작성한다(글꼴 : 돋움, 18pt).

세부조건

① 상단 도형 :

2개 도형의 조합으로 작성

② 좌측 도형 :

그라데이션 효과(선형 아래쪽)

③ 표 스타일 :

테마 스타일 1 – 강조 1

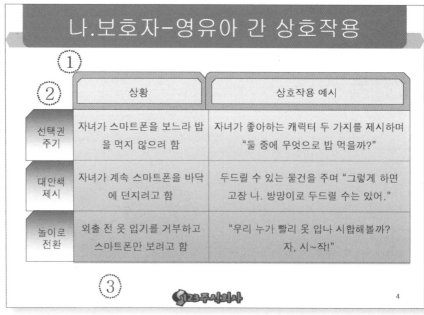

나.보호자-영유아 간 상호작용

① ②

	상황	상호작용 예시
선택권 주기	자녀가 스마트폰을 보느라 밥을 먹지 않으려 함	자녀가 좋아하는 캐릭터 두 가지를 제시하며 "둘 중에 무엇으로 밥 먹을까?"
대안책 제시	자녀가 계속 스마트폰을 바닥에 던지려고 함	두드릴 수 있는 물건을 주며 "그렇게 하면 고장 나. 방망이로 두드릴 수는 있어."
놀이로 전환	외출 전 옷 입기를 거부하고 스마트폰만 보려고 함	"우리 누가 빨리 옷 입나 시합해볼까? 자, 시~작!"

③

123주식회사 4

슬라이드 5 차트 슬라이드

100 점

(1) 차트 작성 기능을 이용하여 슬라이드를 작성한다.

(2) 차트 : 종류(묶은 세로 막대형), 글꼴(돋움, 16pt), 외곽선

세부조건

※ 차트설명
- 차트제목 : 궁서, 24pt, 굵게, 채우기(흰색), 테두리, 그림자(오프셋 위쪽)
- 차트영역 : 채우기(노랑) 그림영역 : 채우기(흰색)
- 데이터 서식 : 과의존 위험군 계열을 표식이 있는 꺾은선형으로 변경 후 보조축으로 지정
- 값 표시 : SNS의 과의존 위험군 계열만

① 도형 삽입
- 스타일 : 미세 효과 – 주황, 강조6
- 글꼴 : 굴림, 18pt

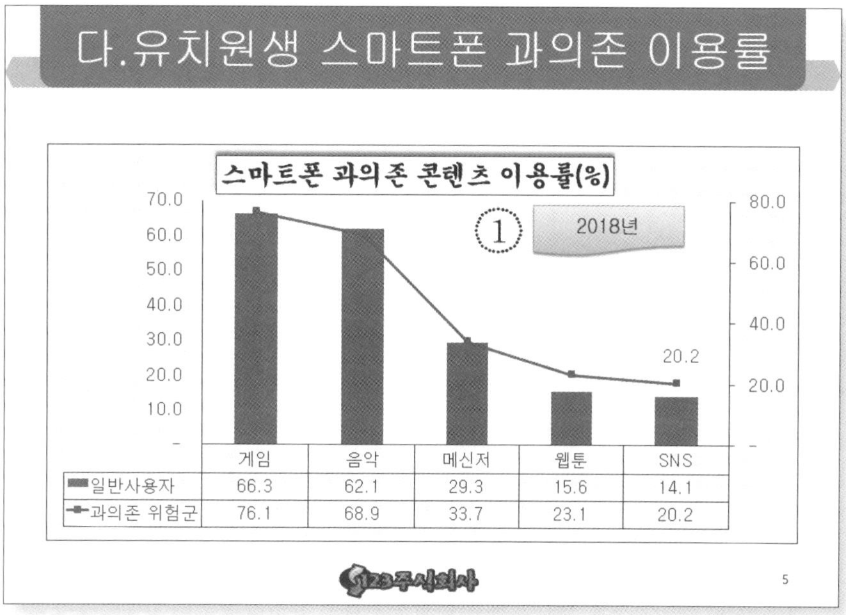

슬라이드 6 도형 슬라이드

100 점

(1) 슬라이드와 같이 도형 및 스마트아트를 배치한다(글꼴 : 굴림, 18pt).

(2) 애니메이션 순서 : ① ⇒ ②

세부조건

① 도형 및 스마트아트 편집
- 스마트아트 디자인 : 3차원 경사, 3차원 만화
- 그룹화 후 애니메이션 효과 : 나누기(세로 바깥쪽으로)

② 도형 편집
- 그룹화 후 애니메이션 효과 : 시계 방향 회전

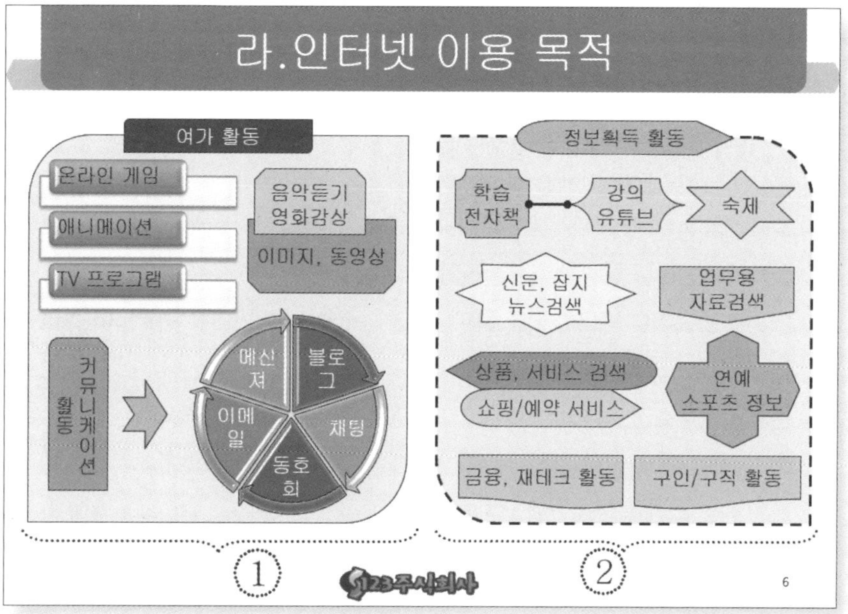

제12회 정보기술자격(ITQ) 시험

과 목	코 드	문제유형	시험시간	수험번호	성 명
한글파워포인트	1142	B	60분		

수험자 유의사항

- 수험자는 문제지를 받는 즉시 문제지와 **수험표상의 시험과목(프로그램)이 동일한지 반드시 확인**하여야 합니다.
- 파일명은 본인의 "수험번호-성명"으로 입력하여 답안폴더(내 PC₩문서₩ITQ)에 하나의 파일로 저장해야 하며, 답안문서 파일명이 "수험번호-성명"과 일치하지 않거나, 답안파일을 전송하지 않아 미제출로 처리될 경우 실격 처리합니다 (예:12345678-홍길동.pptx).
- 답안 작성을 마치면 파일을 저장하고, '답안 전송' 버튼을 선택하여 감독위원 PC로 답안을 전송하십시오. 수험생 정보와 저장한 파일명이 다를 경우 전송되지 않으므로 주의하시기 바랍니다.
- 답안 작성 중에도 **주기적으로 저장하고, '답안 전송'**하여야 문제 발생을 줄일 수 있습니다. 작업한 내용을 저장하지 않고 전송할 경우 이전에 저장된 내용이 전송되오니 이점 유의하시기 바랍니다.
- 답안문서는 지정된 경로 외의 다른 보조기억장치에 저장하는 경우, 지정된 시험 시간 외에 작성된 파일을 활용할 경우, 기타 통신수단(이메일, 메신저, 네트워크 등)을 이용하여 타인에게 전달 또는 외부 반출하는 경우는 부정 처리합니다.
- 시험 중 부주의 또는 고의로 시스템을 파손한 경우는 수험자가 변상해야 하며, 〈수험자 유의사항〉에 기재된 방법대로 이행하지 않아 생기는 불이익은 수험생 당사자의 책임임을 알려 드립니다.
- 문제의 조건은 MS오피스 2016 버전으로 설정되어 있으니 유의하시기 바랍니다.
- 시험을 완료한 수험자는 답안파일이 전송되었는지 확인한 후 감독위원의 지시에 따라 문제지를 제출하고 퇴실합니다.

답안 작성요령

- 온라인 답안 작성 절차
  수험자 등록 ⇒ 시험 시작 ⇒ 답안파일 저장 ⇒ 답안 전송 ⇒ 시험 종료
- 슬라이드의 크기는 A4 Paper로 설정하여 작성합니다.
- 슬라이드의 총 개수는 6개로 구성되어 있으며 슬라이드 1부터 순서대로 작업하고 반드시 문제와 세부 조건대로 합니다.
- 별도의 지시사항이 없는 경우 출력형태를 참조하여 글꼴색은 검정 또는 흰색으로 작성하고, 기타사항은 전체적인 균형을 고려하여 작성합니다.
- 슬라이드 도형 및 개체에 출력형태와 다른 스타일 (그림자 , 외곽선 등)을 적용했을 경우 감점처리 됩니다.
- 슬라이드 번호를 작성합니다(슬라이드 1에는 생략).
- 2~6번 슬라이드 제목 도형과 하단 로고는 슬라이드 마스터를 이용하여 출력형태와 동일하게 작성합니다(슬라이드 1에는 생략).
- 문제와 세부조건, 세부조건 번호 ◌(점선원)는 입력하지 않습니다.
- 각 개체의 위치는 오른쪽의 슬라이드와 동일하게 구성합니다.
- 그림 삽입 문제의 경우 반드시 「내 PC₩문서₩ITQ₩Picture」 폴더에서 정확한 파일을 선택하여 삽입하십시오.
- 각 슬라이드를 각각의 파일로 작업해서 저장할 경우 실격 처리됩니다.

The Insight KPC
kpc 한국생산성본부

전체구성

60점

(1) 슬라이드 크기 및 순서 : 크기를 A4 용지로 설정하고 슬라이드 순서에 맞게 작성한다.

(2) 슬라이드 마스터 : 2~6슬라이드의 제목, 하단 로고, 슬라이드 번호는 슬라이드 마스터를 이용하여 작성한다.

- 제목 글꼴(굴림, 40pt, 흰색), 가운데 맞춤, 도형(선 없음)
- 하단 로고(「내 PC₩문서₩ITQ₩Picture₩로고2.jpg」, 배경(회색) 투명색으로 설정)

슬라이드 1 표지 디자인

40점

(1) 표지 디자인 : 도형, 워드아트 및 그림을 이용하여 작성한다.

세부조건

① 도형 편집
- 도형에 그림 채우기 : 「내 PC₩문서₩ITQ₩Picture₩그림1.jpg」, 투명도 50%
- 도형 효과 : (부드러운 가장자리 5포인트)

② 워드아트 삽입
- 변환 : 물결 1
- 글꼴 : 돋움, 굵게
- 텍스트 반사 : 근접 반사, 8pt 오프셋

③ 그림 삽입
- 「내 PC₩문서₩ITQ₩Picture₩로고2.jpg」
- 배경(회색) 투명색으로 설정

슬라이드 2 목차 슬라이드

60점

(1) 출력형태와 같이 도형을 이용하여 목차를 작성한다(글꼴 : 돋움, 24pt).

(2) 도형 : 선 없음

세부조건

① 텍스트에 하이퍼링크 적용
-> '슬라이드 3'

② 그림 삽입
- 「내 PC₩문서₩ITQ₩Picture₩그림5.jpg」
- 자르기 기능 이용

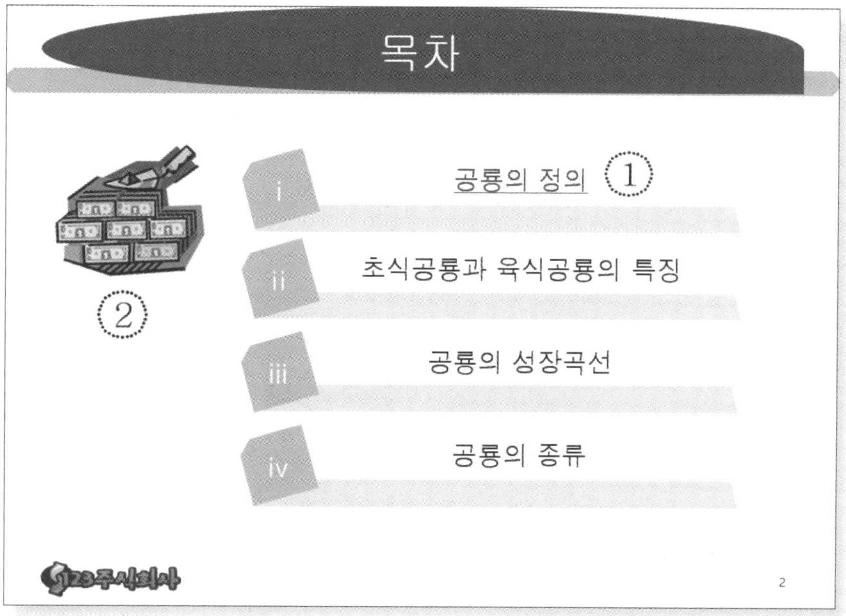

슬라이드 3 텍스트/동영상 슬라이드

60점

(1) 텍스트 작성 : 글머리 기호 사용(❖, ✓)

❖ 문단(굴림, 24pt, 굵게, 줄간격 : 1.5줄), ✓ 문단(굴림, 20pt, 줄간격 : 1.5줄)

세부조건

① 동영상 삽입 :
- 「내 PC₩문서₩ITQ₩Picture₩동영상.wmv」
- 자동실행, 반복재생 설정

ⅰ.공룡의 정의

❖ Characteristics of dinosaurs

✓ Dinosaurs strong yet light-weight bones and long tails that helped their balance allowed these huge creatures to move around gracefully in upright postures

①

❖ 공룡의 정의

✓ 중생대에 번성했던 육상 파충류의 한 집단으로 육지와 바다(어룡), 하늘(익룡)까지 진화를 거듭하면서 번성

✓ 모든 대륙의 다양한 환경에서 화석으로 발견

123주식회사 3

슬라이드 4 표 슬라이드

80점

(1) 도형과 표 작성 기능을 이용하여 슬라이드를 작성한다(글꼴 : 돋움, 18pt).

세부조건

① 상단 도형 :
2개 도형의 조합으로 작성

② 좌측 도형 :
그라데이션 효과(선형 아래쪽)

③ 표 스타일 :
테마 스타일 1 – 강조 1

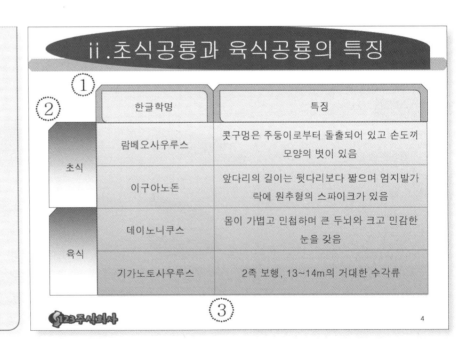

ⅱ.초식공룡과 육식공룡의 특징

① ②

	한글학명	특징
초식	람베오사우루스	콧구멍은 주둥이로부터 돌출되어 있고 손도끼 모양의 볏이 있음
	이구아노돈	앞다리의 길이는 뒷다리보다 짧으며 엄지발가락에 원추형의 스파이크가 있음
육식	데이노니쿠스	몸이 가볍고 민첩하며 큰 두뇌와 크고 민감한 눈을 갖음
	기가노토사우루스	2족 보행, 13~14m의 거대한 수각류

③

123주식회사 4

슬라이드 5 차트 슬라이드

100점

(1) 차트 작성 기능을 이용하여 슬라이드를 작성한다.

(2) 차트 : 종류(묶은 세로 막대형), 글꼴(돋움, 16pt), 외곽선

세부조건

※ 차트설명

- 차트제목 : 궁서, 24pt, 굵게, 채우기(흰색), 테두리, 그림자(오프셋 위쪽)
- 차트영역 : 채우기(노랑)
  그림영역 : 채우기(흰색)
- 데이터 서식 : 다스플레토사우루스 계열을 표식이 있는 꺾은선형으로 변경 후 보조 축으로 지정
- 값 표시 : 25세의 다스플레토사우루스 계열만

① 도형 삽입

– 스타일 :
  색 채우기 – 바다색, 강조5

– 글꼴 : 굴림, 18pt

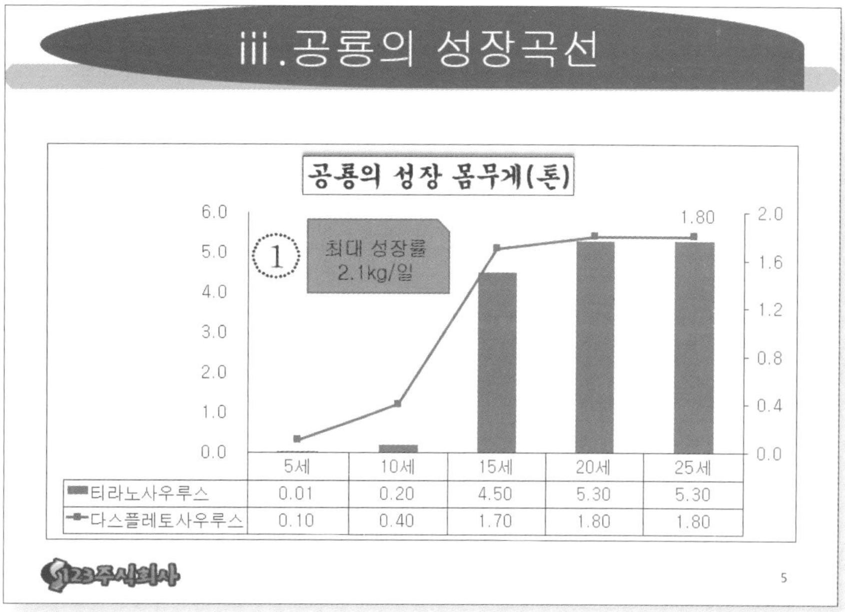

슬라이드 6 도형 슬라이드

100점

(1) 슬라이드와 같이 도형 및 스마트아트를 배치한다(글꼴 : 굴림, 18pt).

(2) 애니메이션 순서 : ① ⇒ ②

세부조건

① 도형 및 스마트아트 편집

– 스마트아트 디자인
  : 3차원 경사, 3차원 만화

– 그룹화 후 애니메이션 효과
  : 펄스

② 도형 편집

– 그룹화 후 애니메이션 효과
  : 시계 방향 회전

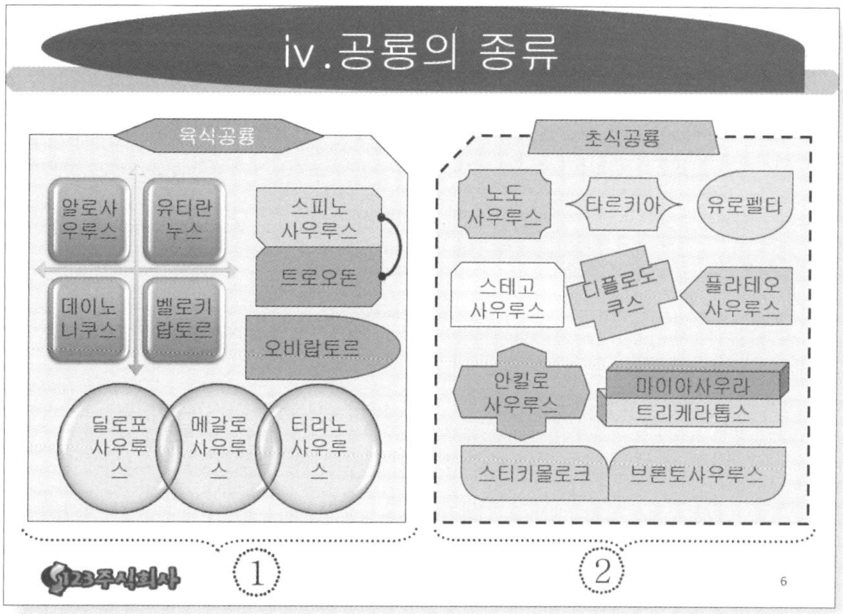

제13회 정보기술자격(ITQ) 시험

과 목	코 드	문제유형	시험시간	수험번호	성 명
한글파워포인트	1142	B	60분		

수험자 유의사항

- 수험자는 문제지를 받는 즉시 문제지와 **수험표상의 시험과목(프로그램)이 동일한지 반드시 확인**하여야 합니다.
- 파일명은 본인의 "수험번호-성명"으로 입력하여 답안폴더(내 PC₩문서₩ITQ)에 하나의 파일로 저장해야 하며, 답안문서 파일명이 "수험번호-성명"과 일치하지 않거나, 답안파일을 전송하지 않아 미제출로 처리될 경우 실격 처리합니다(예:12345678-홍길동.pptx).
- 답안 작성을 마치면 파일을 저장하고, '답안 전송' 버튼을 선택하여 감독위원 PC로 답안을 전송하십시오. 수험생 정보와 저장한 파일명이 다를 경우 전송되지 않으므로 주의하시기 바랍니다.
- 답안 작성 중에도 **주기적으로 저장하고, '답안 전송'**하여야 문제 발생을 줄일 수 있습니다. 작업한 내용을 저장하지 않고 전송할 경우 이전에 저장된 내용이 전송되오니 이점 유의하시기 바랍니다.
- 답안문서는 지정된 경로 외의 다른 보조기억장치에 저장하는 경우, 지정된 시험 시간 외에 작성된 파일을 활용할 경우, 기타 통신수단(이메일, 메신저, 네트워크 등)을 이용하여 타인에게 전달 또는 외부 반출하는 경우는 부정 처리합니다.
- 시험 중 부주의 또는 고의로 시스템을 파손한 경우는 수험자가 변상해야 하며, 〈수험자 유의사항〉에 기재된 방법대로 이행하지 않아 생기는 불이익은 수험생 당사자의 책임임을 알려 드립니다.
- 문제의 조건은 MS오피스 2016 버전으로 설정되어 있으니 유의하시기 바랍니다.
- 시험을 완료한 수험자는 답안파일이 전송되었는지 확인한 후 감독위원의 지시에 따라 문제지를 제출하고 퇴실합니다.

답안 작성요령

- 온라인 답안 작성 절차
  수험자 등록 ⇒ 시험 시작 ⇒ 답안파일 저장 ⇒ 답안 전송 ⇒ 시험 종료
- 슬라이드의 크기는 A4 Paper로 설정하여 작성합니다.
- 슬라이드의 총 개수는 6개로 구성되어 있으며 슬라이드 1부터 순서대로 작업하고 반드시 문제와 세부 조건대로 합니다.
- 별도의 지시사항이 없는 경우 출력형태를 참조하여 글꼴색은 검정 또는 흰색으로 작성하고, 기타사항은 전체적인 균형을 고려하여 작성합니다.
- 슬라이드 도형 및 개체에 출력형태와 다른 스타일 (그림자 , 외곽선 등)을 적용했을 경우 감점처리 됩니다.
- 슬라이드 번호를 작성합니다(슬라이드 1에는 생략).
- 2~6번 슬라이드 제목 도형과 하단 로고는 슬라이드 마스터를 이용하여 출력형태와 동일하게 작성합니다(슬라이드 1에는 생략).
- 문제와 세부조건, 세부조건 번호 ◌ (점선원)는 입력하지 않습니다.
- 각 개체의 위치는 오른쪽의 슬라이드와 동일하게 구성합니다.
- 그림 삽입 문제의 경우 반드시 「내 PC₩문서₩ITQ₩Picture」 폴더에서 정확한 파일을 선택하여 삽입하십시오.
- 각 슬라이드를 각각의 파일로 작업해서 저장할 경우 실격 처리됩니다.

The Insight KPC
kpc 한국생산성본부

전체구성

60점

(1) 슬라이드 크기 및 순서 : 크기를 A4 용지로 설정하고 슬라이드 순서에 맞게 작성한다.

(2) 슬라이드 마스터 : 2~6슬라이드의 제목, 하단 로고, 슬라이드 번호는 슬라이드 마스터를 이용하여 작성한다.

- 제목 글꼴(돋움, 40pt, 흰색), 가운데 맞춤, 도형(선 없음)
- 하단 로고(「내 PC₩문서₩ITQ₩Picture₩로고2.jpg」, 배경(회색) 투명색으로 설정)

슬라이드 1 표지 디자인

40점

(1) 표지 디자인 : 도형, 워드아트 및 그림을 이용하여 작성한다.

세부조건

① 도형 편집
- 도형에 그림 채우기 : 「내 PC₩문서₩ITQ₩Picture₩그림2.jpg」, 투명도 50%
- 도형 효과 : (부드러운 가장자리 10포인트)

② 워드아트 삽입
- 변환 : 물결 1
- 글꼴 : 궁서, 굵게
- 텍스트 반사 : 1/2 반사, 8pt 오프셋

③ 그림 삽입
- 「내 PC₩문서₩ITQ₩Picture₩로고2.jpg」
- 배경(회색) 투명색으로 설정

슬라이드 2 목차 슬라이드

60점

(1) 출력형태와 같이 도형을 이용하여 목차를 작성한다(글꼴 : 돋움, 24pt).

(2) 도형 : 선 없음

세부조건

① 텍스트에 하이퍼링크 적용
-> '슬라이드 6'

② 그림 삽입
- 「내 PC₩문서₩ITQ₩Picture₩그림4.jpg」
- 자르기 기능 이용

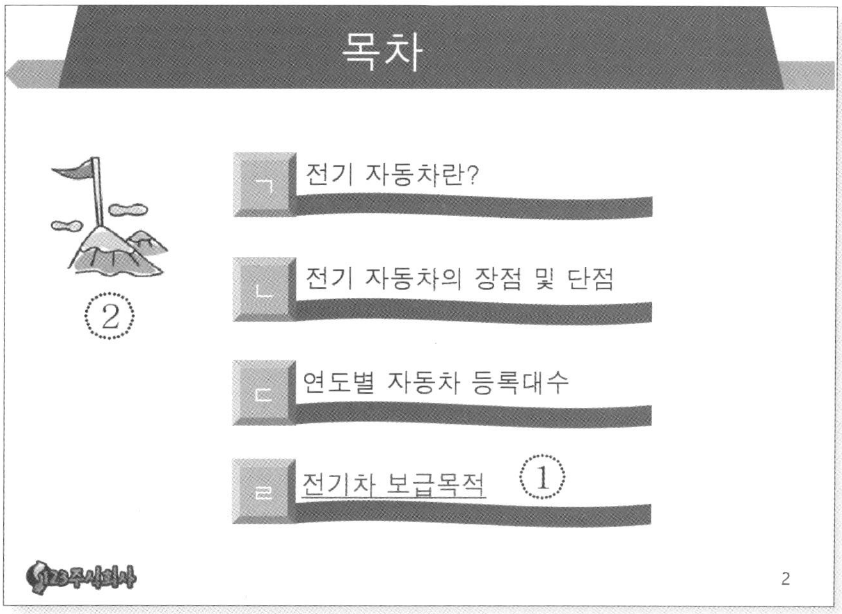

슬라이드 3 텍스트/동영상 슬라이드

60점

(1) 텍스트 작성 : 글머리 기호 사용(❖, ✓)

❖ 문단(굴림, 24pt, 굵게, 줄간격 : 1.5줄), ✓ 문단(굴림, 20pt, 줄간격 : 1.5줄)

세부조건

① 동영상 삽입 :
- 「내 PC₩문서₩ITQ₩Picture₩동영상.wmv」
- 자동실행, 반복재생 설정

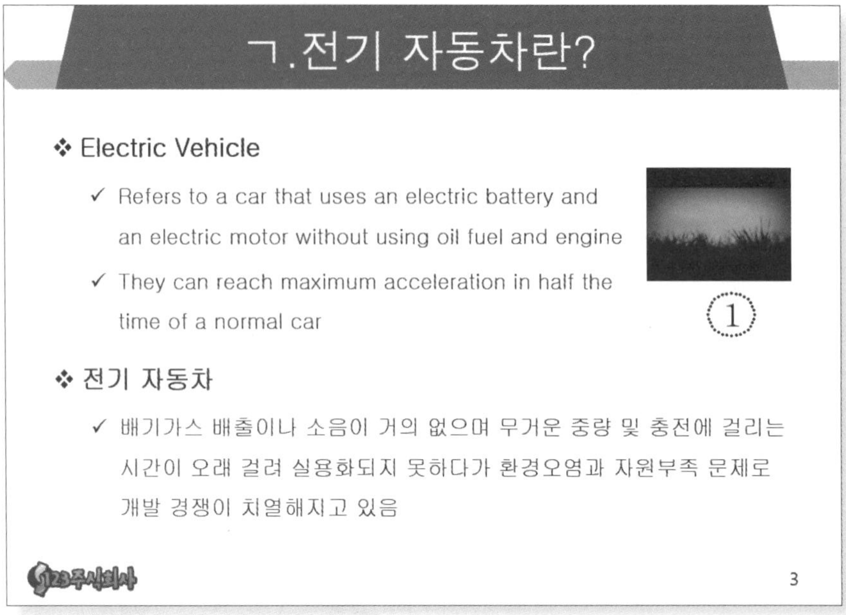
ㄱ.전기 자동차란?
❖ Electric Vehicle
✓ Refers to a car that uses an electric battery and an electric motor without using oil fuel and engine
✓ They can reach maximum acceleration in half the time of a normal car
❖ 전기 자동차
✓ 배기가스 배출이나 소음이 거의 없으며 무거운 중량 및 충전에 걸리는 시간이 오래 걸려 실용화되지 못하다가 환경오염과 자원부족 문제로 개발 경쟁이 치열해지고 있음
①
3

슬라이드 4 표 슬라이드

80점

(1) 도형과 표 작성 기능을 이용하여 슬라이드를 작성한다(글꼴 : 돋움, 18pt).

세부조건

① 상단 도형 :
2개 도형의 조합으로 작성

② 좌측 도형 :
그라데이션 효과(선형 아래쪽)

③ 표 스타일 :
테마 스타일 1 – 강조 1

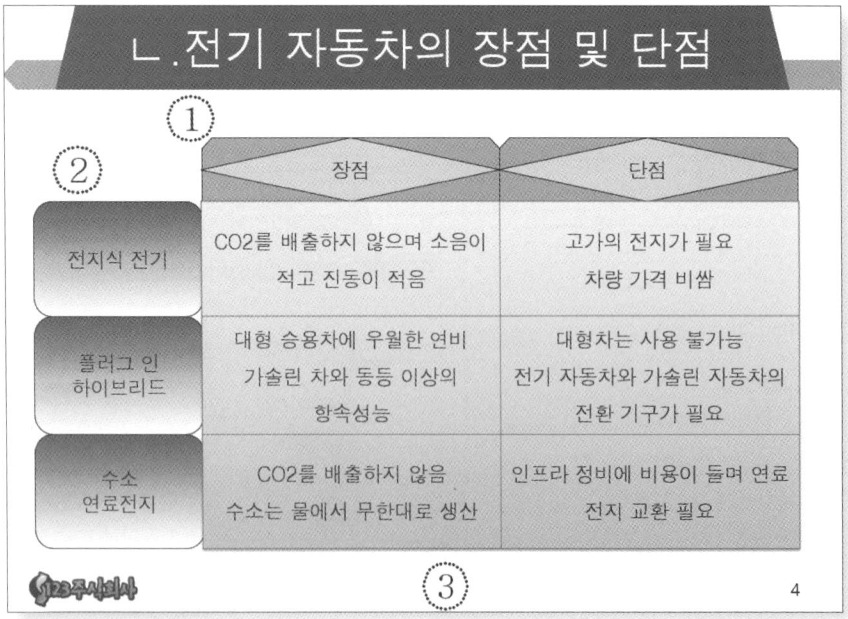
ㄴ.전기 자동차의 장점 및 단점
①
②
장점
단점
전지식 전기
CO2를 배출하지 않으며 소음이 적고 진동이 적음
고가의 전지가 필요 차량 가격 비쌈
플러그 인 하이브리드
대형 승용차에 우월한 연비 가솔린 차와 동등 이상의 항속성능
대형차는 사용 불가능 전기 자동차와 가솔린 자동차의 전환 기구가 필요
수소 연료전지
CO2를 배출하지 않음 수소는 물에서 무한대로 생산
인프라 정비에 비용이 들며 연료 전지 교환 필요
③
4

슬라이드 5 차트 슬라이드

100점

(1) 차트 작성 기능을 이용하여 슬라이드를 작성한다.

(2) 차트 : 종류(묶은 세로 막대형), 글꼴(돋움, 16pt), 외곽선

세부조건

※ 차트설명
- 차트제목 : 궁서, 24pt, 굵게, 채우기(흰색), 테두리, 그림자(오프셋 오른쪽)
- 차트영역 : 채우기(노랑)
  그림영역 : 채우기(흰색)
- 데이터 서식 : 대수(만대) 계열을 표식이 있는 꺾은선형으로 변경 후 보조축으로 지정
- 값 표시 : 2018년 대수(만대) 계열만

① 도형 삽입
- 스타일 : 미세 효과 – 바다색, 강조5
- 글꼴 : 돋움, 18pt

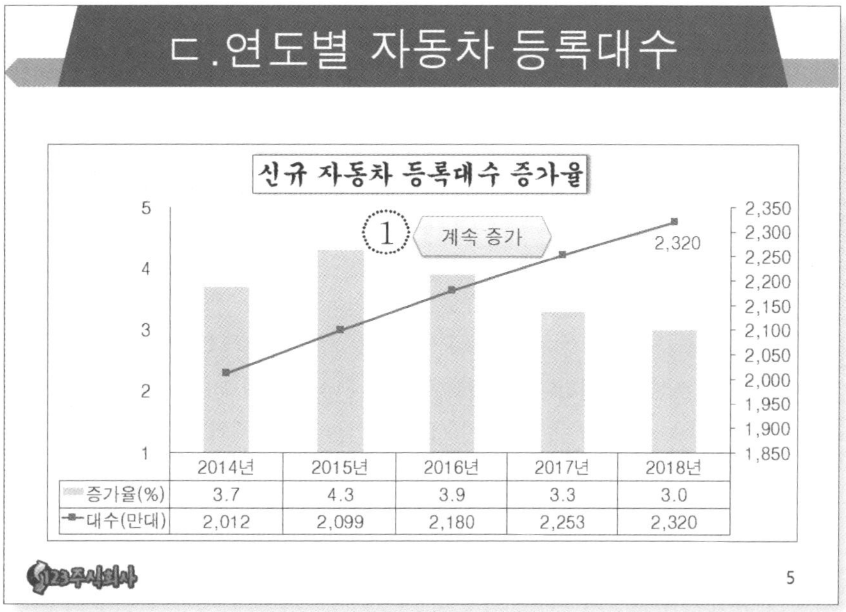

슬라이드 6 도형 슬라이드

100점

(1) 슬라이드와 같이 도형 및 스마트아트를 배치한다(글꼴 : 굴림, 18pt).

(2) 애니메이션 순서 : ① ⇒ ②

세부조건

① 도형 및 스마트아트 편집
- 스마트아트 디자인
  : 3차원 만화, 3차원 경사
- 그룹화 후 애니메이션 효과
  : 바운드

② 도형 편집
- 그룹화 후 애니메이션 효과
  : 블라인드(세로)

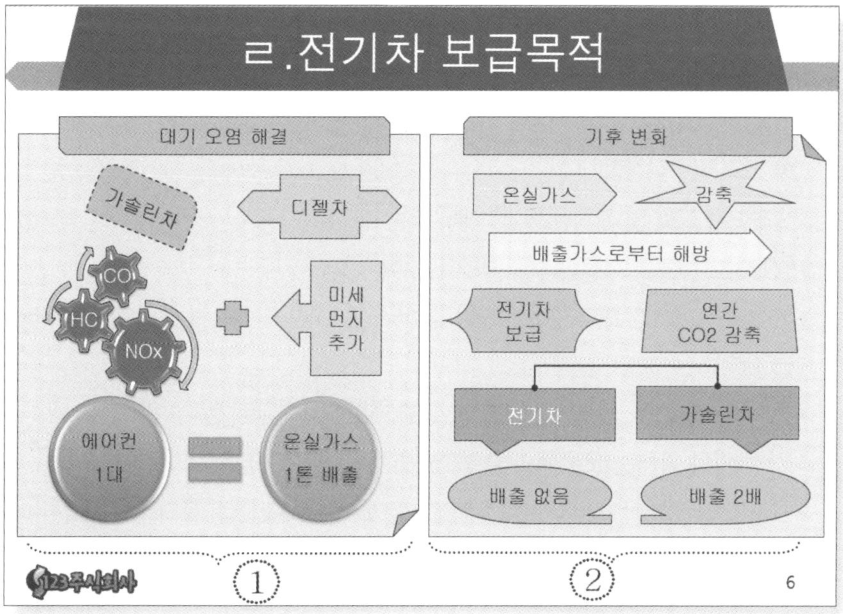

제14회 정보기술자격(ITQ) 시험

과 목	코 드	문제유형	시험시간	수험번호	성 명
한글파워포인트	1142	B	60분		

수험자 유의사항

- 수험자는 문제지를 받는 즉시 문제지와 **수험표상의 시험과목(프로그램)이 동일한지 반드시 확인**하여야 합니다.
- 파일명은 본인의 "수험번호-성명"으로 입력하여 답안폴더(내 PC₩문서₩ITQ)에 하나의 파일로 저장해야 하며, 답안문서 파일명이 "수험번호-성명"과 일치하지 않거나, 답안파일을 전송하지 않아 미제출로 처리될 경우 실격 처리합니다 (예:12345678-홍길동.pptx).
- 답안 작성을 마치면 파일을 저장하고, '답안 전송' 버튼을 선택하여 감독위원 PC로 답안을 전송하십시오. 수험생 정보와 저장한 파일명이 다를 경우 전송되지 않으므로 주의하시기 바랍니다.
- 답안 작성 중에도 **주기적으로 저장하고, '답안 전송'**하여야 문제 발생을 줄일 수 있습니다. 작업한 내용을 저장하지 않고 전송할 경우 이전에 저장된 내용이 전송되오니 이점 유의하시기 바랍니다.
- 답안문서는 지정된 경로 외의 다른 보조기억장치에 저장하는 경우, 지정된 시험 시간 외에 작성된 파일을 활용할 경우, 기타 통신수단(이메일, 메신저, 네트워크 등)을 이용하여 타인에게 전달 또는 외부 반출하는 경우는 부정 처리합니다.
- 시험 중 부주의 또는 고의로 시스템을 파손한 경우는 수험자가 변상해야 하며, 〈수험자 유의사항〉에 기재된 방법대로 이행하지 않아 생기는 불이익은 수험생 당사자의 책임임을 알려 드립니다.
- 문제의 조건은 MS오피스 2016 버전으로 설정되어 있으니 유의하시기 바랍니다.
- 시험을 완료한 수험자는 답안파일이 전송되었는지 확인한 후 감독위원의 지시에 따라 문제지를 제출하고 퇴실합니다.

답안 작성요령

- 온라인 답안 작성 절차
  수험자 등록 ⇒ 시험 시작 ⇒ 답안파일 저장 ⇒ 답안 전송 ⇒ 시험 종료
- 슬라이드의 크기는 A4 Paper로 설정하여 작성합니다.
- 슬라이드의 총 개수는 6개로 구성되어 있으며 슬라이드 1부터 순서대로 작업하고 반드시 문제와 세부 조건대로 합니다.
- 별도의 지시사항이 없는 경우 출력형태를 참조하여 글꼴색은 검정 또는 흰색으로 작성하고, 기타사항은 전체적인 균형을 고려하여 작성합니다.
- 슬라이드 도형 및 개체에 출력형태와 다른 스타일 (그림자 , 외곽선 등)을 적용했을 경우 감점처리 됩니다.
- 슬라이드 번호를 작성합니다(슬라이드 1에는 생략).
- 2~6번 슬라이드 제목 도형과 하단 로고는 슬라이드 마스터를 이용하여 출력형태와 동일하게 작성합니다(슬라이드 1에는 생략).
- 문제와 세부조건, 세부조건 번호 ◌(점선원)는 입력하지 않습니다.
- 각 개체의 위치는 오른쪽의 슬라이드와 동일하게 구성합니다.
- 그림 삽입 문제의 경우 반드시 「내 PC₩문서₩ITQ₩Picture」 폴더에서 정확한 파일을 선택하여 삽입하십시오.
- 각 슬라이드를 각각의 파일로 작업해서 저장할 경우 실격 처리됩니다.

The Insight KPC
kpc 한국생산성본부

전체구성

60점

(1) 슬라이드 크기 및 순서 : 크기를 A4 용지로 설정하고 슬라이드 순서에 맞게 작성한다.

(2) 슬라이드 마스터 : 2~6슬라이드의 제목, 하단 로고, 슬라이드 번호는 슬라이드 마스터를 이용하여 작성한다.

- 제목 글꼴(맑은 고딕, 40pt, 흰색), 가운데 맞춤, 도형(선 없음)
- 하단 로고(「내 PC₩문서₩ITQ₩Picture₩로고2.jpg」, 배경(회색) 투명색으로 설정)

슬라이드 1 표지 디자인

40점

(1) 표지 디자인 : 도형, 워드아트 및 그림을 이용하여 작성한다.

세부조건

① 도형 편집
- 도형에 그림 채우기 : 「내 PC₩문서₩ITQ₩Picture₩그림2.jpg」, 투명도 50%
- 도형 효과 : (부드러운 가장자리 5포인트)

② 워드아트 삽입
- 변환 : 아래쪽 수축
- 글꼴 : 궁서, 굵게
- 텍스트 반사 : 1/2 반사, 8pt 오프셋

③ 그림 삽입
- 「내 PC₩문서₩ITQ₩Picture₩로고2.jpg」
- 배경(회색) 투명색으로 설정

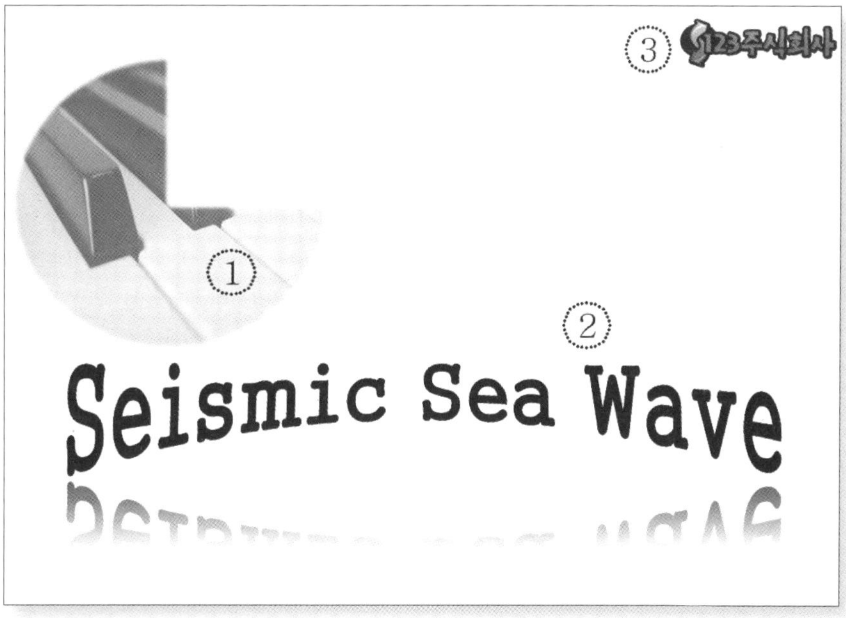

슬라이드 2 목차 슬라이드

60점

(1) 출력형태와 같이 도형을 이용하여 목차를 작성한다(글꼴 : 돋움, 24pt).

(2) 도형 : 선 없음

세부조건

① 텍스트에 하이퍼링크 적용
-> '슬라이드 6'

② 그림 삽입
- 「내 PC₩문서₩ITQ₩Picture₩그림4.jpg」
- 자르기 기능 이용

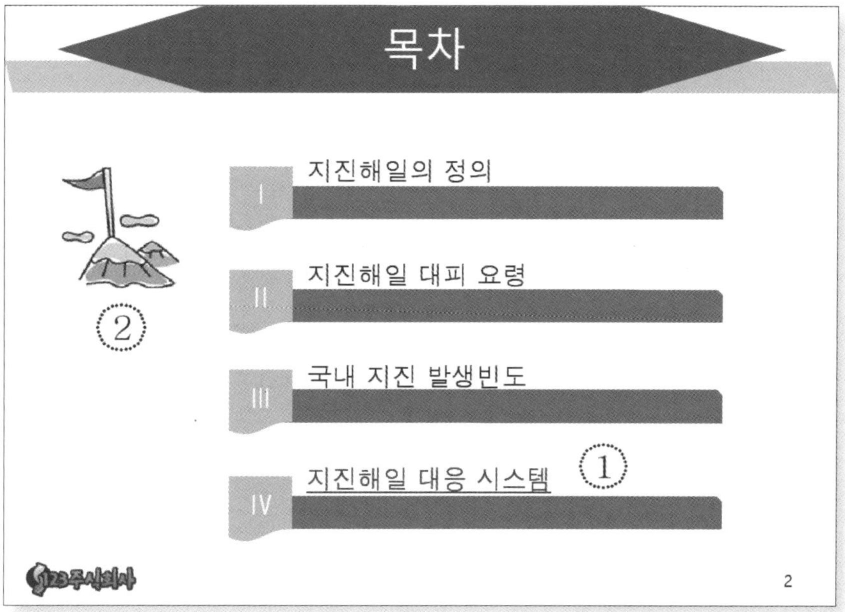

슬라이드 3 텍스트/동영상 슬라이드

60점

(1) 텍스트 작성 : 글머리 기호 사용(❖, ✓)

❖ 문단(굴림, 24pt, 굵게, 줄간격 : 1.5줄), ✓ 문단(굴림, 20pt, 줄간격 : 1.5줄)

세부조건

① 동영상 삽입 :
- 「내 PC₩문서₩ITQ₩Picture₩동영상.wmv」
- 자동실행, 반복재생 설정

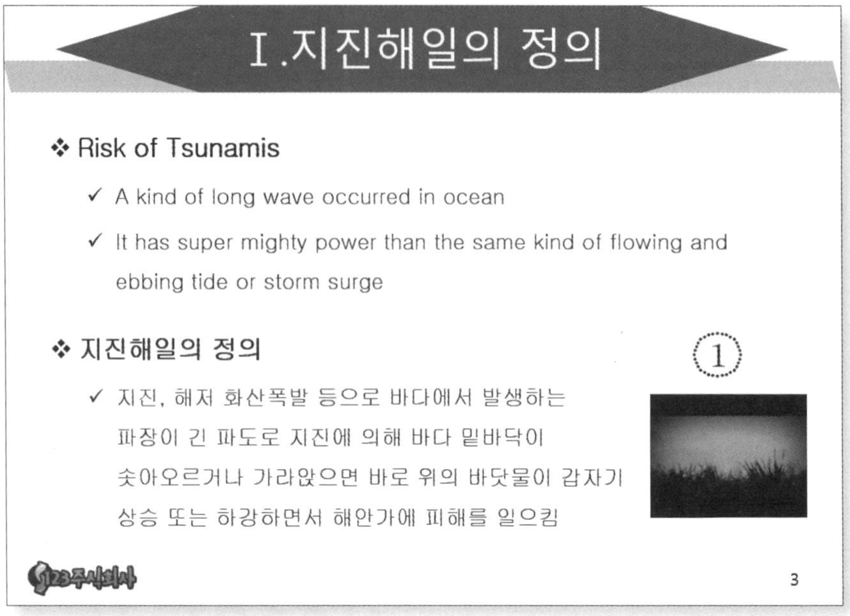

Ⅰ.지진해일의 정의
❖ Risk of Tsunamis
✓ A kind of long wave occurred in ocean
✓ It has super mighty power than the same kind of flowing and ebbing tide or storm surge
❖ 지진해일의 정의
✓ 지진, 해저 화산폭발 등으로 바다에서 발생하는 파장이 긴 파도로 지진에 의해 바다 밑바닥이 솟아오르거나 가라앉으면 바로 위의 바닷물이 갑자기 상승 또는 하강하면서 해안가에 피해를 일으킴
①
123주식회사
3

슬라이드 4 표 슬라이드

80점

(1) 도형과 표 작성 기능을 이용하여 슬라이드를 작성한다(글꼴 : 돋움, 18pt).

세부조건

① 상단 도형 :
2개 도형의 조합으로 작성

② 좌측 도형 :
그라데이션 효과(선형 아래쪽)

③ 표 스타일 :
테마 스타일 1 – 강조 1

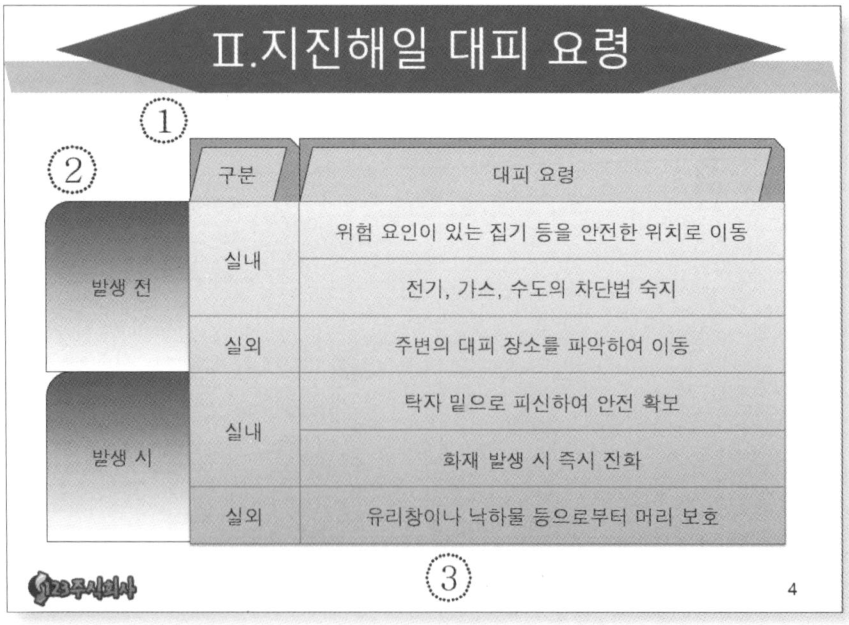

Ⅱ.지진해일 대피 요령
①
②
구분
대피 요령
발생 전
실내
위험 요인이 있는 집기 등을 안전한 위치로 이동
전기, 가스, 수도의 차단법 숙지
실외
주변의 대피 장소를 파악하여 이동
발생 시
실내
탁자 밑으로 피신하여 안전 확보
화재 발생 시 즉시 진화
실외
유리창이나 낙하물 등으로부터 머리 보호
③
123주식회사
4

슬라이드 5 차트 슬라이드

100
점

(1) 차트 작성 기능을 이용하여 슬라이드를 작성한다.

(2) 차트 : 종류(묶은 세로 막대형), 글꼴(돋움, 16pt), 외곽선

세부조건

※ 차트설명
- 차트제목 : 궁서, 24pt, 굵게, 채우기(흰색), 테두리, 그림자(오프셋 오른쪽)
- 차트영역 : 채우기(노랑) 그림영역 : 채우기(흰색)
- 데이터 서식 : 유감횟수 계열을 표식이 있는 꺾은선형으로 변경 후 보조축으로 지정
- 값 표시 : 2018년의 유감횟수 계열만

① 도형 삽입
- 스타일 : 미세 효과 – 파랑, 강조1
- 글꼴 : 돋움, 18pt

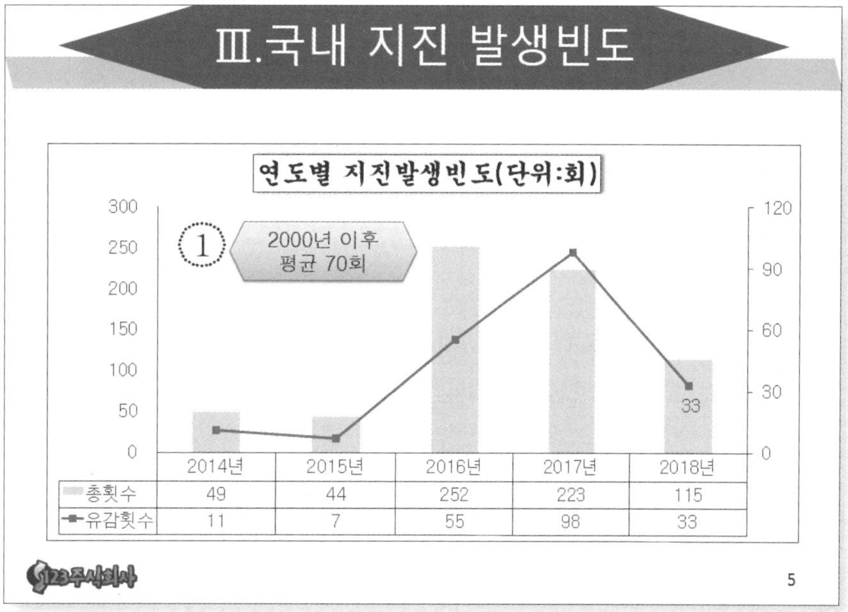

슬라이드 6 도형 슬라이드

100
점

(1) 슬라이드와 같이 도형 및 스마트아트를 배치한다(글꼴 : 굴림, 18pt).

(2) 애니메이션 순서 : ① ⇒ ②

세부조건

① 도형 및 스마트아트 편집
- 스마트아트 디자인 : 3차원 만화, 3차원 경사
- 그룹화 후 애니메이션 효과 : 바운드

② 도형 편집
- 그룹화 후 애니메이션 효과 : 나누기(가로 안쪽으로)

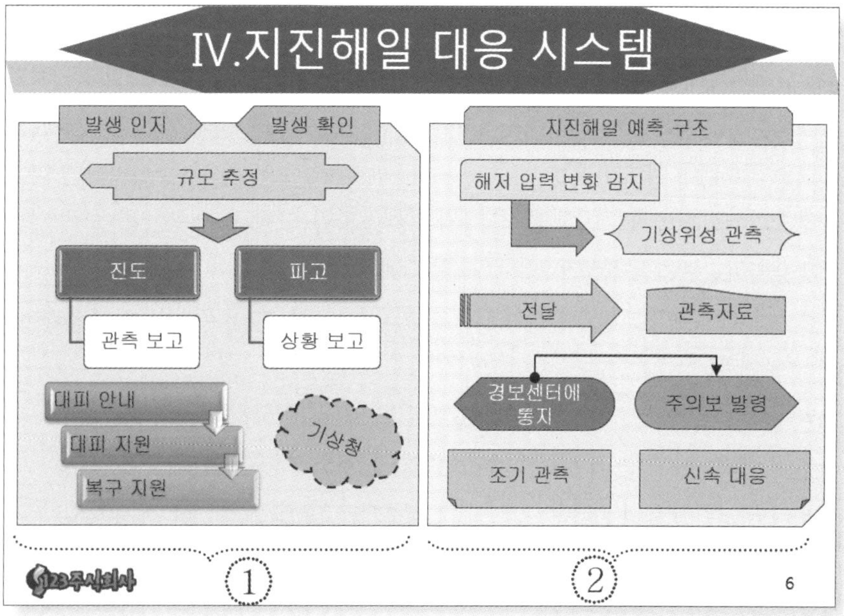

제15회 정보기술자격(ITQ) 시험

과 목	코 드	문제유형	시험시간	수험번호	성 명
한글파워포인트	1142	B	60분		

수험자 유의사항

- 수험자는 문제지를 받는 즉시 문제지와 **수험표상의 시험과목(프로그램)이 동일한지 반드시 확인**하여야 합니다.
- 파일명은 본인의 "수험번호-성명"으로 입력하여 답안폴더(내 PC₩문서₩ITQ)에 하나의 파일로 저장해야 하며, 답안문서 파일명이 "수험번호-성명"과 일치하지 않거나, 답안파일을 전송하지 않아 미제출로 처리될 경우 실격 처리합니다 (예:12345678-홍길동.pptx).
- 답안 작성을 마치면 파일을 저장하고, '답안 전송' 버튼을 선택하여 감독위원 PC로 답안을 전송하십시오. 수험생 정보와 저장한 파일명이 다를 경우 전송되지 않으므로 주의하시기 바랍니다.
- 답안 작성 중에도 **주기적으로 저장하고, '답안 전송'**하여야 문제 발생을 줄일 수 있습니다. 작업한 내용을 저장하지 않고 전송할 경우 이전에 저장된 내용이 전송되오니 이점 유의하시기 바랍니다.
- 답안문서는 지정된 경로 외의 다른 보조기억장치에 저장하는 경우, 지정된 시험 시간 외에 작성된 파일을 활용할 경우, 기타 통신수단(이메일, 메신저, 네트워크 등)을 이용하여 타인에게 전달 또는 외부 반출하는 경우는 부정 처리합니다.
- 시험 중 부주의 또는 고의로 시스템을 파손한 경우는 수험자가 변상해야 하며, 〈수험자 유의사항〉에 기재된 방법대로 이행하지 않아 생기는 불이익은 수험생 당사자의 책임임을 알려 드립니다.
- 문제의 조건은 MS오피스 2016 버전으로 설정되어 있으니 유의하시기 바랍니다.
- 시험을 완료한 수험자는 답안파일이 전송되었는지 확인한 후 감독위원의 지시에 따라 문제지를 제출하고 퇴실합니다.

답안 작성요령

- 온라인 답안 작성 절차
  수험자 등록 ⇒ 시험 시작 ⇒ 답안파일 저장 ⇒ 답안 전송 ⇒ 시험 종료
- 슬라이드의 크기는 A4 Paper로 설정하여 작성합니다.
- 슬라이드의 총 개수는 6개로 구성되어 있으며 슬라이드 1부터 순서대로 작업하고 반드시 문제와 세부 조건대로 합니다.
- 별도의 지시사항이 없는 경우 출력형태를 참조하여 글꼴색은 검정 또는 흰색으로 작성하고, 기타사항은 전체적인 균형을 고려하여 작성합니다.
- 슬라이드 도형 및 개체에 출력형태와 다른 스타일 (그림자 , 외곽선 등)을 적용했을 경우 감점처리 됩니다.
- 슬라이드 번호를 작성합니다(슬라이드 1에는 생략).
- 2~6번 슬라이드 제목 도형과 하단 로고는 슬라이드 마스터를 이용하여 출력형태와 동일하게 작성합니다(슬라이드 1에는 생략).
- 문제와 세부조건, 세부조건 번호 ◌(점선원)는 입력하지 않습니다.
- 각 개체의 위치는 오른쪽의 슬라이드와 동일하게 구성합니다.
- 그림 삽입 문제의 경우 반드시 「내 PC₩문서₩ITQ₩Picture」 폴더에서 정확한 파일을 선택하여 삽입하십시오.
- 각 슬라이드를 각각의 파일로 작업해서 저장할 경우 실격 처리됩니다.

The Insight KPC
kpc 한국생산성본부

전체구성

60점

(1) 슬라이드 크기 및 순서 : 크기를 A4 용지로 설정하고 슬라이드 순서에 맞게 작성한다.

(2) 슬라이드 마스터 : 2~6슬라이드의 제목, 하단 로고, 슬라이드 번호는 슬라이드 마스터를 이용하여 작성한다.

- 제목 글꼴(맑은 고딕, 40pt, 검정), 가운데 맞춤, 도형(선 없음)
- 하단 로고(「내 PC₩문서₩ITQ₩Picture₩로고2.jpg」, 배경(회색) 투명색으로 설정)

슬라이드 1 표지 디자인

40점

(1) 표지 디자인 : 도형, 워드아트 및 그림을 이용하여 작성한다.

세부조건

① 도형 편집

- 도형에 그림 채우기 : 「내 PC₩문서₩ITQ₩Picture₩그림1.jpg」, 투명도 50%
- 도형 효과 : (부드러운 가장자리 5포인트)

② 워드아트 삽입

- 변환 : 아래쪽 수축
- 글꼴 : 궁서, 굵게
- 텍스트 반사 : 1/2 반사, 8pt 오프셋

③ 그림 삽입

- 「내 PC₩문서₩ITQ₩Picture₩로고2.jpg」
- 배경(회색) 투명색으로 설정

슬라이드 2 목차 슬라이드

60점

(1) 출력형태와 같이 도형을 이용하여 목차를 작성한다(글꼴 : 돋움, 24pt).

(2) 도형 : 선 없음

세부조건

① 텍스트에 하이퍼링크 적용

-> '슬라이드 6'

② 그림 삽입

- 「내 PC₩문서₩ITQ₩Picture₩그림4.jpg」
- 자르기 기능 이용

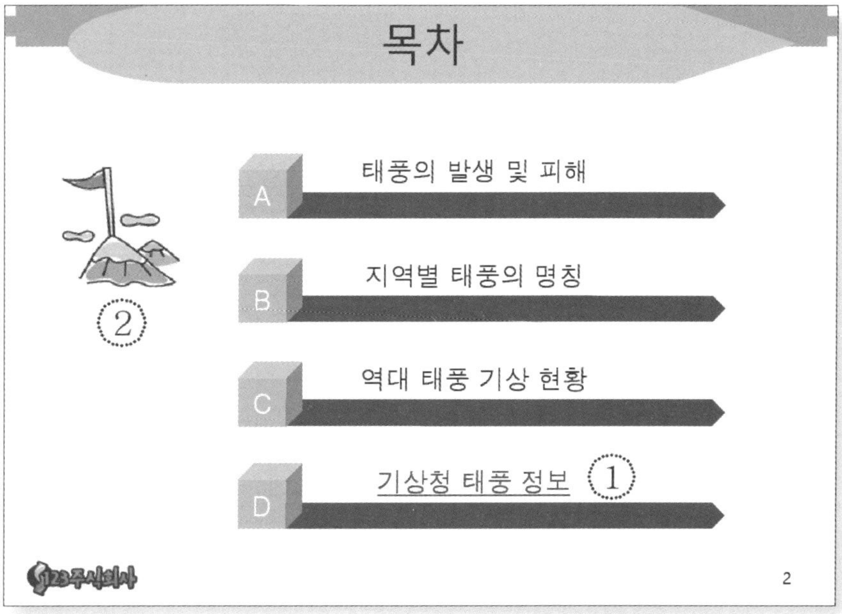

슬라이드 3 텍스트/동영상 슬라이드

60점

(1) 텍스트 작성 : 글머리 기호 사용(❖, ✓)

❖ 문단(굴림, 24pt, 굵게, 줄간격 : 1.5줄), ✓ 문단(굴림, 20pt, 줄간격 : 1.5줄)

세부조건

① 동영상 삽입 :

- 「내 PC₩문서₩ITQ₩Picture₩동영상.wmv」
- 자동실행, 반복재생 설정

A.태풍의 발생 및 피해
❖ Tropical Cyclone
✓ In meteorology, a tropical cyclone(typhoon or hurricane, depending on strength and location) is a type of low pressure system which generally forms in the tropics
❖ 태풍
✓ 태풍은 열대 저기압으로 해수면의 온도가 27도 이상인 해역에서 발생
✓ 태풍이 접근하면 폭풍과 호우로 수목이 꺾이거나, 산사태 및 하천이 범람하는 등의 피해가 있을 수 있다.
①
123주식회사
3

슬라이드 4 표 슬라이드

80점

(1) 도형과 표 작성 기능을 이용하여 슬라이드를 작성한다(글꼴 : 돋움, 18pt).

세부조건

① 상단 도형 :
2개 도형의 조합으로 작성

② 좌측 도형 :
그라데이션 효과(선형 아래쪽)

③ 표 스타일 :
테마 스타일 1 – 강조 1

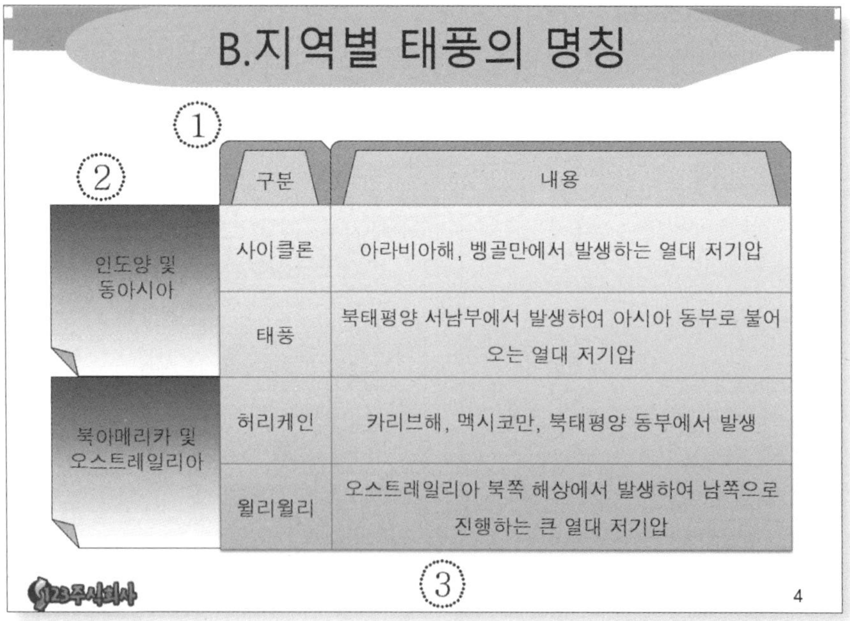
B.지역별 태풍의 명칭
①
②
구분
내용
인도양 및 동아시아
사이클론
아라비아해, 벵골만에서 발생하는 열대 저기압
태풍
북태평양 서남부에서 발생하여 아시아 동부로 불어오는 열대 저기압
북아메리카 및 오스트레일리아
허리케인
카리브해, 멕시코만, 북태평양 동부에서 발생
윌리윌리
오스트레일리아 북쪽 해상에서 발생하여 남쪽으로 진행하는 큰 열대 저기압
③
123주식회사
4

슬라이드 5 차트 슬라이드

100 점

(1) 차트 작성 기능을 이용하여 슬라이드를 작성한다.

(2) 차트 : 종류(묶은 세로 막대형), 글꼴(돋움, 16pt), 외곽선

세부조건

※ 차트설명
- 차트제목 : 궁서, 24pt, 굵게, 채우기(흰색), 테두리, 그림자(오프셋 오른쪽)
- 차트영역 : 채우기(노랑)
  그림영역 : 채우기(흰색)
- 데이터 서식 : 최대 풍속 계열을 표식이 있는 꺾은선형으로 변경 후 보조축으로 지정
- 값 표시 : 5위의 최대 풍속 계열만

① 도형 삽입
- 스타일 : 보통 효과 – 바다색, 강조5
- 글꼴 : 돋움, 18pt

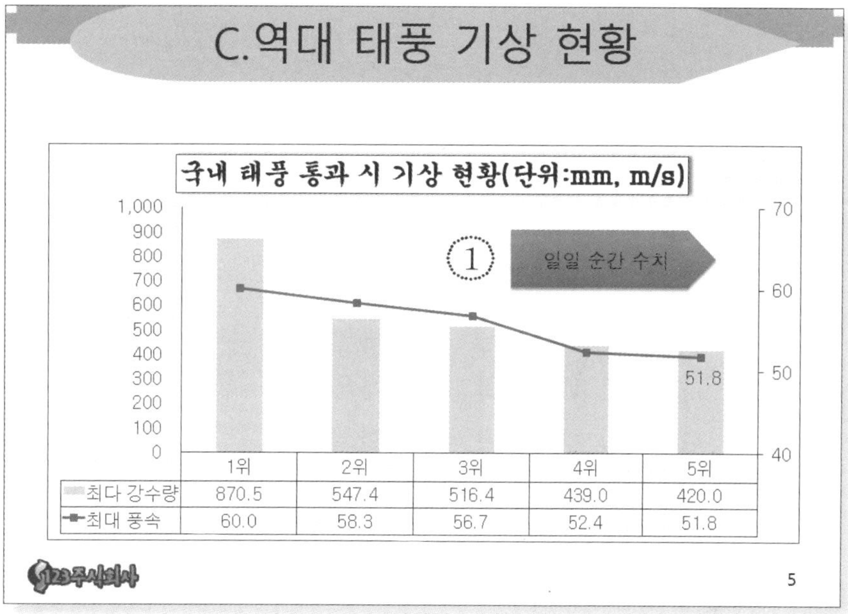

슬라이드 6 도형 슬라이드

100 점

(1) 슬라이드와 같이 도형 및 스마트아트를 배치한다(글꼴 : 굴림, 18pt).

(2) 애니메이션 순서 : ① ⇒ ②

세부조건

① 도형 및 스마트아트 편집
- 스마트아트 디자인
  : 3차원 만화, 3차원 경사
- 그룹화 후 애니메이션 효과
  : 바운드

② 도형 편집
- 그룹화 후 애니메이션 효과
  : 바둑판 무늬(아래쪽)

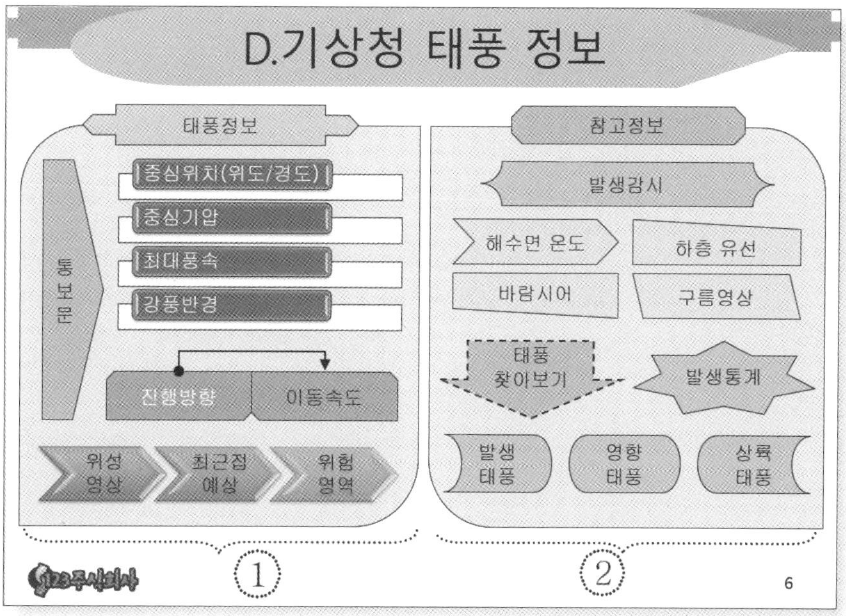

한권으로 마스터하는 ITQ 한글+엑셀+파워포인트 2016

2020년 6월 20일 초판 1쇄 발행
2023년 1월 20일 초판 3쇄 인쇄
2023년 1월 30일 초판 3쇄 발행

펴낸곳 | (주) 교학사

펴낸이 | 양진오

저자 | 장미희 이승하

기획 | 교학사 정보산업부

진행 · 디자인 | 이승하

주소 | (공장)서울특별시 금천구 가산디지털1로 42 (가산동)
(사무소)서울특별시 마포구 마포대로14길 4 (공덕동)

전화 | 02-707-5310(편집), 707-5147(영업)

등록 | 1962년 6월 26일 〈18-7〉

교학사 홈페이지 http://www.kyohak.co.kr